La cathédrale Notre-Dame de Laon.

EDITION

Directeurs de collection et auteurs : Dominique AUZIAS et Jean-Paul LABOURDETTE

Responsable d'édition : Adeline HUYGHE

Auteurs : Joël WITEK, Catherine FAUCHEUX, Julia VESQUE, Christophe TELLIER, Hélène BLONDEL, Lauriane MIOT, Marie TETART, Joël WITEK, Clémence TURLOTTE, Pascale VINCENS, Carine SOUPLET, Benoît DIDIER, Juliette COURTOIS, Alice BARCZYK,Nicolas DESCAMPS, Jean-Paul LABOURDETTE, Dominique AUZIAS et alter

Directeur Editorial : Stéphan SZEREMETA

Rédaction France : Elisabeth COL, Tony DE SOUSA, Mélanie COTTARD et Audrey VEDOVOTTO

Rédaction Monde : Caroline MICHELOT, Morgane VESLIN, Pierre-Yves SOUCHET, Jimmy POSTOLLEC, Natalia COLLIER, Laureen DUCHESNE et Anaïs MAOLE

FABRICATION

Responsable Studio : Sophie LECHERTIER assistée de Romain AUDREN

Maquette et Montage : Julie BORDES, Sandrine MECKING et Delphine PAGANO

Iconographie et Cartographie : Anne DIOT assistée de Julien DOUCET

WEB ET NUMERIQUE

Directeur Web : Louis GENEAU DE LAMARLIERE

Chef de projet et développeurs : Nicolas de GUENIN, Adeline CAUX et Kiril PAVELEK

Intégrateur Web : Mickael LATTES

Webdesigner : Caroline LAFFAITEUR

Community Traffic Manager : Alice BARBIER, Mariana BURLAMAQUI et Vincent PHAM

DIRECTION COMMERCIALE

Directeur commercial : Guillaume VORBURGER assisté de Manon GUERIN

Responsable Régies locales : Michel GRANSEIGNE

Responsables Développement régie inter : Jean-Marc FARAGUET et Guillaume LABOUREUR assistés de Claire BEDON

Chefs de Publicité : Camille ESMIEU

Chefs de Publicité Régie nationale : Caroline AUBRY, François BRIANCON-MARJOLLET, Perrine DE CARNE MARCEIN et Caroline PREAU

Gestion commerciale : Vimla MEETOO et Assa TRAORE

DIFFUSION ET PROMOTION

Directrice des Ventes : Bénédicte MOULET assistée d'Aissatou DIOP et Sidonie COLLET

Responsable des ventes : Jean-Pierre GHEZ assisté de Nelly BRION

Relations Presse-Partenariats : Jean-Mary MARCHAL

ADMINISTRATION

Président : Jean-Paul LABOURDETTE

Directrice des Ressources Humaines : Dina BOURDEAU assistée de Sandra MORAIS et Eva BAELEN

Directrice Administrative et Financière : Valérie DECOTTIGNIES

Comptabilité : Jeannine DEMIRDJIAN, Adrien PRIGENT et Faiza ALILI

Recouvrement : Fabien BONNAN assisté de Sandra BRIJLALL et Vinoth SAGUERRE

Responsable informatique : Adam M'RAH

Standard : Assa TRAORE

PETIT FUTÉ HAUTS-DE-FRANCE 2021

LES NOUVELLES EDITIONS DE L'UNIVERSITE
18, rue des Volontaires - 75015 Paris.
✆ 01 53 69 70 00 - Fax 01 42 73 15 24
Internet : www.petitfute.com
SAS au capital de 1 000 000 €
RC PARIS B 309 769 966

Couverture : Abbaye de Valloires dans la Somme, Hauts-de-France © beauquesnethomas - stock.adobe.com – Moules-frites, Hauts-de-France © Bastiaanimage stock - stock.adobe.com – Détail de la sculpture au-dessus du portail central de la cathédrale Notre-Dame d'Amiens © Steve Allen - Shutterstock.com

Impression : CORLET IMPRIMEUR - 14110 Condé-en-Normandie

Dépôt légal : 18/08/2020

ISBN : 9782305037196

Pour nous contacter par email, indiquez le nom de famille en minuscule suivi de @petitfute.com

Pour le courrier des lecteurs : info@petitfute.com

BIENVENUE DANS LES HAUTS-DE-FRANCE !

Laissons les préjugés là où ils se trouvent : chez les personnes qui ne sont jamais venues visiter cette jolie région. D'ailleurs, amusons-nous à les défaire :

« Il pleut tout le temps ! » S'il peut y avoir des écarts de température entre Maubeuge et la côte, les étés restent agréables, avec de très belles journées ensoleillées. Mais sachez qu'il pleuve, qu'il vente ou qu'il neige, rien ne rebute les gens du Nord pour sortir et profiter de leur région.

« La région est plate. » La région regorge de monts culminants à plus de 100 m de haut. Mont Noir, mont Pelé, mont de Guémy, mont César, mont Saint-Frieux, mont Cassel... Il y en a des dizaines à découvrir, en voiture, à vélo ou à pied ! Et que dire de la ville de Laon, perchée à 183 m d'altitude ? Ou encore des terrils et falaises de la côte ?

« La région est terne. » Les maisons colorées des quartiers Courtgain à Saint-Valery-sur-Somme et Saint-Leu à Amiens, le blanc des falaises, le jaune de nos plages, le bleu de la mer et des marais, le vert de nos nombreuses forêts, les nombreuses variétés de plantes et de fleurs, et les magnifiques couchers de soleil sur la baie de Somme offrent une palette de couleurs infinie.

« Il n'y a pas grand-chose à faire. » Les Hauts-de-France regorgent d'activités en tous genres. La région recense pas moins de 200 musées, dont une cinquantaine sont labellisés Musée de France. N'oublions pas les nombreux châteaux, cathédrales, abbayes et autres citadelles. Les gens du Nord aiment se rassembler et faire la fête, comme le démontrent le Carnaval de Dunkerque, les Braderies de Lille et d'Amiens ou encore les nombreux festivals de cinéma et de musique. Pour les sportifs, testez le kitesurf, le char à voile, le kayak de mer, les sorties équestres ou les courses à pied originales (Transbaie, Trail de la Côte d'Opale, Course des Terrils…).

« On ne mange rien d'autre que du fromage. » Il est sûr que le fromage tient une place importante dans la culture de la région. Mais d'autres spécialités viennent compléter la liste : moules-frites, carbonade flamande, potjevleesch, waterzoï, welsh, gaufres, gâteau battu... Mais ce que nous préférons : partager une bonne bière du Nord ou de Picardie (avec modération, bien entendu) !

À travers ce guide, vous découvrirez que le territoire des Hauts-de-France est une région unique et surtout authentique. Avec cinq départements, un littoral, une frontière qui n'en est pas vraiment une, un fort patrimoine historique avec le regard tourné vers l'avenir et des gens qui ont le cœur gros comme ça : bienvenue dans les Hauts-de-France !

PEFC
10-31-1510
Certifié PEFC
Ce produit est issu de forêts gérées durablement et de sources contrôlées.
pefc-france.org

IMPRIMÉ EN FRANCE

Retrouvez cette offre en page 65

SOMMAIRE

DÉCOUVERTE

AISNE

NORD

OISE

Attention. La crise du Covid-19 qui a frappé le monde entier en 2020 a été lourde de conséquences dans le domaine du tourisme et a impacté beaucoup d'infrastructures. Certains opérateurs encore en activité, certains établissements encore ouverts à la date où nous avons imprimé ce guide peuvent avoir disparu depuis ou avoir modifié leurs activités... ou tarifs. Merci par avance de votre compréhension.

- accès direct à la plage
- bar
- blanchisserie
- climatisation
- discothèque
- distributeur d'argent
- eau potable
- équitation
- espace fumeurs
- établissement non-fumeurs
- fitness
- golf miniature
- handicap malentendant
- handicap malvoyant
- handicap mental
- handicap moteur
- jardin ou parc
- jeux
- lave-linge / laverie
- location de vélos
- magasin d'alimentation
- navette aéroport
- pêche
- piscine intérieure

■ PAS-DE-CALAIS ■

■ SOMME ■

Dunkerque
Malo-les-Bains
Vers Bruges
Grande-Synthe
Coudekerque-Branche
Calais
Gravelines
Bergues
Hondschoote
Côte d'Opale
Guemps
Bourbourg
Esquelbecq
Yser
Wissant
Guînes
Ardres
Audruicq
Wormhout
Watten
Guémy
Marquise
Tournehem-sur-la-Hem
Steenvoorde
Cassel
Wimereux
Boulogne-sur-Mer
Saint-Omer
Arques
Bailleul
Manche
Outreau
Lumbres
Hazebrouck
Steenwerck
Armentières
Marcq-en
Desvres
Hardelot-Plage
Samer
Thérouanne
Aire-sur-la-Lys
Merville
Pas-de-Calais
Isbergues
Laventie
Haubourdin
Fauquembergues
Lys
Norrent-Fontes
Lillers
Hucqueliers
Béthune
La Bassée
Le Touquet-Paris-Plage
Etaples
Maresville
Fruges
Bruay-la-Buissière
Cambrin
Wingles
Heuchin
Douvrin
Montreuil
Fressin
Divion
Barlin
Courrières
Azincourt
Lens
Canche
Liévin
Berck-sur-Mer
Campagne-lès-Hesdin
Le Parcq
Saint-Pol-sur-Ternoise
Aubigny-en-Artois
Vimy
Maintenay
Hesdin
Fort-Mahon-Plage
Authie
Vron
ARRAS
Dainville
Crécy-en-Ponthieu
Frévent
Avesnes-le-Comte
Rue
Gueschart
Auxi-le-Château
Le Crotoy
Nouvion
Lucheux
Beaumetz-les-Loges
Maizicourt
Cayeux-sur-Mer
Saint-Valery-sur-Somme
Doullens
Croisilles
Pas-en-Artois
Saint-Riquier
Bernaville
Onival
Ault
Friville-Escarbotin
Abbeville
Ailly-le-Haut-Clocher
Fienvillers
Beauval
Bapaume
Beauquesne
Acheux-en-Amiénois
Le Tréport
Fressenneville
Domart-en-Ponthieu
Pozières
Canal de la Somme
Puchevillers
Toutencourt
Combles
Vers Dieppe
Bresle
Gamaches
Saint-Maxent
Condé-Folie
Flixecourt
Albert
Villers-Bocage
Oisemont
Airaines
Flesselles
Franvillers
Bray-sur-Somme
Blangy-sur-Bresle
Querrieu
Péronne
Somme
Picquigny
Corbie
AMIENS
Camps-en-Amiénois
Villers-Bretonneux
Vers Rouen
Hornoy-le-Bourg
Longueau
Athies
Liomer
Boves
Chaulnes
Rosières-en-Santerre
Orival
Saint-Saflieu
Poix-de-Picardie
Ailly-sur-Noye
Moreuil
Nesle
Vers Neufchâtel-en-Bray, Rouen
Conty
Flers-sur-Noye
Roye
Montdidier
Seine-Maritime
Formerie
Feuquières
Grandvilliers
Breteuil
Vers Forges-les-Eaux, Dieppe
Crèvecœur-le-Grand
Lassigny
Marseille-en-Beauvaisis
Noyers-Saint-Martin
Maignelay-Montigny
Cuvilly
Elincourt-Sainte-Marguerite
Gerberoy
Songeons
Juvignies
Crillon
Oise
Saint-Just-en-Chaussée
Thérain
Bulles
Remy
BEAUVAIS
Fouquerolles
Saint-Germer-de-Fly
Etouy
Estrées-Saint-Denis
Compiègne
Allonne
Bresles
Clermont
Auneuil
Flavacourt
Liancourt
Verberie
Morienval
Noailles
Mouy
Trie-le-Château
Les Ageux
Béthisy-Saint-Martin
Sainte-Geneviève
Nogent-sur-Oise
Crépy-en-Valois
Eure
Chaumont-en-Vexin
Villeneuve-les-Sablons
Méru
Montataire
Creil
Précy-sur-Oise
Senlis
Serans
Lierville
Chantilly
Betz
Ermenonville
Nanteuil-le-Haudouin
Val-d'Oise
Vers Paris
Le Plessis-Belleville
Vers Meaux
Yvelines
Hauts-de-Seine
PARIS
Seine-Saint-Denis
Seine-et-Marne

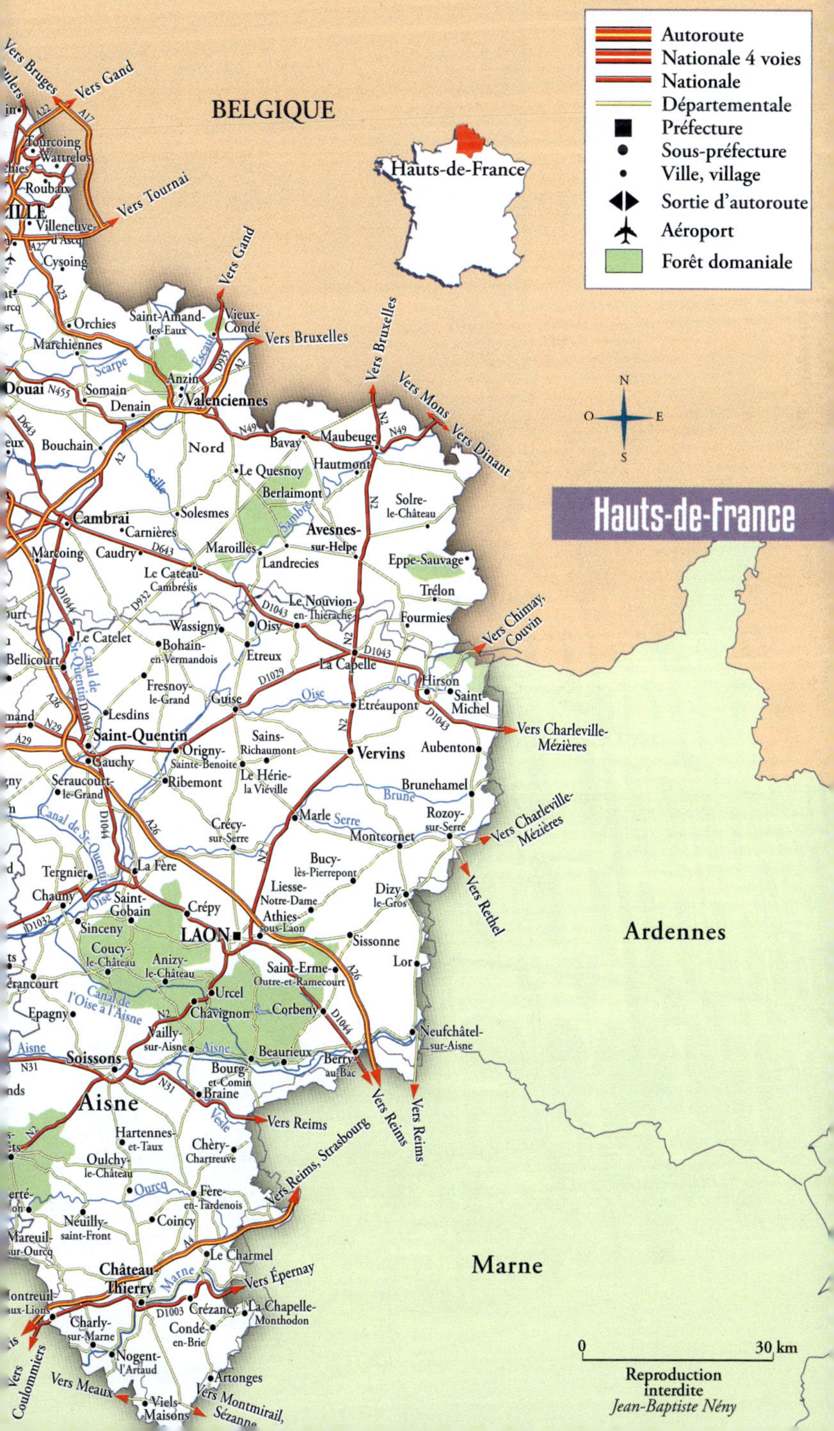
Hauts-de-France
Autoroute
Nationale 4 voies
Nationale
Départementale
Préfecture
Sous-préfecture
Ville, village
Sortie d'autoroute
Aéroport
Forêt domaniale
BELGIQUE
Hauts-de-France
N
O
E
S
Vers Bruges
Vers Gand
Tourcoing
Wattrelos
Roubaix
Vers Tournai
Villeneuve-d'Ascq
Cysoing
Vers Gand
Orchies
Saint-Amand-les-Eaux
Vieux-Condé
Vers Bruxelles
Marchiennes
Scarpe
Escaut
Anzin
Douai
Somain
Denain
Valenciennes
Vers Bruxelles
Vers Mons
Vers Dinant
Bouchain
Nord
Bavay
Maubeuge
Hautmont
Le Quesnoy
Berlaimont
Solre-le-Château
Cambrai
Carnières
Solesmes
Sambre
Avesnes-sur-Helpe
Marcoing
Caudry
Maroilles
Landrecies
Eppe-Sauvage
Le Cateau-Cambrésis
Trélon
Le Nouvion-en-Thiérache
Fourmies
Vers Chimay, Couvin
Wassigny
Oisy
Le Catelet
Bohain-en-Vermandois
Etreux
La Capelle
Bellicourt
Canal de St-Quentin
Fresnoy-le-Grand
Hirson
Saint-Michel
Oise
Guise
Etréaupont
Lesdins
Vers Charleville-Mézières
Saint-Quentin
Sains-Richaumont
Aubenton
Origny-Sainte-Benoite
Vervins
Gauchy
Ribemont
Le Hérie-la Viéville
Brunehamel
Seraucourt-le-Grand
Brune
Canal de St-Quentin
Marle
Serre
Rozoy-sur-Serre
Vers Charleville-Mézières
Crécy-sur-Serre
Montcornet
Bucy-lès-Pierrepont
Tergnier
La Fère
Vers Rethel
Liesse-Notre-Dame
Dizy-le-Gros
Chauny
Saint-Gobain
Crépy
Athies-sous-Laon
Sinceny
LAON
Sissonne
Ardennes
Coucy-le-Château
Anizy-le-Château
Saint-Erme-Outre-et-Ramecourt
Lor
Urcel
Canal de l'Oise à l'Aisne
Epagny
Chavignon
Corbeny
Vailly-sur-Aisne
Neufchâtel-sur-Aisne
Aisne
Soissons
Beaurieux
Berry-au-Bac
Bourg-et-Comin
Braine
Aisne
Vesle
Vers Reims
Vers Reims
Vers Reims
Hartennes-et-Taux
Chéry-Chartreuve
Oulchy-le-Château
Vers Reims, Strasbourg
Ourcq
Fère-en-Tardenois
Neuilly-saint-Front
Coincy
Mareuil-sur-Ourcq
Le Charmel
Marne
Château-Thierry
Marne
Vers Épernay
Crézancy
La Chapelle-Monthodon
Charly-sur-Marne
Condé-en-Brie
Nogent-l'Artaud
Artonges
Vers Coulommiers
Vers Meaux
Viels-Maisons
Vers Montmirail, Sézanne
0
30 km
Reproduction interdite
Jean-Baptiste Nény

Place des Héros à Arras.

DÉCOUVERTE

LES IMMANQUABLES

AISNE

Laon

Campée sur une butte à une centaine de mètres d'altitude, « Belle-Ile-en-Terre » – ainsi fut-elle longtemps surnommée – a de quoi fasciner. Sur le plateau, les 7 km de remparts gardent jalousement les merveilles de son passé. On peut y admirer pas moins de 84 monuments historiques, dont la magnifique cathédrale gothique visible à plusieurs kilomètres à la ronde. La promenade intra-muros offre une richesse architecturale et artistique remarquable, qui, au hasard des rues, laisse entrapercevoir les lointaines plaines et forêts.

Basilique de Saint-Quentin

Cette ancienne collégiale de chanoines reçut le titre honorifique de basilique en 1876. Cet imposant édifice gothique au chœur et aux proportions remarquables est souvent pris pour la "septième cathédrale de Picardie". C'est en tout cas le deuxième édifice gothique de Picardie par ses dimensions. Sa construction a commencé à la fin du XIIe siècle et dura près de trois siècles. La basilique est un lieu de renommée internationale du fait de son pèlerinage important voué à saint Quentin. Dans la nef, le pavage dessine un labyrinthe que les fidèles parcouraient à genoux sur 260 m. Lieu placé sous protection royale, le monument offre un rare exemple de l'évolution de l'art gothique du nord de la France du XIIIe au XVe siècle grâce à son chœur rayonnant, son double transept, son arbre de Jessé et ses vitraux. En grimpant un peu vers les sommets, on peut apprécier un très beau panorama sur la ville. A la nuit tombée, l'extérieur est remarquablement illuminé.

■ **BASILIQUE DE SAINT-QUENTIN** ★
1, rue de Labon
SAINT-QUENTIN
✆ 03 23 67 05 00
www.saint-quentin-tourisme.fr
tourisme@saint-quentin.fr
Ouvert toute l'année. Visite guidée (renseignements auprès de l'Office de Tourisme et des Congrès du Saint-Quentinois). Location d'audioguide sur la basilique.

L'abbaye Saint-Jean-des-Vignes à Soissons

L'Abbaye Saint-Jean-des-Vignes est un incontournable de la ville de Soissons. Situées sur une colline dominant la ville, les ruines ont conservé d'élégantes flèches hautes de 75 m. Arpentez le remarquable réfectoire, le très beau cloître du XIIIe siècle et le logis abbatial (XVIe-XVIIe siècles). Fondée vers 1076 par Hugues le Blanc, grand seigneur de la région, l'abbaye, du haut de sa colline, domine la ville. Destinée à une communauté de chanoines, elle a conservé la grande façade de son abbatiale, édifiée de 1230 à 1520. Le cloître gothique, fin XIIIe début XIVe siècle, dont il reste les galeries ouest et sud, formait un carré de 30 m de côté. Un grand réfectoire du XIIIe siècle longe la galerie ouest du cloître, en s'appuyant contre la tour sud de la façade de l'église. De l'ancienne abbaye, il subsiste encore des éléments de la cuisine et du chauffoir, et un immense cellier situé sous le réfectoire. Le Centre d'Interprétation de l'Architecture et du Patrimoine est installé dans l'ancien logis de l'Abbé entièrement restauré. A côté d'une remarquable maquette de l'abbaye, des panneaux explicatifs permettent de mieux appréhender l'histoire de la ville et de son patrimoine.

■ **ABBAYE SAINT-JEAN-DES-VIGNES** ★★★
Rue Saint-Jean
SOISSONS
✆ 03 23 53 17 37
www.soissons.catholique.fr
Ouvert toute l'année. Du lundi au vendredi de 10h à 12h15 et de 13h30 à 18h ; le week-end et les jours fériés de 10h à 12h15 et de 13h30 à 19h. De novembre à février, fermeture à 17h. Gratuit. Visite guidée (l'été, sur réservation auprès de l'office de tourisme).

NORD ★★

La Grand-Place à Lille

Renommée place du Général de Gaulle en hommage à Charles de Gaulle après la libération de Lille à la fin de la Seconde Guerre mondiale, la Grand'Place est un lieu chargé d'histoire. Née au Moyen Âge, elle est un lieu de commerce, comme l'atteste la Vieille Bourse. C'est également ici qu'avaient lieu les démonstrations de force des armées d'outre-Rhin et que se sont déroulées, en 1925, les funérailles de Gustave Delory, ancien maire de Lille. Symboliquement, la Grand'Place de Lille est sous la protection de quatre femmes. En premier lieu la Déesse, qui trône du haut de sa colonne entourée d'une fontaine, commémore le siège de Lille par les Autrichiens, en 1792. Sa main gauche indique du doigt une inscription gravée sur son socle : c'est la réponse courageuse du maire de la ville qui refusa l'offre des Autrichiens. De sa main droite, elle tient un boutefeu qu'utilisaient les célèbres canonniers lillois.

Puis, en levant la tête vers la façade du siège du journal de presse quotidienne régionale *La Voix du Nord*, on aperçoit les Trois Grâces, qui couronnent le haut pignon. Chacune représente une province de la région : l'Artois, la Flandre et le Hainaut. À droite de l'immeuble de *La Voix du Nord*, la Grande-Garde (1717) abritait jadis les soldats du guet. Ordonné par Louis XIV, ce bâtiment arbore un fronton portant le soleil et les fleurs de lys, symboles du roi. Il abrite aujourd'hui le Théâtre du Nord et est inscrit aux monuments historiques. L'hiver venu, la place accueille, pour les fêtes de Noël, la populaire grande roue de Lille, faisant le bonheur des petits et des grands. C'est aussi sur la Grand'Place que s'ouvre le quartier du Vieux-Lille.

La Vieille Bourse à Lille

Aujourd'hui rendez-vous des bouquinistes (tous les après-midi sauf le lundi) et des amateurs de tango (de juillet à septembre), cette galerie à colonnes était autrefois un haut lieu de commerce de la ville. Lille confia au maître maçon Julien Destrée sa construction, à côté de la Grand'Place qui servait de lieu de négoce aux marchands. Érigée au milieu du XVIIe siècle, la Vieille Bourse se compose de vingt-quatre maisons identiques entourant un cloître. Elle fut rénovée à la fin des années 1980, notamment grâce au mécénat, dont on peut voir les sigles des entreprises contributaires sur les façades extérieures au-dessus des fenêtres du deuxième étage. Cette rénovation respecte scrupuleusement le style Renaissance flamande, comme en témoignent les magnifiques fenêtres décorées. Parmi les motifs de décoration de cet édifice à tendance baroque, on peut observer les cornes d'abondance, les têtes de léopard, les têtes d'enfant ou encore celle du roi Midas flanquée de deux oreilles d'âne. Les lions de Flandre témoignent de l'appartenance à cette époque de Lille aux Pays-Bas. Quatre portails monumentaux mènent vers le cloître et la cour intérieure, où la statue de Mercure, surplombant le campanile, rappelle la fête annuelle des dentellières.

© ERIC MATHIEU – XILOPIX

La Vieille Bourse de Lille.

Centre historique minier de Lewarde

Installé au cœur du bassin minier, sur le carreau de l'ancienne fosse Delloye qui regroupe 8 000 m^2 de bâtiments industriels, c'est le plus important musée français consacré à la mine. Il accueille 155 000 visiteurs chaque année. Les collections comprennent 15 000 objets ayant trait à l'histoire du bassin houiller du Nord-Pas-de-Calais. Trois domaines sont particulièrement bien représentés : l'histoire des techniques minières, l'ethnologie à travers des témoins de la vie quotidienne des mineurs, et la géologie grâce au fonds important de fossiles houillers et d'échantillons de roches provenant de sondages de prospection. Le Centre historique Minier développe également depuis plusieurs années une collection d'œuvres d'art (peintures, dessins, aquarelles, sculptures ou tapisseries, affiches publicitaires et de cinéma) et d'objets décoratifs (horloges, pièces de mobilier et de vaisselle, monnaies et médailles) illustrant la mine et les mineurs.

■ CENTRE HISTORIQUE MINIER DE LEWARDE ★★
Fosse Delloye
LEWARDE © 03 27 95 82 82
www.chm-lewarde.com
contact@chm-lewarde.com

Fermé du 1er au 31 janvier, les 1er mai et 25 décembre. Basse saison : ouvert du lundi au samedi de 13h à 19h ; le dimanche et les jours fériés de 10h à 19h. Haute saison : tous les jours de 9h à 19h30. Basse saison 17h fermeture de la billetterie, haute saison 17h30 fermeture de la billetterie. Gratuit jusqu'à 5 ans. Adulte : 14,30 € (12,50 € sans rencontre témoignage). Enfant (de 5 à 18 ans) : 8,50 € (inclus). Groupe (20 personnes) : 12,40 € (10,60 € sans rencontre témoignage). Forfait famille (2 adultes + 2 enfants) : 40,20€ (33€ sans rencontre témoignage). Accueil enfants. Visite guidée. Restauration. Boutique. Animations.

La station touristique du Valjoly

Labellisé Station verte depuis 2010, le ValJoly accueille tout au long de l'année locaux et touristes en quête d'un peu de verdure et d'animations. Il faut dire que de multiples activités sont proposées sur les 400 hectares de la station : base nautique (bateaux à pédales, planche à voile, paddle...), VTT et VTC, parcours d'accrobranches, centre aquatique, aquarium, bien-être et remise en forme, mini-golf, trampoline, centre équestre... Au bord du plus grand lac au nord de Paris, le ValJoly offre aussi tout le confort avec 30 chalets et 180 cottages à louer le temps d'un week-end ou d'une semaine, des restaurants, et des boutiques où le terroir et l'artisanat sont mis à l'honneur. C'est le point de départ idéal pour sillonner l'Avesnois. Des animations sont également organisées pour animer la station et ce, peu importe la saison : festival de jazz, patinoire et spectacles pour enfants pendant les fêtes de Noël, trail...

VALJOLY
Station touristique du ValJoly
EPPE-SAUVAGE © 03 27 61 83 76
www.valjoly.com
valjolyresa@valjoly.com
Depuis Lille : prendre direction Valenciennes, Maubeuge, puis Reims et Laon sur la RN2.
Ouvert toute l'année. Du lundi au vendredi de 10h à 12h15 et de 13h45 à 18h ; le week-end de 10h à 12h30 et de 13h45 à 18h30. Horaires de la réception. Chalet 3/4 pers : week-end (2 nuits) à partir de 186 €, semaine à partir de 395 €. Yourte 1/2 pers : week-end 120 €, semaine 340 €. Accès illimité à Aquatica pour ses deux locations. Nuit en camping : à partir de 7,50 €. Chèque Vacances. Restauration. Boutique. Animations. Chambre triple dans la base nautique La Héronnière à partir de 43 €. Les activités se paient à l'accueil de la station avec un système de jetons.

OISE

Cathédrale Saint-Pierre à Beauvais

Le chœur gothique le plus haut du monde ! C'est ce qui rend célèbre la cathédrale de Beauvais. L'effet de verticalité est d'autant plus impressionnant que le reste de l'édifice n'est pas achevé. Au XIIIe siècle, Beauvais est à l'apogée de sa puissance et l'évêque-comte Milon de Nanteuil décide de construire la plus haute et vaste église du royaume, à la place de l'ancienne église (dont on peut voir encore aujourd'hui une partie accolée à la façade ouest, et que l'on appelle « la Basse œuvre »). Les travaux commencent en 1225. Le chœur et le bas-côté oriental du transept sont terminés en 1272, mais sa hauteur le fragilise, et en 1284, l'effondrement d'une partie de la voûte marque les esprits. Vont alors commencer des travaux de consolidation jusqu'en 1340 (et aujourd'hui encore des tirants de bois traversent l'intérieur de l'édifice). Le chantier est ensuite interrompu faute de financement et à cause de la guerre de Cent Ans. De 1500 à 1550, sous la direction du renommé Martin Chambiges, le transept est construit, chef-d'œuvre de l'architecture flamboyante. Ses successeurs prennent l'initiative d'ériger une tour lanterne (d'une hauteur de 110 m) à partir de 1563, forçant à l'arrêt les travaux de la nef, qui avaient comme objectif de consolider la construction. La tour est terminée en 1569, mais s'effondre au bout de quatre années ! Sa dimension faramineuse est mise en cause, tout comme le vent qui aurait fragilisé ses fondations. Faute de fonds, la nef ne sera ensuite jamais réalisée. Si la Révolution française a privé la cathédrale des statues qui ornaient son portail et de bien des éléments de son décor intérieur, vous pouvez encore admirer quelques peintures et des vitraux et l'horloge astronomique. Elle fascine avec ses 52 cadrans et ses 68 automates jouant la scène du Jugement dernier (ne manquez pas la nouvelle animation qui met en valeur ses secrets). Vous apprécierez également l'un des plus grands orgues de France.

Le spectacle Skertzò « Beauvais, la cathédrale infinie » est un superbe spectacle de lumière qui met en valeur le portail sud. Projections du 27 juin au 19 septembre 2020, les vendredis et samedis soir à la nuit tombée.

CATHÉDRALE SAINT-PIERRE ★★★★
Rue Saint-Pierre
BEAUVAIS © 03 44 48 11 60
www.cathedrale-beauvais.fr
Accès libre à la cathédrale de 10h à 18h15 (d'avril à fin septembre) ; de 10h à 12h15 et de 14h à 17h15 (de novembre à fin mai). Horloge astronomique : séances à 10h30, 11h30, 14h30, 15h30 et 16h30 (+ 12h30 et 13h30 d'avril à octobre). Tarif : 5 €, 3 € pour les 16-25 ans, 1,50 € pour les moins de 16 ans.

Cathédrale Notre-Dame-de-Senlis

L'édifice se distingue par des dimensions moins démesurées que ses voisines picardes, mais il reste un formidable exemple de l'élégance du gothique flamboyant ! Cette cathédrale a été construite en 1150 et sera consacrée quarante ans plus tard. Le style gothique initial sera remanié au XIIIe siècle : le clocher du sud se prolonge alors d'une élégante flèche à deux étages. En 1504, un incendie ravage la charpente et conduit à l'effondrement des voûtes. Sa reconstruction sera l'occasion de surélever de 6 m les parties hautes, de doubler les bas-côtés de la nef et de parer les façades latérales d'un splendide décor flamboyant. En 1520, commence l'édification de la façade du transept sud, avec un superbe portail construit par Martin Chambiges, un des architectes de la cathédrale de Beauvais, et terminé par son fils Pierre Chambiges. La Révolution Française n'est pas fatale à la cathédrale, seul le mobilier est pillé et les têtes de statues-colonnes du portail occidental détruites. Vous vous attarderez sans doute sur le portail sculpté de renommée internationale. Sa restauration, achevée il y a près de 10 ans, a mis au jour la polychromie du couronnement de la Vierge.

CATHÉDRALE NOTRE-DAME DE SENLIS ★★
Place Notre-Dame
SENLIS
Ouvert tous les jours de 8h30 à 19h. Gratuit. Visite guidée tous les troisièmes dimanches au départ de l'Office de Tourisme à 15h d'avril à octobre (sous réserve de changement de dates).

CARTE D'IDENTITÉ

Les Hauts-de-France

- **Superficie :** 31 806 km^2.
- **Population :** 6 003 815 habitants (source INSEE 2017).
- **Densité :** 189 hab./km^2.
- **Départements :** Aisne, Nord, Oise, Pas-de-Calais et Somme.
- **Communes :** 3 766.
- **Capitale régionale :** Lille.

L'Aisne

- **Superficie :** 7 369 km^2.
- **Population :** 534 490 habitants.
- **Densité :** 73 hab./km^2.
- **Préfecture :** Laon.
- **Sous-préfectures :** Château-Thierry, Saint-Quentin, Soissons, Vervins.
- **Nombre de communes :** 799 communes pour 21 cantons.
- **Point culminant :** Watigny (285 m).

Le Nord

- **Superficie :** 5 743 km^2.
- **Population :** 2 604 361 habitants.
- **Préfecture :** Lille.
- **Sous-préfectures :** Avesnes-sur-Helpe, Cambrai, Douai, Dunkerque et Valenciennes.
- **Densité :** 453 hab./km^2.
- **Nombre de communes :** 652 communes pour 41 cantons.
- **Point culminant :** Anor (272 m).

L'Oise

- **Superficie :** 5 860 km^2.
- **Population :** 824 503 habitants.
- **Densité :** 140 hab./km^2.
- **Préfecture :** Beauvais.
- **Sous-préfectures :** Clermont, Compiègne, Senlis.
- **Nombre de communes :** 679 communes pour 21 cantons.
- **Point culminant :** Lalandelle (235 m).

Le Pas-de-Calais

- **Superficie :** 6 671 km^2.
- **Population :** 1 468 018 habitants.
- **Densité :** 221 hab./km^2.
- **Préfecture :** Arras.
- **Sous-préfectures :** Béthune, Boulogne-sur-Mer, Calais, Lens, Montreuil-sur-Mer, Saint-Omer.
- **Nombre de communes** : 887 communes pour 39 cantons.
- **Point culminant :** vers Desvres (212 m).

La Somme

- **Superficie :** 6 170 km^2.
- **Population :** 572 443 habitants.
- **Densité :** 93 hab./km^2.
- **Préfecture :** Amiens.
- **Sous-préfectures :** Abbeville, Montdidier, Péronne.
- **Nombre de communes :** 749 communes pour 23 cantons.
- **Point culminant :** dans le Vimeu (210 m).

Musée de la nacre et de la tabletterie

Plus qu'un musée, une véritable plongée dans un univers industriel passionnant, avec des méthodes très ingénieuses pour produire de superbes boutons, dominos, éventails... On découvre dans cette ancienne usine (très bien réhabilitée) les secrets de l'ancienne capitale mondiale de la nacre et de la tabletterie ! En suivant la visite guidée, on est bluffé par un simple domino issu d'os de bœuf argentin et monté grâce à de la colle extraite de têtes de poisson. Toute la famille participait, même les enfants qui mettaient la couleur noire dans les trous. On découvre ensuite la confection de boutons, à partir de superbes coquillages provenant du monde entier, et en particulier d'Océanie et de Polynésie. A l'étage on retrouve de magnifiques objets réalisés ici. Il y a une partie tactile avec les coquillages, pour le plus grand plaisir des enfants. Dans la boutique, vous allez adorer les superbes bijoux et objets réalisés (dominos, boutons...) dans les ateliers du musée ! La plupart des objets présentés sont dans des gammes de prix très accessibles.

Exposition du 26 septembre 2020 au 3 janvier 2021 : Les Photaumnales « Le flux des lointains ». Dans le cadre de la 17e édition des Photaumnales (événement réputé organisé chaque année à Beauvais), découvrez, au travers de photographies contemporaines, l'acheminement des matières premières nécessaires à la fabrication des objets de tabletterie.

MUSÉE DE LA NACRE ET DE LA TABLETTERIE ★
51, rue Roger-Salengro
MÉRU
✆ 03 44 22 61 74
www.musee-nacre.fr
contact@musee-nacre.fr
Ouvert toute l'année. Du mercredi au lundi et les jours fériés de 14h30 à 18h30. Gratuit jusqu'à 5 ans. Adulte : 7 €. Enfant (de 5 à 16 ans) : 3,50 €. Groupe (20 personnes) : 5,50 €. Visite guidée (à 15h, 16h, 17h). Boutique.

Palais impérial de Compiègne

Impressionnant par ses dimensions, il abrite trois musées de grand intérêt. Vous trouverez assez facilement cet édifice élégant dont l'atout le plus singulier est d'être situé en centre-ville, tout en marquant l'entrée de la plus belle forêt de la région. Cette vue sur le massif n'est pas une coquetterie mais elle est liée à l'intérêt des têtes couronnées pour le magnifique terrain de chasse qui s'offrait à eux. Le plus assidu fut Louis XV, il confia à Jacques-Ange Gabriel le soin de reconstruire le château. Napoléon lança des travaux pour recevoir en 1810 sa future épouse Marie-Louise. Mais c'est Napoléon III qui fit de Compiègne sa résidence de prédilection. De fait, le château possède de superbes pièces et une riche histoire à découvrir. On notera que l'équipe du château s'efforce de renouveler ses approches, avec notamment une grande exposition événement chaque hiver. Enfin, vous ne pouvez pas passer un côté d'un tour dans le grand parc (dont l'accès est gratuit). Très photogénique avec ses fleurs, ses statues et ses grands arbres, il offre une ouverture sur la forêt que vous n'avez pas le droit de manquer.

CHÂTEAU DE COMPIÈGNE ★★★
Place du Général-de-Gaulle
COMPIÈGNE
✆ 03 44 38 47 00
https://chateaudecompiegne.fr
palais.compiegne@culture.gouv.fr
Fermé les 1er janvier, 1er mai et 25 décembre. Ouvert du mercredi au lundi de 10h à 18h (dernière visite à 17h15). Fermeture à 16h de novembre à mars. Gratuit jusqu'à 26 ans. Adulte : 7,50 €. Groupe (10 personnes) : 8 € (par personne). 2 € de supplément pour les expositions. Accès libre au parc. Boutique. Librairie.

Château et parc de Chantilly

CHÂTEAU DE CHANTILLY ★★★
CHANTILLY
✆ 03 44 27 31 80
www.domainedechantilly.com
Fermé en janvier. Basse saison : ouvert du mercredi au lundi et les jours fériés de 10h30 à 17h. Haute saison : tous les jours et les jours fériés de 10h à 18h. Basse saison de début novembre à fin mars. Gratuit jusqu'à 3 ans. Adulte : 17 €. Enfant (de 3 à 17 ans) : 13,50 €. Réduction pour les étudiants, les demandeurs d'emploi et les personnes handicapées. Pass domaine avec le spectacle équestre : de 24 € à 30 €. Parc de 6 € à 8 €. Visite guidée. Restauration. Boutique.

C'est la destination phare de la région avec environ 450 000 visiteurs par an. Le château vient d'obtenir l'appellation Musée de France. Il est entouré d'eau, est d'abord très photogénique extérieurement. Il fut sans cesse agrandi et restauré par ses lignées d'occupants : les Orgemont, les Montmorency, les Condé et surtout le duc d'Aumale qui le dota d'inestimables collections d'œuvres d'art, comme *Le Massacre des Innocents* de Nicolas Poussin qui a repris sa place après restauration. Le Cabinet des Livres, l'une des bibliothèques les plus riches d'Europe, regroupe aussi quelque 13 000 volumes et manuscrits. La visite des grands appartements princiers et des appartements privés du duc et de la duchesse d'Aumale réserve de multiples délices. Appréciez aussi la variété des ambiances du grand parc, le romantisme y est au rendez-vous en toute saison. Et pour compléter votre journée, profitez de la visite couplée avec les Grandes Écuries, avec pourquoi pas un spectacle équestre !

En 2020, le château se renouvelle et propose des ateliers originaux comme apprendre à monter la véritable crème chantilly à la main avec la confrérie des chevaliers fouetteurs (13 € pour les adultes, 10 € pour les adolescents et 6 € pour les moins de 12 ans). Les enfants pourront aussi apprécier de se déguiser en prince et en princesse (location de costumes pour les 3-11 ans : 5 €). Egalement une exposition du 5 septembre 2020 au 3 janvier 2021 sur les porcelaines de Meissen et de Chantilly.

© JÉRÔME HUYVET

Domaine de Chantilly.

PARC DU CHÂTEAU CHANTILLY ★★★★

www.domainedechantilly.com

Fermé en janvier. De fin mars à fin octobre, ouvert tous les jours de 10h à 20h. De début novembre à fin mars, ouvert tous les jours de 10h30 à 18h. Gratuit jusqu'à 3 ans. Adulte : 8 € (6 € de fin octobre à fin mars). Enfant (de 3 à 17 ans) : 6 €. Pass domaine avec le spectacle équestre : de 24 à 30 €. D'avril à octobre, balade en minibus : 5 €. Location de voiturette : 25 à 35 €/h. Vélo 10 €/h. Rosalie 19 €/h. Restauration. Jeux pour enfants. Animaux.

S'étendant sur 115 ha, le parc du château a été modelé par les propriétaires successifs de Chantilly. Le jardin français, dessiné par Le Nôtre à la fin du XVIIe siècle, est le premier à vous apparaître. Depuis la terrasse du château, il ouvre une perspective sur un plan d'eau de 180 m de longueur débouchant sur le grand canal. Entre le château et les écuries, le jardin anglais fut aménagé au début du XIXe siècle par les derniers Condé puis détruit sous la Révolution. Au fil de ses allées, on découvre des édifices romantiques comme le Temple de Vénus, l'île d'Amour et le lac des Cygnes. De l'autre côté du jardin français, on pénètre dans le Hameau et son restaurant. Ces cinq maisonnettes campagnardes ont inspiré le hameau du Trianon de Marie-Antoinette à Versailles. Les enfants ne goûteront peut-être pas des heures à ce romantisme, alors amenez-les dans le grand labyrinthe végétal ou à la belle aire de jeux avec ses cabanes de bois et ses saute-moutons sympathiques. Passez voir aussi les animaux, surtout la vingtaine de petits kangourous (il ne reste plus qu'un des célèbres wallabies albinos). D'avril à octobre, vous pourrez faire le tour du parc en minibus, vélo, rosalie ou voiturette de golf.

Château de Pierrefonds

Quand vous apercevrez le château après avoir traversé la forêt de Compiègne, vous direz sans doute qu'il sort tout droit d'un conte de fées ou d'un décor de film. Vous n'aurez pas vraiment tort puisque Walt Disney s'en inspira pour *La Belle au bois dormant*. Il s'agit d'un ancien château fort dont la création fut ordonnée par Louis d'Orléans en 1393. Il résiste à deux tentatives d'assaut de l'armée royale, mais le siège livré par Richelieu sur ordre de Louis XIII (1617) lui est fatal. Napoléon Ier rachète Pierrefonds en 1811 mais c'est Napoléon III qui lui redonne une seconde vie. Il confie sa restauration à l'architecte Viollet-le-Duc, connu pour ses grands chantiers comme Notre-Dame de Paris. C'est ce curieux mélange de forteresse et d'architecture élégante du XIXe siècle qui donne au château sa singularité romantique. A l'intérieur, on retrouve des salles élégantes au milieu de structures massives. Les équipes du château ont également ajouté des touches de modernité, avec une application de visite « la ménagerie fantastique » (pour découvrir le château en famille en compagnie d'animaux fantastiques) et une table tactile permettant une approche ludique. Si vous n'avez pas le temps de visiter l'intérieur, faites le tour du château par le parc (accès gratuit). Une fois en haut, la vue sur le château, le village, l'étang et la forêt vaut le coup d'œil

CHÂTEAU DE PIERREFONDS ★★★

Rue Viollet-le-Duc
PIERREFONDS
✆ 03 44 42 72 72
www.chateau-pierrefonds.fr

♿

Fermé le 1er janvier, le 1er mai et le 25 décembre. Basse saison : ouvert tous les jours de 10h à 17h30. Haute saison : tous les jours de 9h30 à 18h. Dernier accès 45 minutes avant fermeture. Gratuit jusqu'à 25 ans. Adulte : 8 €. Groupe (20 personnes) : 6,50 €. Tarif réduit : 6,50 €. Gratuit pour les demandeurs d'emploi et les bénéficiaires des minimas sociaux. Billet couplé avec les châteaux de Compiègne et Coucy. Audio guide 3 €. Visite guidée. Boutique.

PAS-DE-CALAIS ★★

Les beffrois

En juillet 2005, vingt-trois beffrois des Hauts-de-France ainsi que le beffroi de Gembloux dans la province de Namur, en Belgique, ont été inscrits au patrimoine mondial de l'Unesco. Construits entre le XIe et le XVIIe siècle, ils illustrent aussi bien les styles architecturaux roman et gothique que Renaissance et baroque. Ils constituaient aussi en leur temps des symboles hautement significatifs de la conquête des libertés civiques. Par opposition au donjon (symbole du pouvoir politique des seigneurs) et au clocher (symbole du pouvoir de l'Église), le beffroi, troisième tour du paysage urbain, représentait le pouvoir des échevins. Au fil des siècles, il est devenu le symbole de la puissance et de la prospérité des communes. À travers leur édification, la commune cherchait à traduire la preuve matérielle de son pouvoir, de sa puissance et de son indépendance nouvellement acquise. Mais, au-delà de son aspect symbolique, le beffroi avait une utilité pratique et remplissait diverses fonctions : tour de guet, salle des cloches, arsenal, corps de garde, lieu de réunion échevinale, prison, tribunal, archives… Les marchands installèrent aussi des entrepôts dans les villes. Celles-ci devinrent ainsi rapidement des lieux de foires permanents qu'il fallut protéger contre les attaques des pillards. Là-haut, on plaça un guetteur chargé de surveiller les alentours et de donner l'alerte en cas de danger. Son organisation était toujours similaire : la tour reposait sur une cave surmontée d'une prison. A l'étage, une salle accueillait les réunions du conseil municipal. De la bretèche, petit balcon placé sur la façade, se faisaient les proclamations au peuple. Au-dessus, près de l'horloge, était installée une loge pour le guetteur. C'est aussi dans le beffroi qu'étaient conservées les richesses et l'artillerie communales.

Parmi ces beffrois, six sont situés dans le Pas-de-Calais

Aire-sur-la-Lys. Surplombant l'hôtel de ville, il a été reconstruit en 1924 après l'incendie ravageur de 1914. Le premier beffroi datait du XIVe siècle. Du haut des 236 marches, le point de vue est impressionnant ! Visite réservée aux plus de 12 ans pour des raisons de sécurité, sur rendez-vous pour les groupes de 3 à 11 personnes. Tarif : 3 €/adulte et 1,50 €/enfant et étudiant.

Arras. Âgé de plus de 500 ans, le beffroi d'Arras (75 m) a connu deux ruines, en 1832 et pendant la Grande Guerre. Rénové en 2005, il associe à présent la pierre et le béton. À son sommet à 55 m de hauteur trône le lion d'Arras. Le beffroi a été élu monument préféré des Français par les téléspectateurs en 2015. Visite libre tous les jours (fermeture le midi), 3,10 € avec montée en ascenseur puis 40 marches pour arriver en haut.

Béthune. Seul au milieu de la Grand-Place, le beffroi rythme la vie des Béthunois depuis le XIVe siècle avec l'un des plus beaux carillons de la région. A son sommet est perché un dragon doré. Reconstruit dans les années 1920, il s'illumine d'une mosaïque colorée tous les soirs. Il est actuellement fermé pour travaux, mais une vidéo de présentation est accessible à l'accueil de l'office de tourisme.

Boulogne-sur-Mer. L'ancien donjon comtal de la fin du XIIe siècle devient beffroi en 1230. Sa construction serait attribuée à Renaud de Dammartin, comte de Boulogne de 1191 à 1214. Suite à un incendie en 1712, sa flèche est remplacée par une tour octogonale. Accès libre au rez-de-chaussée du lundi au samedi midi et visite intégrale possible en juillet et août.

Calais. Soutenu par une ossature en béton armé, technique novatrice au début du siècle, le beffroi de Calais, qui s'élève à 72 m au-dessus de l'hôtel de ville, a été bâti pour symboliser l'union des communes de Saint-Pierre et Calais. Visite du mardi au dimanche hors saison et toute la semaine en saison, de 10h à 12h et de 14h à 17h30. Tarif : 5 €.

Hesdin. Construit au XVIe siècle, l'hôtel de ville est coiffé d'un beffroi, restauré en 1875, qui mesure 70 m de hauteur. Il ne se visite pas pour l'instant pour des raisons de sécurité, mais une étude est en cours pour l'ouvrir au public. L'office de tourisme se situe à son pied.

Le marais audomarois

Le marais audomarois, c'est une cuvette marécageuse de 3 600 ha répartis sur 14 communes. Étangs, prairies, petites parcelles maraîchères et fossés s'imbriquent dans un mélange intime de terre et d'eau pour former des paysages incomparables. Cette mosaïque exceptionnelle est le résultat du travail de l'homme au fil des siècles. Au tout début de son existence, la province des Morins constitue un paysage de marécages à l'état sauvage. C'est une île déserte entre rivières et mer. Au VIIIe siècle, des moines bénédictins établissent un monastère : l'abbaye de Saint-Bertin. Ils cherchent à développer le commerce par voie d'eau et font creuser un premier canal vers la mer. Les premiers marais cultivables sont alors formés au nord et à l'est de la ville de Saint-Omer au XIIe siècle. Du XVe au XIXe siècle se poursuit l'aménagement des marais grâce à la technique de poldérisation importée des Pays-Bas. On y cultive la pomme de terre, le navet, l'oignon jaune et rouge, le poireau, le céleri, l'artichaut, les choux, les fraises ou encore l'endive. La spécialisation sur le chou-fleur, culture particulièrement adaptée au marais, s'amorce au XVIIIe siècle.
Mais le marais n'est pas seulement un espace agricole, c'est aussi un espace de vie extraordinaire pour les promeneurs, à pied ou en barque, et un véritable paradis pour les pêcheurs… Il est habité d'une faune et d'une flore remarquables, sans compter de merveilleux villages pittoresques qui méritent le détour : Salperwick, Tilques, Serques, Clairmarais, Moulle et Houlle. Il subsiste dans cette région un mythe populaire, celui de la sorcière Marie Groëtte, qui hante les marais et les cours d'eau. Représentée avec le groët (fourche à quatre ou cinq dents recourbées), elle avait pour but d'éloigner les enfants de ces endroits dangereux. La ville d'Arques a honoré cette sorcière en créant un jacquemart à son effigie, qui trône sur l'hôtel de ville.

Le bassin minier

L'exploitation du charbon dans la région remonte à 1720, lorsque fut découvert ce minerai à Anzin, commune du Valenciennois dans le Nord. Jusqu'en 1990, une zone de 120 km de long sur 12 km de large, à cheval sur les départements du Nord et du Pas-de-Calais et représentant 10 % de la superficie régionale, sera exploitée. Les habitants ont hérité de ce paysage spécifique transformé par l'homme et de cette culture ch'ti qui fait leur fierté. Plus de 700 cités minières, les fameux corons chantés par Pierre Bachelet, une dizaine de musées et quatre fosses sont visitables aujourd'hui, sans oublier les impressionnants terrils, monts créés par l'homme sur lesquels la végétation prend aujourd'hui ses aises et où vous apprécierez de faire de la randonnée, du VTT, des trails sans cesse plus nombreux et même du ski à Nœux-les-Mines !

Les deux caps

L'un des plus majestueux paysages maritimes du Pas-de-Calais est sans conteste le site des Deux Caps. Le cap Blanc-Nez se trouve sur la commune d'Escalles, petit village niché dans un merveilleux vallon, situé à 10 km au sud de Calais et à 23 km au nord de Boulogne-sur-Mer. Le site impressionne par sa vue imprenable sur d'interminables plages surplombées par des falaises culminant à 133 m. Ces falaises et collines crayeuses, dont les parties sommitales sont pourvues d'un sol pierreux, ont conservé une lande herbeuse particulièrement liée aux embruns salés transportés par les vigoureux vents du nord et de l'ouest. Les pelouses herbeuses voisinent avec les cultures et les cratères de bombes de la Seconde Guerre mondiale. Le site du cap Blanc-Nez est caractérisé par une grande diversité floristique. C'est en effet le seul coteau calcaire en façade maritime du Pas-de-Calais. Cette originalité se traduit par des plantes halophiles sur la falaise : le chou marin (ancêtre des choux cultivés) en est certainement le plus représentatif. Les amoureux du grand air peuvent suivre le circuit balisé longeant les falaises jusqu'au Dover Patrol, point culminant du cap, où est érigé un obélisque en hommage à cette fameuse patrouille de Douvres chargée durant la guerre 1914-1918 de draguer et de surveiller le détroit du Pas-de-Calais. De là-haut, la vue sur les côtes anglaises, qui paraissent parfois si proches, est superbe tout comme les couchers de soleil. Plus au sud se situe son frère, le cap Gris-Nez, au bout duquel se dresse un phare dont la portée est de 50 km. Le centre régional d'opérations de sauvetage en mer (Cross) y surveille le trafic de la Manche, l'un des plus denses du monde (environ 500 bateaux par jour). Le cap Gris-Nez est constitué de terrains d'âge jurassique. Depuis la plage, une coupe transversale dans la falaise permet d'observer l'organisation générale des couches géologiques truffées de fossiles de plus de 150 millions d'années. Il offre une halte privilégiée pour de nombreuses espèces d'oiseaux migrateurs. La vue sur la baie de Wissant et le Blanc-Nez est tout simplement splendide et invite à la rêverie le long des multiples chemins de randonnée.

Le musée du Louvre-Lens

Ce bâtiment de verre et de lumière a été conçu par le cabinet d'architectes japonais Sanaa et abrite une sélection d'œuvres prestigieuses du Louvre-Paris. L'espace phare du musée ? Sa Galerie du Temps. Sur 3 000 m² d'un seul tenant de 120 m s'y découvrent 5 000 ans d'histoire. Malgré l'absence d'ouverture sur l'extérieur, cet étonnant espace possède une atmosphère apaisante. Les œuvres sont espacées, ce qui permet une déambulation fluide au gré des trésors qui se portent à l'œil du visiteur. Chaque année, à la date anniversaire de sa création, le musée renouvelle les œuvres présentées et permet au visiteur de découvrir de nouveaux trésors à chaque visite. Dans son prolongement, le Pavillon de verre, baigné de lumière naturelle, invite à une pause face au parc aménagé par la paysagiste française Catherine Mosbach. Le centre de ressources au cœur du hall d'accueil permet de s'approprier pleinement les lieux.
Des expositions temporaires sont régulièrement programmées. En 2020, vous pourrez découvrir la richesse de la peinture polonaise du XIXe siècle, vous plonger dans les richesses infinies de la couleur noire et découvrir la force des liens noués entre Picasso et le Louvre. Un vaste programme donc !
Lieu de culture et de découvertes, le Louvre-Lens est aussi un lieu de... gastronomie ! Le chef étoilé (et originaire de la région !) Marc Meurin y a installé son atelier. Là, il invente une cuisine audacieuse, élégante et savoureuse. Avis aux esthètes gastronomes donc !

- **Des visites pour les enfants et les familles**. Les mercredis et dimanches, le Louvre-Lens accueille les jeunes enfants à partir de neuf mois pour des visites guidées adaptées à leur âge. Les samedis et pendant les vacances scolaires, les enfants de quatre à douze ans sont invités à des visites-ateliers en toute autonomie, sans les parents. Culture et activités manuelles et ludiques sont au rendez-vous ! Des livrets-jeux sont également à disposition pour découvrir les collections en s'amusant.
- **Transport Futé.** Voyagez en train et demandez le *Pass transport Louvre-Lens* lors de la réservation de votre billet. Ce pass comprend un aller-retour dans la même journée à destination de Lens au prix d'un aller simple sur présentation du billet d'entrée au musée en cas de contrôle lors du trajet retour. Cette offre est valable depuis n'importe quelle gare de la région. Le transfert entre la gare de Lens et le musée se fait grâce à une navette gratuite qui assure deux trajets par heure.

LE LOUVRE – LENS ★★★
99, rue Paul-Bert
LENS ✆ 03 21 18 62 62
www.louvrelens.fr
info@louvrelens.fr

Qualité Tourisme. Fermé le 1er janvier, le 1er mai et le 25 décembre. Ouvert du mercredi au lundi et les jours fériés de 10h à 18h (dernière visite à 17h15). Le parc du musée est ouvert tous les jours et toute l'année. Haute saison : de 7h à 21h. Basse saison : de 8h à 19h. Gratuit. Les expositions temporaires sont payantes : 10€ / 18-25 ans : 5€ / – 18 ans : gratuit. Guide multimédia : 3€ (Galerie du Temps), 2€ (expo temporaire). Accueil enfants. Visite guidée (galerie du temps : de 4 à 6€, tous les jours / pour les expos temporaires sur réservation). Restauration. Boutique. Animations.

SOMME

Cathédrale Notre-Dame à Amiens

Impossible de visiter Amiens sans passer admirer cette grande dame classée au patrimoine mondial de l'Unesco depuis 1981. Superbe et gigantesque édifice de pierre, elle trône au centre d'Amiens, une situation et un style gothique qui la rend emblématique de la cité. Quelques chiffes pour vous laisser imaginer l'ampleur d'un tel bâtiment : sa flèche affiche une hauteur de 112 m et la voûte de la nef 43 m, la longueur totale est de 145 m et le volume intérieur est d'environ 200 000 m^3, soit deux fois la cathédrale Notre-Dame de Paris. A l'intérieur, vous pourrez admirer les deux gisants de bronze du XIIIe siècle, le labyrinthe qui servait de parcours initiatique aux fidèles, les 110 stalles de bois sculptées qui servaient de chaises pour les chanoines de la cathédrale, et le fameux haut-relief de saint Jean-Baptiste représentant les épisodes de la vie du saint. En 2020, cela fait 800 ans que la première pierre a été posée. A l'occasion de cet anniversaire, plusieurs événements sont prévus comme des concerts, une interprétation exceptionnelle du *Requiem* de Fauré sous les voûtes en septembre, et un grand spectacle au mois d'octobre avec 300 bénévoles mêlant théâtre, danse, musique et jeux de lumière…

▶ **Spectacle gratuit « Chroma »** : spectacle joué de mi-juillet à mi-septembre et au mois de décembre à la tombée de la nuit. D'une durée de 50 minutes, il se compose de 20 minutes de son et lumière et de 30 min de polychromie évoquant l'histoire de Notre-Dame et de la ville d'Amiens par la couleur.

■ **CATHÉDRALE D'AMIENS** ★★★★
Place Notre-Dame
AMIENS ✆ 03 22 80 03 41
www.cathedrale-amiens.fr
Fermé le mardi, le dernier dimanche de septembre, les 1er janvier, 1er mai et 25 décembre. Billet jumelé Tours et Salle du Trésor : plein tarif 8 €, réduit 6,50 €. Salle du Trésor : plein tarif 3,50 €, réduit 3,30 €. Gratuité : moins de 25 ans, premiers dimanches du mois de novembre à mai, personnes handicapées et leurs accompagnateurs, demandeurs d'emploi, bénéficiaires RSA, journalistes.

Château fort de Rambures

Le château est un rare exemple de l'architecture militaire du XVe siècle puisqu'il a encore aujourd'hui l'aspect voulu par les ingénieurs de l'époque. La découverte des lieux s'effectue accompagnée d'un guide qui vous conte l'histoire de cette forteresse au fil des siècles, de façon très dynamique ! Un voyage dans le temps à ne pas manquer. Le parc romantique de 15 ha invite à la flânerie, il est inscrit à l'inventaire supplémentaire des Monuments historiques et labellisé Jardin remarquable depuis 2006. Plusieurs zones composent ce magnifique ensemble, un parc boisé où se plaisent des arbres remarquables et séculaires, une roseraie de plus de 500 variétés et un jardin des simples. Avis aux familles, ne manquez pas la chasse au trésor préparée en été et les jeux anciens à découvrir autour du château !

■ **DOMAINE DU CHÂTEAU DE RAMBURES** ★★
8, rue du Château
RAMBURES ✆ 03 22 25 10 93
www.chateaufort-rambures.com
contact@chateaufort-rambures.com
Ouvert de mi-février à fin octobre, et toute l'année pour les groupes sur réservation. Basse saison : ouvert du jeudi au mardi de 10h à 12h et de 14h à 18h. Haute saison : du jeudi au mardi de 10h à 12h et de 14h à 18h ; le mercredi de 14h à 18h. Gratuit jusqu'à 5 ans. Adulte : 10 €. Enfant : 7 €. Billet pour le parc en haute saison 8 €. Chèque Vacances.

Le château de Rambures.

DÉCOUVERTE

Jardins de Valloires

Les Jardins de Valloires présentent une collection unique en France de 5 000 espèces et variétés d'arbustes rares. Tout a été conçu de manière à ce que l'harmonie entre les jardins et l'architecture du cloître soit respectée. Labellisé Jardin remarquable, ce décor végétal est le chef-d'œuvre du paysagiste Gilles Clément. La visite démarre par le Jardin régulier, cloître végétal faisant écho au cloître minéral de l'abbaye. Au bout de l'allée centrale de pure inspiration française, la roseraie présente une remarquable collection d'un millier de rosiers anciens. Dans le Jardin des marais, l'atmosphère est plus sauvage. Au Jardin des îles, vous pouvez déambuler à la découverte des collections botaniques plantées en fonction de leur harmonie de couleurs et de senteurs. Enfin, le Jardin de l'évolution est un hommage à Jean-Baptiste Lamarck, botaniste des Lumières, et vous invite à découvrir l'évolution du monde végétal depuis 400 millions d'années. Vous pourrez faire une halte à l'excellente Table du Jardinier (restaurant-salon de thé) qui propose une carte originale de plats à base de légumes, fleurs, fruits, et vous offrir un petit souvenir à la boutique. Pour les enfants, des ateliers « mains vertes » sont proposés pendant les vacances scolaires.

■ JARDINS DE VALLOIRES ★★
Valloires
ARGOULES
✆ 03 22 23 91 32
www.jardinsdevalloires.fr
jardins.valloires@baiedesomme.fr
♿

Jardin remarquable. Ouvert de fin mars à mi-novembre. Basse saison : ouvert tous les jours de 10h30 à 18h. Haute saison : tous les jours de 10h à 19h. Adulte : 9,50 €. Enfant (de 6 à 16 ans) : 5,50 €. Billet commun Jardins et Abbaye : 15.90 € adulte et 9 € enfant. Famille 4 personnes 26,60 €. Fauteuils roulants disponibles à la billetterie. Visite guidée (les dimanches à 11h). Restauration (tous les jours de 12h à 15h ; réservation conseillée ; formule du jour 17,40 €, menu à 27 €, menu enfant 10 €. Salon de thé). Boutique.

© ARENYSAM – SHUTTERSTOCK.COM

Cigogne dans le Parc du Marquenterre.

Parc du Marquenterre

Avec ses 220 ha de dunes, de forêts et de marais, le Parc du Marquenterre préserve toute la richesse de la faune et de la flore de la baie de Somme. Venus de toute l'Europe, les oiseaux migrateurs y font escale, les uns pour un instant, les autres pour la saison entière. Au sein du parc, vous aurez le choix entre trois itinéraires, allant de 45 minutes à un peu plus de 2 heures pour faire le tour du parc. Le premier sentier, idéal à faire avec des enfants, permet de se familiariser avec les principales espèces d'oiseaux de la baie. Tout au long de votre promenade, vous rencontrerez sûrement des animateurs-nature. N'hésitez pas à les solliciter, ils ont toutes les réponses à vos questions… Tout est source de découverte au rythme des saisons : au printemps, la belle et rare avocette parade et niche, des tadornes disputent les terriers aux lapins de garenne… En juillet, les dunes se couvrent de fleurs jaunes, les onagres, qui naissent le soir et se fanent le matin. Pour faire plaisir aux enfants, vous pouvez aussi y faire une balade en calèche. Et surtout, n'oubliez pas de louer des jumelles, absolument nécessaires pour contempler la beauté de ce parc.

■ PARC DU MARQUENTERRE – RÉSERVE ORNITHOLOGIQUE
25 bis, chemin des Garennes
SAINT-QUENTIN-EN-TOURMONT
✆ 03 22 25 68 99
www.parcdumarquenterre.fr
parc.marquenterre@baiedesomme.fr

Fermé en janvier. Basse saison : ouvert le week-end de 10h à 17h. Haute saison : tous les jours. Haute saison de mi-février à mi-novembre. Gratuit jusqu'à 6 ans. Adulte : 10,50 €. Enfant (jusqu'à 16 ans) : 7,90 €. Familles 33,80 €. Rencontre nature 18 € adulte et 10 € enfant de plus de 6 ans. Sortie calèche : 23 € adulte et 21 € enfant (jusqu'à 12 ans et gratuit pour les moins de 4 ans). Visite guidée. Restauration. Boutique. Stages de dessin ou de photos. Les chiens ne sont pas admis même tenus en laisse.

Baie de Somme

Immensité d'eau, de végétaux et de sable, modelée par mille nuances de lumière, la baie de Somme surprend tout d'abord par sa taille : elle s'étend sur près de 7 200 ha, formant un trait d'union majestueux entre ciel, terre et mer.

Les modes de visite y sont variés et parfois originaux : dans une locomotive à vapeur, dans une pirogue polynésienne ou en participant à la course à pied de la Transbaie... La baie de Somme est déjà Grand Site de France et membre du club des plus belles baies du monde, mais elle courait depuis plus de 40 ans derrière la labellisation de Parc naturel régional. Elle l'a obtenue en février, pour un périmètre très large qui couvre tout le littoral picard, les trois vallées et un arrière-pays très étendu. Cela permet de ne pas concentrer l'afflux touristique sur la magnifique baie de Somme mais aussi de valoriser les hautes falaises, les longues plages de sable, les étangs, les bocages... Cette diversité extraordinaire permet de varier les plaisirs et de découvrir la Picardie Maritime qui va profiter de la protection de ses nombreuses richesses naturelles.

GÉOGRAPHIE

Les Hauts-de-France présentent une relative homogénéité géographique, avec des caractéristiques assez similaires entre l'ancienne région de Picardie et l'ex-Nord-Pas-de-Calais. Le territoire est une zone de contact entre le Bassin parisien au sud et la grande plaine d'Europe du Nord qui court jusqu'aux montagnes de l'Oural. Elle est avant tout constituée d'un vaste plateau à pente très douce ; les altitudes variant de quelques mètres sur la majeure partie du territoire (les 5 départements ayant chacun des points culminants entre 200 et 300 m). Le Nord et le Pas-de-Calais présentent des caractéristiques un peu différentes avec une longue façade maritime, des côtes crayeuses, des collines argileuses, des marais, mais aussi des vallées encaissées. L'ensemble de ces variations géographiques offre de multiples paysages. La région jouit également d'une situation centrale entre de grands foyers européens de population, comme l'Ile-de-France, le Royaume-Uni, la Belgique ou les Pays-Bas.

Climat

Si vous vous plaignez des conditions météorologiques pendant votre séjour, les habitants des Hauts-de-France vous répondront souvent que « le soleil, on l'a dans le cœur ». Quoi qu'il en soit, les chiffres ne font pas démentir la réputation de la région, à savoir humide et fraîche !

- **Températures moyennes :** à Lille, on enregistre une moyenne en 2019 : +3,5 °C en janvier (qui est le mois le plus froid) et +20 °C en juillet et en août (qui sont les mois les plus chauds). Seules les collines de la Thiérache connaissent des hivers plus rigoureux, avec des gelées très fréquentes. La région la plus septentrionale de France n'est pourtant pas celle où les températures sont les plus basses. Cependant, des épisodes froids peuvent exister à l'image du mois de mars 2013 où la région a fortement été perturbée par la neige durant plusieurs jours. A contrario, des épisodes caniculaires, où les températures avoisinent les 35 °C, voire les 40 °C, surviennent fréquemment depuis quelques années, notamment en juin et juillet.
- **Ensoleillement :** en comparaison aux 2 858 heures d'ensoleillement recensées à Marseille, la région pourrait faire pâle figure... mais avec sa moyenne de plus de 1 700 heures par an, elle demeure proche ou au-dessus de plusieurs territoires métropolitains comme l'Alsace, la Bretagne, la Normandie ou encore une partie du centre de la France. En bord de mer, bien que voilé, le soleil pourra vite vous jouer des mauvais tours... alors protégez-vous !
- **Précipitations :** les pluies sont abondantes à l'ouest de la région, notamment le long du littoral et sur les plateaux du Ponthieu et du Vimeu, avec parfois des précipitations pouvant dépasser 900 mm par an contre seulement 668 mm dans la région de Beauvais, protégée à l'ouest par les collines du Pays de Bray. Lille a compté 122 jours de pluie sur toute l'année en 2019.
- **Vents :** avec l'influence de la Manche et des masses d'air provenant du Royaume-Uni, les vents d'ouest sont dominants et apportent régulièrement des masses d'air humide, avec des rafales plus ou moins intenses. Parfois, les vents des pays scandinaves apportent une masse d'air très froid. C'est le moment de sortir les polaires !
- **Phénomènes naturels :** face aux changements climatiques, les Hauts-de-France se sont dotés, dans les années 2000, d'un observatoire régional de l'impact du changement climatique sur les écosystèmes forestiers. La prise en compte du problème est réelle chez les populations locales et plusieurs collectivités territoriales se sont bien engagées sur ce sujet. Outre l'érosion à laquelle doit faire face la Côte d'Opale et le sud du littoral picard, les zones de polders sont vulnérables aux éventuelles submersions marines. Risque d'autant plus étudié depuis les fortes inondations qui ont touché la Somme en 2001 ou l'Artois aux printemps 2016 et 2017. Quant au risque sismique, il est considéré comme faible.

La Touquet-Paris-Plage.

Relief

Paysages caractéristiques

La région des Hauts-de-France offre aux touristes une multitude de paysages. Certes, elle n'a pas de sommet à proprement parler, mais elle possède des monts, des collines et des terrils qui ponctuent le paysage fait de bocages, de plaines, de marais, de côtes découpées et de dunes envoûtantes. Si les Hauts-de-France sont surnommés « le plat pays » (comme sa voisine la Belgique), c'est que sa majeure partie est occupée par de vastes plaines. Mais le terrain s'élève parfois, alternant plateau, collines et vallées, notamment au niveau de la Thiérache dans l'Aisne (le point culminant de la région est situé dans cette zone), mais aussi dans l'Avesnois, le Soissonnais, le Noyonnais ou encore le Boulonnais.

Cours d'eau et vallées

Le nord de la France fait partie de ces régions fortement irriguées. Le secteur a vu ses cours d'eau utilisés très tôt, en premier lieu d'ailleurs à Bergues au IXe siècle avec le percement du canal encore présent aujourd'hui. Les rivières sont vite canalisées et domestiquées, utilisées pour le transport commercial et troupier, d'où la création rapide de ports fluviaux dans les villes qui prendront de l'importance par la suite, comme Saint-Omer. La région suivra le développement des voies de navigation avec beaucoup d'intérêt et les avancées technologiques profiteront en premier au territoire : première écluse à sas sur l'Ourcq, premier ascenseur à bateaux à Arques... jusqu'au dernier, puisque le dernier canal construit en France relie Dunkerque à Valenciennes depuis 1972. Pourtant, il aura fallu attendre le XVIIe siècle pour que les travaux de canalisation prennent de l'ampleur, notamment pour permettre à la capitale d'être approvisionnée. C'est certainement pourquoi le Bassin parisien, qui comprend l'ex-Picardie, est le plus développé (1 427 km de voies navigables), notamment avec l'Oise, l'Aisne et la Marne. Le bassin du Nord, lui, se défend avec 680 km de voies navigables, réparties sur quasiment toutes les rivières, comme l'Aa, la Deûle, l'Escaut... et bien sûr tous les canaux, une vingtaine sur l'ensemble de la région des Hauts-de-France.

- **L'Aa**. La rivière, bien connue des cruciverbistes, prend sa source en altitude, sur le vallon de Bourthes-les-Hameaux. Elle englobe de ses nombreux bras quasiment tout l'Audomarois, fortement irrigué, et connaît à certaines périodes de violentes crues. L'Aa se jette dans la mer entre Calais et Dunkerque, en délimitant quasiment la frontière entre les départements du Nord et du Pas-de-Calais.

- **L'Aisne.** Longue de 300 km, l'Aisne est un affluent de l'Oise qui prend sa source dans les Ardennes et se termine à Compiègne. Elle présente une canalisation sur 57 km, ainsi qu'un canal parallèle sur 51 km, appelé le canal latéral de l'Aisne à la Marne. L'Aisne traverse également certaines villes d'importance, dont Soissons, et reste pratiquée pour le transport de marchandises, comme auparavant elle servait au transport des pierres.

- **L'Authie**. La rivière frontalière entre la Somme et le Pas-de-Calais suit un cours parallèle à celui de la Canche. Comme cette dernière, sa vallée est encaissée et elle se jette dans la Manche au niveau de la baie d'Authie. Elle prend sa source à Coigneux et s'étend sur 100 km, avec un débit de 7 m^3/seconde. Cette rivière a toujours été très fréquentée pour son caractère bucolique, sa riche population animale (essentiellement ornithologique) et pour les anciennes constructions la bordant.

- **La Canche**. Le fleuve côtier prend sa source en Artois, au niveau de Saint-Pol-sur-Ternoise à une hauteur de 150 m. Ses 97 km la conduisent vers la Manche, au niveau d'Étaples-sur-Mer. Son débit (1,50 m^3/seconde) reste constant et son lit traverse le sud du département du Pas-de-Calais, littéralement le Pays des 7 Vallées, qui tire son nom en partie de la rivière. On y pêche la truite fario et les adeptes du kayak peuvent pleinement exercer ce sport.

- **La Deûle**. Le sous-affluent de l'Escaut crée une ligne directe entre Lens et Lille, avant de se jeter dans la Lys. Pas très longue (68 km), elle est néanmoins en partie canalisée et reste appréciée des kayakistes et adeptes de l'aviron. Ses rives sont également fréquentées par les randonneurs.

- **L'Escaut**. Sur 430 km, l'Escaut n'en compte qu'une centaine sur le territoire français. La rivière débute entre l'Aisne et le Cambrésis, sur la colline du Catelet, à 150 m d'altitude. Du fait de sa longueur et des affluents qui viennent la rejoindre, l'Escaut possède un débit variable et important (en moyenne 25 m3/seconde). Elle se jette dans la mer du Nord aux Pays-Bas, à Terreneuzen. Le bassin récolte les eaux du Hainaut que le cours traverse de part en part, avant de passer la frontière.

- **La Lys**. La rivière au doux nom de fleur prend sa source en Artois, et traverse différents pays de la région avant d'être rejointe par la Deûle et de passer en Belgique. Longue de 214 km, son cours prend de l'ampleur une fois la frontière passée, ce qui n'empêche pas sa grande fréquentation par les péniches de transport, la rivière étant l'une des principales artères commerciales nautiques de la région. D'Aire-sur-la-Lys à Armentières, elle compte également plusieurs affluents importants.

- **La Marne**. Il s'agit là de l'affluent majeur de la Seine, long de 525 km et d'un débit élevé, 100 m^3/secondes, qui peut être multiplié par dix en cas de crues. Vu sa longueur, la Marne se devait d'être canalisée. Elle est reliée au Rhin et à d'autres rivières par des canaux importants, en plus d'être régularisée par un bassin-réservoir de 4 000 ha. Elle naît dans le plateau de Langres et serpente vers la région parisienne et le Sud de l'Aisne (à Château-Thierry notamment), rafraîchissant les coteaux viticoles. Elle demeure un cours d'eau d'importance historique, suivant la route de Paris jusqu'au grenier de France.

- **L'Oise**. Cet affluent de la Seine prend sa source en Belgique avant de rejoindre la France par la trouée de Chimay. Dans l'Oise, la rivière est canalisée et permet aux embarcations de charrier personnes et marchandises depuis Paris jusque dans le Nord. La construction du canal Seine-Nord Europe, si le projet aboutit, permettra de faire le lien entre la rivière et le réseau fluvial de l'Europe du Nord. Le trafic augmenterait donc considérablement en volume sur un cours d'eau qui devrait être aménagé en conséquence (dragage, disparition d'îles, élargissement et même à long terme rehaussement de certains ponts). L'Oise se jette dans la Seine à Conflans-Sainte-Honorine, en région parisienne. Sa longueur totale dépasse 330 km, dont une quinzaine seulement en Belgique.

- **L'Ourcq.** La source de l'Ourcq se situe bien dans l'Aisne, près de Fère-en-Tardenois, mais reste néanmoins plus connue des habitants de la région parisienne. Canalisée au XIXe siècle au niveau de La Ferté-Milon à Maroeuil-sur-Ourcq, la rivière coule sur 80 km avant de rejoindre le bassin de la Villette à Paris. Son usage commercial a laissé la place aux loisirs.
- **La Sambre.** Bien que prenant sa source dans l'Aisne, dans le massif du Nouvion (230 m d'altitude) et se jetant dans la Meuse dont elle constitue un des affluents de la rive gauche, la Sambre demeure une des rivières emblématiques de l'Avesnois. Elle est caractérisée par un débit moyen (18 m³/seconde en moyenne) et de nombreux bras recueillant les pluies des contreforts ardennais.
- **La Scarpe.** Avant de rejoindre deux confluents au niveau d'Arras, la Scarpe prend sa source dans les collines de l'Artois. Elle « remonte » par la suite le Hainaut, par Douai, et termine sa course avant la frontière belge. Son débit augmente progressivement à mesure que les affluents y déversent leurs eaux, ce qui n'empêche pas péniches et embarcations de l'emprunter.
- **La Somme.** Née à Font-Sommes, dans l'Aisne, la Somme jaillit à 80 m d'altitude pour se jeter dans la Manche quelque 245 km plus loin. Cette importante rivière (35 m³/seconde de débit) traverse en outre plusieurs grandes villes du nord de la région, comme Saint-Quentin, Amiens, Abbeville ou Péronne. Les 150 km du canal de la Somme comptent 25 écluses. Ce canal rejoint ensuite le canal de Saint-Quentin. On connaît plus spécialement la baie de Somme, delta qui a donné son nom au pays fort touristique de l'ouest du département.
- **Le Thérain.** Cette petite rivière de 86 km coule tranquillement avant de rejoindre l'Oise dans le bassin creillois. Elle reste néanmoins connue pour traverser Beauvais.

Plaines et plateaux

La région picarde est avant tout constituée d'un vaste plateau à pente très douce. Le plateau picard, vaste étendue de craie blanche recouverte essentiellement de lœss et dédiée à la culture céréalière et betteravière, occupe une grande partie du territoire.

Sommets et cols

On ne peut pas parler de sommets ou de cols dans la région. Néanmoins, les Flandres sont connues pour leurs monts successifs (et si vous vous décidez à les arpenter à vélo, vos jambes s'en souviendront !) : mont des Cats, mont Cassel, mont Noir. De même, dans le sud du département du Nord, l'extrême sud-est du parc de l'Avesnois présente plusieurs sommets, dont le point culminant : Anor (272 m). Dans le Pas-de-Calais, les falaises de la côte s'élèvent à plus de 200 mètres. L'Aisne est le département le plus haut des deux régions et le plus haut point est situé dans le massif ardennais, à Watigny (285 m).

Grottes et gouffres

Les amoureux de grottes et caves seront fascinés par les boves d'Arras. Plusieurs visites guidées sont proposées dans ces carrières de pierre calcaire, creusées à partir du Xe siècle et qui sont aujourd'hui des souterrains aménagés. Dans le même style, la cité souterraine de Naours offre une balade dans ces « muches » (cachettes), creusées dans le calcaire. Comme à Arras, ces souterrains ont servi de cachette pendant les conflits mondiaux.

Forêts et bois

Le climat océanique qui règne dans les Hauts-de-France devrait offrir une végétation riche, propice au développement des forêts... pourtant si la région picarde peut compter sur 17 % de surface boisée (contre 25 % au niveau national), l'ex-Nord-Pas-de-Calais n'atteint qu'un petit 9 %. Certes, les grandes forêts sont nombreuses dans l'Oise (de Chantilly, d'Halatte, de Compiègne...) et dans l'Aisne (de Saint-Gobain, de Retz...) ; mais la Somme n'a qu'une seule grande forêt : celle de Crécy. Dans le Nord, ce sont les forêts de Mormal, Saint-Amand ou Nieppe qui représentent plus de 1 000 hectares, tandis que le Pas-de-Calais compte principalement sur celles d'Hesdin, du Clairmarais et de Boulogne.

Lacs

Plusieurs petits lacs parsèment le territoire, pour le plus grand bonheur des véliplanchistes ou autres amateurs de loisirs nautiques. Citons par exemple le lac de l'Ailette dans l'Aisne (160 hectares), celui d'Amaury (forêt de Saint-Amand, dans le Nord) ou du ValJoly, qui avec ses 180 hectares est le plus grand au nord de Paris.

Marais

Marais et tourbières sont nombreux dans nos régions. Dans le Pas-de-Calais, la plaine maritime flamande et ses polders cultivés drainés par les watergangs donnent naissance à quelques vastes marais, parmi lesquels le Marais Audomarois ou le Marais de Guînes. Il en résulte un paysage de mosaïques où se chevauchent fossés, rivières et canaux. Dans l'Aisne, les Marais d'Isle offrent plus de 100 hectares de nature au cœur de Saint-Quentin. Les hortillonnages d'Amiens s'ajoutent à ce tableau d'entrelacs de marais et de tourbières. Ces paysages offrent parmi les plus riches écosystèmes des pays tempérés.

Littoral

Mer et océan

Bordée par la mer du Nord et la Manche, les Hauts-de-France jouissent d'un climat océanique tempéré. Le front de mer joue un rôle fondamental : les vacanciers viennent nombreux profiter des différentes stations balnéaires qui se sont établies sur les longues plages de sable fin et plus rarement de galets (tout au sud du littoral, à la limite de la Normandie). Les côtes découpées de la région offrent également de bonnes bases arrière pour de grands ports de pêche.

Côtes et plages

La dune Marchand. Ce site se trouve tout au nord, près de Dunkerque, plus précisément entre Zuydcoote et Bray-Dunes. Il a été classé réserve naturelle pour le préserver des constructions qui ont grignoté toute cette partie de la côte de la mer du Nord. C'est un paysage de dunes récentes (environ quinze siècles tout de même !), ce qui explique une altitude modeste d'environ 20 mètres. Ces dunes présentent une végétation très riche, mais souvent difficile à reconnaître pour le novice. Les pannes sont un autre aspect caractéristique de ces dunes : il s'agit de profondes zones d'érosion entre deux dunes, où les nappes phréatiques finissent par être affleurantes et créent une zone marécageuse.

La dune du Perroquet. Voisine de la dune Marchand, elle est l'un des sites naturels remarquables du littoral du Nord s'étalant sur 250 ha et se terminant en Belgique. Ancien site saunier gaulois, elle possède aujourd'hui des chemins de randonnée et de promenade qui permettent de ne pas s'aventurer dans le paysage, au risque de piétiner et de déloger les quelque 350 espèces végétales et 70 espèces d'oiseaux.

La Côte d'Opale. Située entre la côte belge et la Baie de Somme, elle est surtout appelée ainsi dans sa portion sise entre Calais et Boulogne-sur-Mer. Elle est sans aucun doute l'une des plus belles côtes françaises. Le meilleur moyen de la découvrir est d'emprunter la D940 qui, en un peu plus de 40 km, permet de relier Boulogne et Calais par la côte. Plus au sud de Boulogne, la Côte d'Opale se poursuit avec la célèbre station du Touquet-Paris-Plage. Sa longue plage de sable et ses dunes sont médiatisées chaque année lors du célèbre Enduropale, mais Le Touquet offre également un riche milieu naturel : celui de l'estuaire de la Canche, classé réserve naturelle.

Le cap Gris-Nez. Un site sauvage remarquablement préservé (zone de protection sur environ 10 km autour du cap), battu par les vents et surplombant la mer. Un phare domine le cap, faisant face à l'Angleterre qui n'est qu'à 28 km (distance la plus courte France-Angleterre). L'étroitesse de ce couloir et la force des courants rendent la navigation difficile. À cela s'ajoute la faible profondeur, maximum 64 m, qui laisse apparaître à marée basse des étendues de sable parfois très importantes.
Cette pointe de terre marque également la limite entre la Mer du Nord et la Manche. De nombreux chemins sont à faire à pied sur le haut des falaises et permettent d'aller de point de vue en point de vue. Le long de ces chemins, chacun pourra découvrir un panorama remarquable, mais aussi les crans, ces lieux où les ruisseaux s'écoulent dans la mer. Très nombreux – on se demande presque d'où vient toute cette eau – ils jalonnent les parcours de promenade. Le Cap Gris-Nez a été ainsi nommé à cause de la roche argileuse qui constitue les falaises, comme le Cap Blanc-Nez tire son nom de la craie qui constitue la côte.

L'estuaire de la Canche. Les garennes de Lornel constituent un banc sableux le long de l'estuaire de la Canche, entre Hardelot et le Touquet, au niveau d'Étaples. Les dunes sont recouvertes d'une végétation éparse et essentiellement florale, des orchidées notamment. L'estuaire s'étend sur 4 km dans l'intérieur des terres jusqu'à la ville d'Étaples, mais la meilleure façon de découvrir ce territoire est de se balader du côté de Camiers-Sainte-Cécile ou Hardelot.

La baie d'Authie. Cette baie ressemble à s'y méprendre à la baie de Somme. L'Authie rejoint rapidement la mer après avoir flâné et serpenté pendant 80 km. Autant de sable, identiques mollières à la végétation typique, le site est plus petit, mais n'a rien à envier à la Baie de Somme. Trop méconnu, un sentier de découverte et d'initiation est tracé près de Fort-Mahon afin de sensibiliser les promeneurs à la fragilité des dunes et des pannes. Le parcours, jalonné de panneaux pédagogiques, commence par une lande d'arbustes épineux, de troènes et de saules. Selon les saisons, les couleurs de la végétation varient, tout comme les espèces d'oiseaux qui y nichent. À proximité d'un chalet, sur la mare voisine entourée de végétation caractéristique, un observatoire permet d'apercevoir quand on a de la chance un oiseau migrateur faisant une halte entre les pays nordiques et l'Afrique. De fréquents débroussaillements maintiennent les pannes en leur état humide, favorisant la reproduction entre autres du crapaud calamite. Depuis la baie, après trente minutes de marche par le sentier des Pêcheurs, on peut également rejoindre la plage où l'on découvre les dunes en cours de formation du poulier de l'Authie.

La côte picarde. D'une variété remarquable, elle s'étend de la baie de l'Authie aux falaises de Mers-les-Bains. Autrefois presque totalement immergées, ces terres ont été asséchées et exploitées suite à une politique de reconquête du territoire. Si le sable, résidu sédimentaire apporté par le courant, est omniprésent sur les baies, on remarque toutefois que les falaises découpent le littoral, surtout vers le sud, tandis que des plages de galets, anciennes digues protectrices, sont encore présentes. Au nord, vous avez de longues plages de sable, à l'image de ses voisines de la Côte d'Opale. Pas de grands ports marchands ni de stations balnéaires réputées mondialement, mais la côte demeure très appréciée précisément pour son caractère tranquille.

La baie de Somme. La baie de Somme s'étend sur une superficie de 70 km^2, là où le fleuve du même nom se jette dans la Manche. On la connaît surtout pour sa richesse écologique, ses terres marécageuses et surtout ses larges étendues sableuses. Comme dans le Nord et le Pas-de-Calais, il a fallu gagner cette portion de terre supplémentaire. Le Marquenterre était encore immergé il y a de cela quelques siècles et la construction de digues de clôtures a freiné l'avancée des marées dans l'intérieur des terres. Ces hautes digues ou royons ont asséché les terres proches et ont permis l'exploitation agricole.
Les travaux de canalisation de la Somme et des courants d'eau importants s'étendirent sur plusieurs siècles et furent notamment freinés par le caractère instable des bancs de sable encore noyés. Le résultat final eut un effet inattendu, car toutes les conditions étaient remplies pour attirer une faune ornithologique riche, oiseaux nicheurs ou migrateurs qui trouvaient à cet endroit un havre bienvenu en saison. Les marées importantes peuvent être dangereuses si l'on n'y prend garde. Mieux vaut se référer aux horaires et se renseigner sur la nature de l'endroit pour savoir s'il s'agit d'une slikke, plage normale balayée par les deux marées quotidiennes, ou d'un schorre, partie totalement immergée

par les grandes marées. Cette baie sauvage et changeante fait partie de l'association des plus belles baies du monde.

▶ **Le cap Hornu**. À l'extrémité nord de la falaise morte à Saint-Valery, il offre un superbe panorama sur la Baie de Somme avec des espaces d'eau et de sable ainsi que des mollières aux multiples mares devant les huttes de chasse. En face, on aperçoit Le Crotoy. L'endroit est resté pittoresque et peu de monde s'aventure jusque-là. Prévoyez un pique-nique dans ce lieu envoûtant qui s'y prêtera merveilleusement. Si vous apercevez un chasseur, n'hésitez pas à lui demander de vous emmener dans sa hutte. La chasse du gibier d'eau est restée très populaire. C'est un élément de culture et de convivialité. Le chasseur a su préserver sa passion mais également la concilier par sa fidélité aux traditions locales. La salicorne est très présente dans les mollières. Plus connue sous le nom de passe-pierre, c'est un excellent condiment. Certaines espèces arborent une couleur rougeâtre à l'automne. Le lilas de mer, en fleur de juin à septembre, séduit de nombreux promeneurs qui ne sont autorisés à repartir qu'avec un seul bouquet afin qu'elle ne disparaisse pas complètement !

▶ **La pointe du Hourdel**. Cette pointe fait face au Marquenterre. On apprécie particulièrement la petite D102, route sauvage qui court le long de la dune et de la mer entre Cayeux et Le Hourdel. Prudence en chemin, car le sable envahit la route, rendant l'adhérence et le croisement avec d'autres véhicules parfois problématiques. Profitez des parkings possibles pour courir par-dessus la dune et découvrir la côte argentée et préservée. Au Hourdel, on va jusqu'à la pointe, à l'extrémité de la baie, point de mire idéal pour l'observation des phoques.

▶ **Le hâble d'Ault**. Aux dunes des plages du nord de la région succèdent, au sud de la baie de Somme, des falaises de craie (jusqu'à 70 m). Conséquence logique, les plages de sable font place aux plages de galets. Les galets entraînés par le courant ont, au niveau de Ault, coupé la mer en lagune. Ce barrage naturel est appelé en picard un poulier. Le hâble d'Ault est donc une sorte d'étang, essentiellement d'eau douce, mais à deux pas de la mer. Il constitue un autre espace privilégié pour l'observation des oiseaux, avec de nombreuses variétés de canards qui y nichent en saison (soit en avril ou en mai) ou encore des cygnes qui y font leur mue en été. Entre Cayeux et Ault se trouvent des gravières encore exploitées aujourd'hui et d'où l'on extrait des tonnes de galets. Cette exploitation a façonné un environnement de lacs et de plages de galets particulièrement apprécié des oiseaux.

Ports

De ces richesses maritimes, trois grands ports littoraux se distinguent :

▶ **Dunkerque** est le troisième port français. Réputé comme grand port de vracs destinés à ses nombreuses implantations industrielles, il est également le premier port français d'importation des minerais et de charbon.

▶ **Boulogne**. Peu le savent et pourtant le port de Boulogne-sur-Mer est le plus important port de pêche de France et l'un des principaux ports de plaisance. La ville est résolument tournée vers les échanges et, le hareng n'étant plus aussi populaire que dans les années 1920, le port a su diversifier ses pêches.

▶ **Calais** est pour sa part le premier port français de voyageurs. La destination favorite est à portée de vue : Dover et ses côtes de craie blanche... à quelques kilomètres seulement du Kent et de Londres. Calais est également le deuxième port européen roulier et traite à lui seul un tiers du fret maritime entre l'Europe et le Royaume-Uni. Face à ces trois géants, quelques petits ports de plaisance parsèment les côtes, comme Le Crotoy (également réputé pour la pêche) et Saint-Valery dans la Somme ou Le Touquet dans le Pas-de-Calais.

La région compte également de nombreux ports fluviaux. Plus de 680 km de voies fluviales parsèment les départements du Nord et du Pas-de-Calais. Les nombreux fleuves et rivières (Meuse, Escaut, Lys, Deûle) qui irriguent le territoire et celles de l'autre côté des frontières jusque dans la mer du Nord ont été au cours des siècles des voies de communication et de commerce. Après une période faste au XIXe et au début du XXe siècle, le transport fluvial ne représente aujourd'hui qu'une faible proportion des trafics, mais il conserve néanmoins toute sa pertinence dans ces régions « mouillées » en proximité de grands ports littoraux comme Dunkerque, Anvers ou Rotterdam. De plus, le transport fluvial est considéré comme une alternative plus écologique au transport terrestre.

FAUNE ET FLORE

Faune

▶ **Mammifères.** Si les mammifères sont nombreux dans la région (ce guide entier ne suffirait pas à en faire l'inventaire), ils sont malheureusement aussi nombreux sur la liste des espèces menacées. Parmi ces espèces en danger, on trouve par exemple le cerf, le chat forestier, la musaraigne, la belette, l'hermine, le putois, l'écureuil roux ou encore le lièvre. À signaler tout de même, dès la tombée de la nuit, vous croiserez facilement le seul mammifère qui puisse voler : la chauve-souris ! Dans le sud de la région par exemple, une vingtaine d'espèces ont élu domicile notamment les rhinolophes qui se plaisent dans la forêt de Retz dans l'Aisne et dans celle de Compiègne dans l'Oise.

▶ **Reptiles.** Le (grand) Nord, son climat peu propice, son relief quasi inexistant, voilà de quoi terrasser le plus robuste des reptiles ? Qu'on ne s'y trompe pas ! Vous trouverez ici des vipères péliades (néanmoins le seul serpent venimeux de la région et par ailleurs espèce protégée) mais aussi des orvets, des couleuvres à collier ou des coronelles lisses. Certes, ces quelques serpents ne courent pas les rues mais votre recherche faunistique pourra toujours s'agrémenter de quelques lézards des murailles !

Oiseaux. Vous pourrez observer dans la région pas moins de 167 espèces d'oiseaux nicheurs dont certaines espèces rares ou menacées comme le busard cendré, l'autour des palombes, la chouette chevêche, l'engoulevent d'Europe, la marouette ponctuée, la sarcelle d'été, le pic mar, la mouette tridactyle, le pétrel fulmar, le blongios nain et la gorge bleue. Partez donc avec vos jumelles et votre appareil photo (sans oublier votre téléobjectif) au Parc du Marquenterre.

Poissons. Plus de 170 espèces de poissons peuplent encore les eaux grises de la Manche et de la mer du Nord, bien que la pression de la pêche et les évolutions du climat montrent déjà des transformations évidentes (suivies dans le cadre de la convention OSPAR) de cet écosystème. Côté poissons d'eau douce, alors que la qualité des eaux n'est pas le principal atout de notre région industrielle, vous pourrez néanmoins trouver anguilles, truites, brochets ou lamproies.

Flore

La flore de l'ancienne région Nord-Pas-de-Calais comprend plus de 1 250 espèces sauvages indigènes et celle de l'ex-Picardie en compte près de 1 450. Cette diversité est à comparer à celle de la flore de France, qui en dénombre environ 5 000.

Les différents territoires de la région Hauts-de-France présentent de nombreux atouts pour le développement de diverses espèces. Les dunes du littoral possèdent des espèces rares et protégées. L'obione pédonculée est présente uniquement sur le littoral de la région (et au mont Saint-Michel). Les deux tiers de la flore aquatique indigène de France se trouvent également dans les marais et cours d'eau de la région. Le liparis de Loesel et l'ache rampante sont deux espèces protégées au niveau européen. Mais comme sur tout le territoire français, la flore dans la région des Hauts-de-France est menacée, en raison de l'agriculture intensive, de la pollution, de l'urbanisation et de l'expansion du tourisme. Plus que jamais, il est important de préserver cette flore si précieuse.

Si la découverte de la flore des Hauts-de-France vous intéresse, n'hésitez pas à consulter le site du Conservatoire botanique national de Bailleul (www.cbnbl.org), qui y répertorie les inventaires floristiques exhaustifs de la région.

Parcs et réserves naturelles

Jardins

Les parcs et les jardins sont fort nombreux dans les deux anciennes régions. Si la région picarde est réputée pour ses jardins seigneuriaux, le Nord et le Pas-de-Calais proposent, quant à eux, toute une gamme de jardins paysagers.

En région picarde. On retiendra en premier lieu le parc du château de Chantilly, où cohabitent trois exemples de créations inspirées par les styles français, anglais et chinois. Toujours dans l'Oise, à Gerberoy, l'œuvre de Le Sidaner, d'inspiration italienne, redonna un aspect flamboyant aux anciens remparts, les rues comptant plusieurs centaines de rosiers. Les roses de Picardie se retrouvent dans les superbes jardins de l'abbaye de Chaalis. Dans la cité voisine d'Ermenonville, le parc Jean-Jacques Rousseau, traversé d'un étang artificiel, constitue une pièce maîtresse du style anglais. Le philosophe a d'ailleurs été dans un premier temps inhumé sur l'île des Peupliers, dans ce même parc, avant que ses cendres ne soient transférées au Panthéon. Le parc du Palais Impérial de Compiègne est labellisé Jardin Remarquable. Avec ses statues, son berceau de l'Impératrice, sa roseraie, ses kiosques ou encore son grand hêtre pourpre, c'est un lieu de balade idéal. Sa grande allée centrale se prolonge sur près de 5 km au cœur de la forêt, cette perspective s'appelle l'Allée des Beaux-Monts.

Il faut suivre la route des châteaux pour trouver les plus beaux parcs et jardins de l'Aisne. Ainsi, à Puisieux et Clanlieu, les jardins arborés entourent un château du XVIIIe siècle et sont composés en grande partie de pelouses et de rosiers. De même, on retrouve à Bohain-en-Vermandois, Blérancourt, Vic-sur-Aisne, Montgobert et Septmonts de très beaux exemples de créations horticoles. Deux jardins de vendangeoirs sont à découvrir également, l'un à Orgeval (XVIIIe siècle) et un autre à Bosmont-sur-Serre (XIXe siècle). Les abbayes, au même titre que les châteaux, possèdent parcs et jardins, notamment à Longpont et à Vauclair où un jardin botanique de plantes médicinales est couplé à un verger de pommiers centenaires.

Le plus célèbre jardin d'Amiens n'en est pas un, mais plusieurs : ce sont les Hortillonnages. Étendus sur 300 ha, ces jardins flottants de la zone marécageuse existent

L'une des plus importantes colonies de phoques de France

Les Baies de Somme et d'Authie regroupent en effet la majeure partie de la population de phoques veaux-marins des côtes françaises (longueur d'1,70 m et poids de 90 kg). Celle-ci est complétée par une petite colonie de phoques gris, bien plus gros (longueur de 2,50 m et poids de 200 kg) repérables à leurs grosses taches claires sur leur fourrure. Tout au long de l'année, vous pouvez apercevoir ces phoques à la pointe du Hourdel ou à Berck-sur-Mer à marée basse quand ils se reposent sur les bancs de sable, ou à marée haute le long du rivage ou des ports. De moins en moins farouches et assez curieux même, ils viennent montrer leurs moustaches aux touristes qui ont eu la bonne idée de découvrir la baie en pirogue polynésienne. Attention tout de même, il s'agit d'une espèce menacée que vous ne devrez pas déranger. Emportez donc une paire de jumelles !

Les espaces naturels sensibles du Pas-de-Calais avec Eden 62

De la Baie de Wissant aux terrils du marais de Fouquières, du bois de Marœuil à la roselière de Wimereux, le syndicat mixte Eden 62 a pour mission de préserver la richesse faunistique et floristique du Pas-de-Calais en gérant les espaces naturels sensibles du département. Sur le site www.eden62.fr, vous trouverez de nombreuses idées de promenades à faire, et ce quel que soit votre lieu de résidence ou de vacances. Tous les mois, une sortie nature est proposée. Voici un florilège représentatif de la diversité de ces sites :

- **Le bois de Marœuil**, au nord-ouest d'Arras, vous accueillera le temps d'une balade en famille sur l'un des sentiers proposés. Rasé pendant la Grande Guerre, il a retrouvé toute sa grandeur avec ses chênes, hêtres, merisiers et châtaigniers. Le bois abrite plus de 150 espèces végétales et de nombreux animaux comme l'écureuil ou l'hermine. Près de la Maison du Bois de Marœuil se trouvent entres autres des poules, des canards et des paons dans un espace protégé.
- **Les dunes de Fort-Mahon** sont un lieu de ressourcement naturel sur la côte picarde. On y trouve de nombreuses espèces végétales, comme des orchidées sauvages qui fleurissent l'été.
- **Le Fort Vert**, près de Calais, est idéal si vous souhaitez observer le vol des oiseaux migrateurs. Dans cette mosaïque de prairies et de bosquets préservée des embruns marins par une digue, la richesse animale est très grande.
- **Le terril d'Estevelles**, situé au nord-est de Lens et classé au patrimoine mondial de l'Unesco, est une merveilleuse réserve de papillons, de coccinelles et d'autres insectes.
- **La réserve naturelle nationale de la baie de Canche**, au sud de la ville de Camiers, est un havre de paix entre sable et eau, où la faune et la flore ont posé leurs pattes et leurs racines. Plus de 600 espèces végétales ont été recensées, dont l'orchidée Liparis de Loesel, qui est une espèce protégée. Poissons, amphibiens, oiseaux nicheurs et autres mammifères (dont le phoque veau marin) ont élu domicile dans cette très belle baie un peu méconnue.

depuis l'époque gallo-romaine, mais n'ont été pleinement exploités qu'à partir du XIXe siècle. On les visite idéalement en bateau. À Argoules, ce sont des milliers d'espèces botaniques rares qui peuplent le parc de l'abbaye de Valloires, proposant à la fois une balade pédagogique et enchanteresse. À Abbeville, les jardins de Bagatelle demeurent un lieu incontournable de la Somme florale. Si vous voulez en savoir plus, nous vous conseillons un site qui présente 75 parcs de la région : www.parcset-jardinsdepicardie.fr.

- **Dans le Nord et le Pas-de-Calais.** Jardins paysagers ou arboretum, vous aurez ici aussi l'occasion de découvrir une végétation pleine de surprises. En arpentant la métropole lilloise, le Parc Arboretum du Manoir aux Loups d'Halluin vous séduira avec ses plantes vivaces et ses étangs. Un peu plus loin, le Parc Floral de Wambrechies propose des essences originales, dont des érables à écorce décorative. Parmi les valeurs sûres, le Parc Barbieux entre Roubaix et Croix offre 34 hectares de promenade aux badauds depuis 1905. Les derniers nés ont déjà su entrer dans la grande cour, comme le Jardin des Géants qui offre une halte de zénitude entre le périphérique et les grandes artères de Lille, ou le Jardin Mosaïc qui offre un voyage dans les jardins du monde… tout en restant sur Houplines.

En filant vers Valenciennes, le Parc Bertin de Douai offre un espace vert vallonné, agrémenté d'un lac et accueillant près de 50 espèces différentes. Un peu plus loin, vous aurez la chance de découvrir le Parc du Château d'Aubry du Hainaut. Ce château du XVIe est entouré de douves qui lui confèrent une certaine prestance. Le vaste plan d'eau et le jardin à l'anglaise invitent à la rêverie. Plus au sud, le parc de l'abbaye de Vaucelles vous propose un tracé entre sacré et profane.

Dans les Flandres, les jardins se parent d'essences sauvages. À Bailleul, 850 espèces de plantes sont réunies dans un jardin pédagogique de 9 000 m². Un peu plus loin, Cassel présente plusieurs facettes de ce que peut être un jardin à la flamande aux Jardins des Récollets.

Dans le Pas-de-Calais, Saint-Omer vous enchantera avec ses marais et son jardin public, où trônent séquoia et vernis du Japon. Ce jardin extraordinaire ne sera qu'une des multiples haltes vertes dans ce département plein de charme. Plus au sud, vous aurez l'embarras du choix entre les jardins du Château d'Humerœuille (datant du XVIIIe) ou celui de Marie-Ange sur Croisette, où fleurissent rosiers et clématites. Les amoureux pourront se retrouver autour de la roseraie du Jardin des Lianes à Chériennes, où plus de 300 roses sont associées aux vivaces. Mais le clou du spectacle sera sans nul doute une halte à Séricourt. Sur une douzaine de parcelles aux ambiances différentes et ornées de sculptures végétales, vous vous évaderez le temps d'une promenade.

ÉCONOMIE

Agriculture

Le secteur agricole a encore une place de poids dans une région qui y est particulièrement propice, notamment dans les grandes plaines. Ainsi, la surface de terres arables est de 58 % (soit 1 834 523 ha), contre une moyenne nationale de 33 %. Si la moitié des exploitations de la région se situe dans les départements du Nord et du Pas-de-Calais, elles ne représentent que 38 % de la superficie agricole utilisée régionale. Leurs exploitations sont en moyenne plus petites que celles des départements picards : entre 54 et 74 ha en moyenne contre une centaine dans la Somme, l'Aisne et l'Oise. Les grandes cultures – céréales (blé, orge...), oléagineux (colza, tournesol...) et protéagineux (pois, féveroles...) – sont majoritairement effectuées dans l'Oise, la Somme, l'Aisne et le sud-est du Pas-de-Calais. Les rendements y sont souvent excellents, avec par exemple 83 quintaux à l'hectare pour les céréales, contre un chiffre de 69 dans l'Hexagone en 2018. La région est la première région européenne productrice de betterave sucrière. Elle produit aussi 60 % des pommes de terre de consommation et 90 % des endives françaises. Cela se sait moins, mais on produit aussi dans les Hauts-de-France plus de 7 % du champagne (les vignes se situent dans le sud de l'Aisne). La production de lin textile est aussi intense, notamment dans le Nord et le Pas-de-Calais. Ainsi, la région se situe en 2e place au niveau national derrière la Normandie. Les bovins et ovins sont également présents, notamment dans le sud-est du Nord et le nord-est de l'Aisne, à proximité de la frontière belge et des Ardennes. Et pour finir sur une note positive, la part des fermes bio est en constante progression, avec +15 % de producteurs et de surfaces en 2018, soit près de 40 000 ha.

Industries

La région des Hauts-de-France est le deuxième territoire de la France métropolitaine le plus touché par la pauvreté, avec un taux de 18,3 % (contre 14,7 % au niveau national), selon l'INSEE. Le Pas-de-Calais est le département le plus touché de la région (3e département français), suivi de près par le Nord, l'Aisne et la Somme. Cette pauvreté est d'intensité modérée et est notamment liée à la crise de l'industrie et à la disparité des territoires. Si le taux de chômage est en légère baisse depuis 2014, passant de 12,7 % à 10 %, il reste néanmoins supérieur au taux national. Le département de l'Aisne avec les territoires de la Thiérarche et du Tergnier et du Nord avec le Valenciennois et la région de Maubeuge sont les plus touchés.

Dans la région, les revenus médians sont inférieurs de 10 % à la moyenne nationale. Le PIB (richesse produite) des Hauts-de-France rapporté au nombre d'habitants est le plus faible de France. Le tableau est donc peu reluisant, même si on peut espérer que la région tire parti des atouts de ces différentes composantes, nés d'une histoire économique assez différentes.

▶ **Ex-Picardie.** La Picardie attendit plusieurs siècles avant l'installation durable d'une industrie. Colbert décida, au XVIIe siècle, l'implantation de plusieurs grands sites, comme la fabrique de tapisseries à Beauvais, mais peu d'anciennes grandes manufactures ont persisté. Les principales industries contemporaines se situent aux endroits stratégiques, dans les vallées irriguées et près des grandes voies de circulation, la sidérurgie et les entreprises chimiques et de plasturgie restant les plus nombreuses. L'histoire industrielle picarde est marquée par Saint-Gobain, qui est née sur ce territoire. Le textile a perdu de sa superbe, mais, de façon générale, l'industrie principale de la région reste l'agriculture. La Picardie reste en effet l'un des greniers de la France. En subvenant très fortement aux besoins de matières premières céréalières ou légumineuses, la région a attiré de grands noms de l'industrie agroalimentaire, comme Nestlé. La Picardie cherche désormais à tirer avantage de son agriculture en développant la chimie du végétal. Une illustration de la volonté d'innovation qui est mise en avant pour redorer l'image économique de la région. Le tourisme tend également à se développer avec une approche marketing poussée et une présence sur les nouvelles technologies. Globalement, sur le plan économique, il existe des situations de plus en plus disparates entre les territoires, avec des bassins d'emplois qui tirent leur épingle du jeu (Amiens, Compiègne ou Beauvais) et des zones en difficulté, notamment dans l'Aisne ou dans les secteurs ruraux.

▶ **Ex-Nord-Pas-de-Calais.** Bastion de l'industrie au XIXe, basé sur le charbon et le textile, la région a dû faire face à de profondes mutations industrielles qui se sont poursuivies ces dernières décennies (les fonctions productives représentent 19 % des emplois contre 37 % en 1982). Le minerai n'est plus le même, mais les enjeux électriques sont d'autant plus puissants : si on n'extrait plus de charbon, Gravelines possède l'une des plus grosses centrales nucléaires au monde. Les énergies renouvelables essaient elles de s'imposer sur le marché. Les panneaux photovoltaïques, installés en nombre lors des aides gouvernementales, séduisent moins les investisseurs. Mais les parcs éoliens s'installent avec vivacité dans le Pas-de-Calais, notamment près de Fruges, avec un parc de 70 éoliennes en service. L'industrie lourde se regroupe, elle, autour de Dunkerque avec la sidérurgie et l'usine d'aluminium anciennement Péchiney, qui a été rachetée par GFG Alliance. 10 % de la construction automobile est encore aujourd'hui produite en région, notamment avec les usines Renault, Peugeot ou Toyota à Valenciennes. L'évolution du marché risque néanmoins d'avoir un fort impact sur les territoires. Le textile, bien qu'en forte baisse, reste un secteur clé de la région. Ainsi Calais, avec ses 76 000 habitants, demeure la capitale mondiale de la dentelle. De la diversification du textile sont nées les nombreuses entreprises de vente par correspondance, avec La Redoute ou les 3 Suisses. Si la première a su insuffler un esprit de start-up qui l'a sauvée du marasme, la seconde n'a cessé de perdre en chiffre d'affaires et de changer de mains. La région est également le berceau de la grande distribution avec Auchan, Décathlon, Kiabi... enseignes qui sont toutes liées à la même famille : Mulliez, qui ne possédait à l'origine que les filatures Phildar de Roubaix. La pêche est restée une industrie majeure sur la région, marquée par les grands ports, au premier rang desquels on retrouve Boulogne. Dans un tout autre domaine, une dynamique positive concerne les fonctions de gestion et les prestations intellectuelles, mais elle profite surtout à la métropole lilloise.

Tourisme

La région des Hauts-de-France est une région de plus en prisée par les touristes français et étrangers, notamment les Belges, les Hollandais et les Chinois, avec une hausse de 7 % de nuitées en 2019 pour la période d'avril à septembre, soit 9,8 millions de nuitées. Et le moins que l'on puisse dire, c'est que la région œuvre pour vous faire venir. Voici quelques axes de développement pour la région et un tour d'horizon pour vos visites :

- **Le tourisme vert.** Le territoire compte de nombreux gîtes ruraux, chambres d'hôtes et campings. Les espaces propices ne manquent pas, avec les forêts, les plages et les coins champêtres. Les professionnels et les comités du tourisme jouent d'ailleurs pleinement cette carte en proposant des séjours regroupant par exemple une nuit dans une cabane insolite perchée, puis une activité de plein air.
- **Le tourisme culturel.** Les pistes à exploiter sont nombreuses avec les nombreux musées de la métropole lilloise ou celui du Louvre-Lens, les bijoux gothiques que sont les cathédrales picardes, les beffrois et les citadelles Vauban, les châteaux de l'Oise (Chantilly, Pierrefonds et Compiègne), les superbes façades de Mers-les-Bains et du Touquet, et les cabines de Cayeux-sur-Mer.
- **Le tourisme de mémoire.** La région a été très touchée par les deux guerres mondiales. À ce titre, monuments, musées, cimetières et mémoriaux militaires sont nombreux (vous retrouverez les principaux dans ce guide). Pour un retour sur la guerre de 1914-18, passez par Péronne et Albert (Somme), le Chemin des Dames (Aisne), le musée territoire et la Clairière de l'Armistice (Oise), enfin la nécropole de Notre-Dame-de-Lorette (Pas-de-Calais). Pour remonter dans le temps jusqu'en 1939-45, ne manquez pas la base militaire de la Coupole (Pas-de-Calais) et le Mémorial de l'internement et de la déportation (Oise).
- **Le tourisme industriel**. L'incontournable reste le Familistère de Guise (Aisne) qui correspond à une vie en société idéalisée et réalisée ! Une cité y regroupait au XIXe siècle les 2 000 salariés d'une usine de poêles en fonte. Dans l'Oise, la clouterie Rivierre de Creil, la sucrerie de Francières et le musée de la Nacre de Méru sont sont très bien mis en valeur, tout comme les différents éco-musées de l'Avesnois sur le textile, le verre ou le bois. Dans le Nord et le Pas-de-Calais, l'histoire minière fait partie intégrante de l'identité avec le Centre Historique Minier de Lewarde.

HISTOIRE

Préhistoire

C'est à Biache-Saint-Vaast, dans le Pas-de-Calais, que fut mis au jour le chantier préhistorique le plus important de la région. Le vestige célèbre du crâne d'une femme qui y a été retrouvé date d'environ 200 000 ans, mais on estime que l'être humain est présent dans ces contrées depuis plus de 600 000 ans. Lorsque les conditions étaient plus rudes, les hommes étaient contraints de quitter la région pour trouver refuge plus au sud. Parfois, certains étaient amenés à franchir le détroit du Pas-de-Calais à pied, le niveau de la mer pouvant être d'une centaine de mètres plus bas qu'aujourd'hui ! Les fouilles de Biache-Saint-Vaast ont permis de mieux connaître le mode de vie des hommes du Paléolithique Moyen. Ils sont alors chasseurs et non plus charognards. La phase récente de cette période, du début du dernier glaciaire à 35 000 ans, correspondant à celle des hommes de Néandertal, est également connue dans le Pas-de-Calais grâce à quelques gisements comme ceux de Corbehem, Tortequenne, Hermies ou Rinxent. Dans la vallée de la Sensée se trouvent monolithes, sépultures et autres tumulus, étrangement conservés et datant de la période pré-gallo-romaine. De son côté, la Picardie a conservé de nombreux témoignages de l'ère préhistorique : à Abbeville avec des trouvailles datant du Paléolithique, mais aussi dans l'Oise (à Breteuil, Jonquières ou Néry) et dans l'Aisne. La Somme peut être considérée comme le berceau de l'archéologie puisque c'est à Abbeville, au milieu du XIXe siècle, que Jacques Boucher de Perthes découvrit des silex taillés et des fossiles d'animaux dans des carrières aux abords de la ville. Ce fut pour lui la preuve de l'existence de l'homme avant le Déluge : l'homme préhistorique était né. Un peu plus tard, sur un chantier d'extraction à Saint-Acheul, un faubourg d'Amiens, furent mis au jour des silex taillés qui seront baptisés acheuléens. Les outils de Saint-Acheul ont été datés d'environ 450 000 ans. Les plus vieux outils de ce type ont été trouvés en Afrique et datent de plus d'un million d'années.

Antiquité

Environ deux siècles avant notre ère, quatre grandes tribus gauloises venues de l'est envahissent le territoire de notre nord de France actuel : les Morins au nord-ouest, les Ménapiens au nord-est, les Atrébates au sud-ouest et les Nerviens au sud-est. Ils s'établissent surtout dans l'actuel Pas-de-Calais, laissant le Nord couvert de vastes forêts et de marécages. Conquise par Jules César en 57 avant J.-C., la région est restée rebelle à l'intégration romaine chez les Morins et les Nerviens, qui ne cédèrent que cinq siècles plus tard aux invasions des Francs. Les tribus gauloises peuplant les contrées picardes furent quant à elles vaincues définitivement par Jules César en 51 avant J.-C. ou résistèrent pour finalement être incorporées dans la Gaule belge. Sur la côte, Itius Portus (probablement Wissant) est déjà l'une des grandes stations navales de l'Empire romain qui y laissent de nombreuses traces de leur implantation, notamment les routes, appelées de nos jours « chaussée de Brunehaut » et dont il reste quelques tronçons méconnaissables. Sept d'entre elles rayonnaient ainsi autour de Bagacum (Bavay, dans l'Avesnois, dont le forum romain est fort intéressant), permettant à la cité de commercer avec tout l'Empire. C'est d'ailleurs à cette époque que les principales villes se développèrent, parmi lesquelles Amiens, et l'explosion démographique fit des *villae* des cités d'importance. L'Aisne devint en particulier, grâce à sa position stratégique, un territoire très convoité. Après l'incorporation de la Gaule belge et l'évangélisation, la région passa aux mains des Francs, avec l'arrivée de Clovis. Mais nous sommes déjà alors au Moyen Âge...

Moyen Âge

En 843, lors du traité de Verdun qui coupe l'empire des Francs en trois royaumes, l'Escaut devient la frontière entre la Neustrie, noyau originel de la future France, et l'Austrasie, destinée à être longtemps territoire germanique. Puis les territoires se disloquent dans l'anarchie féodale et se transforment en puissants comtés. Ainsi, l'histoire de la région aux alentours de l'an mille reflète la complexité du système féodal. À l'ouest, le comté de Flandre profite d'un pouvoir royal français trop lointain dont il n'est que le vassal théorique. Les premiers comtes flamands parviennent à lutter efficacement contre les Normands et ils en profitent pour étendre leur juridiction de la Canche à l'embouchure de l'Escaut. Du côté germanique, on observe la même tendance avec l'apparition d'entités politiques ne devant qu'une obéissance toute théorique à l'empereur. En 1180, Isabelle de Hainaut épouse Philippe Auguste, qui reçoit donc l'Artois en dot. Suite à une succession délicate concernant le comté de Flandre (et impliquant le comté de Hainaut), le roi de France doit faire face à une coalition réunissant l'empereur, le roi d'Angleterre et le comte de Flandre, Ferrand de Portugal. L'affrontement se solde par une bataille décisive à Bouvines en 1214, laquelle voit la victoire de Philippe Auguste. Celui-ci parvient par ce coup d'éclat à s'ingérer dans les affaires des Flandres et du Hainaut. Cette période faste profite également à l'émergence religieuse, avec le fleurissement des béguinages. Elle est néanmoins de courte durée. Les tensions montent progressivement entre les rois de France et d'Angleterre, au sujet des Flandres notamment. Le comte de Flandre est au service de son suzerain le roi de France, alors que les intérêts économiques des Flamands sont tournés vers l'Angleterre. Quant au comte de Hainaut, c'est tout naturellement qu'il se range du côté de l'empereur, lequel est allié à l'Angleterre.

C'est alors qu'éclate la guerre de Cent Ans. La région, enjeu des royaumes et champ de bataille permanent, la vit dans sa chair. En 1346, Crécy-en-Ponthieu, dans la

Gravure représentant la bataille d'Azincourt.

Somme, est témoin de la première débâcle de l'armée française et de ses arbalétriers génois face aux archers gallois et anglais. Quelques décennies plus tard, en 1415, à Azincourt, dans le Pas-de-Calais, les troupes françaises subissent un nouveau revers humiliant. La cavalerie lourde, désavantagée par un terrain boueux, est décimée par les archers équipés sans doute du fameux long bow. Cette déroute sera considérée comme la fin de l'ère de la chevalerie et le début de la suprématie des armes à distance. En 1430, Jeanne d'Arc est arrêtée à Compiègne. Au-delà des combats, la région doit également faire face aux épidémies, notamment celle de peste noire.
Philippe le Bon, duc de Bourgogne de 1419 à 1467, par d'incessantes manœuvres matrimoniales, réunit sous sa coupe les comtés de Flandre et de Hainaut jusqu'à former ce qu'on appelle alors les Pays-Bas. Son fils Charles le Téméraire entreprend ensuite de doter ses seigneuries d'institutions communes. Cette période est d'une relative prospérité.

De la Renaissance à la Révolution

En 1506, Charles de Habsbourg, arrière-petit-fils de Charles le Téméraire, hérite de son père ce que l'on appelle alors les Pays-Bas. Élu empereur du Saint-Empire germanique, devenu roi d'Espagne grâce à son ascendance maternelle, Charles Quint entreprend sans difficulté de grandes réformes administratives. Pendant cent cinquante ans, l'Artois et la Flandre restent dans le giron espagnol. Leur richesse et leur position stratégique les rendent précieuses et elles réussissent à se faire accorder des privilèges importants, qu'elles conserveront après leur retour à la Couronne de France. D'inévitables tensions territoriales éclatent régulièrement avec le royaume de France, dont la frontière s'arrête encore à l'Aisne. L'affrontement légendaire entre Charles Quint et François Ier se fait durement ressentir dans la région : les bourgs sont pris et rasés (comme celui de Thérouanne, dans le Pas-de-Calais). Seul le Cambrésis, positionné en duché, reste une terre neutre qui permet les discussions entre les belligérants.
Mais les batailles se font aussi à d'autres niveaux. De fortes oppositions religieuses secouent la région. Le protestantisme cherche à s'installer et, pour faire face à ce mouvement, l'Université de Douai est créée par la contre-réforme catholique en 1552. Les batailles sanglantes se succèdent, si bien que les provinces du nord des Pays-Bas espagnols, pour la plupart protestantes et néerlandophones, rejettent le roi d'Espagne et constituent les Provinces-Unies en 1581. Les Pays-Bas méridionaux, majoritairement catholiques, restent dans le giron des Habsbourg. La fin d'une époque est signée. Les guerres de conquête de Louis XIV font fi des comtés et dessinent alors approximativement les frontières du nord de la France telles que nous les connaissons aujourd'hui. Après avoir annexé l'Artois en 1659 et racheté Dunkerque aux Anglais, Louis XIV s'empare de Douai et de Lille en 1667, puis de Valenciennes et Cambrai en 1677. Le roi impose sa nouvelle administration tandis que Vauban métamorphose le système défensif médiéval en fortifiant lourdement plusieurs villes. Le paysage en est marqué pour des siècles. Les montées des revendications et la révolution ont un impact significatif sur la région. La Constituante de 1790 donne naissance aux départements. Les discussions sont âpres sur les partages, mais apparaissent finalement les départements du Nord, du Pas-de-Calais, de la Somme, de l'Aisne et de l'Oise.

De la Révolution au XXIe siècle

Avant même que n'éclate la Révolution Française, la Révolution brabançonne, qui refuse les réformes de Joseph II d'Autriche, éclate sur les frontières de nos régions. Elle mène à l'indépendance des États unis belgiques en 1790. La même année, l'Assemblée législative déclare la guerre à l'Autriche et les armées françaises se réunissent en Flandre pour se rendre maîtres des Pays-Bas et révolutionner la Belgique.

Les premières opérations ne sont pas heureuses. Pourtant, le siège infructueux de Lille par le duc de Saxe montre l'héroïsme des Lillois et vivifie l'enthousiasme qu'inspirent alors les luttes d'une seule nation contre toutes pour sa liberté. Les Français perdent un temps Landrecies, Le Quesnoy, Condé et Valenciennes, qui sont incorporés à la Belgique. Cependant, la campagne française se solde finalement par l'occupation des provinces bataves. Sous le Premier Empire, la Flandre cesse d'être le théâtre de la guerre. Elle avait accueilli avec peu d'empressement les idées révolutionnaires, même si elle n'y avait pas opposé une réelle résistance. Mais elle avait fourni d'excellents soldats et continue d'en donner aux armées de Napoléon. En 1814, ses villes sont assiégées par la coalition ennemie et, après les Cent Jours, la région subit l'occupation étrangère. Elle perd quelques districts et forteresses, qui sont incorporés au nouveau royaume des Pays-Bas. S'ensuit une ère de prospérité due à ses nombreuses richesses et à l'industrialisation.

La région profite en effet du développement des mines et de la propagation des chemins de fer. Les villes se densifient, la classe ouvrière émerge et Lille, en accueillant de nombreuses écoles et universités, prend un visage intellectuel et scientifique. Mais cet essor cesse lorsque la guerre contre la Prusse éclate en 1870. Le siècle tragique commence avec ses guerres et ses blessures. On ne se dispute plus une région, mais un pays. Les armées foulent le territoire comme des géants distraits, écrasant le relief, labourant le paysage et décimant les générations. La Grande Guerre est particulièrement éprouvante dans la région, notamment lors de grandes batailles comme celle de la Somme en 1916 (qui a fait un million de victimes, morts, blessés ou disparus) et le Chemin des Dames dans l'Aisne en 1917... jusqu'à sa conclusion dans la forêt de Compiègne où est signé l'Armistice de 1918.

La région se reconstruit ensuite peu à peu, mais la Seconde Guerre mondiale suit rapidement pour frapper une fois encore le territoire. Au début du conflit, un géant lillois se dresse pour marquer le siècle de son empreinte : Charles de Gaulle. Le général et le maréchal Philippe Pétain sont natifs de la même région, mais ils n'ont pas la même « idée de la France ». Les armées alliées et ennemies s'affrontent dans la Somme et sur la côte et de grands sites sont détruits par des bombardements successifs. Les blockhaus en sont encore une cicatrice béante dans le paysage des Hauts-de-France.

La Seconde Guerre mondiale terminée, l'heure est à l'Union sacrée pour relever le pays. En 1946, les compagnies de l'ensemble du bassin sont nationalisées pour former les Houillères du Nord-Pas-de-Calais. À la même époque, la sidérurgie connaît un développement rapide et les entreprises, bénéficiant des financements du plan Marshall, modernisent certaines de leurs usines. Néanmoins, cette période faste, qui aurait pu faire croire que la région avait retrouvé sa puissance de production, est interrompue par la crise dès 1950. Jusqu'aux années 1980, la région voit l'arrêt progressif de l'extraction du charbon. Environ 150 000 emplois sont supprimés dans le bassin minier, auxquels s'ajoutent 100 000 suppressions de poste dans le textile et plus de 50 000 dans la sidérurgie et la métallurgie. L'État essaie de relancer l'activité en favorisant l'implantation d'usines du secteur automobile dans la région.

À partir des années 1980, la société évolue d'un monde de grandes industries vers un autre fait de services. Des entreprises émergent, parmi lesquelles des sociétés de vente par correspondance (La Redoute par exemple) ou de nombreuses enseignes d'hypermarché (Auchan pour ne nommer qu'elle). La cristallerie d'Arques reste un temps un exemple de production locale... qui profite du virage des délocalisations pour faire de nombreux licenciements dans les années 2000.

De nos jours

La fin des années 90 et le début du XXIe siècle conduisent à envisager autrement l'avenir de la région, car la crise économique durable révèle les fragilités structurelles de l'économie. La position géographique des Hauts-de-France reste un atout incomparable pour faciliter l'émergence de nouveaux réseaux économiques et de nouveaux flux. L'ouverture du Tunnel sous la Manche en mai 1994 ouvre un champ de possibles extraordinaire. L'exploitation du TGV Nord-Europe, d'Eurostar et de Thalys conduisent à une réelle révolution. Lille et la Haute Picardie se rapprochent de Paris, Bruxelles ou Londres. L'ouverture des frontières a redonné sa vocation ancienne de carrefour européen à cet espace central de l'Europe. L'ancien Nord-Pas-de-Calais s'investit peu à peu dans des projets européens d'envergure, notamment par des projets transfrontaliers tels que le Canal Seine-Nord Europe (dont la mise en service est prévue pour mi-2027/ début 2028).

Cet effet lifting, comme certains aiment à l'appeler, n'aurait sans doute pas été aussi convaincant sans une volonté politique forte ; celle de donner un nouveau visage à la région. Lille en est un exemple criant. Le label Capitale Européenne de la culture en 2004 a donné un nouveau souffle à la capitale des Flandres. Si la région se réapproprie son passé (ducasses, Braderie de Lille ou Carnaval de Dunkerque), elle joue aussi un rôle moteur dans les nouvelles créations. Avec Euratechnologies à Lille, la Plaine Image à Tourcoing ou la Serre Numérique à Valenciennes, le territoire entreprend avec brio le virage des nouvelles technologies et s'impose comme un pilier de la French Tech. Le pari des industries culturelles est relevé et plusieurs domaines d'activité se dessinent : mode, cultures urbaines, vidéo et image, sans oublier l'ambitieux musée du Louvre-Lens ouvert depuis 2012. La région attire de nouveaux publics et les touristes se jouent désormais des clichés longtemps véhiculés sur le Nord. L'ancienne Picardie surfe également sur cette vague tertiaire et profite de ces nouvelles mannes économiques. L'émergence de l'aéroport de Beauvais et sa soixantaine de destinations en est une bonne illustration. L'industrie souffre davantage, à l'image de la médiatique fermeture de l'usine Continental en 2009 dans l'Oise. Pour résister à la crise, les Picards misent sur leur proximité avec l'Île-de-France, mais aussi sur l'innovation, la technologie ou la chimie du végétal.

PATRIMOINE ET TRADITIONS

Patrimoine culturel

L'influence flamande. Les peintres de l'école flamande demeurent peut-être les plus emblématiques du Nord de la France. Nombre d'entre eux proviennent de la région et ont réalisé des œuvres encore célèbres de nos jours. L'architecture est également un domaine où l'inspiration flamande a laissé des traces, notamment des églises-halles ou « hallekerques » de l'extrême nord.

Les châteaux. Le patrimoine de nos régions compte aussi de nombreux châteaux, notamment dans l'ancienne Picardie. La plupart sont entourés de somptueux parcs et jardins ayant inspiré les nombreux écrivains et auteurs qui peuplaient les cours de leurs seigneurs. Rappelons que Jean de La Fontaine est né à Château-Thierry et qu'il fut l'un des favoris de la cour de Louis XIV, que les mousquetaires de Dumas traversèrent les terres picardes et eurent le loisir de fréquenter auberges et gîtes, comme leur auteur.

Un riche patrimoine immatériel. Au-delà des Watteau et des architectures emblématiques, les Hauts-de-France jouissent d'un patrimoine immatériel extrêmement riche. Contes et légendes peuplent les forêts, les Géants sont restés ancrés dans les traditions locales et les jeux flamands continuent à être utilisés lors des repas de famille. La place de la gastronomie joue d'ailleurs un rôle considérable dans la culture locale.

Une image transformée. La culture a aujourd'hui une place majeure dans l'ancien Nord-Pas-de-Calais, même si le label « Capitale régionale de la culture » a vécu. La ville de Lille est particulièrement dynamique et reconnue en France et en Europe pour son éclectisme depuis son titre de « capitale européenne de la culture ».

Littérature

Le Nord inspira de nombreux écrivains. On pense évidemment à Zola qui, à travers *Germinal* ou *L'Assommoir*, a si bien décrit l'industrialisation et ses conséquences dans la région. La Baie de Somme est restée un symbole des romans de Colette. George Bernanos, originaire de la région, situe la plupart de ses romans à Lumbres, près de Saint-Omer. Et comment ne pas voyager à travers les romans de Maxence van der Meersch, qui décrit la région comme personne dans des romans tels que *Maria, fille de Flandre* ou *L'Empreinte de Dieu* qui reçut le Goncourt en 1936 ?
Mais la littérature de la région, ce sont aussi des figures de proue de la littérature contemporaine. Marguerite Yourcenar vécut à Lille jusqu'en 1912 et une propriété familiale située sur le Mont Noir abrite désormais des résidences d'artistes. Le roman de Jacques Duquesne, *Maria Vandamme*, brosse un très beau portrait de femme dans le XIXème siècle industriel, des corons jusqu'aux ateliers textiles roubaisiens. Plus récemment encore, Marie Desplechin, qui en 2005 remportait le Prix Médicis pour *La Vie sauve*. Michel Quint régale aussi régulièrement ses lecteurs de romans noirs à l'intrigue bien ficelée et a connu un succès retentissant pour *Effroyables Jardins* en 2000. En 2013, il s'inspire d'un fait-divers sur les disparus de la Deûle avec *En dépit des étoiles*. Pensons aussi à Franck Thilliez et à son commissaire lillois Franck Sharko. Parmi les écrivains français les plus illustres figurent aussi des Picards. L'Aisne a vu naître Jean de La Fontaine, Jean Racine, Alexandre Dumas, Paul Claudel et le Marquis de Condorcet. L'Oise a accueilli Jean-Jacques Rousseau et Roger Vaillant. Enfin, la Somme n'est pas en reste avec Jules Verne, certes né à Nantes, mais qui passa une grande partie de sa vie à Amiens, où il fut un conseiller municipal actif. L'auteur français le plus traduit dans le monde est d'ailleurs célébré dans un beau musée installé dans son ancienne maison amiénoise, qui l'inspira pour ses plus belles œuvres.

Peinture

Nombre de peintres aspirèrent à rendre de ce petit bout de terre entouré de mer qu'est la Baie de Somme une image aussi fidèle que possible. Degas en était particulièrement amoureux, mais on peut aussi citer Boudin, Barquaval, Toulouse-Lautrec ou Manet. Les lumières changeantes et les tons pastels de la Côte d'Opale séduisirent également les impressionnistes. Manet rendra d'ailleurs un vibrant hommage à Boulogne-sur-Mer et à la vie des Boulonnais dans plusieurs de ses peintures. D'autres figures emblématiques de la région sont visibles dans les plus grands musées du monde, parmi lesquels Antoine Watteau (*Pierrot*, *La Boudeuse*...) ou Henri Matisse, natif du Cateau-Cambrésis et où vous pourrez découvrir un superbe musée et quelques-unes de ses œuvres.

Maurice-Quentin de La Tour, le portraitiste célèbre

Sauf si vous êtes un (très) jeune lecteur, le visage de ce Saint-Quentinois vous est forcément connu puisque son autoportrait figurait jusqu'en 2002 sur les billets de 50 francs ! Maurice-Quentin de La Tour était considéré au XVIIIe siècle comme sans équivalent dans sa spécialité, le portrait. Dans son style, sur grand format et avec beaucoup de lumière sur les visages, il a peint la famille royale, l'aristocratie, les artistes, les écrivains, le clergé, les philosophes, les financiers... Il octroya des rentes à des institutions religieuses de sa ville natale et fonda en 1782 une école de dessin qui porte toujours son nom. Elle fut plus tard fréquentée par une autre célébrité du milieu : Henri Matisse.

Cinéma

La région a donné naissance à de nombreux réalisateurs et acteurs, comme Julien Duvivier et Louis Malle. Le Nord-Pas-de-Calais est devenu un emblème de régionalisme en 2008 grâce à *Bienvenue chez les Ch'tis*, une sympathique comédie qui a permis de faire connaître Bergues et ses alentours (même si certains habitants de la région évoqueraient plutôt un pastiche encombrant !). D'autres réalisateurs ont choisi de porter un regard plus grave sur la région. L'adaptation de *Germinal* au cinéma, en 1993, reste un incontournable qui permet de bien s'imprégner de l'histoire régionale. *La Vie rêvée des Anges* d'Étienne Chatilliez ou *Un conte de Noël* de Desplechin se passent ici comme ils pourraient se passer ailleurs... mais sont, pour ces cinéastes d'origine lilloise, l'occasion de revenir sur leurs terres. Quant à ceux qui s'affirment devant les écrans, nous pouvons citer Brigitte Fossey, Line Renaud, Pierre Richard ou Jean-Paul Rouve. Le réalisateur Arnaud Desplechin, natif de Roubaix, aime également revenir dans sa ville pour y tourner ses films, dont le dernier en date, *Roubaix, une lumière*, s'inspire d'un fait divers qui s'est déroulé dans un quartier de la ville. Les Première et Seconde Guerres mondiales sont toujours des sujets d'actualité. Sorti au début 2020, le film *1917* du réalisateur britannique Sam Mendes (et récompensé à de nombreuses reprises) s'inspire de la bataille de Bullecourt, qui a eu lieu en 1917 dans le Pas-de-Calais. Quant à Christopher Nolan et son film *Dunkerque* sorti en 2017, dont une partie du tournage a eu lieu dans la ville éponyme, il retrace l'Opération Dynamo de mai et juin 1940.

En Picardie, des tournages ont lieu régulièrement, à l'image de *Palais royal, Napoléon, Mesrine* et *La Reine Margot* à Compiègne, ou de *Séraphine* à Senlis, une ville qui se vante d'être apparue dans 150 films. Les amateurs de James Bond se souviennent d'une scène mythique de *Dangereusement vôtre* tournée autour du château de Chantilly. La cité a également accueilli des productions comme *Marie-Antoinette* ou *Le Jour le plus long*. Enfin, on reconnaît le superbe château de Pierrefonds dans *Les Visiteurs, Jeanne d'Arc, Highlander et* la série anglaise *Merlin*.

Patrimoine architectural

On ne saurait parler de la région sans toucher un mot du patrimoine architectural. Certes, les deux guerres mondiales ont causé du tort, mais vous trouverez encore facilement quelques joyaux ici ou là.

- **Les beffrois.** Ils ont été mis en avant avec l'élection du beffroi d'Arras comme monument préféré des Français dans l'émission télévisée de France 2 en 2015. Les beffrois sont une des grandes fiertés de la région, 23 d'entre eux sont classés par l'Unesco depuis 2005. Construits entre le XIe et le XVIIe siècle, ils illustrent différents styles architecturaux : roman, gothique, Renaissance et baroque. Ils ont été majoritairement érigés grâce à l'essor économique et la naissance de bourgs commerciaux administrés par des marchands. Ces marchands devenus bourgeois revendiquaient une autonomie auprès de leur suzerain. Les beffrois sont ainsi venus matérialiser les communes en tant que tour à même de rivaliser avec les donjons et clochers existants. Ces objets multifonctionnels

Le Printemps de l'Art Déco

Au lendemain de la Première Guerre mondiale, les villes de la région sont dévastées et les paysages durablement marqués. Il faut reconstruire. Mais comment et sous quelle forme ? Municipalités et architectes se divisent sur les modalités de cette indispensable reconstruction. Mais ils finissent par s'entendre sur l'emploi d'un style en particulier : l'Art déco. Si l'on observe des balbutiements de ce style dès la fin de la guerre, il faut attendre 1925 et l'Exposition Internationale des Arts décoratifs et Industriels Modernes de Paris pour le voir naître officiellement. Mélange de cubisme, d'expressionnisme, d'architecture moderne et d'esthétique industrielle, l'Art déco joue sur des formes cubiques aux angles arrondis, des arcs de cercles et autres formes géométriques. Utilisant des matériaux comme l'acier, l'argent ou le laiton, l'Art déco sait capter l'air du temps et ses constructions symbolisent ces années folles entre élégance et décadence.

Parmi les villes offrant les plus beaux témoins de ce style se trouvent Arras, Béthune, Bruay-la-Buissière, Cambrai, Douai, Lens, Liévin, Saint-Omer et Saint-Quentin. Depuis 2012, ces villes se sont unies pour créer une manifestation unique d'abord appelée Semaine de l'Art déco, puis Mois de l'Art déco et, depuis 2017, Printemps de l'Art déco. Pendant les mois de mars et avril, les offices de tourisme et les Villes et Pays d'Art et Histoire organisent des visites, expositions, conférences, projections de films, ateliers et autres animations mettant en lumière et en valeur le patrimoine Art déco de la région.

D'avril à mai, les portes des édifices les plus audacieux s'ouvrent aux visiteurs curieux. L'hôtel de ville et la cathédrale d'Arras, le cimetière d'Amiens, la piscine de Bruay, le théâtre de Cambrai, les anciens magasins des Nouvelles Galeries de Saint-Quentin, les intérieurs Art ddééco cachés des immeubles lensois ou encore la villa Cavrois à Croix en sont quelques exemples. Mais pour apprécier les richesses de ce style, il suffit simplement de lever les yeux et d'admirer les façades, comme celles de la Grand-Place à Béthune, celles de la place Aristide Briand de Cambrai ou celles de la place Jean Jaurès à Lens. Trésors de l'architecture moderne, témoins du courage d'une région qui a su se reconstruire avec style et élégance, tous ces édifices brillent à la lumière de ce Printemps de l'Art déco.

- **Renseignements et réservations** auprès des offices de tourisme des villes d'Amiens, Douai, Arras, Béthune, Cambrai, Lens, Saint-Omer, Roubaix et Saint-Quentin et sur le site www.printempsartdeco.fr

(tour de guet, salle de réunion, prison, coffre-fort...) ont perdu leur utilité au fil des siècles, mais restent encore aujourd'hui des monuments majeurs symboles de la culture du nord de la France.

L'architecture traditionnelle. Du sud au nord de la région, la pierre laisse place à la brique. Ainsi dans l'ancienne Picardie (le Compiégnois et le Soissonnais) et dans l'Avesnois, des villages sont encore édifiés tout en pierre. Les ravages de la guerre ont néanmoins laissé place à des reconstructions de brique, avec des fermes massives décorées de frises et de pilastres. Les villages égrènent leurs maisons souvent ponctuées de girouettes aux motifs variés autour des églises. À Saint-Quentin, la ville a été détruite à 80 % pendant la Première Guerre Mondiale. Reconstruite dans les années 1920-1930, elle compte pas moins de 3 000 façades Art déco ! Le littoral picard fait place à des murs de torchis badigeonnés de chaux et montés sur des rognons de silex noir. Le long de ce littoral, les stations balnéaires du Pas-de-Calais sont pour le moins hétéroclites, passant de l'Art Nouveau et du style anglais Belle Époque aux constructions modernes parfois sans transition. Plus haut encore, les collines boulonnaises alternent d'imposantes fermes, d'anciennes demeures seigneuriales aux allures de manoirs et des fermes blanchies à la chaux. La Flandre maritime et ses vents d'ouest chargés de pluie ont imposé une architecture de plain-pied, avec des maisons basses et allongées aux murs blanchis à la chaux égayées par les couleurs vives des portes et des volets. Si on redescend le long de la frontière belge, on plonge dans l'agglomération lilloise et ses hautes cheminées d'usines qui témoignent encore de son passé industriel. L'ensemble urbain Lille-Roubaix-Tourcoing est large et s'étend désormais jusque Tournai et Courtrai de l'autre côté de la frontière pour former l'Eurométropole. Les courées, ces petites allées piétonnes perpendiculaires à la rue et desservant une ligne de maison, sont typiques de cet habitat ouvrier des années 1930. Plus au sud, c'est l'habitat ouvrier minier : les fameux corons ! Des chapelets de maisonnettes qui s'égrènent au pieds des terrils, rues après rues, toutes identiques (au rythme d'une porte, une fenêtre, une porte, une fenêtre....) et pourtant toutes différentes (leurs habitants rivalisant d'astuces pour décorer la leur). Enfin, arrivant dans l'Avesnois, de petits villages de caractère utilisent la fagne (cette belle pierre bleue typique) alternée avec la brique et des toits en ardoises.

Villes et villages

Après ce tour d'horizon du patrimoine architectural de la région, quelques lieux peuvent être plus particulièrement signalés. Du tumulte des affrontements restent encore de nombreux témoignages gravés dans le paysage, les plus remarquables étant les fortifications de Vauban, très bien conservées dans les villes comme Maubeuge, Lille et surtout Bergues ou Le Quesnoy. Pour admirer des beffrois, vous pourrez vous rendre à Arras, Béthune, Calais, Bailleul, Amiens ou Compiègne (qui a un style plus gothique et élégant). Ces emblématiques tours trônent le plus souvent au milieu des places de marchés où se font encore aujourd'hui les rassemblements populaires. Il faut également noter l'importance des hôtels de ville dans le patrimoine de la région, importance qui a égalé celle des édifices religieux au fil de longs siècles de lutte pour l'autonomie des cités. On citera celui de Lille, de Dunkerque, de Calais ou d'Armentières. Autres ouvrages répandus, les moulins à vent qui parsèment les monts de Flandres, à Hondschoote, Boeschepe, Cassel mais aussi en Artois, à Achicourt ou vers la côte. Ils servaient au pressage des céréales et des oléagineux. Certains demeurent actifs et perpétuent aujourd'hui encore la tradition artisanale.

Châteaux

Les châteaux sont particulièrement nombreux dans les trois départements de la région picarde. Vous y trouverez un très beau panel représentatif des différences architecturales médiévales. La première fonction des châteaux et constructions féodales était défensive : la position stratégique de l'Aisne obligea la fortification des villes d'importance, comme Château-Thierry, tandis que forteresses et autres bastions militaires côtoyaient les importants châteaux forts de l'est. La Somme compte également bon nombre de ces édifices à Saint-Valéry, Rue, Péronne... lesquels furent peu à peu remplacés par des châteaux résidentiels lorsque la situation politique se fit plus sereine. Le plus bel exemple de construction de style Renaissance reste le château de Chantilly, érigé au XVIe siècle, qui servait de résidence aux princes de Condé. Jean de Bullant en fut l'architecte. Ce joyau de la Renaissance fut agrémenté d'une nouvelle aile au XIXe siècle par Honoré Daumet. Plus à l'est dans l'Oise, à Compiègne, le Palais tel qu'il existe actuellement fut pensé au XVIIIe siècle dans un style classique par Jacques-Ange Gabriel. Il a accueilli des rois et des empereurs et conserve de très belles pièces et un parc bien agréable en lien avec la forêt. Plus original dans sa conception parfois controversée, le château de Pierrefonds est l'œuvre de Viollet-le-Duc, qui s'inspira des anciens châteaux forts pour le reconstruire. Cette forteresse fut cependant totalement repensée dans sa conception et évoque plusieurs styles architecturaux.Dans l'Aisne, situation oblige, les fortifications entourent les châteaux. Ainsi celui des ducs de Guise, dont il ne reste que quelques vestiges, date vraisemblablement du Xe siècle. Il s'étend sur plus de 17 ha et seul un donjon est resté intact pour témoigner de l'importance de l'édifice. Le donjon du château de Vic-sur-Aisne date du XIIe siècle, tandis que la partie résidentielle lui est postérieure de cinq siècles. Dans la même veine, le château de Coucy date du XIIIe siècle et fut l'une des plus fameuses forteresses de France avant sa destruction partielle. En revanche, le château de Condé-en-Brie, du XVIe siècle, est parfaitement conservé. Son style Renaissance très sobre rejoint celui de Villers-Cotterêts, qui fut également bâti sous le règne de François Ier. Sur le territoire de la Somme, le château-fort de Rambures est un ensemble architectural composé d'une forteresse du XVe siècle et de dépendances datant du XVIIe siècle. À Péronne, on retrouve un château du XIIIe siècle ayant accueilli grands seigneurs et rois en voyage. Dans le prolongement de ce château médiéval s'inscrit dorénavant l'Historial, qui est un haut lieu de commémoration de la Première Guerre mondiale.

Dans le Pas-de-Calais, on citera deux beaux exemples très différents : le château de Boulogne-sur-Mer, une forteresse devenue musée dans la vieille ville, et, dans un style très différent, le très élégant château d'Hardelot, qui accueille désormais un centre culturel franco-anglais consacré à l'Entente Cordiale.

Architecture religieuse

La région possède quelques perles de l'architecture religieuse de France. Joyau des joyaux, la cathédrale Notre-Dame d'Amiens date du début du XIIIe siècle. Véritable chef-d'œuvre gothique, elle fut créée par Robert de Luzarches qui combina la démesure des parures extérieures aux vitraux, tours et sculptures dans un seul grand ensemble classé au Patrimoine Mondial de l'Unesco. Son esthétisme a fait dire à Auguste Rodin, fin connaisseur : « C'est l'empire absolu de l'élégance suprême. » La cathédrale Saint-Pierre de Beauvais se distingue également par son chœur gothique (le plus haut du monde avec 47 mètres). Datant du XIIIe siècle, elle n'a jamais vraiment été terminée, car il manque encore la nef. Autre bijou, l'élégante cathédrale de Laon domine la ville haute et se voit à plusieurs kilomètres à la ronde. Rodin, toujours lui, la décrivait ainsi : « Les tours de Laon, vues à distance, sont comme des étendards qui portent au loin le juste orgueil de l'homme. » Senlis compte aussi une cathédrale de renom, qui s'inscrit parfaitement dans les vieilles pierres du paysage. Construite dès le XIIe siècle, elle fut presque détruite lors d'un incendie et restaurée dans un style gothique flamboyant dès le XVIe. À Noyon, une grande église accueillit le couronnement de Charlemagne. Il s'agit ni plus ni moins de la plus ancienne cathédrale gothique de la région. Quelques cathédrales du Nord méritent également le détour, telles Notre-Dame-de-Grâce de Cambrai, la basilique du Saint-Cordon de Valenciennes ou encore la sublime tour abbatiale de Saint-Amand-les-Eaux.

Le patrimoine sacré ne s'arrête bien évidemment pas à ces édifices puisque, à cela, il faut ajouter les collégiales, dont celle d'Abbeville, inachevée depuis le début de sa construction au XVe siècle, mais proposant un bel exemple de style gothique flamboyant. Bien avant cela se construisait la basilique de Liesse au XIIe siècle. Les abbayes et les prieurés sont fortement présents dans la région, comme à Saint-Riquier où l'abbaye du VIIe siècle accueille un musée, tandis que l'église abbatiale, maintes fois reconstruites, domine toujours la ville. L'abbaye de Valloires, édifiée une première fois il y a six-cents ans, date dans son état actuel du XVIIIe siècle. Elle vaut le détour notamment pour ses célèbres jardins fleuris. N'oublions pas l'abbaye de Vaucelles, classée Monument Historique, située dans la vallée du Haut-Escaut sur la commune de Les Rues des Vignes à 10 km de Cambrai et à 24 km de Saint-Quentin.

Architecture militaire

Les fortifications. D'anciens bastions se retrouvent encore dans la région, des vestiges de fortifications encouragées par la situation stratégique de la zone. Ces premiers édifices sont construits au XVe siècle, après l'introduction des armes lourdes, comme les canons à boulets métalliques auxquels ne résistent pas les simples palissades en bois ou les murs de pierre. Il faudra cependant l'arrivée de Vauban (1633-1707) et de son génie militaire pour que les lignes de défense deviennent réellement efficaces. Son fameux système se retrouve dans les deux lignes de places fortes qui forment le fameux Pré Carré (double ligne de villes fortifiées qui protège alors les nouvelles frontières du Royaume de France contre les Pays-Bas espagnols). Une partie de la première ligne se trouve aujourd'hui en Belgique, mais les principales structures se situent dans le Nord, le Pas-de-Calais et l'Aisne. La première ligne devait protéger l'intérieur des terres, tandis que la ligne arrière, composée des villes plus éloignées, gardaient les renforts et assuraient la maintenance des troupes. Chaque fortification prend la forme d'une étoile à branches multiples, les bastions étant disposés de manière à offrir le meilleur angle de vision possible aux défenseurs. Les fossés consolidaient l'assise des fortifications. Pour retarder l'envahisseur, différents dispositifs comme les demi-lunes étaient placés bien avant la partie forte, mais à portée de vue suffisante pour faire feu sur l'ennemi littéralement emprisonné dans un réseau de tranchées et fragmenté en petites troupes. Certaines de ces fortifications sont conservées en l'état, mais d'autres ont souffert des affrontements du XIXe et surtout du XXe siècle. Les plus beaux exemples encore visibles se trouvent à Bergues, Lille, Le Quesnoy, Maubeuge ou Arras.

Route des villes fortifiées. Cet itinéraire suggère aux amateurs de fortifications les villes à visiter dans le Nord-Pas-de-Calais et la Picardie. Le Pré Carré débute sur la côte à Dunkerque et à Bergues, cette dernière se tenant d'ailleurs encore aujourd'hui entièrement à l'intérieur de ses fortifications. La ligne continue en Belgique et il faut arriver à Lille pour retrouver l'une des plus importantes places fortes de la région. En redescendant vers l'Avesnois, on trouve à Valenciennes, Condé-sur-Escaut et Maubeuge des vestiges évocateurs. Avesnes-sur-Helpe et Le Quesnoy, situées à proximité, étaient d'une importance stratégique notable, les Ardennes protégeant naturellement la frontière des attaques. Il faut repartir vers Landrecies, Cambrai et Bouchain pour rattraper la deuxième ligne qui continue à Douai, Arras et Béthune, mais aussi Mézières et Rocroi. Vers la Côte d'Opale, intensément protégées, se trouvent les villes de Saint-Omer et Gravelines.

Ouvrages d'art

Tandis que les moulins à eau continuent de tourner au gré du courant, les moulins à vent, qui ont pourtant peuplé toute la région, ne sont plus très nombreux. Leur construction remonte au Moyen Âge, souvent au XIe siècle. Rapidement, les techniques se sont affinées pour donner ce que certains appellent les « géants du Nord » et les constructeurs ont su adapter chaque moulin à son environnement. Après les constructions fixes (tributaires du sens du vent), sont apparus les premiers exemples dotés d'un toit sur pivot, comme à Achicourt. Les moulins peuplaient surtout trois départements : le Pas-de-Calais, la Somme et le Nord qui en comptait le plus grand nombre dans ses Flandres bien exposées. Lors de la guerre de 1914-1918, tous les moulins situés sur la ligne de feu ont été rasés, soit au cours des batailles, soit pour éviter qu'ils ne servent de poste d'observation ou de point de repère pour les tirs d'artillerie. À cela s'ajouta le manque d'entretien et de nouvelles taxes qui contribuèrent à la destruction de nombreux moulins. Aujourd'hui, s'ils ont perdu leur rôle économique, les moulins sont devenus des points d'attraction touristique et des centres d'animations et de festivités. Quelques-uns d'entre eux ont été rénovés ou même reconstruits pour perpétuer la tradition du pressage artisanal de céréales et d'oléagineux. Quelques meuniers sont encore en activité et produisent essentiellement de la farine, en petite quantité. Ces moulins conservent un charme fou et contribuent à l'image d'Épinal que peuvent avoir les touristes de la région.

Traditions et modes de vie

Langue

Le patois picard est une langue à part entière et non une déclinaison du français comme on serait tenté de le croire. Ses origines remontent à l'époque romane, quand elle faisait partie, au même titre que le français ou le normand, des langues d'oïl (langue gallo-romane du nord, par opposition à la langue d'oc, langue occitano-romane, du sud). Le mélange avec les langues germaniques et françaises, introduites par les invasions successives, l'ont modifiée pour en faire une sorte de picard, la rendant proche de la langue d'aujourd'hui.
Il faut distinguer plusieurs picards selon les époques. Le premier a perduré jusqu'au XIVe siècle (on parle d'ancien picard) et a joué un rôle important dans l'histoire littéraire. On retrouve notamment des écrits en picard d'auteurs arrageois comme Adam de la Halle et Jean Bodel... tous d'importance et encore étudiés aujourd'hui par les linguistes.
Il faut attendre le XIXe siècle pour que le picard prenne sa tournure actuelle, grâce à une prise de conscience de l'intérêt de la langue et à un renouveau littéraire, comme l'atteste la production d'alors entre le Petit Quinquin et les écrits d'auteurs régionaux de la Belgique à la Picardie. Depuis le début du XXe siècle et encore de nos jours, une certaine tradition du picard vernaculaire subsiste et il n'est pas rare d'entendre parler patois. Certaines œuvres, livres, poèmes et chansons sont encore écrits en picard. Seule la disparité géographique impose des changements et peut créer des incompréhensions entre les interlocuteurs. Ainsi, le patois dunkerquois, fortement influencé par le flamand, sera très différent du patois d'Amiens ou laonnois. On parle également de domaine linguistique picard car l'usage du patois n'est pas adapté parfaitement aux contours des frontières : l'Avesnois, le sud de l'Aisne et l'Oise ne sont pas spécialement des secteurs patoisants et il est donc inutile d'y chercher un quelconque patrimoine linguistique.
La langue est ardemment défendue par des passionnés et notamment par les rédacteurs de la revue trimestrielle *Ch'Lanchron*. Leur objectif est que le picard soit reconnu comme une langue à part entière à l'exemple du breton, de l'occitan ou de l'alsacien. Il est même revendiqué que ce soit une option au baccalauréat !

Artisanat

Dentelle (de Calais à Caudry). La dentelle n'est pas d'origine française. Fabriquée à la main, elle est née vers 1530 en Italie. Ce sont les Anglais qui l'ont mécanisée au XVIIIe siècle. Elle n'arrive en France qu'en 1816, à Saint-Pierre-lès-Calais, et connait alors un essor considérable. La dentelle de Calais vient de naître, mais c'est Caudry qui va devenir le centre mondial de la fabrication mécanique de ce type de dentelle. Ce n'est pas un hasard puisque la tradition textile est depuis très longtemps implantée dans le Cambrésis, spécialisé entre le XIVe et le XVIIIe siècle dans la production d'un tissu appelé batiste.
Au milieu du XIXe siècle, un tiers de la production régionale est exporté. Calais devient alors la capitale française puis mondiale de la dentelle grâce à sa proximité avec Paris (déjà capitale de la mode) et l'excellente réputation de ses produits. Soumis aux caprices de la mode, ce produit alterne les bonnes et les mauvaises années depuis plus d'un siècle. Elle a su garder son rang jusqu'à aujourd'hui, grâce, notamment, à sa production industrielle et aux modernisations des techniques de fabrication qui assurent un rendement important.
La Maison de la Dentelle à Bailleul s'intéresse en revanche à l'art de la broderie de la dentelle par de petites mains (passez donc faire un tour dans la boutique !). La dentelle de Calais est utilisée dans la mode, comme on a pu le voir lors du mariage princier de Kate et William en 2011. La dentelle sert non seulement aux vêtements, mais aussi au linge de table, à la décoration et à l'art, certains travaux remplaçant tableaux et œuvres picturales.
Les étapes de fabrication respectent un rituel particulier. Les motifs sont d'abord esquissés par le créateur et servent de base pour les étapes suivantes. Ces esquisses sont alors retravaillées puis digitalisées (bien sûr la méthode s'est modernisée). De ce travail naissent les cartons, sortes de cartes perforées qui donnent une idée du dessin terminé. Ce carton est déchiffré par le jacquard, c'est-à-dire le logiciel de reconnaissance du métier à tisser qui s'en servira pour tisser les pièces voulues. D'aucuns pourraient penser que ce n'est plus de l'artisanat ! Sachez seulement que, si les dernières dentellières travaillent encore à l'ancienne, elles n'obtiennent pas forcément un tel niveau de détail. En tout cas, elles restent encore actives de nos jours et vous découvrirez des méthodes de travail impressionnantes aussi bien à Calais qu'à Bailleul.
La dentelle de Chantilly (Oise) était également réputée sous le Second Empire. Un musée tout juste rénové lui est consacré dans la ville.

Faïence de Desvres. C'est en 1764 que débute le travail de la faïence à Desvres. Même si Jules César avait déjà fait fabriquer des tuyaux de terre cuite pour ses garnisons, c'est à Jean-François Sta, notaire, que l'on doit la première manufacture de faïence. Cette implantation à Desvres fut facilitée par la situation géographique de la ville. On trouve en effet, à proximité, du bois pour la cuisson ainsi que les fondamentales carrières d'argile. Aujourd'hui, il est difficile d'en trouver sur place, les artistes faïenciers la font venir d'autres régions.

Les premiers potiers fabriquèrent des pièces simples en accord avec leur environnement, mais les diverses améliorations du XVIIIe siècle donnèrent naissance à la fabrique de Jean-François Sta. Ainsi installée dans la faïence, Desvres fonda sa réputation durant les deux siècles suivants, en partie grâce à une dynastie, les Fourmaintraux (rejoints par les Martel et les Masse). Tout au long de ces deux siècles, le savoir-faire de Desvres devint incontournable pour la réalisation d'un travail pointu sur des éléments tels que les émaux. Ici, la tradition du fait main est encore indiscutable et constitue depuis bien longtemps le fondement de l'activité des faïenciers des rois.

▶ **Cristal d'Arques.** Pendant longtemps, la Cristallerie d'Arques fut le poumon économique de l'Audomarois (région de Saint-Omer). Fondée en 1825, elle a progressivement su perfectionner les techniques traditionnelles de production en préservant la créativité et le savoir-faire des maîtres verriers. Reconnu internationalement, le cristal d'Arques est fort recherché pour ses verres et ses différents arts de la table. La cristallerie a désormais délocalisé une partie de ses antennes, mais le travail du verre reste une spécialité locale.

▶ **Lin des Flandres.** En Flandres, le lin est cultivé et transformé en tissu depuis des siècles. Le climat et les nombreuses petites rivières de la région sont en effet propices à cette production. Au début, le lin était une culture secondaire. Son produit était destiné à être tissé durant les longs mois d'hiver pendant que les fermiers attendaient le nouveau cycle des cultures. Tout au long du XVIIIe siècle et jusqu'au milieu des années 1800, l'industrie textile prospère ; mais, dans les années 1850, l'industrie du lin connaît de sérieux revers de fortune. Aujourd'hui, le lin est un tissu fort apprécié et vous trouverez de nombreuses exploitations dans les Flandres françaises et belges. D'ailleurs, la région des Hauts-de-France est le deuxième producteur de lin français derrière la Normandie.

▶ **Tapisserie de Beauvais.** Fondée en tant que Manufacture Royale en 1664 par Colbert, elle fut bombardée pendant la Seconde Guerre mondiale et transférée aux Gobelins à Paris. Ce n'est qu'en 1989 qu'elle retourna dans la capitale du Beauvaisis. Elle n'y retrouva pas son site originel, mais s'installa dans les anciens abattoirs municipaux, réhabilités pour accueillir l'ensemble des ateliers. On peut la visiter pendant les Journées du Patrimoine et admirer le travail des lissiers qui perpétuent la technique de la basse lisse en produisant de magnifiques pièces pour le Mobilier national, lesquelles sont ensuite exposées dans les ministères ou les ambassades françaises.

▶ **Vitrail et velours d'Amiens.** Les artisans du vitrail à Amiens ont eu fort à faire avec la cathédrale. C'est pourquoi ils ont élu domicile dans la ville millénaire qui, aujourd'hui encore, symbolise la tradition du travail du verre et de la ferronnerie. Le vitrail est fabriqué selon des méthodes précises depuis le VIe siècle. Le verre est soit coloré par des oxydes métalliques mélangés à la silice avant fusion, soit peint par cuisson, grâce à des peintures spéciales qui se fixent à haute température. Les carreaux de verres sont assemblés avec du plomb, qui ne fond qu'à des températures très élevées et permet ainsi de sceller l'œuvre. Une fois terminée, la partie est assemblée aux autres comme un puzzle, selon les plans de l'artiste. L'art religieux est encore fabriqué, mais une partie de la production s'est déplacée vers des œuvres plus contemporaines et néanmoins appréciées pour leurs qualités.
L'ancienne capitale picarde est aussi réputée pour la fabrication du velours, matière textile utilisée surtout pour la confection. Il fournit ici une matière de base de très grande qualité pour les meubles et pièces de décoration. Colbert motiva l'implantation de fabriques de velours, production qui dura jusqu'à l'émigration des artisans. La production industrielle supplanta rapidement les méthodes artisanales. Il ne reste plus aujourd'hui de véritables représentants de cet art à Amiens, tout juste une réputation acquise grâce à une certaine qualité qui a su conquérir les plus beaux intérieurs royaux. Il faut tout de même compter avec le velours d'habillement, encore très porté, qui perpétue le savoir-faire amiénois.

Sports et jeux traditionnels

▶ **Jeux traditionnels.** On pratique de nombreux jeux dits traditionnels dans les Hauts-de-France. La paume, qui se pratique sur un sol en terre battue ou en asphalte, se joue en équipe de cinq joueurs. Les points se comptent comme au tennis. La crosse, essentiellement pratiquée dans l'Avesnois, consiste à toucher avec une boule une planche de bois de 2 m x 18 cm située à 10 m de distance. La boule flamande (ou bourle) est une roue de 30 cm de diamètre et de 12 cm d'épaisseur pour un poids variant de 6 kg à 9 kg. Essentiellement pratiqué en Flandre, le jeu consiste à faire rouler la boule le plus près possible du but, une rondelle de cuivre appelée étaque. Dans les estaminets ou les bistrots, il n'est pas rare de trouver des jeux de plateaux, le plus souvent des jeux de dextérité se pratiquant à deux comme la carambole. Plus répandu est le javelot, plus physique aussi puisqu'il faut planter cette lourde flèche à ailettes dans une cible située à plusieurs mètres de distance. Enfin, rappelons que la colombophilie reste un sport très pratiqué dans la région, les coulonneux se réunissant régulièrement pour concourir le dimanche.
Dans la Somme, on pratique le ballon au poing, un sport très local qui regroupe une quarantaine de clubs. La finale se déroule traditionnellement le 15 août à Amiens. C'est un jeu de gagne-terrain sur une superficie de 65 mètres de long pour seulement 12 mètres de large. Comme son nom l'indique, on tape dans la balle avec le poing, avec deux équipes de six face à face. Cela ressemble de loin à du volley-ball sans passe et sans filet, avec un décompte de points proche du tennis... Autrement dit, il faut être initié pour tout comprendre – mais c'est agréable à suivre ! Ce sport a été inscrit en 2012 au patrimoine culturel immatériel de France. De même avec la choule à Tricot, un jeu traditionnel considéré par certains comme l'ancêtre du rugby, qui oppose chaque année à Pâques les hommes mariés aux célibataires devant un public fourni (800 personnes dans ce petit village au nord de l'Oise).

LES HAUTS-DE-FRANCE GOURMANDS

Spécialités locales

Les spécialités flamandes

Parmi les grandes spécialités, on trouve la fameuse carbonade flamande, qui se prépare avec de la viande de bœuf longuement revenue avec des oignons, de la cassonade et de la bière. Le potjevleesch, qui signifie « viande en pot » en flamand, est une terrine de quatre viandes (lapin, poulet, veau et porc) en gelée. Selon la tradition, il se déguste recouvert de frites, dont la chaleur fait fondre la gelée. Le waterzoï est un genre de pot-au-feu de volaille (poulet, poule), de viande ou de poisson. Le hochepot, ou potée d'Artois, lui ressemble beaucoup. Il se fait avec de la tête de porc, du lard, du mouton, de l'andouille et des légumes. Enfin, le chou rouge à la flamande se marie avec le thym, le saindoux, les pommes reinettes et la cassonade brune. N'oublions pas le beulte kaze à Dunkerque, alias le fromage de tête, et les planches des estaminets, riches de charcutailles et de fromages. Le poisson est également utilisé pour la soupe, notamment au Touquet chez Perard ou chez Ramé, qui en tirent un magnifique potage.

Autres spécialités du Nord

Le welsh est un plat typiquement anglais, on peut même le dire gallois d'après son nom, et qu'on ne trouve pratiquement qu'au nord de la France. Les Anglais viennent d'ailleurs jusqu'à Boulogne ou Lille pour retrouver leur cher welsh devenu si rare chez eux. Traditionnellement, il s'agit de chester cuit dans la bière, posé sur du pain et gratiné. C'est tout simple et ça cale. On l'accompagne, selon ses désirs, avec de la salade, des frites, de la saucisse, etc. Parmi les petites entrées sympathiques, la tarte lilloise aux oignons, la tarte ou la flamiche au maroilles donnent déjà la bonne mesure des solides repas du Nord, comme le potjevleesch, une terrine de viande blanche (lapin, poulet, veau, lard de porc en gelée), avec vin blanc, échalotes et parfois genièvre. Dans le Nord, l'anguille se met au vert, tandis que le porc se prépare en civet ou en rôti au fromage. On accommode le lapin aux pruneaux, à la moutarde, aux raisins, et le coq à la bière ou au vin. Le poulet se prépare en fricassée ou au maroilles, et le pigeon aux cerises.

Les spécialités picardes

Quelques spécialités picardes à déguster : la soupe au potiron, la soupe des hortillons, le potage Crécy (aux carottes), la ficelle picarde (une crêpe au jambon, champignons et fromage râpé, nappée de crème et gratinée). Signalons aussi la fameuse flamiche aux poireaux, une sorte de tourte feuilletée, la matelote d'anguilles, les anguilles à la picarde (avec une sauce liée aux œufs), la caghuse, une grande spécialité de cuisse de porc cuite au four dans une jatte avec des oignons et du beurre, le pâté de pommes de terre, le sauté de lapin à la picarde, la salade au lard, la truite rôtie au poivre bouilli, sans oublier les andimolles, des crêpes dont la pâte est additionnée de crème que l'on cuit dans une poêle frottée de lard. Le lapin au cidre : échalotes et oignons, lard fumé et ail, champignons et cidre, voilà les ingrédients pour un plat fréquemment proposé à la carte en Picardie. Rayon dessert, une tarte à gros bord et sur fond de crème recouverte de fruits connaît un beau succès, un peu comme le gâteau battu. La rhubarbe est également répandue dans la région.

Produits du terroir

La région Hauts-de-France tient à mettre en avant les productions locales. Pour identifier et découvrir la gastronomie nord de France, on vous conseille deux labels :

- **Terroirs Hauts-de-France** : sous ce label se réunissent plusieurs centaines de producteurs (agriculteurs, artisans et petites entreprises) et 44 relais engagés qui proposent plus de 660 produits frais ou transformés, qui viennent tout droit des cinq départements de la région. Plus d'infos sur https://terroirshautsdefrance.com.
- **Saveur en'Or :** depuis plus de 15 ans, la marque rassemble les produits des « gens qui font le Nord ». L'objectif : valoriser le millier de produits agréés, qui représentent près de 10 000 emplois dans la région. Les produits sont fabriqués localement et avec une majorité d'ingrédients de la région. Les exigences de Saveur en'Or sont contrôlées une fois par an par un organisme indépendant. Pour en savoir plus, rendez-vous sur http://saveursenor.com.

Waterzoï.

Charcuteries

Comme ailleurs, la charcuterie est bien présente dans la tradition : saucissons au miel et aux amandes, andouillettes et andouilles de Cambrai, d'Arras, d'Aire-sur-la-Lys, boudin noir à la flamande, langue de Valenciennes que l'on consomme fumée et farcie de foie gras ou lucullus. On n'attend pas forcément Noël pour déguster les dindes de Licques qui bénéficient d'un label ou les autres volailles aussi réputées. Jamais à court d'idées, les charcutiers ont décliné toutes sortes de terrines plus originales les unes que les autres, du simple pâté de canard à la terrine au charbon, à la bière locale, aux herbes… Le petit salé lillois possède son label régional, mais n'apparaît que rarement sur les cartes des restaurants, les petits producteurs se chargeant volontiers de la distribution. Les prés salés sont recouverts par la mer plusieurs fois par an, dans la Baie de Somme. Les agneaux qui y broutent acquièrent une saveur particulière, mise en valeur par exemple dans des terrines agrémentées d'herbes.

Poissons, fruits de mer et crustacés

Les poissons viennent de la mer du Nord, principalement soles, carrelets, turbots, grondins et bars. Truites et brochets peuplent l'Authie en abondance alors que les étangs de la Haute Somme fournissent leur contingent de carpes, anguilles et tanches. L'anguille se déguste fraîche ou fumée et s'accommode de multiples sauces. Au Crotoy en baie de Somme, les coquillages, coques, hénons et coquilles Saint-Jacques sont des spécialités tout comme la salicorne qui se récolte dans les molières. La tradition du fumage et des salaisons est encore vivace. Il faut donc compter avec les harengs fumés ou marinés de la côte du Nord et les rollmops au vinaigre.

Fromages, produits laitiers

S'ils sont réputés pour leur puissance, on peut aussi apprécier leur finesse et leur saveur. La Boulette d'Avesnes, très odorante, est servie dans des terrines fermées qui ne laissent échapper les effluves qu'une fois le chapeau soulevé. Le Cœur d'Avesnes se rapproche du Maroilles, le grand seigneur des fromages du Nord, produit dans l'Avesnois et l'Aisne, auquel on compare le Vieux-Lille (le plus méchant, mais quel goût !) issu justement des caves lilloises. Le Maroilles serait né aux alentours du VIIe siècle, mais sa véritable production monastique débute au XIe. Ce fromage au lait de vache est emprésuré, puis stocké en cave pendant deux à trois mois. Il bénéficie d'une appellation d'origine contrôlée et se décline en trois modèles, le sorbais (540 g), le mignon (380 g) et le quart (180 g). Moins connus, mais à découvrir absolument, la Tomme de Cambrai, ferme et prononcée, le Steenvorde, le Bergues, le Sire de Créquy, le Pavé de Roubaix, le Crayeux de Roncq, le Mont des Cats, le Boulet de Cassel (sorte de vieille mimolette) et le Dauphin, le plus original de tous car mélangeant Maroilles, ciboulette, estragon et poivre… Dans l'Oise, ne pas oublier non plus le Bray picard et la Tomme au foin. Produit à la limite de la Somme et de l'Oise, le Rollot est un fromage à pâte molle et à croûte lavée. Souvent présenté en forme de cœur, il est fabriqué à base de lait de vache entier et revêt une couleur rougeâtre. Autant de variétés qui prouvent la vitalité de la production fromagère de nos régions. Les fromages de Hollande sont également produits dans la région et adaptés aux goûts locaux : ils sont plus forts en bouche et affinés plus longtemps. En préparation, on mange la goyère, une tarte au fromage originaire du Valenciennois, plus dense que la flamiche.

Fruits et légumes

Le chicon, qu'est-ce donc ? Eh bien, il s'agit du nom patois de l'endive, légume très répandue dont la racine est torréfiée puis transformée… en chicorée. Si en général on la fait cuire à l'eau, on la consomme ici en gratin (la célèbre endive au jambon) ou en salade. La betterave reste cependant la légumineuse la plus cultivée dans la région, pour le sucre, mais aussi en tant que plante

Maroilles.

fourragère. Plus de 90 % de la production française se situe dans les Hauts-de-France. Sa rougeur se déguste en salade, légèrement vinaigrée, tachant doigts et ustensiles pour la bonne cause. Elle est encore très répandue dans les chariots de crudités, légèrement persillée et éventuellement aillée. Pourtant, la reine des betteraves reste celle plus discrète qui donne le sucre, une industrie présente aussi bien dans le Nord qu'en Picardie. Inutile de préciser que ses différents avatars (cassonade...) sont très largement utilisés en cuisine et que les desserts, parfois bruts, privilégient l'authenticité. Dans la Somme, la pomme de terre (pompadour, ratte, charlotte...) jouit d'une très bonne réputation, tandis que le Nord est plus connu pour la bintje, pomme de terre idéale pour faire... des frites ! Les poireaux, carottes et autres légumes de bouillon se cultivent un peu partout en région, où est restée intacte la tradition des jardins potagers. Le lingot se retrouve en Picardie sous de très belles formes. Dans les Hortillons d'Amiens, jardins maraîchers prodigues, se récoltent encore les T'chos Légumes des Hortillons. Chaque samedi, les Hortillons, nom donné aux maraîchers, vendent leurs produits lors du marché sur l'eau du quartier Saint-Leu. L'occasion de vous procurer de bons légumes frais des hortillonnages pour les croquer en pique-nique ou préparer un bon repas de retour à votre domicile. Enfin, les pommes Boscoop des vergers, les champs de rhubarbe, les cerises, les fraises et fruits rouges en général se plaisent au nord de la France. En témoigne le succès du marché aux fruits rouges chaque premier dimanche de juillet à Noyon (Oise), qui fait la part belle aux fraises, framboises et groseilles picardes !

Huiles, épices, condiments

L'art de la conserve de légumes n'est pas très répandu. Seuls cornichons et petits oignons blancs se retrouvent conditionnés de la sorte. Il faut toutefois compter sur les recettes d'Europe du Nord qui ont inspiré les producteurs locaux. Ainsi, les champignons et les pâtissons à l'aigre-douce se répandent de plus en plus comme accompagnement.

Douceurs

En dessert, les gourmands apprécient les petits quinquins de Lille, le pain de Cassel (une génoise aux amandes), la tartine flamande (une tranche de brioche à la cassonade), les desserts à la cassonade, la tarte au chuc', la tarte au papin ou à la crème. On aime le pain perdu, le gâteau-tarine (une sorte de cramique), les craquelins (petit pain au sucre et à la cannelle) et les gaufres qui font le succès des fêtes et kermesses, les bernardins ou les doigts de Jean-Bart. En Picardie, vous allez vous régaler des gaufres au potiron et du gâteau battu (ch'wattieu battu), grande spécialité des environs d'Abbeville en particulier, qui doit son nom au grand nombre d'œufs battus indispensables pour obtenir cette sorte de brioche mousseuse. Fabriqué traditionnellement pour les fêtes religieuses, il est servi à de nombreuses occasions accompagné de confiture de groseilles ou de rhubarbe. Le pain picard, fait à l'ancienne avec de la farine d'épeautre (une variété de blé principalement cultivée en Belgique), a fait sa réapparition il y a quelques années. L'épeautre était déjà cultivé il y a cinq mille ans, mais a gardé sa spécificité avec le temps. Le pain picard est très apprécié pour le croustillant de sa croûte et son goût particulier.

Pour ce qui est des confiseries, bonbons et chocolats, on savoure les bêtises de Cambrai, mais aussi les sottises de Valenciennes, les berlingots et les sucettes berckoises, les pavés de Cassel (bonbon feuilleté aux framboises) ainsi que le chocolat au manteau (chocolat amer avec pistaches, amandes, noisettes grillées et raisins), les clochettes de Saint-Amand, les chuques du Nord, les pavés du Nord (Valenciennes) et le merveilleux, crème chocolatée entre deux meringues fondantes le tout couvert de paillettes de chocolat. On trouve du miel dans l'Aisne, et plus précisément dans le Laonnois, autour de Corbeny et Guignicourt. La cassonade, terme employé couramment pour la vergeoise brune, entre dans la composition des pâtisseries et parfume crêpes et glaces. Le spéculoos, la chicorée et la bière sont autant de parfums de glace succulents et digestifs, surtout accompagnés d'un quartier de tarte chaude. À Amiens, deux spécialités sont à retenir : les fameuses tuiles recouvertes de chocolat (noir, blanc ou au lait) qui font le régal des petits et des grands et les macarons aux amandes. Et, pour clore le tout, citons la crème Chantilly, à déguster dans la ville du même nom, notamment dans les anciennes cuisines du château.

Eaux minérales, boissons locales

Moins bien dotés que les régions montagneuses, les Hauts-de-France ne possèdent en tout et pour tout qu'une seule source minérale de réputation nationale. L'eau de Saint-Amand est une eau minérale naturelle puisée à la source du clos de l'abbaye, donc à Saint-Amand-les-Eaux. Elle se révèle être une eau légère, de soif, mais pas vraiment emblématique de la région.

Alcools et spiritueux

Vins

La région des Hauts-de-France n'est pas viticole, mais on sait apprécier le bon vin blanc sur les côtes du Pas-de-Calais et de la Somme. Les Nordistes, bons et fins mangeurs comme de nombreux gourmets belges, sont de véritables amateurs et connaisseurs en vin, et l'on trouve, dans de nombreux restaurants, des caves de grande qualité. Le cidre connaît aussi un renouveau. On redécouvre qu'il ne s'agit pas seulement de jus de pommes gazeux et sucré, mais d'une véritable boisson qui a ses lettres de noblesse. Le champagne est produit dans les 2 000 ha de vignobles du sud de l'Aisne, ainsi que plusieurs boissons apéritives ou digestives.

Les brasseries ont le vent en poupe

La région des Hauts-de-France est considérée comme le territoire brassicole de France. Après une période difficile, le secteur connaît un regain d'intérêt et de croissance dans toute la région. Les producteurs qui se lancent misent sur la qualité et parfois des saveurs originales. Pour vous faire une idée du large choix qui s'offre à vous, voici une petite sélection :

- **Oise** : à Verneuil-en-Halatte, la brasserie Au Cœur du Malt est spécialisée dans la bière de dégustation non filtrée, refermentée en bouteille. À Chaumont-en-Vexin, la Chaumont'Oise est l'une des rares bières bio de la région.
- **Aisne** : à Nanteuil-la-Fosse, la brasserie Le Houblon Gourmand propose sa Cervoise Karadoc avec des saveurs saisonnières.
- **Somme** : à Domart-en-Ponthieu, on brasse la bière de l'abbaye de Saint-Riquier. Et, à Péronne, on est brasseur de père en fille depuis 200 ans chez les De Clerck.
- **Nord :** la Brasserie Duyck brasse depuis cinq générations la célèbre Jeanlain, nom de la ville où elle est brassée. La Brasserie artisanale des Moulins d'Ascq à Villeneuve-d'Ascq propose des bières de garde traditionnelles dont les ingrédients sont issus de l'agriculture biologique.
- **Pas-de-Calais** : la brasserie Castelain sélectionne rigoureusement sa matière première et propose régulièrement des visites guidées pour les curieux.

Bières, cidres

Blonde, blanche, brune, ambrée, aromatisée aux fruits ou refermentée en bouteille, la boisson régionale est incontestablement la bière. Après une période d'extinction massive (de 1900 sortes recensées en 1930, elles sont une cinquantaine actuellement), c'est aujourd'hui le grand retour de la diversité pour cette boisson aux nombreuses vertus. Plusieurs micro-brasseries artisanales portées par de jeunes brasseurs se sont montées pour le bonheur des papilles connaisseuses. Il ne faudra certes pas oublier que les bières du cru sont fortes (entre 5° et 10°). Ce conseil à la modération étant fait, partez à la découverte des estaminets. Que vous vous promeniez en Flandres, dans le Valenciennois ou dans l'Avesnois, demandez les produits de la brasserie la plus proche. Et si, d'aventure, vous aviez fait le tour de la centaine de bières aujourd'hui brassées en région, nos voisins belges vous porteront secours !

La Folie Douce de Thiérache

Petite mise à l'honneur pour ce délicieux apéritif de Thiérache, recette personnelle concoctée par la Ferme de la chapelle Jérôme. Cet apéritif « vin de fruits » se décline en quatorze cuvées différentes aux goûts enchanteurs et aux expressions affirmées. Suave et douce, parfumée, puissante ou équilibrée, chaque nouvelle création interpelle les nombreux amateurs. Certaines cuvées ont l'honneur de recevoir le label Terroir de Picardie, gage de qualité s'il en fallait encore. Issue de la fermentation de fruits rouges, cette Folie Douce est un essentiel en Thiérache. Goûtez au plus vite à ce petit trésor local !

Alcools, eaux de vie et liqueurs

À l'apéritif ou au digestif, les baies de genièvre entrent en scène dans des compositions simples et assez fortes (en alcool, avec du cassis ou un sirop de mandarine). Le genièvre de Houlle, au nord-ouest de Saint-Omer, est le plus connu. Son élaboration date de 1812 et l'on peut d'ailleurs visiter la fabrique. Plus proche de Lille, le genièvre de Wambrechies est également renommé et, ici aussi, la distillerie ouvre ses portes aux amateurs. La groseille entre dans la composition du perlé, un apéritif et/ou digestif des Sept Vallées, mais les plantes aromatisent aisément les boissons locales et parfois secrètes. Enfin, pour parfaire le tableau, la Fleur de Bière® est une eau-de-vie blanche à base de bière de garde maltée et distillée en alambic de cuivre.

Activités de plein air

Randonnées pédestres

Des randonnées très variées. Randonner est une excellente façon de découvrir la diversité de la région. Si vous marchez au cap Gris-Nez, autour des marais de l'Audomarois, le long des plages de Malo-les-Bains, dans la forêt de Compiègne ou dans la baie de Somme, les ambiances seront en effet bien différentes. Quelques sentiers de randonnée sont disponibles dans ce guide, mais le mieux est de contacter les offices de tourisme de la région, qui proposent de nombreux parcours pédestres, et parfois guidés. On notera aussi que le chemin de Compostelle traverse les Hauts-de-France via le GR 655. On remarquera également le développement de la marche nordique et surtout des marches côtières en baie de Somme.

Des courses pour les mordus. Quand on pense course extrême ou trail, on pense avant tout aux parcours montagneux ou aux chemins escarpés du Sud de la France. Mais sachez que vous aurez également de quoi vous régaler dans le « Grand Nord » avec de belles courses nature ou des épreuves originales.
Les plus connues sont la Transbaie, surnommée le Paris-Dakar de la course à pied, et le Trail de la Côte d'Opale. Programmée en mai ou en juin de chaque année (sauf en 2020 où elle n'aura pas lieu exceptionnellement), la Transbaie nécessite une inscription précoce, car cette course disputée en partie sur le sable et dans la vase de la baie de Somme est limitée à 6 500 participants. Le Trail de la Côte d'Opale, quant à lui, est une étape incontournable pour tout trailer qui se respecte. En septembre, près de 7 000 participants arpentent la réserve des Deux Caps entre sable, chemins caillouteux et escarpés, et bitume, dont le plus long parcours (62 km !) part du cap Blanc-Nez jusqu'à la ville d'Ambleteuse.
Si vous aimez la forêt, le Trail des Beaux-Monts est un incontournable à Compiègne, à la mi-septembre. Le nom est tiré de la célèbre allée de 5 km depuis laquelle vous aurez le temps (ou pas ?) d'admirer en toile de fond le Palais impérial. Pour le reste, les parcours d'une quinzaine et d'une trentaine de kilomètres offrent assez de dénivelé pour s'amuser et se dépenser.
Si vous aimez les épreuves un peu folles, la Frappadingue est faite pour vous. La ville de Montreuil-sur-Mer (Pas-de-Calais) est le berceau de cette course qui s'est exportée depuis. Le principe est de passer des obstacles un peu curieux, du type parcours du combattant ou toboggans. Deux éditions ont lieu cette année dans la région : Nord Xtrem à Cassel fin septembre et Le Portel Xtrem au Portel près de Boulogne-sur-Mer début octobre. Guettez les inscriptions car les places trouvent preneurs très rapidement. Si l'aventure ne vous tente pas, vous pouvez toujours assister à ce spectacle de coureurs un peu dingues qui se lancent (déguisés) à l'assaut d'obstacles improbables. Autre coup de cœur, la course à obstacles 14-18 à Thiescourt (Oise) en octobre, avec son circuit de 11 km et plus de 50 obstacles sur un terrain marqué par la Première Guerre mondiale.

Randonnées à cheval et à dos d'âne

L'Oise est considérée comme le royaume du cheval. Il est normal d'y retrouver bon nombre d'adresses de centres équestres. On peut se régaler dans les forêts du sud du département et autour de Compiègne (qui accueille un très réputé concours de dressage). Mais l'incontournable ville du cheval demeure Chantilly. On y retrouve les Grandes Écuries, le musée du Cheval rénové, les spectacles équestres, mais aussi un hippodrome construit il y a plus de 150 ans et accueillant les plus grandes courses françaises de chevaux (comme le Prix de Diane). Il est même désormais possible de visiter la ville lors de randonnées équestres.
Le littoral de la Somme et du Pas-de-Calais vous offre également de très belles balades à cheval dont certaines au travers des dunes et sur la plage. Dans la Baie de Somme, on élève une race particulièrement robuste mais élégante : le Henson.
Les comités départementaux mais aussi le conseil interrégional du cheval sont les lieux ressources pour trouver des randonnées toute l'année, spécialement étudiées pour parcourir les plus beaux sites forestiers ou de plaines.

Cavalier à cheval à Mers-les-Bains.

Chars à voile.

Balades à vélo, cyclotourisme et VTT

De la Côte d'Opale à la Thiérache, des Monts de Flandres au bassin minier, des forêts de l'Oise aux marais audomarois, la variété des paysages est grande et, selon vos montures, vous aurez plaisir à sillonner les petites routes ou les chemins boueux des campagnes. Ne manquez pas de vous procurer les très pratiques petits guides des conseils départementaux qui vous indiqueront les circuits VTT et routes à faire par département.

VTT

La région se prête particulièrement bien aux randonnées VTT, notamment dans les bois et forêts qui présentent dénivellations et paysages intéressants. Au départ de Compiègne (Oise), des sentiers de tous niveaux parcourent les forêts, avec de longues allées et des terrains plus techniques. Pour vous repérer, c'est facile : à chaque poteau de carrefour, un trait rouge indique la direction du Palais (que l'on vous conseille donc comme point de départ). Depuis Saint-Amand-les-Eaux (Nord), à travers la forêt, vous rejoindrez les pentes abruptes des terrils (ces vestiges de l'époque minière) qui raviront vos cuisses et garantissent des descentes parfois assez techniques. La tranchée pavée de Wallers-Aremberg, rendue célèbre par la course cycliste Paris-Roubaix, n'est plus bien loin si vous avez encore les jambes !

Cyclotourisme

- **L'Avesnois :** Les petites routes bucoliques de l'Avesnois vous réservent de très belles randonnées. De 12 km à plus de 60 km, autour de la forêt de Mormal et/ou du ValJoly, partez à la découverte des kiosques en Fagne de Solre ou des moulins à eau sur les deux Helpes.

- **En Flandres :** Les plus beaux circuits vous emmèneront le long de l'Yser jusqu'aux portes de l'Audomarois, alternant les paysages de plaine, bois, bocages et marais. D'autres itinéraires vous feront passer par les anciens moulins à vent encore bien présents dans ce secteur.

- **Le Boulonnais :** Pour ceux qui ont un peu d'entraînement, le Boulonnais, ses collines et son arrière-pays sont le lieu de votre prochaine randonnée.

- **La Picardie maritime** : 70 km de pistes cyclables de l'Authie à Mers-les-Bains, c'est ce que le plan vélo a établi dans le souci de promouvoir l'utilisation des cycles plutôt que celle des voitures. Les cyclotouristes peuvent dorénavant profiter d'allées spécialement dédiées et ainsi découvrir les paysages côtiers lors de longues randonnées récréatives ou plus sportives. En plus de ce programme de mise en valeur, avec le réaménagement et l'élargissement des routes, des circuits de randonnées ont été balisés. Le centre du tourisme dans la Somme s'occupe également de longues randonnées découvertes au départ de Saint-Valéry-sur-Somme.

- **La forêt de Compiègne** : Sept pistes cyclables traversent le massif et ses 14 400 ha habités par d'anciennes légendes. On peut ainsi relier deux sites incontournables à visiter : Compiègne à Pierrefonds. Deux pistes vous permettent de varier l'aller et le retour et de découvrir deux villages de charme où vous reposer : Saint-Jean-aux-Bois et Vieux-Moulin. Un tracé idéal pour les balades en famille. Le plan des pistes cyclables est disponible à l'office de tourisme de Compiègne.

Chasse, pêche et nature

Chasse

La chasse est une activité répandue dans la région, avec des spécificités selon les zones géographiques. Dans la Somme, la chasse au gibier d'eau est très populaire. Dans les grandes plaines, on chasse plutôt des lièvres, des faisans, des perdrix... Les forêts giboyeuses ont participé à l'histoire de la région en attirant pour la chasse les rois de France, à Compiègne notamment.

Dans les airs

Cerf-volant

Avec ses longues plages, la région est propice à la pratique du cerf-volant. Rien d'étonnant donc à trouver la plus grande compétition de France dans le Pas-de-Calais, à Berck-sur-Mer (au mois d'avril). Une belle manifestation est également organisée dans la Somme à Cayeux-sur-Mer (en juin). De bons clubs sont également présents loin des côtes, à Amiens et Soissons par exemple.

Sports à sensation

Le char à voile est une activité répandue sur les immenses plages du littoral régional. Si le temps s'y prête, vous aurez rapidement de bonnes sensations de vitesse à ras du sol. Pensez bien à prendre des vêtements étanches et renseignez-vous au préalable sur les disponibilités et les marées. Amateurs de sensations, vous apprécierez également le kite-surf qui vous envolera au-dessus des vagues. La pratique s'est bien développée et des écoles vous permettront d'en apprendre les bases.

© ERIC DESAUNOIS

Plage de Wimereux.

Sports nautiques

La Picardie offre de nombreuses possibilités de balades en canoës et kayaks. Sur le site Internet www.picardie-canoe.com, vous trouverez les différents parcours proposés car ce club de passionnés change chaque semaine d'itinéraire ! Comptez 20 € pour un adulte et 12 € pour un enfant pour une balade de deux heures sur l'Omignon et la Somme...

Bien-être et remise en forme

Thermalisme

C'est bien simple, il n'existe qu'un centre thermal dans les Hauts-de-France et il se trouve à Saint-Amand-les-Eaux. La source d'eau est d'ailleurs utilisée pour la consommation, mais de nombreux curistes viennent dans cette charmante ville du Nord pour suivre un traitement médical. Les eaux sont calciques, magnésiennes, sodiques sulfurées, chlorurées et sulfurées, ce qui les rend particulièrement indiquées pour les malades souffrant de rhumatismes, de traumatismes ostéo-articulaires ou de problèmes respiratoires. L'établissement, qui affiche une architecture toute en transparence, se situe au milieu du parc naturel du Hainaut, entouré d'une forêt luxuriante. Il fait partie de la Chaîne Thermale du Soleil (www.chainethermale.fr ✆ 03 27 48 25 00).

Il existait des thermes réputés dans l'Oise, à Pierrefonds. La gare de Pierrefonds-les-Bains (dont le nom est encore inscrit) a accueilli jusqu'à 25 trains quotidiens de curistes à la fin du XIXe siècle. Ces thermes ne sont plus en service depuis la Grande Guerre.

Thalassothérapie

Qu'elle semble loin et révolue l'époque où la haute bourgeoisie venait « prendre les eaux » dans les stations thermales. Avec le remboursement des soins thermaux après 1945, le thermalisme s'est démocratisé, offrant par la même occasion un regain d'activité à la thalassothérapie. Les cures de remise en forme en bord de mer sont alors devenues à la mode. Depuis plusieurs années, l'analyse comparative entre eau de mer et plasma sanguin fait progresser la recherche sur les rhumatismes et les problèmes de circulation.

FESTIVALS ET MANIFESTATIONS

AISNE

Fêtes

■ KERMESSE DE LA POMME ET DU CIDRE
Centre village
BOUÉ
✆ 03 23 60 00 68
mairie.de.boue@wanadoo.fr
Tous les ans, 3e dimanche de septembre. Gratuit. Restauration.
La kermesse fête ses 40 ans cette année ! Cette fête traditionnelle met à l'honneur de purs produits de Thiérache. 300 exposants vous feront découvrir les merveilles du cidre et du jus de pomme. Vous pourrez également découvrir les croques de Boué à la pomme. Ici, le fruit est dans tous ses états ! Profitez du marché des produits du terroir, des animations de rue et spectacles gratuits ou participez au concours du plus grand buveur de cidre ! Une fête de village comme on les aime. Pour son 40e anniversaire, l'organisation vous réserve quelques surprises.

■ LES ROUTES DU MAROILLES
Association Les Routes du Maroilles
Rue du Général-de-Gaulle
Hippodrome La Capelle
LA CAPELLE
✆ 06 31 89 42 13
routesdumaroilles@orange.fr
En juin. Inscription obligatoire se renseigner auprès de l'association.
Voilà une balade originale au cœur du bocage thiérachien, qui ravira les amis des chevaux, des ânes ou des poneys. Parcourez en attelage les petits sentiers de la région. Vous partirez de Maroilles pour relier La Capelle le lendemain. Forêts, bocages, passages de guet, la balade est merveilleuse. Les repas campagnards (où, cela va sans dire, le maroilles est roi !) ajoutent encore un peu plus de charme à cette manifestation très authentique.

CHAMPAGNE ET VOUS !
Château médiéval de Château-Thierry
CHÂTEAU-THIERRY
✆ 03 23 83 51 14
www.champagne-et-vous.fr
ambassadeursterroirtourisme@gmail.com
En octobre.
Pour sa 7e édition les samedi 17 et dimanche 18 octobre 2020, ne ratez sous aucun prétexte l'évènement « Champagne et Vous » sur l'esplanade du château à Château-Thierry. Ce festival œnotouristique prône l'art de vivre le champagne en révélant les trésors et curiosités de la vallée de la Marne. Le thème de cette année : « Les îles », avec une pensée toute particulière pour la Guadeloupe et la Martinique, premières consommatrices nationales du divin breuvage. Au programme, comme chaque année, le village vigneron avec une trentaine de producteurs qui vous feront déguster quelques-uns de leurs produits, de nombreuses animations avec divers ateliers sur les métiers liés à la vigne et d'autres plus spécifiquement destinés aux enfants... De quoi passionner et faire passer un bon moment à un large public !

■ CIRCUIT HISTORIQUE DE LAON
LAON
✆ 03 23 79 83 58
www.circuit-historique-laon.com
circuit-historique-laon@orange.fr
Du 22 au 24 mai 2021.
Des centaines de voitures anciennes se lancent sur les pentes de la Montagne Couronnée. Ne manquez pas le passage dans la ville haute et dans la ville basse de ces voitures qui rivalisent d'élégance. Elles sont généralement exposées le dimanche matin pour que vous puissiez les admirer de plus près et discuter avec les propriétaires passionnés, avant qu'ils ne paradent l'après-midi.
Suite à l'épidémie de Covid-19, les manifestations prévues en 2020 sont reportées aux 22, 23 et 24 mai 2021, avec pour thème la dolce vita et les designers italiens. L'année 2021 sera également l'occasion de commémorer la trentième édition de l'événement.

■ FÊTES MÉDIÉVALES DE LAON
Ville Haute
LAON
✆ 03 23 20 28 62
www.tourisme-paysdelaon.com
info@tourisme-paysdelaon.com
Tous les ans, au mois de juin. Restauration.
Un week-end au temps du Moyen-Age, cela vous tente ? La ville de Laon vous invite à un délicieux retour dans le passé au cœur de la cité médiévale. Le décor de la ville haute est évidemment propice à ce voyage dans le temps. Le public ne sait plus où donner de la tête avec les nombreuses animations gratuites. L'ambiance est agréable, les enfants adorent s'essayer au tir à l'arc, regarder les chevaliers ou s'amuser avec les jeux picards traditionnels. Les spectacles de rue et le marché médiéval sont appréciés par petits et grands. Une sortie familiale que l'on vous recommande.

FESTIVAL PIC'ARTS
Parc du Château
SEPTMONTS ✆ 03 23 23 48 49
www.festival-picarts.com
fpa@festival-picarts.com
En mai. Tarifs complets sur le site Internet.
22e édition cette année, et toujours le même cadre enchanteur pour un festival. Le donjon de Septmonts apporte inévitablement du caractère à la manifestation. Au pied de l'édifice, la musique prend davantage d'ampleur. Nous apprécions toujours la volonté d'une scène partagée entre les révélations à venir et les artistes confirmés. Keziah Jones, Shaka Ponk, Asaf Avidan, Cali, Alain Souchon, Izia, Olivia Ruiz ou encore Saez ont déjà fait confiance à l'équipe. 2021 verra la venue de IAM, Yannick Noah ou encore Suzane.

Autre adresse : Association Festival Pic'Arts 21, rue de la Chaussée-Romaine 02000 Monampteuil.

NOËL À SOISSONS
Place Fernand Marquigny
SOISSONS ✆ 03 23 59 90 00
www.ville-soissons.fr
De début décembre à début janvier. Patinoire : 4 € pour les plus de 10 ans, 2,50 € pour les moins de 10 ans. Manèges : 2 €. Autres animations gratuites. Restauration.
Les enfants sont à l'honneur en période de fêtes. La magie de Noël reprend ses droits durant un mois et la ville de Soissons se transforme en immense parc de jeu à ciel découvert. Plus de trente animations vous attendent. La patinoire (payante) reste un plaisir hivernal à s'accorder. Initiation à la glisse, atelier calligraphie de Noël, parcours aventure, spectacles, sans oublier le goûter de Noël, vous avez tout pour passer une agréable journée en famille. Bien entendu, le père Noël recevra les plus sages d'entre tous !

FESTIVAL DU RIRE DE VERVINS
Salle Polyvalente
Place Sohier
VERVINS
✆ 03 20 33 30 70
contactfestivalvervins@gmail.com
Tous les ans au mois d'octobre. Le tarif varie selon le spectacle choisi.
Un événement qui, chaque année, égaie la ville de Vervins. Un festival du rire qui n'a rien à envier à d'autres grosses pointures. De grandes stars de la scène comique font le déplacement pour présenter leur nouveau spectacle. Déjà venus par le passé, citons par exemple Guy Bedos, Jean-Marie Bigard, Laura Laune, Chantal Ladesou, Issa Doumbia et Les Chevaliers du Fiel. Un temps fort et recommandé de la ville.

Foires – Salons

FINE EN BULLES
CROUTTES-SUR-MARNE
✆ 03 23 69 57 53
www.fineenbulles.com
contact@fineenbulles.com
Du 4 au 5 juillet 2020.
FinesEnBulles est une pétillante association de viticulteurs et d'artistes qui, l'espace d'un week-end, mêlent subtilement l'art œnologique à l'art tout court. C'est à une balade poétique que le visiteur amateur et esthète est convié, entre explications passionnées des maîtres du champagne et artistes de toutes disciplines. Après tout, si l'on parle des arts de la table, ce n'est pas pour rien : la subtilité d'un assemblage qui constitue un vin d'exception n'est pas sans rappeler la maîtrise des couleurs chez un peintre ou celle des formes et de la matière chez un sculpteur. Le bien-vivre est un art français, venez prendre le temps de le découvrir au gré des rues de ce charmant village.

FOIRE AUX FROMAGES
LA CAPELLE ✆ 03 23 97 52 00
www.foire-aux-fromages.com
Du 4 au 7 septembre 2020. Restauration.
Depuis 50 ans, c'est un incontournable de la région, et même une référence. En somme, une halte obligatoire ! Colorez et parfumez votre rentrée de septembre avec cette fête du monde agricole où l'amusement est de chaque instant, notamment avec le traditionnel concours du plus grand mangeur de maroilles. Les enfants apprécient aussi d'être au plus près des animaux. En effet, les éleveurs et les artisans de différentes régions y présentent les richesses de leurs terroirs. D'ailleurs, les meilleurs produits sont récompensés. Les animations de rue sont permanentes, jusqu'au concert puis au feu d'artifices qui clôture la foire. Bonne découverte de ce formidable salon de l'agriculture en Thiérache !

Manifestations sportives

MARATHON LA FORTIFIÉE
PARFONDEVAL ✆ 06 85 84 32 88
http://lafortifiee.com
lafortifiee@gmail.com
En mars de chaque année. 30 à 40 euros de droits d'inscription.
Après trois essais réussis, La Fortifiée se consolide ! Le départ et l'arrivée dans l'un des plus beaux villages de France ne manqueront pas d'étonner les sportifs. Deux formules sont ouvertes : le marathon et le marathon duo. 42 km sont au programme, avec relais à Vigneux-Hocquet. Le dénivelé indiqué est de 440 m, sans grosses côtes, juste de faux plats. Bonne course ! Attention, pas d'inscriptions sur place.

Spectacles historiques – Sons et lumières

COUCY À LA MERVEILLE – UN SONGE À COUCY
9, rue du Pot d'Étain
COUCY-LE-CHÂTEAU-AUFFRIQUE
✆ 03 23 52 01 53 – www.amvcc.com
communication@amvcc.com
♿
Label qualité de la Fédération française des fêtes et spectacles historiques (f.f.f.s.h.). Les 3 ; 4 ; 10 ; 11 ; 17 ;

18 ; 24 et 25 juillet 2020. Ouverture des portes : 20h. Il est prudent de réserver. Entrée : 14 € (passe famille : 2 adultes+2 enfants : 30 euros + 1 enfant supplémentaire : 4 euros). Gratuit pour les moins de 5 ans, réduit de 5 à 12 ans. Enfant : 7 €. Jeune de 13 à 18 ans, étudiant, personne en recherche d'emploi et p.m.r : 9 euros. Restauration.
Depuis une trentaine d'années, certains soirs de juillet, les ruines du château s'animent. Des êtres fantastiques et improbables, accompagnés de belles dames et de beaux messieurs, sortent du néant pour le plus grand plaisir des spectateurs. Environ 150 bénévoles très investis font revivre, le temps d'un spectacle, les heures glorieuses de Coucy. Il suffit, pour le public, de s'asseoir et de se laisser entraîner dans la valse d'une nuit enchantée.
A noter : en 2019, adaptation du *Songe d'une nuit d'été* de Shakespeare... en costumes Belle Epoque ! Retour en 2020.

NORD ★★

Fêtes

CARNAVAL DE BAILLEUL

Centre-ville – BAILLEUL
http://carnaval-de-bailleul.fr
Du 12 au 16 février 2021.
Organisé par la Société philanthropique de Bailleul, le carnaval de Bailleul est une tradition qui perdure depuis 1853 ! Pendant cinq jours aux alentours de Mardi gras, la ville se transforme en un énorme exutoire grandeur nature. Les gens sont déguisés, s'amusent, chantent à tue-tête, dansent, rient... L'ambiance est festive, c'est sûr ! Parmi les immanquables de ce carnaval, on note les cortèges de chars, les sorties du géant Gargantua, le concours de masques et d'intrigues, le carnaval des enfants et surtout le grand cortège traditionnel du Mardi gras, comme en 1853 ! Les rues sont colorées, bondées et animées. Une grande fête qui vaut le détour !

FÊTES DE GAYANT

Centre-ville – DOUAI
www.ville-douai.fr
Chaque année en juillet. En 2020, possibilité de report en septembre.
À Douai, les géants, ou gayants en picard, sont des créatures d'osier fabriquées par les manneliers de la région. Chaque année au mois de juillet, la ville se pare des couleurs de la Famille Gayant et vibre au rythme de ses processions. Le Festival des Binbins invite les plus petits à découvrir pendant trois jours des spectacles de rues avec marionnettes, jongleurs, clowns et contes. Le samedi suivant, les géants se rassemblent et un grand banquet de rue est organisé pour permettre à tous les curieux de se rencontrer et de voir les géants se préparer. Les Fêtes de Gayant commencent le dimanche et durent jusqu'au mardi. La Famille Gayant se compose de M. Gayant (8,50 m et 370 kg et nécessite six porteurs tout de même !), de Marie Cagenon (la maman, 6,25 m, 250 kg et six porteurs également), et des trois enfants Fillon, Jacquot et Binbin. Ils sont accompagnés du « sot des cannoniers », le cheval qui trace la procession et du char de la Roue de la Fortune. Le défilé du dimanche attire chaque année plus de 70 000 visiteurs venus soutenir les porteurs, fonction qui se transmet de père en fils depuis des générations, et danser le rigodon, la danse traditionnelle. Ce même jour a lieu un lâcher de pigeons et un lancer de bonbons. Une fête incontournable !

CARNAVAL DE DUNKERQUE

DUNKERQUE
http://carnaval-de-dunkerque.info
De mi-janvier à fin-avril dans l'agglomération dunkerquoise. La bande de Dunkerque a lieu le dimanche précédant Mardi Gras.
Contrairement à l'image qu'il renvoie, le carnaval de Dunkerque n'est pas un joyeux bordel. Bien au contraire, il y a des codes et il est important d'en connaître le fonctionnement avant de se jeter dans le grand bain ! On respecte les lignes, les musiciens, et surtout, on chante ! Mieux vaut d'ailleurs, avant d'y aller, connaître les chansons du répertoire pour s'amuser avec les Dunkerquois. Il faut aussi être bien chaussé pour battre le pavé où passe la bande. Le carnaval de Dunkerque ne s'explique pas, il se vit. Et ils sont heureux, les Dunkerquois, de partager leur tradition si conviviale et chaleureuse. Victime de son succès, le carnaval de Dunkerque n'est pas, comme certains l'imaginent, une soirée déguisée en plein air. Ce succès renouvelé chaque année trouverait son origine au XVIIIe siècle lorsque, à la veille de leur départ en Islande, les marins pêcheurs se rassemblaient pour faire la fête, avec cette furieuse envie de s'amuser comme si c'était la dernière fois. C'est la naissance de la Visscherbende, « la bande des pêcheurs ». Les campagnes à Islande étaient en effet souvent meurtrières. L'événement rend hommage à ces pêcheurs à Islande qui partaient plusieurs mois en mer, un peu avant le printemps, et revenaient un peu avant l'hiver. Ces pêcheurs ne connaissaient jamais le printemps, ni l'été. Le grand héros du carnaval demeure le corsaire dunkerquois Jean Bart, célèbre pour ses exploits guerriers au côté de Louis XIV. Aujourd'hui encore, il fait partie de la mémoire collective des carnavaleux quand, à la fin du « rigodon », ils chantent à genoux « La Cantate à Jean Bart » : « Jean Bart, Jean Bart, la voix de la patrie redit ta gloire et ton nom immortel ». Le carnaval de Dunkerque, c'est trois temps forts, appelés Les Trois Joyeuses. Dimanche, la bande des pêcheurs à Dunkerque ; lundi, la bande la Citadelle, dans le quartier maritime ; et pour finir, la bande de Rosendaël le jour de Mardi Gras. Ne manquez le célèbre Bal du Chat Noir, qui marque l'ouverture de la saison carnavalesque à Dunkerque. Le carnaval de Dunkerque, ce sont également des bandes et des bals de carnaval dans les villes et villages aux alentours, de début janvier à la mi-avril. De quoi faire la fête et s'amuser pour commencer l'année comme il se doit !

BRADERIE DE LILLE

LILLE
✆ 03 20 49 54 42
www.braderie-de-lille.fr
contact@braderie-de-lille.fr

Du 5 au 6 septembre 2020.

Plus grand marché aux puces d'Europe, cette grande fête populaire et conviviale accueille chaque année plusieurs millions de visiteurs. A côté des antiquaires et brocanteurs professionnels, des stands de Lillois venus vendre leurs trésors. Désormais sont également organisées une braderie des enfants et une braderie des BD. Mais la braderie est bien plus que l'eldorado des chineurs. Concerts, animations, villages des associations, semi-marathon… : la ville vibre et s'anime tout au long du week-end. Et les amateurs seront ravis d'apprendre que les légendaires tas de moules ont refait leur apparition… mais désormais on ne les jette plus : on les recycle pour créer des carrelages 100 % lillois.

MARCHÉ DE NOËL

Place Rihour
LILLE
www.noel-a-lille.com
contact@destination-lille.com
M° Rihour

Chaque année de fin novembre à fin décembre. Restauration.

Ah, les marchés de Noël ! Bien connus en Alsace, ils sont pourtant tout aussi festifs de ce côté-ci de la France. À ce titre, le marché de Noël de Lille est souvent cité comme un marché à voir dans le Nord. Dès fin novembre, la place Rihour s'illumine et près de 80 chalets vous proposent des idées cadeaux originales, ainsi que des dégustations de vin chaud, de crêpes... ou même de tartiflette en attendant son tour pour monter dans la Grande Roue située sur la Grand'Place voisine. Un petit tour pour dominer la ville, voir l'Opéra, la Vieille Bourse, le beffroi de la CCI de près et celui de l'hôtel de ville au loin... Seul petit bémol pour les Lillois, les stands se renouvellent rarement d'année en année.

Foires – Salons

SALON DU LIVRE DE BONDUES

Espace Poher
6, chemin Saint Georges
BONDUES
✆ 03 20 25 99 31
www.salondulivrebondues.fr
salondulivre@mairie-bondues.fr

Du 13 au 14 mars 2021 (ouvert le samedi de 9h à 19h30 et le dimanche de 9h30 à 18h30). Entrée gratuite.

C'est LE salon du livre de référence dans la métropole. Au total, plus d'une centaine d'auteurs et d'éditeurs viennent, le temps d'un week-end, à la rencontre de leur public pour des séances de signature ou pour débattre et échanger au cours des cafés littéraires mis en place par l'équipe organisatrice. Les jeunes ne sont pas en reste, au vu de la profusion de BD, livres jeunesse, mangas et des ateliers organisés ! Le salon propose des animations à destination des scolaires et, le samedi soir, un dîner littéraire en compagnie des auteurs.

Manifestations culturelles – Festivals

LES NUITS SECRÈTES

Centre-ville
AULNOYE-AYMERIES
✆ 03 27 53 63 87
www.lesnuitssecretes.com
♿

Du 24 au 26 juillet 2020. Les concerts sur la grande scène sont gratuits. Concerts sur les autres scènes, tarifs selon les lieux. Restauration.

Les Nuits Secrètes accueillent chaque année un auditoire croissant, avec 70 000 festivaliers voilà deux ans ! Plusieurs scènes permettent un tour d'horizon appréciable de nos musiques dites actuelles. Mais ce qui fait tout le charme de ces trois jours, ce sont les spectacles tenus dans des lieux inconnus : les Parcours Secrets. Les amateurs sont conviés à prendre un bus qui les déposera devant un

Braderie de Lille.

moulin, un château, une grange, etc., avant que le concert ne démarre au cœur de cet espace insolite ! Une expérience unique ! Du beau monde vient jouer à Aulnoye-Aymeries. Du charme, une ambiance DANS la ville et non pas en périphérie, des idées : bref, un festival pas comme les autres.

Avec l'opération TER Vert, vous pourrez reprendre le train après les concerts de la Grande Scène pour rentrer à Valenciennes ou à Lille (ou tôt le matin après la Bonaventure) pour seulement 1 € l'aller-retour !

LA RONDE DES VENTS

Digue de mer – BRAY-DUNES
www.leventdebraydunes.com
leventdebraydunes@gmail.com

En juin, secteur plage. Gratuit. Animations. Baptêmes. Restauration.

La Ronde des Vents, c'est le Festival International de Cerfs-Volants de Bray-Dunes. Durant quatre jours, vous pourrez observer le vol de cerfs-volants géants, mais aussi des vols de nuit. C'est aussi celui du championnat de France Freestyle, un concours avec des figures époustouflantes ! Ce rendez-vous poétique et très photogénique propose aussi des baptêmes en buggy (évidemment tracté par un cerf-volant !) et un village d'exposants où vous pourrez acquérir un cerf-volant ! Cette manifestation est organisée par l'association Le Vent de Bray-Dunes qui regroupe les pratiquants de sports et loisirs aéro-tractés comme par exemple le kitesurf, le mountainboard, et l'ensemble des cerfs-volants (traction, pilotables ou monofils). Des fous du... volant quoi !

FESTIVAL LA CITADELLE EN BORDÉES

Quai de la Citadelle
Hôtel des Gens de Mer (siège)
DUNKERQUE
www.citadelleenbordees.fr
programmation@citadelleenbordees.fr

♿

Vendredi 3 juillet 2020. Gratuit. Restauration.

Depuis 1991, tous les ans, c'est l'effervescence en Citadelle. Avec la bande la Citadelle, au moment du carnaval, le festival La Citadelle en Bordées est le deuxième temps fort de l'année pour ce quartier de marins. À Dunkerque, la Citadelle est entourée de bassins, on ne peut y accéder que par des ponts, c'est donc une sorte de petite « île » qui a une âme et qui reste encore aujourd'hui beaucoup dédiée à l'économie du port et à la mer. Ce festival résonne donc fort logiquement de chants de marins, mais aussi de folk, de groupes celtiques, de blues, de chansons françaises parfois décalées et humoristiques. Aux Bordées, on papillonne de scène en scène (il y en a 10 !) et de café en café. Et en matière de bar et de restos, il y a le choix ! En plus de ces établissements qui installent de grandes tablées dehors, il y a toujours la possibilité de manger « une frite », le long des navires patrimoniaux du Musée portuaire, flânant au milieu d'une foule souvent compacte, surtout quai de la Citadelle, et en étant guidé par le son des groupes. Les Dunkerquois adorent cet événement et on comprend pourquoi. On peut voir une vingtaine de groupes gratuitement. Ambiance jusqu'au bout de la nuit !

FESTIVAL HET LINDEBOOM

Parc Galamé
655, rue Gaston Dereudre
LOON-PLAGE
✆ 03 28 27 39 00
www.het-lindeboom.org

♿

Du 23 au 26 juillet 2020. Gratuit. Restauration. Animations, ateliers danse, ateliers créatifs.

Het Lindeboom est un festival de musiques traditionnelles renommé avec une programmation aux petits oignons, le tout sur quatre jours ! Chaque année, la programmation est soignée avec toujours des têtes d'affiche dans leur genre (folk, musique celtique et musique traditionnelle). Depuis 20 ans, près de 25 000 visiteurs se pressent pour découvrir de nouveaux talents ainsi que des artistes confirmés. Un camping permet de prolonger le plaisir et de faire la fête (encore plus) tard dans la nuit. La programmation s'oriente vers toutes les provinces de France et d'Europe, ce qui offre un brillant condensé. Et tout ce plaisir partagé est donné gratuitement ! Ambiance fest-noz, tarentelle et quadrille, au « Het », ça danse sans complexe et c'est aussi pour ça qu'il est un rendez-vous qui mérite de gagner encore en notoriété. Le village du festival propose des jeux traditionnels, des ateliers... pour se divertir en dehors de la musique.

Manifestations sportives

4 JOURS DE DUNKERQUE – GRAND PRIX DES HAUTS-DE-FRANCE

3 bis, rue du Docteur Louis Lemaire
(Bureau de l'organisation)
DUNKERQUE
✆ 03 28 63 76 99
www.4joursdedunkerque.com
quatrejoursdk@orange.fr

Début mai chaque année.

Avec la disparition du Tour de Picardie, les organisateurs pensaient pouvoir baptiser cette course à étapes le Tour des Hauts-de-France, mais A.S.O, la société organisatrice d'événements sportifs de premier plan, a refusé, arguant du fait que cela ressemblerait trop au Tour de France. Ces 4 Jours de Dunkerque (six jours de course en réalité !) restent néanmoins un rendez-vous incontournable du calendrier cycliste professionnel. Sur 6 jours, les coureurs vont donc parcourir près de 880 km en passant par les villes du Nord et du Pas-de-Calais : Dunkerque, Cassel, Maubeuge, Roubaix, Nœux-les-Mines ou encore Arras. De grands noms du cyclisme figurent au palmarès : J. Anquetil, F. Maertens et, plus récemment, S. Chavanel et T. Voeckler. Événement populaire comme toutes les courses cyclistes, il attire les amateurs qui apprécieront les passages dans les reliefs de l'arrière-pays boulonnais et, certaines années, sur les pavés. Ils apprécieront surtout dernières boucles du dernier jour qui se déroulent le long de la plage de Malo-les-Bains. En attendant les coureurs, les familles, elles, partiront à la pêche aux cadeaux avec la caravane ! Toujours un spectacle en soi.

© CATHERINE FAUCHEUX

Le Paris-Roubaix reste toujours aussi populaire.

LES 100 KILOMÈTRES À PIED DE STEENWERCK

STEENWERCK
✆ 03 28 41 19 09
http://100kmsteenwerck.fr
contact@100kmsteenwerck.fr

Chaque année en mai. Inscriptions : de 25 à 40 € en fonction de la course choisie et de la date d'inscription. Course des jeunes : 2,50 €.

Plus de 40 ans que l'événement anime la ville ! Quel que soit votre niveau, venez concourir ou plus simplement vous amuser et prendre un bon bol d'air frais sur plusieurs parcours. De jour comme de nuit, différentes catégories s'ouvrent à vous. Le 100 km open est réellement la boucle la plus conviviale. Vous y trouverez une sacrée bonne ambiance, à la marche ou au pas de course. Les points de ravitaillement sont aussi l'occasion de faire connaissance, de discuter, de se soutenir mutuellement... Le 100 km course est réservé aux sportifs confirmés. Les enfants ont également leur épreuve, de un à trois kilomètres selon leur âge. Les 100 km de Steenwerck restent une expérience à vivre en région.

PARIS-ROUBAIX

Vélodrome Jean Stablinski – ROUBAIX
www.paris-roubaix.fr

Le deuxième dimanche d'avril. Entrée gratuite sur le vélodrome.

Des routes étroites où l'on évolue difficilement, des kilomètres de pavés qui chaque année provoquent chutes et crevaisons en série, la pluie et la boue qui souvent ajoutent à la difficulté... On comprend aisément d'où cette course cycliste tire son surnom de « l'enfer du Nord ». Mais préférons-lui plutôt celui de « reine des classiques ». En effet, le Paris-Roubaix existe depuis 1896. Une course de légende qui attire chaque année des milliers de spectateurs venus profiter du spectacle sportif autant que de l'ambiance qui règne dans le Nord, alors en fête. Ne manquez pas la fin de la course au Vélodrome de Roubaix, un lieu culte où vous pourrez voir tous les coureurs faire leur tour d'honneur.

OISE

Fêtes

BLUES AUTOUR DU ZINC

Maladrerie Saint-Lazare, Auditorium Rostropovitch, Université, Ouvre-Boîte, Fnac...
BEAUVAIS
✆ 03 44 15 30 30
www.zincblues.com
laurent@comptoir-magique.com

Troisième semaine de mars.

Amateur de blues ou pas, on apprécie toujours cet événement qui a dépassé la vingtaine d'éditions. Convivialité et proximité sont les maîtres-mots : en effet, si des spectacles ont lieu à la Maladrerie, à l'auditorium Rostropovitch, le festival va aussi à la rencontre du public dans des cafés-restaurants. Durant une dizaine de jours Beauvais vit au rythme de ce festival incontournable.

FESTIVAL PIANOSCOPE

Grange de la Maladrerie Saint-Lazare et Théâtre du Beauvaisis
BEAUVAIS
✆ 03 44 15 66 70
http://pianoscope.beauvais.fr
billetteriepianoscope@beauvais.fr

En octobre.

Voilà une quinzaine d'années que Beauvais se transforme en une tour de Babel musicale où l'on voyage dans divers paysages sonores. C'est un festival où le piano est roi, accompagné parfois de danses, de poèmes, de chansons et d'autres instruments. Les concerts se déroulent essentiellement à la Maladrerie Saint-Lazare, en attendant la construction du nouveau Théâtre du Beauvaisis.

■ FESTIVAL DES FORÊTS
COMPIÈGNE
✆ 03 44 40 28 99
www.festivaldesforets.fr
contact@festivaldesforets.fr
De mi-juin à mi-juillet.
Organiser des concerts en forêt ou proposer des lieux prestigieux ou inattendus, c'est le concept génial que vous offre le réputé Festival des Forêts. Les lieux sont toujours enchanteurs et vous aurez l'occasion de tester des « marches musicales de ressourcement ». Les mélomanes adorent cet événement, mais les non initiés apprécient aussi le concept qui fait mouche. Le rayonnement de ce festival est à la hauteur de son concept original, alors n'hésitez pas à réserver vos places à l'avance.

■ JOURNÉES DE LA ROSE
FONTAINE-CHAALIS
✆ 03 44 54 04 02
www.les-journees-de-la-rose.com
chaalis@orange.fr
En juin. Entrée : 9 € (8 € en ligne). Gratuit pour les moins de 12 ans.
Depuis près de vingt ans, les Journées de la Rose offrent à près de 20 000 visiteurs un moment festif autour de la reine des fleurs dans le cadre romantique du parc de l'abbaye de Chaalis avec sa roseraie à l'apogée de sa floraison. C'est l'occasion de rencontrer une centaine d'exposants horticulteurs, pépiniéristes, rosiéristes, artistes et artisans qui pourront vous délivrer des conseils avisés. La rose sera ainsi présentée dans ses moindres détails.

■ LE TIGRE
2, rue Jean-Mermoz
MARGNY-LÈS-COMPIÈGNE
www.letigre.fr
contact@letigre.fr
Le Tigre rugit de plus en plus fort. Sur la plus grande scène de l'Oise, l'affluence continue de monter avec le cap du demi-million de visiteurs dépassé en cinq ans. Ce succès repose sur une programmation variée permise par une polyvalence rarissime ! Parmi les incontournables, on citera l'Imaginarium Festival, un rendez-vous pop-rock-électro programmé lors du week-end de la Pentecôte. Les étudiants qui l'organisent parviennent à faire venir des pointures. En dehors de cet événement particulier, la programmation est très éclectique, avec une grande foire-expo début octobre, des salons (Fous d'Histoire, de l'habitat, du mariage, des camping-cars, d'animaux), des spectacles (artistes populaires ou à la mode, humoristes, danse...) et un grand cirque en décembre... Une des originalités de la scène est de pouvoir se tourner vers l'extérieur pour de grands concerts donnés vers le vaste tarmac de cette ancienne base militaire qui devait accueillir les hélicoptères Tigre (d'où le nom de ce pôle événementiel, n'ayez donc pas peur de la présence de dangereux félins !).

■ PARDON DE LA BATELLERIE
LONGUEIL-ANNEL
www.citedesbateliers.com
contact@citedesbateliers.com
Le premier dimanche de juillet. Gratuit sauf croisière avec l'Escapade.
La Fête de la batellerie est si chère aux habitants de la commune et à tous les amoureux de la vie fluviale que les quais paraissent soudainement bien petits face à l'affluence. On vient ici profiter du passage des bateaux décorés, des joutes (le club local est réputé nationalement), des animations populaires et du marché artisanal. L'ambiance festive est accompagnée du son indémodable des accordéons. Les enfants apprécient également les manèges proposés. Nous vous conseillons de profiter de votre venue pour aller naviguer sur le bateau de croisière l'Escapade, mais il vous faudra réserver bien en avance.

Foires – Salons

■ MARCHÉ AUX FRUITS ROUGES
Parvis de la cathédrale
NOYON
Premier week-end de juillet.
Un rendez-vous incontournable depuis plus de trente ans pour tous les gourmands qui se laisseront tenter par des dégustations auprès d'une centaine d'exposants. Cette fête colorée et riche en saveurs propose de nombreuses animations avec des démonstrations et des concours culinaires, une course de garçons de café, des sculptures sur fruits... Egalement des animations pour les enfants : mini-ferme et balade à poneys.

Manifestations sportives

■ LA 14-18
THIESCOURT
www.la-1418.com
inscription@la-1418.com
Le 18 octobre 2020. Inscriptions : de 27 à 40 €.
C'est une course très singulière, à la fois un saut dans le passé sur un site de la Première Guerre mondiale, un parcours du combattant et un défi un peu fou sur des sites de la Grande guerre comme les carrières de Montigny ! Cette course regroupe plus de cinquante obstacles répartis sur 11 kilomètres. On vous propose de ramper, glisser, grimper, traverser un cours d'eau, porter, faire face à la boue et la glaise... Les obstacles à franchir sont pour la plupart réalisés à partir des configurations du terrain. Elle se démarque dans le milieu des courses à obstacles et elle a eu le prix du public sur un site spécialisé. Pour les accompagnateurs ou les moins courageux, des reconstitutions historiques, des randonnées et des visites guidées sont organisées. Sachez qu'il faut vous y prendre bien en avance pour avoir des places pour l'épreuve « des poilus » limitée à 4 200 personnes, c'est dire le succès de cet événement perdu dans un petit coin de l'Oise.

CASTLE TRIATHLON CHANTILLY
CHANTILLY

Les 29 et 30 août 2020.

Excusez-nous pour cet enthousiasme un peu trivial, mais « ça a de la gueule » ! Nager dans les eaux du château de Chantilly et courir dans le splendide parc adoucira votre effort. James Bond a fait des exploits sur ce site (dans *Dangereusement vôtre*), alors pourquoi pas vous ? Les différentes courses proposées s'adaptent à tous les publics, avec un enchaînement de 100 mètres à la nage, 4 km de cyclisme et 1,3 km de course à pied pour les 8-10 ans, jusqu'à une épreuve pour les plus sportifs avec des distances respectives de 3,8 km de nage en eau libre dans le Grand Canal, 180 km de vélo et 42 km de course à pied (vous serez alors loin de mener une vie de château). Quelque 3 000 compétiteurs sont attendus cette année.

GRAND PRIX DE DIANE LONGINES
Hippodrome – CHANTILLY
✆ 03 44 62 44 00 – www.prix-de-diane.com

Un dimanche de mi-juin. Entrée : 22 €. Prévente à tarifs réduits sur Internet. Restauration.

Sur l'un des plus beaux hippodromes de France, c'est un rendez-vous incontournable de la saison hippique avec les meilleures pouliches qui se disputent la victoire à une moyenne de 60 km/h. Le spectacle est sur la piste, mais aussi dans les tribunes avec un réputé concours d'élégance qui participe au côté glamour de la journée. On indique d'ailleurs sur les documents de présentation que « les chapeaux sont de rigueur » pour ce rendez-vous que ne manquent jamais les fashionistas. Un déjeuner sur l'herbe des plus chics et un concert gratuit sont organisés sur la pelouse, attirant chaque année près de 30 000 visiteurs. Moins renommé mais très apprécié des connaisseurs, le Prix du Jockey Club est disputé deux semaines plus tôt.

PARIS-ROUBAIX
Place du Général de Gaulle – COMPIÈGNE
www.letour.fr

Course le 2e dimanche d'avril, village départ et présentation des coureurs la veille. Edition reportée à mi-octobre en 2020.

Depuis 1977, la course s'élance sur la grande place du Palais impérial (que personne n'appelle place du Général-de-Gaulle, sauf votre GPS). Les Compiégnois, fiers de célébrer les quarante ans du départ depuis la cité impériale, ont rebaptisé cette épreuve : Paris-Compiègne-Roubaix. Le copieux programme du week-end débute dès le samedi matin avec un salon qui ravit les collectionneurs. Dans l'après-midi les équipes sont présentées devant l'impressionnant Palais impérial. Des animations et un grand village de stands complètent le programme. Le dimanche matin, vers 10 heures, les coureurs commencent leur parcours sur les pavés de la place du château, le début de « l'Enfer du Nord ».

Spectacles historiques – Sons et lumières

FÊTES JEANNE D'ARC
Centre-ville et parc Songeons
COMPIÈGNE

Le troisième week-end de mai.

Tous les ans, une jeune lycéenne, obligatoirement cavalière, est désignée pour jouer le rôle de la Pucelle d'Orléans lors d'un grand défilé en forme de reconstitution historique. Cet hommage est lié à l'histoire de Jeanne d'Arc à Compiègne. Venue trois fois dans la ville, en mai 1430, Jeanne d'Arc se porta au secours de la cité assiégée. Piégée, elle y est faite prisonnière avant d'être livrée aux Anglais puis brûlée. Cette histoire justifie une célébration initiée en 1909 à Compiègne, la fête devenant annuelle en 1976. La manifestation est marquée par un marché et un campement médiévaux (samedi et dimanche), par un spectacle nocturne le samedi soir puis par un défilé le dimanche. Les plus jeunes apprécient particulièrement les animations proposées, notamment les combats d'épées (en toute sécurité rassurez-vous), la calligraphie, les spectacles de rue ou le travail du maréchal-ferrant.

BEAUVAIS, LA CATHÉDRALE INFINIE
Parvis de la Cathédrale
BEAUVAIS

De juin à septembre, à la tombée de la nuit, du jeudi au samedi soir. Et en décembre (la 2e quinzaine) tous les soirs sauf le 24. Gratuit.

Le spectacle de la société Skertzò « Beauvais, la cathédrale infinie » rend hommage au destin exceptionnel de la cathédrale Saint-Pierre et à son histoire inachevée. Tout le parvis de la cathédrale et la façade du Quadrilatère (ex galerie nationale de la tapisserie) vibrent et sont transfigurés grâce à ce spectacle son et lumière d'une durée de 30 minutes.

FÊTES JEANNE HACHETTE
Centre-ville
BEAUVAIS
www.jeanne-hachette.fr
contact@jeanne-hachette.com

Dernier week-end de juin. Gratuit.

Chaque année, depuis plus de cinq siècles, Beauvais désigne une Jeanne Hachette parmi ses jeunes filles. Pendant trois jours, la ville revit au rythme du Moyen Age et célèbre son héroïne : le 27 juin 1472, au cours du siège de la ville par les armées de Charles le Téméraire, Jeanne Hachette monte sur les remparts et arrache l'étendard des mains de l'ennemi. Au cours de cette grande fête populaire : marché médiéval, fanfares et spectacles de rue.

MASTERS DE FEU
Hippodrome du Putois
COMPIÈGNE
www.mastersdefeu.com
contact@mastersdefeu.com

Le 19 septembre 2020. Pelouse : 23,50 €. Gradins et chaises 48 €. Carré or 95,50 €.

Cette quatrième édition sera exceptionnelle puisqu'il s'agit d'une finale opposant les finalistes des trois précédentes éditions. Autant dire que le spectacle pyrotechnique sera encore plus féerique pour les spectateurs répartis sur le bel hippodrome de Compiègne. Le succès est tel qu'il est nécessaire de réserver plusieurs mois à l'avance pour avoir l'assurance de trouver des places dans la catégorie de son choix.

PAS-DE-CALAIS ★★

Fêtes

■ FESTIVAL DE L'ANDOUILLE

Grand Place
AIRE-SUR-LA-LYS
✆ 03 21 95 40 40
www.ville-airesurlalys.fr

Chaque année 1er week-end de septembre. Restauration.

Depuis 1962, le premier week-end de septembre, la ville d'Aire-sur-la-Lys célèbre sa spécialité culinaire. Beaucoup d'animations en ville, énormément de monde et une atmosphère euphorique ! Des concerts rythment les soirées depuis la création du festival. Mais le rendez-vous à ne pas manquer reste le lâcher de charcuterie depuis le bailliage par le maire et ses invités : une tradition locale déjantée, à conseiller !

■ FÊTE DE LA BEURIÈRE

Maison de la Beurière
Rue du Mâchicoulis
BOULOGNE-SUR-MER
✆ 03 21 10 88 10
www.boulonnaisautop.com

Chaque année mi-septembre.

La traditionnelle fête de la Beurière a lieu depuis 1994 dans le cadre des Journées Européennes du Patrimoine. Ce fut une initiative du groupe folklorique Les Soleils Boulonnais, visant à faire redécouvrir le quartier typique des marins pêcheurs de la ville. Les maisons construites dans la falaise de la rue du Mâchicoulis sont un élément emblématique du patrimoine architectural et de la mémoire collective des habitants. Vêtus de costumes traditionnels, les membres de l'association y défilent sous les yeux du public ravi. Dégustation de harengs à la clé !

■ SI LE TOUQUET M'ÉTAIT CONTÉ

Centre-ville
LE TOUQUET-PARIS-PLAGE
✆ 03 21 06 72 00
https://noelautouquet.fr
serviceevenements@letouquet.com

Chaque année de fin novembre à début janvier. Patinoire ouverte tous les jours de 10h à 13h et de 14h30 à 19h. Tarifs : 8 € adulte ; 5 € enfant de moins de 8 ans.

La station balnéaire de la Côte d'Opale se transforme pour un mois en un véritable royaume enchanté. La ville du Touquet-Paris-Plage propose chaque année un chapelet d'illuminations sur toute la ville, deux grandes patinoires en plein air avec un espace débutants et confirmés, des balades à thèmes, des visites en calèche, un mini-club pour les enfants (Le Touquet Resort Kid), des spectacles jeune public et un marché de Noël. Les hôtels et les commerçants proposent eux aussi des offres spéciales. De quoi vous faire oublier un Noël à la montagne et vous faire préférer un Noël à la mer !

■ CORTÈGE NAUTIQUE DE SAINT-OMER

Quais du Faubourg du Haut-Pont
Place de la Ghière
SAINT-OMER
http://cortege.nautique.free.fr
cortege.nautique@free.fr

Chaque année fin juillet. Restauration.

Organisé par le Groupement Loisirs du Haut-Pont, le cortège nautique célèbre, chaque année, la fin de la période de plantation du chou-fleur. Ainsi, le dernier dimanche de juillet, on aperçoit des chars fleuris montés à bord de bacôves qui défilent sur le canal de l'Aa. Sur ces bateaux maraîchers traditionnels, de nombreux bénévoles et passionnés de leur quartier laissent libre cours à leur créativité. Dans l'après-midi, ces embarcations colorées et originales paradent, pour revenir illuminées le soir, vers 22h, le tout suivi d'un feu d'artifice sur la place. Dès le matin, vous pourrez profiter d'un marché traditionnel organisé sur les berges. Des animations, une foire et un service de restauration vous feront patienter en attendant le début du défilé des chars de papier sur l'eau.

Foires – Salons

■ SALON TOURISME ET SAVEURS

Salle du Palace
39, rue d'Aire
LILLERS ✆ 03 21 52 50 00
www.tourisme-bethune-bruay.fr

Chaque année fin mars. Entrée gratuite.

Produits du terroir et tourisme local, cela ne peut qu'allécher. Chaque année, fin mars ou début avril, la salle du Palace de Lillers accueille ce beau salon organisé par l'office de tourisme de Béthune-Bruay. Avec une trentaine d'exposants, dont des offices de tourisme, des professionnels du tourisme et des loisirs et des producteurs locaux, ce salon a de quoi ravoir les personnes de la région et celles en visite. Un grand stand « France » permet aux visiteurs de venir prendre quelques idées pour préparer leurs vacances estivales. Participez à la tombola gratuite et vous gagnerez peut-être des repas gastronomiques dans des établissements renommés de la région.

Manifestations culturelles – Festivals

MAIN SQUARE FESTIVAL
Citadelle d'Arras
Boulevard du Général de Gaulle – ARRAS
www.mainsquarefestival.fr
contact@mainsquarefestival.fr
Du 2 au 4 juillet 2021. Entrée : 54 € (129 € le pass 3 jours). Camping : de 8 € (1 nuit) à 20 € (3 nuits).
Véritable rendez-vous musical dans la région, le Main Square Festival est devenu en l'espace d'une quinzaine d'années d'existence l'un des plus gros festivals de France, et accueille près de 125 000 festivaliers sur trois jours de concerts. Trois scènes et de multiples stands de rafraîchissements, nourriture, merchandising et animations sont réparties sur six hectares de la Citadelle d'Arras, inscrite au patrimoine mondial de l'Unesco. De belles têtes d'affiche nationales et internationales sont venues faire danser et chanter les festivaliers : Depeche Mode, Coldplay, Muse, -M-, Lenny Kravitz, Orelsan, Les Insus... Sting sera même de la partie pour l'édition 2021 ! L'engouement est tel que les billets s'arrachent des mois à l'avance.

BEAUTIFUL SWAMP BLUES FESTIVAL
La Halle – Place d'Armes
CALAIS ✆ 03 21 46 62 00
www.spectacle-gtgp.calais.fr
ccgp-calais@mairie-calais.fr
En avril. Entrée : 12 €. Pass 3 jours : 24 € ; Pass 4 jours : 30 €.
Cela fait maintenant plus de dix ans que la ville de Calais organise ce festival consacré au blues. Si les grands noms de la scène blues viennent faire vibrer le public au son de leurs meilleurs morceaux, le festival met aussi à l'honneur les amateurs qui voudraient s'essayer à la scène. L'objectif du festival est simple : faire découvrir à tous le blues dans tous ses genres et tous ses styles. Le festival investit des espaces intimistes un peu partout dans la ville, mais cette année, le plus gros du spectacle aura lieu place d'Armes, à la Halle, au cœur de la ville. Échanges, rencontres et partages autour d'une musique qui se veut ouverte à tous, le Beautiful Swamp Blues Festival est aussi une belle occasion de découvrir ou redécouvrir la ville de Calais.

MUSICA NIGELLA
4, rue de la Rivière
TIGNY-NOYELLE
✆ 03 21 81 08 63
www.musica-nigella.fr
reservation@musicanigella.fr
Du 11 au 25 octobre 2020. De 6 € à 25 € selon les concerts. Gratuit pour les moins de 12 ans.
Géré par l'association Euphonie, Musica Nigella est un festival de musique classique dont la 15e édition est placée sous le signe de la joie ! Opéras, symphonies, concerts lyriques, musique baroque, chorégraphies..., pas moins de 100 artistes venus des quatre coins du monde viennent interpréter les classiques du classique, mais aussi des œuvres plus originales et moins communes. La particularité du festival est d'organiser des opéras et des concerts dans 13 lieux différents dissimulés dans 9 communes : au château d'Hardelot à Condette, à la chartreuse de Neuville-sur-Montreuil, mais aussi dans des endroits plus insolites comme le musée de Berck-sur-Mer, l'hôtel de ville du Touquet, la médiathèque de Rang-du-Fliers et sans oublier la dernière journée au salon Musica Nigella à Tigny-Noyelle, commune qui a vu la genèse du festival. Un moment à ne pas manquer pour les amateurs de musique classique, mais aussi pour ceux qui veulent la découvrir !

Manifestations sportives

BEACH CROSS
Plage de Berck-sur-Mer
BERCK
✆ 03 21 06 30 78
touquetautomoto@gmail.com
Chaque année en octobre. Accès libre et gratuit.
Comme chaque année en automne, la plage de Berck devient le terrain de jeu des meilleurs motards venus s'affronter au redoutable et très réputé Beach Cross, l'une des épreuves du championnat de France de course sur sable. Pour la 16e édition en 2019, ils étaient près de 600 sur la ligne de départ. Trois manches de vingt minutes sont réparties sur deux journées. Ces courses rapides et intenses accueillent de grands pilotes professionnels (Milko Potisek, Nathan Watson, Camille Chapelière ou encore Jérémy Forestier), mais aussi de nombreux amateurs. Il existe quatre catégories adultes (MX1, MX2, Vétérans et Quads) et, depuis 2013, une catégorie Kids pour les enfants de 11 à 15 ans. S'il y a moins de foule qu'à l'Enduropale du Touquet, le Beach Cross de Berck reste néanmoins une étape incontournable pour tous les passionnés de moto-cross.

RENCONTRES INTERNATIONALES DE CERFS-VOLANTS
Sur la plage
BERCK
www.cerf-volant-berck.com
tourisme@berck-sur-mer.com
En avril. Gratuit.
Voilà un spectacle populaire et très photogénique aux premiers beaux jours de la saison. C'est aussi le rendez-vous des cerfs-volistes professionnels qui maîtrisent des figures compliquées à pleine vitesse par équipes ou en solo. Les amateurs pourront en profiter pour apprendre à construire et à faire voler leur cerf-volant. Egalement, nombre d'animations pour les enfants. Attention, prévoyez de réserver votre hébergement si vous souhaitez passer plusieurs jours : les hôtels sont souvent bondés !

RED RUN
Départ : Centre de secours de Berck
Rue des Argousiers
BERCK ✆ 06 15 75 76 08
https://redrun.jimdofree.com
redrunberck@gmail.com
Chaque année début décembre. 7,5 km : 6 à 8 €. 18 km : 12 à 15 € (le prix varie en fonction de la date d'inscription).

© GO VISION

Cette course à pied nature est organisée chaque année début décembre par l'Amicale des Sapeurs-Pompiers de Berck-sur-Mer. L'édition 2019 a vu défiler 420 coureurs, qui ont pu découvrir le littoral, la plage et la baie à travers un parcours dessiné entre sable, chemins, mer et terre. Deux circuits sont proposés : un de 7,5 km accessible à tous et un autre de 18 km pour les plus aguerris. De nombreux lots sont à gagner mais on y vient surtout pour l'ambiance, le challenge et le cadre magnifique.

■ ENDUROPALE DU TOUQUET PAS-DE-CALAIS/ QUADURO
Front de mer
LE TOUQUET-PARIS-PLAGE
✆ 03 21 06 72 00
www.enduropaledutouquet.fr
serviceevenements@letouquet.com
Tous les ans, fin janvier.
L'Enduropale est une épreuve motocycliste très rude qui est présentée comme « la première manifestation sportive de France », avec 400 000 spectateurs ! Non seulement les près de 2 300 pilotes doivent rouler vite, mais ils doivent en plus supporter des trombes de sable et parfois d'eau. Depuis 1975, elle se déroule sur les plages du Touquet et de Stella (sur un parcours de 13 kilomètres). Au programme également, le Quaduro, réservé aux quads, l'Enduro Vintage et des épreuves Junior et Espoir. L'Enduropale fait partie du Championnat de France des Sables. Une épreuve mythique dans le milieu de la moto.

Spectacles historiques - Sons et lumières

LES MISÉRABLES
Citadelle de Montreuil-sur-Mer
21, rue Carnot
MONTREUIL ✆ 03 21 06 72 45
www.lesmiserables-montreuil.com
Du 31 juillet au 10 août 2020 (sauf les 4, 5, 6 août. Fermeture des portes de la citadelle à 22h15. Début du spectacle : 22h30. Durée : 1h40). Entrée : 19 €. Tarifs réduits pour les demandeurs d'emploi, étudiants et groupes. Enfant : 9 €. Chèque Vacances.
L'exceptionnel spectacle son et lumière *Les Misérables* est un incontournable de la saison estivale dans la région. Depuis plus de vingt ans, 500 bénévoles endossent les costumes de leurs ancêtres et ceux des personnages du roman pour faire revivre l'œuvre romanesque de Victor Hugo. Des costumes aux chorégraphies, de la cavalerie aux effets pyrotechniques, les atouts sont réunis pour vous transporter le temps d'un spectacle, d'autant plus que le cadre est grandiose : c'est celui de la Citadelle de Montreuil-sur-Mer !

SOMME

Fêtes

■ FESTIVAL DE L'OISEAU ET DE LA NATURE
20, rue du Chevalier-de-la-Barre
ABBEVILLE ✆ 03 22 24 02 02
www.festival-oiseau-nature.com
contact@festival-oiseau-nature.com
Une semaine à la mi-avril. Sorties nature : 7 €. Projections de films : 5 €. Ateliers enfants : entre 3 € et 6 €. Expositions, conférences, concerts, lecture de contes, stages, etc.
Venez admirer la nature et faites vivre ce joli festival qui fête ses 30 ans et qui œuvre pour la richesse de l'environnement de ce site préservé en baie de Somme. Au printemps, vous pourrez observer le monde qui nous entoure, à pied, à cheval, en kayak, en calèche ou en barque. Des guides seront heureux de vous en apprendre toujours davantage et vous aideront à vous approcher au plus près de la faune et la flore locales. On apprécie beaucoup les stages et concours de photo et d'art animalier où des passionnés rencontrent les amateurs.

LES 25ÈME RENDEZ-VOUS DE LA BANDE DESSINÉE
Halle Freyssinet
AMIENS
✆ 03 22 72 18 74
https://rdvbdamiens.com
Les 5 et 6 juin 2021.
C'est le rendez-vous à ne pas rater pour tous les amateurs du 9e art ! A l'initiative de l'association On a marché sur la bulle (les amateurs de Tintin se régalent), 90 auteurs répondent présents pour des ateliers, des projections de dessins en direct, des dédicaces et des conférences. Pour cette 25e édition, Cyril Pedrosa a signé l'affiche. Des expositions sur la cathédrale d'Amiens, le Musée de Picardie ou encore le manga *Blue Giant* de Shinichi Ishizuka sont prévues. Mention spéciale à la programmation jeune public, à partir de 3 ans.

FESTIVAL INTERNATIONAL DE JARDINS HORTILLONNAGES AMIENS
À pied, accédez par le chemin de halage à l'île aux Fagots et à la presqu'île Robinson ou par le chemin du Malaquis à l'étang de Rivery. Pour embarquer, allez à Camon au Port à fumier (35 rue Roger Allou)
AMIENS
✆ 06 37 25 74 70
www.artetjardins-hdf.com
contact@artetjardins-hdf.com
Du 14 juillet au 18 octobre 2020 (de juillet à août, du mardi au dimanche, de 12h30 à 19h. Et de septembre à octobre, du mercredi au dimanche de 13h30 à 19h). Gratuit. Prix de la barque à partir de 19 €. Restauration.
Au fil de ses 10 éditions, ce festival a accueilli plus de 350 000 visiteurs venus admirer 140 œuvres éphémères réalisées par des paysagistes, architectes et artistes plasticiens au milieu de ces jardins maraîchers si emblématiques de la ville d'Amiens ! A pied ou en barque, profitez de performances musicales, circassiennes ou poétiques, en faisant des escales sur des îles que se sont appropriés les artistes, comme l'île aux Fagots, la presqu'île Robinson ou l'étang de Rivery. L'occasion de soutenir une création avant-gardiste tout en valorisant un patrimoine naturel en danger. Face à son succès, le festival s'étend sur les bords de la Somme, à Long ou à Abbeville.

FESTIVAL INTERNATIONAL DU FILM
Place Léon Gontier
AMIENS
✆ 03 22 71 35 70
www.fifam.fr
contact@filmfestamiens.org
Du 13 au 21 novembre 2020. Entrée : 7 €. Tarif réduit : 6 € (moins de 18 ans, chômeurs, famille nombreuse, étudiants). Séance parent/enfant : 2 €. Abonnement 5 places : 25 €.
La première édition est née du constat fait par une bande d'amis que certains films n'avaient pas accès aux salles traditionnelles. En 40 ans, le festival est devenu un lieu privilégié pour tous les cinémas minoritaires. Les projections ont lieu comme à l'accoutumée à la Maison de la Culture, au Ciné Saint-Leu, au cinéma Gaumont, à la bibliothèque Louis Aragon et au Centre culturel Jacques Tati. Courts et longs métrages sont sélectionnés chaque année autour d'une thématique. Mais le Festival International du Film d'Amiens, ce sont aussi des documentaires, des films pour toute la famille, des avant-premières, des expositions et des rencontres qui se succèdent. Pendant dix jours, deux compétions sont organisées. Le meilleur film de chaque catégorie est récompensé par la Licorne d'or, symbole de ce festival. Avec près de 400 films, le festival accueille plus de 65 000 spectateurs et plus de 450 professionnels du monde entier.

MARCHÉ DE NOËL
Rues piétonnes du centre-ville ; places Gambetta et René Goblet
AMIENS
www.marchedenoel.fr
Chaque année de fin novembre à fin décembre. Restauration.
Le marché de noël d'Amiens anime depuis 1997 le centre-ville et sa réputation n'est plus à faire ! Vous trouverez de nombreuses animations : la grande roue de 50 m face à la gare SNCF, le village de montagne et sa patinoire gratuite place Gambetta (attention, gants obligatoires !), le mapping *Chroma* de la cathédrale, le sapin géant rue des Trois Cailloux ou encore la maison du père Noël avec sa boîte aux lettres, sans oublier ses 130 chalets et leurs produits du monde. Une ambiance festive et de jolies illuminations qui rendent la ville d'Amiens encore plus attrayante en cette période.

MARCHÉ SUR L'EAU
Place Parmentier
Quartier Saint-Leu
AMIENS ✆ 03 22 92 12 18
Le 2ème ou 3ème dimanche de juin. Gratuit.
Les Hortillons (maraîchers des Hortillonnages), habillés de leur costume traditionnel, descendent la Somme en barque à cornet une fois par an pour venir vendre leur production de fruits et légumes. Le marché, organisé par l'association pour la protection et la sauvegarde des Hortillonnages, est une occasion unique de voir la ville sous un autre angle, dans une ambiance chaleureuse, familiale et bon enfant. Ce marché retrace, avec ses senteurs et ses coutumes, la tradition des produits authentiques des célèbres hortillonnages.

LES MÉDIÉVALES AU BORD DE L'EAU
Quartier Saint-Leu
AMIENS ✆ 06 28 58 42 66
www.medievales-amiens.fr
Du 5 au 6 septembre 2020. Gratuit. Restauration. Marché et défilé médiéval, spectacles.
Cette jolie fête médiévale populaire a su trouver son public avec près de 80 000 visiteurs chaque année. Quel plaisir de voir perdurer les traditions dans l'emblématique quartier Saint-Leu ! La soupe aux hortillons est fidèle au poste. Des défilés de chevaux aux joutes aquatiques en passant par les impressionnants cracheurs de feu, les enfants seront les premiers émerveillés. Dans les campements, les costumes sont fidèles à ceux que nous gardons bien enfouis dans notre imaginaire.

FÊTE DES FLEURS

Centre-ville
CAYEUX-SUR-MER
www.cayeux-sur-mer.fr
mairie-de-cayeux-sur-mer@wanadoo.fr

Chaque année le 15 août à partir de 14h30.

Une véritable fête populaire à Cayeux-sur-Mer en baie de Somme. Parée d'une multitude de glaïeuls (près de 9 000 !) et de dahlias multicolores, la ville devient le temps d'une journée un lieu encore plus animé. Au programme : défilé de chars fleuris décorés par les associations, concours du plus beau char, animation musicale l'après-midi au kiosque de la ville et discothèque à ciel ouvert le soir boulevard du Général Sizaire, avec en bouquet final un splendide feu d'artifice. Chaque année, le public répond présent en masse dans les rues de la ville.

FÊTE DANS LA RUE

CORBIE
✆ 03 22 96 95 76
officedetourisme@valdesomme.com

Samedi 26 juin 2021. Gratuit.

Voilà plus de 25 ans que la ville de Corbie nous réjouit avec sa programmation éclectique qui attire pas moins de 25 000 spectateurs à chaque édition. Au programme : des spectacles de rue, des animations spectaculaires, un marché d'artisanat, des concerts et des actions autour du développement durable et solidaire menées par les associations de la ville avec un éco-village… Une belle fête conviviale et populaire !

FÊTE DES FLEURS

Avenue de la Plage
FORT-MAHON-PLAGE

Les 22 et 23 août 2020. Gratuit.

Un rendez-vous que les habitants de Fort-Mahon et les touristes attendent chaque année avec impatience ! Le samedi soir, les chars illuminés défilent en musique sur l'Avenue de la Plage avant un feu d'artifices. Le dimanche, des chars fleuris se succèdent sur la jetée avec des animations de rue. Le thème sélectionné change chaque année et doit se décliner sur les chars et les décorations de la ville.

FÊTE DE LA MER

LE CROTOY
✆ 03 22 31 02 98
lecrotoyanimationculture@gmail.com

Début août 2020. Gratuit. Restauration. Animations et défilés.

Organisée en l'honneur de la mer et des marins, la Fête de la Mer au Crotoy est un événement à ne pas manquer. Magnifiques en costumes traditionnels, les marins défilent avec les musiciens de l'harmonie locale et les géants de Berck, Flip et Zabeth. Suivez-les donc, en espérant qu'il y ait assez de places libres dans les bateaux pour participer à la bénédiction de la mer. La Marseillaise retentit lors de l'escale à proximité du monument dédié aux marins disparus dans les eaux changeantes de la Manche. Un marché de produits régionaux et diverses festivités ont également lieu lors de ce week-end, comme des joutes dans le bassin des chasses et des sorties en mer.

FÊTE DES BAIGNEURS

Avenue Pierre-et-Marie-Curie
MERS-LES-BAINS
✆ 02 27 28 06 46
www.destination-letreport-mers.fr
info@destination-letreport-mers.fr

Le 4ème week-end de juillet. Restauration.

La station balnéaire retrouve l'atmosphère de la Belle Epoque le temps d'un week-end. Une fête étonnante devant les élégantes villas du front de mer, où l'on se baigne en maillots de bain des années 1930 et où l'on admire de somptueux costumes authentiques que l'on vous invite à porter vous aussi. De nombreuses animations sont au programme : parade costumée, exposition sur les métiers d'hier, jeux traditionnels, promenades en calèche, expositions de véhicules anciens, feu d'artifices… Sans oublier le bain de mer, dans la plus pure tradition ! Le 1er janvier à midi, c'est dans une autre atmosphère que les baigneurs se retrouvent, mais ce rendez-vous reste aussi très suivi.

NUITS CELTIQUES NESLE

Route de Ham
NESLE
✆ 06 74 64 03 30
www.nuitsceltiquesnesle.fr
ntic.nesle@orange.fr

Dernier week-end d'avril. Possible report en octobre pour l'édition 2020. Entrée : 20 €. Enfant : 12 €. Pass 2 jours : 35 € ; tarif jeune : 20 €.

Ces deux soirées festives sont une belle occasion de redécouvrir cette belle musique venue d'Écosse, d'Irlande ou de Bretagne. Sous un grand chapiteau chauffé, le public est plongé dans un autre univers, il savoure et revient chaque année plus nombreux. Prolongez le plaisir à l'extérieur avec le village celtique qui propose des objets typiques, des produits locaux, des vêtements et de nombreux espaces de restauration.

FESTIVAL RÉTRO C TROP

Château de Tilloloy
Rue de Flandre
TILLOLOY
✆ 03 22 89 20 00
https://retroctrop.fr

Du 25 au 27 juin 2021. Billet journée : de 44 € à 85 €. Billet pass 3 jours : de 130 à 199 €. Tarifs enfant : journée : 5 €, 3 jours : 15 €. Restauration.

Un château du XVIIe siècle et un parc de 150 hectares classés monuments historiques : voilà un endroit peu commun pour accueillir un festival de musique ! Et pas n'importe quelle musique : des années 1950 aux années 1990 ! De nombreux groupes, musiciens et chanteurs ont déjà foulé les scènes de Rétro C Trop, des plus connus comme Scorpions, ZZ Top, Sting ou encore Roger Hodgson aux talents locaux : tout le monde en prend plein la vue, et plein les oreilles ! L'édition 2020 a dû être annulée à cause de l'épidémie de coronavirus, mais les organisateurs essaient de garder les artistes prévus comme Simple Minds, Iggy Pop, Paul Personne ou encore Tryo (les billets achetés en 2020 seront valables en 2021). Stands de restauration et de boissons sont prévus sur place, tout comme un camping de 500 places.

FÊTE DE LA CITROUILLE AUX JARDINS
ARGOULES
✆ 03 22 23 71 10
www.jardinsdevalloires.fr
Samedi 31 octobre et dimanche 1er novembre 2020, de 10h30 à 18h. Entrée : 9,50 €. Enfant : 5,50 €.
Une belle fête pour clôturer la saison aux Jardins de Valloires ! Au programme : des animations, des expositions, des ventes, un atelier de pressage de pommes à l'ancienne, des jeux, des contes au coin du feu... Les enfants costumés sur le thème d'Halloween pourront entrer gratuitement.

Expositions

BEACH ART FESTIVAL
FORT-MAHON-PLAGE
✆ 03 22 23 36 00
Les 19 et 20 septembre 2020.
L'immense plage de sable fin de Fort-Mahon se prête à merveille à ces œuvres d'art éphémères. A l'aide d'un râteau et/ou d'une ficelle, chacun peut se lancer dans l'aventure selon son inspiration ou sa créativité... Portrait d'indien, phare, rosace, tortue : des figures effacées au gré de la marée... Vous y trouverez également des jeux anciens, des concerts, des animations de rue, un marché de recyclage et de créateurs originaux, mais aussi des nettoyages de plage puisque la sensibilisation à la protection de la planète est au cœur de ce festival qui en est à sa 6e édition.

Foires – Salons

LA GRANDE RÉDERIE
Centre-ville
AMIENS
✆ 03 22 92 90 10
www.grande-rederie-amiens.com
Dimanche 4 octobre 2020.
C'est la deuxième plus importante réderie (braderie en picard) après celle de Lille ! Jugez plutôt : elle accueille environ 80 000 chineurs prêts à trouver la perle rare et plus de 2 000 exposants répartis sur 15 km de trottoirs. Les rues fleurent bon la bonne ambiance et la traditionnelle ficelle picarde : plusieurs adresses la servent sur assiette ou à emporter. La grande réderie de printemps (avril) et celle d'automne (octobre) sont des événements populaires, des cavernes d'Ali Baba à ciel ouvert, à ne pas manquer !

Spectacles historiques – Sons et lumières

LE SOUFFLE DE LA TERRE
Plan d'eau d'Ailly-sur-Noye
146, rue de Berny
AILLY-SUR-NOYE
✆ 03 22 41 06 90
www.souffledelaterre.com
contact@souffledelaterre.com
Du 21 août au 19 septembre 2020 (les vendredis et les samedis. Ouverture du parc : 19h. Début du spectacle : 21h30. Durée : environ 1h30). Entrée : 20 € (carré or : 27 €). Gratuit pour les enfants de moins de 5 ans. Tarif réduit pour les personnes en situation de handicap. Enfant : 10 €. Offre dîner + spectacle : 41 € par adulte, 20 € par enfant. Restauration.
À une vingtaine de minutes au sud d'Amiens, au plan d'eau d'Ailly-sur-Noye, venez remonter près de 20 000 ans d'histoire de la Picardie avec « Le Souffle de la Terre ». Ce spectacle nocturne rassemble près de 3 500 personnages costumés et pas moins de 40 cavaliers pour évoquer la Picardie, de l'ère glaciaire à aujourd'hui, dans un fabuleux spectacle avec feux d'artifice, projection géante, musique, décors, effets spéciaux, symphonies d'eau et de lumière... Un bel hommage à cette région et à ses habitants !

CHROMA
Place Notre-Dame
AMIENS
A la tombée de la nuit, du 15 juillet au 20 septembre et du 24 novembre au 31 décembre. A 22h30 en juillet, à 22h en août, à 21h45 en septembre et à 19h en décembre. Durée 50 minutes (20 mn de spectacle et 30 mn d'illumination). Gratuit.
Ce spectacle unique a déjà séduit de nombreux curieux. Plus de 15 ans après le spectacle « Amiens, la cathédrale en couleurs », la cathédrale inscrite deux fois au patrimoine mondial de l'Unesco est à nouveau sublimée dans une mise en scène originale menée par la société Spectre Lab et l'agence Start-Rec. Cette expérience esthétique unique met la cathédrale en mouvement, la rendant tour à tour lumineuse et mystérieuse... D'une durée totale de 50 minutes, Chroma se décompose en deux temps distincts : l'un dynamique et immersif accompagné d'une bande-son musicale de 20 minutes, le second contemplatif et silencieux de 30 minutes, évoquant les polychromies.

AISNE

Jardins de Viels-Maisons.

ROUTE TOURISTIQUE DU CHAMPAGNE

Cela peut surprendre, mais le champagne ne vient pas que de la région Champagne ! La pointe méridionale du département de l'Aisne, qui bénéficie de l'appellation d'origine contrôlée, rassemble à elle seule 2 600 hectares de vigne à champagne, soit près de 9 % de la production nationale. Plongez en apnée dans un merveilleux bain de bulles et suivez la route balisée qui mène de Charly-sur-Marne à Dormans, aux portes de la Marne. Sur près de 120 kilomètres à travers coteaux et petits villages typiques, la Route touristique du Champagne vous dévoile les richesses de la partie axonaise de la vallée de la Marne. Appréciez ses paysages atypiques, ses caves souterraines, ses musées, ses monuments... Prenez le temps de vous arrêter, de regarder et de sentir la vigne. N'hésitez pas à frapper à la porte des vignerons, il y en aura toujours un pour vous conter, avec plaisir, la petite et grande histoire du « roi des vins et vins des rois ». Ne soyez pas surpris si certains panoramas ou lieux vous inspirent une impression de déjà-vu : les plus grands peintres, de Picasso à Cézanne en passant par Corot et Lhermitte sont tombés amoureux de ce petit bout du monde.

Bonneil et le mont de Bonneil

Appréciez la beauté naturelle d'une vallée préservée. Bonneil et ses vignobles vous séduiront assurément. En montant sur le mont de Bonneil, vous découvrirez un point de vue magnifique sur les coteaux et les méandres de la Marne. Les photographes seront ravis. À l'entrée du village, ne ratez pas le vieux pressoir et une jolie église gothique du XIIIe siècle. À quelques kilomètres en allant sur Charly-sur-Marne, faites une halte à Romeny-sur-Marne où est né Ernest Renoux, peintre impressionniste. Sa maison-atelier est toujours là mais ne se visite pas. Les bords de Marne seront des lieux de prédilection pour la balade. Les lavoirs seront prétextes à de nombreuses haltes bucoliques.

■ **ÉGLISE DE LA NATIVITÉ DE LA SAINTE VIERGE**
Rue de l'Église
✆ 03 23 82 88 72
www.bonneil.fr – mairiedebonneil@gmail.com
Gratuit.
Classée monument historique en 1921, l'église a probablement été bâtie au XIIe siècle. Pourtant, son architecture, qui se compose d'une nef, d'un transept et d'un chœur, évolue jusqu'au XVIe. Le chœur, la croisée du transept, ainsi que le portail datent de la fin du XIIIe siècle. Les voûtes des bas-côtés et des croisillons du transept remontent elles au XVIe siècle. Vous pourrez y observer de nombreux objets classés ou répertoriés. Parmi les plus belles pièces, vous noterez : un fragment de vitrail du XVIe siècle, ayant pour sujet Jésus sur la Croix, une statuette en bois de saint Antoine du XVIe siècle, un seau à eau bénite en bronze du XVe siècle, une croix processionnelle en cuivre du XVIe siècle, ou encore un Christ en croix, sculpté dans le bois au XVIIe.

■ **CHAMPAGNE CHRISTOPHE LEFÈVRE**
14, route de Crogis – Mont de Bonneil
✆ 03 23 82 15 67
www.champagne-bio-lefevre.com
contact@champagne-bio-lefevre.com
Visite sur rendez-vous.
Le champagne, vous connaissez. Mais avez-vous déjà goûté au champagne bio ? C'est ce que vous propose de découvrir Christophe Lefèvre sur son exploitation de quatre hectares. De ses vignes, taillées en cordon de Royat et en chablis, naissent des champagnes certifiés bio, blancs ou rosés, qui n'ont rien à envier à ceux issus de la filière traditionnelle. Preuve de l'amour de Christophe pour ses créations : il les élève trois ans au minimum ! Des vins soutirés à la lune descendante, qui ne sont ni passés au froid ni filtrés ! N'hésitez pas à prendre rendez-vous, Christophe vous en dira plus, et vous fera peut être même déguster ses nectars...

La route des églises fortifiées de Thiérache

Un indispensable lors de votre séjour. Partez à la rencontre de ces édifices splendides aux allures de forteresses. Sur votre route, vous croiserez de véritables joyaux de briques et de pierres. Axe stratégique, la Thiérache a été envahie de nombreuses fois. La fortification des églises est alors nécessaire pour se réfugier et se protéger des attaques ennemies. Des donjons, des tours, des meurtrières sont construites pour assurer la sécurité des habitants. Plus de 70 églises fortifiées reposent sur le territoire de la Thiérache. Cet ensemble patrimonial unique reste une valeur forte pour le tourisme local. Parmi toutes ces splendeurs, certaines méritent particulièrement de s'y attarder. Citons par exemple celles de Burelles, Parfondeval, Dohis, Prisces, Origny-en-Thiérache... L'église Sainte-Benoîte de Lerzy, partiellement détruite lors d'un incendie en 2014, a été restaurée après cinq ans de travaux. Sa rénovation a notamment permis de découvrir des sépultures datant du VIIIe siècle.

VERSION NUMÉRIQUE
OFFERTE
Obtenez votre guide numérique en scannant le QR code
ou rendez-vous sur le site
www.ebookfute.com
avec le code avantage
W9HHDC
petit futé
2020 2021
HAUTS-DE-FRANCE
NORD-PAS-DE-CALAIS-PICARDIE
OFFRE VALABLE JUSQU'À L'ARRÊT DE COMMERCIALISATION DU TITRE EN FRANCE MÉTROPOLITAINE ET DANS LE MONDE ET SOUS RÉSERVE QUE LE NOMBRE
DE TÉLÉCHARGEMENTS SOIT INFÉRIEUR OU ÉGAL AU NOMBRE D'EXEMPLAIRES DE GUIDES PAPIER IMPRIMÉS. FORMATS DISPONIBLES POUR SMARTPHONES, TABLETTES, LISEUSES ET ORDINATEURS PC OU MAC.
© PERFECTLAB - SHUTTERSTOCK.COM

Charly-sur-Marne

Première commune viticole du département, Charly-sur-Marne étend ses coteaux sur plus de 320 hectares d'appellation. Le pinot meunier s'y épanouit avec vigueur puisqu'il représente pas moins de 80 % de la surface. Cette bourgade de 2 500 habitants incite au farniente bucolique. Les coteaux s'empruntent au gré de sentiers, la Marne déploie ses charmes et la rue des faubourgs de Villiers vaut le coup d'œil pour ses vestiges de l'ancien couvent des Cordeliers. Tout ici invite à vivre au son des bulles de champagne. La vigne a d'ailleurs sa propre foire chaque année durant deux jours en septembre.

ÉGLISE SAINT-MARTIN

Place du Général de Gaulle
✆ 03 23 82 05 86
www.soissons.catholique.fr
paroissecharly@orange.fr

Ouvert tous les jours.

Érigée en l'honneur de saint Martin entre le XIIIe et le XIVe siècle, l'église propose de découvrir des fonts baptismaux datant du XIIIe siècle provenant de l'abbaye de Saint-Jean-des-Vignes de Soissons. Malheureusement, la flèche en ardoise qui surmontait le clocher quadrangulaire est aujourd'hui disparue. Les lieux vous permettront de découvrir un bel ensemble de peintures en triptyque : *La Vie de la Vierge*. Les vitraux quant à eux, proviennent de la chapelle Bon-Secours. Ils datent du XIXe siècle et évoquent la vie de Jésus.

TOUR NAPOLÉON ET TOMBEAU CORNETTE

12, avenue Fernand-Drouet

Gratuit.

Une curiosité entièrement dédiée à la mémoire et à la gloire de l'Empire napoléonien. Au détour de l'avenue Fernand-Drouet, vous tomberez sur une tour énigmatique, érigée en 1830 par Amand-Prosper Cornette, ancien officier du Premier Empire et propriétaire des lieux. A son sommet, trône fièrement une statue de Napoléon, regard braqué en direction des Invalides ainsi qu'une girouette représentant un officier à cheval et le défilé d'une troupe devant un arc de triomphe. Au fond de la propriété, se trouve le tombeau du commandant Cornette, général sous l'Empire, et de son épouse.

CHAMPAGNE BERNARD NAUDÉ

12, avenue Fernand Drouet ✆ 03 23 82 09 26
www.champagne-bernard-naude.com
info@champagne-bernard-naude.com

Ouvert du lundi au vendredi de 9h30 à 12h et de 13h30 à 18h ; le samedi de 10h à 17h.

Marie-Paule et Fabienne Naudé vous accueillent et seront ravies de vous conter l'histoire familiale. Voilà cinq générations que les Naudé produisent une gamme de champagnes souvent primés. Présents sur les salons et les marchés, leur réputation n'est plus à faire. Viticulteurs raisonnés, leur Tour Napoléon Prestige a récemment fait son petit effet chez les amateurs. Huit hectares de vignes encépagés à 77 % de pinot meunier, 15 % de pinot noir et 8 % de chardonnay permettent d'obtenir de belles cuvées toujours élaborées sur l'exploitation. Outre les traditionnelles étiquettes personnalisées, on apprécie également les peintures sur bouteilles qui rendent votre champagne encore plus unique !

CHAMPAGNE CHARPENTIER

11, route de Paris ✆ 03 23 82 10 72
www.champagne-charpentier.com
info@champagne-charpentier.com

Pas de vente aux particuliers.

« Des valeurs en héritage »

Pour connaître les origines de cette maison, il vous faudra remonter à 1855. À cette époque, le premier ancêtre vigneron de la famille vendait en effet ses vins aux cochers et bateliers lors de leur arrêt dans son auberge. Forte de cet héritage, cette famille a voulu conserver ce symbole en choisissant la calèche pour emblème.

C'est dans un vignoble de caractère, situé en plein cœur de la vallée de la Marne, que la maison cultive précieusement ses 72 parcelles. Un encépagement atypique, à dominante de pinot meunier (là où habituellement presque la moitié du vignoble est occupée par le chardonnay), confère un caractère unique aux vins de la maison. Le vignoble est travaillé selon les principes de la viticulture durable et quelques parcelles sont cultivées biologiquement. Deux gammes viennent mettre en lumière le travail de cette maison, la gamme Tradition et la gamme Terre d'Emotion.

Gamme Tradition : fruité, fraîcheur et souplesse.

- **Champagne Brut Tradition (disponible en Demi-Sec)**
- **Champagne Brut Réserve**
- **Champagne Brut Rosé**
- **Champagne Brut Millésimé**

Gamme Terre d'Emotion : finesse, délicatesse, vieilles vignes. 4 Cuvées ciselées et bien travaillées au service des connaisseurs.

- **Champagne Terre d'Emotion Brut**
- **Champagne Terre d'Emotion Blanc de Blancs (100 % chardonnay)**
- **Champagne Terre d'Emotion Blanc de Noirs (100 % pinot noir et meunier)**
- **Champagne Terre d'Emotion Rosé**

Coup de cœur pour la finesse des vins et leur parure haute-couture à découvrir sans plus attendre !

CHAMPAGNE LEGUILLETTE-ROMELOT

Le Mont-Dorin
15, route de Villiers ✆ 03 23 82 03 79
www.champagne-leguillette-romelot.net
info@champagne-leguillette-romelot.com

Ouvert du lundi au vendredi de 9h30 à 12h et de 14h à 17h ; le samedi de 9h30 à 12h et de 14h30 à 17h. Dimanche et jours fériés : sur rendez-vous. Tous les jours : visite du vignoble et de la cave (sur rendez-vous). Fermeture annuelle : 1ère quinzaine d'août. Portes ouvertes les 23 et 24 mai 2020..

Depuis août 2000, Laurent, le fils d'André Léguillette et de Marie-France Romelot, a repris l'exploitation familiale pour une viticulture raisonnée. Il cultive un vignoble de 8 ha, planté de 85 % de pinot meunier et de 15 % de chardonnay. Une visite donne à découvrir l'histoire du Champagne Léguillette Romelot, né en 1968 de deux anciennes familles de Charly-sur-Marne : les Léguillette, propriétaires fermiers depuis 1790, et les Romelot, viticulteurs et agriculteurs depuis 1705. En 1963, elles s'associent à d'autres viticulteurs pour créer une coopérative de pressurage et une coopérative de vinification auxquelles elles confient leurs raisins à chaque vendange. C'est toujours ainsi aujourd'hui. Vous découvrirez la belle gamme de la maison. Citons le Prélude, un champagne brut traditionnel, le Nuance, un brut rosé, et les cuvées Harmonie : la Note Blanche (100 % chardonnay) et la Note Noire (75 % de pinot meunier des Vignes et 25 % de pinot noir). Ajoutons à cette gamme le ratafia de la maison, à découvrir ! Sachez également que vous pouvez commander des bouteilles peintes à la main pour toutes occasions. En juin 2020, la maison de champagne a obtenu deux certifications importantes : la H.V.E (Haute Valeur Environnementale) et la V.D.C (Viticulture Durable en Champagne).

Connigis

Plein de charme et situé à 4 kilomètres de Condé-en-Brie et à 10 kilomètres de Château-Thierry, le petit village de Connigis présente de jolis points de vue. A ne pas rater : la ferme-château, les lavoirs et l'église Saint-Georges classée datant des XIIe et XIIIe siècles. Aux alentours, vous pourrez emprunter des sentiers de promenades bucoliques et découvrir encore davantage les merveilles de cette si belle région.

CHAMBRES D'HÔTES CHAMPAGNE PIERRE LECLERE

1, rue du Launay
✆ 03 23 71 98 33
fermeduchateau02@orange.fr

Accueil jusqu'à 19h. 5 chambres. Chambre simple de 81 € à 91 € ; chambre double de 91 € à 115 € ; chambre triple 125 €. Petit déjeuner inclus. Bébés et enfants : la nuit au tarif de la 3e personne. CB non acceptée. Chèque Vacances. Wifi gratuit.

C'est dans la ferme de l'ancien château de Connigis que Pierre et Jeanine Leclere ont installé cinq jolies chambres d'hôtes donnant sur le parc et sur les vignes. L'espace de nuit aménagé dans la jolie petite tour a notre préférence, avec son accès indépendant. Quatre autres chambres sont situées au premier et au deuxième étage. Pierre étant producteur de champagne, on peut goûter le fruit de son travail et en faire l'achat sur place. Pour les balades, des vélos sont à disposition à la ferme du château, sur demande. Le grand parc ombragé offre un cadre reposant.

FERME DE COURTELIN

21, hameau de Courtelin
✆ 03 23 71 97 99

Ouvert du mercredi au lundi de 13h30 à 18h ; le mardi de 9h à 12h. Atelier artisanal ouvert à tous pendant le pressage.

Qu'il est bon de venir faire ses emplettes à la ferme de Courtelin. Au milieu des vignes, on vous accueille et vous présente les nombreux produits maison. Depuis plus de 20 ans, cette ferme fruitière a pris de l'expansion et vous propose des pommes, des poires (non pas de scoubidous) mais également des cerises et de la rhubarbe. Venez découvrir le cidre maison ainsi que les secrets de sa fabrication.

Fossoy

LE VAROCIEN (MUSÉE DU VIN ET DE LA VIGNE) ★

3, rue Saint-Georges ✆ 03 23 71 90 47
www.champagne-dehu.com
contact@champagne-dehu.com

Ouvert toute l'année. Les visites se font uniquement sur rendez-vous, après demande formulée par mail.

Il est possible de visiter le musée du Varocien à titre privé. Toute l'histoire du vignoble de la Marne vous sera alors présentée par une famille qui compte sept générations de vignerons. Aménagé dans les dépendances de l'exploitation familiale, ce musée particulier présente une collection fort intéressante d'outils viticoles. En marge de la visite, les propriétaires proposent de vous faire découvrir l'art de la dégustation. Une expérience enrichissante à la découverte des caractéristiques viniques essentielles. En sus : le champagne Dehu Père et Fils à déguster sur place.

Trélou-sur-Marne

BRASSERIE LES 3 LOUPS

7, rue Montaigne
Hameau de Courcelles
✆ 03 23 82 72 23
www.brasserie-les3loups.com
contact@brasserie-les3loups.com

Ouvert du lundi au jeudi de 9h à 12h et de 14h à 16h ; le vendredi de 9h à 12h et de 14h à 15h ; le samedi de 15h à 18h30. Des soirées concerts sont programmées très régulièrement le vendredi.

Au cœur de la vallée de la Marne, cette microbrasserie fera le bonheur des amateurs de bières artisanales. Jeune brasseur et artisan passionné, Sylvain a sillonné la France et la Belgique pour étancher son inextinguible soif de connaissances en la matière. Et quelle matière ! Revenu de son périple richement inspiré, Sylvain vous propose de goûter au fruit de son travail, des bières de style belge de fermentation haute sur lie de levure, épicées et subtilement houblonnées. Que vous préfériez les classiques ou les saveurs étonnantes comme la Sol Invictus et ses arômes de fruits confits ou les notes plus épicées des Venerem et In Nomine Patris, la gamme des 3 loups a tout pour vous séduire.

GÎTE DU CHAMPAGNE COUVENT FILS

4-5, rue Corneille
✆ 03 23 70 33 36
champagne-couventfils@orange.fr

Gîtes de France (3 épis). Pour 6 personnes (135 m², 3 chambres). A partir de 390€ la semaine. Possibilité de location de draps. Forfait ménage. Animaux acceptés (tarif en sus). Wifi. Salon de jardin, lave-linge, lave-vaisselle.

C'est en plein cœur du vignoble champenois que Sylvie et Gérard vous accueillent dans leur gîte composé de trois chambres. Viticulteurs, ils partageront une coupe avec vous et sauront vous faire découvrir les multiples facettes de la région. Leur très beau gîte dispose de jolies pièces rénovées avec goût. Le salon aux poutres apparentes et son poêle à bois donnent le ton. Les chambres sont spacieuses et confortables. La terrasse vous fera profiter du soleil et les enfants apprécieront le grand jardin. Une étape sympathique pour un agréable séjour entre amis ou en famille.

CHAMPAGNE FLEURY-GILLE
23, rue Pascal
Hameau de Courcelles © 03 23 70 83 99
www.champagne-fleury-gille.fr
contact@champagne-fleury-gille.fr

Ouvert du lundi au samedi de 9h à 12h et de 14h à 17h. Sur rendez-vous. Bureau ouvert les lundi-mardi-jeudi-vendredi de 9h à 12h et de 14h à 17h.

Ce domaine est situé sur les coteaux de la Marne où sont cultivés les trois cépages pinot noir, pinot meunier et chardonnay constituant le champagne, depuis 1842. Ces raisins permettent d'élaborer six cuvées millésimées ou multi-millésimées et deux rosés, résultant d'un assemblage subtil des différents cépages. La maison a vu ses crus plusieurs fois médaillés. Dernière en date, la cuvée multi-millésimée Absolu sacrée médaille d'or au Concours des vignerons indépendants en 2019. Pour ne rien gâcher, toutes les cuvées sont embouteillées dans des contenants au design sobre et élégant.

CHAMPAGNE MÉTEYER, PÈRE ET FILS
39, rue de l'Europe © 03 23 70 26 20
www.champagne-meteyer.com
contact@champagne-meteyer.com

Ouvert du lundi au samedi de 9h30 à 17h. Visites sur rendez-vous.

Une exploitation familiale qui perdure depuis six générations. Aujourd'hui, c'est Franck Métayer, et sa femme Anna, qui vous accueillent avec charme et hospitalité. Et pour découvrir le champagne Métayer Père et Fils, multi-récompensé, rien de tel qu'une visite du musée et des caves. Plusieurs types de visites sont organisées en fonction de vos désirs et du temps qui vous est imparti. Anna, issue du milieu artistique, propose également des expositions d'artistes peintres ou de sculpteurs inspirés par le thème du champagne. Un réel investissement et une volonté de partage.

CHAMPAGNE VEUVE OLIVIER ET FILS
10, route de Dormans © 03 23 70 24 01
www.champagne-veuve-olivier.com
info@champagne-veuve-olivier.com

Ouvert du lundi au vendredi de 9h à 12h et de 14h à 17h ; le samedi de 9h à 12h. Le samedi après-midi sur rendez-vous. Les visites se font sur réservation (durée 1h). Livraison possible (boutique en ligne).

Cette maison familiale est née de la volonté d'Edmond Olivier, l'arrière-grand-père. Sa fille, Liliane, a développé l'activité avec son fils Pierre et baptisé la marque « Veuve Olivier et Fils » en 1955. Depuis, l'exploitation a bien grandi. Plus de 18 hectares sont exploités par Sandrine Charpentier-Olivier et ses parents. Tradition et modernité sont au cœur du processus créatif, grâce au statut et à la culture de « Récoltant-Manipulant », perpétués. Les caves et les cuveries du domaine peuvent être visitées. La dégustation est grandement conseillée.

CHÂTEAU-THIERRY ★

Posée sur les bords de Marne et dominée par les vestiges de son vieux château, Château-Thierry est une ville tout en relief cernée par les coteaux et les vignes. De l'époque gallo-romaine à la Seconde Guerre mondiale, en passant par le temps des seigneurs et les guerres napoléoniennes, son emplacement stratégique fit de cette ville l'objet de nombreuses convoitises. L'église Saint-Crépin, le beffroi de la tour Balhan et l'hôtel de ville constituent le cœur historique de cette cité où est né Jean de La Fontaine.

MAISON DU TOURISME LES PORTES DE LA CHAMPAGNE
2, place des Etats-Unis © 03 23 83 51 14
www.lesportesdelachampagne.com
contact@lesportesdelachampagne.com

Ouvert : du lundi après-midi au samedi : du 1er octobre au 30 avril de 9h30 à 12h30 et de 13h30 à 17h00. En mai et septembre de 9h30 à 12h30 et de 13h30 à 18h00. En juin, juillet et août de 9h30 à 18h00 sans interruption. Les dimanches du 1er avril au 30 septembre de 14h00 à 17h00 Ouverture à 9h30 les vendredis et les jours fériés de 14h00 à 17h00. Fermé les 1er janvier, 1er mai, 1er et 11 novembre, 25 décembre. Visite guidée. Consulter les tarifs et l'agenda sur le site internet. Réservation obligatoire à la Maison du Tourisme.

La Maison du Tourisme Les Portes de la Champagne est animée par une équipe dynamique qui travaille en assurance qualité. Elle propose une cinquantaine de visites guidées, sur réservation préalable, concernant le cœur de ville et l'ensemble du territoire. Elles sont

Champagne et vous

Pour sa 7e édition les samedi 17 et dimanche 18 octobre 2020, ne ratez sous aucun prétexte l'évènement « Champagne et Vous » sur l'esplanade du château à Château-Thierry. Ce festival œnotouristique prône l'art de vivre le champagne en révélant les trésors et curiosités de la vallée de la Marne. Le thème de cette année : « Les îles », avec une pensée toute particulière pour la Guadeloupe et la Martinique, premières consommatrices nationales du divin breuvage. Au programme, comme chaque année, le village vigneron avec une trentaine de producteurs qui vous feront déguster quelques-uns de leurs produits, de nombreuses animations avec divers ateliers sur les métiers liés à la vigne et d'autres plus spécifiquement destinés aux enfants... De quoi passionner et faire passer un bon moment à un large public !

Renseignements et réservation en ligne sur le site www.champagne-et-vous.fr et la page Facebook : www.facebook.com/FestivalChampagneetVous

axées, notamment, sur le patrimoine de Château-Thierry, la mémoire des évènements passés, les artistes du terroir... ainsi que les quatre saisons du champagne. Elle promeut aussi efficacement les activités de randonnée du Conservatoire d'Espaces Naturels de Picardie, la visite de la maison de Camille et Paul Claudel à Villeneuve-sur-Fère, la découverte des peintures du château de Condé... D'autre part, elle gère les réservations pour des « week-ends Escapade » aux Portes de la Champagne à seulement une heure de Paris ! Enfin, son espace de 120 m², entièrement scénographié, assure une promotion touristique complète de l'ensemble du territoire. Pour bien démarrer votre séjour, n'hésitez pas à y faire une halte : elle vous sera, assurément, quel que soit votre centre d'intérêt, fort utile !

Points d'intérêt

■ LES AIGLES DE CHÂTEAU-THIERRY ★★

Cours Renan
© 03 23 83 51 14
www.aigles-chateau-thierry.com

Ouvert vacances de pâques 2020 du 11/04/2020 au 26/04/2020 tous les jours. Mai, juin et septembre : les weekends et les mercredis. Juillet et août : ouvert du mardi au dimanche. Spectacles à 15h et 17h. Gratuit jusqu'à 5 ans. Adulte : 9 € (spectacle et visite). Enfant (de 5 à 13 ans) : 6 € (spectacle et visite). Etudiant et handicapé : 8 €. Famille nombreuse (2 adultes et 3 enfants) : gratuit pour le 3ème enfant. Animations. Dossier pédagogique disponible sur le site Internet. Application à télécharger.

70 spécimens issus de 25 espèces planant juste au-dessus de vos têtes. Le ballet aérien donné sur l'esplanade du château médiéval a de quoi donner le tournis. Voyage enchanteur au cœur d'un amphithéâtre naturel, les oiseaux frôlent le spectateur. Les enfants adorent. Découvrez toute la puissance et la majesté des faucons, milans, chouettes, hiboux, et même cigognes (La Fontaine oblige !), qui vous laisseront, à n'en point douter, de vibrants souvenirs. Rappelons que cet art médiéval de la fauconnerie a été classé au patrimoine culturel immatériel de l'humanité par l'Unesco.

■ MÉMORIAL AMÉRICAIN DE LA CÔTE 204 ★

Route du Monument
A 3 km à l'ouest du centre de Château-Thierry, par la D1003.

Ouvert toute l'année. Gratuit.

Surplombant la ville de Château-Thierry, ce monument commémore l'engagement des troupes américaines en 1914-1918. Situé sur la cote 204, à 3 km à l'ouest de Château Thierry, le monument offre une vue étendue de la Vallée de la Marne. Quel panorama ! Le monument, constitué d'une imposante double colonnade, domine une terrasse paysagée. D'un côté, de grandes statues symbolisant les Etats-Unis et la France unis par une longue amitié et de l'autre un aigle d'une dimension impressionnante. Sous cette sculpture est gravé : « le temps ne ternira pas la gloire de leurs exploits ». Au-dessous, une grande carte retrace la progression de forces américaines à partir du 18 juillet 1918 et une table d'orientation indique les directions et les distances des Points d'intérêt historique.

AISNE

MUSÉE DU TRÉSOR DE L'HÔTEL DIEU

11, rue du Château
✆ 03 23 82 91 19
www.museehoteldieu.fr
contact@museehoteldieu.fr

Basse saison : ouvert le vendredi et le samedi. Haute saison : du mercredi au dimanche. Visite uniquement guidée – 1 par jour – de 15h à 16h30 (réservation conseillée). Gratuit jusqu'à 11 ans. Adulte : 8 €. Enfant (de 12 à 18 ans) : 4 €. Groupe (15 personnes) : 6,50 €. CB non acceptée.

Fondé au Moyen Âge par la reine Jeanne de Navarre, le site de l'Hôtel-Dieu est devenu un musée exceptionnel. Sur 1 500 m², découvrez plus de 1 300 œuvres d'art. De l'orfèvrerie religieuse aux peintures, des sculptures aux estampes, des faïences aux mobiliers civils, des objets ethnologiques aux chapes du XVIIIe siècle, les 18 salles d'exposition sont passionnantes à parcourir. Avec pas moins de douze pièces classées aux monuments historiques, c'est une visite à ne pas manquer ! En 2020, deux nouvelles visites guidées pour les groupes d'adultes et de lycéens : voir le site.

MUSÉE JEAN DE LA FONTAINE

12, rue Jean-de-la-Fontaine
✆ 03 23 69 05 60
www.musee-jean-de-la-fontaine.fr

Basse saison : ouvert du mardi au samedi de 9h30 à 12h et de 14h à 17h30. Haute saison : du mardi au vendredi de 9h30 à 12h et de 14h à 17h30 ; le week-end de 9h30 à 18h. Gratuit jusqu'à 12 ans. Adulte : 4 €. Enfant (jusqu'à 18 ans) : 3 €. Groupe (15 personnes) : 2,40 €. Visite guidée (individuel : 5,30 €).

La maison natale de l'écrivain, construite en 1559 (qu'il vendit à 53 ans pour monter à Paris), abrite le musée qui lui est consacré. C'est en 1876 que la maison se transforma en musée à la gloire du fabuliste, grâce à la Société Historique et Archéologique de la ville de Château-Thierry. Le cabinet de travail de La Fontaine peut y être observé, au premier étage. Les heureux visiteurs redécouvrent enfin toutes les fables grâce à d'innombrables supports : dessins, gravures, peintures ou objets d'art. Bienvenue dans l'univers d'un de nos plus grands écrivains !

LA ROUTE TOURISTIQUE DU CHAMPAGNE

✆ 03 23 83 51 14
www.lesportesdelachampagne.com
contact@lesportesdelachampagne.com

Les routes touristiques du champagne, ce sont des circuits fléchés permettant de découvrir le vignoble champenois. Ils sont au nombre de cinq :

- **La Côte des Bars** : 220 km, au départ de Bar-sur-Seine ou de Bar-sur-Aube
- **La Côte des Blancs et les coteaux sud d'Épernay (coteaux du Sézannais)** : 100 km, au départ d'Épernay ou de Villenauxe-la-Grande.
- **Le massif de Saint-Thierry et la vallée de l'Ardre** : 70 km, au départ de Reims, sortie Tinqueux.
- **La montagne de Reims** : 70 km, au départ de Reims ou d'Épernay.
- **La vallée de la Marne** : 90 km, au départ de Château-Thierry, suivre la rive gauche de la Marne et une fois arrivé à Épernay, retour par la rive droite. On le sait peu, mais l'Aisne est un département réputé pour son champagne. Ce circuit est justement l'occasion de combler cette méconnaissance. Il vous mènera sur les terres de Jean de La Fontaine, au travers de charmants villages, et des haltes vous seront proposées chez les vignerons du coin afin de découvrir leurs méthodes de fabrication et leur savoir-faire. Parfois même, une dégustation vous sera proposée.

VESTIGES DU CHÂTEAU MÉDIÉVAL

Cours Renan
Rue du Château
✆ 03 23 83 51 14
www.lesportesdelachampagne.com

Site ouvert toute l'année. Fermé l'été à 20h (18h en juin), et l'hiver à 17h. Entrée gratuite. Casteloscope (gratuit) ouvert en juillet-août uniquement, du mardi au dimanche de 14h à 18h. Les spectacles de rapaces sont payants. Animations.

Implanté au cœur de la cité des *Fables*, le Chasteau de Thierry est un des fleurons de ce qu'on appelle l'architecture défensive médiévale. Voilà plus de mille ans que cet impressionnant édifice domine la vallée de la Marne. Il possède les plus grandes cuisines médiévales d'Europe que vous pourrez visiter en 3D, grâce à une application de réalité augmentée. Le parc arboré de plus de 2 hectares est ouvert toute l'année et propose une grande variété de roses. Vous pourrez également assister à un spectacle de fauconnerie (d'avril à septembre) qui ravira petits et grands.

Le couvert

L'ADRESSE RIVE DROITE

7-9, rue Drugeon-Lecart
✆ 03 60 38 12 96
www.ladresserivedroite.eatbu.com
ladresse.rd@hotmail.fr

Ouvert le mardi, le mercredi, le vendredi et le samedi le midi et le soir ; le jeudi soir ; le dimanche midi. Menus de 27 € à 36 €. Carte : 13 € environ. Vin au verre. Accueil des groupes (jusqu'à 25 personnes). Terrasse. Soirées musicales.

Un cadre élégant, *cosy* et moderne. Le menu du jour présenté sur l'ardoise annonce une cuisine française traditionnelle aux notes locales. De même, la somptueuse carte des vins et ses plus de 70 références attirent inévitablement notre attention. Décidément, l'adresse est raffinée. Les plats sont généreusement servis, avec un réel souci de dressage. Les cuissons sont idéales et les saveurs fidèlement restituées.

LE SAINT-JEAN

5, place Jean-de-La-Fontaine
✆ 03 23 83 00 52
www.lesportesdelachampagne.com

Ouvert du mardi au samedi le midi et le soir ; le dimanche midi. Brasserie ouverte de 9h30 à 22h. Menus de 15,90 € à 16,90 € (servis le midi en semaine). Carte bien achalandée

servie le weekend et en soirée. Menu enfant : 7,80 €. Vin au verre. Salade copieuse et variée de 14 à 16 €.
Les amateurs de brasseries parisiennes seront ravis de retrouver un cadre convivial connu. L'ambiance est chaleureuse, même si parfois la salle peut se faire bruyante. Les gourmands seront heureux d'apprendre qu'ici les frites sont fraîches et servies sur planches, les gourmets, eux, se délecteront des traditions culinaires françaises servies au Saint-Jean : os à moelle grillé, onglet de bœuf, andouillette, rognons de veau pour les viandes ; mais le poisson n'est pas en reste : dos de cabillaud frais et noix de Saint-Jacques à la provençale feront saliver les plus exigeants. Bref, du goût, des ingrédients frais, des recettes fidèlement réalisées : du plaisir en somme !

Le gîte

BEST WESTERN HÔTEL ILE DE FRANCE***
60, rue Léon-Lhermitte
✆ 03 23 69 10 12
www.hotel-iledefrance.com
hotelidf@orange.fr

Ouvert toute l'année. Accueil 24h/24 (restaurant ouvert de 12h à 13h30 et de 19h à 21h). 38 chambres. Chambre double de 95 € à 115 € ; suite 150 €. Petit déjeuner : 13,90 €. Plusieurs coffrets intéressants sur le site Web. Wifi gratuit. Restauration (prix menus de 17.90 à 31.90 €. Possibilité de plats végans. Brunchs sur demande). Tv satellite, Canal +. Hammam, bain bouillonnant, sauna. Golf du Val Secret à proximité.
Vous serez ravi de découvrir ce très bel établissement disposant d'un panorama éblouissant sur la vallée de la Marne. 37 chambres (dont 5 suites) vous attendent dans cet hôtel idéalement excentré face aux vignobles de Champagne. De grands volumes clairs, meublés avec élégance et sobriété, signent l'identité des lieux. Le centre de bien-être propose piscine, spa, sauna, hammam, ainsi qu'une salle de remise en forme avec tout le confort indispensable. Le restaurant dispose d'une carte variée, traditionnelle ou végane le cas échéant. Une adresse de prestige.

Chambres d'hôtes

LE JARDIN DES FABLES
10, rue du Château
✆ 03 23 83 17 63
www.chambres-hotes-chateau-thierry.com
mariechambres@hotmail.fr

Ouvert toute l'année. Accueil jusqu'à 21h. 4 chambres (dont 1 suite). Chambre double de 87 € à 90 € ; suite à partir de 150 €. Petit déjeuner inclus (servi en terrasse quand le temps le permet). CB non acceptée. Chèque Vacances. Wifi gratuit. Service de ménage. Restauration.
Au centre de Château-Thierry, appréciez le charme de cette maison d'hôtes du XVIe siècle. La demeure, aux boiseries anciennes, a une jolie histoire : ici, vivait la petite-fille de Jean de la Fontaine. Chaque chambre a sa décoration propre et parfois étonnante, leurs noms en témoignent : Polonaise, Florentine, Marocaine. Le cadre est chaleureux, et l'on aime prendre du temps en ces lieux avant de profiter du musée Jean de la Fontaine, non loin de là. Le salon et le bureau bibliothèque à votre disposition seront également d'agréables refuges pour les longues soirées d'hiver. Le jardin fleuri sera le partenaire idéal de vos séjours farniente, l'été.

Dans les environs

Barzy-sur-Marne

CHAMPAGNE LÉVÊQUE DEHAN
2, rue des Lilas
Marcilly
✆ 03 23 70 32 41
www.champagne-leveque-dehan.fr
champagne.leveque@wanadoo.fr
Ouvert tous les jours. Samedi, dimanche, et jours fériés sur rendez-vous. Musée avec capacité d'accueil jusqu'à 55 personnes. Sur réservation.
Cela fait cinq générations que cette belle maison de champagne cultive le pinot meunier, le pinot noir et le chardonnay. Son vignoble s'étend sur plusieurs communes viticoles de la vallée de la Marne. Grâce au développement de leur fabuleux « Espace Sensoriel », unique en Champagne, Nadine et Eric vous feront découvrir le champagne, son histoire, son élaboration et la culture de la vigne au travers d'une vidéo explicative de 15 min projetée au sein de leur musée. Vous aurez également la chance de visiter un pressoir traditionnel champenois, et bien entendu, de participer à une agréable dégustation de leurs vins.
Egalement membres de l'Association Les Ambassadeurs du Terroir et du Tourisme en Vallée de Marne, ils participent très régulièrement, avec ferveur et passion, à bon nombre de manifestations oenotouristiques et oenoculturelles pour faire découvrir leur amour du métier et leur goût de l'innovation aux visiteurs.
Cerise sur le gâteau, le couple s'est également vu décerner en 2018, le Prix Pierre Cheval dans la catégorie « Professionnels du Champagne ».
Petit tour d'horizon de leurs gammes :
- Brut et Demi-Sec Adret : 2 vins à la robe or vert presque cristalline
- Extra Brut Adret : un vin faiblement dosé et minéral
- Brut Ulbac : un vin intensément fruité, l'emblème du style de la maison
- Brut Blanc de Blancs aux notes d'agrumes et de poires
- Brut Rosé : un vin intense à la bouche remarquable
- Brut Millésime : une délicieuse robe ambrée aux fragrances de fruits secs et pistache
- Brut Cuvée Lucien Dehan : une magnifique robe or pâle et des arômes épicés pour rendre hommage à un des piliers fondateurs de la maison

Ainsi qu'un ratafia à la bouche riche et équilibrée. Chacun y trouvera forcément son compte !

Belleau

■ MUSÉE DE LA MÉMOIRE DE BELLEAU 1914-1918 ★
Place du Général-Pershing
✆ 03 23 82 03 63
belleauwood@lesportesdelachampagne.com
Du 8 mai au 1er novembre : du jeudi au lundi de 10h30 à 12h30 et de 13h30 à 18h. Gratuit. Animations.
Depuis mai 2008, le musée honore la mémoire des Marines qui ont combattu au Bois Belleau en juin 1918. Muséographiés par La Maison du Tourisme Les Portes de Champagne, les espaces proposent des expositions permanentes et temporaires, toujours en lien avec la Première Guerre Mondiale. Une boutique présente de nombreux ouvrages souvenirs. Enfin, la visite guidée (payante) dans le Bois Belleau vous exposera l'histoire de la célèbre bataille.

Brasles

■ LA GRANGE DE L'ABBAYE
Lieu-dit le Val Secret ✆ 09 70 35 85 38
www.lagrangedelabbaye.fr
restaurant_la_grange@orange.fr
♿
Réservation recommandée. Menus de 17 € à 27 €. Carte : 18 € environ. Menu enfant : 12,50 €. Vin au verre. Chèque Restaurant. Chaises bébé. Terrasse.
Au cœur du golf du Val Secret, ce restaurant pittoresque n'est pas réservé qu'aux sportifs. Et c'est tant mieux, car c'est un véritable plaisir de profiter de ce bel établissement au cadre rustique. La vaste salle en pierre, la terrasse et la verdure sont des atouts certains. La cuisine est traditionnelle, mais quelques touches originales créent toujours la surprise. Les noix de Saint-Jacques au champagne, l'émincé de volaille au curry, la côte de veau aux girolles se dégustent avec envie. Enfin, les différents buffets évoluent au fil du marché.

■ PARC DE LOISIRS EYSSARTIER
29, rue Paul-Doumer ✆ 03 23 69 03 06
Ouvert toute l'année. Gratuit. Activités payantes de mai à août.
6 ha, cela devrait suffire pour contenter toute la petite tribu ! D'autant plus que les activités proposées sont nombreuses pour s'amuser en famille. Le mur d'escalade, les terrains de sport, le parcours de santé, il y a de quoi se dépenser. Des aires de pique-nique permettent de prolonger le plaisir. Enfin, d'avril à septembre, de nouvelles possibilités sont offertes : châteaux gonflables et mini-golf pour tous ! Un moment agréable à passer en famille ou entre amis.

Condé-en-Brie

■ CHÂTEAU DES PRINCES DE CONDÉ, DE BOURBON ET DE SAVOIE ★
Demeure des Princes
4, rue du Château ✆ 03 23 82 42 25
www.chateaudeconde.fr
Ouvert d'avril à novembre, du mardi au dimanche de 14h30 à 17h30. Adulte 14 €, enfant de 5 à 12 ans 8 €, réduit 12 €. Possibilité de déjeuner ou dîner dans une salle du château, avec supplément. Visites guidées. Activités pour les enfants.
Chers amis visiteurs, en parcourant les pièces somptueuses du château de Condé, vous pénétrerez du même coup dans la grande Histoire qui vit naître, avec la personne de Louis Ier de Bourbon (1530-1569), la Maison des princes de Condé, de sang royal mais d'âme huguenote. De cette époque troublée date le logis, qui ne cessera au cours du temps (notamment au XVIIIe siècle) de croître et de s'embellir. Servandoni, Watteau, Oudry furent de ceux qui transfigurèrent la bâtisse. La visite s'achève par une chasse au trésor dans le parc, unissant le didactique au ludique.

■ LES HALLES
Place des Halles
Ouvert toute l'année. Gratuit.
Édifiée par Marie de Luxembourg, grand-mère du prince de Condé et du duc de Guise, entre les XVe et XVe siècles, et classée aux Monuments historiques en 1979, la halle abrite un marché campagnard le premier dimanche de chaque mois d'avril à octobre. D'aspect robuste, le toit imposant repose sur des colonnes corpulentes que l'on pourrait qualifier d'inspiration romaine. Une restauration de la charpente et la réfection de la toiture en tuiles plates ont récemment été mises en œuvre. Des travaux sur les piliers en pierre de taille sont également à signaler. À noter : l'ancienne mairie repose sur une partie de ce marché couvert. Un endroit plein de charme.

■ AUBERGE DE CONDÉ-EN-BRIE
1, espace de Sade
✆ 03 23 69 65 82
http://rfc-hotellerie.fr
reservation@rfc-hotellerie.fr
Ouvert du dimanche au mardi le midi de 12h à 14h ; du jeudi au samedi le midi de 12h à 14h et le soir de 19h à 22h. Menu unique à 45 €. Carte : 20 € environ. Menu enfant : 9,90 €. Hôtel.
C'est dans l'ancienne gare SNCF de Condé-en-Brie que cette auberge est installée. La famille El Maalouli a choisi de proposer une cuisine à la fois traditionnelle et inventive, mettant en avant les produits de saison et locaux. Et vous êtes ici en Brie, ce qui permet de découvrir les spécialités de ce terroir. Tout près des terres de Champagne et à deux pas du célèbre château de Condé, cet établissement est une halte agréable le temps d'un repas, que l'on peut aussi prolonger dans l'hôtel qui dispose de cinq chambres et de deux suites.

■ AUBERGE DE CONDÉ-EN-BRIE
1, espace de Sade
✆ 03 23 69 65 82
http://rfc-hotellerie.fr
reservation@rfc-hotellerie.fr
Chambre simple à partir de 70 € ; chambre double à partir de 80 € ; suite de 110 € à 142 €. Petit-déjeuner

entre 8 et 15 €. Blanchisserie et plateau repas ou snack sur demande.
Cette auberge, sise dans une ancienne gare, propose 7 chambres joliment décorées dont 2 suites. Cosy et douillettes, les chambres sont toutes très bien équipées : salle de bains privative, wifi, télévision écran plat. C'est le lieu idéal pour vous reposer au calme, que ce soit lors d'un week-end détente ou bien après une longue journée de labeur, notamment grâce à une literie de qualité. Les services : parking, sèche-cheveux ou lisseur, plateau repas ou snacks à la demande. Un restaurant à l'avenant vous propose une cuisine de tradition. Avant de vous installer à table, vous serez peut-être tenté par un cocktail au bar lounge de l'établissement. Un séjour apaisant.

LES CANARDISES DES 3 VALLÉES
2, rue du Cahot
✆ 03 23 82 74 96
www.canardises.fr
contact@canardises.fr
Ouvert du jeudi au samedi de 9h à 19h. Ouvert les autres jours sur rendez-vous. Ateliers de cuisine. Exemple de prix : Choucroute au confit de canard cuisiné au champagne (4 personnes) : 18 €.
Depuis 1995 chez Fanny et Bertrand Fagot, vous trouvez le canard sous toutes les formes possibles et imaginables : en foie gras, en magret, confit, ou en plat cuisiné. Le tout préparé maison avec un savoir-faire reconnu. La maison est d'ailleurs devenue une référence sur le secteur. En boutique, une seule envie tenaille : se mettre à table et goûter tous ces divins mets. A noter, chaque année (en juin et décembre), le couple organise des portes ouvertes et propose une visite unique dans les coulisses de son exploitation. Une exploitation qui vaut le détour pour la qualité des produits et l'accueil.

Essômes-sur-Marne

ABBATIALE SAINT-FERREOL ★
Place Saint-Ferréol
✆ 06 08 68 69 52
www.abbatiale.org
saint.ferreol@abbatiale.org
Ouvert tous les samedis de fin avril à mi-septembre (journées du patrimoine) ou sur réservation par téléphone. Gratuit. Visite guidée (pour les groupes réservation par simple appel téléphonique). Concerts, festivals, expositions temporaires.
Édifiée dans la première moitié du XIIIe siècle, dans le pur style gothique, l'église mérite le détour. Le chœur et le transept s'élèvent majestueusement sur trois niveaux. Un point remarquable : les 38 stalles en chêne pourvues de dorsaux sculptés dans le style Renaissance, des sujets symboliques y sont représentés avec des scènes de vie profane. Les imposantes corbeilles des piliers de la nef et du transept, les tombeaux de deux abbés sont autant de points sur lesquels s'attarder. A noter : le splendide tableau intitulé *La Colère de Noé*. Visites, expositions, rencontres, projections et festivals sont régulièrement organisés par l'Association pour la Sauvegarde de l'Abbatiale d'Essômes.

CHÂTEAU DE LA MARJOLAINE
27, hameau d'Aulnois
✆ 03 23 69 77 80
www.chateaumarjolaine.com
info@chateaumarjolaine.com
Logis. Ouvert le lundi et du jeudi au samedi de 12h à 13h30 et de 19h à 20h15 ; le mercredi de 19h à 20h15 ; le dimanche de 12h à 13h30. Réservation impérative. Menus de 18 € à 54 € (menus 18,24, 40 et 54€). Carte : 25 € environ. Menu enfant : 16 €. Formule du midi : 18 € (formule proposée en semaine midi et soir (sauf vendredi uniquement le midi)). Vin au verre. Bar à Champagne. Hôtel Logis de France 4 cheminées.
Niché au cœur d'un parc arboré, entre rivière et vignes, ce restaurant au cadre somptueux vous accueille tous les jours de la semaine, midi et soir. Le chef Bruno Declercq vous propose une cuisine gastronomique goûteuse élaborée de préférence avec des produits frais originaires du terroir. L'art culinaire traditionnel français y est orchestré avec classe et rigueur pour le plus grand plaisir des gourmets. La carte s'adapte au fil des saisons et varie selon l'inspiration du chef. Un bar à champagne vous sert à la coupe, vous permettant ainsi de découvrir les crus locaux. Un cadre accueillant, un personnel avenant, des mets raffinés, bref, un établissement de grand standing. L'établissement de charme, classé Logis de France, propose également 5 chambres, dont 2 suites, qui raviront les voyageurs en quête d'apaisement. Entre le parc arboré, la piscine extérieure chauffée, les vélos mis à disposition gratuitement, la qualité d'équipement des chambres meublées avec goût, et le personnel aux petits soins, tout, vraiment tout, est pensé pour vous mener sur le chemin délicieux de la détente.

Viels-Maisons

LES JARDINS DE VIELS-MAISONS
11, place du Marché
✆ 03 23 82 62 53
www.jardins-vielsmaisons.net
bertrande.deladoucette@wanadoo.fr
Jardin remarquable. Ouverts du 1er week-end de juin au 3ème week-end de septembre de 14h à 18h, sauf mercredi et jeudi. Fermé du 1er au 15 août. Gratuit jusqu'à 15 ans. Adulte : 8 €. Groupe (20 personnes) : 6 € (sur réservation, les matins, mercredis et jeudis du 15 mai au 15 octobre). Balade audio ludique gratuite sur www.audio-guide-aisne.com. Visite audio-guide. Boutique.
Certains artistes parviennent, avec leur grain de folie, à réenchanter le quotidien. C'est le cas de Sonja Gauron, architecte-paysagiste, qui à la demande de Bertrande de Ladoucette a dessiné avec audace les jardins de Viels-Maisons. Difficile de choisir laquelle des différentes compositions interpelle le plus, tant l'ensemble est homogène et harmonieux. Il est de loin préférable de se laisser aller à la flânerie. Si on devait malgré tout en sélectionner un, le jardin romantique, qui n'est pas sans rappeler sous un certain angle son homologue de Giverny, aurait toutes ses chances. Le parc dessiné au XVIIe siècle qui entoure les jardins est lui aussi somptueux, tout comme les quelques monuments qui ponctuent le site, installé au chevet d'une église romane du XIe siècle.

LE CHEMIN DES DAMES

Ne vous fiez pas au calme imperturbable de ces collines verdoyantes, il y règne un silence assourdissant. Le regard scruté vers l'horizon, les cris résonnent aux oreilles du visiteur et les balles sifflent. Emprunter le chemin des Dames, c'est entamer une plongée éprouvante dans l'Histoire. Ainsi nommé parce qu'il était emprunté par Adélaïde et Victoire, filles du roi Louis XV, pour rejoindre le château de la Bove, cette crête de 30 kilomètres culminant à 200 mètres sur la vallée de l'Aisne et de l'Ailette fut à plusieurs reprises le théâtre de combats sanglants. En 57 av. J.-C. déjà, quand les légions de César y écrasèrent les populations de la Gaule du Nord. En 486, lorsque le dernier gouverneur romain, Syagrius, y est défait aux environs de Soissons par un jeune chef franc nommé... Clovis. Aujourd'hui reste dans les mémoires la débâcle sanglante du 16 avril 1917, jour où pour venir à bout d'une guerre de position interminable, Nivelle lance une opération suicidaire qui entraîne des pertes considérables. Du fort de Malmaison au plateau de Californie, on en apprend toujours un peu plus sur la destinée tragique de ces collines. Un chiffre reste à jamais gravé dans les mémoires : six cent mille. C'est le nombre de soldats français, allemands, britanniques, américains et italiens qui sont tombés sur les flancs de ces collines au cours des quatre années de conflit. Seulement la moitié d'entre eux a pu être identifiée.

VISITES GUIDEES ET PARCOURS

Chemin des Dames – RD 18 CD
OULCHES-LA-VALLÉE-FOULON
✆ 03 23 25 14 18
www.chemindesdames.fr – caverne@aisne.fr

Durée des visites de 2 à 3h. Gratuit jusqu'à 7 ans. Adulte : 8 €. Enfant (de 8 à 18 ans) : 8 €. Visite guidée. Boutique.

Des visites thématiques de durée variable sont proposées par l'équipe de la Caverne du Dragon. Elles démarrent systématiquement du centre d'accueil du visiteur du Chemin des Dames ; attention, les places sont limitées : la réservation s'avère indispensable. Les visiteurs seront surpris par la beauté presque onirique des alentours du plateau de Californie ; il leur sera sans doute difficile d'imaginer que, lors de la désastreuse offensive Nivelle de 1917, les coteaux et la plaine se couvrirent d'un bleu qui n'était pas celui des fleurs. Le panorama y est somptueux.

Points d'intérêt

L'ABBAYE DE VAUCLAIR ★

Étang des Moines
BOUCONVILLE-VAUCLAIR
A 1,8 km au sud du centre-village.

Accès libre. Gratuit.

Cette abbaye cistercienne du XIIe siècle fut régulièrement rongée par les guerres, mais ses vestiges restent impressionnants, comme le silence des lieux. Aujourd'hui en ruines, on peut tout de même parcourir la salle capitulaire, le réfectoire, des pans de forteresse et d'église, mais les fouilles ne sont pas achevées. L'édifice possède d'importantes richesses archéologiques exposées dans l'enceinte de la salle de documentation. Son jardin de plantes médicinales, qui marque l'emplacement de l'ancienne infirmerie monastique, permet de découvrir plus de 200 espèces de plantes aux vertus bienfaisantes. A découvrir également : un verger conservatoire de variétés fruitières tout près de l'abbaye.

LE MONUMENT DES MARIE-LOUISE ET LA FERME D'HURTEBISE ★

Chemin des Dames
BOUCONVILLE-VAUCLAIR
www.picardie1418.com
Croisement de la D18 CD et de la D886.

Ouvert toute l'année. Gratuit.

Le monument des Marie-Louise se situe face à la ferme d'Hurtebise, sur le Chemin des Dames. C'est en ce lieu que le 7 mars 1914 s'est tenue une commémoration du centième anniversaire de la bataille de Craonne, remportée par Napoléon Ier. Durant la Première Guerre mondiale, la ferme fut totalement détruite. Le monument actuel, érigé en 1927, commémore à la fois les soldats de l'Empire et les poilus de la guerre 1914-1918 : il est constitué des représentations d'un soldat de l'Empire et d'un poilu. Signalons enfin que « Marie-Louise » était le nom donné aux jeunes soldats de l'empereur, en hommage à l'impératrice.

MONUMENT DES BASQUES ★

Chemin des Dames
D18 – CRAONNELLE
www.memorial-chemindesdames.fr
En bordure de la D18 entre Oulches-la-Vallée-Foulon et Craonnelle.

Accès libre 24h/24. Gratuit.

Érigé en 1928 en mémoire des soldats du Sud-Ouest qui composaient la 36e Division d'Infanterie, le monument du sculpteur Claude Grange est à voir, car il est original. En effet, l'identité basque de ces combattants venus de Mont-de-Marsan, Pau, Bayonne et Targes est soulignée par un paysan portant béret et costume traditionnel. L'homme tourne alors le dos au champ de bataille, en direction du pays natal. Une représentation étonnante qui va à l'encontre de l'« héroïsation » militaire d'alors.

CAVERNE DU DRAGON – MUSÉE DU CHEMIN DES DAMES ★★

Chemin des Dames
OULCHES-LA-VALLÉE-FOULON
✆ 03 23 25 14 18
www.chemindesdames.fr – caverne@aisne.fr
♿

Ouvert toute l'année. Visite guidée, départs d'avril à mi-novembre tous les jours de 10h à 16h30 (départs toutes les 30 minutes, durée 1h15 env.) ; de mi janvier à fin mars et de mi-novembre à mi-décembre visites uniquement pour les groupes sur réservation, de 10h à 15h30. Prévoir un vêtement chaud en toutes saisons, la température dans la caverne oscille entre 12 et 13 °C. Adulte : 9 € (réduit : 4,50 €). Accueil enfants. Visite guidée.

L'un des plus importants mémoriaux de la guerre 1914-1918... Le 25 et le 26 janvier 1915, les Allemands lancent une offensive et s'emparent de la grotte du Dragon, l'une des positions françaises les plus importantes. Ils y aménagent une caserne souterraine avec des postes de tir, un hôpital et des dortoirs où ils se maintiendront pendant plus de deux ans. Aujourd'hui réaménagée en musée, la Drachenhöle ouvre ses entrailles souterraines aux visiteurs. Le 4 mai 2019 a été inauguré le Centre d'Accueil du Visiteur du Chemin des Dames, entièrement dédié à l'interprétation de l'histoire, de la géographie et de la mémoire du Chemin des Dames. Désormais, le visiteur découvre une Caverne du Dragon parée d'un équipement ultra moderne. Le département de l'Aisne a souhaité mettre en valeur ce site historique, encadré d'un panorama exceptionnel, et d'où la vue, par les baies vitrées, sur la vallée de l'Aisne est imprenable. Venez découvrir les conditions de vie et d'hygiène quotidienne dans ce refuge insolite où les troupes allemandes et françaises cohabitèrent de la mi-septembre au 2 novembre 1917, séparées par un mur "frontière" symbolique.

Le couvert

■ CREPERIE LE TRISKELL
5, rue de Moulins
BOURG-ET-COMIN
✆ 03 23 25 87 52
Maître Restaurateur. Ouvert tous les jours et les jours fériés le midi et le soir. Sauf les 24,25 et 31 décembre et le 1er janvier. Carte : 15 € environ. Menu enfant : 7,50 €. Formule du midi : 15 € (seulement en semaine). Accueil des groupes. Chaises bébé. Terrasse. Organisation de goûters d'anniversaire.
Un cadre rustique, le plaisir d'une cheminée qui crépite... Même si la décoration reste simple, le charme opère. Ici, la bonne humeur règne et l'accueil est fort sympathique. Dans l'assiette, les saveurs sont bien au rendez-vous avec des galettes réussies et gourmandes. Le lieu idéal pour découvrir, si ce n'est déjà fait, la célèbre ficelle picarde. Vous n'aimez pas les crêpes ? Pas de souci, la carte propose d'autres plats : entrecôte, filet de bœuf, andouillette, etc. Une adresse sans artifices, qui mérite une halte.

Dans les environs

Chamouille

■ CENTER PARCS LE LAC D'AILETTE
1, parc nautique de L'Ailette
✆ 03 23 25 00 00
www.centerparcs.fr
callcenter.la@groupepvcp.com
Ouvert toute l'année. Parking 8€. 800 logements. Location à la nuitée, week-end, mid-week et semaine. Tarifs variables en fonction de la durée du séjour, du cottage et des options choisies, du nombre de personnes et de la saison. Tarif journée : 0-2 ans gratuit, 3-12 ans 21 €, 13 ans et plus 29 €. Jeux pour enfants. Animaux acceptés (payant). Restauration. Vente. Hammam, bain bouillonnant, sauna. Piscine à vagues, rivière sauvage, arbre à eau, plage de sable fin...
A 1h30 de Paris, près de Laon, le Center Parcs du lac d'Ailette est le troisième village de la marque en France. Il a rouvert ses portes en février 2019 après rénovation. Si les Center Parcs sont une référence pour les escapades dépaysantes de quelques jours, saviez-vous qu'il est également possible de s'y rendre le temps d'une journée ou même d'une soirée ? À vous alors un moment de détente dans l'Aqua Mundo, grand espace aquatique qui offre des activités en intérieur et en extérieur, dans les nombreux espaces récréatifs pensés pour les enfants (mini-ferme, poney-club, aire de jeux intérieure...), les cinq restaurants, les boutiques et les très nombreuses activités sportives, de loisirs et de bien-être, ou même encore sur la plage de sable fin en été. Si vous décidez d'un séjour prolongé, vous profiterez de cottages de différents niveaux de confort dont une partie a vue sur le lac.

■ HÔTEL DU GOLF DE L'AILETTE****
The Originals Hotels
23, rue du Chemin-des-Dames
✆ 03 23 24 84 85
www.ailette.fr/fr/hotel-spa-golf-reims
hotelrestaurant@ailette.fr
Ouvert toute l'année. 58 chambres. Chambre double de 79 € à 159 €. Petit déjeuner buffet ou en chambre : 16 € (18 € en chambre). Lit supplémentaire : 20 €. American Express, Chèque Vacances. Séminaires. Wifi gratuit. Service de ménage. Restauration. Tv satellite, Canal +. Bain bouillonnant. Ping pong/ modelages.
Les personnes habituées au confort des grands hôtels ne seront pas dépaysées à l'hôtel du golf de l'Ailette, qui joue en effet dans la cour des grands avec ses 58 chambres confortables (disposant toutes d'une baignoire et d'un balcon), son restaurant à la cuisine traditionnelle goûteuse, sa belle piscine extérieure chauffée, ou encore sa magnifique terrasse qui offre un panorama exceptionnel sur le lac. Un repos assuré, à quelques minutes du golf de l'Ailette.

Monampteuil

■ AXO'PLAGE
Lieu-dit Le Moulinet
✆ 03 23 80 92 41
www.axoplage.fr
axoplage@ailette.org
Fermé du 1er octobre au 31 mars. Avril, mai : de 10h à 19h.Juin : de 10h à 19h. Juillet, août : de10h à 20h. Septembre : de 10h à 19h. Tarif variable en fonction de la période et de l'activité choisie. Consulter le site web ou appeler. Restauration.
Bienvenue dans ce vaste espace de nature où le sport et les loisirs sont rois. Sur 40 ha, vous trouverez toujours de quoi vous amuser. La plage de 300 m de long sera une première étape idéale, tandis que les enfants profitent des nombreuses aires de jeux. Devant vous s'étend le lac de Monampteuil, creusé sur une surface de 30 ha. Un petit tour à l'eau s'impose ! D'autres installations restent à la disposition des plus frileux : basket, football, beach-volley, pétanque, parcours santé, mini-golf, etc. On apprécie aussi les séances de cinéma en plein air, organisées durant l'été. Enfin, vous pourrez même utiliser les espaces de barbecue pour prolonger la fête. Une sortie idéale en famille.

LA FERME DU CHÂTEAU

21, rue de la Chaussée-Romaine
✆ 03 23 23 48 49
www.la-ferme-du-chateau.fr
fermeduchateau-monampteuil@orange.fr

Ouvert toute l'année. 24 chambres (un certain nombre avec adaptations aux divers handicaps). Chambre double à partir de 59 € ; chambre triple à partir de 85 €. Pension complète. Demi-pension. Petit déjeuner : 8,50 € (6 € pour les moins de 12 ans). Location de 6 chalets familiaux dont 3 accessibles aux personnes à mobilité réduite. Location chalet : 2 nuits minimum : tarif basse-saison : 160 euros week-end. Label Tourisme & Handicap. Reseau Vacaf et établissement éco-responsable. Club enfants. Jeux pour enfants. Animaux acceptés (uniquement chiens guides). Séminaires. Wifi gratuit. Restauration (16 € / adulte et 9 € – 12 ans entrée, plat, dessert). Hammam, bain bouillonnant, sauna. Animations. Vélos électrique / massages et soins du corps.

Située entre Laon et Soissons, la Ferme du Château, maison familiale de vacances, vous accueille au cœur de son écrin délicieusement bucolique. Que ce soit pour un week-end, un séjour prolongé, pour la découverte du patrimoine ou encore pour les vacances, c'est le lieu privilégié pour vous partager entre relaxation, farniente et excursions dans un pays axonais riche d'un passé tumultueux. Que ce soit à pied ou encore en vélo électrique, les charmants abords du lac de Monampteuil vous permettent de longues promenades apaisantes. Au retour, piscine intérieure, sauna, hammam, jeux pour les enfants et repas vous attendent. Tranquille... Vous avez le temps.

Orgeval

LES VENDANGEOIRS D'ORGEVAL

13, Grande-Rue ✆ 06 19 64 93 86
www.vendangeoirs-orgeval-picardie.com
vendangeoir.orgeval@netcourrier.com

2 Chambres d'hôte : 85 €/nuit pour 2 personnes petit déjeûner inclus. Table d'hôte : sur réservation : 30 € par personne (entrée, plat, dessert, vin). Gite en haute saison : juillet et août (réservation du samedi au samedi) semaine : 950 € / moyenne saison : juin, septembre et vacances scolaires : semaine : 850 € / Week-end (du vendredi soir au dimanche soir) : 450 € / Basse saison : 750 € la semaine.

Posé à flanc d'un coteau boisé, cet ancien vendangeoir du XVIIIe siècle est aujourd'hui une élégante demeure classée à l'Inventaire supplémentaire des Monuments historiques à laquelle on accède par un escalier à double révolution. Le jardin à l'italienne se dessine sur trois terrasses en étages dont la composition florale décline des couleurs pastel. Chaque année, la propriétaire change les plantes de place, en sème de nouvelles et offre aux visiteurs conquis un jardin nouveau surprenant de douceur. Un travail sur les couleurs lui a permis d'obtenir des dégradés de roses, de blancs et de bleus qui font de ce petit éden de 2 500 m², un jardin harmonieux et apaisant. Amoureuse des roses, elle a planté plus de 200 rosiers anciens qui embaument l'espace clos de ce jardin d'un délicat parfum. On rêve aussi parmi plus d'une centaine de clématites, de nombreuses plantes vivaces, des iris et des boules de buis. Après cette promenade, il n'est pas désagréable de se prélasser dans des fauteuils de jardin en fer forgé garnis de confortables coussins, et d'admirer l'ensemble coloré qu'offre le domaine. A gauche du vendangeoir, les écuries abritent les deux chambres d'hôtes où vous pourrez prolonger votre séjour à Orgeval.

Pargny-Filain

MA BELLE PROVENCE

2, route Du Lac ✆ 03 23 22 75 97
www.restaurant-aisne-gastronomique.com
klecha.stephane@neuf.fr

Maître Restaurateur. Le restaurant est ouvert du mardi midi au dimanche soir de 11h30 à 15h et de 18h30 à minuit (horaires de service : de 12h à 14h et de 19h à 21h). Menus de 26,50 € à 33,50 €. Carte : 18 € environ. Menu enfant : 10 € (autre formule enfant à 7 €).

Un des plus belles étapes gourmandes du secteur ! Ma Belle Provence est une déclaration d'amour à la cuisine du sud de la France... Cependant, pas de sectarisme à la carte, et si l'on y trouve bien quelques compositions qui sentent le soleil (salade de chèvre de Provence, marmite de queues d'écrevisses à la provençale, etc.), on y goûte tout autant un pavé de brie chaud pané ou encore un véritable ris de veau périgourdin. Le restaurant prépare également ses foies gras et ses saumons fumés maison, qu'il est possible de commander 72 heures à l'avance.

COUCY-LE-CHÂTEAU

« Roi ne suis, ne prince, ne duc, ne comte aussi, suis sire de Coucy. » Enguerrand III (1182-1242) avait raison d'être si fier car il avait érigé le plus grand château médiéval jamais construit en Europe. Le donjon à lui seul en imposait : 54 m de hauteur pour un diamètre de 31 m (le donjon du Louvre logeait à l'intérieur avec ses modestes 30 m de hauteur pour un diamètre de 15,60 m !). D'où que l'on vienne, l'édifice imposait sa silhouette écrasante sur la vallée de l'Ailette. Situé à quinze kilomètres de Laon, Coucy est un village à la fois intime et ouvert sur le monde, un lieu résolument attachant. Après la découverte des tours et des portes fortifiées de la ville (dont la porte de Laon, un châtelet à elle seule, en restauration pour une dizaine d'années), le visiteur peut emprunter le chemin de ronde et constater la magie qui opère encore entre les pierres et les murailles. L'histoire de Coucy remonte à l'époque de Clovis. Le roi des Francs aurait proposé à saint Rémy, évêque de Soissons fort peu pourvu en terres, de lui offrir tout le territoire qu'il pourrait parcourir à cheval durant sa sieste : l'évêque érigea un château sur les terres gagnées, dont il ne reste nulle trace. L'actuelle forteresse ainsi que l'enceinte urbaine sont l'œuvre d'Enguerrand III, sire de Coucy.

Hélas, depuis le 27 mars 1917, date à laquelle l'armée allemande mina l'ensemble de l'édifice, il ne reste du rêve démesuré d'Enguerrand III qu'une ruine certes, mais encore impressionnante de majesté.

LES VISITES NOCTURNES

✆ 03 23 52 01 53

www.amvcc.com – communication@amvcc.com

Les 22,28 et 29 août 2020 ; les 4,5 et 19 septembre 2020 ; les 3 et 10 octobre 2020. Début de visite 20h30 (durée environ 3 heures). Adulte : 10 €. Enfant : 7,50 €. Visite guidée (places non limitées). Restauration (en fin de visite on vous sert la traditionnelle garbure (soupe)). Animations.

Vous me direz : « Encore une visite guidée ! ». Oui, certes, mais une visite guidée de cet acabit vous n'en ferez pas tous les jours ! Depuis le point de rendez-vous, au cœur de la vieille ville, vous voilà parti, sous la conduite d'un guide chevronné, pour une promenade d'un peu moins de 3 heures ! Au gré des divers arrêts nécessités par la richesse du site, vous rencontrerez des gens un peu bizarres, semblant tout droit sortis des limbes du passé : trouvères, conteurs ou conteuses, chevaliers en arme, gentes dames et nobles sires, et peut-être même Enguerrand III le bâtisseur, ou son spectre ! Allez savoir ! La visite s'effectue à la lueur des torches et s'achève par une délicieuse garbure.

Points d'intérêt

VESTIGES DU CHÂTEAU DES SIRES DE COUCY ★

Rue du Château ✆ 03 23 52 71 28

coucy.monuments-nationaux.fr

Fermeture le 1er janvier, le 1er mai et le 25 décembre. De mai à début septembre, 10h-13h et 14h-18h30. De septembre au 30 avril, 10h-13h et 14h-17h30. Gratuit jusqu'à 25 ans. Adulte : 6 € (visite du château). Groupe (20 personnes) : 5 €. Tarif réduit : 5 €. Gratuit les 1ers dimanches du mois de novembre à mai. Visite guidée (sur réservation. Durée de 1h30 à 2h).

L'enceinte du château mesure 2 km et est constituée de remparts dessinant un trapèze, flanqué de quatre tours circulaires aux angles, véritables donjons mesurant 20 mètres de diamètre et s'élevant à 40 mètres du sol. Les courtines (de 3 mètres d'épaisseur) étaient aussi hautes que les tours. Des bâtiments résidentiels s'y adossent autour d'une cour centrale, au sud de laquelle faisait autrefois saillie du côté de l'attaque un gigantesque donjon cylindrique de 31 mètres de diamètre et de 54 mètres de hauteur, entièrement isolé du château par un profond fossé. L'ensemble fortifié de Coucy est l'œuvre d'Enguerrand III de Coucy, qui construit le château entre 1225 et 1245. Au XIVe siècle, Enguerrand VII aménage le château en un logis grandiose. À sa mort en 1396, Louis d'Orléans rachète l'ensemble du domaine. Mais c'est à la jalousie de Mazarin que l'on doit la dégradation rapide du site : sans autre forme de procès, toitures, portes et fenêtres ont été emportées, laissant le château à la merci des intempéries. Bien que consolidé par Viollet-le-Duc au XIXe siècle, il a subi les foudres de la Grande Guerre.

Le couvert

LA POMME D'OR

2, porte de Laon ✆ 03 23 52 69 70

www.restaurantlapommedor.com

contact@restaurantlapommedor.com

Ouvert du lundi au samedi le midi et le soir ; le dimanche midi. Brunch picard organisé sur réservation les weekends et jours fériés de 11h à 15h. Menus de 29,90 € à 42 € (2 menus au choix renouvelés tous les mois). Carte : 15 € environ. Menu enfant : 10 € (jusqu'à 10 ans). (formules du midi : 14,50 € et 19,90 €). Chèque Vacances, Chèque Restaurant. Terrasse. Salle panoramique avec vue sur la cité médiévale.

La Pomme d'Or est la nouvelle enseigne du restaurant de l'hôtel Bellevue. Une carte, renouvelée tous les mois, vous offre deux menus gastronomiques fort alléchants. La philosophie maison propose, je cite, « de découvrir des saveurs d'antan au présent », un joli challenge fort réussi. Les beaux jours revenus, vous pourrez, avec délice, aller vous asseoir à l'une des table de la terrasse ombragée pour y déguster crêpe, gaufre ou crème glacée. Les membres de l'équipe, aimables et souriants, vous y attendent déjà.

LE SAINT-NICOLAS

2, place du Marché

✆ 03 23 52 76 28

j.huvelle@wanadoo.fr

Ouvert toute l'année. Du mardi au dimanche le midi de 11h45 à 14h et le soir de 19h à 21h30. Fermé le lundi. Réservation recommandée. Menu complet 13 euros. Carte : 15 € environ (carte variée et profuse). Plat du jour : 9 €. Accueil des groupes. Terrasse. Vente à emporter.

Depuis le 1er novembre 2019, c'est un nouveau chef, Jean-Philippe Huvelle, qui vous accueille dans le cadre sympathique du Saint-Nicolas. Entouré d'une équipe familiale, il vous propose une carte alliant fraîcheur et qualité. Le sourire de l'accueil vous invite à choisir parmi une profusion de plats que l'on peut répartir en trois grandes familles : pizzas, galettes bretonnes et plats plus traditionnels. A noter, l'attention particulière du chef concernant les viandes (sélection et travail) et les desserts. Un excellent rapport qualité-prix au cœur de la vieille cité des sires de Coucy.

Le gîte

HÔTEL BELLEVUE

2, porte de Laon

✆ 03 23 52 69 70

www.hotel-bellevue-coucy.com

hotel.restaurant.belle.vue@wanadoo.fr

Logis. Ouvert toute l'année. Check in à partir de 17h. Parking privé et sécurisé. 9 chambres. Chambre double 68 €. Petit déjeuner : 10 € (service en chambre sur demande). Autres chambres : 75,80 et 95 € la nuit. Soirée étape 78€ (menu du jour+nuitée+petit déjeuner). Restauration (restaurant La Pomme d'Or attenant).

L'Hôtel Bellevue vous accueille au cœur de la cité médiévale de Coucy-le-Château, à deux pas de la Porte de Laon, l'ouvrage défensif le plus massif de la ceinture urbaine. L'établissement dispose de neuf chambres confortables, refaites récemment. Le bien-être reste l'idée essentielle. Les pièces sont spacieuses, décorées avec goût et chaleur, le mobilier et la literie sont à l'avenant. Le rapport qualité-prix est tout à fait équilibré, avec, ce qui ne gâche rien, un service de bonne facture. Le plus de l'hôtel : son restaurant La Pomme d'Or, juste à côté, pour ce que l'on nomme le gîte et le couvert.

Gîtes

LE GÎTE LA TOUR PREND GARDE****

Carole et Arnaud Barthélemy
5, rue du Gouverneur ✆ 06 30 02 00 93
www.gite-coucy-chateau.com
latourprendgarde@orange.fr

Gîtes de France (4 épis). Pour 8 personnes (4 chambres). Semaine haute saison : 760 €. Semaine basse saison : 620 €. Week-end : 440 €. Week-end plus : 490 €. Option ménage et linge de maison offert. Chauffage et jacuzzi intérieur en supplément. Jeux pour enfants. Service de ménage. 1 table de massage disponible avec modelage sur demande. Salon de jardin, lave-linge, sèche-linge, lave-vaisselle. Tv satellite. Bain bouillonnant.

« Cette maison est un appel à la méditation ». Un magnifique gîte, et encore une étape de choix à Coucy. En plein cœur du village, une belle bâtisse vous attend, avec son somptueux espace à vivre de 90 m², avec grande cheminée en pierres et de confortables canapés et fauteuils ; sa splendide salle à manger sous verrière, avec un étonnant mur végétal, pour des repas conviviaux ; sa cuisine tout équipée, pour les amateurs des plaisirs du palais ; et ses quatre belles chambres avec parquet disposant de grands lits doux et moelleux... Anis, Papillon, Violette ou Grise, choisissez la vôtre ! Et nous ne vous avons pas encore parlé des deux élégantes salles de bains, et de l'irrésistible jardin arboré et du spa ! En bref, vous l'aurez compris, on adore...

Dans les environs

Blérancourt

OFFICE DE TOURISME

7 bis, place de l'Hôtel-de-Ville
✆ 03 23 39 72 17
www.ot-blerancourt.com
tourisme.blerancourt@wanadoo.fr

Ouvert du lundi au samedi de 9h30 à 13h et de 13h30 à 17h.

La sympathique équipe de l'office de tourisme se tient à votre service pour trouver vos activités et services préférés dans le secteur de Blérancourt. Parmi les thématiques, de nombreuses idées de randonnées à pied ou à vélo, ainsi qu'un circuit spécifique « Sur les pas d'Ann Morgan », personnage hors du commun de la Première Guerre mondiale. Les amateurs d'histoire pourront également se renseigner au sujet d'autres personnages illustres originaires de la commune, tels que Tristan Rémy, Claude-Nicolas Le Cat, ou encore Louis Antoine de Saint-Just (sa maison est un musée qui lui est consacré), plus jeune député à la Convention, mort guillotiné le 28 juillet 1794 à l'âge de 27 ans.

HOSTELLERIE LE GRIFFON**

22, place du Général-Leclerc
✆ 03 23 39 23 39
hostellerie.legriffon@wanadoo.fr

Logis. Fermé en août. Fermé le dimanche soir. 11 chambres. Chambre simple 60 € ; chambre double 80 €. Demi-pension : 120 € (double). Petit déjeuner inclus. Tarif 2019. Animaux acceptés. Restauration (menus de 21 € à 45 € (tarif 2019)). Canal +.

Située dans des bâtiments construits en 1930 par Anne Morgan, l'Hostellerie arbore une superbe façade début de siècle garnie d'auvents bordeaux frappés de son sceau. Les chambres qui l'occupent sont équipées et décorées simplement. Quelques-unes bénéficient d'une vue privilégiée sur le parc voisin. L'établissement fait également restaurant et propose demi-pension et pension complète à prix modérés.

MUSÉE FRANCO-AMÉRICAIN DU CHÂTEAU DE BLÉRANCOURT

Château de Blérancourt
✆ 03 23 39 60 16
museefrancoamericain.fr
nformation.blerancourt@culture.gouv.fr

Ouvert du mercredi au lundi de 10h à 12h30 et de 14h à 17h30. Fermé les 1er janvier, 1er mai et 25 décembre. Les

Château de Blérancourt, qui abrite aujourd'hui le Musée.

jardins du Nouveau monde sont ouverts tous les jours de 8h à 19h. Adulte : 6 € (+ 2 € en période d'exposition temporaire). Groupe : 5,50 €. Audioguide 1 €.
Edifié au XVIIe siècle, ce château vit séjourner en ses murs la reine Marie de Médicis, le roi Henri IV et le cardinal de Richelieu. Ce prototype du château du Luxembourg fut choisi en 1917 par Anne Morgan, bienfaitrice américaine, comme quartier général des ambulanciers volontaires américains. Aujourd'hui classé par les Monuments historiques, il abrite de nombreuses collections historiques et artistiques évoquant les relations entre la France et les Etats-Unis depuis la guerre d'Indépendance jusqu'à nos jours. Il accueille également des œuvres d'artistes originaires d'outre-Atlantique.

Champs

LA FERME DES MICHETTES

Lieu-dit les Michettes
✆ 03 23 52 77 26
www.lesmichettes.com
contact@lesmichettes.com
Du mercredi au dimanche le midi. Réservation recommandée. Menu à volonté : 34 € en semaine, 35 € le week-end et les jours fériés, avec l'après-midi dansant. Accueil des groupes (salle d'une capacité de 250 personnes). Animations.
Voilà un établissement fait pour les amoureux des restaurants chaleureux et conviviaux. Ici, depuis 1989, le terroir est à l'honneur et tout est réalisé par le chef et sa famille. Les canapés paysans, les terrines, le fabuleux cochon à la broche, il y a toujours de quoi régaler les gourmands avec une formule à volonté. On aime voir la préparation des produits devant nous et la cuisson au four à bois. L'après-midi, le restaurant se transforme en guinguette. Musette, rock, twist, années 80, que d'animations ! Convivialité, détente, décidément, une ambiance que l'on ne retrouve nulle part ailleurs !

Chauny ★

LA CANTINA

3, impasse Fouquet
✆ 03 64 14 55 96
lacantina02@yahoo.com
♿
Ouvert toute l'année. Du mardi au vendredi le midi de 12h à 13h30 et le soir de 19h à 21h30 ; le samedi de 19h à 22h. Réservation recommandée. Carte : 13 € environ. Menu enfant : 7 €. Formule du midi : 13,50 € (entrée+plat ou plat+dessert). Vin au verre. Plat du jour le midi : 10.90 euros. Terrasse estivale 50 places.
Dans un cadre original et chaleureux, à deux pas de la place du Marché Couvert, Gilles et son équipe vous accueillent avec le sourire à La Cantina, et ce depuis le 16 juillet 2019. Ici, le service se décline en diverses spécialités : bar à cocktails généreux et inventifs (cocktails maison), bar à tapas, et, bien entendu, cuisine d'origine basque espagnole. Entre autres plats typiques : l'axoa de veau ou la gardiane de taureau, et bien d'autres encore, tout aussi goûteux. En résumé, une cuisine savoureuse, douce ou piquante comme le piment (emblème du restaurant) servie dans la bonne humeur et la simplicité. Une belle adresse.

Chauny, ville Art Déco

La ville de Chauny, tout comme sa grande sœur Saint-Quentin, fut presque totalement anéantie suite au premier conflit mondial. Sa reconstruction eut ceci de remarquable qu'elle fut la première à bénéficier d'un plan d'aménagement et d'embellissement suite à un concours remporté par l'architecte Louis Rey.
Au gré d'une promenade dans les rues de la cité, il pourra être intéressant de découvrir les multiples visages pris par l'Art déco : béton moulé, verre, mosaïques, ferronneries. Toute l'âme architecturale de la ville est représentative de ce courant, que ce soit sa gare, son hôtel de ville, sa place du marché couvert et sa halle reconstruite sur son emplacement d'origine.
La ville a continué de s'embellir au fil des années, et si son pôle industriel d'importance a disparu, il continue de faire bon y vivre : ses 12 000 habitants peuvent en témoigner.
François Rabelais, dans son *Gargantua* (chapitre XXIV) écrit, à propos de Chauny :
« Allait veoir les bâteleurs (acrobates), trejectaires (jongleurs) et theriacleurs (charlatans), et considerait leurs gestes, leurs ruses, leurs sobressaux et beau parler, singuliérement de ceux de Chaunys en Picardie, car ils sont de nature grands jaseurs et beaux bailleurs de baillivernes en matière de singes verts ».

LES BISCUITS MADEMOISELLE

Boulevard de l'Univers
✆ 03 23 38 31 07
www.lesbiscuitsmademoiselle.com
contact@lesbiscuitsmademoiselle.com
Ouvert du mardi au vendredi de 14h à 18h ; le samedi de 10h à 17h. Vente en ligne.
Après avoir fait la joie des Saint-Quentinois pendant trois ans avec leur salon de thé, les Biscuits Mademoiselle ont déménagé à Chauny pour mieux se concentrer sur le développement de la biscuiterie artisanale. Sandra et Mathieu produisent à eux deux toutes les merveilleuses petites douceurs de leur jolie marque : meringues, scones, biscuits croustillants, cookies... chacune déclinée dans de multiples parfums qui rendront très difficile le choix des gourmands ! Fabriqués avec des ingrédients 100 % naturels et très souvent locaux, ces biscuits sont une petite pépite locale à découvrir. Une sélection de thés, infusions et rooibos est également proposée à la vente.

LE VOYAGE GOURMAND

✆ 06 16 26 85 24

levoyagegourmand02@gmail.com

Fermé du 24 décembre au 2 janvier. Ouvert du mardi au vendredi à partir de 19h (dernier service à 20h) ; le samedi à partir de 12h (dernier service à 12h30) et à partir de 19h (dernier service à 20h) ; le dimanche à partir de 12h (dernier service à 13h). Privatisable sur réservation. Réservation impérative. Choix entre 3 entrées 3 plats et 3 desserts. Carte : 30 € environ (hors boisson). Pour un enfant 1/2 part d'un adulte. Vin au verre. Chèques non acceptés. Accueil des groupes (privatisation sur réservation exclusivement).

« Si tu ne viens pas à la gastronomie, c'est la gastronomie qui viendra à toi » : ce pourrait être la devise de Marlyse et d'Anthony, tout sourire, qui vous proposent, sérieusement, de venir déguster un menu de qualité dans un... bus ! Un bus de grand tourisme, tout de même, réaménagé en salle de restaurant itinérante, au gré des villages qui les ont acceptés. Le concept et la réalisation sont originaux et les 14 places vite comblées : réservation impérative. A bord, Anthony est en salle et Marlyse au piano. La carte évolue vite car les maîtres mots de leur cuisine sont : fraîcheur, produits locaux et de saison. Le résultat est simplement savoureux et le succès amplement mérité.

Danizy

DOMAINE LE PARC

Rue du Quesny

✆ 03 23 56 55 23

www.domaineleparc.com

contact@domaineleparc.fr

Ouvert toute l'année. Accueil à partir de 15h. 5 chambres. Chambre double de 75 € à 95 €. Petit déjeuner inclus. Wifi. Restauration (repas Menu des Gourmets servi le soir : 39.50 € (réservation 24h à l'avance)). Jardin d'hiver. Tv satellite. Air conditionné.

Jedy et Damien vous accueillent dans leur belle demeure du XVIIIe siècle surplombant la vallée de l'Oise et entourée d'un parc boisé de 5 hectares. La décoration est d'époque, ce qui fait tout le charme de l'étape. Les cinq chambres sont spacieuses et confortablement équipées. Pour le dîner, Damien cuisine des petits plats sans cesse renouvelés en fonction des produits de saison. Enfin, le petit déjeuner inclus permet de prolonger le plaisir de l'étape en admirant le paysage depuis la terrasse l'été, ou bien au chaud près de la cheminée l'hiver.

La Fère

MUSEE JEANNE D'ABOVILLE ★

5, rue du Général-De-Gaulle

✆ 03 23 56 71 91

http://mjaboville-lafere.fr

mjaboville@gmail.com

Ouvert le lundi et du mercredi au samedi de 14h à 17h30 (dernière visite à 17h). Quelques fermetures ponctuelles au cours de l'année (consultables sur la page actualités du site). Ouvert le samedi matin de 10h à 12h de juin à septembre. Adulte : 4 €. Groupe (10 personnes) : 3 €. Visite guidée (sur réservation, sans supplément).

Ce petit musée héberge environ 400 tableaux, dont de nombreuses œuvres du siècle d'or hollandais et de la Renaissance nordique. On peut également y admirer des tableaux italiens et français, tous réalisés entre le XVe et le XIXe siècle. Il y a donc de quoi voir, et de quoi découvrir. Vous pourrez apprécier entre autres de nombreuses natures mortes, ou encore une statue de l'Artilleur, qui autrefois se trouvait sur une pile du pont de l'Alma. Une section d'archéologie locale est également présentée.

Tergnier

MUSÉE DE LA RÉSISTANCE ET DE LA DÉPORTATION DE PICARDIE ★

5, place Carnégie

✆ 03 23 57 93 77

www.mrdp-picardie.com

museeresistance02@gmail.com

♿

Ouvert du mardi au samedi et de janvier à juin : 9h-12h et 14h-18h ; de juillet à août : 9h à 18h non stop ; de septembre à décembre : 9-12h et 14h-18h. Dimanche : ouvert du 1er avril au 30 septembre de 14h à 18h. Fermé les 1er mai, 1er novembre, 24 et 25 décembre, 31 décembre et 1er janvier. Gratuit jusqu'à 18 ans. Adulte : 5 €. Enfant (de 18 à 25 ans) : 1 €. Groupe (10 personnes) : 5 € (sur réservation). Label Tourisme & Handicap. Visite guidée (us sauf le dimanche et lundi). Boutique.

Installé dans un bâtiment classé, ce lieu doit son existence à la volonté d'anciens résistants et déportés. Il présente la guerre et ses implications dans la région au travers d'archives et d'une collection exceptionnelle d'objets rassemblés depuis plus de 20 ans (casques, fusils, uniformes, matériels de parachutages, traction Citroën et vêtements de déportés) avec comme fil directeur la Résistance et la déportation.

Dans la cour, sinistre reliquat de la guerre : un wagon ayant été utilisé pour le transport des déportés tout à côté d'un avion Beechcraft C45.

BASE NAUTIQUE DE LA FRETTE

Rue de la Prairie

✆ 03 23 40 21 20

Ouvert toute l'année. De 9h à 21h, selon les saisons. Baignades surveillées, du 1er mai au 30 septembre. Entrée : 4,40 € (hors saison gratuit). Enfant : 1 €. Gratuit hors saison.

Voici de quoi amuser toute la famille. Dans un environnement préservé, profitez des plaisirs de l'eau et de la nature. Le lac s'étale sur 32 hectares et permet de nombreuses activités comme la voile, le kayak, le canoë ou le dériveur. Bien entendu, la baignade est fortement conseillée. Un toboggan et de nombreux équipements font la joie des enfants. Des parcours pédestres sont également aménagés avec des aires de pique-nique. Un boulodrome, un terrain de beach-volley et un mini-golf complètent les équipements. Enfin, la pêche aux blancs et aux carnassiers peut être très fructueuse d'octobre à fin janvier.

FÈRE-EN-TARDENOIS ★

Établie au bord de l'Ourcq naissante, Fère-en-Tardenois était une importante station gauloise et gallo-romaine. Aujourd'hui réputée comme la ville natale de Camille Claudel, sculptrice et sœur de Paul Claudel, le poète et dramaturge né à Villeneuve-sur-Fère, le bourg présente un intérêt historique manifeste. Les vestiges du vieux château, l'un des premiers exemples de « châteaux-hôtels » en France, sont une étape incontournable pour les amoureux des fortifications. La halle au blé du XVIe siècle, au centre, servit d'hôpital militaire au cours de la Première Guerre mondiale.

Points d'intérêt

■ **CHÂTEAU DE FÈRE** ★
Route de Fismes
✆ 03 23 83 51 14
www.chateaudefere.com
reception@chateaudefere.com
Les ruines ne se visitent pas mais sont visibles de l'extérieur. Des visites guidées sont possibles sur rendez-vous avec l'Office de tourisme.
Cet édifice datant des XIIIe et XVIe siècles de style gothique et Renaissance est niché au cœur des bois, à trois kilomètres de Fère-en-Tardenois. Le château du XIIIe siècle se hisse sur une motte ceinturée d'un fossé profond. Sa construction débute en 1206 sous l'impulsion de Robert de Dreux et Anne de Braine. Il devient alors la première forteresse connue sans donjon. En 1514, il revient à François Ier qui en fait don en 1528 au connétable Anne de Montmorency. En 1529, son incroyable transformation commence. Sur le plateau est aménagée la basse-cour, bordée de nouveaux communs et d'une entrée dotée de trois pavillons. Vers 1555, l'architecte du connétable, Jean Bullant, crée un édifice original : il jette un pont en arches au-dessus du ravin séparant la basse-cour du château, qui a tout de la monumentalité romaine. La clef de l'arche centrale culmine à 17 mètres. Deux galeries longues de 60 mètres et larges de 3 mètres étaient superposées sur ces arches. Aujourd'hui, les aménagements du XVIe siècle ont presque totalement disparu, laissant surgir les ruines du château médiéval. Mais le pont-galerie Renaissance, découronné de ses superstructures, a heureusement subsisté. Quant aux communs, ils accueillent un hôtel cinq étoiles.

Le couvert

■ **AUX ARMES DE FÈRE**
6, rue des Marchands
✆ 03 23 82 29 59
aux-armes-de-fere@orange.fr
♿
Ouvert du lundi au samedi le midi ; le vendredi et le samedi le soir. Menus de 14,50 € à 22 €. Carte : 13 € environ. Formule du midi : 14,50 € (entrée+plat+dessert). Vin au verre. Chèque Restaurant. Accueil des groupes. Chaises bébé. Terrasse. Service Traiteur.
Situé à côté des halles, on s'installe dans une des deux salles de la maison. Tandis que Martine et Stéphanie s'activent au service, Dany est aux fourneaux et vous concocte une cuisine traditionnelle ou quelques excellentes grillades. A la carte également : œufs mimosa, salade niçoise, omelette aux champignons, pavé de kangourou, filet de truite aux amandes, mousse au chocolat, ainsi que de très nombreuses pizzas (dont la Féroise, à découvrir). Le rapport qualité-prix est délicieux.

Le gîte

LE NID DANS LES BRUYÈRES
37, rue du Château ✆ 03 23 82 71 22
www.leniddanslesbruyeres.fr
contact@leniddanslesbruyeres.fr
Fermé en janvier. Nuit pour 2 personnes petit déjeuner inclus : haute saison (avril à septembre) les week-end, veille de jour férié ou de pont et vendredi soir en juillet/août : 180 €, en semaine : 160 €. Basse saison (octobre à mars) le week-end, 160 €, en semaine : 130 €. Restauration (paniers repas de 20 à 40 € à réserver à l'avance).
Ici, de drôles d'habitations surgissent du sol. Et en cherchant un peu, des petites cachettes sont même enfouies dans la terre. La Comté chère à Tolkien trouve un formidable écho vivace dans l'Aisne. Les doux thèmes des Hobbits composés par Howard Shore semblent résonner dans la hutte de Bilbo. L'on se croirait plongé dans le long-métrage de Peter Jackson. Sensations incroyables : toucher du doigt un rêve de fan. Quel fin travail mené par Agathe, Christophe et Lionel. Le Seigneur des Anneaux vit en ces lieux magiques, mais d'autres maisonnettes excitent encore le palpitant. L'invraisemblable logis champignon et son toit-terrasse, les huttes perchées, la toute en douceur cachette Désirée, apportent la magie nécessaire à une nuitée à nulle autre pareille. Le paradis des fées !

Loisirs

■ **RANDONNÉES EN TARDENOIS**
✆ 03 23 83 51 14
www.randonner.fr
contact@aisne-tourisme.com
Gratuit. Randonnées à pieds ou à vélo.
Pour vous, nous avons sélectionné deux belles randonnées au départ de Fère-en-Tardenois dont il est possible de télécharger la fiche sur le site www.randonner.fr :

- **Le grés qui va boire.** La balade vous mènera jusque la forteresse de Nesles et à l'élégant château de Fère. Ce dernier aurait servi de modèle à l'édification de Chenonceaux.
- **L'Aisne à vélo : au pays des Claudel.** Au départ de la maison familiale des Claudel, vous descendrez vers les ruines du Val-Chrétien. Découvrez l'ancienne abbaye de l'ordre des Prémontrés. Enfin, rendez-vous aux roches de la Hottée du Diable, au spectacle saisissant !

Bonnes découvertes !

Emplettes

FOIE GRAS DE LONGPONT

Boucherie de la République
28, rue Carnot ✆ 03 23 82 20 77
scarre54@neuf.fr

Ouvert du mardi au samedi de 8h30 à 12h30 et de 15h à 19h30 ; le dimanche de 8h30 à 12h30.

Sébastien Carré est éleveur et producteur spécialisé dans la volaille haut de gamme (poulets de races anciennes). Il a d'ailleurs été récompensé tout récemment, lors du Salon de l'Agriculture 2020, d'une médaille d'or pour sa volaille fermière. Il est régulièrement primé pour ses préparations diverses et variées, mais l'une de ses grandes spécialités reste le foie gras pour lequel il a obtenu, en 2018, la médaille d'or au Concours général agricole. Les autres spécialités sont nombreuses et délicieuses : pâté de campagne fermier, médaillons, cous farcis, rillettes, saucisson de cheval (médaille d'or 2019 à Bordeaux). Vous ne saurez où donner de la tête face à l'offre pléthorique de ses vitrines. Vous pouvez passer commande par mail, par téléphone et même via Facebook.

Dans les environs

Coincy-l'Abbaye

LA HOTTÉE DU DIABLE

D310
www.jaimelaisne.com/fiche/detail/627
Sur la D310, entre Coincy et Bruyères-sur-Fère, en forêt.

Ouvert toute l'année. Gratuit. Qu'elle est donc cette chose qui se dessine devant vous ? Un colosse de grès ? Une baleine ? La visite de cet étonnant désordre rocheux, vous laissera sans voix. Laissez donc libre court à votre imagination. Sont-ce des personnages, des animaux qui captent l'attention du curieux promeneur ? Des scènes surréalistes qui ont d'ailleurs inspiré Camille et Paul Claudel. Mais le paysage alentour n'est pas en reste, avec son panorama unique sur Coincy et au-delà de Villeneuve-sur-Fère. Un moment enchanteur à s'offrir sans hésitation. Les amateurs d'escalade apprécieront aussi cette jolie balade.

Coulonges-Cohan

AUBERGE DE LA ROUE FLEURIE

8, rue de la Fontaine Terrière
✆ 03 23 69 43 02
www.aubergedelarouefleurie.fr
aubergedelarouefleurie@wanadoo.fr

Ouvert du jeudi au lundi le midi et le soir ; le mardi midi. Carte. Buffet à la belle saison. Menu enfant : 9 € (plat+dessert+boisson). Formule du midi : 14,50 € (entrée+plat+dessert (ou café)). Vin au verre. Samedi midi : 16.50€. Accueil des groupes (sur réservation. Organisation de soirées à thème. Soirées barbecue à la belle saison sur réservation). Jardin. Terrasse. Animations. Location de salle de réception.

Charly étant aux fourneaux, c'est Richard qui vous accueille avec deux particularités : une amabilité souriante et un léger accent du Sud-Ouest. Ce qui fait le charme de la maison (en plus de l'accent !) c'est à la fois sa simplicité de bon ton et sa carte résolument complète ; avec des produits fabriqués maison à 95 %, on comprend vite que fraîcheur et respect du client ne sont pas ici de vains mots. La cuisine est diversifiée : une carte de hamburgers copieux, un menu du jour à choix multiple et à prix imbattable, une carte de préparations plus élaborées (foies gras entre autres) et un choix de vins généreux oscillant entre vins de pays et grands crus. Éclectisme et modestie sont décidément les maîtres mots de l'Auberge de la Roue fleurie, une joyeuse adresse.

Oulchy-le-Château

LES FANTÔMES (MONUMENT NATIONAL DE LA SECONDE BATAILLE DE LA MARNE)

✆ 03 23 55 65 20
www.cc-oulchylechateau.fr

Ouvert toute l'année. Gratuit. Monument espace public.

Là précisément où le sort bascula en faveur des troupes alliées, les 25 et 26 juillet 1918, sur la butte Chalmont, se dresse, à 155 mètres d'altitude, le gigantesque groupe de statues en granit rose que l'on appelle *Les Fantômes*. Sculpté par Paul Landowski et inauguré en 1935, le monument commémore la victoire alliée de la

© CHRISTOPHE TELLIER

Les rochers de la Hottée du Diable sont propices à l'escalade pour petits et grands.

seconde bataille de la Marne. L'ensemble se compose de huit colosses de huit mètres de hauteur : sept soldats symbolisant chacun un corps d'arme, et le huitième, nu, qui n'est autre que la mort. Un site grandiose et plein d'émotion. A voir.

Ronchères

■ LA FERME DES CAPRICES DE SIDONIE
11, rue des Vaches
✆ 06 75 32 91 69
www.lafermedescapricesdesidonie.fr
Portes ouvertes les 13 et 14 juin 2020. Uniquement sur rendez-vous. Adulte : 5,50 €. Enfant (jusqu'à 16 ans) : 4,10 €. Visite pour les groupes jusqu'à 60 personnes (tarifs de 4 à 9 € suivant prestations). Ferme pédagogique et vente de produits fermiers. Agrément bienvenue à la ferme 2020. Visite guidée. Boutique. Animations.
Hélèna et Thibault sont à la tête de cette ferme particulière : outre les vaches Salers et la culture de produits divers, la ferme s'adonne à l'élevage de myocastors depuis 1988. Un rongeur semi-aquatique mélange de marmotte et de loutre, voire d'écureuil et de ragondin. Une particularité qui vaut le détour et qui permet à l'établissement d'être une ferme dite pédagogique. Ces éleveurs travaillent dans le respect de l'animal et de son bien-être. Ils cultivent également céréales (blé, orge, maïs, avoine, blé dur et épeautre), colza et pois en culture raisonnée. Vente directe de viande et de produits fermiers.

AISNE

LA FERTÉ-MILON ★★

Envie d'une douce balade dans l'Aisne ? Direction La Ferté-Milon, patrie natale de Jean Racine, où le Seigneur Milon écrivit au VIIIe siècle les premières lignes de l'histoire de la ville en y aménageant une forteresse. Situé à 75 kilomètres de Paris, cet îlot de 2 123 âmes est étagé sur les bords verdoyants de l'Ourcq.
On y observe les dédales de pierres traditionnelles et les havres de verdures qui se marient à merveille. En toile de fond, l'imposante façade du château classée par les Monuments historiques et ses quatre tours qui distillent leur majesté sur les ruelles du vieux Ferté. À observer à quelques encablures : l'église Notre-Dame, édifice du XIIIe siècle où Jean Racine aurait été enfant de chœur. Bastion mémoire du célèbre dramaturge, l'ancienne maison de Marie Desmoulins, la grand-mère paternelle qui a élevé Racine, jeune orphelin, conserve quelques pièces rares de l'enfant du pays. Après une promenade sur le chemin de halage au bord de l'Ourcq scintillant, dans les ruelles où la vieille pierre côtoie sans fausse note les quelques marches de modernité, une seule envie demeure : y retourner.

Points d'intérêt

■ CHÂTEAU DE LOUIS DUC D'ORLÉANS ★★
Rue du Vieux-Château
Ouvert toute l'année. Gratuit. La prudence est requise dans vos déplacements.
Un édifice au destin funeste et une construction qui ne fut jamais terminée ! Possession de Milon, le château devient celui du duc Louis d'Orléans qui n'en profite que peu de temps puisqu'il est assassiné en 1407 sur ordre de Jean sans Peur, duc de Bourgogne. Henri IV le fait démanteler en 1594 au moment des guerres de religion, alors que la forteresse n'a jamais été achevée. Ne subsiste aujourd'hui que son imposante façade qui se dresse sur 102 mètres de longueur et 28 mètres de hauteur. Les tours de la courtine sont au même niveau. Leur chemin de ronde est sur mâchicoulis. S'ouvrant entre les deux tours du milieu, la haute porte est surmontée d'un grand relief sculpté représentant le couronnement de la Vierge. De l'esplanade, le visiteur domine la ville et la vallée de l'Ourcq. Au loin s'étend la forêt de Retz qui, via Villers-Cotterêts, rejoint celle de Compiègne.

■ MUSÉE JEAN-RACINE ★
2, rue des Bouchers
✆ 03 23 96 77 77
www.lafertemilon.fr
ot@retzenvalois.fr
Musée ouvert au public du 11 avril 2020 au 1er novembre 2020. Ouvert le week-end et les jours fériés de 10h à 12h30 et de 14h30 à 17h. En semaine, toute l'année, visites de groupes sur rendez-vous à l'Office de Tourisme. Gratuit. Groupes sur rdv. Boutique.
Ce musée a été installé dans la maison où Jean Racine passa son enfance. Orphelin à l'âge de 3 ans, il y fut élevé par sa grand-mère, Marie Desmoulins. On peut y découvrir de nombreux documents concernant Jean Racine et son œuvre, tel son acte de baptême du 22 décembre 1639, des lettres, portraits et gravures, mais aussi des éditions originales reposant sous le regard de la statue en marbre de David d'Angers. On y trouve également de nombreux éléments de l'histoire de La Ferté-Milon, comme la signature d'Henri IV sur un parchemin stipulant la démolition du château.

■ MUSÉE RÉGIONAL DU MACHINISME AGRICOLE
68 bis, rue de la Chaussée
✆ 03 23 96 29 85
www.jaimelaisne.com – ot@retzenvalois.fr
Ouvert de 10h à 12h30 et de 14h à 17h30, du 11 avril au 1er novembre 2020, les samedis, dimanches et jours fériés. Gratuit. Visite guidée (possible pour les groupes sur rendez-vous au 03 23 96 55 10).
Sur 1 000 m^2, un joyeux méli-mélo de machines agricoles, de la Préhistoire à nos jours. Vous pourrez notamment découvrir dans ce musée des fossiles et des outils préhistoriques. Dans la salle dédiée à la préhistoire, sont exposées des dents de mammouth découvertes dans la forêt de Soissons. À découvrir également, des trayeuses mécaniques, du matériel de moisson et de battage, et l'une des plus belles collections de tracteurs de France (le plus ancien datant de 1916).

Le couvert

LES RUINES

14, rue du Vieux-Château
✆ 03 23 96 71 56
www.lesruines.com
les.ruines@free.fr

Ouvert le lundi, le mardi et le samedi de 12h à 14h ; le jeudi de 12h à 14h et de 19h à 21h30 ; le vendredi et le samedi de 12h à 14h et de 19h à 22h ; le dimanche de 12h à 14h30. Réservation recommandée. Menus de 29,90 € à 44,90 € (et à la carte). Carte : 21 € environ. Menu enfant : 10 €. Chèque Vacances, Chèque Restaurant. Terrasse. Vente à emporter.

Voilà une belle cuisine de gourmets dans laquelle raffinement, fraîcheur et subtilité s'allient afin de régaler tout un chacun. Les menus, divers et variés, séduiront les amateurs de bonnes tables, car le goût est ici mis à l'honneur. L'antre est accueillant, pittoresque, débordant d'un charme suranné, surplombant un dédale de rues et de ruelles sorties tout droit du XVIIe siècle. Le restaurant avoisine les ruines du château inachevé du beau Louis d'Orléans, un cadre enchanteur propice aux visites multiples. L'été, la grande terrasse ombragée permet d'associer, sans difficulté, le plaisir des yeux au plaisir des papilles. Nous y retournerons, sans le moindre doute.

Dans les environs

Neuilly-Saint-Front

ÉGLISE SAINT-RÉMI-ET-SAINT-FRONT

Place de l'Église
✆ 03 23 71 24 90
www.neuilly-saint-front.net
si_nsf@yahoo.fr

Visite sur demande uniquement. Gratuit.

Classé aux monuments historiques depuis le 5 février 1920, l'ensemble n'était constitué à l'origine que de deux chapelles. Elles étaient situées au sein même du château construit en 1236 par Thibaut IV, comte de Champagne et roi de Navarre. Ce n'est qu'en 1500 qu'elles ont été réunies par une nef. A observer, l'imposante tour carrée culminant à 22 mètres. La flèche surmontant cette tour, à 16 mètres, et la porte nord-ouest de style roman (construite au XIIe siècle), sont les deux parties les plus anciennes de cet édifice.

PASSAGES, RUELLES ET FONTAINES

Place de l'Hôtel de Ville
✆ 03 23 71 02 25
www.neuilly-saint-front.net
mairie.neuilly.aisne@wanadoo.fr

Gratuit.

Voici une jolie balade découverte qui promet de nombreux recoins inattendus. Longez les passages étroits, engagez-vous dans les ruelles champêtres, Neuilly-Saint-Front regorge de petits endroits agréables à parcourir. Des artères qui vous conduiront toujours sur les lieux les plus importants de la cité. Vous pourrez également prêter attention aux fontaines qui autrefois alimentaient les habitants en eau. Des lavoirs malheureusement parfois dégradés sont aussi à observer. Une flânerie pittoresque à privilégier.

Silly-la-Poterie

LE CANAL DE L'OURCQ

La rivière Ourcq a été canalisée à partir de Port-aux-Perches sous François Ier. Emprunter son chemin de halage fait découvrir sous un autre angle la ville de La Ferté-Milon, surplombée par les murailles du château des ducs d'Orléans. On franchit l'écluse le long du mail. Les maisons de pierres blanches, l'ancien moulin à aubes, les tilleuls, les reflets des jardins dans l'eau... contribuent au charme de la patrie de Jean Racine. A Marolles, une étape s'impose : la passerelle, le lavoir décagonal, la belle église au toit byzantin. A surprendre : hérons cendrés, poules d'eau et autres martins-pêcheurs. Une promenade reposante et bucolique.

AU FIL DE L'OURCQ

Le port aux perches
2, rue François-Mitterrand
✆ 06 88 60 66 19
www.aufildelourcq.org/histoire
contact@aufildelourcq.org

Croisières depuis Le Port aux Perches.

Au Fil de l'Ourcq, association pour la mise en valeur du patrimoine naturel, historique et culturel du canal de l'Ourcq et de ses affluents, a été créée le 8 juin 2002, à l'initiative de sociétés historiques locales et d'associations intéressées par la sauvegarde et la valorisation du site naturel du canal de l'Ourcq et de ses affluents. Sur le canal de l'Ourcq, vous pourrez embarquer pour découvrir ses paysages verdoyants. Le célèbre Port aux Perches sera un joli point de départ. Les excursions vous permettront de traverser trois départements. De nombreux sites très intéressants vous seront ainsi dévoilés : le donjon de Crouy-sur-Ourcq, l'église de Marolles, le prieuré d'Autheuil-en-Valois. Le canal napoléonien, creusé à flanc de coteaux au-dessus de la Marne, promet donc de nombreux points de vue attrayants.

LE PORT AUX PERCHES

2-4, rue François-Mitterrand
✆ 03 23 96 41 25
www.portauxperches.fr
portauxperches@wanadoo.fr

Repas et après-midis dansants tous les dimanches. Soirées cabaret pour les groupes. Réservation impérative. Croisières et repas-croisières sur réservation. Animations. Séminaires, soirées à thème.

Joyeux retour dans le passé pour les plus anciens et curieuse découverte pour les plus jeunes, Le Port aux Perches est une guinguette comme on n'en fait plus (ou presque). Musiciens et animateurs savent faire lever la salle au son de l'accordéon. Des croisières sur le canal de l'Ourcq sont également possibles pour le déjeuner ou juste pour le plaisir de la promenade. Enfin, les transformistes assurent un spectacle de cabaret de 1h30 mêlant danse, humour et paillettes.

■ LA MAISON PRÈS DE LA FORÊT

2, rue Louis-Toulot
✆ 03 23 96 80 16
www.lamaisonpresdelaforet.com
contact@lamaisonpresdelaforet.com
N2, Villers-Cotterêts, La Ferté-Milon.

Gîtes de France (3 épis). Chambre simple 51 € ; chambre double 63 € ; chambre triple 83 €. Petit déjeuner inclus. Chambre quatre personnes : 103 €. Cinq personnes : 123 €. Animaux acceptés (payant). Wifi. Restauration (table d'hôtes, sur réservation, une semaine à l'avance : 29 €. Enfants en dessous de 10 ans : 17 €). Panier pique nique en prévenant à l'avance : 11 €.

Cette maison en pierre, construite en 1810, dispose de deux suites familiales avec entrées indépendantes (lit bébé sur demande). Les chambres, comme les salles de bains, sont spacieuses et confortables. Le petit déjeuner est adapté aux goûts des voyageurs, tandis que des spécialités picardes sont servies à la table d'hôtes. La proximité de la forêt de Retz (GR11) et de La Ferté-Milon permet de belles balades dans un environnement calme.

GUISE ★★

Il est des villes où l'Histoire est si présente qu'il suffit d'un pas pour basculer dans un autre siècle. Guise fait partie de celles-là. En remontant la rue de la Citadelle, pavée à l'ancienne, prenez le temps d'observer la Vierge du n° 68 face à l'église, ou encore la porte cochère du n° 54, de humer l'air frais du matin, et vous y êtes : devant vous se dresse, encore majestueux malgré les siècles et les coups du sort et du temps, le château fort. La cité des ducs a été fondée au XIe siècle sur un site déjà occupé par les Celtes et les Gaulois. Lorsque Claude de Lorraine devient duc de Guise, le château est un bastion important qu'il s'agit de mieux défendre encore.

C'est ainsi que la famille de Guise va s'attacher à faire de cette place l'une des plus fortes du royaume d'une part, et l'une des plus spacieuses et élégantes d'Europe d'autre part, Renaissance oblige. Avec le réseau des églises fortifiées, toute la région est défendue contre d'éventuels agresseurs. On évoque d'ailleurs parfois des souterrains qui auraient relié ces églises à la forteresse. Aujourd'hui, le titre de duc de Guise n'inclut plus la possession du château, devenu domaine public. Guise c'est aussi la ville de Jean-Baptiste Godin, pionnier industriel – les fameux poêles – et précurseur social qui installa le premier familistère.

Enfin, Guise c'est aussi un incontournable en région : Les Ducales, une incroyable fête médiévale qui mérite grandement le déplacement.

Points d'intérêt

■ CHÂTEAU FORT DE GUISE ★

Club du Vieux-Manoir
Allée Maurice Duton
✆ 03 23 61 11 76
www.chateaudeguise.fr
chateaudeguise@clubduvieuxmanoir.fr

Ouvert tous les jours en juillet et août de 10h à 18h. Ouvert du mardi au dimanche de 10h à 12h et de 14h à 18h pendant l'heure d'été et de 10h à 12h et de 14h à 17h pendant l'heure d'hiver. Gratuit jusqu'à 5 ans. Adulte : 7 €. Enfant (de 6 à 18 ans) : 5 €. Groupe (20 personnes) : 5 €. Tarif réduit : 5 €. Visite guidée (en juillet et août à 11h, 14h30, 15h30 et 16h30, et le reste de l'année sur réservation à 11h, 14h30 et 16h). Boutique. Visites tous les jours, toute l'année pour les groupes et sur rendez-vous. Fermeture annuelle pendant les fêtes de fin d'année.

Depuis mille ans, un donjon domine la vallée de l'Oise, dernier vestige d'une construction qui s'étendait jadis sur près de 17 hectares. Sous les vestiges, le visiteur arpente le dédale de pièces voûtées, fait halte dans une galerie d'artillerie et s'aventure dans les mystérieux souterrains superbement restaurés. Trois campagnes de construction peuvent être distinguées : une forteresse en grès des Ardennes construite à la fin du XIIe siècle, englobée à partir de 1540 dans une forteresse en briques commencée par Claude de Lorraine, premier duc de Guise pour l'adapter aux progrès de l'artillerie. Vauban y effectuera des modifications mineures. Ironie du sort, de graves dommages lui sont infligés par les bombardements français de 1918 qui ont permis de libérer la ville de l'occupation allemande. Déclassé par le Génie militaire en 1918, acquis en 1922 par un entrepreneur, les matériaux de la forteresse servent à divers chantiers de construction. La forteresse est restaurée à partir de 1952 grâce à Maurice Duton. Ces fouilles ont mis à jour des vestiges très importants et fournissent le musée archéologique du site. Tous les troisièmes week-ends de juin, le site fait revivre le Guise d'antan lors des superbes Ducales. Le club du Vieux Manoir organise chaque année les chantiers des jeunes bénévoles pour la restauration.

■ JARDIN D'AGREMENT DU FAMILISTERE

Cité Familistère
✆ 03 23 61 35 36
www.familistere.com
accueil@familistere.com

Fermeture : 1er janvier, 24 décembre, 25 décembre. Ouvert tous les jours de 10h à 18h. Gratuit.

Bienvenue dans ce jardin historique, lieu privilégié de la mémoire du Familistère. Sur un terrain en pente, cet espace public de rapport d'agrément a été conçu par Jean-Baptiste Godin en 1856 pour les ouvriers du Familistère. Les habitants pouvaient s'y détendre, loin des fumées de l'usine. Une sorte d'échappatoire. Ce jardin avait une fonction car il permettait de cultiver des parcelles personnelles. La dimension hygiénique, sociale et urbaine s'y exprimait alors pleinement. La réhabilitation du jardin a vu la restauration des serres et la remise en eau des bassins. La meilleure période pour le visiter : durant les beaux jours entre mai et octobre.

■ **FAMILISTÈRE DE GUISE** ★★★
Cité Familistère ✆ 03 23 61 35 36
www.familistere.com – accueil@familistere.com

Ouvert tous les jours et les jours fériés de 10h à 18h. Du 01/03 au 31/10 inclus ouvert tous les jours. Du 1/11 au 29/02 fermé le lundi (sauf férié et lundi vacances scolaires zone B) et congés fin d'année.eture. Gratuit jusqu'à 10 ans. Adulte : 9 €. Enfant (de 10 à 18 ans) : 6 €. Groupe (20 personnes) : 7 €. Tarif réduit 6 €, visite guidée + 2€. Chèque Vacances. Visite guidée (week-ends, jours fériés et jours de vacances de la zone B à 11h30, 14h30 et 16h. Les autres jours à 11h30 et 15h). Restauration. Boutique. Animations.

Né en 1817, l'Axonais Jean-Baptiste André Godin est issu d'un milieu modeste. D'abord ouvrier dans le travail des métaux, il monte ensuite sa propre affaire et invente en 1840 le célèbre poêle Godin. Le succès est immédiat, mais l'homme n'oublie pas d'où il vient et décide de créer, à côté de son usine florissante de Guise, un « palais social » : le Familistère. De 1859 à 1884, il construit une cité pour offrir à ses ouvriers des conditions de vie très en avance sur leur temps : hygiène grâce aux lavoirs, aux douches et à la piscine, éducation avec l'école gratuite, le théâtre et la bibliothèque, la sécurité sociale, ainsi que des logements spacieux, lumineux et salubres. Une « utopie réalisée » abritant jusqu'à 1 800 personnes, qui perdurera plusieurs dizaines d'années après la mort de Godin en 1888. Depuis les années 2000, le Familistère a été restauré pour restituer cette incroyable expérience sociale, alors qu'il est encore en partie habité. Les magnifiques bâtiments entourés de verdure, l'espace muséal, les appartements témoins sont autant d'occasions d'étonner le visiteur. De nombreuses animations sont aussi organisées au fil de l'année, en particulier la fête réputée du 1er mai.

Le couvert

■ **LE JARDIN**
50, rue Alfred-Chollet ✆ 03 23 07 96 42
www.restaurant-lejardin-guise.fr
lejardin02@orange.fr

Ouvert tous les jours de 12h à 14h ; le vendredi de 19h à 21h ; le samedi de 19h à 22h. Menus de 19 € à 31 €. Carte : 17 € environ. Menu enfant : 8 €. Formule du midi : 14 € (du lundi au vendredi midi (change chaque semaine)). Chèque Vacances, Chèque Restaurant. Accueil des groupes. Chaises bébé. Vente à emporter.

Ici, c'est la cuisine traditionnelle et régionale qui est à l'honneur, avec des menus proposant un joli panel de spécialités locales et une carte essentiellement dédiée à la viande rouge (à noter le choix intéressant de tartares de bœuf), le tout avec des produits frais. La salle est accueillante et typique et le personnel attentionné. Une bonne adresse pour se restaurer.

■ **LA TAVERNE DU CHÂTEAU**
34, place de la Poterne ✆ 03 23 61 25 00
www.taverne-chateau-guise.fr
taverneduchateau@hotmail.fr

Ouvert du mardi au vendredi de 12h à 14h et de 19h à 21h ; le samedi de 19h à 21h ; le dimanche de 12h à 14h. Réservation recommandée. Menus de 28 € à 32 €. Carte : 20 € environ. Menu enfant : 9,50 €. Formule du midi : 14 € (entrée+plat+dessert). Chèque Vacances, Chèque Restaurant. Accueil des groupes (jusqu'à 25 personnes). Chaises bébé. Terrasse. Vente à emporter. Service traiteur pour les particuliers en gîte sur réservation (rayon de livraison 15 kms).

Lucille Gilet et Julien Woitrain ont choisi de servir une cuisine traditionnelle de qualité dont le fil rouge est le travail de produits locaux (dans un rayon de 20 km) et de saison. Souvent, même, les légumes proviennent de leur propre jardin. Le poisson est aussi largement mis à l'honneur grâce à un approvisionnement privilégié à la poissonnerie située à seulement quelques centaines de mètres et tenue par la sœur de Lucille. L'accueil est chaleureux et l'ambiance soignée. Une bonne adresse !

Le gîte

■ **LA FERME DE COURCELLES**
Madame Blandine Lefébure
Ferme de Courcelles ✆ 06 08 01 89 32
lefebure.blandine@orange.fr

Meublé de tourisme 3 étoiles. Pour 2 personnes (53 m², 1 chambre). De 230 € à 330 € la semaine selon saison. Second gîte pour 4 personnes (94 m², 2 chambres) : de 360 à 440 € la semaine. CB non acceptée. Chèque Vacances. Wifi. Forfait ménage (facultatif). Location linge de maison. Vélos classiques et électriques à disposition. Salon de jardin, lave-linge.

La Ferme de Courcelles séduit par son cadre idyllique. Cette jolie maison ancienne rénovée prend des allures de petit château thiérachien avec cette petite tour si charmante. Nichés au cœur d'une nature verdoyante, à l'écart de Guise, vous pourrez profiter d'une chambre cocon confortable. Le salon, la salle à manger, la cuisine sont joliment aménagés pour votre plus grand confort. Tout comme le jardin et la terrasse qui seront appréciés l'été. Une belle adresse pour un couple. Quant au second gîte ouvert récemment et pouvant accueillir quatre personnes, il est tout aussi charmant.

Loisirs

■ **AQUOISIA**
Complexe aquatique intercommunal
Rue Jean-Monnet
ZAC de la Briqueterie ✆ 09 71 00 02 00
www.aquoisia.fr – contact@aquoisia.fr

Horaires variables suivant les jours et les disciplines pratiquées, à consulter sur le site Internet. Entrée : 5 € (enfant de 3 à 12 ans : 3,70 €, moins de 3 ans : gratuit – prix pour l'espace aquatique seul). Abonnement : 22 € (mois nageur espace aquatique en illimité). Aquabiking. Salle de fitness, salle cardio training et musculation. Abonnements. Organisation de fêtes d'anniversaire.

Ce complexe aquatique intercommunal de construction récente est très largement fourni en activités. La piscine attirera les amateurs de natation avec des lignes d'eau respectées et réservées à la pratique sportive. Les petits profiteront d'une pataugeoire de 25 m² ou du pentagliss à 4 couloirs. De nombreuses activités sont programmées pour tous les publics : bébés-nageurs, aquabiking, aquafitness... L'espace Forme est dédié au fitness, au cardio-training et à la musculation. Enfin, l'espace Océane propose deux saunas, un bain bouillonnant, un hammam et un bassin balnéo.

Emplettes

LES COPAINS D'THIÉRACHE

24, rue Camille-Desmoulins ✆ 09 73 22 18 74
www.copains-thierache.fr
infos@copains-thierache.fr
Ouvert du mardi au vendredi de 10h à 12h30 et de 14h30 à 18h30 ; le samedi de 8h30 à 12h30 et de 14h30 à 17h.
Cette boutique associative est désormais un incontournable pour trouver des produits locaux et souvent bio. L'équipe de bénévoles œuvre « pour le développement du territoire de Thiérache en défendant la proximité, le patrimoine et la mobilité durable ». Maroilles et produits laitiers de la ferme, cidre, jus de pomme, conserves, bières garnissent les étagères à côté d'un choix de douceurs et d'objets artisanaux : une gamme qui s'élargit de mois en mois grâce au dynamisme d'Anthony, nouveau responsable de la boutique, secondé par Julie. On apprécie aussi les ateliers cuisine et les animations, la possibilité de confectionner son propre panier cadeau, etc. Vous pourrez aussi louer des vélos pour vos balades sur Guise. Une très belle adresse pleine de promesses.

Dans les environs

Boué

LE SENTIER DE BO-WE

Circuit Tourisme et Handicap
✆ 03 23 97 98 06
www.visitwapi.be
contact@aisne-tourisme.com
Ouvert toute l'année. Gratuit. Label Tourisme & Handicap. Accessible aux poussettes.
Parcours labellisé Tourisme &amp ; Handicap, cette heureuse initiative est facile d'accès. Le joli circuit d'interprétation profite à toute la famille et de nombreux panneaux vous décriront la faune et la flore locales. Durant une petite heure, vous profiterez d'un cadre agréable et quelques aires de repos seront les bienvenues pour apprécier le patrimoine naturel. Seule commune de Thiérache à proposer ce type de parcours, il fallait saluer cette proposition de la ville de Boué.

Le Nouvion-en-Thiérache

FERME DE LA LIESSE

8, Hameau de Lalouzy
✆ 03 23 97 69 98
www.fermedelaliesse.com
info@fermedelaliesse.com
Ouvert toute l'année. Sur rendez-vous uniquement. Adulte : 7 €. Groupe (25 personnes) : 6 €. Tarif Ecole : 6 €. CB non acceptée. Visite guidée.
Laissez-donc vos souvenirs d'enfance refaire surface. Cette exploitation agricole à taille humaine vous invite à un voyage dans le temps en vous laissant porter les costumes datant des années 1900 de vos aïeux et en vous faisant participer à la vie de la ferme ! Battre le blé au fléau, traire une vache, caresser les cochons, se rouler dans la paille, donner le biberon aux nouveaux-nés, retrouver les bancs de l'école avec une plume d'oie... Des activités originales que l'on ne trouve nulle part ailleurs. Les familles et les enfants adorent.

AUBERGE DE LA FORÊT

RN 43
Rond Point de Guise ✆ 03 23 97 33 04
www.auberge-de-la-foret.net
auberge.de.la.foret.02@orange.fr
A mi-chemin entre Le Nouvion et La Capelle.
Ouvert du lundi au samedi le midi et le soir ; le dimanche midi. Menus de 20 € à 45 € (menu intermédiaire 30€). Carte : 30 € environ. Menu enfant : 12 €. Formule du midi : 20 € (plat+entrée+dessert). Accueil des groupes (jusque 40 personnes).
Dans un cadre bucolique, vous découvrez ce bel hôtel-restaurant. Ancienne maison forestière, l'adresse a su préserver tout le charme d'antan. L'auberge perpétue la tradition d'une cuisine régionale de caractère. Les produits frais sont travaillés avec l'amour du terroir : filet mignon de porc au maroilles, suprême de pigeonneau rôti au miel, fricassée de ris de veau à la crème... Beaucoup de générosité dans les assiettes avec d'excellentes saveurs en bouche. Filez donc dans les bois du Nouvion, une jolie maison vous y attend !

HÔTEL-RESTAURANT LA PAIX

37, rue Jean Vimont Vicary ✆ 03 23 97 04 55
www.hotel-restaurant-lapaix02.com
contact@hotel-la-paix.fr
Logis. Ouvert du mardi au vendredi le midi et le soir ; le samedi soir ; le dimanche midi. Réservation recommandée. Menus de 26 € à 33 € (et carte). Menu enfant : 12 €. Accueil des groupes (jusqu'à 25 personnes). Jardin.
Depuis trente ans, la famille Pierrart s'évertue à partager les saveurs et les traditions de la Thiérache. Didier, le chef, fier de son titre de maître-restaurateur propose des recettes inventives où les produits de saison sont mis à l'honneur. Le plaisir est également visuel avec des dressages étudiés. A noter, le restaurant est couplé à un hôtel de qualité. Une référence au Nouvion-en-Thiérache.

MAROILLES FAUQUET

28, rue de la Croix ✆ 03 23 98 35 70
www.fauquet-maroilles.com
contact.fauquet@chaumes.fr
Ouvert le mercredi et le jeudi de 9h à 12h30 et de 13h à 15h30. Sauf jours fériés.
Un des plus célèbres fromages de France est fabriqué ici depuis 1925 : le fameux maroilles. C'est en Thiérache que Paul Fauquet a créé la fromagerie qui porte toujours son nom. Depuis, la tradition s'est perpétuée avec générosité et authenticité. Vous trouverez également au magasin de la fromagerie : le vieux-lille, le Flamelon (la véritable tarte au maroilles), la crème de maroilles (délicieuse !), etc. Les amateurs de fromages forts en goût seront ravis. Bonne dégustation !

Proisy

LA HAIE FONDUE

59, rue Fred-Merten ✆ 03 23 60 26 00
www.lahaiefondue.fr
lahaiefondue@wanadoo.fr

2 chambres. Basse saison : à partir de 312 € le week-end ; à partir de 330 € la semaine. Haute saison : à partir de 336 € le week-end ; à partir de 354 € la semaine. Pour 4 personnes (100 m², 2 chambres). Connexion Internet. Wifi. Location de draps, lave-linge, lave-vaisselle.

Jean-Claude et Joanna Thiéfaine vous invitent au calme dans leur maison traditionnelle thiérachienne datant du XVIIIe siècle. Sur la terrasse, vous aurez vue sur le conservatoire de biodiversité nommé La Haie Fondue. Ce gîte est donc au cœur d'un joli et agréable cadre à apprécier à toute heure de la journée. Ce magnifique espace préservé peut être visité sur simple demande aux propriétaires du gîte.

LE JARDIN D'HÉLÈNE

Ancienne gare
✆ 03 23 60 24 34
http://lejardindhelene.blogspot.fr
jardinhelene@orange.fr

Programme complet des stages (sans cesse renouvelé) sur le site internet.

Une adresse exceptionnelle et reconnue par tous les amoureux des plantes sauvages et/ou médicinales. Suite à des problèmes d'allergie dans la famille, Hélène revisite les connaissances ancestrales sur le végétal – et les soucis de santé disparaissent peu à peu. Depuis, elle partage ses acquis lors de stages santé/cuisine ou de conférences. Les pouvoirs et vertus des plantes vous sont exposés avec toute la gentillesse de la maîtresse de maison. Des rendez-vous chaleureux et parfois sur le site, des recettes originales : comme les cookies aux graines d'orties !

Wiege-Faty

LA RÉSERVE DES TROIS NOMADES

1, rue de l'Église
✆ 06 81 91 10 47
www.lareservedestroisnomades.fr
les3nomades@gmail.com

Ouvert toute l'année. Visite sur rendez-vous uniquement, ne pas hésiter à téléphoner même pour une visite le jour-même. Ateliers d'initiation au modelage pour enfants et adultes en petits groupes. Renseignements par téléphone. CB non acceptée.

L'artiste céramiste Maud Rocoulet a désormais élu domicile dans un ancien presbytère joliment restauré. Elle a meublé son intérieur avec soin : celui-ci accueille son atelier et ses créations uniques, qui sont toujours une invitation à la rêverie. Des ateliers d'initiation au modelage et à la poterie sont organisés sur demande. Des thématiques ludiques et pédagogiques sont alors mises en place autour de la terre de grès. Convivialité assurée et plaisir des sens entre le végétal et le minéral. N'hésitez pas à découvrir l'univers de cette artiste qui puise son inspiration dans la nature !

HIRSON ★

La ville d'Hirson apparaît véritablement au Xe siècle sous le nom d'Iricio. C'est à cette époque qu'un château-fort est bâti sur une île : l'île Notre-Dame, conséquence du percement d'un canal reliant l'Oise au Gland. Ce château-fort sera l'enjeu de multiples convoitises stratégiques durant les siècles suivants jusqu'à sa destruction en 1650 par les troupes espagnoles venues des Pays-Bas. Hirson sera occupée par les troupes allemandes durant toute la Première Guerre mondiale.

Elle fut un nœud ferroviaire d'importance avant la Seconde Guerre mondiale, sa gare joignant les réseaux ouest et est. Les infrastructures ferroviaires furent détruites aux trois quarts durant les bombardements alliés, mais depuis 1932, et la mise en place de lignes directes, la gare n'avait déjà plus un rôle stratégique.

Points d'intérêt

COURQUAIN RIEN À DÉCLARER

Hirson-Forêt, frontière belge
Poste de douane de Courquain (Koorkin)
Place de Courquain ✆ 03 23 58 22 56
www.courquain.com – contact@courquain.com

Ouvert de 14h à 17h. Du mercredi au dimanche pendant les vacances scolaires ; les mercredis, samedis et dimanches le

Détour par Saint-Michel

En quittant Hirson, n'hésitez-pas à vous rendre dans cette petite commune de la Thiérache. Son site abbatial, en lisière de forêt, mérite une visite. Fondée au Xe siècle, l'abbaye bénédictine est un haut lieu de la musique sacrée avec son festival annuel. La façade baroque, la rose gothique ornant le transept nord ou l'orgue de Jean Boizard (1717) sont remarquables. De même, les peintures murales du XVIe siècle, évoquant la vie de saint Benoît, dans l'aile nord du cloître sont à observer avec attention. Le musée de la Vie rurale et forestière, qui témoigne du savoir-faire d'antan, est également une halte recommandée. Enfin, en visite à Saint-Michel au mois d'octobre, rendez-vous à la Journée de la ruralité. Le marché du terroir, les ateliers découverte et les démonstrations culinaires vous laisseront d'excellents souvenirs.

Kit Armstrong

Incroyable ! Kit Armstrong, jeune pianiste international, a racheté l'église Sainte-Thérèse-de-l'Enfant-Jésus. Construit dans les années 1930, l'édifice de style Art déco a fait les beaux jours d'Hirson. Les cérémonies religieuses y étaient nombreuses. Avec la chute de la fréquentation des offices et suite à un entretien coûteux, l'église est malheureusement mise en vente en 2010. Kit Armstrong se montre alors intéressé pour la transformer en salle de concerts et en résidence artistique. Né à Los Angeles, musicien professionnel depuis l'âge de 8 ans, Kit est un grand espoir du piano mondial. La municipalité soutient ce projet fou et donne son aval pour que les Hirsonnais retrouvent leur église d'antan. Après des travaux, notamment sur l'acoustique du bâtiment, l'artiste y donne maintenant régulièrement des concerts. Ces rendez-vous sont souvent largement suivis. La jolie histoire a même trouvé écho dans toute la presse nationale et de nombreuses chaines de télévision avaient fait le déplacement pour le récital d'ouverture. Un concert est également diffusé sur Radio France ! Depuis, entre deux tournées, Kit Armstrong séjourne dans l'église. Quand le culturel rencontre le cultuel...

reste de l'année. Gratuit jusqu'à 12 ans. Visite libre : 2 €. Visite commentée 5 €. Escape Game « Le Bureau » : 15 €/ personne (à partir de 8 ans).

Rendez-vous sur les lieux de tournage du film de Dany Boon, *Rien à Déclarer*. Revivez le passage de la frontière entre Macquenoise (Belgique) et Hirson-Forêt (France). L'ambiance du film est formidablement bien restituée, notamment grâce à André Meunier, une véritable figure locale ! Vous en apprendrez plus sur le territoire, sur divers produits comme la bière de Chimay ou le maroilles et sur le tournage. Huit ans après la sortie du film, les lieux transformés en petit musée, attirent encore de nombreux visiteurs, si bien que l'équipe a créé en 2017 un escape game intitulé « Le Bureau ». Enfermée dans les locaux de la douane, votre équipe a 60 minutes pour retrouver les clés de la célèbre 4L du film afin d'échapper au chef douanier. Le succès a été tel que, depuis, deux autres escape games ont vu le jour : « Le Garage » et « L'Enquête ». Une franche partie de rigolade en perspective.

■ L'ÉTANG ET LA CASCADE DE BLANGY
Base de Blangy – Route de Blangy

Ouvert toute l'année.

Une halte recommandée en ce petit coin de nature sauvage préservée. Comme il est agréable, l'été, de se balader au cœur de la forêt pour tomber sur la jolie cascade. Les abords sont aménagés et permettent une pause « à la fraîche ». Il n'est pas rare de rencontrer un couple de mariés en pleine séance de photographies, tant le site est admirable. En saison, on peut également partir à la cueillette aux champignons ! Un peu plus haut, en longeant la rivière, l'on arrive sur le lac de Blangy, calme et d'une grande superficie. Attention, la baignade y est interdite. Mais la farniente fort recommandée au cœur de ce paysage authentique. Il est à noter que ce site dispose d'un pôle sportif et de loisirs, Thiérache sports nature.

■ LA FONTAINE VICTOR HUGO
Place Victor-Hugo

Ouvert toute l'année. Accès libre.

Même si l'œuvre fait encore parfois débat en ville – certains diront qu'elle jure dans le paysage – la fontaine Victor Hugo, dite « la Chaise » est toujours en place et anime la place Victor-Hugo de ses nombreux jets d'eau, l'été. Réalisée en 1990 par l'artiste Patrick Saytour, également connu pour ses assemblages d'objets décoratifs et utilitaires, la fontaine a été entièrement restaurée et consolidée en 2012. Une création contemporaine étonnante, sorte de parodie théâtralisée de l'art. A vous de vous forger votre propre opinion sur cette fontaine qui continue de diviser !

■ FRESQUE JEAN JAURÈS
Place René-et-Jean-Burlot

Ouvert toute l'année. Gratuit.

L'œuvre monumentale de Jérémy Amate, jeune artiste parisien, a été réalisée à la craie noire et au charbon. Le regard de Jaurès se propage sur 30 m de longueur et 11 m de hauteur. Impressionnant. A l'occasion des 100 ans de la disparition de Jean Jaurès, la ville d'Hirson souhaitait rendre hommage à l'humaniste français. Devant la petite école qui porte le nom du député, ce grand mur du souvenir capte l'attention. Une fresque détonante qui ne passe pas inaperçue dans le paysage local.

Le couvert

■ AU DÉLICE DU BOIS
188, rue Albert-Ier ✆ 03 23 58 13 55
delicedubois@orange.fr

Ouvert toute l'année. Fermé le lundi journée, le dimanche soir et le jeudi soir. Du mardi au dimanche le midi ; le mardi, le mercredi, le vendredi et le samedi le soir. Réservation recommandée. Menu complet 22.50€. Carte : 25 € environ. Menu enfant : 10 € (avec boisson). Formule : 17,50 € (formule servie midi et soir). Vin au verre. À partir du vendredi soir et weekend service à la carte. Chèque Vacances, Chèque Restaurant. Soirées dansantes. Soirées couscous. Terrasse.

Voilà un établissement incontournable de la ville et qui porte bien son nom. Ici ont met à l'honneur les spécialités au feu de bois. Dans un décor rustique et campagnard, qui sied tout à fait au thème de la cuisine, vous vous régalerez des escargots, salade de gésier, souris d'agneau, andouillette, magret de canard, saumon à l'oseille, ou encore profiteroles au chocolat chaud pour le dessert... Et le hamburger maison ravira les plus jeunes. L'été, profitez de la terrasse avec vue sur la forêt et amusez-vous lors de folles soirées dansantes.

Le gîte

DOMAINE DE BLANGY
Rue d'Anor-d'en-Haut
✆ 03 75 10 01 00
www.domainedeblangy.com
contact@domainedeblangy.com

Bungalows ouverts toute l'année, camping ouvert d'avril à septembre. Accueil jusqu'à 19h. Véhicule + 2 personnes à partir de 10 €. 5 bungalows jusqu´à 6 personnes de 525 € à 630 € la semaine ; 9 bungalows jusqu´à 4 personnes de 435 € à 535 €. Formule hôtelière standard : à partir de 49 € par personne et par nuit. Camping de 30 emplacements, 3 places de camping-cars. Chèque Vacances. Label Tourisme & Handicap. 1 bungalow de 2 chambres équipé pour les personnes à mobilité réduite. Jeux pour enfants. Animaux acceptés (seulement dans le camping, 4 €/jour). Séminaires. Wifi gratuit.

Sur un site naturel exceptionnel, le domaine de Blangy est implanté entre une forêt, un plan d'eau et une cascade à deux pas de la frontière franco-belge. Remarquablement bien équipé que l'on soit en cottage ou au camping, il se trouve juste à côté d'une base de loisirs offrant un large choix d'activités de pleine nature (escalade *indoor* et *outdoor*, VTT, randonnées, tir à l'arc, canoë-kayak, raids, geocaching, etc.). En quête de tranquillité et de convivialité, sportif aguerri ou simple randonneur, vous trouverez un cadre idéal pour un séjour ressourçant en famille, une escapade entre amis ou un séminaire d'entreprise.

Loisirs

■ L'EUROVÉLOROUTE3
Rue du Haut-Ruet

Ouvert toute l'année. Accès libre.

L'Eurovéloroute3 (ou Scandibérique) succède à L'Axe Vert. Inauguré en juin 2014, le circuit ravit toujours davantage les cyclistes et les cavaliers. Formidable accélérateur pour le développement touristique en Thiérache, l'Eurovéloroute3 s'inscrit dans une volonté d'ouverture sur l'Europe. Cette voie traverse le département de l'Aisne, entre Hirson et Quierzy, sur une longueur de 109 kilomètres. A une échelle plus large, l'axe s'étend de Trondheim (Norvège) à Saint-Jacques-de-Compostelle (Espagne), sur plus de 3 000 kilomètres. Ici, vous serez en communion totale avec la nature, au cœur du bocage, en suivant le cours de l'Oise. Un poumon vert à fréquenter largement !

■ L'ÎLE VERTE
ZAC le Taillis
✆ 03 23 99 39 70
www.cap-ile-verte.com
hotesse.accueil@orange.fr

Ouvert tous les jours, mais horaires différents selon les espaces et la période. Se renseigner sur le site internet. Piscine. Adultes : 5 €. Enfants : à partir de 3,70 €. Bowling : adulte à partir de 3,50 €, enfant à partir de 2,50 €. Espace balnéo : 7,50 €. Chèque Vacances. Restauration.

L'Île verte est une bulle où l'on trouve de quoi passer une agréable journée. L'endroit se décline en quatre espaces : aquatique, forme et bien-être, bowling, restaurant. Pourquoi ne pas débuter la journée par la piscine avec sa rivière extérieure et son toboggan de 75 mètres qui feront, sans nul doute, la joie des plus jeunes ? On gardera de l'énergie pour entamer une partie de bowling ou encore se rendre à l'espace forme et bien-être (sauna, cardio, modelages, spa). En fin de journée, il sera temps de se rafraîchir au bar avec terrasse et pergola, très agréables l'été, avant de reprendre quelques forces au restaurant à l'ambiance résolument tropicale. Une bonne journée en somme !

RETROSCAPADE
Le Sémaphore
Bâtiment C Espace Rotonde-Florentine
BUIRE
✆ 06 11 96 02 54
www.retroscapade.com
m.dequecker@sem-integrale.eu

Ouvert tous les jours. Location de 2 CV. Uniquement sur réservation. Rallyes thématiques : à partir de 59 €/personne. 100 € la demi-journée, 150 € la journée et 250 € le week-end.

On adore ! RÉTROscapade propose de découvrir le pays du Maroilles et de la Chimay (Ardennes, Aisne, Nord et Belgique) au volant de la mythique 2CV : une expérience jouissive. Deux formules sont proposées : la location simple où les participants circulent au gré de leurs envies, ou en suivant l'un des circuits thématiques grâce aux rallyes « clé en main ». A l'aide d'un roadbook, les participants s'engagent sur les petites routes de campagne à la découverte de la région, de ses paysages, de ses savoir-faire, de sa gastronomie et de ses habitants pour une escapade conviviale, surprenante et forcément mémorable ! Un moment fort sympathique et un retour dans le passé. Une expérience à vivre au moins une fois, si ce n'est plusieurs !

Sorties

■ THIÉRACHE SPORT NATURE
Base de Blangy
✆ 03 23 58 34 41
www.thierache-sport-nature.com
info.tsn@thierache-sport-nature.com

Ouvert toute l'année. Basse saison : du lundi au vendredi de 9h à 12h et de 14h à 17h. Haute saison : tous les jours de 9h à 12h et de 13h30 à 18h. En basse saison, ouvert le week-end sur réservation. Tarifs complets en ligne. CB non acceptée. Chèque Vacances.

Cette association spécialisée dans les activités et séjours de pleine nature vous réserve de jolies surprises. Canoë-kayak, tir à l'arc, escalade, géocaching, randonnée VTT, raid multi-sport, sortie nature, orientation : il y a toujours de quoi se faire plaisir dans ce cadre magnifique et préservé. Les séjours multi-activités axés autour de différents thèmes (le cycle de l'eau, la faune et la flore, les zones humides ou encore l'impact de l'activité humaine sur la nature) permettent de multiples découvertes. Sur l'Oise, calme et accessible à tous, vous profiterez d'une descente qui alterne drossages, gravières et petits rapides. Le Thon s'avère un parcours plus manœuvrier et sauvage sur lequel vous apprécierez le franchissement des moulins jalonnant la descente et qui offrent des petits seuils. Les amateurs d'escalade seront ravis de découvrir le site naturel des rochers du Pas-Bayard, situé en pleine forêt comportant une trentaine de voies de niveau 4a à 7a. Une salle d'escalade indoor est aussi à disposition. La base Thiérache Sport Nature, c'est l'assurance de passer du bon temps en famille ou entre amis !

Dans les environs

Aubenton

GÎTE D'AUBENTON
Ruelle de la Tour
✆ 09 72 63 02 55
gdf02@gites-de-france-nord.com

Gîtes de France (2 épis). Pour 5 personnes (57 m², 2 chambres). De 245 € à 345 € la semaine selon saison. Week-end de 123 à 143 €. Chèque Vacances. Wifi. Salon de jardin, lave-linge. Barbecue.

Quelle demeure magnifique et insolite ! Vous avez toujours rêvé de dormir un jour dans une tour moyenâgeuse, mais pour autant, équipée du confort moderne ? Et bien rendez-vous dans ce gîte pas comme les autres, aménagé dans une ancienne tour d'enceinte du XIVe siècle. Il se compose de deux étages, d'un terrain clos et d'une cour avec parking, et peut accueillir jusqu'à 5 personnes. Pour les longues soirées d'hiver, une cheminée avec bois offert vous y attend.

Autreppes

ÉGLISE FORTIFIÉE SAINT-HILAIRE
Place de l'Église
✆ 03 23 97 41 21
mairie.autreppes@orange.fr

Ouvert toute l'année. De 10h à 17h. Gratuit. Parking gratuit.

C'est l'une des 60 églises fortifiées de Thiérache, et celle-ci le fut en 1632. Elle est classée aux monuments historiques depuis 1989. Elle est remarquable de par son clocher-donjon quadrangulaire gardé par deux tours rondes ainsi que sa toiture. Elle peut représenter le début d'un joli périple entre remparts et églises de la verte Thiérache.

LOCATION CANOË ÉVASION
Base du bord de l'Oise
✆ 03 23 97 42 90
www.canoesurloise.com
reservation@canoesurloise.com

Ouvert du 1er avril au 15 octobre. Ouvert de 9h30 à 18h. Parcours de canoë avec différents tarifs : 10.50 €/personne 7 km environ 2h. Enfant de -de 12 ans assis en 3éme place au milieu : 3€. Location de VTT et vélo avec assistance électrique (VAE). Aire de pique-nique, barbecue, parking gratuit.

Une institution. Les équipes vous accueillent avec enthousiasme et sauront vous faire partager leur passion afin que vous passiez un agréable moment. L'été, la sortie est idéale en famille. Vous profiterez de paysages authentiques et découvrirez la Thiérache autrement, au plus près de la faune et de la flore. Sur l'Oise et le Ton, vous apprécierez quelques passages rapides et de sympathiques creux qui, sans nul doute, vous rafraîchiront. Un moment agréable pour les novices qui opteront pour un petit parcours comme pour les chevronnés qui n'auront pas froid aux yeux. Et pour ceux qui n'ont pas le pied marin, possibilité de louer des VTT. Bon amusement en perspective.

Bucilly

CHEZ ANNIE ET GERARD
5 bis rue d'Hirson
✆ 07 89 33 74 63
aannie.ne@gmail.com

Gîtes de France (3 épis). Ouvert toute l'année. Pour 5 personnes (2 chambres). De 399 € à 450 € la semaine selon saison. Weekend 175€ et mid-week : 263€.

Ce charmant gîte est situé au cœur du village en pays de la Thiérache d'où vous pourrez visiter la campagne environnante et ses églises fortifiées. Vous pourrez découvrir, au contact des adorables propriétaires, les spécialités du coin et pourquoi pas même vous adonner à la traite des chèvres de la maison. Outre ces aspects bucoliques, cette maison entièrement rénovée dispose de tout le confort : un jardin privatif avec son mobilier et son barbecue, une cuisine, un coin salon, deux chambres et une salle de bains, sans oublier le wifi. La maison est même équipée d'une cheminée, nous gageons que vous apprécierez les feux de bois en hiver (le premier panier de bois est offert).

Mondrepuis

LES TEMPS GOURMANDS
70, route de Fourmies
✆ 03 23 58 41 28
www.lestempsgourmands.fr
contact@lestempsgourmands.fr

Ouvert du dimanche au mardi, le jeudi et le vendredi le midi ; le vendredi et le samedi le soir. Samedi midi sur réservation. Réservation recommandée. Menu du soir de 35 à 45 €. Carte : 20 € environ. Menu enfant : 8 €. Formule du midi : 20 € (menu complet midi en semaine : 25€). Vin au verre. Accueil des groupes (jusqu'à 33 couverts sur réservation). Terrasse.

Antoine et Rosine Houriez, hôtes et restaurateurs, ont métamorphosé ce corps de ferme afin d'y créer leur restaurant semi-gastronomique et leurs cinq chambres d'hôtes. Ici, on met un point d'honneur à ce que tout soit fait maison. La carte fait la part belle aux produits frais et de saison, c'est pourquoi elle change régulièrement également au gré des inspirations du chef. Une table qui vaut largement le détour et qui vous ravira assurément. Les spécialités maison : le foie gras de canard, le ris de veau et le saumon fumé.

Sommeron

LES ALPAGAS DE LA COUR FARROUX

Ferme La Cour Farroux
Brigitte Chatelin
2, chemin de la Gardieux
✆ 06 29 66 06 98
www.elevage-alpagas.com
chatelin.brigitte@orange.fr

Ouvert tous les jours de 14h à 19h. Sur rendez-vous. Gratuit jusqu'à 2 ans. Adulte : 5 €. Enfant (de 3 à 12 ans) : 3 €. Tarif groupe sur devis. Boutique. Animations.

De véritables stars en Thiérache ! On ne compte plus les nombreux articles de presse sur ces jolies boules de poil adorées des enfants. Originaires des Andes, domestiquées il y a environ 5 000 ans, les alpagas font la joie des familles en visite. Étonnant de les trouver en Thiérache, d'où leur grand succès dans de nombreuses manifestations, comme la foire aux fromages de La Capelle. Brigitte vous ouvre les portes de son élevage renommé pour la qualité de ses produits en laine. Des ânes et des chèvres vous attendent également ! Une halte réellement sympathique

MAROILLES LEDUC

4, route de La Capelle
✆ 03 23 97 23 86
www.leduc-maroilles.com
maroilles.leduc@orange.fr

Le magasin est ouvert du lundi au jeudi de 9h à 12h et de 14h à 17h15. Le vendredi de 9h à 12h et de 14h à 16h15. Visite guidée.

Bienvenue au paradis du fromage fort en goût. Les caves d'affinage de la famille Leduc s'étendent sur plus de 2 000 m². Depuis trois générations, plus d'un demi-siècle, la star des fromages du Nord est choyée dans le respect des traditions ancestrales. Ici, 450 tonnes de Maroilles sont produites tous les ans. Mais d'autres spécialités sont disponibles : les Mignons, le Vieux-Lille, la Boulette d'Avesnes, le Sorbais ou le Rocroi. Si vous souhaitez connaître les secrets de fabrication, vous pourrez emprunter un couloir de visite d'une longueur de 55 m. Toutes les étapes de la fabrication y sont visibles.

LAON ★★

Remarquables et visibles à plusieurs kilomètres à la ronde, la cathédrale de Laon et sa cité altière défient bois, plaines et forêts qui les entourent. Campée sur une butte à une centaine de mètres d'altitude, longtemps surnommée "Belle île en terre", cette ville a de quoi fasciner. Sur le plateau, les 7 km de remparts semblent vouloir garder jalousement les merveilles de son passé. On peut y admirer pas moins de 84 monuments historiques dont la magnifique cathédrale. La promenade intra-muros, d'une richesse architecturale et artistique remarquable, touchera même les plus insensibles aux vieilles pierres. Au hasard des rues, on découvrira de lointaines perspectives sur les plaines et les forêts. Laon était déjà habitée à l'époque gallo-romaine. Elle devint rapidement une place religieuse importante, puisque Saint-Rémi y fonda un évêché au Vᵉ siècle. Les Carolingiens en font leur résidence royale jusqu'à l'avènement des Capétiens. Des troubles importants mettront à mal la cathédrale au début du XIIᵉ siècle, elle est incendiée et son évêque, Gaudry, assassiné. Elle sera rebâtie à partir du milieu du XIIᵉ siècle. Les abbayes prolifèrent alors et Laon renforce sa grande importance religieuse dans le pays. Au fil des siècles, la "montagne couronnée" développe ainsi un patrimoine architectural et naturel inestimable qui en fait aujourd'hui le plus vaste secteur sauvegardé de France.

Visites guidées avec l'Office de tourisme

De nombreuses possibilités s'offrent à vous. Pourquoi pas une montée dans une tour de la cathédrale ? Vous dominerez ainsi toute la ville et jouirez d'une vue à couper le souffle. Une ascension éblouissante vivement recommandée. La cathédrale vous livrera aussi tous ses secrets lors d'une visite très instructive avec un accès privilégié au premier étage du monument.

N'oubliez pas votre appareil photo ! Vous en voulez encore ? Tentez alors de descendre dans les souterrains de la ville ! Un incroyable périple sous terre plein de surprises.

www.tourisme-paysdelaon.com

OFFICE DE TOURISME DU PAYS DE LAON

Hôtel Dieu
Place du Parvis-Gautier-de-Mortagne
✆ 03 23 20 28 62
www.tourisme-paysdelaon.com
info@tourisme-paysdelaon.com

Ouvert jusqu'au 30 juin inclus : 7j /7 de 10h à 12h30 et de 13h30 à 18h. Du 1er juillet au 31 août : 7j / 7 de 10h à 18h. Du 1er au 30 septembre : 7j / 7 de 10h à 12h30 et de 13h30 à 18h. Les lundis ouverture de l'OT à 10h30. Du 1er octobre au 31 mars : du mardi au samedi de 10h à 12h30 et de 13h30 à 17h30 + les dimanches et jours fériés de 13h30 à 17h30..Les lundis ouverture de l'OT à 10h30. Brochures sur le site Internet. Visites guidées.

L'Office de Tourisme du Pays de Laon est un office intercommunal ouvert aux nouvelles technologies. En effet, il n'est plus indispensable de suivre sagement ses visites guidées. Pour découvrir la ville, il suffit de télécharger une application sur son site Internet et à vous la liberté. Cependant, l'établissement offre toujours un choix de visites guidées classiques. Profitez également de votre passage pour admirer l'intérieur de l'Hôtel-Dieu dans lequel il est installé.

© ROMAS PH

Laon.

■ CIRCUITS DÉCOUVERTE DE LAON

Place du parvis Gautier de Mortagne
✆ 03 23 20 28 62
www.tourisme-paysdelaon.com
info@tourisme-paysdelaon.com

Horaires d'ouverture de l'office du tourisme, les circuits sont en horaire libre. Basse saison : ouvert du lundi au samedi de 10h à 12h30 et de 13h30 à 17h30 ; le dimanche de 13h30 à 17h30. Haute saison : tous les jours de 10h à 12h30 et de 13h30 à 18h. Horaires basse saison : octobre à mars ; haute saison : avril à juin et septembre ; juillet et août en continu de 10h à 18h. Tarifs pour les circuits randonnées et découverte historique modiques. Boutique.

Ces quelques circuits créés par l'office de tourisme vous permettent de découvrir Laon sous différents aspects. « Les Visages du pouvoir » vous proposent de remonter le temps et de vous retrouver au cœur de la Montagne Couronnée, puissante cité du XIIe siècle. « La Goutte d'Or » mène vos pas dans la cuve Saint-Vincent, centre d'une promenade urbaine et bucolique sur les traces des vignerons du temps jadis. Enfin, « Via les chemins de fer en terre » est un parcours qui débute en ville basse, devant la gare, pour vous conter Laon au fil des voies ferrées et du temps qui passe.

■ RANDO WAY

44, rue Châtelaine
✆ 06 09 43 52 99
www.randoway.fr
contact@randoway.fr

2 sites de départ selon la randonnée choisie : Laon ou Bruyères et Montbérault. Réservation obligatoire et sur rendez-vous. Entrée : 25 € (1 heure/personne. 45€ 2h30/personne). Pack famille : 2 adultes + 2 juniors (minimum 12ans) : 69€. 10 trottinettes sont à disposition (5 de plus prévues pour la saison 2020). Séminaires d'entreprises.

Voilà bien un mode de déplacement original et écologique : la trottinette électrique tout-terrain ! Et lorsque Bruno, le guide, passionné et passionnant, vous emmène randonner le long des remparts du vieux Laon, ou dans les chemins escarpés et poétiques des alentours, attendez-vous à perdre toute notion de temps. Le mode de locomotion, silencieux, écologique, et très sûr, permet de longues balades thématiques de 12 à 20 km entre histoire et nature, quelle que soit la saison. La richesse historique de Laon (80 monuments classés) et la diversité de ses points de vue permet à l'imaginaire de s'affranchir du quotidien. Un excellent moyen pour découvrir en s'amusant.

■ VISITES GUIDÉES

Hôtel Dieu, place du Parvis Gautier de Mortagne
Office de tourisme ville de Laon
✆ 03 23 20 28 62
www.tourisme-paysdelaon.com
info@tourisme-paysdelaon.com

Ouvert toute l'année. Audioguide cathédrale et audioguide cité médiévale tous les jours.Montée tour, cathédrale et cité tous les week-ends et jours fériés. Tous les jours. Ouverture de l'office de tourisme : du mardi 01/10/2019 au 31/03/2020 : du lundi au samedi de 10h (lundi 10h30) à 12h30 et de 13h30 à 17h30 / les dimanches et jours fériés de 13h30 à 17h30. De mi-avril à fin septembre : chaque jour de 10h à 18h. Tarif variable selon option choisie : pour un adulte de 3 à 6 euros. Visite guidée (avec guide ou audioguide).

Jusqu'au mois de mars 2020, vous pouvez effectuer deux visites de la ville avec audioguide, à votre rythme, la cathédrale et ses secrets, disponible en 4 langues (durée une heure), et la cité médiévale et ses trésors, en français et en anglais (comptez de 1h30 à 4h de visite). Les week-ends et jours fériés, dès 14h, vous pourrez accéder au sommet de l'une des cinq tours de la cathédrale, explorer cette même cathédrale à 14h30 et finir à 15h30 par le tour des remparts, des portes remarquables de l'ère médiévale et le dédale des ruelles mystérieuses de la vieille ville.

Victor Hugo écrivait à son épouse Adèle : « Tout est beau à Laon, les églises, les maisons, les environs, tout. » C'est toujours vrai.

Points d'intérêt

SECRETS SOUS LA VILLE

Hôtel Dieu, place du Parvis Gautier de Mortagne
Office du tourisme de Laon
✆ 03 23 20 28 62
https://www.tourisme-paysdelaon.com
info@tourisme-paysdelaon.com

Ouvert toute l'année. Fermé pour travaux du lundi 27/01/2020 au vendredi 7/02/2020 inclus. Tous les jours. Visites quotidiennes à 11h-14h-15h-16h.Durée 1 heure. Gratuit jusqu'à 6 ans (et guides conférenciers). Adulte : 8 €. Enfant (de 6 à 18 ans) : 4 €. Passeport 2 adultes+2 enfants 20 euros. Visite guidée (audioguide adapté aux enfants de plus de 6 ans). Toilettes.

C'est à une visite familiale un peu particulière, et, il faut bien dire, assez excitante, que vous convie l'office de tourisme de Laon. Il s'agit ni plus ni moins d'une remontée dans le temps (une petite quarantaine de millions d'années, tout de même !) au cœur des entrailles de la Montagne Couronnée. C'est dans les souterrains de la ville que l'aventure vous attend, avec force vidéos (très réussies !) et effets sonores (impressionnants !), panneaux et film pour ajouter le ludique au sérieux du propos. Une heure pour passer de l'aube des origines aux soubresauts de la grande Histoire, cela vous semblera court. Vous ne verrez pas le temps passer !

Monuments

CATHÉDRALE NOTRE-DAME DE LAON ★★

Place du Parvis Gautier de Mortagne
✆ 03 23 20 28 62
www.tourisme-paysdelaon.com
info@tourisme-paysdelaon.com

Ouvert toute l'année. De 9h à 18h. Visite guidée (les samedis, dimanches et jours fériés et tous les jours pendant les vacances scolaires : montée dans les tours à 14h (3 €, – de 6 ans : gratuit), visite de la cathédrale à 14h30 (adulte : 6 €, enfant : 3 €), inscription à l'office du tourisme).

Joyau du gothique primitif (1155-1235), avec ses cinq tours historiées et un riche intérieur - orgues, vitraux, la cathédrale Notre-Dame se caractérise par sa grande luminosité due en partie à la pierre blanche calcaire caractéristique des environs, mais également aux grandes ouvertures qui jalonnent la nef. Le quartier canonial, reconstruit aux XIIe et XIIIe siècles, présente un magnifique ensemble avec le cloître des Chanoines et l'église Saint-Rémi, rebâtie au XVIe siècle, et dont il ne reste qu'une partie depuis sa destruction au XIXe siècle. Les tours sont ornées de statues représentent des bœufs, placés dit-on par les architectes en souvenir d'une légende prétendant qu'un bœuf blanc miraculeux serait apparu dans le ciel, afin d'aider les hommes à monter les matériaux de la ville basse à la ville haute. De là-haut, le visiteur sera touché par la grâce de la ville haute. Pour découvrir la cathédrale à votre rythme, elle se visite également avec un audio-guide qu'on loue à l'office de tourisme voisin. Une promenade sur les chemins de l'histoire à ne pas rater.

HÔTEL-DIEU ★

Office de tourisme du Pays de Laon
Place du Parvis Gautier-de-Mortagne
✆ 03 23 20 28 62
www.tourisme-paysdelaon.com
info@tourisme-paysdelaon.com

Ouvert 7j / 7. Mêmes horaires que l'office de tourisme à partir de 10h et de 13h30. Gratuit.

C'est le plus ancien hôtel-Dieu conservé du nord de la France. Son accès est gratuit et se fait par l'office de tourisme qu'il héberge en son rez-de-chaussée dans l'ancienne salle des malades. Profitez de votre passage à ce dernier pour admirer l'architecture de ce remarquable édifice. Sa construction date du XIIIe siècle, et malgré l'épreuve du temps, il a conservé toute sa superbe. Au sous-sol, en particulier, vous pourrez découvrir la belle salle gothique Bernard de Clairvaux.

PORTE D'ARDON

Promenade de la Couloire ✆ 03 23 20 28 62
info@tourisme-paysdelaon.com

Gratuit.

L'histoire veut que Roland, le neveu de Charlemagne, emprunta cette porte en cachette pour quitter Laon en 778 avant de rallier Roncevaux où il mourra. Le monument a été remanié plusieurs fois au cours des siècles, avant d'acquérir au XVIIIe son apparence actuel. La porte est flanquée de deux tourelles, qui lui confèrent des allures de petit château fort. Elle s'appellait autrefois la porte de Royée, puisqu'elle ouvrait l'accès à un palais royal.

LA PORTE DE SOISSONS ET LA TOUR PENCHÉE ★

Rue Pierre Curie ✆ 03 23 20 28 62
info@tourisme-paysdelaon.com

Gratuit.

Autre merveille dont la ville a le secret : la porte de Soissons a été construite au début du XIIIe siècle. Démolie à l'arrière en 1895, le visiteur peut découvrir l'architecture complète du monument, et notamment la salle voûtée à l'étage. Quelques mètres plus loin, l'équivalent picard, toute proportion gardée, de la tour de Pise : la tour Dame Eve. Elle a en effet déviée de son axe d'origine, ce qui lui confère aujourd'hui une originalité appréciée des touristes.

LES SOUTERRAINS « PERCHÉS » DE LA CITADELLE ★

✆ 03 23 20 28 62
www.reservation-paysdelaon.com
info@tourisme-paysdelaon.com
Départ de l'Office de tourisme, place du Parvis-Gautier-de-Mortagne.

Ouvert toute l'année. Fermé le 1er janvier et le 25 décembre. Visites tous les jours à 11h, 14h, 15h et 16h. Billets et audioguides à retirer à l'accueil de l'Office de tourisme. ATTENTION, se présenter obligatoirement 20 minutes avant chaque horaire de départ ! Gratuit jusqu'à 6 ans (audioguides pour les + de 6 ans seulement). Adulte : 8 €. Enfant (de 6 à 18 ans) : 4 €. Visite guidée (uniquement).

Creusés dans un plateau calcaire de 70 hectares, les souterrains de Laon forment un véritable labyrinthe. Vous pourrez les découvrir grâce au tout nouveau « circuit des souterrains ». Modernisé, celui-ci est plus immersif que l'ancien grâce à des vidéos et divers effets sonores. En même temps, cette visite est plus ludique grâce aux panneaux didactiques et au film de clôture. Vous sera ainsi retracée, avec l'aide d'un audioguide, toute l'histoire de Laon depuis la nuit des temps. Vous replongerez jusqu'à 40 millions d'années en arrière ! Un captivant voyage dans le temps !

Musées

■ MUSÉE D'ART ET D'ARCHÉOLOGIE

Musée du pays de Laon
32, rue Georges-Ermant ✆ 03 23 22 87 00
www.ca-paysdelaon.fr

Fermeture : tous les lundis, 1er janvier, 1er mai, 14 juillet, 24, 25 et 31 décembre. Ouvert du mardi au dimanche de 13h à 17h du 1er octobre au 31 mai et du mardi au vendredi sur rendez-vous le matin pour les groupes adultes et scolaires. Ouvert du lundi au dimanche de 10h à 17h du 1er juin au 30 septembre. Gratuit jusqu'à 16 ans. Adulte : 4 €. Enfant (de 16 à 18 ans) : 3 €. Groupe (10 personnes) : 3 €. Gratuité pour les groupes scolaires accompagnés de leur enseignant. Fermé depuis le 12 décembre 2018 ; réouverture prévue début juillet 2020.

C'est le fameux transi de Guillaume de Harcigny, datant du XIVe siècle, qui ouvre les collections du musée. Vient ensuite la galerie d'art des civilisations méditerranéennes, dont une belle variété d'antiquités datées de l'âge du bronze et des premiers siècles de notre ère. C'est aussi l'une des premières collections de vases, figurines et sculptures grecques, après celle du Louvre. On passe alors de l'art régional (de la Préhistoire jusqu'au Moyen Age) aux Beaux-Arts (du XVe au XIXe siècle). A voir : la toile *Le Concert* de Mathieu Le Nain, peintre laonnois du XVIIe siècle.

Le couvert

■ L'AGORA

Cité médiévale – 8, place du Marché aux Herbes
✆ 03 23 20 29 21
www.creperieagora.fr – allartmalet@hotmail.fr
♿

Haute saison : ouvert tous les midis et tous les soirs sauf le mardi. Basse saison : ouvert tous les midis et du jeudi soir au dimanche soir. Ouvert les dimanches et jours fériés. Menus de 14,20 € à 18,80 €. Carte : 13 € environ. Menu enfant : 7,90 €. Galette du moment : 9,90€. Vin au verre. Chèque Vacances. Accueil des groupes. Chaises bébé. Terrasse. Wifi gratuit.

Voilà un endroit comme on les aime, lieu de rencontre incontournable des Laonnois depuis plus de 30 ans. Installez-vous en salle ou sur la terrasse de ce restaurant situé à quelques encablures de la cathédrale. L'Agora est une crêperie qui vous fera chavirer par ses compositions salées ou sucrées, mais pas que : l'établissement propose également une carte brasserie aux plats copieux et savoureux. Le service souriant et chaleureux est compris dans le prix !

■ LES CHENIZELLES

1, rue du Bourg ✆ 03 23 89 08 15
restaurantleschenizelles@gmail.com
♿

Ouvert toute l'année. Du mardi au samedi de 7h45 à 23h. Menus de 15,90 € à 31,90 €. Carte : 12 € environ. Menu enfant : 9,90 €. Plat du jour : 9,90 €. Vin au verre. Chèque Vacances, Chèque Restaurant. Terrasse.

Installé depuis 1822 dans l'artère commerçante de Laon, en plein cœur de la cité médiévale, le restaurant, bar et salon de thé Les Chenizelles est un établissement chic et distingué. Dans un cadre rutilant de cuivres et de miroirs, on s'installe confortablement pour déguster une cuisine traditionnelle faite maison. Tartare de bœuf et tartare de saumon, ris de veau au maroilles, ficelle picarde, tarte et croustillant de maroilles, boudin blanc et terrines maison ou tête et rognons de veau... la carte ouvre vite l'appétit ! On apprécie ses plats goûteux élaborés principalement à partir de produits frais, de saison et locaux. Et également, pour accompagner ces mets, un choix de 25 crus pouvant tous être servis au verre. A noter : une deuxième salle plus petite située à l'étage, et logée au-dessus de la porte fortifiée des Chenizelles flanquée de ses deux tours du XIIe siècle, offre un joli point de vue. Une adresse réputée à Laon !

■ L'ESTAMINET SAINT-JEAN

23, rue Saint-Jean ✆ 03 23 23 04 89
www.estaminetsaintjean.com

Fermé mercredi soir dimanche soir et lundi journée. Ouvert le mardi et du jeudi au samedi de 12h à 14h et de 19h à 22h ; le mercredi et le dimanche de 12h à 14h. Réservation recommandée. Service à l'ardoise. Carte : 22 € environ. Menu enfant : 7 €. Plat du jour : 8,50 €. Vin au verre. Le samedi plat du jour : 9,50€. Le dimanche tradition du rôti. Accueil des groupes. Animations.

C'est avec un large sourire et quelques mots de bienvenue que le chef, Matthieu, digne représentant du département du Nord, vous accueille dans son estaminet. Les lieux sont à l'avenant : simples, clairs, boisés, chaleureux. Sur le mur, l'ardoise vous invite à choisir entre différents plats, tous plus alléchants les uns que les autres. A peine installé, on imagine déjà la flamiche, le poulet ou la goyère au maroilles. L'estampille Qualité Hauts-de-France est de rigueur, mais pas seulement. Le chef tient par-dessus tout à servir une cuisine certes savoureuse, mais aussi faite maison, avec des légumes bio de saison, frais, locaux, et surtout avec zéro déchet. Une éthique au service du plaisir.

■ LE TRAPPIST

39, rue Saint-Jean
Ville haute ✆ 03 23 89 00 79
♿

Ouvert toute l'année. Du lundi au vendredi de 12h à 13h30 et le soir. Ouvert jeudi, vendredi, samedi de 19h à 21h30. Menu du midi à 12,50€. Menu enfant : 6 €. Plat du jour : 8,50 €. Vin au verre. Tous les jeudis, de 19h à 21h, moins 30% sur la carte hors boisson. Accueil des groupes. Terrasse.

Un nom qui fleure bon la brasserie. On est immédiatement séduit par le comptoir d'une classe sans égale avec ses pompes à bière en cuivre. L'équipe sympathique vous réserve un accueil chaleureux. Toutes ces bonnes appréciations se confirment lorsque l'on passe à table. La carte change régulièrement. En cuisine, on ne compose qu'avec des produits frais Et certain produit du terroir. La ficelle maison est de la partie, le chicon du Trappist fond en bouche, le welsh associe avec gourmandise le cheddar et le maroilles, etc. Quelques salades et burgers s'invitent également à la carte. Le Trappist vous fait profiter d'une formule *happy hour* le jeudi avec -30 % sur la carte !

LE PÊCHÉ MIGNON
53, rue Châtelaine
✆ 03 23 29 35 19
noulet.david@outlook.fr

Ouvert du jeudi au lundi de 12h à 14h ; le lundi et le mardi de 19h à 21h30 ; le jeudi de 19h à 21h30 ; le vendredi et le samedi de 19h à 22h30. Fermé le mercredi. Carte : 15 € environ. Menu enfant : 8 €. Formule du midi : 14 € (entrée°plat ou plat+dessert.Menu du jour complet : 17€).

L'élégance est de mise. Une devanture engageante, une salle lumineuse, une ambiance cosy, des assiettes soignées, des desserts joliment mis en scène, il y a décidément beaucoup de goût en ces lieux. Si en plus on vous annonce que les produits sont frais et de saison, plus aucun doute permis : voici un restaurant qui deviendra bien vite votre nouveau pêché mignon ! Pas la peine d'aller vous confesser, on vous pardonne déjà vos plus folles envies d'y revenir !

Le gîte

HOTEL DE LA BANNIÈRE DE FRANCE***
11, Rue Roosevelt ✆ 03 23 23 21 44
www.hoteldelabannieredefrance.com
hotel.banniere.de.france@wanadoo.fr

Ouvert toute l'année. Accueil 24h/24. 18 chambres. Chambre simple 82 € ; chambre double 92 € ; chambre triple 128 €. Petit déjeuner : 9 €. Lit supplémentaire : 25 €. Parking : 7 €. Enfants (0 à 10 ans) : gratuit dans la chambre des parents. Menus de 16 € à 62 €. American Express, Diners Club, Chèque Vacances. Séminaires. Réceptions et mariages. Restauration (menus de 16 € à 62 € médaillons de ris de veau aux morilles 27 €, oeuf cocotte aux écrevisses et champignons 12 €, sorbet au marc de champagne 10 €).

S'il remonte au XVIIe siècle, cet ancien relais de poste s'est heureusement adapté et dispose aujourd'hui de chambres élégantes et confortables, dans un décor plutôt contemporain. La salle de restaurant a gardé un style plus bourgeois, pour coller à une belle cuisine classique - truite pochée au champagne, ris et rognons de veau aux morilles, profiteroles au chocolat -, qu'accompagnera un cru tiré de la cave.

Loisirs

LE DÔME
74, avenue Charles-de-Gaulle ✆ 03 23 23 94 00
www.ledome-equalia.fr – ledome2@wanadoo.fr

Patinoire fermée de la 1ère semaine de juin au 2ème weekend de septembre. Tous les horaires (très variables) sont sur le site Internet. Piscine : 4,30 € (3,30 € pour les 4 à 12 ans). Patinoire : 4,70 € (3,50 € pour les 4 à 12 ans). Séance Activ (hors Activ'Bike) : 10 €. Activ'Bike : 13 €. 12 sèances Activ : 100 €. 10 séances Jardin d'éveil : 81 €. Chèque Vacances.

Inauguré en 2003, cet immense centre sportif et de loisirs, axé sur 2 pôles (piscines et patinoire), propose un panel complet d'activités sportives ou ludiques, ouvertes au public local et de passage. L'espace aquatique séduira tout un chacun avec les bassins, la pataugeoire, le toboggan, mais aussi sauna, hammam et grotte à sel.

Enfin, plus de 800 m² de glace vous attendent à la patinoire. Musique et lumières : l'ambiance est conviviale. Le lieu peut également organiser les anniversaires des plus jeunes. Régulièrement, des soirées à thème sont organisées. En janvier 2020, par exemple : galette des rois, ou soirée black out ! Mise à jour régulière sur le site Internet.

Emplettes

Panier gourmand

CONFISERIE AMANDINE
27, rue Châtelaine ✆ 03 23 79 08 32
amandine.amandine@akeonet.com

Ouvert le lundi de 14h30 à 19h ; du mardi au samedi de 9h30 à 13h et de 14h30 à 19h. Fermé le dimanche.

On s'y presse vite pour découvrir la spécialité locale ! Les pavés de Laon, ces chocolats pralinés fondants entourés de meringue sont un délice à déguster. Karine Cerf vous accueille avec le sourire dans sa boutique et vous propose de nombreuses autres diableries, comme les pavés au goût caramel, parfumés à l'orange et au cognac... De la confiserie, des dragées, du champagne, des produits locaux qui raviront les touristes de passage ! Venez donc vous faire plaisir ou régaler vos amis avec la confection de paniers cadeaux.

Marchés

MARCHE DES PRODUITS DU TERROIR
Cloître de l'abbaye Saint-Martin
✆ 03 23 20 28 62
info@tourisme-paysdelaon.com

Chaque troisième vendredi du mois, de 15h à 19h.

Cadre exceptionnel, bons produits régionaux cultivés avec passion, que demander de plus ? Le marché des produits du terroir vous invite à un moment particulièrement agréable, au sein du cloître de l'abbaye Saint-Martin, chaque troisième vendredi du mois. Vous pourrez y remplir vos paniers de divers produits du secteur : maraîchers, miels, pâtés... Idéal pour les adeptes de la gourmandise et de l'esprit locavore.

Dans les environs

Barenton-Bugny

NATURAGORA
1, chemin du Pont-de-la-Planche
✆ 03 23 23 30 89
www.naturagora.fr – contact@naturagora.fr

Ouvert tous les jours. Certaines activités et sorties payantes. Visite guidée. Animations.

Si vous aimez les belles et longues sorties nature, voici un bon plan pour vous. Naturagora organise régulièrement des balades découvertes gratuites. Le collectif associatif œuvre pour l'environnement et incite à la compréhension et à la gestion de la nature. Avec l'aide de huit partenaires pour qui le devenir écologique est important, des actions de sensibilisation sont menées. De nombreux projets sont montés avec les enfants sur ce vaste site. N'hésitez pas à contacter Naturagora pour le calendrier des prochaines manifestations.

Bruyères-et-Montbérault

AU PLAISIR DES METS
2, avenue de Verdun
✆ 03 23 24 70 33
au-plaisir-des-mets@outlook.fr

Du 01/04/2020 au 15/10/2020 : fermé les lundi et samedi midi. Du 16/10/2020 au 31/03/2021 : fermé les lundi, mardi soir, mercredi soir, samedi midi et dimanche soir. Menu à 30,90€ et carte. Carte : 30,90 € environ. Menu enfant : 6,90 €. Formule du midi : 14,90 € (entrée+plat+dessert servi le midi en semaine). Vin au verre. Burgers maison. Terrasse.

Restaurant traditionnel, le Plaisir des Mets vous propose une carte sur laquelle les amateurs de viande rouge trouveront leur bonheur, mais pas uniquement. Tout au long de l'hiver, des soirées moules-frites et des soirées à thèmes sont régulièrement organisées afin de déposer un peu de la chaleur des lieux au creux de votre assiette. La carte, outre les plats classiques, inclut désormais l'incontournable hamburger, revu et corrigé à la manière savoureuse du chef Loïc : à consommer sur place ou à emporter. Un établissement convivial pour une cuisine sympathique.

LA CHÈVRERIE DE BRUYÈRES
Fort de Bruyères
✆ 06 22 08 61 80
contact@lachevreriedebruyeres.fr

La chèvrerie est ouverte de mars à octobre : pendant les vacances scolaires visite guidée tous les jours sauf le lundi. Hors vacances scolaires visite tous les samedis et dimanches. Vente de fromages et de savons. Gratuit enfant -de 2 ans ; enfant de 2 à 12 ans : 4,50€ ; adulte : 5,50€. Nombre de places limité, réservation très fortement conseillée.Tarifs groupes et scolaires contacter le site. CB non acceptée. Conventions pour divers handicaps.

D'emblée, ce qui frappe, c'est l'écrin dans lequel se situe la chèvrerie pédagogique : un fort datant de 1878. Passé le porche et après avoir franchi des passages voûtés, la chèvrerie, toute de bois vêtue, vous attend. Béatrice, l'hôtesse des lieux, vous accueille pour une visite qui va durer environ une heure et demie pendant laquelle elle vous fera partager sa passion. La visite comporte deux volets, le premier, théorique : biologie, élevage, fabrication des fromages, le second, pratique : brossage, biberons des chevreaux (en février et mars), foin pour les adultes, traite. A noter : les chevreaux mâles ne finissent pas à l'abattoir mais en éco-pâturage. On les aime les chèvres ici, sans aucun doute.

Chavignon

LES ATELIERS DE L'ABEILLE
Lieu-dit la Fontaine Du Bois
✆ 03 23 21 61 62
www.complexe-apicole.fr
lesateliersdelabeille@wanadoo.fr

Ouvert le lundi et du mercredi au samedi de 9h à 12h et de 14h à 18h. Livraison possible (boutique en ligne). Gratuit.

La découverte d'un monde étonnant. Ici, vous saurez tout sur la vie des abeilles, l'évolution du matériel au fil des âges et évidemment sur la fabrication du miel. L'exploitation dispose de plus de 1 000 ruches. A travers des parois vitrées, vous observerez le travail de la colonie. Un film pédagogique permet d'en apprendre davantage. Une visite sympathique en famille, les enfants adorent. Enfin, la boutique propose de nombreux produits gourmands délicieux et d'autres, sources de bien-être.

GÎTE DES BRUYÈRES
3, rue de la Planchette
✆ 06 19 17 54 13
http://gitedesbruyeres.fr
gitedesbruyeres@gmail.com

Pour 12 personnes (180 m², 5 chambres). De 420 € à 630 € la semaine selon saison. Label Tourisme & Handicap. Wifi gratuit. Lave-linge, lave-vaisselle. Canal +. Terrain de boules, balançoire, poulailler privé au gîte, gîte équipé pour accueillir 2 jeunes enfants.

Une jolie demeure ancienne pour de belles vacances où nature et détente se conjuguent habilement. Le gîte s'étend sur une surface confortable de 180 m². De quoi faire cohabiter toute une tribu ! Les cinq chambres sont confortables et idéalement entretenues, même si l'on aimerait un peu de folie dans la décoration bien trop sage. Une remarque valable pour l'ensemble de la maison. Cependant, la convivialité est bien au rendez-vous, notamment dans le salon avec sa cheminée et son mobilier de bois. Des espaces épurés donc, mais fonctionnels.

Liesse-Notre-Dame

BASILIQUE NOTRE-DAME
Place du Parvis
✆ 03 23 22 20 21
www.notredamedeliesse.com
ndliesse@orange.fr

Basse saison : ouvert tous les jours de 8h à 17h. Haute saison : tous les jours de 8h à 18h. Visites guidées le dimanche de 15h à 17h et sur demande.

La basilique Notre-Dame et son presbytère, tous deux classés, furent visités dès le XIIe siècle par presque toute la chrétienté, y compris de sang royal, grâce au prestige de la légende des Trois Chevaliers. De l'édifice originel, il ne reste aucune trace visible. L'édifice actuel fut reconstruit à partir de 1370 et terminé en 1480. Lieu de pèlerinage royal pendant le Moyen Âge jusqu'à la Révolution, le sanctuaire reçut de nombreux dons somptueux, qui permirent entre autres l'édification du jubé en marbre et pierre finement ouvragé et du retable du maître-autel, ex-voto de Marie de Médicis. A noter : deux tableaux du XVIIe siècle : l'un représentant "la Pentecôte", offert par la corporation des bateliers de Paris, l'autre représentant une Nativité, avec deux donateurs, peint par Claude Vignon. Le pèlerinage, toujours actif de nos jours, a permis au XXe siècle de doter l'édifice d'un ensemble de vitraux historiés, réalisés par Jacques Despierres.

Suzy

■ LES ÉTANGS DU MOULIN***
1, rue du Champ-Fercot
✆ 03 23 80 92 86
www.etangsdumoulin.fr
contact@etangsdumoulin.fr
A 12 km de Laon.

Fermé du 31 octobre au 26 mars. Locatifs en cabanes sur pilotis ouverts toute l'année. Accueil jusqu'à 20 H (au delà prévenir). Terrain de 6 ha. 30 emplacements. Exposition : ombragé / ensoleillé. Relief : vallonné. Emplacement avec électricité. Camping : 1 nuit pour 2 adultes avec électricité à partir de 23,80€. Location tipis : 1 nuit en semaine basse-saison : à partir de 56€. Location roulotte 2 nuits en semaine basse-saison à partir de 110€. Location chariot 2 nuits à partir de 136€. Jeux pour enfants. Salle de bains pour bébés. Animaux acceptés (2,05€ la nuit). Aire pour camping-cars. Wifi. Restauration (restaurant Tex'n : cuisine de terroir et Tex Mex). Piscine chauffée et couverte. Animations. Excursions (karting à pédales, pêche au blanc ou à la carpe, massages bien être).

Amoureux, chercheurs d'atypique, il fait bon connaître ce camping qui est l'endroit rêvé pour les enfants ou pour ceux qui le demeurent. Sur un terrain de 6 ha, cinq petits univers vous attendent. Vous pourrez ainsi choisir entre de superbes chariots du Grand Ouest, des cabanes en rondins de bois ou sur pilotis, des tipis importés du Canada, ou des roulottes plus romantiques qui vous feront bien vite oublier le classicisme des hôtels. Un camping confortable, pour tentes et camping-cars, est aussi à votre disposition. Attrait non négligeable et qui concerne tout le monde : une piscine couverte et chauffée. Le soir, le restaurant Tex'n sert, au choix, une cuisine de terroir ou tex-mex.

SAINT-QUENTIN ★★

À la croisée des grands chemins entre Paris et Bruxelles, Reims et Amiens, Saint-Quentin jouit d'une situation géographique idéale. Cette terre d'art et d'histoire tient son nom du jeune missionnaire romain Quintinus, martyr de la fin du IIIe siècle dont les reliques feront l'objet d'un pèlerinage important jusqu'en 1914. En 1557, Saint-Quentin est terriblement marquée par le siège espagnol des troupes du roi Philippe II d'Espagne. Cette bataille fit six mille morts et autant de prisonniers, et se solda, malgré la vaillance des habitants, par la prise de la ville quinze jours plus tard.

Comme Trafalgar ou Waterloo en Angleterre, la victoire de Saint-Quentin est largement célébrée par les Espagnols, qui ont donné son nom à de nombreuses rues, villages et dépendances ibériques. En signe de paix et d'amitié entre les peuples, la ville de Saint-Quentin est jumelée avec San Lorenzo de El Escorial qui abrite le célèbre palais des rois d'Espagne. En 1870, la population repousse héroïquement l'armée allemande, mais est ensuite ravagée à 80 % par les bombardements de la Première Guerre mondiale. Forte de soixante mille habitants, Saint-Quentin est aujourd'hui une ville animée où il fait bon flâner. Observez l'élégante place de l'Hôtel de Ville où se confondent façades flamandes et Art déco. Profitez de la rue d'Isle qui offre une belle perspective sur la place du 8 octobre et le pont majestueux qui relie la ville aux faubourgs. L'été, la place se fait plage : bassins, jeux aquatiques, animations et plusieurs tonnes de sable la recouvrent !

En hiver, c'est au tour du Village de Noël de créer l'événement un mois durant. Le week-end de la Pentecôte, les fêtes du Bouffon prennent les rênes de la ville et installent leurs quartiers aux Champs Elysées. Elles sèment dans les rues leur grain de folie carnavalesque pour deux journées hautes en couleur et en convivialité.

La capitale de Haute-Picardie se distingue également pour son héritage naturel avec la réserve nationale des marais d'Isle, au cœur de la ville. Profitez de visites nature, à pied ou en bateau électrique !

L'Art Déco à Saint-Quentin

Située sur la ligne Hindenburg, et ayant été occupée par les troupes allemandes durant la quasi-totalité de la Première Guerre mondiale, Saint-Quentin, en 1918, est une ville détruite à 70 %. Sa reconstruction s'effectue durant les années 1920. En parallèle des restaurations classiques, ou des reconstructions à l'identique de bâtiments originaux disparus, un nouveau courant architectural et artistique se développe, notamment dès 1924 : l'Art déco, le retour à la vie.

Ce style, succédant à l'Art nouveau, prône le retour à la tradition classique et se mêle de cubisme, d'arts antiques, d'Afrique et d'Orient. Ses moyens d'expression sont la mosaïque coloriée, le moulage du béton, le fer forgé, l'art du vitrail et l'ébénisterie. On le trouve admirablement bien représenté à Saint-Quentin dont il est l'une des caractéristiques architecturales majeures. Dans la rue d'Isle, par exemple, on notera les bow-windows (ou oriels) du conservatoire de musique, le pont Art déco, ou encore les frises florales dues à l'architecte André Finot que l'on peut voir au 32, rue Voltaire. En visites guidées (uniquement), il vous sera possible de découvrir des intérieurs Art déco remarquables tels le buffet de la gare, les anciens magasins des Nouvelles Galeries et la salle du conseil municipal.

OFFICE DE TOURISME ET DE CONGRÈS DU SAINT-QUENTINOIS
3, rue Émile-Zola ✆ 03 23 67 05 00
www.saint-quentin-tourisme.fr
tourisme@saint-quentin.fr
Du 1er octobre au 31 mai, le lundi de 13h30 à 18h, du mardi au vendredi de 9h à 12h et de 13h30 à 18h, le samedi de 10h à 12h30 et de 14h à 17h. Du 1er juin au 30 septembre. Le lundi de 13h30 à 18h, du mardi au vendredi de 9h à 12h et de 13h30 à 18h, le samedi de 9h30 à 12h30 et de 14h à 18h, le dimanche de 13h30 à 17h30. Jours fériés de 14h30 à 17h, sauf 1er janvier, 1er mai, 1er et 11 novembre et 25 décembre.
L'office de tourisme se situe à deux pas de la Grand-Place. Il est animé par une équipe dynamique qui saura vous donner tous les renseignements nécessaires et conseils personnalisés pour votre séjour. Elle vous documentera avec entrain sur la ville et ses environs et vous présentera les visites guidées organisées par la Direction du patrimoine sur tout le territoire de la communauté d'agglomération. Ces visites thématiques sont orientées notamment sur l'histoire et l'architecture, il est possible de les réserver directement via le site web de l'office de tourisme. En 2020, dix-sept dates de visites insolites vous sont proposées, par exemple : la visite des marchés avec « Marché et convivialité » ou encore « L'hôtel de ville se prend pour Poudlard ». L'office de tourisme organise aussi des visites thématiques audioguidées (audioguide en prêt à l'office de tourisme) ou à télécharger sur votre smartphone. A noter : le surprenant week-end « 48 heures dans les années vingt » sera de retour les 24 et 25 octobre 2020. Enfin, une boutique vous propose un choix de produits du terroir et de souvenirs de qualité avec des créations exclusives.

Points d'intérêt

BASILIQUE DE SAINT-QUENTIN ★
1, rue de Labon ✆ 03 23 67 05 00
Voir page 10.

CHEMIN DE FER TOURISTIQUE DU VERMANDOIS
ZI Saint-Lazare
Accès par le boulevard Camille-Guérin
✆ 03 23 64 88 38
www.cftv.fr – info@cftv.fr
Réservations en ligne ou par mail.
Un classique inusable et toujours efficace : le petit train touristique qui a fêté ses 40 ans d'existence en 2017. Cette promenade en Vermandois, en suivant l'Oise, vous offrira un bel aperçu de la région. Au départ de Saint-Quentin (beau panorama sur la ville, en partant, après le pont de Guise), on quitte la vallée de la Somme en montant, avant de redescendre sur celle de l'Oise. On passe à Ribemont et tout près de l'ancienne abbaye Saint-Nicolas. Un coup d'œil sur la gare : c'est la seule du parcours à avoir été épargnée par la guerre de 1914-1918. On rejoint ensuite Lucy et son moulin puis Origny-Sainte-Benoîte, terminus de ce trajet. De nombreuses animations sont régulièrement mises en place : le train des Doudous, le spécial Fête des mères/des pères, le train Halloween, celui de Noël, etc. On salue, enfin, la superbe initiative des repas de fête, dans une voiture-restaurant de style Art déco. Le charme et le luxe d'autrefois, pour un voyage inoubliable !

HÔTEL-DE-VILLE DE SAINT-QUENTIN ★
Place de l'Hôtel-de-Ville ✆ 03 23 06 90 00
www.saint-quentin.fr
Programme des visites guidées à l'office de tourisme.
Au cœur de la ville de Saint-Quentin, découvrez ce monument classé dont la construction fut achevée en 1509. Cet édifice de style gothique flamboyant est édifié sur les anciennes fondations de la Maison de la Paix. Il est composé de 173 sculptures fantaisistes qui ornent sa façade et représentent la vie quotidienne locale de l'époque. A l'intérieur il vous sera possible de découvrir la salle des mariages et sa cheminée monumentale, ainsi que la superbe salle du Conseil, classée elle aussi, ensemble Art déco, que l'on doit à Louis Gindez. Le campanile de 1663, reconstruit en 1761, abrite un carillon de 37 cloches qui jouent une ritournelle différente aux heures et quarts d'heure. Un programme des visites guidées est disponible à l'office de tourisme.

MUSÉE ANTOINE-LÉCUYER ★
28, rue Antoine Lécuyer ✆ 03 23 06 93 98
musee.lecuyer@saint-quentin.fr
♿
Ouvert du mardi au dimanche de 14h à 18h ; le mercredi et le samedi de 10h30 à 12h30. Fermé le lundi et les 1er janvier, 1er mai, dimanche de Pâques, dimanche de la Pentecôte, 1er novembre, 11 novembre et 25 décembre. Gratuit jusqu'à 5 ans. Adulte : 2,50 €. Tarif réduit : 1,50 €. Réductions et gratuité sous conditions. Pass famille 7€ 2 adultes et 2 enfants. Accessible partiellement aux personnes à mobilité réduite. Boutique.
Le musée Antoine Lécuyer propose une collection unique de pastels de Maurice-Quentin de La Tour (1704-1788), résultant du legs de son fonds d'atelier à sa ville natale. Vous pourrez y découvrir les nombreux portraits de ses contemporains tels que ceux des membres de la famille royale, d'artistes ou encore des philosophes des Lumières comme Voltaire et Jean-Jacques Rousseau. Le musée présente également d'autres pastels des XVIIIe, XIXe et XXe siècles, des peintures italiennes, nordiques et françaises allant du XVe au XXe siècle, ainsi que des sculptures, des objets d'art et du mobilier.

MUSÉE DES PAPILLONS
14, rue de la Sellerie ✆ 03 23 06 93 93
Ouvert le mardi, le jeudi, le vendredi et le dimanche de 14h à 18h ; le mercredi et le samedi de 10h30 à 12h30 et de 14h à 18h. Fermé certains jours fériés, se renseigner. Gratuit jusqu'à 4 ans. Adulte : 3 €. Enfant (de 5 à 18 ans) : 2 €. Tarif réduit : 2 €. Pass famille 7 €.
Le musée des Papillons a rouvert en janvier 2018 et propose 5 espaces dédiés à cet insecte majestueux. Dès votre entrée, vous découvrirez une œuvre poétique légère et aérienne sur le thème des papillons. Dans une scénographie totalement repensée, alliant informations historiques, biologiques et patrimoniales, vous irez de surprise en surprise. Un lieu qui enchantera petits et grands où écoute, observation à la loupe, puzzles, maquettes mais aussi table numérique et écrans dynamisent la visite pour un parcours ludique et coloré.

PARC D'ISLE

Avenue Léo-Lagrange
✆ 03 23 05 06 50
www.agglo-saintquentinois.fr

Ouvert tous les jours. Du 1er avril au 30 septembre : 8h-20h. Du 1er octobre au 31 mars : 8h-18h. Gratuit. Nombreuses animations tout au long de l'année, se renseigner auprès de l'Office du Tourisme ou en téléchargeant le programme du parc sur www.agglo-saintquentinois.fr.

Envie de détente et de nature ? Le parc d'Isle vous offre, au détour d'une promenade, des points de vue remarquables sur la Réserve Naturelle Nationale des Marais d'Isle ; mais aussi des aires de jeux, de pique-nique et le nouveau parc animalier. Côté réserve, vous observez le héron cendré, le grèbe huppé ou le majestueux busard des roseaux. Côté parc, vous pourrez admirer les animaux de la ferme, mais aussi des lamas, des chameaux, des alpagas, des wallabies ou encore des émeus. En 2019, le parc s'agrandit pour accueillir de nouvelles espèces : maki cattas, loutres, perroquets, tamarins ou encore tortues feront partie des prochains arrivants. Juste à l'entrée du Parc, la Maison du Parc vous accueille et vous invite à la découverte d'un patrimoine naturel insoupçonné au travers de nombreuses animations proposées tout au long de l'année. Pour les sportifs, un espace remise en forme et un parcours d'accrobranche (sur réservation) font partie des équipements. Bon plan ! Les balades en « bacôve » pour visiter le Marais d'Isle en barque traditionnelle accompagné d'un guide. Un magnifique écrin de verdure au cœur de la ville, en plein renouvellement !

THÉÂTRE JEAN-VILAR

16, place de l'Hôtel-de-Ville
✆ 03 23 62 24 79
www.saint-quentin.fr/112-theatre.htm
patrimoine@saint-quentin.fr

Ouvert le mardi, le jeudi, le vendredi et le dimanche de 14h à 18h ; le mercredi et le samedi de 10h30 à 12h30 et de 14h à 18h. Horaires de la billeterie Saint-Jacques site de réservation des spectacles.

Pour construire ce théâtre au XIXe siècle, il fut nécessaire de démolir en 1842 les hôtels du Cornet d'Or, des 3 Poissons et de l'Ange, ainsi que l'ancienne salle de spectacles. Réalisé sur le plan de l'architecte Guy de Caen, il fut achevé en 1844. Typique du théâtre à l'italienne, il présente une façade issue de l'art grec, sculptée en 1854 par Matagrin et Cléron. Jusqu'en 1914, il y eut chaque jour une représentation : opérette, opéra, vaudeville, et l'on y jouait à guichets fermés. C'est encore aujourd'hui un lieu de spectacles fort prisé des amateurs.

Autre adresse : Billetterie spectacles - 47, rue d'Isle 02100 Saint-Quentin ✆ 03 23 62 36 77.

VILLAGE DES MÉTIERS D'ANTAN & MUSÉE MOTOBÉCANE

5, rue de la Fère ✆ 03 23 66 13 13
www.village-metiers-dantan.fr
metiersdantan@orange.fr

Fermé les 25 décembre et 1er janvier. Pour les groupes, ouvert tous les jours sur rendez-vous. Ouvert du mardi au dimanche du 1er octobre au 30 avril de 14h à 18h. Ouvert du 2 mai au 30 septembre du mardi au samedi de 9h à 12h et de 14h à 18h et le dimanche de 14h à 18h. Gratuit jusqu'à 5 ans. Adulte : 9,80 €. Enfant (de 6 à 16 ans) : 6,50 €. Location audio-guide 1€. Pass famille 25 à 31 €. Visite guidée (sur demande). Boutique. Animations.

Un espace totalement hors du temps et surprenant ! Il y a tout d'abord le village des métiers d'antan qui présente sur près de 3 200 m², 55 thèmes de métiers oubliés (horloger, tonnelier, etc.) grâce à l'étonnante reconstitution de boutiques et lieux (1860-1960 pour l'essentiel) débordant d'objets authentiques, meublés et décorés en grande partie grâce à des dons. On y trouve également l'unique musée de France consacré à la mythique marque Motobécane : plus de 120 modèles exposés dans l'ancienne usine de la marque qui rappellent une étonnante et brillante épopée industrielle. À découvrir également une collection de véhicules hippomobiles et d'objets rares et/ou insolites dont il faut retrouver l'usage. Une visite magique pour tous les âges, à consommer sans modération !

Le couvert

AUBERGE DE L'ERMITAGE

331, route de Paris ✆ 03 23 62 42 80
www.auberge-de-lermitage.fr

Ouvert du dimanche au mardi, le jeudi et le vendredi de 12h à 13h45 ; du jeudi au samedi de 19h à 20h45. Réservation recommandée. Menus à 31 et 44 € en semaine et 35 et 48 € le week-end. Formules carte : (entrée-plat) 66 €, (plat-dessert) 55 €, (entrée-plat-dessert) 80 €.€.

Formule affaire 20 € (le midi en semaine). Prix 2019. Label Tourisme & Handicap. Terrasse. Parking privé.
C'est certainement l'un des meilleurs restaurants de Saint-Quentin ! En famille, entre amis, en tête à tête, Jean-François Hénon et son épouse vous réservent un accueil chaleureux. Dans un style authentique et cosy, l'intérieur a été récemment rénové et agréablement décoré. Aux beaux jours, vous prenez place sur la terrasse ombragée et l'hiver autour de la cheminée qui participe à l'ambiance chaleureuse. La cuisine gastronomique suit les saisons et se concocte à base de produits frais. La carte, valorisée par des accords mets-vins, colle à l'inventivité du chef. Commencez par un samoussa de crevettes roses bouquet aux légumes thaïs sauce aigre-douce, poursuivez avec un filet de bar rôti aux asperges blanches de France crème mousseline citron vert quinoa ou un magret de canard façon Rossini pommes grenailles sautées avec petits légumes et terminez par un Saint-Honoré crème mousseline à la mandarine fraises gariguettes bretonnes. En semaine, à midi, la formule Affaire avec son carpaccio de tomates roses de Berne et mozzarella au pistou, son travers de porc jus aigre-doux, tagliatelles, petits légumes et son café gourmand avec sa formule 2 verres de vin est un excellent compromis qualité-prix.

■ LE 8 PAR NICOLAS PIERRE

3, place du 8-Octobre ✆ 03 23 04 14 26
le8@lesrestaurantsnicolaspierre.com
♿
Ouvert du lundi au jeudi de 11h45 à 14h et de 18h45 à 22h ; le vendredi et le samedi de 11h45 à 14h et de 18h45 à 23h. Réservation recommandée. Menus le 8 : (entrée-plat ou plat dessert) 25,50 € ou (entrée-plat-dessert) 29,50 €. Formules du midi (entrée-plat ou plat -dessert) à 16 € ou (entrée-plat-dessert) à 19,50 €. Carte : 20 € environ (plats de 11,50 à 19,50 €). Menu enfant : 10 €. Plat du jour : 12,50 €. Vin au verre. Assiette ou planche Apéro : de 7,50 € à 22 €. Large choix de vin au verre. Accueil des groupes (possibilité de privatiser une des deux salles). Terrasse.
Tout proche de la gare, ce sympathique établissement des Restaurants Pierre satisfera tous les appétits dans un cadre cosy et chaleureux où tout est orienté vers la convivialité avec par exemple une grande table d'hôtes et des planches apéro à partager ! Les brochettes, ludiques, voisinent sur la carte avec des plats de cuisine française traditionnelle ou régionale. Les burgers, permettant de varier les plaisirs, auront les faveurs des plus jeunes qui plébiscitent cette adresse. Restaurant original, équipe dynamique, carte ludique et variée, Le 8 par Nicolas Pierre est à découvrir absolument !

■ LE BOUDOIR

37, rue Raspail ✆ 03 23 60 93 14
www.restaurant-leboudoir.fr
leboudoir.infos@gmail.com
Ouvert le mardi, le vendredi et le samedi le soir ; du mardi au samedi le midi. Réservation recommandée. Menus de 25 € à 38 €. Carte : 20 € environ. Formule du midi : 15 € (plat jour et café gourmand (du mardi au vendredi)).
Le Boudoir conjugue astucieusement une formule qui plaira à tous : accueil souriant et chaleureux, cuisine délicate faite de produits frais et de saison le tout dans un cadre agréable. Que demander de plus ? La cuisine traditionnelle promet de jolies découvertes, avec une carte qui change tous les mois. Pas la peine de vous en faire l'étale ici, à vous de découvrir les délices de la cheffe. Une adresse qui vous marquera.

■ CHEZ JEAN

4 bis, rue de Lyon ✆ 03 23 66 50 70
chezjean02@gmail.com
♿
Ouvert toute l'année. Ouvert midi et soir sauf mardi soir, jeudi soir et dimanche journée. Réservation recommandée. Formules du jour (entrée-plat) ou (plat-dessert) 22 € ou (entrée-plat-dessert) 29,50 €. Carte : 15 € environ. Plat du jour : 11 €. Vin au verre. Accueil des groupes. Chaises bébé. Végétariens, végétaliens, végans, régime sans gluten sont les les bienvenus.
Une chose est sûre vous ne pourrez qu'apprécier cette adresse. Tout est fait pour que vous y passiez un très agréable moment. L'établissement au style Art déco se trouve en centre-ville sur le circuit « Art déco » de l'office de tourisme, à deux pas de la basilique. Le cadre vous enchantera tout autant que le service impeccable. La carte quant à elle propose une cuisine de marché faite de produits frais qui suit les saisons. Sur le moment, quatre entrées, quatre plats, quatre desserts au choix sur une carte de cuisine simple, goûteuse et généreuse. Toasts de chèvre chauds incomparables, confit de canard, os à moelle, poisson du jour sont quelques-uns des classiques. Et, chose appréciable, l'établissement propose un large choix de vins servis au verre pour accompagner judicieusement vos mets. Le plus, le parking situé juste à côté de cette adresse.

CHEZ PAULETTE

28, place de l'Hôtel de Ville ✆ 03 23 51 01 30
bistrotchezpaulette@gmail.com

Ouvert toute l'année. Le mardi et le mercredi de 11h45 à 14h et de 18h45 à 21h ; le jeudi de 11h45 à 14h et de 18h45 à 22h ; le vendredi et le samedi de 11h45 à 14h et de 18h45 à 23h. Fermé le dimanche sauf réservation de groupe. Réservation recommandée. Menus de 22 € à 24 € (à 24 euros 1 verre de vin inclus). Carte : 20,80 € environ. Menu enfant : 9 €. Plat du jour : 12 €. Terrasse.

Ouvert depuis deux ans, le bistrot-restaurant Chez Paulette propose une cuisine de terroir de qualité. La salle a été aménagée avec goût, le décor est chaleureux et l'on s'y sent rapidement à son aise. Les produits servis sont d'évidence sélectionnés pour leur fraîcheur, résultat c'est tout simplement bon, suffisant sans être copieux, en un mot : équilibré.

L'une de leurs spécialités, très appréciée des connaisseurs, est le welsh, plat d'origine galloise devenu un acteur incontournable de la gastronomie septentrionale. Naturellement, flamiche au maroilles ou encore carbonnade flamande figurent en bonne place sur la carte. Bon appétit !

LE ROUGET NOIR

19, rue Victor-Basch ✆ 03 23 62 44 44
www.lerougetnoir.com
contact@lerougetnoir.com

Ouvert toute l'année. Le lundi, le mardi et du jeudi au samedi le midi et le soir. Fermé les mercredi et dimanche sauf pour les groupes (minimum 18 personnes). Réservation recommandée. Menu à 32 €. Carte : entrées de 9,50 à 20 €, plats de 24 à 28 €, desserts de 6 à 8,50 €. Menu enfant : 16 €. Egalement suggestions à l'ardoise. Chèque Restaurant. Vente à emporter. Service Traiteur.

Dans cet établissement, le poisson est à l'honneur, le rouget tout particulièrement. Vous pourrez le déguster en bouillabaisse ou façon belle meunière pour une sole. Mais la carte de cuisine inventive du chef comporte également, filet de bœuf sauce périgourdine, ou ris de veau en croustillant et son jus au porto... Au quotidien, le chef propose aussi ses suggestions à l'ardoise. Les assiettes sont servies généreusement et les tables soigneusement dressées. Quant au service, il est impeccable. L'établissement assure aussi un service de traiteur, pratique pour une invitation de dernière minute chez soi ! La carte détaillée est consultable sur le site Internet.

LE TROUBADOUR

5, place du Palais-de-Justice ✆ 03 23 64 86 51
letroubadour.fp@gmail.com

♿

Ouvert le mardi et le dimanche le midi ; du mercredi au samedi le midi et le soir. Fermé dimanche soir, lundi et mardi soir. Menus de 28,90 € à 38,90 €. Carte : 30 € environ. Formule du jour : (entrée-plat) ou (plat-dessert) à 16,90 € et (entrée-plat-dessert) à 19,90 € (à midi en semaine). Vin au verre. Terrasse.

Voilà un établissement qui ne paye pas de mine de l'extérieur mais qui mérite vraiment une halte gourmande. Plébiscité par sa clientèle, il vaut mieux réserver avant de s'y rendre. A l'intérieur le cadre est agréable et le service attentionné. La carte du chef, Maître Restaurateur, saura vous séduire. Sa cuisine, goûteuse, est traditionnelle, élaborée à base de produits frais et saupoudrée de notes originales. Les assiettes copieuses sont soigneusement présentées.

LA VILLA D'ISLE

111-113, rue d'Isle ✆ 03 23 67 08 09
www.villadisle.com – contact@villadisle.com

Ouvert du lundi au samedi le midi et le soir. Fermé le dimanche. Formules (entrée-plat ou plat -dessert) environ 22 € ou complète environ 30 €. Carte 30 € environ. Nouveauté 2020 : couscous. Accueil des groupes (l'Annexe, un lieu superbe, peut être privatisé. Réceptions, cocktails). Terrasse. Animations.

Ce très grand restaurant de la rue d'Isle est une adresse de choix pour les plaisirs gastronomiques. Dans un superbe cadre Art nouveau/Art déco, épuré et lumineux, vous serez confortablement installés dans de lourds fauteuils en rotin. Jean-Luc Plaquet sait faire plaisir à ses convives. A chaque mois son thème et son menu. Ici, les mets sont élaborés à partir de produits frais et suivent le cours des saisons. Une cuisine raffinée, inventive qui laisse un souvenir impérissable, un cadre magique, pour une soirée réussie.

WINDSOR BAR BRASSERIE

10, rue de Lyon ✆ 03 23 05 19 30
www.windsor-restaurant.fr

♿

Ouvert le lundi de 17h à 0h ; du mardi au vendredi de 11h à 14h30 et de 17h à 0h ; le samedi de 11h à 14h30 et de 17h à 0h. Carte : 14 € environ. Menu enfant : 8 €. Formule du midi : 19 € (entrée+ plat ou plat +dessert). Vin au verre. Menue complet du midi 25€. Chèque Restaurant.

Amateurs d'endroits chaleureux pour boire un verre ou pour vous restaurer, en famille, entre amis ou entre collègues, le Windsor est fait pour vous ! Dans un lieu entièrement rénové dans un style soigné et moderne, une équipe professionnelle vous attend pour vous proposer cocktails d'exception, planches de charcuterie à partager, et autres plats faits maison. Plus copieux, les tartines, viandes et poissons sont tout aussi délicieux. Goûtez par exemple au burger du chef, savoureux !

Loisirs

LA BUL

4, rue Lamartine ✆ 03 23 65 45 35
www.vert-marine.info/labul

Horaires différents selon les activités. Tarifs complets en ligne. Restaurant ouvert tous les jours de 11h45 à 14h, le vendredi soir et le samedi soir de 18h45 à 22h.

Piscine, bowling, patinoire, restaurant, à la BUL il y a tout ce qu'il faut pour passer une journée 100% famille avec 16 000 m^2 pour de sacrés fous rires. La piscine propose : bassin traditionnel, bulles, geysers, toboggans et elle s'étend sur 1 100 m^2. Les moments sympas entre amis sont assurés, par exemple grâce au bowling ou encore aux soirées karting sur glace de la patinoire. On apprécie aussi les différents thèmes proposés pour toujours plus de fun comme l'Aquanight très colorée ! Si vous aspirez davantage à la détente, un espace de relaxation avec saunas, hammams et bains bouillonnants est disponible. Enfin, n'hésitez pas à faire quelques pauses bienvenues au restaurant panoramique.

LA PLAGE DE L'ÉTANG D'ISLE

Avenue Léo Lagrange ✆ 03 23 06 30 44
www.saint-quentin.fr
billetterie@saint-quentin.fr

Ouverture au public : du 04/07/2020 au 06/09/2020 Dates communiquées sous réserve. Ouvert du lundi au samedi de 14h à 19h. Gratuit. Cabines de change. Structures gonflables, pêche aux canards (pédalos et mini-golf : accès payant).

Venez vous baigner en plein air sur la plage de l'étang d'Isle. La réserve naturelle des marais, poumon vert de la ville, toute proche, donne l'illusion d'être en pleine nature. La baignade, sous surveillance, est autorisée dans une zone circonscrite. Le site offre un joli panel d'activités ludiques et sportives : beach-volley, jeux d'eau, ping-pong, activités manuelles et nombreuses animations.

PLAGE DE L'HÔTEL DE VILLE

Place de l'Hôtel de Ville ✆ 03 23 06 30 44
www.saint-quentin.fr
billetterie@saint-quentin.fr

Ouverture au public du 04/07/2020 au 09/08/2020 sous réserve. Ouvert du lundi au samedi à partir de 11h et jusqu´à 19h ; le dimanche de 14h à 19h. Horaires communiqués sous réserve. Gratuit. Pour les personnes à mobilité réduite accès PMR. Cabines de change ; Structures gonflables. Pêche aux canards.Pataugeoire.

C'est la petite (ou grande) sœur de la plage de l'étang d'Isle. Sa particularité est de se situer au plein cœur de la ville de Saint-Quentin face au somptueux hôtel de ville et à sa façade de style gothique flamboyant. Un cadre inhabituel, mais très chic, pour s'ébattre dans le lagon de la pataugeoire ou se dorer (avec prudence) sur le sable de la plage ensoleillée. Beaucoup d'activités sont proposées aux petits et aux grands afin de profiter au mieux de la douceur estivale. Un programme des réjouissances pour les deux sites sera disponible avant le démarrage de la saison.

Sorties

LE GOLDEN PUB

3, rue Croix-Belle-Porte ✆ 03 23 62 24 91
http://legoldenpub.fr – legoldenpub@gmail.com

Ouvert du dimanche au jeudi de 11h30 à 23h ; le vendredi et le samedi de 11h30 à 0h. Service non stop. Happy hours. Restauration : Carte 17.50 euros / plat du jour poisson ou viande : 13.90 euros. Restauration. Animations. Retransmissions d'événements sportifs.

Un établissement dans la plus pure tradition des pubs anglais : cadre typique, ouverture en continu toute la journée et restauration : plats classiques, certes, mais efficaces : pizza, welsh, croque-monsieur... Cependant, on ne vient pas au Golden Pub pour se restaurer, mais bien pour l'ambiance, et pour les boissons, souvent alcoolisées, que l'on vous propose (bar classé dans le top 50 des meilleurs bars à cocktails du pays). Une promotion chaque jour : par exemple les happy hours de 17h à 19h sur les bières. Une adresse plébiscitée qui, les soirs de grand match, fait salle comble.

MÉPHISTO PUB

27, avenue Faidherbe
mephistopub@gmail.com

Ouvert du lundi au mercredi de 18h à 1h ; le jeudi et le samedi de 18h à 3h. Happy hours. Tous les jours de 18h à 20h30 sur bières sélectionnées et le jeudi jusqu'à 22h. Anglais parlé. Animations. Concerts (concerts et DJs gratuits. Programmation et événements : se reporter au site Facebook du pub). Fumoir, tournoi de poker tous les mercredis, jeux de fléchettes et billard. Retransmissions d'événements sportifs sur écran géant et son.

Haut lieu de fête s'il en est ! Le Méphisto Pub met à votre disposition plus de 20 références de bières pression et pas loin de 80 bières à la bouteille. Comme beaucoup, l'établissement propose des happy hours, tous les jours. La décoration est sympa, et les peintures sur la façade donnent le ton. Ici, le délire est assuré... Des concerts sont régulièrement organisés. Une adresse où se retrouve la jeunesse saint-quentinoise les week-ends.

Emplettes

L'ARTISANES THÉS CAFÉS

6, rue Emile-Zola
✆ 09 81 39 24 27
www.lartisanes.fr
lartisanesthescafes@gmail.com

Ouvert du mardi au samedi de 10h à 19h.

Depuis 2010, la torréfactrice Élodie Courtin et le barista David Grefiel n'ont qu'un seul credo : nous faire découvrir des produits d'une grande qualité autour du thé et du café. Les crus viennent du monde entier. La boutique propose également plusieurs modèles de machines à café. Vous voulez être sûr de réussir votre boisson et d'épater vos convives ? Des vidéos réalisés par L'Artisanes sont disponibles sur YouTube.

EPICERIE FINE DAVID

10, rue de Labbey de Pompières
Place du Marché franc
✆ 03 23 61 09 85
www.epiceriefinedavid.fr
contact@epiceriefinedavid.fr

Ouvert du lundi au vendredi de 9h30 à 12h30 et de 14h30 à 19h ; le samedi de 8h30 à 19h ; le dimanche de 9h30 à 12h30.

Envie de repartir de Saint-Quentin avec quelques denrées haut de gamme issues des meilleurs producteurs ? Allez donc faire un petit tour du côté de l'épicerie fine David, une enseigne du bon goût, nichée à quelques encablures de la Grand-Place. Ici, on aime le raffinement et l'exception gastronomique : fromages, charcuteries, chocolats, pâtes fraîches, spiritueux, conserves fines, miels, confitures... Vous n'aurez que l'embarras du choix pour faire plaisir ou, plus simplement, pour vous faire plaisir.

JEAN TROGNEUX CHOCOLATIER

1, rue Saint-André ✆ 03 23 62 21 11
www.trogneux.fr – info@trogneux.fr

Ouvert le lundi de 14h à 19h ; du mardi au samedi de 9h30 à 19h. Vente en ligne.

Six générations que cela dure ! Le premier de la lignée, Jean-Baptiste Trogneux, boulanger-pâtissier de son état, s'est installé en 1872 au centre-ville d'Amiens où se tient toujours la confiserie-chocolaterie.

Son fils mit au point la fameuse recette du macaron d'Amiens, qui demeure le produit-phare de la maison et le gâteau préféré de la ville. On fait ici provision de chocolats à l'effigie de Maurice Quentin de La Tour : noir, au lait ou blanc, mais aussi des tongs ou des moules-frites en chocolat. Les ballotins Jean Trogneux proposent un assortiment des meilleurs pralinés de la maison : feuilletés, au gianduja, à la pâte d'amande ou de noisette, en ganache, avec ou sans alcool, avec ou sans crème – et bien entendu, au pur beurre de cacao comme dans toutes les grandes maisons chocolatières. A noter également, une sélection de produits du terroir.

■ RÉSERVOIR BIÈRES
12, Boulevard de Verdun
Zone Pontoile © 03 23 62 71 76
www.reservoir-bieres.com
contact@reservoir-bieres.com
Ouvert le lundi de 14h30 à 19h30 ; le mardi et le mercredi de 10h à 12h30 et de 14h30 à 20h ; le jeudi et le vendredi de 10h à 22h ; le samedi de 10h à 21h.
Bienvenue dans le temple de la bière. Cette boutique propose une incommensurable quantité de bouteilles de ce breuvage, issues des quatre coins du monde. Voilà le lieu idéal pour découvrir de nouvelles saveurs. Car bien sûr, il est possible (et même recommandé) de déguster sur place, ce qui est un vrai plaisir en cas de soirée musicale. Besoin de conseils avisés pour soi ou pour offrir ? L'équipe est là pour vous et aux petits soins.

Dans les environs

Alaincourt

■ LA MAISON DE MARIE-JEANNE ★★
39, rue du Général-de-Gaulle
© 03 23 63 62 07
www.la-maison-de-marie-jeanne.fr
musee@alaincourt-aisne.fr
Fermé du 24 décembre au 1er janvier. Ouvert du mercredi au dimanche de 14h à 18h (dernière visite à 17h). Gratuit jusqu'à 6 ans. Adulte : 5 €. Enfant (de 6 à 12 ans) : 3,50 €. Groupe (15 personnes) : 3,50 €. Label Tourisme & Handicap. Boutique. Animations. Ateliers.
Consacré à la vie quotidienne depuis la fin des années 1800 jusqu'aux années 1970, ce petit musée labellisé Trésors et Merveilles de l'Aisne rassemble des milliers d'objets autour de la mode et de l'enfance que Marie-Jeanne Delville, habitante de longue date de la vallée de l'Oise, a collectionné tout au long de sa vie. Outre un espace pour les expositions temporaires, le parcours est organisé en cinq thématiques, « le tissu », « le soin du vêtement », « autour de l'enfant », « les loisirs », « et demain ? ». Un espace est aussi dédié à Robert Louis Stevenson, auteur écossais de *L'Ile au trésor*, qui a parcouru l'Oise toute proche en canoë et en a fait un livre. Les petits seront émerveillés de découvrir des objets qui leur sont inconnus et les grands en reconnaîtront certainement qui ont bercé leur enfance. Un joli voyage dans le temps !

Bellicourt

■ LE MUSÉE DU TOUAGE
Hameau de Riqueval © 03 23 09 37 28
www.ot-vermandois.com
contact@ot-vermandois.com
Ouvert toute l'année. Fermé les 1er janvier, 1er mai, 1er et 11 novembre et 25 décembre. Les jours fériés de 14h à 18h. Basse saison : tous les jours de 10h à 13h et de 14h à 17h. Haute saison : tous les jours de 10h à 13h et de 14h à 18h. Dernier accès au musée 1h avant fermeture. Gratuit jusqu'à 8 ans. Adulte : 5 €. Enfant (de 8 à 12 ans) : 3 €. Sur consultation. Pass famille 2 adultes+2 enfants – de 13 ans 10 euros. Visite guidée (sur demande). Boutique.
Si touer est un verbe qui signifie « remorquer un bateau », le toueur est donc le bateau électrique spécialisé dans le remorquage d'un autre bateau, et le touage l'action qui consiste à remorquer. Voilà l'explication d'un mot peu usité, et pour cause, c'est à Riqueval que survit le dernier touage européen. La visite s'effectue en commençant par l'exposition statique au cœur même d'un ancien toueur restauré, et se poursuit jusqu'à l'entrée du tunnel napoléonien long de 5 670 mètres, achevé en 1810. La raison du touage : faute d'une aération suffisante, les moteurs thermiques sont proscrits le temps de la traversée. Les deux toueurs en fonction datent respectivement de 1918 et de 1924 !

Fresnoy-le-Grand

■ LA MAISON DU TEXTILE ★
54, rue Roger-Salengro © 03 23 09 02 74
contact@la-maison-du-textile.com
Fermé en janvier. Ouvert du mardi au vendredi de 10h à 13h et de 14h à 18h. Fermeture à 17h d'octobre à mars. Ouvert le samedi de 14h à 18h d'avril à décembre. Fermé les jours fériés. Gratuit jusqu'à 7 ans. Adulte : 7 € (réduit 5 €). Visite libre aux heures d'ouverture. Visite accompagnée pour les groupes (à partir de 15 personnes) sur réservation tous les jours, toute l'année. Durée de la visite : 2 heures. Label Tourisme & Handicap.
Ce musée est implanté dans une ancienne entreprise de textile, secteur industriel florissant dans la région à la fin du XIXe et dans la première moitié du XXe siècle. Le visiteur y découvre 28 métiers à tisser Jacquard et de nombreux exemples de ce qu'ils ont permis de produire. Les techniques de tissage et de broderie sont présentées en détail et des pôles d'animation et de démonstration permettent de s'exercer à quelques-uns des métiers du secteur. La reconstitution d'une maison de tisserand donne enfin une idée de ce que pouvait être le quotidien des nombreux travailleurs des années 1930 qui œuvraient à domicile sur leur métier à tisser. Une visite à faire en famille, un livret d'activités étant distribué aux enfants.

Neuville-Saint-Amand

■ KIDOOM
Rue de la Fère © 03 23 66 20 34
www.saint-quentin.kidoom.fr
saintquentin@kidoom.fr

Fermé les 25 décembre et 1er janvier. Fermé les lundi, mardi et jeudi en période scolaire. Ouvert le mercredi de 10h à 20h ; le vendredi de 17h à 22h ; le samedi de 10h à 21h ; le dimanche de 10h à 19h. Pendant les vacances scolaires et jours fériés ouverture 7/7 de 10h à 20h.de. Entrée : 8 € (1 heure enfant de 3 à 12 ans). Abonnement : 95 € (pass 10 entrées enfant de 3 à 12 ans). 1 heure – de 3 ans : 6 euros pass 10 entrées – de 3 ans : 65 euros. Autres tarifs sur le site internet. Restauration.

Kidoom est le paradis des enfants. Cette aire de jeu de 1400 m² sera le lieu idéal pour que vos bambins puissent s'éclater et se défouler par temps de pluie ou par grand froid. Dès 3 ans, ils pourront profiter de la piste de luge, des toboggans géants, des Lego géants, de la Power Tour, du terrain de foot, des motos ou encore de la salle disco pour danser sur les derniers tubes. Un espace pour le développement de la motricité est destiné aux tout jeunes enfants.

Villequier-Aumont

AUBERGE SAINT-JEAN
126, route de Saint-Quentin
✆ 03 23 39 98 34
aubergestjean@gmail.com

Ouvert du mardi au vendredi de 12h à 14h et le soir de 19h à 21h ; le samedi soir de 19h à 21h30 ; le dimanche de 12h à 14h. Réservation recommandée. Menus de 21 € à 34 € (et carte). Carte : 20 € environ. Menu enfant : 10 €. Formule du midi : 21 € (entrée+plat+dessert (ardoise à la semaine)). Vin au verre. Excellente cave. Accueil des groupes (jusqu'à 60 personnes (sur réservation)). Terrasse. Anglais parlé.

Voilà une belle adresse : c'est un restaurant de première classe situé à quelques kilomètres de Chauny. Outre un parking privé et une terrasse pour les beaux jours, l'établissement donne, de l'extérieur, une impression d'élégance et de raffinement confirmée par l'aménagement intérieur. Le décor, décliné dans des tons de gris et de blanc avec la présence d'éléments boisés, plonge tout un chacun dans une ambiance cosy et chaleureuse ; on s'y sent tout de suite à l'aise. L'accueil est assuré par Nathalie, la cuisine, elle, est élaborée par le chef, Sébastien : elle est goûteuse à souhait, raffinée sans être lourde, suffisante sans être roborative. Le rapport qualité-prix est simplement étonnant pour une prestation de ce niveau. On parle ici de préparations telles que le mille-feuilles de daurade, la marque du chef, ou encore d'une nage de clémentines. Les produits sont frais, travaillés maison pour l'essentiel, et la carte est revue tous les deux mois. De la belle ouvrage que nous recommandons sans hésitation.

SOISSONS ★★

Merveilleuse Soissons car la ville recèle des trésors. Son légendaire vase fait plonger le visiteur dans ses souvenirs d'enfance. Pénétrer en ces terres, c'est véritablement s'abandonner aux charmes d'une région vaste et imprégnée par l'Art et l'Histoire. Constatez l'abondance de joyaux architecturaux rendue possible par la présence des carrières de pierre de taille. Capitale des premiers rois de la dynastie mérovingienne, puis capitale de la Généralité du Nord-Ile-de-France au XVIIIe siècle, Soissons est aujourd'hui une sous-préfecture du département de l'Aisne. Elle doit son nom au puissant peuple gaulois belge les Suessions. Les troupes romaines s'établissent sur les bords de l'Aisne en 20 avant J.-C. à Augusta Suessionum. Le général romain Syagrius y maintient l'autorité de Rome jusqu'en 486, date de la défaite devant un jeune roi des Francs, nommé Clovis. Soissons devient la première capitale de la France évangélisée. Cette zone frontière qui protège Paris partage dès lors les grands moments de l'Histoire de France. Le commerce fait vivre les habitants et les possibilités agricoles du territoire l'amènent à exploiter de plus en plus les richesses du sol, jusqu'à l'implantation des premières manufactures au XIXe siècle. Mais la grande guerre détruit la ville en grande partie, ne laissant que ruines et vestiges sur son passage, ainsi que le quartier ancien encore visible aujourd'hui. La reconstruction a transformé l'architecture locale en adoptant le style Art déco et en multipliant les monuments commémoratifs. De la ville romaine, Soissons a gardé quelques vestiges du castrum ainsi qu'un réseau urbain influencé par le tracé antique. Le Moyen Âge a laissé quelques beaux exemples architecturaux : les cryptes des abbayes Saint-Médard et Saint-Léger, la cathédrale, témoin de l'évolution de l'architecture gothique, et les spectaculaires flèches de l'abbaye Saint-Jean-des-Vignes. Un patrimoine si impressionnant qu'il lui valut, en 1988, d'être classée Ville d'Art et d'Histoire. Un arrêt indispensable.

OFFICE DE TOURISME DE SOISSONS
16, place Fernand Marquigny
✆ 03 23 53 17 37
www.tourisme-soissons.com
officedetourisme@agglo-soissonnais.com

Fermé les 25 décembre et 1er janvier. Ouvert : du 1er mai au 30 septembre, du lundi au samedi, de 10h à 18h ; dimanches et jours fériés, de 10h à 12h15 et de 13h15 à 17h. Du 1er octobre au 30 avril, du lundi au samedi, de 10h à 13h et de 14h à 17h. Fermé les dimanches et jours fériés. Boutique avec découverte de produits du terroir et de producteurs locaux.

L'office de tourisme de Soissons, centré sur la ville, est rattaché à l'office de tourisme du Grand Soissons. Outre sa fonction classique de renseignements et de suggestions (hébergements, restaurations, activités ludiques, sportives et culturelles), il vous propose la découverte guidée d'un riche patrimoine chargé d'histoire. Il est obligatoire de réserver par téléphone auprès de l'OT ou sur le site Internet. Une boutique bien achalandée de produits du terroir, mettant à l'honneur des producteurs locaux, vous permet de découvrir le célèbre haricot de Soissons, mais aussi des bières, bonbons, chips et autres denrées gourmandes.

Points d'intérêt

ABBAYE SAINT-JEAN-DES-VIGNES ★★★

Rue Saint-Jean ✆ 03 23 53 17 37

Voir page 10.

L'ABBAYE SAINT-LEGER ★★

2 rue de la Congrégation ✆ 03 23 59 91 20
officedetourisme@agglo-soissonnais.com
91

L'abbaye tient son nom de l'évêque d'Autun, saint Léger, martyrisé au VIIe siècle, dont la mère s'était retirée à l'abbaye Notre-Dame de Soissons. Les origines de l'abbaye remontent à 1070, à l'origine simple paroisse, Saint-Léger accueille une communauté de chanoines. De cette époque, nous sont parvenus les vestiges de la crypte de la fin du XIe siècle couverte de voûtes d'arêtes, reposant sur d'importants piliers à colonnes, ornés de chapiteaux cubiques. L'abbatiale, reconstruite entièrement dès la fin du XIIe siècle sur le modèle du chœur de la cathédrale, se compose de l'extrémité orientale de la crypte, du chœur et du transept. La nef a été entièrement reconstruite à la fin du XVIe siècle, après les guerres de Religion. La façade classique date de la première moitié du XVIIe siècle. Du début du XIIIe siècle demeurent au nord la salle capitulaire ainsi que deux ailes du cloître. Pour des raisons de sécurité, l'accès de l'église est momentanément interdit au public. Les anciens bâtiments conventuels de l'abbaye Saint-Léger abritent aujourd'hui la bibliothèque municipale, avec un fonds de soixante-dix mille volumes, ainsi que le musée qui, en plus de sa salle d'histoire locale, abrite une intéressante collection de tableaux.

CATHÉDRALE SAINT-GERVAIS-ET-SAINT-PROTAIS ★★

23, rue des Déportés et Fusillés
✆ 03 23 53 17 37
www.tourisme-soissons.fr
officedetourisme@grandsoissons.com

Gratuit.

Symbole vibrant de l'art gothique rayonnant (XIIe-XIVe siècles), cette cathédrale regorge de trésors architecturaux. Elle appartient au cercle des sept grands édifices gothiques de Picardie. Elle avait été isolée à la suite des destructions de la Révolution à la Première Guerre mondiale. Depuis sa façade inachevée s'ouvre une nef qui illustre la phase classique du gothique (1212-1240). Le bras sud du transept et sa disposition originale en hémicycle évoquent les subtilités du premier art gothique (à partir de 1175). A noter : la pierre calcaire contribue à l'élégance de l'édifice et à mettre en valeur son riche patrimoine mobilier. Vous observerez avec attention les tapisseries, le portail de la sacristie attribué à Michel-Ange Slodtz, les statues des chapelles du déambulatoire de Gilles Guérin, un splendide ensemble de verrières du XIIIe au XXe siècle et l'exceptionnelle toile de Rubens, *L'Adoration des Bergers*.

LA CRYPTE DE L'ABBAYE SAINT-MÉDARD

3B, place Saint-Médard ✆ 03 23 53 17 37
www.ville-soissons.fr
patrimoine@ville-soissons.fr

Gratuit. Pour les visites, contacter l'office de tourisme.

Voici le plus ancien monument de la ville. Cette crypte datant du IXe siècle est l'ultime vestige de l'abbaye éponyme. Elle recueillait alors les tombeaux de l'évêque saint Médard mais également de Clotaire et Sigebert, les fils et petit-fils de Clovis. La crypte se compose d'une dizaine de chapelles desservies par un couloir central. En 1791, l'abbaye est vendue comme bien national et sera quasiment détruite.

Le couvert

L'ARTHÉ

16, rue de la Bannière ✆ 03 23 76 29 64
www.restaurant-arthe-soissons.com
l-arthe@orange.fr

Ouvert toute l'année. Du lundi au samedi le midi ; le vendredi et le samedi le soir. Fermé dimanche. Réservation recommandée. Carte 35 à 39 € en moyenne. (plats du jour à 13 ou 18 € (à midi du lundi au vendredi)). Vin au verre. Réservation uniquement par téléphone. American Express, Chèque Vacances, Chèque Restaurant. Accueil des groupes (jusqu'à 50 personnes). Terrasse. Plats à emporter. Salon de thé.

Ce salon de thé fait la part belle aux produits frais et de saison, c'est le mot d'ordre de la maison qui a fait sa réputation. On vient à l'Arthé pour une pause gourmande en journée ou un déjeuner le midi, ou le soir en fin de semaine. La chef concocte une cuisine traditionnelle revisitée et goûteuse. L'assiette est soigneusement présentée et l'accueil y est particulièrement chaleureux. Tous les premiers jeudis du mois, de 15h à 18h, se tiennent « les rendez-vous du jeudi » sympathique formule de goûter entre amis. L'établissement organise également au long de l'année, en soirée, des piano-bars conviviaux accessibles uniquement sur réservation – programme détaillé sur la page Facebook. Avec sa salle chaleureuse et sa terrasse ensoleillée aux beaux jours, l'Arthé est un endroit accueillant et propice à la détente, pour les gourmands comme pour les épicuriens, quelle que soit l'heure de la journée !

LE BOUCHE A OREILLE

28, rue des Cordeliers
✆ 03 60 53 33 59
bao4vins@gmail.com

Ouvert toute l'année. Du mardi au dimanche de 12h à 14h ; le mardi, le mercredi, le vendredi et le samedi de 19h à 0h. Menu enfant : 9 €. Suggestion du jour : 17 € (à midi seulement). Vin au verre. Carte : entrées de 6 à 12 €, plats de 15 à 26 €, desserts de 5 à 8 €. American Express, Chèque Vacances.

Une équipe accueillante et attentionnée pour ce restaurant-bistrot de cuisine traditionnelle bistronomique. Le BàO est un établissement moderne et chaleureux avec son espace cheminée convivial ! Dans l'assiette, savoureuse et bien présentée, une carte de cuisine à l'ancienne : tête de veau, tripes, langue de bœuf, ris de veau... mais aussi salades repas, burgers, grillades, magrets de canard, agneau... Les végans aussi ne sont pas oubliés. Pour accompagner, une carte de vins régionaux dont certains servis au verre. Le plus, sa terrasse ombragée déployée devant la façade l'été et le service remarquable. Une bonne adresse pour se restaurer.

■ LA BOURSE AUX GRAINS

8, place de la République
✆ 03 23 76 33 80
www.labourseauxgrains.com
labourseauxgrains@gmail.com

Maître Restaurateur. Ouvert du lundi au jeudi de 10h à 1h ; le vendredi et le samedi de 10h à 2h ; le dimanche de 10h à 1h. Menus de 13,50 € à 15,30 € (et carte). Carte : 14 € environ. Formule du midi : 15,30 € (entrée+plat+dessert servi du lundi au samedi inclus).

Avec sa décoration soignée qui rappelle les pubs anglais et son ambiance tamisée, cette brasserie est vraiment un bon plan pour se restaurer entre amis ou en famille. Vous pourrez y déguster une cuisine simple mais bonne, faisant la part belle à la viande rouge. Les produits sont frais, les assiettes généreuses, l'équipe dynamique : bref, tout y est pour passer un agréable moment.

■ LE CORSAIRE

Crêperie
14, rue de la Bannière ✆ 03 64 18 20 61
jc.deville@laposte.net

Fermé dimanche et lundi. Ouvert du mardi au jeudi de 12h à 14h et de 19h à 22h ; le vendredi et le samedi de 12h à 14h et de 19h à 23h. Réservation recommandée. Carte : 12 € environ. Formule du midi : 12,90 € (1 crêpe salée + 1 crêpe sucrée).

A l'abordage ! Cette petite crêperie mérite une escale entre moussaillons. Attention, le navire n'est pas bien grand : une salle agréable au mobilier de bistrot et une petite terrasse déployée devant la façade couleur de la mer. La carte aux trésors, avec les meilleures galettes du coin, recèle quelques destinations originales (roquefort, magret fumé, chutney de figues), mais aussi des contrées plus rares (andouille de Guémené, pommes poêlées au romarin, camembert au lait cru). Les matelots gourmands seront ravis devant la cargaison contenue dans les galettes. Mille sabords, c'est copieux ! Avec un joli rapport qualité-prix, et une équipe sympathique, cette adresse sans prétention séduit. Idéale pour une sortie sur le pouce.

■ L'EXCELLENCE

Restaurant-traiteur
12, rue de la Bannière ✆ 03 23 59 35 59
restaurantexcellence.jimdo.com
phil.demoy02@orange.fr

Ouvert du mardi au dimanche le midi ; le vendredi et le samedi le soir. Menus-carte à 22,50 et 32,50. Carte : 15 € environ. Formules du marché, à midi en semaine, (entrée-plat ou plat-dessert) à 13 € ou complete à 16,50 €. Accueil des groupes (menu groupes, à partir de 10 personnes : 26 €. Sur commande uniquement). Terrasse. Service Traiteur. Coffret repas, 15 € : à emporter ou à livrer, sur commande avec entrée-plat-dessert.

Voici un établissement dont la réputation n'est plus à faire à Soissons. L'Excellence, une appellation qui ne pourra logiquement souffrir d'aucune fausse note. Le chef, Philippe Demoy semble serein. Son crédo : travailler exclusivement des produits frais. Sa cuisine contemporaine et raffinée, est un délice. Il associe une créativité débordante à un sens de la gourmandise qui fait plaisir à voir et à déguster. Les assiettes sont généreuses. Une adresse savoureuse où Catherine et Philippe savent ce que recevoir signifie.

Le gîte

■ BEST WESTERN PLUS HÔTEL DES FRANCS****

62, boulevard Jeanne-d'Arc
✆ 03 60 71 40 00
www.hoteldesfrancs.fr
reservations@hoteldesfrancs.fr

Ouvert toute l'année. Accueil 24h/24. 70 chambres. Chambre double de 99 € à 159 €. Petit déjeuner : 14 €. Climatisation dans toutes les chambres. Connexion Internet gratuite. Restauration (le Relais des Vignes.ouvert 7/7 jours et service de brunch le dimanche midi). Hammam. Soins et massages bien-être. Offres spéciales sur le site Internet.

Cet établissement de haut standing propose également une excellente table : Le Relais des Vignes. Vous apprécierez le confort des chambres allié à un design contemporain dans un environnement des plus modernes. Beaucoup de lumière inonde ces espaces de vie très agréables. La literie promet de douces nuits et vous pourrez parfois profiter d'une terrasse, face aux vestiges de l'abbaye Saint-Jean des Vignes. Les amoureux apprécieront les soins bien-être, la piscine intérieure chauffée et le hammam. Une halte chic au cœur de la ville.

Sorties

COMPAGNIE ACALY CAFÉ-THÉÂTRE ST MÉDARD

64, avenue de Paris ✆ 03 23 53 54 42
www.theatresaintmedard.com
acaly@theatresaintmedard.com

Ouvert toute l'année. Horaires différents selon les spectacles et prestations proposées : consulter le site internet. Réservation obligatoire. Entrée : 15 €. -de18ans, étudiants, scolaires, groupe+10 personnes, demandeurs d'emploi : 10 €. Abonnement : 30 € (pass théâtre 3 spectacles). Enfant : 10 €. Le repas 16 à 18 € (entrée+plat+dessert+boisson) / autres prestations consulter le site internet. Restauration.

Jubilatoire, créative, passionnée sont des adjectifs qui collent parfaitement à la compagnie Acaly auxquels on peut ajouter : bienveillante, pédagogue, humaniste ! En effet, si la troupe, composée de 15 professionnels, vous sert à table avant, le cas échéant, d'aller servir un auteur de théâtre de boulevard (mot noble) ou leurs propres pièces, l'esprit Acaly va bien au-delà de la représentation scénique. Outre des ateliers-théâtre et des cours, elle se déplace en milieu scolaire pour proposer du théâtre-forum dont les maîtres mots sont tolérance et réflexion. Unique !

Emplettes

BRÛLERIE SAINT-MARTIN

16, rue Saint-Martin

✆ 03 23 93 25 57

Ouvert du mardi au samedi de 10h à 12h et de 14h30 à 19h.

Plus qu'une brûlerie, les lieux abritent une épicerie fine où viennent faire leurs emplettes Soissonnais et touristes de passage. Vous pourrez y trouver les excellents chocolats Cluizel, les goûteux thés Dammann Frères ou encore des bourbons et whiskies d'âge respectables. Cette jolie échoppe regorge aussi de produits locaux. Les conseils sont avisés et l'inspiration naît de ces échanges. Une boutique gourmande à souhait pour les amateurs de jolis produits.

Dans les environs

Ambleny

DOMAINE DE MONTAIGU

16, rue de Montaigu

✆ 03 23 74 06 62

www.chambres-hotes-aisne.com

info@domainedemontaigu.com

Accueil à partir de 18h. 4 chambres. Chambre double de 80 € à 115 € ; chambre triple de 105 € à 130 €. Petit déjeuner inclus. Chèque Vacances. Wifi gratuit.

Cet ancien vendangeoir du XVIIIe siècle, à l'époque où la région du Soissonnais était en partie viticole, allie les charmes de l'ancien et du moderne avec des chambres décorées avec soin pour coller au charme de la demeure, confortables et joyeuses (frais coloris, beaux volumes). Le petit déjeuner est servi dans une belle pièce en pierre de taille, ou sur la terrasse, selon la saison. Le tout est situé en pleine nature, au cœur d'un parc de 5 hectares mais proche de Soissons.

Belleu

LE GRENADIN

19, route de Fère-en-Tardenois

✆ 03 23 73 20 57

www.restaurant-grenadin.com

Ouvert le mardi, le vendredi et le samedi le midi et le soir ; le mercredi, le jeudi et le dimanche le midi. Sur réservation. Menus de 20,90 € à 44 €. Carte : 16 € environ. Formule du midi : 16,90 €. Chèque Restaurant. Jardin. Terrasse. Vente à emporter.

Avec plus de 30 ans d'existence, cette table réputée située non loin du centre-ville offre le choix entre une belle salle au charme rustique et une autre au décor sobre et lumineux. On y apprécie la cuisine gastronomique élaborée à partir de produits frais et de saison : par exemple, un filet de sandre et son écrasée de petits pois, pavé de selle d'agneau, jus au Zaatar ou encore fricassée de ris de veau aux champignons. À noter, un choix varié de plats à base de poisson, la spécialité du Grenadin. A chaque mois son menu et ses produits. La porte sur le jardin s'ouvre l'été et donne sur une terrasse bien agréable.

Chivres-Val

LE FORT DE CONDÉ ★

✆ 03 23 54 40 00

www.fortdeconde.com

fortdeconde@cc-valdeaisne.fr

Fermé du 16 novembre au 14 avril. Ouvert tous les jours de 9h30 à 17h30. De juin à août : 9h30 à 18h30. Gratuit jusqu'à 7 ans. Adulte : 6,50 €. Enfant (de 8 à 18 ans) : 4 €. Tarif famille (2 adultes + 2 enfants) : 17 €. Label Tourisme & Handicap. Labellisé pour le parcours extérieur, certaines parties intérieurs sont également accessibles. Visite guidée. Boutique. Animations. Visite de groupe toute l'année, sur rendez-vous. Entrée gratuite le jour de votre anniversaire sur présentation d'un justificatif. Animaux autorisés.

Le fort de Condé, c'est un très bel exemple de l'architecture militaire du XIXe siècle. Ce monument historique est l'un des bastions du rideau défensif pensé par le général Séré de Rivières après la défaite de 1870. Bâti en pierres de taille, cette édification d'une superficie de 5 hectares et de forme pentagonale s'inscrit dans la tradition de la fortification française de Vauban à Maginot. L'ensemble est recouvert par 3 mètres de terre engazonnée. De l'extérieur, le fort de Condé apparaît comme un vaste tertre herbu. Il joua un rôle pendant la Première Guerre mondiale, dans le prolongement des combats du Chemin des Dames. Le monument a conservé une partie de ses casernements qui pouvaient accueillir six cent cinquante hommes – soldats, sous-officiers et officiers. Les lieux offrent une très belle vue sur la vallée et le Chemin des Dames. C'est une bonne idée de visite en famille, le site disposant de trois jeux de piste et d'un escape game.

Cuisy-en-Almont

LE MOULIN DE LAVAL

3, rue de Soissons

✆ 03 23 55 90 88

chambre-hote-soissons.jimdo.com

heyd.philippe@bbox.fr

Réservation impérative. Accueil jusqu'à 22h (a partir de 16h). 3 chambres (pour 2, 4 et 5 personnes). Chambre double de 65 € à 75 €. Petit déjeuner inclus. D'autres tarifs sur le site internet selon nombre de personnes et durée du séjour ; CB non acceptée. Anglais parlé. Wifi gratuit. Ping pong ; équitation, terrasse et barbecue.

Philippe et Elisabeth Heyd vous accueillent avec chaleur dans un ancien moulin à huile du XVIIIe siècle, idéalement situé entre Compiègne et Soissons. La demeure est superbe, et les alentours propices à l'exercice d'une douce oisiveté. Les adeptes de tourisme vert et historique, ou encore les citadins en recherche de calme et de repos, ne pourront pas mieux trouver que cet authentique havre de paix. Les chambres et la dépendance, toutes garnies de poutres apparentes, sont claires et meublées avec goût. Une très belle adresse familiale à recommander aux amoureux et aux esthètes en mal de sérénité et de poésie.

Nouvron-Vingré

CHÈVRERIE MYRTILLE ET COMPAGNIE
Lieu-dit Falloise
✆ 06 41 99 99 20
sellier.magali@neuf.fr
Ouvert du lundi au mercredi et le vendredi de 17h à 18h30 ; le samedi de 11h à 12h30 et de 17h30 à 18h30. Fermeture annuelle de la mi-décembre jusqu'au début avril. Réception payante de groupes (enfants, randonneurs etc...) sur demande l'après-midi. Pour assister à la traite des chèvres (c'est gratuit) se rendre à la chèvrerie les jours ouvrés vers 17h30.
C'est une passionnée qui vous accueille avec le sourire chez Myrtille &amp ; Compagnie. La myrtille associée au fromage de chèvre frais fait partie de l'offre proposée par l'hôtesse des lieux : Magali Sellier. Elle concocte toute une palette de fromages plus goûteux les uns que les autres : sucrés, salés, frais ou affinés, dont une création originale, le Géant de Vingré, un palet affiné aux formes généreuses. La production de lait s'arrête l'hiver, le temps pour les futures mamans chèvres de mettre bas au printemps. Venez avec vos enfants, les chevreaux sont irrésistibles !

Septmonts

CHÂTEAU DE SEPTMONTS ★
Association des Amis de Septmonts
33, rue des Allées
✆ 03 23 74 95 35
www.amisdeseptmonts.net
contact@amisdeseptmonts.net
Le donjon est ouvert tous les jours, du 2 mai au 30 septembre de 9h à 19h. Le samedi et dimanche le reste de l'année. Le parc, l'arboretum et le verger sont ouverts jusqu'à 19h00 du 31 mars au 30 septembre et jusqu'à 17h30 le reste de l'année. Gratuit. Visite guidée (à la demande – 2 €).
Ancienne propriété des évêques de Soissons, l'édifice est entouré d'une enceinte polygonale cernée de douves. Si sa première construction remonte au XIIe siècle, l'édifice actuel remonte au XVIIIe siècle. Gravés dans la paroi de son remarquable donjon du XIVe siècle figurent des noms illustres et anonymes : "Victor Hugo et Juliette 29 juillet 1835" côtoie les patronymes ou initiales de jeunes soldats. En partie démantelé après la Révolution, le château de Septmonts est acquis en 1922 par une riche américaine, Kate Gleason, qui y installera dans le petit donjon… le tout premier ascenseur construit dans l'Aisne ! Autrefois clos de jardins, de vignes et de garennes, son vaste parc, restauré en 1999, comporte trois zones plantées d'origine - avec des essences européennes, américaines et asiatiques -, un verger conservatoire de pommiers, une vigne et un jardin de plantes aromatiques.

LA LOUVIÈRE
23, place de la Mairie
✆ 03 23 74 04 26
http://www.restaurant-lalouviere.fr
nicolas.lanthiez@wanadoo.fr
Maître Restaurateur. Ouvert du mercredi au samedi de 12h à 14h et de 19h à 21h30 ; le dimanche de 12h à 14h. Réservation recommandée. Menus de 30 € à 40 €. Carte : 35 € environ. Menu enfant : 12 €. Formule du midi : 20 € (en semaine). Chèque Vacances, Chèque Restaurant. Terrasse. Vente à emporter. Salle privée pour événements.
Installés dans une des deux salles rustiques de cette auberge, nous voici prêts pour un succulent repas. Nicolas Lanthiez, au service, nous parle des spécialités de la maison, Malou est aux fourneaux. Les Saint-Jacques snackées et la crème de basilic, le foie gras de canard mi-cuit maison au porto, le homard entier flambé au cognac, le filet de bœuf au maroilles ou au chorizo, voici quelques délices de la carte à déguster dans un cadre particulièrement agréable ! Une cuisine traditionnelle qui mérite d'être redécouverte.

Vauxrezis

DOLMEN DIT LA PIERRE LAYE
De Soissons, direction Compiègne, par la N31. Suivre la direction Pommiers, puis Cuisy-en-Almont. Avant la sortie de Cuisy, suivre le petit chemin à droite.
Ouvert toute l'année. Gratuit.
Difficile de trouver le petit chemin qui vous amène devant ce magnifique dolmen néolithique. Découvert en 1841 par un habitant de Soissons, le docteur Godelle, le site a été classé monument historique en 1944. Ce n'est qu'en 1850 que la société archéologique s'est intéressée à cette large table de pierre. Des ossements humains y ont alors été trouvés au cours de fouilles. La chambre de l'édifice mesure trois mètres de long sur deux de large, et sept pierres soutiennent la table.

Vic-sur-Aisne

HOSTELLERIE DU LION D'OR
1, place du Général-de-Gaulle
✆ 03 23 55 50 20
www.liondor.fr
contact@liondor.fr
Ouvert du mercredi au dimanche le midi ; le vendredi et le samedi le soir. Menus de 15 € à 60 €. Carte : 20 € environ. Formule du midi : 15 €. Terrasse.
Michel Elie vous accueille dans un cadre feutré et chaleureux dont l'existence est attestée depuis 1580 ! Histoire et gastronomie font ici bon ménage. Primé en 1998 au concours culinaire du salon de l'agriculture pour sa recette du « Bœuf Vagabond », le chef concocte, au fil des saisons, une cuisine inventive et savoureuse qui saura ravir les papilles de tout un chacun. Ici, qualité et fraîcheur ne sont pas de vains mots : le foie gras maison en est un bel exemple. A noter, l'organisation régulière de soirées thématiques, comme, par exemple, la soirée russe. Une adresse à retenir !

VERVINS ★

Lors de votre prochaine halte en Thiérache, laissez-vous cueillir par cette accueillante cité vervinoise que l'on surnomme « la ville du traité ». A la croisée de Bruxelles et Paris, Vervins est le point de départ idéal de la route des églises fortifiées de la Thiérache. Merveilleusement restaurée, cette ancienne et si jolie capitale de La Grande Thiérache conserve de nombreuses traces de son passé. Souvent convoitée, fortifiée au XIIe siècle par la puissante famille des sires de Coucy, incendiée par les Espagnols, de nombreuses fois assiégée et pillée, cette sous-préfecture de l'Aisne d'origine gallo-romaine – Verbinum – a été miraculeusement épargnée par les trois grands conflits franco-allemands. De l'époque des fortifications subsistent onze tours sur vingt-deux, ainsi que l'église Sainte-Anne, reconstruite au XVIe siècle. De ses toits pentus se distinguent trois monuments symboliques : le clocher de l'église Sainte-Anne, le beffroi de l'hôtel de ville et les tourelles de la sous-préfecture, logée dans l'ancien Château-Neuf. En ce lieu historique fut signée en 1598 « la paix de Vervins » entre Henri IV et Philippe II d'Espagne, mettant fin aux guerres franco-espagnoles.

■ OFFICE DE TOURISME DU PAYS DE THIÉRACHE

7, avenue du Préau
✆ 03 23 91 30 10
www.tourisme-thierache.fr
accueil@tourisme-thierache.fr

Ouvert du lundi au vendredi de 9h à 12h30 et de 14h à 17h30. Au théâtre du Familistère à Guise, un bureau d'information est ouvert du 1er juin au 1er septembre, du vendredi au dimanche de 10h à 13h et de 14h à 18h.

L'office de tourisme du pays de Thiérache est un point de départ idéal pour visiter la ville de Vervins et le pays de Thiérache environnant. Que vous voyagiez seul, en couple ou en famille, que vous recherchiez des lieux historiques ou des espaces naturels, vous y recevrez toujours des conseils avisés. Les bons plans y sont déclinés, ainsi que des applications mobiles utiles à télécharger, des brochures disponibles à l'impression, et une webcam est même diffusée. Un service au top !

Points d'intérêt

■ LES AMIS DU DÉMOCRATE DE L'AISNE

2, rue Dusolon
✆ 03 23 98 02 41
journal-le-democrate@orange.fr

Fermé entre Noël et le 1er janvier. Ouvert le mardi et le vendredi de 9h à 12h. Visites sur réservation. Adulte : 3 €. Enfant : 2,30 €. CB non acceptée.

C'est à un rendez-vous avec l'histoire que nous vous convions ici. *Le Démocrate de l'Aisne* est le tout dernier journal composé au plomb en Europe occidentale. Encore aujourd'hui, chaque semaine, *Le Démocrate* sort fièrement (malgré un tirage modeste) en utilisant toutes les techniques du début du XXe siècle. Mille exemplaires sont extraits de la rotative datant de 1927. La visite est un retour dans le temps, salvateur à l'ère du tout numérique.

■ L'ARBORETUM

Rue de la Justice
✆ 03 23 98 00 30

Ouvert toute l'année. Gratuit. Animations thématiques. Groupes maxi 50 personnes.

Cette jolie initiative date de 2000 et a bien évolué depuis. L'arboretum est composé de plus de 3 300 arbres, dont 19 espèces feuillues des forêts de Thiérache, plantés par les élèves des écoles du Vervinois. Ce « musée naturel » mérite le déplacement, tant il apporte de la diversité dans le paysage. 24 arbres remarquables y sont représentés sur plus de 3 hectares. Citons ici les tulipiers, liquidambars, les cyprès chauves, les sapins ou les séquoias. L'avenir semble tout aussi radieux car l'arboretum est en 2020 une jeune forêt qui sera adulte dans un siècle.

■ CIRCUITS DES ÉGLISES FORTIFIÉES DES VALLÉES DE LA BRUNE ET DE LA SERRE

✆ 03 23 91 30 10
accueil@tourisme-thierache.fr

Ouvert toute l'année. Renseignements : Office de tourisme du Pays de Thiérache. Gratuit. Visite guidée.

En Thiérache, on s'attache particulièrement à la préservation du patrimoine historique grâce au travail acharné de nombreuses associations de la région. Du Moyen Âge au XVIIe siècle, le pays s'est enrichi de somptueuses forteresses que vous prendrez plaisir à découvrir au gré de vos balades. Témoignages vibrants, les églises fortifiées majoritairement au XVIe siècle par les habitants ont aujourd'hui des résonances patrimoniales, culturelles et touristiques. Au cœur de nombreux villages, plus de 60 monuments s'élèvent dans le paysage bocager. Votre itinéraire sera libre, mais surtout, ne négligez pas l'édifice classé de Burelles, qui en impose avec son majestueux donjon.

■ MUSÉE DE LA THIÉRACHE

3, rue du Traité de Paix
✆ 03 23 98 94 51
www.museedelathierache.com
musee.vervins@gmail.com

Fermé certains jours fériés. Du 1er octobre au 30 avril : ouvert du lundi après-midi au samedi matin de 9h à 12h et de 13h30 à 17h30. Du 1er mai au 30 septembre : ouvert du mardi au samedi de 9h à 12h et de 14h à 18h. Gratuit. CB non acceptée. Visites guidées (payant) de la ville et des églises fortifiées sur demande. Boutique.

C'est à la suite de fouilles archéologiques sur le site antique de Vervins que le musée est fondé en 1872. Sur le centre de l'îlot historique de la ville, dans un immeuble à l'architecture de briques datant des XVIe et XVIIe siècles, trois salles sont consacrées à des expositions permanentes. Ici, vous découvrirez la géologie et l'archéologie de la région, l'art, l'histoire de Vervins et de la Thiérache. Des expositions temporaires sont également régulièrement présentées. L'endroit idéal pour découvrir la riche histoire du pays.

Le couvert

LE RELAIS FLEURI

1, avenue de la Gare ✆ 03 23 98 06 58
www.lerelaisfleurivervins.fr
nicolasbrancourt@orange.fr

Fermeture annuelle du 1er au 15 août. Ouvert du lundi au samedi de 19h à 21h ; tous les jours de 12h à 14h. Réservation recommandée. Menu unique à 16,90 € (menu Relais Fleuri (entrée+plat+dessert) servi en semaine). Carte : 15 € environ. Menu enfant : 10 € (menu tio bill). Formule du midi : 12,90 € (menu mère Georgette entrée+plat ou plat+dessert en semaine). Le week end menus à 19.90€ et à 24.90€. Chèque Restaurant. Animations.

Chef connu à des kilomètres à la ronde, Nicolas Brancourt vous accueille avec le sourire dans son sympathique restaurant rustique. On ne vient pas ici pour le cadre mais pour se régaler d'une cuisine parfois simple comme steak-frites et burgers, parfois raffinée comme le filet de dorade, mais toujours goûteuse. Les produits sont 100 % thiérachiens : viande, poisson d'eau douce, produits laitiers et boulangers. Les portions sont généreuses, à l'image de l'accueil du chef et de son équipe. Pensez à réserver le midi, il y a du monde. Depuis peu, l'établissement s'est doté de plusieurs chambres.

LA TOUR DU ROY

45, rue du Général-Leclerc ✆ 03 23 98 00 11
http://latourduroyvervins.appspot.com
latourduroy@wanadoo.fr

Ouvert tous les jours de 12h à 14h et de 19h30 à 21h. Réservation recommandée. Menus de 48 € à 55 €. Carte : 23 € environ. Menu enfant : 35 € (menu du petit prince). Formule express le midi : plat 10 €, dessert 5 €. Nouveau service : un Chef chez vous. Le chef de La Tour Du Roy et deux membres de son équipe vous proposent la possibilité de faire votre réception, cuisine et service chez vous. Hôtel.

Brillante chef qui officie à la Tour du Roy depuis près de 40 ans, Annie Desvignes a fait ses classes chez Raymond Oliver et Lenôtre. La Tour du Roy propose une cuisine noble et traditionnelle. On apprécie toujours autant les délices de la carte et des menus : corne d'abondance aux petits légumes et homard, ris de veau aux morilles... Beaucoup de plaisir gustatif, même si le faste de la grande époque semble se ternir. Toutefois, La Tour du Roy reste un classique indémodable sur Vervins.

Le gîte

LE RELAIS FLEURI**

1, avenue de la Gare ✆ 03 23 98 06 58
www.lerelaisfleurivervins.fr
lerelaisfleuri@gmail.com

Logis. Check in à 18h et check out à 1h.Possibilité d'avoir votre chambre à 14h sur demande. 7 chambres. Chambre simple à partir de 59 € ; chambre double à partir de 70 € ; chambre triple à partir de 85 €. Demi-pension (à partir de 99 € pour deux personnes.Offre uniquement réservée aux entreprises). Petit déjeuner : 6 €. Wifi gratuit. Restauration. Salle de réunion gratuite si déjeuner sur place. Bain bouillonnant, sauna. Excursions (laon et Chimay distantes d'une cinquantaine de kilomètres).

Le sympathique restaurant Le Relai Fleuri est le pendant de l'hôtel. Confort, modernité et literie de qualité sont au rendez-vous. Une chambre est même totalement équipée pour les personnes à mobilité réduite. Depuis avril 2018, les clients peuvent même jouir d'un bain à remous et d'un sauna qui feront le bonheur de tous. Situé à seulement quelques encablures de la gare, cet hôtel est une halte recommandée pour le travail.

LA TOUR DU ROY***

45, rue du Général-Leclerc
✆ 03 23 98 00 11
http://latourduroyvervins.appspot.com
latourduroy@wanadoo.fr

Accueil jusqu'à 22h. 15 chambres (dont 2 équipées pour personnes à mobilité réduite). Chambre simple 65 € ; chambre double de 85 € à 95 €. Petit déjeuner : 15 €. Parking fermé. Soirée étape pour une personne à partir de 75€ l'hiver et 95€ l'été. Chambres jusqu'à 5 personnes. Label Tourisme & Handicap. Animaux acceptés (supplément 10 €). Séminaires. Wifi gratuit. Restauration. Tv satellite. Bain bouillonnant. Modelages.

Ce manoir historique à mi-chemin entre Bruxelles et Paris, dont l'une des tours vit Henri IV reconnu roi de France, abrite désormais 15 chambres luxueuses qui sont de véritables œuvres d'art. Aucune d'entre elles ne ressemble à l'autre, et un effort tout particulier a été apporté à leur décoration : sols de marbre, sanitaires rétro, tentures et baldaquins. Le Pavillon des Reines abrite deux chambres, Judith et Aliénor, qui sont accessibles aux personnes à mobilité réduite. Le restaurant n'est pas en reste : atmosphère feutrée et intimiste, tables ornées de dentelles, d'argenterie et de chandelles, installées sur des parquets de chêne et des tapis de Sedan...

Chambres d'hôtes

LE VIEUX LOGIS

5, rue Amand-Brimbeuf ✆ 09 81 13 57 32
www.chambres-hotes-vervins02.com
vieuxlogis@bbox.fr

Gîtes de France (3 épis). Ouvert toute l'année. 2 chambres. Chambre simple 59 € ; chambre double 68 € ; chambre triple 87 €. CB + espèces. Chambre 4 pers : 110 €. Espace bien-être de 5 € à 12 €. Wifi gratuit. Restauration (possibilité de commander un repas à faire livrer sur place). Bain bouillonnant, sauna.

Bienvenue dans cette demeure historique du XVIIIe siècle au cœur du centre-ville de Vervins. Sabine et Éric vous accueillent avec le sourire. Vous apprécierez particulièrement la cour fermée fleurie pour vous détendre avant de profiter éventuellement de l'espace bien-être. Les chambres sont simples mais très élégantes, elles sont équipées pour l'une d'une baignoire de balnéothérapie et pour l'autre d'une douche hydromassante pour un moment de bien-être. De jolies prestations pour des chambres d'hôtes aux tarifs accessibles.

AISNE

Emplettes

LE MARCHÉ THIÉRACHE FERMIÈRE

Place du Général-de-Gaulle ✆ 03 23 98 00 30

Ouvert de 16h à 20h. Chaque premier vendredi du mois. Basse saison : le marché se tient dans la salle polyvalente, place Sohier. Point d'information touristique. Vernissage d'expositions.

Thiérache fermière vous convie chaque premier vendredi du mois à un grand marché rassemblant de nombreux acteurs de l'agriculture locale. En haute saison, la manifestation se tient en extérieur, sur la jolie place du Général de Gaulle et attire aussi bien les touristes que les locaux. Par mauvais temps ou en basse saison, rendez-vous dans la salle polyvalente. Originaires de Thiérache, mais aussi des Ardennes et de Belgique, de très nombreux producteurs sauront satisfaire vos envies.

Dans les environs

La Bouteille

UN MONDE DE BOIS

1, rue de Verdun ✆ 03 23 98 09 52
www.unmondedebois.fr
contact@unmondedebois.fr

Ouvert du jeudi au samedi de 14h à 18h30. Visite de l'atelier de fabrication : 3 €. Réservation obligatoire. Comptez 50 minutes. Visite guidée. Boutique.

L'atelier de fabrication de Sébastien Morlain vous fera joliment retourner en enfance, à une époque où les jouets n'étaient pas faits de plastique. Le maître des lieux prendra le temps de vous expliquer le processus de fabrication de ses pièces de bois artisanaux. On appréciera les implications écologique et éthique : Sébastien utilise du bois français issus de la Thiérache et il travaille souvent à la main. Le contrôle qualité de chacun des jouets est étudié avec soin. Une visite vivement recommandée.

Brunehamel

BALADE À CHEVAL À LA FERME DU BOIS CAMA

Ferme du Bois Cama
40, rue Grand-Champs ✆ 03 23 97 79 23
www.boiscama.ffe.com
bois.cama@yahoo.fr

Ouvert toute l'année. Sauf 1er janvier, dimanche de Pentecôte, lundi de Pentecôte et 25 décembre. CB non acceptée. Visite de l'élevage gratuite, sur rendez-vous uniquement.

Le tourisme équestre est une autre source de plaisir en Thiérache. Eric Michel, titulaire du brevet professionnel de la jeunesse, de l'éducation populaire et du sport, vous fait découvrir la région différemment au cours d'une randonnée. Une grande sérénité s'instaure lors d'une totale redécouverte des chemins. Mais la ferme du Bois Cama dispense aussi des cours, des entraînements de TREC et propose de visiter son bel élevage de chevaux de race Franches-Montagnes.

Burelles

L'EGLISE FORTIFIEE ★

Rue de l'église

Surnommée le "joyau de la Brune", cet édifice est admiré pour son architecture parfaitement militaire. Dépourvu de nef, il fut conçu sur trois niveaux accessibles par l'escalier en colimaçon de la tour de défense. Le premier niveau, voûté d'ogives, renferme une belle cheminée. Le second étage, qui donne accès à l'échauguette nord-ouest, débouche sur la salle commune où les habitants du village, et même leurs animaux, trouvaient refuge. Son clocher est en fait un donjon en brique, bâti au début du XVIIe siècle, et flanqué de deux tours. Pas moins de cinquante meurtrières, savamment distribuées à tous les niveaux et sur toutes les élévations du fort, permettaient la surveillance et le tir, sans laisser d'angle mort.

AUBERGE DE LA BRUNE

1, rue du Gros Colas
✆ 03 23 98 17 72
www.aubergedelabrune.com
contact@aubergedelabrune.com

Tables & Auberges de France. Qualité Tourisme. Fermeture de la dernière semaine d'août à la première semaine de septembre. Ouvert du mardi au samedi le midi et le soir ; le dimanche midi. Réservation recommandée. Menus de 15 € à 38 €. Carte : 18 € environ. Menu enfant : 9 € (moins de 10 ans). Terrasse. Boutique. Service Traiteur. Le chef apprécie d'être informé de votre visite.

Installé dans une véritable longère thiérachienne, cet établissement vous offre une cuisine de grande qualité faite de produits de saison et locaux. La carte change d'ailleurs régulièrement au gré des saisons. Le maroilles de la Thiérache se retrouve dans beaucoup de mets, tout comme le cidre qui accompagne l'agneau divinement. L'accueil y est chaleureux et convivial, ce qui n'est pas pour déplaire. Pour prolonger ces doux instants, accompagnez votre repas d'un cru prestigieux ! Le dressage ravissant et la gentillesse de la maîtresse de maison finiront de vous satisfaire. Une auberge hautement recommandée.

La Capelle

HIPPODROME DE LA CAPELLE

Rue du Général-de-Gaulle
✆ 03 23 97 20 58
http://hippodromelacapelle.fr
hippodrome-lacapelle@wanadoo.fr

Ouvert selon le programme des courses (consulter le site internet). Restauration.

Amateurs de chevaux et de paris, l'hippodrome International de La Capelle vous ouvre ses portes. Ce haut lieu régional des courses hippiques accueille de nombreuses courses de trot et de galop tout au long de l'année. Venez découvrir depuis les gradins la sensation grisante que procure ce spectacle ! Lors de votre visite, vous aurez aussi un aperçu des nombreux métiers qui existent dans l'univers hippique. Enfin, l'hippodrome de La Capelle accueille d'autres manifestations régionales appréciées comme le week-end Les Attelages de l'Aisne en mars ou encore la VétifleTTe en juin.

SAVEURS & TERROIR
43, rue du Général de Gaulle
✆ 03 23 97 17 16
www.produits-picardie.com
contact@saveurs-et-terroir.com
Ouvert du lundi au vendredi de 9h à 12h30 et de 14h à 18h ; le samedi de 9h à 12h et de 14h à 18h. D'avril à octobre, jusqu'à 19 h le vendredi et le samedi. Fermé les jours fériés.
Si vous êtes à la recherche d'un succulent panier garni, voici une adresse à privilégier. Ici, vous trouverez inévitablement votre bonheur. Toutes les spécialités régionales sont représentées. Les produits de Thiérache sont issus d'un circuit court entre les agriculteurs et les consommateurs. A vous les maroilles fermiers, les confitures de lait, les cidres et les jus de pommes. L'apéritif régional « Folie Douce » est également disponible ! Bonne dégustation !

Fontaine-lès-Vervins

LES LAVANDIÈRES DE FONTAINE
27, rue des Lavandières
✆ 06 81 27 75 72
www.gites-chambres-aisne.com
leslavandieres@ymail.com
♿
Ouvert toute l'année. Fermé le samedi midi et le dimanche soir sauf groupes sur réservation. Du lundi au vendredi le midi ; le week-end et les jours fériés le soir. Réservation recommandée. Menus de 25 € à 37 € (menus au choix). Carte : 14 € environ. Plat du jour : 10 € (menu express le midi en semaine : 16.30€). Gîte ouvert 7j /7. Jardin. Terrasse. Animations. Espace pour les enfants.
Le cadre reste toujours aussi charmant et distingué et à l'ambiance cosy. Pour prendre l'apéritif, nous ne saurions que trop vous conseiller de vous installer au salon avec des poutres apparentes où la chaleur du lieu est palpable. Ici, tout est fait pour que vous vous sentiez bien : l'accueil est souriant et aux petits soins. Bien entendu, le terroir est à l'honneur dans l'assiette, avec un Maroilles idéalement représenté. Les tripes, les moules ou les tartes traditionnelles s'accommodent merveilleusement avec le fromage. Une belle adresse qui conjugue l'ambiance précieuse des grands restos et la jovialité des auberges.

Haution

FERME DE LA FONTAINE ORION – MAROILLES FERMIER CLAIRE HALLEUX
Rue de Hurtebise
✆ 03 23 98 22 50
https://maroilles-claire-halleux.fr
contact@maroilles-claire-halleux.fr
Ouvert du lundi au vendredi de 9h à 12h et de 14h à 18h ; le samedi de 9h à 12h. Fermé les jours fériés. CB non acceptée.
Ici, on fabrique le maroilles fermier dans la plus pure tradition : le lait cru utilisé (toujours celui du matin) est celui des vaches qui paissent paisiblement autour de la ferme, le fromage est préparé sur place, puis affiné dans la cave voûtée aux murs de brique cachée sous l'un des bâtiments. Lorsqu'il est prêt, c'est un vrai délice : les produits de Claire Halleux ont leur petite réputation auprès des connaisseurs ! D'ailleurs, son maroilles « Mignon » a reçu la Médaille d'Argent au concours général agricole en 2019 : un gage de qualité. Laissez-vous aussi tenter par ses autres spécialités fromagères, vous ne serez pas déçu.

Le Hérie-la-Viéville

LABYMAÏS 02
Ferme de Belle, la garenne de Belle-vue
✆ 07 83 33 75 68
www.labymais.com
labymais02@orange.fr
Ouvert l'été tous les jours sauf le lundi. Ouvert du mardi au dimanche et les jours fériés de 11h à 18h (dernière visite à 16h30). Gratuit jusqu'à 3 ans. Enfant : 10 € (pass multiactivités en illimité). Tarifs complets sur le site internet. Accueil enfants. Restauration. Animations. Paintball / Laser Game.
Un véritable bon plan pour passer d'agréables moments avec les enfants. Le Labymaïs s'étend sur 6 ha de maïs et promet de sacrées énigmes à résoudre pour les plus jeunes. Joliment mis en place, le parcours vous tiendra en haleine durant deux heures, feuille de route à la main. On apprécie beaucoup les questionnements posés sur les sens. L'odorat et le toucher sont mis à l'honneur et les surprises sont nombreuses. Des animations sont régulièrement mises en place, comme les terrifiantes nuit Halloween dans le labyrinthe. Génial. Attention, prévoyez casquettes et bouteilles d'eau, l'été : en plein soleil, il fait très chaud ! Et depuis l'an passé, le paintball vous emmène dans une ambiance western !

Leschelles

LE LORD GODET
RD 1029
✆ 03 23 97 05 88
www.le-lord-godet.com
lelordgodet@orange.fr
Ouvert toute l'année. Du mardi au samedi le midi et le soir ; le dimanche midi. Fermé dimanche soir et lundi toute la journée. Réservation recommandée. Menus de 25 € à 55 €. Carte : 18 € environ. Plat du jour : 18 € (plat du jour + dessert + bière). Chèque Vacances, Chèque Restaurant. Accueil des groupes (sur réservation jusqu'à 3 bus de voyageurs). Jardin. Terrasse. Vente à emporter. Grand parking.
Le Lord Godet est un restaurant réputé de Thiérache ouvert depuis 1972. Madame Frenna vous y accueille tout au long de l'année et vous invite à la dégustation d'une cuisine raffinée et variée. Si l'incontournable maroilles, produit local, vous est naturellement proposé dans différentes préparations, vous pourrez aussi vous attabler devant des cuisses de grenouilles à l'ail, ou encore un foie gras maison. A proximité du restaurant : la somptueuse forêt de Saint-Michel et le musée du sabot.
L'été, installez-vous à la terrasse de l'établissement, vous y verrez des daims, un âne, un lama et des canards (également visibles l'hiver). Le bien manger est un art de vivre, le Lord Godet le prouve.

Marle

LE GRENIER À SEL

Rue Lalouette
www.ville-marle.com

La ville de Marle compte beaucoup de monuments et de vestiges à découvrir. Tous ont une histoire, comme ce grenier à sel, qui a été accordé à la ville par Louis XI en 1476. Institués en France à partir de 1343, les greniers à sels permettaient de récolter la gabelle, lorsque les sujets du roi venaient s'y fournir en sel. Celui de Marle se trouve à l'angle de la ruelle du Grenier-à-Sel et de la rue Lalouette. Un grand nombre de paroisses venaient s'y approvisionner. Une personnalité locale, Jean-Pierre Faucheux, échevin, a vécu dans ce grenier à sel. C'est lui qui réhabilita l'Hôtel de Ville en 1739.

MUSÉE DES TEMPS BARBARES

7, rue des Moulins
✆ 03 23 24 01 33
www.museedestempsbarbares.fr
webmail@museedestempsbarbares.fr

Fermé du 1er octobre au 31 mars. Tous les jours sauf le mardi du 1er avril au 30 septembre. Fermé le 1er mai et le 14 juillet. Visites guidées avec le personnel de la mairie. Gratuit jusqu'à 6 ans. Adulte : 6 €. Enfant (de 6 à 12 ans) : 2 € (de 12 à 18 ans : 3 €). Groupes et scolaires : 5€ / 3.50€. CB non acceptée. Chèque Vacances. Le parc archéologique est accessible aux personnes à mobilité réduite. Les salles du musée ne sont pas accessibles aux personnes en fauteuil roulant. Boutique. Animations.

Voilà un musée des plus passionnants. Un arrêt indispensable qui captivera les petits comme les grands. Site unique en France, le musée s'intéresse à une période qui s'étend du Ve au VIIIe siècle. L'ambiance du lieu est particulière et le visiteur s'imprègne bien rapidement de cette époque méconnue. Le musée des Temps barbares montre des trésors archéologiques, découverts il y a plus de 25 ans sur le territoire de Goudélancourt-les-Pierrepont. Une nécropole de 400 tombes et de plusieurs habitations isolées y avait été découverte. Aujourd'hui, des reconstitutions sont proposées et on apprécie les nombreux panneaux explicatifs qui guident les visiteurs au cœur de l'Histoire. Profitez de l'immense parc qui accueille le village des Francs, où régulièrement, de grands évènements s'y déroulent, comme la semaine Viking ou le week-end Romains et Barbares. Des combats vous seront présentés : grand spectacle assuré !

Martigny

YOURTES DU MOULIN BERTRAND

Murielle SUMIEN
Le Moulin Bertrand
MARTIGNY-COURPIERRE
✆ 03 23 79 22 06
www.yourtes-aisne.com
lemoulinbertrand@nordnet.fr

Fermé en hiver. Tarif pour une nuit : 2 personnes 78 €, 3 personnes 89 €, 4 personnes 97 €, lit supplémentaire 15 €. Gratuit pour les moins de 4 ans.Petit déjeuner compris et lits faits à l'arrivée. Restauration.

Cinq authentiques yourtes mongoles (trois de 20 m² pour deux personnes et deux de 27 m² pour quatre personnes), fabriquées dans la tradition, vous attendent pour de douces nuits à la chaleur du poêle à bois. Installées au cœur d'un écrin de verdure, dans un parc arboré doté d'un étang où il est possible de pêcher, ces yourtes vous offriront le dépaysement rêvé. Pour les enfants, poneys, lamas, daims et chèvres seront les compagnons de vacances idéals. Le soir, il est possible de dîner au restaurant L'Assiette du Terroir situé juste à côté. Vous ne pensez à rien, vous profitez du calme : repos assuré !

Parfondeval

ÉGLISE FORTIFIÉE SAINT-MÉDARD

Route départementale 520
✆ 03 23 97 77 71
amis.parfondeval@gmail.com

Ouvert tous les jours de 9h à 18h. Fermé certains jours fériés. Gratuit. Visite guidée (possible pour les groupe, tarif : 2€/personne).

Parfondeval est une halte obligatoire pour les amoureux de la Thiérache. Cette commune est classée parmi les plus beaux villages de France. Arrêtez-vous pour découvrir cette jolie église fortifiée, qui repose sur quatre chênes puissants. A plusieurs endroits, vous pourrez apercevoir l'emblème de la salamandre et la coquille Saint-Jacques, deux symboles de foi. La visite assurée par Les Amis de Parfondeval reste riche d'enseignements. La salle de refuge, qui était utilisée lors des sièges du village, est maintenant ouverte aux visites.

Autre adresse : Les Amis de Parfondeval et de ses environs – 7, rue du Chêne 02360 Parfondeval.

LA MAISON DES OUTILS D'ANTAN

1, rue du Chêne ✆ 03 23 97 61 59
francoise-chretien@orange.fr

Visite sur rendez-vous. Ouvert tous les jours de 13h à 18h. Gratuit jusqu'à 4 ans. Adulte : 4 €. Visite guidée.

Dans une ancienne étable, transformée en incroyable musée, découvrez plus de 2 000 outils de la vie quotidienne en milieu rural et agricole en 1900. Ce patrimoine vibrant exposé, on le doit à Lucien Chrétien, qui a monté sa collection durant plus de 15 ans. Le voyage dans le temps est délectable, car nous sommes bien loin des expositions guindées. Ici prime l'ambiance familiale, avec néanmoins toujours de précieuses informations délivrées. Une halte touristique largement conseillée.

LE CIRCUIT DE LA CHOUETTE

Départ à l'église de Parfondeval
✆ 03 23 97 78 97
commune.parfondeval@orange.fr

1,4 km. Durée : une heure. Ouvert toute l'année.

Voilà le parcours idéal pour découvrir ce charmant village de l'Aisne. Sur votre parcours, très facile et ouvert à tous, vous trouverez entre autres l'église fortifiée et le temple protestant, le lavoir et les pompes à eau. Profitez de panoramas uniques sur le bocage de la Thiérache. Remarquez également l'habitat typique de la région et n'hésitez pas à prendre rendez-vous au musée La Maison des outils d'antan pour un retour dans le passé.

Plomion

LE HUTEAU

21, place de l'Église
✆ 03 23 98 81 21
restaurantlehuteau.fr

Fermé la première semaine de septembre. Ouvert du mercredi au samedi le midi et le soir ; le dimanche midi. Menus de 17 € à 40 €. Formule du midi : 17 € (sauf le week end). Menu Surprise : 38 €. Menu du pêcheur : 40 €. Menus Réceptions : de 38 € à 42 €. Chèque Restaurant. Accueil des groupes. Vente à emporter. Réception pour baptêmes, communions, mariages ou séminaire.

Découvrez la vraie cuisine de terroir chez Annick et Bernard Longuet. Le cadre rustique et chaleureux de leur maison thiérachienne, aux pieds de l'église fortifiée de Plomion, souligne l'intimité du lieu. L'accueil naturel est appréciable. Les spécialités sont alléchantes et leur dressage ouvre davantage l'appétit. Quelques plats sont à conseiller : terrine de faisan aux cranberries, le délicieux foie gras au torchon, le magret de canard au cidre ou le ris de veau aux cèpes (la carte change suivant les saisons !). Enfin, la cave de la maison est reconnue. Une belle adresse, recommandée.

XAVIER HUCLIN

19, rue de la Fontaine-Longanne
✆ 03 23 98 82 56
www.huclin.terascia.com

Ouvert du lundi au samedi de 8h30 à 12h et de 13h30 à 19h. Services de distillerie aux particuliers et bouilleurs de crus.

Voici une jolie boutique de produits d'épicerie du terroir. Vous y trouverez de purs produits de Thiérache notamment maroilles, cidres fermiers, jus de pommes, Pommel de Thiérache... D'autres plaisirs vous attendent aussi, comme de la charcuterie, du chocolat, des bières... Xavier Huclin a également développé un joli rayon de produits régionaux du Languedoc : huile d'olive, tapenade et anchois vous y attendent. Une dernière particularité, la maison propose ses services de distillerie à poste fixe de 1988 pour un travail à façon sur tous vos fruits (même en petite quantité). Demandez à voir le splendide alambic.

Rozoy-sur-Serre

CLOS DE LA FONTAINE HUGO : CIDRES ET FOLIE DOUCE

Hameau de Wichery
✆ 06 74 84 82 67
www.folie-douce-aperitif.fr
lerouxgregoire@hotmail.fr

Ouvert toute l'année sur rendez vous. Groupes sur rdv. Ouvert du 1er mai au 30 septembre le samedi de 14h à 18h. Visite cidrerie 3€+2€ avec le verger.Boutique.

Le cidre tout le monde connaît, ou presque, mais diantre, qu'est-ce donc que la Folie Douce ? Une substance qui permettrait, comme son nom l'indique, de perdre pied agréablement ! Eh bien oui puisqu'il s'agit d'un vin de fruits. Les apéritifs « vins de fruits » de Grégoire Leroux sont tous issus de la fermentation naturelle d'une dizaine de variétés de fruits. De nombreuses récompenses sont déjà venues couronner ce produit particulier, comme le label Terroir de Picardie pour la Cuvée des Amis (fraises, mûres, framboises) et la cuvée Demoiselle (mûres, framboises, groseilles). Mais le top de la maison, ce que les locaux s'arrachent, reste la Folie Douce de Thiérache, qui se décline en 14 délicieuses cuvées. A déguster avec modération comme il se doit. Grégoire Leroux propose également un autre produit de qualité issu du terroir : le cidre traditionnel de Thiérache, composé de variétés anciennes de pommes. Passez le voir, c'est un passionné qui vous fera découvrir toutes les facettes de son métier.

Saint-Michel-en-Thiérache

LE MUSÉE DE LA VIE RURALE ET FORESTIÈRE

Site abbatial
8, rue du Chamiteau
✆ 03 23 58 87 20
contact@abbaye-de-st-michel.fr

Fermeture entre Noël et le Jour de l'An. Basse saison : ouvert tous les jours de 14h à 18h. Haute saison : du lundi au vendredi de 14h à 18h ; le week-end et les jours fériés de 14h30 à 18h30. Gratuit jusqu'à 12 ans. Adulte : 4,60 € (accès au musée et au site abbatial). Enfant (de 13 à 18 ans) : 2,80 €. Sur réservation : groupes : de 1,8 € (scolaire) à 4.1 € (autres) à partir de 20 personnes et forfait de 36€ pour 1 site et 60 € pour les 2 sites pour le guide. CB non acceptée. Visite guidée (sur demande). Boutique. Restauration possible pour les groupes, dans une salle voûtée de l'abbaye. Location de salles pour séminaires et colloques.

« Le musée de la vie rurale et forestière n'envisage pas seulement de témoigner des savoir-faire d'autrefois. Il se veut aussi un lieu d'appréhension ethnographique de nos campagnes. » Une accroche qui résume parfaitement la mission de ces espaces installés dans les dépendances agricoles du site monastique. C'est au travers d'une importante collection d'objets qu'il nous est proposé de découvrir trois activités économiques qui ont fait vivre la région. La transformation du bois après l'exploitation forestière, l'élevage et la transformation du lait et la culture de l'osier et de la vannerie d'Origny-en-Thiérache. Un regard dans le rétroviseur, plein d'enseignement. A noter, de nombreuses animations y sont régulièrement organisées (thèmes variables). Organisation de la Nuit des Musées en mai, et en octobre Journée de la ruralité (marché du terroir, animations de métiers anciens et ateliers divers).

LE SITE ABBATIAL DE SAINT-MICHEL

8, rue du Chamiteau
✆ 03 23 58 87 20
contact@abbaye-de-st-michel.fr

Fermé les 24, 25 et 31 décembre et le 1er janvier. Du 1er novembre au 31 mars, ouvert de 14h à 18h, week-ends inclus. Du 1er avril au 31 octobre, ouvert de 14h à 18h du lundi au vendredi et de 14h30 à 18h30 les samedis et dimanches. Gratuit jusqu'à 12 ans. Adulte : 4,60 € (accès au site abbatial et au musée). Enfant (de 13 à 18 ans) : 2,80 €. Groupe (20 personnes) : 4,10 €. CB non acceptée. Visite guidée (sur réservation). Boutique.

Ici, on se laisse inspirer par la spiritualité d'une abbaye millénaire, l'un des rares sites bénédictins du Nord de la France. On y retrouve trois grandes périodes de construction : le XIIe siècle pour le chœur et le transept, le XVIIe siècle pour la nef et le début du XVIIIe siècle pour le cloître et les bâtiments claustraux. Des peintures murales ornent six travées de l'aile nord du cloître. Mises au jour par hasard en 1987 lors de travaux effectués par un groupe de recherche écossais, ces peintures du XVIe sont considérées comme un ensemble unique en Europe. Elles retracent l'œuvre et la vie de Benoît de Nursie qui établit l'ordre bénédictin. Autre joyau renommé de ce site : l'orgue de Jean Boizard. Réalisé en 1714, il échappa à la Révolution et aux nombreux incendies qui ravagèrent l'édifice. La maintenance de ce rare spécimen audible et fiable est assurée par Georg Estenfelder. Ses qualités de facture sont mises en valeur par l'acoustique remarquable de l'église, à l'occasion notamment du festival de musique sacrée ancienne et baroque et d'enregistrements discographiques – collection Tempéraments, dévolue aux plus beaux orgues de France et d'Europe.
En septembre, journées européennes du patrimoine (gratuité) avec le dimanche exposition d'artisanat d'art et ateliers divers. Chaque année, festival de musique ancienne et baroque en juin et début juillet.

Sorbais

LE BOCAGE
10, rue du Gué
✆ 03 23 97 49 83
http://lebocage-sorbais.fr
lebocagesorbais@orange.fr
Ateliers Cuisines. 4 chambres (et une suite). Chambre simple 54 € ; chambre double 61 € ; chambre triple 76 €. Petit déjeuner inclus (le petit déjeuner est servi à la table familiale). Wifi gratuit. Restauration (repas du soir sur réservation : 25 €, gratuit pour les enfants de moins de 4 ans, demi-tarif jusqu'à 10 ans). Location de vélos électriques : 15 €/demie journée. Espace détente : 18 €/heure.

Cette ferme typiquement thiérachienne vous accueille dans ses jolies chambres à la décoration soignée. Après une longue journée de balade, vous pourrez même vous prélasser dans le sauna ou le bain à remous. L'originalité des lieux réside dans les ateliers culinaires que propose le maître de maison, véritable passionné de cuisines du monde. Des séjours à thème sont aussi proposés (canoë-kayak sur l'Oise, cueillette des champignons...). Une adresse qui regorge de bonnes idées pour un séjour insolite réussi.

Thenailles

LES DROMADAIRES DU DOMAINE DE FAY ★
Domaine du Faye
✆ 06 25 73 48 63
www.dromadairepicardie.com
dromas1@yahoo.fr
Ouvert toute l'année. Initiation enfant (20 min) : 10 €. Découverte des chemins (1h) : 23 €. Chamelier d'un jour (soins, découverte du dromadaire et balade, 3h) : 50 €. Animations.
Venez vivre un moment insolite en Thiérache en partant à l'aventure à dos de dromadaires ! Olivier Philipponeau, animateur chamelier, dresseur et propriétaire de dromadaires, avec sa drôle de caravane, ne passe jamais inaperçu à Thenailles. Offrez-donc à vos enfants une étonnant balade. La caravane des dromadaires familiers vous entraîne au fil des sentiers permettant de profiter pleinement des attraits les plus variés de la Thiérache. Des moments uniques en individuel ou en groupe, de la simple initiation à la formule pédagogique et pratique pour découvrir le dromadaire autour des soins, du pansage, de la maîtrise corporelle... Dans le manège, l'homme et le dromadaire apprennent l'un de l'autre. L'objectif est de conserver le contrôle de soi face à l'animal afin de le manipuler au sol, lui demander de se baraquer puis de le seller et le monter. Tous les ateliers sont réalisés dans un environnement contrôlé, avec des dromadaires très bien entraînés, sous la supervision d'un chamelier aguerri.

VILLERS-COTTERÊTS – FORÊT DE RETZ ★

A 75 km de Paris, Villers-Cotterêts bénéficie d'un site remarquable constitué par la forêt de Retz : l'une des plus grandes forêts domaniales de France avec près de 13 000 hectares. Cette situation exceptionnelle lui valut d'être élue résidence de chasse de nombreux rois et princes. Le plus fervent fut sans doute François Ier qui y fit édifier le château que l'on peut admirer aujourd'hui. C'est d'ailleurs à Villers-Cotterêts qu'il signa, en août 1559, l'ordonnance restée connue sous le nom d'ordonnance de Villers-Cotterêts. Cette dernière prescrivait, entre autres articles, la rédaction en « langaige maternel françoys et non aultrement » des actes officiels et notariés et la tenue par les curés d'un registre des baptêmes et des décès : la langue française devenait ainsi langue officielle et les prémices de l'état civil voyaient le jour ! Villers-Cotterêts, c'est aussi la patrie d'Alexandre Dumas, père des *Trois Mousquetaires*, dont on peut suivre les pas en ville. Le parc, situé en plein centre-ville, a conservé les grands traits de sa composition d'origine. Par la porte Blanche, le promeneur a accès à la forêt toute proche.

OFFICE DE TOURISME RETZ-EN-VALOIS
6, place Aristide-Briand
✆ 03 23 96 55 10
www.tourisme-villers-cotterets.fr
ot@retzenvalois.fr
Ouvert en janvier, novembre, décembre du lundi au samedi (9h30-12h30, 13h30-17h30), de février à mai et en octobre du lundi au samedi (9h3-12h30, 14h-18h), de juin à septembre du mardi au samedi (9h30-12h30,14h-18h) et le dimanche (10h-12h45, 13h30-17h).

L'équipe de l'office de tourisme est à votre écoute pour vous conseiller sur tout ce qu'il y a à voir et à faire dans et autour de Villers-Cotterêts. Que vous souhaitiez partir sur les traces d'Alexandre Dumas, trouver un bon établissement pour passer la soirée, humer l'air frais de la forêt de Retz ou encore faire votre devoir de mémoire sur les sites de la Grande Guerre, vous trouverez ici toutes les informations et brochures utiles.

Points d'intérêt

DOMAINE ROYAL DE VILLERS-COTTERÊTS ★

1, place Aristide-Briand
✆ 03 23 96 55 10
www.tourisme-villers-cotterets.fr
ot@retzenvalois.fr

La maison du projet devrait ouvrir au public en mars 2020 dans la cour du château. Une façon de communiquer sur le gigantesque chantier en devenir.

Construit à la demande de François Iᵉʳ entre 1532 et 1539, ce château de la Renaissance fut l'un des lieux de villégiature du souverain et celui dans lequel fut édictée l'ordonnance dite de Villers-Cotterêts en août 1539. Transformé en dépôt de mendicité de la ville de Paris par Napoléon Iᵉʳ, il devint une maison de retraite au XXᵉ siècle. Cette dernière ferme en 2014 et cesse d'être accessible au public. Après de pharaoniques travaux de réhabilitation, prévus en deux phases distinctes, le château rouvrira ses portes en mars 2022. Une deuxième renaissance en quelque sorte.

LA FORÊT DE RETZ ★

www.amis-foret-retz.fr

Chaque mardi matin, Jean-François Collet (✆ 07 57 44 64 62) ou (06 80 71 38 75) propose une randonnée de 12 à 15 km. Des randonnées thématiques sont également organisées les samedis et dimanches (programme sur le site internet).

Profitez donc de la plus grande forêt domaniale de l'Aisne, qui est plus vaste que Paris elle-même. Au cours de votre balade, vous croiserez les frênes, les érables, les châtaigniers, les chênes, etc. Avec un peu de chance, vous observerez au loin les chevreuils, les sangliers, les cerfs, les biches ou les faisans qui font vivre ce magnifique espace. De très nombreux circuits pédestres sont praticables en randonnée mais également en VTT. Un endroit propice à la flânerie à la découverte de la faune et de la flore locales.

Autre adresse : Les Amis de la forêt de Retz. 5, avenue de l'Orée-du-Bois 02600 Villers-Cotterêts

MUSÉE ALEXANDRE DUMAS ★

24, rue Demoustier
✆ 03 23 96 23 30
www.webmuseo.com/ws/musee-dumas
musee-dumas@mairie-villerscotterets.fr

Ouvert toute l'année. Fermé le mardi, le dernier dimanche de chaque mois et les jours fériés. Le lundi et du mercredi au samedi de 14h à 17h ; le dimanche de 14h à 18h. Fermeture le dernier dimanche du mois et les jours fériés. Gratuit jusqu'à 18 ans. Adulte : 3,60 €. Groupe (5 personnes) : 4,35 € (plus de 18 ans sur rendez-vous). Tarif réduit : 3 €. Gratuit le premier dimanche du mois. Visite guidée (particuliers et groupes scolaires). Boutique. Salle de projection.

Installé dans un hôtel particulier du XIXᵉ siècle, ce musée rassemble de nombreux documents originaux, objets et mobiliers sur les « Trois Dumas » : le général Dumas (1762-1806), Alexandre Dumas père (1803-1870) illustre auteur des *Trois Mousquetaires*, et Alexandre Dumas fils (1824-1895) auteur de *La Dame aux camélias*. En visitant ce musée, vous découvrirez un portrait du général Dumas au feu par Pichat, des manuscrits d'Alexandre Dumas père comme *Caligula*, quelques fragments du *Comte de Monte-Cristo* ainsi que des *Mémoires*, un portrait d'Alexandre Dumas jeune, un pastel de Giraud, le bureau d'Alexandre Dumas père et bien d'autres souvenirs de l'écrivain. Un retour dans l'histoire enrichissant aussi bien pour les passionnés que pour les simples curieux.

LE PAVILLON HENRI II

15, passage du Manège
✆ 03 23 53 78 50
www.pavillonhenrill.com
pavillonhenrill@pavillonhenrill.com

Ouvert du 4 avril au 27 septembre 2020.Fermeture 1ere quinzaine de juillet. Ouvert les samedis, dimanches et jours fériés de 12h à 18h. Gratuit jusqu'à 10 ans. Adulte : 4 € (6.50€ visite guidée). Journées de patrimoine tarif spécial 5€ visite commentée exclusivement.

Dans ses *Mémoires*, Alexandre Dumas écrivait : « La maison de monsieur Deviolaine était un palais très apprécié par moi ». Édifiée à la fin du XVIᵉ siècle, cette magnifique bâtisse baptisée « pavillon Henri II » fut agrandie et redécorée par le duc d'Orléans. Elle fut ensuite revendue à Jean-Michel Deviolaine, un inspecteur de la forêt de Retz dont parle Alexandre Dumas, puis rachetée par le roi Louis-Philippe en 1843. Le pavillon est devenu aujourd'hui un salon littéraire et de musique. Des concerts classiques, des conférences, des lectures sont régulièrement au programme. A observer, les emblèmes et devises du roi Henri II et de la reine Catherine de Médicis, perchés dans le plafond à caissons.

TOUR D'OBSERVATION DU GÉNÉRAL MANGIN

Forêt domaniale de Retz
Route du Faîte
✆ 03 23 96 55 10
www.tourisme-villers-cotterets.fr
A 6 km au nord-est de la ville.

Ouvert toute l'année. Gratuit. Parking gratuit.

C'est au bout d'une petite route forestière qu'elle surgit par la gauche, massive, au milieu d'un bouquet d'arbres. La réplique de la tour observatoire du général Mangin a été inaugurée en septembre 2017. Elle commémore la contre-offensive alliée de juillet 1918. L'originale fut détruite en 1924 mais l'emplacement est visible en contrebas. A chacun des 8 étages de la tour, une scénographie ludique intéressera petits et grands. Si son sommet se trouve à 25 m du sol, l'ensemble de la crête culmine à 220 m d'altitude. Le panorama y est unique avec une vue sur la canopée.

Le couvert

LA TULIPE

16, rue du Général Mangin © 03 23 54 83 54
www.restaurant-la-tulipe.com
latulipe.jb@gmail.com

Ouvert du mardi au samedi de 12h à 14h et de 19h à 22h. Réservation recommandée. Menus de 14,90 € à 23,90 € (menu sur le pouce 15,90 €). Menu enfant : 7,90 €. Plat du jour : 12,90 € (dessert du jour 2 €). Vin au verre. Vente à emporter.

On entre à la Tulipe avec curiosité et l'on en ressort ravi et comblé. Le restaurant possède deux entités : la pizzeria qui propose des produits de grande qualité et des pizzas fort bien garnies, et le restaurant gastronomique, l'adjectif n'est pas usurpé, loin s'en faut. Le cadre est raffiné, clair, chic et stylé et donne tout de suite une sensation de bien-être. La suite, c'est une symphonie gustative, rien de moins, qui attend le gourmet en quête de saveurs. Une ardoise affiche la partition du jour. Dos de saumon, filet mignon, risotto au brie, mousse au chocolat, tarte au citron meringuée..., tout cela ciselé maison avec l'art des professionnels issus du sérail. Une adresse incontournable.

Sorties

LES CHAIS DU MOULIN ROUGE

Chemin du Moulin Rouge © 03 23 73 94 84
leschais@orange.fr

Ouvert du mardi au jeudi de 10h à 19h30 ; le vendredi et le samedi de 10h à 22h. Cave à vin, vente de spécialités locales, planches apéro, soirées à thème.

Situé un peu à l'écart du centre-ville, cet établissement n'en mérite pas moins une petite visite, surtout si vous aimez les bières françaises et belges. Sélectionnées avec soin par les propriétaires, elles peuvent être bues sur place ou emportées. Et c'est aussi le cas de tout ce qui est mis sur les planches apéros : fromages et charcuteries (les produits locaux sont privilégiés), s'ils vous plaisent, peuvent être achetés pour être dégustés chez vous. Et pour une ambiance animée, privilégiez les soirées en fin de semaine qui sont souvent thématiques !

Dans les environs

Longpont

Ce joli petit village se situe dans une large vallée bordant la forêt de Retz. Longpont abrite en son cœur les vestiges d'une abbatiale gothique qui avait la taille des grandes cathédrales. L'endroit conserve également des bâtiments de l'abbaye fondée par saint Bernard en 1131. Située près des marais, ses jardins ne manquent pas de charme. A découvrir : la porte des Tourelles et le lavoir dont les piliers proviennent des ruines de l'abbaye. Village de charme et de culture, c'est aussi une étape gastronomique.

L'ABBAYE CISTERCIENNE

Abbaye de Longpont
© 03 23 73 94 55
www.abbayedelongpont.fr

Du 15/juin au 30 septembre : visites libres les lundi, mardi, jeudi de 10h à 12h et de 14h30 à 18h30. Visites guidées les dimanche et fêtes de 12h30 à 18h30. Gratuit jusqu'à 6 ans. Adulte : 6 € (à partir de 14 ans visite libre). Enfant : 4 € (- de 14 ans visite libre). Groupe (10 personnes) : 6 € (réservations obligatoires au 06 88 74 31 64). Visite guidée : 4€ – de 14 ans et 8€ à partir de 14 ans. CB non acceptée. Chèque Vacances. Visite guidée.

Découvrir ce lieu majestueux est une expérience à vivre. Un cadre somptueux s'offre à vous depuis la forêt ou depuis le plateau soissonnais. De l'abbaye cistercienne fortifiée du XIIe siècle ne subsistent que les ruines de l'église abbatiale gothique, fièrement élancées vers le ciel. Vous prêterez une attention toute particulière à la nef, quelques chapelles rayonnantes et les bâtiments monastiques remaniés au XVIIIe siècle. Site exceptionnel et chargé d'histoire, cette abbaye fondée en 1131 par saint Bernard fut consacrée au siècle suivant en présence de Saint Louis, venu s'y réchauffer. Cette vaste construction de pierre, partiellement ruinée après la Révolution, comporte des salles voûtées et un chauffoir à cheminée centrale du XIIIe siècle, ainsi qu'un cloître et un grand escalier du XVIIIe siècle dans les bâtiments d'habitation. Témoin des grandes réalisations de l'ordre cistercien, cet ensemble illustre superbement deux époques privilégiées de l'architecture française : le gothique et le XVIIIe siècle. N'hésitez pas à vous promener dans le parc, autour de l'étang, et succombez au charme d'une impressionnante collection de roses. Véritablement enchanteur.

HÔTEL-RESTAURANT DE L'ABBAYE

8, rue des Tourelles
© 03 23 96 02 44
www.hotel-abbaye-longpont.fr
contact@hotel-abbaye-longpont.fr

Logis. Hôtel et restaurant ouverts toute l'année, sauf le soir du 24 décembre et du 1er au 4 janvier. Accueil jusqu'à 23h. 11 chambres. Chambre simple de 70 € à 82 € ; chambre double de 80 € à 97 € ; chambre triple 117 € ; suite 138 €. Petit déjeuner buffet : 10 €. Chèque Vacances. Animaux acceptés. Wifi gratuit. Restauration. Vente (miel, confiture, jus de pomme, bière artisanale, librairie régionale). Location de vélos électriques.

Un bien bel établissement idéalement situé entre les vestiges de l'ancienne abbaye cistercienne et sa porte fortifiée. D'ailleurs, certains chambres proposent une vue imprenable sur ces monuments historiques. Comme il est agréable de pousser la porte de cette auberge de charme. On découvre alors le bar et des tables rustiques massives qui accueillent les clients pour le repas. Du cachet, donc, mais aussi de l'authenticité et de la convivialité. Les espaces de nuit sont, eux, agréablement thématisés. L'été, prenez donc un verre en terrasse, dépaysement garanti. Enfin, profitez du restaurant et de sa belle cheminée. Mousse de betterave, soupe à l'oignon gratinée, pied de cochon pané accompagné d'une excellente bière locale (la Saint-Rieul), poire au vin : voilà un repas copieux et gourmand ! Les amateurs de viande seront aussi satisfaits par les grillades ou les spécialités de gibier. A noter que cet hôtel est au point de départ de circuits de randonnées à vélo et à pied. Une adresse conseillée.

NORD

Vieille Bourse, Lille.

ARMENTIÈRES

Située en Flandre à une quinzaine de kilomètres de Lille et proche de la frontière belge, la ville d'Armentières jouit d'une localisation exceptionnelle. Desservie par l'autoroute, par le train et un réseau de bus, il est très facile de se rendre à Armentières pour y passer une journée ou un week-end. Citée par un privilège du pape Étienne II en 765, elle fut entourée de remparts au Moyen Âge, souvent attaquée, mais toujours debout. Deux grands malheurs historiques ont touché la ville : la peste, qui l'a ravagée en 1646, et les destructions datant de la Première Guerre mondiale, qui n'ont laissé debout qu'un dixième des édifices de l'époque. C'est grâce au talent de l'architecte Louis-Marie Cordonnier que la ville va renaître de ses cendres et porter fièrement les couleurs de la Renaissance flamande. À l'origine de l'Hôtel de Ville, de l'Église Saint-Vaast et des Halles, l'architecte utilise pierres, briques et hauts pignons dans le plus pur style régionaliste, et redonne ainsi toute sa splendeur à la ville.

À noter que Cordonnier est également à l'origine de la reconstruction de Comines, ville voisine d'Armentières, et également durement touchée par la guerre. Ancien fleuron de l'industrie textile, Armentières en a gardé l'un de ses surnoms : "la Cité de la Toile". La ville était originellement construite au milieu d'un grand marais inondé par la Lys. Aujourd'hui, quelques zones humides subsistent comme les Prés du Hem, qui, forts de leurs 45 hectares, constituent un véritable poumon vert de la métropole lilloise. Depuis de nombreuses années, la ville d'Armentières est en pleine restructuration dans le but d'augmenter l'attractivité et l'accessibilité de la ville. Le quartier de la gare a été complètement réhabilité et une nouvelle médiathèque y a trouvé refuge. De nombreuses personnalités d'hier et d'aujourd'hui sont liées à la ville, comme le concepteur de la première voiture électrique, Paul Pouchain, né en 1868. Pour les plus connus, on notera Line Renaud, qui est native de Nieppe, commune voisine, ou encore Dany Boon. Bref, à Armentières, il fait bon flâner dans le centre-ville, s'arrêter à l'un des nombreux cafés pour boire un verre tout en admirant sa place principale et le beffroi, classé au patrimoine mondial de l'Unesco. Si vous voulez y passer un week-end, n'hésitez pas à venir le deuxième week-end de septembre lors de la fête traditionnelle des Nieulles, du nom des petits gâteaux sablés et ronds, spécialité gourmande de la ville. Au programme : braderie, concert, couronnement de la Reine des Nieulles, ducasse, parade... et pour terminer un jet de Nieulles depuis le balcon de l'Hôtel de Ville. Une tradition qui remonte à ce jour de mai 1510, quand le Seigneur d'Armentières, venu prendre l'air sur l'un des balcons de la Grand'Place, jeta des miettes de gâteaux aux enfants jouant sur la place. Cette tradition de jeter des choses du haut des beffrois devait symboliser la relation liant les gouvernants et le peuple. Il est donc facile de comprendre pourquoi cette tradition cessa à la Révolution ! Ce n'est qu'en 1938 que la Fête des Nieulles retrouva sa place dans le calendrier folklorique de la ville.

■ **OFFICE DE TOURISME ARMENTIEROIS & WEPPES**
33, rue de Lille
✆ 03 20 44 18 19
www.weppes-tourisme.com
ot.armentieres@wanadoo.fr
Ouvert du mardi au vendredi de 10h à 12h et de 14h à 18h ; le samedi de 10h à 12h et de 14h à 17h. Fermé les jours fériés.

L'office de tourisme armentiérois et des Weppes est une véritable mine d'or pour toutes celles et tous ceux qui sont à la recherche d'informations pour agrémenter leur séjour. Située en plein cœur des Flandres, la ville d'Armentières a de nombreux atouts à offrir aux visiteurs, à commencer par un superbe patrimoine architectural. L'office organise ainsi de nombreuses visites pour découvrir l'histoire de cette étonnante cité, ancien fleuron de l'industrie textile. Un calendrier des visites est édité chaque année. L'office de tourisme est aussi le lieu de départ de la visite du beffroi. Vous pourrez également y faire l'acquisition de produits locaux, comme l'excellente bière Mademoiselle From Armentières. Un passage obligatoire ! Mais l'office de tourisme ne se résume pas qu'à la ville, il possède également de la documentation sur tout le pays des Weppes, qui est l'un des cinq quartiers de la Châtellenie de Lille, division territoriale de l'Ancien Régime. De quoi aiguiser votre curiosité et vous donner envie de découvrir cette jolie région !

Points d'intérêt

■ **BEFFROI D'ARMENTIÈRES** ★
Place du Général de Gaulle
✆ 03 20 44 18 19
www.ville-armentieres.fr
ot.armentieres@wanadoo.fr
Adulte : 6 €. Enfant (de 6 à 12 ans) : 2 € (inaccessible aux – 6 ans). Visite guidée. Chaque 1er et 3ème samedi du mois à 14h30. Sur rendez-vous auprès de l'Office de tourisme armentiérois et des Weppes (minimum 2 pers, réservation obligatoire 24h à l'avance).

Construit puis détruit à plusieurs reprises, le beffroi d'Armentières a aujourd'hui les pieds bien solides, collés à ceux de l'hôtel de ville. C'est qu'il en a vu, des époques ! D'abord érigé au Moyen Âge, il fut une première fois détruit sur ordre de Louis XI au XVe siècle.

Armentières.

Il est reconstruit au début du XVIe siècle pour ensuite être intégré à l'hôtel de ville au XVIIIe siècle. La guerre de 1914-1918 est le dernier événement à lui avoir fait du mal, puisqu'il ne résista pas aux bombardements. Mais l'élan des habitants qui souhaitaient redonner un beffroi à sa Grand'Place a permis sa reconstruction en 1934. Aujourd'hui, il surplombe de nouveau la ville du haut de ses 67 mètres et ses quelque 200 marches. La vue du haut du beffroi vaut le détour. Des paysages aussi variés que nombreux de la ville, avec ses quartiers, ses cheminées, ses églises, ses maisons, ses parcs naturels, mais aussi des monts de Flandre, de la vallée de la Lys, de la Métropole lilloise et enfin de la campagne belge. Le carillon chante tous les jours *La Madelon*, ce chant populaire du début du XXe siècle. Depuis 2005, le beffroi d'Armentières est classé au patrimoine mondial de l'Unesco, à l'instar de la Grande Muraille de Chine ou du Taj Mahal.

■ CIMETIÈRE MILITAIRE DE LA CITÉ BONJEAN
54, avenue Roger Salengro

Ouvert toute l'année.

Construite en 1909, grâce aux donations de George Bonjean, juge du Tribunal de la Seine, qui souhaitait offrir aux ouvriers de la ville des logements dignes et salubres, la Cité Bonjean va se transformer en 1914 en lieu de sépulture pour les milliers de soldats britanniques n'ayant pas survécu à leurs blessures de guerre. L'hôpital militaire étant tout proche de la cité, le choix de cette dernière n'a donc rien d'anodin. Plus de 2 100 soldats de l'armée impériale britannique reposent dans cette nécropole. Y sont également enterrés 500 soldats allemands. Mais ce cimetière est surtout connu pour être l'un des sept mémoriaux néo-zélandais en France. Trop souvent oubliés, les Kiwis ont pourtant donné leur vie pour sauver la France. Le Cité Bonjean New Zealand Memorial rend hommage à 48 soldats et officiers néo-zélandais. Leur identité n'ayant jamais été établie, leur stèle porte simplement l'emblème d'une feuille de fougère. Peu connu, ce cimetière militaire est pourtant un lieu de mémoire essentiel. Chaque année début novembre, l'Union des anciens combattants d'Armentières organise une visite guidée gratuite du cimetière militaire britannique de la Cité Bonjean.

■ ÉGLISE SAINT-VAAST
22, place Saint-Vaast
✆ 03 20 77 20 82

Messe le lundi, mardi, jeudi et vendredi à 9h, le samedi à 18h15, certains dimanches à 10h30. Restriction possible des horaires en été.

L'église Saint-Vaast d'Armentières en impose avec son architecture. Mais ne vous fiez pas à son apparence, puisque ce n'est pas l'église d'origine ! La première église fut bâtie au IXe siècle, à la gloire de saint Vaast, l'évangélisateur des Flandres. Elle fut plusieurs fois détruite, notamment lors des bombardements de la Première Guerre mondiale. En 1921, le maréchal Foch attribue la Croix de Guerre à la ville. L'église est finalement reconstruite par le célèbre architecte Louis-Marie Cordonnier (à qui l'on doit de nombreux édifices dans la région, notamment l'hôtel de ville et le beffroi d'Armentières situés de l'autre côté de la rue) et impressionne aujourd'hui par ses dimensions proches de celles d'une cathédrale : 80 m de long, 27,6 m de large pour la façade, pour une surface totale d'environ 2 000 m^2. Son clocher culmine, quant à lui, à 83 m de haut, ce qui en fait le point culminant de la ville d'Armentières ! À l'intérieur, n'hésitez pas à jeter un œil aux diverses sculptures et aux magnifiques vitraux et aux toiles dont l'une d'elles est classée monument historique : *Le Christ aux outrages*.

■ LA MAISON DEBOSQUE

29, rue Jean Jaurès
✆ 03 61 76 08 40
www.armentieres.fr
ot.armentieres@wanadoo.fr

Ouvert du lundi au vendredi de 8h30 à 12h et de 13h30 à 18h ; le samedi de 8h30 à 11h30. Horaires de visites des jardins. Plus d'informations auprès de l'Office de tourisme des Weppes et de l'Armentiérois.

Dans cette vaste bâtisse datant des années 1930 vécut l'une des plus célèbres familles d'Armentières, la famille Debosque. En effet, Maurice Debosque était bien connu dans la région, puisqu'il participa activement à la reconstruction de la ville d'Armentières après la Première Guerre mondiale. À la tête de son entreprise (qui employait près de 500 personnes), il rebâtit la Grand-Place, ainsi que les églises Notre-Dame et Saint-Joseph notamment. En collaboration avec l'architecte Louis-Marie Cordonnier, il participa également à la reconstruction de l'hôtel de ville ainsi que de l'église Saint-Vaast. Sa vaste demeure, au style rappelant les maisons anglo-normandes, symbolisait le renouveau de toute une ville, mais était aussi gage de réussite sociale. En 1971, l'imposante demeure fut rachetée par la ville, qui y installa la bibliothèque municipale. Elle fut délocalisée lorsque la médiathèque ouvrit en 2007. La Maison Debosque est actuellement occupée par des services de la mairie, mais il est possible de la visiter (notamment la luxueuse salle de bains en marbre), seule ou couplée avec d'autres bâtiments. Le jardin est également accessible aux horaires de la mairie.

■ LES PRÉS DU HEM

7, avenue Marc Sangnier ✆ 03 20 63 11 27
enm.lillemetropole.fr
presduhem@lillemetropole.fr
Bus 79, arrêt Bérégovoy.

Fermé de novembre à février. Ouvert les jours fériés pendant les périodes d'ouverture. Haute saison : ouvert du lundi au samedi de 10h à 19h ; le dimanche de 10h à 20h. Mars/octobre : ouvert les mercredis, samedis et dimanches de 10h à 17h, en septembre de 10h à 18h. Avril/mai : du mardi au samedi de 10h à 18h, dimanche de 10h à 19h. Juin : du lundi au vendredi de 10h à 18h, samedi de 10h à 19h, dimanche de 10h à 20h. Gratuit jusqu'à 3 ans. Adulte : 8 € (tarif réduit : 5 €, d'avril à septembre). Enfant (de 3 à 12 ans) : 5 €. Gratuit en mars, septembre et octobre, sans activités. Carte famille (valable à la journée, pour 2 adultes et jusqu'à 3 enfants de moins de 12 ans) : 24 €. Abonnement individuel : 28 €. Abonnement duo : 50 €. Abonnement familial : 75 €. Restauration. Animations.

Véritable poumon de verdure à quelques minutes de Lille, la base de loisirs des Prés du Hem est la petite sortie familiale à faire. Loin de l'agitation de la ville et des pots d'échappement qui crapotent, vous pourrez profiter de 120 hectares de nature, tandis que vos enfants s'amuseront dans une immense plaine de jeux (attention, gardez bien l'œil sur eux, c'est grand). Une ferme avec ses animaux promet aussi quelques bons moments de complicité. L'été, une plage incite à la baignade (surveillée). Pause détente pleinement appréciable. Le lac de 45 hectares permet de s'adonner au plaisir de la voile ou du bateau à pédales, c'est au choix ! Vous pourrez également embarquer à bord du bateau panoramique *Armentières 2000*, pour une petite balade à la fraîche sur la Lys. Depuis quelques années, le parcours des Vanupieds offre quelques douces sensations sur 51 textures différentes. Les enfants adorent ! Bref, vous l'aurez compris, aux Prés du Hem, vous avez de quoi vous occuper et ainsi passer une agréable journée en famille !

Le couvert

■ À CH' CARREFOUR GOURMAND

8, place Jules-Guesde ✆ 03 74 11 66 10
www.achcarrefourgourmand.fr

Ouvert tous les jours et les jours fériés de 10h à 15h et de 18h à 22h30. Réservation recommandée. Carte : 18 € environ. Menu enfant : 7 €. Accueil des groupes. Terrasse.

Ce restaurant fait partie des vraies bonnes adresses où bien manger pour peu cher à Armentières. Dans cet esprit décontracté, le décor est atypique – ou plutôt typique de l'esprit des estaminets du Nord où l'on est servi comme à la maison. Pourtant les grandes fenêtres et le choix du mobilier donne un esprit moderne à ce lieu très accueillant. Rien que lorsqu'on passe la devanture, les odeurs chatouillent les narines et on se tarde de s'attabler. Côté carte, une bonne diversité de plats sont proposés pour plaire au plus grand nombre. On y retrouve des plats biens connus comme le welsh, la carbonnade ou le pot'jevleesch, mais parfois d'autres nouveautés viennent s'ajouter à la carte. Le blanc de volaille farci au Vieux Brugges, la douillette au Jeanlain, la cassolette de fricadelles à l'Hopus ou les pâtes carbonara au maroilles sont quelques délicieux exemples de cette cuisine ch'ti revisitée ! Et dans l'assiette, pas question de jouer sur les portions ! Une bonne adresse qui compte de nombreux habitués... alors venez donc vous faire votre idée et rejoignez la liste des gourmands satisfaits !

■ NATURE

20, place Saint Vaast
✆ 03 20 87 93 05
www.restaurant-nature.com
contact@retaurant-nature.com

Ouvert du mardi au samedi le midi et le soir. Menus de 35 € à 69 €. Menu enfant : 20 €. Formule du midi : 26 €.

Le chef Nicolas Gautier et son épouse Cécilia ont imaginé ce lieu à leur image : simple, élégant et chaleureux. Ici, aucune prétention, ni dans le décor ni dans les assiettes. Le chef laisse parler les produits (frais, de saison et autant que possible locaux) qu'il sublime à la perfection. Il a fait le choix de ne pas proposer de carte, mais de simplement présenter les produits qu'il va travailler, comme la promesse de découvertes surprenantes et savoureuses. Comment ne pas succomber à cet étonnant dessert mêlant la rosée de Nieppe (un champignon) avec du chocolat blanc ? Croyez-en notre expérience, vous pouvez vous abandonner sans hésiter au savoir-faire de ce chef de talent… et étoilé !

■ PICCO BELLO

67, rue Ernest Deceuninck
✆ 03 20 57 27 01
www.piccobello.fr – contact@piccobello.fr
♿

Ouvert du lundi au vendredi de 11h30 à 14h et de 18h30 à 22h ; le week-end de 18h30 à 22h30. Réservation recommandée. Pizzas : 8 à 11,90 €. Pâtes : 10 à 13,50 €. Salades : 11,90 à 13,90 €. Accueil des groupes. Vente à emporter. Parking.

Une déco chic et simple, une ambiance dynamique et conviviale, un accueil chaleureux, la pizzeria Picco Bello ne manque pas d'arguments pour plaire. Mais ce qui fait son succès auprès des Armentiérois, c'est d'abord et surtout la qualité de sa cuisine. La pâte à pizza est préparée selon une recette traditionnelle et pétrie chaque jour afin d'offrir le meilleur du croustillant et du goût. Les produits sont frais et parfaitement travaillés pour une garniture riche en saveur. Les portions sont généreuses. Alors que vous soyez plutôt pâtes, pizzas ou plats cuisinés, vous trouverez forcément le plat idéal pour vous faire voyager jusqu'en Italie. Et si vous n'avez pas envie de sortir, optez pour l'option à emporter et faites venir l'Italie jusque chez vous ! Une bonne adresse sans prétention et qui offre une cuisine de qualité.

■ LA TAVERNE ARMENTIÉROISE

59, rue de Lille ✆ 03 66 72 47 56
www.lataverne-armentieroise.fr

Ouvert du lundi au vendredi le midi ; du mercredi au vendredi le soir. Réservation recommandée. Carte : 15 € environ. Plat du jour : 10,90 €. Accueil des groupes (privatisation possible). Terrasse. Parking gratuit.

Depuis octobre 2014, cet établissement a une solide réputation à Armentières. Tous les midis, le restaurant affiche complet. Il n'y a pas de hasard, la qualité de la cuisine maison fait la différence. L'accueil est chaleureux et le patron s'enquiert régulièrement du bon déroulement des opérations. La musique jazzy, le cadre élégant et le joli bar, mais surtout cette carte alléchante et délicieuse font de La Taverne un passage obligé à Armentières. Le welsh au maroilles pourrait bien figurer parmi les meilleurs de la région, mais les autres plats proposés ne sont pas en reste, surtout que le chef les prépare avec soin à base de produits locaux. Fraîcheur et saveur sont les maîtres mots de cette cuisine généreuse et de qualité ! Et il faut voir les visages radieux des clients en salle pour s'assurer du plaisir ressenti en ce lieu ! Nous aussi, on adore !

■ LA TENTATION DU RENARD

9, avenue Marc Sangnier ✆ 03 20 38 66 84
www.latentationdurenard.fr
Parking Prés du Hem.

Ouvert du lundi au jeudi de 11h30 à 14h ; le vendredi et le samedi de 11h30 à 14h et de 19h à 22h30. Réservation recommandée. Carte : 14 € environ. Menu enfant : 7 €. Formule du midi : 14,50 € (entrée-plat ou plat-dessert. Menu du jour (plat + café) : 11 €). Chèque Restaurant. Terrasse.

"Maître Corbeau sur un arbre perché, tenait en son bec un fromage". Cette citation de la célèbre fable de La Fontaine est fièrement affichée sur l'un des murs du restaurant La Table du Renard, puisque le fromage est sa spécialité ! Ici, chaque plat contient un fromage : maroilles (l'emblème de la région !), reblochon, munster, chèvre... Côté plats, il y en a pour les petites et les grosses faims. On se surprend même à baver devant tous les plats de la carte tant elle est alléchante. Outre les traditionnelles tartiflette et raclette, vous pourrez également goûter à deux spécialités de la région : le welsh et le poulet au maroilles. Les portions sont plutôt généreuses mais laisseront quand même de la place pour un petit dessert. L'accueil est agréable sans trop en faire, le cadre est simple et les tables suffisamment espacées pour ne pas s'immiscer dans la discussion des voisins. Une bonne adresse située juste à côté des Prés du Hem.

Le gîte

■ GÎTE ENTRE DEUX LYS

25, rue Boileau ✆ 06 15 60 95 65
bailleult@orange.fr

Pour 6 personnes (90 m², 3 chambres). De 250 € à 350 € la semaine selon saison. Matériel bébé sur demande. 170 € le week-end. Draps et linge de maison sans supplément. Chèque Vacances. Animaux acceptés (sous conditions). Connexion Internet. Salon de jardin, lave-linge, lave-vaisselle.

A Armentières dans le quartier familial du Bizet, Monique et Thierry Bailleul vous accueillent dans une jolie maison accolée à la leur. Avec ses deux chambres doubles (2 lits de 140 x 190 cm) et sa chambre simple (2 lits de 90 cm), le gîte possède toutes les commodités pour accueillir une famille ou deux couples. Le petit jardin est très agréable pour déjeuner ou prendre son café. Les propriétaires vous proposent un petit déjeuner d'accueil avec cramique et confiture maison. Au fait, savez-vous pourquoi le gîte s'appelle « Entre 2 Lys » ? Eh bien parce que la rivière Lys coule au bout de la rue et que le jardin situé devant la maison contient... des lys ! Un petit havre de paix pour découvrir la région comme il se doit !

Emplettes

■ MAISON LEGRAND

29, place du Général de Gaulle
✆ 03 20 35 51 15
https://boulangerielegrand.fr
contact@boulangerielegrand.fr

Ouvert du mardi au samedi de 6h30 à 19h15 ; le dimanche de 7h à 12h30.

Défi relevé pour Michaël Legrand qui a repris cette boulangerie-pâtisserie en 2012 : réussir à conserver la réputation excellente de son prédécesseur et imposer son nom ! Située en plein cœur d'Armentières, la boulangerie-pâtisserie Maison Legrand est vite devenue une référence dans le paysage des petits commerces armentiérois. Avec la mention Maître Artisan, l'équipe met un point d'honneur à fabriquer des produits avec des saveurs bien présentes tout en préservant les procédés traditionnels. Et ça se sent : le pain est délicieux, croquant et tendre à la fois, les viennoiseries ont un feuilleté bien croustillant et les pâtisseries demeurent alléchantes. La boulangerie propose également des sandwichs le midi, tous aussi appétissants les uns que les autres. Le personnel est aux petits soins et sait vous guider si vous recherchez un pain particulier ou commandez un gâteau pour une occasion spéciale. Petite info originale : la Maison Legrand a participé à l'émission *La Meilleure Boulangerie de France* en présentant sa spécialité : le sacristain spéculoos. Goûtez-le, c'est un délice !

Dans les environs

Comines

L'ELEVAGE DE GROS-GRIS

1447, chemin de l'Apothicaire ✆ 03 20 39 31 61
fabien.lesaffre@orange.fr

Gratuit jusqu'à 4 ans. Adulte : 2 €. Visite guidée de mars à octobre. Particuliers : visite le samedi de 14h à 16h30 sans rendez-vous. Boutique.

Pour tous ceux qui aiment les caracoles autrement qu'en pralin, voici une ferme d'élevage du gastéropode préféré des Français : l'escargot. Et si l'on veut être précis, il s'agit de mollusques gastéropodes pulmonés ! Un nom bien compliqué pour un animal que l'on a toujours croisé sur nos chemins sans y prêter trop d'attention. Et pourtant, cela fait depuis 1995 que Fabien Lesaffre élève ses petites bêtes ! Chez lui, tout est fait pour que les escargots se sentent comme chez eux. La visite des lieux permet d'en apprendre toujours plus sur ces mollusques, de la reproduction à la dégustation. Vous apprendrez à reconnaître leur âge, à mieux connaître leurs mœurs, leurs amours... et découvrir qu'ils ne sont pas si différents des humains ! La visite est ponctuée de petites anecdotes qui feront sourire petits et grands !

LA TAVERNE SAINTE MARGUERITE

81, rue de Lille ✆ 03 20 39 00 60
www.tavernesaintemarguerite.com

♿

Ouvert du dimanche au mardi et le jeudi le midi ; le vendredi et le samedi le midi et le soir. Réservation impérative. Menus de 29 € à 34 €. Menu enfant : 10 € (jusqu'à 12 ans). Formule du midi : 16 € (tous les midis sauf le week-end). Menu Lunch : 22 € tous les midis sauf le week-end. Vendredi soir : menu à 34 € boissons comprises. Label Tourisme & Handicap. Jardin. Terrasse.

Située en face de l'église de Comines, la Taverne Saint-Marguerite vous reçoit dans une vaste demeure charmante et authentique. Composée de 3 salles soignées et modernes, l'une d'elles nous attire plus particulièrement par sa lumière et sa vue sur le jardin fleuri (aux beaux jours) et verdoyant. Justement, pour les jours de beau temps, ce jardin se transforme en terrasse l'instant d'un apéritif ou d'un café. Paisible et familiale, la Taverne Saint-Marguerite a ce goût de campagne que l'on aime le temps d'une pause. L'ambiance familiale qui s'en dégage n'est pas anodine puisque la taverne est elle-même une affaire de famille. Le buffet de hors-d'œuvre, plutôt gastronomique, vous séduira par sa variété et sa fraîcheur. Il est proposé dans tous les menus ! Les plats proposés sont simples mais pas simplistes pour autant, et fidèles à la cuisine traditionnelle française. Une bonne adresse cominoise.

Fournes-en-Weppes

L'ÉCAILLE

668, boulevard Victor Hugo ✆ 03 20 46 60 93
www.restaurantlecaille.fr
restaurantlecaille@gmail.com

Ouvert le mercredi et le dimanche le midi ; le jeudi et le vendredi le midi et le soir ; le samedi soir. Carte : 30 € environ. Plat-dessert : 23 €. Entrée-plat : 28 €. Formule complète : 33 €. Accueil des groupes.

En 2018, le chef Laurent Cauchy (qui officie également à la Table du Colysée) s'est lancé un nouveau défi : celui d'ouvrir un restaurant centré sur le poisson et les produits de la mer. Un défi relevé haut la main puisque, deux ans après, le succès est toujours au rendez-vous. Le lieu est à l'image de son créateur : sympathique et chaleureux ! En cuisine, on retrouve toujours la même exigence d'un chef qui sait comment travailler à la perfection des produits frais, locaux et de saison. Que les amateurs de viande se rassurent, le chef propose aussi de très belles pièces carnées. Et ne faites pas l'impasse sur les desserts, ils sont à tomber, surtout le merveilleux chocolat blanc-spéculoos !

Houplines

ÉTANGS DU PONT BALLOT

Rue Brune

Fermeture l'hiver pour rempoissonnement. Ouvert tous les jours de 6h30 à 20h.

Qu'il fait bon se balader près des 6 étangs qui constituent les étangs du Pont Ballot ! Véritable havre de quiétude, le seul bruit qui pourrait vous perturber est celui du lancer des cannes à pêche, car les étangs du Pont Ballot sont bien connus des pêcheurs de la région houplinoise, qui y trouvent entre autres truites et gardons. Les étangs sont approvisionnés en poissons l'hiver par l'association La Perche d'Or, qui veille à une pêche durable et respectueuse. Un endroit méconnu du grand public qui mérite qu'on y fasse un tour !

LA GAUFRE DU PAYS FLAMAND

4, rue Victor Hugo
✆ 03 20 77 40 19
www.gaufrehouplines.com
gaufreshouplines@gmail.com

Ouvert du lundi au vendredi de 9h à 18h30 ; le samedi de 9h à 12h. Gratuit. Visite guidée. Boutique. Contactez le musée pour toute visite individuelle ou en groupe.

Le « petit musée de la Gaufre » est un lieu tout à fait passionnant pour toute personne aimant déguster une bonne gaufre et curieuse d'en savoir plus sur celle-ci et sur son histoire, en observant les vieux fers à galette et gaufriers. La visite dure 45 minutes et se conclut par une démonstration de la fabrication artisanale de gaufres, suivie d'une dégustation, la partie sans doute la plus intéressante ! Pour les individuels, il est nécessaire de prendre rendez-vous en amont.

HÔTEL DE VILLE

Place du Général de Gaulle
✆ 03 20 10 36 00
www.ville-houplines.fr

Ouvert le lundi et le samedi de 8h à 12h ; du mardi au vendredi de 8h à 12h et de 14h à 17h. Visite guidée (par l'office de tourisme des Weppes et de l'Armentiérois).

L'hôtel de ville d'Houplines est considéré comme l'une

Dans l'atelier de fabrication de la Gaufre du Pays Flamand.

des plus belles œuvres du célèbre architecte lillois Albert Baert (1863-1951). Détruit pendant la Grande Guerre, il fut reconstruit dans un style très néo-Renaissance flamande. L'espace de verdure devant la façade de l'édifice embaume en été, mais n'hésitez pas à y pénétrer ! En plus de son extérieur, ce bâtiment majestueux dispose d'un salon d'honneur des plus remarquables, comportant les blasons d'Houplines et de sa jumelle de Rhénanie, Kirchhundem. Des expositions gratuites sont accessibles aux heures d'ouverture de la mairie dans le hall de l'hôtel de ville. Des visites guidées sont également organisées par l'office de tourisme des Weppes et de l'Armentiérois.

■ L'IMAGE***

130, rue Brune
✆ 03 20 35 69 42
www.campinglille.fr
campimage@wanadoo.fr
Autoroute A25, sortie n° 8, suivre direction Houplines, 1ère à droite après les feux tricolores. Métro Saint-Philibert, ligne 2, puis bus n° 80 (arrêt Rue Brune).

Ouvert toute l'année. Accueil d'avril à septembre : du lundi au dimanche de 9h à 19h. D'octobre à mars : du lundi au vendredi de 10h à 18h, sur rendez-vous le week-end. Terrain de 2 ha. 112 emplacements (dont 10 pour camping-car). Exposition : mi-ombragé. Sol : herbeux. Relief : plat. Emplacement + véhicule + 2 personnes (avec 6 A) à partir de 25 €. La semaine de location chalet ou mobil home de 285 € à 455 € toutes charges comprises. Chèque Vacances. Animaux acceptés (supplément de 2,50 €). Aire pour camping-cars. Wifi payant. Animations.

Situé dans un havre de paix et de verdure, à 15 km de Lille, venez vous ressourcer au camping L'Image, à l'ambiance familiale et conviviale, propice à un séjour calme et agréable. Le métro est situé à 4 km du site, il vous permettra de rejoindre rapidement la magnifique ville de Lille. Membre de la FNHPA, le camping est équipé d'un tennis et d'un étang de pêche, d'une friterie-buvette ouverte le week-end en saison. Location d'emplacements sur des parcelles privatives, location de chalets ou de mobil-homes, vous avez le choix. En saison un second terrain, Les Alouettes, est ouvert. Il comprend 85 emplacements et est classé 2-étoiles. Le camping L'Image est spécialisé pour les déplacements professionnels et les séjours longue durée ainsi que pour les séjours touristiques.

■ LA GAUFRE DU PAYS FLAMAND

4, rue Victor Hugo
✆ 03 20 77 40 19
www.gaufrehouplines.com
gaufreshouplines@gmail.com

Ouvert du lundi au vendredi de 9h à 18h30 ; le samedi de 9h à 12h. Livraison possible. 4 € le paquet de 5 gaufres.

Si vous voulez goûter une vraie gaufre faite maison, c'est le lieu parfait pour cela ! En passant la porte, vous retrouvez les bonnes odeurs de la cuisine de nos grands-parents. Les précieux souvenirs sucrés d'enfance refont surface lorsqu'on croque tous les excellents produits de Jean-François Brigant. Parmi les différentes gaufres, vous hésiterez sans aucun doute entre celle fourrée à la vergeoise dès sa sortie des fers (la véritable gaufre de la région), celle à la vanille plus prisée des enfants mais aussi celle au rhum, au Grand Marnier. Pour celles et ceux qui veulent sortir de l'ordinaire, optez pour les parfums moins classiques comme à la chicorée, au spéculoos, à la violette et même au whisky de Wambrechies ! Il y en a vraiment pour tous les goûts. Il est enfin possible de commander des paniers garnis pour des cadeaux gourmands.

AVESNES-SUR-HELPE

Si la ville a été fondée au début du XIe siècle par l'un des comtes de Hainaut, Wédric le Barbu, on sait par des restes du camp de César et à des monnaies gauloises en or retrouvées que le site a été occupé bien avant cette époque. À la fin du XIIe siècle, Jacques d'Avesnes fortifie Avesnes, mais après le conflit avec Charles le Téméraire, Louis XI fait détruire la ville qui sera reconstruite et à nouveau fortifiée au début du XVIe siècle. Jacques d'Avesnes descend en ligne droite de la famille d'Albret, dont est issue Jeanne d'Albret, mère d'Henri IV. Louise d'Albret, arrière-grand-tante d'Henri IV, est la femme de Charles de Croy, dont la famille dirigea la ville pendant plusieurs générations et qui fut le parrain de Charles Quint. C'est elle qui fonda la collégiale Saint-Nicolas au début du XVIe siècle, faisant reconstruire l'église dont les clés de voûte du chœur sont restées originales. Les rivalités franco-espagnoles du XVIe siècle rattachent Avesnes à l'Espagne en 1556. Elle ne redevient française qu'au traité des Pyrénées, en 1659. Vauban se hâte, comme sur toutes les frontières, d'édifier des fortifications. C'est en 1815, pendant le siège prussien, que l'explosion d'une poudrière fit disparaître le château. Le clocher de la collégiale a tenu bon jusqu'en 1944, date à laquelle un obus incendiaire a finalement eu raison de lui. Aujourd'hui, il reste de l'histoire d'Avesnes-sur-Helpe ses remparts, sa collégiale et ses maisons, dont 250 ont fait l'objet d'une rénovation grâce à une aide de la mairie, qui a à cœur de préserver son patrimoine.

OFFICE DE TOURISME DU CŒUR DE L'AVESNOIS

Bureau d'Avesnes-sur-Helpe, Maison Chanoine
41, place du Général Leclerc
✆ 03 27 56 57 20
www.tourisme-avesnois.com
tourisme@coeur-avesnois.fr

Basse saison : ouvert du lundi au samedi de 10h30 à 12h30 et de 14h à 18h. Haute saison : du mardi au samedi de 10h à 12h30 et de 14h à 18h30. Visites guidées « Short'Visits » : 1 €/pers.

Situé dans la Maison du Chanoine, dernier vestige des maisons canoniales de la Collégiale Saint-Nicolas, l'office de tourisme est le premier arrêt à effectuer si vous êtes à Avesnes-sur-Helpe. D'abord pour vous rendre compte du nombre de choses à faire à Avesnes-sur-Helpe et dans ses alentours. Ensuite pour vous imprégner de la ville, de son histoire et de son architecture. Enfin pour réserver une visite guidée d'une heure qui vous permettra de découvrir la ville sous un angle historique. Car des histoires, il y en a ! Celle de la Collégiale, attenante à l'office de tourisme (et que vous ne pouvez pas manquer), mais aussi celle des remparts et du bastion Saint-Jean, du presbytère, de la place Guillemin ou encore de l'hôtel de ville. En somme, n'hésitez pas à vous rendre à l'office de tourisme, on vous y accueillera avec grand plaisir pour vous faire découvrir le patrimoine local.

La pierre bleue

Ne pas parler de la pierre bleue alors que vous êtes dans le cœur de l'Avesnois est un sacrilège. Pour cause, cette pierre se retrouve dans la plupart des monuments de la ville d'Avesnes-sur-Helpe, comme la Collégiale Saint-Nicolas et les remparts, mais aussi des bâtiments de la région avesnoise. Véritable emblème de l'Avesnois, elle fait la fierté de ses habitants. Le Parc naturel régional de l'Avesnois a même créé deux certifications ayant pour but de valoriser l'artisanat local spécialisé dans la pierre bleue, de son extraction à son recyclage, en passant par son taillage. D'ailleurs, vous pouvez visiter le Centre artisanal de la Pierre Bleue à Wallers-en-Fagne, à quelques kilomètres d'Avesnes-sur-Helpe, pour en apprendre plus sur la pierre bleue et les hommes qui la façonnent !

Points d'intérêt

BASTION SAINT-JEAN

Ouvert toute l'année. Accès libre.

Le bastion fait partie intégrante des fortifications datant d'avant la véritable extension de la ville d'Avesnes-sur-Helpe. Situé dans le sud-est de la ville contre un éperon rocheux, le Bastion n°6, appelé Bastion Saint-Jean, doit son nom à la tour située à proximité de la chapelle Saint-Jean. Plus tard, au XVIIe siècle, Vauban a souhaité lui donner une touche personnelle, mais le sort du bastion, ou en tout en cas de ce qu'il en restait à cette époque, fut scellé au milieu du XIXe siècle. La décision avait été prise de le faire disparaître. Heureusement, ce dernier fut sauvé par l'Inventaire supplémentaire des Monuments historiques. Il fut même rénové en 1999. Aujourd'hui, il se visite et présente ainsi une page de l'histoire de la ville. La restauration du patrimoine fortifié d'Avesnes s'est poursuivie avec celle du bastion de la Reine en 2011.

COLLÉGIALE SAINT-NICOLAS ★

Place du Général Leclerc

Ouvert toute l'année. Visite guidée (se rapprocher de l'office de tourisme d'Avesnes-sur-Helpe, situé à côté de la Collégiale).

La collégiale Saint-Nicolas est sans aucun doute l'un des plus beaux édifices gothiques du diocèse de Cambrai. L'église originale date de 1201, mais elle fut partiellement détruite par les troupes de Louis XI lors de la prise de la ville en juin 1477. C'est Louise d'Albret, arrière-grande-tante d'Henri IV, qui reconstruisit et transforma l'église en collégiale. Entre 1534 et 1550, l'édifice fut profondément restauré et on y installa des chanoines. L'unité, la simplicité et la taille de la nef en font l'un des plus beaux exemples d'églises-halles en France. Le vaisseau central s'allonge sur plus de 40 mètres et culmine à plus de 20 mètres, donnant ainsi toute sa grandeur et sa majesté à la collégiale. Le chœur reçoit trois travées, alors que les transepts laissent la place à deux rangées de chapelles, indiquant la position occupée par les confréries d'alors. C'est ici qu'a eu lieu le « miracle » des mouches à miel, comme l'atteste un tableau du XVIIIe siècle que vous pouvez retrouver dans le chapelle... Notre-Dame-des-Mouches. Chaque vendredi à partir de 10h30, la collégiale continue de faire résonner une cloche donnée par Charles Quint.

Le couvert

LA COCOTTE

7, rue Vauban ✆ 09 50 92 62 46
estaminetlacocotte@gmail.com

Ouvert du lundi au samedi le midi ; le vendredi et le samedi le soir. Carte : 14,90 € environ. Menu enfant : 10 €. Plat du jour : 11,80 €. Chèque Restaurant. Accueil des groupes (sur réservation).

Si vous avez envie d'un repas gourmand, c'est à la Cocotte qu'il faut aller. Dans un décor charmant, fait de nappes vichy, de chaises en bois et de poulettes au mur, vous pourrez goûter à la spécialité : les cocottes ! Une miche de pain dans laquelle se trouve une garniture : au chèvre, au maroilles, au cheddar, avec du jambon, des champignons, du lard... il y en a pour tous les goûts ! C'est gourmand à souhait, vous n'aurez plus faim après, sauf si les desserts vous ont mis l'eau à la bouche ! La Cocotte n'oublie pas non plus ceux qui voudraient un plat plus classique (carbonade flamande, poisson, viande...). Le restaurant possède 3 salles et les tables sont suffisamment espacées pour ne pas écouter la conversation des voisins. Une bonne adresse gourmande sur Avesnes-sur-Helpe !

LE MATHYS

7, avenue Louis Loucheur
✆ 09 83 67 41 56

Ouvert du lundi au samedi de 12h à 14h30 ; le vendredi et le samedi de 19h à 22h. Menus de 18 € à 36 €. Carte : 16 € environ. Chèque Restaurant. Accueil des groupes. Chaises bébé.

Anciennement la Belg'Taverne, le Mathys a donné un coup de frais à l'établissement vieillissant et propose une carte dans l'air du temps. La décoration est restée simple et sobre. L'accueil y est très sympathique. Le personnel est à l'écoute de ses clients. Le Mathys est vite devenu le restaurant du village où tout le monde se connaît. Les touristes s'y sentent néanmoins vite comme chez eux. La cuisine est recherchée et les intitulés sont alléchants, aussi bien du côté des plats que des desserts. La carte a le mérite d'être audacieuse et de s'éloigner des plats typiques. Même s'ils manquent parfois de rondeur et de liant, on finit son assiette avec appétit. Une belle étape dans l'Avesnois !

RESTAURANT ALEXIS

14, place du Général Leclerc
✆ 03 27 60 76 18

Ouvert du mardi au samedi le midi et le soir ; le dimanche midi. Carte : 25 € environ. Formule : 20 € (entrée-plat ou plat-dessert. 26 € entrée-plat-dessert).

Le Restaurant Alexis, tenu par le chef Philippe Detourbe, est devenu en l'espace de quelques années un lieu incontournable dans le paysage avesnois pour ceux qui veulent passer un excellent moment gustatif. Son credo : vous offrir des plats avec des produits frais de saison, de qualité, cuisinés à la perfection tout en restant abordables pour de la gastronomie française. Tous les produits sont balayés : poisson, viande, foie gras..., de quoi ravir les papilles. Le plaisir visuel n'est pas en reste : les plats sont dressés avec soin. Le Restaurant Alexis est typiquement le genre de restaurant à s'offrir pour une soirée en amoureux, un anniversaire ou juste pour passer un agréable moment dans un endroit chic et épuré.

Dans les environs

Avesnelles

LA PEN'TIÈRE

21, route d'Etrœungt
✆ 03 27 61 03 45
lapentiere.sophiearnaud@gmail.com

Qualité Tourisme. Fermeture deux semaines en août. Ouvert du dimanche au vendredi le midi et le soir ; le samedi soir. Menus de 25 € à 38 €. Carte : 17,50 € environ. Formule du midi : 14,50 €. Vin au verre. Chèque Restaurant. Terrasse.

Rien de tel que cette grande maison avesnoise et son intérieur rustique, ses nappes à carreaux et sa grande cheminée au feu de bois pour découvrir les plats du terroir. Porté par Sophie et Arnaud Denis, les propriétaires, le chef, accueillant et décontracté, mise sur l'authenticité, la qualité et le fait maison. C'est pourquoi le restaurant est devenu incontournable dans la région pour qui veut partager un moment chaleureux autour d'une brochette Pen'tière, la spécialité, ou une formule pour découvrir les produits du Ch'Nord. Car ici, le chef travaille au maximum avec les produits locaux. Certains sont même proposés à la vente, comme des fromages, de la bière et du jus de pomme. La carte change tous les 6 mois, en fonction des produits de saison. Si le cœur vous en dit, restez pour une soirée dansante ou pour organiser une fête de famille, c'est le lieu parfait !

LES PÂTURELLES**

40, route d'Etrœungt
✆ 03 27 61 22 22
www.hotelpaturelles.fr
hotelpaturelles@wanadoo.fr

Logis. Accueil jusqu'à 23h. 25 chambres. Pension complète (1 pers : 89 € ; 2 pers : 75 €/pers). Demi-pension (1 pers : 76 € ; 2 pers : 60 €/pers). Petit déjeuner : 9 €. Lit supplémentaire : 7 €. Parking. Chambre avec douche (1 à 3 pers.) : de 60 € à 74 €. Chambre avec bain (1 à 3 pers.) : 63 à 77 €. Chambre familiale (1 à 5 pers.) : de 71 € à 99 €. Chèque Vacances. Animaux acceptés (7 €). Séminaires. Wifi gratuit. Tv satellite, Canal +.

Les 25 chambres de cet hôtel très tranquille sont bien tenues. Leur équipement (salle de bains complète, TV, téléphone...) est d'autant plus appréciable qu'elles n'ont guère de concurrence quant à l'hébergement hôtelier dans le secteur d'Avesnes-sur-Helpe. L'établissement n'en néglige pas pour autant l'accueil qui satisfera les espérances de la clientèle, tout le confort désiré étant présent. Une salle de réception permet même d'accueillir des banquets jusqu'à 90 personnes. Pour la restauration, direction La Pen'tière, l'établissement jumeau dans la même rue.

Felleries

MOULIN ET MUSÉE DES BOIS JOLIS

18, rue de la Place
✆ 03 27 59 03 46
museeboisjolis@laposte.net

Fermé du 1er novembre au 1er avril. Ouvert du mardi au samedi de 14h à 18h. Groupe sur réservation. Adulte : 3 €. Groupe : 6 € (avec animations). Tarif réduit : 2 €. Visite guidée. Animations.

Ce musée se situe dans un cadre superbe à l'atmosphère magique : dans un ancien moulin à eau datant du XVe siècle. Pendant la visite, vous pourrez admirer la mise en route des roues du moulin et regarder le blé se transformer en farine. Un processus que l'on n'a plus l'occasion d'observer. Ce musée de la boissellerie, longue tradition locale, comporte une belle collection d'objets et de jouets, ainsi qu'une exposition sur le métier du bois. Les salles d'exposition regroupent de nombreux objets domestiques ou liés à la vie rurale et industrielle, mais aussi des jeux traditionnels, issus des essences d'arbres de la forêt qui entoure la ville. Vous pourrez aussi observer les outils utilisés dans le moulin et des photographies de l'époque. Il est possible de prolonger la visite avec un parcours sur un sentier forestier, la traversée commentée du village de Felleries, le cheminement le long de la Belleuse et une démonstration de tournage de bois et de techniques anciennes de tours à bois.

Fourmies

OFFICE DE TOURISME DU SUD-AVESNOIS

20a, rue Jean Jaurès
✆ 03 27 61 16 79
www.sud-avesnois-tourisme.com
contact@sudavesnoistourisme.fr

Ouvert du lundi au samedi de 10h à 12h30 et de 14h à 17h.

L'office de tourisme de Fourmies est localisé dans le Parc naturel régional du sud de l'Avesnois et au cœur de la Grande Thiérache. Situé en plein centre-ville, c'est avec le sourire que le personnel se chargera de vous accueillir et de vous informer. Vous pourrez également vous procurer de la documentation pour organiser vos vacances et vos sorties : dépliants touristiques, plans de villes, guides touristiques, programmes culturels et festifs. L'office de tourisme assure la billetterie de la saison culturelle transfrontalière. L'été, il organise les « Lundis secrets », dont le but est de vous faire découvrir des endroits insolites et inattendus, avec parfois des animations. N'oubliez pas de réserver votre place ! Avant votre visite, n'hésitez pas à consulter le site Internet de l'office qui vous donnera toutes les informations pour préparer votre visite au cœur de l'Avesnois !

BASE DE LOISIRS DES ÉTANGS DES MOINES

100, rue des Étangs
✆ 03 27 60 04 32
www.etangsdesmoines.fr
contact@etangs-des-moines.fr

Ouverture de la base de loisirs du 15 juin au 5 juillet 2020 : les mercredi, samedi et dimanche de 14h à 19h ; du 6 juillet au 30 août 2020 : tous les jours de 14h à 19h (+ ouverture de la plage). Accès au site gratuit. Activités payantes (ticket à l'unité : 2 € ; carnet de 10 tickets : 18 €). Restauration. Boutique. Animations.

La Base de Loisirs des Étangs des Moines, ou comment s'offrir une véritable bouffée d'air frais et une sortie familiale de rêve. De nombreuses activités s'offrent aux visiteurs, et il faut bien reconnaître que les enfants sont à la fête. Structures gonflables, bateaux à pédales, plage, mini-golf, parcours d'accrobranches, tyroliennes sont la promesse d'une belle journée bien remplie. Un petit espace restauration est apprécié entre deux activités. Le public répond présent : en été, il faut parfois s'armer de patience. Un site touristique de tout premier choix !

Liessies

LE CARILLON

Face à l'église – R.D. 963
1, rue Roger Salengro
✆ 03 27 61 80 21

Fermeture les 1er et 8 mai, du 20 au 28 août et du 19 novembre au 4 décembre 2019. Ouvert du jeudi au lundi le midi ; le vendredi et le samedi le soir. Réservation recommandée. Menus de 29 € à 49,50 €. Carte : 23 € environ. Chèque Vacances, Chèque Restaurant. Accueil des groupes. Terrasse. Vente à emporter. Boutique. Service traiteur.

Le Carillon est un petit restaurant d'une vingtaine de couverts, situé juste en face de l'église et du carillon, d'où son nom, et installé dans une grande demeure de caractère. Au menu, vous retrouvez de nombreux plats et spécialités régionaux cuisinés avec des produits de la région et si possible, issus de l'agriculture biologique. C'est pourquoi le menu varie au fil des saisons. Dans votre assiette, vous pourrez retrouver notamment une des spécialités maison : le mille-feuille de maroilles au beurre de fines herbes. Un régal. Autres plats, fromages et desserts viennent agrémenter la carte des plus alléchantes. L'été, vous pourrez profiter du soleil en terrasse et d'une petite restauration à Côté Bistrot. Le plus : une boutique, le Caveau du Carillon, vendant des produits du terroir vous propose de repartir avec des spécialités du coin.

Sains-du-Nord

MAISON DU BOCAGE ET JARDIN BOTANIQUE

35, rue Jean Baptiste Lebas
✆ 03 27 59 82 24
jardin.botanique@ville-sainsdunord.fr

Fermé du 1er novembre au 31 mars. Ouvert du mardi au dimanche de 10h à 12h et de 14h à 18h. Gratuit.

La Maison du Bocage est installée dans une demeure construite en 1870. D'abord maison de maître, puis ferme et enfin musée et boutique, elle est aujourd'hui dédiée à la ruralité et aux spécificités paysagères de la région de l'Avesnois. Elle offre ainsi la découverte des métiers artisanaux anciens et du patrimoine bocager, de quoi approfondir sa culture du pays avesnois. Le jardin, quant à lui, mérite qu'on s'y attarde un peu. Avec ses

20 000 m² de flore, son style se veut à la fois sauvage et paysager. Verger, fleurs, arbustes et arbres, découverte des insectes et autres petits habitants de la végétation avesnoise, il y a de quoi regarder ! Une petite visite à faire en famille !

Sars-Poteries

OFFICE DE TOURISME DU CŒUR DE L'AVESNOIS

Bureau de Sars-Poterie
20, rue du Général de Gaulle
✆ 03 27 59 35 49
www.coeur-avesnois.fr
tourisme@coeur-avesnois.fr

Basse saison : ouvert le mardi et le mercredi de 10h30 à 12h30 et de 14h à 18h. Haute saison : du mardi au jeudi de 10h à 12h30 et de 14h à 18h30.

Avec la création de la Communauté de Communes Cœur Avesnois (3CA), les offices de tourisme ont fait peau neuve et sont prêts à accueillir les visiteurs dans des locaux flambant neufs et dans un d'état d'esprit d'ouverture et de partage. Celui de Sars en tête ! Comme l'indique le nom de la commune de Sars-Poteries, vous voici dans une région qui aime son artisanat. L'office de tourisme vous permettra de recevoir de précieux conseils sur les intérêts touristiques de ce « Pays Joli » : la poterie, le verre et le tourisme rural avec ses randonnées dans l'Avesnois. La documentation sur l'hébergement dans les nombreux gîtes des environs vous aidera à passer un excellent séjour. Vous pourrez même acheter quelques cartes postales !

MUSVERRE

76, rue du Général de Gaulle
✆ 03 59 73 16 16
http://musverre.lenord.fr
musverre@lenord.fr

Fermé le 1er janvier, le 1er mai et le 25 décembre. Ouvert du mardi au dimanche de 11h à 18h. Gratuit jusqu'à 26 ans. Adulte : 6 € (8 € avec exposition d'envergure). Groupe (10 personnes) : 4 €. Détenteur de la C'Art, carte Furet du Nord ou carte Louvre Lens : 4 €. Visite guidée. Boutique.

Le Musverre est un musée totalement dédié au verre. Ouvert en 2016, il met en avant l'histoire industrielle verrière de Sars-Poteries aux XIXe et XXe siècles. On y retrouve une impressionnante collection de « bousillés », des objets en verre du quotidien conçus par les ouvriers des verreries du village. D'autres objets, venant cette fois-ci d'artistes contemporains, viennent compléter cette collection. Des expositions temporaires, des ateliers et des stages de verre sont également proposés au musée. Notez que le Musverre met également en avant une autre fierté de la région avesnoise : la pierre bleue, avec laquelle il est construit dans un style très moderne. L'Avesnois n'a pas fini de vous surprendre !

BAILLEUL

Située entre Lille et Dunkerque, au cœur de la Flandre, Bailleul se trouve au pied des Monts des Flandres, composés de treize villes et villages frontaliers encore très imprégnés par les traditions flamandes. On ne saurait tirer une histoire précise de la ville, mais selon la légende, cette dernière verrait ses origines remonter à la plus haute Antiquité. Elle aurait été fondée par une colonie de Belges chassés de Bavay lorsque Jules César vint livrer bataille aux Nerviens. En effet, la ville se situe sur la voie que les Romains avaient tracée entre Cassel et Wervik. Des historiens pensent également que le fondateur de la cité est un capitaine des Cattes, une tribu germanique du nom de Bellem. D'où le nom de la ville. L'autre histoire, serait que Bailleul soit née d'un rassemblement de plusieurs hameaux aux alentours du Xe siècle. L'une des seules certitudes, est que ce territoire a été rattachée à la France en 1678.

Quasiment entièrement détruite en août 1918, la ville sera reconstruite par l'architecte Louis-Marie Cordonnier dans le plus grand respect de l'architecture locale. Brique ocre, pierre, pignons à pas-de-moineaux... tous les ornements de la Renaissance flamande sont utilisés et donnent à Bailleul des airs de petite Bruges. L'hôtel de ville et le beffroi sont peut-être les plus beaux témoins de cette reconstruction. Bailleul, c'est aussi la dentelle bien sûr, tradition qui se perpétue encore aujourd'hui. Sans oublier l'empreinte laissée par la grande Marguerite Yourcenar à laquelle le Parc Départemental rend un hommage très... naturel. On l'aura compris, lorsque l'on vient visiter Bailleul, il vaut mieux prendre son temps car les lieux et monuments à voir et admirer sont nombreux. Parmi les visites qui valent le coup d'œil : le musée Benoît-de-Puydt consacré à l'art flamand, l'école dentellière, le conservatoire botanique national, les monuments commémoratifs, les cimetières militaires du Commonwealth... Et bien sûr, le fameux beffroi, avec les 35 cloches du carillon, classé au patrimoine mondial de l'UNESCO. Bailleul, une ville flamande aux mille richesses.

OFFICE DE TOURISME CŒUR DE FLANDRE

Bureau d'informations touristiques de Bailleul
3, place Charles de Gaulle ✆ 03 28 49 23 79
www.coeurdeflandre.fr
contact@coeurdeflandre.fr

Basse saison : ouvert du mardi au vendredi de 9h30 à 12h et de 14h à 18h ; le samedi de 9h30 à 12h. Haute saison : du mardi au samedi de 9h30 à 12h30 et de 14h à 18h ; le dimanche de 9h30 à 12h30.

Situé dans une maison flamande typique, en briques et avec pignon à pas de moineaux, l'office de tourisme de Bailleul propose des circuits balisés de randonnées dont celui qui vous fera découvrir la ville (comptez 1,8 km soit environ 1h30 de marche). Ce bureau d'information prend part également à l'essor touristique du cœur de Flandre, en promouvant les monts et tout le folklore attenant. À ce sujet, plusieurs brochures fort bien documentées apportent toutes sortes de précisions sur les offres touristiques. Et n'hésitez pas à demander conseil auprès du personnel qui vous aiguillera de la meilleure des manières.

Points d'intérêt

BEFFROI

3, place Charles de Gaulle
✆ 03 28 49 23 79
www.coeurdeflandre.fr
bailleul@coeurdeflandre.fr

Gratuit jusqu'à 6 ans. Adulte : 5 €. Enfant (de 6 à 12 ans) : 2,50 €. Groupe (4 personnes) : 12 € (pass famille 2 adultes + 2 enfants). Réservation sur place ou auprès de l'office de tourisme. Visite guidée (de mars à juin et en octobre : un samedi sur deux à 11h. En juillet et août : le mercredi à 15h30, les samedi et dimanche à 11h. En septembre : les samedi et dimanche à 11h).

Faisant partie des 23 beffrois inscrits au patrimoine mondial de l'Humanité par l'Unesco et inscrit au patrimoine des monuments historiques, le beffroi de Bailleul est l'un de ces monuments que l'on admire, déjà par sa hauteur (il culmine à 62 mètres) mais aussi par son architecture au style néo-flamand impressionnant. Pourtant, le beffroi n'a pas toujours été comme cela. Son origine remonte avant le XIIIe siècle, où le beffroi était simplement constitué de bois. Il sera par la suite construit en pierre, puis détruit par des incendies et les guerres successives et reconstruit à chaque reprise, toujours dans le même style. L'édifice tel qu'on le connaît aujourd'hui a été confié au célèbre Louis-Marie Cordonnier en 1932. Il est coiffé d'un clocher à bulbe au sommet duquel on aperçoit la sirène Mélusine se regardant dans un miroir. Au rez-de-chaussée, la salle des gardes, de style gothique, est la seule partie du beffroi à avoir résisté aux destructions de 1914-18. L'ascension des 192 marches jusqu'au sommet vous mènera près des 35 cloches, sonnant toujours une minute avant celles de l'église... conséquence d'une vieille querelle jamais résolue ! Le beffroi de Bailleul est sans doute l'un des plus beaux de la région, à visiter sans modération !

CONSERVATOIRE BOTANIQUE NATIONAL DE BAILLEUL

Centre régional de phytosociologie agréé
Hameau de Haendries ✆ 03 28 49 00 83
www.cbnbl.org – infos@cbnbl.org

Ouvert du lundi au jeudi de 8h30 à 12h et de 13h30 à 18h ; le vendredi de 8h30 à 12h et de 13h30 à 17h. Ouvert aux groupes le week-end sur réservation. Gratuit jusqu'à 12 ans. Adulte : 4,50 € (6,50 € pour la visite des 2 jardins pédagogiques). Visite semi-guidée : 6,50 €. Animations.

Le Conservatoire botanique national de Bailleul est un organisme scientifique chargé par le ministère de l'Écologie, depuis 1991, d'une mission de connaissance et de conservation de la flore sauvage et des végétations menacées. Il assure une mission d'assistance dans la mise en œuvre des politiques environnementales publiques et mène des actions d'éducation, d'information et de sensibilisation. Afin de développer cette dernière mission, le Conservatoire botanique national de Bailleul a mis en place sur un site de 25 hectares des jardins pédagogiques comprenant un jardin des plantes sauvages, un jardin de plantes médicinales, une prairie ainsi qu'un atelier de botanique destiné aux travaux pratiques et aux manipulations simples. Les grands objectifs sont la connaissance et l'inventaire, la conservation, le conseil et enfin l'éducation ou la formation. Au cours de visites libres ou guidées, vous pourrez vous plonger dans la peau d'un botaniste et partir à la découverte des richesses de la flore des Flandres. Aujourd'hui plus que jamais, nous avons besoin de lieux comme celui-ci, qui donnent la possibilité de renouer avec la nature et ses richesses. Une visite vraiment instructive et ludique !

ÉGLISE SAINT-VAAST

Place du Cardinal Achille Lienart
✆ 03 28 49 01 08

Gratuit. Visite libre toute l'année de 9h30 à 16h30 l'hiver et de 8h30 à 18h30 l'été. Fermé les jours de carnaval. Possibilité de visite guidée sur demande.

Dans un étonnant mélange de style romano-byzantin et Art Déco, l'église Saint-Vaast fut construite par les architectes Louis-Marie et son fils Louis-Stanislas Cordonnier en 1932. Une fois à l'intérieur, votre regard ce portera sûrement sur les quatre évangélistes, l'autel et la chaire qui ont été sculptés par un artiste local, Camille Debert. Le chemin de croix a été dessiné par Charles Hollart. À l'intérieur, vingt-trois vitraux réalisés par un maître verrier d'Amiens, Tambouret, représentent la fondation et la représentation de nombreux personnages historiques de la ville. Ne manquez pas les mosaïques situées notamment dans les chapelles. À savoir également : le grand orgue de l'église Saint-Vaast est considéré comme l'un des plus beaux témoins de la facture d'orgue française au début du néo-classicisme. L'association des Amis des Orgues organise parfois des visites pour l'admirer de plus près, notamment lors des Journées du patrimoine. Parfois, des concerts sont même organisés. Des événements à ne pas rater !

MUSÉE BENOÎT DE PUYDT

24, rue du Musée ✆ 03 28 49 12 70
www.musee-bailleul.fr
musee@ville-bailleul.fr

Fermé les 4 jours de Carnaval en février, les 1er et 8 mai, le 14 juillet, le 1er novembre et du 24 décembre au 1er janvier. Ouvert du mercredi au dimanche de 14h à 17h30. Pour les groupes en visite guidée (sur réservation) : ouvert tous les jours de 9h à 17h30. Gratuit. Visite guidée groupes adultes (sur réservation) : entrée gratuite + 50 € par guide. Visite guidée gratuite à 16h le 1er dimanche du mois.

Le musée se trouve dans une bâtisse bourgeoise : l'ancienne maison de Benoît de Puydt. On y trouve un ensemble important d'objets d'art, témoins de la culture flamande aux XVe et XIXe siècles, qu'avait accumulés le greffier tout au long de sa vie. En 1859, il lègue cette maison qui est aujourd'hui un musée. Pour prolonger son œuvre, ce dernier a reçu des donations d'artistes et d'amateurs qui ont enrichi la collection déjà présente. Parmi les œuvres présentes, on retrouve des peintures des écoles flamande, française et hollandaise. Sont aussi exposées des collections de sculptures (statuaire flamande du XVIe siècle) ou encore du mobilier, de l'orfèvrerie et de la céramique venant parfois de très loin comme de Chine et du Japon. Le musée présente aussi de belles pièces de dentelle originaires de la région et de la Belgique proche, mais aussi de très belles œuvres d'arts graphiques. Des expositions temporaires sont

© FERME BECK

Fête du houblon et de la bière Hommelpap.

organisées tout au long de l'année. L'association des amis de ce musée organise régulièrement conférences et sorties, et s'emploie à acquérir ou restaurer des œuvres pour enrichir la collection.

Le couvert

■ L'AUBERGE DU CHEVAL BLANC

37, rue de la Gare
✆ 03 28 48 05 92
www.laubergeduchevalblanc.fr

Qualité Tourisme. Ouvert du lundi au samedi le midi et le soir ; le dimanche midi. Accueil de groupe possible sur réservation. Réservation recommandée. Carte : 14,50 € environ. Menu enfant : 8,30 €. Plat du jour : 9,50 €. Vin au verre. Chèque Restaurant. Chaises bébé. Terrasse.

Situé à seulement deux pas de la gare de Bailleul, ce restaurant est une belle surprise. Dès l'arrivée, le ton est donné : accueil chaleureux, cadre typique des estaminets et bonnes odeurs qui émanent de la cuisine. L'ambiance est digne des célèbres estaminets flamands. On s'y sent bien, notre estomac est détendu, nos papilles bien aiguisées. À la carte, toutes les gourmandises du Nord sont présentes : carbonnade flamande, welsh, pièces de viande... Les différents plats sont préparés avec de bons produits du terroir. Les assiettes sont généreuses et le goût bien présent. Petit plus : le beau choix de bières pression et de bières en bouteille. De quoi profiter de quelques tournées (avec modération, bien entendu) ! Et pour finir, quoi de mieux qu'un « tchiot » dessert : un merveilleux dessert maison au spéculoos ou un pain perdu et sa boule de glace caramel fleur de sel. Par ailleurs, dès que le soleil pointe le bout de son nez, il est possible de prendre son repas en terrasse.

■ LE GRAIN DE FOLIE

1925, route de Lille
✆ 03 28 42 70 05
www.legraindefolie.fr
momo@legraindefolie.fr

Maître Restaurateur. Ouvert du mardi au vendredi de 12h à 14h et de 19h à 22h ; le samedi de 12h à 14h et de 19h à 23h ; le dimanche de 12h à 15h. Menu enfant : 14 €. Couscous : de 15 € à 26 €. Tajines : 25 €. Bricks : 20 €. Accueil des groupes (jusqu'à 15 personnes). Chaises bébé. Vente à emporter.

De l'extérieur, une bâtisse en brique qui pourrait plutôt faire penser à un estaminet. Mais non, ici vous êtes chez le roi du couscous ! À l'intérieur, la décoration est plus discrète que dans la plupart des restaurants qui servent ce style de cuisine, même si l'on découvre une lampe digne des *Mille et Une Nuits* disposée au cœur de la salle. L'atmosphère berbère est bien présente mais par petites touches. Ici le chef prépare de délicieux couscous, tajines et bricks. Le couscous royal vous invite au voyage rien qu'à son doux parfum épicé et à la cuisson parfaite de la viande. Un véritable délice et les portions sont plus que généreuses. Les plats sont préparés à partir de produits frais issus des fermes locales. Faites confiance au « grain de folie » des maîtres des lieux, Momo et Salma, pour vous faire voyager au pays des saveurs et de la convivialité !

■ LE MÉLUSINE

4, place Charles de Gaulle
✆ 03 28 49 07 53

Ouvert du jeudi au mardi de 8h à 20h. Carte : 15 € environ. Terrasse.

Situé tout à côté du magnifique hôtel de ville de Bailleul, le Mélusine jouit avec sa petite terrasse d'une vue imprenable. L'été, c'est un véritable plaisir de s'y prélasser ! On pourra y siroter une bonne petite bière (par exemple la Tripel Karmeliet à la pression, délicieuse) et même y casser la croûte, car le Mélusine, c'est une brasserie à l'état pur. Au menu, des plats simples de la région comme la carbonnade flamande. Pas de la grande cuisine, mais des plats copieux et goûteux. Les frites sont faites maison et ça, on ne peut qu'aimer ! En plein carnaval, le défilé passe juste devant la brasserie. Ambiance assurée !

Le gîte

■ BELLE HÔTEL***

19, rue de Lille
✆ 03 28 49 19 00
www.bellehotel.fr
accueil@bellehotel.fr

Qualité Tourisme. Fermé 15 jours en août, et fermé 15 jours entre fin décembre et début janvier. Arrivées du lundi au samedi de 15h à 22h. Dimanche et jours fériés de 18h à 20h. Possibilité d'arriver entre 12h et 13h sur demande. 31 chambres (non fumeur, dont deux suites nuptiales). Chambre double de 79 € à 145 € ; suite de 175 € à 180 €. Petit déjeuner : 11 € (15 € en chambre). Parking fermé inclus. Label Tourisme & Handicap. 1 chambre en RDC adaptée aux personnes à mobilité réduite. Animaux acceptés (8 €). Séminaires. Réceptions et mariages. Wifi gratuit. Tv satellite, Canal +.

Le Belle Hôtel est un très bel hôtel du début du XXe siècle avec une architecture typique du Nord, dans le style flamand, situé en centre-ville de Bailleul. Il est constitué de chambres simples et de deux suites nuptiales aménagées pour votre confort : salle de bains avec baignoire, WC, sèche-cheveux, miroir large, bureau de travail, téléphone, wifi, télévision satellite lcd, plateau de courtoisie... Rien ne manque à l'appel. La décoration ne sera pas au goût de tous mais la propreté est irréprochable. Pour des occasions spéciales, le Belle Hôtel propose des suites dont une suite nuptiale, pour faire de votre mariage un moment exceptionnel, en vous déployant le tapis rouge et en étant aux petits soins pour vous. Espace salon, mini-bar, chambre spacieuse, bain bouillonnant, douche thalasso, petit déjeuner en chambre... Tout est réuni pour un moment inoubliable !

Dans les environs

Boeschêpe

■ MUSÉE DE LA RADIO

26, rue de Poperinghe
✆ 06 20 33 13 59
museedelaradio@hotmail.fr

Ouvert le dimanche de 15h à 19h. Juillet/août : jeudi, vendredi et dimanche de 15h à 19h. Dernière entrée à 18h. Ouvert durant la Nuit des Musées. Gratuit jusqu'à 12 ans. Adulte : 5 € (tarif réduit : 4 €). Visite guidée (durée : 1 heure). Animaux non autorisés.

Les amoureux de la radio et les simples curieux ne manqueront pas de venir faire un tour dans ce musée pour découvrir l'histoire de la radio et des célèbres transistors. Du poste à galène au transistor, en passant par le poste en bois, en plastique... tous les modèles exposés sont une véritable invitation au voyage dans le temps. Ce musée, c'est le pari fou de Didier Parent qui, depuis de nombreuses années déjà, collectionne toutes ces pièces rares. Il connaît leur histoire par cœur. C'est pourquoi il a décidé d'ouvrir sa collection au public. Et voilà comment est né, dans une ancienne boucherie, le musée de la Radio ! Au total, on retrouve sur plus de 100 m^2 des modèles plus que collectors qui varient au fil du temps.

■ ONDANKMEULEN – LE MOULIN DE L'INGRATITUDE

Chemin du Moulin
✆ 03 28 43 81 00
www.boeschepe.fr

Haute saison : ouvert le dimanche et les jours fériés de 15h à 18h. Pour les visites de groupe en dehors des périodes d'ouverture, contactez l'office de tourisme de Bailleul ou l'association. Gratuit jusqu'à 12 ans. Adulte : 2,50 €. Visite guidée (pour les groupes uniquement. Renseignements et réservations auprès de l'association « Les Amis de l'Ondankmeulen » ou de l'office de tourisme de Bailleul).

Impossible de le rater... Du haut du Mont de Boeschèpe, culminant à plus de 110 mètres, l'Ondankmeulen impose son élégante stature à la vue du promeneur. Originellement construit en 1802 à la Motte au Bois, petite commune de Morbecque, le moulin fut ensuite déplacé en 1804 à Boeschèpe et classé monument historique en 1977. Mais d'où lui vient ce nom étrange ? Ondankmeulen signifie littéralement « Moulin de l'Ingratitude » et fait référence à une querelle jamais résolue entre le propriétaire du moulin et son charpentier ! Avec sa base en pierre et sa tour en bois (de chêne principalement) typiques des moulins du Nord, l'Ondankmeulen pèse plus de 55 tonnes. Sa spécificité réside dans sa structure en pivot qui lui permet de pivoter sur lui-même pour se placer face au vent. Pratique mais dangereux à terme, comme l'attesta l'inclinaison dangereuse prise par le moulin qui poussa l'association Les Amis de l'Ondankmeulen à le fermer pour en démarrer la restauration. Grâce à la générosité des bénévoles et des donateurs, le moulin s'est offert une seconde jeunesse et a été inauguré durant l'été 2016. Animations, festivités, le moulin est toujours au centre de la vie du village et de celle de son géant, Jérôme le Meunier, en hommage à Jérôme Ryckebosch, le dernier meunier du moulin dont l'activité meunière cessa en 1958 ! Inclus dans de nombreux circuits touristiques, l'Ondankmeulen s'admire, même de loin ! Voir tourner ses majestueuses ailes (plus d'1 tonne d'acier chacune) est un spectacle à ne pas rater !

■ AUBERGE DU VERT MONT

1318, rue du Mont Noir
✆ 03 28 49 41 26
www.vertmont.fr
info@vertmont.fr

Ouvert du mardi au samedi le midi et le soir. Menus de 40 € à 90 € (avec accord boissons). Menu enfant : 15 €. Formule du midi : 25 € (entrée + plat + dessert, uniquement du mardi au vendredi). Terrasse.

L'Auberge du Vert Mont a vu sa renommée monter en flèche suite à la participation de Florent Ladeyn à l'émission *Top Chef*. Du coup, le restaurant ne désemplit pas, et réserver devient presque une obligation. Située dans un cadre plein de charme, le manoir de ferme est comme posé dans un écrin de verdure et domine les Monts de Flandre. L'accueil est convivial. Du côté de la cuisine, elle est bistronomique, instinctive, gourmande et authentique : comme son chef. Ce dernier a décidé de s'appuyer sur les producteurs locaux pour préparer ses plats, et on ne peut qu'apprécier ! Une chose à savoir : au Vert Mont, il n'y a pas de carte ! Les assiettes évoluent selon les envies et les idées du chef au gré des produits de saison. Vous pouvez néanmoins faire part d'un régime spécifique. Les desserts sont tout aussi délicieux et ne donnent qu'une envie : revenir le plus rapidement possible ! En plus, les prix sont restés abordables. Notez que l'Auberge fait également hôtel, avec des chambres à la décoration simple et rustique. Une évasion en pleine nature à 40 minutes de Lille.

Godewaersvelde

■ ABBAYE DU MONT DES CATS

2470, route du Mont des Cats
✆ 03 28 43 83 70
www.abbaye-montdescats.com
magasin.abbayemdc@orange.fr

Possibilité de participer aux offices dans l'église abbatiale. La grand-messe a lieu le dimanche à 11h et les vêpres ont lieu à 16h. Les horaires des autres offices sont affichés à l'entrée du monastère.Horaires d'ouverture du magasin et de la librairie : lundi, mercredi, jeudi, vendredi et samedi : de 10h à 12h et de 14h à 17h ; dimanche : de 14h15 à 17h30. Fermés les Vendredi Saint, Dimanche de Pâques, Dimanche de Pentecôte, Toussaint, Noël et Jour de l'An. Hôtellerie : 28 chambres (dont 9 à 2 lits) avec connexion wifi sécurisée. Séjour de 24h à 10 jours (participation libre aux prières – repas en silence). 45 €/pers/jour. Tarif spécial « généreux soutien » : 60 €/pers/jour. Supplément de 5 € pour la location de draps. Réservation par téléphone du lundi au samedi entre 10h et 12h et 15h et 17h. Fermeture annuelle en janvier.

La fondation de l'Abbaye du Mont-des-Cats remonte à 1826. Les moines du Mont des Cats appartiennent à l'ordre cistercien, qui impose le silence, mais aussi une vie laborieuse. À l'origine, il s'agit d'une abbaye trappiste où l'on fabriquait la célèbre bière « la Mont des Cats ». Aujourd'hui, les moines se sont spécialisés dans la fabrication de fromages. Si l'abbaye ne se visite pas, il est pourtant possible non seulement d'assister aux offices religieux, mais aussi et surtout d'effectuer une retraite spirituelle au sein de la communauté. Un moment de véritable quiétude, renforcée par le calme régnant dans le grand jardin de l'abbaye. Envie d'en savoir plus sur la vie monacale et son organisation ? La boutique/librairie de l'abbaye propose un film d'une vingtaine de minutes sur le sujet. Vous y trouverez également tous les produits fabriqués par les moines, ainsi que de nombreux livres et documents pour approfondir votre découverte de l'abbaye et de sa région. Au sommet du Mont des Cats (164 m tout de même !), l'abbaye offre un panorama exceptionnel sur la Flandre et ses richesses.

■ AUBERGE DU MONT DES CATS

3, route de Berthen
✆ 03 28 42 51 44
www.aubergedumontdescats.com

Ouvert du jeudi au mardi le midi ; le vendredi et le samedi le soir. Le bar est ouvert de 10h et est fermé le mercredi et le lundi soir. Carte : 17 € environ. Accueil des groupes (salle de réception privatisable). Terrasse. Boutique.

Situé au sommet du mont des Cats, face à l'abbaye, ce restaurant offre une vue magnifique, entraînant le regard au bout de l'horizon. L'Auberge du Mont des Cats est divisée en plusieurs salles avec des atmosphères différentes : le grand café, le petit restaurant, les deux salles flamandes et la terrasse dès le début des beaux jours. La carte, qui varie au fil des saisons, propose les grands classiques de la cuisine régionale : croquettes de crevettes grises, welsh, potjevleesch, carbonnade… Pour un simple petit creux : frites, croques et surtout un bon choix de planches. La bière tient évidemment une bonne place sur la carte et propose un bel éventail de blondes, brunes et ambrées de Flandres et de Belgique. Par ailleurs, les amateurs de bons produits n'hésiteront pas à faire un petit détour par la boutique de l'Auberge, qui propose une belle sélection de produits régionaux à ramener chez soi.

NORD

L'abbaye trappiste Notre-Dame-du-Mont, au sommet du mont des Cats.

HET BLAUWERSHOF

9, rue d'Eecke © 03 28 49 45 11
www.estaminet-blauwershof.com

Ouvert le mardi midi ; du mercredi au dimanche le midi et le soir. Ouvert les jours fériés et les soirs de veilles de fériés. Menus de 19,50 € à 26,90 €. Carte : 16 € environ. Menu enfant : 7,90 €. Chèque Vacances, Chèque Restaurant. Accueil des groupes. Chaises bébé. Terrasse. Boutique. Jeux flamands à disposition.

De son nom flamand Het Blauwershof (le brigand en français), cette adresse vous fera pleinement saisir ce qu'est la Flandre. La cuisine traditionnelle de la région n'aura plus de secret pour vous après avoir dégusté carbonnade, poulet au maroilles, flamiche aux poireaux, ou encore le classique potjevleesch servi avec des frites, le coq à la bière sans oublier la tarte à la cassonade. Mais au-delà de la cuisine et de la décoration, ce qui nous plaît ici, ce sont les jeux de collection, emblématiques de la culture flamande : de beaux jeux en bois, simples et amusants, pour tous les âges ! Ici, on peut aussi venir pour assister à des concerts ou passer à la boutique pour acheter la bière de l'estaminet.

L'ESTAMINET DU CENTRE

11, route de Steenvoorde © 03 28 42 21 72

Ouvert du jeudi au dimanche le midi et le soir. Carte : 30 € environ. Plat du jour : 10,50 €. En semaine à la carte ou menu Bib Gourmand à 31 €. Le dimanche, formule entrée/plat ou plat/dessert à 27 €, formule complète à 32 €. Terrasse.

Fort d'un BIB Gourmand au guide Michelin, L'Estaminet du centre vous offre une nouvelle carte, tout en conservant la recette qui fait son succès : des plats traditionnels simples, copieux et délicieux ! Les spécialités flamandes (flamiches aux maroilles et au mont des Cats), le potjevleesch, l'oeuf cocotte à la flamande ou la carbonnade sont faits maison avec des produits du terroir. Des suggestions journalières viennent compléter la carte sans cesse renouvelée. Béatrice vous accueille dans cet estaminet, où les anciens carreaux flamands et la décoration typique ont été conservés. Et si d'aventure le soleil se levait, n'hésitez pas à profiter de la terrasse... Un bel endroit pour passer un excellent moment dans un cadre typique.

Saint-Jans-Cappel

LE MONT NOIR ★

Route du Parc

Culminant à 152 m, le Mont Noir tire son nom de la présence en nombre de pins noirs. C'est au pied de ce mont que se trouvait la première demeure des Crayencour (l'anagramme de Yourcenar !), un château détruit pendant la Première Guerre mondiale. La famille y a reconstruit une grande maison aujourd'hui transformée en résidence d'écrivains européens, appelée Villa Marguerite Yourcenar. Le parc est devenu le Parc départemental Marguerite Yourcenar, site naturel protégé, où la mémoire de l'écrivaine y est célébrée d'une jolie manière. En 1977, un habitant du village lui avait envoyé, alors qu'elle résidait aux USA, des bulbes de jacinthes sauvages et une poignée de terre du Mont Noir. En souvenir de cette attention, le sentier des Jacinthes a été créé. De nombreuses manifestations culturelles sont organisées durant la période estivale. Le Mont Noir vaut aussi le détour pour le panorama exceptionnel qu'il offre. À noter qu'un sentier a été aménagé pour desservir une grotte artificielle, dédiée à Notre-Dame-de-la-Salette. Sur le versant est du Mont Noir se trouve un cimetière militaire britannique, qui rappelle que le lieu porte aussi les marques d'une histoire plus douloureuse.

MUSÉE MARGUERITE YOURCENAR ★

55, rue Marguerite Yourcenar © 03 28 42 20 20
www.museeyourcenar.fr
contact@museeyourcenar.fr

Ouvert du 1er mars au 30 novembre. Fermé les jours fériés. Ouvert du mercredi au vendredi de 14h à 16h30 ; le dimanche de 15h30 à 17h30. Groupes : visite possible en dehors des horaires et jours d'ouverture sur rdv. Gratuit jusqu'à 12 ans. Adulte : 3 € (musée ou sentier des jacinthes ou balade littéraire). Visite guidée (uniquement sur réservation pour les groupes).

Marguerite Yourcenar n'est pas native des Flandres mais de Belgique. Elle passait cependant tous ses étés chez sa grand-mère près de Bailleul. Ce musée vient témoigner de l'affection profonde qu'avait la première femme élue à l'Académie française pour la région de son enfance. Le musée s'intéresse à ses visites et en perpétue en quelque sorte le souvenir par le biais d'une masse de documents, photographies ou lettres. Il retrace les jeunes années de l'auteure au Mont Noir et nous plonge dans l'ambiance de l'époque. Juste à côté, le sentier des jacinthes promet de belles petites promenades dans ce lieu adoré par l'écrivaine, renommé aujourd'hui le Parc départemental Marguerite Yourcenar. Un bel hommage à une grande dame qui n'avait jamais oublié sa région.

VILLA MARGUERITE YOURCENAR ★

Centre départemental de résidence d'écrivains européens
2266, route du Parc © 03 59 73 48 90
villayourcenar@lenord.fr

Ouvert du lundi au vendredi de 9h à 12h30 et de 13h30 à 17h30.

Délimitant à la fois une frontière géographique et culturelle, le Mont Noir surplombe la plaine des Flandres. C'est dans cette région que grandit la célèbre écrivaine belge Marguerite Yourcenar. C'est aussi dans l'ancien domaine familial de l'auteure des *Mémoires d'Hadrien* que le conseil général du Nord a installé la Villa Marguerite Yourcenar. Créé en 1997, ce lieu est aujourd'hui un centre départemental de résidence d'écrivains européens, dont le but est d'accueillir en toute sérénité les auteurs en leur garantissant un lieu propice à l'inspiration. Le grand public est aussi admis dans l'enceinte de ce temple de l'écriture, afin de découvrir leurs œuvres. De plus, un parc départemental protégé fut également inauguré au Mont Noir en l'honneur de Marguerite Yourcenar, amoureuse de la nature et chantre de la préservation de l'environnement. L'occasion de flâner sur un parcours balisé afin de mieux connaître la faune et la flore endémiques du lieu, mais également de laisser l'esprit vagabonder entre écologie et littérature, un peu à l'image de Marguerite Yourcenar (première femme nommée à l'Académie Française en 1980) et de son œuvre.

BAVAY

Aujourd'hui Bavay, autrefois Bagacum, capitale de la Nervie, territoire situé entre Sambre et Escaut occupé par les tribus belges durant l'ère gallo-romaine. Par sa position centrale, elle était un carrefour routier entre la Germanie et le port guerrier de Boulogne ; en fait une ville très fréquentée.

Des fouilles archéologiques y ont démontré l'existence d'un forum antique, qui fait partie des points d'intérêt les plus connus de cette ville. Celui-ci, centre de la cité gallo-romaine, était composé d'une basilique où se traitaient les affaires de la cité et où se trouvaient les tribunaux. Une vaste place qui servait sans doute de lieu de rencontre, de marché et peut-être d'amphithéâtre où combattaient les gladiateurs. C'est un espace sacré muni d'un temple ou d'un autel où était célébré le culte impérial.

L'activité principale de la ville de Bavay était, jusqu'au Moyen Âge, l'artisanat et le commerce. Au XIIe siècle la ville prend son nom actuel. On y construit également des fortifications. Lors de la Seconde Guerre mondiale, la ville subit de nombreuses destructions. Riche en vestiges archéologiques, Bavay reste un point majeur de l'histoire de France et un détour à faire si vous passez dans la région.

Points d'intérêt

■ **FORUM ANTIQUE DE BAVAY – MUSÉE ARCHÉOLOGIQUE DU DÉPARTEMENT DU NORD** ☆
2, allée Chanoine-Bièvelet
✆ 03 59 73 15 50
forumantique@cg59.fr
Fermé les 1er janvier, 1er mai, 1er et 11 novembre et le 25 décembre. Ouvert du dimanche au mardi, le jeudi et le vendredi de 9h à 12h et de 13h à 18h ; le mercredi et le samedi de 13h à 18h. Gratuit jusqu'à 26 ans (les premiers dimanches du mois, les événements nationaux et « happy hours » 1h avant la fermeture du musée). Adulte : 6 € (accès au musée, aux expositions, au site archéologique ainsi qu'aux visites guidées (selon programmation)). Billet en nombre (à partir de 25 billets) 4 €. Pour les détenteures des cartes C'ART et /ou CITY PASS 4 €. Accueil enfants (ateliers enfants 3 € pour 1 heure 2 € par heure supplémentaire). Visite guidée (compris dans le billet d'entrée pour les tarifs pleins, 2 € pour les personnes bénéficiant de la gratuité). Location de tablette numérique (parcours en réalité augmentée) Compris dans le billet d'entrée pour les tarifs pleins, 2 € pour les personnes bénéficiant de la gratuité.

Ce qui fait du petit village de Bavay sa réputation parmi les locaux, ce sont les ruines de son forum antique, formidablement bien conservées. C'est en effet un vestige d'une grande ampleur que vous trouverez, un forum antique parmi les seuls en France à avoir pu être autant dégagé, avec sa basilique longue de 98 mètres. Ici, on se croirait revenu dans le temps, à l'époque de gloire de Bavay, alias Bagacum dans l'Antiquité. Marchez parmi ces ruines et rendez-vous au musée pour découvrir des collections d'époque, et une production en 3D pour vous expliquer les étapes de construction de la cité.

Surtout, n'hésitez pas à venir en famille, c'est une visite dont beaucoup d'enfants du coin se souviennent avec émotion, parole de « ch'ti » !

Le couvert

■ **LE BAGACUM**
Rue d'Audignies
✆ 03 27 66 87 00
www.bagacum.com
Tarifs : de 28 à 60 €. Dimanche : 12h-14h, mardi-vendredi : 12h-14h et 19h-20h30, samedi : 19h-20h30.

Un incontournable à Bavay... et, il faut le dire, un des rares restaurants pour se régaler ! Présent dans le guide *Michelin*, le Bagacum (de l'ancien nom de Bavay) fait la part belle à la gastronomie : turbot poêlé, Saint-Jacques meunières, filet de bœuf... Ici, les amateurs de viandes comme de poissons se régaleront avec des saveurs finement travaillées. Bien que la décoration soit rustique et que l'on puisse trouver cela peu moderne, cela fait aussi authentique et on apprécie toute la générosité du personnel, des assiettes bien travaillées et bien servies.

Pour les petits appétits qui ne veulent pas trop se ruiner, n'hésitez pas à vous laisser tenter par le plat du jour.

NORD

Les chiques de Bavay

La légende raconte qu'en 1815, suite à la défaite de Waterloo, un soldat de l'armée napoléonienne blessé fut recueilli par une famille de paysans de Bavay. Surpris, ils remarquèrent immédiatement la bonne dentition du soldat. Pourquoi cette surprise ? Parce qu'à l'époque les soldats avaient pour habitude de déchiqueter avec leurs dents les bouchons des charges de plomb des armes, ce qui altérait terriblement leur dentition ! Le soldat affirma qu'il devait sa bonne dentition au fait qu'il mâchait régulièrement des bonbons qu'une dame de sa famille lui avait fabriqués et envoyés. On raconte que sucer ces fameux bonbons faisait se détacher tout seul le plomb coincé dans les dents, protégeant ainsi les militaires du saturnisme. Les premières chiques de Bavay feront leur première apparition en 1875, avant de devenir une marque officiellement déposée en 1922. Désormais fabriquées à Cambrai depuis 2010, les chiques ne sont pourtant pas à confondre avec les bêtises !

Dans les environs

Gussignies

■ **BRASSERIE AU BARON**
Rue du Bourlard © 03 27 39 89 04
www.brasserieaubaron.com
xavier@brasserieaubaron.com
Basse saison : ouvert du vendredi au dimanche et les jours fériés le soir. Ouvert en juin-juillet-août : tous les jours sauf le mardi. La Taverne est également ouverte les midis en basse saison, du vendredi au dimanche, jours fériés inclus. Taverne : cuisine non-stop sans résa. Restaurant : réservation impérative par téléphone. Réservation impérative.
La Brasserie du Baron, ainsi surnommée par les habitués, vous séduira par ses blondes et ambrées. Alain Bailleux a ouvert cette microbrasserie un 8 juin, en 1989. La première bière produite à Gussignies porte donc le nom du saint de ce jour, saint Médard. La brasserie jouxte le restaurant en service depuis 1976. Le restaurant propose une grande variété de grillades, qui se font dans une ancienne chaudière de brasserie, et des plats typiques de la région. Quant à la Taverne, vous y dégusterez là aussi des plats typiques de l'Avesnois – mais pas seulement ! Sur la carte, on retrouve entre autres : des brochettes de bœuf, du pavé de saumon grillé, du saumon crème ciboulette, des salades... Le tout servi dans une ambiance belgo-ch'ti, revendiquée par le patron. Il est également possible de manger en terrasse quand le temps le permet. Avant de passer à table, faites un détour par les cuves où l'alchimiste vous expliquera sa passion... et n'oubliez pas de goûter à l'excellente Cuvée des Jonquilles ! Tout au long de l'année, des soirées à thème sont organisées. N'hésitez pas à aller faire un tour sur leur site Web pour plus de renseignements.

Saint-Waast-la-Vallée

■ **RÉSERVE NATURELLE DES CARRIÈRES DES NERVIENS**
Chemin de Rametz
À l'origine de cette réserve naturelle, une ancienne carrière de grès fermée au début des années 1960. Aujourd'hui, la nature a repris ses droits et la végétation s'y est développée sans intervention humaine, offrant une belle promenade à deux pas du château de Rametz pour qui veut observer et s'imprégner de la nature, entre bois et belles étendues. Amateur de botanique et de faune, vous pourrez observer ici de nombreuses espèces végétales (plus de 150 !), mais aussi de nombreux oiseaux et quelques reptiles. Classée, elle abrite aussi 15 plantes d'intérêt national et des espèces protégées. Vous l'aurez compris, si vous décidez de vous rendre dans cette réserve, n'oubliez pas qu'elle est fragile, protégée, il est donc nécessaire de se montrer respectueux des lieux, et de n'y laisser aucune trace (en particulier aucun déchet !).

BERGUES ★★

Au cœur du Pays de Flandre, entre terre et mer, se niche une petite cité dont le charme pittoresque est aujourd'hui connu dans le monde entier grâce au film « Bienvenue chez les Chtis ». Cette cité, c'est Bergues. Créée au IXe siècle sur une colline portant le nom de Groenberg, la ville va être fortifiée par Baudouin le Chauve, Comte du Hainaut, pour résister aux invasions normandes. C'est à partir du XIe siècle que la ville prend son essor grâce à l'Abbaye Saint-Winoc érigée par Baudouin « Belle Barbe » et grâce à son centre de draperie et ses métiers à tisser. Au XIIIe siècle, elle fera même partie de la Hanse de Londres. Au fil des guerres et des invasions, ses fortifications seront renforcées, modifiées et retravaillées par les Comtes de Flandres, les Ducs de Bourgogne, les Rois d'Espagne et le célèbre Vauban. Et malgré les ravages de la Grande Guerre, la ville parviendra à se reconstruire tout en conservant le tracé de son système défensif. Portes, bastions et courtines sont aujourd'hui les témoins de cet incroyable passé militaire et ponctuent les sentiers de randonnée aménagés sur les remparts. Surnommée « la petite Bruges du Nord », la ville est entourée de nombreux canaux (n'oublions pas qu'elle fut construite sur une zone marécageuse !) qui confèrent charme et quiétude à cet ensemble urbain exceptionnel. Mais Bergues, c'est aussi un superbe beffroi classé au Patrimoine Mondial de l'UNESCO ; le Mont de Piété, un joyau de l'architecture flamande qui regorge de chefs d'œuvre de la peinture du même style ; les vestiges de l'Abbaye qui marqua profondément l'histoire de la ville ; et des traditions aussi. Traditions culinaires d'abord avec le fameux « fromage de Bergues ». Produit par quelques agriculteurs locaux regroupés au sein de l'association « Fromage de Bergues Tradition », il est aujourd'hui encore fabriqué selon une recette ancestrale qui lui confère saveur et moelleux. L'autre spécialité de Bergues, c'est bien sûr sa saucisse dont la recette remonterait au temps de l'occupation espagnole ! Les Berguois la dégustent froide, en rondelles et accompagnée d'une bonne bière de pays ! Tradition festive ensuite. Comme toutes les villes du Nord, Bergues possède aussi son carnaval qui attire de nombreux visiteurs. Organisé en milieu de Carême, « la Bande de Bergues » voit défiler des carnavaleux partout dans la ville. Le carnaval se termine par le traditionnel jeté de fromage de Bergues du balcon de l'Hôtel de Ville. Corsetée dans ses remparts, à l'abri des tumultes du monde, la petite cité flamande au charme intemporel offre un agréable refuge au visiteur venu en découvrir les richesses et les trésors cachés.

■ **BERGUES TOURISME**
Le Beffroi
Place Henri-Billiaert © 03 28 68 71 06
www.ot-hautsdeflandre.fr
bergues-tourisme@ot-hautsdeflandre.fr
♿
Basse saison : ouvert du lundi au samedi de 10h à 12h et de 14h à 18h. Haute saison : du lundi au samedi de 10h à 12h et de 14h à 18h ; le dimanche et les jours fériés de 10h à 13h et de 15h à 18h. Fermé : 1er mai, 1er et 11 novembre, 25 et 31 décembre, 1er et 2 janvier.

Vue aérienne de Bergues.

Au pied du beffroi, le bureau d'information touristique « Bergues Tourisme » vous accueille toute l'année. Dès l'entrée, vous tomberez sur le désormais célèbre vélo de postier de Dany Boon issu du film « Bienvenue chez les Chtis ». L'ambiance est posée. L'équipe dynamique et chaleureuse saura vous transmettre sa passion de la ville. Brochures et souvenirs remplissent cette petite salle donnant directement sur les escaliers du beffroi. Parmi les offres touristiques, Bergues Tourisme propose des circuits pédestres (Circuit Vieilles Pierres, Circuit Remparts) pour partir à la découverte du patrimoine architectural de la ville. Mais son incontournable, c'est le « Ch'ti Tour », un circuit pour découvrir tous les lieux de tournage du film de Dany Boon. Le bureau d'information touristique vous donnera également toutes les informations sur les offres de restauration et d'hébergement pour organiser au mieux votre séjour dans la cité berguoise.

■ CH'TI TOUR

Office de Tourisme de Bergues
Place Henri-Billiaert ✆ 03 28 68 71 06
www.ot-hautsdeflandre.fr
groupes@ot-hautsdeflandre.fr

En mai : les samedis à 15h, les dimanches et les jours fériés à 15h30 (sauf le 1er mai). En juin : les samedis à 15h et les dimanches à 15h30. En juillet et août : tous les jours à 15h, les dimanches et les jours fériés à 15h30. En septembre et octobre : les samedis 15h, dimanches et jours fériés à 15h30. En novembre et décembre : les samedis à 15h. Adulte : 4,20 €. Enfant (de 4 à 14 ans) : 2,85 €. RDV au Beffroi 30 min avant le départ. Inscription préalable obligatoire. Visite guidée (durée 1h30).

« La belle ville de Bergues » propose à ses visiteurs, depuis 2008, le Ch'ti Tour, une balade sur les traces du film *Bienvenue chez les Ch'tis*. Un an plus tôt, la tranquille petite ville flamande voyait débarquer Dany Boon et toute son équipe. L'accueil réservé par les Berguois à l'Armentiérois a été exceptionnel. Certains ont prêté leur maison, d'autres ont été figurants. 10 ans après la sortie du film, les souvenirs sont toujours aussi chaleureux et le succès du Ch'ti Tour ne faiblit pas. Cette visite guidée à pied passe par les lieux de tournage marquants : la maison de Monsieur Tizot, la vraie-fausse poste, la maison de Dany, le beffroi d'où il déroule le fameux « Annabelle, veux-tu m'épouser ? » Mais l'endroit où les visiteurs prennent souvent la pause, c'est devant l'ancien abattoir où Kad Merad et Dany Boon se soulagent dans le canal pendant leur tournée bien arrosée. Durant 1h30, vous découvrirez le film aux 20,5 millions d'entrées avec un autre œil au fil des anecdotes et petites histoires de tournage, Amusant, divertissant, enrichissant et incontournable quand on vient à Bergues. Un vrai moment de plaisir accessible à tous, puisque la visite s'étend sur à peine 800 mètres.

■ TRAMWAY TOURISTIQUE

Place Henri-Billiaert
Beffroi de Bergues ✆ 03 28 68 71 06
www.bergues.fr
bergues-tourisme@ot-hautsdeflandre.fr

Fermé de novembre à avril. Ouvert du mardi au dimanche. En semaine, départs à 10h30, 11h15, 14h30, 15h15 et 16h. Le dimanche, départs à 10h30, 11h15, 15h45 et 16h30. Ouvert du mardi au dimanche. Les visites du matin sont en priorité réservées au groupe. Pour les départs, un minimum de 5 personnes est nécessaire. Adulte : 5 €. Enfant (de 5 à 18 ans) : 3 €. Groupes acceptés. Famille : 10 € (2 adultes + 2 enfants et plus). Les chiens guides d'aveugles sont acceptés dans le tram. Visite guidée (durée : 30 à 35 min).

Embarquez au pied du beffroi, face à l'hôtel de ville, à bord du petit train touristique pour un « voyage » de trente minutes. Vous partirez à la découverte de la cité fortifiée dont l'enceinte, témoin de plus de mille ans d'histoire, a été préservée dans sa quasi-totalité. Au passage, admirez la place du Marché aux bestiaux, ainsi que la tour carrée et l'impressionnante tour pointue, vestiges de l'abbaye Saint-Winoc, plus vieil édifice de la ville, fondée au XIe siècle. Saviez-vous que la tour pointue se voit depuis l'autoroute et qu'à l'époque, elle servait de point d'amer aux marins ? Lors de la visite, vous pourrez contempler les façades ouvragées, les pignons baroques et les bas-reliefs sculptés. Vous passerez également non loin des canaux de la ville, longeant au passage l'ancien port, qui, jusqu'en 1750, tint la dragée haute au port de Dunkerque. Une balade originale pour découvrir les plus belles richesses de la ville à une vitesse qui permet d'en apprécier toute la singularité.

Points d'intérêt

BEFFROI DE BERGUES ★★

Place Henri-Billiaert ✆ 03 28 68 71 06
www.ot-hautsdeflandre.fr/fr
bergues-tourisme@ot-hautsdeflandre.fr

Tarfis et horaires en attente d'actualisation.

Le beffroi actuel, inauguré en 1961, est en fait le troisième construit sur les mêmes fondations. Le tout premier édifice date du XIIe siècle. Le second sera reconstruit deux siècles plus tard. Au fil du temps, la ville en retravaille l'ornementation et en fait l'un des joyaux de la région. Malheureusement, les Allemands le détruisent en 1944. Paul Gélis en dirigera la reconstruction de 1958 à 1961. Si la décoration est simplifiée, la tour garde la structure initiale et emploie toujours un matériau typiquement flamand et cher à la ville : la brique jaune. Haut de 47 m, le beffroi est surmonté d'un campanile garni d'échauguettes aux angles et dont le bulbe est garni d'une girouette en forme de lion, l'emblème de la ville. Classé au Patrimoine Mondial de l'Unesco, il est actuellement en travaux à cause des fissures et des signes de fragilité de la structure en bois de son campanile. Par précaution – les vibrations fragilisaient la tour –, le carillon a cessé de résonner en septembre 2017. Si le campanile est en travaux jusqu'à la fin de l'année 2018 et que son accès est impossible durant cette période, le bureau d'information touristique de Bergues est ouvert tous les jours et vous accueille dans la salle d'exposition au pied du beffroi.

ÉGLISE SAINT-MARTIN

Contour de l'Église ✆ 03 28 68 65 64
www.bergues.fr

Ouvert toute l'année. Ouvert tous les jours. En visite libre.

Ancienne église à trois nefs d'égales hauteurs et largeurs (les fameuses hallekerques flamandes), l'église a été reconstruite à la fin du XVIe siècle par Philippe II, puis incendiée. Classée monument historique en 1907, elle est dynamitée par les Allemands lors de la Seconde Guerre mondiale, puis reconstruite pour la seconde fois en 1950. Elle traverse ainsi péniblement les siècles mais se dresse toujours fièrement aujourd'hui. Quelques parties anciennes sont toutefois d'origine : le transept et le portail sud ainsi que le chevet. À l'intérieur, ne manquez pas le chemin de croix entièrement fait en céramique, les très beaux fonts baptismaux placés à gauche de l'autel et les orgues ultra modernes placées, eux aussi, à gauche de l'autel et qui détonnent de manière très originale. Les très beaux vitraux donnent une clarté dorée à l'intérieur de l'église.

MUSÉE DU MONT-DE-PIÉTÉ ★

1, rue du Mont-de-Piété
✆ 03 28 68 60 44
www.ot-hautsdeflandre.fr
bergues-tourisme@ot-hautsdeflandre.fr

Ouvert tous les jours de mai à octobre, sauf les mardis et mercredis (réservations possibles pour les groupes). En mai, septembre, octobre : du jeudi au lundi, de 14 h à 17 h. Les samedis et dimanches de 14h à 18 h. En juin, juillet, août : du jeudi au lundi de 14 h à 18 h. Gratuit jusqu'à 12 ans. Adulte : 4 €. Enfant (de 12 à 18 ans) : 2 €. Tarifs famille 8,50 €. Gratuit le premier dimanche du mois. Groupe à partir de 20 personnes 3 €. Visite guidée.

Le musée est installé dans l'ancien Mont-de-Piété de la ville de Bergues, dans une belle bâtisse en briques et pierres. Construite au XVIIe siècle, son pignon de style baroque, ses fenêtres en arcs surbaissés et sa toiture en ardoise, en font un bel exemple d'architecture flamande. Le bâtiment a été classé monument historique en 1907. Le musée, labellisé Musée de France, bénéficie d'un cadre exceptionnel puisqu'il a été installé dans ce joyau de l'art baroque flamand en 1953. A l'intérieur, on retrouve une sélection de peintures et de dessins datant du XVIe au XIXe siècle, qui proviennent notamment du Nord de la France, et une collection d'histoire naturelle. Les collections sont organisées par thèmes. Au rez-de-chaussée, une salle est consacrée au portrait, avec *Le Vielleur au chien* de Georges de la Tour, et une autre à l'art religieux. A l'étage, c'est la figure de la femme dans l'art qui est mis à l'honneur. Le deuxième étage est quant à lui réservé à l'ornithologie.

Le couvert

L'AUBETTE

Avenue Félix-Baert ✆ 03 28 20 22 24
http://laubette-bergues.fr
celineleblon@hotmail.com

♿

Basse saison : ouvert du dimanche au jeudi de 10h à 18h ; le vendredi et le samedi de 10h à 21h30. Haute saison : du lundi au jeudi de 10h à 18h ; du jeudi au dimanche de 10h à 21h30. Salon de thé l'après-midi. Réservation recommandée. Plat de la semaine : 10,5€ à 12,50€. Plats de 12,50€ à 21€. Formule pour les groupes à partir de 10 personnes. American Express, Chèque Vacances, Chèque Restaurant. Chaises bébé. Terrasse. Animations.

En descendant les marches du très joli jardin public qui jouxte le mont Groenberg et ses deux tours, vous ne pourrez pas manquer la charmante terrasse de l'Aubette... elle est juste face à vous ! Sa situation est exceptionnelle et aux beaux jours, sa terrasse exposée plein sud s'anime. On peut s'installer confortablement dans les transats et admirer la tour Pointue. Côté cuisine, l'Aubette propose des classiques de la brasserie comme le tartare de bœuf, les croquettes de crevettes (spécialité des rivages de la mer du Nord) ou le pavé de saumon grillé. Elle propose également des saveurs plus exotiques comme avec le wok de poulet thaï ou les saint-jacques lardés à la plancha. Avec des horaires d'ouverture assez larges, l'Aubette qui fait aussi salon de thé, peut aussi être une étape pour un petit goûter bien mérité après une balade sur les remparts. L'accueil est très sympathique, ce qui ne gâche rien ! L'Aubette, une petite adresse sans prétention dans un cadre exceptionnel !

BIENVENUE CHEZ NOUS

25, rue du Collège ✆ 03 61 38 47 20
www.bienvenuecheznousabergues.com
bienvenuecheznousabergues@aol.fr
Gare de Bergues à 500 m.

Qualité Tourisme. Ouvert du mardi au samedi le soir ; le dimanche midi. Réservation recommandée. Carte : 25 € environ.

Depuis 2009, Jean-Pierre et Valérie offrent une adresse où il est agréable de se laisser aller le temps d'un repas ou pour une nuit dans l'une de leurs cinq chambres d'hôtes.

Au sein de la cité fortifiée, l'établissement a été créé dans une ancienne maison bourgeoise de Bergues dont le charme a été globalement conservé. Chose originale, le restaurant est divisé en plusieurs pièces intimistes : le salon, la salle à manger, la cuisine et le boudoir. Sympa pour organiser des événements familiaux ! Les différentes ambiances préservent le confort et l'intimité des repas, le salon offre la possibilité de prendre un verre lové dans un canapé. Côté plats, on reste dans la cuisine traditionnelle française et du terroir. Un restaurant prometteur !

LA BOUSTIFAILLE

5, rue du Marché-aux-Poissons
✆ 03 28 22 28 20
boustifaille.bergues.monsite-orange.fr

Ouvert le mardi midi ; du mercredi au dimanche le midi et le soir. Carte : 15 € environ. Plat à partir de 11€.

Vu son emplacement, on aurait pu craindre que seul le poisson soit proposé à la carte. Mais non, bien au contraire, c'est la viande qui est reine ! Os à moelle, bœuf, jambonneau de porc à l'ancienne, le tout grillé au feu de bois devant vous, et servi avec frites à volonté. Les deux personnes qui ont ouvert ce restaurant façon estaminet flamand ont mobilisé une équipe dynamique et souriante pour vous servir. La musique folklorique en fond sonore et les bougies sur la table vous laisseront un bon souvenir pour une soirée divertissante. Notez que le restaurant possède une friterie extérieure, située du côté de la rue d'Hondschoote, parfaite pour les petites envies !

LE BRUEGEL

1, rue du Marché-aux-Fromages
✆ 03 28 68 19 19
www.restaurantlebruegel.fr
contact@lebruegel.com

Maître Restaurateur. Fermé le 1er janvier, le 1er mai et le 25 décembre. Ouvert tous les jours le midi et le soir. Réservation recommandée. Carte : 20 € environ. Menu enfant : 8,40 € (jusqu'à 12 ans). Formule du midi : 15,50 € (sauf le dimanche. Plat + boisson + café ou entrée + plat + café ou plat + dessert + café). Vin au verre. Menu Terroir : 23,8 €. Plat du jour : 10,9 €. Chèque Vacances, Chèque Restaurant. Accueil des groupes (la « cave » peut accueillir une vingtaine de personnes). Chaises bébé. Jardin.

Le Bruegel, c'est le plaisir de se retrouver en famille ou entre amis dans un véritable estaminet installé dans une bâtisse datant de 1597. À ce titre, c'est l'une des plus anciennes (voire la plus ancienne) de Bergues ! L'extérieur (très photogénique l'été) est aussi beau que l'intérieur. L'entrée se fait par une petite porte. En avançant, on découvre plusieurs salles, dont la grande salle et ses cuisines ouvertes. Côté décoration, c'est un véritable petit musée de la vie rurale : il y a des objets partout, du linge suspendu, en hiver le joli feu qui crépite et les serveurs habillés à la mode paysanne du XVIe siècle. Tout ce « folklore », c'est la signature du Bruegel. Si l'endroit est très touristique, on y retrouve beaucoup de locaux, ce qui est toujours bon signe. La carte résonne des bons produits du Nord et de la Flandre : tartine au fromage de Bergues, waterzooï, pot'je vleesch, souris d'agneau à la bière, poulet au maroilles, carbonade flamande, lapin à la flamande, welsh... Apéritifs régionaux et bières locales. Le tout à déguster autour de grandes tablées conviviales. Bon plan *Petit Futé* : le Bruegel est moins fréquenté le dimanche soir, vous aurez alors tout loisir de prendre des photos de cet établissement si authentique.

LA TAVERNE VAUBAN

48, rue du Port ✆ 03 28 22 97 50

Ouvert du mardi au jeudi de 10h à 20h ; le vendredi et le samedi de 10h à 22h ; le dimanche de 10h à 19h. Réservation recommandée. Carte : 15 € environ. Menu enfant : 7,95 €. Plat du jour : 10,90 €. Vin au verre. Menu à partir de 13,95 € (plat, dessert et café). Chèque Vacances, Chèque Restaurant. Chaises bébé. Terrasse.

Lorsque l'on flâne en direction de la porte de Dunkerque, il est impossible de rater la façade de la Taverne Vauban. Pourquoi ? Parce qu'un postier juché sur son vélo y est accroché ! Une évidente référence à *Bienvenue chez les Ch'tis* qui a failli disparaître. Mais la nouvelle patronne n'a rien lâché. Surtout pas le vélo ! Voilà qui donne le ton du lieu. Sympathique, convivial et avec du caractère ! L'établissement a été repris en décembre 2017 par Laëtitia Trelcat. Elle a redonné un coup de jeune à cette ancienne salle de garde située au niveau de la porte de Dunkerque. Un espace intérieur qui peut accueillir une cinquantaine de couverts. Au menu ? Une cuisine traditionnelle du nord : waterzooï, carbonnade, potjevleesch, râble de lapin, jarret de porc à la bière et le burger... Vauban ! Un plat qui est un clin d'œil à l'architecte de Louis XIV. La brique jaune apparente à l'intérieur et le plafond voûté rappelle que l'établissement est installé dans ensemble imaginé par Vauban. Le plus de la taverne, c'est sa terrasse et son petit salon extérieur au pied des murs de la ville, et au bord de l'un des plus vieux canaux de France, le canal de Bergues. Calme et bucolique à souhait !

AU TONNELIER

2-4, rue du Mont-de-Piété ✆ 03 28 68 70 05
www.autonnelier.com

Logis. Ouvert du lundi au jeudi midi et soir, samedi soir, vendredi, dimanche et jours fériés le midi. Réservation recommandée. Menus de 18,50 € à 26 €. Carte : 22 € environ. Menu enfant : 8,50 €. Plat du jour : 10 €. Vin au verre. Entrée/plat ou plat/dessert : 13,80 €. Formule complète : 18,50 €. Chèque Restaurant. Accueil des groupes (salle de réception de 120 couverts).

Au Tonnelier n'est pas seulement un charmant hôtel, c'est aussi un très bon restaurant d'inspiration bistrot qui réinvente avec saveur la cuisine traditionnelle. La décoration, tout en boiserie, rappelle, quant à elle, les belles brasseries d'antan. Au menu donc, vous pourrez découvrir une cuisine du terroir généreuse avec la soupe à la bière et au fromage de Bergues, la flamiche au maroilles, le dos de lieu noir à la crème de maroilles, le potjevleesh et ses frites maison, ou la carbonnade flamande et ses tagliatelles. Mais vous pourrez également goûter à des saveurs d'ailleurs comme avec le crumble de poulet au gingembre et le duo de cabillaud à la plancha et sauce chorizo. Côté dessert, tous les gourmands s'accorderont à souligner la qualité des délicieux mets sucrés, dont la tarte à la cassonade et à la bière 3 Monts et le tiramisu au spéculoos et à la chicorée en sont deux savoureux exemples. Une bonne adresse idéalement située en plein cœur de Bergues, à deux pas de l'église Saint-Martin.

■ **AUX VIEUX REMPARTS**
Place de la Gare
© 03 28 68 79 82
www.aux-vieux-remparts.com.fr
auxvieuxremparts@orange.fr

Ouvert toute l'année. Ouvert tous les jours de 9h à 18h. Réservation recommandée. Menus de 22 € à 30 €. Formule du midi : 15 € (entrée/plat ou plat/dessert. La formule est servie le midi du lundi au vendredi sauf jours fériés). Accueil des groupes (ouvert le soir sur demande (minimum 20 pers) + 4 salles jusqu'à 200 personnes. Accueil de groupe à toute heure de la journée sur réservation). Terrasse. Animations. La maison vous propose d'animer vos événements avec DJ ou accordéoniste.

Idéalement situé à deux pas de la gare et juste en face de la Porte de Bierne (dont vous n'aurez qu'à franchir le pont-levis pour pénétrer dans la jolie cité berguoise !), Aux Vieux Remparts est une adresse incontournable à Bergues. L'accueil y est extrêmement chaleureux et la cuisine savoureuse. Les produits sont frais et surtout issus de producteurs locaux ! Adriana et Jean-François Vandroy, les maîtres des lieux, proposent une cuisine du terroir simple mais généreuse. Au menu, vous retrouverez donc des plats régionaux traditionnels comme le potjevleesch, le filet de perche au spéculoos ou l'andouillette au maroilles. Mention spéciale au tartare aller-retour préparé par le chef. Un délice accompagné de frites maison croustillantes ! Côté dessert, tiramisu au spéculoos, brownies et coupe glacée du Nord raviront les gourmands. En semaine, le restaurant propose également un buffet fraîcheur. Aux Vieux Remparts est un restaurant sans prétention qui offre une cuisine travaillée avec qualité et générosité. Le service est irréprochable. Alors avant de partir à l'assaut des remparts, passez par cette sympathique adresse pour faire le plein d'énergie !

Le gîte

■ **AU TONNELIER*****
2-4, rue du Mont-de-Piété
© 03 28 68 70 05
www.autonnelier.com
contact@autonnelier.com

Logis. 39 chambres. Chambre simple à partir de 69 € ; chambre double à partir de 79 € ; chambre triple à partir de 100 €. Petit déjeuner buffet : 12,50 €. Lit bébé gratuit sur demande. Parking fermé : 8 €. Chambres catégorie confort : single à partir de 79 €, double à partir de 89 €, twin à partir de 96 € et quadruple à partir de 120 €. Chèque Vacances. Animaux acceptés (8 €). Séminaires. Réceptions et mariages. Wifi gratuit. Restauration (restaurant Au Tonnelier ouvert tous les jours ; menus de 20 € à 28,50 €).

Situé juste en face du Mont-de-Piété, au cœur du centre touristique de la ville de Bergues, l'hôtel Au Tonnelier vous accueille dans un cadre chaleureux qui mêle le charme de l'ancien à des équipements modernes. Les chambres « confort » ont été complètement rénovées. L'hôtel est classé 3 étoiles, et 3 cheminées aux Logis de France. Les chambres se trouvent dans une bâtisse du XVIIe siècle. Vous y séjournerez dans un cadre agréable où le style flamand a été préservé de belle manière. Terrasse, parking, bar et jardin d'hiver sont à disposition des hôtes. Par ailleurs, Le Tonnelier offre non seulement un toit, mais aussi un couvert caractérisé par des spécialités locales et traditionnelles à ceux qui le désirent.

Sorties

■ **LE PERFECT DAY**
4, rue du Collège
© 03 28 62 26 82
klinski.florian@orange.fr

Ouvert le lundi, le mardi et le jeudi de 11h à 0h ; le vendredi de 11h à 1h ; le samedi de 11h à 2h ; le dimanche de 17h à 0h. Fermé le mercredi. Terrasse.

Le bar à vin L'Epicurien est désormais… un bar à bières portant le nom prometteur de « Perfect Day » ! La maîtresse des lieux, Emmanuelle Klinski, a eu un véritable coup de cœur pour ce lieu et a décidé de le transformer en un endroit chaleureux et cosy. Elle le dit elle-même, ici on est comme dans son salon ! Et la spécialité des lieux ? La bière donc. L'établissement propose une carte de 50 bières et travaille à l'étendre à pas moins de 70 références. Mais attention, pas n'importe lesquelles. Ici on met en avant le local, le traditionnel et le savoureux ! Charles Quint et Kasteel Triple viennent juste de rejoindre la carte des nectars proposés. La plus originale ? La Paix Dieu peut-être… une bière belge brassée uniquement à la pleine lune… tout un programme ! A la carte, vous trouverez des rhums et des whiskys et pour vous remettre de tout ça… quelques thés et cafés bios ! Possibilité de commander des planches de fromages locaux pour accompagner la dégustation de votre bière. Voilà donc un changement de propriétaire qui amène qualité, saveurs et convivialité et qui promet vraiment de passer un « Perfect Day » !

Emplettes

■ **BISCUITERIE LA DUNKERQUOISE**
155, rue de la Couronne-de-Bierne
© 03 28 68 88 98

Ouvert du lundi au jeudi de 9h30 à 12h et de 14h à 18h ; le vendredi et le samedi de 9h30 à 18h30.

Si vous avez choisi de vous rendre à Bergues en train depuis Lille, une fois sur le quai, n'oubliez pas de lever les yeux… Face à vous se dresse une charmante petite maison en briques rouges (ancien bâtiment de gare) ! Le charme de la boutique « La Dunkerquoise » est indéniable. Et la qualité et la saveur des gourmandises qu'elle propose le sont encore plus ! Comme son nom l'indique, la biscuiterie est originaire de la grande cité balnéaire, pourtant c'est bien à Bergues qu'elle possède une usine de fabrication qui jouxte la petite boutique. L'approvisionnement se fait donc à la source. Et l'odeur de biscuit dans l'air nous indique qu'on est au bon endroit pour goûter les douceurs sucrées de cette maison créée en 1904. Au programme ? Les traditionnelles gaufres bien sûr. Mais aussi des pains d'amandes, des confiseries régionales comme les Chuques du Nord ou les Bêtises de

Cambrai. Les boîtes collector à l'effigie des grandes villes de la région plaisent beaucoup, tout comme les paniers garnis à personnaliser en fonction de ses goûts. L'élégant design vintage des produits « La Dunkerquoise » confère à la boutique une atmosphère inédite. Là est toute la gourmandise du Nord !

LA CAVE DU BERGUENARD

2 bis, quai des Maçons
✆ 03 28 68 13 31
caveduberguenard@wanadoo.fr

Ouvert le lundi de 8h45 à 12h15 ; du mardi au vendredi de 8h45 à 12h15 et de 14h45 à 19h15 ; le samedi de 8h45 à 12h30 et de 14h45 à 19h. Livraison possible (système Click & Collect + Livraison à domicile).

Pour la petite anecdote, sachez que le « Berguenard » désigne d'abord le parapluie porté par le géant de la ville de Bergues et par extension les habitants de cette dernière. Vous l'aurez donc compris, ici on privilégie le local, et ce depuis 1985 ! Aux commandes des caves ? Aurélie, François, Thomas et Guillaume. Une équipe de choc pas avare de conseils ! Ils sauront vous guider et vous aider à choisir le vin, le rhum ou le whisky qui vous convient. Mais la Cave du Berguenard propose aussi un très large choix de digestifs et de bières bien sûr ! Le petit plus ? Un drive et un système de livraison à domicile. Pratique, non ? A la Cave du Berguenard, vous trouverez également de savoureuses douceurs régionales pour confectionner de sympathiques paniers garnis. Une bonne adresse berguoise !

PATISSERIE LEGROS

3, place de la République
✆ 03 28 68 66 44
www.patisserie-legros.fr
contact@patisserie-legros.fr

♿

Ouvert du mardi au vendredi de 7h30 à 12h30 et de 14h à 19h ; le samedi de 7h à 13h et de 14h30 à 19h ; le dimanche de 7h à 13h et de 15h à 19h. Livraison possible (traiteur salé et sucré). Chèque Restaurant.

La pâtisserie Legros est une institution pour tous les amoureux du chocolat et de pâtisserie fine depuis 1996. C'est sur le créneau du haut de gamme qu'elle a bâti sa réputation. Toute la fabrication se fait à Bergues, dans deux ateliers. L'un, consacré à la chocolaterie, produit deux tonnes de chocolat par an de vingt sortes différentes ; l'autre atelier de 150 m^2 produit toute la pâtisserie, les viennoiseries, les pains, les gâteaux pour les deux magasins (l'autre se trouve à Dunkerque, au n° 9 de la rue Jean-Bart). Certains clients nostalgiques de leur enfance viennent aussi de très loin, profitant d'un passage dans le Nord, notamment pour déguster la spécialité de la maison, le Saint-Winoc. Mais le pâtissier sait aussi renouveler les saveurs et propose des créations aussi originales que savoureuses comme les éclairs au chocolat blond ou à la violette. L'enseigne a même créé une spécialité qui est un clin d'œil au film de Dany Boon : le beffroi de Biloute, un biscuit aux amandes, crème au pralin, biscuit spéculoos et glaçage au chocolat au lait. Le magasin propose également un rayon biscuiterie et confiserie ainsi que des spécialités régionales.

DE L'ÉTABLE À LA TABLE

7, place de la République
✆ 03 28 68 60 45
www.deletablealatable.fr
contact@deletablealatable.fr

Ouvert le lundi et du mercredi au samedi de 8h à 12h45 et de 14h à 19h15 ; le dimanche de 8h30 à 12h45. Ouvert le dimanche. Commandes sur Internet à retirer à la boucherie ou sur le drive. Chèque Restaurant.

Hervé Vermersch est à la fois éleveur et boucher, ce qui fait de lui un grand connaisseur ! De l'Étable à la Table, comme son nom l'indique, privilégie les circuits courts et travaille en collaboration avec les producteurs locaux. L'enseigne propose du bœuf mais aussi des spécialités régionales comme le fameux potjevleesch, le beulte-kase (pâté de tête) et la véritable saucisse de Bergues, blanche, à base de porc, très aromatisée et épicée. Elle tient son origine d'un soldat espagnol, Jean Desmadryl, qui l'a ramenée de son Pays basque vers 1625 et ses descendants perpétuèrent la tradition. Les Berguois sont les premiers à raffoler de cette adresse... ce qui explique la longue file d'attente devant la boucherie (surtout le week-end). Sachez que vous pouvez également commander vos produits (boucherie, charcuterie et traiteur) sur internet et venir les chercher. Chez les Vermersch, on respecte la tradition sans rejeter la modernité.

LES SAVEURS FROMAGÈRES

13, rue Lamartine
✆ 03 28 20 42 72
www.les-saveurs-fromageres.fr
saveurs-fromageres@orange.fr

Du lundi au samedi (sauf le mardi, jour de fermeture), de 9h à 12h15 et de 14h15 à 19h. Ouvert le dimanche de 9h30 à 12h30. Tickets restaurants. Chèque Restaurant.

C'est dans une très belle boutique moderne que vous accueillent Ludovic Boullet, artisan fromager, et son équipe. L'étal est tout simplement superbe et le choix très vaste ! Imaginez, il y a près de 280 références ! Vous ne pourrez bien sûr pas faire l'impasse sur le traditionnel fromage de Bergues, mais vous pourrez aussi vous laisser guider par les experts et découvrir d'autres saveurs inédites. Que les visiteurs de passage se rassurent, les fromages peuvent être mis sous vide ! Mais ici les saveurs ne sont pas que fromagères, elles sont aussi sucrées. La boutique propose de délicieuses gourmandises locales. Vous retrouverez donc les produits de la célèbre marque La Dunkerquoise, mais aussi des confiseries joliment conditionnées dans des petits sacs qui rappellent les sacs de bonbons de l'enfance. Confitures, miel et jus de fruits (essayez le jus de pommes de Cassel !) complètent l'offre sucrée. Enfin la boutique fait aussi épicerie fine avec des bières locales, des spécialités du terroir et une très belle sélection d'huiles et de vins. Difficile de résister ! Sachez également que vous pourrez confectionner de très beaux paniers garnis et offrir le meilleur de la gastronomie locale à vos proches ! Une adresse incontournable !

▶ **Autre adresse :** Malo les Bains – 125, boulevard Europe 59240 Dunkerque (✆ 03 28 25 14 26).

Dans les environs

Bierne

■ **AU PONT TOURNANT**
30, route de Bergues
✆ 03 28 68 61 66
www.ponttournant.com
contact@ponttournant.com
♿
Tables & Auberges de France. Maître Restaurateur. Le restaurant est ouvert tous les midis du dimanche au vendredi, ainsi que le samedi soir. Les autres soirs et le samedi midi pour les groupes et les réceptions. Réservation recommandée. Menus de 21,50 € à 43 €. Carte : 20 € environ. Vin au verre. Menu rapide : 17 €. Chèque Restaurant. Accueil des groupes (accueil pour les groupes et organisation de réceptions).
Une adresse authentique au bord de l'eau qui tire partie de sa longue expérience et d'une position privilégiée en ville. Le restaurant est installé dans un ancien relai de poste fluvial et tire son nom du pont sur la Colme tout proche. Auparavant rustique, le style est maintenant plutôt contemporain. Ici, la cuisine traditionnelle fait la part belle aux produits de saison et du terroir. Le pigeonneau vient des Flandres et le cabillaud vient de Dunkerque. La carte change toutes les trois semaines mais aussi en fonction des saisons, et chaque jour vous apporte ses nouvelles suggestions. La famille Lammin, aux commandes de l'établissement depuis sa création en 1968, perpétue avec brio la tradition d'accueil et de chaleur des gens du Nord. Un endroit agréable où l'on mange très bien ! Le Pont Tournant a fêté en 2018 ses 50 ans d'existence. La plus belle des preuves de la qualité et du service apportés aux clients !

Hondschoote

■ **MOULINS DE HONDSCHOOTE** ★
Impasse Spinnewyn
(et rue Coppens pour le Noordmeulen)
✆ 03 28 29 09 99
www.ot-hautsdeflandre.fr
watten-tourisme@ot-hautsdeflandre.fr
Adulte : 2,50 €. Enfant : 1,50 €. Groupe (25 personnes) : 2 € (par adulte). Visite du Moulin Spinnewyn uniquement et sur réservation. Se rapprocher auprès de l'office de tourisme des Hauts de Flandres.
La commune d'Honsdchoote compte deux moulins : le Noordmeulen (moulin du Nord), le plus ancien, et le Spinnewyn (moulin de la Victoire), le plus plus récent. Seul le Spinnewyn, reconstruit en 1993, sur la base des plans originaux, se visite. Il a été érigé à l'occasion du bicentenaire de la bataille d'Hondschoote, en mémoire des gendarmes qui y ont participé. Mais le Noordmeulen mérite aussi un coup d'œil : ce moulin à vent sur pivot était déjà en fonctionnement en 1547, mais daterait de... 1127 ! Une date gravée sur la poutre maîtresse de l'édifice. Ce qui fait de ce moulin le plus vieux d'Europe ! Les filles du dernier meunier ont tenté de l'entretenir, mais la tâche était ardue. La mairie le rachète en 1980 et le restaure, étape par étape, jusqu'en 1988. Petite anecdote, une citation est gravée dans le moulin : « La force c'est bien. Le génie c'est mieux. » Il y a parfois des animations au pied du moulin. Dans la rue Coppens (où il se situe), le moulin a en effet pour voisine une association (Les Pèlerins du Westhoek) qui accueille les pèlerins et dispose de quelques lits à leur intention.

LE GRENIER DU LIN
2, rue des Moëres
✆ 03 28 20 79 68
http://blog.legrenierdulin.com
vvr@legrenierdulin.fr
Ouvert le lundi de 14h à 19h ; du mardi au samedi de 10h à 12h et de 14h à 19h. Ouvert le dimanche en été. Accès aux ateliers : entre 2 € et 7 €.
Voici une boutique pleine de produits à base de lin... beaux et locaux ! La jolie fleur bleue est une des spécialités de la Flandre maritime, et plus particulièrement de la région de Hondschoote. Dans le respect de la tradition locale, le Grenier du Lin présente une large gamme de produits naturels : linge de maison, tissus et étoffes, costumes, chemises, pantalons, robes en lin... Difficile de résister aux petites pièces décoratives en lin ou aux cadeaux de naissance ! Le Grenier propose aussi des produits pour le corps (savon à base de lin) et des graines (riches en oméga-3). Au Grenier du Lin, vous pourrez également bénéficier d'explications sur la fleur bleue et sa culture. Véritable concept-store, la boutique est aussi un atelier de couture ! Ici, on réalise dans le grenier du Grenier vos confections pour un prix tout à fait abordable. Il vous suffit simplement de choisir votre tissu sur place et de laisser parler votre imagination ! La boutique propose également des lainages de qualité. La famille de teilleurs Van Robaeys a ouvert à La Panne, en Belgique, une seconde boutique. Le lin, matière naturelle, est en effet très tendance !

Pitgam

■ **FERME BEYAERT**
8, route du Sprey
✆ 03 28 62 18 23
www.fermebeyaert.fr
fermebeyaert@orange.fr
Ouvert le vendredi de 14h à 19h ; le samedi de 9h à 12h.
Au cœur de la Flandre maritime, dans le charmant village de Pitgam, Laurence et Hervé vous accueillent dans le magasin de leur ferme, dans laquelle ils élèvent poulets et porcs, afin de vous proposer des produits 100% naturels. Les poulets élevés en plein air ont reçu le Label Rouge, tandis que les porcs nés et élevés à la ferme sont nourris avec les céréales de l'exploitation. Ils fabriquent également de la charcuterie traditionnelle, sans conservateur et sans colorant : jambon, coppa, rosette, chorizo, saucisson sec... Et pour les amateurs de bons produits, le magasin vous propose aussi les produits d'autres fermes membres de l'association Trésors de Flandre. L'adresse est à recommander si vous habitez dans les environs, ou si vous passez par là en fin de semaine. À noter que la ferme propose également un gîte classé (3 épis).

CAMBRAI ★★

La présence de Cambrai est attestée dès le IIIe siècle. A l'époque, la ville n'est qu'un bourg et porte le nom de Camaraco. Objet de convoitise, le bourg se construit une forteresse afin de se préserver des invasions barbares. Le petit bourg devient une ville importante à la fin de l'Empire romain, lorsque Bavay est déchue de son titre de capitale des Nerviens, un peuple du nord de la Gaule, au profit de Cambrai. Le rayonnement religieux de la ville est remarquable, et ce, dès le VIe siècle, époque à laquelle l'évêché d'Arras est transféré à Cambrai. Le plus célèbre des religieux est resté Fénelon (archevêque), surnommé « le cygne de Cambrai ». C'est toute une communauté ecclésiastique qui s'y développe, jusqu'au rattachement de la ville à la France en 1678. Cambrai prospère au Moyen Age grâce au textile et à son agriculture. Ayant souffert des deux guerres mondiales, elle a été largement reconstruite au XXe siècle, même si elle a pu garder nombre de bâtiments patrimoniaux. C'est aujourd'hui une ville de province fort agréable, non loin de Lille, de la Belgique et de Paris, qui vous offrira une belle visite le temps d'une journée ou de quelques heures. Elle est notamment célèbre pour sa spécialité de confiserie : les fameuses bêtises.

■ OFFICE DE TOURISME DU CAMBRÉSIS
48, rue de Noyon
Maison espagnole
✆ 03 27 78 36 15
https://www.tourisme-cambresis.fr
contact@tourisme-cambresis.fr
Ouvert du lundi au samedi de 9h30 à 12h30 et de 14h à 18h. Haute saison : le dimanche de 14h30 à 17h30. Les 24 et 31 décembre, les locaux ferment à 16h. Fermé le 1er janvier, 1er mai, le jeudi de l'Ascension, le lundi de Pentecôte et le 25 décembre. Le service billetterie vous accueille du lundi au samedi de 9h30 à 12h30.
L'office de tourisme du Cambrésis, très facile à trouver au cœur de la ville (juste en face de la cathédrale Notre-Dame), est installé dans l'un des plus anciennes bâtisses de la ville de Cambrai (1595) : une étonnante maison espagnole, dont la façade s'est complètement penchée au fil des siècles. Ici, une équipe accueillante vous conseille pour vos visites dans le Cambrésis. Envie d'une visite de la ville ? Des audioguides vous seront proposés. Plusieurs circuits de découverte sont proposés, sur des thèmes comme : Patrimoine et tradition, Ville flamande/Ville française, ou Cambrai par le détail (deux à trois heures de visite pour chacun). L'office de tourisme vous conseillera aussi sur les alentours, notamment les communes du Cateau-Cambrésis et de Caudry, toutes proches et faisant partie du même patrimoine. À noter, l'application pour smartphone afin de ne rien manquer.

Points d'intérêt

■ CARRIÈRES SOUTERRAINES DU MARCHÉ COUVERT
Place du Marché-Couvert
✆ 03 27 78 36 15
www.tourisme-cambresis.fr
contact@tourisme-cambresis.fr
La visite peut être annulée en cas d'intempéries. Se renseigner auprès de l'office du tourisme du Cambrésis. Lampe de poche conseillée. Tous les derniers dimanches du mois. Adulte : 4 €. Tarif réduit pour les enfants. Déconseillé aux moins de 6 ans. Visite guidée (rdv à côté de l'ascenseur).
Si vous passez par Cambrai, ne vous fiez pas aux apparences car elle cache un secret (pas si secret) : des dizaines de kilomètres de galeries souterraines sous son centre-ville, vestiges de carrières de craie qui furent exploitées en majorité au Moyen Âge, voire à l'époque gallo-romaine pour certaines. Aujourd'hui, elles ne sont plus exploitées, mais elles ont gardé de nombreux usages, dont vous pourrez avoir un aperçu lors de la visite guidée, qui vous permettra de comprendre comment travaillaient les carriers, et comment ces carrières ont été aménagées au cours des deux guerres. Pour cette visite, rendez-vous place du Marché, à l'entrée du marché couvert.

Porte Notre-Dame-de-Cambrai.

CATHÉDRALE NOTRE-DAME

Place Jean-Paul-II ✆ 03 27 81 34 71
info@patrimoine-histoire.fr
Ouvert toute l'année. Gratuit.
Cambrai édifie sa cathédrale sous l'épiscopat de Fénelon, entre 1696 et 1702, selon le style classique en cours au temps de Louis XIV. Elle porte alors le nom d'église du Saint-Sépulcre, mais est aussi surnommée la merveille des Pays-Bas. Détruite à la Révolution française, elle est reconstruite au XIXe siècle dans le style néo-baroque, avec par exemple un maître-autel et un orgue emblématiques, exubérants. Les vitraux, ayant souffert des guerres mondiales, sont de facture et d'inspiration modernes. Elle abrite l'icône Notre-Dame-de-Grâce, révérée par des millions de pèlerins depuis le Moyen Age, mais aussi le somptueux tombeau sculpté par David d'Angers où repose Fénelon. Les neuf grisailles de Notre-Dame, peintes par l'artiste anversois Martin Geeraerts aux alentours de 1760, sont également magnifiques.

CHAPELLE DES JÉSUITES

Place du Saint-Sépulcre ✆ 03 27 82 93 85
Ouverte sur réservation auprès de l'office de tourisme ou du service animation du patrimoine.
Cette chapelle s'impose comme l'un des plus beaux édifices de l'art baroque que l'on peut trouver dans le nord de la France. Vous pourrez remarquer ses dix somptueuses colonnes de pierre bleue, ainsi que ses fabuleuses sculptures. C'est en 1562 que les jésuites arrivent à Cambrai dans le but de contrer la propagation du protestantisme. Ils fondent alors un collège. Entre 1678 et 1694, ils font construire leur chapelle dont le rythme architectural, les polychromies et l'abondance du décor sculpté signent un chef-d'œuvre de l'art baroque en France. Le fronton donnant sur la place constitue d'ailleurs un premier éblouissement pour qui n'aurait pas la chance de pouvoir y entrer.

CHÂTEAU DE SELLES

contact@tourisme-cambresis.fr
Visite uniquement accessible dans certains contextes.
A l'origine, le château de Selles avait une fonction de surveillance de la porte de Selles et de l'Escaut, mais c'était aussi un symbole de pouvoir du comté-évêque sur la ville. Mais le château de Selles, c'est aussi toute une histoire tumultueuse, car ses souterrains servirent de prison (les gravures des prisonniers qui restent en témoignent), et le château d'hôpital militaire. Aujourd'hui, il abrite le tribunal et conserve ainsi son lien avec la justice.
Autrefois, on pouvait visiter ses souterrains, et voir les fameuses gravures des prisonniers, mais ce n'est plus possible en raison de l'érosion. Si vous souhaitez les visiter, vous pouvez toutefois participer à une visite guidée de l'office de tourisme ou prendre contact avec eux afin de connaître les modalités.

CITADELLE ET FORTIFICATIONS

Boulevard Paul-Bezin ✆ 03 27 78 36 15
www.tourisme-cambrai.fr
contact@tourisme-cambresis.fr
Visite des galeries de contre-mine chaque samedi à 16h30. Réservation nécessaire. 5 €/personne. Vous avez également la possibilité de découvrir le parcours gratuitement en suivant les panneaux. Visite guidée (réservation indispensable auprès de l'office de tourisme).
En 1543, l'empereur Charles Quint ordonne la construction d'une citadelle adaptée à la nouvelle puissance de feu de son artillerie. Celle-ci est érigée sur le point culminant de Cambrai : le mont des Bœufs, ce qui nécessite des mesures drastiques comme de raser totalement l'abbaye Saint-Géry, pourtant haut lieu de pèlerinage depuis le VIe siècle. Le quartier autour de l'abbaye est également détruit.
La citadelle se présente sous la forme d'un vaste quadrilatère et possède tous les aménagements nécessaires à la vie de la garnison avec un bastion à chaque angle. Démolie il y a plus d'un siècle, elle conserve la galerie de contre-mine, la porte royale, un arsenal du XVIe siècle, ainsi que des logements du XVIIIe siècle et une caserne du XIXe siècle. Avis aux visiteurs : prévoyez de bonnes chaussures pour déambuler dans les souterrains.
Si vous souhaitez faire la visite par vous-même, vous pouvez suivre 8 étapes, indiqués par des panneaux, dans la ville : porte de Paris, Tour des Sottes, porte des Arquets, caserne Mortier, manutention, château de Selles, porte Notre-Dame et la citadelle. A pied, cela vous prendra environ 1h30, en voiture 1h.

ÉGLISE SAINT-GÉRY

Rue de Saint-Aubert ✆ 03 27 81 87 11
www.tourisme-cambresis.fr
Ouvert du lundi au samedi de 8h à 12h et de 14h30 à 18h. L'église est fermée le dimanche, sauf en juillet et août, sous réserve de bénévoles. Des visites guidées sont organisées par l'office du tourisme (✆ 03 27 78 36 15).
Initialement érigée au VIe siècle, l'église Saint-Géry est la plus ancienne de Cambrai. Rasée au moment de l'édification de la citadelle, elle est reconstruite au début du XVIIIe siècle dans le style de l'époque, selon deux traditions architecturales : le baroque des Pays-Bas, et le classicisme français. À l'intérieur, on peut admirer un somptueux baldaquin en pierre bleue. Particularité remarquable, cette église a toujours son jubé, quand la Révolution française les a détruits un peu partout dans le reste du pays. En effet, Saint-Géry occupa à cette période troublée la fonction d'entrepôt des biens confisqués à l'Église, ce qui lui évita la destruction. Ce jubé sculpté en 1635 par le Cambraisien Jaspart Marsy, dans un marbre polychrome, est donc une merveille immanquable. L'église abrite aussi nombre d'œuvres d'art, dont la prestigieuse *Mise au tombeau* de Rubens. Le ravalement de la façade est terminé depuis 2014, redonnant sa splendeur à l'édifice. Des concerts d'orgue sont organisés régulièrement en lien avec le Conservatoire de Cambrai.

HÔTEL DE VILLE

Place Aristide-Briand ✆ 03 27 73 21 00
contact@tourisme-cambresis.fr
Ouvert du lundi au vendredi de 8h30 à 12h30 et de 13h30 à 17h30 ; le samedi de 9h à 12h. Renseignements auprès de l'Office de Tourisme du Cambrésis ou sur le site de la mairie.
Ancienne chambre de Paix plusieurs fois reconstruite entre le XIIe et le XVIe siècles, la maison communale laissa la place à l'Hôtel de Ville à la fin du XVIIIe siècle. Celui-ci fut pourtant démoli un siècle plus tard et reconstruit dans la foulée pour ensuite subir l'occupation allemande de la Première Guerre mondiale. Incendié, le bâtiment ne

© BRAD PICT / ADOBE STOCK

Hôtel de ville de Cambrai.

trouva sa forme actuelle qu'en 1932, date à laquelle il fut entièrement restauré pour la dernière fois. Sa majestueuse façade domine la Grand-Place et respecte l'ancienne façade à péristyle de style Louis XVI due à l'architecte Antoine. Son campanile à colonnes est flanqué de deux jacquemarts en bronze du XVIe siècle et représentant Martin et Martine, célèbres protecteurs de la cité. Plusieurs fresques décorent la salle des mariages, qui peut se visiter sur demande.

■ **MUSÉE DES BEAUX-ARTS** ★
15, rue de l'Épée ✆ 03 27 82 27 90
musee.cambrai@wanadoo.fr

Fermé les 1er janvier, 1er et 8 mai, jeudi de l'Ascension, 14 juillet, 15 août, 1er et 11 novembre et 25 décembre. Ouvert les dimanches de Pâques et de Pentecôte. Ouvert du mercredi au dimanche de 10h à 12h et de 14h à 18h. Ouvert le mardi pour les groupes sur réservation. Gratuit jusqu'à 18 ans. Adulte : 4 €. Groupe (10 personnes) : 3 €. Tarif famille (2 adultes et au moins 1 enfant de moins de 18 ans) : 6 €. Gratuit le 1er dimanche de chaque mois avec visite guidée à 16h. Visite guidée (sur réservation le lundi et le mardi pour les groupes). Animations.

Créé en 1846, le musée de Cambrai abrite des collections réunies grâce aux saisies révolutionnaires. Il est installé dans un superbe hôtel particulier, l'hôtel de Francqueville, datant du XVIIIe siècle et qui a été depuis rénové et agrandi. L'extension en béton s'intègre bien par son style architectural épuré au reste du bâtiment. Le musée propose un parcours chronologique de la Préhistoire à l'art contemporain à travers trois départements : archéologie, patrimoine et Beaux-Arts. Vous pouvez retrouver de nombreuses collections de peintures flamandes et françaises, de sculptures classiques, de tableaux narrant les batailles de Louis XIV pour conquérir Cambrai... Dans une aile plus récente, est exposé l'art moderne. Il y a également une galerie d'archéologie, qui a été installée dans de magnifiques caves voûtées. Si vous voulez en savoir plus sur l'histoire de la ville de Cambrai, le musée propose un spectacle audiovisuel retraçant l'histoire de la ville à partir de la restitution du plan en relief de Cambrai ! Le Musée des Beaux-Arts de Cambrai a été 3e lauréat au prix « Osez le musée ! » pour son travail auprès des institutions sociales et médicales de la ville.

Le couvert

■ **AU FIL DE L'EAU**
1, boulevard Dupleix ✆ 03 27 74 65 31
contact@aufildeleau-cambrai.fr

♿

Ouvert le jeudi et le dimanche de 12h à 14h ; le vendredi et le samedi de 12h à 14h et de 19h à 21h30. Réservation recommandée. Carte : 28 € environ. Menu enfant : 10 €. Vin au verre. Service traiteur jusqu'à 50 couverts. Chèque Vacances, Chèque Restaurant. Accueil des groupes (jusqu'à 40 personnes). Chaises bébé. Terrasse.

Il fallait s'en douter : Au fil de l'eau propose une cuisine autour du poisson ! On comprend pourquoi lorsqu'on sait que le propriétaire est originaire du Morbihan. Dans une belle bâtisse, de type « relais », l'établissement vous accueille dans une ambiance chaleureuse et familiale. Ici, les produits sont frais et faits maison, ce qui est particulièrement appréciable. La carte change régulièrement, s'accommodant à l'arrivage. Quelques exemples de plats pour vous mettre l'eau à la bouche : « le Bouquet de crevettes sautées au wok, aux oignons conflits et chorizo », « le Filet de daurade royale poêlé sur peau, croustillant de pancetta et sa crème de safran » ou la plus traditionnelle « douzaine d'escargots simplement farcis au beurre d'ail ». Vous trouverez forcément un plat à votre goût. Les plats sont aussi bons que beaux, la présentation des assiettes est travaillée et cela se voit. Les serveurs sont très attentifs aux besoins des clients. Une belle étape au bord de l'eau !
Pour goûter à différentes saveurs, nous vous recommandons le menu à 3 plats, il fait toujours son petit effet.

L'EAU À LA BOUCHE
6, rue de Douai ✆ 03 27 37 56 25

Fermé en août. Ouvert le mardi, le mercredi et le dimanche de 12h à 14h ; le jeudi et le vendredi de 12h à 14h et de 19h30 à 22h ; le samedi de 19h30 à 22h. Carte : 20 € environ. Accueil des groupes. Chaises bébé. Terrasse. Parking.

Dans une ambiance chaleureuse et feutrée, accommodée d'objets et jeux en tout genre chinés dans les brocantes, cet estaminet propose une cuisine typique de la région, présentée sur une carte tout en ch'ti. Le restaurant s'appelle d'ailleurs *D'io a s'bouc* en version originale. Le service est attentionné et soigné. Sur la carte, on retrouve des plats typiques du Nord, avec des produits de qualité, la carbonnade flamande accompagnée de délicieuses frites en tête... Les plats sont bons et copieux juste ce qu'il faut. Si vous avez encore un peu de place pour le dessert, n'hésitez pas à goûter la tarte au citron meringuée. Et pour ceux qui viennent en famille, des jeux dans la salle sont installés pour occuper les plus petits ! C'est le genre d'endroit où l'on a envie de revenir.

MAISON DEMARCQ
2, rue Saint-Pol ✆ 03 27 37 77 78
www.maisondemarcq.com
maisondemarcq@orange.fr

Maître Restaurateur. Ouvert du mardi au vendredi et le dimanche le midi ; du mardi au samedi le soir. Menus de 24 € à 70 €. Accueil des groupes. Terrasse. Vente à emporter. Parking.

La famille Demarcq tenait précédemment l'Auberge Fontenoise, à Fontaine-Notre-Dame. Elle a décidé de se rapprocher de Cambrai pour fonder la Maison Demarcq, avec l'ambition de créer une véritable adresse gastronomique. Ce nouveau restaurant a ouvert dans un véritable cadre historique, à l'endroit même où fut signé la Paix des Dames en 1529 et où Napoléon Bonaparte, accompagné de son épouse, a dormi. Il propose une cuisine française raffinée, élaborée à partir des meilleurs produits. Des plats de qualité que la sommelière peut accompagné d'un vin de son choix si tel est votre souhait. Sur la carte on retrouve : foie gras, pigeon, ris de veau, côte de cochon, skrei de Norvège ou bien encore l'incontournable rognon de veau. La salle de cuisine est visible de l'accueil, grâce à une baie vitrée. Comme cela vous pouvez voir l'équipe qui s'affaire à faire un repas qui fera fondre vos papilles. Par ailleurs, un service traiteur et une salle de réception sont à votre disposition.

Le gîte

LE 109 - CHÂTEAU DE LA MOTTE FÉNELON
Square du Val du Château ✆ 03 27 83 61 38
www.cambrai-chateau-motte-fenelon.com

Accueil 24h/24. 37 chambres. Chambre double de 62 € à 225 €. Petit déjeuner : 11 €. Animaux acceptés (au restaurant). Séminaires. Réceptions et mariages. Wifi. Restauration. Tv satellite.

Un magnifique endroit où vous savourerez un véritable moment d'exception. Que vous y dormiez, mangiez ou en simple visite, vous serez epoustouflé par le charme de ce château. Partez à la rencontre d'un endroit hors du temps, chic, luxueux et d'une rare élégance. Du côté du restaurant, celui-ci vous accueille jusque 22h, pour vous proposer des mets fabuleux : terrine de foie gras, sot-l'y-laisse poêlé, Saint Honoré, bavaroise de saumon, filet de turbot, filet de bœuf rossini, ris d'agneau, rosace d'andouille de Cambrai... Une fois à table, on se sent totalement privilégié, car ici, le client est roi. Mais ce n'est pas tout : vous pourrez également organiser vos évènements privés dans ce cadre prestigieux : mariages, fiançailles, anniversaires, communions, séminaires, cocktails...

Emplettes

CONFISERIE AFCHAIN – BÊTISES DE CAMBRAI
Rue Champ-de-Tir ✆ 03 27 81 25 49
https://confiserieafchain.fr
boutique@confiserieachain.fr

Ouvert du lundi au jeudi de 9h à 12h et de 14h à 17h ; le vendredi de 9h à 12h et de 14h à 16h. Visites du lundi au jeudi de 8h à 11h pour les groupes. Boutique ouverte aux particuliers du lundi au vendredi de 9h à 12h et de 14h à 17h. Fermé le week-end et les 3 premières semaines d'août. Groupes de 20 personnes minimum. Réservation obligatoire au moins une semaine à l'avance. Gratuit pour les individuels, payant pour les groupes : 2 €.

C'est vers 1850 qu'est née la fameuse Bêtise de Cambrai, dont la confiserie Afchain revendique la paternité. Et d'après l'histoire cette gourmandise doit sa naissance qu'à une erreur de fabrication. En effet, l'apprenti confiseur alors chez ses parents s'était trompé dans la fabrication des bonbons qui lui avaient été demandés. Malgré tout, ces sucreries plurent énormément et furent redemandées. C'est à ce moment-là qu'elle adoptèrent le nom de bêtises. Aujourd'hui, il est impossible de passer à Cambrai sans passer voir leur fabricant ! Tout au long de la visite, vous découvrirez la chaîne de fabrication de ces gourmandises distribuées maintenant à travers le monde entier ! Selon la recette originale, la Bêtise de Cambrai est un bonbon blanc de sucre cuit et battu sur lequel on dépose une rayure au caramel et qui est parfumé à la menthe. Mais désormais, on trouve des bêtises aromatisées à la violette, à la framboise, à l'orange... Pas de doute, avec tout ce choix, vous trouverez forcément celle qu'il vous faut ! A noter que la Bêtise de Cambrai fait partie de l'inventaire du Patrimoine culinaire de France, rien que ça !

Dans les environs

Briastre

MOULIN LAMOUR
17, rue Pasteur ✆ 03 27 37 41 18
moulinlamour@orange.fr

Chaque troisième dimanche du mois de 14h à 18h (1er avril au 1er octobre). Tous les dimanches de juillet. Groupes et scolaires toute l'année : sur rendez-vous. Gratuit Jusqu'à 6 ans. Adulte : 3,50 €. Enfant (de 6 à 12 ans) : 2 €.

Le moulin Lamour porte plutôt bien son nom, car c'est un moulin bien charmant que vous pourrez visiter à Briastre. Plus précisément, c'est le dernier moulin de la Vallée de la Selle accessible au public ! A l'intérieur, un petit musée pour découvrir les jeux de bois traditionnels, avec visite guidée si vous le souhaitez. Un passage par la miellerie du rucher est aussi indispensable, pour admirer les experts au travail lors de la récolte du miel (si elle est en cours) ou juste vous régaler et avoir un aperçu de l'intérieur d'une ruche. Vrai lieu d'accueil pour les familles, le moulin propose aussi des ateliers d'art pour enfants et adultes et bien sûr des visites pédagogiques pour tout découvrir de la confection de la farine ou de l'apiculture.

Fontaine-Notre-Dame

■ CONFISERIE DESPINOY

1519, route Nationale ✆ 03 27 83 57 57

www.betises-cambrai-despinoy.fr

Ouvert du lundi au vendredi de 8h à 18h. 2,50 € par personne pour les groupes scolaires. Un sachet de 150 g de Bêtises offert par visiteur à l'issue de la visite. Gratuite pour les adultes et les seniors. Réservation 15 jours à l'avance. Visite guidée (visite de la fabrication de 9h à 13h. 1h de visite avec dégustations).

Voici l'un des confiseurs qui fabrique de manière artisanale les célèbres bêtises de Cambrai. Pour rappel, ces bonbons seraient nés après l'erreur d'un apprenti confiseur au XIXe siècle. Un mauvais dosage du sucre et de la menthe, une introduction d'air dans la pâte par inadvertance... les bêtises étaient nées. Depuis ce jour, deux familles de confiseurs cambrésiens se disputent la paternité du célèbre bonbon. La maison Despinoy produit 140 tonnes de bêtises à l'année, essentiellement à la menthe (80 % de la production) mais aussi aux fruits. Despinoy a innové : depuis quelques années, la maison fabrique aussi du sirop de bêtises – à la menthe, comme les bonbons – et depuis 2002 un digestif, la crème de bêtise. Vous serez tout d'abord accueilli par un bonbon tout droit sorti du four. Puis, partez à la découverte des différentes étapes de sa fabrication, du choix du sucre au conditionnement, en passant par la pâte et la cuisson. N'oubliez pas que c'est une douceur 100 % naturelle et existe aussi sans sucre : plus aucune raison de se priver !

Les Rues-des-Vignes

■ ABBAYE DE VAUCELLES ★

6, hameau de Vaucelles

✆ 03 27 78 50 65

www.abbayedevaucelles.com

a.vaucelles@wanadoo.fr

Fermé de décembre au 14 mars. Fermé les lundis sauf en juillet et août. Fermeture le 1er et le 16 mai. Basse saison : ouvert du mardi au vendredi de 10h à 12h et de 14h à 17h30 ; le samedi de 14h à 17h30 ; le dimanche et les jours fériés de 15h à 18h30. Haute saison : du mardi au samedi de 10h à 12h et de 14h à 17h30 ; le dimanche et les jours fériés de 15h à 18h30. En juillet et en août : ouverture du lundi au samedi de 10h à 13h et de 14h à 17h30. Le dimanche et jours fériés de 15h à 18h30. Adulte : 7 €. Gratuit pour enfants accompagnés des parents. Groupe (20 personnes) : 6 €. Tarif scolaire : 4 € avec possibilité d'activité (1,5 € par enfant pour les ateliers). Accueil enfants (ateliers enfants en juillet et en août). Visite guidée (tous les dimanches de juillet et août à 16h). Boutique. Salon de thé.

L'abbaye de Vaucelles est l'une de ces merveilles du patrimoine dont la France regorge en secret. Cette abbaye cistercienne est bien sûr classée aux Monuments historiques et demeure une construction inhabituelle, tant du point de vue de ses dimensions que de son importance culturelle. Fondée par saint Bernard de Clairvaux, elle fut construite à partir de 1132 sur un terrain cédé par Hugues d'Oisy, seigneur de Crèvecœur-sur-Escaut. À son apogée, Notre-Dame-de-Vaucelles était l'église cistercienne la plus grande d'Europe, à égalité avec Notre-Dame-de-Paris ! Son autel en marbre de Carrare se trouve aujourd'hui en l'église Saint-Géry de Cambrai, et certains ouvrages de sa bibliothèque, qui comptait plus de 40 000 volumes en 1257, ont été préservés à la bibliothèque de Cambrai. Restaurée depuis 1971, elle accueille régulièrement des événements culturels, des marchés artisanaux et même des mariages.

■ ARCHÉO'SITE ★

882, rue Haute

✆ 03 27 78 99 42

www.archeosite-ruesdesvignes.fr

Fermé du 2 novembre au 14 mars. Ouvert du mardi au vendredi de 9h à 12h et de 14h à 18h ; le week-end de 14h à 18h. Horaires du week-end : du 15 mars au 1er novembre.Visites guidées tous les dimanches à 15h. Adulte : 5,50 € (stages adultes : 60 € par personne pour les ateliers céramiques, 55 € pour l'atelier filage). Enfant : 4,50 € (animations pour les scolaires). Groupe (20 personnes) : 4,80 € (tarif pour groupe d'enfants : 3,80 € par personne). Ateliers en famille tous les mercredis des vacances scolaires de Pâques à la Toussaint, sur réservation. CB non acceptée. Visite guidée (sur réservation). Animations.

À proximité de Cambrai, ce site archéologique reconstitue, de manière extrêmement réelle, un village carolingien, mais aussi la nécropole mérovingienne et des présentations de l'époque gallo-romaine. Ici, vous pourrez voyager en famille entre trois époques ! Le site propose en effet un parcours didactique pour les petits comme les grands, mais également des ateliers pratiques qui permettent aux plus petits de s'instruire tout en s'amusant. Quant aux adultes, des stages artisanaux sont une excellente occasion d'apprendre à filer la laine ou façonner des poteries. Des événements sont organisés ici chaque année, comme un souper médiéval, les feux de la Saint Jean, la fête de la vigne... qui permettent de récréer des traditions d'autrefois. Archéo'site est un site indispensable pour en apprendre plus sur cette période, mais aussi pour vivre une visite ludique et atypique dans la région.

CASSEL ★★

Considérée par bon nombre de personnes comme la plus belle ville des Flandres et élue « Village préféré des Français » pour l'année 2018, Cassel est une ancienne place forte romaine. Rien d'étonnant à cela, puisque perchée sur le Mont Cassel, haut de 176 m, la ville surplombe toute la plaine. On la surnomme d'ailleurs « le toit des Flandres ». Avec sa magnifique place pavée et ses nombreux lieux touristiques et culturels, elle a un charme fou ! Son nom vient de l'un des peuples celtiques de l'Antiquité, le château des Ménapiens se traduisant en latin par Castellum Menapiorum. La position de Cassel a toujours suscité de nombreuses convoitises. Les Gaulois n'arrivèrent pas à défendre la ville, du coup les Romains s'en emparèrent et firent de Cassel un point central de leur occupation. Sept voies romaines furent alors créées, permettant ainsi de relier les cités entre elles et les fortifications entourant la ville furent renforcées. Le Moyen-Âge donna sa forme définitive à la ville, avec notamment ses principaux lieux comme ses églises, son château, ses bâtisses... Mais ce fut également une époque riche en batailles, qui a conduit Cassel à être alors dévastée et transformée des dizaines de fois. Plus tard, lors de la Première Guerre mondiale, le maréchal Foch s'y installe entre 1914 et 1915. De son passage, il reste aujourd'hui une statue équestre en haut du mont, près du moulin. Lors de la Seconde Guerre mondiale, Cassel fut presque entièrement détruite en 1940. Malgré tout, la ville s'est encore et toujours relevée. Aujourd'hui, on ne peut pas visiter les Flandres sans passer par Cassel. On y retrouve bien entendu de nombreux lieux et monuments à visiter, comme le Musée des Flandres (qui s'intéresse notamment au folklore), le moulin du Château... La ville est également célèbre pour son géant Reuze Papa, mesurant 6,25 m, qui sort deux fois par an : le dimanche précédant mardi Gras et lors du lundi de Pâques, lors du « Réveil de Cassel » où il est cette fois accompagné de sa femme, Reuze Maman. Les géants de Cassel ont même fait leur entrée au patrimoine mondial de l'Unesco en 2005 ! Bref, une ville typique des Flandres où il fait bon flâner en admirant les alentours.

■ DESTINATION CŒUR DE FLANDRE ★

Office de Tourisme de Cassel
20, Grand'Place
✆ 03 28 40 52 55
www.coeurdeflandre.fr
cassel@coeurdeflandre.fr

Juillet/août du lundi au samedi : 9h30-12h30 et 14h-18h ; dimanche : 11h-12h30 et 14h-18h. Avril, mai, juin, septembre, octobre : fermé le lundi et le dimanche matin. Janvier, février, novembre, décembre : fermé les dimanche et lundi.

Dans cet ancien hôtel particulier du XVIIIe siècle, vous pourrez découvrir toutes les activités proposées à Cassel : visites, balades, expositions ou encore les bons plans pour le carnaval ! Mais au-delà d'un simple office de tourisme, vous aurez également le loisir de découvrir le petit musée du Vieux-Cassel. On y découvre la fierté des habitants d'avoir bénéficié d'un tramway électrique dès 1899 pour atteindre la Grand'Place, des objets de la vie quotidienne agricole et urbaine : enseignes et ustensiles du barbier, du chapelier, ou encore des métiers du textile. Les outils agricoles et les jeux anciens sont également bien représentés. Mais l'intérêt supérieur de ce musée réside dans son étonnante collection de photographies, qui remonte à 1857 ! On y découvre la vie des champs, les réunions politiques, les clubs sportifs, le carnaval, mais surtout les archives des deux guerres avec notamment de nombreux clichés du maréchal Foch et de ses troupes. Images fascinantes qui recréent à la fois l'histoire de Cassel mais aussi de toute la Flandre. Et si vous avez plutôt envie de plein air, le pays de Cassel, c'est aussi des kilomètres de randonnées à travers des paysages variés.

Points d'intérêt

■ COLLÉGIALE NOTRE-DAME DE LA CRYPTE

Rue Notre-Dame
✆ 03 28 42 43 19
www.collegiale-cassel.fr

La collégiale Notre-Dame de la Crypte a été classée aux Monuments Historiques en 1981. En 2013 et après cinq ans de travaux, cette hallekerque (une église-halle typique de la Flandre composée de 3 nefs égales) a retrouvé de sa superbe. La collégiale date du XIIe siècle et a survécu aux nombreuses épreuves du temps. Au cours des siècles, elle a été pillée, incendiée et sinistrée huit fois ! Des vestiges de l'époque gallo-romaine composent encore la bâtisse, mais la majeure partie fut érigée après le XIIIe siècle. À l'intérieur, vous pouvez admirer un magnifique mobilier comme le buffet d'orgues datant du XVIIe siècle, ou encore quatre retables. Des tableaux de maîtres flamands y sont exposés également. On y trouve ainsi une *Adoration de l'Enfant divin* qui serait attribuée à Rubens. Ne faites pas l'impasse sur la statuette de Notre-Dame de la Crypte. En chêne noir et cerclée d'argent, la statuette provient de la toute première église de Cassel. Depuis le XVIe siècle, elle fait l'objet d'un culte encore très populaire aujourd'hui. La légende raconte que cette Vierge protégea la ville durant les deux guerres !

■ JARDIN DU MONT DES RÉCOLLETS – WOUWENBERGHOF

1936, route de Steenvoorde
✆ 03 28 40 59 29
estaminetkasteelhof@orange.fr

Jardin remarquable. Ouvert de mi-avril à mi-octobre. Ouvert du jeudi au dimanche de 10h à 19h. Pour la billetterie, s'adresser à l'estaminet Kasteelhof en face du moulin, de 10h à 12h. Gratuit jusqu'à 15 ans. Adulte : 6 €. Groupe (10 personnes) : 5 €. Visite guidée sur rendez-vous (durée : 1h). Chèques non acceptés. Visite guidée. Restauration.

Il existe peu de jardins inspirés de la Renaissance flamande en France. Mais il en existe un au nord de l'Hexagone, à une vingtaine de kilomètres à peine de la Belgique, à Cassel précisément. Le printemps y entonne

Jardin du Mont des Récollets.

son concert par la floraison de milliers de bulbes de narcisses, mais aussi de crocus botaniques, puschkinias, scilles, Ornithogalum, crocus à grosses fleurs, etc. Sur 1,5 hectare, dix-huit jardins s'ouvrent sur la campagne environnante, en un paysage qui se contemple comme le tableau d'un maître, avec ses vues et percées sur le bocage flamand. Le panorama est superbe et vous offre de belles perspectives sur la plaine du Houtland. Ce jardin est entretenu avec passion et cela se voit. Préférez quand même que le temps soit avec vous pour venir vous balader et découvrir les trésors dont il regorge, pour pouvoir l'apprécier pleinement. En 2011, ce jardin a été élu jardin de l'année, par l'Association des journalistes du jardin et de l'horticulture (AJJH). De plus, les jardins du mont des Récollets a également été élu 9e jardin préféré des Français dans l'émission TV *Le jardin préféré des Français* en 2013. Si vous restez dans les environs, allez également visiter le moulin voisin.

■ LE MONT CASSEL

Jardin public du Moulin de Cassel
Rue Saint Nicolas
✆ 03 28 40 52 55
www.coeurdeflandre.fr
cassel@coeurdeflandre.fr
Gratuit.

Tout en haut du mont Cassel, au point culminant, à 176 m, découvrez un panorama unique sur le Nord ! Avec cette hauteur, il est le plus élevé des Monts de Flandre ! Deux tables d'orientation (l'une vers le Nord, l'autre vers le Sud) vous attendent. Mais c'est cette vue incroyablement dégagée sur la région qui vous soufflera, puisque l'on peut y voir jusqu'à 80 kilomètres à la ronde. L'occasion de prendre de jolis clichés. Au sommet, vous découvrirez aussi un ancien moulin à vent récemment restauré (le dernier parmi la vingtaine sur le mont), un joli jardin public ainsi qu'un charmant estaminet, le T'Kasteelhof.

■ MOULIN – KASTEEL MEULEN ★

Rue Saint Nicolas
✆ 03 28 40 52 55
www.coeurdeflandre.fr
cassel@coeurdeflandre.fr
Des visites sont organisées par la commune de manière ponctuelle : contactez le bureau d'information touristique. Tarif : 2 €/pers. Gratuit pour les enfants accompagnés.

En Flandre, vous pouvez découvrir de nombreux moulins intacts ou remis en état de fonctionnement. C'est le cas de ce moulin du château, le Kasteel-Meulen. Autrefois, le mont Cassel était parsemé d'une vingtaine de ces géants de bois, destinés au broyage des céréales et des oléagineux. Le premier moulin du château datait du XVIe siècle et fut incendié en 1911. En 1937, le dernier moulin de Cassel brûle lui aussi. Le syndicat d'initiative décide alors en 1949 de racheter celui d'une commune voisine, Arneke, qui se délabrait suite à la mort accidentelle du meunier. Après de nombreuses restaurations, le nouveau moulin reprend du service en 1983. Il faut attendre 10 ans pour voir la première production de farine. En 1999, un tordoir à huile est installé. Comme son nom l'indique, il servait à presser les graines de lin pour en faire de l'huile. Dans les années 2010, fort du succès de sa farine traditionnelle, le moulin se lance dans la fabrication de farine bio et c'est un succès. Malheureusement, en décembre 2014, le Moulin ferme ses portes pour une restauration importante. Il est rouvert ponctuellement depuis 2017 mais ne produit plus de farine, ni d'huile.

MUSÉE DE FLANDRE

26, Grand'Place
✆ 03 59 73 45 59
https://museedeflandre.fr

Fermeture les 1er janvier, 1er mai et 25 décembre. Ouvert du mardi au vendredi de 10h à 12h30 et de 14h à 18h ; le week-end de 10h à 18h. Gratuit jusqu'à 26 ans. Adulte : 6 € (tarif réduit : 4 € pour les détenteurs de la C'Art, de la carte Direct CE, de la carte Louvre Lens ou du City Pass et adhérents Le Furet du Nord (sur présentation d'un justificatif)). Groupe (10 personnes) : 4 €. Gratuit le premier dimanche du mois, lors de la Nuit des Musées, des Journées du Patrimoine et autres évènements. Label Tourisme & Handicap. Accueil enfants. Visite guidée (groupes, scolaires et individuels). Boutique. Animations.

Le Musée de Flandre a ouvert à Cassel en 2010 et se consacre à la mise en valeur de la richesse de l'identité culturelle de la Flandre. Entre art ancien et art contemporain, il présente aux visiteurs une vision transfrontalière de la Flandre, ce qui permet d'appréhender toute la richesse de la culture flamande. Cette Flandre identitaire, contrastée et imprévisible, qui séduit et rayonne au plan international. Il réunit dans un même lieu des œuvres de maîtres flamands, des créations contemporaines d'artistes reconnus, mais aussi d'importantes collections religieuses, historiques, ethnographiques, géographiques, rares et originales. Le bâtiment est tout aussi intéressant, puisqu'il est installé dans l'Hôtel de la Noble Cour à Cassel, inscrit aux monuments historiques depuis 1910, au milieu d'un sublime jardin, qui se veut une représentation des espèces du mont des Flandres. Chaque année, le musée s'attache à proposer des expositions originales, en plus de la collection permanente. Un musée à découvrir pour qui veut s'imprégner de la culture flamande.

Le couvert

FENÊTRE SUR COUR

5, rue du Maréchal Foch
✆ 03 28 42 03 19
www.restaurant-fenetresurcour.com
restaurant-fenetresurcour@orange.fr

Ouvert le lundi, le mardi et le jeudi de 12h à 13h45 ; le vendredi et le samedi de 12h à 13h45 et de 19h30 à 20h45 ; le dimanche de 12h15 à 13h45. Réservation recommandée. Menus de 40 € à 63 € (accord mets et vins en supplément). Formule du midi : 24,50 € (entrée + plat + expresso gourmand). Vin au verre. Accueil des groupes (jusqu'à 30 personnes). Terrasse.

Le lieu est décrit comme « une demeure chargée d'histoire, une âme, un charme ». En effet, ce restaurant sent bon l'authenticité. La décoration est un savant mélange de sobriété et d'élégance. Le moderne et l'ancien y cohabitent au mieux. En été, le soleil s'invite sur la terrasse et la détente est assurée. Cassel est décidément un trésor de la région ! En cuisine, le chef prône « les saveurs et le raffinement » et présente une carte qui se renouvelle au gré des saisons et des arrivages du marché. Vous l'aurez compris, ici on mange local et fait maison ! Côté assiette, tout est délicieux. On vous conseille le menu *Les Yeux fermés*, composé selon l'inspiration du chef. Une belle et bonne adresse à découvrir si vous êtes de passage en Flandre !

HAUT BONHEUR DE LA TABLE

18, Grand'Place
✆ 03 28 40 51 03
www.hautbonheurdelatable.com
hautbonheurdelatable@orange.fr

Maître Restaurateur. Ouvert le dimanche et le lundi le midi ; du jeudi au samedi le midi et le soir. Menus de 44 € à 56 €. Menu enfant : 15 €. Vin au verre. Accueil des groupes (jusqu'à 10 personnes). Terrasse.

Une halte gourmande au cœur de cette jolie commune de Cassel. Le bonheur en haut de la butte, pourrait-on dire ! Située sur la Grand'Place, Monsieur et Madame Hobraiche ont investi cette table en mai 2013. Et leur travail passionné a payé puisque 2017 marque pour eux l'année d'obtention de leur première étoile au Michelin ! Quelle fierté pour la petite ville de Cassel ! C'est dans une maison du XVIIIe siècle au cadre chaleureux complètement rénové que vous prendrez place. La décoration est pleine de bon goût, sobre et élégante. Par beau temps vous pourrez profiter de la très agréable terrasse panoramique avec une exposition plein sud. Après une visite au musée de Flandre voisin, vous pourrez choisir entre les menus Exploration ou Révélation. Les plats et les recettes changent tous les mois en fonction des saisons et des produits du marché. Ce qui est déjà en soi un gage de qualité. Lancez-vous donc à l'ascension du Mont Cassel pour atteindre l'étoile de la ville !

LA TAVERNE FLAMANDE

34, Grand-Place
✆ 03 28 42 42 59
lataverneflamande@laposte.net

Ouvert du jeudi au lundi le midi et le soir ; le mardi midi. Menus de 13,50 € à 21,60 €. Carte : 25 € environ. Plats à partir de 10,50 €. Chèque Vacances, Chèque Restaurant. Accueil des groupes (accueil de 100 personnes maximum). Chaises bébé. Terrasse.

Sur l'incontournable place pavée de Cassel se trouve derrière cette façade en brique, typique de la région, une salle à l'accent rustique qui baigne dans l'ambiance chaleureuse propre aux établissements des Flandres. Sans surprise, on y retrouve des plats flamands classiques comme : la carbonnade flamande, le waterzoï de volaille, la langue de bœuf sauce flamande, la tarte au Maroilles... Et en dessert, vous reprendrez bien un peu de tarte au sucre. Le chef propose également des planches de charcuterie. Une bonne adresse pour s'immerger pleinement dans la culture flamande. Préférez venir en semaine pour être un peu plus tranquille et éviter la cohue du week-end !

Le gîte

CHÂTELLERIE DE SCHOEBEQUE****
32, rue du Maréchal Foch
✆ 03 28 42 42 67
www.chatellerie-de-schoebeque.com
contact@schoebeque.com

Accueil 24h/24. 12 chambres. Chambre double à partir de 90 € ; suite à partir de 150 €. Petit déjeuner : 17,50 €. Parking fermé. Séminaires. Réceptions et mariages. Wifi gratuit. Restauration. Tv satellite. Hammam, bain bouillonnant, sauna.

Situé en plein cœur de Cassel, l'hôtel de la Châtellerie de Schoebeque dispose de douze chambres raffinées. Si certaines sont décorées dans le plus pur style XVIIIe siècle, les autres, au contraire, sont décorées de manière thématique et invite à l'évasion. City Africa, Nuit de Chine ou l'Aziza… voilà des noms qui donnent envie de voyager. Les chambres disposent de tout le confort moderne pour rendre votre séjour agréable. Parmi les suites proposées, la suite 4 Saisons est idéale pour les familles puisqu'elle comprend également un espace junior sous les toits, dans un pigeonnier restauré. L'hôtel dispose également d'un spa privatif et d'un institut de beauté qui vous permettront de prolonger l'évasion et la détente. L'endroit est exceptionnel et vous laissera un souvenir inoubliable ! N'hésitez pas non plus à jeter un œil sur la superbe vue offerte depuis la terrasse et de goûter à la cuisine bistronomique du restaurant. Une superbe adresse pour un séjour de rêve.

Emplettes

BRASSERIE DU MONT CASSEL
340, route de Dunkerque
✆ 03 28 49 97 22
www.bieredureuze.fr
contact@bieredureuze.fr

Ouvert le vendredi et le samedi de 15h à 18h.

Les habitants de Cassel ne sont pas peu fiers ! Depuis 2016, ils ont enfin leur bière locale. Et ce nectar ambré fait honneur à sa ville de naissance puisqu'il porte le nom de la Bière du Reuze, nom du célèbre géant de la ville bien sûr ! À l'origine de ce beau projet se trouve Anthony Debailleul, un jeune brasseur passionné. Mais alors, comment est-elle cette bière de Cassel ? Elle est blonde, légèrement sucrée, et à base d'orge, de malt et de houblon des Flandres que le brasseur a sélectionné avec soin. On ne plaisante pas avec la qualité ! Et elle en a fait du chemin depuis sa création cette Bière du Reuze. On la retrouve en vente dans de nombreux magasins de la région et à la pression dans les meilleurs estaminets ! Et parce qu'il veut transmettre son savoir-faire et la passion de son métier, Anthony Debailleul organise des visites de sa brasserie, qui se terminent évidemment par une dégustation ! Une expérience originale pour découvrir cette bière du Nord à laquelle on souhaite longue vie !

Dans les environs

Esquelbecq

FERME DE GUERNONVAL
7, rue du Souvenir ✆ 03 28 65 61 29
opvpp@orange.fr

Gîtes de France (2 épis). Ouvert toute l'année. 5 chambres. Petit déjeuner inclus. Lit supplémentaire : 20 €. Gîte : 750 € la semaine et 450 € pour deux nuits. Label Tourisme & Handicap. Séminaires. Réceptions et mariages. Wifi gratuit.

Idéalement située à quelques minutes des axes autoroutiers et de la gare du village, la Ferme de Guernonval vous offre une véritable oasis de calme à la campagne. Pascale et Olivier Vanpeperstraete vous accueillent toute l'année dans cette ancienne ferme rénovée, dans laquelle cinq chambres d'hôtes indépendantes ont été créées. Les chambres sont spacieuses. Elles peuvent accueillir entre une et trois personnes et possèdent tout le confort moderne pour faire de votre séjour un vrai moment de détente. La cuisine et l'accès à la télévision sont communes. Cela vous permettra de faire connaissance avec les autres convives ! Le petit déjeuner est très copieux et vous aurez l'occasion de recevoir les conseils de visites des propriétaires. Les sorties ne manquent pas aux alentours. Vous pourrez aussi vous balader sur les nombreux chemins de randonnées aux alentours et partir à la découverte du pittoresque village d'Esquelbecq. Bon séjour !

MAISON DU WESTHOEK
9, place Alphonse-Bergerot ✆ 03 28 62 88 57
www.esquelbecq.com
maison.westhoek@wanadoo.fr

Haute saison : ouvert du mardi au dimanche de 10h à 12h et de 15h à 18h. Basse saison (1er novembre à la veille de Pâques) : fermeture le dimanche et le jeudi après-midi. Pour les expositions : entrée : 2 €. Entrée gratuite pour les moins de 12 ans.

La Maison du Westhoek est un espace culturel qui met à l'honneur la Flandre et toutes ses facettes. Le lieu est composé d'un bureau d'informations touristiques, d'un espace culturel et d'une médiathèque. Dans l'une des salles, une exposition permanente retrace l'histoire du Westhoek (littéralement Flandres Occidentale en flamand), de son territoire et de ses habitants. L'espace culturel propose également des spectacles et animations tout au long de l'année mais aussi un espace cinéma et théâtre. Côté offre touristique, des visites chez les artisans locaux et régionaux (brasserie, poterie…) vous seront proposées. Pour les sportifs, même ceux du dimanche, vous aurez également la possibilité de trouver des informations sur les diverses randonnées (à cheval, à pied, à vélo et même en âne !) ainsi que des balades à thème… Rien n'est laissé au hasard, puisque des cartes sont là pour vous aider à préparer au mieux votre séjour au cœur de la Flandre. Boutique d'objets flamands, jeux flamands et location de vélo. La Maison du Westhoek se trouve à 5 min de la gare.

CHÂTEAU D'ESQUELBECQ ET SES JARDINS

10, place Alphonse Bergerot
✆ 06 73 44 06 66
https://chateau-esquelbecq.com
acde59470@gmail.com

Les jardins sont ouverts au public d'avril à octobre du vendredi au dimanche de 12h à 18h. Gratuit jusqu'à 12 ans. Adulte : 5 € (accès aux jardins seulement). Visite guidée du château et accès aux jardins : 10 €. Boutique. Groupes de 10 personnes : visites sur rdv. Animaux acceptés en laisse.

Au cœur du charmant village d'Esquelbecq, le château est un des monuments les plus représentatifs de l'architecture flamande en France. Il est d'ailleurs classé aux monuments historiques depuis 1987. Joyau de la Renaissance, l'imposante et majestueuse demeure, en forme de quadrilatère et bordée de douves, compte huit tourelles qui rythment les façades. Le château a conservé son plan médiéval dont l'origine remonte au XIIIe siècle. Fermé à la visite pendant 35 ans, le château reprend vie sous l'impulsion de son jeune châtelain revenu s'occuper de la propriété familiale. Le dessin des espaces verts est original : le jardin à compartiments de la propriété est en effet un exemple unique du style flamand Renaissance. Avec son arrosoir géant et son côté labyrinthique, on a parfois l'impression d'être dans l'univers de Lewis Carroll. Le château a reçu trois prestigieux prix dont le Prix Villandry ou le grand trophée de la plus belle restauration. Ils récompensent un travail méticuleux de sauvegarde. En 2019, c'est le magnifique colombier avec ses symboles (runes) qui a été restauré dans le respect de la pierre. Ce château mérite vraiment un détour !

■ ÉGLISE HALLE SAINT-FOLQUIN

Place Alphonse Bergerot

Ouvert toute l'année. Gratuit. Visite guidée (sur réservation pour les individuels et les groupes (visites payantes). Se rapprocher auprès de l'Office de Tourisme d'Esquelbecq, situé au 9 place Bergerot ou par téléphone au 03 28 62 88 57).

L'église d'Esquelbecq est originale, c'est en effet une *hallekerke*, c'est-à-dire une église-halle. Dans une hallekerke, la nef centrale et les nefs latérales sont de hauteur égale et parfois de largeur égale, comme à Esquelbecq. L'ensemble fait 1 000 m². L'édifice, dédié à saint Folquin, évêque mort à Esquelbecq en 855 et cousin de Charlemagne. À l'époque, les habitants invoquaient le saint en cas de fièvre ou d'infertilité. La bâtisse a été plusieurs fois remaniée et inscrite au titre des Monuments historiques en juillet 1945. Mais elle a terriblement souffert d'un incendie survenu le 11 avril 1976. Suite à cet épisode tragique, un architecte des Monuments historiques a pris en main sa sauvegarde. La hallekerke a été reconstruite à l'identique avec beaucoup de rigueur. L'identité de la bâtisse a été respectée, notamment sa façade avec ses formes géométriques de pierre blanche et briques rouges. Cette église est unique et vaut vraiment un coup d'œil extérieur, mais aussi une visite à l'intérieur, ne serait-ce que pour visualiser le principe de la hallekerke où toutes les parties communiquent. Levez les yeux pour observer le superbe plafond de bois constellé d'étoiles. Il est possible d'accéder à la tour basse romane au bout d'un escalier de 75 marches.

■ CAMPING DES ROSES***

2, chemin du Héron
✆ 03 28 62 90 09
campingdesroses.fr
campingetgitesdesroses@gmail.com

Réservation impérative. Terrain de 3 ha. 49 emplacements. Exposition : mi-ombragé. Sol : herbeux. 2 personnes à partir de 12 €. Chalets pour 4 personnes de 250 € à 400 € la semaine ; mobil-homes pour 2 à 6 personnes de 200 € à 400 €. Emplacement mobil-home tout compris, forfait saison : 1 400 €. Emplacement camping-car : 16 €/jour (pour 2 adultes). Gratuit enfants de moins de 2 ans. Prix kota : 55 €/nuit pour 2. Chèque Vacances. Jeux pour enfants. Animaux acceptés. Aire pour camping-cars. Restauration. Animations.

Ce camping est situé dans un parc de 3 hectares, autour d'un ancien corps de ferme flamand et de deux étangs, à seulement 20 min des plages et à 15 min de Cassel. Il vous propose la location de gîtes (dont un avec bain à remous !), de chambres et de tables d'hôtes, de mobil-homes et d'emplacements de camping. Vous pouvez aussi passer la nuit dans un kota, un chalet finlandais, ressemblant à un grand tipi en bois, et avec tout le nécessaire. Une autre façon, atypique et confortable, de faire du camping ! Le Camping des Roses a été repris en 2019 et le gérant a eu à cœur de repenser son établissement qui restera à taille humaine, calme et familial. Il sera le point de départ idéal pour des randonnées pédestres, équestres ou à vélo. Un moment de calme en pleine nature flamande. Le Camping des Roses offre aussi un gîte de 70 m² de plain-pied, adapté aux personnes à mobilité réduite, conçu pour accueillir 4 personnes et comprenant 2 chambres. Bonne humeur et convivialité au programme : d'excellentes vacances en perspective !

■ BRASSERIE THIRIEZ

22, rue de Wormhout
✆ 03 28 62 88 44
www.brasseriethiriez.com
brasserie.thiriez@wanadoo.fr

Ouvert le lundi et le mardi de 8h30 à 12h30 et de 14h à 17h ; du mercredi au vendredi de 8h30 à 12h30 et de 13h30 à 19h ; le samedi de 9h30 à 12h30 et de 14h30 à 19h. Ces horaires concernent le magasin (bières et produits régionaux) et l'espace de dégustation. Visite commentée et dégustation sur RDV uniquement : adulte : 5 €, enfant : 2,5 €. Accueil groupe jusqu'à 50 personnes.

La brasserie Thiriez est une brasserie familiale et authentique. Ici, on aime la bière, et pas n'importe laquelle, la bonne bière. Naturelle et secrète, les recettes sont les mêmes depuis des années, ce qui donne aux produits une véritable constance. Toute l'année, vous pouvez visiter cette brasserie où vous découvrez tout, ou presque, des secrets de fabrication de la bière, de ses ingrédients et de son savoir-faire. La dégustation est bien sûr de mise et

Vue du château d'Esquelbecq depuis les jardins à la flamande.

se déroule dans un véritable décor d'estaminet flamand. Vous pourrez repartir avec des breuvages comme la Blonde ou l'Ambrée d'Esquelbecq, la Rouge Flamande ambrée, L'Étoile du Nord blonde ou encore la Maline noire. Régulièrement, la brasserie sort des bières éphémères. La boutique propose également des produits régionaux pour accompagner votre mousse, notamment les produits des adhérents de l'association Trésors de Flandres et d'autres produits de grande qualité : biscuits, pâtes, limonade, confitures...

Wormhout

■ MOULIN DESCHODT

Route de Cassel
✆ 03 28 62 81 23
www.ot-hautsdeflandre.fr
wormhout-tourisme@ot-hautsdeflandre.fr

Adulte : 2,20 €. Enfant (de 15 à 18 ans) : 1,80 €. Groupe (15 personnes) : 1,80 €. Visite guidée (durée de la visite 1 heure). Le moulin se visite sur rendez-vous et il est également ouvert certains dimanches d'été de 15h à 18h.

Au début du XIXe siècle, Wormhout comptait 11 moulins. Mais les affres de siècles les ont tous fait disparaître. Tous, sauf un : le moulin de la Briarde bâti en 1756 au lieu-dit le Riecle. En 1921, le meunier Abel Deschodt le rachète. Passionné par son métier et désireux de ne pas voir se perdre cette tradition ancestrale et ce métier artisanal, il n'aura de cesse de restaurer son moulin. Ce moulin de bois se tient sur un pivot et semble narguer les ans, même si ses ailes ne font plus tourner les meules, un moteur faisant aussi bien l'affaire. Malheureusement, la fabrication de la farine cesse en 1963 et en 1966 le meunier fait don du moulin à la ville. Le moulin resta malgré tout en activité grâce à Maurice Deschodt, le fils d'Abel. Le dévouement de cette famille explique pourquoi la commune décida de rebaptiser le moulin de la Briarde en moulin Deschodt qui a fêté ses 260 ans en 2016 ! Aujourd'hui encore, et depuis plus de vingt ans, les Amis des Moulins le restaurent et le font fonctionner lors de visite, pour le plus grand bonheur des visiteurs venus découvrir ce bel édifice classé monument historique !

■ TERRE DE FLANDRE

1565, chemin de la Bazace
✆ 03 28 20 73 82
www.terredeflandre.fr
terredeflandre@gmail.com

Ouvert tous les jours (sauf le week-end) sur réservation. Adulte : 90 € (donne droit aux activités de la journée découverte). Stages d'initiation toute l'année (sur réservation). Atelier pédagogique pour groupe de 20 enfants (30 max) : à partir de 110 €. Restauration.

Laurent Broucke, potier céramiste, travaille sous les yeux du public en reproduisant les gestes ancestraux des céramistes du Moyen Âge. Tout un spectacle ! Petits et grands sont ensuite conviés à se confronter à ce délicat exercice qu'est la poterie, autour d'ateliers pédagogiques et de stages. À vous de choisir votre formule ! Lors d'une journée de découverte, vous réaliserez différences pièces selon différentes techniques (colombin, étirement, modelage, etc.). Rien de tel pour tester sa dextérité et surtout... sa patience ! Et si vous voulez prolonger l'expérience, Laurent Broucke vous fera découvrir la cuisson raku (du nom de la technique ancestrale japonaise) qui permet d'admirer la cuisson et le durcissement des œuvres produites. Chaque participant repart bien sûr avec son œuvre !

DOUAI ★★

Ville d'art et d'histoire, l'ancienne capitale des Flandres a conservé, malgré les bombardements de 1940, son plan et ses demeures du XVIIIe siècle qui lui donnent un aspect noble et ancien. Grande place textile depuis le Moyen Age, c'est aujourd'hui la capitale judiciaire de la région des Hauts-de-France. Village commerçant dès le XIIe siècle, grâce à la fabrication de tissus, Douai profite de la Scarpe, rivière la traversant, pour la navigation et le transport. Le véritable tournant pour la ville survient durant le XIVe siècle, lorsque la construction du beffroi est décidée sur la place des halles. Bien évidemment, une telle puissance ne devait pas laisser indifférents les conquérants féodaux, et le territoire communal passa entre différentes mains, jusqu'à son retour en France au milieu du XVIIe siècle, sous le règne de Louis XIV qui décide de son sort. Des anciennes fortifications ne subsistent que quelques traces : la porte de Valenciennes, la porte d'Arras, la tour des Dames.

■ OFFICE DE TOURISME

70, place d'Armes © 03 27 88 26 79
www.douaitourisme.fr
contact@douaitourisme.fr

Ouvert le lundi de 14h à 18h ; du mardi au samedi de 10h à 13h et de 14h à 18h.

C'est au sein de l'Hôtel du Dauphin, dont la construction remonte à 1756, que s'est installé l'Office de Tourisme de la ville. A l'extérieur, comme à l'intérieur, les briques rouges sautent aux yeux : pas de doutes, vous êtes bien dans le Nord ! A l'accueil, une équipe sympathique et surtout très calée sur l'histoire de Douai et de ses environs. Audioguides, livres et brochures vous attendent pour partir à la découverte de cette ville aux richesses souvent méconnues. Tout au long de l'année, l'équipe de l'Office de Tourisme organise des visites thématiques très populaires comme la visite des ruelles ou les visites sous forme d'enquêtes. Si ce n'est pas déjà fait, prévoyez une visite guidée de l'incontournable beffroi, qui comprend la découverte de l'un des plus grands carillons européens, et pour finir une vue panoramique sur la ville. Le programme se consulte sur le site de l'Office mais le mieux est encore de venir profiter des conseils de l'équipe en direct !

Points d'intérêt

■ BEFFROI ET HÔTEL DE VILLE ★

Rue de la Mairie © 03 27 88 26 79
contact@douaitourisme.fr

Fermé le 25 décembre et le 1er janvier. Visite tous les jours (sauf le lundi matin) : 10h30, 15h et 16h30 y compris les jours fériés. Visite supplémentaire à 17h30 en juillet-août. Rendez-vous à l'accueil-boutique du beffroi. Gratuit jusqu'à 5 ans. Adulte : 6 €. Enfant (de 6 à 18 ans) : 4 €. Visite guidée. Sans réservation.

« Il y a là le plus joli beffroi de ville que j'aie encore vu… Il me semble encore entendre ce joyeux carillon qui s'en échappait, comme la vapeur naturelle de cet amas de clochetons. » C'est en ces mots élogieux que le grand Victor Hugo décrivit le beffroi de Douai. Et il n'est pas le seul à avoir été ému et impressionné par la beauté de ce monument, classé par l'UNESCO au Patrimoine mondial de l'Humanité en 2005. C'est vers 1380 que la cité de Douai décide de se doter d'un beffroi. Haut de 45 mètres, le beffroi se voit de loin, surtout grâce à son lion rugissant portant fièrement entre ses pattes une bannière portant le « D » gothique de la ville. Mais la vraie particularité de ce beffroi reste son carillon composé de 62 cloches et pesant près de 18 tonnes. Si les mélodies qui rythment les journées sont jouées par un système automatisé, les carillonneurs du monde entier continuent de venir pratiquer leur art à Douai. Une fois redescendu du beffroi (196 marches tout de même !), vous pourrez visiter l'hôtel de ville et notamment sa salle gothique et son salon blanc. A ne pas manquer non plus le grand balcon en fer forgé et la loggia d'où les échevins faisaient leurs discours.

■ CITÉ DE LA CLOCHETTE

Avenue Charles-Gounod

Visite guidée (lors des Journées du Patrimoine ou lors du Printemps de l'Art Déco). Un guide sur le patrimoine minier de la ville est disponible à l'Office de Tourisme.

Un peu à l'écart de la ville, non loin du centre Gayant Expo, se cache un trésor patrimonial d'une incroyable richesse… la Cité de la Clochette. Ce nom insolite ferait référence à une tour médiévale construite à l'est de la ville au XVe siècle. A l'époque, le grand espace, occupé aujourd'hui par la cité, était un champ de manœuvre, appelé Berce-Gayant. Au lendemain de la Première Guerre, les mines ont besoin de plus de main d'œuvre et font appel à des travailleurs étrangers, polonais pour la plupart. C'est pour les accueillir que la Cité de la Clochette fut construite entre 1925 et 1927.

Bâtie sur le modèle des cités-jardins, elle offre davantage de fantaisie architecturale (faux-colombage, motifs en briques, porches en bois) et fait la part-belle à la verdure. Outre les habitations, la Cité se compose également de l'église Notre-Dame des Mineurs, unique en son genre, d'un groupe scolaire ou encore d'un ancien patronage. Par son architecture et son histoire, la Cité de la Clochette tient une place particulière dans la mémoire sociale et culturelle de la ville et fait partie à ce titre des sites miniers inscrits au patrimoine mondial de l'Unesco en 2012.

■ LES CITÉS MINIÈRES DE FRAIS-MARAIS

Cité Saint-Joseph (accès rue de la Capelle)

Des guides et brochures sur le patrimoine minier de la région, et sur le quartier de Frais Marais en particulier, sont disponibles à l'Office de Tourisme.

Certes, le quartier de Frais-Marais est légèrement excentré du centre-ville de Douai, mais il n'en recèle pas moins de nombreuses richesses qu'il ne faut surtout pas hésiter à aller découvrir. L'histoire de ce quartier remonte au XIIIe siècle. A l'époque, il ne s'agissait que d'un vaste marais inhabitable. C'est à partir du XVIe siècle que les travaux d'assèchement et d'aménagement commencent. A cette époque, les nobles, bourgeois et religieux y font construire de vastes demeures dont certaines sont encore visibles aujourd'hui. C'est également à cette époque que se développe l'activité maraîchère, la plus ancienne du quartier. Puis viennent l'industrialisation et surtout l'exploitation minière qui vont bouleverser la vie et l'architecture du quartier. Pour loger la main d'œuvre toujours

La place d'Armes à Douai.

plus importante, la Compagnie des Mines d'Aniche fait construire une première cité au début du XXe siècle. C'est la Cité Saint-Joseph. Petite cité coron, elle s'organise autour d'une rue unique et met en avant un style très simple et sobre. Puis, la Compagnie fait construire en 1927-1928 deux cités aux styles radicalement différents. La Cité de la Ferronnière, d'abord, est un bel exemple de cité pavillonnaire. La Compagnie y donne libre cours à son style désormais célèbre fait de décorations et ornementations architecturales. La Cité de la Solitude est construite, elle, sur le modèle des cités-jardins. Toutes les rues rayonnent autour d'une grande place ovale et boisée sur laquelle sont construites les plus grandes maisons de la cité et qui étaient destinées aux cadres et employés de jour de la compagnie. L'école et la salle des fêtes sont encore visibles et témoignent de l'organisation de la vie quotidienne des mineurs. Jeux, fêtes, bals et kermesses organisés au rythme de la fanfare Concorde (créée en 1927 et qui existe encore aujourd'hui !) sont autant d'événements qui permettaient aux mineurs d'oublier pendant un temps leurs dures conditions de travail. Dans les années 50, l'état décide de la nationalisation des mines. La Compagnie des Mines d'Aniche laisse donc la place au Groupe de Douai qui fait construire la dernière des 4 cités minières de Frais-Marais. C'est la cité du Godion, composée uniquement de maisons de plain-pied d'une extrême sobriété. En visitant ces 4 cités minières, c'est 50 ans d'habitat minier que l'on découvre. Cet ensemble est tellement riche et unique qu'il fait partie des sites miniers inscrits au Patrimoine Mondial de l'Unesco en 2012. A ne pas manquer !

■ COLLÉGIALE SAINT-PIERRE ★

Rue du Clocher-Saint-Pierre

D'avril à septembre : du mardi au samedi de 8h à 12h15 et de 13h30 à 17h30 et le dimanche de 14h à 18h. D'octobre à mars du mardi au samedi de 9h à 12h15 et de 13h30 à 16h30 et le dimanche de 14h à 17h. Gratuit. Visite guidée (se rapprocher de l'office de tourisme).

L'histoire de la collégiale Saint-Pierre remonte au IXe siècle. La particularité de cette église ? Son clocher séparé qui donna son nom à la rue du Clocher-Saint-Pierre ! En 1012, le Comte de Flandre élève l'église au rang de collégiale. Au fil des ans, la popularité de la collégiale Saint-Pierre s'est accrue, notamment grâce à des guérisons miraculeuses attribuées à Notre Dame de la Treille. Malheureusement, au XVIIIe siècle, la collégiale doit être reconstruite pour cause de mauvais état. Lieu symbolique entre tous, la collégiale ne tarde pas à être remise sur pied. En 1750, la gigantesque collégiale de 112 mètres de long et 24 mètres de hauteur rouvre ses portes. Dès votre arrivée, vous pourrez admirer l'impressionnant clocher-porche, reconstruit de nombreuses fois entre le XVIe et le XXe siècle. À l'intérieur, vous trouverez des toiles de l'École française du XVIIIe siècle, qui décorent richement l'édifice. Ne manquez surtout pas l'imposant buffet d'orgues réalisé au XVIIIe par le sculpteur valenciennois Antoine Gilis pour l'abbaye d'Anchin. Une visite incontournable pour mieux comprendre l'histoire de la ville !

■ ÉGLISE NOTRE-DAME ★

56, Terrasse Notre-Dame

D'avril à septembre : du mardi au samedi de 13h30 à 17h30. D'octobre à mars : du mardi au samedi de 13h30 à 16h30. Fermé le dimanche et le lundi. Gratuit.

L'histoire de l'Église Notre-Dame est intimement liée à celle de la ville, d'où l'attachement tout particulier des Douaisiens pour l'édifice, unique église médiévale de la ville. Au XIIe siècle, elle n'était qu'une petite chapelle construite loin du centre-ville pour servir d'éventuel point de ralliement et de départ en cas d'attaque. Les attaques n'ayant pas eu lieu, le faubourg environnant n'a cessé de croître, augmentant ainsi la foule de fidèles. C'est ainsi qu'au XIIIe siècle, la petite chapelle devient paroisse. Mais c'est seulement au XVe siècle que la chapelle devient une véritable église. Malheureusement, elle fut sévèrement touchée durant la Seconde Guerre mondiale et ne fut restaurée qu'en 1980. À l'intérieur, on trouve une décoration riche en œuvres diverses, dont quelques tableaux, sculptures et tapisseries datant du XVIIe siècle au XXe siècle, ainsi qu'un mobilier récent et des vitraux alliant tradition du sujet et modernité du rendu.

■ **MUSÉE DE LA CHARTREUSE** ★★
130, rue des Chartreux
✆ 03 27 71 38 80
www.museedelachartreuse.fr
musee@ville-douai.fr
Les petites chapelles sont pour l'instant fermées au public. Du mercredi au lundi de 10h à 12h et de 14h à 18h. Fermé le 1er janvier, 1er mai, Ascension, 14 juillet, 1er et 11 novembre et 25 décembre. Entrée : tarif plein : 4,70 € ; tarif réduit : 2,35 € ; audioguide : 2,05 €. Entrée gratuite pour les moins de 18 ans. Visites guidées pour groupes scolaires ou adultes de 65 € à 113 € en fonction de la durée (réserver 3 semaines à l'avance). Ateliers pour enfants, scolaires, goûters d'anniversaire. Le musée est accessible aux personnes à mobilité réduite et propose des visites spécialement conçues pour les personnes malentendantes et malvoyantes. Réservation auprès du secrétariat du musée.
Avant même d'entrer, le Musée de la Chartreuse impressionne par son architecture. Il rassemble en effet plusieurs bâtiments : l'Hôtel d'Abencourt du XVIe, l'Aile Montmorency du XVIIe et le Couvent des Chartreux (en activité entre 1662 et 1791) avec ses cloîtres, son réfectoire, sa salle capitulaire et sa chapelle. Sa façade de briques et de pierres s'inscrit dans la plus pure tradition de la Renaissance Flamande.
La visite commence avec les primitifs flamands et hollandais, se poursuit avec les grands retables du XVIe siècle ou encore des chefs-d'œuvre de la Renaissance italienne et des œuvres des maniéristes flamands et hollandais. Vous pourrez ainsi admirer des œuvres de grands noms tels Rubens ou Brouwer et avoir l'occasion de découvrir des pièces méconnues de certains des plus grands impressionnistes tels Renoir ou Pissarro.
Bien sûr, les collections du Musée vous permettront également d'en apprendre davantage sur Douai et son histoire, d'abord grâce au superbe plan relief de la ville daté de 1709, puis grâce aux œuvres d'artistes douaisiens des XIXe et XXe. Pensez à visiter le jardin du petit cloître, avec « la Cabane rouge aux miroirs » de Buren et la chapelle.

Le couvert

■ **LA TERRASSE**
Hôtel-Restaurant
36, terrasse Saint-Pierre
✆ 03 27 88 70 04
www.laterrasse.fr
contact@laterrasse.fr
Maître Restaurateur. Ouvert tous les jours le midi et le soir. Réservation recommandée. Menus de 19,50 € à 54,50 €. Vin au verre. A la carte : entrées de 17 à 75 €, viandes de 22 à 33 €, poissons de 25 à 65 €, desserts de 14 à 17 €. Accueil des groupes (salles et salons sur réservation). Bar.
La Terrasse est une adresse bien connue des Douaisiens, et cette renommée risque de bien vite dépasser les simples frontières de la cité des géants. Eh oui, la cuisine du chef Emile Hanique est reconnue, non seulement par le label des Maîtres Restaurateurs, mais aussi et surtout par le chef Alain Ducasse et son guide « La Collection », ainsi que par le Collège Culinaire de France. Tout un programme ! En salle, l'atmosphère est intimiste et très agréable. Le personnel est aux petits soins, et la carte alléchante : aïoli de poissons de la mer du Nord, assiette d'escargots..., voici quelques exemples des mets proposés et apportés sous une belle cloche en argent. Sans oublier l'incroyable plateau de fromages apporté sur sa belle table roulante. Il ne reste plus qu'à choisir le cru qui accompagnera ses saveurs parmi les 850 bouteilles de la cave du chef ! On apprécie des assiettes bien présentées et les proportions généreuses, tout comme l'assortiment de petites douceurs qui accompagnent le café.

Emplettes

■ **AUX DÉLICES**
68, rue de la Mairie ✆ 03 27 88 69 19
Ouvert du mardi au vendredi de 9h30 à 12h30 et de 14h à 19h ; le samedi de 9h à 12h30 et de 14h à 19h.
À seulement deux pas de la place d'Armes, au cœur de Douai, les gourmands risquent de fondre devant la vitrine très appétissante de cette boutique qui porte très bien son nom ! Installée ici depuis les années 1920, Aux Délices propose des bonbons chocolatés et du chocolat à la casse haut de gamme. Sans aucun doute, vous vous ferez plaisir en choisissant des spécialités régionales comme les Tuiles du Nord, les boulets du Ch'ti ou encore les Délices de Gayant qui sont fabriqués artisanalement à grand renfort de cacao provenant d'Amérique du Sud. Parmi les autres spécialités sucrées proposées par la maison : les Gayantines de Douai parfumées à la vanille ou même à la chicorée. Vous pouvez venir aussi dans ce palais du plaisir sucré pour y trouver une sélection de plus de 360 thés ! Vous pourrez également confectionner pour vous ou pour offrir, un panier gourmand. Côté salé, la boutique propose aussi de nombreuses et jolies conserves de spécialités du Nord comme du potjevleesch, des terrines au maroilles et également quelques bières comme la Rince-Cochon. De quoi garnir encore un peu plus votre panier gourmand !

Dans les environs

Lewarde

■ **CENTRE HISTORIQUE MINIER DE LEWARDE** ★★
Fosse Delloye ✆ 03 27 95 82 82
Voir page 12.

Roost-Warendin

■ **CHÂTEAU DE BERNICOURT**
Allée du château de Bernicourt
✆ 03 27 95 90 00
www.ville-roostwarendin.fr
contact@ville-roostwarendin.fr
Fermé du 1er avril au 31 octobre. Ouvert le mercredi et le jeudi de 13h30 à 17h. Réservation obligatoire (appeler au plus tard le matin du jour de la visite.) Pour les groupes : sur réservation le reste de la semaine. Adulte : 3 €. Enfant (jusqu'à 12 ans) : 1,50 €. Pour un groupe supérieur à 20 personnes max : 31 €. 2 €/pers pour un groupe de 10 à 20 personnes. Visite guidée.

Le château de Bernicourt fait partie du patrimoine exceptionnel de la région Hauts-de-France. Il fut construit dans sa forme actuelle à la fin du XVIIIe siècle. Précédé d'une chaussée pavée et d'une rue longue de près de trois kilomètres autrefois bordée de vieux ormes, le château arbore une belle façade classique de briques et de pierres donnant sur un superbe parc de 25 ha offrant un cadre verdoyant aux promeneurs et aux curieux. A l'intérieur, le visiteur, accueilli par les géants Guislain et Marie-Thérèse, découvre de véritables trésors grâce à l'écomusée qui reconstitue des scènes de la vie au début du XXe siècle : la chambre à coucher, la salle de classe, la pharmacie, la boulangerie ou bien encore l'estaminet. L'écomusée existe grâce aux dons de collectionneurs, et les visiteurs pourront donc découvrir d'étonnantes collections de petites voitures, de poupées, ou encore de bouillottes. Les caves voûtées présentent, elles, tous les métiers artisanaux de la région. Les anciens corps de ferme accueillent enfin des expositions temporaires.

LA FERME DES VANNEAUX

326, rue Jean Jaurès ✆ 03 27 80 00 77
fermedesvanneaux@lasauvegardedunord.fr

Ouvert du lundi au vendredi de 9h à 16h30. Visite guidée (2 €). Boutique. Animations. Forfait 1/2 journée 1 activité + visite : 8 €. Forfait journée 2 activités + visite : 13 €. Forfait goûter d'anniversaire : 10 €/enfant.

En plus de proposer des produits de la ferme à la vente, la Ferme des Vanneaux organise des activités éducatives et pédagogiques pour les petits comme pour les grands. Visite de la ferme avec soin des animaux, ateliers culinaires avec les produits cultivés au sein de la ferme, loisirs créatifs sur le thème du développement durable et de la biodiversité... Bref, il y a de quoi passer d'excellents moments sans s'ennuyer, tout en découvrant l'environnement et les enjeux pour le préserver ! La Ferme des Vanneaux propose également une formule anniversaire, comprenant la visite de la ferme, une activité et un goûter : c'est parfait pour les parents qui ne veulent pas se prendre la tête à tout organiser !

DUNKERQUE ★★

Les origines de Dunkerque sont encore incertaines, mais la présence des premiers pêcheurs est attestée dès les années 650. A cette époque, il ne s'agit encore que d'une petite bourgade lovée dans une crique naturelle protégée par les dunes. Le VIIe siècle est une époque de forte évangélisation et la bourgade se dote très vite de sa première église. C'est de cette église (« kerque » en flamand), nichée dans les dunes (« duyn » en flamand) que naîtra le nom de la ville : Dunkerque. Jusqu'en 1646, la ville appartient aux Comtes de Flandre et à leurs héritiers et passera ainsi sous le joug des rois d'Espagne et des ducs autrichiens, qui tous participeront à l'essor de la ville et au développement de son système défensif. Puis de 1646 à 1662, la ville connaît une période de troubles politiques et militaires durant laquelle Espagnols, Anglais et Français s'en disputent la possession. Convaincu de l'importance de la ville, Louis XIV la rachète en 1662 à son cousin germain… Charles II d'Angleterre ! Pour le roi de France, Dunkerque sera une forteresse maritime et terrestre. C'est au génial Vauban qu'est confiée la charge de transformer les anciennes fortifications, d'améliorer l'accès au port et de construire un arsenal. Ces imposants travaux durent de 1678 à 1705 et mobilisent la moitié du budget alloué à la protection des ports français ! La ville connaît alors un essor économique et démographique sans précédent. Les Anglais y voient une menace pour leurs intérêts et en 1713, lors de la signature du Traité d'Utrecht, ces derniers exigent le démantèlement complet des fortifications ainsi que la sous-utilisation du potentiel portuaire. Dunkerque se tourne alors vers la pêche, et surtout la « pêche à Islande », fameuse pêche à la morue dans les eaux poissonneuses du Grand Nord. Mais il faut attendre les années 1880 pour voir Dunkerque devenir le troisième port du pays, grâce à d'importants travaux d'aménagement. De port, Dunkerque devient entrepôt, centre de transit puis grand centre industriel. L'industrie qui marque le plus durablement la ville est la métallurgie avec des activités allant de l'aciérie aux chantiers navals. Si la Première Guerre mondiale épargne Dunkerque, le second conflit la laissera en ruines. Elle est rasée à plus de 90 % et son port est totalement détruit.

S'ensuivent dix ans de reconstruction. Grâce à de nouveaux aménagements, le port s'agrandit et peut accueillir de plus gros navires, ainsi que de vrais complexes industrialo-portuaires. Aujourd'hui le port est toujours le troisième port français et ses industries sont toujours aussi prospères.

Si l'activité portuaire est indissociable de l'histoire de la ville, Dunkerque a beaucoup d'autres richesses à offrir tant sur le plan patrimonial que sur les plans culturel et touristique.

OFFICE DE TOURISME CENTRE VILLE LE BEFFROI

Rue de l'Amiral-Ronarc'h ✆ 03 28 66 79 21
www.dunkerque-tourisme.fr
accueil.dunesdeflandre@ot-dunkerque.fr

♿

Ouvert du mardi au samedi de 10h à 12h et de 14h à 18h. Boutique. Accès à la terrasse panoramique de beffroi de Saint-Eloi (3,50 € / adulte).

C'est dans le beffroi, classé au Patrimoine mondial de l'Unesco, qu'est installé l'office de tourisme de Dunkerque. Parmi les services proposés dans les deux points d'accueil : accueil multilingue, brochures, plans, boutiques-souvenirs, billetterie-parc d'attractions à tarifs préférentiels. De précieux conseils délivrés par une équipe accueillante et sympathique vous attendent pour découvrir Dunkerque et sa région dans les meilleures conditions ! Mais au-delà du simple accueil, il est une destination à lui tout seul. Il est possible d'accéder à la terrasse panoramique à 58 mètres de hauteur. La vue à 360° y est à couper le souffle !

Autre adresse : Accueil station balnéaire (point conseil pour les familles) : 1, place du Centenaire, DUNKERQUE – MALO-LES-BAINS ✆ 03 28 58 10 10 – eole.dunesdeflandre@ot-dunkerque.fr (ouvert d'avril à octobre).

SURVOL DES SITES DE L'OPÉRATION DYNAMO
✆ 03 28 66 79 21
www.dunkerque-tourisme.com
boutique@ot-dunkerque.com
La date du vol peut être choisi sous réserve de disponibilité. Adulte : 120 € (jusqu'à trois personnes). 15 minutes de vol environ.
Suite au tournage du film *Dunkirk*, de Christopher Nolan, l'office de tourisme de Dunkerque a mis sur pied plusieurs sorties originales autour de la thématique de l'Opération Dynamo. Celle qui permet de prendre de la hauteur est sans aucun doute le survol des sites de l'Opération Dynamo qui sont aussi, pour la plupart, les lieux où ont été tournées les scènes du film du réalisateur britannique. Comme Tom Hardy dans *Dunkirk*, vous survolerez la plage. A bord d'un avion léger de type Beechcraft (un mono moteur), vous vous glisserez facilement dans la peau d'un pilote de Spitfire. Cette expédition aérienne débute à l'aérodrome des Moëres, à quelques kilomètres de Dunkerque. Le pilote vous emmènera vers la jetée est, Malo-les-Bains, le fort des Dunes (très impressionnant vu du ciel !), la batterie de Zuydcoote. Si votre vol est programmé à marée basse, vous pourrez observer les épaves qui gisent sur les plages du littoral. Ce vol vous permettra d'observer, grandeur nature, le théâtre de l'Opération Dynamo. Une envolée inoubliable !

Points d'intérêt

FRAC GRAND LARGE HAUT-DE-FRANCE
503, avenue des Bancs-de-Flandres
✆ 03 28 65 84 20
www.fracnpdc.fr
contact@fracnpdc.fr
Fermetures jours fériés les 25 décembre, 1er janvier et 1er mai. Ouvert du mercredi au vendredi de 14h à 18h ; le week-end de 11h à 19h. Adulte : 4 € (tarif réduit 2 €). Pass Frac duo : 15 €. Tarif atelier des vacances : 18 €. Gratuit tous les dimanches. Visite guidée. Restauration. Boutique. Animations.
Le Frac est d'abord un bâtiment magistral qui s'élève sur 5 niveaux. Il a été construit à côté de l'AP2, un ancien atelier de fabrication des chantiers navals de Dunkerque, surnommé « la cathédrale ». Son double moderne a été mis en lumière par les architectes Lacaton &amp ; Vassal. Le bâtiment domine le port de plaisance, la plage, les jetées, le phare tandis que les lumières du Dunkerque industriel se devinent dans l'horizon. La vue est encore plus surprenante depuis le belvédère (5e étage). Le Frac abrite les dernières acquisitions du ministère de la Culture dans les domaines du design, de l'art participatif et présente des œuvres qui dialoguent avec le territoire. Installations, photos, peintures, la collection est vaste. Au total, ce sont plus de 1 500 œuvres qui y sont réunies, à commencer par un important corpus d'œuvres historiques issues du pop art, de l'art minimal, de l'art conceptuel et du nouveau réalisme. Le Frac a aussi vocation à découvrir et faire émerger de nouveaux talents. Sans cesse en recherche, il accueille des artistes encore inconnus en résidence et favorise leur entrée dans les collections publiques pour que l'art ne cesse jamais d'évoluer et de se renouveler.

LE BEFFROI SAINT-ÉLOI ★
Rue Amiral-Ronarc'h ✆ 03 28 66 79 21
www.beffroi-dunkerque.fr
accueil.dunesdeflandre@ot-dunkerque.fr
Ouvert toute l'année. L'accès au beffroi ferme 45 mn avant chaque fermeture. Basse saison : du lundi au vendredi de 10h à 12h30 et de 14h à 18h30 ; le samedi de 10h à 18h30 ; le dimanche de 10h à 12h et de 14h à 16h. Haute saison : du lundi au samedi de 10h à 18h30 ; le dimanche de 10h à 13h et de 14h à 17h. Gratuit jusqu'à 7 ans (et pour les demandeurs d'emploi). Adulte : 3,50 €. Enfant (de 7 à 12 ans) : 2,50 €. Forfait famille (2 adultes + 2 enfants) : 9 €. Tarif réduit (plus de 65 ans et étudiants) : 3 €. Chèque Vacances. Boutique.
Dunkerque est caractérisée par ses deux beffrois restaurés : le beffroi de la mairie et le beffroi Saint-Éloi, datant de 1440, classé sur la liste du Patrimoine mondial de l'Unesco. Cette massive tour carrée d'une hauteur de 58 m était initialement rattachée à l'église Saint-Éloi jusqu'à ce qu'un incendie ne sépare les deux bâtiments. Elle abrite un carillon de 50 cloches dont le bourdon, appelé Jean-Bart, pèse sept tonnes. Du haut du beffroi (où l'on accède par ascenseur et une soixantaine de marches), le panorama à 360 degrés offre une superbe vue du centre-ville, du quartier de Malo-les-Bains, du troisième port de France et de la Flandre française. Des visites-auditions avec concerts de carillons sont organisées par l'office de tourisme. L'accès au beffroi se fait dans l'office de tourisme. Attention, l'accès à l'ascenseur ferme 45 minutes avant la fermeture de l'office de tourisme.

LIEU D'ART ET D'ACTION CONTEMPORAINE (L.A.A.C) ★★
Jardin de sculptures
302, avenue des Bordées ✆ 03 28 29 56 00
www.musees-dunkerque.eu
art.contemporain@ville-dunkerque.fr
Fermé le 1er janvier, le 1er mai, le 15 août, le 1er novembre, le 25 décembre et les après-midis des 24 et 31 décembre. Ouvert du mardi au vendredi de 9h30 à 18h ; le week-end de 10h à 18h. Gratuit jusqu'à 18 ans. Adulte : 4 € (2 € pour les 18-26 ans et les plus de 60 ans). Entrée gratuite pour tous les dimanches. Chèque Vacances. Accueil enfants. Visite guidée. Animations.
Ce musée vous réserve pas mal de surprises : de l'extérieur, on comprend déjà que les expositions seront modernes et contemporaines avec des œuvres de Wahrol, Pierre Soulages, Niki de Saint Phalle, César, Arman, Karel Appel… installés dans le Jardin des Sculptures qui vous met déjà l'eau à la bouche. À l'intérieur, chacun y trouvera son compte, les petits comme les grands. La riche collection contemporaine (près de 1 500 œuvres) est colorée et ludique. La lumière habilement diffusée de par la conception du bâtiment (qui fête en 2019 ses 40 ans) illumine ce musée, bien éloigné de l'image d'Epinal d'un musée sombre et poussiéreux. Vous découvrirez et vous laisserez surprendre par des œuvres variées grâce à l'installation d'un cabinet d'art graphique (œuvres rangées dans des tiroirs à ouvrir) qui rend la visite plus vivante. Les expositions temporaires sont très intéressantes. Au delà du musée et des visites guidées, le L.A.A.C, c'est également des concerts, des conférences, des lectures,

© SUZANNE URGACZ

L'œuvre « Ce qu'il reste » a été intallée en 2019 dans le Jardin des Sculptures du Laac.

des visites, des spectacles et des rencontres tout au long de l'année. Un lieu à ne pas manquer et à coupler avec la visite du FRAC tout proche pour une journée à la découverte de l'art contemporain ! Et ce, à deux pas de la plage ! Pourquoi hésiter entre bronzette et escapade culturelle ?

MUSÉE DUNKERQUE 1940 - OPÉRATION DYNAMO ★★

Courtines du bastion 32
Rue des Chantiers de France ✆ 03 74 06 02 81
www.dynamo-dunkerque.com
communication@dynamo-dunkerque.com

Ouvert tous les jours de 10h-18. Fermeture annuelle de fin novembre à fin fév. ou fin mars (se renseigner, date non communiquée lors de la rédaction du guide). Gratuit jusqu'à 11 ans. Adulte : 8 €. Enfant (de 12 à 18 ans) : 5 €. Groupe (10 personnes) : 7 €. Parking gratuit en face du musée. Animaux interdits sauf chiens-guides d'aveugle. Visite guidée. Boutique.

Si vous n'avez jamais eu l'occasion de visiter ce musée, allez-y ! Si c'est déjà fait, retournez-y ! À la suite du tournage de *Dunkirk* par le réalisateur Christopher Nolan (film auréolé de 3 Oscar en 2018), ce musée a eu droit à une refonte complète en deux phases, en 2017 puis en 2019. Nouvelle scénographie, nouveaux espaces notamment multimédias, surface multipliée par deux, nouvelle façade, nouvel accueil et nouvelle boutique. Depuis 2019, l'exposition permanente est complétée par une salle de projection réaménagée : plus de 1 500 m² pour comprendre l'incroyable histoire de la bataille de Dunkerque et de l'évacuation de plus de 340 000 soldats alliés. C'est ce qu'expliquent avec passion et anecdotes les bénévoles à l'initiative de ce musée installé dans les casemates d'un bastion historique. C'est facile à trouver : une impressionnante pièce d'artillerie, installée sur le parvis joliment mis en lumière, vous indiquera que vous êtes au bon endroit pour (re) découvrir comment ces neuf jours de 1940 ont changé le destin du monde. Juste à côté, vous verrez un énorme sablier de sept mètres de haut réalisé par l'artiste Séverine Hubard. Il a été érigé pour commémorer l'Opération Dynamo. Représentant le temps qui passe, il se veut un point de rencontre.

MUSÉE PORTUAIRE ★

9, quai de la Citadelle ✆ 03 28 63 33 39
www.museeportuaire.com
contact@museeportuaire.fr

Fermeture 1er janvier ; lundi veille de Mardi Gras (bande de la Citadelle) ; 1er mai ; 25 décembre. Musée : tarif plein 9 €, réduit 7,50 €, famille 25 €. Bateaux : tarif plein 9 €, réduit 7,50 €, famille 25 €. Musée + bateaux : tarif plein 15 €, réduit 13 €, famille 37 €. Phare : tarif plein 5 €, réduit 4 €, famille 13 €. Exposition temporaire : tarif plein 5 €, réduit 4 €, famille 13 €. Évènements divers (ateliers familles, visites hors les murs,...) : tarif plein 7,50 €, famille 25 €. Conte : tarif 5 €.

Installé dans un ancien entrepôt de tabac datant au XIXe siècle, ce musée a une histoire originale. A la base, en 1992, il y a eu une initiative, celle d'anciens dockers qui dès les années 1970 ont entrepris de rassembler et conserver des témoignages de leur métier et de leur milieu. Depuis, le musée s'est enrichi de l'histoire de la pêche à Islande, de celle des pêcheurs, dockers, marins, lamaneurs, pilotes, douaniers, constructions navales, armateurs.... L'exposition permanente, le bâtiment en lui-même, la façon dont il a été préservé, tout est propice à plonger dans l'histoire locale. Un célèbre troquet dunkerquois, aujourd'hui disparu, « Georgett's Snack », a même été reconstitué. Les maquettes de bateaux de différentes époques constituent un remarquable tour d'horizon du patrimoine marin. Elles deviennent réelles avec le musée à flot : le trois-mâts *Duchesse Anne*, le bateau-feu *Sandettie* ou encore la péniche *Guilde* qui peuvent également se visiter. L'exposition temporaire D'Eau Ré Mi (jusqu'au 5 janvier 2020) – ou quand la mer inspire la musique – est conçue comme un voyage musical, décliné en six étapes, qui traverse les époques et les genres. Au cœur d'une scénographie originale, laissez-vous guider par les sons qui vous entourent, des abysses aux compositeurs inspirés par la mer.

QUARTIER EXCENTRIC

Rue Martin-Luther-King
www.quartierexcentric.fr
quartierexcentric@gmail.com

Gratuit.

C'est dans le quartier de Rosendaël que l'on trouve l'expression d'une expérience architecturale hors du commun, directement sortie de l'imaginaire bouillonnant de François Reynaert (1887-1958). Natif de Rosendaël, l'artiste visionnaire a imaginé un quartier à l'architecture originale, décalée : excentrique. Sa première réalisation fut la villa L'Escargot (rue Carnot) en 1927, celle qui sera son habitation. Il en construit une seconde à côté (Les Roses), c'est le début du succès. A chaque projet une thématique : Les Cigognes, Les Cubes, Le Pylône... Chaque maison affiche des couleurs, des courbes, des clins d'œil à son identité. Médaillé d'or de l'Exposition des Arts Décoratifs en 1925, François Reynaert était aussi réputé pour la création de meubles, de décors. Durant plusieurs dizaines d'années, le quartier Excentric vivait au rythme de son dancing, aujourd'hui disparu. Mais l'esprit subsiste chez les propriétaires de cette vingtaine de maisons dont certaines sont inscrites à l'inventaire des monuments historiques. Ils sont regroupés au sein de l'association Excentric Demain qui assure la défense de ce quartier historique à la valeur architecturale indéniable. Un détour s'impose !

Le couvert

L'APERO BISTROT ET L'APERO RESTO

20, place Roger Salengro
✆ 03 28 29 98 66
bettydelerue1@gmail.com

Ouvert le lundi et du mercredi au samedi le midi ; du mercredi au lundi le soir. Ouvert le mercredi, jeudi et vendredi midi et tous les soirs sauf le mardi. Réservation recommandée. Carte : 15 € environ. Vin au verre. Poulet à emporter : 15 €. Vente à emporter. Boutique.

Betty casse toujours la baraque. Là, c'est aussi au sens propre ! Elle a fait tomber un des murs de l'Apéro Bistrot pour ouvrir l'Apéro Resto, dans la cellule juste à côté et toujours dans un esprit brocante ! La bonne idée, c'est que les deux établissements communiquent... Ouvert il y a un peu plus d'un an, l'Apéro Resto permet de déguster des poulets rôtis sur place (certifiés Label Rouge), des travers de porc (ribs) ou des jambettes grillés (600 grammes). La cuisine est ouverte et vous pourrez voir votre poulet se dorer la peau dans une impressionnante rôtissoire. Betty propose aussi à la carte son vol-au-vent revisité (une recette personnelle !). Ici pas de frites, mais des pommes de terre en robe des champs, des petites grenailles rôties, du maïs ou une salade verte. Le tout accompagné de sauces faites maison. En dessert, on reste dans la gourmandise sans chichis : mousse au chocolat, pomme au four revisitée, duo de merveilleux ou tiramisu aux fruits rouges aux palets bretons. L'esprit barbecue champêtre et gourmand est aussi à déguster à la maison ! Vous pouvez juste passer prendre votre poulet à emporter. Pratique !

LE BISTROT DE LA PLAGE

24, digue de Mer
✆ 03 28 65 01 11
www.bistrot-plage-dunkerque.fr
michel.demeestere@gmail.fr

Qualité Tourisme. Ouvert toute l'année. Basse saison : du mercredi au lundi le midi et le soir ; le mardi soir. Haute saison : tous les jours le midi et le soir. Réservation recommandée. Menu unique à 25 € (menu du terroir). Carte : 16 € environ. Menu enfant : 12,90 € (pour enfants de moins de 10 ans). Formule du midi : 12,90 €. American Express, Chèque Vacances. Accueil des groupes (60 personnes maximum). Chaises bébé. Terrasse.

Au pied d'une imposante villa malouine, le bistrot bien nommé, avec sa terrasse (35 places à l'intérieur, 50 à l'extérieur... et chauffée l'hiver !) et ses 100 couverts, donne vue directement sur la mer, dont l'horizon se confond avec le ciel. Dans l'assiette, on retrouve bien sûr les spécialités de poisson : choucroute de la mer, bouillabaisse, assiette de fruits de mer, sans oublier les différentes recettes de moules. Pour ceux qui n'aiment pas ce qui frétille au fond de la mer, salades et viandes sont également au menu : pavé de bœuf, côte à l'os, filet américain... Côté desserts, on trouve des classiques comme l'île flottante ou la gaufre de Liège. L'accueil est sympathique, le service toujours attentionné. On note également la grande diversité de la carte des vins, un bon point supplémentaire pour ce qui s'avère être un beau bistrot.

LA CHEMINÉE

20, digue de Mer
✆ 03 28 25 19 20
www.la-cheminee.fr

Ouvert toute l'année. Du mardi au samedi le midi et le soir ; le dimanche midi. Réservation recommandée. Carte : 19 € environ. Formule du midi : 21 € (plat de l'ardoise, café gourmand et boisson : du mardi au samedi midi). Vin au verre. Entrée, plat, dessert de 29/39 €. Entrée, plat : 23,50/34 €. Plat, dessert : 22,50/27 €. Chèque Vacances, Chèque Restaurant. Chaises bébé. Terrasse.

La façade n'est pas large, presque discrète, au début de la digue de mer qui est bordée de restaurants aussi différents les uns que les autres. Mais La Cheminée mérite une halte lors de votre séjour à Malo-les-Bains. Depuis 2014, Donatien Santy, le chef, propose une cuisine travaillée, fine, inventive et surtout pleine de saveurs ! Des plats comme le mille-feuille de tourteau ou la poêlée de penne au foie gras font l'unanimité. La qualité du service joue aussi beaucoup dans la réputation de l'établissement : l'équipe est efficace et discrète. La carte courte et soignée change tous les quinze jours. L'équipe ne s'enferme ni dans un menu, ni dans des produits. Ils sont choisis en fonction des saisons. La Cheminée a aussi une autre facette : un grill. Les clients choisissent leurs pièces (viande ou poisson) à griller : pièce de bœuf, bar, turbot, ou saint-jacques en fonction des saisons. Le décor est raffiné, mais pas guindé, on s'y sent à l'aise. Quelques tables vue sur mer, mais elles sont vite réservées ! La réservation est de toute façon plus que conseillée.

LA COCOTTE

55, digue de Mer ✆ 03 28 29 15 18
www.lacocottedk.fr
mathiasvigliano@hotmail.com

Maître Restaurateur. Tables & Auberges de France. Ouvert du mardi au dimanche le midi ; du mardi au samedi le soir. Pas de réservation possible en terrasse. Menus de 20,30 € à 30 € (menu complet : entrée, plat, dessert à 25,30 € ; 30 € avec fromage). Carte : 16 € environ. Menu enfant : 9,50 € (pour les – de 12 ans). Chèque Restaurant. Accueil des groupes. Chaises bébé. Vente à emporter. Table à langer.

La Cocotte, c'est un peu une madeleine de Proust. Ici, nos papilles se remémorent les goûts simples et authentiques de la cuisine de nos grands-mères. La décoration nous plonge dans l'ambiance : portraits en noir et blanc, anciens moulins à café et autres ustensiles de cuisine, grands nappes en vichy rouge, chaises paillées. A la carte, plusieurs cocottes en plats, mais aussi en entrées accompagnées à chaque fois (bien sûr !) de frites. Les menus varient chaque mois afin de garantir des produits de saison. Les plats sont copieux et généreux. Une bonne adresse sur la digue pour les grandes faims. Pour la petite anecdote, Christopher Nolan, le réalisateur de *Dunkirk*, est venu y manger, toute comme Mark Rylance, Charlotte de Turckheim ou encore Philippe Etchebest ! Une bonne adresse on vous dit !

LE GRAND MORIEN

35, place Jean-Bart ✆ 03 28 66 55 18
www.legrandmorien.com
contact@legrandmorien.com

Maître Restaurateur. Ouvert tous les jours de 9h à 23h. Service non-stop le samedi. Réservation recommandée. Carte : 18 € environ. Menu enfant : 9,50 €. Suggestion du jour : 13,90 €. Vin au verre. Planche apéro du moment : 11,90 €. Formule du midi : 16,90 €. Salle privatisable à l'étage. Chèque Vacances, Chèque Restaurant. Accueil des groupes (jusqu'à 60 pers). Chaises bébé. Terrasse.

L'établissement a vu le jour en 1861. A l'origine, c'était un hôtel et un restaurant au cœur de la ville. Il a toujours été un endroit où il fallait être vu et reconnu ! Sa situation est, il faut le dire, stratégique. Ce n'est pas un hasard si le Grand Morien a traversé les époques sans jamais faillir à sa réputation. Tour à tour repaire de contrebandiers de tabac et salon de thé de la haute bourgeoisie dunkerquoise, le Grand Morien a vu défiler nombre de personnages hauts en couleur. Si les murs pouvaient parler, ils en auraient des choses à raconter ! Aujourd'hui, l'histoire de l'établissement est illustrée, en photos, sur ses murs. Reprise par Eric Dubois, Le Grand Morien a été rénové en 2017. Modernisé, décoré dans un style chic et industriel, clin d'œil à l'activité industrialo-portuaire de la ville et à sa voisine l'église Saint-Eloi (saint patron des métallurgistes), l'établissement s'est doté au printemps 2018 d'une nouvelle terrasse qui s'ouvre aussi, désormais, sur la place Jean-Bart entièrement refaite et devenue piétonne. On appréciera encore plus les plats traditionnels et locaux (potje'vleesch, welsh, carbonade flamande, etc.) ou ses plats de poissons, notamment l'assiette Jean-Bart.

LE LOCAL

10, place du Beffroi
✆ 03 28 21 74 11
lelocaldk@orange.fr

Ouvert le lundi, le mardi, le jeudi et le vendredi le midi ; le mercredi et le samedi de 9h à 18h30. Salon de thé le mercredi et le samedi jusqu'à 18h30. Service de petit-déjeuner. Réservation recommandée. Carte : 13 € environ. Menu enfant : 7 €. Vin au verre. Plats végétariens et produits locaux et Bio en partie. Chèque Restaurant. Chaises bébé. Terrasse. Vente à emporter. Coin livres pour les enfants.

À la fois restaurant (traditionnel et proposant une cuisine du monde), pâtisserie, salon de thé, Le Local ne se disperse pas pour autant. Bien au contraire, il rassemble… les viandards comme les végétariens, les cadres pressés comme les familles (petit coin livres pour les enfants). Et parfois tout ce beau monde se retrouve autour de « la table à partager ». Une idée conviviale et sympathique à l'image des patrons. Le chef du Local ne travaille qu'avec des produits… locaux, et tout est fait maison (y compris les sauces). C'est simple, goûteux et on prend plaisir à saucer les plats avec de grosses tranches de pain à l'ancienne, comme chez Mamie. Mais chez Mamie, la béarnaise est moins bonne ! Disons que si vous voulez être sûr de vouloir goûter leur fameux *shortbread* aux cacahuètes (ou aux Spéculoos), il faut passer un coup de fil (ou réserver *via* Facebook, la patronne est très réactive). Et pour les pressés, il est possible d'emporter des plats ou la salade du jour. Par beau temps, on peut s'installer en terrasse au pied du beffroi de Saint-Éloi sur une placette piétonne. Très agréable pour siroter un café tout en dégustant une part de pâtisserie maison.

PRINCESS ELIZABETH

Quai de l'Estacade
Bassin de la marine
✆ 07 82 63 99 09
www.princesselizabeth.eu
guest@princesselizabeth.eu

Ouvert du dimanche au jeudi de 11h à 23h ; le vendredi et le samedi de 11h à 0h. Menus de 23 € à 39,45 €. Menu enfant : 13 €. Plat du jour : 12,90 € (19,90 € pour entrée, plat, dessert). Terrasse. Bar. Salon de thé.

Le Princess Elizabeth vous propose une expérience culinaire unique ! D'abord, le cadre : le bateau à vapeur, emblématique de l'Opération Dynamo en juin 1940, a été un acteur remarqué du film Dunkerque réalisé par Christopher Nolan en 2017. A son bord, dans une salle aux douces allures des années 1940, vous y dégusterez une cuisine raffinée et classique comme le filet de bar snacké ou le tartare de bœuf coupé au couteau. L'établissement propose également un « menu caviar », à accompagner d'un verre de vodka ou d'une coupe de champagne ! L'après-midi, venez déguster une douceur sucrée ou un café en provenance d'un torréfacteur vénitien et, en soirée, profitez du bar et de ses excellents cocktails. Le Princess Elizabeth est un lieu de convivialité pour toutes les occasions et ouvert 7j/7. Un vrai atout pour cette délicieuse adresse hors du commun.

AUX WATERZOOÏ
82, quai des Hollandais
✆ 03 28 63 12 70
aux-waterzooi@orange.fr

Ouvert du lundi au samedi le midi ; du jeudi au samedi le soir. Petit déjeuner buffet de 7h à 10h : 12 €. Réservation recommandée. Carte : 15 € environ. Plat du jour : 15 €. Vin au verre. Entrées et desserts : 6,50 €. Plat enfant : 6,50 €. Chèque Restaurant. Terrasse.

Fièrement installé quai des Hollandais, l'hôtel-restaurant raisonne comme une ode au plaisir. Atout majeur de l'établissement, la très belle salle aux larges fenêtres avec vue sur le port, offrant un cadre de brasserie chic et décontractée. Bar central magnifique, lustres imposants, fauteuils confortables, atmosphère chaleureuse et accueil adorable de Sophie en salle (l'une des trois « Frangines ») et de son fils et chef de cuisine Maxence. On aime cette ambiance familiale. La star du restaurant est bien évidemment le waterzooï. Originaire de Belgique, c'est un plat à base de poisson ou de poulet servi comme une soupe dans une assiette creuse et dont le bouillon est lié à la crème ou au beurre. Ce plat régional parfaitement exécuté ici, est un bel honneur à notre terroir. A la carte : coquille de poissons gratinée, tartare de saumon, tomate crevettes, tartare de bœuf décliné en plusieurs recettes, salades, poisson meunière... En dessert, on craque pour le baba au rhum généreusement arrosé du rhum de votre choix ou pour le Merveilleux de Fred. Le goût des bons petits plats maison se ressent, et le rapport qualité/prix est remarquable. Abandonnez-vous le temps d'une nuit dans l'une des 10 chambres hyper confortable au-dessus du restaurant et votre halte à Dunkerque sera parfaite.

Le gîte

■ HÔTEL BOREL****
6, rue de l'Hermitte
✆ 03 28 66 51 80
www.hotelborel.fr
borel@hotelborel.fr
A l'entrée du port

Qualité Tourisme. Ouvert toute l'année. 48 chambres. Petit déjeuner buffet : 13 €. Lit supplémentaire : 20 € (lit bébé : 15 €). Pour les enfants de 5 à 13 ans, petit déjeuner : 7 €. Gratuit pour les moins de 5 ans. Chambre bain ou douche : 90 € pour 1 pers., 105 € pour 2 pers. Chambre 2 lits bain ou douche : 115 € pour 2 pers. Suite : vue arrière 145 €/nuit, vue sur le port de plaisance 155 €/nuit. Chèques non acceptés. Chambres PMR à 97 €/nuit pour 2 pers. ou 180 € la chambre PMR + 1 chambre communicante pour l'accompagnant. Place de stationnement réservée à l'arrière de l'établissement. Animaux acceptés (à préciser lors de la réservation). Séminaires. Wifi gratuit.

L'hôtel Borel fait partie des figures emblématiques de la région. Implanté ici depuis les années 1950, ses façades ont été patinées par le temps. Sa situation géographique est exceptionnelle, puisqu'il est situé face au port de plaisance, à deux pas du centre-ville et de la plage. Parfait pour profiter de tout ce que la ville a à vous offrir, en toute saison. Les 48 chambres disponibles, tout confort, offrent une décoration à la fois chic et authentique. Pour les réunions, séminaires, etc., trois salles sont à votre disposition : le salon Le Corsaire pour le petit déjeuner, le salon Le Leughenaer pour se détendre, et la salle Le Galérien pour entretenir votre corps ! L'accueil est extrêmement sympathique et les équipes sont toujours aux petits soins pour faire de votre séjour un vrai moment de détente. N'hésitez pas à réserver une chambre avec vue sur le port de plaisance. Une adresse incontournable de la cité dunkerquoise ! Et le petit plus évidemment : les animaux sont acceptés et même ils sont les bienvenus ! Mais n'oubliez pas de mentionner que vous voyagez avec votre boule de poils au moment de la réservation !

AUX WATERZOOÏ
82, quai des Hollandais
✆ 03 28 63 12 70
aux-waterzooi@orange.fr

Ouvert toute l'année. Accueil 24h/24 (digicode). 10 chambres. De 78 € à 180 €. Petit déjeuner buffet : 12 € (le petit déjeuner peut également être servi en chambre de 7h à 10h). Stationnement possible sur les places de parking à proximité de l'hôtel. Animaux acceptés (sur demande). Wifi gratuit. Restauration (du lundi au samedi midi et le jeudi, vendredi et samedi soir).

Emplacement idéal avec vue sur le port de plaisance de Dunkerque pour cet hôtel-restaurant de très bonne facture. Aux Waterzooï offre une cuisine généreuse et met en vedette ce beau plat régional. L'hôtel de 10 chambres, dont 2 suites (avec terrasse !) pouvant accueillir quatre personnes, est particulièrement bien équipé. TV écrans plats, machines Nespresso dans chaque chambre, linge de qualité et produits d'accueil. Décoration moderne et chaleureuse. Parmi les petits plus de l'établissement, le petit déjeuner buffet servi dans la superbe salle du restaurant. Jus d'orange pressé, œufs bacon, viennoiseries et pains... Un bon petit déjeuner dans une ambiance familiale qui fait chaud au cœur. L'accès par digicode est très pratique pour les arrivées tardives et l'hôtel reste indépendant du restaurant. Une très bonne adresse pour une nuit des plus douces et des plus confortables.

Loisirs

■ BASE NAUTIQUE DE LA LICORNE
Digue Nicolas-II
✆ 03 28 28 27 27
www.lesdunesdeflandre.fr
voile.dunkerque@lesdunesdeflandre.fr

Ouvert le lundi de 9h à 12h et de 14h à 18h ; du mardi au vendredi de 10h à 12h et de 14h à 18h ; le week-end de 14h à 18h. Il est toujours préférable d'appeler pour connaître les conditions météorologiques. Location paddle board (1h) : 15 €, kayak solo (1h) : 10 €, planche à voile

(1h) : 20 €, bouée tractée (20 min) : 30 €/personne. Cours particulier catamaran (1h) : 65 € et planche à voile (1h) : 45 €. Chèque Vacances. Handi Plage Sport, tous les jours en juillet et août : vélopouss', tiralos, voilier et catamaran sur mesure sur réservation. Gratuit sur présentation d'une pièce d'identité.

La base nautique de la Licorne accueille l'école de voile et les associations nautiques dunkerquoises, notamment le club de kitesurf et de longe-côte. Elle est située entre Malo et Leffrinckoucke, en bordure du petit massif dunaire appelé le Parc du Vent (un bel endroit de balade au passage !). À la base de la Licorne, vous pourrez vous essayer au char à voile, que l'on voit souvent s'élancer sur les grandes plages du Nord. Sensations garanties ! Et si le sable de vous suffit pas, partez en mer pour essayer le kitesurf, la planche à voile, le catamaran, la bouée tractée ou le paddle géant pouvant accueillir jusqu'à 8 personnes ! N'hésitez pas à vous rapprocher de l'équipe de la base nautique qui vous conseillera en fonction de votre niveau, et surtout de vos envies ! Si vous souhaitez vous perfectionner ou vous initier, il est possible de suivre des cours particuliers de catamaran ou de planche à voile. Que ce soit un stage ou une location, il est possible de réserver en ligne sur le site Internet des Dunes de Flandre. Et si vous voulez voir le temps qu'il fait sur la base, des webcams retransmettent sur le site Internet des Dunes de Flandre les conditions météorologiques en temps réel et des images en direct de la plage. Très pratique !

■ LOISIRS ÉOLE

Office de tourisme Plage
place du Centenaire
✆ 03 28 58 10 10
www.ot-dunkerque.fr
eole.dunesdeflandre@ot-dunkerque.fr

Activités et stages accessibles pendant les vacances de février, de printemps, d'été, d'automne et de Noël (zone B). A partir de 3 ans. Prix selon l'activité et la durée.

Avec la mise en place du programme Loisirs Éole, Dunkerque se veut une ville résolument tournée vers les familles et le tourisme de loisirs. Offre unique dans la région Nord, ce programme propose près de 99 activités sous forme de séances « découverte » ou de stages animés et encadrés par des professionnels qualifiés. Trois catégorie d'âges : Kids (de 3 ans à 7 ans), Loisirs Juniors (de 8 à 11 ans) et Loisirs Ados Adultes. Initiations sportives et nautiques (tennis, basket, char à voile, stand-up paddle, beach-volley...), des découvertes « nature » (équitation, stage « petit fermier », découverte des dunes), des activités culturelles (danse, art plastique, photographie...) et des sessions forme et bien-être (aquabike, marche nordique, rand'eau...). Ces activités permettent de s'amuser (et d'occuper les petits !) tout en découvrant les richesses naturelles et patrimoniales de Dunkerque et de sa région. Renseignements et réservations sont à prendre auprès de l'office de tourisme Plage. Avec Loisirs Éole, plus de raison de s'ennuyer pendant les vacances !

■ MER ET RENCONTRES

4, digue Nicolas-II ✆ 03 28 29 13 80
www.meretrencontres.com
meretrencontres@wanadoo.fr

Fermé pendant les vacances de Noël. Ouvert tous les jours. Le planning est consultable sur le site. Stage d'initiation au char à voile (2h) : 42 €/pers ; groupes de 8 à 11 pers : 35 € ; à partir de 12 personnes : 30 €. Location simple de 2h : 30 €. Stage (5 séances de 2h) : 127,50 €. Activités « ateliers du vent » dès 6 ans : à partir de 9 € (cerf-volant, moulins à vent, nœuds marins...). Initiation au cerf-volant (2h, à partir de 8 personnes). Label Tourisme & Handicap.

Mer et rencontres est une école française de char à voile qui propose de s'initier toute l'année aux sports liés au vent. Elle dispose de chars à voile classiques, d'engins radiocommandés et de chars à cerf-volants. Par ailleurs, l'école vous apprend à apprivoiser le vent via des activités de cerf-volant et propose des initiations de 2h pour les individuels, les groupes et les scolaires. Des stages sont également organisés pendant les vacances scolaires pour vous permettre de mieux appréhender ce sport mais aussi de vous perfectionner. Pour les plus jeunes, des ateliers du vent sont proposés pour les enfants dès 6 ans. Au programme : canne à vent, moulin à vent, nœuds marins, cerf-volant et canne à cerf volant. Une bonne idée pour faire du sport au grand air et profiter des grands plages du Nord !

Sorties

■ CASINO DE DUNKERQUE

40, place du Casino
✆ 03 28 28 27 77
http://dunkerque.groupetranchant.com
information@groupetranchant.com

♿

Ouvert toute l'année. Du dimanche au jeudi de 10h à 2h ; le vendredi, le samedi et les jours fériés de 10h à 4h. Restaurant La Cascade ouvert tous les jours (fériés y compris) midi et soir. American Express. Restauration.

À moins de 30 min de la Belgique, Calais et de Saint-Omer, également à moins d'une heure de Lille, le Casino de Dunkerque (Groupe Tranchant) vous invite tous les jours à découvrir ses espaces de jeux, restauration, loisirs et détente. Dans un style Art déco et tropical ce Casino du Groupe Tranchant vous propose tout au long de l'année des animations diverses, des dîners-spectacles et week-ends festifs. Les samedis soir à partir de 22h, des artistes se produisent en live au Kipling's, le bar-lounge du casino, dans des styles variés : jazz, chant, pianiste, percussions... De quoi passer une bonne soirée dans un lieu agréable ; que l'on soit amateur de jeux ou non, tout est fait pour se faire plaisir et passer du bon temps. Et n'oubliez pas, comme dans tous les casinos : tenue correcte exigée ! (Les tenues de sport et de plage sont interdites). Et n'oubliez pas votre pièce d'identité ! Conformément à la réglementation en vigueur, l'accès aux salles de jeu est réservé aux personnes majeures sur présentation d'une pièce d'identité en cours de validité ! Que la chance soit avec vous !

Emplettes

AUBETTES
Place du Minck

Ouvert du lundi au samedi. De 9h jusqu'à épuisement des stocks. CB non acceptée.

Au début du XVIIIe siècle, les femmes de pêcheurs vendaient déjà le poisson sur le Minck, au pied de la tour du Leughenaer et juste à côté des bateaux de pêche. En 1863, le Minck accueille un marché couvert. En 1902, un superbe bâtiment couvert est inauguré et devient la criée, les Bazennes (femmes de pêcheurs) vantent la qualité de leurs produits. Aujourd'hui, le bâtiment n'a pas résisté à la Seconde Guerre mondiale, mais il est toujours possible d'acheter aux aubettes du poisson fraîchement débarqué des bateaux. Et à des prix défiant toute concurrence ! Quatre aubettes sont régulièrement ouvertes, vendant la pêche de l'Obelix, de La Baraka ou du Brocéliande. Ce qui est vendu a été pêché la nuit même. Les arrivages sont fonction de la météo et de ce qui est remonté des filets : mais le choix est là ! Soles, carrelet, cabillaud, turbot, barbu, roussette, raie, merlan... Les poissons sont nettoyés sur place. On peut aussi trouver des moules de Dunkerque. Il n'y a pas plus frais et plus direct !

LA CRÈMERIE DE LA FERME
22, rue du Président Poincaré
✆ 03 28 59 22 25
cremerielaferme@gmail.com

Ouvert le mardi, le jeudi et le vendredi de 8h à 12h et de 14h à 19h ; le mercredi et le samedi de 8h à 19h.

À la Crèmerie de la Ferme, vous trouverez plus de 300 fromages à la coupe. Parmi eux : bergues, maroilles, mont-des-cats ou gouda au lin (à tester absolument !) pour les plus locaux. Vous pourrez aussi bien sûr déguster les classiques : camembert, reblochon, gruyère ou emmental. Les amoureux des bons fromages seront au paradis ! La crèmerie propose aussi des produits laitiers et des œufs, mais aussi un beau choix de spécialités régionales et quelques bières ! Pour les néophytes, laissez-vous guider par les conseils avisés des vendeuses qui sauront faire plaisir à vos papilles. Selon votre demande, il est aussi possible de commander un plateau de charcuterie et de fromage. Parfait pour les repas entre amis.

PÂTISSERIE LEGROS
9, rue Jean-Bart
✆ 03 28 66 50 23
www.patisserie-legros.fr

Ouvert du mardi au vendredi de 8h30 à 12h30 et de 14h30 à 19h ; le samedi de 8h à 13h et de 14h30 à 19h ; le dimanche et les jours fériés de 8h30 à 13h. Chèque Restaurant.

La rue Jean-Bart est particulièrement animée les jours de marché. C'est à l'entrée de ce marché que se trouve la pâtisserie Legros. Cette institution dunkerquoise, haut de gamme, créée dans les années 1940, vous accueille dans un cadre coloré et ultra-chic façon boutique parisienne. Une fresque immense a été posée, représentant Gabrielle d'Estrées qui donne à l'endroit un petit air de salon cosy. Côté produits, leurs célèbres pâtisseries et chocolats aux patronymes parfois très locaux (le Saint Winoc, le beffroi de biloute) disposés dans un immense écrin vitré mettent nos pupilles et papilles en émoi. La boutique mise aussi sur des éclairs aux goûts originaux : Oréo, Daim, violette, citron meringué... Le magasin propose également un rayon biscuiterie, chocolaterie fine et confiserie ainsi que des spécialités régionales. Une très bonne adresse qui mêle qualité et créativité !

PÂTISSERIE VANDEWALLE – AUX DOIGTS DE JEAN-BART
6, rue du Sud ✆ 03 28 66 72 78
www.auxdoigtsdejeanbart.com
contact@auxdoigtsdejeanbart.com

Ouvert du mercredi au samedi de 8h à 12h30 et de 14h à 19h ; le dimanche de 8h à 13h. Salon de thé. Ouvert le dimanche. Livraison possible (gratuite à partir de 60€). American Express.

La maison existe depuis plus de cent ans ! Leur spécialité ? Les doigts de Jean-Bart, bien connu des Dunkerquois. Ce gâteau aux amandes est réalisé avec une crème de café et enrobé de chocolat. Délicieux et ultra gourmand ! Depuis, plusieurs versions ont été imaginées : praliné cacahuète, fleur de sel, chocolat noir ou encore à la violette. Les autres pâtisseries servies ici valent elles aussi le détour. Mention spéciale aux palets de dame et aux gaufres maison à la vanille de Madagascar. Sans compter la très large gamme de chocolats (blanc, blond ou noir) créés sur place. Une des meilleures pâtisseries de Dunkerque, tout simplement. Vous pouvez également profiter du salon de thé, pour faire une pause en dégustant une bonne boisson chocolatée. Pour les apprentis pâtissiers, la boutique organise de manière régulière des cours de 2 heures pour perfectionner ses techniques ou apprendre à réaliser macarons, bûches de Noël, fraisiers... Et si vous n'avez pas la chance d'être dunkerquois, vous pouvez faire le plein de gourmandises sur leur site Internet ou au Touquet où une boutique a été installée. A Dunkerque, une seconde adresse a aussi ouvert dans le quartier de Rosendaël, sur la route du retour de la plage au 31, rue Paul-Machy. Comment résister ?

Dans les environs

Bray-Dunes

PLAGE DE BRAY-DUNES
Digue de Mer
✆ 03 28 26 61 09
www.bray-dunes.fr
contact@ot-braydunes.fr

Chiens autorisés tenus en laisse uniquement dans les zones non surveillées, au-delà de la digue. Location de vélos : 5 € de l'heure. Possibilité de louer une cabine de plage. Accueil enfants. Boutique. Animations. Toilettes publiques. Plage surveillée en juillet et août.

Plage de Bray-Dunes.

La Plage de Bray-Dunes est la plage familiale par excellence. Tout au long de l'année, elle vit et vibre au rythme des différentes animations qui y sont organisées. Pour les enfants, tout se passe au parc de jeux « Gonflé à bloc ». Pour les plus grands, c'est sur la plage de sable fin et blond directement. À côté des traditionnelles activités nautiques (catamaran, char à voile, kite-surf), vous pourrez y pratiquer des sports plus originaux comme le paddle géant ou le longe-côte. Côté sable, beach-volley et beach-tennis sont à essayer sans hésiter. Ou si vous préférez lézarder au soleil, vous pouvez bien sûr louer cabines de plage, transats et autres parasols. Envie de vous éloigner un peu de la plage ? Louez donc un vélo pour partir à la découverte de cet incroyable espace naturel que forment les Dunes de Flandre. Ou bien rendez-vous au mini-golf ou au tennis situés juste à côté ! Nature, sport, détente, loisirs... la plage de Bray-Dunes ne manque pas d'atouts et n'attend plus que vous !

EUROVÉLOROUTE 4 - VÉLOROUTE VOIE VERTE DU LITTORAL

Départ : Mairie de Bray-Dunes
3, place des Fusillés
Arrivée : Rosendaël (Dunkerque)

Intégré dans le réseau européen www.eurovelo.com. Ouvert toute l'année.

Voilà une (voire plusieurs) bonne idée de balade à vélo. L'agglomération dunkerquoise est traversée par 53 km de l'Eurovéloroute n° 4 qui va de Roscoff en Bretagne à Kiev en Ukraine. Sur ce tronçon, on peut faire plusieurs belles promenades à Grand-Fort-Philippe (parc de l'Estran et le long du chenal de l'Aa), ou encore relier le Parc Galamé de Loon-Plage au lac du Puythouck à Grande-Synthe. Au fil des ans, les tronçons sont aménagés et souvent 100 % dédiés aux cyclistes. Le tronçon le plus long concerne celui qui part de la mairie de Bray-Dunes et qui arrive à Rosendaël, au bout du quartier des Maraîchers (au début du boulevard Mendès-France si vous souhaitez partir de Rosendaël et faire le trajet inverse). Sur cette belle piste agréable à rouler et sécurisée, vous longerez la côte de Bray-Dunes à Leffrinckoucke, traverserez des espaces dunaires, côtoierez la Ferme Nord, le Fort des Dunes, le quartier des Maraîchers... D'ici l'été 2020, cette portion ira jusqu'en Belgique et des plaquettes informatives seront éditées et les circuits balisés de panneaux informatifs pour découvrir les milieux traversés. Mais l'essentiel est là ! 10 km (20 km aller-retour) d'une promenade bucolique et encore peu connue. Pour l'instant...

Zuydcoote

PLAGE DE ZUYDCOOTE

Rue de Valenciennes

Douches et toilettes au Point Info rue de Wattrelos. Plage surveillée en juillet et août.

Les locaux nous en voudront peut-être de partager ce bon plan, mais il n'y a pas photo : la plage de Zuydcoote est la plus préservée et la plus nature des plages du Nord. Et par conséquent, la plus belle pour certains. Située entre Bray-Dunes et Leffrinckoucke, elle n'est pas bétonnée comme ses cousines belges, et on ne se marche pas dessus quand il s'agit de poser sa serviette comme à Malo. Entourée de dunes, avec l'horizon comme seul voisin, la plage de Zuydcoote est un havre de paix. Il y a de belles balades à faire en allant vers Dunkerque (et en longeant le sanatorium), ou en se dirigeant vers Bray-Dunes. Zuydcoote étant un village, les places de stationnement sont limitées. Mais, une vélo-route voie verte est en construction entre Leffrinckoucke. Le mieux est encore d'y venir à vélo (une petite heure depuis Dunkerque) par la route. Ou par la plage, à condition de bien calculer les marées et de renoncer s'il y a trop de vent. L'été, la plage est surveillée par des sauveteurs. Il n'y a, certes, pas trop le choix si on veut manger sur place, mais c'est le prix de la tranquillité et du calme !

GRAVELINES

À l'époque romaine, toute la région est envahie par la mer. Le territoire de Gravelines n'existe donc pas encore ! Il faut attendre le retrait des eaux pour voir s'y former un petit hameau portant le nom des Huttes et voir débuter l'histoire de la ville ! Située entre Calais et Dunkerque, Gravelines n'a rien à envier à ses voisines, tant elle a de richesses à offrir, notamment naturelles et architecturales. La ville est officiellement créée par Philippe d'Alsace, Comte de Flandre, entre 1159 et 1163. Mais à cette époque, la ville est simplement protégée par une enceinte en bois ! Il faut rapidement remédier à cela, d'autant qu'avec la Guerre de Cent ans et la prise de Calais par les Anglais, Gravelines devient une place stratégique. Passant sous le joug espagnol, la ville va être remodelée par Charles Quint qui en renforce les fortifications et en reconstruit le château entre 1528 et 1535. Désormais, la ville est protégée par une muraille de briques. Finalement rattachée à la France en 1659, avec le Traité des Pyrénées, Gravelines va se modifier sous l'impulsion du plus célèbre des ingénieurs de Louis XIV : Vauban. Sur plusieurs décennies, il va repenser l'urbanisme de la ville, en créant un plan de fortifications en étoile, suivant le tracé d'une enceinte bastionnée, elle-même renforcée de demi-lunes et contre-gardes. Il ajoute également digues et écluses. L'épaisseur de l'enceinte prouve bien que Vauban voulait en faire une véritable forteresse, pièce maîtresse de son Pré-Carré. S'il a marqué la ville de son empreinte, l'aspect défensif de cette dernière a continué à évoluer au fil des siècles. Au XVIIIe siècle, la ville se dote de deux belles casernes, témoins exceptionnels de la vie des soldats de l'époque, d'un corps d'infanterie et d'une imposante citerne aux élégants robinets en bronze classés, et qui pouvait contenir plus de 1,4 million de litres d'eau ! Classées aux Monuments Historiques, ces fortifications constituent aujourd'hui un entrelacs de sentiers de randonnées très appréciés des promeneurs.

Dès le Moyen-Âge, Gravelines profite de sa situation géographique pour développer une activité commerçante prospère. Port de pêche au hareng et à la morue, port de transit de sel et de vin, Gravelines est un passage obligé pour le commerce national et international. Au XIXe siècle, alors qu'elle fait du commerce de denrées et matériaux venus des colonies, elle développera même un célèbre réseau de contrebandiers pour contourner les blocus ! La pêche, et surtout la « pêche à Islande » comme on le dit dans le Dunkerquois, reste l'activité principale des marins gravelinois jusque dans les années 1940. Gravelines, avec Grand-Fort-Philippe et Dunkerque, étaient en effet le point de départ des campagnes morutières vers les eaux froides de l'Islande. Malheureusement, après la guerre et les crises économiques, l'activité décline fortement à la faveur de l'arrivée des bateaux à moteur. Gravelines est aujourd'hui jumelée avec Fáskrúðsfjörður, où sont enterrés des marins flamands (et bretons !). La « pêche à Islande » est célébrée lors du carnaval et au moment de la fête des Islandais. Avec le développement du port commercial de Dunkerque, la ville se tourne vers l'industrie et notamment l'industrie nucléaire. En 1974, elle accueille le plus grand centre nucléaire de production d'électricité en Europe. Mais si cet imposant complexe peut effrayer, il ne doit en rien faire oublier que Gravelines est une ville touristique chargée d'histoire qui a beaucoup à offrir. La ville est par ailleurs une cité de labels : Association des espaces fortifiés, Ville fleurie, mais elle a aussi été élue parmi les plus beaux détours de France et a décroché à plusieurs reprises le label Pavillon Bleu.

■ OFFICE DE TOURISME

2, rue Léon-Blum
© 03 28 51 94 00
www.dunkerque-tourisme.fr
gravelines@dunkerque-tourisme.fr

Ouvert du mardi au vendredi de 9h à 12h et de 13h30 à 16h30 ; le samedi de 9h à 12h. Tous les jours sur le marché de noël de 15h à 20h en semaine et de 11h à 21h le week-end.

Contrairement à ce que beaucoup de gens pensent, Gravelines a énormément à offrir. Ses structures culturelles et sportives sont nombreuses. Musée de l'Estampe, port de plaisance, base nautique, fortifications, Sportica, Parc des Rives de l'Aa... il y a tant à découvrir. Une visite au point d'information touristique s'impose. Vous y retrouverez toutes les informations pratiques pour préparer au mieux votre séjour gravelinois. Hébergements, restaurants, cartes et plans, visites... vous pouvez tout voir et prévoir. L'équipe est très sympathique et a vraiment à cœur de partager sa passion pour Gravelines. Voilà qui ne gâche rien !

■ LA CANOTE

Digue de Mer
© 03 28 51 94 00
www.dunkerque-tourisme.fr
gravelines@dunkerque-tourisme.fr

D'avril à début novembre. Horaires des départs consultables au Point d'Information Touristique. Service assuré selon le calendrier scolaire et celui des marées. Les horaires peuvent être modifiés le jour même en raison du coefficient de marée et/ou des conditions météorologiques. Gratuit. Embarquement sur la rive de Petit-Fort au niveau de l'Anse des Espagnols. Embarquement de Grand-Fort-Philippe à 100 m du Musée de la mer. Poussettes et vélos acceptés.

La canote est une petite barque électrique sur laquelle vous embarquerez (7 personnes maximum par traversée) pour traverser le chenal de l'Aa qui relie Petit-Fort-Philippe (quartier de Gravelines) à Grand-Fort-Philippe. C'est gratuit, sympathique et cela vous évite un détour de 7 km ! Lorsque les marées coïncident, vous pourrez même vous rendre aux marchés des deux forts à bord de la canote. La traversée est courte : à peine plus de 2 minutes pour 35 m de distance entre les deux pontons, mais originale et souvent... vivifiante ! Et ce ne sont pas moins de 19 000 personnes (dont plus de 13 700 locaux) qui ont emprunté en 2019 ce moyen de transport peu commun ! De part et d'autre du chenal où se jette l'Aa, il y a des choses à faire : Musée de la Mer et Musée du

Vue aérienne de Gravelines.

Sauvetage, parc de l'Estran à Grand-Fort-Philippe ou phare et plage de Petit-Fort-Philippe. L'embarquement sur la rive de Petit-Fort-Philippe se trouve au niveau de l'Anse des Espagnols, et l'embarquement depuis Grand-Fort-Philippe se fait 100 mètres du Musée de la Mer. La canote, moyen de transport silencieux et non polluant, a été nommée en 2016 pour le Grand prix de l'innovation, par France station nautique.

Points d'intérêt

■ CENTRALE NUCLÉAIRE DE GRAVELINES

route des Enrochements
© 03 28 68 42 36
centrale-gravelines@edf.fr

Ouvert toute l'année. Le mercredi de 9h à 12h et de 13h30 à 17h. Gratuit. Visite guidée (possibilité de visite hors horaires de journée pour des groupes d'institutionnels ou des entreprises). Sur demande, organisation de conférences thématiques (radioactivité, surveillance de l'environnement...).

Insolite ? inquiétant ? étonnant ? La centrale de Gravelines est un peu tout cela à la fois... une empreinte de l'homme sur son territoire, sur la nature... Mais au-delà de l'impact naturel, il est important de savoir, de comprendre ce que cette centrale représente. Bien que le centre d'information ait un parti pris, il vous permettra de mieux aiguiser votre esprit critique et vous invitera à mieux vous documenter pour confronter les points de vue. En visite libre ou guidée, vous découvrirez les différents moyens de production d'électricité, le fonctionnement d'un réacteur nucléaire et les métiers exercés dans une centrale. Le Centre d'Information du Public a été aménagé de manière ludique et interactive. Une visite insolite pour mieux comprendre cette intrigante centrale. Des conférences thématiques, sur la radioactivité ou sur la surveillance de l'environnement par exemple, sont régulièrement organisées et permettent d'affûter les points de vue et de débattre avec les conférenciers.

■ EMBARCADÈRE VAUBAN PROMENADE

Rue de Dunkerque © 03 28 51 94 00
www.dunkerque-tourisme.fr

Ouvert d'avril à septembre. Avril, mai, juin et septembre : les mercredis, samedis, dimanches et jours fériés : 14h-18h. Juillet et août : tous les jours 14h-19h. Location barque électrique : 12 €/30 min, 20 €/60 min. Location barque à rames : 7 €/30 min, 10 €/60 min. Location bateau à pédales : 11 €/30 min, 16 €/60 min. Visite guidée (visite de 50 min dans un bateau de 12 places. 60 € par bateau). Visite guidée pour les groupes sur réservation au 03 28 26 27 31.

Eh oui, Gravelines est la seule ville de France dont les fortifications en étoile sont entièrement entourés d'eau ! Le site touristique de Vauban Promenade vous permet de choisir votre embarcation et de naviguer autour des remparts de la ville. Une virée nautique pleine de charme. Pour les plus écologiques d'entre vous, Vauban Promenade met à disposition des barques à rames ou des bateaux à pédaliers. Vous serez donc sûrs de préserver cet incroyable lieu. La balade, depuis le niveau de l'eau, offre une incroyable possibilité d'admirer toute la complexité et le génie de Vauban. L'activité convient à toute la famille. On apprécie le côté bucolique et le calme de ce type de balade. Une autre façon de (re) découvrir Gravelines !

■ ESPACE TOURVILLE ★

Route de Calais © 03 28 21 22 40
www.tourville.asso.fr
tourville@wanadoo.fr

En saison touristique (01/04-31/10) : du lundi après-midi jusqu'au dimanche de 10h à 12h et de 14h à 18h. En basse saison (01/11-31/03) : du mardi au vendredi de 9h à 18h, le samedi de 9h à 12h. Le deuxième week-end du mois de 10h à 18h. Gratuit jusqu'à 6 ans. Adulte : 7 € (visite guidée : 9 €). Enfant (de 6 à 12 ans) : 3,50 € (visite guidée : 4,5 €). Groupe (10 personnes) : 9 € (4,5 € pour les moins de 12 ans). Tarif réduit : 5 € (visite guidée : 7 €). Visite guidée. Restauration. Animations pour enfants : 6 € (à partir de 6 ans).

L'association Tourville propose de découvrir la construction du plus grand voilier historique français, le *Jean Bart*, vaisseau de 1er rang du XVIIe siècle, armé de 84 canons. Une folle aventure qui a vu le jour en 1992 et dont la construction a commencé dix ans plus tard. Le nom du vaisseau n'a pas été choisi au hasard. Il rend honneur à l'un des grands marins de la marine de Louis XIV, qui a terminé sa carrière à Dunkerque. Le chantier est visible sur un terrain privé aménagé en bordure du port de Gravelines. Il faudra en tout 30 ans de travaux pour voir le résultat final, mais vous pouvez dès aujourd'hui visiter le chantier de construction ainsi que diverses attractions qui s'organisent autour de lui. Vous pourrez y découvrir les ateliers traditionnels, et dans la boutique, des spécialités régionales comme des gaufres fourrées ou des bières artisanales. La visite du chantier de construction dure environ 1h15. Un village artisanal qui recrée l'ambiance des vieux métiers qui ont accompagné la construction de grands vaisseaux du roi Louis XIV se visite également. N'hésitez pas ensuite à aller vous restaurer au bar-restaurant La Taverne du Jean Bart, qui reste ouvert toute l'année.

■ MUSÉE DU DESSIN ET DE L'ESTAMPE ORIGINALE ★

Château Arsenal
Place Albert Denvers ✆ 03 28 51 81 00
www.ville-gravelines.fr
boutique.musee@ville-gravelines.fr
♿

Basse saison : ouvert le lundi et du mercredi au vendredi de 14h à 17h ; le week-end et les jours fériés de 14h30 à 17h30. Haute saison : du mercredi au lundi et les jours fériés de 14h à 18h. Gratuit jusqu'à 18 ans. Adulte : 3,50 € (tarif réduit : 2,50 € pour les 19-25 ans, demandeurs d'emploi et seniors). Visite guidée pendant les heures d'ouverture : 2,5 €/adulte ; 1 €/enfant. Visite atelier pendant les heures d'ouverture 4 €/adulte ; 2 €/enfant. Visite atelier en famille 5 €/enfant, gratuit pour les accompagnants. Visite guidée (pendant ou en dehors des horaires d'ouverture, se renseigner auprès du musée). Boutique.

Depuis la place de Gravelines, l'entrée du château se fait comme dans l'ancien temps, en franchissant le fossé par un pont en briques suivi d'un ancien pont-levis. Installé dans les salles historiques du château dit l'Arsenal, et plus particulièrement dans la Poudrière, édifié sur ordre de Charles Quint dès 1528, le musée propose une exposition de plus de 200 estampes couvrant les cinq siècles de l'histoire occidentale de la gravure. Le charme de ce musée, ce sont les sublimes salles voûtées dont les courbes sont habilement mises en valeur et en lumière, avec la brique jaune typique du Nord et de la Flandre. On peut y découvrir les presses, les outils et surtout comprendre comment cela fonctionnait à l'aide de démonstrations et de vidéos. Mais le musée démontre que la gravure se veut aussi contemporaine. Ouvert en 1982, ce musée gravelinois est toujours le seul en France à être uniquement consacré à l'estampe, ce qui en fait un lieu exceptionnel ! Des expositions temporaires y sont également organisées dans la casemate du pilier, le lieu qui servait jadis à la défense du château, toujours dans le but de montrer la diversité de la pratique de l'estampe, et aussi avec celui de promouvoir son actualité.

■ LE PAARC DES RIVES DE L'AA

1, rue du Guindal ✆ 03 28 23 59 82
www.lepaarc.com
contact@lepaarc.com
♿

Ouvert toute l'année. En accès libre toute l'année de 8h à 21h. Les activités sont ouvertes de 9h30 à 12h et de 14h à 18h30 pendant les vacances d'été. Tarifs complets en ligne. Accueil enfants. Restauration. Boutique. Animations.

À proximité des rives du fleuve Aa, étendu sur les communes de Saint-Georges et Gravelines, le PAarc des Rives de l'Aa est un espace multifonctionnel, composé d'une base de loisirs et de sports de plein air. Le PAarc, qui s'entend sur plus de 175 hectares, est ouvert au public mais est aussi un véritable espace à la fois touristique, ludique et sportif, pour les grands et les petits. Des stages sont d'ailleurs organisés, pendant les vacances, à destination des jeunes. La base sportive peut accueillir les débutants comme les sportifs de haut niveau qui peuvent y organiser des stages pour préparer leurs compétitions. De dimensions olympiques, le stade nautique répond aux normes des fédérations internationales et accueille des équipes locales d'aviron, de canoë-kayak, de triathlon, de natation longue distance... Des équipes olympiques sont même venues s'y préparer. De grandes manifestations, pas nécessairement sportives, sont également organisées régulièrement. À noter, l'ouverture d'un plan d'eau de loisirs pour les amateurs de sports de vent, de pêche et d'activités nautiques variées, mais aussi la présence d'un pôle nature aménagé avec une réserve naturelle pour la faune et la flore et des sentiers de randonnées pédestres, cyclistes et équestres. L'endroit convient aussi parfaitement aux séminaires ou aux enterrements de vie de célibataire.

■ PHARE DE PETIT-FORT-PHILIPPE

Digue de Mer
Petit-Fort-Philippe ✆ 03 28 24 85 65

Ouvert d'avril à octobre. Basse saison : ouvert le mercredi et le samedi de 14h à 18h ; le dimanche et les jours fériés de 10h à 12h30 et de 14h à 18h. Haute saison : du mercredi au samedi de 14h à 18h ; le dimanche et les jours fériés de 10h à 12h30 et de 14h à 18h. Gratuit jusqu'à 12 ans. Adulte : 2 €. Visite de la maison du gardien : gratuit et accessible par tous. Seuls les enfants de plus de 8 ans et accompagnés peuvent monter les marches du phare.

Après avoir gravi pas moins de 116 marches, vous pourrez enfin admirer la vue imprenable sur les rives de l'Aa depuis le haut du phare de Petit-Fort-Philippe. Avec ses 29 m au-dessus du niveau de la mer, si le temps vous le permet, vous aurez la chance de voir jusqu'à 48 km aux alentours : l'embouchure de l'Aa, les ports de Gravelines et de Grand-Fort-Philippe, mais également un peu plus loin, les longues plages de sable fin de Oye-Plage et la réserve ornithologique. Construit au XIXe siècle, le phare mesure 25,50 m. Tout blanc à l'origine, il fut repeint à la fin de l'année 1931 en noir et blanc pour que les marins puissent mieux le repérer de loin. Le phare est aujourd'hui éteint suite au départ en retraite de son dernier gardien en 1985 et a été remplacé par des balises qui se trouvent au bout de la jetée. Classé monument historique il y a dix ans, il accueille près de 3 330 visiteurs par an.

Le couvert

AU RETOUR D'ISLANDE
34, place du Docteur-Calmette
✆ 03 28 23 11 73
www.au-retour-dislande.com
Ouvert le lundi et du mercredi au samedi de 11h30 à 14h30 ; le lundi et le jeudi de 19h à 21h30 ; le vendredi de 19h à 22h ; le samedi de 18h30 à 22h ; le dimanche de 11h30 à 15h. Menus de 18,50 € à 42 €. Terrasse. Vente à emporter.
Un restaurant à la cuisine traditionnelle, qui sent très bon les produits de la mer. Ici, ils en ont d'ailleurs fait leur spécialité. Vous dégusterez de prestigieux plateaux de fruits de mer, par exemple, ou toute sorte de plats à base de crustacés ou de poissons : filet de daurade, filet de bar, filet de lotte, Saint-Jacques, gambas, aile de raie, palette de pêcheurs... Mais aussi des plats hors du commun comme le filet de kangourous. Une ambiance conviviale vous attend à l'intérieur de ce restaurant qui s'occupe également de vos événements privés, en vous proposant un service traiteur. Une adresse dépaysante et gourmande.

Le gîte

HÔTEL DU BEFFROI / BISTROT GOURMET***
2, place Albert-Denvers
✆ 03 28 23 24 25
www.hoteldubeffroi.com
contact@logis-gravelines.com
Logis. Ouvert toute l'année. Accueil 24h/24. 40 chambres. Chambre double à partir de 75 € ; chambre triple à partir de 90 €. Petit déjeuner : 9,15 €. Prêt de lit bébé sur demande. Chambres quadruples modulables. Les tarifs des chambres varient selon les périodes de l'année. Se renseigner auprès de la réception. Animaux acceptés (10 €/nuit). Wifi gratuit. Restauration (ouvert tous les jours midi et soir). Salle de séminaires pouvant accueillir jusqu'à 50 personnes. Tv satellite.
Situé en plein cœur de la citadelle de Vauban, vous ne pourrez pas manquer cet hôtel-restaurant qui se trouve juste en face du beffroi classé patrimoine mondial de l'Unesco. L'établissement 3 étoiles et 2 cheminées Logis de France propose 40 chambres (doubles, twins, triples ou quadruples modulables) dont une qui permet d'accueillir des personnes à mobilité réduite. Les parties communes (restaurant, bar, réception) ont été rénovées en 2019, dans un style contemporain et raffiné. Les chambres sont classiques et plutôt sobres. Elles possèdent toutes un coin bureau, une TV écran plat, une salle de bain privative et l'accès au wifi est gratuit. La façade a récemment été restaurée. Le plus : un bar convivial et un restaurant (Le Bistrot Gourmet) dont les horaires raviront les couche-tard. Si vous avez envie de vous balader autour de l'hôtel, la plage se situe à seulement 10 min et le port de plaisance à 5 min. Un lieu à découvrir, au cœur de Gravelines !

Dans les environs

Bourbourg

LE CHŒUR DE LUMIÈRE ★
Église Saint-Jean-Baptiste
26, place du Marché aux Chevaux
✆ 03 28 22 01 42
ciac-bourbourg@orange.fr
Ouvert toute l'année. Adulte : 3 € (visite guidée). Enfant (de 7 à 18 ans) : 2 €. Groupe (35 personnes) : 99 €. Visite guidée et tarif de groupe à partir de 8 personnes, uniquement sur réservation. Accès possible à l'église sous réserve qu'il n'y ait pas d'office religieux.
Le Chœur de lumière est une œuvre majeure du sculpteur britannique Sir Anthony Caro et réalisée spécialement pour l'église Saint-Jean-Baptiste de Bourbourg à la demande du ministère de la Culture. Il s'agissait de redonner un nouveau souffle au chœur gothique de l'église partiellement détruit pendant la Seconde Guerre mondiale. Le célèbre sculpteur, exposé dans les plus grands musées du monde, a travaillé pendant huit ans avant de montrer au public ses sculptures monumentales en terre cuite et feuilles d'acier. Ces différents tableaux retracent l'origine de l'homme et de la terre dans un style brut et dépouillé. Inauguré en octobre 2008, cette œuvre redonne vie à la chapelle. Au total, la réalisation comprend un ensemble de quinze sculptures se déployant sur les 450 m² du sol, conçu alors comme un socle. L'originalité du projet fait qu'il est souvent comparé à la célèbre chapelle du Rosaire de Vence. Mêlant art contemporain et art sacré, l'artiste fait dialoguer les époques et permet au visiteur de s'affranchir du temps et de l'espace et d'évoluer dans un lieu à la beauté singulière. Une œuvre essentielle à ne surtout pas manquer. L'église a récemment bénéficié d'un aménagement de son parvis et de son contour avec une mise en lumière particulièrement réussie.

Grand-Fort-Philippe

PARC DE L'ESTRAN
Boulevard Léon Maréchal
Les chiens doivent être tenus en laisse.
Le parc de l'Estran est un joyau méconnu de la Côte d'Opale. Pour accéder à ses 16 hectares de nature préservée, une seule entrée : Grand-Fort-Philippe. Une fois au calvaire des marins qui fait face à la mer du Nord, à l'extrémité du chenal, tournez le dos aux habitations et partez explorer cet environnement atypique. En 2017, le parc de l'Estran a bénéficié d'un nouvel aménagement inauguré en avril 2018. Il faut dire que le site a longtemps servi de décharge jusqu'à une prise de conscience du potentiel dans les années 1980 : c'est en effet ici que débute la célèbre réserve naturelle du Platier d'Oye. Pour les curieux, des panneaux pédagogiques et une table d'orientation expliquent la faune et la flore locale et toute la complexité de cette zone de marais salés où poussent la salicorne, le panicaut maritime ou encore une variété de petites orchidées sauvages. Une belle balade iodée à tester.

HAZEBROUCK

Hazebrouck, le marais aux lièvres – en flamand : *haze* signifie lièvre et *brouck* marais – tient son origine des moines qui réhabilitèrent le terrain, une forêt marécageuse et en firent une ville commerçante et agricole. Entre sa vraisemblable création – autour du XIIe siècle – et son avènement, quatre siècles s'écoulèrent. En effet, l'industrie textile devint la première cause de la prospérité d'Hazebrouck. Ce fut l'implantation de lignes de chemin de fer qui terminèrent d'ancrer la commune dans la réalité régionale et en fit un lieu de passage incontournable. La ville n'en fut que plus touchée durant la Seconde Guerre mondiale, surtout en 1940 lorsqu'un bombardement frappa la tour de la fameuse église Saint-Éloi. Le centre-ville et les alentours reflètent bien l'esprit flamand que l'on retrouve partout dans le secteur : architecture typique même pour les bâtiments d'après-guerre, constructions solides et hautes, accueil chaleureux, respect de l'entreprise et de la culture… Hazebrouck constitue donc la vitrine flamande idéale pour une région ballottée au fil du temps. Parmi les lieux incontournables de la ville, on retrouve l'hôtel de ville qui domine la Grand Place avec ses douze colonnes de style néo-antique. Ce dernier fut construit en 1807 sous Napoléon Bonaparte et fut achevé sous la Restauration. N'hésitez pas non plus à aller jeter un œil du côté de la rue de la Clef, qui est la plus ancienne rue de la ville, son tracé datant de 1 000 ans ! Comme de nombreuses villes du Nord-Pas-de-Calais, Hazebrouck a son géant : Roland van Hazebroeck. De plus, la ville est aussi une véritable cité culturelle et artistique, avec plusieurs musées et une salle de spectacles : l'Espace Flandre.

DESTINATION CŒUR DE FLANDRE

Office de Tourisme d'Hazebrouck – Hôtel de Ville
Place du Général de Gaulle ✆ 03 28 43 44 37
www.coeurdeflandre.fr
hazebrouck@coeurdeflandre.fr

Basse saison : ouvert le lundi de 9h30 à 12h ; du mardi au vendredi de 9h30 à 12h et de 14h à 18h. Haute saison : le lundi de 9h30 à 12h30 ; du mardi au samedi de 9h30 à 12h30 et de 14h à 18h.

Situé sous les arcades de l'étonnant bâtiment néoclassique qu'est l'hôtel de ville d'Hazebrouck, l'office de tourisme est un lieu de passage incontournable pour ceux qui souhaitent découvrir la région. Le lieu est immanquable depuis la Grand Place. Le personnel vous recevra cordialement pour vous expliquer toutes les richesses et curiosités patrimoniales de la ville et des alentours. De nombreux fascicules, plans, dépliants sont à votre disposition pour réussir votre visite de la cité et des alentours.

Points d'intérêt

ÉGLISE SAINT-ÉLOI

Rue de l'Église ✆ 03 28 41 91 80
paroisse-st-bernard@orange.fr

L'édifice le plus ancien de la ville se dresse toujours fièrement pour accueillir les nouveaux arrivants qui ont traversé la forêt de Nieppe. On date sa construction au XVe siècle, bien que l'église ait été consacrée au XVIe siècle. Construction typique de l'art flamand en vigueur à cette époque, ses briques rouges, ses fenêtres imposantes, son lion des Flandres, sont autant de distinctions extérieures habituelles. Sa flèche a été détruite par un tir d'obus lors de la Seconde Guerre mondiale mais a été reconstruite en 1994. L'intérieur se compose de trois vaisseaux, en plus des deux chapelles dédiées à saint Sébastien et à sainte Anne. Le mobilier ne dépare pas : trois retables du XIXe siècle, classés par les monuments historiques, sont dédiés aux figures chrétiennes importantes – saint Éloi, la Trinité et la Vierge Marie. Les vitraux, entièrement consacrés aux béatitudes du sermon sur la montagne, se révèlent expressifs et colorés. D'autres tableaux et reproductions sont les œuvres d'artistes locaux issus des grands ateliers flamands. Une visite incontournable !

JARDIN PUBLIC

Rue de l'Église
✆ 03 28 43 44 37

Fermeture de janvier à février de la partie basse du jardin. Ouvert l'hiver de 9h à 16h30 ; en mars et novembre de 9h à 17h ; en avril et octobre de 9h à 18h ; en mai et septembre de 9h à 19h ; l'été de 9h à 20h.

Ce jardin public a été réalisé il y a presque 90 ans déjà. Dans le parc, on peut découvrir deux statues. La première est un hommage à l'ancien député-maire de la ville, Jules Lemire, qui est à l'origine de cet espace de verdure mais qui malheureusement est décédé à peine un an avant son ouverture. Cet ancien abbé avait voulu créer un jardin convivial ouvert à tous celles et ceux qui souhaitaient prendre l'air. La seconde statue est celle de Pomone. Cette dernière est la divinité étrusque des fruits et des jardins. Petit clin d'œil au tableau du peintre flamand Cornelis de Vos qui avait peint *Vertumne et Pomone* au XVIIe siècle et dont l'œuvre est aujourd'hui exposée au musée municipal d'Hazebrouck. Le lieu est arboré et très bien entretenu, parfait pour de belles balades en famille le week-end ou pour profiter d'un moment de calme et de plénitude en semaine.

MAISON-MUSÉE DE L'ABBÉ LEMIRE

5ter, square Saint-Éloi
✆ 06 07 31 23 89

♿

Ouvert toute l'année. Visites gratuites le premier dimanche du mois, de 14h30 à 17h30. Possibilité de visiter la maison en semaine pour les groupes (sur réservation). Gratuit.

Longtemps député et maire de la ville, l'abbé Jules Lemire fut à l'origine de nombreuses réformes sociales qui ont permis d'améliorer le quotidien des travailleurs : repos dominical, assistance médicale, suppression du travail de nuit des enfants, allocations familiales, etc. La ville, reconnaissante, est considérablement marquée de son empreinte : collège, hôtel des postes ainsi que le très

Le bureau de l'abbé Lemire dans sa maison d'Hazebrouck.

agréable jardin public au pied de Saint-Éloi. L'engagement politique de l'abbé lui valut *in fine* d'être relevé de ses fonctions de prêtre. Construite en 1899, la maison de l'abbé Lemire est un lieu incroyable où vous pouvez admirer son bureau d'Hazebrouck, sa bibliothèque, une reconstitution de son bureau à Paris, sa chapelle privée... Sur la façade, vous pouvez également admirer un lion qui tient entre ses pattes un lièvre. Cette sculpture provient de l'ancien hôtel de ville d'Hazebrouck. Elle représente la Flandre protégeant la ville. La Maison est entretenue par la ville et animée par l'association en mémoire de l'abbé Lemire, qui organise également tout au long de l'année des conférences, des expositions et des manifestations en direction des jeunes.

MUSÉE DES AUGUSTINS ★

5, rue des Augustins
✆ 03 28 43 44 46
www.ville-hazebrouck.fr
mfcocq@ville-hazebrouck.fr
♿

Ouvert du mardi au dimanche de 14h à 17h30. Accueil des groupes le matin sur réservation. Adulte : 3 €. Enfant : 1,50 €. Groupe (10 personnes) : 1,50 €. Entrée gratuite chaque premier dimanche du mois. Visite guidée (pour les groupes scolaires 35 €, pour les groupes d'adultes max 30 pers, 60 €).

Situé dans l'ancien couvent des Augustins, datant du XVIIe siècle, le musée des Augustins est inauguré en 1927 par l'abbé Lemire. Il permet de découvrir un panorama très riche des traditions et des arts en Flandre. Son architecture typique offre un bel exemple des styles de l'époque, entre le baroque et les décorations d'usage. Mais l'intérêt majeur du musée repose dans ses collections visibles, avec notamment les Géants de la ville, mais aussi avec sa cuisine flamande parfaitement reconstituée, qui expose tous les ustensiles, meubles et décorations du temps des grandes maisons bourgeoises. Continuez la visite, en allant jeter un œil du côté de la salle dédiée à l'histoire de la Flandre, racontée à travers les témoignages d'objets, héritages des temps passés. Une galerie vous propose ensuite de découvrir l'art sacré autour du Trésor de l'église Saint-Éloi, avec des sculptures et tableaux religieux datant des XVIe et XVIIe siècles. La dernière galerie du cloître présente, quant à elle, plusieurs œuvres dont celle de César Pattein, un peintre d'origine hazebrouckoise. Des expositions temporaires sont également organisées tout au long de l'année.

Le couvert

BRASSERIE RESTAURANT L'HAZE

1, route de Steenvoorde
✆ 03 28 41 56 73
www.restaurant-lhaze.fr

Ouvert tous les jours à midi. Formule midi 11,90 € (entrée-plat ou plat-dessert). Menu : 18,90 €. Menu enfant : 6,90 €. Carte : 14,50 € environ. Chèque restaurant. Parking.

Située à la sortie d'Hazebrouck en direction de Steenvoorde, la brasserie-restaurant l'Haze est une auberge chaleureuse où vous goûterez à une cuisine traditionnelle et régionale de bonne facture. La carte évolue au fil des saisons et des arrivages. On y retrouve ainsi une belle brochette de plats typiques de la région comme la carbonnade, le potjevleesch ou le welsh. Les frites sont faites maison : un pur délice. Le prix des menus, surtout en semaine, sont attractifs. Très bon rapport qualité-prix pour des assiettes de qualité. Une bonne adresse sans aucun doute qui mise sur son terroir.

Loisirs

LOISI FLANDRES

Zone de Loisirs
Avenue de Saint-Omer ✆ 03 28 42 28 28
www.loisiflandres.com

Ouvert toute l'année. Le mercredi de 14h à 21h ; le jeudi de 17h à 21h ; le vendredi de 14h à 1h ; le samedi de 14h à 2h ; le dimanche de 10h à 21h. Les horaires peuvent varier en fonction des activités choisies. Pendant les vacances scolaires et les jours fériés, Loisi Flandres est ouvert à partir de 13h pour le Loisi Kids et 14h pour les autres activités. Entre 3 et 10 €. Les tarifs varient en fonction de l'activité choisie. Restauration.

Loisi Flandres est un complexe de loisirs où vous retrouvez cinq activités à faire en famille, entre amis ou entre collègues : bowling, karting, laser game, mini-golf et billard. Les enfants (jusqu'à 13 ans) ne sont pas en reste puisqu'un espace de jeux couvert s'étalant sur 1 200 m² leur est réservé. Toboggan, piscine à balles ou encore escalade, il y a de quoi passer un bon moment. Vous avez donc de quoi ravir toutes les envies sur un seul et même lieu. Pour se restaurer avant toute activité ou une fois la journée terminée, un estaminet est ouvert au sein du complexe de loisirs le week-end. Attention toutefois : les horaires peuvent varier d'une activité à une autre, n'hésitez pas à appeler pour avoir confirmation !

Sorties

LINK – ESTAMINET URBAIN

8, place du Général de Gaulle
✆ 03 28 44 74 41
www.link-estaminet-urbain.com
contact@link-estaminet-urbain.com

Ouvert du dimanche au jeudi de 16h à 0h ; le vendredi de 16h à 1h ; le samedi de 16h à 2h. Boissons entre 3 € et 8 €. Restauration entre 10 € et 18 €. Terrasse. Restauration.

Ouvert depuis fin 2016, le Link a réussi à se faire un nom dans le paysage hazebrouckois. Situé sur la Grand'Place, ce lieu moderne rassemble tous les codes d'un bar urbain du Nord : mobilier en bois, montures en acier et fer, et de la brique, bien évidemment ! Tout est réuni pour passer un moment convivial entre amis : de nombreuses bières (dont 4 sont régulièrement changées), une carte des vins étoffée, un large choix de cocktails et des planches pour ceux qui ont une petite faim. Le bar possède une programmation en fonction des événements de l'année. Notez qu'il est également l'un des rares bars de la ville à fermer tard. Pratique pour commencer et pourquoi pas finir votre soirée !

Emplettes

MAISON VAN INGHELANDT

1, rue César Samsoën ✆ 03 28 41 91 16
www.van-inghelandt.com
contact@van-inghelandt.com

Ouvert du lundi au mercredi, le vendredi et le samedi de 8h à 12h30 et de 15h à 19h30 ; le dimanche de 8h à 12h30.

Une envie de bonnes viandes et charcuteries dans votre assiette ? Rendez-vous à la Maison Van Inghelandt, boucher-charcutier-traiteur situé non loin de l'hôpital d'Hazebrouck. Créée en 1960, cette boucherie-charcuterie se transmet de génération en génération. Dans ce commerce, tout donne envie : de la volaille au rôti de bœuf, en passant par les pâtés, les saucisses ou le couscous. La maison, distinguée par de nombreux prix, met un point d'honneur à servir des produits de qualité venant (quand cela est possible) de la région. Si vous n'êtes pas adepte de la cuisine, la boucherie propose un service de plateau-repas disponible en boutique du lundi au vendredi entre 11h et 12h30. Petit plus et pas des moindres : vous pouvez commander vos viandes, votre service traiteur et votre plateau-repas en ligne.

Dans les environs

Neuf-Berquin

MUSÉE DES ABEILLES

93, rue de Cassel ✆ 03 28 42 83 08
www.lapi.fr – contact@lapi.fr

Fermé les jours fériés. Ouvert du lundi au samedi de 14h à 18h. Ouvert du 1er avril au 31 octobre. Gratuit jusqu'à 4 ans. Adulte : 4 € (visite individuelle sans guide). Groupe (8 personnes) : 5 € (la visite est commentée par un guide, sur réservation). Groupe de + de 15 personnes : tarif 3.50 €/pers. + forfait guide 20 €/groupe, sur réservation. Visite guidée. Animations.

Créé en 1998 par la famille Lucas, le Musée des Abeilles est un lieu où la visite est rythmée par la vie de ces petites bêtes volantes rayées de noir et jaune. Dans ce musée, vous découvrirez la vie de ces insectes en long, en large et en travers : qu'est-ce qu'une abeille ? que fait-elle pour produire du miel ? comment s'organise une ruche ? quel est l'impact de l'abeille sur la nature ?, etc. C'est aussi une belle manière de découvrir le métier d'apiculteur et de, pourquoi pas, susciter des vocations ! La visite dure une heure et demie et est extrêmement ludique, que ce soit pour les petits comme pour les grands : pas le temps de s'ennuyer ! Des ateliers sont aussi proposés, comme la création de bougies avec de la cire d'abeille. Un musée original et très intéressant, parfait pour sensibiliser les jeunes (comme les moins jeunes) à la préservation de cette espèce si importante pour l'écosystème.

LAPI CULTEUR

93, rue de Cassel ✆ 03 28 42 83 08
www.lapi.fr – contact@lapi.fr

Ouvert du lundi au samedi de 9h à 12h et de 14h à 19h.

Depuis 1993, l'entreprise familiale LAPIculteur propose aux visiteurs une véritable plongée dans le monde sucré et savoureux du miel. Au cœur d'une ancienne ferme flamande, les amateurs de petites douceurs pourront découvrir un vaste choix de produits réalisés à partir du patient travail des abeilles et de leurs apiculteurs : miel d'acacia, gaufres fourrées, nonnettes au miel et à la marmelade d'orange, mais aussi hydromels, liqueurs et berquinois agrémentés de framboise... il y en a pour tous les goûts ! Les déclinaisons des produits de la ruche sont nombreuses, qu'il s'agisse des gourmandises comme des produits de bien-être : gelée royale, huiles essentielles, propolis ou bougies artisanales.

LILLE ★★★

Lille, préfecture du département du Nord, est désormais la capitale de la région des Hauts-de-France. La Communauté Urbaine de Lille, aujourd'hui appelée Métropole Européenne de Lille, regroupe 90 communes et compte plus de 1,1 million d'habitants. Au carrefour des grandes capitales européennes, proche de la frontière belge, Lille est une ville multiculturelle à dimension internationale. Riche ville drapière des Flandres, Lille fut prise en 1667 par Louis XIV, reprise par les Hollandais en 1708 malgré les fortifications de Vauban puis revint définitivement à la France au traité d'Utrecht en 1713. Le site de Lille semble avoir été occupé dès l'époque gallo-romaine. Mais le premier document écrit date de 1066 : la Grande Charte de Baudouin V, comte de Flandre, dote Lille de la collégiale Saint-Pierre. À cette époque, la Deûle traversait la ville en de multiples bras, et une rupture de pente obligeait le déchargement des bateaux jusqu'à une autre section. D'où la naissance d'un noyau urbain sur cette *insula*, Isle... Lille. Au XIIIe siècle l'activité commerciale s'intensifie et privilégie les contacts avec l'Angleterre et la Hanse germanique. Les rois de France convoitent de plus en plus Lille et la Flandre. En 1214, la bataille de Bouvines oppose le roi de France, Philippe Auguste, à la coalition de l'empereur germanique, du roi d'Angleterre et du comte de Flandre. Victoire française, le comte Ferrand est fait prisonnier. Son épouse, la comtesse Jeanne, doit gérer seule le comté. Elle crée de nombreuses fondations charitables – dont le remarquable hospice Comtesse en 1237. Marguerite de Flandre épouse Philippe le Hardi en 1363 et apporte la Flandre à la Bourgogne. Lille devient l'une des capitales de l'État bourguignon et vit sous le faste quasi royal des ducs de Bourgogne jusqu'en 1482. Sous le règne de Philippe le Bon se tiennent le premier chapitre de l'ordre de la Toison d'or en 1431, prestigieuse confrérie chevaleresque, et le somptueux banquet du « vœu du Faisan » en 1454. De 1482 à 1667, Lille vivra près de 180 ans sous domination austro-espagnole. En 1477, Marguerite de Bourgogne épouse Maximilien d'Autriche, de la famille des Habsbourg. Puis Lille et toutes les provinces des Pays-Bas passent sous domination espagnole lorsque Charles, comte de Flandre, devient roi d'Espagne puis empereur, en 1521, sous le nom de Charles Quint. Louis XIV, époux de l'infante Marie-Thérèse, prend la ville de Lille en 1667 et l'intègre au royaume de France. Vauban, ingénieur du roi, construit alors « la reine des citadelles » de 1667 à 1670. D'avril à décembre 1672, le gouverneur de la ville par intérim n'est autre que Charles de Batz-Castelmore, capitaine lieutenant de la première compagnie des mousquetaires... le comte d'Artagnan ! Durant la guerre de succession d'Espagne, les Hollandais occupent la ville qui redevient française en 1713. Lille n'échappe pas aux guerres révolutionnaires et, en 1792, les archiducs assiègent la ville qui résiste grâce à l'héroïsme de ses habitants. La statue de la déesse sur la Grand Place, édifiée en 1845, commémore cet épisode glorieux de l'histoire de Lille. L'essor industriel du Second Empire favorise en 1858 le dernier agrandissement de Lille. La ville annexe alors les communes de Wazemmes, d'Esquermes, de Moulins puis de Fives et de Saint-Maurice. C'est également à Lille qu'a été officialisée la décision de construction du tunnel sous la Manche. Une histoire riche qui se lit et se vit à chaque coin de rue, sur chaque façade, et qui fait de Lille, une ville que l'on ne se lasse jamais de découvrir et redécouvrir.

Place Rihour, Lille.

OFFICE DE TOURISME ET DES CONGRÈS DE LILLE
Place Rihour
Rue du Palais Rihour ✆ 08 91 56 20 04
www.lilletourism.com
contact@lilletourism.com
Métro Rihour.

♿

Ouvert du lundi au samedi de 9h30 à 18h ; le dimanche et les jours fériés de 10h à 16h30. City Pass : 25 € (24h), 35 € (48h), 45 € (72h). City Tour (durée : 1h15) : 14 € (12 € en cas de réservation sur Internet), au départ de l'office de tourisme.

Voilà qui est bien pratique. En vous rendant à l'Office de Tourisme de Lille pour préparer votre découverte de la ville, vous commencez en réalité déjà votre visite ! Eh oui, l'Office occupe la salle des gardes située au rez-de-chaussée du superbe Palais Rihour. Sa construction fut commencée en 1453 sous le règne de Philippe Le Bon, célèbre Duc de Bourgogne ; ce qui en fait l'un des seuls témoins de l'architecture gothique flamboyant de Lille. L'équipe sympathique et efficace de l'Office vous propose différentes visites guidées et met à votre disposition des brochures très intéressantes indiquant des itinéraires pour les piétons ou les cyclistes. On vous y vend aussi le City Pass Lille Métropole. Muni de celui-ci, vous bénéficiez d'un accès gratuit à un grand nombre de musées, sites et prestations touristiques, ainsi qu'au réseau de transports en commun de Lille Métropole (métro, bus, tramway), plus des avantages shopping et restaurants. Notez que le pass valable 3 jours vous ouvre des portes au-delà de Lille, dans la région, et donne un accès gratuit et illimité au réseau TER SNCF. A l'étage, ne manquez surtout pas la salle du Conclave et la sacristie baignée d'une lumière très particulière grâce à ses superbes vitraux. L'Office de Tourisme y organise souvent des expositions. Muni de vos plans et brochures, vous voilà prêt à partir à la découverte de la belle cité lilloise !

L'ÉCHAPPÉE BIÈRE
130, boulevard de la Liberté ✆ 07 82 71 68 21
www.echappee-biere.fr
contact@echappee-biere.com
M° République.

Jeu de piste avec 4 dégustations : 26 €/pers. Cours de dégustation de bières : 26 €/pers. Visite d'une brasserie : à partir de 6 €/pers. Circuits sur mesure pour les groupes à partir de 8 personnes.

Depuis 2013, l'Échappée Bière propose plusieurs formules pour découvrir le produit phare du Nord : la bière bien sûr ! Aussi bien pour les entreprises que pour les particuliers, Olivier et Nicolas ont conçu des activités autour de ce produit local, qui, finalement, est assez méconnu. Ainsi vous pourrez vous inscrire aux cours de « biérologie » (sur le modèle de l'œnologie), découvrir la fabrication de différentes bières locales ou visiter diverses brasseries tout en découvrant la région. Si vous passez un week-end sur Lille, nous ne pouvons que vous conseiller le jeu de piste avec dégustation de bières : une façon particulière de visiter la ville. N'hésitez pas à explorer le site Internet et à prendre contact avec les organisateurs, passionnés, chaleureux et très à l'écoute.

Points d'intérêt

GRAND'PLACE (PLACE DU GÉNÉRAL-DE-GAULLE) ★★
Place du Général de Gaulle

La célèbre Grand'Place, rebaptisée en l'honneur du général de Gaulle le 12 août 1944 (né à Lille, il en est également Citoyen d'honneur), se situe au cœur de la ville entre le Vieux-Lille et le secteur piétonnier. C'est un lieu incontournable pour tous les Lillois, qui s'y rassemblent, s'y promènent, flânent ou se reposent sur le rebord de la fontaine. Accueillant dès le Moyen Âge un important marché, cette place voit encore de nombreuses manifestations s'y installer, comme la désormais fameuse grande roue au moment de Noël. Les sculptures et les façades colorées à l'architecture flamande veillent sur cette place chargée d'histoire. Au centre, la colonne de la Déesse domine en commémoration du siège autrichien de la ville en 1792 (les nombreux boulets impériaux ont par ailleurs laissé une marque visible dans les murs des bâtiments situés du côté de la place du Théâtre. Sa main gauche désigne une inscription expliquant le refus des Lillois de se plier aux Autrichiens ; sa main droite tient un boutefeu servant à la mise à feu des pièces d'artillerie. Autour de la place, des monuments emblématiques de la ville : la façade flamande abritant la *Voix du Nord* arbore les blasons des principales villes de la région, surmontée des trois Grâces de bronze symbolisant la Flandre, l'Artois et le Hainaut (les trois provinces de la région). La Grande-Garde, devenue aujourd'hui le Théâtre du Nord, logeait jadis les soldats du guet. Et bien sûr, la Vieille Bourse, un des lieux les plus beaux de la ville.

Monuments

CITADELLE
Avenue du 43e-Régiment-d'Infanterie

Terrain militaire fermé au public, sauf visites guidées organisées par l'Office de tourisme.

Surnommée la Reine des citadelles, car elle est la seule en France à former une étoile complète, la citadelle de Lille est la première grande réalisation personnelle du maître de la poliorcétique Vauban, qui lui fut confiée par Louis XIV. Débutée en 1670 dans ce terrain marécageux formant à lui seul un obstacle naturel pour les assiégeants, elle se présente sous la forme d'un pentagone régulier long de 2 km et renforcé de puissants bastions à l'intérieur desquels les bâtiments s'implantent selon une disposition radiale dégageant une grande cour centrale. Cher au cœur de Vauban, ce joyau de la fortification du XVIIe siècle, aujourd'hui encore habitée par les militaires, se visite sur réservation, en contactant l'office de tourisme de Lille. La Porte Royale décorée des emblèmes de la royauté française, la Porte Dauphine (ornée de décorations militaires et d'une représentation du Roi Soleil) et l'Arsenal y sont tout particulièrement admirables, ainsi que la petite chapelle baroque au milieu de la cour. Le vaste parc qui l'entoure est le lieu de promenade favori des familles.

BEFFROI DE LILLE

215, rue de Paris
✆ 03 59 57 94 00
www.lilletourism.com

Fermé les 1er janvier, 1er mai, 25 juillet et 25 décembre. Ouvert tous les jours de 10h à 13h et de 14h à 17h30. Dernières montées à 12h30 et 17h. Gratuit jusqu'à 6 ans. Adulte : 7,50 € (6 € en ligne). Gratuit les 1ers mercredis de chaque mois. Visite guidée. Boutique.

Construit par l'architecte Dubuisson entre 1924 et 1932, le beffroi de Lille compte une centaine de marches à gravir avant d'accéder à l'ascenseur (sauf si vous préférez l'escalier). Une fois au sommet (104 m de haut !), on bénéficie d'une vue à 50 km à la ronde, sur les différents quartiers de la ville et au-delà. Ce beffroi ouvrier, commandé à l'époque par une mairie socialiste, fait face au beffroi de la chambre de commerce et d'industrie, celui des patrons, implanté dans le centre-ville. L'hôtel de ville a été classé Monument historique en 2002. Son beffroi, comme 22 autres en Nord-Pas-de-Calais et Picardie, est sur la liste du patrimoine mondial de l'Unesco depuis 2005.

MAISON NATALE CHARLES DE GAULLE ★★★

9, rue Princesse
✆ 03 59 73 00 30
www.charles-de-gaulle.org
maisondegaulle@lenord.fr

Ouvert du mercredi au samedi de 10h à 13h et de 14h à 18h ; le dimanche de 13h30 à 18h. Gratuit jusqu'à 26 ans (les demandeurs d'emplois, les bénéficiaires du RSA, les personnes handicapées ainsi que pour les journalistes et les détenteurs de la carte ICOM). Adulte : 6 €. Le musée est gratuit pour tous pendant l'Happy Hour, chaque jour entre 17h et 18h et le premier dimanche de chaque mois. Visite audioguidée et visite guidée pour les groupes, sur réservation. Boutique. Animation. Centre de documentation.

La maison natale de Charles de Gaulle, que l'on peut visiter, est en fait la demeure de ses grands-parents maternels. Charles de Gaulle est né dans cette maison bourgeoise le 22 novembre 1890 et y a passé beaucoup de temps lors de ses jeunes années. En 1947, la maison est vendue et cesse d'appartenir à la famille. En 1971, elle passe aux mains de l'Institut Charles de Gaulle et la Maison natale ouvre ses portes au public douze ans plus tard. Il faudra attendre 1990 pour que celle-ci soit inscrite sur la liste des Monuments historiques. En 1992, la Fondation Charles de Gaulle prend le relais et entreprend de nombreuses réflexions pour réhabiliter le lieu. À la fin des travaux, en 2005, la Maison se compose de trois parties : la partie logis, un espace d'expositions temporaires et un centre de documentation doté d'un auditorium. Aujourd'hui le lieu est administré par le Conseil départemental du Nord, qui en a fait un lieu de rencontres, d'échanges et de débats sur l'Histoire contemporaine. Lors de la visite, vous pourrez découvrir celui qui allait devenir le général de Gaulle à travers ses souvenirs de famille et des objets personnels. Le portrait est intime et retrace la genèse d'un tempérament qui allait lancer l'appel du 18 juin, conduire la Résistance et devenir le premier président de la Ve République. Vous apprendrez à connaître ses origines, son éducation, ses principes, sa culture immense et d'où vient son profond respect pour la patrie. Chacune des pièces de la maison rappelle un épisode de la vie et de la jeunesse de Charles de Gaulle. Une visite inoubliable pour les amoureux de l'Histoire et tous ceux qui veulent découvrir qui était véritablement Charles de Gaulle.

NOTRE-DAME-DE-LA-TREILLE ★

Place Gilleson ✆ 03 20 31 59 12
www.cathedralelille.com
cathedraledelatreille@gmail.com

Ouvert toute l'année. Tous les jours de 10h à 18h30. Juillet et août : de 12h à 20h. Gratuit. Visite guidée (le Dimanche à 15h ou sur réservation).

La cathédrale Notre-Dame-de-la-Treille est née d'un rêve fou au XIXe siècle. Au cœur du Vieux-Lille, cet édifice de style gothique est la dernière cathédrale du XXe siècle. Sa construction s'est en effet prolongée de 1854 à 1999 ! Notre-Dame-de-la-Treille, alors basilique, n'est désignée cathédrale qu'en 1914 par le pape Pie X. Le projet, de grande envergure, nécessite modifications et renoncements : la façade est parée provisoirement de briques en 1947. En 1990 renaît le projet d'achever la cathédrale, grand vaisseau sans visage. Un projet de façade contemporaine de Pierre-Louis Carlier et Peter Rice est retenu. Si elle déroute souvent le visiteur quant à son esthétique générale, ne manquez pas l'effet de lumière qui irradie la nef grâce à la translucidité du marbre et de la rosace du peintre lillois Ladislas Kijno. À l'intérieur, le chemin de croix vous guide vers l'autel. Admirez aussi le retable du Rosaire, œuvre contemporaine de style gothique, et les ouvrages des maîtres-verriers témoignant des aspirations poétiques et spirituelles des hommes. Depuis 2008, la cathédrale résonne de son grand orgue, venu de la Maison de la Radio ! Ses 7 600 tuyaux (pesant 41 tonnes) en font l'un des orgues les plus importants de France.

VIEILLE BOURSE ★★

30, place du Général-de-Gaulle

Ouvert du mardi au dimanche de 11h à 19h. Marché de livres neufs et anciens et de cartes postales. Soirées tango le dimanche soir, de juillet à septembre. Gratuit.

Entre l'Opéra et la Grand Place, c'est un havre de paix. Construite au XVIIe siècle dans le style flamand, elle se compose de vingt-quatre maisons identiques disposées en carré. Les échoppes d'autrefois ont fait place aux cafés et boutiques. Les façades, colonnes, portes, fenêtres, la toiture sont magnifiquement ornées. La statue dorée de Mercure, dieu du commerce, pointe au sommet du campanile. Mais le secret de la Vieille Bourse est intérieur. On y entre par l'un des quatre portails en bois surplombés des lions de Flandre, souvenir de l'époque où la ville appartenait aux Pays-Bas. Le silence s'installe. On échange à voix basse avec les bouquinistes, on feuillette une BD ou un vieux livre d'art, on regarde quelques breloques et antiquités, on est captivé par les joueurs de go ou d'échecs. Rendez-vous des numismates, philatélistes et autres collectionneurs. De juillet à septembre, le dimanche soir, on y danse le tango. La Vieille Bourse, ce lieu dépaysant, unique, magique.

© CRÉDIT PHOTO

Musée de l'Hospice Comtesse.

Musées

MUSÉE DE L'HOSPICE COMTESSE ★

32, rue de la Monnaie ✆ 03 28 36 84 00
mhc.lille.fr – mhc@mairie-lille.fr
M° Gare Lille Flandres

Ouvert le lundi de 14h à 18h ; du mercredi au dimanche de 10h à 18h. Gratuit jusqu'à 12 ans (demandeurs d'emplois, amis des musées de Lille). Adulte : 3,70 € (tarif réduit : 2,60 € pour les étudiants et les 12-25 ans). Audio-guide : 2 €. Accueil enfants. Visite guidée (sur inscription, durée 1h, 5,70€/4,60€). Animations.

Dans une rue typique du Vieux-Lille, la rue de la Monnaie, l'Hospice Comtesse offre au public un voyage architectural, environnemental, politique et social, dans le Lille du XIe siècle au XVIIIe siècle. À l'origine, le lieu était un hôpital fondé en 1237 par la comtesse Jeanne de Flandre. Depuis 2012, une guette disparue depuis des siècles a été érigée pour faire retrouver au bâtiment sa silhouette originale, attestée par d'anciennes illustrations. À l'intérieur du musée, vous pouvez admirer des collections de peintures et de sculptures d'influences flamande, hollandaise et française. Au rez-de-chaussée du bâtiment, vous visitez l'intimité d'une maison flamande lors des XVIIe et XVIIIe siècles : la cuisine, le réfectoire, le mobilier, mais aussi la chapelle, la pharmacie et le jardin médicinal qui rappellent la vocation première du lieu. À l'étage, se trouve le dortoir des religieuses où l'on peut voir aujourd'hui des collections d'arts illustrant la vie lilloise de l'Ancien Régime à la Révolution française. Dans la cour d'honneur, la salle des malades datant du XVe siècle, accueille régulièrement des expositions temporaires, notamment des expositions d'art contemporain !

PALAIS DES BEAUX-ARTS ★★★

Place de la République ✆ 03 20 06 78 00
www.pba-lille.fr
M° République Beaux-Arts

Fermé le 1er janvier, le 1er novembre et le 25 décembre. Ouvert le lundi de 14h à 18h ; du mercredi au dimanche de 10h à 18h. Accueil billetterie jusqu'à 17h30. Gratuit jusqu'à 12 ans. Adulte : 7 € (expositions temporaires : 10 €. Expo + Collections : 11€). Happy hour : tarif réduit pour tous à partir de 16h30 du lundi au vendredi. Tarif réduit : collections 4 €, exposition 7 €, expo+coll 8 €. Accueil enfants. Visite guidée (nombreuses visites guidées thématiques proposées, entre 30min et 1h, de 4 € à 8 € selon formule). Restauration (réservation au 09 51 60 07 56). Boutique. Animations. Programme des animations et visites sur le site.

Est-il encore besoin de présenter le Palais des Beaux-Arts de Lille ? Considéré à juste titre comme l'un des plus beaux musées de France, le Palais des Beaux-Arts est un lieu à nul autre pareil. Jugez plutôt… ce sont plus de 60 000 œuvres qui s'exposent sur 22 000 m² au regard de plus de 255 000 visiteurs chaque année. L'histoire du Palais remonte à 1892, année de son inauguration. A l'époque le maire de Lille avait des projets d'aménagement grandioses, mais faute de financements, il dût revoir ses exigences à la baisse ! Malgré tout, le Palais ainsi construit impressionne et remplit parfaitement son rôle d'écrin pour les œuvres. Son succès est phénoménal et ne cesse de croître au fil des années. Tant et si bien que dans les années 90, un grand projet de réaménagement est lancé. Les architectes Ibos et Vitart transforme le musée, creuse des fondations pour y intégrer l'atrium, véritable cœur du musée, et ajoute une annexe, le désormais célèbre bâtiment-lame dont la structure en verre reflète la partie ancienne du Palais, agrandissant ainsi ses dimensions et lui rendant la majesté dont avait rêvé son fondateur. A l'intérieur, les plus grands artistes et les plus belles œuvres s'affichent. De Rodin à Picasso, de Delacroix à Sisley, de Rubens à Monet en passant par Goya et Claudel, les chefs-d'œuvre s'exposent dans de superbes salles aménagées selon les périodes et les pays. Ecole française ou flamande, galeries hollandaise ou italienne, galerie de sculptures, ou encore cabinet de dessins et galerie de céramique… tous les styles, tous les genres sont représentés. Sans oublier les célèbres plans reliefs des villes fortifiées par le génial Vauban qui sont présentés au sous-sol du Palais… un choix très symbolique qui place l'histoire comme fondation et soutien de ce merveilleux Palais. Ateliers, visites guidées, visites thématiques… le musée met à votre disposition de nombreuses animations pour découvrir ce patrimoine hors du commun. Mais le Palais des Beaux-Arts n'est pas un lieu statique et fermé. Bien au contraire, il vit et vibre avec son temps. Depuis le mois de juin 2017, soit 20 ans tout juste après sa grande rénovation, un projet scientifique et culturel d'envergure a été lancé pour faire entrer pleinement le Palais dans l'ère du digital et de l'innovation. La première phase de ce plan qui doit se terminer en 2022 a consisté en une redéfinition complète de l'atrium, ce lieu bien connu des visiteurs, ce centre de passage névralgique. Préparez-vous à entrer dans un nouvel univers et à vivre une expérience muséographique inédite. Dans l'incroyable espace Gigapixels vous allez pouvoir plonger en immersion dans l'œuvre de votre choix. Sur des écrans tactiles 4K vous allez pouvoir zoomer à l'envie et voir et ressentir l'œuvre comme jamais auparavant. Grâce à des tables tactiles, vous allez pouvoir naviguer à travers 350 chefs-d'œuvre et créer votre propre parcours de visite que vous pourrez télécharger et imprimer via une application spécialement conçue pour les visiteurs. Grâce au système de géolocalisation, vous allez pouvoir vivre une expérience améliorée et personnalisée comme si le musée avait été pensé pour vous. Vous pourrez même poster vos impressions et commentaires sur l'application. Ils s'afficheront alors dans l'atrium, lieu d'échange et de partage.

Balades, flâneries

JARDIN DES GÉANTS

Rue du Ballon
www.lilletourism.com
contact@lilletourism.com

Ouvert de 9h à la tombée de la nuit (au plus tard 21h). Gratuit.

Situé à deux pas de la Gare Lille Flandres et de la Gare Lille Europe, ce parc étonne ! Inauguré en 2009, ce parc de 2 ha a été créé par les paysagistes de l'Atelier Mutabills en remplacement d'un ancien parking aérien. Ce temps est révolu, aujourd'hui les voitures se garent en sous-sol et la nature peut alors s'exprimer. Ils ont imaginé tout simplement que les fameux géants du Nord sont venus ré-occuper ce jardin qui n'était plus. Ainsi, les sentiers en pierre nous font pénétrer dans un paysage de verdure verticale composé de bambous et de graminées. Les géants sont là, avec leurs immenses têtes recouvertes de végétation. L'eau est partout, on peut marcher dessus par des petites passerelles, et elle s'offre aussi à la nature par des têtes cracheuses d'animaux qui sortent littéralement d'un mur végétal. Les décorations sont très hétéroclites, la végétation luxuriante ; bassins et brumisateurs rafraichiront un peu l'atmosphère des chaudes journées estivales. Une multitude de chemins permettent de rendre chaque visite différente, alors ne tardez pas à aller vous perdre dans ce petit îlot de paradis, les géants vous accueilleront pour leur plus grand plaisir. Une véritable invitation à l'imagination pour petits et grands... avec en toile de fond les tours futuristes en verre d'Euralille. Étonnant !

LE JARDIN VAUBAN ★

Boulevard Vauban ✆ 03 20 49 50 00

Ouverture permanente.

Créé sous le règne de Napoléon III par le jardinier de la ville de Paris, Barillet-Deschamp, le jardin Vauban est l'exemple type du jardin à l'anglaise. Avec ses arbres centenaires (notamment la rotonde de marronniers au centre de l'espace vert), ses pelouses légèrement vallonnées parcourues de plans d'eau, d'une grotte artificielle bucolique et de parterres de fleurs, ce jardin de 3 hectares ne manque pas de charme. À proximité, le verger conservatoire offre de nombreuses espèces d'arbres fruitiers taillés à l'ancienne.Le lieu est également parsemé de statues à la mémoire de Lillois célèbres et même des pigeons voyageurs, messagers précieux lors de la Grande Guerre. À voir aussi : le P'tit Jacques, superbe théâtre de marionnettes que l'on trouve facilement le mercredi, jour de représentation, grâce aux rires des enfants résonnant dans tout le parc. Attention toutefois en été : les nombreux points d'eaux attirent une multitude d'insectes ! Pensez au répulsif pour profiter sereinement de ce petit coin de verdure au cœur de Lille. A quelques mètres de là, les berges de la Deule offrent la possibilité de se diriger vers la Citadelle de Lille pour une promenade au bord de l'eau...

PARC JEAN-BAPTISTE LEBAS

Boulevard Jean-Baptiste-Lebas
✆ 03 28 36 13 50
Bus ligne 14 et Liane 1 arrêt J.B Lebas, ligne 18 arrêt Liberté.

Ouvert toute l'année. Fermé en cas d'intempéries. Avril à septembre : ouvert de 7h30 à 22h. Octobre à mars : ouvert de 7h30 à 21h. Gratuit. Animations.

En 2004, un ambitieux projet métamorphose cet ancien parking sauvage où s'entassaient des centaines de véhicules. Inauguré en 2006, ce joli parc de plus de 3 hectares déploie une vaste pelouse agrémentée de massifs fleuris, d'aires de jeux pour les enfants et de terrains de pétanque. Ses curieuses grilles rouges (savamment courbées afin d'accueillir des bancs), percées de 8 portes sont l'œuvre des paysagistes néerlandais de West 8 et occupent désormais une place emblématique dans la ville. À l'image des arbres qu'il renferme, l'espace combine modernité et traditions : la trame des marronniers centenaires est ainsi renforcée par de jeunes tilleuls, qui entourent des petites places où les visiteurs peuvent admirer ce havre de verdure au cœur de la métropole. Le parc jouit d'ailleurs de la proximité de la Gare Saint-Sauveur et de la Porte de Paris. Un sublime espace de verdure au cœur de Lille ! L'idéal pour s'oxygéner un peu entre deux visites.

© SDECORET – FOTOLIA

Parc Jean-Baptiste Lebas.

NORD

Loutre cendrée.

■ ZOO DE LILLE

Avenue Mathias Delobel
✆ 03 28 52 07 00
http://zoo.lille.fr
zoolille@mairie-lille.fr
Métro : ligne 1, station République Beaux-Arts. Remontez ensuite le boulevard de la Liberté en direction de la Citadelle Vauban. Bus : Liane 1 ou Liane 90, arrêt Champ de Mars, Liane 12, arrêt Jardin Vauban.

♿

Fermeture de la fin des vacances de la Toussaint au début des vacances de février (zone B). Basse saison : ouvert du mercredi au lundi de 10h à 17h. Haute saison : le lundi et du mercredi au samedi de 10h à 18h ; le week-end et les jours fériés de 10h à 19h. Gratuit jusqu'à 5 ans. Adulte : 4 €. Enfant (de 5 à 17 ans) : 2 €. Groupe (8 personnes) : 3 € (1,50 € pour les 5-17 ans). Accueil enfants. Restauration. Animations.

Le Zoo de Lille est un lieu très prisé des habitants. Sur place, vous découvriez plus de 110 espèces animalières réparties sur 6 zones à thème : Autour du monde, Voyage exotique, Terres d'Afrique, Excursion sud-américaine, D'île en île, Sous les tropiques. À l'entrée, vous serez toujours accueilli par le célèbre panda roux, mais vous pourrez ensuite vous promener dans une grande volière immersive de 750 m², admirer les renards polaires, pénétrer dans la maison tropicale avec ses serpents et reptiles ou bien encore observer d'impressionnants rhinocéros. Ce zoo à la taille modeste est grand par ses ambitions de transmission des connaissances sur ces espèces étonnantes. A faire en famille !

Le couvert

L'ARC

10, rue des Bouchers
✆ 03 20 49 73 34
www.l-arc.fr

Ouvert du mardi au samedi le midi et le soir. Réservation recommandée. Menus de 39 € à 65 € (en 3 ou 5 services). Carte : 35 € environ. Formule du midi : 29 € (entrée + plat + dessert, uniquement du mardi au vendredi).

En seulement quelques années d'existence, L'Arc s'est bâti une solide réputation sur la scène gastronomique lilloise. Un succès qui n'a rien d'étonnant tant la cuisine du chef Gaétan Citerne impressionne par son élégance, sa finesse et l'équilibre de ses saveurs. Les assiettes, superbement dressées, laissent découvrir une explosion de couleurs qui attirent l'œil avant de ravir les papilles. Mention spéciale aux assaisonnements qui donnent aux plats toute leur singularité. La gastronomie est véritablement pensée comme un art. Mais n'y voyez rien de prétentieux, bien au contraire. L'atmosphère est chaleureuse et l'équipe vous accompagne avec discrétion tout au long de ce savoureux voyage. Une très belle adresse.

■ L'ASSIETTE DU MARCHÉ

61, rue de la Monnaie
✆ 03 20 06 83 61
www.assiettedumarche.com
contact@assiettedumarche.com
M° Rihour.

Maître Restaurateur. Ouvert du lundi au jeudi de 12h à 14h30 et de 19h à 22h30 ; le vendredi de 12h à 14h30 et de 19h à 23h ; le samedi de 12h à 14h30 et de 18h45 à 22h45. Menus de 19,50 € à 25 €. Formule du midi : 13,50 €. Vin au verre. CB et chèques non acceptés. Terrasse.

Installée au fond d'une courette du Vieux-Lille, L'Assiette du Marché impressionne au premier abord par son architecture et sa classe naturelle. Logique lorsque l'on se penche un peu sur l'histoire de ce restaurant qui était en fait une vieille demeure classée monument historique. La classe, L'Assiette du Marché l'a jusqu'au bout : décor soigné et élégant, cuisine délicate, tout est réuni pour passer un bon repas entre amis ou en famille, à des tarifs très corrects qui plus est. S'inspirant des recettes des 4 coins de la France, les plats sont préparés avec des produits frais et sont présentés avec sobriété, sans fioritures. La carte est régulièrement changée au profit de nouvelles recettes. Pour les amateurs de bons vins, soyez sans crainte, le patron, lui-même féru d'œnologie vous proposera près de 160 références de vins. De quoi donner l'eau à la bouche aux épicuriens de passage dans le quartier !

LE BARBOTEUR

91, quai de l'Ouest
✆ 03 20 02 57 97
contact@lebarboteurlille.com
Métro : Bois Blancs.

Ouvert le lundi et le mardi de 12h à 15h ; du mercredi au vendredi de 12h à 15h et de 17h à 22h ; le samedi de 12h à 22h ; le dimanche de 11h30 à 15h30. Réservation recommandée. Carte : 16 € environ. Formule : 19 € (plat du jour + Thé ou café gourmand). Accueil des groupes (sur réservation). Terrasse.

Le quartier Bois Blancs/Euratechnologies se refait une petite beauté et avec lui de nouveaux lieux apparaissent, comme Le Barboteur. Bar le soir, restaurant le midi, Le Barboteur se niche sur les bords de la Deûle, avec vue sur les péniches. Son cadre, mélangeant style industriel et nature avec une belle hauteur sous plafond, en fait un lieu où l'on aime passer du temps à papoter avec des amis en dégustant un plat simple mais raffiné, ou une bonne bière (avec modération) en afterwork avec ses collègues de travail. Le midi, vous avez le choix entre 3 entrées, 3 plats et 3 desserts et un plat du jour, c'est tout ! Une carte minimaliste qui annonce la couleur : les produits sont frais, bio et de saison, les plats sont faits maison et, bonus, ils changent tous les 15 jours. Le soir, Le Barboteur se transforme en bar, avec happy hour en fin de journée et planches apéro. Une belle adresse pour un quartier qui se redynamise. Un brunch le dimanche sera disponible à partir de mars 2020.

LE BARBUE D'ANVERS

1 bis, rue Saint-Étienne
✆ 03 20 55 11 68
www.lebarbuedanvers.fr
contact@estaminetdunord.fr
M° Rihour.

Ouvert du lundi au samedi de 12h à 14h30 et de 19h à 22h30. Réservation recommandée. Menus de 24 € à 34 €. Carte : 20 € environ. Formule du midi : 14,90 € (du lundi au vendredi midi. Plat du jour, boisson, café). Vin au verre. Menu prestige : 46 € (avec les vins : 60 €). American Express. Accueil des groupes (menus groupes à 29 € et 44 €).

Un estaminet en plein centre-ville, à deux pas de la Grand Place, avec une jolie petite cour pavée. La décoration est réussie, à l'étage, savant mélange de grandes tables en bois et de tables de style XVIIIe. Sur les étagères murales de nombreuses bouteilles de bière s'affichent, un hommage à la traditionnelle boisson houblonnée. Le cadre est original et chaleureux. En bas se trouve un salle voûtée à côté de la cave à vins. L'accueil et le service sont irréprochables. Beaucoup de Lillois semblent dire que l'on y mange l'une des meilleures carbonnade flamandes de la ville. Pour ceux qui souhaiteraient un plat moins consistant mais tout aussi délicieux, vous pouvez vous tourner vers le steak tartare façon bistrot sans hésiter. Enfin, les amateurs de poisson ne sont pas oubliés. A eux le bon soin de découvrir le surprenant tataki de thon aux amandes et à la coriandre, accompagné d'une béarnaise de crevettes grises et d'un pressé de légumes au parmesan. En dessert, le mélange étonnant du panaché des 3 sorbets à la bière devrait ravir les papilles des gourmets. Belle carte de vins. Une des plus belles et bonnes adresses de Lille. Par contre, n'hésitez pas à penser à réserver si vous voulez venir y dîner.

BLOEMPOT

22, rue des Bouchers
www.bloempot.fr
M° Rihour.

♿

Ouvert du mardi au samedi de 12h à 13h30 ; du mercredi au samedi de 19h à 22h. Le 1er de chaque mois, ouverture des réservations pour les 2 mois à venir. Quelques tables non réservables libres à 12h et 19h. Réservation recommandée. Menus de 40 € à 90 € (avec ou sans accord boissons). Vin au verre. Carte cadeau.

Depuis son ouverture en 2013, le Bloempot, aka la jolie cantine flamande, ne désemplit pas. Deux services le midi et le soir, une équipe jeune et dynamique réunie autour de Florent Ladeyn et Kévin Rolland, et une cuisine originale et inventive, réalisée exclusivement à partir de produits régionaux, de saison et bio, en respect total de la nature. Seule la fleur de sel est importée. Ne cherchez donc pas les desserts au chocolat, car il n'y en a tout simplement pas ! Et cet impératif décuple la créativité du chef, dont la plus grande surprise est dans l'assiette. Surprenante, inattendue, culottée : les adjectifs ne manquent pas pour qualifier la cuisine du Bloempot. Vous vous souviendrez de votre expérience ! L'endroit, un mélange de déco industrielle avec les caractéristiques architecturales du Nord, est cosy, et l'éclairage est sobre. Cela pourrait rappeler les granges des Flandres, ces Flandres où Florent Ladeyn a grandi...

CLUB MAROT

16, rue de Pas
✆ 03 20 57 01 10
www.clement-marot.com
restaurant.clubmarot@gmail.com
M° Rihour.

♿

Ouvert du lundi au samedi le midi et le soir. Menus de 33 € à 70 €. Carte : 35 € environ. Formule du midi : 22 € (formule complète 28€). Vin au verre. American Express. Accueil des groupes. Terrasse. Vente à emporter.

Le Club Marot, c'est une cuisine d'exception et sans prétention ! Les deux maîtres des lieux, Antoine et Augustin Marot, perpétuent avec brio la tradition familiale en imaginant une cuisine simple sublimant les produits et soulignant tout le savoir-faire des chefs. C'est étonnant et gourmand, comme ce saumon mariné aux algues ou cette tourte de lièvre et foie gras... sans oublier les desserts qui offrent un vrai moment d'évasion, à l'image du « chocolat façon Club Marot », une délicieuse déclinaison chocolatée mêlant les textures. Le cadre est à l'image de la cuisine, élégant mais sans ostentation ; l'accueil est chaleureux et les conseils experts... notamment en matière de vin. Réservez vite !

COKE
30, rue Thiers ✆ 03 20 20 20 20
brasseriecokelille.fr
M° Rihour.

Ouvert du lundi au samedi de 12h à 14h et de 19h à 22h. Réservation recommandée. Carte : 49 € environ. Formule du midi : 32 € (entrée + plat + dessert ; plat du jour : 17 € ; entrée + plat : 27 € ; plat + dessert : 25 €). Accueil des groupes.

Le coke, ce combustible extrait de la mine, bien connu dans le Nord de la France. C'est aussi le nom de ce restaurant lillois (cinquième établissement de la famille Galliaerde après Le Barbue d'Anvers, Le Coq Hardi, Le Petit Barbue et De Terre Plekke). L'établissement tire son nom du passé, lorsque la bâtisse abritait une société minière. Classé aux Monuments historiques, il a été érigé à la fin du XIXe siècle par l'architecte Louis-Marie Cordonnier. Aujourd'hui, c'est un restaurant très en vue à Lille et un bar magnifique doté d'une terrasse au calme. La vue sur la cuisine, dès que l'on entre, permet de voir s'activer une brigade jeune qui réveillera vos papilles avec des produits frais et des plats raffinés. Le Coke propose aussi quatre appart'hôtels de standing. C'est incontestablement *The place to be* dans la cité.

COMPTOIR 44
44, rue de Gand ✆ 03 20 21 03 63
www.comptoir44-lille.fr
M° Gare Lille Flandres.

Ouvert tous les jours le midi et le soir. Menus de 33 € à 38 €. Carte : 37 € environ (entrée + plat + dessert). Plat du jour : 15 € (entrée + plat ou plat + dessert : 21 € ; entrée + plat + dessert : 24 €). Vin au verre. Chèques non acceptés. Accueil des groupes. Terrasse. Possibilité de privatisation.

Brut et authentique, le cadre vous plonge instantanément dans une ambiance intimiste et charmante. Cette brasserie nichée parmi les nombreux restaurants de la rue de Gand dégage une élégance naturelle et moderne par ses briques rouges apparentes, ses murs bleus-verts et ses tables en bois. La cuisine bistro offre toutes les saveurs d'une cuisine gourmande entièrement faite maison. À la carte les plats traditionnels côtoient des mets raffinés superbement présentés. Chaque assiette est agrémentée de légumes frais de saison. Côté salle, un service soigné et attentionné, qui saura aiguiller les amateurs vers les vins de petits vignerons les mieux adaptés aux plats. L'ambiance se prête autant aux dîners en amoureux qu'aux repas entre amis. Une valeur sûre dans la rue de Gand.

AU GOÛT DU JOUR
22, rue de la Barre
✆ 03 20 51 23 45
www.augoutdujour.eu
contact@augoutdujour.eu
M° Rihour.

Ouvert du mardi au samedi de 12h à 13h30 et de 20h à 21h30 ; le dimanche de 12h à 13h30. Fermé le dimanche soir et le lundi. Menus de 36,50 € à 50 €. Formule du midi : 19,50 € (« retour du marché » : plat + dessert +café. Uniquement la semaine). American Express, Chèque Restaurant. Accueil des groupes.

Depuis de nombreuses années déjà, le restaurant Au Goût du Jour fait partie de nos adresses favorites à Lille. Et depuis tout ce temps, les adjectifs commencent à manquer pour décrire cette table unique, créative et vraiment savoureuse ! Ici le chef conçoit sa cuisine avec humilité et respect des produits et ce dans une vraie culture du partage. Sa mission ? Vous transmettre sa passion. Voilà donc pourquoi il a mis au point le menu « Les Yeux Fermés » ! En choisissant cette formule, vous vous lancez dans un voyage gustatif inattendu qui vous fera découvrir de nombreuses saveurs étonnantes. Le chef travaille uniquement des produits de saison et laisse son imagination s'adapter aux arrivages du marché. On peut vraiment parler ici d'une cuisine de l'instinct et de l'instant. Comme les menus et les suggestions changent sans cesse, il est difficile de vous citer un plat en particulier. Mais sachez que viandes et poissons sont travaillés avec goût comme cette volaille accompagnée d'un caviar d'aubergines, socca et jus court à la lavande ou ce rouget accompagné de petits pois et pignons de pin dans un bouillon miso. Le chef s'amuse toujours à faire dialoguer les classiques de la gastronomie française avec des saveurs plus exotiques. Un peu comme avec sa glace banane-coriandre. Tout est surprenant et intense. Les assiettes sont superbement présentées, ce qui ne gâche rien ! La décoration, récemment refaite, est sobre et élégante et l'équipe est aux petits soins pour les clients. N'hésitez surtout pas à leur demander conseil pour accorder mets et vins, car leurs suggestions tombent toujours juste. Vous l'aurez compris, Au Goût du Jour est une excellente table... sans doute l'une des meilleures de la capitale des Flandres !

CHEZ LA VIEILLE
60, rue de Gand ✆ 03 28 36 40 06
estaminetlille.fr/chezlavieille/
lavieille@estaminetlille.fr

Ouvert le lundi soir ; du mardi au samedi le midi et le soir. Réservation par téléphone. Réservation recommandée. Carte : 14 € environ (pour un plat). Chèque Restaurant. Accueil des groupes. Terrasse.

Un cadre et une ambiance emblématiques des bons estaminets... Ici, vous goûterez à la bonne cuisine flamande, à des planches de charcuterie copieuses, à la soupe au maroilles, au potjevleesch, à l'andouillette – le tout arrosé d'un grand choix de bières régionales ou de vins qui se boivent à la régalade. Vous goûterez ainsi à la « Sept Péchés » brassée spécialement pour les estaminets. Le service est chaleureux et à la bonne franquette dans un décor de bric et de brac qui ferait bien plaisir à nombre de brocanteurs. L'incarnation de la convivialité du Nord !

LE LYS
1, place du Général de Gaulle
✆ 09 54 92 29 10
www.restaurants-lille.com
contact.lelys@gmail.com

Ouvert tous les jours de 9h à 0h30. Plat du jour : 13 €. Brunch : 22 €. Accueil des groupes. Terrasse.

Le Lys, c'est d'abord une ambiance, celle d'une brasserie simple et élégante à la décoration très cosy. C'est aussi (et surtout !) une excellente cuisine sans ostentation, mais travaillée à la perfection. Le chef privilégie les circuits courts pour vous proposer des produits frais et locaux. La carte se renouvelle ainsi au gré des saisons et des arrivages. Les saveurs régionales sont évidemment présentes, mais le chef ne s'interdit pas de revisiter aussi des saveurs venues d'ailleurs, avec une petite prédilection pour la cuisine asiatique. La surprise est donc toujours au rendez-vous. Les assiettes sont superbement dressées, ce qui ne gâche rien ! Une belle et bonne adresse !

■ MOTHER

Buvette et Cantine
29, boulevard Jean-Baptiste Lebas
✆ 09 53 37 86 25
M° Mairie de Lille ou République. Bus L1 ou 14, arrêt J.-B. Lebas.

Ouvert toute l'année. Le lundi de 11h à 23h ; du mardi au jeudi de 11h à 0h ; le vendredi de 11h à 1h ; le samedi de 11h à 2h ; le dimanche de 11h à 16h. Carte : 15 € environ (entrées : 6,50 € à 9 €. Plats : 11 € à 16,50 €. Desserts : 4,50 € à 7 €). Accueil des groupes. Terrasse.

Ouvert en mai 2014, le Mother est devenu l'un de ces endroits incontournables quand il s'agit d'aller boire un verre ou de manger un morceau avec un groupe de copains. Situé sur le flanc du parc J.-B. Lebas, le Mother a une allure de grande cantine branchée avec une déco indus-néo-vintage. Aux commandes de la cuisine, le chef transforme avec brio les meilleurs classiques du moment. Les plats sur ardoise sont renouvelés en fonction du marché, des saisons et de l'inspiration du chef. Pleine de saveurs, de produits frais et d'originalité, sa cuisine nous fait chavirer les papilles, midi et soir. D'ailleurs, certains soirs, le Mother retransmet les événements sportifs dans une ambiance effervescente. Des expositions y sont aussi organisées. Enfin, quand le soleil pointe le bout de son nez, venez profiter de la grande terrasse avec vue sur le parc aux grilles rouges.

■ LA PETITE COUR

17, rue du Curé-Saint-Étienne
✆ 03 20 51 52 81
www.lapetitecour-lille.fr
lapetitecourlille@gmail.com

Ouvert du lundi au samedi le midi et le soir. Réservation recommandée. Menu unique à 32 € (menu la Petite Cour : entrée, plat, fromage ou dessert). Formule du midi : 17 € (entrée, plat ou plat, dessert ou 20 € : entrée, plat, dessert). Menu spécial groupe (à partir de 10 personnes) : 38 €. Accueil des groupes. Terrasse.

Dans le cadre typique d'une ancienne maison de curé du XVIIe siècle avec des alcôves, des boiseries et des briques apparentes, la Petite Cour, bistrot et brasserie, traditionnelle et régionale saura contenter toutes vos envies. Poisson du marché, carbonnade flamande accompagnée de délicieuses frites, croquant de maroilles, et ces délicieuses croquettes de crevettes maison... Tout est élaboré à base de produits frais et préparé sur place, cela donne des plats de grande qualité. Pour accompagner votre repas, tournez-vous vers la carte des vins, champagnes et spiritueux. L'accueil y est des plus chaleureux. L'été, n'hésitez pas à profiter de la superbe cour arrière ombragée, qui peut accueillir jusqu'à 45 personnes. Ce restaurant est sans conteste doté d'une âme. Nous vous le recommandons chaleureusement. Situé au cœur de la ville, vous vous y sentirez comme à l'abri de la frénésie citadine. En plus, il y règne le souvenir de ces bistrots d'autrefois. Un vrai coup de cœur !

■ PRIMA FILA

73, quai de l'Ouest ✆ 03 20 88 20 12
www.la-bottega.com
contact@la-bottega.com

Ouvert le lundi midi ; du mardi au samedi le midi et le soir. Réservation recommandée. Carte : 18 € environ. Vin au verre. Accueil des groupes (sur réservation). Terrasse. Vente à emporter.

Le petit dernier de la famille Bottega est né et il s'est installé dans le quartier Bois Blancs le long des quais de la Deûle, à quelques pas d'Euratechnologies. Au premier abord, c'est l'ambiance qui étonne, loin de ce qu'on peut trouver dans les autres restaurants du groupe lillois. Configuration plutôt atypique, carrelage blanc, chaises et tables rouges, murs bleus, grande fresque représentant trois baigneurs, on est loin du cliché italien, cela étonne et c'est tant mieux ! Le personnel est aux petits soins, toujours à vous conseiller (notamment sur le vin). Côté carte, elle varie légèrement des autres restaurants de la famille, même si l'on retrouve certains classiques qui font leur réputation. Et bien évidemment, c'est très bon. Le midi, le restaurant est vite pris d'assaut par les personnes travaillant à Euratech'. Le soir, la population est plus locale, le lieu moins bondé et plus intimiste aussi.

LE QUAI 38

38, rue Saint-Sébastien
✆ 03 20 42 10 68
www.quai38-lille.fr

Ouvert du mardi au jeudi de 12h à 14h et de 19h30 à 21h30 ; le vendredi et le samedi de 12h à 13h30 et de 19h30 à 22h. Carte : 35 € environ. Accueil des groupes. Animations. Soirées spéciales.

Quel meilleur compliment peut-on faire à un restaurant que de lui dire qu'il est unique en son genre ? En créant sa propre ambiance, en proposant sa propre cuisine, loin des concepts aseptisés et des cartes trop fades, Le Quai 38 a su se démarquer et se tailler une solide réputation. Après avoir officié au restaurant de l'Élysée, puis dans un célèbre restaurant de poissons parisien (Le Duc), Bertrand Bureau partage sa passion pour la vraie cuisine. Ici, pas de carte fixe, mais une grande ardoise où l'on trouve les poissons de Boulogne, travaillés avec le plus grand soin et accompagnés de légumes frais. Il faut voir Bertrand lever les filets des poissons en cuisine, quelle technique ! Sur un air jazzy, on s'installe dans une salle de restaurant à la décoration chic et cosy, ou côté bar, pour découvrir la cuisine d'un merveilleux cuisinier, largement au niveau de bien de ses compères plus médiatisés. En suggestions : Couteaux rôtis parfumés au beurre persillé et sa salade vinaigrette de viandox, ou tartare de bar et mangue (filet de bar coupé et mangue fraîche taillés au couteau simplement assaisonné) en entrée. Pour suivre, homards, bars, turbots, soles selon l'arrivage journalier, pour deux ou quatre personnes. Les filets sont levés en salle par le chef. En dessert, on ne sait résister au millefeuille maison, tout simplement un délice. Le service assuré par Laure et Tony est adorable. Voilà un excellent restaurant de poisson à Lille ou vous passerez un moment gourmand en toute simplicité. Bravo à Bertrand et son équipe !

ROUGE BARRE
50, rue de la Halle
✆ 03 74 11 62 89
www.rougebarre.fr
contact@rougebarre.fr

Ouvert du mardi au samedi le midi et le soir. Menus de 69 € à 98 €. Carte : 45 € environ. Menu enfant : 14 €. Formule du midi : 23 € (entrée, plat ou plat dessert et 30€ entrée, plat, dessert). Vin au verre.

Steven Ramon n'est pas seulement chef, il est aussi un peu magicien et poète. Rien d'étonnant donc à ce que son Rouge Barre compte parmi les meilleures tables de la ville. Ses équipes vous y accueillent avec chaleur dans une ambiance élégante et cosy. Les assiettes superbement dressées donnent à voir des produits d'exception travaillés avec passion. Inventive et surprenante, la cuisine du chef Ramon joue sur les saveurs et les textures comme avec cette surprenante association de pesto de chou kale, émulsion d'endive et clémentine accompagnant un poisson cuit à la perfection. Des amuse-bouche revisitant les classiques locaux aux desserts gourmands, le chef nous étonne et nous fait vibrer !

LA VOISINERIE DE WAZEMMES NOUVEAU
48, rue Barthélémy Delespaul
✆ 09 50 25 33 04
http://lavoisineriedewazemmes.fr
contact@lavoisineriedewazemmes.fr

Ouvert du lundi au vendredi de 8h30 à 18h30. Plat de 7,5 € à 10 €. Vente à emporter. Animations.

La Voisinerie de Wazemmes est un tout nouveau lieu sorti de terre dans le quartier de Wazemmes. Ce tiers-lieu a pour vocation de rassembler et de se faire se rencontrer les habitants du quartier, petits et grands, aisés et moins aisés, autour d'un café, d'un repas chaud ou d'ateliers et d'animations. L'entraide et la convivialité sont les maîtres mots de ce lieu chaleureux. Toute la journée, vous pouvez venir déguster une pâtisserie pour le plaisir des papilles, travailler en prenant une boisson chaude ou venir manger le plat du jour cuisiné par le chef Léo le midi. Des ateliers et animations sont proposés par des associations locales : cours de yoga, cuisine...

Le gîte

ALLIANCE – COUVENT DES MINIMES****
17, quai du Wault
✆ 03 20 30 62 62
www.alliance-lille.com
M° Rihour.

83 chambres. Petit déjeuner : 19 €. Chambre Tradition à partir de 95 euros, appartement 4 personnes à partir de 212 euros. Chèque Vacances. Séminaires. Réceptions et mariages. Poste Internet. Wifi. Restauration. Vente. Tv satellite.

C'est un lieu pour séjourner à Lille de toute beauté, mais aussi avec une grande histoire. Le Couvent des Minimes date du début du XVIIe siècle, mais très vite il perd son caractère religieux (en 1791). Le couvent devient alors lieu de résidence de l'intendance des armées à Lille.

Restauré en 1990 par la société lilloise d'investissement hôtelier sous le contrôle des Monuments historiques, le cloître débouche non plus sur un jardin intérieur comme jadis, mais sur le restaurant et sur le bar de l'hôtel, recouverts d'une verrière pyramidale. Le mélange est plutôt réussi et met en valeur la magnifique architecture du bâtiment. Des salons de réception ont été aménagés dans une maison annexe qui appartenait aussi à l'Ordre Mendiant des Minimes. Parmi les 83 chambres, disposées sur 4 étages, 75 sont des simples et doubles standard, 5 vous proposent des services de Suite Confort et 3 Suites Appartements sont également disponibles. L'accueil est plus qu'à la hauteur de l'établissement ! Enfin, le site est assez exceptionnel, le quai du Wault rappelle l'ancienne activité commerciale liée au canal de la Deûle.

L'HERMITAGE GANTOIS*****
224, rue de Paris
✆ 03 20 85 30 30
www.hotelhermitagegantois.com
reservation@gantoislille.com
M° Mairie de Lille

Arrivée à partir de 15h et départ à 12h. 89 chambres. Chambres : standard (149-339 €), supérieure (179-379 €), privilège (209-409 €), exécutive (299-499 €), suite (439-639 €). Voiturier. Animaux acceptés (avec supplément). Séminaires. Réceptions et mariages. Wifi. Service de ménage. Restauration (mini-bar dans les chambres). Hammam.

Classé Monument historique, l'hospice fondé par Jean de Le Cambe, dit Le Gantois, a accueilli les indigents lillois de 1460 à 1995. Tombant en désuétude, l'ensemble est loué par le CHRU lillois à la société lilloise d'investissement hôtelier par bail emphytéotique de 60 ans. Magnifiquement restauré, le bâtiment a conservé trois de ses quatre cours ouvertes (l'une d'entre elles abritant le bar de l'hôtel sous une immense verrière). Les chambres du 5-étoiles sont équipées luxueusement et quelques-unes donnent sur une cour non accessible aux visiteurs lillois. L'Hermitage Gantois dispose d'un restaurant gastronomique et d'un estaminet ouvert qui propose des spécialités régionales dans un décor de brasserie rurale des Flandres. Le Bar de l'hôtel est parmi nos favoris. Pour une pause au calme en après-midi ou un cocktail le soir, c'est un endroit exceptionnel. L'Hermitage Gantois assure en plus un service voiturier, un service pressing et dispose d'une chapelle (avec un chemin de croix naïf du XVIIIe et des tableaux anciens). Une bibliothèque comptant plus de 2 500 ouvrages anciens est accessible aux clients qui y découvriront également des expositions picturales de qualité en plein cœur de Lille. Piscine, hammam, spa avec soins feront le plaisir des clients de l'hôtel à la recherche d'un moment de bien-être et de détente, en plein cœur de Lille.

■ **RESORT BARRIÈRE LILLE*****
777 bis, Pont de Flandre
✆ 03 28 14 45 00
www.barrierelille.fr
casinolille@lucienbarriere.com
M° Gare Lille Europe ou Gare Lille Flandres.**

Accueil 24h/24. Petit déjeuner inclus (selon formule). Parking fermé (payant). Chambre supérieure à partir de 100 €, deluxe à partir de 124 €, executive à partir de 164 €. Suite supérieure et junior suite à partir de 268 €. Animaux acceptés (18 € par jour et par animal). Séminaires. Wifi gratuit. Restauration (2 restaurants et 4 bars + 1 casino + 1 théâtre). Tv satellite. Hammam, sauna.

C'est à deux pas des deux gares et du centre-ville que se trouve le magnifique hôtel du groupe Lucien Barrière. Dans un cadre exceptionnel et résolument moderne, cet hôtel 5-étoiles vous accueille dans un environnement prestigieux, composé de 125 chambres et 17 suites. Spacieuses et lumineuses, elles ont été aménagées dans un style sobre et contemporain par le décorateur Pierre-Yves Rochon. Au troisième étage de l'hôtel, un espace bien-être permet de se détendre en profitant d'installations modernes (sauna, hammam, appareils de fitness). Pour satisfaire vos envies, l'hôtel Casino Barrière Lille, c'est aussi un vaste choix de restaurants : Les Hauts de Lille (restaurant Grande Carte), la Terrasse du Parc (brasserie contemporaine). Entre amis, en famille ou entre collègues, vous apprécierez les ambiances des quatre bars animés : l'Escal'777 (bar lounge de l'Hôtel) et sa terrasse ouverte sur le parc, l'iBar (un bar ludique à la surface interactive), Le Carré et Le Boréal (bar de nuit haut de gamme). De nuit, l'éclairage du bâtiment est spendide.

Sorties

Enfants

■ **CITA-PARC
Avenue Mathias Delobel
✆ 03 20 40 65 65
www.cita-parc.fr**

Ouvert le mercredi, le samedi et le dimanche de 14h à 19h. Ouvert tous les jours pendant les vacances scolaires. 1 ticket = 1 tour de manège / 1 ticket : 2,50€. Pack 10-20-30 tickets : 20€-35€-45€. Accueil enfants. Restauration. Animations.

Projet phare de la transformation du Parc de la Citadelle, le CITA PARC a ouvert ses portes en août 2018. Ce nouveau parc, qui s'étend sur 8 500 m², propose un très large choix d'attractions pour toute la famille. Car si les manèges ont été imaginés pour les 2-13 ans, les parents peuvent les accompagner partout ! Au programme : les tulipes enchantées, une mission safari, les chutes de la citadelle, un parcours d'accrobranche, ou encore l'arbre magique. Sans oublier le légendaire petit train de la forêt, qui existe depuis 1952 ! L'accès au parc est gratuit, seules les attractions sont payantes. Le parc dispose également d'espaces détente et restauration pour une petite pause bien méritée !

Salons de thés

■ **MÉERT
27, rue Esquermoise ✆ 03 20 57 07 44
www.meert.fr
M° Rihour.**

Ouvert le lundi de 14h à 19h ; du mardi au vendredi de 9h30 à 22h ; le samedi de 9h à 22h ; le dimanche de 9h à 18h30. La pâtisserie est ouverte le lundi de 14h à 19h30, du mardi au vendredi de 9h30 à 19h30, le samedi de 9h à 19h30 et le dimanche de 9h à 19h. Le restaurant est ouvert du mardi au samedi de 12h à 14h30 et de 19h30 à 22h et le dimanche (brunch) de 11 à 14h. Chèques non acceptés. Chèque Restaurant. Boutique. A emporter. Livraison sur Lille et alentours. Vente en ligne.

La Maison Méert s'est forgé une solide réputation autour d'une douceur dont elle garde le secret : sa célèbre gaufre fourrée à la vanille et sa recette inchangée depuis sa création en 1849, qui se décline en de nombreuses versions : pistache, chocolat... Mais Méert, c'est aussi un salon de thé dans lequel vous pourrez vous régaler de pâtisseries exquises dans un cadre raffiné, avec de grandes vitres et une terrasse intérieure élégante. Même si l'attente à l'entrée peut décourager, prenez votre mal en patience (ou pensez à réserver) ! Goûtez leur chocolat maison traditionnel et accompagnez-le d'une des pâtisseries en vitrine (à regarder avant de rentrer si besoin), vous allez vous régaler.

▶ **Autre adresse :** Méert Musée La Piscine Roubaix – 23, rue de l'Espérance 59100 Roubaix ✆ 03 20 01 84 21.

■ **TAMPER ESPRESSO BAR
10, rue des Vieux-Murs ✆ 03 20 39 28 21
M° Rihour.**

Ouvert du mercredi au samedi de 9h à 18h ; le dimanche de 9h à 17h. Chèques non acceptés. Chèque Restaurant. Wifi gratuit. Terrasse. Boutique. A emporter.

Cafetière filtre, à piston, à siphon, le Tamper Espresso Bar est tenu par deux amoureux du café. Dans la charmante rue des Vieux-Murs, ce café, qui offre aussi un service de petite restauration, est le lieu cosy du Vieux-Lille. Une fois installé sur la banquette couverte de jolis coussins, tout sur la carte fait envie, le chai latte, le iced tea et surtout le café. N'hésitez pas à demander conseil si vous ne savez pas quel café choisir. En plus, l'équipe se charge de vous expliquer d'où viennent les grains, où et quand ils ont été torréfiés : une belle idée qui permet aux clients de savoir ce qu'il y a dans leur tasse ! Même si vous n'êtes pas amateur de café, le Tamper propose du thé, du chocolat chaud, des smoothies ou encore des jus de fruits maison et, en fonction des jours, du carrot cake, des madeleines et du cake notamment. Un lieu douillet, avec des produits de qualité et un service vraiment sympathique !

▶ **Autre adresse :** 18, rue Saint-André.

Bars, pubs

LE BAR PARALLÈLE

41, rue Lepelletier
✆ 03 28 07 73 97
fred_larose@gmail.com

Ouvert le mardi et le mercredi de 17h à 1h ; du jeudi au samedi de 17h à 3h. Animations. Concerts. Cave privatisable gratuitement.

En quelques années, le Bar Parallèle est devenu une institution pour les noctambules du Vieux-Lille. Le bar n'est pas très grand mais il est tout à fait charmant. Rien que le cadre vaut le coup d'œil. À l'intérieur, plus qu'un bar, on entre dans un espace culturel assez particulier, puisqu'ici se déroulent tout au long de l'année des expositions de photos et peintures. La musique est aussi au cœur du Bar Parallèle, avec des soirées où l'on retrouve des sets de DJ électro, funk ou house : c'est le lieu de rendez-vous incontournable des Lillois. L'endroit est créateur d'événements à succès. Et les estomacs se régaleront tout autant, avec de bonnes assiettes de charcuterie, d'une bière, d'un bon vin ou d'un cocktail maison. Mais on y vient également pour le sourire du patron et la sympathie de l'équipe. Un vrai lieu de vie et de rencontres à seulement deux minutes de la Grand Place !

LA CAPSULE

25, rue des Trois-Mollettes
✆ 03 20 42 14 75
www.bar-la-capsule.fr
contact@bar-la-capsule.com

Ouvert du lundi au mercredi de 17h30 à 1h ; le jeudi et le vendredi de 17h30 à 3h ; le samedi de 16h à 3h ; le dimanche de 17h30 à 0h.

Depuis sa création en 2008, la Capsule est devenue une véritable institution. Et pour célébrer ce succès, le bar a décidé de se refaire une beauté ! Le nouveau comptoir est à couper le souffle. Tout en bois, il invite à s'asseoir et à se perdre dans la lecture des choix de bières pression qui s'affichent juste au-dessus sur un grand tableau en ardoise. La régularité des pompes à bières dont les manches sont également en bois est impressionnante et donne une élégance inégalée au lieu. Les briques aux murs rappellent les bâtiments industriels. Quant au mur de bouteilles, il est la preuve qu'ici on sait de quoi on parle. Et justement de quoi on parle ? De bières évidemment ! Mais attention, ici pas de bières commerciales, mais rien que de l'inédit et de l'exceptionnel. La sélection est très pointue et propose des nectars blonds, ambrés ou bruns brassés par les meilleurs producteurs de l'hexagone. Enfin, sachez que l'équipe de la Capsule s'est essayée à la création de sa propre bière en se rendant dans le désormais incontournable atelier de brassage « At home bière ». A force de voir défiler les meilleures bières, il était inévitable que la Capsule ait envie de s'essayer à l'exercice ! Et c'est ainsi que la KOMODO3000 a fait son apparition ! Si bien sûr la bière est à l'honneur sous toutes ses formes, les amateurs de whiskys ne seront pas en reste grâce, là encore, à une sélection pointue de nectars uniques. Une adresse conviviale, un lieu élégant en plein cœur du Vieux-Lille, des produits uniques… que demander de plus ?

AU REFUGE BAR

92, rue de l'Hôpital Militaire
aurefugebar@gmail.com
M° Rihour.

Ouvert du lundi au jeudi de 16h à 0h ; le vendredi de 16h à 1h ; le samedi de 16h à 2h. Happy hours (jusqu'à 20h). Bière : à partir de 3 € ; cocktail : 7 € ; soft : 3 €. Animations. Soirée blind test un mercredi sur deux.

Si un jour un Lillois vous dit : « Viens, je t'emmène à la montagne ! », il vous emmènera sans doute Au Refuge Bar, ce bar ouvert en 2019 qui ressemble à un véritable bar de montagne. À l'intérieur, skis aux murs et tables en bois assurent un total dépaysement. Côté carte des boissons, là aussi c'est l'évasion. Bières du Mont-Blanc, cocktails à base de génépi et surtout la spécialité du Refuge : le Chartreusito, un mojito où le rhum a laissé sa place à la chartreuse. À tester ! Planches de charcuterie et de fromages des Alpes viennent ajouter une petite touche gourmande, sans oublier les Empanadas de Pampa (certes, ce n'est pas très savoyard mais c'est très bon !). Le bar propose des soirées blind test, karaoké, retransmission de matches de football… Surveillez bien la page Facebook où toutes les animations sont indiquées.

Casinos

CASINO BARRIÈRE

777, pont de Flandres
✆ 03 28 14 47 77
www.casinosbarriere.com/fr/lille.html

Ouvert tous les jours et les jours fériés de 10h à 4h. Jeux de table du lundi au samedi de 19h à 4h et dimanche et jours fériés de 17h à 4h. Restauration. Hôtel.

Au cœur du centre d'affaires Euralille, dans un cadre exceptionnel et résolument moderne, cet hôtel de luxe vous accueille dans son environnement prestigieux composé de 142 chambres – dont 17 suites – spacieuses et lumineuses, aménagées dans un style sobre et contemporain par le décorateur Pierre-Yves Rochon. Un espace bien-être vous permet de vous détendre en profitant d'installations modernes (sauna, hammam, appareils de fitness) ou d'un soin sur rendez-vous.

L'hôtel Casino Barrière Lille propose aussi deux restaurants : Les Hauts de Lille (cuisine gastronomique) ou la Terrasse du Parc (brasserie contemporaine), ainsi que quatre bars animés : l'Escal'777 (bar lounge) et sa terrasse ouverte sur le parc, l'iBar (un bar ludique à la surface interactive), le Carré et Le Boréal (bars de nuit haut de gamme). Le théâtre de 1 200 places est un univers de rêve et de divertissement, où sont organisés de nombreux concerts.

Vous pourrez profiter aussi des plaisirs du jeu sur deux niveaux avec les 300 machines à sous dernière génération et les 20 tables de l'espace casino (roulette anglaise, black jack, texas hold'em poker, boule, roulette anglaise électronique). Pour vos rendez-vous professionnels, l'Escal'Business comprend 900 m² de salles de réunion qui feront aussi de ce nouveau complexe multi-loisirs l'endroit idéal pour vos événements d'entreprise.

Emplettes

Panier gourmand

■ CHOCOLATERIE BEUSSENT-LACHELLE

6, rue Esquermoise
✆ 03 20 42 97 42
www.choco-france.com
commande@choco-france.com

Ouvert le lundi de 13h à 19h ; du mardi au samedi de 10h à 19h.

Dans cette petite boutique située à l'entrée de la rue Esquermoise, vous retrouverez tout ce qui fait le succès de la maison Beussent depuis 1985. Cette année-là, une première chocolaterie ouvre ses portes à Beussent, petit village de l'arrière-pays boulonnais. Le succès est au rendez-vous et très vite s'ouvrent plusieurs autres boutiques. Puis en 1994, une nouvelle chocolaterie ouvre à Lachelle dans l'Oise et c'est cette année-là que sera créée la Chocolaterie Beussent-Lachelle. Le grand succès de la maison vient du fait qu'elle est une des seules chocolateries artisanales de France à fabriquer son chocolat directement à partir de la fève de cacao. Possédant des plantations en Equateur, la Chocolaterie Beussent-Lachelle peut contrôler tout le processus de fabrication, de la sélection de la fève à la mise en boutique. Dans la petite boutique lilloise, vous pourrez donc vous laisser tenter par les tuiles en chocolat, le cirage (la pâte à tartiner maison), ou par les tablettes de chocolat qui se déclinent en plusieurs saveurs et puissances aromatiques. Parmi les grandes spécialités de la maison, vous trouverez les chardons, les orangettes ou bien encore la bûche maya. Une adresse à retenir pour tous les amateurs de grand chocolat. L'enseigne compte désormais 23 boutiques en France.

■ MAISON BENOÎT

77, rue de la Monnaie
✆ 03 20 31 69 03
www.maison-benoit.com
contact@maison-benoit.com
M° Rihour.

Ouvert du mardi au samedi de 10h à 19h ; le dimanche de 9h30 à 13h. Livraison possible. Ballotin de chocolats assortis de 12 à 85 €. Chèques non acceptés.

Maison Benoît Chocolatier fait partie des commerces incontournables du Vieux-Lille. Installée depuis plus de vingt ans dans la fameuse rue de la Monnaie, cette adresse est une invitation au péché de gourmandise. Car Dominique Benoît met tout son savoir-faire à la confection du « meilleur chocolat ». Cela commence par une sélection rigoureuse des meilleures matières premières : cacao du Venezuela, de Madagascar ou de l'Équateur, amandes de Provence ou encore noisettes du Piémont. Pas moins d'une soixantaine de variétés de chocolats sont proposés. Le chocolatier sait véritablement mêler les saveurs et éveiller le palais des amateurs de chocolat et autres confiseries, en ne cessant de les surprendre avec de nouvelles recettes toujours plus savoureuses. Retrouvez également toutes ces douceurs dans la deuxième boutique située place du Théâtre à Lille et à l'atelier Maison Benoît Chocolatier à Marcq-en-Barœul, le nouveau lieu de fabrication où petits et grands pourront apprendre tous les secrets de fabrication. De quoi succomber à la tentation !

▸ **Autres adresses :** 11 place du Théâtre • Atelier Benoît Chocolatier : 110 rue du Collège, MARCQ-EN-BAROEUL

■ ALEX CROQUET

66, rue Esquermoise
✆ 03 20 31 89 36
www.alexcroquet.fr
contact@alexcroquet.fr
M° Rihour.

Ouvert du lundi au vendredi de 7h30 à 19h30 ; le samedi de 8h à 19h30.

Alex Croquet est un vrai passionné et se décrit lui-même comme un fou de pain ! Il aime proposer à ses clients des pains riches en goût, en croûte, avec une mie crémeuse. Un vrai délice. Il a choisi de bannir les additifs chimiques pour avoir des pains qui expriment entièrement leurs goûts, leurs textures et leurs arômes. En plus des pains biologiques, il propose des pains farine label Rouge, des brioches, cakes, pudding, croissants, pains au chocolat, muffins, tartes et autres pâtisseries. Les plus gourmands pourront ainsi se régaler de merveilleux, de babas au rhum ou d'éclairs. Un vrai régal pour les papilles. Et les prix sont très raisonnables pour des produits de cette qualité !

▸ **Autre adresse :** 66, rue Esquermoise, Lille

■ MAISON DOUCET

370, rue Gambetta ✆ 03 20 74 57 98
www.patrickdoucet.com
maison.doucet@orange.fr
M° Gambetta

Ouvert du mardi au samedi de 7h à 19h30 ; le dimanche de 7h à 14h.

C'est l'une des boulangeries les plus réputées de Lille... de la région, même ! Et sans doute de France, la maison a participé à l'émission Meilleure boulangerie de France sur M6 et s'est classée parmi les 10 premières. Mais Patrick Doucet le sait bien : dans ce métier seule l'humilité permet de franchir, petit à petit, les marches de la réussite. Le pain, c'est sa grande passion. Depuis plus de 25 ans, dans le monde entier, il défend au quotidien le savoir-faire et la tradition française en la matière. Il sélectionne ses farines avec le plus grand soin, dans le seul but de vous offrir des pains authentiques. Sa boulangerie propose une douzaine de pains différents, de la très traditionnelle baguette (ici appelée « Doucette ») aux recettes plus élaborées (fruitier, à l'épeautre, aux noix...). Les viennoiseries aussi respectent la tradition à la lettre. A l'heure du déjeuner, on retrouve le pain dans les sandwiches classiques, ou d'autres saveurs avec les bagels saupoudrés de graines de tournesol, de pavot ou de sésame. A l'heure du thé, vous hésiterez devant le beau choix de cakes : praliné-chocolat, pistaches-griottines... A l'heure des gourmands, vous succomberez au charme des tartes, au citron, aux fruits de saison, aux fraises... Et vous vous direz que la ressemblance entre Doucet et douceur... est tout à fait méritée.

Vins et alcools

LES BIÈRES DE CÉLESTIN
19, rue Jean-Jacques Rousseau
© 09 82 22 39 40
www.celestinlille.fr contact@celestinlille.fr

Ouvert du mardi au jeudi de 15h à 20h ; le vendredi et le samedi de 11h à 20h. Drive : achat de bières en ligne, récupération à la brasserie de Marquette-lez-Lille au 27 Rue Félix Faure. Visite de la brasserie du mercredi au jeudi de 15h30 à 18h30 et du vendredi au samedi de 11h30 à 18h30. Visite + 1 dégustation : 6 € ; visite + 3 dégustations : 12 €.

Célestin était l'un des ancêtres d'Amaury d'Herbigny, aïeul qui a dirigé la brasserie Célestin Cordonnier, créée en 1740. Depuis juillet 2014, son descendant a renoué avec la tradition familiale en ouvrant une cave à bières. Il propose une sélection de 400 bières exclusivement artisanales françaises (issues principalement du Nord) et internationales (belges, écossaises, danoises, norvégiennes, américaines, japonaises…). Depuis décembre 2014, l'heureux propriétaire de ce commerce a démarré le brassage de son propre breuvage. Aujourd'hui, ce ne sont pas moins de 9 bières qui sont brassées directement depuis la capitale des Flandres. Des bières locales et écoresponsables, conçues avec des malts et sucres issus de l'agriculture biologique et des houblons et levures provenant essentiellement du Nord. Des dégustations sont possibles pour des groupes de 5 à 15 personnes. Différentes formules vous sont proposées avec l'explication du brassage et la dégustation. Une adresse unique à Lille !

Dans les environs

Fromelles

MUSÉE DE LA BATAILLE DE FROMELLES ★★
Rue de la Basse Ville © 03 59 61 15 14
www.musee-bataille-fromelles.fr
contact@musee-bataille-fromelles.fr

Fermé du 25 décembre au 1er janvier. Fermé 3 semaines fin janvier-courant février, dimanche et lundi de Pâques, 1er mai et le 1er week-end de septembre. Ouvert du mercredi au lundi de 9h30 à 17h30. Fermeture billetterie à 17h. Gratuit jusqu'à 8 ans (et invalides civils et militaires, chauffeurs de cars sur présentation d'un justificatif). Adulte : 6,50 €. Enfant (de 8 à 18 ans) : 4 € (et chômeurs, étudiants, anciens combattants sur présentation d'un justificatif). Groupe (15 personnes) : 4 €. Scolaires 2 € par personne.

Créé en 2016, soit 100 ans après la terrible bataille de Fromelles qui fit plus de 8 500 morts dans l'affrontement qui opposa soldats britanniques et australiens à une division bavaroise, ce musée se veut le témoin de cette page sanglante de l'histoire, autant que le porte-parole de ces milliers de soldats qui ont péri. En 2009, une campagne de fouilles archéologiques a été lancée et des centaines de corps ont pu être identifiés, faisant remonter autant d'histoires individuelles à raconter. Un travail de mémoire essentiel pour mieux comprendre cette page de notre histoire.

CIRCUIT DE LA BATAILLE DE FROMELLES

Le circuit pédestre de la Bataille de Fromelles retrace l'histoire de cette bataille qui a eu lieu les 19 et 20 juillet 1916, durant la Première Guerre mondiale. Cette bataille, bien qu'elle fut brève, fut aussi sanglante : près de 2 000 Australiens furent tués ou portés disparus, 1 500 Britanniques furent hors de combat, 3 500 soldats furent blessés et prisonniers et 1 600 Allemands furent morts ou blessés. Cette randonnée pédestre au cœur du village de Fromelles et de ses alentours vous permettra entre autres de passer à côté du Bunker de l'Abbiette, du Parc Mémorial australien, de différents cimetières du Commonwealth de la Grande Guerre, et, pour finir, visiter le Musée de la Bataille de Fromelles. Le trajet est de 8,5 km pour une durée de 2h30 environ. Un circuit riche en histoire, utile pour le devoir de mémoire.

Lambersart

BISTROT DU CANON D'OR
1, avenue Becquart © 03 20 74 46 11
Bus : arrêt Canon d'Or.

Fermeture pour congés annuels en août. Ouvert du lundi au vendredi de 12h à 14h30 ; du mardi au vendredi de 19h à 22h. Réservation recommandée. Menus de 16,90 € à 22 €. Carte : 17 € environ. Formule du midi : 16,90 € (entrée + plat + boisson ou plat + dessert + boisson). Chèque Restaurant. Accueil des groupes. Terrasse.

Le Bistrot du Canon d'Or est une petite pépite nichée non loin de la Citadelle de Lille. À l'accueil, des propriétaires souriants qui ont le sens de l'hospitalité. Le restaurant propose une carte bistrot alléchante, qui change assez régulièrement. Entrées, plats ou desserts, tout est cuisiné maison et à base de produits frais et en majorité de saison. Les portions sont plutôt généreuses, les plats savoureux (mention particulière à la viande, toujours goûtue et tendre). Burgers, poisson ou viande, il y en a pour tous les goûts ! Gros plus pour la belle terrasse située à l'arrière du restaurant, bien agréable quand le soleil revient. Pensez à réserver, surtout le midi, car le Bistrot du Canon d'Or est la cantine des personnes travaillant aux alentours.

LA LAITERIE
138, avenue de l'Hippodrome
© 03 20 92 79 73
www.lalaiterie.fr – lalaiterie@orange.fr
♿

Ouvert du mardi au samedi le midi et le soir ; le dimanche midi. Réservation recommandée. Menus de 48 € à 78 €. Vin au verre. Menu semaine midi : 30 euros, dimanche midi : 65 euros. Accueil des groupes. Terrasse.

2018 a été une année de grands bouleversements. En février, la Laiterie perd son étoile obtenue 10 ans plus tôt. Pendant l'été, elle fait l'objet d'importants travaux. Et en novembre, elle change de chef. Mais la très bonne nouvelle, c'est que c'est Corentine Leduc qui est aujourd'hui aux commandes. Passionnée, la jeune cheffe propose une cuisine instinctive et créative qui met en valeur les plus beaux produits de la région. Côté sucré, on retrouve l'incroyable Anne-Sophie Bercet qui étonne avec ses pâtisseries sucrées-salées ultra inventives.

Le cadre est moderne et soigné, l'accueil de grande qualité. Nul doute qu'avec ces femmes d'exception, la Laiterie va vite retrouver son étoile !

■ PIES AND POTES
310, avenue de Dunkerque
✆ 03 59 89 10 54
lesfilles@piesandpotes.fr
M° Canteleu ou Lomme-Lambersart.
Ouvert du mardi au vendredi de 10h à 18h ; le samedi de 10h à 18h30. Brunch (en semaine jusqu'à 12h et en continu le samedi) : 15,90 €.
Mettez-vous à l'heure anglaise chez Pies and Potes ! Ce salon de thé, c'est d'abord la rencontre de deux femmes, Mélissa et Alison, qui ont allié leur passion pour la restauration avec celle du Royaume-Uni (pays où Mélissa a vécu pendant 8 ans). Et cela donne un salon de thé comme on peut en voir dans les quartiers populaires de Londres, un savant mélange de bois et d'acier pour le mobilier, de couleurs et de briques pour la déco, et de la vaisselle chinée *so british*. L'endroit est cosy et chaleureux, pas kitsch pour un sou. Côté carte, on resterait bien du petit déjeuner au goûter. Le matin, vous avez le choix entre le brunch avec les fameux « beans » et le petit déjeuner à la française, avec pain et viennoiseries de la boulangerie du coin. Le midi, ce sont les savoureuses « pies », ces tourtes anglaises, qui vous mettront l'eau à la bouche. L'après-midi, le tea time sonne son heure : carrot cake, cookies et autres gourmandises sauront satisfaire vos envies de sucré, tout en dégustant un bon thé de chez Unami. Alors, à quand votre prochaine visite ?

Saint-André-lez-Lille

■ BRIQUE HOUSE NOUVEAU
Les Halls de la Filature
26, rue Félix Faure
www.briquehouse.com
Ouvert le mercredi et le jeudi de 12h à 14h et de 18h à 0h ; le vendredi de 12h à 14h et de 17h à 1h ; le samedi de 12h à 1h ; le dimanche de 12h à 23h. Terrasse.
Brique House, c'est le nouveau lieu tendance qui s'est installé dans l'un des bâtiments des Halls de la Filature de Saint-André. À la fois brasserie et lieu de vie, Brique House est un espace chaleureux, on y boit et mange entre potes, mais aussi en famille. La décoration rappelle ces lieux industriels de Brooklyn, mélange de brique et d'acier noir avec une grande hauteur sous plafond. Sauf que nous sommes bel et bien dans le Ch'Nord ! Côté Brewery, c'est une salle de brassage de 1 000 litres disposant de 5 cuves de fermentation de 2 000 litres qui s'impose. Deux gammes, une permanente et une éphémère, sauront ravir les amateurs de houblon. Les bières se veulent légères et se dégustent à la pression depuis les cuves, côté Taproom. Et côté Taproom justement, vous pouvez également vous asseoir dans un canapé cosy pour déguster les bonnes pizzas de Papà Raffaele, dont la pâte est élaborée avec les résidus de malt ! L'été, profitez de la terrasse et du jardin pour prendre le soleil nordiste (si si, il existe !) tout en dégustant une petite mousse, avec modération bien entendu !

MARCQ-EN-BARŒUL

Située entre Lille et Roubaix-Tourcoing, Marcq-en-Barœul est une ville vieille de plus d'un millénaire ! En atteste la découverte d'une villa gallo-romaine près de la rivière, la Marque, qui donne également une partie du nom de la ville. Le Barœul était, avant le XIIIe siècle, une immense forêt, s'étalant également sur la commune de Mons-en-Barœul et une partie de Villeneuve-d'Ascq. Aujourd'hui, environ un tiers de Marcq-en-Barœul est classé en zone naturelle et champêtre. C'est également une ville dynamique, comptant de nombreuses entreprises, dont le siège de la société Lesaffre, leader mondial de la levure, et celui des célèbres boulangeries Paul. Pour l'anecdote, c'est aussi ici que fut inventé le Carambar en 1954, et il y est toujours fabriqué !

Points d'intérêt

■ MUSÉE RÉGIONAL DES TÉLÉCOMMUNICATIONS ET DE LA RADIO
Place de la Victoire
30, rue de Hurtevent ✆ 03 20 72 30 28
musee.telecom.5962@wanadoo.fr
L'association organise également des expositions à la demande dans vos locaux. Ouvert le mercredi, le jeudi et le dimanche de 15h à 17h. Le musée est ouvert aussi sur rendez-vous pour les groupes, se renseigner au 03 20 72 30 28. Fermé les jours fériés. Adulte : 4 €. Groupe (10 personnes) : 2,50 €. Pass-intersites (réseau musées PROSCITEC) : 2 €.
Dans ce musée, vous pourrez faire un bond en arrière et découvrir l'histoire des Télécommunications. Ici deux siècles sont présentés, depuis l'apogée du télégraphe Chappe en 1791, jusqu'à la télématique, mais aussi le télégraphe électrique de Morse, la TSF, l'évolution des techniques de transmission du son et le début des communications par téléphone. Vous en apprendrez également toujours plus sur les différents modes de transmission par câbles, radio ou encore satellites artificiels. La radio n'est pas oubliée, puisque le musée revient sur un siècle de son histoire, retraçant l'évolution chronologique et technologique de la TSF. Des passionnés ont mis à disposition du grand public, une collection importante de récepteurs où vous pourrez pourquoi pas, retrouver le récepteur de votre enfance ou celui qu'avaient connu vos parents ou grands-parents. Vous verrez l'aventure de la transmission de l'écrit jusqu'aux images, avec le premier vidéodisque conçu en France en 1983. Au total, plus de 400 objets de collection sont présents au musée régional des Télécommunications et de la Radio ! Le plus : la visite est guidée et commentée par un membre de l'association, un véritable passionné qui vous fera partager l'évolution de toutes ces techniques qui ont marqué la société du XXe siècle, et qui répondra à toutes vos questions.

Le couvert

■ L'EXSEPTION

Domaine du Septentrion
Chemin des Coulons ✆ 03 20 37 15 40
www.exseption.com
restaurant-exseption@hotmail.fr

Ouvert du dimanche au mardi le midi ; du mercredi au samedi le midi et le soir. Menu unique à 36 €. Carte : 24 € environ. Menu enfant : 13 € (jusqu'à 12 ans). Formule du midi : 19 € (entrée + plat ou plat + dessert ; entrée + plat + dessert : 25 €). Accueil des groupes. Jardin. Terrasse. Vente à emporter.

Établi dans le domaine verdoyant du Septentrion à Marcq-en-Barœul, le restaurant L'Exseption est idéal pour les pauses déjeuner entre collègues ainsi que les dîners en amoureux ou en famille. Flirtant avec le raffinement et le charme, cette adresse propice au calme peut aussi bien se tester en intérieur qu'en terrasse au grand air durant les beaux jours. Au menu de cette brasserie de luxe, des plats raffinés aux produits frais. Certains proviennent même des bonnes recettes de notre région, comme le welsh revisité par le chef ou les croquettes de crevettes grises. En dessert, ce sont les crêpes Suzette flambées en salle devant nous qui nous impressionnent (autant par le spectacle que par le goût). Un grand classique que l'on a rarement le plaisir de retrouver sur les cartes des restaurants de nos jours... Impossible de se lasser puisque la carte de L'Exseption change régulièrement. Pour vos réceptions, vous pouvez privatiser le restaurant qui accueille jusqu'à 60 couverts, tout en restant dans un cadre intimiste. Une belle adresse pour toutes les occasions.

■ LE MARCQ

944, avenue de la République ✆ 03 20 00 80 48
www.lemarcq.fr
restaurantlemarcq@gmail.com

Ouvert le lundi et le mercredi le midi ; le mardi, le jeudi et le vendredi le midi et le soir ; le samedi soir. Réservation recommandée. Menu unique à 69 €. Carte : 50 € environ. Formule du midi : 39 €.

Voilà une table gastronomique qui ne cesse de nous surprendre. Aux commandes du Marcq, le chef Abdelkader Belfatmi fait preuve d'audace, de finesse, et d'élégance et ce, pour le plus grand bonheur des gourmets et des gourmands. Ici tous les produits sont frais et de saison et la carte varie au gré des arrivages du marché. Voilà un véritable gage de saveur et de qualité. Superbement dressées, les assiettes sont d'abord un enchantement pour les yeux avant d'être un régal pour les papilles. Oscillant entre le traditionnel et le contemporain, le chef Belfatmi offre un voyage au pays des saveurs les plus étonnantes. Sa canette accompagnée de daïkon (un radis blanc japonais), de miso (la célèbre pâte salée japonaise) et de bouillon thaï est un parfait exemple de cette étonnante cuisine. Tout comme la langoustine accompagnée de Granny Smith, concombre et ponzu (une sauce japonaise à base d'agrumes). Côté dessert, le chef s'amuse également à mélanger les parfums comme avec son dessert à base de myrtilles, chocolat manjari (très riche en goût et légèrement acidulé !) et fruits rouges. Et pour ne rien gâcher, vous dégusterez cette cuisine créative dans un décor raffiné et élégant ! En deux ans d'existence, le Marcq a su se forger une très belle réputation sur la scène gastronomique lilloise et cela n'est pas près de s'arrêter puisque début 2018 le chef a décroché sa première étoile au Michelin ! Une belle récompense pour ce chef passionné !

■ LA SALLE À MANGER

287, boulevard Clemenceau
✆ 03 20 65 21 19
www.restaurant-lasalleamanger.com
lasalleamanger-tfourdrinier@hotmail.fr

Disciple d'Escoffier. Ouvert le mardi midi ; du mercredi au vendredi le midi et le soir ; le samedi soir. Réservation recommandée. Carte : 25 € environ (le plat). Menus du midi de 28 à 52 €. Menus du soir de 42 à 68 €. Accueil des groupes (privatisation possible de 20 à 60 personnes). Jardin. Terrasse.

Thibaut Fourdrinier a fait ses gammes chez de grands noms de la gastronomie française, comme Alain Ducasse et Joël Robuchon, avant de s'installer avec sa compagne aux commandes de sa « Salle à manger », une table qui est vite devenue trop étroite pour contenter tous les clients. Aujourd'hui le chef a délocalisé sa cuisine de quelques mètres pour réinvestir l'ancien restaurant de Didier Becquart. La salle spacieuse au cadre chaleureux est propice aux repas savoureux. Renouvelée tous les 15 jours, la carte propose une cuisine gastronomique de très grande qualité. Travaillés avec passion par le chef, les produits sont frais et autant que possible locaux. Mais le chef n'en oublie pas pour autant les saveurs du monde, qu'il marie à merveille avec des plats plus traditionnels, le tout précédé de deux amuses bouches. La carte des vins est également étudiée avec soin et le chef saura vous conseiller au mieux. Une table qui offre de belles découvertes. Superbe terrasse côté jardin aux beaux jours. On aime.

Dans les environs

Bondues

■ MUSÉE DE LA RÉSISTANCE ★

Avenue du Général de Gaulle
✆ 03 20 28 88 32
www.ville-bondues.fr
mbondues@mairie-bondues.fr
A proximité de la rocade nord-ouest, de l'A22 et de l'aérodrome. Accès au parking à partir du 2, chemin Saint-Georges.

♿

De septembre à juin : les lundis, mercredis, jeudis et vendredis de 14h à 16h30 (visite libre) ; les 1er et 3e dimanches du mois de 14h30 à 18h (visite guidée à 15h30). Fermé le mardi et les jours fériés. Juillet et août : les lundis, mercredis, jeudis et vendredis de 14h à 18h (visite libre). Gratuit jusqu'à 12 ans (accompagné d'un adulte). Adulte : 6 € (audioguide inclus). Accessibles aux personnes handicapées mais non labellisé. Visite guidée.

Le musée est implanté dans les vestiges du Fort Lobau construit à la fin du XIXe siècle. C'est ici que furent fusillés 68 résistants français durant la Seconde Guerre mondiale, entre le 17 mars 1943 et le 1er mai 1944. Ces exécutions ne furent découvertes qu'après le départ des troupes allemandes, qui firent exploser le fort, le 1er septembre 1944. Il ne reste aujourd'hui plus qu'un tiers du fort d'origine, dont la cour où avaient lieu les exécutions. Un mémorial y a été installé. Le musée est entièrement consacré à la Résistance, révélant les événements au travers de scènes reconstituées, d'objets et de documents. La scénographie est attrayante et accessible. Vous pourrez également y voir un mur avec les photos des résistants exécutés ici même. Poignant !

■ **LE VAL D'AUGE**
805, avenue du Général-de-Gaulle
✆ 03 20 46 26 87
www.valdauge.com – contact@valdauge.com
Ouvert du mardi au vendredi le midi et le soir ; le samedi soir. Réservation recommandée. Menus de 80 € à 112 €. Carte : 60 € environ. Plat du jour : 25 €. Formule du midi : 38 €-60 €. American Express, Chèque Restaurant. Accueil des groupes.
Dans cette maison typique des Flandres se cache le plus vieil étoilé de la métropole lilloise. En 2007, le chef Christophe Hagnerelle recevait sa première étoile, et depuis treize ans elle orne fièrement la devanture de ce restaurant d'exception, mais sans chichi ! L'objectif du chef est de vous faire voyager à travers les richesses du terroir du Nord et de vous offrir une cuisine sincère et créative. Sa spécialité ? Les poissons de la mer du Nord, comme le turbot ou le bar, toujours parfaitement cuits et assaisonnés. L'œuf cocotte à la truffe compte également parmi les classiques du chef. La décoration contemporaine se mêle très bien au cadre traditionnel de ce restaurant chaleureux.

MAROILLES

Ce village, qui a donné son nom à son célèbre fromage, est une petite cité souriante, où coule l'Helpe mineure, ce qui lui confère un charme spécifique. Le maroilles reste le plus connu et le plus estimé des fromages du Nord, aussi délicieux cuisiné chaud que dégusté froid dans sa boîte. Il est bien mis en valeur dans les alentours et une stèle lui est dédiée au village. On célèbre chaque année, au 15 août, la fête de la flamiche (la tarte au maroilles). Maroilles abrite aussi l'une des plus grandes braderies de la région, qui se tient le deuxième ou le troisième dimanche de juin.

■ **SYNDICAT D'INITIATIVE**
53, Grand-Rue
www.maroilles.eu
simaroilles@orange.fr
En juillet et août, du mardi au samedi de 15h à 18h30 et le dimanche de 10h à 12h et de 15h à 18h30. De Pâques à fin septembre, les week-ends et jours fériés, le samedi de 15h à 18h et le dimanche de 10h à 12h et 15h à 18h. Permanence téléphonique 7j/7.
En plein cœur de Maroilles, le Syndicat d'initiative accueille les visiteurs de passage et leur apporte tous les renseignements nécessaires pour découvrir au mieux le village et ses richesses. Il organise également des visites guidées avec des guides bénévoles qui vous conteront de nombreuses histoires sur les lieux phares du village (abbaye, moulin, église). Parmi les autres visites organisées, le Syndicat d'initiative propose aussi de découvrir le musée « L'espace herbage » qui retrace la vie des herbagers (éleveurs de bestiaux) de 1850 à 1950. Enfin, il organise également des expositions artisanales dans le local du « frère portier »... tout un symbole !

Points d'intérêt

■ **MAISON DU PARC NATUREL RÉGIONAL DE L'AVESNOIS** ★
Grange Dîmière
4, cour de l'Abbaye
✆ 03 27 77 51 60
www.parc-naturel-avesnois.fr
contact@parc-naturel-avesnois.fr
Ouvert du lundi au vendredi de 9h à 12h et de 14h à 17h. De mai à septembre : le dimanche et les jours fériés de 10h à 13h.
La Maison du Parc naturel de l'Avesnois est une institution qui gère, en plus du parc, toute la partie touristique du secteur. Elle s'occupe notamment du développement du territoire, de la promotion des paysages et des producteurs locaux. Son rôle est important, puisque 95 % du territoire fait partie du Parc naturel régional ! Ce lieu d'accueil comporte un espace découverte où l'on peut admirer des expositions organisées plusieurs fois dans l'année. C'est également une véritable vitrine du terroir. Les enfants comme les adultes pourront y venir pour se sensibiliser à la faune et la biodiversité. Si vous aimez la nature et l'Avesnois, c'est un endroit immanquable pour vous. Les paysages sont magnifiques et y sont mis en valeur.

Le couvert

■ **LE TEMPS DES METS**
42, Grand-Rue ✆ 03 27 77 96 48
http://letempsdesmets.e-monsite.com
Qualité Tourisme. Ouvert le lundi, le mardi, le jeudi et le vendredi de 12h à 13h30 et de 19h à 21h30 ; le samedi de 19h à 21h30 ; le dimanche de 12h à 13h30. Ouvert le samedi midi de mai à septembre. Menus de 15,50 € à 30 €. Séminaires et repas d'entreprises (34-38 personnes max), sur réservation.
Ce petit restaurant brille par son envie de faire découvrir les saveurs d'un fromage fort. Sur la carte, on trouve de jolis plats. Bien entendu, la traditionnelle flamiche au maroilles est de la partie. Le classique poulet rôti, et sa sauce onctueuse au maroilles ou le costado de cochon au genièvre de Houlle, sauront combler les appétits féroces. Plus étonnant, le filet de raie à la moutarde d'algues de mer séduit, tout comme la ch'ti flette en trois façons. Du goût, du caractère ! Vivement conseillé, le Menu dégustation assure un plaisir à chaque bouchée. Mention spéciale au T Bone de veau et sa sauce Coca-Cola ! La liste des convives heureux et satisfaits ne cesse de grandir... Le Temps des Mets est définitivement une adresse à ne pas rater !

© MELVIN DUPONT – FOTOLIA

Le moulin à eau de Maroilles.

Dans les environs

Le Cateau-Cambrésis

MUSÉE MATISSE ★★★
Palais Fénelon
Place du Commandant-Richez
✆ 03 59 73 38 00
https://museematisse.fr
museematisse@gmail.com

Le musée est fermé les 1er novembre, 25 décembre et 1er janvier. Ouvert du mercredi au lundi de 10h à 18h. Visites commentées les week-end, jours fériés et pendant les vacances scolaires. Gratuit jusqu'à 26 ans. Adulte : 6 € (hors Matisse et 7 € expo Matisse. Tarif réduit : 3 €). Visite commentée : 2 €/personne. Atelier enfant 5 € les 2h. Label Tourisme & Handicap. Visite guidée.

Ce musée a été créé par Matisse lui-même, dans sa ville natale, et offre dès le départ plus de quatre-vingts œuvres qui en constituent les collections permanentes. D'abord exposés dans l'hôtel de ville, les tableaux ont été déménagés dans les années 1980 dans un palais du XVIIIe. C'est ce très beau décor qui a été augmenté d'une extension en 2002 afin de parfaire l'accueil du visiteur et des œuvres. Une belle réussite. Aujourd'hui, en plus des œuvres de Matisse, on peut y admirer des œuvres d'Herbin mais aussi la donation Tériade. Le parcours à travers l'œuvre de Matisse est un cheminement dans la couleur, la somptuosité des matières, la beauté des modèles, la passion du dessin et l'amour de la poésie. Des expositions temporaires sont organisées tout au long de l'année pour vous offrir encore plus d'œuvres. Un musée à ne pas manquer si vous passez par Le Cateau-Cambrésis ou les environs. Décentralisé, il a le mérite de présenter des œuvres que l'on n'a pas l'habitude de voir si l'on habite pas dans une grande ville. Et pour clôturer votre visite, profitez un peu du parc avant de rentrer chez vous.

BRASSERIE DE L'ABBAYE DU CATEAU
16, rue du Marché-aux-Chevaux
✆ 03 27 07 19 19
www.brasserieducateau.fr
contact-cateau@nordnet.fr

Ouvert du mardi au dimanche le midi et le soir. Réservation recommandée. Menus de 21 € à 30 €. Carte : 28 € environ. Menu enfant : 9,50 €.

C'est au cœur de cette magnifique ancienne abbaye bénédictine rénovée en brasserie que s'est établi le restaurant portant le même nom. On s'y régale d'une cuisine régionale et maîtrisée. En entrée, on se laisse tenter par le « méli-mélo de cochonnaille », avant de commander l'inévitable welsh à la Vivat, avec bien sûr l'une des bières brassées sur place. En dessert, la « flam'sucrée », c'est-à-dire une flammekueche aux poires et au chocolat, est une vraie découverte. Bon à savoir : retrouvez les bières de la brasserie Vivat à Lille à la Vivat Factory à côté de la Treille.

MAUBEUGE ★

Le nom de Maubeuge remonte à environ 256 ap. J.-C : les assemblées des Francs s'appelaient alors « Malboden ». Le bas latin transforma le mot en « Malbodium », lorsque sainte Aldegonde fonda vers 661 au bord de la Sambre un monastère à l'origine de la ville. Ce monastère devint un chapitre de chanoinesses pendant huit siècles. Maubeuge fit partie du comté de Hainaut puis passa sous la domination des ducs de Bourgogne, puis de la maison d'Autriche et enfin de la maison d'Espagne. La ville fut définitivement rattachée à la France lors du traité de Nimègue en 1678. L'année suivante, Louis XIV chargea Vauban de la fortifier afin qu'elle ne soit plus reprise par l'ennemi. La manufacture d'armes, créée en 1701, constitua pour l'époque la plus importante industrie de Maubeuge. En 1792, la ville fut prise par les Autrichiens, puis libérée en 1793 lors de la victoire de Wattignies. Au début du XIXe siècle, l'économie de la ville redémarra grâce à la révolution industrielle : les hauts-fourneaux et les laminoirs se multiplièrent, créant emplois et prospérité. Maubeuge est épargnée lors de la Première Guerre mondiale. Mais ce répit est de courte durée et dès mai 1940, les Allemands bombardent et détruisent le cœur historique à plus de 90 %. L'architecte André Lurçat entreprit le difficile travail de reconstruction de la ville pendant les Trente Glorieuses et s'opposa au démantèlement complet des fortifications de Vauban. Dès la fin de la guerre, plusieurs industries renommées vinrent s'installer à Maubeuge : Usinor, la Fabrique de Fer, Dembiermont… Mais dans les années 1960, ces industries subissent une forte récession. À partir de 1971, Maubeuge Construction Automobile donne un second souffle à l'activité industrielle. Malgré cela, la Sambre va connaître une terrible période de récession. Actuellement, Maubeuge entame sa reconversion dans les industries de pointe. Le Manège, scène nationale, propose quatre festivals par an, ayant pour thèmes la danse, le jazz, le théâtre et les nouvelles technologies. Les Folie's, quant à elles, transforment la ville pendant une semaine. Maubeuge a obtenu la création d'une antenne universitaire et d'un complexe cinématographique. Soucieuse de la préservation de son environnement, Maubeuge est la première ville-porte du Parc naturel régional de l'Avesnois, et il est agréable de se promener sur ses remparts. Ville fleurie reconnue au niveau régional, Maubeuge est avant tout une ville verte qui manie avec talent le concept de « campagne à la ville ».

■ OFFICE DE TOURISME SAMBRE-AVESNOIS

Place Vauban ✆ 03 27 62 11 93
www.tourisme-avesnois.com
tourisme.maubeuge@gmail.com

Ouvert du lundi au samedi de 9h à 12h30 et de 13h30 à 17h.

Envie de visiter la ville de Maubeuge et ses environs ? C'est à l'office de tourisme Sambre-Avesnois que vous pourrez vous rendre ! Dans ce grand bâtiment gris aux abords des fortifications, vous pourrez découvrir tout ce que propose la ville de Maubeuge mais aussi la communauté de communes Sambre-Avesnois !

N'hésitez pas à poser des questions aux passionnés de la ville qui travaillent ici, ils pourront vous donner leurs conseils ou même vous proposer des visites guidées. Très moderne et actif, l'office de tourisme Sambre-Avesnois a remplacé son guide touristique par un « carnet de voyage » en 2018, qui propose de nombreux itinéraires pour découvrir le coin avec un format ludique. L'office a également lancé le site « Partage ton secret » pour partager ses secrets sur les lieux à voir aux alentours. Malin !

■ FORTIFICATIONS DE VAUBAN

Porte de Mons – Office de tourisme
Place Vauban ✆ 03 27 62 11 93
www.maubeuge-tourisme.fr
tourisme.maubeuge@gmail.com

Ouvert toute l'année. Visite guidée (circuit audioguidé « Les fortifications » à télécharger : 4 €. Renseignements office).

Sentinelle du Pré Carré des villes fortifiées du Hainaut, Maubeuge possède encore les deux tiers du mur d'enceinte imaginé par le génial Vauban. Du zoo à l'étang Monier, vous passerez par tous les plus beaux vestiges de ces fortifications, tout en déambulant dans un cadre verdoyant et bucolique. Après la visite audioguidée des remparts, vous aurez la chance de partir en voyage sous la ville de Maubeuge. Ces espaces, anciens systèmes défensifs, peuvent aujourd'hui être visités. Une balade aux allures de parc d'attractions, la culture en plus ! À noter que l'office de tourisme propose également des circuits pour découvrir le patrimoine de Maubeuge ainsi que la ville reconstruite dans les années 1950. Une visite à faire pour découvrir Maubeuge sous l'un de ses meilleurs angles.

Points d'intérêt

■ ZOO DE MAUBEUGE ★

Avenue du Parc
✆ 03 27 53 75 84
www.zoodemaubeuge.fr
contact@zoodemaubeuge.fr

Fermé de décembre à mars. Avril, mai, juin, septembre : de 10h à 18h. Octobre jusqu'au 9 novembre : de 13h30 à 17h30. Juillet, août : de 10h à 19h. Gratuit jusqu'à 3 ans. Adulte : 10 €. Enfant (de 3 à 16 ans) : 6 €. Carte annuelle famille, adultes (24 €), enfants (14 €). Soigneur d'un jour : 100 € adulte, 80 € enfant. Anniversaire, 90 € pour 10 enfants. American Express.

Dans un cadre arboré, ce zoo présente des animaux originaires des cinq continents du monde et constitue une vraie référence pour les locaux. En 1955, alors que le zoo ouvre pour la première fois ses portes, seuls un chimpanzé, un chameau, des canards et des pigeons-paons étaient présents. Une girafe les rejoint en 1963 puis, petit à petit, le zoo est devenu la maison de 300 animaux. Même si on préférerait voir des espèces en liberté, le zoo permet notamment aux plus jeunes d'observer et de découvrir la richesse fascinante de la faune sauvage. En outre, pour chaque entrée, le zoo reverse un pourcentage à un fond de conservation des girafes d'Afrique de l'Ouest. Une initiative à saluer !

Dans les environs

Cousolre

■ LE MUSÉE DE LA MACHINE PARLANTE

43A, route Nationale
COUSOLRE ✆ 06 10 56 59 66
www.tourisme-avesnois.com
ot.cousolre@orange.fr

♿

Ouvert le week-end de 14h à 18h. Pour les groupes, sur réservation. Visite guidée à 15h. Gratuit jusqu'à 5 ans. Adulte : 5 €. Enfant (de 5 à 12 ans) : 2,50 €. Visite guidée (durée environ 1h30). Restauration. Boutique. Animations.

Le Musée de la machine parlante est l'œuvre d'un couple de véritables passionnés : Jean-Paul Maïeu et Magali Barbier. A la tête d'une incroyable collection d'appareils diffuseurs et enregistreurs de parole et de musique, c'est en 2013 qu'ils décident de présenter leurs trésors aux visiteurs et de partager leur passion. Pour être sûr de ne rien manquer, mieux vaut privilégier la visite guidée au cours de laquelle le maître des lieux, également historien, multiplie les anecdotes tout en faisant fonctionner les machines, phonographes et gramophones en tête. Parmi les autres trésors, le musée présente également des postes à galène, des transistors, des ronéophones, mais aussi des inventions plus insolites comme des orgues de barbarie, des jouets parlants ou des horloges musicales. Le musée présente aussi l'histoire de la commune de Cousolre en exposant notamment les plus belles sculptures de ses artisans marbriers. Un lieu original pour découvrir les trésors cachés d'une charmante petite bourgade de l'Avesnois.

ROUBAIX

Roubaix est citée pour la première fois en 863 sur une carte. La ville appartenait alors à l'évêché de Tournai. La tradition textile est solidement ancrée à Roubaix. Dès 1469, Pierre de Roubaix obtient le droit de « faire draps de toutes laines ». De simple commune de tisserands, Roubaix devient très vite une ville puissante, où les usines éclosent. Fleuron des industries du textile, poussée par les avancées technologiques, la ville possède jusqu'à 300 usines. La démographie explose sur la même période (multiplication par quinze au XIXe siècle). La bourgeoisie s'installe et les patrons construisent alors de nombreux châteaux industriels emblématiques, qui contrastent avec les logements ouvriers. Mais ces heures de prospérité ne durent que jusqu'au milieu du XXe siècle. La crise du textile frappe violemment et la ville doit faire face à de très nombreuses difficultés qu'elle tente aujourd'hui d'oublier. Riche de sa centaine de nationalités, Roubaix rivalise aujourd'hui d'imagination pour se donner une nouvelle image. Comptant sur une vie associative débordante, sur un magnifique patrimoine industriel réhabilité, la ville se visite pour ses 36 cheminées protégées, son Vélodrome, arrivée du mythique Paris-Roubaix, ou pour sa sublime Piscine devenue musée. Loin des clichés, Roubaix a également su redonner sa place au textile. Si l'Usine ou McArthur Glen proposent des tarifs intéressants sur des grandes marques, de nouveaux créateurs de mode ont élu refuge en plein centre ville... tout près de la plus grande école de textile en France : l'ENSAIT. Cette ville a un potentiel énorme : la moitié de sa population est âgée de moins de 25 ans ! Une ville à ne pas sous-estimer !

■ **LA BOBINE**
Office de tourisme de Roubaix
7, rue du Chemin de Fer ✆ 03 20 65 31 90
www.roubaixtourisme.com
contact@roubaixtourisme.com
M° Gare de Roubaix Jean-Lebas ou M° Roubaix Grand-Place

Qualité Tourisme. Ouvert du mardi au samedi de 9h30 à 18h.

Changement dans l'air pour ce lieu incontournable de Roubaix ! La Bobine, qui déroule son joli Fil de Briques bleu pour vous guider dans toute la ville, est un office qui bouge. Visites insolites, location de trottinettes, ateliers créatifs, expositions et présentation du meilleur des créateurs locaux, précieuses informations et anecdotes insolites sur la ville… C'est tout ça et plus encore que vous trouverez à la Bobine, qui s'apprête à déménager au printemps. Rassurez-vous, l'office s'installera juste à côté, dans un tiers-lieu rassemblant les créateurs du Grand Bassin, un restaurant et un grand espace d'exposition. Décidément, les équipes de la Bobine nous étonneront toujours !

Points d'intérêt

■ **LA MANUFACTURE** ★
Musée de la mémoire et de la création textile
29, avenue Julien-Lagache
✆ 03 20 20 98 92
www.lamanufacture-roubaix.fr
contact@lamanufacture-roubaix.fr
Métro ou tram Eurotéléport puis bus n° 15 direction Leers Eglise, arrêt Fraternité.
♿

Ouvert du mardi au dimanche de 14h à 18h. Visite uniquement guidée à 14h, 15h, et 16h. Visite supplémentaire exceptionnelle à 17h le premier dimanche du mois. Gratuit jusqu'à 8 ans. Adulte : 6 €. Enfant : 4 €. Groupe (10 personnes) : 4 €. Billet couplé avec La Piscine : 10 €. Visite Famille Manuf'Académie : 18 € pour 2 enfants et 2 adultes (réservation obligatoire en ligne ou au 03.20.65.31.90, renseignements pour les dates). Visite guidée. Boutique. Animations. Ateliers. Accueil des groupes possible en dehors des horaires d'ouverture

La Grand'place.

au public (renseigments : ✆ 03 20 65 31 90 - groupe@roubaixtourisme.com).

Souvent ignorée car plus éloignée que le musée de la Piscine ou La Condition Publique, la Manufacture de Roubaix vaut pourtant le détour ! Dans l'ancien tissage Craye, ce musée-atelier vous permet de mieux découvrir cette aventure industrielle qui a tant marqué la mémoire de la métropole lilloise. Les visites rendent compte de l'évolution depuis le travail à domicile dans le petit village médiéval de Roubaix, jusqu'aux textiles les plus futuristes. Ce qu'on aime ici, c'est l'authenticité qui règne : les histoires contées, l'évocation des conditions de vie et de travail des ouvriers, l'histoire de la ville et de sa population... Un vrai bond dans le temps.

LA PISCINE ★★★
Musée d'Art d'Industrie André Diligent
23, rue de l'Espérance
✆ 03 20 69 23 60
www.roubaix-lapiscine.com
lapiscine.musee@ville-roubaix.fr
M° Roubaix Grand-Place ou Gare Jean Lebas Roubaix.

Fermé les 1er janvier, 1er mai, jeudi de l'Ascension, 14 juillet, 15 août, 1er novembre et 25 décembre. Ouvert du mardi au jeudi de 11h à 18h ; le vendredi de 11h à 20h ; le week-end de 13h à 18h. Gratuit jusqu'à 18 ans. Hors exposition : 9 € (tarif réduit : 6 €). Pendant les expositions (le billet comprend l'entrée au musée et la visite de toutes les expositions temporaires) : entrée 11 € (tarif réduit : 9 €). L'accès est gratuit tous les vendredis de 18h à 20h. Accueil enfants. Visite guidée. Restauration. Boutique. Animations.

Cette piscine reconvertie en musée est un joyau de l'Art déco. Son bassin transformé en jardin de sculptures et ses cabines de douche aménagées en vitrine en font un lieu aussi grandiose qu'insolite. Agrandi en 2018, le musée continue d'attirer des milliers de visiteurs venus admirer ses collections. Céramiques, faïences, arts décoratifs, textiles, peintures et sculptures y sont sublimés. À ne pas manquer : le Panorama de la Grand-Place de Roubaix et la reconstitution de l'atelier du sculpteur Henri Bouchard. La Piscine, ce sont aussi trois saisons annuelles d'expositions surprenantes, des visites insolites, des ateliers et bien d'autres événements pour vivre l'art autrement. Incontournable.

Le couvert

■ BARAKA
20, rue de Sébastopol
✆ 03 20 65 74 14
www.cooperativebaraka.fr
contact@cooperativebaraka.fr
Tram Alfred Mongy, M° Roubaix Grand-Place

Ouvert du lundi au vendredi le midi et le soir. Formule du midi : 12 €. Accueil des groupes (location de salles). Terrasse. Animations.

La Baraka l'a échappé belle... Après une année 2017 difficile, le restaurant a dû fermer ses portes pendant un temps qui a semblé bien long aux amateurs de cuisine équilibrée. Grâce à un plan de sauvetage solidaire, le restaurant a rouvert ses portes en octobre 2018 et propose désormais une nouvelle formule avec une ambiance cantine conviviale où chacun remplit son plateau comme il veut. La cuisine, elle, est restée bio, locale et végétarienne, même si la Baraka n'exclut pas à terme de proposer de la viande bio ! On souhaite donc une belle et longue vie à la Baraka nouvelle formule, fleuron de la coopérative du même nom qui prône le bien-habiter, le bien-vivre ensemble et le bien-manger !

■ LE FER À CHEVAL
116, avenue Jean-Jaurès
✆ 03 20 72 65 63
www.leferacheval-restaurant.com
contact@leferacheval-restaurant.com

Ouvert du lundi au samedi de 12h à 14h15 et de 19h à 22h15 ; le dimanche de 12h à 14h15. Carte : 25 € environ. Formule du midi : 18,50 €. Accueil des groupes. Terrasse.

Le Fer à Cheval, qui existe depuis 1976, est une véritable institution ! Repris en 2010 par Estelle et Grégory Sélosse, l'établissement s'est offert un petit bain de jouvence et a rouvert ses portes en août 2018, plus beau que jamais. Au départ, il s'agissait simplement d'agrandir la cuisine, et c'est finalement tout le restaurant qui a été redécoré. Des tons boisés, des meubles dorés à la main, des luminaires et chaises design... : le cadre est vraiment moderne et élégant. Un écrin pour une cuisine de qualité dont la spécialité reste toujours la viande flambée dans la cheminée. La carte des vins est très bien fournie et permet d'excellents accords. Une expérience sensorielle à vivre !

■ LA PETITE COUR
57, rue Nain
✆ 03 20 25 06 55
www.lapetitecour59.fr
lapetitecour59@gmail.com
Métro Roubaix Grand Place.

Ouvert du lundi au samedi le midi de 12h à 14h30 ; du jeudi au samedi le soir de 19h à 3h. Carte : 25 € environ. Formule du midi : 12,50 € (plat et boisson). Formule 17 € : entrée, plat ou plat, dessert avec boisson. Formule 21 € : entrée, plat, dessert et boisson. Accueil des groupes (à partir de 15 personnes en dehors des horaires d'ouverture). Terrasse.

À 2 min du Musée de la Piscine, la rue Nain nous réserve une belle surprise. Derrière cette façade aux allures bistrot familial, impossible d'imaginer un restaurant offrant une telle capacité. Une première salle à l'atmosphère bistro intimiste, et une cour abritée conduisant sur la seconde, un ancien atelier au cachet préservé. Ici la carte propose un choix de plats traditionnels aux influences bistronomiques. Des produits frais rigoureusement sélectionnés. Un saumon gravlax en entrée, des belles pièces de bœuf et un hamburger excellent en plat, accompagné de frites fraîches. C'est bon, frais, fait maison, c'est sincère. Accueil adorable, service prévenant et rapport qualité/prix impeccable.

Emplettes

■ L'USINE
228, avenue Alfred Motte
✆ 03 20 83 16 20
www.usineroubaix.fr
contact@usineroubaix.fr
Ouvert du lundi au samedi de 10h à 19h.
C'est en 1983 qu'apparaît l'idée de regrouper les magasins d'usine existant dans la Métropole lilloise sur le site d'une ancienne usine textile centenaire au cœur de Roubaix. L'Usine, premier centre de magasins d'usine d'Europe, ouvre en mai 1984 avec 25 magasins. Si les enseignes accueillies sont toutes différentes, elles ont en commun la vente de stocks à des prix préférentiels. Une véritable institution en ville qui est devenue une destination shopping incontournable. L'Usine propose aussi différents espaces de restauration pour une petite pause gourmande. L'Usine est ancrée dans le maillage local grâce à de nombreux partenariats noués avec d'importantes institutions roubaisiennes.

Dans les environs

Croix

■ VILLA CAVROIS ★★★
60, avenue John-Fitzgerald-Kennedy
✆ 03 20 73 47 12
www.villa-cavrois.fr
villacavrois@monuments-nationaux.fr
Ouverte tous les jours de 10h à 18h sauf le lundi et les jours fériés suivants : 1er janvier, 1er mai et 25 décembre. Dernier accès en billetterie à 17h15. Gratuit jusqu'à 26 ans. Adulte 9,50 €. Visite avec tablette tactile : 12 €. Groupe (20 personnes) 6,50 €. Tarif réduit 6,50 €. Gratuit le premier dimanche du mois, de novembre à mars. Chèque Vacances. Boutique.
Maison emblématique de la Métropole lilloise, la Villa Cavrois est une œuvre d'art totale, véritable chef-d'œuvre de l'architecture moderne à la précision géométrique étonnante. Conçue par l'architecte Mallet-Stevens pour la famille de l'industriel Paul Cavrois, la maison est réalisée entre 1929 et 1932. Habitée jusqu'en 1985, elle sera ensuite laissée à l'abandon avant de faire l'objet d'un vaste plan de sauvetage et de devenir monument national. Les visites avec tablettes tactiles permettent de découvrir tous les secrets de cette gigantesque bâtisse d'exception. N'oubliez pas de profiter du jardin et de l'incroyable reflet de la maison sur le long miroir d'eau. Poétique et inoubliable.

■ LA VILLA CARAT
210, rue Verte
✆ 06 58 05 87 65
www.lavillacarat.fr
contact@lavillacarat.fr
5 chambres. Studio / appartement de 180 € à 210 € le week-end, de 350 € à 390 € le mid-week, de 420 € à 490 € la semaine. Petit déjeuner inclus. Draps et linge de toilette fournis. Chèque Vacances. Séminaires. Wifi gratuit.
Voici une adresse de charme à quelques mètres du parc Barbieux à Roubaix : la Villa Carat ! 5 très beaux appartements pour 2 personnes maximum, aux noms évocateurs (Diamant, Pierre de Lune, Œil de Tigre...) vous attendent, décorés chacune selon une déclinaison d'une même couleur. Tout confort, ces appartements ont tous une kitchenette et une salle de bains privée et, en été, vous pourrez même profiter de la piscine extérieure chauffée. Les prestations sont de qualité pour vous garantir un agréable séjour : petit déjeuner, ménage, blanchisserie, service consigne, parking sécurisé et salles de séminaires à la location destinées aux événements pour les professionnels.

Villa Cavrois.

■ **BRASSERIE CAMBIER**
Parc d'activités de la gare – 2, rue Jean Monnet
Bâtiment M ✆ 07 72 37 56 14
www.brasserie-cambier.fr
contact@brasserie-cambier.fr
Gare de Croix.
Ouvert le mercredi de 16h à 19h ; le jeudi et le vendredi de 17h à 20h ; le samedi de 10h à 12h30 et de 14h à 19h. Visites le samedi à 10h30, 14h30 et 17h sur réservation, 7 €/pers.
Bienvenue chez Cambier, brasserie urbaine de bières artisanales. Son créateur, Jean-Christophe Cambier, ingénieur agronome de formation, a la passion de la tradition brassicole et l'amour du contact avec le public. C'est pourquoi il organise de nombreuses séances de dégustation accompagnées de visites des installations de production. C'est ici qu'il produit la Mongy, du nom du fondateur du tramway lillois ! La Mongy se décline en de multiples versions, de la blonde à l'IPA en passant par d'autres saveurs. La gamme Cambier propose, quant à elle, des bières en édition limitée. Chaque mois la brasserie propose ainsi de nouvelles créations et teste de nouvelles techniques de brassage. Savoureux.

SAINT-AMAND-LES-EAUX ★

En 639, le roi Dagobert donne au futur Saint-Amand, alors évêque de Maastricht, des terres situées entre l'Elnon et la Scarpe. Comme de coutume, il fallut défricher et aménager le terrain avant de construire ce qui allait devenir le cœur de la cité : l'abbaye d'Elnon. Mise à mal durant les invasions normandes de la fin du IXe siècle, la ville eut du mal à se remettre, mais n'en sortit que grandie. D'abord appelée Saint-Amand-en-Pévèle, elle devait devenir un haut lieu spirituel et artistique de la région : les moines copistes et musiciens y exercèrent en effet leur talent jusqu'au XVe siècle. Mais la situation de la ville ne s'améliora pas et elle dut encore subir les affres de pillages et d'invasions jusqu'à son retour en territoire français au XVIIe siècle. Sous l'influence de l'abbé Nicolas du Bois, la cité allait prendre son allure actuelle, aux fortifications et restaurations diverses, architecture nouvelle et enchevêtrement des rues : Saint-Amand-les-Eaux pouvait prendre son envol. La Révolution marque pourtant un tournant pour la ville, démantelant son symbole et plus précieux monument : l'abbaye dont la Tour abbatiale et l'échevinage sont les seuls témoins encore visibles. Mais la ville a su se développer grâce au tourisme. Tourisme thermal d'abord grâce à la réputation légendaire de ses sources sulfureuses et curatives qui attirent chaque année de nombreux curistes en quête de bien-être et de repos. Tourisme naturel ensuite grâce à la proximité du superbe Parc Naturel Régional Scarpe Escaut, le tout premier créé en France, et de la belle forêt de Saint-Amand-Raismes-Wallers proposant aux promeneurs de nombreux chemins de randonnée permettant de partir à la découverte d'une faune et d'une flore d'une richesse et d'une diversité incomparables. Saint-Amand-les-Eaux, une petite ville aux multiples atouts !

■ **OFFICE DE TOURISME LA PORTE-DU-HAINAUT**
89, Grand'Place
✆ 03 27 48 39 65
www.tourisme-porteduhainaut.com
contact@tourisme-porteduhainaut.fr
Du 1er octobre au 30 avril : fermé dimanche, lundi et jours fériés. Mardi, mercredi, vendredi, samedi 10h-12h / 14h-17h et jeudi 14h-17h. Du 1er mai au 30 septembre : lundi 14h-18h, mardi-samedi 10h-12h/14h-18h, dimanche 10h30-12h. Fermé les jours fériés. Boutique de souvenirs.
Non loin de la majestueuse Tour abbatiale, c'est au centre de la Grand'Place, dans un très bel édifice à la belle façade blanche que l'Office de Tourisme La Porte du Hainaut accueille les visiteurs. Hébergements, restaurants, découvertes du patrimoine, spectacles et manifestations, balades et chemins de randonnée… tout est fait pour vous aider dans l'organisation et le déroulement de votre séjour à Saint-Amand-les-Eaux et ses alentours. L'office couvre un large territoire allant de l'Amandinois jusqu'à Raismes (et sa base de loisirs) et même jusqu'à la Belgique toute proche grâce à un partenariat avec Tournai et Antoing. Située entre Lille et Valenciennes, la Porte du Hainaut se révèle riche en visites et en activités : musées, patrimoine religieux, cheval, VTT, thermes, séjours de remise en forme, visites guidées ou promenades dans le Parc Naturel régional de Scarpe-Escaut. L'office possède également un espace boutique et un espace où sont organisées de nombreuses expositions mettant à l'honneur des artistes de la région. Faites-y donc une halte avant de partir à la découverte de la région !

Points d'intérêt

■ **ANCIEN ÉCHEVINAGE** ★
Visite guidée (se renseigner à l'office de tourisme).
Conçu par Nicolas Du Bois comme pavillon d'entrée de l'Abbaye, l'échevinage était aussi appelé prieuré car situé côté des appartements du prieur. Siège du magistrat composé du maire et de ses échevins, il comprenait également les salles de justice et les prisons. C'est un véritable bijou artistique dans le goût de la Renaissance flamande, avec ses tours à coupole et lanternons et sa façade à soubassements de grès.
Deux pavillons octogonaux entourent la porte d'entrée, dont la version actuelle date de 1895. Le rez-de-chaussée contenait les prisons, percées d'ouvertures minuscules donnant sur la Grand-Place. Au deuxième étage se trouvaient d'une part le salon de réception des hôtes, d'autre part la salle de délibérations du magistrat. On peut voir actuellement, au premier étage, la salle des plaids, qui abrita la justice de paix jusqu'en 1958, la salle des mariages totalement détruite par l'incendie de 1949, restaurée ensuite dans son style initial. Au deuxième étage les deux pavillons octogonaux renferment, l'un la salle échevinale restaurée, l'autre un salon de réception, le salon Watteau, appelé ainsi en raison des tableaux peints par Louis Watteau en 1781 et 1782.

MAISON DU PARC

Parc naturel régional Scarpe-Escaut
357, rue Notre-Dame-d'Amour
© 03 27 19 19 70
www.pnr-scarpe-escaut.fr
contact@pnr-scarpe-escaut.fr

Brochures et cartes sont disponibles à la maison du parc du Lundi au Vendredi de 9h à 12h30 et 13h30 à 18h00.

Vous avez envie de voyager du côté de Saint-Amand et de ses environs ? Entre Valenciennes, Douai et Lille, 48 communes du département du Nord composent le territoire du Parc naturel régional Scarpe-Escaut. Les paysages du Parc s'étendent sur 43 000 hectares qui constituent le cadre de vie de 162 000 habitants. Ce territoire épouse la frontière avec la Belgique pour former avec le Parc naturel wallon des Plaines de l'Escaut, le Parc naturel transfrontalier du Hainaut. Si vous souhaitez découvrir davantage le coin, la Maison du Parc est idéale pour vous fournir tous les renseignements nécessaires grâce à une abondante documentation, au sujet notamment des 250 km de sentiers balisés pédestres et cyclistes à parcourir à travers le massif forestier, ou le long des chemins de halage. De quoi explorer le coin et vous évader en pleine nature seul, entre amis, ou en famille.

MUSÉE DE LA TOUR ABBATIALE

Grand-Place © 03 27 22 24 55
www.saint-amand-les-eaux.fr
musee@saint-amand-les-eaux.fr

Ouvert toute l'année. Le lundi et du mercredi au vendredi de 14h à 17h ; le week-end et les jours fériés de 10h30 à 12h et de 14h à 18h. Samedis, dimanches et jours fériés (sauf le 1/1, 1/11 et 25/12) : de 10h30 à 12h00 et de 14h à 18h. Gratuit. Visite guidée payante pour les groupes sur réservation auprès de l'office de tourisme de la Porte du Hainaut.

Vision incroyable sur la Grand-Place ! Stupéfiante depuis sa rénovation terminée en 2012, la tour abbatiale renaît en majesté du haut de ses 82 mètres. Elle constituait une tour d'angle et servait de portail à l'église de l'abbaye bénédictine de Saint-Amand. Sa construction remonterait à Dagobert Ier mais c'est entre 1626 à 1640, en plein âge baroque, que fut érigée celle que nous connaissons, sur les ordres de l'abbé Nicolas du Bois. Cette invraisemblable tour est reconnue comme l'un des plus insolites monuments de style baroque d'Europe du nord avec son ornementation exubérante, mélange de piété et de fantaisie. La façade présente des trompe-l'œil en pierre crayeuse tout à fait inédits. L'intérieur fait office de musée, présentant des collections de faïences issues des deux manufactures locales : celle de Desmoutiers et, surtout, celle des Fauquez qui surent inventer des décors originaux en jouant de la technique du *bianco sopra bianco*. Symbole des Amandinois, elle renferme en outre un carillon de 48 cloches qui joue tous les jours de 12h à 12h30. Par ailleurs, le musée organise des expositions temporaires, des animations et des ateliers. Immanquable !

PARC NATUREL RÉGIONAL DE SCARPE-ESCAUT

Maison du Parc – Le Luron
357, rue Notre-Dame-d'Amour
© 03 27 19 19 70
www.pnr-scarpe-escaut.fr
contact@pnr-scarpe-escaut.fr

Ouvert toute l'année. Accessible à tous. Gratuit.

L'eau minérale de Saint-Amand

L'histoire de l'eau minérale de Saint-Amand est indissociable de celle de la famille Chantraine qui commença à exploiter la source du Clos de l'Abbaye, en plein cœur de Saint-Amand, en 1967 et qui en est toujours propriétaire aujourd'hui. La particularité de cette eau ? Elle provient d'une source artésienne, c'est-à-dire qui jaillit d'elle-même ! Puisée à plus de 90 m de profondeur, cette eau est protégée de toute pollution extérieure. Riche en calcium, magnésium, sodium et potassium, et totalement vierge de nitrate, l'eau de Saint-Amand possède de bien nombreuses vertus qui conviennent à tous. Labellisée « Saveurs en Or », un label qui valorise les savoir-faire régionaux, l'eau minérale de Saint-Amand est une eau 100% nordiste, puisée et embouteillée à Saint-Amand même ! Ses propriétés minérales et son mode de production local expliquent son succès qui dépasse largement les frontières de la région, puisque l'entreprise produit près de 110 millions de bouteilles par an ! Une réussite dont les Amandinois peuvent être fiers !

LES THERMES DE SAINT-AMAND

1303, route la Fontaine Bouillon

Ouvert du 2 mars au 28 novembre 2020.

Les propriétés curatives des eaux de Saint-Amand, et plus spécifiquement de celles de la source de la Fontaine-Bouillon, étaient déjà appréciées des Romains qui y avaient installé des thermes. Au XVIIe siècle, alors que Vauban décide de réorganiser sources et thermes, les vestiges du site antique sont découverts et de nombreuses statues en bois données en offrande aux dieux par les curistes de l'époque.

Au XVIIIe siècle, les eaux de Saint-Amand seront déclarées miraculeuses. Et jusqu'à aujourd'hui, leurs propriétés curatives des affections rhumatismales et respiratoires n'ont toujours pas été démenties ! Seul établissement thermal au nord de Paris, le lieu accueillit les visiteurs les plus prestigieux, dont Louis Bonaparte, qui y fit réaliser la drève du prince, voie carrossable reliant les thermes à la forêt voisine.

Reconstruit après les bombardements de la Seconde Guerre mondiale, l'établissement se dote alors d'un hôtel et d'un casino et joue sur une architecture en transparence et sur la lumière qui se diffuse par sa belle rotonde, l'établissement thermal fait aujourd'hui partie de la chaîne des Cures thermales du Soleil et propose des cures, soins esthétiques et soins de spa.

Tout premier parc régional de France, créé en 1968, le parc naturel régional de Scarpe-Escaut regroupe 64 communes et promet de belles découvertes. Prairies, grandes cultures, grandes forêts domaniales, plateaux, plaines et vallées... les paysages du parc sont aussi riches et variés que la faune et la flore qu'ils renferment. Le parc peut être découpé en trois grandes zones. Au nord, la campagne habitée de la Pévèle. Au centre, les plaines et vallées humides de l'Escaut, de la Scarpe et de leurs affluents. Au sud, les plateaux ouverts de l'Ostrevent et du Quercitain. Parmi les paysages vraiment remarquables, les tourbières arrivent en tête. Liées à la présence de l'eau, ces terres riches en carbone ont été exploitées dès le XVIIIe siècle pour se chauffer. Côté faune, le parc est un lieu idéal pour l'observation des oiseaux migrateurs et des amphibiens. Côté flore, des sentiers aménagés permettent par exemple de se retrouver au pied d'arbres remarquables, ou de découvrir une végétation originale poussant sur les terrils baignés de soleil.

Le gîte

■ CAMPING DU MONT DES BRUYÈRES****
806, rue Basly ✆ 03 27 48 56 87
www.campingmontdesbruyeres.com
info@campingmontdesbruyeres.com

Fermé du 31 octobre au 17 mars. Réservation recommandée. Accueil jusqu'à 22h (accès de 7h à 22h). Horaires : du lundi au samedi de 9h à 12h et de 14h à 19h et le dimanche de 10h à 12h et de 15h à 19h. Terrain de 3,5 ha. 94 emplacements. Emplacement + véhicule + 2 personnes (avec 6 A) de 24 € à 28 €. Mobil-homes pour 2 à 4 personnes de 255 € à 425 € la semaine. Emplacement nu : 9 euros en basse saison, 10 euros en haute saison. Club enfants. Jeux pour enfants. Wifi. Restauration (bar, épicerie fine, friterie). Animations.

Au cœur du somptueux massif forestier de Raismes-Saint-Amand-Wallers, ce camping 4 étoiles du Mont des Bruyères vous offre de nombreux équipements de loisirs et de détente : aire de jeux pour les enfants, un terrain de pétanque, un bar, la location de VTT, une épicerie... Tout le confort à portée de main. Le tout au milieu de 5 000 ha de forêt ! Et si tout ceci ne vous satisfait pas encore, il y a de nombreuses attractions à découvrir aux alentours, comme le casino et les thermes de Saint-Amand-les-Eaux, ou encore la visite de Lille et Valenciennes à environ 30 min de route.

Loisirs

■ THERMES DE SAINT-AMAND-LES-EAUX
1303, route de la Fontaine-Bouillon
✆ 03 27 48 25 00
saintamandleseaux@chainethermale.fr

Ouvert du 1er mars au 1er décembre. Ouvert du 2 mars au 28 novembre 2020. Mini-cure à partir de 327 €. Cure à partir de 510 €. Soin spa à partir de 40 €.

Aux thermes de Saint-Amand-les-Eaux, unique station vouée au thermalisme dans la région, vous trouverez de l'espace pour vous détendre. Tout un panel de choix

Le moulin de Saint-Amand.

s'offre à vous : petite douche bien-être pour réveiller votre circulation sanguine, bain hydromassant avec une eau chaude à 35 °C pour un massage du corps (une détente garantie), un bassin de détente musculaire, un bassin de nage, un bain sous trombe d'eau à 35 °C pour éliminer les cellulites et un vaporarium ou nuage de brouillard chaud pour éclaircir vos poumons. Située entre Valenciennes et Lille, mais aussi toute proche de la Belgique, Saint-Amand-les-Eaux est une ville où il fait bon vivre. L'idéal pour des actifs à l'emploi du temps chargé : une cure spéciale les soirs de 18h à 21h. En 2018, les thermes proposent aussi de nouveaux modules spécifiques : « lombalgie » et « sinusite », pour lutter contre les désagréments et les tensions quotidiennes. Une parenthèse pour se recentrer sur soi !

Dans les environs

Marchiennes

■ CAFÉS POITAU
17, rue Loseleur
MARCHIENNES ✆ 03 27 99 21 90
www.cafespoitau.fr – contact@poitau.fr

Ouvert du lundi au vendredi de 9h à 12h et de 14h à 18h. Cafés à partir de 3,7 euros.

Le café, ça vous connaît, mais vous préférez le café artisanal et régional ? Pour goûter à un bon café de la région, rendez-vous à Marchiennes ! L'histoire des cafés Poitau remonte au début du siècle dernier, avec l'installation de François Poitau à Marchiennes. Depuis, cette institution familiale tient bon, et propose des cafés « du Nord », « régionaux » ou du monde entier, avec des mélanges fins et raffinés. Parmi les valeurs sûres, retrouvez notamment le café à la chicorée, typiquement du coin. Et pour les gourmands, testez aussi les cacaos et chocolats, pour varier les plaisirs.

SECLIN

Intégrée à la Métropole européenne de Lille, la ville de Seclin a pourtant une riche histoire qui lui permet de se distinguer de sa grande sœur lilloise. Depuis plus de 2 000 ans, Seclin porte fièrement le titre de capitale du Mélantois. Mais la découverte au XIXe siècle de la cité lacustre d'Houplin-Ancoisne atteste de la présence humaine dans la région dès la période néolithique. À Noyelles-lez-Seclin, c'est une habitation gallo-romaine qui fut découverte. Le Mélantois et sa capitale sont un berceau de civilisation, mais aussi une terre de religion. Sa collégiale Saint-Piat porte le nom d'un martyr persécuté à Seclin et dont saint Éloi exhuma le corps au VIIe siècle pour en faire la relique sur laquelle il construirait son église. La collégiale imprima durablement son empreinte sur la ville. Quelques siècles plus tard, Seclin devient une terre hospitalière avec son Hôpital Notre-Dame fondé par la Comtesse Marguerite. Puis c'est l'industrie qui marquera la cité et son histoire. Textile, brasserie, imprimerie, chimie sont autant d'exemples des réussites industrielles qui firent briller la ville. Enfin, impossible d'évoquer Seclin sans parler de son Fort, joyau de l'architecture militaire du XIXe siècle. Entourée de nature, la ville est aussi un havre de paix pour les promeneurs qui arpentent avec bonheur le chemin de halage du canal de la ville.

■ OFFICE DE TOURISME DE SECLIN & ENVIRONS

70, rue Roger Bouvry ✆ 09 72 52 85 03
www.seclin-tourisme.fr
contact@seclin-tourisme.com
Bus L92, arrêt Hôtel de Ville.

Ouvert le lundi de 14h à 17h30 ; du mardi au vendredi de 9h à 12h30 et de 14h à 17h30 ; le samedi de 9h à 12h30. Label Tourisme & Handicap.

L'office de tourisme de Seclin pourrait presque passer inaperçu sans les lettres d'or qui annoncent aux automobilistes la qualité de la maison de briques rouges située en face de la mairie. Au sein de cette maison se trouve une équipe motivée pour faire connaître Seclin et les communes environnantes (Bouvines, Houplin-Ancoisne...). Elle propose régulièrement des visites guidées d'églises, de lieux de bataille, de musées..., ainsi que des balades à thème. L'office de tourisme accueille également des expositions permettant de mettre en valeur les points d'intérêt de la région. Vous pouvez aussi adhérer à l'office de tourisme afin de bénéficier de nombreuses activités et de voyages organisés.

Points d'intérêt

■ CANAL DE SECLIN

Avenue des Marronniers

Ouvert toute l'année.

Situé à quelques mètres de l'Hôpital Notre-Dame de Seclin, le canal de Seclin relie la Deûle à Houplin-Ancoisne à Seclin. Créé en 1856 par la société du canal de Seclin, il servait autrefois à approvisionner en charbon les sucreries et les filatures de coton de Seclin. En 1876, la société fit faillite et l'État pris possession du canal. Puis ce fut au tour des sucreries et des filatures de fermer. Dans les années 1960, le canal fut délaissé par les rares péniches qui s'y aventuraient. Aujourd'hui, le canal de Seclin abrite 5 km de promenade, le tout sous des arbres centenaires, dont la plupart avoisinent les 150 ans. Ce patrimoine naturel bénéficie même du label « Ensemble arboré remarquable » ! Ce sont donc quelque 280 platanes qui sont répartis tout le long du chemin de halage, de quoi venir prendre un peu de fraîcheur en plein été ! Certains vieux bâtiments installés le long du canal ont été restaurés, comme un ancien bâti industriel qui accueillie désormais oiseaux et chauves-souris. Au bout de la promenade se trouve la Deûle, et, un peu plus loin, le Jardin Mosaïc.

■ LE FORT DE SECLIN ★★

Chemin du Fort ✆ 03 20 97 14 18
www.fortseclin.com
museum@fortseclin.com

Ouvert du dimanche de pâques au 11 novembre le samedi et le dimanche e visite guidée. Durée 1h30 à 2h. Les weekends : rdv le premier dimanche d'avril au 11 novembre et tous les jours sur RDV toute l'année. Adulte : 6 € (tarif réduit : 4 €). Visite guidée (visites à 15h les weekends du premier dimanche d'avril au 11 novembre et tous les jours sur RDV toute l'année. Adulte : 6 €, tarif réduit : 4€. Visite guidée : 1h30 à 2h).

Ce fort Seré de Rivière est le dernier intact dans les environs de Lille, dédié à l'artillerie de la Grande Guerre. Ce site historique témoigne des conditions de vie et des combats des poilus dans ce lieu. Il a été construit en 1873 sur un site stratégique qui avait déjà servi aux Romains. Pendant la Première Guerre mondiale, il fut utilisé par un régiment venu de Bavière et il approvisionna en hommes et matériels le front allant du secteur d'Ypres à Arras en passant par Fromelles et Vimy. Le 16 et le 17 octobre 1918, le 6e bataillon du King's Liverpool régiment, de la Ve armée britannique le libéra des allemands. A l'intérieur, on peut voir ses salles voûtées qui hébergent d'authentiques attelages d'artillerie, les principaux types de canons de l'époque depuis le 75 « père la victoire » jusqu'au 155 Schneider, des gravures des grands peintres militaires, une collection complète d'uniformes et d'armes, une sellerie retraçant la période 1870 à 1918 ainsi qu'un char Renault FT17... En plus du musée, vous pouvez visiter les fortifications. On doit ce monument de l'Histoire à la famille Boniface, qui a restauré le Fort de Seclin et qui depuis plus de quarante ans, recherche et sauvegarde de nombreux objets datant de la Première Guerre Mondiale. C'est le cas notamment de leur collection hippomobile militaire qui est d'ailleurs l'une des plus belles de France.

Le couvert

■ HÔTEL BULLES BY L'AUBERGE DU FORGERON

17, rue Roger Bouvry ✆ 03 20 90 09 52
www.aubergeduforgeron.com/fr/
contact@aubergeduforgeron.com
Bus L92, arrêts Fénelon ou Église. Gare SNCF Seclin à 300m.

Maître Restaurateur. Ouvert du lundi au vendredi le midi et le soir ; le samedi soir. Réservation recommandée. Côté bistro : Menu du soir : entrée-plat-dessert : 32 €, entrée-plat : 27 €, plat-dessert : 26 €. Côté restaurant gastronomique : Menu Expérience en 6 ou 8 services : de 55 à 73 €, le soir. Menu entrée-plat-dessert : 33 €, midi et soir. Carte : 20 € environ (pour le bistro). Côté bistro, le menu enfant est offert pour un repas adulte acheté. Vin au verre. Les formules du midi : Côté bistro : Menu Malin entrée-plat-café : 14,90 €. Formule du bistro entrée-plat-dessert : 26 € ; entrée-plat ou plat-dessert : 22 €. Côté restaurant : Menu entrée-plat-dessert : 33 € ; entrée-plat ou plat-dessert : 27 €. Chèque Restaurant. Accueil des groupes (privatisation possible du Bistro pour 20 à 40 convives). Terrasse.

En plein cœur de l'artère principale et bouillonnante de Seclin, vous ne pouvez pas la rater, tant elle domine par son architecture majestueuse. Qui est-elle ? La célèbre Auberge du Forgeron, dernière auberge de charme de la métropole lilloise et haut-lieu de la gastronomie française. L'originalité du lieu réside dans l'harmonieuse cohabitation d'un bistrot-estaminet et d'un restaurant gastronomique. D'un côté, une ambiance chaleureuse et conviviale avec banquettes en bois et objets de collection rappelant la région. De l'autre, une ambiance secrète et raffinée que les chandelles bercent de leur lumière tamisée. En cuisine, le chef Philippe Bélot, héritier du savoir-faire familial, propose côté bistrot une cuisine traditionnelle et généreuse et côté restaurant une cuisine gastronomique et inventive. Côté vin, le sommelier vous propose une belle suggestion de crus savoureux pour accompagner vos mets. Certes les diligences n'existent plus, mais l'Auberge du Forgeron reste un lieu de passage incontournable pour tous les voyageurs désireux de faire une pause originale et gourmande.

Le gîte

■ B&B HÔTEL

ZAC de l'Epinette
Rue de l'Hôtellerie ✆ 08 92 78 80 54
www.hotel-bb.com – groupes@hotelbb.com

Ouvert toute l'année. Du lundi au jeudi : de 6 h à 11 h et de 17 h à 21 h. Le vendredi : de 6 h à 11 h et de 17 h à 20 h 30. Le samedi et le dimanche : de 7 h 30 à 11 h et de 17 h à 20 h 30. 80 chambres. Chambre double à partir de 54 €. Petit déjeuner : 6,15 € (3€ pour les enfants de moins de 10 ans). Parking fermé. American Express, Chèque Vacances. Animaux acceptés (avec supplément). Wifi gratuit. Tv satellite, Canal +.

C'est parfois un casse-tête de trouver un hôtel convenable non loin d'un aéroport ! Si vous cherchez un hôtel pas cher et situé à proximité de Lille mais aussi de l'aéroport de Lesquin, le B&amp ; B hôtel de Seclin est idéal. Les prestations sont de bonnes qualités avec le wifi gratuit dans toutes les chambres, fonctionnelles et confortables. La salle de bains est bien équipée avec douche, lavabo et toilettes, ainsi que de grandes serviettes en quantité suffisante. Le petit déjeuner se présente sous la forme d'un buffet à volonté sucré et salé, œufs brouillés et bacon compris. Le parking est également gratuit. Une adresse à retenir pour un bon rapport qualité-prix.

■ HÔTEL BULLES BY L'AUBERGE DU FORGERON***

17, rue Roger Bouvry
✆ 03 20 90 09 52
www.aubergeduforgeron.com/fr/
contact@aubergeduforgeron.com
Bus L92, arrêts Fénelon ou Église. Gare SNCF Seclin à 300m.

16 chambres (dont 4 suites). Petit déjeuner : 13,50 €. Parking inclus. Chambres « privilège » à partir de 74€. Chambres « millésime » à partie de 89€. Chambres classiques single à partir de 92€. Suite 4 pers à partir de 98€. Appartement à partir de 83€. Séminaires. Réceptions et mariages. Wifi gratuit. Restauration.

Bienvenue à l'Hôtel Bulles by Forgeron ! Ici, la décoration est tout à la fois élégante et cosy, moderne et chaleureuse. Chaque chambre a été pensée comme une bulle dans laquelle vous allez pouvoir lâcher prise et profiter. La plupart des chambres sont d'ailleurs équipées de baignoires balnéo, l'idéal pour se détendre. Vous pourrez également prolonger ce moment de relaxation grâce aux soins et massages proposés et à toutes les petites attentions imaginées pour vous. Une petite faim ? Profitez donc du bistrot ou du restaurant gastronomique pour une pause gourmande inoubliable. A l'Auberge du Forgeron, on a le sens de l'accueil et vous vous sentirez ici comme chez vous… mais en mieux !

Dans les environs

Avelin

■ L'ÂME AU VERT

14, rue de la Becque
✆ 03 20 90 21 70
www.lameauvert.com
contact@lameauvert.com

Ouvert le mardi et le dimanche le midi ; du mercredi au vendredi le midi et le soir ; le samedi soir. Menus de 38 € à 59 €. Carte : 24 € environ. Formule du midi : 21 € (entrée-plat-dessert. Entrée-plat ou Plat-dessert : 18 €. Valable uniquement en semaine). Chèque Restaurant. Accueil des groupes. Chaises bébé. Terrasse.

C'est au cœur de la campagne de la Pévèle, dans le hameau de la Becque, une jolie ferme flamande, que l'Âme au Vert s'est installé il y a quelques années. Étienne Hazelaere, le chef, et Cécile Pierard-Rouzé vous accueillent dans ce restaurant bistronomique à la décoration contemporaine, dans une ambiance plutôt intime pour un dîner entre amis ou un repas en amoureux. Côté carte, le restaurant propose 4 entrées, 4 plats et 4 desserts qui changent toutes les semaines en fonction des produits trouvés quand le chef fait son marché. Car oui, la cuisine ici, c'est une question de produits, puisque le chef met un point d'honneur à concocter des plats avec des produits 100 % frais, de saison et provenant le plus possible de la région. Une carte serrée et des produits ultra frais, c'est la formule gagnante. Pensez à réserver le week-end.

NORD

CHÂTEAU D'AVELIN

26, rue d'Attiches
✆ 06 21 12 22 22
avelin.deladoucette.fr
chateau-avelin@deladoucette.fr

Ouvert du jeudi au samedi de 10h30 à 12h30 et de 15h à 18h. Visites du Château et de ses caves, dégustation de vins, ventes en boutique pour particuliers ou professionnels.

Le château d'Avelin a une histoire bien remplie. Le château tel que l'on connaît actuellement n'est autre que le troisième à s'être établi dans ce parc de 70 ha. Il date en effet de 1835, alors que la première maison connue à cet emplacement datait des XVIe-XVIIe siècles. Depuis 2006, le château d'Avelin est une demeure privée appartenant au baron Patrick de la Doucette. Ce dernier a pris la décision de faire du château un musée consacré au vin et à la vigne des différents domaines qu'il possède à travers la France : visite des caves, dégustations, achat de bouteilles. Des vins d'exception dans un lieu exceptionnel.

Mons-en-Pévèle

SALLE DES BATAILLES

Médiathèque
Rue de l'Abbaye
✆ 03 20 05 22 95
www.mairie-monsenpevele.fr

Ouvert toute l'année. Le mercredi de 14h à 17h ; le week-end et les jours fériés de 14h à 18h. Groupe sur réservation, avec possibilité de venir en dehors des horaires d'ouverture au grand public. Gratuit jusqu'à 18 ans. Adulte : 3 €. Groupe (20 personnes) : 50 € (maximum 30 personnes). Tarif réduit : 1 € pour les étudiants. Location exposition temporaire : 100 € pour un week-end et 150 € pour une semaine.

La Salle des Batailles est un musée ludique et interactif installé à la médiathèque de Mons-en-Pévèle. Elle se concentre sur deux batailles : celle de Bouvines en 1214 et celle de Mons-en-Pévèle en 1304. Deux villes séparées par seulement 19 km. Cette salle propose un espace muséographique qui confronte ces deux batailles et plonge les visiteurs en plein cœur du Moyen Âge. Une perspective qui rend l'Histoire encore plus concrète notamment pour les plus jeunes. Vous pouvez y voir les enjeux, le déroulement ou encore les conséquences de ces deux batailles de manière claire et interactive puisque le ludique est placé au cœur du lieu. Vous pourrez justement essayer de deviner le poids d'une côte de maille, soulever une épée et même enfiler un heaume, pour vous mettre à la place des combattants de l'époque. Mais surtout, ici, c'est la paix qui est mise en avant. Suite à la visite, les visiteurs sont invités à réaliser une boucle dans la ville : un parcours de la paix, pour découvrir les différents monuments présents en ville. Des ateliers sont également proposés à tous les publics : enluminures, portrait médiéval...

CHEZ FLAVIEN

5, Grand Place
✆ 03 20 59 21 44
http://chezflavien.fr
reservations@chezflavien.fr

Ouvert du mardi au jeudi de 10h à 15h ; le vendredi de 10h à 15h et de 18h à 0h ; le samedi de 10h à 0h ; le dimanche de 10h30 à 16h. Carte : 20 € environ. Menu enfant : 10 €. Accueil des groupes. Terrasse. Animations.

Chez Flavien, on mange bien et on se sent bien ! Comme son nom ne l'indique pas, ce restaurant est en fait la propriété de la pétillante Jamila. Le lieu est remarquable par son architecture (le lieu date du XVIIIe siècle) et sa décoration travaillée jusque dans le choix de la vaisselle. Tout est charmant, cosy et ultra convivial. On comprend pourquoi l'estaminet est souvent choisi comme décor de séries ! Côté cuisine, retrouvez des spécialités du Nord faites maison, avec des produits frais et locaux, à commencer par les excellentes frites du chef. Une fois par mois, Chez Flavien accueille un artiste local pour une soirée spectacle très animée. Une belle adresse pour les amoureux du Nord.

Thumeries

SITE ORNITHOLOGIQUE DES CINQ TAILLES

56, rue Emile Zola
✆ 03 59 73 07 51
remy.bequart@lenord.fr

Ouvert toute l'année. Sorties familiales et gratuites disponibles via les Rendez-Vous Nature, proposés par le département du Nord. Programme disponible sur www.lenord.fr/rvnature.

Le site ornithologique des Cinq Tailles se situe à seulement une trentaine de kilomètres de l'agglomération lilloise, sur les communes de Thumeries et Neuville. Situé à proximité des sources de la Marque entre les plateaux de la Pévèle et du Mélantois, il est également lié au massif forestier de Phalempin et est inséré au cœur de grandes plaines agricoles. Ce qui en fait en espace de verdure plus qu'impressionnant ! Autrefois site industriel du géant du sucre Béghin-Say, ce terrain exceptionnel de 70 ha de forêts et de 35 ha de bassins a été racheté par le Département du Nord en 2001. Depuis les travaux achevés en 2005, les Cinq Tailles sont désormais un site ornithologique ouvert toute l'année, et un magnifique lieu de promenade et de découverte. Quatre kilomètres de sentiers (dont trois accessibles aux personnes à mobilité réduite) et quatre observatoires vous permettront d'observer des dizaines d'espèces d'oiseaux venues trouver refuge, ainsi que la flore de la région. Une vraie merveille pour partir à la découverte de la nature !

GOLF DE THUMERIES

CD8
Le Bois Langlart
✆ 03 20 86 58 98
www.golfdethumeries.fr
accueil@golfdethumeries.fr

Ouvert toute l'année. Fermé à Noël et au Nouvel An. Le golf est ouvert à ses membres permanents et aux visiteurs en semaine et le week-end, avec obligation de présenter la licence FFGolf de l'année en cours. Basse saison : de 9h à 17h. Haute saison : de 8h30 à 19h. Location de matériel. Séance d'initiation gratuite certains dimanches de 10h30 à 12h (inscription obligatoire). Restauration. Boutique.

Niché dans un écrin de verdure, le golf de Thumeries jouit d'une situation exceptionnelle, au cœur des plaines de la Pévèle. Un lieu calme qui permet une pratique du golf en toute quiétude. Le parcours de 18 trous permet la pratique de ce sport aux expérimentés comme aux amateurs. Aux 9 trous d'origine, 9 autres trous, plus modernes, proposent des vallonnements et des obstacles d'eau pour varier les plaisirs. Vous y trouverez également quinze postes de practice dont trois couverts. De plus, après la partie vous avez la possibilité de vous détendre et de vous restaurer au club-house.

STEENWERCK

L'origine de Steenwerck remonterait au XIIe siècle. Le nom de la cité signifie littéralement « travail de la pierre » en néerlandais. Au Moyen Âge, la Becque, la rivière qui traverse la ville, était navigable, ce qui permit à la cité de connaître un essor économique important. À cette époque, la ville exportait de nombreuses marchandises vers Armentières et Bailleul. Quasiment entièrement détruite durant la Grande Guerre, Steenwerck sera occupée par les Allemands durant la Seconde Guerre mondiale. Les quatre cimetières militaires, où reposent des milliers de soldats de toutes les nationalités, sont les témoins de ce douloureux passé.

Aujourd'hui, Steenwerck est une petite commune au charme pittoresque qui saura séduire les visiteurs grâce à ses deux musées (le Musée de la Vie Rurale et la Ferme des Orgues), ses édifices religieux (Notre-Dame-des-Sept-Douleurs, l'Eglise Saint-Jean Baptiste et près de 25 chapelles disséminées dans la commune), son patrimoine architectural de style flamand, et sa belle nature environnante.

■ **DESTINATION CŒUR DE FLANDRE**
Musée de la Vie rurale
49, rue du Musée ✆ 03 28 50 33 80
www.coeurdeflandre.fr
steenwerck@coeurdeflandre.fr
Ouvert du lundi au vendredi de 14h à 17h.

Intégré au réseau « Destination Cœur de Flandres » qui regroupe les offices de tourisme de Cassel, Bailleul, Hazebrouck et Steenvoorde, le Relais d'information touristique de Steenwerck est un passage obligé avant de partir à la découverte de la région. Patrimoine culturel, architectural et naturel, rien n'échappe à l'œil averti des équipes de l'Office qui sauront vous guider pas à pas pour préparer votre séjour au mieux et qui sauront surtout vous révéler les secrets de leur cité. Parcs, forêts et canaux vous attendent également pour des randonnées tranquilles en famille. De nombreux producteurs de produits locaux seront l'occasion de haltes méritées, sans oublier les églises et autres bâtiments remarquables de la région. Le site du réseau est également très bien fait et très complet, n'hésitez donc pas à le consulter !

Points d'intérêt

■ **LA FERME DES ORGUES**
2, rue de l'Hollebecque ✆ 03 28 49 13 13
www.lafermedesorgues.com
contact@lafermedesorgues.com
♿
D'avril à octobre : visite guidée les 1er et 3ème dimanches de chaque mois à 15h30. Juillet : visite guidée tous les mercredis à 14h30. Vacances scolaires : ateliers parent/enfant prévus et visites guidées supplémentaires le mercredi à 14h30 (renseignements auprès du musée). Groupes : toute l'année sur réservation. Gratuit jusqu'à 6 ans. Adulte : 6,50 €. Enfant (de 6 à 14 ans) : 3,50 €. Visite guidée (durée 1h15).

Une ambiance conviviale et musicale vous attend dans ce musée hors du commun. Vous y découvrirez de nombreux instruments musicaux, plus originaux les uns que les autres : orgues de barbarie, pianos mécaniques, limonaires, phonographes, boîtes à musique… Des objets rares qui émerveilleront les petits comme les grands, et pour cause : on s'arrête devant chaque chose. Parmi les trésors du musée, vous découvrirez cet incroyable orgue de danse comportant 600 tuyaux, un xylophone et même des percussions, ou bien encore la géniale invention de Patrick Desnoulez, le piano automate comprenant un accordéon, deux caisses cymbales et un tambourin ! Une visite interactive, ludique, enrichissante, amusante et originale. C'est une sortie agréable à faire en famille ou entre amis. La Ferme des Orgues organise régulièrement des animations et des ateliers. N'hésitez pas à vous rendre sur l'agenda du site Internet pour en savoir plus !

Dans les environs

Estaires

■ **ESTAMINET CHEZ LÉON**
11, place du Maréchal Foch
ESTAIRES ✆ 03 28 50 10 10
www.estaminetchezleon.com
Ouvert tous les jours de 10h à 15h et de 18h à 22h30. Réservation recommandée. Carte : 13 € environ (le plat). Menu enfant : 7 €. Vin au verre. Accueil des groupes. Chaises bébé.

Chez Léon, on se sent comme chez soi. Dans une ambiance typique des estaminets comme on les aime, Benoît et son équipe propose une cuisine du terroir où se mêlent saveurs régionales et spécialités des Flandres. Sur deux étages, l'estaminet mise beaucoup sur la décoration. Les menus sont présentés sur des chemisettes d'écoliers. Du côté des assiettes, on retrouve des plats typiques comme l'endive à la flamande, le potjevleesch ou encore le waterzoï (marmite de poissons). Tous les plats, jusque dans leurs noms, sont un véritable clin d'œil à la cuisine de la région. Le plus : une carte des vins et de bières très variée pour accompagner vos plats. Le restaurant accueille aussi les groupes et peut organiser des réceptions pour des événements privés ou professionnels.

TOURCOING ★

La première mention de Tourcoing dans un texte officiel remonte à 1080 : il s'agit d'un acte de donation pour l'abbaye d'Harelbecque. A la Révolution, la ville compte près de 15 000 habitants. Mais c'est surtout l'histoire moderne et contemporaine qui transforme la ville. Au XIXe siècle, elle prend un essor extraordinaire à la suite de la révolution industrielle. Comme à Roubaix, le textile s'impose et transforme la ville. La démographie explose et l'industrie prospère, si bien que de nombreux bâtiments apparaissent : en 1860, l'église Saint-Christophe est considérablement agrandie par l'architecte Charles Leroy et devient l'un des plus beaux édifices néogothiques du Nord. En 1906, à l'occasion de l'Exposition internationale des industries textiles (qui se déroule à Tourcoing), est édifié le beffroi de la chambre de commerce. La ville est particulièrement marquée par le mandat du maire Gustave Dron (maire de 1899 à 1919 et 1925 à 1930). Cette frénésie dure jusqu'aux deux guerres mondiales... Car Tourcoing demeurait une ville importante et souffrit de l'occupation – c'est d'ailleurs dans un bunker de la commune que le message annonçant le débarquement fut intercepté. Après le conflit, les affaires reprirent... jusqu'à la triste période de la crise, que Tourcoing surmonte en développant plusieurs pôles culturels, devenus son nouveau cheval de bataille. Comme Roubaix, Tourcoing est aujourd'hui en pleine effervescence. Les comparaisons entre les deux villes sont nombreuses et la transformation actuelle de la zone de l'Union, à cheval entre les deux villes, ne fait que renforcer la nécessaire coopération entre ces deux berceaux des industries créatives.

■ TOURCOING TOURISME
9, rue de Tournai © 03 20 26 89 03
www.tourcoing-tourisme.com
accueil@tourcoing-tourisme.com

Ouvert du mardi au samedi de 9h30 à 12h30 et de 13h30 à 18h30. Fermé les jours fériés.

Vous cherchez quoi faire à Lille, mais avez-vous pensé quoi faire autour de Lille ? Un bel exemple de réussite pour l'office de tourisme de Tourcoing, un office de tourisme très complet, présentant tout un panel de documentations sur les structures touristiques de la région et de la Belgique toute proche. La ville de Tourcoing présente en effet de l'intérêt dans des domaines aussi variés que l'art, l'architecture, la culture ou l'industrie, que l'office de tourisme s'attache à mettre en valeur et à faire découvrir. La structure propose également un riche programme de visites guidées et sorties culturelles ou naturelles dans les différentes structures de la ville et de la métropole lilloise.

Points d'intérêt

■ ÉGLISE SAINT-CHRISTOPHE ★
Parvis Saint Christophe
Place de la République © 03 20 76 13 17
www.eglisetourcoing.fr
accueil@centrepastoraltourcoing.net
Tramway direction Tourcoing ou métro ligne 2 direction CH Dron, arrêt Tourcoing Centre.

Renseignements auprès de l'Office de Tourisme ou de la paroisse Saint Pierre.

Il faut remonter jusqu'au XIe siècle pour retrouver quelques traces de l'église, alors simple chapelle. Il fut décidé d'en faire une importante église au XVIe siècle, de style gothique, puis néogothique lors de sa transformation finale au XIXe siècle, alors que Tourcoing commençait à rencontrer la prospérité. Aujourd'hui l'église Saint-Christophe est considérée comme l'un des plus beaux édifices néogothiques de la région. On y retrouve encore quelques vestiges des précédentes incarnations, dont l'autel et les piliers de la nef centrale. Restaurés ces dernières années, les éléments remarquables de l'église éclatent surtout la nuit grâce à un éclairage particulièrement réussi. Ainsi, sa tour de 80 mètres de hauteur semble complètement percer le ciel, tandis qu'au sommet se tient l'un des plus importants carillons du pays (le quatrième de France !) avec 62 cloches. Toutefois, pour pouvoir l'admirer, il faudra gravir plus de 250 marches ! Un musée du carillon est installé dans le clocher, visitable le dimanche de juin à mi-septembre, de 15h à 18h.

■ LE FRESNOY
Studio national des arts contemporains
22, rue du Fresnoy © 03 20 28 38 00
www.lefresnoy.net
communication@lefresnoy.net
M° Alsace. Bus ligne 30 arrêt Fresnoy.

Ouvert toute l'année. Du lundi au vendredi de 9h30 à 12h30 et de 14h à 18h. Ouverture des expositions : du mercredi au dimanche de 14h à 19h. Tarif adulte : 4 € ; tarif réduit : 3 € Médiathèque : du lundi au mercredi de 14h à 18h. Librairie : du lundi au vendredi de 9h30 à 12h30 et de 14h00 à 18h00 ; le week-end de 14h à 19h. Tarifs Cinéma : 5,5 € ; tarif réduit : 4,50 € ; tarif moins de 14 ans : 3 €. Visite guidée (groupes : 100 €/groupe de 25 personnes max. Durée de la visite : 1h. Groupes scolaires et socio-éducatifs : 45 €/groupe. Réservation au 03 20 28 38 04). Restauration. Boutique.

Ouvert depuis 1997, Le Fresnoy, Studio national des Arts contemporains, est installé dans un bâtiment réhabilité par l'architecte franco-américain Bernard Tschumi. Fans d'architecture, vous apprécierez le mélange des matériaux et la manière dont le patrimoine industriel a été valorisé. Le Fresnoy est un centre d'enseignement, de production, de diffusions artistiques et audiovisuelles, au croisement des disciplines et ouvert aux nouvelles technologies. Lieu de diffusion, il propose au public tout au long de l'année des expositions d'art contemporain, des programmations de films d'auteur, des séances à la cinémathèque, des conférences, des concerts et différents événements artistiques. Lieu de formation, il permet aux jeunes créateurs de réaliser leurs œuvres avec des moyens techniques professionnels et sous la direction d'artistes nationaux et internationaux, comme Mathieu Amalric, Bruno Dumont, Jean-Marie Straub, etc. En somme, le Fresnoy est un lieu pluridisciplinaire d'exception, envié par la France entière et s'insère dans la Plaine Image, spécificité régionale.

© OLIVIER LECLERCQ

Beffroi de l'ancienne Chambre de Commerce.

IMA TOURCOING

9, rue Gabriel Péri ✆ 03 28 35 04 00
www.ima-tourcoing.fr
accueil@ima-tourcoing.fr
M° Colbert.

Fermé la première semaine de janvier et du 14 juillet au 15 août inclus. Ouvert le mardi de 13h à 18h ; du mercredi au dimanche de 10h à 18h. Fermé le week-end de Pâques, le 1er mai, le jeudi de l'Ascension, le week-end de Pentecôte, le jour de l'aïd, les 1er et 11 novembre. Adulte : 3 €. Groupe (10 personnes) : 2 €. Tarif réduit 2€. Accueil enfants (visites-atelier, sur réservation). Visite guidée (du mercredi au dimanche à 11h et 15h – 3€/5€). Boutique. Animations.

L'Institut du Monde Arabe de Tourcoing est très loin de n'être qu'une antenne décentralisée de son pendant parisien. Véritable musée à part entière, l'IMA de Tourcoing c'est d'abord un lieu inédit, insolite et grandiose. En effet, le 17 novembre 2016, le musée a investi les locaux de l'ancienne école de natation de Tourcoing. Un lieu chargé d'histoire et aux dimensions à la mesure du rayonnement souhaité par l'IMA. Dès l'entrée du musée, dans le hall d'accueil, on est saisi par cette architecture typique de l'époque de construction de l'édifice. Bâti en 1904, la piscine et son école de natation comptent parmi les toutes premières de la région ! C'est dire qu'elles se sont rapidement ancrées dans les mémoires collectives. Aujourd'hui, seul le rez-de-chaussée se visite mais le reste du bâtiment pourrait être bientôt ouvert aux visites. Il fallait bien un lieu aussi important pour accueillir un musée dont la vocation est de s'ouvrir au monde et de donner à voir la culture orientale autrement. Concerts, séances de cinéma, conférences, ateliers, cours d'arabe pour débutant ou confirmé… l'IMA a une vraie mission de pédagogie et de transmission. Mais c'est surtout un incroyable lieu d'exposition. La dernière en date intitulée « Le Monde Arabe dans le miroir des arts » est un savant mélange d'archéologie, de peinture, de photographie, d'arts visuels, d'arts textiles et d'animations vidéo permettant d'appréhender la culture ou plutôt les cultures orientales à travers le regard d'artistes classiques ou contemporains. La muséographie est superbe, dans une ambiance tamisée et intime invitant tout à la fois à la réflexion et au voyage, les œuvres présentées, prêtées par l'IMA de Paris ou le Louvre, sont tout à la fois originales et impressionnantes. Mais on ne veut pas trop en dire pour ne pas gâcher l'émerveillement du futur visiteur. Sachez simplement que les explications sont très claires et permettent une appréhension facilitée de ces mondes aux traditions millénaires. Un musée essentiel à ne pas manquer.

MAISON FOLIE HOSPICE D'HAVRÉ ⭐

100, rue de Tournai ✆ 03 59 63 43 53
www.tourcoing.fr
Métro et tramway, arrêt Tourcoing centre.

Fermé les jours fériés et en août. Ouvert du mercredi au lundi de 13h30 à 18h. Visite guidée (gratuite tous les 1er dimanches du mois à 15h (sauf jours fériés, en août et septembre)).

L'Hospice d'Havré a été fondé en 1260 par la mystérieuse comtesse Mahaut de Guisnes. En 1631, il devient le monastère Notre-Dame-des-Anges sous la direction des Franciscaines. Le couvent d'origine a été très bien préservé et présente une belle architecture de brique et de pierre, autour de son cloître apaisant. Dans le jardin, on peut encore admirer des plantes médicinales et tinctoriales. Quant à la chapelle, elle s'orne d'un superbe retable classé, consacré en 1656 et récemment restauré. Le dernier pensionnaire ne quitta les lieux qu'en 1998 et l'ancien monastère devint collège puis Maison Folie en 2004. Salles d'expositions et de spectacles, résidences d'artistes, l'Hospice d'Havré a bien changé, pour le plus grand bonheur des Tourquennois.

MUBA EUGÈNE LEROY
Musée des Beaux-Arts de Tourcoing
2, rue Paul Doumer
© 03 20 28 91 60
www.muba-tourcoing.fr
contact@muba-toucoing.fr

Ouvert toute l'année. Du mercredi au lundi de 13h à 18h. Gratuit jusqu'à 18 ans (également pour les Tourquennois et titulaires City Pass et le 1er dimanche de chaque mois pour tous). Adulte : 5,50 €. Tarif réduit : 3 €. Restauration. Boutique.

Le MUba Eugène Leroy, c'est d'abord un lieu. Niché dans un superbe hôtel particulier du XIXe siècle, le musée est une œuvre en soi. Beaux escaliers en pierre, grandes salles, tout ici rend la flânerie agréable ! Mais les vrais trésors sont bien sûr à découvrir à l'intérieur. Le Musée des Beaux-Arts de Tourcoing se veut lieu d'expérimentation et de confrontation de l'art ancien et de l'art contemporain, des arts vivants et des arts plastiques. En 2009, les fils du peintre Eugène Leroy décident de léguer au musée plus de 600 œuvres de leur père. C'est la naissance du MUba Eugène Leroy ! A côté de cette incroyable collection de dessins, gravures et sculptures de Leroy, le musée fait également dialoguer des œuvres contemporaines et d'autres plus anciennes. Dans une même salle, on pourra ainsi passer de Rembrandt à Philippe Cazal, de Brueghel à Angela Grauerholz. Toujours à la pointe de la recherche artistique, le musée propose également des expositions temporaires étonnantes mêlant arts graphiques, arts plastiques et arts visuels. En 2017, le musée propose ainsi une exposition originale appelée « Tu sais ce qu'elle te dit ma concierge ? » Tout un programme ! Avec une politique d'acquisition pointue, le musée renouvelle sans cesse son offre et a créé des salles entièrement dédiées à des artistes contemporains de renom tels Jean Fautrier ou Martin Barre. Parmi les projets de son laboratoire artistique, « les Tableaux Fantômes » est sans doute le plus étonnant. En mars 1918, la ville de Bailleul est ravagée par les bombes et le musée Benoît-de-Puydt est anéanti. Dans les années 90, le conservateur du musée (reconstruit dès 1919) retrouve les carnets du conservateur de 1918. Dans ces carnets, il avait décrit avec précision la totalité des œuvres présentées dans son musée. Depuis 2014, un projet inédit propose à des artistes contemporains de réinterpréter ces « tableaux fantômes » à partir des descriptions faites par le conservateur. Des mots à la toile, une poésie s'installe. Le projet est en constante évolution et s'enrichit à chaque épisode de neuf nouvelles œuvres. Voilà une belle manière de faire dialoguer art et histoire. Envie de faire une petite pause avant de reprendre la visite ? Arrêtez-vous au MUba Café, installé dans un salon tout en dorures et meublé de pièces de designers ! Et n'oubliez pas de faire un petit tour à la jolie librairie. Innovant, étonnant, clairement différent, le MUba Eugène Leroy est devenu un lieu culturel incontournable de la métropole lilloise !

MUSÉE DU 5 JUIN 1944
Message Verlaine
4 bis, avenue de la Marne
© 03 20 24 25 00
www.museedu5juin1944.asso.fr

Ouvert les premier et troisième dimanches de chaque mois de 9h à 18h. Gratuit jusqu'à 10 ans. Adulte : 5 €. Enfant (de 10 à 15 ans) : 3 €. Groupe (10 personnes) : 4 €. Visite guidée (durée environ 1h30. Les visites sont guidées mais le visiteur peut faire la visite seul). Révoir un vêtement chaud, la température est basse dans le bunker.

Parcourez les pièces d'un bunker entièrement restauré du commandement de la 15e armée allemande, au cours de la Seconde Guerre mondiale. Centré sur les méthodes de communication utilisées pendant la guerre, vous pénétrez dans le lieu où le message de Radio-Londres annonçant le débarquement de Normandie a été capté. Plusieurs salles ont été reconstituées comme à cette époque, avec des documents et du matériel d'époque. Vous pouvez découvrir : les locaux techniques, la cuisine, les sanitaires, le bureau et la chambre du général, le central téléphonique, etc. Tout pour être replongé dans cette époque, marquée par le message de Verlaine annonçant le débarquement du 6 juin 1944 : *Les sanglots longs des violons de l'automne, blessent mon cœur d'une langueur monotone...*

Le couvert

L'AXIOME
9, place Roussel
© 03 20 36 66 60
www.axiome-restaurant.com
contact@axiome-restaurant.com
Tramway et métro : arrêt Tourcoing Centre.

Ouvert le lundi, le mardi et le jeudi de 12h à 14h et de 19h à 22h ; le mercredi de 12h à 14h ; le vendredi de 12h à 14h et de 19h à 23h ; le samedi de 19h à 23h. Fermé le mercredi soir, samedi midi et le dimanche, sauf pour réservations de groupe. Menus de 27 € à 34 €. Carte : 18 € environ. Menu enfant : 10 €. Formule du midi : 15 € (entrée ou Dessert + Plat + Boisson). Vin au verre. Accueil des groupes. Terrasse.

En plein cœur de Tourcoing, à proximité de l'église Saint-Christophe, on peut apercevoir le restaurant l'Axiome. C'est dans un cadre contemporain, avec un accueil agréable fait par Elena, que vous pourrez déguster une cuisine de qualité. En entrée, une assiette de saumon fumé ou de foie gras maison commencera à exalter vos papilles. En plat, vous avez le choix parmi de belles pièce de viande, de poissons et des risottos. Une belle carte de vins (à la bouteille ou au verre) complète le repas. Vous pouvez également y aller pour uniquement boire un verre, puisque l'établissement est aussi un bar à vin le soir. Accompagnez votre boisson d'une des nombreuses planches de charcuteries, fromages et tapas proposées.

LA BARATTE
395, rue du Clinquet
© 03 20 94 45 63
www.la-baratte.com
la.baratte@wanadoo.fr

Maître Restaurateur. Ouvert du mardi au vendredi de 12h à 14h et de 19h30 à 21h ; le samedi de 19h30 à 21h ; le dimanche de 12h à 14h. Menus de 35 € à 54 € (accord mets et vins : + 15 €). Carte : 30 € environ. Menu enfant : 11 € (plat + dessert ; entrée + plat + dessert : 15 €, jusqu'à 12 ans. + 4 € si âgé entre 13 et 16 ans). Formule du midi : 20,50 € (mises en bouche + plat + café ou thé gourmand + boisson, du mardi au vendredi). Vin au verre. Terrasse.

De grands classiques au menu de ce restaurant gastronomique dont la réputation n'est plus à faire. Didier Bajeux œuvre dans sa cuisine sans jamais se lasser. Il transmet sa passion à travers ses plats parfaitement soignés et procure à ses clients, d'authentiques moments de bonheurs culinaires. Au fil des années, sa cuisine a évolué, il a conservé les bases de la cuisine française tout en y amenant les nouvelles techniques. Respectueux des produits, sa cuisine préserve leurs goûts naturels. Très beau plateau de fromages. Tout est superbement présenté et servi avec le sourire par Christine Bajeux et son équipe. Les vins conseillés seront en harmonie avec les mets choisis. En été, profitez de la superbe terrasse et en hiver de la cheminée. On aime les prix doux pour une telle qualité. Incontournable à Tourcoing et définitivement parmi les toutes meilleures adresses gastronomiques de la région lilloise.

■ LE FESTIVAL
21, rue Nationale
✆ 03 20 36 90 81
www.restaurantlefestival.com
reservation@restaurantlefestival.com
M° Ligne 2, arrêt Colbert.

Ouvert du mardi au samedi le midi et le soir. Réservation recommandée. Carte : 18 € environ. Formule du midi : 18 € (entrée-plat ou plat-dessert ; entrée-plat-dessert : 22 €). Vin au verre.

Sur sa devanture, le Festival arbore une palme d'or qu'on lui décerne bien volontiers ! Installé dans l'hyper centre de Tourcoing, il a longtemps été hébergé, non loin de là, par le Centre d'art contemporain du Fresnoy et son cinéma d'art et d'essai... Le lieu a changé mais la cuisine de Franck Lapouge reste un festival inventif de saveurs méditerranéennes, le tout cuisiné avec des produits corses, chers à son cœur. Une carte mêlant tradition et originalité, une cuisine inventive et savoureuse dans un cadre cosy et épuré : au Festival tout y est pour passer un bon moment !

■ LE PARADOXE
3, rue d'Havré
✆ 03 20 28 57 53
www.paradoxerestaurant.com
contact@paradoxerestaurant.com
M° Ligne 2, arrêt Tourcoing Centre. Tramway Lille-Tourcoing, arrêt Tourcoing Centre.

Ouvert du mardi au samedi le midi et le soir ; le dimanche midi. Menus de 26 € à 35 €. Carte : 15 € environ. Menu enfant : 9,50 €. Plat du jour : 12 € (plat du jour + café gourmand : 16,50 €, uniquement le midi en semaine). Accueil des groupes. Terrasse.

Le Paradoxe est partie prenante du remarquable site de l'Hospice d'Havré, construit à partir du XVIIe siècle. Le contraste entre l'écrin historique et le décor intérieur résolument design du restaurant est saisissant et particulièrement réussi. Les plafonds hauts, le béton ciré, le carrelage ancien flamand et la luminosité de la grande baie vitrée, font de cet endroit un espace privilégié, tout comme la superbe et vaste terrasse en été. Le bar est situé dans l'ancien lavoir de l'hospice. À la carte : des produits régionaux, comme les escargots de Comines, la carbonade flamande à la bière du Duc d'Havré ou les croquettes de crevettes grises maison. Le service est attentionné et souriant.

■ LE POINT IT
La Chaufferie
99a, boulevard Constantin Descat
✆ 07 66 13 07 43
www.lepointit.fr
contact@lepointit.fr
M° Alsace.

Ouvert du lundi au vendredi de 11h30 à 14h. Carte : 10 € environ. Vente à emporter. Commande par SMS.

Un nouveau lieu d'exception dans la Métropole ! Ce lieu polyvalent aux différents espaces événementiels (cocktails, conventions, réunions, soirées,...) est installé dans la chaufferie de l'ancienne usine textile Vanoutryve. Parfait exemple de réhabilitation du patrimoine industriel, cette friche est devenue un site d'excellence dédié au numérique et à l'image, la Plaine Images. Le bâtiment offre un cadre absolument superbe avec sa chaudière monumentale de 1930 et sa grue à charbon sur le toit. En attendant l'arrivée d'autres établissements de restauration, l'enseigne Le Point it propose déjà ses pâtes et pizzas de qualité, à prix très raisonnables. L'ambiance industrielle se retrouve également au niveau du toit-terrasse, accessible à diverses occasions et qui permet un point de vue époustouflant sur la métropole lilloise et au delà : le beffroi de Lille, Euralille, le Stade Pierre-Mauroy, la Belgique,...

Le gîte

■ HÔTEL IBIS TOURCOING CENTRE***
1, rue d'Havre
✆ 03 20 24 84 58
h0642@accor.com

Ouvert toute l'année. Accueil 24h/24. 102 chambres. Chambre double à partir de 52 €. Petit déjeuner buffet : 9,90 €. Parking (couvert payant). Chèque Vacances. Animaux acceptés (en supplément). Séminaires. Wifi gratuit. Restauration (bistro cuisine française, uniquement servie en semaine). Vente.

Très bien situé en plein centre de Tourcoing, à deux pas des transports en commun et de la gare SNCF, l'hôtel Ibis de Tourcoing possède 102 chambres comportant chacune des téléphones à ligne directe et télévision avec Canal+. Les chambres sont confortables et bien équipées, gage de la qualité de la chaîne hôtelière. Le petit déjeuner se présente sous forme de buffet à volonté. Le personnel est courtois et n'hésite pas à satisfaire vos demandes. Conforme à ce que l'on attend d'un hôtel Ibis, ni plus ni moins.

Chambres d'hôtes

■ UNE CHAMBRE EN VILLE

19, rue de Mouvaux © 09 67 05 22 82
jean_pierre.eliard@sfr.fr
Tramway Lille-Tourcoing, station 3 Suisses.

Arrivée : 15h-22h. Départ 8h-12h. 2 chambres. Chambre double à partir de 60 € ; chambre triple à partir de 70 €. Petit déjeuner inclus. Parking (gratuit dans la rue). Lit bébé sur demande. CB non acceptée. Chèque Vacances. Wifi gratuit.
Située entre Mouvaux et Roubaix, dans un quartier paisible de Tourcoing, Une Chambre en Ville vous accueille dans une maison flamande joliment rénovée, avec un jardin fleuri, idéal pour prendre le petit déjeuner dès les beaux jours revenus. Au premier étage de l'habitation se trouvent deux chambres. L'une est une chambre de 30 m² pour 3 personnes avec mezzanine, bureau et salle d'eau avec WC, l'autre est une chambre de 17 m² pour 2 personnes et qui dispose du même confort. Une Chambre en Ville, c'est également faire la connaissance des propriétaires, qui n'hésitent pas à vous mettre à l'aise pour vous faire vous sentir comme à la maison. La maison d'hôtes est à proximité des transports en commun (5 minutes à pied pour rejoindre le tramway), ce qui vous permettra de visiter la capitale des Flandres et ses villes voisines sans prendre la voiture.

LA VILLA PAULA

44, rue Ma-Campagne © 06 12 95 97 97
www.villapaula.fr – julie@villapaula.fr
Tram. Ma Campagne

4 chambres (2 chambres et 2 suites). Chambre simple de 130 € à 200 € ; chambre double de 150 € à 220 €. Petit déjeuner inclus. Lit supplémentaire : 30 €. Parking fermé inclus. Wifi gratuit. Vente (concept Store). Bain bouillonnant. Spa.
Ne soyez pas impressionné par la porte de ce splendide hôtel particulier Art déco. Sous son allure monumentale, La Villa Paula n'est qu'hospitalité ! Cette demeure a été imaginée par l'architecte Charles Bourgeois en 1929 pour une famille de banquiers de Tourcoing, et transformée par ses actuels propriétaires en chambres d'hôtes de luxe où confort et raffinement sont omniprésents dans les moindres détails. Idéalement situé dans une rue calme mais proche de plusieurs moyens de transport. L'intérieur combine un beau décor d'origine, notamment une magnifique salle à manger Art Déco, des meubles et œuvres d'art contemporains. Les chambres sont déclinées dans un univers design très graphique sur le thème du noir et blanc. Le charme se poursuit dans le vaste jardin où se niche un spa (bain bouillonnant) de plein air pour une expérience de bien-être en pleine nature. Vous vous souviendrez de votre séjour dans ce lieu, certainement l'une des meilleures adresses de la Métropole lilloise.

Loisirs

■ TOURCOING LES BAINS

Rue Aristide-Bruand © 03 28 35 09 09
www.tourcoinglesbains.fr
contact@tourcoinglesbains.fr
M° Tourcoing Centre.

Ouvert le lundi, le mardi, le jeudi et le vendredi de 11h30 à 13h30 et de 16h à 20h ; le mercredi de 9h à 12h et de 14h30 à 20h ; le samedi de 9h à 12h et de 14h à 18h30 ; le dimanche de 9h à 12h30 et de 14h à 17h30. Les horaires varient en période estivale et vacances scolaires, voir sur le site. Entrée : 3,15 € (espace aquatique). Balnéo dès 15 €. Espace fitness dès 17€.
Réalisé par l'architecte Jean-Michel Ruols et niché derrière le grand Hôtel de Ville, le centre Tourcoing-les-Bains ne passe pas inaperçu. Sa façade en verre tacheté de couleurs donne à l'ensemble du bâtiment des allures de centre d'art contemporain. Et pourtant, on se trouve ici dans l'un des plus grands centres aquatiques au Nord de Paris. Il se divise en quatre espaces (aquatique, zen, Power Plate et fitness) et comprend deux toboggans, une boule à vagues, et un bassin sportif pour nager. Dans une pièce attenante, on trouve un bassin thermoludique de 300 m² qui comprend une rivière à fort courant, des banquettes massantes, des aquabikes (vélos dans l'eau), et même des geysers ! A l'étage, hammams, saunas et solarium offrent de vrais moments de détente. Pour les adeptes de la remise en forme, il y a le choix entre du powerplate, une salle de fitness et une salle de cardiotraining. L'espace forme propose également des cours de zumba, step ou bien encore body pump. De quoi bien se dépenser ! Tourcoing-les-Bains est devenu un lieu incontournable de la ville, tant par son incroyable offre d'activités que par son architecture !

VALENCIENNES ★

Située sur la rive droite de l'Escaut, au cœur d'une vallée aux frontières mouvantes et stratégiques, Valenciennes possède une histoire riche et fascinante. Site celte puis romain, Valenciennes est une ville fortifiée à l'histoire mouvementée. Attaquée par les Vikings, victime des invasions normandes, la ville résiste malgré tout et continue de croître. En 1066, un nouveau bourg marchand se développe à côté du *castrum* initial (village fortifié), donnant lieu à la création de la première guilde de marchands. Liée au Comte du Hainaut, la ville intègre ensuite l'empire de Charles Quint qui fait une entrée triomphale dans la ville en 1540. Ce n'est qu'en 1678 que la ville sera reprise par Louis XIV et Vauban réintégrant définitivement le giron français. Ces influences diverses expliquent la richesse architecturale de la ville dont les monuments et les façades témoignent des courants et styles les plus variés, et ce malgré les destructions qui ont touché la ville pendant la Révolution puis pendant les deux conflits mondiaux.
Pourtant, cette histoire mouvementée n'a jamais empêché Valenciennes d'être une ville prospère et à la pointe de l'innovation. D'abord grâce à l'industrie drapière et aux grandes manufactures d'étoffes de laine et de toiles fines. Activité qui mena tout naturellement à ce qui fait

© OLIVIER LECLERCQ

La place de l'hôtel de ville et son aiguille d'acier.

aujourd'hui encore la renommée de la ville : sa dentelle. C'est aux XVIIe et XVIIIe siècles, grâce à Françoise Badar, créatrice de la véritable dentelle de Valenciennes, que la ville prend son essor. Le XVIIIe siècle marque un autre tournant clé dans l'histoire industrielle de la ville. C'est en effet en 1721 que des entrepreneurs expérimentent des machines et techniques permettant la découverte du charbon à Fresnes-sur-Escaut. Commencent alors 270 ans d'exploitation minière qui marqueront durablement le Valenciennois. Parmi les sites incontournables, celui de Wallers-Arenberg qui servit de décor au *Germinal* de Claude Berri. Depuis 2012, chevalements et corons sont classés, comme tout le reste du Bassin Minier, au Patrimoine Mondial de l'Unesco. Ancienne capitale de la sidérurgie et de la métallurgie, Valenciennes est aujourd'hui un pôle de compétitivité en matière de transports, logistique et industries pharmaceutiques. Mais Valenciennes est d'abord et avant tout une ville d'art et de culture qui lui vaut encore aujourd'hui le surnom « d'Athènes du Nord ». Dès le IXe siècle, la ville soutient ses artistes dans leur formation et leurs créations. Au XIIIe siècle, les bourgeois de la ville rivalisent d'audace en achetant les objets les plus précieux pour décorer la ville et ses demeures. Une tradition de mécénat et de soutien à la culture encore très présent aujourd'hui. La ville compte 48 Prix de Rome (dont 21 Premier Grand Prix) et des noms aussi célèbres que ceux de Claude Le Jeune, compositeur d'Henri IV ; Antoine Watteau, grand peintre de tradition flamande et Jean-Baptiste Carpeaux, l'un des plus grands sculpteurs de son temps. Aujourd'hui, Valenciennes est à la pointe d'autres formes d'art, celles du design et du numérique. Ville verte, au cœur du Parc Naturel Régional, Valenciennes est une destination qui ravira également les amoureux de la nature. La dynamique capitale du Hainaut n'a pas fini de révéler tous ses trésors !

OFFICE DE TOURISME DU VALENCIENNOIS

1, rue Askièvre
✆ 03 27 28 89 10
www.tourismevalenciennes.fr
contact@tourismevalenciennes.fr

Basse saison : ouvert le lundi de 13h30 à 17h30 ; du mardi au samedi de 9h30 à 12h30 et de 13h30 à 17h30. Haute saison : le lundi de 14h à 18h ; du mardi au samedi de 10h à 13h et de 14h à 18h ; le dimanche et les jours fériés de 15h à 18h. Ouvert les dimanches et jours fériés de juin à septembre. Hors haute saison, contacter l'office pour connaitre les dimanche ouverts.

Les offices de tourisme ont toujours un petit quelque chose et celui de Valenciennes n'échappe pas à la règle ! En plein centre-ville, l'office aussi nommé la « maison espagnole » retient immédiatement l'attention, avec sa structure en vieux bois. A l'intérieur, vous pourrez trouver des informations pour votre visite de Valenciennes, des visites commentées ou audioguides, des vélos en location, ou encore tout ce qu'il faut pour votre séjour de groupe. Après avoir récupéré toutes les informations nécessaires, vous pourrez vous diriger du côté des rues commerçantes, de la place d'Armes ou même du jardin de la Rhônelle pour une promenade au vert.

Alors, prêt(e) à partir à la découverte de Valenciennes et de ses merveilles ?

- **Autre adresse :** 26, place Pierre-Delcourt, Condé-sur-l'Escaut.

VISITE DU STADE DU HAINAUT

Avenue des Sports
contact@va-fc.com

Amateurs de football, et si vous visitiez le fief du VAFC, alias le Stade du Hainaut ? Le Stade du Hainaut n'a pas toujours eu la grandeur d'aujourd'hui, mais lorsqu'on lui fait face, on peut apprécier à quel point il a été pensé pour ravir les amoureux du ballon rond.

Dans ce stade de 25 000 places, vous pourrez ainsi retrouver toute la ferveur de la région pour ce sport. Lors de votre visite guidée, vous pourrez découvrir bien sûr sa façade faite de 8 000 écailles en inox, mais aussi ses tribunes, les espaces et loges VIP, les vestiaires des joueurs... Des coulisses au terrain, vous découvrirez tout ce qui fait l'âme du football et des lieux, et aurez sûrement vent de quelques secrets de construction au passage ! Alors, si votre truc à vous c'est le football, c'est la visite qu'il vous faut !

VISITE « LE VALENCIENNOIS AU FIL DE L'EAU »

Si vous avez envie d'une visite guidée qui vous permettra de faire le tour de Valenciennes et de ses environs, vous aimerez cette visite sur la thématique de l'eau, des moulins aux écluses, pour découvrir comment elle façonne nos paysages. En autobus, vous pourrez apprécier les campagnes environnantes et ses villages, comme celui de Sebourg et son moulin à eau, les vestiges d'une écluse construite par Vauban, ou encore les quais de la rivière La Haisne à Condé-sur-l'Escaut. Si vous aimez le bucolique et l'authentique, vous ne pourrez qu'être ravi ! Proposée aux groupes et aux individuels, cette visite est idéale si vous avez envie d'en voir le maximum sans avoir à trop gambader de ville en ville avec votre voiture.

Points d'intérêt

JARDIN DE LA RHÔNELLE

Boulevard Carpaux

Vous avez envie d'une promenade et de verdure à Valenciennes ? Le jardin de la Rhônelle ravira vos yeux et vos sens ! En 1904, l'architecte Henri Martinet a utilisé le passage de la rivière pour y tracer ses sentiers, ajouter de fausses ruines, et créer tout un petit univers naturel sur 5 hectares. Inspiré par les jardins à l'anglaise, ce parc en reprend certains codes, de son grand lac propice au romantisme à ses faux rochers (qu'on croirait vrais ! !) permettant de surplomber le parc. Si vous parcourez ce parc, vous pourrez admirer de nombreuses statues, installations ou encore parterres fleuris. Pour les enfants et les familles, le parc comporte aussi une aire de jeux pour se divertir et de grandes pelouses pour s'amuser ou pique-niquer aux beaux jours.

MUSÉE DES BEAUX-ARTS DE VALENCIENNES ★★

Boulevard Watteau

✆ 03 27 22 57 20

mba@ville-valenciennes.fr

♿

Fermé les 1er janvier, 25 décembre et durant les après-midis des 24 et 31 décembre. Ouvert le mercredi et du vendredi au dimanche de 10h à 18h ; le jeudi de 10h à 20h. Le lundi pour les groupes uniquement sur réservation de 10h à 18h. Gratuit jusqu'à 12 ans. Adulte : 4,50 € (réduit : 3 €). Expositions temporaires : 6 € (réduit 4 €). Billet collection permanente + exposition : 12 € (réduit 8 €). Visite guidée (pour les particuliers, le dimanche à 15h30, sans réservation). Boutique. Animations. Centre de documentation. Cyber café.

Le musée des Beaux-Arts vous accueille dans un majestueux bâtiment de briques et de pierres dont la monumentalité est tempérée par l'harmonie des volumes. Voilà un endroit peuplé de très célèbres et talentueux locataires : le sculpteur Carpeaux et le peintre Watteau, évidemment, les petits génies de Valenciennes ; mais également Rubens, Van Dyck et Jordaens, Bouguereau ou bien encore Jérôme Bosch. Le musée présente également une ribambelle de primitifs flamands et quelques impressionnistes… Inauguré en 1908, il enrichit ses collections par une succession de donations. Le temps rongeant le bâtiment, le musée est rénové de 1991 à 1995 afin de mettre en valeur l'architecture existante mais aussi les espaces d'exposition. Un parcours clair, logique et homogène à travers la diversité des collections vous fera découvrir des chefs-d'œuvre de la peinture, de la sculpture et de l'archéologie locale. Le musée possède un ensemble remarquable de tableaux flamands du XVIe et surtout du XVIIe siècle. N'oubliez pas la crypte archéologique qui présente des témoignages de l'histoire locale depuis la période celtique jusqu'au Moyen-Âge, et qui ne cesse de s'enrichir grâce aux fouilles toujours en cours.

PLACE D'ARMES

♿

Depuis toujours, la place d'Armes est le véritable cœur du centre-ville de Valenciennes. Pensée pour rendre la ville agréable au promeneur, on y trouve du mobilier urbain comme ces insolites bancs à double sens, de nombreuses terrasses pour boire un verre ou des restaurants et magasins pour se sustenter et faire son shopping. Côté architecture, on en prend aussi plein les yeux : la majestueuse façade de l'Hôtel de Ville, reconstruite au XIXe siècle, est tout ce qui reste d'antérieur à la Seconde Guerre mondiale. De style gothique, ce bel édifice symbolise les libertés gagnées par les communes au cours des siècles. Depuis 1936, sa cloche sonne les heures et rythme la vie des Valenciennois ! Jusqu'en 1843, Valenciennes y possédait aussi son beffroi, mais le 7 avril, ce dernier s'effondre, faisant 7 morts. Aujourd'hui, le beffroi a été remplacé par une sculpture de l'artiste Jean-Baptise Métais. On y voit aussi la Valenciennes, une aiguille géante de 45 mètres, faite en acier inoxydable, qui pointe vers le ciel sa structure entièrement recouverte de mots recueillis auprès des Valenciennois désireux de rendre hommage à leur ville.

Les maisons scaldiennes

Les maisons scaldiennes tirent leur nom de l'Escaut, le long de laquelle, de Cambrai à Anvers, on a construit ces bâtisses à l'architecture très originale. Seules sept maisons de ce type subsistent – dont trois à Valenciennes ! Construites entre le XIIIe et le XVIe siècle, ces maisons présentent une façade à pans de bois avec un ajout d'étages par encorbellement, afin de surplomber la rue, de chercher la lumière et de gagner de la place sur l'espace public. Le développement en hauteur permettait d'y installer des métiers à tisser le lin. La partie supérieure des maisons est protégée des eaux de pluie par une avancée de la toiture formant une sorte de auvent dont les planches de rive dessinent un arc brisé tendu. Les maisons scaldiennes de Valenciennes se situent au 94 rue de Paris, au 12 rue de Famars et au 1 rue Askièvre. Cette dernière, siège de l'Office de Tourisme, est également appelée Maison Espagnole car bâtie au XVIe siècle, en pleine occupation… espagnole !

Le couvert

■ AU BEAU'VIN

72, rue de Paris
✆ 09 83 57 24 44

Ouvert le lundi de 19h à 22h ; du mardi au jeudi de 12h à 14h et de 19h à 22h ; le vendredi et le samedi de 12h à 14h et de 19h à 23h ; le dimanche de 12h à 14h. Lundi soir et dimanche midi sur réservation. Menus de 12 € à 19,50 € (plat du jour le midi, 12 euros, menu entrée plat ou plat dessert 19.50 euros).

Dès l'entrée, Au Beau'Vin l'affiche et le revendique : ici, la spécialité, c'est la viande ! Situé à proximité du centre-ville de Valenciennes, ce restaurant accueille les amateurs de viandes depuis 2014, dans une décoration sobre mais soignée.

Du côté de la carte, bien sûr, de la viande : tartare, carpaccio, bavette d'aloyau, entrecôte, filet de bœuf... de la viande sous toutes ses formes et ses saveurs en somme ! Pour les amateurs de spécialités régionales, rassurez-vous, vous trouverez aussi des entrées savoureuses : champignons gratinés au maroilles, ou encore flamiche au maroilles. Envie de vous régaler ? Optez pour le menu entrée-plat ou plat-dessert, vous nous direz des nouvelles de leurs champignons gratinés (dont vous vous souviendrez du maroilles généreux) et de leur bavette savoureuse, avec des frites maison plus que correctes.

■ LA GALERIE

Royal Hainaut Spa & Resort Hotel
6, place de L'Hôpital Général
✆ 03 27 35 15 15
www.royalhainaut.com

Ouvert tous les jours le midi et le soir. Carte : 29 € environ. Menu enfant : 9,90 €. Plat du jour : 14,90 €.

Le Royal Hainaut s'est vite imposé comme une adresse incontournable de Valenciennes. Le resort a investi un lieu chargé d'histoire : l'ancien hôpital du Hainaut, datant du XVIIIe siècle. C'est dans ce cadre baroque chic aux voûtes majestueuses et aux verrières impressionnantes que vous accueille la brasserie la Galerie. Ici, la cuisine fait honneur au terroir du Nord sublimé dans une cuisine évolutive et en adéquation avec les saisons. Vins de producteurs et bières artisanales accompagnent à merveille plats traditionnels et créations contemporaines. Malgré le cadre grandiose, l'ambiance est décontractée et très chaleureuse. Une très belle adresse à ne pas manquer !

■ LE BISTROT D'EN FACE

5, avenue d'Amsterdam
✆ 03 27 45 25 25
bistrotdenface@aol.com

♿

Ouvert du lundi au jeudi de 12h à 14h et de 19h à 22h ; le vendredi et le samedi de 19h à 23h ; le dimanche de 19h à 22h. Menu unique à 24 €. Carte : 22 € environ. Formule du midi : 15 €. American Express, Chèque Vacances, Chèque Restaurant. Accueil des groupes (restaurant privatisable). Terrasse.

Le titre de bistrot s'applique à cette adresse pour sa cuisine simple et savoureuse, ainsi que pour l'atmosphère qui y règne, mais la décoration est plutôt celle d'un restaurant classique, avec des tables bien dressées et une belle vaisselle. Le cortège des plats est de ceux que l'on apprécie de manière intemporelle : l'os à moelle et son pain grillé, le carré de porc ibérique au beurre de sauge, la sole meunière, le hamburger bistrot à la française et ses frites maison et le pied de cochon grillé en sont quelques exemples savoureux. Et pour terminer en beauté, la crêpe Suzette flambée, le tiramisu ou les profiteroles au spéculoos ou le traditionnel Carpeaux, gâteau typique du Valenciennois. Une cuisine savoureuse et de qualité à base de produits frais et locaux à savourer dans une atmosphère sympathique et cosy... que demander de plus ?

■ CHEZ JUSTINE

8, rue de l'Abbé Victor Senez
✆ 03 27 49 80 58
www.chezjustine.fr

Ouvert du lundi au jeudi de 12h à 14h ; le vendredi de 12h à 14h et le soir de 19h à 21h30. Menu unique à 19 € (formule midi plat du jour, dessert du jour et café à 19 euros).

Chez Justine, c'est une petite enseigne non loin de la gare de Valenciennes qui pourrait passer presque inaperçue. Et pourtant, ce qu'elle vaut le détour ! Ici, c'est « juste une histoire de plaisir », comme le dirait Justine, sa créatrice. Son but est simple : proposer de la cuisine à base d'ingrédients locaux, frais et de qualité, sur place ou à emporter. Dans l'assiette, on retrouve des saveurs régionales, risotto au parmesan, poulet mijoté, suprême de bœuf... Du côté des desserts, on se régale d'abord avec les yeux, puis avec la bouche avec des macarons, cheesecakes ou tartes joliment présentés. Petit plus : le lieu propose différentes ambiances (brasserie, business, girly, nature) pour passer un petit moment de détente dans le cadre dans lequel vous vous sentez le mieux !

■ L'AUBERGE DU BON FERMIER

64, rue de Famars
✆ 03 27 46 68 25
www.bonfermier.com
beinethierry@hotmail.com

Maître Restaurateur. Fermé le 24 décembre. Ouvert tous les jours le midi de 12h à 13h45 et le soir de 19h à 21h45. Réservation recommandée. Menus de 37,50 € à 55 € (menu brasserie à 19,50 €, élaboré par la brigade du Maître cuisiner). Carte : 25 € environ. Vin au verre. American Express.

C'est dans un véritable monument historique que vous pourrez vous restaurer si vous décidez de vous arrêter à l'Auberge du Bon Fermier ! Dans ce restaurant, venez remonter le temps et vous imprégner de l'authenticité des lieux, un relais-poste datant du XVIIe siècle, dont l'architecture a été préservée : cour pavée, façade en briques et bois, mais aussi mobilier ancien, tapisseries et tableaux... Sur la carte, des produits régionaux sublimés, magnifiés, cuisinés comme jamais, comme la langue Lucullus et la gelée au genièvre ou encore une jonagold caramélisée et sa chantilly faite main, spécialité de la maison. Bon à savoir si vous avez besoin de faire un somme : l'Auberge du Bon Fermier porte bien son nom car elle fait également office d'hôtel.

PIER LE GOÛT DU VRAI
75, rue de Paris © 03 27 29 15 55
www.pier-restaurant.fr
mpafooding@gmail.com

Ouvert le mardi et le jeudi de 12h à 15h et de 19h à 22h15 ; le mercredi de 12h à 15h et le soir de 19h à 22h30 ; le vendredi et le samedi de 12h à 15h et de 19h à 23h. Le dimanche midi, sur réservation. Réservation recommandée. Menus de 15,50 € à 38 € (menu à 15,50 € uniquement le midi, hors weekend). Carte : 35 € environ. Menu enfant : 9 €. Vin au verre. Terrasse.

Valenciennes ne compte pas seulement des Prix de Rome, elle compte aussi un jeune chef, Pierre-Arnaud Dupont, dont le restaurant « Pier, le goût du vrai » a remporté la distinction « restaurant de qualité » par le Collège Culinaire de France en 2015, sa 1ère toque en 2016 et le Trophée du Jeune Talent du Nord Gault &amp ; Millau en 2016 et 2017. Un beau palmarès non ? Et toutes ces récompenses sont plus que méritées tant le jeune chef propose une cuisine de qualité, faite de produits bruts, frais et travaillés avec saveurs et originalité. La spécialité du chef ? Des viandes maturées à l'incroyable tendreté. Mais les amateurs de poissons et de fruits de mer ne seront pas en reste avec le pavé de bar, la lotte rôtie ou les huîtres fraîches. Le chef pense aussi aux végétariens avec un plat à base d'aubergines, patates douces, carottes, curry et lait de coco. Côté desserts, les gourmands se régaleront du baba au rhum ou du mystérieux « entre choco et coco ». Le restaurant ne compte que 22 places en salle et une dizaine en terrasse, alors vous l'aurez compris, mieux vaut réserver.

Le gîte

GRAND HÔTEL DE VALENCIENNES***
8, place de la Gare © 03 27 46 32 01
www.grand-hotel-de-valenciennes.fr
grandhotel.val@wanadoo.fr

Qualité Tourisme. 77 chambres ; chambre double de 70 € à 119 € ; suite de 118 € à 145 €. Petit déjeuner buffet ou en chambre : 13,50 € (petit-déjeuner continental 7,80 €). Lit supplémentaire : 12,50 €. Garage : 15 € (8,50 € pour 12h). Animaux acceptés (9 € la nuit). Séminaires. Réceptions et mariages. Wifi gratuit. Restauration (le Hans, restaurant gastronomique). Tv satellite. Sauna.

Impossible de manquer cet hôtel lorsque l'on arrive de la gare de Valenciennes : il est pile en face. Le centre-ville est également situé à deux pas de cet établissement à l'architecture Art déco. L'établissement propose des chambres et quelques appartements d'un confort à la hauteur de sa réputation. Vous avez également à votre disposition une belle terrasse. A ne pas manquer, le Hans, entre brasserie et restaurant gastronomique, qui propose une cuisine savoureuse et originale. Le Grand Hôtel : un lieu qui perpétue la tradition des grands établissements hôteliers français !

HÔTEL NOTRE-DAME**
1, place de l'Abbé-Thellier-de-Poncheville
© 03 27 42 30 00
www.hotel-valenciennes-notredame.com

Qualité Tourisme. Accueil 24h/24. 35 chambres. Chambre double de 69 € à 75 € ; suite de 86 € à 116 €. Demi-pension (soirée étape sur réservation). Petit déjeuner : 9 €. Parking : 7 €. Animaux acceptés (5 €). Wifi gratuit. Tv satellite.

Cet hôtel, décoré avec goût dans des tonalités chaleureuses, est au pied de la basilique Notre-Dame-du-Saint-Cordon. Idéalement situé au cœur de Valenciennes et de son quartier historique, l'établissement, à l'angle d'une placette extrêmement calme, dispose de 31 chambres parfaitement équipées. Mention spéciale aux chambres « vitraux » qui proposent un voyage dans le temps. D'autres chambres offrent une vue imprenable sur l'église. Modernité, luxe, dans un cadre beau et original... voilà qui ravira les visiteurs en quête de calme après avoir visité la cité valenciennoise. Détail qui ne gâche rien, vous pourrez à la belle saison apprécier votre petit déjeuner dans le jardin intérieur...

L'AUBERGE DU BON FERMIER
64, rue de Famars
© 03 27 46 68 25
www.bonfermier.com
beinethierry@hotmail.com

Ouvert toute l'année. 16 chambres. Chambre simple 80 € ; chambre double 97 €. Petit déjeuner : 11 € (petit déjeuner français). Lit supplémentaire : 19 €. Animaux : 8 €. Garage : 11 €. Animaux acceptés (8 €). Restauration (menu brasserie à 19,50 € et au restaurant menus de 34 € à 53 €). Tv satellite, Canal +.

Dès qu'on met le pied à l'Auberge du Bon Fermier, quel enchantement ! Dès l'arrivée, les pavés se mêlent à la brique, et charment le regard. Une fontaine déverse un léger flot apaisant. Entrons ensuite dans cette bâtisse du XVIIe siècle, avec le confort d'un hôtel de standing. Des notes de la bande originale d'une certaine école de sorciers vous attendent, ainsi qu'un décor unique et historique. Sous les poutres séculaires, un âtre vous contemple. Le nom des chambres est évocateur des gloires valenciennoises comme le poète et historien du XIVe siècle Jehan Froissart. Pour accéder à certaines chambres, comme la Henri Matisse, pas besoin d'ascenseur. Vous pouvez utiliser le « pieu », un escalier récupéré dans une église aujourd'hui disparue. Cet endroit est tout simplement incontournable à Valenciennes et si vous aimez les lieux insolites, nous ne pouvons que vous recommander d'y aller sans hésiter.

ROYAL HAINAUT
6, Place de L'Hôpital Général
© 03 27 35 15 15
https://www.royalhainaut.com
contact@royalhainaut.com

Accueil 24h/24. Chambre simple à partir de 115 € ; suite à partir de 169 €. Animaux acceptés (chiens autorisés, supplément 25 euros). Wifi gratuit. Hammam.

Pendant des années, l'ancien hôpital du Hainaut (qui fut un temps une prison) a fait l'objet de travaux et les Valenciennois se demandaient quand émergerait le futur hôtel qui leur était promis. Depuis 2019, c'est désormais chose faite avec l'ouverture du Royal Hainaut &amp ; Spa. 15 000 m² de luxe et de modernité dans un monument historique, avec des chambres et suites décorées magnifiquement bien, des plafonds hauts, un spa avec piscine chauffée sous les voûtes de pierre bleue, un hammam et un sauna, un restaurant... Tout ici donne l'impression de grandeur, sans en faire trop. En somme, un lieu royal et historique pour une escapade relaxante dans le Valenciennois.

Loisirs

BASE NAUTIQUE DU VIGNOBLE

70, rue Malplaquet
✆ 03 27 29 65 96

♿

Fermé de décembre à février. Ouvert du mardi au dimanche de 9h à 17h30. Restauration.

Tous ceux qui ont étudié à Valenciennes se rappellent sûrement de la base nautique du Vignoble et de ses sessions canoë ou kayak ! A l'origine, ce n'était qu'un marais qui fut agrandi pour devenir le Vert Gazon, puis enfin l'étang du Vignoble. Avec ses 54 hectares, c'est un véritable poumon vert non loin de la ville, sur lequel on peut pratiquer différents loisirs nautiques comme le kayak, le canoë, l'aviron ou encore la voile. On ne se baigne (normalement) pas à l'étang du Vignoble, il n'y a donc pas de zone aménagée, mais on peut parfois y tomber. Dans ce cas, prudence, car même si l'eau est claire, il peut y avoir des rochers et blocs de béton par endroits.

Accessible toute l'année, l'étang du Vignoble n'est que plus agréable aux beaux jours, avec ses 4 750 mètres de berges, ses espaces verdoyants, et ses sentiers sur lesquels vous pourrez marcher ou même courir. Bon à savoir : il y est également facile de s'y garer.

Sorties

LA FÉE MERINGUE

55, rue de Famars
✆ 03 27 31 84 40
www.lafeemeringue.com

Ouvert du lundi au samedi de 8h30 à 19h ; le dimanche de 9h à 13h.

Vous avez envie de déguster un « Merveilleux » à Valenciennes ? C'est à la Fée Meringue que vous devez aller ! En effet, en plus de proposer des bagels, cafés et pâtisseries, l'enseigne offre aussi des meringues. Savamment confectionnées par Alexis Delplanque, pâtissier depuis 7 ans qui a officié chez les plus grands à Lille (Meert, Aux merveilleux de Fred...), ces petites merveilles sont savoureuses et on y retrouve la légèreté et le goût qu'on pourrait retrouver à Lille. Une bonne adresse située dans le centre-ville à connaître si vous avez envie d'une petite ou d'une grosse gourmandise, ou juste de prendre un café ou un chocolat gourmand entre deux petites emplettes.

Emplettes

PÂTISSERIE GOURMANDINE

58, avenue du Sénateur Girard
✆ 03 27 46 29 80
http://patisseriegourmandine.com

Ouvert du mardi au samedi de 7h à 19h ; le dimanche de 7h à 13h.

Vous avez envie de goûter aux spécialités du coin ? Avec une enseigne à proximité de la gare et une autre en plein centre-ville rue Famars, la pâtisserie Gourmandine ne demande qu'à vous régaler ! Bien sûr, on trouve du pain, mais surtout de nombreuses petites merveilles plus alléchantes les unes que les autres. C'est un peu l'idéal pour goûter aux délices sucrés de la région. Ainsi, parmi les spécialités du coin, nous vous recommandons de goûter au Carpeaux, à base d'amandes, de crème fine à la vanille, de marrons glacés et de glaçage café. Oui, c'est aussi bon que ça en a l'air ! Et pas trop lourd, bien que consistant. Si vous préférez d'abord faire des emplettes, vous pourrez opter plutôt pour leur enseigne du centre-ville, à proximité des commerces rue Famars.

Dans les environs

Condé-sur-l'Escaut

CHÂTEAU DE BAILLEUL ★

35-37, rue de la Cavalerie

Animations médiévales durant l'été.

Ce siège d'une des deux familles seigneuriales de Condé fut construit il y a plus de 600 ans. Son apparence extérieure de château fort médiéval est frappante avec ses échauguettes. L'aile droite a été rebâtie au XVIIe siècle, avant que le château ne soit aménagé et meublé. Les immeubles qui le flanquent datent aussi de cette époque. C'est une façade à ne pas manquer lors d'une promenade dans Condé-sur-Escaut. Vous pouvez aussi visiter les étages en utilisant les deux escaliers, restés en l'état, dont un a été construit pour la visite de Louis XIV en 1691. En accédant au grenier, vous aurez une vue panoramique de Condé et des environs. A noter, chaque mois, les membres de l'association Archéolocale organisent des spectacles au château de Bailleul, en costumes d'époque. Au programme : saynètes, danses traditionnelles, musique médiévale, ateliers de filature ou d'enluminures...

ÉGLISE SAINT-WASNON ET SON CLOCHER

Basse saison : ouvert tous les jours de 9h à 17h. Haute saison : tous les jours de 9h à 18h. Messe en semaine 9h. Messe dominicale 10h30.

L'église actuelle est le troisième édifice construit à cet endroit. L'église actuelle fut bâtie de 1751 à 1756 d'après les plans de l'architecte parisien Contant d'Ivry, à la demande du maréchal Emmanuel de Croÿ. Elle renferme de très belles sculptures sur bois. Sur les stalles du chœur, on peut voir des dizaines d'instruments de musique sculptés, pour rendre hommage au célèbre Josquin des Prés, prince des musiciens, inventeur de la musique polyphonique qui fut prévôt de l'ancienne collégiale pendant dix-sept années.

L'église est classée aux Monuments historiques depuis 1978. La particularité de cette église ? Son clocher construit entre 1607 et 1621 soit un siècle avant l'église ! Construit en briques, pierres et grès, des matériaux traditionnels de la région, il surplombe majestueusement la ville du haut de ses 44 m. C'est un clocher à bulbe, typique de la région, flanqué de quatre clochetons également à bulbe. Mais alors, pourquoi ce nom de Saint-Wasnon ? Wasnon, ou Wasnulf aurait vécu à Condé au VIIe siècle et serait une figure religieuse issue du clan irlandais des Scots. Si l'on sait finalement peu de choses sur lui, Saint-Wasnon est malgré tout célébré chaque 1er octobre !

FORTIFICATIONS BASTIONNÉES ET REMPARTS

Renseignements auprès de l'Office de Tourisme 26 Place Pierre-Delcourt
✆ 03 27 28 89 10
www.conde59.fr

Accessible toute l'année. Gratuit. Visite guidée (à réserver auprès de l'Office de Tourisme).

Voilà ce qui fait tout le charme de la ville de Condé-sur-l'Escaut : ses fortifications bastionnées remontant à l'époque des Pays-Bas, des conquêtes espagnoles et de la décision prise en 1654 d'ériger la cité en place forte pour faire face à Louis XIV. Elles sont ensuite améliorées par Vauban après la prise de Condé par Louis XIV.
Aujourd'hui, ces remparts donnent un cachet particulier à la ville : engazonnés, boisés, ils sont un lieu de promenade très apprécié.
Des événements y sont organisés : fête médiévale, reconstitutions historiques attirent beaucoup de monde. Parmi les grandes étapes à ne pas manquer, la Tour de l'Arsenal, l'Hôtel Bailleul et la Porte Vautourneux. Les fortifications sont aussi un lieu de mystère ! On peut en effet passer devant le trou de la sorcière, un souterrain qui permettait de passer à l'intérieur de l'enceinte...

PORTE VAUTOURNEUX

Avenue Molière ✆ 03 27 20 36 40
www.conde59.fr

Si vous visitez Condé-sur-l'Escaut, vous tomberez forcément sur la Porte Vautourneux. Reconstruite en 1707, elle a remplacé une porte beaucoup plus ancienne, la porte Rombault qui faisait partie de l'enceinte médiévale du XIIe siècle. C'est en escaladant cette porte Rombault que les huguenots belges entrèrent dans la ville au XVe siècle, la mettant à sac et dispersant les reliques de Saint-Wasnon.
La Porte Vautourneux a, elle, une histoire un peu moins mouvementée. Située à l'une des entrées principales de la ville, elle constituait à l'époque de sa construction un abri pour les voyageurs de passage, dans la plus pure tradition des auberges pittoresques d'antan. Classée aux Monuments historiques depuis 1935, elle est une étape clé de la visite des remparts de la ville.

BASE DE LOISIRS DU LAC CHABAUD-LATOUR

Rue Henri-Martrice
✆ 03 27 41 35 50
basedeloisirsdeconde@live.fr

Ouvert toute l'année. VTT : 6 €/demi-journée et 10 €/journée. Tir à l'arc : 4 €/enfant, 5 €/adulte. Canoë/voile : 5 €/pers. Bateaux à pédales : 2 places 5 € pour 30 min et 9 € pour 1h – 4 places 6 € pour 30 min et 10 € pour 1h. + Jeux gratuits en accès libre. Restauration (petit-déjeuner : 2,50 €. Déjeuner : 4,50 €. Goûter : 2 €).

Le lac de Chabaud-Latour est sûrement un des plus beaux sites du Valenciennois. Il ravit à la fois les amoureux de la nature et les passionnés de l'histoire minière et industrielle de la région. En effet, le site n'est autre que la réhabilitation d'une ancienne friche minière. Devenue une base de loisirs destinée à tous, amateurs de sensations ou simples promeneurs, vous partagerez ce coin de nature avec une multitude d'oiseaux qui y font étape lors de leur migration ou qui y résident à l'année. A l'accueil, on vous renseignera sur les sentiers de promenade à faire à pied, à vélo ou encore à cheval. Ils vous emmèneront sur les traces du passé : un chevalet, un terril haut de 72 m, une vue imprenable sur le lac. Autre vestige du temps, les huttes de chasseurs et de pêcheurs flottant à la surface de l'étang ont été installées il y a plus de 70 ans. Aujourd'hui, elles côtoient les canoës, les bateaux à voile et parfois même les skis nautiques.

Denain

MUSÉE DU CHEMIN DE FER

Cercle d'Etudes Ferroviaires Nord
Rue de Turenne
✆ 03 27 49 78 52

Ouvert toute l'année. Visite sur rendez-vous. Adulte : 1 €.

En bordure de route, on aperçoit une ancienne locomotive. Denain possède un musée ferroviaire installé dans un ancien dépôt des houillères. On y retrouve du matériel ayant circulé ou ayant été construit dans la région : locomotives à vapeur, diesel, essence, berlines, etc., ce qui permet de se rendre compte des progrès effectués en la matière. Vous pourrez prendre connaissance d'une étude historique des réseaux existants ou ayant existé dans le Nord Pas-de-Calais. Le musée conserve des archives en tout genre, en lien avec le chemin de fer. Une vraie mine d'or. Les membres de l'Association le Cercle d'Eudes Ferroviaires Nord seront là pour vous guider, vous renseigner et vous livrer secrets et anecdotes !

Raismes

MAISON DE LA FORÊT ★

Etoile de la Princesse
Site de Sabatier
✆ 03 27 36 72 72
www.pnr-scarpe-escaut.fr

Fermé de novembre à mars. La Maison de la Forêt est ouverte du 1er avril au dernier jour des vacances d'automne : les mercredis de 14h à 17h et les jours de vacances scolaires (du lundi au vendredi) de 14h à 17h. Accueil enfants. Visite guidée. Animations.

Au cœur du Parc naturel régional vous attend le site de Sabatier, vous ne pouvez pas rater ce terril de 103 mètres, le plus haut terril du Valenciennois avec une végétation étonnante ! Afin de mieux vous repérer dans cette belle forêt remplie de chênes et de bouleaux, n'hésitez pas à passer par la Maison de la Forêt, un bâtiment à l'archi-

L'église Saint-Nicolas de Raismes.

tecture moderne étonnante. Là, vous en apprendrez plus sur les techniques de gestion forestière, la protection de l'environnement, le développement de la faune et de la flore et l'influence de l'homme sur la nature. Expositions, conférences, randonnées, découverte sensitive de la forêt et de sa faune... les équipes de la Maison de la Forêt sont là pour renseigner, guider et faire découvrir avec convivialité et pédagogie. Le terril, lui, est le point de départ de nombreux circuits de randonnée. Vous pouvez aussi profiter des installations de la base de loisirs. Plusieurs animations sont régulièrement proposées pour petits et grands. Une belle occasion de découvrir les abris à chauves-souris ou de partir à la recherche d'oiseaux oubliés !

PARC DE LA PORTE DU HAINAUT

Avenue de Fontaine Bouillon
✆ 03 27 48 39 65
www.tourisme-porteduhainaut.com

Activités fermées d'octobre à fin février / Parc accessible toute l'année. Début octobre à fin février : uniquement parc ouvert de 8h à 18h / de mars à juin et septembre : parc ouvert de 8h à 20h30, activités accessibles de 12h30 à 18h30 / juillet-août : parc ouvert de 8h à 22h, activités accessibles de12h30 à 19h30. Entrée parc : gratuite, activités gratuites et payantes (activités nautiques, mini-golf, tyrolienne). Restauration. Animations.

Autrefois simple base de loisirs, depuis 2013 le Parc de la Porte du Hainaut a donné de l'ampleur à ce lac et à toutes les installations autour. En lisière de forêt et dans un cadre naturel propice à la promenade, vous pourrez trouver de quoi amuser toute la famille dans ce parc accessible à tous avec : des parcours d'orientation, des parcours VTT, des jeux d'eau, des toboggans... Des activités payantes sont également proposées.

Avec ses 40 hectares, ce parc a été pensé pour préserver la nature, avec des berges écologiques pour le lac, et des chemins aménagés pour se promener. C'est aussi un point d'entrée idéal vers la forêt de Raismes et le terril Sabatier. Pour plus de renseignements, n'hésitez pas à demander à la Maison de la Forêt.

LA GRIGNOTIÈRE

6, rue Jean-Jaurès ✆ 03 27 36 91 99
www.la-grignotiere.com
lagrignotiere.raismes@gmail.com

Tables & Auberges de France. Qualité Tourisme. 1 étoile Michelin. Ouvert le mardi, le jeudi et le vendredi de 12h à 13h30 et de 19h à 21h30 ; le mercredi et le dimanche de 12h à 13h30 ; le samedi de 19h à 21h30. Réservation recommandée. Menus de 39 € à 89 €. Formule du midi : 29,90 €. Entrées : 16 € – 28 €. Plats : 19 € – 32 €. Desserts : 10 € – 14 €. Vente à emporter. Menus traiteur de 22 à 31 €, à réserver 48h à l'avance.

Pascal et Delphine Coulon ont repris La Grignotière début 2013 avec l'ambition d'en faire une adresse gastronomique incontournable. Le pari est réussi grâce notamment à un service soigné, un sommelier aux conseils pertinents (un étonnant vin rouge de Champagne pourra d'ailleurs vous être proposé), et surtout une cuisine à base de produits frais. Le chef propose des mets créatifs et originaux privilégiant les produits de la région et d'ailleurs. Au menu : lucullus de Valenciennes, bœuf-langoustine, escargots de Comines, volaille de Licques et risotto d'épeautre bio. La truffe noire est également à l'honneur accompagnée de brouillade d'œuf ou de tagliatelles fraîches. Côté dessert, le chef propose panna cotta, cake chocolat-miel, croquant chocolat ou bien encore crumble amande. Et il y a encore mille autres saveurs exquises à découvrir ! L'ambiance est raffinée et moderne et le service de qualité. Aux beaux jours, vous pouvez profiter du jardin pour un repas ou juste pour l'apéritif, le café ou un digestif. Cet étoilé Michelin fait rimer convivialité et gastronomie en toute simplicité !

VILLENEUVE-D'ASCQ ★

Villeneuve-d'Ascq est la première ville nouvelle française, créée en 1970 à partir de trois communes, Ascq, Annappes et Flers. Dotée d'une architecture particulièrement contrastée, parfois franchement « rétro-futuriste », elle est une des villes les plus dynamiques de la métropole lilloise. Près de 2 000 entreprises se sont installées dans sa technopole, profitant des chercheurs et du campus universitaire qui ne compte pas moins de 40 000 étudiants. Le tissu associatif et culturel est également particulièrement dense. Mais Villeneuve et ses villages offrent également des impressions de campagne. Le parc du Héron est l'un des poumons verts de la métropole. De nombreuses balades vous invitent à la rêverie et les différentes fermes rénovées rappellent le patrimoine rural de cette ville en pleine expansion. Fortement tournée vers les déplacements doux, Villeneuve possède de nombreuses pistes cyclables. Bref, une ville à vivre !

OFFICE DE TOURISME DE VILLENEUVE D'ASCQ

Château de Flers
Chemin du Chat-Botté ✆ 03 20 43 55 75
www.villeneuvedascq-tourisme.eu
ot@villeneuvedascq-tourisme.eu

Ouvert du mardi au vendredi de 9h à 12h30 et de 14h à 18h ; le samedi de 9h à 12h.

Villeneuve-d'Ascq ne cesse de se réinventer pour le plus grand plaisir des visiteurs. Pour ne rien manquer de ses richesses, un passage à l'office de tourisme s'impose. L'équipe y est très accueillante. Des plans y sont à votre disposition avec un calendrier des festivités et des animations. Lors de votre passage à l'office, n'oubliez pas de lever les yeux et de profiter du cadre exceptionnel, celui du château de Flers, superbe édifice caractéristique de l'architecture flamande rurale du XVIIe siècle. Dans les belles caves, un petit musée vous raconte son histoire !

Atelier à Asnapio.

Points d'intérêt

ASNAPIO ★

Parc archéologique
Rue Carpeaux ✆ 03 20 47 21 99
asnapio@villeneuvedascq.fr

Ouvert d'avril à octobre. Pendant les vacances scolaires, ouvert du mardi au samedi de 14h à 17h. Hors vacances, ouvert tous les 2ème dimanche du mois de 15h à 19h en mai et août et de 14h à 18h en septembre et octobre. Gratuit jusqu'à 5 ans. Adulte : 4 €. Enfant : 2 €. Gratuit pendant les dimanches festifs. Accueil enfants. Visite guidée. Animations.

Contraste étonnant entre la modernité de la ville nouvelle et cette plongée dans le passé le plus lointain. En plein cœur du parc du Héron, le Parc archéologique Asnapio présente à ces visiteurs l'habitat rural de nos régions, du néolithique au Moyen Age. Les maisons ont été reconstituées en suivant les techniques d'époque et correspondent à des sites mis au jour par les archéologues dans le Nord de la France. Vous partirez à la découverte d'époques souvent méconnues et des modes de vie de nos ancêtres grâce à des ateliers pédagogiques. Les plus petits peuvent également venir y fêter leur anniversaire. À ce jour, quatorze bâtiments sont visibles mais le parc ne cesse de s'agrandir.

LA FERME DU HÉRON ★

Chemin de la Ferme Lenglet
✆ 03 20 43 19 53
https://heron.hortical.com

Jardins pédagogiques ouverts au public du 1er avril au 31 octobre, tous les mercredis de 14h à 16h30. Accueil des groupes et scolaires toute l'année sur rdv.

Après une balade au parc du Héron (22 ha), faites un tour à la Ferme du Héron, une ferme pédagogique avec jardins, bassins, basse-cour, etc. Au jardin des pollens, lieu de sensibilisation pour les allergies, on observe et surveille les espèces à risque, tandis que le jardin médicinal de la Ferme du Héron dispose d'un très large panel d'espèces de plantes aux propriétés anti-inflammatoires, diurétiques, vermifuges... La Ferme abrite également le rucher école avec des formations ou initiations à l'apiculture, le service municipal de l'Éducation à l'environnement qui organise des activités pour les écoles, le Club astronomique de la région lilloise ainsi que d'autres associations ayant vocation à préserver la nature. N'hésitez pas à vous rendre sur leur site pour consulter l'agenda des activités proposées, qui sont toutes fort intéressantes, aussi bien pour les petits que pour les grands.

FORUM DES SCIENCES ★

1, place de l'Hôtel de Ville ✆ 03 59 73 96 00
www.forumdepartementaldessciences.fr
accueil-forumdessciences@lenord.fr
M° ligne 1, station Villeneuve d'Ascq – Hôtel de Ville.

Fermeture en septembre pour congés annuels, et les 1er mai, 25 décembre et 1er janvier. Périodes scolaires et Grandes vacances : ouvert du mercredi au dimanche de 14h à 18h. Petites vacances et 1er dimanche du mois : du mardi au dimanche de 11h à 18h. Pour les groupes, se renseigner auprès de l'accueil du Forum. Adulte : 6 €. Groupe (10 personnes) : 130 € (pour 1 activité, 200 € pour 2 activités). Tarif réduit : 3 €. Atelier : 3 €/ pers. Gratuit le 1er dimanche du mois. Chèque Vacances. Accueil enfants. Réservation conseillée en période de vacances scolaires.

Le Forum des Sciences de Villeneuve-d'Ascq est un lieu complet pour découvrir la science dans sa globalité. Adapté aux enfants à partir de 2-3 ans selon les activités, le Forum est également une mine d'informations pour les jeunes et les adultes ! Cela passe par des expositions avec une multitude d'approches (culturelles, scientifiques, techniques...) sur des sujets comme le corps humain, le sport, etc., mais aussi par le planétarium de 14 mètres de diamètre, le petit forum pour les jeunes ou encore Enigma, mêlant jeux et expériences, pour apprendre tout en s'amusant. Dans tous les cas, l'idée de ce forum départemental est de développer l'exploration personnelle, donner à réfléchir et chercher à développer le plaisir de chacun dans la découverte des sciences. Plusieurs animations sont proposées tout au long de l'année : des ateliers, des visites de groupes, des visites scolaires... Tout cela en fait un lieu exceptionnel et très instructif pour les petits comme pour les grands !

■ LAM ★★★

1, allée du Musée
✆ 03 20 19 68 68
www.musee-lam.fr
info@musee-lam.fr

Fermé les 1er janvier, 1er mai et 25 décembre. Ouvert du mardi au dimanche de 10h à 18h. Parc du musée ouvert du mardi au dimanche de 9h à 18h. Gratuit jusqu'à 12 ans. Adulte : 7 € (réduit 5 €). Billet collections permanentes + expositions temporaires : 10 € et tarif réduit : 7 €. Visioguide : 2 €. Accueil enfants. Visite guidée (le dimanche de 15h à 16h30, sur réservation au 03 20 19 68 51, 2,50€+droit d'entrée). Restauration. Boutique. Animations. Bibliothèque.

Depuis trente ans, le LaM (ou Lille Métropole musée d'art moderne, d'art contemporain et d'art brut) est devenu une référence culturelle incontournable. Situé dans le parc du Héron, ce très beau bâtiment représente déjà une œuvre d'art en lui-même : dessiné par le grand architecte Roland Simounet, il a été augmenté en 2010 d'une extension pensée par sa consœur Manuelle Gautrand. Le musée offre un superbe fonds d'art contemporain et d'art brut, qui comprend des pièces très étonnantes comme ces sortes de mantras peints par le mineur de charbon Augustin Lesage. Sans compter les sculptures présentes dans le parc (Alexandre Calder, Pablo Picasso, Eugène Dodeigne...), il abrite des collections prestigieuses des XXe et XXIe siècles. Au total, plus de 4 500 œuvres (parmi lesquelles de somptueux Picasso, Modigliani, Braque ou Buffet), 4 000 m² de surface d'exposition (sans compter la Bibliothèque Dominique Bozo et son Centre de recherche), de nombreuses animations pour tous et des ateliers pédagogiques pour les plus jeunes. Considérées parmi les plus belles collections d'art moderne, d'art contemporain et d'art brut en Europe, le LaM ravira l'âme des amateurs d'art et invitera les curieux à en apprendre davantage sur les différentes formes d'expression artistique à travers les siècles !

■ MÉMORIAL ASCQ 1944 ★

79, rue Mangin
✆ 03 20 91 87 57
memorialascq1944@villeneuvedascq.fr

Du lundi au vendredi de janvier à décembre pour les groupes sur réservation. Pour les visiteurs individuels : ouverture les jours fériés et ouverture le 1er dimanche du mois de 14h30 à 17h30. Fermeture annuelle durant le mois d'août et les vacances scolaires de décembre. Gratuit. Entrée visite guidée de 5 à 65 personnes, tarif par personne : 3 € ; tarif réduit : 2 €. Accessibles aux personnes malvoyantes mais non labellisé : claviers colorés à disposition. Audioguides en quatre langues (français, anglais, allemand et néerlandais).

Le Mémorial Ascq 1944 rend hommage aux 86 civils massacrés durant la Seconde Guerre mondiale à Ascq, par des soldats de la 12e division SS, au cours de la nuit du 1er au 2 avril 1944. Des documents d'époque (photos, coupures de presse...) retracent cette sombre histoire, accompagnés d'une recontextualisation. C'est un lieu de réflexion incontournable sur l'aptitude de l'homme à la violence, et sur la faiblesse de l'être humain face au fanatisme. C'est un moyen de délivrer un message d'action pour la paix, la tolérance, la fraternité ; c'est un moyen de prendre conscience d'un cauchemar passé, qu'il ne faut pas oublier. Au-delà de cette mémoire, le Mémorial, dont la gestion a été reprise en 2016 par la Ville, veut porter un message pour la paix et la fraternité entre les hommes.

■ MUSÉE DE L'ÉCOLE

Maison de quartier Pasteur
109, rue de Babylone
✆ 03 20 43 55 75
www.villeneuvedascq.fr
contact@villeneuvedascq.fr

Ouvert les individuels, le dernier dimanche du mois de 15h à 17h sauf en décembre. Pour les groupes, le musée est ouvert à l'année sur réservation. Adulte : 2,50 €. Visite guidée (se renseigner auprès de l'office de tourisme).

Situé dans l'ancienne école Pasteur (construite en 1883 et fermée en 1979), c'est le dernier directeur de cette école M. Notardonato qui en a fait un musée. Ici les visiteurs se transforment en écoliers et rencontrent un instituteur qui leur présentera des leçons (morale, orthographe, calcul, histoire...) mais aussi tout un tas d'anecdotes savoureuses sur la vie quotidienne de l'époque. Le tout dans un décor des années 1930-1960 : tableau noir, estrade, poêle à charbon dans le fond de la classe, bureau de maître, bancs, encriers en porcelaine, porte-plumes... mais également un télécinéma datant de 1952 ! Une pièce exceptionnelle. Un retour sur les bancs de l'école tout en surprises.

MUSÉE DU TERROIR

Rue Pasteur
12, carrière Delporte
✆ 03 20 91 87 57
www.museeduterroir.villeneuvedascq.fr
museeduterroir@villeneuvedascq.fr
M° Pont de Bois (ligne 1) et bus 13, en direction de Hotel De Ville : arrêt République.

Fermeture annuelle en août et pendant les vacances scolaires de décembre. Ouvert du lundi au vendredi et les jours fériés de 13h30 à 17h. Dernier départ de visite à 16h. Ouverture gratuite le premier dimanche du mois, de 14h30 à 17h30. Gratuit jusqu'à 12 ans (gratuit pour : Les Journées du Patrimoine et la Nuit des musées). Adulte : 4 € (2 (tarif réduit)). Groupe : 3 €. Forfait spécial pour les anniversaires. Visite guidée (audio-guidée).

Créé en 1972 à l'initiative de la Société historique de Villeneuve-d'Ascq et du Mélantois, c'est une structure associative dirigée par Madame Calonne, installée dans une ferme au carré typique du XVIIe siècle, construite en briques et pierres de Lezennes. Le musée conserve et expose des objets aratoires manuels ou tractés antérieurs à 1950, et tout ce qui concerne la vie domestique et artisanale en milieu rural. Chaque pièce expose ainsi des objets se rapportant à un thème précis : intérieur du début du siècle, coqs empaillés, fléchettes, atelier d'un sabotier, d'un menuisier, d'un maréchal-ferrant... Rénové en 2012 sur les plans de l'architecte Vincent Delsinne, le musée a rouvert en 2014 et accueille depuis les visiteurs dans des conditions plus confortables (accès, sanitaires, nouvelles réserves pour les collections). Une exposition permanente qui permet de découvrir des objets trouvés dans des fouilles archéologiques et qui nous instruit sur les us et coutumes d'une période allant de l'époque gallo-romaine à la Révolution française. Des ateliers scolaires pour les enfants sont régulièrement mis en place.

LE PARC DU HÉRON

Ferme du Héron – Relais Nature du Val de Marque
Chemin du Grand Marais
✆ 03 20 63 11 26
https://enm.lillemetropole.fr
relaismarque@lillemetropole.fr

Ouvert toute l'année.

Le parc du Héron, malgré son caractère d'espace vert entièrement créé par l'homme (son aménagement est l'œuvre du paysagiste Jean Challet), réunit 110 hectares d'eau et de verdure de façon si naturelle qu'on le croirait existant depuis toujours. Depuis 1995, 73 hectares du parc sont classés « réserve naturelle volontaire », et, depuis 2002, le parc est géré par l'Espace Naturel Lille Métropole. Si l'on observe évidemment des hérons, une foule d'autres oiseaux (canards colverts, loriots, mésanges, coucous, pic-verts ou encore rouge-gorges) se sont installés dans ce lieu, et on y trouve également des chevaux, tandis que les vaches paissent paisiblement dans les champs autour du parc. La ferme du Héron, en plein cœur du parc, complètement rénovée et aménagée par la municipalité, accueille aujourd'hui les services municipaux d'éducation et d'environnement, du développement durable et de la santé. Elle accueille les écoliers tout au long de l'année et les centres de loisirs l'été. Y siègent aussi diverses associations de protection de la nature. N'hésitez pas à emprunter les sentiers qui bordent le lac, où vivent d'imposants silures !

▶ **La ferme du Héron** fait partie d'un ensemble de plusieurs fermes typiques de l'habitat rural de la région, rachetées par la ville et préservées. Des ânes y paissent non loin du verger conservatoire, qui abrite de nombreuses variétés d'arbres fruitiers (poiriers, cerisiers) ainsi que des vignes. Au cours d'une escapade dans cet espace vert, vous pourrez y observer un pavillon de chasse datant du XVIIe siècle. Dans le même genre, la villa Gabrielle, une maison du XIIe siècle convertie au XIXe siècle en hospice, est aujourd'hui siège du CCAS (Cente communal d'action sociale). A noter également les fréquents rassemblements d'astronomes amateurs à la Ferme du Héron.

MUSÉE DES MOULINS

Rue Albert Samain
✆ 03 20 05 49 34
asso.nordnet.fr/aramnord
jeanbruggeman@nordnet.fr
Bus L6 ou 32, arrêt LAM.

Fermé en août. Fermé entre Noël et Nouvel An. Ouvert du lundi au vendredi de 9h à 12h et de 14h à 17h. Gratuit jusqu'à 4 ans. Adulte : 7 €. Enfant (de 4 à 13 ans) : 5 €. Visite guidée.

Le Musée des Moulins de Villeneuve-d'Ascq dispose d'un patrimoine unique en France : trois moulins, dont deux moulins à vent, l'un à huile et l'autre à farine, et un moulin à eau. Privilégiant le travail de l'homme, le Musée des Moulins allie la technique à l'histoire d'une région riche en patrimoine molinologique. Sur 300 m^2, vous découvrirez ainsi l'évolution de la meunerie depuis les origines : les différentes énergies (manuelle, vent, mécanique...), le travail du meunier, les outils du charpentier... Dans ce cadre authentique, on vous montrera aussi le moulin dans l'art, la symbolique et la publicité. Le moulin sous toutes ses coutures donc ! La muséographie est claire et ludique et donc accessible à tous.

Le couvert

AUBERGE DE LA FORGE

160, rue de Lannoy
✆ 03 20 19 19 69
www.aubergedelaforge.fr

Maître Restaurateur. Ouvert du dimanche au mardi et le jeudi le midi ; le vendredi et le samedi le midi et le soir. Réservation possible les autres soirs si plus de 10 personnes. Menus de 21 € à 50 €. Carte : 15 € environ. Menu enfant : 8 €. Vin au verre. Accueil des groupes (réceptions familiales, séminaires). Chaises bébé. Jardin.

L'Auberge de la Forge fait varier son accueil au gré des saisons. En hiver, vous y retrouverez une ambiance chaleureuse et confortable, réconfortante et romantique auprès d'un feu de cheminée, tandis qu'en été le jardin verdoyant sera l'endroit calme et frais rêvé pour un moment de détente. Dans l'assiette, l'Auberge de la Forge contente les estomacs et les gourmets les plus exigeants grâce au chef Alexandre Spriet et à son équipe dynamique. La carte offre les suggestions habituelles d'un estaminet : welsch, carbonnade, salade de harengs... Mais bien d'autres choix s'y glissent, entre les briochés au maroilles ou la lotte à l'armoricaine, le saumon fumé maison, les filets de rouget ou le gigot d'agneau romarin. L'endroit vous permettra d'organiser des réceptions (mariages, baptêmes...) ainsi que des séminaires d'entreprise. Idéalement situé, le restaurant sera l'étape idéale avant de partir à la découverte des grands musées et points d'intérêts de la zone, comme la Villa Cavrois et LaM en tête, ou avant une promenade digestive dans le Parc du Héron.

■ ESTAMINET QUANTA

7, chemin du Grand Marais
Ferme Petitprez
✆ 03 20 19 07 08
commercial@quanta.asso.fr

Basse saison : ouvert du lundi au vendredi de 10h à 16h15 ; le dimanche de 11h à 17h30. Haute saison : du lundi au vendredi de 10h à 18h30 ; le week-end de 10h30 à 18h30. Carte : 28 € environ (entrée + plat + dessert). Formule du midi : 17,50 € (entrée + plat ou plat + dessert). Accueil des groupes. Terrasse. Traiteur.

Quanta invite à rencontrer l'autre, à goûter ses particularités, à apprécier ses potentialités à travers de nombreuses activités et projets. Ce préambule est nécessaire pour comprendre que cet estaminet permet à des personnes souffrant de troubles autistiques ou psychotiques d'assurer le service dans un cadre typique : un superbe corps de ferme, une cour pavée et une bâtisse toute de briques vêtue. On retrouve à la carte quelques classiques de la cuisine flamande et de la cuisine française. Les plats faits maison sont joliment présentés, les portions sont copieuses et agrémentées de légumes de saison. Un excellent rapport qualité-prix. Les soirées concerts et autres dîners spectacles de cette association affichent souvent complet !

Le gîte

■ HÔTEL IBIS LILLE VILLENEUVE D'ASCQ GRAND STADE

Rue du Vercors
Quartier Hôtel de Ville
✆ 03 20 91 81 50
www.ibishotel.com
h0614@accor.com

Qualité Tourisme. Ouvert toute l'année. Accueil 24h/24. 80 chambres. Chambre double. Petit déjeuner buffet : 9,50 €. Parking (gratuit). Les tarifs varient selon les périodes. Tarifs plus avantageux si réservation en ligne. Animaux acceptés (5€). Wifi gratuit. Restauration (ouvert du lundi au jeudi et le dimanche, le soir uniquement). Tv satellite.

De passage pour visiter Lille ou un événement professionnel au Grand Stade ? Cet hôtel Ibis est situé à proximité immédiate du Stade Pierre Mauroy mais aussi du centre commercial V2, du musée d'Art moderne LAM... Vous apprécierez son style coloré, ainsi que les chambres toutes équipées d'une télévision écran plat, une armoire et une salle de bain avec baignoire ou douche. Chaque matin, un petit déjeuner sous forme de buffet est proposé. De plus, l'hôtel dispose d'un restaurant, d'un bar et d'un parking privé gratuit, et le métro vous permet d'accéder à Lille en 10 minutes.

■ PARK INN BY RADISSON LILLE GRAND STADE****

211, boulevard de Tournai
✆ 03 20 64 40 00
reservation.lille@parkinn.com
M°1, arrêt Triolo ou Cité Scientifique Pr Gabillard.

Ouvert toute l'année. Accueil 24h/24. 127 chambres. Chambre double à partir de 79 €. Petit déjeuner : 15 €. Parking fermé. Animaux acceptés (sur demande). Séminaires. Wifi gratuit. Restauration. Tv satellite.

Proche du stade Pierre Mauroy, cet hôtel récent et moderne compte 127 chambres spacieuses dotées d'une literie haut-de-gamme, d'un coffre-fort et même d'une machine à café expresso dans les 8 chambres supérieures. Un *Food Kiosque* vous permettra de combler vos petites faims à toute heure (accès 24h/24) et une borne *check-in et chek-out* facilitera vos allers et venues lors des heures d'affluence. Le restaurant propose une cuisine à base de produits frais et vous accueille les midis du lundi au vendredi et les soirs du dimanche au jeudi. Petit plus avec l'arrivée des beaux jours : une belle grande terrasse...

Loisirs

■ GOLF DE BRIGODE

36, avenue du Golf
✆ 03 20 91 17 86
www.golfbrigode.com
contact@golfbrigode.com

Ouvert toute l'année. Tous les jours de 8h30 à 18h30. À partir de 58 € le cours individuel d'1h. À partir de 25 € le cours pour 4 personnes. Restauration. Boutique. Séminaires.

C'est sur l'ancienne propriété du comte de Montalembert qu'a été construit il y a plus de 40 ans le fameux golf de Brigode. Question golf, vous aurez le choix parmi des parcours à 3, 9, 12, 15 ou 18 trous et vous pourrez profiter des 30 postes de practice dont 6 couverts, du putting-green ou du club-house. Bunkers en pente et en profondeur, zones boisées et plans d'eau, autant d'obstacles dont il faudra se défaire ! Après cela, une pause au restaurant gastronomique du golf s'impose. Une salle de séminaire reçoit également les groupes dans ce lieu d'exception.

■ GOLF DU SART

5, rue Jean-Jaurès
✆ 03 20 72 02 51
www.golfdusart.com
contact@golfdusart.com
M° Les Près ou Jean Jaurès.

Ouvert toute l'année. Accueil ouvert tous les jours de 9h à 17h. Green Fees : 9 trous de 19€ à 51€ selon formule / 18 trous de 31€ à 72€. Practice de 2€ à 15€ selon formule (licence obligatoire). Cotisation annuelle : 232€. Vestiaire gardé. Restauration. Boutique. Restaurant ouvert du lundi au mercredi de 9h à 15h30, le jeudi de 9h à 17h30, les vendredis et samedis de 9h à 19h30, dimanche et jours fériés de 9h à la tombée de la nuit.

Le golf du Sart est un des plus anciens parcours de la région Nord Pas de Calais. Né en 1910 avec un parcours de 9 trous, il compte aujourd'hui 18 trous. En 20 ans, ce golf a su se moderniser tout en mettant en valeur son histoire et surtout son monument : le majestueux château Louis XVI. Aujourd'hui, c'est le club house qui y est installé, avec un bar, une salle de restaurant, des salons et une terrasse destinés aux adhérents du club. Le cadre verdoyant et luxueux est un véritable havre de paix. Les cours sont dispensés le mercredi toute la journée et le samedi jusqu'à 15h. Inutile de dire que le niveau des parcours est à l'image du raffinement des lieux : idéal pour les golfeurs avertis !

LUDO PONEY

52, avenue de Brigode
✆ 03 20 05 21 59
www.ludoponey-villeneuvedascq.fr
ludoponey.ascq@gmail.com

Fermé le jeudi et le dimanche hors vacances scolaires. Fermé le dimanche pendant les vacances scolaires. Hors vacances scolaires : lundi de 9h à 19h, mardi de 9h à 19h30, mercredi et samedi de 9h à 18h30 et vendredi de 9h à 20h30. Vacances scolaires : du lundi au vendredi de 9h à 18h et le samedi de 9h à 12h. Horaires susceptibles de varier. Cours à l'année : 17,50 € de l'heure (forfait trimestriel). Baby Poney : 19 € la séance. Stages vacances : 28 € la demi-journée soit 140 € la semaine ou 56 € la journée soit 280 € la semaine.

C'est au cœur d'un terrain de deux hectares environ, situé à proximité du grand Parc du Héron à Villeneuve-d'Ascq, que le club Ludo Poney accueille les enfants âgés de 2 à 12 ans pour une initiation à l'équitation ou pour des cours plus poussés. Baby-poney, stages pendant les vacances scolaires, promenades dominicales ou encore cours à l'année, le club équestre dispose d'infrastructures adaptées pour que les enfants puissent acquérir toutes les compétences équestres et soient autonomes et respectueux dans leur relation avec leur animal préféré. Ludo Poney possède également une carrière et un manège couvert. De bons moments en perspective !

PONEY CLUB DE VILLENEUVE-D'ASCQ

Ferme Verbecke
2, avenue de Canteleu
✆ 07 86 02 60 35
pcva@live.fr

Ouvert toute l'année. Du mardi au dimanche et les jours fériés de 8h à 20h. Séance découverte : 30 min : 13 €, 1h : 21 €. Journée découverte (pendant les vacances scolaires) : 45 € ; semaine de 5 jours : 195 €. Abonnement à la période ou à l'année : de 129 à 438 €. Baby poney (30 min) : 13 €, sur rendez-vous. CB non acceptée.

Situé dans le célèbre parc du Héron, le Poney-Club de Villeneuve-d'Ascq jouit d'un cadre verdoyant, où les enfants peuvent s'initier à l'équitation dès l'âge de 2 ans avec le baby poney et gravir les échelons comme cavalier jusqu'au galop 4. Les enfants peuvent également y apprendre le dressage, s'essayer au cross, au saut d'obstacles ou encore au pony games, au Barrel race (course de tonneau à l'américaine). Depuis plus de 15 ans, de nombreux duos cavalier-cheval ont été formés pour la compétition et se sont notamment présentés aux Championnats de France. L'accompagnement est quant à lui assuré par une responsable diplômée, tout comme les moniteurs. Un club idéal pour pouvoir découvrir l'équitation dans tous ses aspects.

Sorties

STADE PIERRE MAUROY

261, boulevard de Tournai
✆ 03 20 59 40 00
www.stade-pierre-mauroy.com
contact@stade-pm.com

♿

Visites payantes (13 € adulte, 10 € enfant jusqu'à 18 ans) organisées régulièrement par un guide officiel.

Un stade unique en France avec son toit rétractable, ses 50 000 places et sa multifonctionnalité, le stade Pierre Mauroy fait sans aucun doute la fierté des Nordistes et surtout des Lillois ! Depuis l'été 2012, les supporters du club de football du LOSC (Lille Olympique Sporting Club) en ont fait leur arène privilégiée. Le stade accueille ponctuellement d'autres sports de plein air, comme des matches de rugby, mais aussi des sports *indoor* comme l'Euro de basket en 2015, les championnats du monde masculin de handball, et a vu la victoire de l'équipe de France en Coupe Davis en 2017. Il se transforme également en salle de concert, accueillant ainsi des artistes à la renommée nationale et mondiale comme Patrick Bruel, Indochine, Rihanna ou encore Bruno Mars, et possède même son festival de musique, le North Summer Festival. Avec plus de 10 000 m^2 d'espaces de réception, le stade Pierre Mauroy peut également recevoir des événements d'entreprise. Avec sa structure moderne en polycarbonate et sa façade animée par des LED, la construction est un chef-d'œuvre d'architecture contemporaine, en plus d'être un véritable temple dédié à la culture et au sport.

Emplettes

MOULINS D'ASCQ

Brasserie artisanale biologique
270, rue des Fusillés
✆ 03 20 41 58 48
www.moulinsdascq.fr
contact@moulinsdascq.fr

Visite sur réservation. Liste des points de vente sur le site.

Cette brasserie est la toute première du territoire à avoir obtenu la certification bio. Un label important pour son fondateur, Mathieu Lepoutre, qui utilise exclusivement des produits bio de manière à en maîtriser la provenance et la qualité. Au cœur de la Ferme du Sens, les artisans-brasseurs des Moulins d'Ascq s'affairent donc à la création de bières biologiques, artisanales et pleines de saveur. En 2015, leur triple a d'ailleurs reçu la médaille de bronze au Concours agricole. Mais leurs blanches, blondes et ambrées ne sont pas en reste. Sans oublier l'IPA. Les bières des Moulins d'Ascq sont vendues un peu partout dans la Métropole lilloise, alors ne faites pas l'impasse dessus !

Dans les environs

Bouvines

■ ÉGLISE SAINT-PIERRE
Rue Jeanne d'Arc ✆ 03 20 41 31 59
www.bouvines.fr
Basse saison : ouvert tous les jours de 10h à 17h. Haute saison : tous les jours de 9h à 18h. Visite guidée (par l'association Les Amis de Bouvines pour les vitraux de l'église de mars à octobre chaque 1er dimanche du mois à 17h00 (individuels ou petits groupes). Pour les groupes (scolaires, associations...), contactez le 06 22 99 00 42. Durée : 1h15).
Construite entre 1880 et 1886, l'église Saint-Pierre de Bouvines a été classée monument historique en 2010. On y retrouve 21 vitraux, de 8 m de haut sur 3,2 m de large, représentant le récit de la bataille de Bouvines, réalisés par Emmanuel Champigneulle, associant couleurs chatoyantes et bleu royal. Chaque vitrail est composé de trois parties qui illustrent dans celle du centre un moment précis de la bataille suivant les écrits de Guillaume Le Breton. La partie inférieure montre les blasons des donateurs qui ont contribué à financer ces baies, considérées comme l'un des sommets de l'art du vitrail du XIXe siècle. À proximité de l'église se trouve également d'autres preuves de ce passé historique comme la fontaine Saint-Pierre où aurait eu lieu le « repos » de Philippe-Auguste juste avant la bataille.

■ L'ESTAMINET DE L'ALLUMETTE
515, rue Félix Dehau ✆ 03 20 64 91 64
www.estaminetallumette.fr
estaminet.allumette@gmail.com
Ouvert le mardi, le mercredi et le dimanche le midi ; le jeudi et le vendredi le midi et le soir ; le samedi soir. Réservation recommandée. Carte : 16 € environ. Accueil des groupes. Terrasse.
L'Estaminet de l'Allumette est une adresse bien connue des habitants de Bouvines et des alentours. Dès l'entrée, vous êtes très bien accueilli par les gérants de ce restaurant, dont l'intérieur est entièrement fait de bois, sauf le bar qui lui est dur comme de la pierre. Pour avoir de la place, venez tôt, car le restaurant se remplit très vite (sauf si vous avez réservé). Un chaleureux brouhaha se dégage alors, donnant une atmosphère conviviale. À la carte se bousculent les plats du terroir, à base de bière, de fromage, de poulet, de poisson et surtout de produits frais. Les assiettes sont copieuses et les frites délicieuses. Si vous avez encore une place après le plat, les desserts sauront terminer votre repas comme il se doit. Une bonne adresse où l'on mange bien et à bon prix, idéale pour sortir un peu des restaurants de Lille.

Cysoing

■ ABBAYE SAINT-CALIXTE DE CYSOING
138A, rue Aristide Briand
L'abbaye fut construite entre 812 et 854 par Evrard de Frioul, personnage très important durant l'empire carolingien, et sa femme Gisèle, petite-fille de Charlemagne. Elle est rattachée à l'ordre des Augustins en 1129. Louis XV y fit même un séjour en 1744 ! Hélas, cette grande abbaye n'est plus aujourd'hui, puisqu'elle fut détruite par un gigantesque incendie en 1793 et ses ruines furent dispersées. Un parcours bien étudié permet en revanche de retrouver les traces persistantes de l'édifice, impressionnant si l'on visualise la superficie jadis occupée. Le château de Cysoing, édifié au début du XIXe siècle, occuperait une partie de l'ancien clos abbatial.

■ RESTAURANT DE FÈS
42, place de la République
✆ 03 20 79 42 34
www.restaurantdefes.fr
contact@restaurantdefes.fr
Ouvert du mardi au samedi de 11h30 à 15h et de 18h à 23h ; le dimanche de 11h à 16h. Couscous : de 12,5 € à 19,30 € ; couscous royal : 16,50 €. Tajines : de 12,50 € à 18 €.
Depuis 30 ans, sur la place au centre de Cysoing, ce restaurant marocain attire une clientèle fidèle grâce à la qualité de sa cuisine. De la ville de Fès, ville culturellement rayonnante, on retrouve l'ambiance feutrée et la décoration arabisante (banquettes, céramique...) qui émanent du restaurant. Le bon rapport qualité-prix est ici indiscutable pour qui veut déguster une cuisine authentique aux parfums d'Orient. Traditionnelle pastilla au pigeon, tajines variés (celui aux Saint-Jacques à l'ail et à la coriandre est à tester) accompagné de vrai pain marocain. Quant aux couscous, ils sont au-dessus de tout soupçon (méchoui, royal ou végétarien). Côté vin, laissez-vous guider par le chef qui saura judicieusement vous conseiller. Animation de danse orientale de temps en temps. Une adresse de choix à une vingtaine de minutes de Lille !

Gruson

■ L'ARBRE
Lieu dit l'Arbre
1, pavé Jean-Marie Leblanc ✆ 03 20 79 55 33
www.larbre.com – contact@larbre.com
♿
Ouvert du mercredi au dimanche le midi et le soir. Réservation recommandée. Menus de 45 € à 82 €. Carte : 70 € environ (entrée + plat + dessert). Menu enfant : 25 € (jusqu'à 11 ans). Vin au verre. Menu du marché (le midi en semaine) : Entrée-plat = 27 € ; Entrée-plat-dessert : 35 € ; Entrée-plat-dessert + boissons + café : 50 €. American Express, Chèque Restaurant. Accueil des groupes. Terrasse.
Même si l'Arbre a perdu son étoile au Michelin en 2018, ce restaurant gastronomique n'a perdu ni en qualité ni en charme. Avec son chef à sa tête depuis presque deux ans, le jeune Saïd Ben Belkacem, l'Arbre risque d'ailleurs de bien vite retrouver sa tête dans les étoiles. Sa cuisine est belle, inventive et surtout instinctive. Le chef travaille principalement des produits locaux et de saison, qu'il sublime avec des assaisonnements étonnants qui éveillent les papilles. Ses assiettes sont superbes. Tentez le menu surprise avec accord mets et vins pour profiter pleinement de cette cuisine aux saveurs qui émoustillent les sens.

WAMBRECHIES

Située à seulement sept kilomètres de Lille, la ville de Wambrechies a connu une période faste à la fin du XVIIIe siècle avec l'apparition sur son territoire de nombreuses industries textiles mais aussi agroalimentaires (chicorée, bière...). On peut y visiter le château de Robersart, de style renaissance, qui se trouve dans le centre ville. Il a été pendant un temps le lieu de résidence des seigneurs de la ville et bien plus tard, au début du XXe siècle, l'école libre des garçons. Autre lieu à visiter si vous êtes de passage dans les environs : son célèbre musée de la Poupée et du Jouet ancien, situé également dans le château de Robersart. Les amateurs de bière, iront quant à eux jeter un œil du côté de la distillerie de genièvre Claeyssens, toujours en activité et où des visites sont organisées. Et si vous allez à l'office de tourisme, n'hésitez pas à l'admirer de plus près. En effet, le bâtiment où il se trouve est une bâtisse construite en 1868, de style néo-flamand situé sur la place centrale de la ville. Il fut même un temps l'hôtel de ville de Wambrechies. Enfin, ne manquez pas le port de Wambrechies non loin, idéal pour une promenade en famille.

■ OFFICE DE TOURISME DU VAL DE DEÛLE
21, place du Général de Gaulle
✆ 03 28 38 84 21
www.valdedeule-tourisme.fr
tourisme59118@wambrechies.fr

Ouvert du mardi au vendredi de 9h30 à 12h30 et de 14h à 17h30 ; le samedi de 10h à 12h30. Basse saison : fermeture dimanche, lundi et fériés. Haute saison : Ouvert dimanche de 14h30 à 18h30, fermé fériés et lundi.

À l'office de tourisme de Wambrechies, vous retrouverez toutes les informations concernant les communes du Val de Deûle : Comines, Wambrechies, Quesnoy, Deûlemont, Marquette, Saint-André, Lambersart, Pérenchies, Lompret et Verlinghem. Il vous permettra de découvrir pleinement la région et les meilleurs endroits où vous reposer, vous promener ou encore où trouver les meilleures tables. Parmi les incontournables : la légendaire Distillerie Claeyssens, le Musée du Jouet, les ports de plaisance de la Deûle, le tramway ou bien encore le Festival La Lys en Fête. Le territoire ne manque pas d'atouts touristiques. Venez ici les découvrir !

▸ **Autre adresse :** Antenne de Lambersart.Avenue du Colysée, 59130 Lambersart.Ouvert le mercredi de 14h à 18h

■ AMITRAM
Tramway touristique de la Vallée de la Deûle
✆ 03 28 38 84 21
www.amitram.fr
contact@amitram.asso.fr

D'avril à fin septembre le dimanche et certains mercredis l'après-mdi. Pour les groupes, du lundi au vendredi de 10h à 17h et le samedi de 15h à 17h. Jours et horaires détaillés sur le site internet. Adulte : 6 € (aller-retour Marquette-Wambrechies). Enfant (de 4 à 12 ans) : 1 € (aller-retour Marquette-Wambrechies). Groupe (10 personnes) : 5 €. Aller simple 4 €/adulte, 1 €/enfant.

Le tramway touristique de la Vallée de la Deûle est l'occasion de (re) découvrir les berges de la Deûle au rythme des anciens tramways lillois, restaurés par cette association de passionnés créée en 1968. Ils empruntent la ligne de tramway touristique reliant Marquette à Wambrechies. On voyage alors dans l'une des quatre motrices historiques, toujours en service et datant du début du XXe siècle ! Les départs ont lieu toutes les 20 min au square du Vent-de-Bise à Wambrechies, et rue de la Deûle à Marquette-lez-Lille. La balade dure 15 min environ. C'est le seul Tram Touristique de France et c'est une bonne occasion de découvrir un coin de campagne, et de faire un retour vers le passé !

■ DISTILLERIE CLAEYSSENS DE WAMBRECHIES
1, rue de la Distillerie
✆ 03 20 14 91 91
https://distilleriedewambrechies.com
tourisme@wambrechies.com
Bus Liane 1, arrêt Wambrechies Mairie.

Qualité Tourisme. Visite les mercredis à 15h et les samedis à 10h30, 14h30 et 16h. Visites pour les groupes (min 25 personnes) du lundi au samedi sur réservation. Gratuit jusqu'à 12 ans. Adulte : 6,50 €. Enfant : 4,30 €. Groupe : 6 €. Visite guidée. Boutique. Animations.

La Distillerie Claeyssens existe depuis 1817, c'est dire le nombre de secrets que renferme cette superbe bâtisse classée Monument historique depuis 1999. Pour découvrir l'histoire incroyable de la famille Claeyssens et apprendre tout sur la fabrication du genièvre, cet alcool méconnu et pourtant savoureux, mais aussi du whisky, apparu à la distillerie en 1998, une visite s'impose. La Distillerie en organise les mercredis et samedis. Au programme : visite de la meunerie, découverte des processus de cuisson, fermentation et distillation, sans oublier la dégustation de genièvre, évidemment. Les saveurs de la genièvre vous ont plu ? Alors rendez-vous en boutique pour découvrir la large gamme de produits à base de genièvre, sans oublier les whiskys !

Points d'intérêt

■ CIRCUIT DU GENIÈVRE

IGN 2504 Est Longueur : 3,5 km ou 12 km, durée : 1h10 ou 4h. Départ : Château Robersart à Wambrechies. Circuit principalement en macadam.

Le circuit du Genièvre est idéal pour randonner non loin de Lille. Ce joli circuit familial débute en plein cœur de Wambrechies, se poursuit le long du canal de la Deûle, avant de continuer sur des chemins champêtres. Il est possible d'admirer le château de Robersart au départ, construit en 1760, de style Renaissance, ainsi que, à mi-chemin, la brasserie Catry bâtie en 1885, de style flamand. Enfin, les randonneurs passeront devant une adresse incontournable de la région : la distillerie de genièvre Claeyssens... L'occasion de prendre un petit remontant avant de se remettre en route ! Pour une promenade plus courte, une variante permet de ne parcourir qu'un tracé autour de Wambrechies.

■ **MUSÉE DE LA POUPÉE ET DU JOUET ANCIEN**
Château de Robertsart
Avenue de Robersart
✆ 03 20 39 69 28
www.musee-du-jouet-ancien.com
contact@musee-du-jouet-ancien.com
Bus Liane 1, arrêt Wambrechies Château ou Wambrechies Mairie.

Ouvert le mercredi, le dimanche et les jours fériés de 14h à 18h. Tous les jours pendant les petites vacances scolaires (Toussaint, Noël, février et Pâques). Sur RDV en dehors des heures d'ouverture. Adulte : 4 €. Enfant : 2 € (même prix pour les activités manuelles). 2 € pour les adultes accompagnants un groupe d'enfants scolaire ou centre de loisirs. Visite commentée pour un groupe d'environ 20 personnes adultes ou enfants : 20 €. Label Tourisme & Handicap. Visite guidée (environ 1h30). Boutique. Animations. Possibilité d'organiser des réceptions, cocktails, goûters d'anniversaire...

Instructif et plutôt inhabituel, ce musée regroupe sur trois niveaux des centaines de poupées et jouets anciens qui sont répartis dans plusieurs salles voûtées du château de Robertsart. Installé sur un site historique qui fut d'abord blanchisserie, puis école de garçons et ensuite foyer pour jeunes, ce lieu sert depuis 1998 de musée pour les collections de l'Association les Amis du jouet ancien. Pour donner encore plus de valeurs aux objets, le musée a décidé de les replacer dans leur contexte historique avec un décor d'époque et plus de 50 tableaux. Filles et garçons admireront des poupées devenues héroïnes dans des décors de théâtre de marionnettes ou dans des intérieurs de maison, mais aussi le beau garage Citroën et écarquilleront les yeux devant ses dizaines de voitures des années 1920. Et encore ce n'est qu'un petit extrait de ce que vous pourrez retrouver sur place ! Par ailleurs, chaque année, le dernier dimanche de septembre, le musée organise le salon Eurotoy, consacré aux jouets anciens. Ce sont au total plus de 100 exposants et 3 500 visiteurs et acheteurs qui viennent y admirer encore plus de jouets d'antan. Et pour les amateurs, le musée propose des jeux flamands à la location... Imparable pour mettre l'ambiance et rapprocher les convives ! Un retour émouvant dans l'enfance qui plaira à toutes les générations.

■ **PARC FLORAL**
644, rue de Bondues
✆ 06 19 16 20 83
wambrechies.compagnonsdessaisons.com
wambrechies@compagnonsdessaisons.com

Ouvert du dimanche au vendredi et les jours fériés de 9h30 à 19h ; le samedi de 9h à 19h. Gratuit. Visite guidée : 5 €/adulte, 4 €/enfant sur réservation avec atelier (10 personnes min.). Restauration. Boutique.

Le parc floral des Compagnons des Saisons à Wambrechies est destiné aussi bien aux flâneurs et amateurs qu'aux connaisseurs. Inspiré d'un jardin à l'anglaise, le parc floral est séparé en plusieurs mini-jardins thématiques (roseraie, jardin d'hiver, potager, verger, etc.). En tout, ce sont près de 2 000 variétés de fleurs et de plantes qui s'y trouvent. Les plus jeunes seront ravis de retrouver les animaux de la ferme dans ce parc floral, puisque poules, chèvres et autres animaux de la basse-cour y sont présents. Différents espaces pour pique-niquer vous permettront de passer un agréable moment en famille ou entre amis. Des ateliers et des visites guidées sont également proposés. L'occasion d'en savoir plus sur la faune de la région.

Le couvert

■ **BALSAMIQUE**
13, place du Général de Gaulle
✆ 03 20 93 68 55
www.balsamique-restaurant.com
contact@balsamique-restaurant.com

Ouvert du mardi au samedi de 12h à 14h et de 19h30 à 21h30. Réservation recommandée. Menus de 33 € à 45 €. Carte : 30 € environ. Menu enfant : 16 €. Formule du midi : 20,90 €. Vin au verre. Accueil des groupes. Terrasse.

Formé chez les plus grands, Benjamin Bajeux est un chef dont la cuisine mêle avec brio rigueur, audace et authenticité, mais avec toujours le souci de rendre cette gastronomie d'exception accessible à tous. Amoureux de son Nord, le chef le met à l'honneur dans des plats surprenants. Son pain perdu revisité au caramel de whisky de Wambrechies ou ses travers de porc de Templemars mijotés à la bière de Wambrechies en sont de savoureux exemples. Mais le chef ne s'interdit pas quelques escapades culinaires comme avec son foie gras mariné à la vanille de Tahiti. Le cadre est élégant et l'ambiance sincèrement chaleureuse. On comprend pourquoi le guide Michelin lui a attribué un Bib gourmand !

■ **LA FERME DES 3 LOUCHES**
760, route de Comines
✆ 03 20 39 72 49
www.les3louches.fr

Ouvert du mardi au jeudi de 12h15 à 13h30 ; le vendredi et le samedi de 12h15 à 14h et de 19h à 21h ; le dimanche de 12h15 à 22h. Réservation recommandée. Menu unique à 30 € (menu Artisan en Or). Carte : 18 € environ (le plat). Plat du jour : 9,50 €. Chèque Restaurant. Accueil des groupes (jusqu'à 40 personnes, sur réservation). Jardin. Terrasse.

La Ferme des 3 Louches est un restaurant tout à fait charmant qui se trouve dans un corps de ferme où vous pouvez aussi profiter d'un joli jardin. Dans un cadre rustique et convivial, l'accueil est chaleureux et le service est agréable. Un lieu qui sonne comme un bon compromis entre la ville et la campagne. Le restaurant mise beaucoup sur une jolie vue des animaux de la basse-cour, dans le jardin, où se trouvent des poules, des oies et des canards. Le chef travaille toujours des produits frais dont une belle sélection de produits du terroir (escargots de Comines, crème brûlée à la chicorée...) et propose une cuisine fine et recherchée. Si vous passez un midi en semaine, n'hésitez pas à prendre le menu du jour, toujours un délice à un prix super raisonnable. L'été, vous profiterez de la jolie terrasse !

LA PETITE AUBERGE
2, rue de Quesnoy
© 03 20 55 28 63
www.petiteaubergewambrechies.fr

Ouvert du mardi au vendredi de 12h à 13h30 et de 19h15 à 21h30 ; le samedi de 19h15 à 21h30. Réservation recommandée. Carte : 22 € environ. Menu enfant : 8 €. Formule du midi : 19,90 € (menu à l'ardoise). Chèque Restaurant. Accueil des groupes (jusqu'à 60 personnes sur réservation).

Besoin d'évasion, de réconfort et de dépaysement ? Vous trouverez refuge à La Petite Auberge, une adresse authentiquement montagnarde. Une ambiance des plus conviviales garantie où l'on aime se retrouver en famille ou entre amis dans un superbe décor de chalet en bois. La star ici, c'est le fromage. Raclette, reblochon, comté, beaufort, gruyère ou maroilles, ils sont tous sélectionnés avec soin. À la carte, une douzaine de fondues différentes dont une végétarienne (à base de maroilles). Des gratinées comme cette délicieuse reblochonnade : reblochon fermier fondu à table sous la braise, accompagné de pommes de terre, charcuteries, petits oignons et cornichons au vinaigre, des raclettes. La Petite Auberge propose aussi des plats sans fromages comme des belles pièces de viandes et des salades généreuses à tomber. Les assiettes sont copieuses, gourmandes et bien présentées. Le midi, vous y trouverez une formule avec un excellent rapport qualité/prix. Un refuge gourmand hautement recommandé à fréquenter été comme hiver.

TOMATE CERISE
Parc du Moulin
Rue Clément Ader © 03 20 12 90 00
www.tomate-cerise.com
resto.wambrechies@tomate-cerise.com

Ouvert toute l'année. Tous les jours de 11h45 à 15h et de 19h à 22h30. Menus de 19,30 € à 30,90 €. Carte : 25 € environ. Menu enfant : 7,90 €. Formule du midi : 14,50 €. Terrasse. Vente à emporter. Animations. Concerts live tous les vendredis soir à 20h.

En plus de ces deux restaurants à Arras et Noyelles-Godault, la chaîne Tomate Cerise propose une adresse à Wambrechies, non loin de Lille. Ici, vous apprécierez l'espace, les différentes salles et la décoration originale ; et si vous venez l'été, vous céderez vite à la tentation d'une table en terrasse ! La carte variée répondra à toutes les attentes et les plus gourmands pourront craquer pour le menu gastronomique, à moins qu'ils ne préfèrent partager un mont d'or à deux. Les viandes et les poissons ne sont pas en reste et la carte des douceurs sucrées est, elle aussi, bien fournie. Ici, il y en a pour tous les goûts et tous les appétits ! Alors n'hésitez pas à venir partager une assiette autour d'un verre dans une ambiance conviviale !

Le gîte

DEÛLE INSOLITE
1015, rue de Quesnoy
© 06 85 28 13 90
www.deuleinsolite.fr – resa@deuleinsolite.fr

Ouvert toute l'année. Accueil à partir de 17h (prévenir le propriétaire le jour d'arrivée). Départ : avant 12h. De 448 € à 490 € la semaine selon saison. La nuitée (petit déjeuner inclus) : 95 € à 113 € en basse saison, de 110 € à 128 € en haute saison. 4 nuits (sans petit déjeuner, lundi soir au vendredi matin) : 268 € en basse saison, 288 € en haute saison. Capacité : de 1 à 6 personnes selon les héber. Chèque Vacances. Séminaires. Connexion Internet gratuite. Wifi gratuit. Service de ménage. Location de draps. Tv satellite.

Pour déconnecter le temps d'une nuit ou plus, seul, en couple ou en famille, Deûle insolite est une excellente échappatoire. En pleine nature, le long de la Deûle, séjournez dans différents hébergements, tous plus insolites les uns que les autres. Une roulotte gitane, une caravane Airstream à l'américaine, une yourte mongole, un container maritime ou dans un bus à impériale londonien. À deux pas de la ville, reposez-vous dans le calme de la campagne, en regardant naviguer les péniches, en écoutant chanter les oiseaux, en regardant gambader les lapins. Et le matin, au réveil, promenez-vous pieds nus dans la rosée et admirez la nature qui s'éveille.

Emplettes

LA FERME BARON
Hameau Cliquenois
© 03 20 78 85 29

Les produits sont à retrouver chez Talents de Ferme.

Cette exploitation familiale à orientation laitière propose des produits qui sont ensuite vendus au magasin collectif Talents de Ferme, à proximité de la ferme. Un moyen pour Pascale et Benoît Baron de continuer leur aventure en proposant directement leurs produits avec le moins d'intermédiaires possible. Pari réussi, puisque la famille propose depuis plusieurs années, une sélection de produits de qualité. Parmi les produits proposés, on retrouve : lait, lait battu, yaourts, fromage blanc, crèmes desserts… Vous y trouverez aussi des paniers fournis arborant le label bien connu de Saveur en'Or attestant de la qualité des produits que vous pouvez y acheter. Les prix sont raisonnables et une fois chez vous il n'est pas difficile de se concocter de bons petits plats grâce aux différents produits achetés à la ferme Baron.

TALENTS DE FERME
601, rue de Bondues
© 03 20 31 67 36
www.talents-de-fermes.fr

Ouvert du mardi au vendredi de 9h à 19h ; le samedi de 9h à 18h ; le dimanche de 9h à 12h.

Talents de Ferme, c'est un collectif d'exploitants agricoles qui ont décidé en 2014 de réunir dans un même lieu les produits de leurs exploitations. Pas d'intermédiaires, le producteur vend directement au consommateur : c'est ce qu'on appelle le circuit court. Vous pouvez donc, dans ce grand magasin, faire vos courses de produits frais pour la semaine : viandes, fruits et légumes, produits laitiers, épicerie, et même pâtisseries et glaces. Le plus : les agriculteurs sont souvent présents au magasin pour vous conseiller et vous présenter leurs produits. En optant pour ce système, le consommateur devient acteur et fait le choix de la transparence, de la fraîcheur, de la qualité et de la convivialité.

OISE

Parc du Château de Chantilly.

OISE ★★

BEAUVAIS ★★★

La préfecture de l'Oise mérite le détour ! Bien entendu pour sa cathédrale Saint-Pierre aux proportions singulières. Malgré l'écroulement de sa flèche en 1573, l'édifice a gardé toute sa majesté et possède le chœur gothique le plus haut du monde (48,50 m). La ville recèle d'autres trésors comme l'ancien palais épiscopal qui fit office de palais de justice et abrite aujourd'hui le MUDO (Musée de l'Oise). Protégé par deux tours massives, le bâtiment réalise la synthèse harmonieuse des architectures médiévale et Renaissance. De l'autre côté de la cathédrale, le Quadrilatère (ex Galerie nationale de la Tapisserie) témoigne du passé industriel de la ville et de sa prospérité. Les Beauvaisiens ont appris très tôt à filer la laine. Au Moyen Âge, Beauvais faisait partie d'une « ligue » rassemblant quinze « villes drapantes » du nord de l'Europe. La cité picarde représentait le troisième pôle le plus important dans cette association. Une manufacture fut créée à Beauvais au XVIIe siècle par Colbert, sous le règne de Louis XIV, et fit la réputation des artisans de la ville. Le cœur de l'activité se fait désormais autour la place Jeanne-Hachette, récemment rénovée.

L'aéroport de Beauvais-Tillé continue son développement avec plus de 4 millions de voyageurs par an et une soixantaine de destinations proposées. L'office de tourisme estime que 8 % des voyageurs en profitent pour visiter la région. L'obtention du label Ville d'Art et d'Histoire en 2012, et le spectacle son et lumière de la cathédrale chaque été et pendant les fêtes de Noël participent également au rayonnement de la ville.

■ **OFFICE DE TOURISME DE L'AGGLOMÉRATION DE BEAUVAIS**
1, rue Beauregard
✆ 03 44 15 30 30
www.visitbeauvais.fr
contact@visitbeauvais.fr

Ouvert le lundi de 14h à 18h ; du mardi au samedi de 9h30 à 12h30 et de 13h30 à 18h. Haute saison : le dimanche et les jours fériés de 10h à 13h et de 14h à 17h30. Haute saison de mi-avril à mi-octobre. Label Tourisme & Handicap.

A 200 mètres de la cathédrale, l'office de tourisme est bien situé, plutôt bien agencé et il dispose à l'extérieur d'une borne tactile qui est bien pratique en dehors des horaires d'ouverture. Vous trouverez sur place une information de qualité et en quantité. Si le cœur de Beauvais est un incontournable, n'hésitez pas à vous informer sur la diversité des atouts de l'agglomération, avec un côté plus champêtre, de beaux parcours de randonnée en forêt de Hez-Froidmont ou encore le secteur de Crèvecœur-le-Grand avec son petit train. Le site Internet est bien conçu, avec une approche ciblée selon votre profil (couple, en famille, entre amis...). L'office de tourisme vient d'avoir l'excellente initiative de créer un très beau magazine qui vous permet de découvrir le territoire et ses acteurs de manière plus vivante et plus intime. Cette revue est également disponible en ligne. Côté pratique, on apprécie d'avoir accès au wifi et à un spot de rechargement pour les smartphones et tablettes.

Pour s'y rendre

■ **SMTCO OISE MOBILITÉ**
CS 4551
1, rue des Filatures
✆ 03 75 15 02 50
www.oise-mobilite.fr
contact@smtco.fr

Le réputé Syndicat Mixte des Transports Collectifs de l'Oise regroupe les données des acteurs de la mobilité dans le département et vous donne les informations nécessaires sur les lignes ferroviaires, les lignes de cars interurbains, les bus urbains et les Transports Collectifs à la Demande (TAD). On vous conseille surtout l'application Oise-mobilité qui permet de planifier son trajet à l'aide d'un calculateur d'itinéraire simple d'utilisation, de recevoir toutes les informations et alertes sur l'état des lignes de transports collectifs, d'accéder aux horaires en temps réel, mais aussi de chercher un covoiturage. Ce dispositif simplifie donc vos déplacements. Le SMTCO a d'ailleurs obtenu en 2018 le prix « French mobility » dans la catégorie « Approches multimodales ».

La création d'un beau magazine touristique

L'office de tourisme a créé en 2019 le magazine *En toute confidence*. L'approche est assez similaire à celle développée au niveau régional dans *Esprit Hauts-de-France*. Les illustrations et les textes sont attractifs, on privilégie le récit simple au descriptif historique ou linéaire. Des portraits de restaurateurs et d'hébergeurs permettent de mieux s'imprégner de leur démarche. N'hésitez donc pas à vous procurer ce magazine qui est publié sur papier et en ligne deux fois par an. Il vous permet d'avoir une approche très vivante des attraits de Beauvais et même un peu au-delà puisque Gerberoy est par exemple valorisé même si le village dépend d'une autre intercommunalité.

En avion

■ AÉROPORT DE PARIS BEAUVAIS-TILLÉ

✆ 08 92 68 20 64

www.aeroportbeauvais.com

Ouvert tous les jours à partir de 6h. Ouvert jusqu'à 15 minutes après le dernier vol. Navettes pour le centre-ville par réseau Corolis : de 1 à 4 €, de 13 à 16 € en taxi. Navettes pour Paris au départ de Porte Maillot : 15,90 € adulte (29 € l'aller-retour), 9,90 € enfant et gratuit pour les moins de 4 ans.

L'aéroport propose près de soixante-dix destinations *low cost,* réparties sur une vingtaine de pays. Vous pouvez ainsi partir au Maroc, en Algérie et dans une grande partie de l'Europe : la péninsule Ibérique, l'Italie, l'Irlande, les pays de l'Est ou les pays scandinaves. Les nouvelles destinations sont Malte, Vienne, Prague, la Roumanie et la Géorgie. Six compagnies aériennes se partagent le marché : Ryanair, Wizzair, Blue Air MG, Air Moldova, Laudamotion et Volotea. L'aéroport reçoit plus de 4 millions de passagers par an. Il y a régulièrement de nouvelles lignes mises en place, les dernières concernent : Kiev, Livl (Urkraine), Manchester (Angleterre) et Zadar (Croatie). L'accueil et la configuration des lieux (assez critiqués) s'améliorent un peu avec une restauration qui se développe et un nouveau pôle d'attente des cars. Dommage en revanche que le point d'information touristique soit fermé.

Points d'intérêt

Monuments

CATHÉDRALE SAINT-PIERRE

Rue Saint-Pierre ✆ 03 44 48 11 60

Voir page 14.

■ ÉGLISE SAINT-ÉTIENNE

Rue de l'Etamine

✆ 03 44 48 11 60

Ouvert tous les jours de 14h à 17h.

Edifiée aux XIIe, XIIIe et XVIe siècles, cette église est très tôt devenue la paroisse de la commune de Beauvais. Elle marque de façon remarquable la transition entre l'art roman et l'art gothique. Le pignon du transept présente une rosace en forme de roue, surnommée « la roue de la fortune » : elle montre que l'homme arrivé au sommet de la gloire et de la richesse connaîtra bientôt le déclin et la chute puisque la roue tourne... Au Moyen-Age, le maire venait symboliquement y prêter serment de fidélité aux droits de la commune. L'église Saint-Etienne possède de remarquables vitraux datant du XVIe siècle, aux motifs historiques et religieux. Le plus célèbre est l'Arbre de Jessé, réalisé par Engrand Le Prince, maître-verrier beauvaisien très réputé à la Renaissance. A l'extérieur, on vous conseille de prendre un peu de recul dans le coquet petit jardin attenant, cela vous permettra de mieux apprécier les mélanges de styles caractérisant l'édifice.

De beaux parcours thématiques

Vous trouverez à l'office de tourisme une série de documents de qualité qui vous permettront de mieux découvrir cette cité labellisée Ville d'art et d'histoire. Ainsi, les enfants de 7 à 12 ans sont invités à explorer les secrets des carreaux de Jeanne Hachette. Des fascicules très instructifs, bien illustrés et associés à des plans permettront aux adultes d'en savoir plus sur la cathédrale, la Maladrerie Saint-Lazare, la Première Guerre mondiale, la reconstruction, les lieux du pouvoir communal, la tapisserie ou encore la céramique... On apprécie également les quatre parcours proposés : le quartier de la cathédrale (30 min), la commune et l'église Saint-Étienne (30 min), le chemin des écoliers (45 min) et la rue du 27-Juin (20 min). Cette dernière proposition est à retenir puisque le parcours vous permet de découvrir la seule rue de la ville qui a conservé des maisons à pan de bois et des maisons de briques surmontées d'ardoises. On peut toutefois regretter que cette rue soit un peu dénaturée par une succession d'enseignes de restauration de mauvais goût.

HORLOGE ASTRONOMIQUE
Rue Saint-Pierre
Cathédrale Saint-Pierre

De novembre à fin avril : 10h30, 11h30, 14h30, 15h30 et 16h30. De mai à fin octobre : ajout d'animations à 12h30 et 13h30. Adulte : 5 €. Enfant (jusqu'à 16 ans) : 1,50 €. De 16 à 26 ans : 3 €. Billet à retirer 10 min avant à l'accueil.

Si la visite peut se faire librement, il serait fort dommage que vous passiez à côté du nouveau système mettant en valeur ce chef-d'œuvre. L'horloge astronomique en impose avec ses 12 m de haut, ses 68 automates et ses 52 cadrans ! Ce joyau d'horlogerie a été restauré en 2015, pour ses 150 ans. Vous pouvez désormais mieux en comprendre son fonctionnement et ses secrets, grâce à une animation de 35 min. Un audioguide vous explique en temps réel le mouvement des automates ou des cadrans, et en parallèle, vos yeux sont guidés par un jeu de lumières et des écrans vidéo (avec des vues rapprochées pour voir les détails). En suivant les automates, on oublie vite qu'on se trouve devant une horloge... On apprécie la mise en scène de la superbe machine autour du thème du Jugement dernier. On est ensuite admiratif devant les cadrans. L'horloge centrale (sur 24h) a 52 min de décalage avec votre montre, l'audioguide vous expliquera mieux que nous pourquoi. Les autres cadrans indiquent la position des planètes ou la position des étoiles à Beauvais et aux Antipodes... Juste à côté, vous trouverez une autre horloge, moins majestueuse mais tout aussi rare. L'horloge à carillon date du XIVe siècle, c'est la plus ancienne de ce type à être encore en fonctionnement. Elle est intégrée à la pierre de l'édifice !

MALADRERIE SAINT-LAZARE
203, rue de Paris ✆ 03 44 15 67 62
www.maladrerie.fr
maladrerie@beauvaisis.fr

Ouvert du 1er avril au 30 septembre. Ouvert du mardi au dimanche et les jours fériés de 11h à 18h. Gratuit. Tablette pour les visites en 3D : 3 €. Visite guidée (5 € et gratuit pour les moins de 10 ans, les dimanches à 16 h). Interdit aux vélos et aux chiens. Salon de thé.

Classée monument historique, la maladrerie Saint-Lazare témoigne de la magnifique architecture hospitalière du Moyen Age. Installé sur un terrain clos de plus de trois hectares, le site conserve plusieurs édifices remarquables : l'église romane, le logis gothique et la grange (bâtiment exceptionnel par ses dimensions, sa qualité et son authenticité). Construits aux XIIe et XIIIe siècles, ces bâtiments accueillaient les lépreux (alors appelés « ladres », d'où le nom du lieu) et les patients atteints par d'autres affections. Vendu sous la Révolution, le lieu devient une simple ferme jusqu'au XIXe siècle. La Maladrerie accueille également des manifestations comme le festival du Blues autour du zinc en mars, le Rendez-vous aux Jardins en juin, le festival d'arts de rue Malices et Merveilles le dernier week-end d'août et le salon des potiers en novembre. Le jardin est aussi un lieu bien agréable pour se détendre et flâner. Pour vous laisser conter son histoire, profitez d'un système original : des « ombrelles sonores », une belle idée ! Seul regret, le site est à la sortie de la ville, un peu perdu dans un quartier sans grand intérêt.

LE QUADRILATÈRE
22, rue Saint-Pierre ✆ 03 44 15 67 00
http://culture.beauvais.fr

Ouvert du mardi au vendredi de 13h à 18h, samedi et dimanche de 10h à 18h. Gratuit.

Le Quadrilatère vous offre un étonnant voyage dans le temps. Voisin de la majestueuse cathédrale, il présente une architecture ambitieuse des années 1970, intègre une tour de l'enceinte antique et des remparts gallo-romains, tout en proposant une programmation moderne et vivante. C'est un lieu de vie où s'enchaînent les expositions, les rencontres et les dispositifs d'accompagnement des publics autour des pratiques artistiques contemporaines. C'est une nouvelle direction artistique qui office pour rendre la programmation attractive pour le grand public. Parmi les grands événements de l'année, il y a toujours les photaumnales, une manifestation autour de la photographie qui se déroule de septembre à janvier. La première partie de la rénovation du bâtiment est désormais terminée, avant un chantier plus complet prévu ces prochaines années.

Musées

MUDO – MUSÉE DE L'OISE
1, rue du Musée ✆ 03 44 10 40 50
www.mudo.oise.fr
contact.mudo@mudo.oise.fr

Fermé lundi de Pâques, 1er mai, lundi de Pentecôte, 11 novembre, 25 décembre et 1er janvier. Ouvert du mercredi

au lundi de 11h à 18h. Gratuit. Seul le Palais Renaissance est accessible aux personnes à mobilité réduite. Les espaces d'expositions temporaires ne leur sont pas accessibles. Accueil enfants. Ateliers. Visites guidées. Conférences.
Juste à côté de la cathédrale, vous ne manquerez pas les deux grosses tourelles mises en valeur par des travaux de réhabilitation. Passez dessous pour entrer dans la cour et découvrir le très élégant palais des Évêques-Comtes de Beauvais (il vaut le coup d'œil, même si vous avez le tort de ne pas visiter le musée ensuite). C'est dans ce monument classé que le MUDO-Musée de l'Oise est installé. Profitez-en pour admirer la belle façade rénovée du palais Renaissance, mais aussi le jardin qui donne une autre perspective sur la cathédrale. Ce jardin évoque les vestiges archéologiques découverts sur le site et la vocation vivrière des jardins de l'évêché. A l'intérieur du palais, on trouve une sélection des plus belles œuvres de la collection de tableaux du XIXe siècle. On y remarque quelques vues locales comme les ruines du château de Pierrefonds. On s'arrête surtout pour admirer sous divers angles l'impressionnante toile inachevée de Thomas Couture : L'enrôlement des Volontaires de 1792. Commencée en 1847 et restaurée grâce à un mécénat participatif, elle représente sur 45 m² les volontaires prêts à défendre la France en guerre contre l'Autriche et la Prusse. Au troisième étage vous découvrirez la spectaculaire charpente en chêne du XVIe siècle de 14 mètres de hauteur. C'est à cet endroit que l'on retrouve de belles expositions temporaires.

Le couvert

AUTREMENT
128, rue de Paris
✆ 03 44 02 61 60
www.autrement-restaurant.fr
♿
Ouvert le mardi, le jeudi et le vendredi de 12h à 13h30 et de 19h30 à 21h30 ; le mercredi et le dimanche de 12h à 13h30 ; le samedi de 19h30 à 21h30. Réservation recommandée. Menus de 44 € à 60 €. Menu enfant : 12 €. Formule du midi : 25 € (entrée, plat, dessert + café uniquement en semaine). Vin au verre. Accueil des groupes. Terrasse.
Un restaurant installé un peu à l'écart du centre-ville, dans le quartier de Voisinlieu, dans la même rue que la belle Maladrerie Saint-Lazare. Eric Minart et son épouse Sophie, tous deux originaires de Beauvais, vont faire vibrer vos papilles. Le chef, qui a fait ses armes dans les restaurants Taillevent à Paris puis au Dolce de Chantilly, vous propose une cuisine gastronomique inventive et raffinée, avec des plats élaborés uniquement à partir de produits frais et essentiellement locaux, agrémentés d'épices doux. Le menu change d'ailleurs régulièrement en fonction des saisons, et tous les midis il y a une nouvelle suggestion du jour appelée « retour du marché ». Le chef aime particulièrement travailler le poisson et son thon rouge mi-cuit est réputé. Laissez vous tenter également par le paleron de veau braisé 16 heures dans son jus légèrement torréfié au café Taine. En dessert, le Paris-Brest est la « signature » de la maison. Si vous êtes amateur de café gourmand, vous allez vous régaler avec

cinq mini-desserts. On se fait plaisir aussi grâce à une très belle cave de vins et de whiskys sur laquelle vous serez très bien conseillé. La décoration contemporaine est propice à une ambiance chic et décontractée. La terrasse est calme, fleurie et donc bien agréable.

■ LA BAIE D'HALONG
49-51, rue de la Madeleine
✆ 03 44 45 39 83
Ouvert du mardi au vendredi le midi et le soir ; le samedi soir. Réservation recommandée. Menus de 29 € à 33 €. Formule du midi : 22 €. Vin au verre.
Dans cette rue sans intérêt entre la gare et le centre-ville, on passe devant la façade quelconque d'un restaurant asiatique. Pas évident alors de se dire que ce n'est pas un restaurant vietnamien comme tant d'autres... Mais cet établissement sort du lot, sa cuisine est fine et réputée (l'addition s'en ressent un peu d'ailleurs). A la carte, des spécialités à ne pas manquer comme le bun nem, le pavé de thon rouge et des plats français bien cuisinés comme le paleron de bœuf mijoté et le magret de canard aux agrumes confits. L'ambiance est unique avec le chef qui vous accueille personnellement. Le patron est aussi un œnologue averti et se fera donc un plaisir de vous conseiller les bouteilles qui iront avec vos plats.

■ BELVACUS
1, Cours Sellier
✆ 03 44 04 04 11
♿
Ouvert tous les jours de 12h à 14h et de 19h à 22h. Menus de 24,90 € à 29,90 €. Carte : 20 € environ. Menu enfant : 10 €. Vin au verre. Terrasse.
Ce restaurant propose une cuisine raffinée, bien présentée et à prix accessibles. Laissez-vous guider par les inspirations du jour, nous nous sommes régalés avec le magret sauce aux figues et la crème brûlée framboise sur gelée de rhubarbe. Le personnel est souriant et de bon conseil, c'est toujours agréable. La décoration épurée est de bon goût. La terrasse est prisée, elle donne sur une rivière, une rue à faible circulation et la cathédrale à 300 mètres.

LA BOHEMIA

8, rue du 27 Juin

✆ 09 53 00 35 37

Ouvert du lundi au jeudi et le samedi le soir ; du lundi au samedi le midi. Formule du midi : 15,90 € (du lundi au vendredi). Plats de 9,90 à 19,5 €. Tapas le soir. Terrasse. Animations.

Cette adresse récente à Beauvais bénéficie d'un bon bouche-à-oreille ! On y déguste des plats simples ou plus hauts en saveur comme le duo de brochettes de bœuf sauce soja avec frites maison et salade, le risotto de chorizo et poivrons, la brochette de Saint-Jacques et la salade de chèvre au miel… Mais on peut aussi y siroter un verre entre amis pour l'afterwork avec un grand choix de tapas : tapenade corse, guacamole, crevettes à l'ail, camembert rôti et charcuterie… Le rapport qualité-prix est intéressant, le tout dans une déco moderne et branchée. La terrasse est installée dans une rue piétonne et historique.

CHEZ DAN

5, avenue Paul-Gréber

Zac de Ther

✆ 03 44 45 72 48

www.chez-dan.fr

Ouvert du lundi au jeudi de 12h à 14h30 et de 19h à 22h ; le vendredi et le samedi de 12h à 14h30 et de 19h à 23h. Menus de 24,90 € à 34,90 € (entrée, plat et dessert). Menu enfant : 9,90 €. Formule du midi : 14,90 €. Vin au verre. Chaises bébé. Terrasse. Vente à emporter.

Un coup de cœur pour ce bâtiment futuriste, sorte de coupole en verre résolument moderne ! Les grandes baies vitrées du restaurant panoramique offrent beaucoup de lumière. La terrasse sur le toit est ouverte toute l'année et vous amène vite loin de ce parc d'activité de périphérie. La décoration soignée repose sur le thème industriel et quelques éléments orignaux. Vous ne prenez pas le risque d'arriver en retard après votre pause déjeuner : le service est souriant et redoutablement efficace. Le soir, l'ambiance se fait plus intimiste. Le contenu des assiettes ne démérite pas, bien au contraire : les pizzas sont faites « maison » et les plats mitonnés à base de produits frais et de saison, le tout arrosé par de bons vins de propriété. Les fromages et charcuteries sont dans des gammes de bonne qualité et la cuisine au barbecue est prisée. Dernier avantage : si le restaurant est excentré, il est facile d'accès, avec un grand parking et un ascenseur pour les personnes à mobilité réduite.

LE JEANNE HACHETTE

25-27, place Jeanne-Hachette

✆ 03 44 48 16 08

www.le-jeanne-hachette.com

Ouvert du mardi au dimanche de 8h à 20h. Menus de 19,80 € à 24,80 € (deux ou trois plats). Formule du midi : 13,80 €. Petit-déjeuner complet 7,50 €. Chèque Restaurant. Terrasse.

Installé depuis une trentaine d'années, ce restaurant familial est une véritable institution à Beauvais ! Tout le monde connaît Marie-Claire Locquet, une passionnée qui tient son savoir-faire et ses recettes de ses parents, eux-mêmes anciens boulangers à deux pas d'ici. Les plats sentent bon le terroir : le pavé de selle d'agneau, le dos de merlu, l'escalope normande de volaille, la cuisse de canard confite... La terrasse est d'autant plus agréable depuis le réaménagement de la minérale place Jeanne-Hachette. La maison Locquet est aussi connue pour son salon de thé avec des gourmandises maison à déguster, comme la traditionnelle Tuile de Beauvais (plaquette de chocolat aux éclats de noisette qui se décline en quatre versions : noir, blanc, au lait ou à l'orange). Vous y trouverez également des bonbons chocolatés, des chardons de toutes les couleurs, des macarons picards et des pâtisseries... Vous avez aussi une petite boutique pour acheter des théières et des tasses.

LE TOUCO

7, rue de Buzanval

✆ 03 44 15 01 41

www.letouco.fr

contact@letouco.fr

Ouvert du mardi au samedi de 12h à 15h et de 18h à 1h. Menu unique à 24,50 €. Menu enfant : 9,10 €. Formule du midi : 11,50 €. Quesadillas à partir de 13,10 € ; Fajitas à partir de 16,50 € ; burgers à partir de 13,60 €. Chèque Vacances, Chèque Restaurant. Accueil des groupes. Chaises bébé. Terrasse. Vente à emporter. Animations.

Le nom plante le décor : les amateurs de western auront reconnu le nom francisé d'un personnage du film *Le Bon, la Brute et le Truand*, grand classique de Sergio Leone. La thématique de la décoration et de la carte s'articulent donc autour de l'Ouest américain, mais elles prennent aussi des airs latinos. Le voyage est également réussi dans l'assiette avec de délicieuses fajitas (agrémentées de Saint-Jacques, de saumon ou de gambas), un pavé de saumon au curry et au lait de coco, des travers de porc style texan... On vous conseille particulièrement la marmite du cow-boy (poulet mariné dans une sauce mexicaine, avec une crème épaisse et du fromage). Pour ceux qui n'ont pas envie de goûter aux spécialités d'outre-Atlantique, vous avez de la cuisine française et un plat du midi généralement d'un très bon rapport qualité-prix. Les Beauvaisiens aiment partager ici un moment convivial et profiter de la terrasse intérieure ombragée (de mai à septembre). Avec des services tardifs et une fermeture à 1h du matin, c'est aussi un lieu prisé pour les sorties amicales et festives.

LES VENTS D'ANGES

3, rue de l'Etamine

✆ 03 44 15 00 08

Ouvert du mardi au samedi le midi et le soir. Menus de 22 € à 26 € (seulement le midi). Plat du jour : 16 €. Vin au verre. Tickets Restaurant refusés le soir et le dimanche. Chaises bébé. Terrasse.

Dans ce petit restaurant voisin de l'église Saint-Étienne et de la mairie, le succès est au rendez-vous et il est donc préférable de réserver. Si les habitués y reviennent si volontiers, c'est pour le cadre agréable, le côté bon petit bistrot, le service efficace et le rapport qualité/prix des assiettes. Le midi on retrouve des habitués qui viennent profiter d'une bonne formule et le soir on prend plus le temps de profiter des bons vins et des plats à la carte. Votre choix se fait sur la grande ardoise qui décline les propositions du jour en fonction des arrivages et de l'inspiration du chef. Parmi les entrées, vous pouvez tomber par exemple sur le foie gras de canard mi-cuit et son chutney mangue-ananas, le risotto de gambas et chorizo et mi-cuit chocolat et son caramel au beurre salé.

LES VINS PAR FAIM

241, rue de Clermont
✆ 03 65 97 07 07
www.lesvinsparfaim.fr

Ouvert le midi du mardi au samedi + soir du jeudi au samedi. Le bar à vin, du mardi au samedi de 10h à 1h. Menus de 24 € à 28 € (plat unique 17€). Vin au verre. Accueil des groupes. Terrasse.

Cette adresse à l'ambiance cosy vous promet une belle parenthèse gourmande avec des accords mets et vins. Le chef vous propose une cuisine maison jeune et inventive. Il affectionne et travaille particulièrement les produits frais et du terroir et suit ainsi scrupuleusement les saisons. Deux formules le midi mais aussi une carte savoureuse qui se laisse agréablement découvrir ! Découvrez une nouvelle carte tous les trimestres, une formule différente tous les midis autour de recettes classiques revisitées, ou de nouvelles créations du chef ! Impossible d'être déçu ! L'accueil est extra ! On ne peut pas quitter les lieux sans faire un tour par la cave à vin où vous attendent de grands et petits noms scrupuleusement sélectionnés. Au choix, 18 appellations différentes que l'on déguste dans un espace étudié pour, que ce soit au comptoir, accoudé à un mange-debout, dans un salon intimiste avec tables basses et fauteuils club. Vous accompagnerez vos verres avec un large choix de charcuteries et de fromages sélectionnés dans nos belles régions de France. Chapeau !

Le gîte

HÔTEL DE LA CATHÉDRALE***

11-13, rue Chambiges ✆ 03 44 04 10 22
www.hoteldelacathedrale.fr
hotelcathedrale60@gmail.com

12 chambres. Chambre double de 65 € à 95 € ; chambre triple à partir de 100 € ; suite 115 €. Petit déjeuner : 9 €. Label Tourisme & Handicap. Wifi gratuit. Restauration.

Comme son nom l'indique, cet établissement est bien situé, dans une rue proche du principal point d'intérêt de la ville. Les douze chambres de 12 à 22 m² sont décorées dans un style moderne et l'accueil est très avenant. N'hésitez pas à tester le restaurant Capa Negra qui se trouve au rez-de-chaussée : les plats du jour sont d'un bon rapport qualité-prix. La terrasse intérieure est très appréciable, à l'écart de l'agitation malgré cet emplacement en centre-ville.

CHENAL HÔTEL***

63, boulevard du Général-de-Gaulle
✆ 03 44 06 04 60
www.chenalhotel.fr

Ouvert toute l'année. Chambre double de 69 € à 109 € ; chambre triple de 89 € à 119 €. Petit déjeuner buffet : 12 €. Lit supplémentaire : 10 €. Parking : 8 €. Les chambres sont moins chères le week-end. Animaux acceptés (5 €). Wifi gratuit. Restauration (de type snack).

Si vous venez en train, pas la peine de trimbaler longtemps vos bagages pour trouver un établissement de qualité. En face de la gare et du multiplexe Cinespace, dans un bâtiment plutôt élégant et coloré, vous trouverez le Chenal, situé à quelques minutes du cœur de ville. Les chambres sont tout confort et bien équipées avec notamment une salle de bains privée, une télévision à écran plat, le téléphone et l'accès wifi gratuit. Et si le cœur vous en dit, vous pouvez vous restaurer ou boire un verre sur place, le salon-bar est confortable et agréable. Les décors extérieurs et intérieurs sont de bon goût. Vous trouverez un espace de location de vélos juste en face, sur la gauche du bâtiment de la gare.

HÔTEL MERCURE BEAUVAIS CENTRE CATHÉDRALE****

1, cours Sellier
✆ 03 44 04 04 11

Chambre double à partir de 80 € ; suite à partir de 190 €. Petit déjeuner : 8,50 € (16 € le buffet). Parking. Wifi. Restauration.

Cet hôtel coche toutes les cases pour vous satisfaire. Vous êtes situé à 300 mètres de la cathédrale, vous avez d'ailleurs vue sur le plus haut ensemble gothique du monde depuis une partie des chambres. Celles-ci sont décorées avec une sobriété plaisante et avec un rappel sur l'identité historique. La rénovation de cet ancien siège d'un organisme d'habitat est très réussie. A l'extérieur, la brique rouge maintient bien l'identité de la région. Le restaurant qui donne sur la rivière est d'un très bon rapport qualité-prix. Enfin, l'accueil y est très bon, avec des collaborateurs efficaces et avenants.

© CHRISTOPHE TELLIER

La cathédrale de Beauvais a le plus haut cœur gothique d'Europe.

OISE

THE ORIGINALS BEAUVAIS CITY***
3, rue Antonio-de-Hojas
✆ 03 44 15 38 38
reservation@cityhotel.fr

Qualité Tourisme. Ouvert toute l'année. Accueil jusqu'à 23h. 61 chambres. Chambre double de 79 € à 99 €. Petit déjeuner buffet : 10 €. Parking fermé. Séminaires. Wifi gratuit. Restauration. Tv satellite, Canal +.

Cet hôtel présente une belle opportunité pour ceux qui veulent se rendre ensuite à l'aéroport, accessible en vingt minutes à pied ou plus rapidement via les bus et les navettes qui passent à une centaine de mètres. Le centre-ville est à deux kilomètres mais il est lui aussi facilement accessible en transports en commun. Cet établissement est confortable avec des chambres bien équipées et accessibles aux personnes à mobilité réduite, attention : celles côté parc sont plus chères que côté rue. L'hôtel présente aussi l'avantage d'être à côté de l'agréable parc Dassault, bien apprécié par les enfants, de la belle piscine Aquaspace et de la toute nouvelle patinoire.

Chambres d'hôtes

AU COEUR DE BEAUVAIS
3, rue Saint-Paul
✆ 03 44 05 75 53
www.aucoeurdebeauvais.fr
contact@aucoeurdebeauvais.fr

Clévacances (4 clés). 3 chambres. Chambre simple 90 € ; chambre double 110 € ; suite 170 €. Petit déjeuner inclus. Lit supplémentaire : 20 €. Service de ménage.

La maison ne paye pas de mine dans une petite rue tranquille, mais cette chambre d'hôtes a beaucoup de charme à l'intérieur avec un décor chaleureux et une ambiance réussie pour chaque chambre. Le jardin à l'arrière permet d'avoir un havre de paix ou offre aux enfants un espace pour se défouler. Très accueillante et de bon conseil, Marie-Noëlle vous reçoit dans une maison à l'emplacement idéal, à deux pas de maisons historiques et surtout de l'impressionnante cathédrale.

LA SALAMANDRE
10, rue Marcelle-Guedelin
✆ 06 14 87 59 53
www.lasalamandre-beauvais.fr
lasalamandrebeauvais@yahoo.com

Gîtes de France (4 épis). Arrivée à partir de 17h, départ vers 11h. Chambre simple de 75 € à 110 € ; chambre double de 95 € à 130 €. Petit déjeuner inclus. Lit supplémentaire : 20 €. Wifi.

C'est une maison de charme située aux portes du centre-ville, à dix minutes à pied de la cathédrale Saint-Pierre. Catherine et Stéphane ont restauré cette demeure du XIXe siècle pour y aménager quatre chambres confortables et aux décors différents. Vous serez par exemple séduits par la chambre Vision, avec ses poutres et briques apparentes. Vous pouvez aussi profiter de la quiétude du salon-bibliothèque et du grand jardin orné d'arbres séculaires.

Loisirs

CARI WOOD
Rue de la Mie-au-Roy
✆ 06 80 98 26 83
www.cariwood.fr
contact@cariwood.fr
Parking Plan d'eau du Canada.

Ouvert d'avril à novembre, les week-ends, jours fériés et 7j/7 pendant les vacances scolaires. Adultes de 15 à 23 €, enfants de 10 à 23 €. Home ball 15 €. Paint ball de 20 € à 39 €. Escape game 35 €. CB non acceptée. Chèque Vacances.

Ce parc d'aventures est installé à côté du Plan d'eau du Canada, au cœur du bois Brulet. Dix-huit parcours d'accrobranches vous attendent, adaptés aux adultes comme aux enfants à partir de quatre ans. De longues tyroliennes sont réparties sur la totalité des parcours, avec moult ponts de singe, lianes, échelles de corde et tunnels suspendus pour faire le plein de sensations. Les patrons ont su bien diversifier leurs activités avec l'escalade sur un arbre de 20 m, du home ball (jeu de ballon original), de l'orientation (pour les groupes), de l'escape game et du paintball.

PATINOIRE MARCEL DASSAULT
Parc Marcel Dassault
✆ 03 44 81 72 76

Ouvert toute l'année. Basse saison : le mardi et du vendredi au dimanche de 20h30 à 23h30 ; le mercredi de 14h à 17h ; le samedi de 9h à 12h et de 14h à 17h. Pendant les vacances, ouverture le lundi de 14h à 17h, et du mardi au dimanche de 9h à 12h, de 14h à 17h et de 20h30 à 23h30. Entrée : 5,80 €. Enfant : 5 €. Location des patins 3,20 €. Cartes de 10 entrées avec location des patins 75 € et sans patins 46 €. Cours collectifs tous niveaux. Gratuit pour les petits si accompagné d'un adulte (pointure 23 à 29).

C'est le tout nouvel équipement qui vient de sortir de terre à Beauvais. Après celle de Compiègne, c'est la deuxième patinoire de l'Oise ! Mais celle-ci restera ouverte toute l'année, été compris, pour le plus grand bonheur des Beauvaisiens qui l'attendaient depuis longtemps ! Tout le monde peut trouver son compte sur la glace : les familles (avec des luges en forme d'otarie à louer pour 1,50 € pour les moins de 10 ans), les ados avec des soirées, les sportifs avec des compétitions de curling, de patinage artistique ou de hockey sur glace… Un snack-bar devrait aussi bientôt voir le jour.

PLAN D'EAU DU CANADA
147, rue de la Mie-au-Roy
✆ 03 44 06 92 90
www.beauvais.fr
plandeaucanada@beauvais.fr
Quitter Beauvais sur la D 1 direction Fouquenies et Savignies. Ou prendre la D 901 direction Troissereux.

Ouvert toute l'année. En mars et septembre de 8h à 20h ; en avril de 8h à 21 h ; de mai à fin août de 8h à 22h ; octobre de 8h à 19h ; de novembre à mars de 8h à 18h. Baignade ouverte de juillet à septembre.de 13h30 à 19h30 (11h30 le we). Entrée moins de 25 ans : 2,50 €. Entrée adulte : 3 €. Activités nautiques : Pédalos / Barque / Rosalie 8 € (30 min) ; Optimist / Dériveur / Stand up paddle / Planche à voile/ Canoë-kayak / Catamaran 5 € (1h) ; Combinaison 3 €. Label Tourisme & Handicap. Restauration. Stage d'activité nautique, consulter le site internet. Table de pique-nique ; barbecue.

Quand vous parlez du Canada aux Beauvaisiens, ça ne leur évoque pas nos cousins d'Amérique mais le site où ils se prélassent sur la plage, jouent avec les enfants, courent et se dépensent sur les dix appareils de fitness en plein air... Difficile d'imaginer que le site servait au XIXe siècle de champ de courses pour les chevaux et les lévriers (!). C'est en tout cas désormais un espace avec 36 hectares de nature aux portes de la ville. Pour les pêcheurs, rendez-vous de mai à décembre sur le petit bassin voisin. Aux beaux jours, le plan d'eau est apprécié pour ses sports nautiques (kayaks, catamarans, optimists, barques, bateaux à pédales et stand-up paddle à louer de mai à septembre). La baignade sur la plage de sable est surveillée en période estivale. L'opération Canada Beach propose également de nombreuses animations gratuites pour les enfants durant les vacances d'été ! A noter, la proximité d'un parcours d'accrobranche avec 10 parcours (le Cari Wood) et d'un téléski nautique qui connaît un franc succès depuis son ouverture en 2017.

Location de deux-roues

■ **BEAUVÉLO**
78, avenue de la République
✆ 03 60 29 55 35
www.beauvelo.org
contact@beauvelo.org

Ouvert le lundi de 8h à 10h ; le mardi, le jeudi et le vendredi de 8h à 18h ; le mercredi de 14h à 18h. Attention les horaires peuvent être modifiés durant les vacances scolaires. 1 € l'heure, 2 € les 2h, 3 € la demi-journée, 5 € la journée, 8 € la semaine ou le week-end. Caution de 100 €.

Cette association propose de très bons plans, surtout pour les habitants ou ceux qui séjournent longtemps. Vous y trouverez toutes sortes de vélos, du plus classique au moins courant : triporteur, tandem, vélo de course léger monté avec un guidon de VTT pour plus de confort, bicyclette pour enfant avec petites roues... On vend aussi ici des pièces d'occasion ou on vous aide à redonner une seconde jeunesse à votre vieux biclou. Avec la fermeture du service municipal Yellow vélo, ce service disponible juste à côté de la gare peut être bien utile lors de votre séjour.

Sorties

Bars, pubs

■ **O'FILATURES**
1, rue des Filatures ✆ 03 44 11 11 11
contact@ofilatures.fr
♿

Formule du midi à partir de 13,80 €. Restauration. Animations. Concerts.

© LT

Statue Jeanne Hachette.

C'est très vite devenu le lieu de sortie à la mode pour boire un verre ou manger des plats simples (burgers, pizzas, salades) mais faits maison. On y vient également pour la grande rôtisserie qui permet de se régaler avec des poulets fermiers ou des jarrets de porc au thym. La liste des cocktails est fournie et parfois originale. Le décor tendance est inspiré de l'histoire industrielle du lieu (une ancienne filature, comme son nom l'indique) avec une alliance de bois et de métal.

Bowlings

■ **SPEED PARK**
Zone de la Marette
Rue Fernand-Sastre ✆ 03 44 49 99 62
www.kartingbowling.com
marie.alaimo@speedpark.fr
Derrière le stade Pierre-Brisson.

Ouvert le lundi et le mardi de 17h à 0h ; le mercredi de 14h à 0h ; le jeudi de 17h à 1h ; le vendredi de 17h à 2h ; le samedi de 14h à 3h ; le dimanche de 14h à 23h. Pendant les vacances scolaires, Speed Park ouvre dès 14h. Pass entrée valable 1 an : 2,50 €, puis partie de bowling : 7 €, karting : 12,90 €, laser : 8 €, billard : 5,50 € les 30 minutes. Réductions pour les enfants et les étudiants.

Cette structure propose 26 pistes de bowling arrivées spécialement des Etats-Unis, une salle de jeux de 200 m^2, un lasergame de 400 m^2, un bar lounge, une salle de 15 billards, et surtout un circuit de karting indoor (à partir de 7 ans et 1,30 m) de plus de 500 m empruntant pont et tunnel. Si vous êtes amateur, un espace de jeux vidéo de dernière génération est à ne pas manquer. L'établissement à l'entrée de la ville est ouvert tous les jours et organise régulièrement des soirées thématiques. Vous pouvez profiter de différentes formules avec des activités à volonté.

Emplettes

■ CHOCOLATERIE DE BEUSSENT
1, rue de la Taillerie
✆ 03 44 12 28 76
www.choco-france.com
Ouvert du mardi au samedi de 10h à 12h30 et de 14h à 19h.
Fondée en 1985, la maison de Beussent n'a plus rien à prouver en matière de chocolat... Fabriqués de manière artisanale, dans le plus grand respect de la matière première, ses produits ont un goût caractéristique apprécié des connaisseurs. Les chocolatiers de l'enseigne sont parmi les rares professionnels de France à maîtriser la fabrication de A à Z : du choix des fèves de cacao jusqu'au conchage, tout est fait maison. À noter que Beussent possède sa propre plantation en Équateur ! N'hésitez pas à passer en boutique pour découvrir les œuvres faites par ces artisans avec ce noble matériau.

■ MAISON SAVARY
55, rue Desgroux
✆ 03 44 45 21 32
Ouvert du mardi au dimanche de 7h à 19h30. Flan pour 6 personnes 19,50 €, pour 8 à 24,50 €.
Une boulangerie familiale fondée en 1981, avec deux générations d'artisans à votre service ! On vient de loin pour goûter le flan beauvaisien à l'ancienne, dont Benoît Savary garde jalousement la recette secrète... Ce produit a reçu des récompenses nationales et il a même été reconnu comme étant la spécialité beauvaisienne en 2014. Les éclairs aux spéculoos ou au Carambar, tout comme la pyramide de macarons, raviront les gourmands !

Dans les environs

Bresles

■ CAMPING DE LA TRYE**
32, rue de Trye
✆ 03 44 07 80 95
www.camping-de-la-trye.com
camping.bresles@gmail.com
Ouvert toute l'année. Emplacement + véhicule + 2 personnes. Mobil-homes pour 6 personnes à partir de 550 € la semaine ; mobil-homes pour 5 personnes à partir de 500 € ; chalets pour 6 personnes à partir de 550 €. Tarif pour 1 nuit prêt à camper : de 52 € pour 2 à 102 € pour 7. Coco 55 €. Tipi pour 2 sur pilotis 65 €. Wifi gratuit.
On vous accueille chaleureusement dans ce camping, qui s'étale sur 2,5 hectares près d'un étang de pêche. Vous pouvez y louer des mobil-homes (pour 5 à 6 personnes) à la nuitée ou à la semaine. Ils ont été largement rénovés avec de nouveaux meubles, un frigo plus grand, un lino tout neuf, un chauffe-eau changé... Un concept sympa et pratique a été développé : des « prêts-à-camper ». Vous pouvez ainsi arriver les mains dans les poches ! On apprécie aussi beaucoup l'originalité des tipis sur pilotis et les cocos (un mobil-home original recouvert de toile). La superbe nouveauté est le « château mobile », en bordure de camping, avec un Jacuzzi privatif, une grande terrasse et tout le confort nécessaire pour déconnecter comme vous le souhaitez. Aux beaux jours, vous pourrez profiter de la piscine, mais aussi louer des karts à pédales, faire du tennis de table, du trampoline, du tourniquet, de la pétanque et du tennis. Pour les plus grands, il y a même des appareils de fitness. Possibilité de balades à cheval, en calèche ou avec des ânes ! Vous noterez que ce camping est ouvert même en hiver, il constitue une halte très appréciée pour ceux qui traversent la France.

Crèvecœur-le-Grand

Désormais rattachée à l'agglomération du Beauvaisis, cette commune présente quelques points d'intérêt avec au centre du village un château de la Renaissance de brique et de pierre peu commun dans la région. Une des ailes comprend un beau plafond peint et une cheminée monumentale, elle est dédié à François Ier, qui y séjourna en 1520. Ces bâtiments abritent aujourd'hui la mairie, des visites y sont organisées, renseignez vous et inscrivez vous en appelant la bibliothèque au 03 44 13 30 02.

■ TRAIN À VAPEUR
16, Place de la Gare
✆ 07 68 54 49 70
http://musee-mtvs.com
accueil@musee-mtvs.com
Départs à 14h, 15h, 16h, 17h les 1ers et 3e dimanches du mois de mai à septembre. Gratuit jusqu'à 4 ans. Adulte : 6 €. Enfant (de 4 à 12 ans) : 4 €.
C'est un beau projet qui s'est concrétisé avec la mise en circulation d'un beau train à vapeur, avec ses voitures du XIXe siècle aux couleurs de l'Orient-Express. Cette initiative, on la doit à l'association du musée des tramways à vapeur et des chemins de fer secondaires français (la collection est à Butry-sur-Oise dans le Val d'Oise). L'objectif final est de remettre en service les 12 km de ligne SNCF menant à Saint-Omer-en-Chaussée. Pour le moment le trajet est plus court, mais le chantier avance à bon train et le parcours champêtre dure trois quarts d'heure. Le concept fonctionne bien pour découvrir un territoire ancré dans la ruralité.

Herchies

■ LE JARDIN DU BRÛLE
7, rue Roger Froissart
✆ 06 07 32 56 33
www.jardindubrule.jimdo.com
Jardin remarquable. Fermé du 16 novembre au 31 avril. Ouvert de 9h30 à 12h30 et de 14h à 18h. Visite sur rendez-vous souhaité. Gratuit jusqu'à 12 ans. Adulte : 4 €. Enfant (de 13 à 17 ans) : 3 €. Animaux acceptés en laisse. Animations.
Un simple passionné a su créer un espace magnifique, labellisé jardin remarquable. Il y a 30 ans, Didier Bizet avait une prairie avec quelques arbres, il en a fait un espace apaisant où se mêlent des bassins, une chute d'eau et des fleurs par centaines. Parmi elles figure la rose Jardin du Brûle, elle se démarque par ses pétales

Un cadre naturel varié

Beauvais est entourée par un territoire rural, avec de beaux paysages champêtres. Le cadre est plus verdoyant et vallonné en allant vers la Normandie. Si vous allez vers l'est, ne manquez pas de vous aérer dans la forêt de Hez-Froidmont. Sur 3 000 hectares, vous parcourez des allées entourées de chênes et de hêtres. Parmi eux, quatre sont classés comme remarquables. Des circuits adaptés à vos envies vous permettent de vous lancer sereinement dans des randonnées à pied ou en VTT. Ici vous déconnectez vraiment puisque même votre téléphone le fait pour vous, faute de réseau !

orangés et son parfum fruité. Les propriétaires sauront vous transmettre leur passion et vous donner des conseils avisés. Le jardin dispose aussi d'un beau verger, de quelques pieds de vigne et d'un riche potager où l'on annonce 200 variétés de tomates.

Saint-Léger-en-Bray

PARC SAINT-LÉGER

RD 981
✆ 03 44 84 42 76
www.parc-saint-leger.com
contact@parc-saint-leger.com

Fermé de novembre à mars. Basse saison : ouvert le mercredi, le vendredi et le samedi de 11h à 18h. Haute saison : tous les jours de 10h30 à 19h. Ouverture quotidienne durant les vacances scolaires, pour plus de précisions référez vous au site internet. Adulte : 18 €. Enfant (de 3 à 11 ans) : 15 €. Pass annuel 40 €. Accueil enfants. Restauration.

Ce site est aussi nommé « parc des grands félins » depuis qu'il a été repris par le célèbre dresseur de fauves Kid Bauer, dont la passion familiale se transmet depuis sept générations ! Le parc comprend 150 animaux, dont une quarantaine de grands félins qui offrent régulièrement des naissances sur place. En plus des félins et des trois spectacles animaliers, le parc permet aux enfants de découvrir des gazelles, autruches, lamas, cochons, chèvres, ratons laveurs, lémuriens et tortues géantes... Les petits apprécient aussi les structures gonflables, un mini-golf, un petit-train et un enclos où l'on peut toucher les animaux (pas les félins rassurez-vous !). On peut aussi participer au nourrissage des lémuriens (les enfants sont ravis de leur donner des grains de raisin). Activité plus familiale, le bateau à pédales permet de profiter de l'étang.

Saint-Paul

JARDIN DU PEINTRE ANDRÉ VAN BEEK

1, rue des Auges
✆ 03 44 82 20 18
www.andrevanbeek.com
info@andrevanbeek.com
Sur la D931.

Jardin remarquable. Ouvert d'avril à octobre. De mai à juin et de septembre à octobre le vendredi, dimanche, lundi et jours fériés de 14h à 19h, samedi de 14h à 17h (après 17h s'informer), les autres jours et le reste de l'année : sur rendez-vous. En juillet et août tous les jours de 14h à 19h, samedi de 14h à 17h (après 17h, s'informer). Gratuit jusqu'à 12 ans. Adulte : 7 €. Groupes (à partir de 15 personnes) tous les jours de 9h à 19h sur rendez vous. Label Tourisme & Handicap. Boutique. Label Jardin remarquable.

Vous commencez par voir des belles peintures, puis vous découvrez le magnifique cadre qui sert de modèle pour une partie de l'exposition de l'artiste propriétaire des lieux. Le concept est original et vous séduira tout autant que le magnifique jardin. La série de petits bassins est agrémentée de nénuphars, d'arbres gracieux, de massifs magnifiquement fleuris et de jolies chutes d'eau. La balade dans ce havre de paix est très apaisante et à défaut de peindre aussi bien qu'André Van Beek, n'oubliez pas de prendre votre appareil photo. Pour une cérémonie très romantique, vous pouvez louer une belle salle de réception donnant sur le jardin.

PARC SAINT PAUL

RN31-RD931
✆ 03 44 82 20 16
www.parcsaintpaul.fr
A 8 km à l'ouest de Beauvais.

Ouvert de début avril à début novembre. Basse saison : ouvert le week-end et les jours fériés de 10h à 18h30. Haute saison : tous les jours et les jours fériés de 10h à 19h. Adulte : 24,50 €. Enfant (jusqu'à 11 ans) : 20,50 €. Gratuit pour les enfants de moins de 1 m. Pass annuel : 60 €. Chèque Vacances. Restauration. Boutique.

Ce parc a su se renouveler pour proposer un bon rapport qualité-prix aux familles. Alors certes, vous n'aurez pas la féerie ou l'adrénaline des plus grands concurrents. Mais pour un prix très abordable vous bénéficierez de quarante-cinq attractions adaptées aux différents âges. L'autre bonne nouvelle est que l'attente y est généralement bien plus raisonnable que dans les parcs du même type. Pour les activités, à chacun ses goûts, mais le plus impressionnant est sans doute de faire la tour de la descente extrême, une chute (maîtrisée) d'une quarantaine de mètres. Pour les plus jeunes, il y a un peu d'originalité mais rien de tel que les grands classiques : miroirs magiques, trampolines, grands toboggans, petits bateaux... Goûtez au Wood Express, pour encore plus de sensations ou au tout nouveau Dino Disk'o. Les enfants apprécient aussi beaucoup les mini-quads, ce sont en fait des autotamponneuses pour deux personnes, pour un bon moment de partage entre parents et enfants. Côté spectacles, ne manquez pas celui sur les fauves ou l'étonnant spectacle autour des bulles.

Troissereux

CHÂTEAU DE TROISSEREUX ★

1, rue du Château ✆ 03 44 79 00 00
www.chateau-troissereux.com
info@chateau-troissereux.com
A 8 km de Beauvais.

Ouvert du 1er juillet au 30 septembre. Ouvert du mercredi au lundi de 14h à 17h. Gratuit jusqu'à 10 ans. Adulte : 11 € (entrée du domaine et du parc (parc seul 5 €)). Demi-tarif. En supplément : 4 € visite de la Tour du Temps et de l'horloge. Visite guidée (possible sur réservation toute l'année pour les groupes).

Dans ce secteur marécageux, on trouve un beau château Renaissance bâti sur pilotis. Édifiée au début du XVIe siècle, la demeure a été remaniée juste après la Révolution dans un style néoclassique. Le percement d'ouvertures et la disparition des lucarnes Renaissance lui ont fait perdre un peu son aspect originel. Vous ne manquerez pas de remarquer la tour du Temps à la géométrie surprenante : ronde à la base, elle est ensuite carrée puis triangulaire à son sommet ! À l'intérieur, les amateurs peuvent découvrir un mobilier et des décors de style Louis XVI. La ferme du château se démarque agréablement avec ses grosses pierres rustiques en lieu et place de la brique. À l'extérieur, un magnifique parc de 12 hectares abrite une réserve ornithologique naturelle. Il présente un arboretum riche d'une quarantaine d'essences d'arbres et d'arbustes, habités par des oiseaux. Vous pourrez aussi prendre de très belles photos de la brique rouge et de la pierre du château qui se reflètent dans l'eau des douves.

Vendeuil-Caply

MUSÉE ARCHÉOLOGIQUE DE L'OISE

Les Marmousets ✆ 03 64 58 80 00
www.m-a-o.org
accueil@m-a-o.org
Situé entre Vendeuil-Caply et Breteuil. Prendre la D 1001 et tourner à droite sur la rue du Pont.

Fermé de décembre à janvier. Basse saison : ouvert le week-end et les jours fériés de 14h à 17h30. Haute saison : du mardi au vendredi de 11h à 17h30. Fermé du 2 novembre 2020 au 21 février 2021. Gratuit jusqu'à 8 ans. Adulte : 4 €. Enfant (de 8 à 18 ans) : 2 €. Gratuit le 1er dimanche du mois. Atelier 6 €.

Excentré, en zone rurale, ce musée qui va fêter ses dix ans rend l'archéologie accessible. Il la lie à l'intéressant théâtre antique situé à 400 mètres. Vous trouverez une belle mise en valeur des objets de la vie quotidienne, sculptures et peintures murales trouvés dans le secteur. Le musée sait évoluer et propose de très chouettes animations autour de l'archéologie ou des différentes époques retracées sur le site. N'hésitez pas à vous renseigner pour vous inscrire à un atelier. L'exposition de l'année 2020 est intitulée « Curieuses collections », elle raconte la construction d'une collection archéologique.

THÉÂTRE GALLO-ROMAIN

A proximité du musée

Ouvert toute l'année. Gratuit.

Quand on voit ces champs à perte de vue de chaque côté, il n'est pas facile d'imaginer qu'une agglomération gallo-romaine s'étendait ici sur 130 hectares et comprenait plusieurs monuments (avec des places, des temples, des thermes...). Ce théâtre érigé au Ier siècle, en forme de demi-cercle (avec un diamètre de 81 m), pouvait accueillir environ 5 000 spectateurs. Face à la scène impressionnante, un *sacellum* (sorte de petite chapelle) rappelle le rôle religieux du théâtre dans l'Antiquité. Cette visite est à associer à celle du musée archéologique voisin, où l'on vous expliquera que ce site n'a été véritablement redécouvert et exploité que depuis les années 1950 !

Warluis

MUSÉE DE L'AVIATION DE WARLUIS

Rue Bruneval ✆ 03 44 89 28 23
www.museedelaviation-warluis.com/
museedelaviation.warluis@gmail.com

Du 1er mars au 31 octobre ; Samedi, Dimanche et jours fériés de 14 h à 18 h. Visites possibles pour les groupes hors période sur rendez-vous. Gratuit jusqu'à 6 ans. Adulte : 6 €. Enfant (de 6 à 16 ans) : 2,50 €. Groupe (10 personnes) : 5 €. Visite guidée (possible pour les groupes sur rendez-vous).

Le musée est consacré principalement à l'aviation et aux aviateurs de la Seconde Guerre mondiale avec près d'un millier d'objets authentiques, 1 600 photographies et documents sur une surface de 1 000 m². La visite s'organise en plusieurs secteurs : français avec ses pièces et maquettes, anglais avec le tableau de bord de Spitfire, américain avec des affaires personnelles d'aviateur U.S.A.A.F et allemand avec une bombe volante V1 restaurée. Ce musée est tenu par des passionnés qui renouvellent constamment leur collection. La restauration de l'hélicoptère « Gazelle » a conduit à l'obtention du Grand prix du Patrimoine 2018 à l'Aéro-club de France. Parmi les projets en cours : la reconstitution d'une tour de contrôle et l'arrivée d'un Mirage F1.

CHANTILLY ★★★

C'est la plus proche et la plus attrayante destination en sortant de la région parisienne. Chantilly, classée ville d'art et d'histoire, doit sa renommée internationale à plusieurs atouts. Le premier est sans doute d'être la ville du cheval, avec un superbe hippodrome accueillant le célèbre Prix de Diane (mois de juin). C'est aussi la ville du premier centre d'entraînement de chevaux de courses en Europe. Le grand public appréciera aussi les spectacles équestres des Grandes Écuries ou le Musée du cheval. Tout comme les chevaux, les touristes apprécient également les longues allées d'un massif forestier de plus de 6 000 ha. Autre atout, et non des moindres, le superbe château et son grand parc aux ambiances différentes. Le site accueille près d'un demi-million de visiteurs dans l'année. Cité

Une application « Chantilly-Senlis Autrement »

Suivez le guide... sur votre téléphone ! On connaît peu l'histoire des Grandes eaux de Chantilly. Pour mieux comprendre le temps de la splendeur des jardins de Le Nôtre, un parcours jalonné de onze étapes vous fait entrer en immersion. On vous oriente, et une fois aux points d'arrêt, profitez des commentaires audio et des images d'archive. Pour apprécier davantage l'expérience, achetez un casque à se partager (à 9 €) à l'office de tourisme, vous vivrez ainsi les fastes des bassins, fontaines et jets d'eau. L'application téléchargeable gratuitement est sur le même principe : permettre de voyager dans l'atmosphère médiévale de Senlis.

princière et capitale du cheval, elle doit également une partie de sa notoriété à la crème qui porte son nom. Selon la légende, elle serait née à deux pas du château : un cuisinier débrouillard, dans la crainte de manquer de crème fraîche, aurait eu l'idée de fouetter la délicieuse denrée pour en augmenter le volume.

■ OFFICE DE TOURISME DE CHANTILLY ET DE L'AIRE CANTILIENNE
73, rue du Connétable ✆ 03 44 67 37 37
www.chantilly-tourisme.com
accueil@chantilly-tourisme.com
Ouvert le lundi et du mercredi au samedi de 9h30 à 12h30 et de 13h30 à 17h30 ; le mardi de 9h30 à 12h30. Haute saison : le dimanche de 10h30 à 13h et de 14h30 à 17h. Haute saison de mai à septembre.
Vous trouverez dorénavant des informations sur Chantilly et ses environs, mais aussi sur le secteur de Senlis avec la mutualisation des brochures. Bien situé à proximité des Grandes Écuries, l'office de tourisme vous accueille chaleureusement avec le sourire et de bons conseils. Son site Internet est aussi bien fourni en vidéos et photos. Vous y trouverez des bons plans classés selon plusieurs thématiques : culture, cheval, loisirs, nature, gastronomie... L'office de tourisme propose des visites guidées les samedis et dimanches de mars à novembre (6 € par personne et gratuit pour les moins de 18 ans).

Points d'intérêt

■ CHÂTEAU DE CHANTILLY ★★★
✆ 03 44 27 31 80
Voir page 16.

■ DOMAINE DE CHANTILLY
7, rue du Connétable ✆ 03 44 27 31 80
www.domainedechantilly.com
Fermé en janvier. De fin octobre à fin mars, ouvert du mercredi au lundi de 10h30 à 17h (18h pour le parc). De fin mars à fin octobre, ouvert tous les jours de 10h à 18h (20h pour le parc). Gratuit jusqu'à 7 ans. Adulte : 17 € (billet pour le château, le parc et les écuries). Enfant (de 7 à 17 ans) : 13,50 € (et pour étudiant, demandeur d'emploi). Le parc seul : 8 € plein tarif, 6 € tarif réduit. Spectacle équestre 21 € adulte et 17 € enfant (de 3 à 17 ans). Visite guidée (5 € par personne). Restauration. Les animaux ne sont pas admis.
Le Domaine de Chantilly était la résidence du prince de Condé, puis du duc d'Aumale (1822-1897), le cinquième fils du roi Louis-Philippe. L'intérieur du château est composé des grands appartements des princes de Condé, des galeries de peinture présentant des œuvres illustres réalisées par Poussin, Ingres, Raphaël..., du cabinet des livres et des appartements privés du duc d'Aumale. La dynastie commande à Le Nôtre des jardins à la française et fait bâtir les Grandes Ecuries (véritable palais pour les chevaux princiers), faisant du domaine un lieu de fêtes culturelles et gastronomiques réputé dans tout le pays !

■ GRANDES ÉCURIES – MUSÉE DU CHEVAL ★★★
✆ 03 44 27 31 80
www.domainedechantilly.com
Fermé en janvier. Basse saison : ouvert du mercredi au lundi et les jours fériés de 10h30 à 17h. Haute saison : tous les jours et les jours fériés de 10h à 18h. Basse saison de fin octobre à fin mars. Gratuit jusqu'à 7 ans. Adulte : 17 € (avec visite du parc, du château, du musée et démonstration de dressage des cavalières pdt 30 min). Enfant (de 7 à 17 ans) : 13,50 €. Pass domaine avec le spectacle équestre : de 24 à 30 €. Billet spectacle seul 21 € et 17 € tarif réduit. Gratuit pour les moins de 3 ans. Restauration. Boutique. Animations.
Considérées comme les plus belles du monde, les Grandes Ecuries sont un chef-d'œuvre architectural du XVIIIe siècle. Elles furent construites par l'architecte Jean Aubert, à la demande de Louis-Henri de Bourbon, septième prince de Condé. La légende raconte qu'il pensait se réincarner en cheval et voulait donc des écuries dignes de son rang. Ce sont les plus grandes d'Europe, elles accueillaient 240 chevaux et 500 chiens pour les chasses à courre quotidiennes. Le musée du Cheval aborde l'évolution des chevaux dans le monde, les différents équipements, le rôle du cheval par rapport au pouvoir, à la guerre et à la chasse... Vous pouvez admirer plus de 200 objets relatant l'importance du cheval depuis le début de la civilisation. Ne manquez pas les présentations équestres qui expliquent le dressage et surtout les très beaux spectacles qui se jouent dans un cadre magnifique. Jusqu'au 1er novembre 2020, un nouveau spectacle raconte l'histoire des Grandes Ecuries, de leur construction jusqu'à nos jours. Revivez 300 ans d'histoire à travers une folle épopée où se mêlent humour, dressage et figures équestres ! Un conseil : réservez votre place pour les représentations à l'avance sur le site Internet car ces spectacles sont très prisés.

MUSÉE CONDÉ ★★★

Château de Chantilly
✆ 03 44 27 31 80
www.domainedechantilly.com

Fermé en janvier. Basse saison : ouvert du mercredi au lundi et les jours fériés de 10h30 à 17h. Haute saison : tous les jours et les jours fériés de 10h à 18h. Basse saison de fin octobre à fin mars. En haute saison, fermeture du parc à 20h, en basse saison à 18h. Gratuit jusqu'à 7 ans. Adulte : 17 €. Enfant (de 7 à 17 ans) : 13,50 €. Pass domaine avec le spectacle équestre : de 24 à 30 €. Parc de 6 à 8 €. Label Tourisme & Handicap. Accueil enfants. Visite guidée. Restauration. Boutique. Animations.

En matière de peintures anciennes du XVe au XIXe siècle, le musée situé dans le château de Chantilly occupe une place de choix après le Louvre, puisqu'il peut se targuer de posséder quatre Watteau, trois Delacroix, cinq Ingres et cinq Nicolas Poussin dont le très célèbre *Massacre des Innocents* qui a été restauré récemment ! En tout, plus de 550 chefs-d'œuvre de la peinture française, italienne, flamande et anglaise sont entreposés dans l'impressionnante Galerie de peintures, la principale pièce du musée créée par le duc d'Aumale pour ses collections d'œuvres d'art, où une verrière zénithale diffuse une lumière naturelle sur de hauts murs sans fenêtre. Cette magnifique salle a fait l'objet elle aussi d'une belle restauration. Si seule l'exposition de la salle du Jeu de paume vous intéresse, vous pouvez accéder à cet espace donnant sur le parc à un tarif réduit.

PARC DU CHÂTEAU ★★★★

Voir page 18.

PAVILLON DE MANSE ★

34, rue des Cascades
✆ 03 44 62 01 33
www.pavillondemanse.com
accueil@pavillondemanse.com

Fermé en janvier. Basse saison : ouvert du mardi au dimanche de 14h à 17h30. Haute saison : du mardi au dimanche de 10h à 18h. Haute saison de mai à septembre inclus. Gratuit jusqu'à 2 ans. Adulte : 7 €. Enfant (de 3 à 15 ans) : 3 €. 10 € atelier enfant. Visite guidée (sur réservation).

C'est à peine croyable, mais ce petit pavillon a alimenté les « grandes eaux » du château, autrement dit les fontaines, cascades et jets d'eau qui ornaient fastueusement les jardins de Le Nôtre. Dans les grandes cascades de Chantilly, l'eau semblait venir de partout ; on disait qu'on avait créé ici un paradis aquatique sur Terre. Pour aller jusqu'à destination, l'eau issue du pavillon empruntait un canal de 2,2 km, soit deux fois la longueur de celui de Versailles ! Cette histoire passionnante est très bien retracée à travers un petit film à voir dès les premières salles. Un formidable travail associatif a permis de remettre en mouvement la Machine des Grandes Eaux. Unique sur notre continent, elle se compose d'une grande roue de 7,80 m de diamètre et de six pompes montant l'eau à une vingtaine de mètres de haut. Vous retrouverez aussi les machines du XIXe siècle. Au fil de votre visite, vous découvrirez des explications pédagogiques adaptées aux petits et grands. Le pavillon propose d'ailleurs des ateliers pour les enfants de 3 à 12 ans pendant les vacances scolaires : éveil aux sciences, light painting, chute de dominos, origamis, animations surprises…

MUSÉE DE LA DENTELLE DE CHANTILLY ★

Pavillon Egler (en face du centre culturel)
34, rue d'Aumale
✆ 03 44 60 92 36
www.chantilly-dentelle.com
accueil@chantilly-tourisme.com

Ouvert toute l'année. Du vendredi au dimanche de 14h à 18h. Gratuit jusqu'à 18 ans (et pour les Cantiliens). Adulte : 5 €. 3 € pour les étudiants, demandeurs d'emploi et personnes bénéficiaires de minima sociaux. Visite guidée (une fois par mois pendant 1h30 ; 8 € par personne).

On commence la visite de ce musée par une présentation de l'univers de la dentelle (grandes dates, cartographies et personnages clés), puis on poursuit avec la découverte des différentes techniques et les centres de production dentellière en France comme Alençon ou Le Puy-en-Velay. A Chantilly, c'est la dentelle au fuseau qui était pratiquée comme en témoignent les châles, robes, éventails, volants et capes de dentelle noire qu'aimaient porter la princesse de Condé et l'impératrice Eugénie. La dentelle de Chantilly était même aux XVIIIe et XIXe siècles la principale industrie de la ville et sa région, faisant vivre plusieurs milliers de dentellières et leurs familles. Mais la mécanisation entraînera la fin de cette industrie locale. Surveillez la programmation disponible à l'office de tourisme, le musée organise régulièrement des expositions temporaires. La dernière début 2020 regroupant une vingtaine de robes de haute couture était remarquable !

LA PLAGE DE LYS CHANTILLY

1, chemin de la Plage
Boran-sur-Oise
✆ 06 08 47 65 94
www.laplagedelyschantilly.com
contact@laplagedelyschantilly.com

Suivre le calendrier des événements sur le site internet. Ouvert le vendredi de 18h à 0h ; le week-end de 11h à 0h. Terrasse. Plats entre 12 et 20 €. Cocktails 10 €.

Ce lieu au bord de l'Oise a connu son âge d'or dans les années 1930 en accueillant des foules de touristes dans sa piscine à vagues avec toboggan, les plus fortunés comme Fernandel ou Tino Rossi arrivaient même en hydravion ! Elle connut progressivement une baisse de fréquentation jusqu'à sa fermeture définitive à la fin des années 1990. Aujourd'hui, « la Plage » redevient un lieu de culture au charme atypique. Et tout comme à la célèbre piscine de Roubaix, le pari est réussi ! Le décor des cabines et les berges de la rivière créent une ambiance singulière pour ce lieu de rencontre et de culture, qui propose des concerts, des projections ciné, une brasserie, un bar à vins et à bières, des balades sur des bateaux de collection… mais pas de baignade ne vous y trompez pas ! Le site vous propose désormais des événements publics ou une privatisation pour une fête un peu hors du temps. Il s'est d'ailleurs transformé en fête foraine pour accueillir en 2019 Boyard Land, un jeu dérivé de Fort Boyard !

LE POTAGER DES PRINCES

17, rue de la Faisanderie
✆ 03 44 57 39 66
www.potagerdesprinces.com
contact@potagerdesprinces.com

Jardin remarquable. Ouvert toute l'année. Basse saison : du lundi au vendredi de 10h à 12h et de 14h à 16h ; le week-end de 10h à 12h et de 14h à 16h30. Haute saison : tous les jours de 10h à 12h et de 14h à 18h. Gratuit jusqu'à 2 ans. Adulte : 9,50 €. Enfant (de 2 à 12 ans) : 8,50 €. Pass à l'année 30 € par adulte et 24 € par enfant. Accueil enfants. Animations. Spectacle de guignol (l'hiver) et animations avec des animaux (printemps et été) les après-midi. Chasse aux oeufs à Pâques.

Petit endroit isolé, on se sent ailleurs au potager des Princes. Au fil des ambiances, on voyage du Japon aux Tropiques en passant par la Toscane... La poésie nous transporte également, grâce aux mots et anecdotes inscrites ça et là sur les arbres. Le charme opère toujours, et on oublie assez vite que l'entrée n'est pas donnée pour accéder à ce jardin privé. Côté animations, les enfants sont ravis par les spectacles de Guignol, le petit parc animalier et le jeu de piste avec le chien de berger. Mais ce qu'ils préfèrent, ce sont les originales courses de poules et de lapins ! On vous propose de parier, et pour le coup pas de tuyaux dans les journaux spécialisés, on compte juste sur votre flair après un bref entraînement. Pour être plus sérieux, un peu d'histoire : ce potager, devenu un élégant jardin avec cascades et aménagements paysagers, est une initiative des incontournables princes de Condé et d'André Le Nôtre, et reprise par le passionné Yves Bienaimé. Un théâtre de 200 places a été créé : on y voit de superbes représentations durant l'été dans le cadre du festival La Scène au Jardin. Dorénavant, le site est ouvert même l'hiver et propose des thés dansants le week-end.

Le couvert

LE BOUDOIR

100, rue du Connétable
✆ 03 44 55 44 49
www.leboudoir-chantilly.fr
leboudoir.chantilly@gmail.com

Ouvert le lundi de 11h à 18h ; du mardi au samedi de 10h à 19h ; le dimanche de 11h à 19h. Menus de 16 € à 19 € (deux ou trois plats, avec le café). Menu enfant : 10 € (jusqu'à 12 ans). Vin au verre. Tarte salée, dessert et café 13 € ; salade du jour, dessert et café 15 €. Boutique.

Avis aux gourmands ! Vous ne résisterez pas longtemps à l'appel de la tarte abricot-pistache, du clafoutis aux griottes ou du moelleux aux pommes ! A l'entrée de ce salon de thé, un coin cosy avec des fauteuils confortables, un sofa et des tables basses. Au milieu de la boutique, un porte-revues pour feuilleter un magazine en laissant infuser son thé ou en appréciant un goûter gourmand bien au chaud. On peut aussi y déjeuner (service continu) avec différentes formules (soupe, tarte salée, plat chaud, ou salade du jour). Si vous avez un cadeau à faire, faites d'une pierre deux coups car cette boutique fourmille d'objets originaux en vaisselle et déco : sac à tarte maison, tablier et bien sûr des dizaines de tasses différentes... Vous pouvez aussi acheter des paniers gourmands avec des produits de la gamme Fauchon, un grand choix de thés, de cafés, de confitures, d'épices, de gourmandises et de chocolats.

LA CAPITAINERIE

Château de Chantilly
✆ 03 44 57 15 89
www.domainedechantilly.com
restaurant@domainedechantilly.com

Fermé en janvier. Ouvert du mercredi au lundi de 12h à 16h45. Le soir, uniquement pour les groupes de plus de 30 personnes. Menus de 32 € à 38 € (de 12 h à 15 h). Carte : 23 € environ. Menu enfant : 17 €. Vin au verre. Formule salon de thé (dessert et boisson chaude) 12 €. Terrasse.

Lors de votre visite au château, vous pouvez déjeuner dans les prestigieuses cuisines de Vatel, le célèbre intendant du Grand Condé et « contrôleur général de la bouche » ! En 1671, il y a organisé trois jours et trois nuits de festivités en l'honneur du roi Louis XIV. Déshonoré que la marée du matin ait été livrée en retard, il s'est donné la mort le deuxième jour... Vous oublierez vite cette tragique histoire dans La Capitainerie. On vous y accueille dans une grande salle où sont suspendus les crocs de bouchers, dans les anciennes douves avec le fourneau et la cheminée, et dans la rotonde où se trouvait l'ancien garde-manger du fameux Vatel. Dans ce restaurant au cadre prestigieux, on propose une bonne cuisine traditionnelle. En dessert, vous pouvez vous régaler avec une authentique crème fouettée de Chantilly... L'après-midi, le salon de thé vous accueille à partir de 15h. Une petite terrasse donne sur une des cours du château. Pour vous rendre dans cet établissement, vous devez entrer dans le château (le billet du parc suffit toutefois) et descendre l'escalier ou passer par la cour située à gauche de l'entrée principale du château.

LE GOUTILLON

61, rue du Connétable
✆ 03 44 58 01 00

Ouvert du lundi au vendredi de 12h à 14h et de 19h30 à 21h30 ; le week-end de 12h à 14h et de 19h30 à 22h. Réservation recommandée. Menus de 17 € à 25 € (deux ou trois plats). Vin au verre.

« Mamy » s'en est allée après 20 ans de service et c'est maintenant Max qui la remplace au service ! Comme l'indique un des nombreux écriteaux : « le prix attire le client, la qualité le retient » et cela se vérifie ici, puisque l'on se régale même avec des plats assez classiques, comme les rognons de veau aux champignons, ou le magret de canard au miel. La simplicité de bon goût est dans l'assiette mais aussi dans les échanges avec le personnel. Le décor est chargé de références hippiques (chevaux de manège suspendus au plafond), de publicités rétro et de slogans en tous genres. Seul bémol, l'établissement est exigu, il faut donc prendre la précaution de réserver et arriver dans un bon état d'esprit car c'est marqué sur la porte « Entrée interdite aux casse-pieds » !

LE JARDIN D'HIVER

4, rue du Connétable ✆ 03 44 65 50 40
www.aubergedujeudepaumechantilly.fr
restaurants@aubergedujeudepaume.fr

Ouvert tous les jours le midi et le soir. Menu unique à 49 €. Menu « Déjeuner au galop » en semaine : 2 plats avec le café 25 € et 3 plats avec le café 33 €.

A deux pas des Grandes Ecuries et de l'hippodrome, jouxtant le domaine du château, c'est peu de dire si la situation de l'établissement est privilégiée ! Le Jardin d'Hiver est à l'intérieur du prestigieux hôtel 5-étoiles de l'Auberge du Jeu de Paume. Le restaurant propose des plats en partie axés sur des produits régionaux et du terroir, avec des recettes traditionnelles offrant des saveurs authentiques, à découvrir ou redécouvrir. Le cadre est superbe, et à l'extérieur une vaste et agréable terrasse vous accueille pour savourer vos assiettes. Par exemple, vous pouvez opter pour le quasi de veau et son millefeuille de pommes de terre avec trompettes de la mort, suivi d'un galet poire-vanille. Un régal !

LE SYLVIA

14, avenue du Maréchal-Joffre
✆ 03 44 57 01 46

Ouvert du mardi au samedi à partir de 11h et jusqu'à 0h ; le dimanche jusqu'à 21h. Service continu. Menu enfant : 8,50 € (pour les moins de 10 ans). Plat du jour : 8,60 €. Vin au verre. Croque-monsieur et salade : 6,80 €. Panini : 5,90 €. Planche apéro 7,60 €. Gaufre : 3,60 €. Terrasse.

Le Sylvia est une institution à Chantilly depuis 1920 ! L'établissement a su conserver un style assez traditionnel, avec des références hippiques incontournables et une belle collection de siphons à crème chantilly. Vous pouvez y calmer une fringale à n'importe quelle heure ou presque (service de midi à minuit) ! Il est agréable de se poser sur un fauteuil moelleux pour savourer une bonne bière ou un bon chocolat viennois. On peut aussi profiter en toute saison de la grande terrasse chauffée, où l'on vous prête, si besoin, un plaid. Wifi gratuit.

LA TABLE DU CONNETABLE

4, rue du Connétable ✆ 03 44 65 50 05
www.aubergedujeudepaumechantilly.fr

Ouvert du mardi au samedi le soir ; le vendredi et le samedi le midi. Tenue correcte exigée. Réservation recommandée. Menus de 95 € à 175 €. Formule du midi : 65 € (3 plats avec un verre de vin). Vin au verre.

Un restaurant gastronomique qui est à la hauteur de l'hôtel 5 étoiles qui l'accueille ! Le chef Julien Lucas vous invite à découvrir sa cuisine française, mariant tradition et innovation. Ses recettes emblématiques (le ris de veau de lait ou le sandre en darne avec des champignons locaux) s'accordent parfaitement aux vins fins sélectionnés par un sommelier qui saura vous conseiller par sa prose enlevée ! L'atmosphère est à l'élégance sobre : des fenêtres donnent sur les cuisines, le parquet est recouvert de superbes tapis, les fauteuils sont de style Louis XVI, les coloris jouent sur un camaïeu de beige et de lie-de-vin, et les larges fenêtres donnent directement sur les jardins et les parterres du château de Chantilly, magistralement créés par Le Nôtre. Avec autant d'atouts, impossible de ne pas être sous le charme de ce restaurant réputé comme étant l'un des tout meilleurs du département.

VATEL

8, place Omer Vallon
✆ 03 44 58 23 30
www.vatelchantilly.fr

Maître Restaurateur. Ouvert du jeudi au lundi de 10h à 14h et de 19h à 21h30. Menu unique à 30 €. Menu enfant : 10 €. Planche apéro 14 €, gaufre 6 €, plats 17 €, desserts 10 €.

Le Vatel, du nom de l'illustre cuisinier des grandes heures du château de Chantilly, est un restaurant semi-gastronomique au cœur de la ville (mais donc assez éloigné du château et des Grandes écuries). Le bar-restaurant profite pleinement de la seule grande terrasse ensoleillée de Chantilly. Le décor intérieur est cosy avec quelques belles touches de couleur, du bois et des luminaires design vers le bar. Les plats élaborés par Cédric Delvart sont très appétissants et ne déçoivent pas une fois en bouche. Nous avons un penchant pour la joue braisée sur duxelles de champignons et échalote à la marjolaine. En dessert, la gaufre avec de la vraie chantilly est réussie, mais ne loupez pas la sphère ! C'est une boule de chocolat qui fond quand on y déverse un chocolat chaud, pour voir apparaître des morceaux de banane et de fruits de la passion.

LE VERTUGADIN

44, rue du Connétable ✆ 03 44 57 03 19
www.vertugadin.com

Ouvert le mardi soir ; du mercredi au samedi le midi et le soir ; le dimanche midi. Menu unique à 32 €. Menu enfant : 15 € (jusqu'à 12 ans). Formule du midi : 15 € (à 20 € selon si deux ou trois plats). American Express, Chèque Restaurant. Jardin. Terrasse.

En reprenant l'établissement en 2018, Michaël et Emilie Ejzenbaum ont ajouté une touche plus moderne à ce décor suranné. Il y a même quelques notes d'humour sur les ardoises extérieures. Ce restaurant est situé près des Grandes écuries et du château. On y mange par exemple une tarte fine aux pommes et au boudin artisanal ou un suprême de pintade aux écrevisses. Comme c'est la célèbre spécialité locale, vous avez une bonne excuse pour commander un feuilleté de fraises avec la fameuse crème Chantilly (maison bien sûr) !

Le gîte

AUBERGE DU JEU DE PAUME*****

4, rue du Connétable
✆ 03 44 65 50 00
www.aubergedujeudepaumechantilly.fr
reservations@aubergedujeudepaume.fr

Accueil 24h/24. 92 chambres. Chambre double de 650 € à 1 050 € ; suite de 1 200 € à 10 500 €. Petit déjeuner : 35 €. Lit supplémentaire : 50 €. Parking : 12 €. American Express. Animaux acceptés (50 €). Séminaires. Réceptions et mariages. Wifi gratuit. Restauration. Tv satellite, Canal +. Bain bouillonnant, sauna.

Cet hôtel 5-étoiles bénéficie d'un emplacement exceptionnel, face aux Grandes Écuries, au cœur du domaine de Chantilly ! Les 68 chambres et 24 suites sont toutes décorées à la française, dans un style XVIIIe siècle. De nombreux clins d'œil et références à la cité princière sont dispersés dans l'hôtel. Deux restaurants vous sont proposés : un restaurant gastronomique étoilé (La Table du Connétable) et une brasserie haut de gamme (Le Jardin d'Hiver). Le bar du Jardin d'Hiver vaut également le détour pour une pâtisserie ou un grog pétillant de saveurs, à déguster au milieu d'un mobilier élégant aux motifs de chevaux de courses. Pour votre bien-être, un spa, un centre de remise en forme (piscine intérieure avec sauna et bain bouillonnant), une salle de fitness et des cabines de soin sont à disposition. Et pour le travail, sept salles de conférence vous accueillent.

■ LE CHANTILLY***
9, Place Omer Vallon
✆ 03 44 21 42 84
www.hotel-lechantilly.com
reservation@hotel-lechantilly.com

Accueil jusqu'à 20h (prévenir si vous arrivez plus tard). 20 chambres. Chambre simple de 116 € à 186 € ; chambre double de 147 € à 239 € ; suite de 170 € à 286 €. Petit déjeuner buffet : 14 €. Parking : 9 €. Tv satellite, Canal +.
C'est un ancien relais de poste construit en 1722 dont on apprécie le charme avec des poutres apparentes, du parquet, une cheminée et de la belle pierre. Ce bel hôtel donne sur une place lumineuse et dégagée, avec tous les commerces et restaurants à proximité. Il vous faudra seulement un quart d'heure à pied pour aller à la gare ou au château. Des travaux d'extension sont prévus en 2020 avec sept nouvelles chambres qui vont se rajouter aux vingt déjà existantes.

■ L'AVENUE**
3, avenue du Maréchal-Joffre
✆ 03 44 57 02 55
www.hotel-avenue-chantilly.com
contact@hotel-avenue-chantilly.com
Ouvert toute l'année. Accueil 24h/24 (avec digicode). 10 chambres. Chambre simple à partir de 60 € ; chambre double à partir de 78 € ; chambre triple à partir de 90 € ; studio / appartement à partir de 105 €. Petit déjeuner : 6,90 €. Parking fermé. Wifi gratuit. Restauration (brasserie avec service non-stop de 11h à 23h ; plat du jour 10,50 € ; menu 3 plats 19 €).
Au cœur de Chantilly, cet hôtel vous permet de venir à pied depuis la gare (à moins de dix minutes) et de vous rendre en marchant à l'hippodrome ou au château (à un quart d'heure). Il dispose de dix chambres, pour une à quatre personnes selon le budget. Il offre tout le confort moderne avec une literie de qualité, la télé écran plat et un accès wifi. Le style est épuré, en alliant design et tendance, dans les tons taupe et chocolat. Le parking privé est bien appréciable, mais attention les places sont limitées. La brasserie est d'un bon rapport qualité-prix avec un service continu jusqu'à 23h, un atout qui lui permet de se démarquer.

Chambres d'hôtes

■ LA FERME DE LA CANARDIÈRE
20, rue du Viaduc
✆ 03 44 62 00 96
https://fermecanardiere.fr
contact@fermecanardiere.com
Allez tout au bout de la rue Guilleminot, passez sous le viaduc, la propriété sera à 300 mètres sur votre droite.

Clévacances (4 clés). 3 chambres. Chambre simple de 110 € à 130 € ; chambre double de 145 € à 165 €. Petit déjeuner inclus. Parking inclus. Wifi gratuit.
Sabine et Thierry Choain vous accueillent dans une ambiance très conviviale dans leur grand corps de ferme parfaitement rénové et plein de charme. Le comité régional du tourisme s'est d'ailleurs appuyé sur cette chambre d'hôtes pour vanter la qualité des hébergements en Picardie ! Dans les chambres au décor très chic : peignoirs de bain, mules en éponge et plateau (bouilloire, thé, café) sont à disposition pour que vous vous y sentiez comme chez vous. Le petit déjeuner sucré-salé concocté avec soin par la maîtresse de maison est fameux. A la belle saison, vous apprécierez sans aucun doute la terrasse exposée plein sud, le grand jardin... et la piscine extérieure, chauffée de mai à septembre !

Les grandes écuries à côté du célèbre hippodrome de Chantilly.

Loisirs

ESPACE ÉQUESTRE HENSON CHANTILLY-APREMONT

34, rue des Cascades
Pavillon de Manse
✆ 06 48 10 51 45
www.henson.fr
chantilly@henson.fr

Ouvert toute l'année. Tous les jours de 10h à 18h. Promenade découverte (3h de prise en charge dont 1h30 à cheval) : à partir de 56 €. Journée princière 149 €. Enfants à partir d'1,30 m. Bottes et casques fournis.

Vous rêvez de jouer au prince ou à la princesse chevauchant votre monture sur la route du château ? Eh bien c'est possible avec l'Espace équestre Henson-Chantilly ! Ces robustes chevaux Henson sont bien adaptés aux débutants ou aux plus jeunes, avec différents parcours proposés. Par exemple : pour la journée princière, vous découvrirez le matin les plus beaux terrains de polo d'Europe à Apremont, puis, après un déjeuner au club-house, vous vous régalerez à Chantilly le long de l'hippodrome, des fameuses Grandes Ecuries et de l'élégant parc du château.

Sorties

HIPPODROME DE CHANTILLY

16, avenue du Général-Leclerc
✆ 03 44 62 44 00
www.france-galop.com

♿

Entrée à 5 € (en semaine), 8 € (week-end) et 22 € (Prix de Diane Longines). Parking payant le week-end 3 €. Boutique. Restaurant panoramique dans les tribunes.

Construit sur un site exceptionnel en 1834, devant le château et les grandes écuries, l'hippodrome de Chantilly est spécialisé dans les courses de galop. Il possède une grande piste de 2 400 m, une ligne droite de 1 200 m, une moyenne piste de 2 150 m, ainsi qu'une piste ronde de 1 400 m à 2 400 m. Dans cet hippodrome rénové grâce au prince Aga Khan, le public a une parfaite visibilité sur le rond de présentation des chevaux, et la capacité d'accueil est de 30 000 places dont 2 300 assises en tribune. Suite aux travaux de rénovation et à la création de la piste en sable fibré, le nombre de réunions est passé de 6 à 40 ! Chaque année, les meilleurs poulains de 3 ans s'affrontent dans le Jockey Club et les meilleures pouliches dans le Prix de Diane, dans une ambiance festive et élégante.

Emplettes

CHOCOLAT & COMPAGNIE

91, rue du Connétable
✆ 03 44 58 09 11
www.chocolat-et-compagnie.com
chocolat.et.cie@wanadoo.fr

Ouvert du mardi au vendredi de 10h à 13h et de 15h à 19h ; le samedi de 9h30 à 19h ; le dimanche de 10h à 13h. Horaires élargis pendant les fêtes.

Les vitrines de cette boutique sont d'abord un régal pour les yeux... puis pour les papilles ! Car l'établissement sait faire preuve d'originalité et de créativité : des fers à cheval (ou autres objets sur cette thématique chère à la cité), une tour Eiffel, des chaussures Richelieu ou des escarpins... La gamme des chocolats n'est pas extrêmement variée, mais elle est bien pensée et de haute qualité : chocolats fins, tablettes, tuiles, carrés. Vous composez votre boîte en direct et on vous l'emballe élégamment. Ne manquez pas non plus de goûter aux bûches glacées, aux sorbets ou aux thés de grande réputation.

MAISON DE LA PORCELAINE

1, rue de Creil
✆ 03 44 57 54 19

Ouvert du mardi au samedi de 9h45 à 12h15 et de 14h30 à 19h.

La porcelaine de Chantilly est l'une des plus connues et des plus anciennes du pays (elle est née en 1725 sous les auspices du Prince de Condé). Depuis, beaucoup de musées, en France comme à l'étranger, ont dans leur collection l'une de ces merveilleuses pâtes tendres de Chantilly. Vous découvrirez ici des reproductions des décors historiques de la Manufacture et de belles déclinaisons contemporaines. Si vous n'êtes pas spécialement amateur, les gammes de produits sont élargies aux verres et aux couverts notamment. N'hésitez pas à profiter des tarifs attractifs avec de belles promotions.

Dans les environs

Coye-la-Forêt

CHÂTEAU DE LA REINE BLANCHE

Route Forestière des Étangs de Commelles
✆ 01 85 15 66 12
www.chateaudelareineblanche.fr

Visible de l'extérieur. Location de salles pour événements.

Il participe grandement au charme de votre promenade autour des étangs de Commelles. Ce petit château a été construit par le duc de Bourbon, dernier des Condé, en 1825 sur les ruines d'un vieux moulin. Il correspond bien à la sensibilité romantique du XIXe siècle avec ses quatre tourelles crénelées. Son nom serait lié à Blanche de Castille, même si sa venue n'est pas clairement prouvée. Si vous ne pouvez pas visiter l'intérieur de cet ancien pavillon de chasse, son romantisme est à prendre en photo lors d'une belle balade autour de l'étang. Vous pouvez aussi privatiser le site, avec au choix : une salle située dans le château pour une trentaine de personnes avec une cheminée et une grande fenêtre gothique avec vue sur une petite cascade éclairée, ou la salle dite « des étangs », qui peut accueillir jusqu'à 120 personnes dans le domaine à côté de la rivière.

ÉTANGS DE COMMELLES

A environ 1 km du village. Accès possible en voiture.

Ouvert toute l'année. Gratuit. Restauration. Boutique.

C'est l'un des lieux de balade les plus appréciés de la forêt de Chantilly. Un agréable sentier ombragé d'environ 5 km vous permet de faire le tour des quatre étangs. Pour les plus sportifs, un circuit de 12 km existe également, avec départ de la gare RER d'Orry-Coye ou de la Maison du Parc d'Orry-la-Ville. Dans cet espace naturel protégé, les pêcheurs se régalent car ces étangs sont d'anciens viviers à poissons qui furent créés par les moines de l'abbaye de Chaalis au XIIIe siècle. Le charmant petit castel, appelé aussi château de la reine Blanche, date de 1825. Vous pouvez le privatiser aujourd'hui pour des mariages ou autres événements festifs. A l'entrée du site, une sympathique crêperie vous tend les bras.

CRÊPERIE L'ÉTANG D'ART

Route des Etangs
✆ 03 44 57 21 39
www.l-etangdart.fr

Basse saison : ouvert du vendredi au dimanche de 12h à 21h. Haute saison : tous les jours de 12h à 21h. Réservation recommandée. Crêpes salées de 3,90 à 8,50 €. Crêpes sucrées de 3,90 à 6,90 €. Terrasse. Salon de thé. Wifi gratuit.

Face au château de la Reine Blanche, au bord des étangs de Commelles, la crêperie représente une halte quasi incontournable pour les promeneurs. C'est pourquoi les places sont chères pour profiter de ce cadre idyllique. Vous pourrez y manger des crêpes salées et sucrées, mais aussi des glaces et sorbets dans une ambiance très conviviale. Pour vous désaltérer, des boissons sans alcool mais aussi des bières bretonnes et picardes, des cidres et des chocolats chauds et du vin chaud aux premiers frimas de l'hiver le week-end.

Gouvieux

CHÂTEAU DE LA TOUR***

Chemin du Château de la Tour
✆ 03 44 62 38 38
www.lechateaudelatour.fr
contact@lechateaudelatour.fr

47 chambres. Chambre double à partir de 129 €. Petit déjeuner inclus. La nuit en chambre double classique, deux petits-déjeuners buffet, et un dîner « Menu Gourmand » hors boisson 265 €. Wifi gratuit. Restauration (plat du jour le midi à 27 €, menus à partir de 54 €).

« Qui y rentre s'y plaît ». Cette annonce sur le panneau d'entrée n'est pas présomptueuse. Au cœur d'un parc de 5 ha, se trouve nichée dans le calme cette élégante demeure de style anglo-normand. Elle a été édifiée au début du XXe siècle par des banquiers parisiens souhaitant profiter du charme de cet îlot de verdure proche de la capitale (à 35 km). Réquisitionnée durant la Seconde Guerre mondiale, la propriété est ensuite transformée en hôtel-restaurant en 1946. Le Château de la Tour devient alors l'un des lieux de rencontre privilégié du « tout-Paris », avec des célébrités comme Edith Piaf, Tino Rossi ou Jean Gabin. La capacité d'accueil est actuellement de 47 chambres, avec des salons de réception, des salles de séminaires, un bar anglais, un restaurant avec une terrasse surplombant le parc, une piscine chauffée d'avril à octobre, un terrain de tennis, des billards, un parcours de santé, et deux salons de massage. Avec un tel charme et de telles prestations, difficile de contredire le slogan présent à l'entrée ! Le restaurant n'est pas en reste, avec une excellente réputation du chef Cédric Boissart. Embauché pour une semaine en 1995 comme extra, il a été immédiatement séduit par l'âme du château et vient de fêter ses 25 ans de maison !

CHÂTEAU DE MONTVILLARGENNE****

6, avenue François-Mathet
✆ 03 44 62 37 37
www.chateaudemontvillargenne.com

120 chambres. Chambre double de 140 € à 420 €. Petit déjeuner : 20 € (+ 12 € si servi en chambre). Tarifs dégressifs. Wifi gratuit. Restauration. Hammam, bain bouillonnant, sauna.

Ce magnifique édifice est planté au milieu de la forêt de Chantilly. Anciennement propriété de la famille Rothschild, c'est aujourd'hui le plus grand château 4-étoiles de France, doublé d'un restaurant gastronomique de tout premier plan. Parmi les équipements de l'hôtel : massage, piscines et salle de fitness... Sans oublier les très belles chambres et les possibilités de balades à travers le domaine de 6 hectares. Un cadre romantique somptueux pour un week-end en amoureux ! Vous pouvez également privatiser des salles pour des séminaires ou des mariages.

CENTRE AQUATIQUE AQUALIS

1, allée de la Piscine
✆ 03 44 58 49 00
www.piscine-aqualis.fr
contact@piscine-aqualis.fr

Ouvert le lundi de 7h à 9h et de 16h30 à 20h ; le mardi et le vendredi de 7h à 9h et de 12h à 21h ; le mercredi de 12h à 14h ; le jeudi de 7h à 9h et de 16h30 à 20h ; le samedi de 14h à 18h ; le dimanche de 10h à 13h et de 14h à 18h. Horaires des bassins extérieurs de 7h à 20h en semaine et jusqu'à18h le week-end. Entrée : 8 €. Enfant : 6,40 €. Gratuit pour les moins de 3 ans. Espace bien-être : 16 €. Boutique.

L'année 2020 commence avec la réouverture de ce centre aquatique qui a refait tout son espace extérieur et ajoute une nouvelle salle de fitness, méritant encore plus sa belle réputation ! Son espace bien-être comprend deux saunas, un hammam, un puits d'eau glacée et des transats. A l'extérieur, le bassin ludique et le bassin sportif flambant neuf donnent sur la forêt. A l'intérieur, le bassin sportif n'est jamais saturé et les espaces pour les enfants sont appréciables.

Lamorlaye

DELAVEAUX CHOCOLATIER-CONFISEUR

11, allée des Arcades
✆ 03 44 57 04 57
www.delaveaux-chocolatier.fr
contact@delaveaux-chocolatier.fr

Ouvert du mardi au vendredi de 10h à 13h et de 15h à 19h ; le samedi de 9h à 13h et de 15h à 19h ; le dimanche de 9h à 13h. Salon de thé.

C'est l'amour du chocolat qui a réuni Ivan et Morgane Delaveaux, alors apprentis dans de grandes maisons parisiennes. Depuis ils ont fait du chemin et enchaînent les récompenses dans les concours les plus prestigieux : Tablette d'or en 2016, Award au salon du chocolat en 2017, Médaille d'or aux International Chocolat Awards pour leur ganache mojito et Award des meilleurs chocolatiers en 2019 ! Excusez du peu ! Vous pourrez retrouver leurs créations dans leur chocolaterie située au cœur du centre-ville piétonnier de Lamorlaye. Tous les produits sont fabriqués sur place, avec des matières premières sélectionnées avec soin. Des fèves de cacao de grandes origines, du beurre frais médaillé d'or, des gousses de vanille de Madagascar, de la menthe fraîche, des épices, des fruits frais et des miels... Leurs créations valent le détour, vous pouvez les déguster dans leur boutique qui fait aussi salon de thé, accompagné de tuiles, financiers ou petites madeleines.

Plailly

■ CITÉ SUSPENDUE***

Parc Astérix ✆ 03 44 62 68 00
www.parcasterix.fr

Ouvert d'avril jusqu'aux vacances de la Toussaint, puis pendant les vacances de Noël. 150 chambres. Chambre double de 134 € à 200 €. Petit déjeuner : 16 € (9 € pour les enfants). Parking ouvert inclus. Réduction sur le site internet. Wifi gratuit. Restauration.

L'Hôtel des 3 hiboux affichant systématiquement complet des mois à l'avance, il était urgent de diversifier l'offre hôtelière du Parc Astérix qui a fêté ses 30 ans cette année. C'est donc chose faite avec la Cité suspendue, qui est constituée de trois villages : le village des potiers, le village des artistes et le village des druides. Vous serez ici au cœur de la forêt, dans de jolis chalets en bois proposant des chambres familiales de 25 m² pouvant accueillir jusqu'à 5 personnes, avec un accès direct au Parc pour être les premiers à tester les attractions ! En 2020, le Parc Astérix va accueillir un troisième hôtel 4 étoiles : Les Quais de Lutèce.

■ PARC ASTÉRIX

✆ 03 44 62 68 00
www.parcasterix.fr
A 35 km au nord de Paris. Autoroute A1, sortie directe (entre les sorties n° 7 et n° 8)

Ouverture du 4 avril 2020 au 1er novembre 2020 puis pendant les fêtes de Noël. Basse saison : ouvert le week-end de 10h à 18h. Haute saison : tous les jours de 10h à 19h. Jusqu'à 22h de mi-juillet à mi-août. Nocturnes jusque 1h les 28, 29, 30 et 31 octobre (tarification spécifique). Gratuit jusqu'à 3 ans. Adulte : 51 €. Enfant (de 3 à 11 ans) : 43 €. Différentes offres promotionnelles sur le site internet pour les 30 ans du Parc. Restauration. Boutique. Parking : 15 €.

Le Parc a bien passé le cap de la trentaine et attire chaque année quelque 2,3 millions de visiteurs ! Dès l'entrée, l'esprit gaulois opère. Tout est pensé pour que vous viviez une aventure joyeuse et dépaysante en famille. 47 attractions – certaines à sensations fortes (dont le Tonnerre de Zeus, une des plus grandes montagnes russes d'Europe, Oziris ou encore Discobélix) ou plus arrosées (Menhir Express ou Grand Splatch) – et spectacles où l'humour est toujours au rendez-vous. Vous traverserez l'histoire de la Gaule jusqu'au XXe siècle, soit six univers bien distincts qui vous plongent en plein cœur de la bande dessinée. L'année dernière, le nouveau film *Attention Menhir !*, un film en 4 dimensions avec des effets spéciaux spectaculaires, avait séduit le public. Plan futé : l'application vous permet de connaître en temps réel le délai d'attente pour chaque attraction et de réserver votre repas en ligne. Nouveauté 2020 : en plus des deux hôtels déjà existants, le parc ouvre son premier hôtel 4 étoiles !

Vineuil-Saint-Firmin

■ HÔTEL MERCURE CHANTILLY RESORT & CONVENTIONS – RESTAURANT LA VERANDA****

4, route d'Apremont ✆ 03 44 58 47 77
www.mercure-chantilly.com

Ouvert toute l'année. Accueil 24h/24. 200 chambres (dont 25 suites). Chambre simple à partir de 90 € ; chambre double à partir de 110 € ; suite 295 €. Petit déjeuner : 24,50 €. A partir de 13 ans, les enfants sont considérés comme adultes. Animaux acceptés (supplément de 25 €). Wifi gratuit. Restauration. Hammam, sauna.

Un établissement référence qui se hisse plus que jamais parmi les plus beaux hôtels des Hauts-de-France ! Dans un cadre naturel superbe, à quelques minutes du château de Chantilly, c'est en effet une adresse de grand standing, fréquentée par les cadres des grandes entreprises ou les couples et les familles qui souhaitent se détendre dans un endroit enchanteur. Bordé par un golf de 18-trous, cet hôtel monumental fait la part belle aux artistes peintres pour sa décoration. Il dispose d'un hammam, sauna et piscines (intérieure et extérieure), de courts de tennis, d'une salle de fitness et d'un parcours de jogging, avec possibilité de massage. Le Mercure abrite différents restaurants dont La Véranda (qui porte bien son nom !) où le chef et sa brigade proposent une cuisine internationale.

■ GOLF DE CHANTILLY

Allée de la Ménagerie ✆ 03 44 57 04 43
www.golfdechantilly.com
contact@golfdechantilly.com

Ouvert toute l'année. Le site est ouvert aux visiteurs en semaine, sur réservation auprès du secrétariat et avec une tenue correcte. Du vendredi au mercredi. Parcours à partir de 95 € par personne. Restauration. Boutique. Piscine. 15 courts de tennis.

Le golf de Chantilly (situé à Vineuil-Saint-Firmin) fait partie des 100 plus beaux golfs de la planète avec un parcours dessiné par le réputé architecte anglais Tom Simpson. Les links de ce parcours occupent dans le grand parc de Chantilly une superficie de 50 hectares, et forment un parcours de 18 trous, d'une longueur totale de 6 000 mètres. Un second parcours a été complété en 1990 par 9 trous supplémentaires, puis en 2015 par le parcours des petites longères. Attention, l'endroit est très chic et il y a des règles à respecter sur les tenues vestimentaires : avoir des cols et des manches, pas de vêtements trop courts ni flottants... En 2019, le site a été salué pour son engagement pour la préservation de la biodiversité, avec 429 espèces recensées parmi lesquelles les chauves-souris et les tritons.

HÔTEL MERCURE CHANTILLY RESORT & CONVENTIONS – RESTAURANT LA VERANDA
4, route d'Apremont ✆ 03 44 58 47 77
www.mercure-chantilly.com
Ouvert tous les jours le midi et le soir. Le bar est ouvert tous les jours de 7h à 22h. Réservation recommandée. American Express. Accueil des groupes. Terrasse. Hôtel 4 étoiles.
Vous aurez le choix entre deux espaces : la véranda, une verrière inondée de lumière, et une terrasse lounge de 670 m^2 avec vue panoramique sur le golf et la forêt de Chantilly ! Dépaysement garanti ! Le chef, Jimmy Elisabeth, et sa brigade sont inspirés par les origines antillaises du chef mais aussi par une culture internationale. On ne saurait donc dire qui se régalent le plus entre les papilles et les yeux. Avis aux gourmands : le week-end, ne manquez pas la formule buffet avec buffets d'entrées et de desserts et plats cuits au barbecue, à la rôtisserie ou en cocotte.

CREIL

Points d'intérêt

CLOUTERIE RIVIERRE
6, rue des Usines ✆ 07 69 85 69 60
www.clous-rivierre.com
tourisme@clous-rivierre.fr
Ouvert toute l'année. Chaussures fermées obligatoires. Prévoir des vêtements chauds en hiver car les locaux ne sont pas chauffés. Adulte : 9 €. Enfant (jusqu'à 12 ans) : 6 €. Groupe (25 personnes) : 6 €. Visites-ateliers pour les enfants durant les vacances scolaires 11,5 €. Visite guidée pour les groupes sur réservation à partir de 165 €. Visite guidée (pour les individuels, départ tous les mercredis à 14h et le samedi environ une fois par trimestre).
Parmi les 2 800 références de clous, le petit jeu durant la visite peut consister à deviner leur utilisation, en fonction de leur taille ou de leur forme... Une bonne façon aussi d'appréhender comment ce simple objet peut devenir un outil technique. Cette clouterie, dernière usine française de fer forgé, est désormais spécialisée dans le haut de gamme. Les produits de l'usine sont utilisés pour les sacs à main de grandes marques, les chaussures de luxe ou les babouches, les couteaux prestigieux, mais aussi dans les travaux de restauration des monuments historiques (le château de Chantilly, le fort Vauban de Besançon...). Durant la visite guidée d'une heure et demie, dans une usine créée il y a plus de 130 ans, on s'imprègne également de l'histoire du bassin creillois, en plein essor durant la révolution industrielle ! Il y a une dizaine d'années, le site a reçu le label Entreprise du Patrimoine Vivant. Une reconnaissance pour une usine où des clous sont toujours fabriqués sur des machines datant de 1890 à 1925 ! De quoi vous clouer le bec !

MAISON DE LA FAÏENCE
Place François-Mitterrand
✆ 03 44 29 51 50
www.creil.fr
musee@mairie-creil.fr
Ouvert du mercredi au dimanche de 14h à 17h. Gratuit.
Cette visite témoigne de l'histoire de la ville, avec 1 000 faïences fines de Creil (porcelaines opaques, grès noirs, faïences fines, décors imprimés et peints...) dont seulement un tiers est exposé. La réputation de la faïencerie de Creil est telle qu'elle a été citée dans *L'Education sentimentale* de Gustave Flaubert. On retrouve aussi dans ce musée des espaces retraçant l'histoire de la ville avec la présentation du trésor gallo-romain de l'écluse de Creil et des photographies valorisant le patrimoine ouvrier et industriel de la ville.

MUSÉE GALLÉ-JUILLET ★
Place François-Mitterrand
✆ 03 44 29 51 50
www.creil.fr
musee@mairie-creil.fr
Ouvert du mercredi au dimanche. Ouverture à 16 h pour les visites obligatoires. Visites guidées gratuites le 1er dimanche du mois à 14h, 15 h et 16h. Gratuit jusqu'à 18 ans. Adulte : 6,50 €. Tarif réduit 3,50 €. Gratuit pour les demandeurs d'emploi. Escape Game 40 € pour 3 à 5 joueurs. Visite guidée (départ à 16h pour une durée de 45 min). Audioguide.
A l'emplacement de l'ancien château fort se trouve le musée Gallé-Juillet, labellisé Musée de France. A travers les 19 salles, on est transporté dans le quotidien d'une famille bourgeoise du XIXe siècle. La visite guidée (obligatoire) permet de plonger un peu mieux dans cette ambiance. La collection est constituée de meubles et d'objets d'art. L'équipe est créative et propose de belles animations comme des escape games, des séances photo, des ateliers pour les enfants... Renseignez-vous donc sur les animations proposées.

Le couvert

LE FLORA
Allée Nelson ✆ 06 24 68 22 11
www.restaurantleflora.com
leflora.restauration@free.fr
Ouvert du lundi au vendredi le midi. Ouvert aussi les soirs de spectacle au Théâtre de la Faïencerie. Menus de 12,95 € à 15,95 €. Menu enfant : 8,50 € (jusqu'à 12 ans). Vin au verre.
Difficile de trouver mieux si vous voulez vous restaurer avant ou après votre spectacle à la Faïencerie. Le Flora fait partie des locaux et vous propose des plats simples mais de qualité (bavette de bœuf à l'échalote, escalope de volaille à la normande, pavé de saumon aux tagliatelles...) dans un cadre agréable. Egalement des formules à l'ardoise pour le déjeuner qui changent des établissements de restauration rapide que l'on trouve à Creil.

Loisirs

LA PISCINE

1, rue de la République
Ile saint-Maurice✆ 03 44 67 25 32
www.creil.fr
lapiscine@mairie-creil.fr

Ouvert toute l'année. Le lundi de 12h à 14h et de 16h30 à 18h45 ; le mardi, le jeudi et le vendredi de 12h à 14h et de 16h30 à 20h ; le mercredi de 15h à 20h ; le samedi de 9h à 13h et de 14h à 18h ; le dimanche de 8h à 13h. Entrée (avec sauna et hammam) adulte de 3,80 à 4,90 €, étudiant, chômeur de 2,20 à 3,15 €, et gratuit pour les moins de 4 ans. Vestiaire gardé.

C'est sans doute la plus belle (et aussi la moins chère) piscine de la région ! En plein centre-ville, avec vue sur l'Oise, vous profitez d'une piscine neuve avec un spa, un hammam, un solarium, un bassin de nage et un bassin ludique. Dans un style Art déco avec de belles mosaïques bleues, la piscine a retrouvé en 2013 son lustre d'antan, après une longue et ambitieuse réhabilitation. Depuis les vitres, on a une vue plongeante sur l'Oise (on vous conseille d'y aller au crépuscule). Un régal pour se détendre dans cet ancien lavoir devenu piscine entre les deux guerres mondiales. Le cadre et l'histoire du lieu cassent les codes des gros centres aquatiques qui se développent sur le territoire, cette identité singulière fait du bien !

Dans les environs

Saint-Leu-d'Esserent

OFFICE DE TOURISME CREIL SUD OISE

7, avenue de la Gare
✆ 03 75 19 01 70
www.creilsudoise-tourisme.fr
bienvenue@creilsudoise-tourisme.fr

♿

Ouvert du lundi au vendredi de 9h30 à 12h30 et de 13h30 à 17h. Déménagement à Creil fin 2020, au 6 rue Jules Uhry. On vous propose aussi une boutique avec des produits régionaux et des souvenirs.

Les offices de tourisme de Saint-Leu et de Creil ont fusionné il y a deux ans, cela permet d'élargir le panel d'activités. Des projets communs se développent sur des thèmes tels que le travail de la pierre, du tourisme fluvial (vers Creil ou Boran-sur-Oise) et de la mémoire industrielle. L'équipe de l'office de tourisme est compétente et dynamique. Le choix a été fait de regrouper les points d'information à Creil. C'est un point de passage plus fréquenté, mais les principaux points d'intérêt se situent à Saint-Leu-d'Esserent et Saint-Maximin.

ABBATIALE ★

Rue de l'Eglise

Le sas vitré de l'entrée est ouvert du 1er avril au 31 octobre de 8h à 19h, du 1er novembre au 31 mars de 8h à 17h. Visites seulement entre mai et septembre, le dimanche entre 15h et 18h. Gratuit.

Sa position sur une colline et ses grandes proportions (71 m de longueur et 27 m de hauteur de voûte) donnent de la majesté à cette abbaye à plusieurs kilomètres à la ronde. En 1081, Hugues de Dammartin, seigneur d'Esserent, fait don du bourg de Saint-Leu et accorde le droit de navigation sur la rivière aux moines de Cluny. Les bénédictins construisent entre le XIIe et le XIIIe siècle un prieuré et une église sur l'emplacement d'un édifice roman. On remarquera les deux tours carrées qui encadrent l'abside. A l'intérieur, on s'arrêtera devant le gisant de Renaud de Boulogne, comte de Dammartin, vaincu par Philippe-Auguste à Bouvines en 1214. Pour avoir un bon aperçu sur des horaires élargis, une belle initiative a été prise : celle de créer un petit sas vitré à l'entrée (n'hésitez pas à pousser la grille et la porte). A l'extérieur, on apprécie le parc et le prieuré attenants, où l'on trouve une belle perspective sur la vallée de l'Oise et l'impressionnante abbatiale.

AUBERGE DE L'OISE

25, quai d'Amont
✆ 03 44 56 60 24
www.hoteldeloise.fr
hoteldeloise@wanadoo.fr

Ouvert du lundi au jeudi le midi et le soir ; le vendredi midi ; le samedi soir ; le dimanche midi. Réservation recommandée. Menus de 36,50 € à 57 €. Menu enfant : 12 €. Formule du midi : 29 €. Chèque Restaurant. Accueil des groupes.

On vous accueille ici dans un cadre convivial, où vous pourrez découvrir une cuisine traditionnelle française et inventive. Les plats sont copieux et soigneusement présentés et le chef fait lui-même son foie gras et son saumon fumé. Les groupes sont les bienvenus avec une capacité de 50 personnes pour des événements familiaux ou des séminaires d'entreprises. L'établissement fait aussi hôtel avec dix-sept chambres récemment rénovées qui ont vue sur l'Oise. Pour l'anecdote, sachez que le légendaire chanteur des Doors, Jim Morrison, a passé sur la terrasse un des derniers bons moments de sa vie, une semaine avant sa mort.

Le tourisme fluvial se développe

Saint-Leu-d'Esserent est une des communes qui devraient bénéficier de l'ambition départementale de développer le tourisme fluvial. On parle ici de plaisanciers, mais aussi de grands bateaux de croisières circulant sur un axe Amsterdam-Paris. Ce nouvel atout peut intéresser le touriste que vous êtes, car la vallée de l'Oise est charmante. Elle offre des haltes agréables à proximité immédiate de sites touristiques comme le Palais de Compiègne ou l'abbaye de Saint-Leu-d'Esserent. L'été, vous pouvez partir en croisière depuis un quai à proximité du pont de Saint-Leu d'Esserent (contactez l'office de tourisme pour les réservations).

Abbatiale de Saint-Leu-d'Esserent.

■ AUBERGE DE L'OISE**

25, quai d'Amont ✆ 03 44 56 60 24
www.hoteldeloise.fr
hoteldeloise@wanadoo.fr

Logis. Chambre simple 69 € ; chambre double 78 € ; chambre triple 88 €. Petit déjeuner : 9 €. Lit supplémentaire : 10 €. Parking fermé. Chambre familiale 5 personnes (2 chambres communicantes) : 155 €. Wifi gratuit. Restauration (menus de 33 à 52 €. Formule déjeuner en semaine 15 €).

Cet hôtel offre des chambres coquettes et confortables (téléphone, télévision avec de nombreuses chaînes, douche ou bain et WC) qui donnent sur la rivière Oise et ont été rénovées. Cet établissement est un point de départ apprécié pour rayonner vers l'abbaye de Saint-Leu d'Esserent, la Maison de la Pierre de Saint-Maximin, Chantilly et Senlis (tous situés dans un rayon d'une quinzaine de kilomètres). Les fans apprécieront le fait que Jim Morrison ait fréquenté ce lieu pour l'une de ses dernières sorties.

■ BASE DE LOISIRS

19, rue de la Garenne ✆ 03 44 56 77 88
www.basestleu.com
base.stleu@wanadoo.fr

Ouvert toute l'année. Basse saison : le mercredi et le samedi de 10h à 17h. Haute saison : tous les jours de 10h à 19h. Baignade de fin mai à début septembre ; patinoire d'avril à fin août. Promenade en poney de mi avril à fin septembre. Entrée : 8 €. Enfant : 4,50 €. Réduction en basse saison (2,90 €). Pédalos 4 places 11,50 € l'heure et canoë 3 places 10 € ; patinoire de 1,80 € à 4 €.

Dans cette grande base de loisirs de 50 hectares, les habitants du sud de l'Oise ou du nord de l'Ile-de-France viennent piquer une tête aux beaux jours. On y trouve un beau panel d'activités : des aires de jeux adaptées à plusieurs tranches d'âge, des balades à poneys, quelques animaux à approcher, de la pêche, du tir à l'arc, un minigolf, des bateaux à pédales et des canoës. La baignade est surveillée de fin mai à fin août. La patinoire écologique de 310 m^2 permet de retrouver quelques sensations de glisse. Quelles que soient les activités, les prix proposés sont attractifs, d'où une fréquentation de plus de 200 000 visiteurs en 2019. De ce fait, en haute saison, vous pouvez peiner un peu pour accéder à l'espace de stationnement payant, même si un parking est en cours d'aménagement. On vous conseille de ne pas hésiter à venir aussi en basse saison : certes vous n'aurez pas la chance de profiter des activités nautiques, mais vous bénéficierez de tarifs très réduits tout en profitant de grands espaces verts avec de beaux jeux. La nouveauté prévue en 2020 est la mise en place d'un *explore game* médiéval qui dure une heure et demie.

■ CAMPING DE L'ABBATIALE***

39, rue Salvador-Allende
✆ 09 81 30 38 76
www.camping-abbatiale.com
Autoroute A1 sortie Senlis direction Creil.

Ouvert toute l'année. Accueil jusqu'à 19h30. Emplacement + 2 personnes à partir de 16 €. Mobil-homes pour 2 à 6 personnes de 82 € à 122 € la semaine. Semaine en mobil-homes de 265 € à 465 €. Jeux pour enfants. Aire pour camping-cars.

Ambiance détendue et accueil chaleureux vous attendent dans ce camping. La sympathique équipe vous propose cinq catégories de mobile-homes de la plus économique à la plus confortable. Tous disposent d'une partie cuisine avec vaisselle, coin repas, douche, WC, salon de jardin et barbecue. Vous pouvez profiter d'un bon petit-déjeuner dans la salle qui fait aussi office de bar et de « coin détente ». De nombreuses activités sont organisées en saison pour la plus grande joie des campeurs qui n'auront pas loin à aller pour profiter de la base de loisirs ou de la superbe abbatiale.

Saint-Maximin

MAISON DE LA PIERRE

22, rue Jean-Jaurès
✆ 03 44 61 18 54
www.maisondelapierre-oise.fr
contact@maisonpierre-oise.fr

Fermée pour travaux depuis octobre 2019. Gratuit jusqu'à 5 ans. Adulte : 6,50 €. Tarif réduit (moins de 18 ans, demandeurs d'emploi et étudiants) : 5 €. Atelier de sculpture à partir de 13 €. Animations. Escape game 22 € par personne.

Durant des siècles, la pierre a fait la réputation de Saint-Maximin. Cette matière d'excellente qualité était utilisée pour les constructions locales, mais aussi pour des monuments prestigieux comme la magnifique cathédrale d'Amiens, le palais du Louvre, ou encore le prestigieux British Museum ! A travers une muséographie réussie, avec des jeux de lumières et des effets sonores, on découvre ce patrimoine méconnu mais aussi les techniques de carriers. Cette carrière souterraine a connu une seconde vie en abritant des cultures de champignons de Paris jusqu'en 1993. La visite (forcément guidée) d'une heure vous permettra de vous rafraîchir ou vous réchauffer selon les saisons, puisqu'il y fait 11 °C toute l'année. On vous prête des couvertures polaires à l'entrée si vous en exprimez le besoin. De nombreuses animations sont organisées tout au long de l'année : chasses au trésor, balades contées, ateliers sculpture sur pierre, initiation aux arts du vitrail ou de la mosaïque, séances pour les géologues en herbe, expositions de qualité et en tous genres ! On vous conseille de vous essayer à l'escape game dans cette atmosphère souterraine et mystérieuse. Il est naturellement recommandé de réserver ces activités très prisées.

MUSÉE DES BOMBARDEMENTS

Route de Gouvieux
Quartier de l'économat
✆ 03 44 61 18 40
danielderniame@aol.com

Basse saison : ouvert le mercredi et le dimanche de 14h à 18h. Ouverture le samedi aux mêmes heures entre avril et novembre. Adulte : 4 €. Enfant : 2,50 €. Une entrée gratuite pour 5 payantes. Visite guidée.

Ne vous fiez pas au nom, ce musée donne le sourire grâce à son histoire émouvante. Elle peut vous être contée avec passion par l'artisan premier de cette collection : Gérard Lequien. Il est régulièrement présent pour vous commenter (avec une passion communicative) sa collection. En 1943, Gérard a vu un bombardier se crasher dans sa commune de l'Oise. Il n'a eu de cesse depuis de retrouver des centaines d'objets issus de circonstances similaires. A force d'enquêtes dans les archives et de fouilles de terrain dans l'Oise, il a retrouvé des objets sur 65 lieux de crash. Son récit regorge d'anecdotes, de liens d'amitié avec des pilotes américains, de recherches épiques... On mesure aussi la particularité de la situation puisque durant l'été 1944 : 59 avions sont abattus dans le secteur, 277 membres d'équipage sont morts pour seulement 4 civils. En effet si les villes ont été détruites, les habitants se réfugiaient dans les nombreuses carrières locales. Dans sa collection, on retrouve des morceaux d'avion, des uniformes, des documents, ou des objets plus insolites comme une douille de bombe transformée en kayak ! Pour que le « devoir de mémoire » perdure, il a légué tous ses objets à la mairie de Saint-Maximin, ville rasée à 95 % par des bombardements alliés en 1945.

LE VERBOIS

Route Nationale 16
✆ 03 44 24 06 22
www.leverbois.com
le.verbois@orange.fr

Ouvert du mardi au samedi le midi et le soir ; le dimanche midi. Menus de 47 € à 85 €. Formule du midi : 39 € (trois plats, en semaine). Vin au verre. Accueil des groupes. Terrasse.

A quelques hectomètres de l'entrée de Chantilly, le Verbois est une maison cossue (ancien relais de chasse à courre) prolongée par une belle véranda qui donne sur un grand jardin. Au-delà du cadre, on fréquente assidûment l'établissement pour apprécier la cuisine de Guillaume Guibet qui a succédé dignement à son père aux fourneaux, prolongeant ainsi la très bonne réputation de l'établissement (ouvert en 1981). Au menu : tourteaux, lobe de foie gras, pigeon avec betteraves et mûres, ris de veau, lieu jaune avec carottes, lard et sabayon au basilic, et ce n'est qu'un aperçu ! Fort de son succès, l'établissement va s'agrandir en 2020.

CLERMONT

A Clermont, point de Puy de Dôme ou de pierre volcanique, vous êtes bien dans l'Oise et pas en Auvergne. Vous serez même au cœur du département, et c'est peut être l'atout premier de cette sous-préfecture : elle est centrale et très bien desservie pour rejoindre en voiture Beauvais, Compiègne, Senlis, Chantilly, etc. –ou regagner Paris ou Amiens par le train (la gare est à 10 minutes à pied du centre-ville). Au-delà de cet avantage, dans un centre-ville en haut d'une colline (Clermont est issu du latin *clarus mons*, « montagne dégagée »), vous aurez plaisir à vous balader autour d'un charmant hôtel de ville ou du côté de l'église et du donjon. Les petites rues pavées et la porte Nointel rappellent l'histoire médiévale de la ville, qui a malheureusement beaucoup souffert durant la Seconde Guerre mondiale. Depuis le parc du Châtellier, sous de hauts remparts, vous aurez une vue sur la vallée et l'agréable forêt de Hez-Froidmont qui fait le plaisir des promeneurs et des cyclistes.

Points d'intérêt

Les principaux monuments sont situés dans le centre-ville de Clermont. Si vous préférez les grands espaces, dirigez-vous vers la forêt voisine de Hez-Froidmont qui offre 85 kilomètres de sentiers. Une voie cyclable permet d'y entrer entre la commune voisine d'Agnetz et La Neuville-en-Hez. Vous y trouverez un panneau de cinq parcours pédestres très familiaux (de 600 m à 4,5 km) et des parcours de VTT réputés assez sélectifs (de 16 km à 22,4 km).

■ HÔTEL DE VILLE ★

Place de l'Hôtel-de-Ville

Visites lors des Journées du Patrimoine et sur demande en mairie au 03.44.50.84.84.

C'est un élégant bâtiment en cœur de ville. Nous vous suggérons d'en faire le tour, tant il offre des aspects différents. Orné d'un élégant beffroi et d'une porte rouge, il présente quelques arcades sur le côté et un aspect fortifié derrière, avec des douves. On estime que sa construction remonte au XIVe siècle. A la fois maison de ville et bastion militaire, il est hérissé de créneaux et percé de mâchicoulis. A partir du XVe siècle, le rez-de-chaussée accueille la halle aux draps et au blé, les pressoirs à vin et le grenier à sel. Menaçant de tomber en ruines au XIXe siècle, il fut classé monument historique en 1874. Une des pièces de l'édifice ne passe pas inaperçue : la salle des gardes possède un plafond en bois de châtaignier, dit « en carène ». Aujourd'hui, les services municipaux ayant déménagé plus bas, il a deux principales fonctions : il est le garant du pouvoir communal (il abrite le Conseil municipal ainsi qu'une salle des mariages), et il accueille des services publics dans une enceinte prestigieuse (avec la bibliothèque municipale de 30 000 volumes). Dommage pour ce patrimoine, le clocheton du XIXe siècle a subi un descellement. De l'argent est recherché pour sa rénovation.

Le couvert

■ L'ATELIER GOURMAND

10, rue de la République

✆ 03 44 50 01 26

http://lateliergourmand.business.site

Ouvert le lundi de 12h à 14h ; du mardi au jeudi de 8h à 18h30 ; le vendredi et le samedi de 8h à 21h et le soir. Ouvert le samedi soir sur réservation, soirées concerts un samedi par mois. Menu enfant : 9 €. (9,90 à 19,90 €). Petit déjeuner : 8 € et goûter : 7 €.

Bien situé à l'entrée du centre-ville, cet établissement sort du lot. Pour son aspect d'abord, avec des murs de pierre et des fenêtres aux élégantes teintes rouges. Si le décor est simple et agréable, on peut employer les mêmes qualificatifs pour le service et l'assiette. Les tartines ou omelettes sont assez appétissantes mais les plats du jour maison constituent souvent une meilleure option. L'établissement est aussi apprécié pour prendre un bon petit déjeuner ou une bonne pâtisserie dans l'après-midi.

COMPIÈGNE ★★

Pour sa forêt adjacente, son grand Palais impérial, son élégant hôtel de ville gothique, son superbe cloître Saint-Corneille, ses musées et la Clairière de l'Armistice, Compiègne est une ville à découvrir. Au-delà de ce patrimoine, Compiègne peut s'enorgueillir d'avoir un centre-ville désigné début 2019 comme le plus dynamique de France pour les villes de cette taille. L'histoire de Compiègne est liée à sa majestueuse forêt de 14 500 hectares. Le massif forestier giboyeux fut en effet un lieu de chasse privilégié des souverains. Des fils de Clovis à Napoléon III, Compiègne fut fréquentée par les familles impériales et royales, avec le développement qui y fut lié à certaines périodes. Le premier château fut vraisemblablement édifié autour du VIe siècle. À partir du règne de Dagobert (629-638), Compiègne s'impose comme l'un des sièges principaux du gouvernement itinérant des rois francs, mérovingiens, puis carolingiens. Le 5 décembre 1360, Jean le Bon crée, à Compiègne, une nouvelle monnaie qui prend le nom de franc. Le 18 juillet 1429, Jeanne d'Arc entre avec son roi dans la ville conquise, escortée de ses plus fidèles compagnons. Moins d'un an plus tard, cette arrivée triomphale se transformera en débâcle. Venue au secours des Compiégnois assaillis par le duc de Bourgogne, Jeanne d'Arc est capturée puis emprisonnée au château de Margny (sur l'autre rive) où elle restera jusqu'à son transfert à la tour Beauregard (que les Compiégnois nomment communément Tour Jeanne d'Arc si vous la cherchez lors de votre visite). Dès 1751, la ville se dote d'un château. Louis XV le transforme et change aussi profondément la ville, avec notamment la réalisation d'un pont (plusieurs fois reconstruit) qui porte désormais son nom ! A leur tour, les empereurs napoléoniens trouvent un intérêt au château. Napoléon Ier dépense des sommes folles pour le faire entièrement réaménager et Napoléon III en fait sa résidence d'automne et un lieu de festivités pour la cour et ses invités. Ce passé royal et impérial est aujourd'hui une image qui est mise en avant. Vous pouvez aussi admirer l'hôtel de ville, joyau de l'art gothique. Compiègne porte plus tristement les témoignages des deux guerres mondiales, avec la clairière de l'Armistice de 1918 et le Mémorial de l'Internement et de la Déportation du camp de Royallieu. La ville est aussi connue pour sa forêt domaniale, avec son allée des Beaux-Monts longue de 5 km dans le prolongement du parc du Palais impérial, et ses charmants villages forestiers comme Saint-Jean-aux-Bois et Vieux-Moulin. Si la ville est réputée comme étant bourgeoise et sage, elle peut aussi être bien animée grâce notamment à ses 4 500 étudiants pour une commune de 40 000 habitants.

▶ **Bus gratuits.** Compiègne aurait été la première ville d'Europe à proposer les bus gratuits en 1975. Une politique maintenue depuis, avec la fréquentation qui va avec (elle est près de deux fois supérieure à celle des agglomérations françaises de même taille). Autre avantage, on gagne du temps, puisque vous n'avez pas à acheter de ticket et le chauffeur n'a pas à gérer cette contrainte. Six lignes de bus fonctionnent du lundi au samedi. Vous n'avez en revanche que deux lignes le dimanche et il vous faudra payer un euro. Renseignements et horaires dans la rubrique transports du site www.compiegne.fr

L'Armistice à Compiègne et non à Rethondes

C'est bien à Compiègne qu'a été signé l'Armistice du 11 novembre 1918. Pourtant, les médias attribuent souvent à tort cet événement à la commune voisine de Rethondes. Le nom trompeur de « clairière de Rethondes » est une erreur historique qui perdure. Les deux trains sont bien partis de la « gare de Rethondes » (située à Compiègne) pour rejoindre en forêt un site d'artillerie, toujours à Compiègne. La Clairière de l'Armistice n'a été créée qu'en 1922 et les signataires n'ont jamais mis les pieds à Rethondes ! Compiègne défend donc son statut de ville de l'Armistice et l'a mis en avant dans une série d'événements pour le centenaire de l'Armistice de 1918. A cette occasion, le Musée a bénéficié d'un important réaménagement. La nouvelle scénographie permet au visiteur de s'immerger dans l'histoire et de découvrir la réplique du wagon sous un autre jour.

OFFICE DE TOURISME

Place de l'Hôtel-de-Ville
✆ 03 44 40 01 00
www.compiegne-tourisme.fr
tourisme@agglo-compiegne.fr

Basse saison : ouvert le lundi de 13h45 à 17h15 ; du mardi au samedi de 9h15 à 12h15 et de 13h45 à 17h15. Haute saison : du lundi au samedi de 9h15 à 12h15 et de 13h45 à 18h15 ; le dimanche de 10h à 12h15 et de 14h15 à 17h. Basse saison de novembre à Pâques. Label Tourisme & Handicap.

Votre découverte peut s'appuyer sur la nouvelle application mobile « Compiègne et sa région ». Téléchargeable gratuitement, elle permet de retrouver des circuits comme ceux qui vous emmènent sur les traces de Jeanne d'Arc, des deux empereurs ou de l'as du pilotage Georges Guynemer. Vous y retrouverez également les manifestations ou expositions du moment, tout comme des bons plans. Dans l'espace d'accueil de l'office, vous trouverez une table tactile pour vous aider à organiser votre séjour. Vous pouvez également repartir avec des souvenirs à l'effigie de Napoléon ou des emblématiques Picantins. L'office de tourisme a également désormais une boutique liée aux produits locaux et des événements éphémères vous permettent de bien coller au patrimoine local. Pour bien marquer son identité et vous orienter, l'office de tourisme a installé un poteau de forêt emblématique devant l'entrée (vous trouverez l'explication dessus). A l'intérieur, un grand présentoir représente élégamment le Palais impérial, sur la droite une grande carte avec des photos et des magnets favorise un conseil personnalisé. Enfin, un système innovant (et local) détecte votre profil et vous propose des contenus adaptés sur l'écran à l'entrée.

Points d'intérêt

HÔTEL DE VILLE ★

Place de l'Hôtel de Ville

L'intérieur ne se visite pas, sauf à l'occasion des Journées du patrimoine ou de visites guidées.

Il ressemble peu à l'image que l'on se fait des beffrois de la région, puisque cet Hôtel de Ville présente une élégante architecture typique du gothique flamboyant du XVIe siècle. L'édifice fut restauré dans le courant du XIXe siècle sous l'impulsion de Napoléon III. Chaque quart d'heure, vous entendrez sonner les cloches. Regardez au-dessus de l'horloge, ce sont trois personnages qui sont dévolus à cette tâche. Symboles de la ville, les trois « Picantins » s'appellent Langlois (en rouge), Flandrin (en bleu) et Lansquenet (en vert). Ce sont en fait les trois ennemis traditionnels de la cité : l'Anglais, le Flamand et l'Allemand. Ils ont été condamnés à « piquer le temps », ce qui en patois picard s'est ensuite transformé en « Picantins ». L'intérieur de l'édifice n'est visible que lors de visites organisées, on peut alors y découvrir notamment la très belle salle du conseil municipal. Elle est ornée de neuf tableaux retraçant l'histoire de la ville. Sur la place, vous retrouverez un beau manège pour les enfants et une statue de Jeanne d'Arc, faite prisonnière en 1430 à un kilomètre de là, de l'autre côté de la rivière.

CHÂTEAU DE COMPIÈGNE ★★★

Place du Général-de-Gaulle
✆ 03 44 38 47 00

Voir page 16.

MÉMORIAL DE L'INTERNEMENT ET DE LA DÉPORTATION ★★

Camp de Royallieu
2 bis, avenue des Martyrs-de-la-Liberté
✆ 03 44 96 37 00
www.memorial-compiegne.fr
aurelien.gnat@memorial-compiegne.fr

Tous les jours de 10h à 18h, sauf lundi et certains jours fériés : 1er mai, 25 et 31 décembre. Ouvert le mardi, le samedi et le dimanche de 10h à 18h ; du mercredi au vendredi de 14h à 18h. Gratuit jusqu'à 26 ans. Adulte : 5 €. 3 € pour les étudiants, les demandeurs d'emploi et les retraités non-imposables. Label Tourisme & Handicap. Visite de groupes et de scolaires sur réservation (50 €). Expositions en français, anglais et allemand. Audioguides gratuits. Librairie.

Le caractère émouvant de ce mémorial est d'abord lié à une particularité : il est *in situ* ! Il se déploie dans 3 des 25 baraquements initiaux d'un camp d'internement et de déportation. On retrouve même à l'extérieur la sortie d'un tunnel d'évasion. La muséographie très réussie est également à la hauteur. Elle nous immerge dans l'histoire de ce site où, durant la Seconde Guerre mondiale, des prisonniers ont transité avant d'être envoyés dans des camps nazis. D'une manière très émouvante, plus de 48 000 noms de déportés ont été inscrits sur les murs du Mémorial début 2020 (il s'agit, par rapport à la précédente version, d'une mise à jour avec 4 700 noms supplémentaires liés à des travaux de recherche). Seul camp français administré par les Allemands, le site regroupait des prisonniers politiques, des civils américains et russes, et des juifs. En complément, vous pourrez voir en gare de Compiègne un wagon qui a été utilisé pour la déportation. Il vient d'être rénové et se situe sur la droite du premier quai. L'équipe du Mémorial envisage d'ailleurs de réaliser un jalonnement jusqu'au wagon historique d'ici la fin 2020.

MUSÉE ANTOINE VIVENEL
2, rue d'Austerlitz
✆ 03 44 20 26 04
www.musee-vivenel.fr
Ouvert le mardi, le samedi et le dimanche de 10h à 13h et de 14h à 18h ; du mercredi au vendredi de 14h à 18h. Gratuit jusqu'à 26 ans. Adulte : 4 € (pass pour le musée du Cloître et le musée de la Figurine). Gratuit le 1er dimanche du mois. Accueil enfants (ateliers pendant les vacances scolaires). Visite guidée.
Le créateur du musée (qui porte aujourd'hui son nom) voulait rassembler des collections aussi riches qu'hétéroclites. Deux siècles plus tard, ce vœu continue de prendre forme avec désormais une des plus belles collections de paléontologie d'Europe ! Les spécimens présentés dans la nouvelle salle remontent à plus de 55 millions d'années, soit juste après l'extinction des dinosaures ! Dent de mammouth, fossiles, carapace de tortue : on retrouve des pièces fascinantes avec des explications claires et des modules adaptés aux enfants. Et dire que cette collection exceptionnelle provient d'une carrière située à une dizaine de kilomètres ! La nouvelle salle voisine est dédiée à la Préhistoire, avec là aussi une origine locale et une scénographie réussie (avec notamment un regard sur les coulisses de l'archéologie). Le musée comprend un très bel espace dédié au site gallo-romain de Champlieu (à 15 km). Toute cette partie modernisée tranche avec les autres pièces défraîchies. Elles accueillent toutefois des collections superbes : vases grecs, objets du temps des pharaons ou dans un passé beaucoup plus proche les anciens jacquemarts placés sur le haut du beffroi.

■ MUSÉE DE L'ARMISTICE
Clairière de l'Armistice – Mémorial de l'Armistice
Route d'Aumont
✆ 03 44 85 14 18
www.musee-armistice-14-18.fr
wagon.armistice@wanadoo.fr
RN31 à 6 km du centre de Compiègne.
Du 1er avril au 30 septembre tous les jours de 10h à 18h (dernière admission 17h15). Basse saison du 1er octobre au 31 mars : tous les jours de 10h à 17h30, fermé en janvier et le mardi (dernière admission 16h45). Adultes 7 €. Enfants de 7 à 18 ans : 5 €. Groupes 30 personnes : 5 €.
Le site a été médiatisé mondialement à l'occasion du Centenaire de l'Armistice de la Première Guerre mondiale. Pour l'occasion, la Clairière et la dalle sacrée ont été rénovées. Après vous être imprégné de l'atmosphère poignante du site, ne manquez pas la visite du Musée de l'Armistice. Il a été complètement rénové et garde en point d'orgue la réplique du wagon où a été signé l'Armistice. Le nouveau parcours est très pédagogique, avec des textes clairs, des cartes, des objets bien mis en valeur et des vidéos très accessibles. Si vous avez déjà vu ce musée, n'hésitez pas à le redécouvrir, il est méconnaissable ! Ce musée présente aussi un épisode historique un peu moins connu : l'Armistice du 22 juin 1940 signé ici entre le IIIe Reich et le Gouvernement de Philippe Pétain. Nous vous conseillons de feuilleter le livre d'or (disponible en format numérique à l'arrière du wagon), la série des grands noms internationaux est impressionnante !

■ MUSÉE DU CLOÎTRE SAINT-CORNEILLE
Rue Saint-Corneille
✆ 03 44 20 26 04
www.musee-vivenel.fr
Ouvert le mardi, le samedi et le dimanche de 10h à 13h et de 14h à 18h ; du mercredi au vendredi de 10h à 13h. Gratuit. Audioguide gratuit.
Ce petit musée est un de nos coups de cœur et il devrait être plus fréquenté avec une entrée gratuite depuis mars 2020. Ce musée devrait aussi profiter d'une configuration plus ouverte dans le cloître et des liens avec la bibliothèque, le nouveau salon de thé et l'agréable jardin du cloître. Même si la météo est peu clémente, l'endroit est lumineux (surtout le matin) grâce à une superbe rénovation des polychromies du cloître qui a fait ressortir les teintes jaunes, rouges et vertes. Quel plaisir donc de déambuler au milieu des statues tout en profitant de l'audioguide commenté agréablement par André Dussollier. On y apprend que c'est ici qu'est née véritablement la ville, lorsque le petit-fils de Charlemagne, l'empereur Charles-le-Chauve, a voulu créer une ville à la mesure d'Aix-la-Chapelle. Parmi les pièces remarquables, vous apprécierez la *Vierge aux pieds d'argent* ou les dernières œuvres : trois têtes sculptées du XIVe siècle qui représentent Saint-Louis, Marguerite de Provence et Philippe IV le Bel. Les familles apprécieront les initiatives pour les enfants avec un livret spécifique, des beaux puzzles et une maquette.

Musée de l'Armistice.

OISE

MUSÉE NATIONAL DE LA VOITURE ET DU TOURISME ★★

Palais impérial ✆ 03 44 38 47 00
www.palaisdecompiegne.fr

Fermé les 1er janvier, 1er mai et 25 décembre. Basse saison : ouvert le lundi et le vendredi de 16h15 à 18h ; le mercredi, le jeudi, le samedi et le dimanche de 14h à 18h. Haute saison : le mercredi, le jeudi, le samedi et le dimanche de 14h à 18h. Basse saison de novembre à mars. Gratuit jusqu'à 26 ans. Adulte : 7,50 € (tarif réduit : 5,50 €). Groupe (10 personnes) : 6 €. En période d'exposition : 9,50€ (réduit 7,50€). Restauration. Boutique. Librairie.

Les magnifiques collections sont enfin bien exploitées, profitez-en ! Le nouveau directeur du musée est passionné par l'automobile et la locomotion en général et ça se sent. Les plus belles hippomobiles n'étaient visibles que depuis le sas d'entrée durant une vingtaine d'années. La verrière qui les abrite a enfin été sécurisée et vous pouvez admirer de près les superbes carrosses du XVIIe siècle. Vous verrez également les magnifiques voitures, motos et vélos. Même si vous n'êtes pas amateur, vous allez être admiratif devant les 1 300 pièces de la collection. La superbe exposition sur les concept-cars a donné un formidable coup de projecteur sur cet atout du château. Dommage simplement que, faute de personnel, certaines parties soient parfois fermées, comme celle qui abrite les traîneaux (dont celui de l'impératrice Eugénie), habituée des lieux. On évoque désormais un redéploiement des collections vers les serres du château et l'ancien golf.

SUCRERIE DE FRANCIÈRES

Route départementale 1017
12, hameau de La Sucrerie
Francières, à 18 km à l'ouest de Compiègne
✆ 09 81 35 69 53
www.la-sucrerie.picardie.fr

Fermé de novembre à mars. Ouvert le 1er week-end du mois et à l'occasion de manifestations culturelles et régionales (Beffrois du travail, Journées européennes du patrimoine, Fête de la Science...). Visites à 14h, 15h30 et 17h. Gratuit jusqu'à 6 ans. Visite guidée du patrimoine industriel 1h30 : 7€. Atelier scientifique autour du sucre ou du végétal + visite thématique 1h30 : 8 €. Visite du site + atelier d'expérimentation 3h : 14 €. CB non acceptée. Boutique. Animations.

Fermée en 1969, cette sucrerie du XIXe siècle a été remarquablement restaurée par des bénévoles et présente aujourd'hui le plus ancien témoignage de l'industrie sucrière en France. C'est aussi un espace culturel et scientifique où l'on découvre la transformation de la betterave en sucre, le développement de la chimie du végétal, mais aussi le paternalisme des patrons Marguerite et Gaston Benoît, la naissance du syndicalisme, le travail des femmes... Le parcours de visite s'articule autour du travail du sucre et du végétal, avec des expositions permanentes, des témoignages audio, et des ateliers originaux (fabrication du savon picard à l'huile de colza et du gel pour les cheveux avec des graines de lin) qui font le plaisir des enfants ! Ce site sait se renouveler, avec par exemple cette année la création de petits stages scientifiques durant les vacances scolaires et la programmation d'ateliers « famille », sur des thématiques variées (usages insolites du sucre, enquête scientifique, création de produits maison...). La sucrerie intègre un superbe programme de tiers lieux locaux vous invitant à découvrir l'Hermitage d'Autrêches, la Cité des Brossiers de Tracy-le-Mont et Picardie For Ever à Bitry.

Le couvert

LE BISTROT DU CHÂTEAU

8, rue du Dahomey ✆ 03 44 40 13 13

Ouvert du mardi au dimanche le midi ; du mercredi au samedi le soir. Réservation recommandée. Carte : 17 € environ. Menu enfant : 12 €. Plat du jour : 14 €. Vin au verre.

On ne sait par où commencer pour décrire les attraits de cet établissement qui accueille beaucoup de fidèles gastronomes. La situation est idéale, en plein centre-ville, dans la rue qui mène au château impérial. La configuration est bien agréable, avec plusieurs recoins qui permettent de se sentir dans un cadre assez intimiste. Chaque espace a son charme : la salle avec les élégantes tomettes et les superbes photos du château, celle avec le parquet et la grande vitre, la belle véranda et la petite terrasse. Mais les habitués viennent aussi ici pour la cuisine traditionnelle préparée avec talent. Nous vous conseillons particulièrement les fameux rognons de veau au vinaigre de framboise, le délicieux steak d'espadon grillé à l'huile d'olive ou la savoureuse brochette de gigot d'agneau grillée aux herbes. En dessert, la crème brûlée et le clafoutis sont des valeurs sûres.

LE BISTROT DU TERROIR

13, rue Eugène-Floquet ✆ 03 44 40 06 36
www.bistrotduterroircompiegne.fr
bistrotduterroir@orange.fr

♿

Ouvert du lundi au samedi le midi et le soir. Menus de 23,90 € à 31,90 €. Formule du midi : 18,90 € (deux plats et une boisson). Vin au verre. Plats de 14 à 35 €.

En plein cœur de ville, dans une petite rue à deux pas de l'hôtel de ville, ce restaurant propose de bonnes formules qui attirent de nombreux habitués. Il était même souvent difficile d'y trouver de la place, notamment le midi. Mais le patron a eu la bonne idée d'étendre le restaurant début 2019 avec une nouvelle salle d'une cinquantaine de couverts. Cela permet une configuration plus aérée dans un beau décor un peu industriel installé dans une ancienne imprimerie. Du côté de l'assiette, la première formule du midi est de qualité avec par exemple le cannelloni de saumon confit aux baies de genièvre, l'escalope de saumon saisie à la plancha, puis en dessert un bon tranché du Périgord. Le verre de vin compris est plutôt bien sélectionné, ce qui rend la formule vraiment intéressante. Si vous voulez prendre à la carte, on vous conseille le carré d'agneau rôti en croûte de moutarde à l'ancienne.

LE BOUCHON

4, rue d'Austerlitz ✆ 03 44 20 02 03
www.le-bouchon.com
contact@le-bouchon.com

Ouvert toute l'année. Le mardi et le mercredi le midi ; du jeudi au samedi le midi et le soir. 14 à 19 € le plat, 6 €

le dessert. Formule du midi : 15 € (deux plats). Vin au verre. Accueil des groupes. Terrasse.

Le Bouchon, c'est d'abord un cadre : une belle maison à colombages et à l'étage une terrasse ensoleillée et très calme en plein centre-ville. A l'intérieur, de belles poutres et une décoration refaite à l'occasion du changement de patron. L'emblématique Nicolas a laissé la main à sa fille, Marjolène. Si certains vont regretter la gouaille du moustachu, cela est compensé par une cuisine de meilleure qualité. On y retourne avec plaisir pour manger une bonne andouillette ou un burger avec du pain au rollot (un fromage picard). Comme son nom l'indique, au Bouchon, on aime le bon vin (mais à des prix raisonnables). Un principe colle bien à la convivialité du lieu : on vous laisse la bouteille sur la table et vous annoncez (honnêtement) le nombre de verres consommés à la fin du repas pour qu'ils vous soient facturés. Si l'on devait trouver deux qualificatifs à ce restaurant, on dirait tout simplement : très sympa et assez atypique !

■ LA BRASSERIE PARISIENNE

17, rue Jean-Legendre
✆ 03 44 42 29 77
www.labrasserieparisienne.com
contact@labrasserieparisienne.com

Ouvert tous les jours de 7h30 à 23h. Service continu tout l'après-midi. Menus de 27 € à 36,50 €. Menu enfant : 8 € (pour les moins de 10 ans). Formule du midi : 17,50 € (deux plats). Vin au verre. Happy hours de 17h à 19h. Plat du jour et café gourmand 18,50 €. Accueil des groupes (jusqu'à 80 personnes). Terrasse.

Le nom ne vous trompera pas, vous êtes ici dans une brasserie comparable aux beaux établissements de la capitale. En couverture de la carte, on affiche fièrement le « rétro spirit ». Dans cet établissement à deux pas de l'Hôtel de Ville, vous trouverez donc des banquettes de cuir, de belles lampes, une coupole stylée et désormais de beaux pans de mosaïques redécouverts à l'occasion des aménagements de cet automne. Ceux-ci ont permis d'offrir à la longue véranda plus de luminosité et surtout plus de confort, avec une isolation impeccable. Comme pour le décor, on est aussi dans le classique de bon goût du côté de l'assiette. On vous conseille par exemple le magret de canard et la tarte Tatin.

LES FERLEMPINS

13, cours Guynemer
✆ 03 44 83 53 31
www.lesferlempins.fr
contact@lesferlempins.fr

Maître Restaurateur. Ouvert du mardi au samedi de 12h à 13h30 et de 19h30 à 21h30. Menus de 32 € à 39 €. Carte : 26 € environ. Formule du midi : 18,90 € (deux plats ou 22,90 € trois plats). Vin au verre.

Après de délicieux moments dans cet établissement, on cherche toujours un défaut, en vain... La cuisine est inventive, avec des plats revisités qui surprennent toujours agréablement et des associations audacieuses. La carte change très vite car elle s'adapte aux saisons et aux inspirations, mais on citera pour vous donner une idée : le carré de porc et cromesquis, mousse de lentilles puis chocolat noir, whisky et vanille fumée. Cette cuisine repose sur des engagements avérés : des produits frais, du fait maison (même les fonds de sauce et les glaces), l'utilisation de produits et savoir-faire locaux, des vins achetés en direct chez le producteur... Le service est dans la lignée, avec toujours une description précise et souriante des délices qui vous attendent. L'ambiance est également rendue agréable par l'espace entre les tables et la décoration épurée. Ces concepts séduisants, on les doit à deux frères, un peu « ferlempins » (polissons en picard), qui ont développé leur passion dans la célèbre école Ferrandi. Et si l'on doit finalement trouver un point négatif, c'est le besoin de réserver dans ce « restaurant à but gustatif », victime de son succès.

■ RHIZOME

6, rue des Pâtissiers ✆ 09 83 77 42 22
www.restaurant-rhizome.fr
contact@restaurant-rhizome.fr

Ouvert du mardi au samedi de 12h à 13h15 et de 19h30 à 20h45. Réservation recommandée. Menus de 35 € à 45 €. Formule du midi : 21 € (et 25 €). Terrasse. Boutique.

En quelques mois, ce restaurant a fidélisé beaucoup d'inconditionnels, grâce à son concept et à la qualité de ses plats. Ici on propose du locavore, avec un menu fidèle à la région et des produits locaux issus de l'agriculture biologique ou raisonnée. Travailler avec des produits frais réduit forcément la carte et il faut y ajouter la contrainte de n'avoir que Samuel en cuisine et Claire au service. De fait, vous n'aurez pas de choix dans les plats le midi et il faut se contenter de deux choix possibles le soir et le samedi. Cette contrainte, nous l'avons perçue positivement car elle conduit à goûter des plats que nous n'aurions pas forcément eu l'audace de sélectionner sur une large carte. Ainsi, on vous propose par exemple des noix de Saint-Jacques façon gravlax avec navet et jus de cresson, un filet de poisson du jour avec une déclinaison de courge butternut et émulsion de champignons, puis en dessert une crème de bière noire, glace au foin et meringue vinaigrée. Pour les amateurs, sachez que le whisky et les bières sont aussi des produits locaux, testez-les, vous ne serez pas déçus.

LA TABLE D'ELISA

1, rue de la Gare
✆ 03 44 83 22 30
www.hoteldunordcompiegne.com
contact@hoteldunordcompiegne.com

Logis. Ouvert du lundi au vendredi le midi et le soir ; le samedi soir ; le dimanche midi. Réservation recommandée. Menus de 26 € à 58 € (deux ou trois plats). Menu enfant : 9,90 € (pour les moins de 10 ans). Formule du midi : 15,90 € (seulement en semaine). Label Tourisme & Handicap. Salon de thé et bar lounge.

Vous vous régalerez ici avec des produits frais et de qualité et le « fait maison ». A deux pas de la gare et à 5 minutes du centre-ville, cette adresse est devenue un incontournable pour les gourmets. Le chef y revisite la gastronomie, même avec des plats traditionnels comme l'agneau ou la tarte Tatin. Le restaurant est aussi réputé pour ses plats à base de poisson, n'hésitez pas à choisir la sole meunière ou plus simplement un plateau d'huîtres. L'établissement propose également un espace salon de thé et bar lounge. Il vous faudra revenir plusieurs fois pour goûter toute la série de mojitos proposés !

Le gîte

HÔTEL DE FLANDRE**

16, quai de la République
✆ 03 44 83 24 40
www.hoteldeflandre.com
hoteldeflandre@orange.fr

Ouvert toute l'année. 42 chambres. Chambre simple de 74 € à 89 € ; chambre double de 79 € à 94 € ; chambre triple de 89 € à 109 €. Petit déjeuner buffet : 8,50 €. Garage (7 € (parking privé 5 €)). Animaux acceptés (sans supplément). Wifi gratuit. Restauration. Tv satellite.

Idéalement situé à deux minutes à pied de la gare et en face du beau pont Louis XV menant au centre-ville, l'Hôtel de Flandre comprend 42 chambres au cadre chaleureux et traditionnel, aux couleurs pastel. Les chambres sont insonorisées par un double vitrage et sont tout confort (ascenseur, téléphone direct, journaux, chaînes étrangères, service en chambre). Des travaux ont été réalisés dernièrement pour la mise aux normes de 2 chambres accueillant des personnes à mobilité réduite. Cet établissement reçoit aussi régulièrement des groupes. Le restaurant attenant est une institution dans la cité impériale. Il a changé récemment d'équipe, de carte et de décor, mais il conserve une très bonne réputation, on estime qu'elle est bien méritée !

HÔTEL DU NORD***

1, place de la Gare
✆ 03 44 83 22 30
www.hoteldunordcompiegne.com
contact@hoteldunordcompiegne.com

Logis. Accueil jusqu'à 2 h. 20 chambres. Chambre simple 87 € ; chambre double 97 € ; chambre triple 115 €. Demi-pension : 85 € (77 € du vendredi au dimanche). Petit déjeuner : 11,80 €. Parking : 10 € (5 € pour les motos et 3 € pour les vélos). Promotion week-end (single ou double) à partir de 70 €. Label Tourisme & Handicap. Animaux acceptés (8 €). Séminaires. Restauration. Tv satellite.

Cet hôtel, très bien rénové en 2012 par une nouvelle équipe ambitieuse, est une valeur sûre. Il présente l'avantage d'être à 50 mètres de la gare, sans avoir l'inconvénient du bruit grâce à son insonorisation et son orientation. Une partie des chambres donne sur l'Oise et le centre-ville, situé juste sur l'autre rive. Le décor est épuré et de bon goût dans des chambres offrant tout le confort nécessaire. Le buffet du petit-déjeuner est très complet, avec de la charcuterie, du fromage, des cakes et des fruits… Pour agrémenter votre séjour, sachez que le restaurant et le bar de l'établissement (La Table d'Élisa) bénéficient d'une très bonne réputation.

HOSTELLERIE DU ROYAL-LIEU***

9, rue de Senlis
✆ 03 44 20 10 24
www.host-royallieu.com
hostellerieduroyallieu@orange.fr

Accueil jusqu'à 23h. 15 chambres (dont 2 suites + 1 suite familiale). Chambre double 100 € ; suite 120 €. Demi-pension : 131 €. Petit déjeuner : 12 €. Parking fermé inclus. Animaux acceptés (10 € par jour). Séminaires. Réceptions et mariages. Wifi gratuit. Restauration (ouvert du lundi au samedi midi et soir ; formule en semaine 28 € et menu du soir 37 €).

Lieu de charme au milieu d'un grand parc paysager, cette bâtisse à colombages du XIXe siècle accueille un établissement de référence à Compiègne. L'ambiance est ici tout en élégance, pas étonnant donc que dans la carte du restaurant on fasse référence à la vie compiégnoise de Coco Chanel durant plusieurs années, à 200 mètres du restaurant. Les chambres ont toutes en commun la vue sur le parc, un mobilier chic et une décoration épurée. Les suites quant à elles sont composées d'une chambre et d'un salon avec un bureau, elles peuvent accueillir une troisième personne. Le restaurant vous propose une cuisine gastronomique avec des plats savoureux, par exemple les ravioles de canard, du dos de merlu avec risotto de pommes de terre puis une tarte chocolat, cacahuètes et caramel au beurre demi-sel ! Le midi, le chef vous propose un menu d'un excellent rapport qualité-prix, qui change chaque saison.

Chambres d'hôtes

LES BEAUX MONTS

69, rue du Bataillon-de-France
✆ 06 10 45 65 06
www.lesbeauxmonts.fr
chlea.lesbeauxmonts@gmail.com
A 1,5 km au nord-est du centre ville.

Chambre double de 80 € à 90 €. Petit déjeuner inclus. Tarifs dégressifs en fonction du nombre de nuits (formule en gîte). Wifi.

Un gîte ouvert dans une ancienne maison de charpentier, entièrement restaurée, à cinq minutes à pied de la forêt et du château. Les quatre suites peuvent accueillir entre 2 et 4 personnes et sont meublées et décorées avec goût en présentant tout le confort nécessaire. Elles tirent leur nom des monts des massifs forestiers aux alentours : Mont du Tremble, Mont Ganelon, Mont Saint-Mard, et Mont Saint-Pierre. Le linge de lit et de toilette, l'eau, l'électricité et le ménage et le wifi sont compris.

Loisirs

PARK NAUTIC DE VERBERIE

Route de Rivecourt
✆ 03 44 40 03 99
www.parknauticverberie.com
teleskiverberie@gmail.com

Fermé de novembre à mars. Basse saison : ouvert le mercredi et le vendredi de 15h à 19h ; le week-end de 11h à 19h. Haute saison : le lundi de 14h à 20h ; du mardi au vendredi et le dimanche de 10h à 20h ; le samedi de 10h à 21h. Téléski à partir de 18 €, paddle : 9 € les 30 mn, bouée à partir de 5 €, vélos à partir de 7€, mini-golf à partir de 5 €, paintball de 25 à 50 €, accro sur l'eau à partir de 10 €. Possibilité de privatiser le site. Snack.

Elue plus belle forêt de la région

Le magazine régional *Esprit des Hauts-de-France* a désigné la forêt de Compiègne comme étant la plus belle de la région. La troisième forêt domaniale de France par sa superficie pourrait être prochainement labellisée « Forêt d'exception ». Pour une immersion apaisante, oubliez votre voiture, car la forêt entoure la ville. Elle débute à 1,5 km de la gare, à quelques hectomètres de l'hôtel de ville et au bout du parc du château. Vous ne quitterez pas alors les arbres durant une quinzaine de kilomètres. Impossible pour autant de vous y perdre ! Les emblématiques poteaux de carrefours forestiers ont tous un trait rouge qui indique le palais impérial. C'est Napoléon III qui a eu cette initiative après s'être inquiété d'un retour tardif de l'impératrice Eugénie.

■ POINT DE VUE DES BEAUX MONTS

www.compiegne-tourisme.fr
tourisme@agglo-compiegne.fr

Large d'une quarantaine de mètres et longue de 4,5 km, l'allée des Beaux-Monts fut percée depuis le Palais impérial à la demande de Napoléon. L'idée était d'offrir à Marie-Louise une perspective semblable à celle du château de Schönbrunn. L'allée se termine par une butte avec une vue splendide sur la forêt et le Palais impérial en arrière-plan. En bas de la colline débute le sentier balisé « Les Beaux Monts » (4,1 km de difficulté moyenne). Un chemin avec des marches permet une ascension moins abrupte de la centaine de mètres de dénivelé. Une fois en haut, reprenez votre souffle en profitant de la perspective jusqu'au château (avec le crépuscule face à vous c'est encore plus romantique, pour les photos privilégiez la lumière et la fréquente brume du matin). Suivez ensuite le chemin balisé, ou essayez une variante : prenez l'ancienne route goudronnée (interdite aux voitures) jusqu'à l'immanquable cèdre Marie-Louise. Prenez ensuite à gauche pour passer devant les surprenants pins greffés, puis reprenez à droite le chemin balisé. L'étroit sentier offre des changements de dénivelé et de rythme avant de retrouver le point de vue des Beaux-Monts et de redescendre via un chêne impressionnant qui vous toise fièrement du haut de ses quatre siècles.

Ce parc propose un panel d'activités : wakeboard, kneeboard (planche où vous êtes posé sur les genoux et les tibias), ski-nautique avec câble le long d'un circuit en boucle parsemé de modules où des pratiquants d'excellent niveau ne manqueront pas de vous impressionner. Vous pouvez aussi vous amuser sur des paddles de 1 à 7 places ou avec des bouées. Si l'eau n'est pas votre élément, orientez-vous sur les VTT, le beach-volley, le paintball ou le mini-golf de 18 trous. Sans oublier la petite plage avec les palmiers, du snack et de terrasse au bord de l'eau. Les propriétaires sont très créatifs et vous proposent désormais de l'accrobranche au-dessus de l'eau (vous n'avez pas de ligne de vie, si vous tombez c'est dans l'eau avec votre gilet de sauvetage). Autre nouveauté : un parcours à énigmes en extérieur.

■ THÉÂTRE À MOUSTACHES

1 bis, place Saint-Jacques
✆ 06 58 88 06 28
http://letheatreamoustaches.com
romain@letheatreamoustaches.com

16 €. Pour les spectacles pour enfant 8 € par enfant et 11 € par adulte.

Ce petit théâtre de 122 places fait revivre avec succès une salle de l'ancien cinéma de centre-ville. La programmation est basée avant tout sur le rire, en profitant de la vraie proximité entre les comédiens professionnels et le public. Très accessibles en termes de prix et de contenu, les spectacles font presque toujours salle comble, il est donc recommandé de réserver. La programmation pour les enfants (souvent à partir de trois ans) est fixée les dimanches en fin de matinée. Ce n'est pas évident d'y trouver une place si l'on n'a pas anticipé. Fort de ce succès qui draine à des dizaines de kilomètres à la ronde, le théâtre pourrait déménager dans les deux ans à venir pour disposer d'un espace plus grand.

Location de deux-roues

■ PICARDIE FORÊTS VERTES

Carrefour Royal
✆ 06 07 54 99 26
www.picardieforetsvertes.com
picardie-forets-vertes@orange.fr

Ouverture du 1er avril au 1er novembre en fonction de la météo. Réservation en semaine et hors saison par téléphone. 8 € l'heure, 20 € la journée. Vélo à assistance électrique : 25 € la journée. Remorque : 14 € la journée. Tandem : 39 € la journée. Vélo à assistance électrique 25 € la journée.

Placé près de l'hippodrome à l'entrée de la piste cyclable qui traverse la forêt (soit à un bon kilomètre du centre-ville) ce loueur de vélos (VTC, VTT, tandem et vélos à assistance électrique) vous attend du printemps à l'automne. On vous fournit gracieusement les plans des itinéraires et des casques et accessoires comme les bombes anti-crevaison, anti-vol... Attention, quand la météo est incertaine, pensez à appeler auparavant pour être sûr que la location est possible. Le loueur peut mettre à disposition des cycles dans les hôtels, chambres d'hôtes ou au départ des gares (appelez auparavant évidemment). N'hésitez pas à l'appeler pour savoir si des locations en semaine ou hors saison sont possibles, il y répond souvent favorablement.

Sorties

■ ACTION RÉACTION

1, rue Amour Baillon
Thourotte (à 10 km de Compiègne), parking à l'arrière de l'hypermarché
✆ 03 44 36 71 73
www.eg-actionreaction.fr
contact@eg-actionreaction.fr
Entrée : 20 € (énigme à 100 €, soit de 20 € par personne pour 5 à 50 € pour 2 : Entrée : à partir de 20€/pers, ouvert 7/7 de 10h à 20h et de 10h à 22h. Réservez un créneau sur le site).
Après une année de succès à Compiègne, les jeunes créateurs ont développé leur escape game sur un site beaucoup plus grand. Cela leur permet de proposer deux nouveaux scenarios, autour de la Fête des morts mexicaine et de l'enfer d'Hannah. C'est donc un superbe terrain de jeu pour s'amuser à résoudre des énigmes entre amis ou en famille. Si vous n'êtes pas à l'aise avec l'exercice, rassurez-vous, on vous fournira des indices supplémentaires au fil des minutes qui passent à une vitesse folle ! Sachez que vous pouvez offrir ces jeux sous forme de cartes cadeaux.

■ LE BEER GEEK

9, rue de Pierrefonds
Ouvert le lundi de 17h à 0h ; du mardi au jeudi de 17h à 1h ; le vendredi de 16h à 1h ; le samedi de 15h à 1h ; le dimanche de 18h à 23h30. Happy hours (de 18h à 20h). Pression à 3 et 5 €. Vin 4 ou 5 €. Fromage 5 €, saucisson 6 €. Panini 4,50 €, Croque Monsieur 4 €. Animations.
Ce bar à bières récent ne désemplit pas, puisqu'il attire une partie des 4 500 étudiants de la ville, mais aussi les jeunes salariés qui sortent du travail. Dès la seconde moitié de la semaine, vous peinerez donc à trouver de la place. Si cet établissement fonctionne aussi bien, c'est qu'il se base sur des principes qui font mouche : environ 150 bières différentes, huit choix de qualité à la pression et des prix attractifs. Pour manger, ici on fait dans le simple mais c'est efficace. Le service se fait au bar, les prix sont ronds, ce qui permet de faire face efficacement au flux de consommations. Des animations régulières et à thèmes sont également organisées.

IN VINO – LA CAVE À BOIRE

1, place de l'Ancien-Hôpital
✆ 03 44 40 60 75
www.invino-lacaveaboire.fr
invino-compiegne@orange.fr
Ouvert du mardi au vendredi de 11h à 14h30 et de 16h30 à 0h ; le samedi de 10h30 à 0h. Terrines et antipasti 6 €, assiettes de fromage, truffée et de charcuterie 8 €, foie gras 10 €, assiette mixte 12 €. Terrasse. Boutique.
C'est un des lieux préférés des Compiégnois, d'ailleurs en fin de semaine les petites tables de la cave à vin et la terrasse sont bondées dès le début de la soirée ! Manon vous accueille toujours aussi chaleureusement avec son accent québécois. Elle et sa jeune équipe vous conseillent avec brio sur vos commandes ou vos paniers

Visites guidées gourmandes à Lachelle

Impossible de résister à un passage à la boutique attenante après avoir suivi la visite guidée de la chocolaterie ! Après une heure d'explications, vous serez incollable sur le processus de la fabrication du cacao, de la torréfaction à la vente en passant par le moulage, la décoration, l'enrobage... Des ateliers sont aussi organisés pour les enfants à l'occasion des fêtes de Noël ou de Pâques, avec la fabrication et la décoration d'une cloche en chocolat, dégustation de gourmandises avec fontaine de chocolat...

- **Tarif visite guidée** : 3,50 €, gratuit pour les moins de 10 ans.
- **Tarif atelier enfant** : 15 € sur réservation au 03 21 86 17 62.

■ CHOCOLATERIE DE BEUSSENT LACHELLE

5, place de l'Hôtel-de-Ville ✆ 03 44 40 66 48
www.choco-france.com
commande@choco-france.com
Ouvert du mardi au samedi à partir de 10h12 et de 14h à 19h. Vente en ligne sur le site Internet.
La chocolaterie a été fondée en 1985 par Bruno et Alain De Rick, à Beussent, dans le Pas-de-Calais. En 1994, les De Rick font l'acquisition d'une ancienne ferme à Lachelle, près de Compiègne, et y installent une seconde chocolaterie : l'entreprise adopte dès lors le double nom. Les deux fabriques travaillent artisanalement avec un souci rigoureux de la sélection des ingrédients et du respect des produits. Depuis 2006, la chocolaterie possède sa propre plantation en Équateur. Beussent Lachelle est engagé dans une démarche de développement durable et de commerce équitable. Toutes les étapes sont effectuées par les artisans de la chocolaterie : du choix des fèves au conchage en passant par la torréfaction. Vous trouvez dans les boutiques de l'enseigne d'excellents bonbons de chocolat, des tablettes, du chocolat à la casse, et des figurines originales… Nous avons un faible pour les ganaches parfumées au Cointreau. Si vous voulez sortir du chocolat, la boutique propose de bons pains d'épice aux fruits.

- **Autres adresses :** 1 rue Taillerie - Beauvais (ouvert du mardi au samedi de 10h à 12h30 et de 14h30 à 19h) • 15, rue Apport-au-Pain – Senlis (ouvert du mardi au samedi de 10h à 12h30 et de 14h à 19h) • 41, rue Monelieu – Lachelle

garnis. En tout, près de 450 références de vins vous attendent ici, pour tous les budgets. Tout comme des whiskys et des rhums. Les tapas sont bien variées : charcuterie, fromage, antipasti... Pour les amateurs, il y a aussi régulièrement des assiettes d'huîtres. Les animations fréquentes participent à l'image festive de cet établissement incontournable de la cité impériale.

■ LIBERTHÉ D'EXPRESSO
10, rue des Lombards
Ouvert du mardi au dimanche de 8h à 18h. Smoothie 6 € ; Soupe 7 € ; Gâteaux du jour 3 €. Terrasse.
Difficile de trouver une terrasse aussi bien située dans le centre-ville de Compiègne, au cœur de la rue piétonne à côté de la belle bâtisse de la Vieille Cassine et de ses élégantes poutres à colombages ! A l'intérieur, on est aussi séduit par les coussins colorés qui agrément les banquettes. Vous pourrez y manger sur le pouce ou prendre un goûter gourmand avec des pâtisseries maison savoureuses (pomme, mascarpone, citron, noix, cannelle, pignon, caramel...) arrosées d'un smoothie, d'un milk-shake. Grand choix de cafés, le *latte* est servi comme il se doit avec un joli dessin et le sourire avenant des patrons, deux frères, Loïc et Jean !

■ RED BEAR
41, rue Saint-Corneille
Ouvert le mardi et le mercredi de 17h à 0h. Basse saison : du jeudi au samedi de 17h à 1h. Horaires élargis du printemps à l'automne. Pression 2,50 €, verre de vin 2 €, rhum 4 €, whisky 5 €, fromage 5 €, saucisson 6 €. Animations. Concerts.
Au premier abord, le concept n'est pas très original : un bar rock avec un décor à l'américaine et un nom anglophone. Mais Red Bear se démarque avec des bières rares à la pression (et qui changent au moins une fois par mois), un whisky en quasi-exclusivité, des rhums arrangés maison... Autre point fort : des animations autour de la musique, de cuisines du monde ou de thèmes spécifiques (œnologie, tatouages...). Au fond de la salle, le « saloon » est une pièce que vous pouvez privatiser pour une quinzaine de personnes en réservant des planches de nourriture et en remplissant le frigo des boissons de votre choix. Ce bar s'est rapidement fait une clientèle dans le centre-ville de Compiègne.

Emplettes

■ MÉLINE
10, rue Solférino ✆ 03 44 86 57 30
Ouvert du mardi au samedi de 7h à 19h30 ; le dimanche de 7h à 19h.
La queue sur le trottoir ne trompe pas, cette boulangerie-pâtisserie s'est vite construit une excellente réputation. On y vient chercher les délices concoctés par Carlos de Oliveira, qui fut désigné Meilleur ouvrier de France. Ici tout est bon, mais avouons un (grand) faible pour les éclairs. Les classiques au café et au chocolat sont délicieux. Si vous cherchez de nouvelles saveurs, les éclairs du moment (fraise, caramel beurre salé...) ne déçoivent jamais et surprennent toujours. Les flans à l'ancienne sont un régal, comme les galettes à la frangipane ou les croissants du moment. Plus simplement, la baguette Méline attire la clientèle d'habitués et c'est le choix des meilleurs restaurants de la ville. Dernier argument, il est fréquent que le personnel offre une chouquette aux enfants, pour leur plus grand plaisir !

Dans les environs

Lacroix-Saint-Ouen

A L'AUBERGE DU BAC
1, quai Etienne d'Orves
✆ 03 44 41 20 01
www.restaurant-aubergedubac.fr
aubergedubac60610@gmail.com
Basse saison : ouvert du mardi au dimanche le midi ; du jeudi au samedi le soir. Haute saison : du mardi au dimanche le midi ; du mercredi au samedi le soir. Réservation recommandée. Menus de 41,50 € à 64 €. Formule du midi : 20,50 € (deux plats, 25,50 € les trois plats).
Coco Chanel se baladait ici au bord la rivière, à deux pas de la maison de son amant. L'endroit est charmant et vous apprécierez les tables posées au bord de l'Oise. Il n'y a pas que l'eau qui coule ici, il y a aussi les bons vins, que l'on vous conseille avec soin. Ils accompagnent des plats délicieux comme les langoustines confites au caviar et le gigot d'agneau cuit pendant 18 heures, frites de polenta et légumes au bouillon thaï. En dessert, succombez à la tarte vanille Bourbon aux agrumes.

Sentier de randonnée « Les becs dans l'eau »

Ce circuit de 10 km démarre de la Cité des Bateliers jusqu'au château Renaissance du Plessis-Brion en passant par ses étangs. De ce site aménagé, vous pourrez observer les oiseaux à loisir ! Vous longerez d'abord le canal de l'Oise, l'écluse de Janville, la passerelle de l'Ecureuil en métal avant de traverser les étangs qui abritent une riche faune et flore avec une réserve ornithologique que vous pourrez voir de la toute nouvelle plate-forme d'observation. Le retour se fait en longeant l'Oise par le canal avec ses typiques maisons batelières.

Longueil-Annel

LA CITÉ DES BATELIERS

59, avenue de la Canonnière ✆ 03 44 96 05 55
http://citedesbateliers.com
contact@citedesbateliers.com

Fermé en janvier. Basse saison : ouvert du mardi au vendredi de 13h à 17h30 ; le week-end de 10h à 17h30. Haute saison : du mardi au dimanche de 10h à 18h. Haute saison d'avril à fin octobre. Gratuit jusqu'à 5 ans. Adulte : 6 €. Enfant (de 5 à 12 ans) : 3 €. Groupe (20 personnes) : 4 €. Visite guidée (sur réservation).

Valoriser l'identité de la commune et attirer des visiteurs grâce à un parcours scénographique animé, telles sont les ambitions réussies de la cité des bateliers, qui va fêter ses 20 ans en 2020. Le succès est au rendez-vous, avec environ 10 000 visiteurs annuels, ce qui va conduire à un déménagement dans les années à venir. La visite se déroule en plusieurs étapes avec tout d'abord la maison où l'on plonge dans le monde de la batellerie à travers des témoignages sonores, des photos, des films et des maquettes... On perçoit aussi bien les progrès techniques, la vie des mariniers, et les luttes sociales de cette profession. Amarrée en face, la péniche Freycinet nous plonge en immersion avec les espaces de vie, la salle des machines et les cales. On perçoit alors les attraits mais aussi les contraintes de ce mode de vie particulier. Enfin, le long des berges, des kiosques sonores complètent votre découverte. N'hésitez pas à vous renseigner sur les actualités de la cité, l'équipe dynamique regorge toujours de bonnes idées pour renouveler votre intérêt pour ce lieu.

Croisière : le musée propose des croisières commentées bien agréables à bord du bateau l'*Escapade*, un complément incontournable pour mieux vous imprégner de la vie des bateliers et du contact avec la rivière.

L'ESCAPADE

59, avenue de la Canonnière
✆ 03 44 96 05 55
www.croisieres-sur-oise.com
contact@citedesbateliers.com

Retrouvez les croisières et les lieux d'embarquement sur le site internet. Se présenter 15 min avant l'embarquement. Entrée : 9 €. Enfant : 7 €. Gratuit pour les moins de 4 ans. Dîner croisière 35 €, 15 € pour < 12 ans. Déjeuner 45 €. Déjeuner musical 57 €.

Voici une nouvelle manière de découvrir la rivière Oise et sa partie canalisée. Un bateau hybride vous permet de naviguer silencieusement entre 7 et 13 km/h avec une partie des places sur le pont supérieur, comme dans un bateau-mouche. L'intérêt est d'avoir un autre regard sur les cités batelières typiques de Longueil-Annel et Pont-l'Evêque ou de voir Compiègne depuis la rivière. Les croisières-promenades durent une heure et demie et s'accompagnent de commentaires sur l'histoire et la batellerie. Des journées spéciales sont proposées (comme pour le Pardon de la Batellerie ou la Fête des mères) et vous pouvez également choisir un déjeuner-croisière animé. La nouveauté de cette année est le principe d'un dîner-croisière de deux heures, avec un bon repas préparé par des traiteurs locaux soigneusement choisis. Des départs sont également proposés au départ de Compiègne et de Pont-l'Evêque.

Longueil-Sainte-Marie

LES ÉTANGS DE L'ABBAYE

Chemin de l'Abbaye ✆ 03 44 90 24 27
www.abbeylake.com
info@restodelabbaye.fr
A 10 minutes de Compiègne. https://www.restodelabbaye.fr/contact

Ouvert du mardi au vendredi et le dimanche le midi ; du jeudi au samedi le soir. Réservation recommandée. Menus de 23 € à 29 €. Menu enfant : 12 €. Vin au verre. Accueil des groupes (salle de réunion. Séminaire). Chaises bébé. Jardin. Terrasse.

Cet établissement, on l'aime à la fois pour son approche de la cuisine et pour son cadre. Le restaurant est un large dôme circulaire dont les baies vitrées donnent sur la terrasse et les étangs. Si vous recherchez du dépaysement et de la détente, vous les trouverez ici. Côté cuisine, on mise aussi sur de l'authenticité et de la qualité. On y utilise autant que possible le verger et le potager de la propriété, à défaut ce sont les circuit courts et le bio qui sont privilégiés pour l'approvisionnement. Vous retrouvez chaque semaine un nouveau « menu du marché » avec trois plats au choix. Tout est bon, mais on vous conseille particulièrement le saumon fumé sur place, la terrine de gibier au cœur de foie gras, le civet de lapin avec vin rouge et chocolat, et pour terminer la poire pochée avec sa glace artisanale au pain d'épices (réalisé avec le miel des ruches situées derrière l'étang).

Margny-lès-Compiègne

L'ATELIER D'YVES

70, rue du Pont Neuf ✆ 06 19 94 70 31
www.taimhotel.com
contact@restaurantlatelierdyves.fr

Ouvert tous les jours le midi et le soir. Menu unique à 24 €. Plats de 12,5 à 24 €. Menu enfant : 12 €. Brunch le dimanche midi 30 €.

Chef très réputé dans la région, Yves Méjean a donné son nom à un établissement où sa patte est indéniable. La gastronomie y est fine et repose sur deux axes : plats d'ici (comme le traditionnel filet de bœuf) et plats d'ailleurs (comme le pavé de thon mi-cuit à la japonaise). Si le service n'était pas toujours au niveau dans un premier temps, c'est le cas maintenant. Cela permet de profiter tranquillement du beau décor intérieur ou de la plus belle terrasse du Compiégnois. A quelques minutes à pied du centre-ville de Compiègne et de la gare, vous bénéficiez d'une exposition plein sud et vous surplombez la rivière dans un cadre apaisé qui donne sur l'élégant Pont Neuf. Le restaurant ne désemplit pas, et il est vivement conseillé de réserver votre table.

Rethondes

MUSÉE TERRITOIRE 14-18

19, rue de Verdun ✆ 03 44 90 14 18
www.musee-territoire-1418.fr

Fermé de décembre à février. Du 1er octobre au 30 novembre et du 1er au 31 mars les mercredi, vendredi, week-end et jours fériés de 10h à 13h et de 14h à 18h Du 1er avril au 30 septembre les mercredi, jeudi, vendredi, week-end et jours fériés de 10h à 13h et de 14h à 18h. Fermé en décembre, janvier, février, le 1er novembre et le 1er mai. Gratuit. Les autres sites du musée peuvent être payants comme la Clairière de l'Armistice, le Musée du Noyonnais, ou gratuits quand il s'agit de parcours ou de lieux de mémoire.

L'Espace Découverte est un lieu moderne d'éveil et de ressources sur l'histoire de la Grande Guerre dans l'Oise, mais aussi une porte d'entrée sur les sites du Musée Territoire 14-18 : Autrêches, Carlepont, Machemont, Nampcel, Noyon, Moulin-sous-Touvent, Plessier-de-Roye, Tracy-le-Mont, Vingré, mais aussi la très célèbre Clairière de l'Armistice. Pour découvrir la ligne de front et appréhender la vie des soldats et des civils, venez visiter les villages, les nécropoles, les monuments commémoratifs, les carrières, suivez les sites majeurs du conflit pour découvrir les traces de la Première Guerre mondiale. Toute l'année, l'Espace Découverte de Rethondes propose une belle scénographie rendant très accessibles ces moments historiques. L'Espace Découverte est devenu le Centre d'Interprétation de la Grande Guerre mais aussi du géosite Cuisien. Vous allez ainsi pourvoir avoir une approche concrète de la géologie à travers le site de Cuise-Lamotte. Sur réservation et lors des animations, vous pourrez ainsi découvrir qu'il y a 50 millions d'années la région avait un climat tropical avec des eaux accueillant tortues et requins !

AUBERGE DU PONT DE RETHONDES

21, rue du Maréchal-Foch
✆ 03 44 85 60 24
http://aubergedupont-rethondes.fr

Tables & Auberges de France. Ouvert du mercredi au samedi le midi et le soir ; le dimanche midi. Réservation recommandée. Menus de 47 € à 10 €. Menu enfant : 25 €. Formule du midi : 32 € (deux plats, seulement en semaine). Vin au verre. Menu autour du homard 180 € servi pour 2 personnes. Label Tourisme & Handicap. Accueil des groupes (jusqu'à 50 personnes). Jardin. Terrasse.

On n'hésite pas à faire des kilomètres pour se régaler de la cuisine du chef réputé Ludovic Colpart. Les plats y sont raffinés avec pour partie des sélections de productions locales. Dès l'ouverture de la carte, on a l'eau à la bouche avec les ravioles au homard et au foie gras, le foie gras à l'anguille fumée et au topinambour, le veau cuit à basse température, le homard européen cuit au beurre demi-sel et la succulente tarte au citron du chef. Le cadre est au niveau de l'assiette, avec une belle décoration et surtout une terrasse délicieuse bordée par un petit bassin.

Saint-Jean-aux-Bois

ABBAYE BÉNÉDICTINE

Centre du village

Ouvert du mercredi au lundi de 10h à 18h30. Accès gratuit.

L'existence du village au milieu de la forêt domaniale est lié à l'abbaye bénédictine fondée en 1152 par la reine Adélaïde, veuve de Louis VI le Gros. Cette abbaye fut un couvent de femmes jusqu'en 1634, où elles échangèrent leur toit avec les chanoine de Royallieu (à Compiègne, situé à une douzaine de kilomètres), pour échapper à l'inquiétude de vivre isolées au milieu de la forêt. Il ne reste plus que la porte fortifiée avec ses deux tourelles du XVe siècle, pour témoigner de l'enceinte qui entourait et protégeait l'abbaye. Cela constitue aujourd'hui une charmante entrée vers les calmes jardins de de la magnifique église abbatiale du XIIIe siècle. D'une grande simplicité de lignes, elle conserve de beaux vitraux en grisaille de la même époque, et témoigne des débuts du gothique. A ses côtés, la salle capitulaire, plus ancienne (XIIe), précédée d'une Vierge à l'Enfant naïve du sculpteur Muguet (1903-1988). Point d'attrait récent : un orgue numérique a été mis en fonction, grâce à l'apport des subventions et des mécénats. A la sonorité, il n'y a aucune différence avec un orgue classique, mais le numérique procure une plus grande diversité de sons. Avec cet instrument et l'acoustique exceptionnelle du lieu, l'abbaye connaît un regain d'activité avec de superbes concerts. Ceux-ci entrent notamment dans le cadre du Festival des Forêts (de mi-juin à mi-juillet).

ARBORETUM

Derrière l'abbaye

Ouvert toute l'année. Gratuit.

Si vous stationnez sur le parking indiqué dès l'entrée du village, vous tomberez sur l'arboretum. Cet équipement récent vous permet de tout de suite vous imprégner de l'identité de la commune : le calme, l'abbaye voisine et le milieu forestier. A travers un parcours pédagogique simple, court et réussi, vous en apprendrez davantage sur le grand domaine forestier qui entoure ce charmant village. Ainsi, au delà des classiques panneaux, petits et grands peuvent s'amuser au gré des ateliers. On se prend vite au jeu pour retrouver le végétal associé à l'odeur proposée, deviner à quel animal appartient cette trace ou encore pour « faire chanter les arbres » (avec un xylophone géant, vous tapez sur des essences différentes qui résonnent chacune à leur manière). En complément, pour permettre aux enfants de se défouler, vous avez une balançoire, quelques jeux et un petit terrain multisports.

Promenons nous dans les bois...

Circuit cycliste facile. Un conseil pour apprécier encore mieux l'ambiance de la forêt : enfourchez votre vélo (ou louez-en un à l'agence VéloTIC de la gare ou auprès du professionnel près du Rond-Royal) pour parcourir la douzaine de kilomètres entre Compiègne et Saint-Jean-aux-Bois. Vous emprunterez une piste cyclable traversant la majestueuse forêt. Si vous avez le temps, poussez ensuite jusqu'à Pierrefonds (5 km plus loin), pour revenir à Compiègne par la charmante commune de Vieux-Moulin. Cette boucle de près de 27 km est sans aucun doute la plus belle balade cycliste du Compiégnois, voire de la région !

Circuit pédestre familial. Pour les marcheurs, prenez la rue des Meuniers (en face de la belle porte fortifiée) puis au bout de la rue vous arrivez en forêt. Sur la gauche, un parcours de randonnée indique « le Chêne Saint-Jean ». Il s'agit d'un arbre âgé de 750 ans, qui aurait été planté sous le règne de Saint-Louis (1226-1270) par les moines de l'abbaye de Saint-Jean. C'est le plus vieil arbre des forêts de France ! Malheureusement le temps a fait son œuvre et il a perdu de sa superbe depuis 1970 lorsque des enfants ont voulu y brûler un nid de guêpes. Toujours est-il que le circuit balisé qui lui est dédié vous donnera un bon aperçu de la belle forêt de Compiègne et vous offrira une bouffée de calme bien apaisante.

AUBERGE À LA BONNE IDÉE

3, rue des Meuniers
✆ 03 44 42 84 09
www.a-la-bonne-idee.fr
reservation@a-la-bonne-idee.fr

Fermeture annuelle en janvier. Ouvert le lundi et le mardi le soir ; du mercredi au samedi le midi et le soir ; le dimanche midi. Réservation recommandée. Menus de 60 € à 125 €. Vin au verre. Chambre à partir de 60 € (prix dégressifs en période de faible fréquentation, renseignez vous à l'accueil). Petit déjeuner : 14 €. Terrasse.

Yves Giustiniani, chef étoilé, est à la hauteur de la réputation de l'établissement. Parmi les délices les plus emblématiques, il propose notamment les ravioles de foie gras de canard, le carpaccio de Saint-Jacques, le filet de biche en croûte et le soufflé chaud au Grand-Marnier. Avec ses pierres, ses poutres et sa cheminée, le charme de cette auberge contribue à son excellente réputation. Si le temps s'y prête, on vous conseille évidemment la terrasse qui donne sur un jardin où l'on se sent immédiatement imprégné de l'ambiance apaisée qui y règne. Pour l'anecdote, c'est dans cet endroit délicieux qu'Émile Carrara a composé la musique de la célèbre chanson *Mon Amant de Saint-Jean* en 1942. L'établissement propose aussi 23 chambres dont 5 suites classées 3 étoiles. Dans un tel cadre, on passe forcément un séjour des plus plaisants et des plus relaxants.

LA FONTAINE SAINT JEAN

21, rue des Plaideurs
✆ 03 44 96 25 56

Ouvert le mardi et le dimanche de 8h à 18h ; du mercredi au samedi de 8h à 20h30. Réservation recommandée. Menus de 15 € à 20 €. Carte bleue à partir de 15 €. Animations.

Le pari est largement réussi à plusieurs titres pour cet établissement. Lorsque l'ancien propriétaire a quitté les lieux, la mairie s'est battue pour trouver des financements sur des aménagements et a lancé un appel à projet pour une reprise. Cela illustre l'importance de ce restaurant immanquable en face de la très belle porte fortifiée. C'est aussi un vrai lieu de vie, puisque c'est le bistrot, l'épicier, le lieu du dépôt de pain... Non seulement l'activité a subsisté, mais elle a bénéficié d'un nouveau souffle. Il est recommandé de réserver au moins une semaine à l'avance si vous venez le dimanche. La gérante œuvrait auparavant à Fleur de thé, un salon de thé renommé à Compiègne. Elle a su apporter sa pâte avec tous les jours de nouvelles recettes maison. La semaine où nous y sommes passés, il y avait parmi les réjouissances la carbonnade flamande le jeudi, le carré de veau le vendredi et le curry d'agneau le dimanche. Au-delà du repas, arrêtez-vous ici à tout moment de la journée pour vous rafraîchir ou vous réchauffer, l'ambiance y est bien accueillante.

Saint-Léger-aux-Bois

DOMAINE DES REFLETS BLEUS

Rue des Étangs
✆ 03 60 19 49 76
www.domainedesrefletsbleus.com
contact@domainedesrefletsbleus.com

Ouvert toute l'année. Accueil téléphonique fermé le mardi et le mercredi. Accueil de 15 à 18h. Prévenir si retard. Enfant de mois de 3 ans offert. de 3 à 16 ans, supplément de 12 € / nuit. (29 € / une seule nuit). Tarifs variables selon l'hébergement. Exemple cabane Souffle d'émeraude, pour 2 personnes : de 1 à 3 nuits de 249 à 657 € en semaine et de 262 à 696 € les week-ends, jours fériés et de juin à mars. petits déjeuners compris. Animaux non admis pour protéger la faune sauvage. Restauration (fourniture de paniers repas bio sur commande de 12 à 64 € selon le panier et la saison. panier enfant 15 €). Nombreuses activités nature.

Confort et authenticité ! Offrez-vous un séjour 100 % écologique, en symbiose avec la nature, au cœur d'une réserve naturelle de plus de 35 hectares de massif forestier et d'étangs. Au Domaine des Reflets Bleus, chacun prend réellement soin de la nature environnante et ceci tout au long de son séjour ! Vous logerez dans des cabanes en bois sur pilotis, entièrement construites en matériaux naturels et durables, qui ont été personnalisées et aménagées pour répondre aux souhaits de chacun. Celles-ci, bien équipées, vous feront vite oublier la vie urbaine stressante, le tumulte des voitures et même l'usage de l'électricité.

Vous plongerez alors au milieu d'une flore et d'une faune préservées pour votre plus grand bonheur. Enfin une offre de loisirs sortant des sentiers battus, fondée sur le respect de l'environnement et une approche douce de la pratique touristique !

Venette

■ LE MÉGA

Centre commercial Jaux-Venette
45, avenue de l'Europe
✆ 03 44 90 05 99
www.le-mega.com

Ouvert du lundi au samedi le midi et le soir. Réservation recommandée. Menu unique à 38,90 €. Menu enfant : 7,90 €. Formule du midi : 12,50 € (les deux plats et 17 € les trois plats). Galettes à partir de 8 €. Carbonnade 15,90 €. Fondue 15 €. Raclette 21 €. Chèque Vacances, Chèque Restaurant. Accueil des groupes. Terrasse. Animations. Parking éclairé.

Ce restaurant savoyard vaut le déplacement pour ses plats typiques et conviviaux comme la fondue, la tartiflette, la raclette, le tout dans un décor alpin composé d'accessoires de ski et de grandes banquettes en bois. La cuisine est faite maison et offre un choix varié puisque vous pouvez commander des plats classiques comme le burger ou des spécialités des Hauts-de-France avec la carbonnade flamande ou le potjevleesch. Le restaurant est aussi apprécié pour son équipe disponible et à l'écoute, ses animations et pour ses services tardifs (jusqu'à minuit les vendredis et samedis).

■ CHOCOLATERIE DE BEUSSENT

6, avenue de l'Europe
✆ 03 44 83 77 78
www.choco-france.com

Ouvert du mardi au samedi de 10h à 12h30 et de 14h à 19h.

Fondée en 1985, la maison de Beussent n'a plus rien à prouver en matière de chocolat... Fabriqués de manière artisanale, dans le plus grand respect de la matière première, ses produits ont un goût caractéristique apprécié des connaisseurs. Les chocolatiers de l'enseigne sont parmi les rares professionnels de France à maîtriser la fabrication de A à Z : du choix des fèves de cacao jusqu'au conchage, tout est fait maison. À noter que Beussent possède sa propre plantation en Équateur ! N'hésitez pas à passer en boutique pour découvrir les œuvres faites par ces artisans avec ce noble matériau.

Vieux-Moulin

■ ÉTANGS DE SAINT-PIERRE ★

D 547
Juste avant Pierrefonds, tourner à gauche en direction de Vieux-Moulin, puis suivre le panneau « Grimp à l'arb ».

Ouvert toute l'année. Gratuit.

Sur la route Eugénie (du nom de l'Impératrice), une étape s'impose aux étangs de Saint-Pierre. Considérés comme l'un des plus beaux sites de la forêt de Compiègne, les trois étangs artificiels ont été creusés au XVIe siècle par les moines célestins qui occupaient le mont Saint-Pierre voisin. Ces étangs poissonneux sont toujours aujourd'hui le paradis des pêcheurs. Quel plaisir de regarder les hérons, cygnes, grenouilles, poules d'eau ou canards et de contempler des platanes, des peupliers et un chêne âgé de plusieurs siècles. Entre les deux premiers étangs, vous serez intrigué par un élégant pavillon de chasse. Construit pour recevoir les invités de l'empereur Napoléon III, le Pavillon Eugénie a été restauré en 1996. Juste à côté se tiennent quelques tables ombragées et le réputé parcours d'accrobranches « Grimp à l'arb ». C'est aussi le lieu de départ de randonnées vers les monts Saint-Mard et Saint-Pierre ou autour des étangs. Enfin, sachez qu'ici la glace est un régal, en hiver quand elle recouvre superbement les étangs, puis en été quand le camion propose des cornets rafraîchissants. Après cette description, inutile de vous dire que l'endroit est un incontournable pour les sorties familiales.

■ AUBERGE DU MONT SAINT MARD

2, Route Eugenie
✆ 03 44 83 75 51
www.aubergedumontsaintmard.com
contact@aubergedumontsaintmard.com

Ouvert le lundi soir ; du mardi au samedi le midi et le soir ; le dimanche midi. Menu bistronomique de 17€ à 25€ et menu gastronomique de 24€ à 33€, drive sur place ou livraison à domicile. Terrasse.

Ce restaurant bénéficie d'un cadre majestueux, il fait face aux grands arbres de la forêt et au mont Saint-Mard. Fermé un bon moment, il a été relancé avec réussite il y a quelques mois. Le chef a officié dans des restaurants réputés du Compiégnois mais aussi à l'étranger. Il prépare une cuisine de qualité avec des produits frais. Les créations sont inspirées de souvenirs d'enfance ou de lointains voyages. Pour vous donner l'eau à la bouche, citons la pintade cuisson basse température avec son jus et ses patates douces en trois façons. La chef pâtissière propose, elle, notamment un roulé de verveine cœur citron et crème légère. Pour l'anecdote, sachez que le malfaiteur Jacques Mesrine a géré l'établissement dans les années 1960.

■ AUBERGE DU MONT SAINT-PIERRE

27, rue des Etangs
✆ 03 44 85 60 00
www.aubergedumontsaintpierre.com
contact@aubergedumontsaintpierre.com

Ouvert du mardi au dimanche le midi ; le vendredi et le samedi le soir. Menus de 34 € à 50 €. Formule du midi : 27 € (en semaine).

Cette auberge est la dernière maison du village à l'orée de la forêt, le long de la petite route menant aux étangs et au charmant Mont Saint-Pierre. Le calme règne dans cet établissement où le décor rappelle la forêt et la chasse. Cette identité se retrouve également dans l'assiette, avec par exemple un civet de cerf grand veneur avec mousseline de céleri. Vous pouvez aussi opter sans hésitation pour le cœur de ris de veau en escalope aux morilles crémées avec un gratin dauphinois. Si vous recherchez de l'authenticité et de la qualité, vous êtes à la bonne adresse ! En été, le calme et le charme de la terrasse donnant sur la forêt sont très appréciables.

PARCOURS DE RANDONNÉE

Panneau au centre du village, au croisement des rues de Compiègne et de Saint-Jean.

Un panneau détaillé et bien illustré vous permet de découvrir les points d'intérêt du village. Il y a bien sûr l'église Saint-Mellon, mais aussi l'ancienne gare et les superbes demeures bourgeoises. Vous pouvez longer les routes très peu fréquentées et profiter du charme des petites maisons le long de la sente du faubourg Saint-Pierre. Particularité du village, il comprend les premières maisons dans le style du Soissonnais, c'est-à-dire en pierre avec des pas de moineaux (des sortes de petites marches le long du toit).

CRÉPY-EN-VALOIS ★

Crépy-en-Valois affiche fièrement un privilège rare : celui d'avoir légué son nom à une dynastie royale. Ancienne capitale du duché de Valois, la cité fut le berceau de la dynastie qui régna sur la France de 1328 à 1589. Son histoire est indissociable de celle de l'abbaye Saint-Arnoul et du château qui deviendra un lieu de résidence des rois jusqu'à la guerre de Cent Ans. Le XIXe siècle et sa révolution en marche profite grandement à la cité médiévale. L'arrivée du chemin de fer facilite l'implantation d'industries prospères, et l'agriculture continue de se développer. En dépit de multiples et destructeurs bombardements pendant les deux guerres mondiales, Crépy-en-Valois a su conserver un beau patrimoine comme en témoignent les tours de Paris qui accompagnent depuis deux siècles les transformations urbaines.

OFFICE DE TOURISME DU PAYS DE VALOIS

82, rue Nationale ✆ 03 44 59 03 97
www.valois-tourisme.fr
otcrepyvalois@wanadoo.fr

Ouvert du mardi au samedi de 9h30 à 12h30 et de 13h30 à 17h30 ; le dimanche de 9h à 13h. Fermé le dimanche de novembre à fin mars. Fermé entre Noël et le jour de l'an et le 1er mai.

Cet office de tourisme vous informe efficacement via plusieurs biais : un personnel compétent et agréable, un site Internet refait à neuf, l'application mobile « Sortie en Valois » et une borne interactive en vitrine. Dans l'agencement moderne et épuré de l'office, on retrouve des objets se rapportant au Valois et des produits locaux comme de la bière, du cidre, du miel, des condiments et même des doudous et des jouets en tissu ! Pour ceux qui viennent avec des enfants, un coin dédié leur permettra de patienter plus facilement. L'établissement vous renseignera également sur les points d'intérêt du secteur d'Ermenonville, les deux offices de tourisme étant associés.

AQUILON DÉCOUVERTE

1, place de la Gare ✆ 06 72 36 60 74
aquilon-decouverte.com
decouvrez@aquilon-patrimoine.com

Visites guidées de 40 sites du Valois et de ses alentours. Gratuit jusqu'à 9 ans. Adulte : 10 €. Enfant (de 10 à 18 ans) : 7 €. Groupe (20 personnes) : 8 €.

Ces guides savent intéresser tous les publics, même les locaux qui pensent bien connaître leur région. Ils proposent en effet d'ouvrir les portes de sites qui ne sont pas (ou peu) ouverts à la visite habituellement, comme les élégants châteaux de Versigny et Mont-l'Évêque. Aquilon vous permet aussi de redécouvrir sous un nouveau regard des lieux plus connus, comme le château de Raray, l'abbaye de Morienval ou l'abbaye royale du Moncel. La jeune équipe est composée d'archéologues et historiens qui savent enrichir les visites après avoir étudié les sites. Ils savent également s'adapter à des publics moins avertis ou des enfants grâce à leur approche interactive et passionnée. Leur approche reconnue leur a valu d'intervenir dans une émission *Des racines et des ailes* consacrée aux Hauts-de-France. Leur programme de visite continue de se développer avec une quinzaine de nouveaux lieux cette année. Pour connaître les dates et les sites proposés, rendez-vous sur le site Internet ou renseignez-vous à l'office de tourisme de Crépy-en-Valois. Des circuits à la journée et personnalisables sont également proposés pour les groupes.

Points d'intérêt

COLLÉGIALE SAINT-THOMAS

Place Saint-Thomas

Fermée au public mais à découvrir depuis l'extérieur.

De ce fleuron de l'architecture gothique de la capitale du Valois, il ne reste malheureusement aujourd'hui que la façade du XIIe siècle, deux tours carrées et un clocher à flèche octogonale. Malgré cet état, l'édifice conserve une certaine élégance et vaut le détour, surtout aux beaux jours avec le jardin aménagé à l'emplacement de l'ancienne collégiale. Elle fut bâtie en 1182 par Philippe d'Alsace et son épouse Elizabeth en l'honneur de Thomas Becket, l'archevêque anglais de Canterbury assassiné sur les marches de son église, avec lequel ils étaient devenus amis lorsque celui-ci s'était réfugié en France. La flèche, rasée par les Anglais après la prise de la ville, fut reconstruite en 1431 et l'église fut restaurée en 1470. Elle comprenait alors une grande nef voûtée d'ogives, avec des collatéraux et un triforium. Elle fut laissée à l'abandon lorsque une partie des voûtes s'écroula, puis vendue en 1804 à un entrepreneur compiégnois qui souhaitait réutiliser les pierres ! Malheureusement, ce bel édifice continue à tomber en ruine. La belle façade s'est écroulée l'été dernier, ce qui a conduit au montage d'un échafaudage et de renforts qui dénaturent les ruines pourtant si romantiques.

ÉGLISE SAINT-DENIS ★

Place Saint-Denis

Visite libre. Ouverte le dimanche après-midi d'avril à octobre.

Inscrite depuis 40 ans aux Monuments historiques, l'église Saint-Denis est fièrement perchée au-dessus des

Balades en ville

La vieille ville. Vous pourrez apprécier les jolies rues comportant d'anciennes maisons aux portes sculptées : l'hôtel de la Rose (XVIe siècle) et son jardin surplombant les remparts sud, la porte Sainte-Agathe (XVIIIe siècle), l'entrée de l'ancien couvent des Ursulines (XVIIe siècle), la Maison dite Saint-Joseph (XVIIIe siècle) qui accueille régulièrement des tournages, la Maison des Quatre Eléments (XVIIIe siècle) qui appartenait au sculpteur des bâtiments de Louis XV, l'entrée de l'hôtel du Lion (XIVe siècle), la place Gambetta, ou encore l'hôtel d'Orléans (XVe siècle).

Flânerie au cœur de la cité des Valois. Il s'agit d'un circuit (non fléché) disponible sur brochure à l'Office de tourisme. Il vous permettra de découvrir 17 points d'intérêt de la ville, durant environ une heure (plus évidemment si vous prenez le temps d'entrer dans certains bâtiments). On citera notamment : l'église Saint-Denis, l'abbaye Saint-Arnoul, la collégiale Saint-Thomas ou le château des Seigneurs. Dans la rue Jeanne-d'Arc, vous découvrirez une histoire assez méconnue. Au numéro 17, une plaque sur une vieille maison fait référence à la Pucelle d'Orléans. C'est en effet ici, en 1430, qu'elle aurait passé sa dernière nuit de liberté avant d'être capturée, aux portes de Compiègne !

remparts de la cité médiévale. Elle exprime la volonté de Gauthier le Blanc, comte de Valois, qui aurait fait élever cet édifice dans le bourg médiéval et dans l'enceinte de la forteresse qu'il fit édifier au XIe siècle. Reconstruit au XIIe siècle, le bâtiment aurait ensuite durement souffert du siège anglais de 1433. Transformée en grange à foin après la Révolution, l'église au chœur étonnamment surdimensionné, ne fut restituée aux habitants qu'en 1803. La façade, ornée d'une rosace, a été totalement reprise en 1844. L'élégant clocher ne fut, lui, reconstruit quelques années plus tard. Il abrite trois belles cloches : Marie-Françoise, 780 kg, donne le fa ; Agathe-Virginie, 570 kg, sonne le sol ; et la petite Adèle-Julie, 410 kg fait retentir le la.

■ MUSÉE DE L'ARCHERIE ET DU VALOIS ★

Rue Gustave-Chopinet ✆ 03 44 59 21 97
www.musee-archerie-valois.fr
musee@crepyenvalois.fr

Ouvert de fin mars à mi novembre. Ouvert du mercredi au lundi de 14h à 18h. Gratuit jusqu'à 26 ans. Adulte : 5 € (2,5 € pour les archers sur présentation de licence). Groupe (10 personnes) : 2,50 €. Anniversaire : 95 € pour un groupe d'enfants de maximum 15. Accueil enfants. Visite guidée. Boutique. Animations.

Demeure seigneuriale, grenier, tribunal, prison (le poète Gérard de Nerval y a été enfermé durant une nuit), puis salle de spectacles (...) le château de Philippe de Crépy-Nanteuil a connu une vie bien mouvementée. Il reste un beau et haut bâtiment, avec une belle charpente du XIVe siècle. Depuis plus de sept décennies, il accueille un musée unique en Europe : celui de l'archerie. On y découvre aussi bien des armes préhistoriques de plus de 10 000 ans, des arcs de « Peaux Rouges » ou le matériel high-tech utilisé par les champions olympiques... Des animations sont proposées au fil des mois, notamment pour les enfants (jeux médiévaux, contes, spectacles...). Les salles hautes du musée abritent une riche collection d'art sacré du Moyen Age au XIXe siècle. Le site offre également un beau point de vue sur le vallon de Saint-Agathe. Pour les enfants, sachez qu'il y a un beau livret de jeu et des coloriages thématiques à télécharger sur le site Internet du musée.

■ PARC DE GERESME

Avenue de l'Europe

Basse saison : ouvert tous les jours de 8h à 17h. Haute saison : tous les jours de 6h à 22h. Haute saison du 1er avril au 30 septembre. Gratuit. Restauration.

Derrière le château de Géresme se situe un grand parc public d'une vingtaine d'hectares. Après avoir descendu la pente aménagée, vous trouverez de quoi contenter petits et grands. Les enfants apprécient d'abord les daims, chèvres et cochons chinois qui s'approchent facilement de la clôture de l'enclos. En liberté dans la zone de l'étang, on retrouve des cygnes, des oies et des canards. L'aire de jeux est bien conçue pour les enfants. Pour les adolescents et les adultes, des parcours d'orientation sont proposés et de récents ateliers sportifs permettent de se dépenser. Ce parc bien agréable attire des habitués venus de plusieurs dizaines de kilomètres à la ronde.

Le couvert

■ LA FLEUR DE SEL

14, rue Nationale ✆ 03 44 94 15 95
www.la-fleurdesel.com
lerestaurant.lafleurdesel@gmail.com

Maître Restaurateur. Ouvert le mardi, le vendredi et le samedi le midi et le soir ; le mercredi, le jeudi et le dimanche le midi. Menus de 33 € à 46 €. Menu enfant : 14,50 €. Formule du midi : 18 € (à 23 €).

Ce restaurant à la belle façade rouge est devenu un incontournable, avec qui plus est une belle situation en plein centre-ville. C'est une bonne table avec une cuisine traditionnelle, copieuse et recherchée ; le service y est efficace et charmant, c'est toujours un plus ! Vous pouvez vous régaler avec un dos de cabillaud braisé au coulis de langoustine sur fondue de poireaux ou la poêlée de ris de veau sauce morille avec les légumes du moment. En dessert, les gourmands apprécient les trois choux de profiteroles maison avec la glace vanille et la sauce chocolat ! La carte des vins est largement à la hauteur pour faire de ce repas un moment de fête. Pour vos soirées ou réceptions, vous pouvez privatiser la cave voûtée du XIVe siècle, au cachet indéniable !

LE SAINT ANTOINE
3, rue de la Cloche
✆ 03 60 39 11 84
www.lesaintantoine.fr
lesaintantoine60@gmail.com

Ouvert du jeudi au samedi de 12h à 21h ; le dimanche de 10h à 17h. Menu unique à 18 €. Formule : 15 €. Formule goûter 4 €. Tapas 6 €. Planches 8 €. Dessert 6 €. Vente à emporter. Animations.

C'est un vrai coup de cœur ! Du locavore, de la convivialité, de la simplicité, de la créativité… Qu'il est bon de se retrouver au Saint-Antoine, établissement bien connu des Crépynois et repris en 2017 par Catherine. La patronne s'est lancée dans sa reconversion avec beaucoup d'enthousiasme et ça se ressent. On vient ici pour manger à toute heure, boire un verre, prendre un thé et surtout déconnecter. La bonne humeur de Catherine est communicative et vous trouverez des clients détendus en train de discuter ou de profiter des animations hebdomadaires variées (café-philo, concerts, jeux de société…). Les murs blancs sont élégamment ornés de tableaux qui changent chaque trimestre. Dans l'assiette, les tapas sont bien sûr maison à partir essentiellement de produits de la région. On se régale par exemple avec une verrine de pot-au-feu, des croustillants de brie de Meaux, d'une purée de céleri et d'un délicieux fromage blanc. Les jus de pomme et les bières sont à recommander (notamment la Félicité ambrée). Enfin, vos enfants seront aussi bien accueillis que vous, et c'est appréciable.

Loisirs

AVENTURA PARK
14, rue Gustave Eiffel
✆ 03 44 88 80 85
www.aventurapark.fr
contact@aventurapark.fr

Basse saison : ouvert le mercredi, le samedi, le dimanche et les jours fériés de 10h à 19h ; le vendredi de 16h30 à 19h. Haute saison : tous les jours et les jours fériés de 10h à 19h. Haute saison durant les vacances scolaires. 8,90 € pour les 4-12 ans, 4,50 € de 1 à 3 ans, gratuit pour les moins d'un an et les adultes. Pass 10 entrées 30 € pour les 1-3 ans et 70 € pour les 4-12 ans. Restauration.

C'est ce qu'on appelle un pari réussi ! Thierry et Ludovic, deux jeunes papas de Crépy, ont décidé de faire une reconversion pour se lancer en 2015 dans ce parc de jeux. L'établissement est peu engageant extérieurement et le parking n'est pas toujours assez spacieux les jours de grande fréquentation. L'intérieur n'est pas très grand, mais les enfants y trouvent largement leur compte. L'espace 0-4 ans est bien adapté, agrémenté de beaucoup de balles amusantes et de jeux de construction. La partie 4-12 ans est très complète avec des obstacles sur trois étages, un pont de singe, de l'accrobranche, un petit terrain de foot et un toboggan large et rapide. La grande mascotte (le singe Coco) a toujours beaucoup de succès auprès des bambins. Enfin, le côté snack et boissons propose des prix bien accessibles par rapport à des établissements de ce type. Sachez qu'il existe plusieurs formules de privatisation, notamment pour les anniversaires. La plus belle formule comprend 30 minutes de laser, en plus des jeux et des boissons et gâteaux.

Dans les environs

Orrouy

SANCTUAIRE GALLO-ROMAIN DE CHAMPLIEU
A 2 km au nord du village
Accès par la D332 après bifurcation à Vaudrampont, ou par la D123 prendre à gauche à Béthisy-Saint-Martin ou encore par Orrouy (suivre le fléchage depuis le village).

Ouvert toute l'année. Tous les jours. Gratuit.

Au milieu des champs et en lisière sud de la forêt de Compiègne, on ne soupçonne pas l'existence de ce sanctuaire gallo-romain des premiers siècles de notre ère ! Oublié, il ne fut redécouvert qu'en 1850. Les sculptures du temple et une partie des trouvailles sont bien mises en valeur dans une nouvelle salle du Musée Antoine Vivenel de Compiègne (une maquette permet aussi de mieux appréhender le site tel qu'il était à l'époque). Sur le place on retrouve désormais les ruines d'un temple carré du Ier siècle et d'un théâtre du IIe (de 70 m de diamètre, pouvant contenir 3 000 spectateurs), mais aussi des thermes. C'est un lieu propice pour passer un bon moment en famille, autour d'un pique-nique ou en laissant les enfants se défouler en dévalant les pentes aujourd'hui enherbées des gradins. Attention en revanche, il n'y a pas d'ombre mais pour vous rafraîchir, mais la forêt est à quelques hectomètres. Pour en savoir davantage, l'office de tourisme de Crépy propose des visites guidées pour les groupes. On vous conseille également de télécharger sur place l'application mobile qui vous permettra d'accéder aux reconstitutions virtuelles. C'est un très bel outil pour mettre en valeur le site.

Vez

DONJON DE VEZ ★
3 bis, rue de la Croix Rebour
✆ 09 71 40 54 24
www.donjondevez.com
donjondevez@donjondevez.com

Gratuit jusqu'à 15 ans. Visite libre de mai à septembre du mardi au dimanche de 11h à 18h, en octobre, ouvert les samedis et dimanches. Tarif 9 €. Visite guidée de mai à septembre, du mardi au dimanche. Tarif 10 €. Visite toute l'année pour les groupes. Tarif 9 €. Restauration (repas sur réservation). Animations.

Ce site formidable va enfin voir son grand potentiel mieux exploité. La nouvelle direction a décidé d'élargir les périodes d'accueil du public, d'ouvrir de nouvelles salles et de proposer une restauration de qualité. De quoi profiter d'un lieu où se mêlent délicieusement les époques, du Moyen Age à nos jours. Imaginez un donjon médiéval avec des verrières de Daniel Buren, des touches d'artistes comme Picasso, César et Sol Lewitt ou encore une charpente conçue par Gustave Eiffel... Ce site surprenant est entouré de magnifiques jardins. Il offre de belles perspectives depuis la colline où il est implanté. A ce propos, la mise à disposition de voiturettes pour gravir la pente est une autre bonne idée de la nouvelle équipe en place. Vous apprécierez également la qualité des animations programmées comme de beaux concerts ou de romantiques visites aux chandelles.

ERMENONVILLE ★

Le nom d'Ermenonville est indissociable du souvenir de Jean-Jacques Rousseau. Le philosophe y vécut les six dernières semaines de son existence, invité par l'un de ses admirateurs, le marquis de Girardin. Une période heureuse dans la vie tourmentée et errante de l'auteur de *La Nouvelle Héloïse*. C'est ici qu'il trouva la mort en 1778 et René de Girardin fit inhumer le philosophe dans un mausolée situé sur l'île des Peupliers au cœur du jardin anglais qu'il avait aménagé. La dépouille fut ensuite transférée au Panthéon sous la Révolution. Elle se trouve encore aujourd'hui en face de celle de son vieil ennemi Voltaire. Le promeneur du XXIe siècle peut être gagné par le ravissement qu'éprouvait Rousseau en cheminant dans ce parc réaménagé en 2014 entre la grotte des Naïades, le kiosque chinois, le pont de l'Ermitage, le temple de la Philosophie moderne, le théâtre de verdure, ou encore le château d'eau...
Un autre personnage a laissé son empreinte à Ermenonville : Nélie Jacquemart-André, qui a légué l'abbaye de Chaalis à l'Institut de France en 1912. Tout comme sa formidable collection de mobilier classique, d'art médiéval, mais aussi islamique et asiatique. Une visite à coupler avec celle des ruines très romantiques et photogéniques de l'abbaye cistercienne. Enfin ne manquez pas la Mer de sable, un parc d'attractions original au milieu des dunes du désert et des spectacles de cow-boy.

■ **OFFICE DE TOURISME**
2 bis, rue René-de-Girardin
En face du parc Jean-Jacques Rousseau
✆ 03 44 54 01 58
www.valois-tourisme.com
accueil@valois-tourisme.com
Ouvert le week-end de 9h30 à 12h30 et de 13h30 à 17h30. Ouverture de début avril au 31 octobre (fermé le 1er mai).
Située en face de l'entrée du parc Jean-Jacques Rousseau à l'avenir toujours flou, cette petite maison est aussi connue sous le nom de Maison Joseph II. L'empereur d'Autriche y prit un repas en 1777 en compagnie de René de Girardin. Autre invité illustre : le roi de Suède Gustave III fit honneur au bâtiment en 1781. Si l'endroit est exigu, vous trouverez malgré tout la documentation nécessaire (notamment sur les randonnées pédestres recommandées) et un espace de vente de produits locaux. Il ne s'agit pas à proprement parler d'un office de tourisme mais d'un bureau d'information qui est rattaché à la structure touristique de Crépy-en-Valois, où vous pouvez vous adresser si les périodes d'ouverture restreintes d'Ermenonville ne vous suffisent pas.

Le gîte

■ **DOMAINE-CHÂTEAU D'ERMENONVILLE**
Rue René-Girardin
✆ 03 44 54 00 26
www.domainechateauermenonville.com
Chambre double à partir de 90 € ; suite à partir de 140 €. Petit déjeuner : 15 €. Séminaires. Réceptions et mariages. Wifi gratuit. Restauration.
Ce très beau château entouré de douves bénéficie d'un bel environnement, avec un charmant petit village et le cadre romantique du Parc Jean-Jacques Rousseau voisin. L'histoire du bâtiment est riche et tumultueuse, le nouvel épisode qui se dessine depuis un an est très positif. Le nouveau propriétaire est ambitieux et investit au fil des mois dans la rénovation de cet établissement dont l'esthétisme se reflète élégamment dans la rivière qui l'entoure. Le parc agrémentera un séjour forcément agréable au regard de la qualité des prestations. Le restaurant a également une bonne réputation et un décor prestigieux. Pour découvrir ce beau château, vous pouvez aussi profiter du bar.

OISE

Balades pour petits et grands

Ermenonville est propice à de nombreuses balades ou randonnées pédestres. Vous trouverez à l'office de tourisme plusieurs parcours adaptés à vos aspirations pour découvrir des paysages atypiques dans la région avec du sable, des chaos rocheux et des pins. Le plus connu est le sentier des écrivains, mais attention, il vous faudra aller l'abbaye de Chaalis ou au point d'information touristique d'Ermenonville pour obtenir le code nécessaire pour passer la grille située à 1,5 km d'Ermenonville. Le long des cinq kilomètres, dans un cadre romantique, le promeneur est guidé par les textes des écrivains qui se promenaient ici : Jean-Jacques Rousseau, Etienne Pivert de Senancour et Gérard de Nerval. Vos lectures parleront également de géologie, d'architecture, de botanique ou de faune. Cette randonnée mêle agréablement culture et cadre naturel privilégié.

Chambres d'hôtes

■ LES CHAMBRES DES RÊVERIES

15, rue du Prince-Radziwill ✆ 03 44 21 52 71
www.lesreveriesdanslatheiere.com
lesreveries@orange.fr

5 chambres. Chambre simple de 88 € à 98 € ; chambre double de 98 € à 118 € ; chambre triple à partir de 118 €. Petit déjeuner inclus. Lit supplémentaire : 20 €. Wifi gratuit. Restauration (salon de thé en face).

Les clients fidèles du salon de thé et de la boutique en face (Les Rêveries dans la Théière) feront vite le lien avec cette chambre d'hôtes qui possède le même charme et la même authenticité... Les plantes ont ici une place de choix et plairaient au penchant herboriste de Jean-Jacques Rousseau. Ce sont désormais cinq possibilités de logement s'offrent à vous : les chambres verte, rose, mauve, coquelicot et fleur bleue. Vous pourrez également profiter du salon de la maison avec la salle à manger et sa cheminée, de la cuisine équipée avec micro-ondes, plaques de cuisson, lave-vaisselle, frigidaire, cafetière et bouilloire, de la véranda, de la bibliothèque, et même du petit jardin avec table et chaises. Même si ce petit cocon est très dépaysant, vous aurez tout le confort moderne avec notamment le wifi.

Sorties

LES REVERIES DANS LA THEIERE

15, rue Prince-Radziwill
✆ 03 44 21 52 71
www.lesreveriesdanslatheiere.com
lesreveries@orange.fr

Ouvert du mercredi au dimanche de 12h à 19h. Formule : 9,50 € à 18,50 € pour le déjeuner, formule enfant 11 €, de 6 € à 8 € pour le goûter. Formule sans gluten 15,50 €. Terrasse. Boutique.

« S'asseoir ensemble et profiter de l'instant ». Cette inscription sur une ardoise de la véranda correspond parfaitement au moment délicieux que vous passerez ici. Il vous suffira de remonter un peu la rue principale, d'entrer dans la boutique puis de monter le petit escalier dans la boutique pour découvrir une grande véranda avec beaucoup de cachet. Votre regard sera attiré par le superbe jardin décoré avec de belles couleurs vives. Si le temps s'y prête, réservez les tables en extérieur (la terrasse est désormais non fumeur). Le délice de l'instant viendra aussi des papilles avec des bonnes assiettes à base essentiellement de produits bio, puis de desserts aux mariages originaux mais réussis, comme chocolat-patate douce. L'équipe (très agréable pour ne rien gâcher) a lancé un menu « licorne » 100 % végan et sans gluten. La boutique au rez-de-chaussée est également à découvrir, avec une épicerie fine (axée sur le bio), de l'artisanat, mais aussi des jeux autour de la nature, de la culture et de l'environnement.

■ LA MER DE SABLE ★★

Route Nationale 330 ✆ 03 44 54 00 96
www.merdesable.fr – contact@merdesable.fr
A Ermenonville, prendre la direction de Senlis (RN330).

Ouverture le 4 avril 2020. Basse saison : ouvert le mercredi, le samedi et le dimanche de 10h à 18h. Haute saison : tous les jours de 10h à 18h. Gratuit jusqu'à 3 ans. Adulte : 27, 5 €. Enfant (de 3 à 11 ans) : 22 €. Réduction pour famille nombreuse, seniors, personne handicapée. Pass enfant (- de 12 ans) : 51 € ; pass adulte : 62 €. Accueil enfants. Restauration. Boutique.

Si le parc d'attractions créé par Jean Richard a fêté ses 50 ans en 2013, il n'a pas pris une ride ! Les attractions se répartissent en plusieurs univers. D'abord les Portes du désert qui exploitent la vaste étendue de sable dans ce coin du Valois avec le train des sables à travers les dunes et la ferme des trappeurs. Ensuite, un tour par la jungle avec son pont suspendu et son attraction à sensations le Tiger Express. Enfin, le Far-West avec une descente en rondins dans une étendue d'eau, le Cheyenne River ou encore la Ruée vers l'or. Sans oublier le grand classique de la Mer de sable : les spectacles équestres avec les cow-boys et les Indiens cascadeurs. Le Camp des explorateurs vous attend également pour partir à la recherche de pierres précieuses et vous lancer dans des fouilles archéologiques. Pour la saison 2019, un escape game a fait son apparition (7 € en supplément) pour partir à la recherche du sceptre d'azur.

Dans les environs

Fontaine-Chaalis

■ ABBAYE ROYALE DE CHAALIS

✆ 03 44 54 04 02
www.chaalis.fr
chaalis@orange.fr

Ouvert toute l'année. Basse saison : tous les jours de 10h à 17h30. Haute saison : tous les jours de 10h à 18h. Plages horaires réduites pour le château-musée. Gratuit jusqu'à 5 ans. Adulte : 8 €. Parc, abbaye médiévale, roseraie : 4 €. Réduction pour les étudiants et les groupes. Billet jumelé avec le Parc Rousseau 10 €. Atelier 3 €. Restauration (plat du jour : 10 €). Boutique.

Jean-Jacques Rousseau est tombé sous le charme de cet endroit, lorsqu'il fut accueilli par le marquis René de Girardin à la fin de sa vie. Il est vrai que le site a de quoi séduire, avec une abbaye cistercienne dont les ruines restent élégantes, une chapelle du XIIIe siècle ornée de belles fresques et une superbe roseraie. C'est dans cet endroit que vous vous attarderez sans doute pour profiter de la riche palette de parfums et de couleurs. Pour voir la floraison à son apogée, venez mi-juin aux journées de la rose. Vous ne serez pas les seuls à avoir l'idée puisque 20 000 visiteurs viennent profiter de ce moment animé par des jardiniers passionnés, des créateurs et des artisans. De mars à novembre, des ateliers des parfums permettent de découvrir quelques secrets des fragrances et de réaliser des eaux de parfums qu'enfants et adultes peuvent emporter. Ils se déroulent les dimanches à 15h, mais il est plus prudent de téléphoner au préalable. Pour compléter votre visite, vous pouvez apprécier au musée la collection léguée par Nélie Jacquemart-André : Giotto, Van Loo, Boucher, Largillière (...), qui sont exposés dans un très beau décor.

GERBEROY ★★★

Depuis une trentaine d'années, Gerberoy, le village des roses, est classé parmi les Plus Beaux Villages de France (c'est le seul du département à bénéficier de cette distinction). Une récompense méritée pour cette commune de l'Oise normande, avec sa soixantaine de pimpantes maisons traditionnelles des XVIIe et XVIIIe siècles, la collégiale Saint-Pierre, ses charmantes rues pavées et fleuries, ses galeries d'art, ses jardins remarquables, ses fossés transformés en promenades ombragées et enfin sa splendide collégiale. L'histoire de Gerberoy est pourtant bien plus mouvementée que ce tableau idyllique ne le laisse paraître. Culminant à 188 m, la cité représentait un point stratégique au carrefour du domaine des Capétiens et de la Normandie. Une situation qui lui valut d'être pillée, démantelée et reconstruite à pas moins cinq reprises entre 1079 et 1437 !
Aujourd'hui, le village est très paisible, propice à la détente et à la flânerie. La circulation y est limitée à 20 km/h et les parkings pour les non résidents sont situés aux entrées de la commune (ils sont obligatoires et si l'idée vous venait de tenter de stationner dans le village, vous aurez bien peu de chance de trouver une place).

■ OFFICE DE TOURISME

20, rue du Logis-du-Roy
✆ 03 44 46 32 20
ot.picardieverte@wanadoo.fr

Basse saison : ouvert du mardi au samedi de 10h à 13h et de 14h à 17h. Haute saison : du mardi au dimanche et les jours fériés de 10h à 13h et de 14h à 17h. Haute saison du 1er avril au 31 octobre. Boutique de produits du terroir autour des roses. Le plan du village coûte 0,50 €.

La nouvelle configuration est réussie : plus de bureau à Marseille-en-Beauvaisis ni de simple point infos à Gerberoy, mais un seul vrai office de tourisme adapté dans le cœur du village de Gerberoy ! Charmant extérieurement à l'image du village, il est bien aménagé. Le personnel souriant est efficace et s'efforce de vous offrir des conseils adaptés. Attention toutefois, le village est victime de son succès avec 100 000 visiteurs par an, alors il peut y avoir de l'affluence et de l'attente dans cette petite structure qui bénéficie d'une jolie cour à l'arrière. Dans cet office de tourisme, vous trouverez un plan qui peut vous être utile, même s'il est bon de flâner et de se perdre un peu dans ce très beau village.

Points d'intérêt

■ COLLÉGIALE SAINT-PIERRE ★

5, ruelle Saint-Amant
collegiale.gerberoy@orange.fr

Ouvert toute l'année. Ouvert tous les jours de 10h à 18h. Gratuit.

Passer sous une porte voûtée (appelée la Tour Porte) qui était le seul accès à l'ancien château fort aujourd'hui entièrement détruit. Construite au XIe siècle, la collégiale a été très endommagée à plusieurs reprises. Reconstruite au XVe siècle, après avoir été incendiée par les ennemis anglais, la collégiale Saint-Pierre s'inscrit bien dans le style normand, avec son chœur de pierre et sa nef voûtée en bois et en forme de carène de bateau. L'abbatiale renferme également de très belles stalles aux miséricordes sculptées datant du XVe siècle, deux retables du XVIIe et trois belles tapisseries d'Aubusson. L'intérêt principal du lieu reste sans doute la salle du chapitre la sacristie, où les amateurs apprécient un chapier du XVIIIe siècle. La collégiale est classée aux Monuments historiques depuis 1984.

■ LE JARDIN DES IFS

3, impasse du Vidamé ✆ 07 66 20 51 41
www.lejardindesifs.com

Jardin remarquable. Ouvert du 30 avril 2020 au 30 septembre. Ouvert du mercredi au dimanche de 11h à 18h. Restaurant « If » est ouvert tous les jours sauf le lundi soir et le mardi. Gratuit jusqu'à 18 ans. Adulte : 5 €. Groupe (8 personnes) : 5 € (le visite guidée). Formule déjeuner 25 €, menu 32 €. Visite guidée (avant ou après le déjeuner : visite-conférence de 45 mn au jardin sur l'art topiaire et l'entretien des roses pour 8 personnes minimum). Restauration.

C'est un endroit délicieux que vous pouvez découvrir depuis le printemps 2015. La famille qui possède ce superbe site a pris l'excellente décision d'ouvrir ce jardin historique du XVIIe siècle. Celui qui en fut l'inspiration n'est pas moins qu'Olivier de Serres, précurseur des jardins à la française ! Vous retrouvez des ifs géants, parfaitement taillés et dotés de volumes impressionnants. Expérience étonnante et immanquable, vous pouvez passer à travers un arbre et vous asseoir à l'intérieur. Cet if est classé « arbre remarquable » et il a même été élu « arbre de l'année 2017 » lors d'un concours organisé par le magazine *Terre sauvage*. Il a également été récompensé par le Prix de l'Art Topiaire (European Boxwood & Topiary Society) en 2018 ! La visite du jardin peut être rapide, mais qu'il est bon de prendre le temps d'apprécier l'endroit tellement apaisant. On s'attable donc facilement en terrasse. Les propriétaires ont en effet eu le très bon goût d'ouvrir aussi un restaurant et un salon de thé. On vous les conseille aussi vivement ! Dans ce grand domaine familial, Delphine s'occupe du jardin et son frère Pierre de la cuisine, avec dans les deux cas talent et passion.

■ JARDINS HENRI-LE-SIDANER

7, rue Henri-le-Sidaner
✆ 03 44 82 30 94
www.lesjardinshenrilesidaner.fr
lesjardinshenrilesidaner@yahoo.fr

Fermé du 1er octobre au 1er mai. Ouvert tous les jours et les jours fériés de 11h à 18h. Ouvert également lors des beaux week-ends d'automne. Gratuit jusqu'à 12 ans. Adulte : 7 €. Visite guidée. Autres demandes : Ouvert tous les jours y compris les jours fériés de 11 h à 18 h.

Illustre peintre post-impressionniste, Henri Le Sidaner se rend à Gerberoy en 1901. Cette commune correspond à son envie de s'installer dans un cadre rural propice à son inspiration, suivant ainsi l'exemple de son ami Claude Monet à Giverny. En 1904, il achète une propriété dans le village pour constituer son propre décor de peinture.

Le peintre aménage dans les ruines d'un ancien château fort un superbe jardin à l'italienne sur trois niveaux de terrasses. Les rosiers y sont légion et il fait construire un temple d'Amour, à l'image de celui du parc du Palais de Versailles. Le peintre y aménage également un atelier dans une ancienne grange et dessine le jardin, le pavillon, les arceaux et les girouettes. Il s'oriente vers des jardins monochromes : blanc, rose et rouge, bleu et jaune. Depuis plusieurs années, grâce aux efforts d'Etienne Le Sidaner, petit-fils du peintre, les jardins renaissent et permettent de redécouvrir le superbe univers de l'artiste. Si vous n'avez pas le temps d'entrer dans le jardin, montez par l'escalier sur la butte en face pour en avoir un aperçu et profiter de la vue sur la campagne environnante.

Le couvert

HOSTELLERIE LE VIEUX LOGIS

25, rue du Logis-du-Roy
✆ 03 44 82 71 66
www.hostellerieduvieuxlogis.com

Ouvert toute l'année. Basse saison : du dimanche au mardi et le jeudi le midi ; le vendredi et le samedi le midi et le soir. Haute saison : du dimanche au mardi le midi ; du jeudi au samedi le midi. Menus de 28 € à 36 €. Jardin. Boutique.

Cet établissement est situé à l'entrée du village dans une belle maison à colombages roses. Ici, la cuisine est faite maison comme le signale l'ardoise : « Ici on épluche, on émince, on émulsionne, on taille nos légumes, on poche, on déglace, on blanchit, on saisit, on écaille... Bref ici on cuisine ! » La maison propose aussi un barbecue médiéval et un barbecue océanique avec des morceaux de poissons cuits aux flammes de Calva. Vous pouvez aussi vous régaler avec des ris de veau aux morilles ou des Saint-Jacques poêlées accompagnées d'une compotée d'endives aux noix. L'après-midi, place au salon de thé avec des tartes salées ou sucrées, des coupes de glaces et des crêpes. Au fond du jardin, une boutique vous accueille avec des souvenirs et des produits régionaux (cidre, guimauve artisanales, biscuits à la rose...).

Le gîte

LE LOGIS DE GERBEROY

4, rue du Logis-du-Roy
✆ 03 44 82 36 80
lelogisdegerberoy.free.fr
lelogisdegerberoy@free.fr

Gîtes de France (4 épis). 5 chambres. Chambre double de 75 € à 90 € ; suite à partir de 135 €. Petit déjeuner inclus. Lit supplémentaire : 19 €. Wifi. Restauration (24 € par personne du lundi au mercredi inclus sur réservation).

Au cœur du village, cinq chambres vous attendent dans la charmante maison d'Olivier et Cécile Greboval, tous deux photographes. Les chambres sont chaleureuses, avec tout le confort et un mobilier de caractère. L'une d'elles possède une grande terrasse. Vous apprécierez aussi sans doute la chambre avec des poutres, un mobilier de caractère, des poteries qui marquent l'identité locale et une belle vue panoramique sur la campagne et le jardin. On prend le petit déjeuner dans un salon où il est agréable de s'asseoir sur la banquette en briques face à la cheminée. Avec un tel cachet et une telle situation, vous vous douterez que les chambres sont souvent occupées et qu'un coup de téléphone préalable s'impose, surtout en haute saison.

Dans les environs

Lachapelle-aux-Pots

MUSÉE DE LA POTERIE ★

17, avenue Tristan-Klingsor
✆ 03 44 04 50 72
www.ot-paysdebray.fr
contact@ot-paysdebray.fr
A 18 km de Beauvais.

Ouvert du 1er avril au 31 octobre. Ouvert du mardi au vendredi de 14h à 18h ; le week-end de 14h30 à 18h30. Gratuit jusqu'à 5 ans. Adulte : 2 €. Enfant (jusqu'à 12 ans) : 1 €. Groupe (10 personnes) : 1,50 €.

La région a développé une grande activité potière traditionnelle. Attirés par la qualité de l'argile, les potiers s'installent dès l'époque gallo-romaine dans le Pays de Bray. Le musée présente une collection de plus de 300 pièces. Des poteries usuelles en grès fabriquées entre le XVIe et le XXe siècle furent expédiées dans la France entière comme des saloirs, pichets ou des pots à tabac. On trouve aussi des œuvres sorties des mains de céramistes de La Chapelle-aux-Pots et célèbres dans le monde entier tels que Auguste Delaherche, Pierre Pissareff, André Bouché ou Gréber. Au fil des années, les collections se renouvellent et s'enrichissent de nouvelles pièces. Des visites guidées, des démonstrations et des cours de poterie sont organisés sur réservation et pour les groupes.

W

OFFICE DU TOURISME DU PAYS DE BRAY

11, place de Verdun
✆ 03 44 82 62 74
www.ot-paysdebray.fr
contact@ot-paysdebray.fr

Basse saison : ouvert du mardi au samedi de 9h30 à 12h30 et de 14h à 17h. Haute saison : du mardi au samedi de 9h30 à 12h30 et de 14h à 18h ; le dimanche de 9h à 13h. Boutique. Haute saison de mai à mi-septembre.

Ce secteur est souvent appelé l'Oise normande. Il est vrai qu'on y retrouve de vertes collines, des bocages et des maisons qui rappellent la Normandie voisine. Ici on mise sur le côté grand air avec cyclotourisme et la randonnée (notamment avec le circuit qui mène au panorama du Mont-Sainte-Hélène). Côté patrimoine, on retiendra surtout l'église abbatiale de Saint-Germer-de-Fly qui est ouverte à nouveau depuis 2018. La boutique propose des produits locaux : de la confiture, du miel, du cidre, de la bière, des terrines et le nougat est particulièrement réputé. Vous trouverez également des bijoux fantaisie ou recyclés, des livres, des foulards et pas mal d'idées de cadeaux.

■ **LES CHAMBRES DE L'ABBAYE**
2, rue Michel-Greuet
✆ 03 44 81 98 38
www.chambres-abbaye.com
comte.resa@free.fr

Gîtes de France (3 épis). Ouvert toute l'année. 4 chambres. Chambre simple de 86 € à 100 € ; chambre double de 98 € à 110 € ; chambre triple 135 €. Petit déjeuner inclus. Lit supplémentaire : 30 €. Tarifs dégressifs. Chèque Vacances. Wifi gratuit. Restauration (table d'hôtes sur réservation : 35 €).

Au plein cœur du village, à 200 mètres de l'abbatiale, on vous accueille dans une demeure de caractère de 1850. Les quatre chambres, bien rénovées, sont spacieuses, confortables et disposent d'une double exposition sur l'abbaye et les jardins de la maison. Sur place, les propriétaires vous proposeront un moment de détente dans le bain à remous qui s'ouvre sur un kiosque au bout de la maison. Vous pou²rrez profiter du jardin et prendre le soleil sur la terrasse entourée de rosiers. Pour le plaisir des yeux, Jean-François Comte, artiste-peintre, vous ouvre les portes de son atelier pour vous faire découvrir ses œuvres. Les propriétaires vous conseilleront efficacement sur les randonnées pédestres et cyclistes, d'autant qu'ils ont obtenu le label « accueil Vélo ». Ils seront également de bon conseil pour aller découvrir les précieuses orchidées sauvages du mont Sainte-Hélène et les étangs des Tourbières où nichent cygnes, canards et autres curiosités.

■ **ABBATIALE** ★
Centre du village

Ouvert tous les jours de 9h à 18h. L'entrée se fait par une petite porte sur le côté droit de l'abbatiale. Gratuit. Visites guidées sur réservation 35,40 € pour 1 à 10 personnes (3,54 € par personne au-delà de 10).

Au cœur des paysages bucoliques du Pays de Bray et d'un agréable village, cette très belle abbatiale mérite le détour. Elle a été fermée durant plus d'une décennie en raison des lourds travaux nécessaires pour la consolidation de l'édifice et de la présence de 300 pigeons. Le beau travail réalisé permet d'apprécier un lieu apaisant, surtout si vous rencontrez comme nous un bénévole qui vous conte l'histoire du lieu et vous propose de la musique grégorienne pour accompagner votre déambulation. L'édifice propose un beau panel : une abbatiale de style roman, une transition vers le gothique primitif et la magnifique rosace de la chapelle (copie de la Sainte-Chapelle de Paris). La pierre calcaire locale a contribué à la construction de cette abbaye dont la singularité et la pureté sont séduisantes. Vous pouvez profiter d'animations comme des concerts ou la fête médiévale du mois de juillet.

MÉRU

Autrefois grand centre de fabrication d'objets de tabletterie, la ville se distingue grâce au formidable et original musée de la Nacre. Dans un centre-ville plutôt agréable, on trouve quelques belles maisons en briques et une tour, dernier vestige d'un château des princes de Conti. Cette petite ville peut servir de point de départ pour de belles balades dans le pays de Thelle et le Vexin.

■ **OFFICE DE TOURISME DE SABLONS EN PAYS DE NACRE**
51, rue Roger-Salengro
✆ 03 44 84 40 86
www.tourisme-sablons-nacre.fr

Basse saison : ouvert le lundi et du mercredi au vendredi de 14h à 17h. Haute saison : le lundi et du mercredi au vendredi de 14h à 17h ; le samedi de 14h30 à 18h. Haute saison de début avril à fin septembre.

L'office de tourisme est installé depuis 2013 dans le même bâtiment que le Musée de la nacre et de la tabletterie (qui est le principal attrait touristique de cette destination). On prend le temps de vous conseiller efficacement, précisément et agréablement, alors n'hésitez surtout pas à y passer ou à téléphoner. Pour mieux découvrir ce secteur, véritable poumon vert à deux pas de l'urbanisme francilien, vous trouverez à l'office de tourisme des itinéraires de randonnées pédestres ou cyclistes bien conçus. On vous conseillera aussi sur les points d'intérêt sur le secteur voisin du Vexin, qui s'étend sur l'Oise, le Val d'Oise et l'Eure.

Points d'intérêt

MUSÉE DE LA NACRE ET DE LA TABLETTERIE ★
51, rue Roger-Salengro ✆ 03 44 22 61 74
Voir page 16.

Un circuit très complet

Une intéressante coopération avec les territoires voisins a permis de créer un beau parcours cyclotouriste de 162 kilomètres. Vous traverserez ainsi les beaux paysages du Vexin et du Pays de la Nacre, situés dans l'Oise, l'Eure et le Val d'Oise. Sur le trajet en boucle, vous trouverez notamment le Domaine de Villarceaux, Gisors, le château de Boury-en-Vexin, Auvers-sur-Oise tant appréciée par les impressionnistes et la vallée de l'Oise vers Cergy. Dans le secteur de Méru, vous apprécierez notamment les bâtiments construits dans les matériaux locaux. Les bases en silex sont surmontées de briques jointoyées au sable (c'est de là que vient le nom « des Sablons » pour le territoire). On est ici à la transition entre les maisons blanches du Vexin et la brique rouge de Picardie, que l'on retrouve par exemple dans le superbe Musée de la Nacre.

Le couvert

LA TABLETTERIE
51 bis, rue Roger Salengro
✆ 03 75 15 00 05
www.tabletterie.fr
contact@tabletterie.fr

♿

Bar. Ouvert du lundi au samedi le midi et le soir ; le dimanche midi. Menus de 28 € à 38 € (deux ou trois plats). Formule du midi : 22 € (en semaine). Vin au verre. Terrasse.

Ce nouveau restaurant a une identité bien marquée, puisqu'il se situe dans les anciens ateliers de la tabletterie qui étaient réputés mondialement il y a un peu plus d'un siècle. Cet univers passionnant de la confection de jeux, éventails ou boutons précieux est à découvrir dans le musée voisin. Cette particularité est utilisée avec goût dans le décor. Dans l'assiette pas de fausse note non plus, avec une cuisine française de tradition concoctée par le chef, qui travaille les produits frais avec délicatesse. On peut vous conseiller par exemple une fricassée d'escargots, un émincé de rognon de veau et en dessert le beau symbole de ce lieu : le domino (biscuit sablé, ganache chocolat coco, éclats de noisettes et crème glacée coco maison). Pour une petite faim ou une petite soif à toute heure, le bar vous permet de faire une pause appréciable.

Le gîte

LA TABLETTERIE***
51 bis, rue Roger Salengro ✆ 03 75 15 00 05
www.tabletterie.fr – contact@tabletterie.fr

♿

Accueil 24h/24. 22 chambres. Chambre double de 115 € à 145 €. Petit déjeuner : 12 € (8 € pour les enfants, ouvert aux extérieurs sur réservation). Parking ouvert inclus. Wifi gratuit. Restauration.

Il était très attendu et il ne déçoit absolument pas, bien au contraire. On peut même dire que nous avons un coup de cœur pour cet hôtel pas tout à fait comme les autres. Vous êtes ici dans les ateliers d'une ancienne manufacture de renommée internationale. Le nom de l'établissement vient de l'ancienne activité de tabletier, c'est-à-dire la fabrication de jeux ou d'objets fins (dominos, damiers, éventails, boutons...) en ivoire, en bois précieux, en écaille, ou en nacre (ne manquez pas de visiter le passionnant musée voisin et sa boutique d'objets réalisés sur place). Cette identité particulière, on la retrouve dans le décor de ce beau bâtiment de brique rouge, parfaitement rénové et mis en valeur. Les chambres sont bien confortables et l'équipe est très professionnelle. Elle vous propose des services personnalisés, comme le transport à l'aéroport, des prestations de massage, une nourrice pour vos enfants… L'établissement dispose également d'un très bon restaurant et propose régulièrement des offres qui associent nuitées, repas et autres prestations. Que ce soit pour un séjour d'affaires, un séminaire ou un week-end paisible en famille ou en amoureux, cette adresse est à cocher !

NOYON ★

On visite Noyon surtout pour son histoire qui remonte à l'époque gallo-romaine, encore bien visible au musée du Noyonnais, mais aussi à travers les remparts gallo-romains. Cité de saint Éloi, des sacres de Charlemagne et d'Hugues Capet, le diocèse de Noyon s'impose comme l'un des plus importants de France durant l'ère capétienne. La cité se développe et on voit alors la construction (de 1145 à 1235) d'une des premières cathédrales gothiques. Grande figure du protestantisme, Jean Calvin est né à Noyon en 1509, donnant ainsi une réputation internationale à la commune. La ville sera durement éprouvée par des bombardements à la fin de la Première Guerre mondiale et recevra la Légion d'honneur.

Pour revenir à un présent plus terre à terre, le visiteur que vous êtes appréciera les trains directs qui rendent Paris accessible en une heure, la proximité entre la gare et le centre-ville et les huit lignes de bus gratuites.

OFFICE DE TOURISME DU PAYS NOYONNAIS EN VALLÉES DE L'OISE
Place de l'Hôtel-de-Ville ✆ 03 44 44 21 88
www.noyon-tourisme.com
contact@noyon-tourisme.com

Basse saison : ouvert du mardi au samedi de 10h à 12h et de 14h à 17h. Haute saison : du mardi au dimanche de 10h à 12h. Haute saison de juin à fin septembre. Wifi. Visites guidées 5 € adulte et 2,50 € pour les étudiants et les 12-18 ans. Gratuit pour les moins de 12 ans. Label Tourisme & Handicap.

Après des travaux d'extension et d'embellissement, cet office de tourisme vous accueille dans de très bonnes conditions, avec un personnel qui vous délivre toujours des conseils avisés sur la ville de Noyon comme des communes voisines de Longueil-Annel, Chiry-Ourscamp ou Le Plessis-Brion. La boutique est spacieuse avec comme originalité des objets autour de Bécassine (si le personnage est habillé en Bretonne, son auteur, Joseph Pinchon, a passé une partie de son enfance à Noyon et a vécu ensuite à une vingtaine de kilomètres de là, dans l'actuelle mairie de Clairoix). On y retrouve aussi des jeux d'inspiration médiévale pour les enfants, des douceurs, des livres dédiés au secteur... Depuis l'an dernier, une boutique en ligne a été mise en place pour acheter directement vos places pour une croisière sur le bateau l'*Escapade*, des ateliers créatifs pour adultes et enfants à la boutique les Faiseurs d'Art, des visites guidées dans le Noyonnais...

Points d'intérêt

CATHÉDRALE NOTRE-DAME

Rue de l'Evêché

Ouvert toute l'année. Le lundi de 10h à 12h30 et de 13h à 19h ; du mardi au samedi de 9h à 12h30 et de 13h30 à 19h ; le dimanche de 13h30 à 19h. Gratuit. Visite guidée (1h30 en moyenne sur réservation auprès de l'office de tourisme. Tarif : 5 €, 2,50 € pour les étudiants et les 12-18 ans, gratuit pour les moins de 12 ans et les demandeurs d'emploi).

Chef-d'œuvre architectural du premier art gothique, Notre-Dame fut construite en 1145 sur les ruines de la cathédrale romane (incendiée en 1131) qui abrita les sacres de Charlemagne (768) et d'Hugues Capet (987). Mais cette nouvelle version prendra d'autres proportions en débordant largement de l'ancien rempart. La prouesse architecturale se niche au niveau du transept : le mur s'allège et s'évide pour devenir un écran de lumière. Ce remarquable ensemble canonial et épiscopal est sans doute le mieux conservé de cette époque au Nord de la France. Quelques éléments de valeur de la parure ornementale ont subsisté : un très rare jubé du XIVe, du mobilier médiéval et des verrières du XIIIe. Classée Monument historique dès 1840, Notre-Dame et ses 102 m de long ont fait l'objet de plusieurs campagnes de restauration au XIXe siècle.

HÔTEL DE VILLE

Place de l'Hôtel-de-Ville

Symbole du pouvoir communal installé dès 1108, l'hôtel de ville possède une façade Renaissance richement ornementée. Les travaux de rénovation prévus dans le courant de l'année 2019 sont très attendus pour redonner davantage de splendeur à l'édifice. Sur la place, vous remarquerez la fontaine érigée en 1771 pour commémorer le mariage du Dauphin, futur Louis XVI et de Marie-Antoinette d'Autriche. L'histoire de Noyon est retracée à travers les murs de la salle du Conseil municipal, peints en 1942. On y retrouve l'oppidum gallo-romain, saint Médard, saint Éloi, l'enterrement de Chilpéric II, le couronnement de Charlemagne, Hugues Capet… Plus curieux, on y voit le maire Augustin Baudoux, à l'initiative de la décoration. Il se fit représenter dans la scène de création de la commune ! Malheureusement, cette salle très intéressante n'est accessible que lors de visites spécifiques ou des conseils municipaux. L'hôtel de ville accueille également un évangéliaire, rarissime manuscrit du IXe siècle, classé Monument historique.

LES FAISEURS D'ART

14, place Aristide-Briand
✆ 09 84 44 64 94
faiseursdart@gmail.com

Ouvert toute l'année. Du mercredi au samedi de 10h30 à 18h30. Gratuit.

Voilà plus de 3 ans que cet ancien restaurant a été racheté par la mairie pour en faire un lieu artistique. Le pari est en passe d'être gagné puisqu'une vingtaine d'artistes y ont déjà présenté leurs œuvres d'art : sculptures, peintures, photos, bijoux, céramiques, poteries, vitraux, pièces en verre… Une chouette initiative à soutenir sur Noyon, où vous pouvez trouver d'originales idées cadeaux pour tous les budgets !

MUSÉE DU NOYONNAIS

7, rue de l'Evêché
✆ 03 44 09 43 41
www.ville-noyon.fr
assist.musees@noyon.fr

Fermé du 25 décembre au 2 janvier inclus. Ouvert du mardi au dimanche de 10h à 12h et de 14h à 17h. Fermeture à 18h du 1er avril au 31 octobre. Adulte : 4,50 €. Billet jumelé avec le musée Jean Calvin. Tarif réduit pour les demandeurs d'emploi, les personnes handicapées et les moins de 18 ans 2,50 €. Gratuit le 1er dimanche du mois.

L'édifice, situé dans l'ancien palais de l'Evêché juste à côté de la cathédrale, a subi quelques travaux de rénovation début 2019 qui étaient les bienvenus. Ce musée raconte au fil des pièces le développement de la ville depuis sa fondation jusqu'au XXe siècle, avec des collections issues des fouilles locales. On peut citer parmi les pièces un superbe jeu d'échecs du XIIe siècle retrouvé lors des fouilles du quartier canonial. Est également exposé un ensemble de mobilier composé de coffres précieux des XIIIe et XIVe siècles. Des sculptures et des fragments d'architecture des édifices religieux valent également le coup d'œil. La fin de la visite est consacrée à l'évocation de Noyon durant la période contemporaine avec des tableaux de Joseph-Félix Bouchor.

Le quartier épiscopal

L'intérêt premier de la ville est sa cathédrale gothique, mais aussi le quartier qui l'entoure, sans aucun doute un des plus complets et des mieux conservés du Nord de la France. On y retrouve au sud le domaine épiscopal (la chapelle de l'évêque et le palais aujourd'hui devenu le musée du Noyonnais) et au nord les bâtiments canoniaux (la salle capitulaire, le cloître, la bibliothèque du Chapitre édifiée en 1506). Cette dernière est remarquable et se trouve être l'un des rares exemples de bibliothèque à pans de bois de France avec Senlis. En raison de la fragilité des 3 000 ouvrages qu'elle abrite, elle n'est accessible que quelques fois dans l'année : lors du Marché aux fruits rouges en juillet, de visites organisées par l'office de tourisme en août et à l'occasion des journées du patrimoine mi-septembre. Elle conserve des fonds imprimés du XVIe au XIXe siècle et quatre incunables (livres datant des premières décennies de l'imprimerie, créée vers 1440). Classée monument historique en 1889 et miraculeusement épargnée durant les deux guerres mondiales, elle serait la plus ancienne bibliothèque d'Europe à avoir conservé ses collections dans leur cadre d'origine !

MUSÉE JEAN CALVIN
6, place Aristide-Briand
✆ 03 44 44 03 59
www.ville-noyon.fr
assist.musees@noyon.fr
Fermé du 25 décembre au 2 janvier. Ouvert du mardi au dimanche de 10h à 12h et de 14h à 17h. Fermeture à 18h du 1er avril au 31 octobre. Adulte : 4,50 €. Billet jumelé avec le musée du Noyonnais. Tarif réduit 2,50 € pour les demandeurs d'emploi, les personnes handicapées et les moins de 18 ans. Visite guidée (1h30 en moyenne sur réservation auprès de l'office de tourisme. Tarif : 5 €, 2,50 € pour les étudiants et les 12-18 ans, gratuit pour les moins de 12 ans et les demandeurs d'emploi).
La ville bénéficie d'une renommée internationale chez les protestants car Jean Calvin y est né en 1509. Il constitue une figure incontournable de la Réforme au même titre que Luther en Allemagne. Entre 1927 et 1930, la Société de l'Histoire du Protestantisme français fit construire ce musée sur l'emplacement présumé de sa maison natale. Dans cette belle demeure sur trois étages, on retrace l'un des apports fondamentaux de la Réforme : la traduction de l'Évangile dans la langue profane (nous sommes ici au début du français tel qu'il va se développer), permettant ainsi au plus grand nombre d'accéder à la parole divine. On découvre ainsi une collection de bibles rares imprimées au XVIe siècle. La Bible d'Olivétan (réalisée en 1535) constitue un exemplaire unique utilisé comme référence jusqu'au siècle dernier. Cela dit, si la collection de ce musée est riche, il faut avouer qu'elle reste assez hermétique pour ceux qui connaissent peu l'histoire du protestantisme.

Le couvert

LE COMPTOIR DES TEMPLIERS
81, boulevard Carnot
✆ 03 44 75 61 30
Ouvert du lundi au vendredi le midi et le soir ; le samedi midi. Menus de 35 € à 46 € (entrée, plat et dessert). Formule du midi : 20 € (entrée, plat et café/douceur). Plat du jour 18 €. Ambiance piano bar les vendredis soir. Terrasse. Animations.
C'est sans aucun doute le restaurant de la ville qui a le plus de charme. Les salles sont bien agréables et on y apprécie les grands espaces. La terrasse dispose en fond des superbes façades de cet ancien hôtel particulier. La formule d'entrée de gamme est appétissante avec, par exemple, en entrée la ficelle picarde traditionnelle, en plat une aile de raie pochée, et un café. Le menu Manoir permet de déguster notamment un inoubliable pavé de bœuf Angus accompagné d'un gratin dauphinois. Le restaurant sert désormais une assiette de fromages proposée par le chef, François Delimauges.

LE GALWAY
13, place Aristide-Briand
✆ 03 44 09 20 20
www.galway-noyon.fr
Ouvert du lundi au samedi le midi ; le jeudi et le vendredi le soir. Menus de 15,50 € à 17,50 € (deux ou trois plats). Plat du jour : 10,90 €. Vin au verre. Accueil des groupes. Terrasse.
Cette brasserie, située entre le centre culturel Le Chevalet et la cathédrale, est idéalement placée. C'est un établissement bien connu dans la cité de Calvin et les habitués sont très nombreux à y faire leur pause déjeuner dans la grande terrasse chauffée l'hiver ou découverte l'été, alors n'arrivez pas trop tard si vous voulez avoir de la place ! On n'a pas la prétention d'y faire de la grande gastronomie mais les formules y sont simples et d'un bon rapport qualité-prix. Beaucoup viennent également pour le côté pub et profiter d'une bonne mousse. Le service y est généralement chaleureux et très efficace.

Le gîte

HÔTEL LE CÈDRE***
8, rue de l'Evêché
✆ 03 44 44 23 24
www.hotel-lecedre.com/fr
reception@hotel-lecedre.com
Chambre simple de 72 € à 98,50 € ; chambre double de 85 € à 106,50 €. Demi-pension. Petit déjeuner : 10 €. Label Tourisme & Handicap. Animaux acceptés (sans supplément). Wifi gratuit. Restauration.
Situé au cœur de la ville de Noyon et de la Picardie, l'hôtel Le Cèdre vous accueille au pied de la cathédrale dans un quartier historique chargé d'histoire. Avec ses chambres rénovées, il vous offre de nombreux avantages tels que la proximité des diverses zones d'activités qu'elles soient industrielles ou commerciales mais aussi des bienfaits de la région pour vos voyages plaisir. Avec sa situation remarquable, vous accédez également rapidement depuis l'hôtel aux villes de Compiègne, Amiens, Saint-Quentin ou même Laon. Et le petit plus, c'est que l'hôtel accepte les animaux sans aucun supplément... Mais pensez à bien indiquer la venue de votre fidèle compagnon au moment de la réservation !

MANOIR SAINT ELOI***
81, Boulevard Carnot
✆ 03 44 44 01 49
http://manoir-saint-eloi-noyon.fr
info@manoir-saint-eloi-noyon.fr
Chambre simple de 72 € à 90 € ; chambre double de 100 € à 130 € ; suite de 95 € à 115 €. Demi-pension. Petit déjeuner buffet : 12 €. Lit supplémentaire : 15 €. Parking ouvert inclus. Réceptions et mariages. Wifi gratuit. Restauration.
Cet établissement est situé dans un beau manoir très bien rénové où se mêlent avec élégance pans de bois rouges, briques et belles tourelles en ardoise. Ce cachet est aussi présent à l'intérieur, avec une décoration soignée et des pièces richement dotées. Les chambres, les suites et le salon privé sont à découvrir sur le site internet où l'on propose une belle visite interactive avec des vues en 3 dimensions facilitant votre sélection. L'établissement dispose également d'un très bon restaurant avec une agréable terrasse. Facilement accessible, l'établissement est très bien situé (entre la gare et le centre-ville).

Sorties

AUX ANGE-VINS

30, rue du Général de Gaulle
✆ 03 44 42 12 78
www.auxangevins.fr

Ouvert le mardi de 10h à 15h ; le mercredi de 10h à 15h et de 17h30 à 21h30 ; le jeudi de 10h à 21h30 ; le vendredi et le samedi de 10h à 23h. Plat du jour 11,50 € ; menus à 14,50 € et 17,50 € (deux ou trois plats) ; tapas de 7,50 € à 14,50 €. Animations, concerts, boutique. Restauration. Animations. Concerts. Chaise bébé. Boutique.

Les soirées noyonnaises sont plus trépidantes depuis que cet établissement a ouvert en 2016 ! Le midi, vous pourrez y manger une cuisine sans prétentions à base de produits frais, mais l'établissement fait surtout bar à vin avec des conseils avisés et adaptés aux goûts de chacun. Le tout dans une bonne ambiance puisque, comme le dit la citation de Georges Brassens à l'entrée, « le meilleur vin n'est pas nécessairement le plus cher, mais celui qu'on partage ». Alors ne manquez pas le concert un samedi soir par mois ou la soirée anglaise chaque premier mercredi du mois. Si vous voulez découvrir des spécialités locales, on vous orientera vers le gin, le pur malt et le whisky local ! Soyez curieux et goûtez-les, ils sont bons ! Les amateurs apprécieront les bières noyonnaises « La Goele », mais aussi la très bonne gamme des bières « Cervus », fabriquées à Compiègne (à une vingtaine de kilomètres de Noyon).

Dans les environs

Chiry-Ourscamp

OFFICE DE TOURISME DE NOYON EN VALLÉE DE L'OISE

2 bis, place Saint-Eloi
✆ 03 44 44 03 73
www.noyon-tourisme.com
contact@noyon-tourisme.com

Basse saison : ouvert le vendredi et le samedi de 10h à 12h et de 14h à 17h. Haute saison : le vendredi et le samedi de 10h à 12h et de 14h à 18h ; le dimanche de 14h à 18h. Boutique. Haute saison de juin à octobre.

Le véritable office de tourisme du territoire étant situé à Noyon, il s'agit aussi plutôt d'un point d'accueil, avec des créneaux très restreints. Il a surtout l'avantage d'être situé à côté de l'entrée de l'abbaye d'Ourscamp, un site magnifique. Vous pouvez trouver ici des informations utiles, mais aussi, quand le temps le permet, une terrasse où l'on peut prendre un thé, un café, une boisson fraîche et quelques petites gourmandises.

Autre adresse : Place Bertrand Labarre à Noyon

ABBAYE NOTRE-DAME D'OURSCAMP ★

Place Saint-Eloi
✆ 03 44 75 72 00
www.serviteurs.org

Ouvert du mardi au dimanche de 9h à 12h et de 14h à 18h. Gratuit jusqu'à 18 ans. Adulte : 3 €. Visite guidée (les dimanches à 15h ou sur réservation).

Avec une belle lumière, vous apprécierez le charme de cette abbaye en ruine. Il subsiste suffisamment de pierres pour que l'imaginaire se prête à la reconstruction virtuelle de l'abbaye. Le lieu invite à la méditation et force le respect. Pillée pendant la guerre de Cent Ans, transformée en filature au XIXe siècle, endommagée par des obus français en 1915, l'ancienne abbaye cistercienne n'a pas été épargnée ! De l'église abbatiale du Moyen Age, il ne subsiste qu'une partie du chœur et du transept. Mieux conservés, les bâtiments conventuels des XVIIe et XVIIIe siècles, qui ne se visitent pas, portent sur le fronton l'ours qu'aurait fait travailler saint Eloi. Dans l'aile de Gesvres, logent aujourd'hui les frères de la congrégation des serviteurs de Jésus et de Marie qui ont redonné une fonction religieuse à l'abbaye en 1941. A voir aussi : la grande chapelle du XIIIe siècle où sont célébrés les offices, ancienne infirmerie et « salle des morts » : les moines cisterciens y assistaient leurs frères agonisants, déposés, selon la tradition, sur une couche de cendre en forme de croix. Si ce site est si romantique, sachez que vous le devez en partie à un beau programme d'insertion. Les moines ont fait travailler sur la restauration (lancée en 2006) plus de 300 personnes en insertion. En septembre 2019, l'abbaye a même reçu le prix national « Patrimoine emploi » de la Fondation du Patrimoine. Cette démarche de restauration a déjà permis de restaurer les vitraux et la toiture de la grande chapelle, les fresques médiévales et des allées... Les travaux sur le sol de la chapelle sont désormais attendus.

CHÂTEAU MENNECHET

Sur les hauteurs du village de Chiry-Ourscamp.

Ouvert toute l'année. Gratuit.

La façade en ruines recouverte par la végétation ne manque pas d'intriguer en passant sur la départementale. On se croirait devant un vieux temple asiatique abandonné à la nature ou dans un décor de cinéma

Nouveau sur Noyon : un bowling et un multiplexe !

Cela faisait longtemps que les jeunes le réclamaient ! En plus du Théâtre du Chevalet qui abrite la médiathèque et qui propose une programmation dynamique et tout public, l'offre de loisirs s'est élargie. Le cinéma de centre-ville a été remplacé par le multiplexe Nouveau Paradisio (www.cinema-paradisio.fr). Juste en face, à l'entrée de Noyon, vous attend un bowling (ouvert tous les jours sauf le lundi ; 4,50 € la partie et 1,80 € la location de chaussures ; www.sensationsbowling.com).

Le réputé « marché franc »

Son appellation proviendrait du Moyen Age, quand les transactions se concluaient par une franche poignée de mains ! Les temps ont changé mais ce marché, qui se tient le premier lundi du mois, attire toujours autant de monde ! Vous y trouverez des animaux vivants à vendre (poules, canards, lapins, oies, moutons, chiots et parfois chevaux et ânes), mais aussi des objets d'artisanat, des fruits et légumes, des vêtements... Avec toujours des bonnes affaires à faire !

d'aventure, avec un mur et du vide derrière. Le lieu ne se visite pas mais il est visible depuis l'extérieur et vos interrogations seront levées par la plaque explicative située devant la grille. En 1880, Alphonse Mennechet de Barival (1812-1903), maire de Chiry, lança la construction d'une galerie pour abriter sa collection de peintures, sculptures et faïences. Inachevé au moment de son décès, le château de style néo-Renaissance a été sévèrement endommagé pendant la Grande Guerre. Il servit même de dépôt de munitions pendant la Seconde Guerre mondiale, puis fut laissé à l'abandon. Il est classé monument historique depuis 2010.

■ **MÉMORIAL**
Rue du Point-du-Jour
www.memorial-chiry-ourscamp.fr
Le long de la 2 x 2 voies.
Ouvert toute l'année. Gratuit.
Ce mémorial a été inauguré en 2019 pour rendre hommage à toutes les victimes civiles de l'Oise : ces personnes mortes fusillées, bombardées, en déportation, de maladie ou de faim pendant la Grande Guerre. Chiry-Ourscamp a payé un lourd tribut en perdant la moitié de ses habitants après 30 mois d'occupation. En 1911, la commune comptait 1 560 habitants et seulement 782 en 1921. Deux murs ont été dressés sur ce mémorial, un mur où est inscrite cette citation d'André Malraux : « Le tombeau des héros est le cœur des vivants », et un mur destiné à accueillir les différentes plaques des communes souhaitant s'associer à ce travail de mémoire.

▸ Lors de votre visite, n'hésitez pas à scanner les **QR codes** présents sur les panneaux qui vous redirigeront vers d'autres contenus en ligne. Le site Internet fait office de véritable mémorial virtuel.

Machemont

■ **CARRIÈRES DE MONTIGNY**
Pas d'adresse, mais depuis le village le site est très bien indiqué
✆ 03 44 76 43 22
www.lescarrieresdemontigny.fr
Fermé d'octobre à mai. Ouverture le week-end durant l'été et lors d'événements comme le marché de Noël (se renseigner sur le site). Adulte : 5 €. Enfant (jusqu'à 16 ans) : 2,50 €. Restauration (à l'occasion de manifestations comme les journées du patrimoine, le téléthon, le marché de Noël...).
C'est un site atypique et surprenant comme on les aime. Quand on arrive sur ce site isolé, on entre dans un monde souterrain chargé d'histoire, ou plutôt d'histoires au pluriel. On retrouve ici des habitats troglodytes, la marque d'anciennes activités d'extraction de pierres (utilisées pour la construction des grands boulevards parisiens), des traces bien visibles de la présence de soldats de la Première Guerre mondiale (belles sculptures et inscriptions), ou encore un passé de champignonnière. Les visites commentées sont passionnantes. Au-delà de ce patrimoine, l'ambiance même du site mérite qu'on s'y rende. En sortant d'une galerie on découvre une végétation luxuriante et un arbre qui a profité d'un effondrement du plafond pour regagner son droit de prendre de la hauteur. Occasionnellement, le bar-restaurant troglodyte et le théâtre de verdure offrent encore un peu plus de charme à cet endroit trop méconnu.

PIERREFONDS ★★★

Un château tout droit sorti d'un conte de fées, un village encaissé au milieu de la forêt, un étang pour se détendre... Pierrefonds est un site particulièrement romantique qui ne peut vous laisser insensible. Dès le XIXe siècle cette petite commune était une destination à la mode. Les mondains y venaient pour la station thermale, desservie par les trains. La voie ferrée n'existe plus depuis 1964 (c'est désormais une superbe piste cyclable menant à Compiègne par la forêt), mais l'ancienne gare rappelle cette belle l'époque avec l'inscription « Pierrefonds-les-Bains ». Les bâtiments des thermes et son casino voisin servent aujourd'hui de lieux de réception. Lors de votre promenade vous pourrez admirer quelques belles maisons bourgeoises. Ainsi le château de Jonval inspira Alexandre Dumas puisqu'il en fit la demeure du mousquetaire Portos. Mais Pierrefonds, c'est avant tout un château médiéval remarquable tant par sa position, ses proportions et son architecture insolite. Génial mélange entre architectures du Moyen Age et de la Renaissance, l'adaptation étonnante de l'édifice est l'œuvre de l'architecte Viollet-le-Duc, qui reconstruisit le château à la demande de Napoléon III. A l'abri des immenses remparts se dresse le monumental donjon dont les vastes salles accueillirent de mémorables fêtes impériales. La visite de ce château de conte de fées vous laissera un souvenir inoubliable. Pendant cinq ans, il a servi de lieu de tournage à la série *Merlin*.

■ **OFFICE DE TOURISME**
1, Place de l'Hôtel-de-Ville ✆ 03 44 42 81 44
www.destination-pierrefonds.fr
Basse saison : ouvert le lundi de 14h à 17h ; du mardi au samedi de 10h à 13h et de 14h à 17h. Haute saison : du lundi au samedi de 10h à 13h et de 14h à 18h ; le dimanche et les jours fériés de 11h à 13h et de 14h30 à 17h30. Fermé pendant la première semaine de janvier, le 1er mai, le 1er novembre, le 11 novembre et le 25 décembre. Boutique avec des produits locaux. Wifi.
L'établissement est situé juste à côté de la mairie, à deux pas du lac. L'accueil y est généralement très bon. Vous y retrouverez sans difficulté les informations touristiques sur le secteur (Pierrefonds évidemment, mais aussi des parcours sur la Grande Guerre ou des idées de randonnées). Il y a aussi les horaires de cars vers Compiègne, ce qui peut avoir son importance si vous êtes venus en train jusqu'à la cité impériale (voisine d'une quinzaine de kilomètres). L'office de tourisme propose désormais 2 livrets découvertes (payants) pour les 8-14 ans et pour les adultes. A travers des parcours et des énigmes bien conçus, vous découvrirez les charmes et les histoires méconnus de la cité.

Points d'intérêt

■ **CABANES DE PIERREFONDS**
Route de Morienval ✆ 03 60 19 55 08
www.cabanesdepierrefonds.fr
Ouvert de mi-mars à mi-novembre. 120 € la nuit la semaine, 140 € vendredi, samedi et dimanche pour deux personnes, petit-déjeuner inclus. 230 € la cabane familiale.
Passer une nuit dans les arbres, à quelques mètres du sol, dans une cabane posée autour d'un tronc... Le concept séduit à tous les coups dès que l'on arrive sur son nid d'amour en tyrolienne ou par les escaliers. Quel dépaysement d'être ainsi au contact de la nature, perché dans la canopée ! Rémi, 25 ans, a repris un site qu'il connaît depuis son enfance, avant que les hébergement insolites ne soient construits. Dans les cabanes, vous trouvez un lit confortable, du mobilier, des bougies pour vous éclairer, des toilettes sèches, un réservoir d'eau et un chauffage d'appoint si besoin. Ce site en plein renouveau a vu ses prestations s'étoffer avec une cabane familiale, des paniers repas et des prestations romantiques en supplément (champagne, pétales de roses, bouquets).

■ **CHÂTEAU DE PIERREFONDS** ★★★
Rue Viollet-le-Duc ✆ 03 44 42 72 72
Voir page 18.

Le couvert

■ **CASTLE**
1, rue du Bourg ✆ 03 44 76 77 80
lecastlepierrefonds@gmail.com
Ouvert le lundi, le mardi et du jeudi au samedi de 12h à 14h et de 19h à 21h30 ; le dimanche midi. Menus de 26,90 € à 57 € (avec accord mets et vins). Menu enfant : 10,90 € (pour les moins de 12 ans). Formule du midi : 16,90 € (deux plats et 19,90 € les trois plats, en semaine). Terrasse.
Marie-Laure et Aymeric Fezelot ont repris cet établissement en 2019 pour proposer une carte qui change toutes les cinq semaines, en revisitant les mets traditionnels sous l'aune du sucré-salé. Jugez plutôt : opéra de foie gras, chocolat gelée de pic-saint-loup en entrée, suivi d'un carré d'agneau en croûte de pain d'épices purée de pommes de terre aux éclats de châtaigne, et pour finir des sorbets gourmands : pomme granny au cidre breton, mangue d'Inde, myrtille sauvage... Dernier plus : le chef saura vous conseiller pour choisir l'un des cinquante vins différents entreposés dans la cave.

■ **LE CHALET DU LAC**
1, chaussée Deflubé ✆ 03 60 19 68 19
www.chaletdulacpierrefonds.com
chaletdulac.pierrefonds@gmail.com
Ouvert du mardi au samedi de 8h30 à 21h30 ; le dimanche de 8h30 à 18h30. Menus de 22 € à 29 €. Carte : 20 € environ. Menu enfant : 8,50 €. Accueil des groupes. Chaises bébé. Terrasse. Vente à emporter. Animations.
Côté lac ou côté château, c'est un choix assez cornélien pour vous installer dans cet établissement qui bénéficie de la meilleure situation de Pierrefonds. Vous pouvez vous y poser du matin au soir pour un café, une boisson fraîche ou une bonne gaufre. Vous pouvez aussi vous y attarder pour un bon repas, encore plus apprécié sur la terrasse côté lac si le temps s'y prête. Si vous voulez faire plaisir, le foie gras maison est réussi, la souris d'agneau et les profiteroles maison sont de bonnes sélections. Pour continuer à vous détendre après votre passage dans cet établissement centenaire très bien rénové, sachez qu'un minigolf vous attend juste derrière.

Le gîte

■ **AUBERGE AUX BLÉS D'OR****
8, rue Jules-Michelet ✆ 03 44 42 85 91
www.auxblesdor.com – info@auxblesdor.com
Ouvert tous les jours. Réception tous les jours de 18h à 21h et durant les ouvertures du restaurant. 6 chambres. Chambre simple 68 € ; chambre double 78 €. Lit supplémentaire : 15 €. Séminaires. Wifi gratuit. Restauration (formule du jour en semaine, menus de 20 € à 30 €, menu enfant à 10,50 €).
Dans la rue principale du village et en face du lac (de l'autre côté de la rue toutefois), cet ancien moulin à eau du XIVe siècle est devenu au fil du temps une auberge au charme rustique. Les chambres sont tout confort avec salle de bains et sanitaires séparés. La décoration est soignée, vous apprécierez la tranquillité du lieu et sa centralité par rapport aux points d'intérêt du village. L'établissement dispose aussi d'un restaurant réputé où l'on peut déguster quelques spécialités régionales comme la ficelle picarde, la tartelette au maroilles, le pavé de cerf sauce grand veneur, le boudin du très réputé charcutier local ou encore la profiterole picarde.

Campings

■ **CŒUR DE LA FORÊT***
34, rue de l'Armistice ✆ 03 44 42 80 83
www.lecoeurdelaforet.fr
contact@lecoeurdelaforet.fr

Fermé de novembre à mars. 59 emplacements. Emplacement + 2 personnes de 17 € à 20 €. Caravanes de 30 € à 50 € la semaine. Cabane de 2 à 6 personnes de 80 à 220 € la nuit. Tour insolite de 120 € à 180 €. « Cachette de Frodon » de 140 € à 240 €. Animaux acceptés. Wifi gratuit. Restauration (paniers de 20 à 30 €, menus de 40 € à 45 €). Vente (pain, petit déjeuner, boissons, glaces, cartes postales). Location de vélos : 1h 8 €, 2h 12 €, 3h 15 €, demi-journée 18 € et journée complète 20 € (caution de 300 € par vélo).

Amateurs d'insolite ou pas, il fait bon s'arrêter dans ce camping. En effet, en plus de la soixantaine d'emplacements pour tentes et caravanes, les propriétaires proposent trois hébergements insolites : une charmante et confortable cabane en bois baptisée « Eugénie » (comme l'impératrice du même nom, qui appréciait la forêt de Compiègne), une cabane du Trappeur, ainsi que la « cachette de Frodon », sorte de hutte confortable s'inspirant des trous de hobbits, personnages issus du film *Le Seigneur des anneaux*. En partie nichée dans la terre et recouvertes de gazon, elle offre une atmosphère particulière également à l'intérieur, avec du parquet, un toit en étoile et tout le confort (cuisine, salle de bains, salle de séjour et salon de jardin). La nouveauté depuis 2019 est la Tour dans un décor inspiré d'Arthur et des chevaliers de la Table ronde. Cette ambiance est une référence à la série britannique *Merlin*, tournée dans le château situé à quelques hectomètres. Ce camping dispose d'un grand trampoline pour les enfants. Il constitue également un point de départ stratégique pour les sorties en vélo dans la forêt de Compiègne ! La piste cyclable qui relie Pierrefonds à Compiègne par le charmant village de Vieux-Moulin est située juste à côté, alors enfourchez vite votre vélo pour pédaler sur la plus belle piste de la région !

Loisirs

GRIMP À L'ARB

Annexe Maison Forestière des Étangs de Saint-Pierre
✆ 03 44 86 45 98 – www.grimpalarb.fr
contact@grimpalarb.fr

Ouverture de fin mars à début novembre, jour d'ouverture et horaires variables selon les mois (consulter le site internet). Juillet/août : tous les jours de 9h30 à 19h00. Entrée plus de 16 ans : 21 € à 26 €, 10 à 19 € pour les enfants. CB non acceptée. Chèque Vacances.

Aller d'arbre en arbre en marchant sur un pont de singe, descendre en tyrolienne à plusieurs mètres au-dessus du sol sur 140 mètres, avancer sur des poutres en mouvement… Il n'est point nécessaire de monter dans un manège sophistiqué pour vivre des sensations fortes ! Ce site, au milieu de chênes centenaires, propose 13 parcours bien adaptés à tous les âges ou presque (enfants mesurant au moins 1,10 m les bras levés). Une initiation est dispensée à tous les aspirants grimpeurs, on peut donc pratiquer en famille ou entre amis. Attention, prévoyez toutefois qu'un adulte reste auprès des enfants pour les surveiller. Pour prolonger la journée, des aires de pique-nique et de barbecue sont à votre disposition. Juste à côté, vous pouvez profiter des paisaibles étangs Saint-Pierre qui font le bonheur des pêcheurs et des animaux (poissons, oiseaux, canards, poules d'eau…). Pourtant perdu dans la quiétude de la forêt, cet accrobranche reçoit pas mal de clientèle extra-régionale voire étrangère, c'est dire sa réputation !

OISE MONTGOLFIÈRE

6, rue du Rocher
✆ 06 51 43 53 70
http://oise-montgolfiere.fr
contact@oise-montgolfiere.fr

Vol de mars à octobre, selon les conditions météorologiques. 200 € par personne. Vol déconseillé pour les moins de 10 ans et les femmes enceintes.

Quel bonheur de prendre de la hauteur pour découvrir le château de Pierrefonds, la forêt de Compiègne, la vallée de l'Aisne au gré du vent qui vous pousse de 200 m à 1 000 m d'altitude. Deux créneaux par jour sont possibles pour vivre ce moment magique : au lever du soleil ou en soirée, dans les deux heures qui précèdent son coucher. Vous participerez à la préparation du ballon et de l'itinéraire, et pourrez savourer un petit-déjeuner ou un apéro après votre vol : comptez donc entre trois et quatre heures pour un vol d'une heure environ. Des itinéraires sur mesure sont aussi possibles pour des bons cadeaux. Pour les personnes sujettes au vertige, sachez que le vol en montgolfière n'est ni dangereux ni particulièrement sportif. Un petit conseil cependant : évitez les polaires et privilégiez les habits en fibres naturelles, coton ou laine à cause du brûleur et du gaz, et comme pour une randonnée, prenez de bonnes chaussures et une casquette ou un chapeau.

Bateau

L'EMBARCADÈRE

Chaussée Deflubé
Au bord du lac
✆ 09 52 80 12 26
www.lembarcadere-pierrefonds.fr
contact@lembarcadere.fr

Ouverture en journée de mars à novembre, selon la météo. Ouverture le soir de mai à fin septembre. Pédalo 4,80 € par adulte la demi-heure et 3,70 € par enfant de moins de 12 ans. Restauration (salades, viandes grillées, poissons, glaces, gaufres, desserts…).

Le bateau à pédales est l'incontournable loisir romantique ou familial lors d'une journée à Pierrefonds. L'étang est dominé par le château féerique, les belles maisons, les anciens thermes, la charmante église, l'ancienne gare pleine de cachet et la forêt… Les nénuphars, les cygnes, les canards, un héron et les poules d'eau viennent compléter le décor. On se laisse donc vite tenter par un tour sur l'eau. Les embarcations sont grandes avec quatre sièges plus de la place devant et derrière et certaines ont des formes de cygnes. Pour récupérer, l'Embarcadère vous propose aussi une restauration très correcte, qui offre surtout une vue imprenable et très prisée sur le château et l'étang. C'est pour beaucoup la meilleure situation et la meilleure exposition du village. Par conséquent, si la journée est belle, la fréquentation du lieu vous conduira sans doute à patienter un moment pour trouver de la place.

Emplettes

BOULANGERIE PÂTISSERIE CHOCOLATERIE BIGOT

13, place de l'Hôtel-de-Ville
✆ 03 44 42 00 26

Ouvert le lundi et du mercredi au samedi de 7h à 20h. Les propriétaires possèdent aussi l'excellente charcuterie voisine.
C'est une référence dans le secteur, on y vient depuis plusieurs kilomètres à la ronde. Vous vous régalerez avec les macarons, les éclairs au spéculoos, les glaces artisanales ou les Gladys (croustillant nougat, crémeux fruits rouges, mousse légère, chocolat blanc craquant et pétillant). Vous apprécierez aussi les muffins au chocolat avec de la pâte à tartiner maison (qui se vend aussi en pot). Pour pique-niquer, vous pouvez opter pour des Pétrifontains (c'est ainsi que l'on appelle les habitants de Pierrefonds) : des pains en escargot avec de la crème fraîche, du gruyère et des lardons. C'est un peu calorique, mais bon et facile à manger sur le pouce !

SENLIS ★★

Vous devriez tomber sous le charme des ruelles pavées de Senlis. Très peu propice aux voitures, le centre-ville bourgeois est un endroit calme et agréable pour flâner au milieu des vieilles maisons ou des beaux hôtels particuliers. La ville se caractérise aussi par les vestiges romains (remparts, théâtres et pièces du Musée archéologique). Cette préservation miraculeuse, dans cette région meurtrie par les guerres, s'explique par l'absence de train. Cela a permis à Senlis d'être épargnée des lourds bombardements. Ancienne cité d'une paisible peuplade agricole gauloise (les Sulbanectes), Senlis fut occupée par les Romains vers l'an III. Ceux-ci la renommèrent Augustomagus et la protégèrent d'une épaisse muraille ponctuée de vingt-huit tours dont une grande partie a été préservée. Saint Rieul évangélise Senlis au milieu du IVe siècle. Au XIIe siècle, la position stratégique de la ville, entre Paris et les Flandres, favorise le développement de la cité. Tous les rois de France, d'Hugues Capet (qui s'y fit proclamer roi) à Charles X y séjournèrent. Les premiers Capétiens favorisent l'essor économique et religieux de cette place forte incontournable. En 1153, les premières pierres de la cathédrale Notre-Dame sont posées. Elle sera consacrée en 1191. En 1173, le roi Louis VII accorde une charte communale à la ville. La cité continue de s'étendre. Un second rempart est édifié par Philippe Auguste (progressivement remanié et renforcé) pour protéger les faubourgs de la cité. Cette enceinte abritera la cathédrale et sa remarquable flèche, la chapelle Saint-Frambourg et le prieuré Saint-Maurice. Aux XIIe et XIIIe siècles, les notables se font bâtir de splendides hôtels particuliers. Héritage transmis de génération en génération, cette caractéristique architecturale demeure de nos jours l'une des particularités de Senlis.

OFFICE DE TOURISME

Place du Parvis-Notre-Dame ✆ 03 44 53 06 40
www.senlis-tourisme.fr

Basse saison : ouvert du lundi au samedi de 10h à 12h30 et de 14h à 17h ; le dimanche et les jours fériés de 10h30 à 12h30 et de 14h à 17h. Haute saison : du lundi au samedi de 10h à 12h30 et de 14h à 18h15 ; le dimanche et les jours fériés de 10h30 à 13h et de 14h à 18h15. Haute saison de mars à fin octobre. Boutique. Visites guidées individuelles : d'avril à octobre, les 1er et 3e dimanches du mois à 15h (de 7 à 9 €).
Voilà un office de tourisme facile à trouver, juste en face de la cathédrale et à moins de deux minutes de marche des trois musées de la ville ! Il est petit mais vous aurez toute l'information nécessaire, grâce à une équipe très professionnelle, à la borne interactive, et à un agencement optimisé. Le livret pour découvrir la ville est simple et clair, avec trois circuits proposés. Pour vos balades en famille, le livret « Rallyes des médailles » est bien fait avec des énigmes, des rébus, des jeux et des médailles cachées dans la ville (livret à 1,50 €) ! Autre façon de découvrir la ville, les visites guidées sont intéressantes et bien accessibles même si vous n'êtes pas un grand féru d'histoire. Enfin, il est rare d'être emballé par une carte postale touristique, mais celle-ci va vous bluffer ! Quand vous l'ouvrez, se déplie une fine maquette en relief de la cathédrale Notre-Dame de Senlis.

▸ **Depuis l'année dernière**, les offices de tourisme de Senlis et Chantilly ont mutualisé leurs moyens et vous pourrez aussi vous renseigner sur les sites à voir dans l'aire cantilienne. Le site Internet et les supports de communication vont être revus dans les mois à venir.

Points d'intérêt

CHAPELLE SAINT-FRAMBOURG

1, place Saint-Frambourg
✆ 06 61 45 89 14
www.fondation-cziffra.com/fr/

Visible uniquement lors des concerts.
Fermé durant quelques années faute de moyens, ce site emblématique pour les amateurs de musique et d'histoire a finalement rouvert ses portes grâce à la fondation Cziffra qui a réussi à convaincre des mécènes. Cette chapelle royale accueille depuis une quarantaine d'année des concours de musique classique de haute tenue organisés par la fondation Cziffra. Cette chapelle a connu un destin hors du commun : carolingienne puis capétienne, elle a servi successivement de temple, de manège pour l'armée prussienne, de magasin, et même de... garage ! Elle a gardé depuis sa superbe avec des vitraux signés de Joan Miro et est classée monument historique. Malheureusement, si la chapelle a été ouverte à des visites régulières après sa réouverture, ce n'est plus le cas désormais. Il vous faudra donc acheter un billet de concert pour apprécier ce patrimoine qui est encore plus beau avec un fond sonore envoûtant.

MUSÉE D'ART ET D'ARCHÉOLOGIE ★

Place du Parvis-Notre-Dame ✆ 03 44 24 86 72
www.musees.ville-senlis.fr

Ouvert du mercredi au dimanche de 10h à 13h et de 14h à 18h. Adulte : 6 € (pass pour les 2 musées senlisiens valable 2 mois). Gratuit pour les Senlisiens, les moins de 18 ans et

le 1er dimanche du mois. Tarif réduit 3,50 € (étudiants, retraités, personnes handicapées). Visite guidée.
Bien réaménagé en 2012, ce musée est une vraie réussite en mettant bien en valeur l'architecture de l'ancien Palais épiscopal ! Il présente d'importantes collections archéologiques, avec au sous-sol des vestiges remarquables d'un habitat gallo-romain et la base du rempart du IIIe siècle, constitué d'éléments sculptés provenant des édifices antiques (comme l'exceptionnelle série d'ex-voto de la forêt d'Halatte, située à proximité). La galerie Renaissance a été bien rénovée, tout comme la chambre des Anges et la chapelle du chancelier Guérin. A voir également, de belles salles de peintures du XVIIe au XXe siècle, sans oublier les artistes locaux comme Thomas Couture et Séraphine Louis. Pour une visite en famille : demandez les livrets-jeux « En piste » pour les 4-7 ans et « En selle » pour les 8-12 ans disponibles gratuitement à l'accueil.

■ CATHÉDRALE NOTRE-DAME DE SENLIS ★★
Place Notre-Dame
Voir page 14.

■ MUSÉE DES SPAHIS ★
Place du Parvis-Notre-Dame
A côté de l'office de tourisme
✆ 03 44 24 86 72
www.musees.ville-senlis.fr
musees@ville-senlis.fr
Ouvert le week-end de 10h à 13h et de 14h à 18h. Et sur réservation du mercredi au vendredi. Gratuit.
C'est un petit musée inattendu à l'entrée du Château Royal. Pourquoi cet hommage à ces soldats africains de cavalerie dans cette ville bourgeoise, et peu cosmopolite de prime abord ? En fait, Senlis a accueilli deux régiments : des Marocains de 1928 à 1939, puis des Algériens de 1948 à 1962. Leur passage est resté dans les mémoires et des familles sont même restées dans le secteur. Plus largement, ces unités ont été très efficaces et donc redoutées tant elles sortaient des habitudes occidentales. Au début de la Seconde Guerre mondiale, elles furent les seules à rester invaincues, avant de rendre les armes sur ordre du gouvernement. Ce musée tenait donc à rendre hommage à ces défenseurs de la France. Dans cette demeure, on commence par se remettre en tête les éléments historiques avec quelques panneaux et beaucoup de figurines. On y découvre des fanions, des gravures, des photos, des fusils… Mais on reste surtout curieux des superbes tenues (sans doute pas les plus discrètes et les plus fonctionnelles mais d'un cachet étonnant !).

■ THÉÂTRE GALLO-ROMAIN
Avenue Félix-Vernois
Fermé au public sauf durant les Journées du patrimoine en septembre et les journées de l'archéologie en juin. Visite guidée (chaque 1er dimanche du mois entre avril et octobre à 15h ; 9 € adulte et 7 € pour les plus de 60 ans et les moins de 16 ans).
C'est un patrimoine rare dans le nord de la France que vous permet de découvrir la visite commentée de l'office de tourisme. Avant d'atteindre le théâtre, vous allez connaître l'histoire de la seule muraille gallo-romaine du nord du pays dont le plan est encore complet (un ovale de 840 m de périmètre pour une superficie de plus de 6 hectares). Cette enceinte senlisienne a été construite à la fin du IIIe siècle pour lutter contre les invasions barbares. D'une hauteur d'environ 7 m, la muraille fut fortifiée, dès sa construction, par des lits de tuiles horizontaux espacés de 1,50 m. Le jardin du Roy situé rue du Chat-Haret, à proximité du château et de la cathédrale, vous donne un bel aperçu de cette caractéristique de construction. Au cours de votre balade, vous pourrez contempler une douzaine de tours, sur les 28 que comportait la muraille à l'origine. Après avoir traversé des jardins familiaux, vous pourrez admirer le théâtre gallo-romain qui pouvait accueillir jusqu'à 8 000 personnes. Pour être honnête, son état est un peu décevant (avec quelques barrières disgracieuses) mais le site surplombé de maisons de ville vaut le coup d'œil malgré tout.

Le couvert

■ LE COMPTOIR SENLISIEN
2, impasse de la Chaufferette
✆ 03 44 60 62 02
Ouvert du mardi au dimanche de 8h à 18h30. Réservation recommandée. Menus de 16,50 € à 20,50 € (deux ou trois plats). Menu enfant : 9,50 €. Formule : 7,50 € (goûter). Vin au verre. Petit-déjeuner de 6,50 à 9 €. Brunch le dimanche : 27 €. Croque-monsieur 10 €. Chaises bébé. Jardin. Vente à emporter. Boutique.
Voilà le bon endroit pour donner rendez-vous aux copines, siroter un jus de fruits avec un cake maison (parfum rose, pistache, orange confite, châtaigne…) dans l'apaisante cour intérieure, ou encore en s'installant confortablement dans la cave gothique ! Le principe reste assez classique avec une épicerie (remplie de thés, cafés, chocolats, sirops, bonbons, confitures et miels…) et un salon de thé-restaurant qui est très fréquenté par la gente féminine. On y sert des cafés du monde, des thés Mariage Frères et de savoureuses pâtisseries maison. La carte est simple avec des tartes salées, des soupes, des ravioles, des croque-monsieur ou encore des omelettes, mais on repart toujours repu et détendu de ce salon de thé cosy !

■ LE BISTROT DE SENLIS
9, rue Léon Fautrat ✆ 03 44 60 07 17
lebistrotdesenlis@gmail.com
Ouvert du lundi au samedi le midi et le soir. Formule du midi : 17,50 € (deux plats et un verre de vin). Vin au verre.
Une table ouverte depuis l'année dernière et qui ne désemplit pas avec tous les Senlisiens qui viennent y faire leur pause déjeuner ! Il faut dire que le rapport qualité-prix y est excellent avec les plats du chef Laurent Cresta chaque jour renouvelés, comme la saucisse au couteau, un potage au potimarron et son crumble noisette parmesan, sans oublier en dessert le fameux tiramisu. Un feu de cheminée au cœur de la salle, des murs de pierre, un décor sobre et raffiné finiront de vous convaincre et vous reviendrez souvent dans ce bistrot à l'ancienne. Dernier plus : le service est rapide… et souriant !

■ LA BOHÈME
9-11, place Henri IV ✆ 03 44 56 63 99
Ouvert toute l'année. Du mardi au samedi le midi ; du jeudi au samedi le soir. Menus de 17 € à 20 € (deux ou trois plats). Vin au verre. Terrasse.

Une histoire d'amour avec le 7e art...

Senlis est un lieu de tournage très prisé par les cinéastes qui y apprécient sa proximité avec les studios parisiens et ses ruelles médiévales, places, monuments historiques et hôtels particuliers... En tout, environ 150 films ont été tournés ici en partie ou en totalité : *Cartouche* (1961) avec Jean-Paul Belmondo et Claudia Cardinale, *Angélique et le Roy* (1965) avec Michèle Mercier et Jean Rochefort, *Le Roi de cœur* (1966) avec Michel Serrault et Jean-Claude Brialy, *Peau d'âne* (1970) avec Catherine Deneuve, *L'Aile ou la cuisse* (1976) avec Louis de Funès et Coluche, *L'Avare* (1980) avec Louis de Funès et Michel Galabru, *Papy fait de la Résistance* (1983) avec Christian Clavier et Michel Blanc, *La Reine Margot* (1994) avec Isabelle Adjani et Daniel Auteuil...
Plus récemment, le cloître de l'ancienne abbaye Saint-Vincent a été réquisitionné pour tourner des épisodes de la série *Sœur-Thérèse.com*. La cité a aussi reçu des tournages comme *Arsène Lupin* (2003) avec Kristin Scott-Thomas, et bien sûr le film *Séraphine* avec Yolande Moreau dans le rôle de la peintre senlisienne, qui remporta 7 césars. Sans oublier plusieurs épisodes de la série Nicolas Le Floch (2010), *Le Désert de l'amour* avec Emmanuelle Béart (2011), *Turf* avec Alain Chabat (2011), *Les garçons et Guillaume, à table !* (2013)... Cette liste s'est enrichie avec la série *Versailles*, autour du Roi Soleil, tournée en 2015 et 2016. En 2017, on retiendra *Eva* et *Sans famille*, puis en 2018 une série télévisée sur Victor Hugo. La thématique est tellement riche que l'office de tourisme a déjà organisé des visites guidées autour des lieux de tournages, une opération théâtralisée avec des figurants faisant office de célèbres personnages.

Une nouvelle adresse au cœur du centre-ville de Senlis, sur la belle place Henri IV. Deux salles pour deux ambiances différentes : la première lumineuse et contemporaine et la seconde au charme légèrement suranné avec sa belle cheminée. Un menu du jour vous est proposé avec par exemple cet hiver : velouté de panais, aiguillettes de canard et pommes de terre grenaille sauce au poivre, et un délicieux fondant au chocolat. L'été, la terrasse intérieure est un véritable havre de paix. L'équipe vous accueillera chaleureusement, mais ne soyez pas trop pressé pour votre déjeuner.

■ AU PIED DE LA TOUR – CHEZ LES FILLES
18, rue de Beauvais ✆ 09 63 25 33 66
www.aupieddelatour.fr
Ouvert du jeudi au lundi le midi et le soir. Menus de 17 € à 21 € (deux ou trois plats). Plat du jour : 12 €. Formule grillades de 21 à 25 €. Terrasse. Vente à emporter. Animations. Soirée concerts le vendredi.
Ce restaurant en face de la tour historique des Bouteillers a été repris par une équipe entièrement féminine ! Claire et Lætitia officient en salle, tandis qu'Estelle et Emmanuelle sont en cuisine. Vous y recevrez un accueil chaleureux avant d'apprécier de bons verres (notre seule arme : un tire-bouchon, clament-elles !) et une cuisine traditionnelle et faite maison. Pour les amateurs, des soirées *live music* sont régulièrement organisées le vendredi soir (consultez le site Internet pour la programmation).

■ LE GRIL DES BARBARES
19, rue du Châtel ✆ 03 44 53 12 00
www.grildesbarbares.com
Ouvert du mardi au samedi le midi et le soir ; le dimanche midi. Fermé le dimanche en juillet et août. Menus de 30 € à 39 €. Menu enfant : 7,50 € (pour les moins de 8 ans). Plat du jour : 10 €. Vin au verre. Formules du midi de 13 € à 16 € (sauf dimanche et jours fériés). Accueil des groupes. Animations. Wifi gratuit.
Si vous choisissez de prendre votre repas au Gril des Barbares, vous voyagerez dans le temps en mangeant dans une magnifique cave voûtée médiévale. Les murs sont ornés de tapisseries médiévales et vous vous lécherez les babines en admirant la dextérité des cuisiniers dans la cuisine ouverte où des grillades et des mets cuisent au feu de bois. Oubliez vos bonnes résolutions et laissez-vous tenter par la savoureuse terrine maison, servie sans façons dans son plat, avec des cornichons et du bon pain. Les amateurs de viande seront servis avec l'énorme entrecôte « barbare » (600 g) ou le hamburger au foie gras. Parenthèse enchantée garantie, car vous ne serez pas tenté de regarder votre portable : le réseau ne passe pas dans cette cave qui date du XIIe siècle !

■ LE SCARAMOUCHE
4, place Notre-Dame ✆ 03 44 53 01 26
www.le-scaramouche.fr
Ouvert du mardi au samedi de 12h à 15h et de 19h à 23h. Réservation recommandée. Menus de 20 € à 25 € (deux ou trois plats). Menu enfant : 10 € (jusqu'à 12 ans). Formule du midi : 19 € (à 22 €, du mardi au vendredi). Vin au verre. Hors d'oeuvre 8 €, plats 15 €, desserts 8 €. Terrasse.
On repère d'abord l'établissement pour sa situation, avec une terrasse aux pieds de la belle cathédrale Notre-Dame à la vue imprenable. On y apprécie ensuite une cuisine inventive, délicate et gourmande concoctée par Jean Bataille. Dans ce restaurant au décor de bistrot classe, on propose par exemple un cassoulet picard au canard confit et haricots de Soissons, ou le tartare de daurade royale à la tahitienne, carotte et soja. En dessert, vous ne saurez que choisir entre la pomme « bonne femme » rôtie sur brioche et la mousse au chocolat au lait servie au pot, ou bien pour faire couleur locale une assiette de fromages picards !

Le gîte

■ HOSTELLERIE DE LA PORTE BELLON***
51, rue Bellon ✆ 03 44 53 03 05
www.portebellon.fr
laportebellon@wanadoo.fr
Logis. 20 chambres. Petit déjeuner buffet : 11 €. Lit supplémentaire : 17 €. Lit bébé à disposition. Soirée

étape de 115 € à 128 € par personne. Appartement de 3 chambres à 245 €. American Express, Chèque Vacances. Animaux acceptés. Séminaires. Wifi gratuit. Restauration (menus de 22 € à 55 €. Service traiteur).
Cet ancien relais de poste appartient depuis 2010 à la famille Bataille. A l'entrée du centre-ville, vous apprécierez l'empreinte historique de la bâtisse, son charme et son caractère. Un escalier blotti dans la tour du XVIe siècle mène aux confortables chambres rénovées récemment. Si votre chambre se trouve dans l'annexe de charme, vous traverserez la véranda et la terrasse arborée. La cave du XIIIe siècle vous attend pour prendre un verre avant de rejoindre le restaurant réputé, dont le décor a été rénové avec une belle ambiance chic et cosy. Si vous êtes intéressé, l'établissement peut aussi organiser de grandes réceptions (jusqu'à 100 personnes sur la terrasse et 75 en intérieur). Enfin, élément bien appréciable, un grand parking public gratuit est situé devant l'hôtel.

Chambres d'hôtes

■ LA BOHÈME
9-11, place Henri IV
✆ 03 44 56 63 99
5 chambres. Chambre double 90 € ; suite 115 €. Petit déjeuner inclus. Parking. Les enfants de moins de 3 ans séjournent gratuitement ; les enfant de 3 à 13 ans paient 20 € et les enfants de 14 à 17 ans 30 €. Wifi gratuit. Restauration.
Cinq chambre d'hôtes de 25 à 45 m² vous sont proposées à l'étage du restaurant la Bohème. Elles donnent sur la terrasse ou le jardin intérieur et sont agrémentées avec goût, avec un coin salon et une salle de bains privative. La literie est de qualité et vous serez assuré de repartir reposé, après avoir savouré un bon petit-déjeuner continental !

Sorties

■ LE CACHOT
24, rue Léon-Fautrat
✆ 06 08 25 72 73
www.tv60.fr
cachotsenlis@gmail.com
Ouvert du mardi au dimanche de 14h30 à 19h. Visite historique contée de la cave avec boisson offerte 13 € les samedis et dimanches à 15h et 17h, possibilité en semaine sur réservation 15 €, durée 1h15..
Cette taverne médiévale est tenue par un propriétaire qui aime partager sa passion. Au sous-sol, une imposante cave voûtée romane du XIIe siècle conduit à un cachot et à une oubliette où l'on a retrouvé des vestiges archéologiques. Vous pourrez déguster la bonne bière senlisienne (la Saint-Rieul), de l'hypocras, de l'élixir de roses ou d'épines rouges. Les visites contées vous feront voyager dans le temps et dans l'univers atypique du maître des lieux, Laurent Thomas, instigateur de ce concept à succès il y a dix ans. Si l'on vient avant tout pour le côté culturel et original du lieu, vous trouverez aussi une boutique avec des statues de pierre ou de bois, des gargouilles, des bijoux, des blasons, des armures, des épées ou encore des reproductions de parchemins.

Emplettes

■ CHOCOLATERIE DE BEUSSENT
15, rue de l'Apport au Pain ✆ 03 44 53 30 16
www.choco-france.com
commande@choco-france.com
Ouvert du lundi au samedi de 10h à 12h30 et de 14h à 19h.
Fondée en 1985, la maison de Beussent n'a plus rien à prouver en matière de chocolat… Fabriqués de manière artisanale, dans le plus grand respect de la matière première, ses produits ont un goût caractéristique apprécié des connaisseurs. Les chocolatiers de l'enseigne sont parmi les rares professionnels de France à maîtriser la fabrication de A à Z : du choix des fèves de cacao jusqu'au conchage, tout est fait maison. À noter que Beussent possède sa propre plantation en Équateur ! N'hésitez pas à passer en boutique pour découvrir les œuvres faites par ces artisans avec ce noble matériau.

Dans les environs

Pontpoint

■ ABBAYE ROYALE DU MONCEL ★
Rue du Moncel ✆ 03 44 72 33 98
www.abbayedumoncel.fr
contact@clubduvieuxmanoir.fr
Fermé du 1er novembre au 31 mars. Fermé les 1er et 8 mai. Ouvert du mercredi au vendredi et le dimanche de 10h à 12h et de 14h à 18h. Visites guidées uniquement le samedi à 14h30 et 16h30 (pas de visites libres le samedi). Adulte : 7 €. Enfant (de 6 à 18 ans) : 5 €.
Fondée par Philippe IV le Bel en 1309, l'abbaye a connu une histoire tortueuse. Elle fut occupée par des sœurs clarisses avant d'être vendue à la Révolution, d'être occupée par un marchand de vin, de devenir un hôpital militaire durant la Première Guerre mondiale, d'accueillir un petit séminaire religieux, de devenir un camp de prisonniers nazi, puis un internat, avant d'être sauvée de l'abandon en 1984 grâce à la reprise par l'association du Club du Vieux Manoir. Aujourd'hui la visite est bien agréable, avec un parc de 6 hectares, avec un cloître, de belles salles avec de superbes charpentes… Mais notre coup de cœur, c'est le cellier de 500 m² avec des voûtes en croisée d'ogives de style gothique. Ce lieu accueille régulièrement de belles animations. Il se distingue également en étant un monument presque entièrement restauré par des chantiers bénévoles où les volontaires apprennent des techniques de restauration inspirées des bâtisseurs d'autrefois.

Raray

■ CHÂTEAU DE RARAY ★
4, rue Nicolas-de-Lancy ✆ 03 44 60 01 94
www.chateauderaray.fr
contact@chateauderaray.fr
Visite guidée (tous les dimanches de juin à septembre à 10h30 et 15h ; de 7 à 10 € ; gratuit pour les moins de 10 ans). Restauration (ouvert tous les midis ; plat du jour 14,50 €). Dix chambres d'hôtel, de 89 à 119 €, de mai à octobre.

Visiter le château de *La Belle et la Bête*, ça vous dit ? Alors participez aux visites très bien commentées pour en savoir plus sur les mystères de ce lieu où Jean Cocteau tourna plusieurs scènes de son célèbre film avec Jean Marais. Une très célèbre marque de haute couture y a également tourné une publicité en 2018. Cette photogénique demeure du XVIIe siècle témoigne de la passion que vouaient à la chasse ses premiers propriétaires. La porte du parc est surmontée d'une statue de Diane, et la cour du château est encadrée par deux portiques représentant 38 chiens de chasse forçant le cerf et le sanglier. Aujourd'hui, ce château abrite un hôtel de 10 chambres, un beau restaurant qui donne sur un parcours de golf réputé et un club-house à l'ambiance feutrée. Sous le charme ? Vous pouvez privatiser une partie du domaine pour des séminaires d'entreprise ou des fêtes de famille.

CABANES DES GRANDS CHÊNES
Château de Raray
1, rue Nicolas de Lancy
✆ 03 44 58 39 08
www.cabanesdesgrandschenes.com
info@cabanesdesgrandschenes.com

Fermé de décembre à février. Cabane duo : 210 € avec petit-déjeuner ; cabane duo spa 295 € avec petit-déjeuner ; cabane familiale (3 à 5 personnes) : 280 €. Wifi gratuit. Restauration (55 € le dîner du terroir pour deux). 10 € pour un tapis de pétales de roses, 25 € la 1/2 bouteille de champagne avec gâteaux apéritifs. N'hésitez pas à demander conseil pour visiter les alentours, une équipe dynamique est là pour vous accompagner.

Une vingtaine de cabanes perchées entre 7 et 13 m dans les branches de chênes centenaires vous attendent dans ce site magique, ouvert depuis cinq ans. Elles sont chauffées, équipées d'eau, d'électricité et de salle de bain avec une douche. Chaque cabane est particulière : en particulier les deux cabanes Spa Cocon ou la cabane extraordinaire Spa Origin. Vous commencez par grimper dans les arbres par un escalier en colimaçon pour accéder à votre cabane. A 8 m du sol, vous empruntez ensuite un pont suspendu pour rejoindre votre bain nordique perché dans un autre arbre à 6 m de haut. L'eau à 40 °C est traitée par un système qui n'utilise aucun produit chimique. Si vous venez en amoureux, un séjour dans la cabane spa avec la formule romantique vous laissera sans nul doute un souvenir inoubliable...

Verneuil-en-Halatte

Paisible village sur la rive gauche de l'Oise, Verneuil-en-Halatte s'est implanté aux environs du XIIe siècle en lisière de la belle forêt d'Halatte, dont les chênes réputés servirent à la construction de nombreuses charpentes d'édifices religieux des environs. Son patrimoine historique et architectural est à découvrir au fil d'une promenade.

MUSÉE DE LA MÉMOIRE DES MURS SERGE RAMOND ★
Place de Piegaro
✆ 03 44 24 54 81
www.memoiredesmurs.com
contact@memoiredesmurs.com

Ouvert du mercredi au lundi de 14h à 18h. Gratuit jusqu'à 8 ans. Adulte : 5 €. Enfant (de 8 à 16 ans) : 2,50 €. Visite guidée (sur rendez-vous pour les groupes).

Dans ce paisible village en lisière de forêt, un musée unique en Europe a été créé. Il rassemble des graffitis issus de toute la France, mais aussi d'autres pays, comme la Suède. Durant quarante ans, Serge Ramond a utilisé des pâtes à modeler pour prendre les empreintes laissées sur les murs. Il les a ensuite moulées dans le plâtre pour qu'elles intègrent une collection dont il a fait don à sa commune. On retrouve ainsi des inscriptions de prisonniers de château médiévaux, des gravures de soldats durant la Grande Guerre et même des traces laissées par les hommes préhistoriques. Le panel réparti sur quatre étages est impressionnant ! Cette visite est complétée par des vestiges intéressants de l'ancien château de Verneuil et par de très belles maquettes dans la salle marine....

Par Toutatis : un temple gallo-romain dans la forêt d'Halatte !

Ce temple n'est pas vraiment spectaculaire de prime abord, mais il constitue une bonne occasion de s'enfoncer dans l'un des cinq massifs forestiers qui entourent Senlis. Le site gallo-romain interpelle par sa situation au milieu de la forêt, on ne le découvre qu'au moment où l'on arrive devant (les ruines sont longues d'une quarantaine de mètres mais ne mesurent que quelques dizaines de centimètres de haut). Laissez un peu parler la magie du lieu puis rendez vous au panneau explicatif qui vous éclairera sur ce temple qui va fêter ses deux millénaires. La tribu gauloise locale venait y faire des vœux de guérison, le lieu étant à l'époque composé de terres cultivées, avant que la forêt ne s'y développe après l'abandon du site au Ve siècle. Sur le panneau descriptif, on découvre aussi un dessin de reconstitution en 3D et des photos des découvertes archéologiques, notamment les étonnants ex-voto (objets placés pour l'accomplissement d'un vœu).

Pour vous y rendre : à 5 km de Senlis, sur la commune d'Ognon. En voiture, depuis Senlis, prendre la direction de Compiègne. Au feu rouge de Chamant, prendre à gauche durant 1 km. Après le beau haras, tourner à droite et poursuivre jusqu'au poteau Saint-Priest installé sur la voie (la route est ensuite interdite). Continuer à pied durant 1,9 km en prenant la route royale (large chemin sableux indiqué sur le poteau Saint-Priest). Quand la route fait un coude à gauche, continuer 100 m puis prendre le 1er chemin à droite.

PAS-DE-CALAIS

Le beffroi de l'hôtel de ville.
© NICOLAS THIBAUT

PAS-DE-CALAIS ★★

AIRE-SUR-LA-LYS ★

C'est l'une des dernières villes fortifiées du Pas-de-Calais. La cité d'Aire-sur-la-Lys est une ville frontière entre l'Audomarois et l'Artois, un point d'entrée idéal pour tout visiteur provenant de l'ouest. Le centre historique offre des rues sinueuses et étroites héritées du passé, s'ouvre sur de nombreuses places et laisse la part belle à l'eau, celles des rivières de la Lys et de la Laquette où se mirent encore certaines habitations anciennes. Fondé au cours du Xe siècle, le bourg se dote alors d'une collégiale et, sous la double influence du comte de Flandres et des religieux, prospère jusqu'à accueillir un corps de garde, désormais le bailliage. Les deux édifices témoignent encore de cette époque favorisée. Après les batailles de la fin du Moyen Âge et le retour dans le giron français, la cité est reconstruite avec le style classique qu'on lui connaît aujourd'hui, notamment à travers son beffroi et l'hôtel de ville qui abrite également la bibliothèque et le fonds ancien. La ville ne compte pas moins de vingt-trois monuments historiques.

■ **PÔLE D'INFORMATION TOURISTIQUE**
La Bailliage
Grand'Place
✆ 03 21 39 65 66
www.tourisme-saintomer.com
airesurlalys@tourisme-saintomer.com
Le Pôle d'Information Touristique de la ville vous attend dans un imposant bâtiment inauguré en 1600 qui s'élève entre la Grand-Place et la rue d'Arras. C'était le corps de garde de la milice bourgeoise d'Aire-sur-la-Lys. L'imaginaire local se souvient qu'il fut notamment dirigé par un certain D'Artagnan, mousquetaire du roi. Ce bâtiment de style Renaissance flamande s'appelle le bailliage parce que, entre 1634 et 1789, il fut le siège du tribunal du Grand Bailli d'Aire, représentant de l'autorité du roi. Le Pôle d'Information Touristique est au rez-de-chaussée et des expositions d'artistes locaux ont lieu dans la vaste salle de l'étage. Au départ du bailliage, une promenade « à livres ouverts » vous fera découvrir la ville en une heure et demie environ. Des panneaux posés en quinze points de la ville sont autant de guides pour mieux comprendre l'histoire et l'architecture de « la belle du Pas-de-Calais ».

Points d'intérêt

■ **CHAPELLE SAINT-JACQUES**
✆ 03 21 39 65 66
www.tourisme-saintomer.com
airesurlalys@tourisme-saintomer.com
Visites guidées d'avril à septembre. Toute l'année sur rendez-vous. Adulte : 3 € (1,50 € scolaires et étudiants).
D'architecture baroque néerlandaise, cette église classée monument historique en 1942 culmine à 33 mètres de hauteur. Elle fut érigée pour le collège des Jésuites, qui enseignèrent à Aire-sur-la-Lys de 1615 à 1762. Elle répond aux impératifs de cet ordre : l'accueil et l'instruction des fidèles, l'absence de frivolité et l'édification des âmes. À cet égard, vous ne pourrez manquer le majestueux autel ainsi que la Pietà datant de la fin du XIXe siècle. Vous admirerez aussi les quatre panneaux de bois dorés provenant de la collégiale Saint-Pierre et récemment restaurés, ainsi que les statues baroques en pierre des saints Jacques, Ignace, Jean et Pierre. Aujourd'hui, le culte n'y est plus célébré qu'exceptionnellement mais, chaque été, une nouvelle exposition invite le promeneur à redécouvrir l'édifice.

■ **COLLÉGIALE SAINT-PIERRE** ★
Place Saint-Pierre
✆ 03 21 39 65 66
www.tourisme-saintomer.com
airesurlalys@tourisme-saintomer.com
Visites guidées d'avril à septembre. Ouvert de 9h à 17h30. Adulte : 3 € (1,50 € pour les enfants et les étudiants).
Classée monument historique en 1862, la collégiale s'élève dans toute sa splendeur en plein cœur de la cité. Elle n'était au début que la simple église d'un chapitre de chanoines fondé par Beaudoin V, comte de Flandre, au XIe siècle. Des traces, tant à l'extérieur qu'à l'intérieur de l'édifice, permettent de suivre les dates d'avancement des travaux qui la virent grandir. Terminée en 1624, la tour s'écroula et il fallut attendre encore dix ans pour que la collégiale soit complètement achevée. Les guerres nombreuses qui suivirent marquèrent la pierre, notamment lors d'un bombardement d'août 1944, mais elle fut toujours reconstruite selon son plan d'origine. L'édifice se visite religieusement. À la croisée du transept nord veille la statue d'or sur chêne précieux de Notre-Dame Panetière, protectrice de la ville, qui a fêté en 2013 le 800e anniversaire de son miracle. Entre autres petites merveilles, dans la sacristie se trouve une copie de 1630 du tableau du Caravage *La Crucifixion de saint Pierre*. À signaler également, les trois styles de la nef, qui correspondent aux trois reconstructions successives, et la tour, point culminant de la ville, rebâtie au XVIIIe siècle.

■ **HÔTEL DE VILLE**
Grand-Place
✆ 03 21 39 65 66
www.ville-airesurlalys.fr
Construit entre 1716 et 1721 et jamais modifié depuis, l'hôtel de ville est l'œuvre de l'architecte du roi Louis XIV à Arras, Héroguel. Classé monument historique en 1947, ce beffroi de style classique symbolise le retour d'Aire-sur-la-Lys dans le giron du royaume de France après l'occupation hollandaise de 1710. Dix pilastres

couronnent une balustrade et un fronton chargés des symboles de la force et de la justice. Les armes de la ville ont remplacé les armes royales, mais une tête d'Apollon trahit encore l'empreinte du Roi Soleil. Par deux fois, en 1872 et en 1914, des incendies ont touché le beffroi. Il fut toujours restauré à l'identique. L'hôtel de ville abrite au rez-de-chaussée le fonds très ancien de la bibliothèque municipale, qui mérite une visite pour l'aménagement remarquable de ses collections sur de hautes rangées de boiseries en chêne. En 2005, ce monument a été classé au patrimoine mondial de l'humanité par l'Unesco.

LE JARDIN DE MARIKE
60, rue du Portugal
✆ 06 09 52 39 40
http://jardindemarike.fr

Qualité Tourisme. Fermé du 1er novembre au 29 février. Sur rendez-vous. Gratuit jusqu'à 15 ans. Adulte : 4 €. Visite libre avec ardoise nominative ou guidée (environ 2 heures, en français ou en anglais). Dégustation de produits de saison.

Les amoureux de jardins vont être charmés par les lieux et par la belle collection d'espèces et de variétés... Charmés aussi et surtout par la passion de leur hôtesse, qui, avec l'aide de son mari, a tout planté elle-même et connaît ses fleurs, fruitiers, arbres et arbustes sur le bout des doigts. Tout semble pousser ici comme par enchantement, y compris le romarin et la vigne, mais cette exubérance est bel et bien le résultat de la « main verte » de Marike. Jardin sans traitements, il attire les insectes, les oiseaux et les petits animaux, jusqu'aux grenouilles de la mare et aux abeilles des ruches. Le coq et ses deux poules se plaisent eux aussi infiniment. Voilà une adresse que l'on conseille fortement aux jardiniers avertis, mais aussi à ceux qui débutent leur propre jardin... Marike, toujours généreuse, aime à distribuer autour d'elle graines et boutures.

Le couvert

LE MARDYCK
31, rue de Paris ✆ 03 21 88 31 44
alexis.dqn@live.fr

♿

Ouvert tous les jours de 12h à 14h ; le vendredi et le samedi de 19h à 21h. Réservation recommandée. American Express, Chèque Vacances, Chèque Restaurant. Accueil des groupes. Terrasse.

Un peu à l'écart du centre-ville, Le Mardyck propose des plats de brasserie et une cuisine traditionnelle à des prix très abordables sans rogner sur la qualité ! On notera au plat du jour quelques échappées plus exotiques comme le colombo de dinde. La terrasse ensoleillée avec sa tonnelle en bois, abritée du vent, est agréable lorsque le printemps arrive. Elle est fort appréciée par les habitués. On apprécie le service rapide et attentionné et aussi une carte qui sait se renouveler, mais parmi les incontournables on ne manquera pas le parfait de foie gras, le welsh copieux, des pièces de viande rigoureusement sélectionnées, cuites et assaisonnées à la perfection et en dessert un Bailey's coffee !

LE MOULIN
1, rue de Paris
✆ 03 21 38 35 07
www.lemoulin62.fr
restaurant-le-moulin@orange.fr

♿

Ouvert du dimanche au vendredi le midi ; le samedi soir. Réservation recommandée. Menus de 18 € à 35 €. Accueil des groupes (salle à l'étage). Terrasse.

Dans un décor à la fois contemporain, intimiste et convivial, plébiscité par une clientèle familiale, Le Moulin vous propose une carte simple, qui fait la part belle aux poissons et à de délicieuses viandes rouges. Du filet de saint-pierre en crème de cresson aux aiguillettes de canard à l'orange, il y en a pour tous les goûts : une cuisine simple mais pas simpliste, parfaitement maîtrisée pour un repas réussi garanti. Le combo plat du jour et un café gourmand en fait une adresse très attractive pour les repas pressés du midi. Pour les beaux jours, on profite de la terrasse en bord de fontaine et on déguste bien volontiers l'un des très nombreux bons verres de vin à la carte ou une bière pression originale et peu connue. Pour parfaire le tout, le service est rapide, efficace et très souriant.

Le gîte

CHÂTEAU DE MOULIN LE COMTE
44, rue Principale
✆ 03 21 88 48 38
www.chateaudemoulinlecomte.com
info@chateaudemoulinlecomte.com

Accueil jusqu'à 23h (arrivée à partir de 16h). 5 chambres. Chambre simple de 75,60 € à 104 € ; chambre double de 93,60 € à 124 € ; chambre triple 154 € ; suite de 111,60 € à 174 €. Petit déjeuner inclus. Lit supplémentaire : 30 €. Lit bébé possible sur réservation. Chèque Vacances. Animaux acceptés (sur demande, de 10 à 20 € selon la taille de l'animal). Wifi gratuit. Restauration (table d'hôtes sur demande : 29,99 € par personne avec boissons en supplément ou 49,99 € tout compris). Tv satellite.

Cette grande habitation bourgeoise du XIXe siècle a été intégralement remise au goût du jour en juin 2012 par deux Bruxellois, père et fils. Les cinq chambres, aux tons pastel pleins de charme, sont équipées de tout le confort moderne (excellente literie de qualité type boxspring (lits de 180 x 200 et ou modifiable en 2 fois 90 x 200) avec dans chaque chambre une salle d'eau (douche) et WC privés, linge-serviettes, peignoir de bain, sèche-cheveux, produits de toilette fournis, écran plat LED 81 cm avec la TNT, petit salon, plateau de bienvenue avec eau, café et thé...). Dans un parc de 3,5 hectares que traverse la Lys, vous pourrez profiter d'un cadre reposant et verdoyant où le calme est, pour votre confort, jalousement préservé par le maître des lieux. L'accueil est particulièrement chaleureux et vous pourrez vous installer dans un coin du salon avec un verre avant de rejoindre une table d'hôtes aussi généreuse que goûteuse sans oublier, chaque matin, le petit-déjeuner continental composé notamment de viennoiseries et de confitures faites maison.

Emplettes

LE COMPTOIR DU LYS

10, rue des Alliés ✆ 03 21 39 22 20
www.lecomptoirdulys.com
contact@lecomptoirdulys.com

Ouvert du lundi au vendredi de 9h à 12h30 et de 14h à 18h. Visites de groupes uniquement (15 à 50 personnes, sur réservation, 3,50 €). Livraison possible.

C'est en 1949 que la famille Quetu Marien décide d'ajouter la torréfaction de café à son activité de grossiste alimentaire. Le café Lysor se fait alors connaître dans la région. En 1989, l'activité cesse, mais les petits-enfants décident de créer Le Comptoir du Lys pour se consacrer uniquement au café. Ce dernier est torréfié sur place, chaque semaine, dans cette manufacture traditionnelle ouverte à tous les visiteurs. On y découvre le processus de torréfaction lente du café, depuis le grain de café vert jusqu'au conditionnement artisanal. La maison, pour faire honneur à sa région, a créé le *Café Lysor* et le *Café du Ch'ti,* doux mélange 100 % arabica. La visite se termine bien sûr par une dégustation et un détour par la boutique où l'on trouve un autre incontournable : la chicorée, un ingrédient naturel élaboré à partir de racines de chicorée torréfiées. Elle apporte à vos différentes compositions salées et sucrées une large gamme de saveurs, plus ou moins intenses selon vos besoins, et elle peut apporter du moelleux aux produits tout en renforçant leur saveur et leur conservation.

Dans les environs

Lillers

OFFICE DE TOURISME INTERCOMMUNAL DU LILLÉROIS

Place du Capitaine Ansart
✆ 03 21 25 26 71
www.tourismelillerois.com

On saura ici vous immerger au cœur du patrimoine lillérois. Que ce soit l'hébergement, le couvert ou les loisirs, la région ne manque pas d'adresses précieuses, à découvrir avec l'équipe de l'office de tourisme. Les randonnées, notamment, sont des occasions de découvrir les vertes campagnes, de la plaine de la Lys aux collines de l'Artois. Laissez-vous embarquer dans des excursions de deux jours, logez en chambre d'hôtes, assistez aux spectacles des Festi'Hôtes et pique-niquez dans la nature. À moins que vous ne souhaitiez faire du canoë, du VTT, du tir à l'arc ? Tout est possible, renseignez-vous !

PRALIBEL TERRE ET MER

20, place Roger-Salengro ✆ 03 91 80 47 56
www.pralibel.be
shop.lillers@pralibel.be

Ouvert du mardi au vendredi de 10h à 12h et de 14h à 19h ; le samedi de 10h à 12h et de 15h à 19h.

Si vous avez un penchant inavoué pour le chocolat, alors vous allez être servi ! Additionnez un grand nom du chocolat belge à un autre grand nom de la restauration dans la région et vous obtenez le Pralibel Terre et Mer. Ici, vous pouvez vous-même confectionner votre ballotin ou votre panier garni composé de chocolats et de vin ou de champagne. Vous pourrez aussi acheter les dragées pour vos mariages, baptêmes et communions. Un détour par la boutique s'impose... Faites l'expérience d'un monde auquel vous n'avez encore jamais goûté. Un monde de gourmandises, un régal pour vos yeux, un plaisir pour vos papilles. Prenez-en encore une, ne laissez pas passer l'occasion et découvrez la praline belge « différente ».

Saint-Venant

DOMAINE DE LA PLACE VERTE

88, chemin de Ceinture
✆ 03 21 26 62 94
http://laplaceverte.free.fr/
info@laplaceverte.fr

Gîtes de France (3 épis). Chambre double 60 € ; suite 105 €. Petit déjeuner inclus. Lit supplémentaire : 25 € (enfant de plus de 3 ans). Parking inclus. Jeux pour enfants. Pêche privée.

M. et Mme Declerck vous accueillent chaleureusement dans leur vaste maison de charme située au centre du village et au cœur d'un agréable parc boisé de 1,5 hectare avec plan et cours d'eau privés. Jeux pour enfants et pêche vous assurent des moments de vraie détente. La chambre et la suite disposent d'une salle de bains entièrement équipée. C'est un endroit idéal pour se détendre loin de l'agitation des villes... Terrasse, salon de jardin et barbecue vous permettront de passer d'agréables moments en extérieur, profitant ainsi de l'air pur de ce coin de nature préservé. Presque à mi-chemin entre Lille et Calais, cet endroit est idéal pour découvrir l'ensemble de la région.

LE MANOIR DE LA PEYLOUSE

23, rue du 8-Mai ✆ 03 21 26 92 02
www.lapeylouse.fr
contact@lapeylouse.fr

Chambre simple 95 € ; chambre double 111 € ; suite 141 €. Petit déjeuner inclus. Lit supplémentaire : 60 €.

Ce beau manoir se trouve en bord de Lys, à la jonction de l'Artois et des Flandres. Construit à la Belle Époque en lieu et place de l'ancienne poudrière de la citadelle Vauban datant de 1669, ce site historique dispose aussi d'un parc de 3 hectares ouvert à la visite sur réservation. Il est classé parmi les plus beaux Parcs et Jardins du Nord-Pas-de-Calais. Tout est prévu pour les hôtes de Peylouse : le prêt de vélo, une promenade en barque sur l'étang ou sur la Lys, une partie de pêche au brochet ou de tennis de table... Les chambres sont joliment décorées façon Art déco, Art nouveau ou design. Les petits déjeuners gourmands se déroulent dans l'ambiance cosy d'une salle des petits déjeuners ensoleillée par un arbre ginko centenaire ! Aux beaux jours, ils sont dressés sous la gloriette 1900 du parc, au pied du hêtre pourpre remarquable ou dans l'étonnante tente d'apparat kaidale, installée dans le jardin méditerranéen. La vie est belle dès le matin !

ARRAS ★★★

Chef-lieu du Pas-de-Calais, Arras fut d'abord la capitale des Atrébates. Ces tribus celtes, originaires de Gaule Belgique (Gallia Belgica en latin), territoire qui englobait les actuels Pays-Bas, la Belgique, le Luxembourg, le nord-est de la France et l'Allemagne de l'Ouest, envahirent le nord de la Gaule entre les IVe et IIe siècles avant l'ère chrétienne. En 52 avant J.-C., les Atrébates et leur chef Commios prirent fait et cause pour les Gaulois qui se battaient pour leur indépendance à Alésia. Ce ralliement conduisit à l'installation de César et de ses troupes en Atrébatie. À la fin du Ier siècle avant notre ère, l'empereur Auguste procéda à la réorganisation des provinces belges. Nemetacum fut alors fondé sur la colline de Baudimont et devint l'un des dix-sept chefs-lieux de la Gallia Belgica. Au Ve siècle, les grandes invasions germaniques et l'arrivée des Francs s'accompagnèrent de l'évangélisation de la cité, qui aurait été l'œuvre de saint Vaast (500-540). Au VIIe siècle, l'abbaye portant son nom fut construite sur la colline de La Madeleine qui devint ainsi le second pôle de développement de la ville.

C'est au XIIe siècle qu'Arras connut un nouvel âge d'or économique grâce au commerce des draps, lesquels s'exportèrent jusqu'en Orient. Avec près de 20 000 habitants, elle était alors l'une des villes les plus prospères de Flandre. Le Crinchon, qui coulait entre la cité épiscopale et la ville échevinale, coupait en deux cette agglomération bicéphale. Au XIIIe siècle, Arras devint l'un des plus grands centres littéraires d'Europe, grâce, notamment, aux poètes Jehan Bodel et Adam de la Halle. Au XIVe siècle, la fabrication des tapisseries de luxe atteignit un degré de perfection tel que le mot « arrazi » se mit à désigner une tapisserie dans le monde entier. Mais la ville n'était pas reconnue uniquement pour ses tissus. Après avoir gardé captive Jeanne d'Arc durant quelque temps, Arras fut le théâtre en 1435 du traité de paix de la guerre de Cent Ans. En 1477, après la mort de Charles le Téméraire qui s'en était rendue maître, Louis XI débaptisa la ville, renommée Franchise, en chassa les habitants et provoqua la fuite des artisans drapiers qui faisaient sa richesse et sa réputation. Par un jeu d'héritage, Arras fut intégrée aux Pays-Bas méridionaux et passa sous l'autorité de l'empereur Charles Quint, également roi d'Espagne. Sous la domination espagnole, la Scarpe fut enfin canalisée jusqu'à Douai et la ville put désormais se tourner vers le commerce fluvial. En 1659, après un long siège de la ville par Turenne, le traité des Pyrénées réunit officiellement l'Artois à la France. Se méfiant autant des ennemis extérieurs qu'intérieurs, Louis XIV inscrivit Arras au pré carré de Vauban qui qualifia d'emblée la nouvelle citadelle de « Belle Inutile ». Cependant, entre le quartier des casernes et l'esplanade de la citadelle (autour de l'actuelle place Victor Hugo) se développa au siècle suivant la Basse Ville, conçue selon un rare plan octogonal.

La production artisanale de dentelle remplaça celle de la tapisserie avant que l'industrie de la porcelaine ne connaisse un certain succès à la fin du XVIIIe siècle, sous l'impulsion des quatre sœurs Delemer. Pendant la Révolution, un nom retient l'attention, celui de Robespierre. Né à Arras en 1758 et guillotiné en 1794, il fut avocat au Conseil d'Artois avant de partir pour Paris comme député du tiers état. Membre et chef effectif du Comité de salut public, il instaura la Terreur.

Sous l'Empire, Arras devint la préfecture du département du Pas-de-Calais, dans lequel se développèrent l'agriculture avec la culture de la betterave, mais aussi l'industrie avec l'exploitation de la houille.

Lors de la guerre 1914-1918, Arras forma un saillant sur la ligne de front, une position qui l'exposa pendant toute la durée du conflit. Les trois quarts de la ville furent détruits. Fort heureusement, on reconstruisit à l'identique les deux célèbres places. Vingt ans plus tard, au cours de la guerre suivante, la ville fut de nouveau très éprouvée. Durant les trente années qui suivent, une figure marquante domina la vie arrageoise. Maintes fois réélu, le député-maire Guy Mollet fut un homme d'envergure nationale. Sous son impulsion, Arras devint une ville moderne et attractive. Aujourd'hui, sa position de carrefour autoroutier et ferroviaire favorise les implantations économiques dans les zones industrielles à sa périphérie. Arras est devenue une ville tertiaire et à vocation agroalimentaire qui accueille notamment la plate-forme européenne de production du géant de la glace, Häagen-Dazs.

Place des héros d'Arras.

OFFICE DE TOURISME DES LOISIRS ET DES CONGRÈS
Hôtel de Ville
Place des Héros
✆ 03 21 51 26 95
www.araspaysdartois.com
contact@arraspaysdartois.com

Basse saison : ouvert le lundi de 10h à 12h et de 14h à 18h ; du mardi au samedi de 9h à 12h et de 14h à 18h ; le dimanche de 10h à 12h30 et de 14h30 à 18h30. Haute saison : du lundi au samedi de 8h à 18h30 ; le dimanche de 10h à 13h et de 14h30 à 18h30. Fermé à Noël et le jour de l'An.

La visite d'Arras commence à l'office de tourisme. Situé sur la place des Héros, le cœur historique de la ville, dans le cadre prestigieux de l'hôtel de ville, il est le point de départ de la montée du beffroi, de la visite des Boves ou de celle des magnifiques salles protocolaires. Sur place, des « conseillers en séjour » vous aideront à concocter votre programme : une visite guidée privée d'Arras et de sa campagne, la découverte d'un marché millénaire et des saveurs du terroir, un apéritif privé en haut du beffroi, un atelier d'œnologie dans les souterrains de la cité, un parcours à la carte sur les champs de bataille de l'Artois. Le tout en français, en anglais, en néerlandais ou en allemand... Les City Pass permettent de visiter les principaux sites à prix réduit et en toute liberté. Ils sont valables un an et s'achètent sur place ou en ligne sur le site de l'office de tourisme.

LES ENFANTS D'ARRAS
✆ 03 21 51 26 95
www.explorearras.com

Téléchargement gratuit de l'application. Voir les détails à l'Office de Tourisme d'Arras.

Pour découvrir la richesse du passé arrageois à travers quelques-unes de ses figures les plus éminentes, votre téléphone peut vous aider. Téléchargez l'application et laissez-vous ensuite mener de lieu en lieu, du célèbre Vidocq au trouvère Adam de La Halle, du Chevalier de la Maison Rouge à Robespierre, des sœurs Delemer, inventrices du Bleu d'Arras, jusqu'à Saint-Vaast. Des panneaux explicatifs ponctuent le parcours et vous en disent plus sur ces vingt-trois figures locales – et quelquefois internationales ! Une visite passionnante qui vous mènera dans les plus admirables recoins de la ville atrébate.

Pour y circuler

ARRAS À VÉLO
✆ 06 29 71 61 91
www.arrasavelo.com
rv2k69@gmail.com

Réservations et renseignements par téléphone ou par mail. Casque, siège enfant, protection pour la pluie et antivol mis gratuitement à disposition. Remorque (10 € de caution). 10 € la journée (de 10h à 17h).

Et si vous décidiez de découvrir Arras à vélo ? L'entreprise vous propose de louer des vélos avec assistance électrique : vélos hollandais pour les randonnées extra-muros ou mini-vélos pliables idéals en milieu urbain. Sans effort et sans contrainte, découvrez toute la richesse du patrimoine arrageois. Toutes les rues sont praticables en contre-sens à vélo et la ville a mis en place nombre de pistes cyclables et de passages prioritaires. Les vélos sont mis à disposition place du Théâtre en moins de trente minutes. Alors, en selle !

Points d'intérêt

GRAND-PLACE

C'est au XVIe siècle qu'ont vu le jour les deux célèbres place d'Arras, la Grand-Place et la place des Héros (dite aussi Petite Place). Philippe II interdit alors de « bâtir dans la ville d'Arras, à moins que les murs ne soient faits de pierre ou de brique sans aucune saillie sur les rues ». Tout d'abord sécuritaires, ces contraintes architecturales ont contribué à embellir la cité. Fleurons de la ville, les places d'Arras représentent un ensemble unique en Europe de 155 façades de style baroque flamand. Leurs façade étroites ont permis à l'époque (et permettent toujours) à davantage de commerces d'avoir pignon sur rue. Sur la Grand-Place, l'hôtel des Trois Luppars se distingue par son pignon à pas de moineau, et pour cause : c'est la plus ancienne maison d'Arras encore debout (1467). Les férus d'architecture noteront que, à droite des Trois Luppars, la façade affiche un exemple unique de fenêtre à trois baies. Depuis mille ans, les places accueillent les marchés et les grands événements arrageois. Le marché au grain a rythmé la vie de la Grand'Place du XIe siècle au début du XXe siècle. Au XVIIIe siècle, il est même le plus grand de France ! Levez les yeux : les épis de blé sculptés sur de nombreuses façades rappellent cette abondance agricole issue des plaines arrageoises.

PLACE DES HÉROS ★

Dès le XIIe siècle, la place était connue sous le nom de Petit Marché, car elle regroupait les halles corporatives. Au Moyen Âge, les trouvères y donnaient leurs représentations théâtrales. Les enseignes qui ornent les devantures des maisons datent d'ailleurs du XIVe ou du XVe siècle. Sur la face nord, on peut repérer, partant de la rue des Trois-Visages jusqu'à la rue de la Taillerie, le Limaçon, les Trois Coquelets, la Sirène, l'Amiral, la Salamandre et la Licorne. Au XVIe siècle, un édit de Philippe II interdit de bâtir dans la ville d'Arras à moins que les murs ne fussent faits de pierre ou de brique, sans aucune saillie sur les rues. Cette contrainte architecturale allait donner naissance à un ensemble unique en Europe de 155 façades de style baroque flamand, magnifique de jour comme de nuit. Depuis le Moyen Âge, l'histoire des places se confond avec celle de ses marchés qui ont lieu chaque mercredi et samedi matin. Ils font partie des plus beaux et des plus typiques de France ! Au pied du beffroi, plus de 200 étals colorés et gourmands offrent des produits locaux, fruits et légumes, viandes, fromages, et objets d'artisanat authentiques. En 1945, les lieux ont pris le nom de place des Héros, en hommage aux résistants arrageois fusillés pendant la Seconde Guerre mondiale. La place a été totalement restaurée en 2010 : chaque pavé a été retiré, poli puis replacé.

Monuments

■ BEFFROI ET HÔTEL DE VILLE ★

Place des Héros✆ 03 21 51 26 95
www.arraspaysdartois.com
contact@arraspaysdartois.com

Fermé le 1er janvier et le 25 décembre. Fermé le 1er janvier, le 25 décembre et en cas d'intempéries. Ouvert le dimanche de 10h à 13h et de 14h30 à 18h30. Basse saison : le lundi de 10h à 12h et de 14h à 18h ; du mardi au samedi de 9h à 12h et de 14h à 18h ; le dimanche de 10h à 12h30 et de 14h30 à 18h30. Haute saison : du lundi au samedi de 9h à 18h30. Dernière montée 30 minutes avant la fermeture. Adulte : 3,30 € (tarif réduit 2,20 €). Visite guidée.

Surplombant l'hôtel de ville, le beffroi est inscrit depuis le 15 juillet 2005 sur la liste du patrimoine mondial de l'UNESCO et il a été, en 2015, élu Monument Préféré des Français. Vous pourrez monter à la première couronne du beffroi grâce à un ascenseur (suivi d'une quarantaine de marches). Perché à 55 mètres de hauteur, vous profiterez de la vue spectaculaire sur la ville et ses environs. La construction du beffroi d'Arras a débuté en 1463. Elle a duré près d'un siècle pour s'achever en 1554. En 1572, le bâtiment a été complété par une aile Renaissance au sud, puis, au XIXe siècle, sous Napoléon III, par une autre au nord. L'édifice est surmonté d'un lion, un hommage à Louis XIV qui rattacha la ville d'Arras à la France. N'ayant pas survécu au destin tragique que connut la cité arrageoise lors de la Grande Guerre, le beffroi et l'hôtel de ville ont été reconstruits à l'identique entre 1924 et 1932.

■ CATHÉDRALE D'ARRAS ★★

2-12, rue des Teinturiers
www.arraspaysdartois.com
contact@arraspaysdartois.com

Fermé du 1er janvier au 1er mars. Fermée la plupart des jours fériés, dont Noël. Basse saison : ouvert du mardi au dimanche de 14h30 à 17h. Haute saison : le mardi de 14h30 à 17h ; du mercredi au dimanche de 14h30 à 18h. Accès rue Albert-Ier-de-Belgique, rue des Teinturiers et rue Méaulens.

De style néo classique, cette cathédrale fut érigée à partir de 1778. Elle représente avec l'abbaye Saint-Vaast le plus important ensemble religieux du XVIIIe siècle en France. Cet impressionnant édifice donne une juste représentation du rôle économique et spirituel qu'il a joué à travers les siècles dans le rayonnement artistique et culturel de la ville. Comme de nombreux monuments d'Arras, la cathédrale fut grandement détruite lors des bombardements de la Première Guerre mondiale puis totalement reconstruite en 1934. Classée aux Monuments historiques, elle comprend un transept large de 52 mètres et long de 102 mètres et abrite quelques trésors (tapisserie d'Aubusson, sculptures provenant du Panthéon, tombeaux et châsses et de surprenants objets Art déco).

■ LA CITADELLE VAUBAN ★

Boulevard du Général-de-Gaulle
✆ 03 21 51 26 95
www.arraspaysdartois.com
contact@arraspaysdartois.com

Ouvert toute l'année. Accès libre (sauf restrictions de mi-juin à mi-juillet). D'avril à octobre, de 9h à 19h : ouverture de la chapelle et de la salle des familles (dans la Porte Royale) qui présente l'histoire de la citadelle.

Construite entre 1667 et 1672 sur les plans de Vauban, la citadelle d'Arras est un bel exemple d'architecture militaire du XVIIe siècle. Surnommée « la Belle Inutile », car elle n'a jamais vraiment servi, la citadelle est inscrite au Patrimoine mondial de l'Unesco depuis 2008. Sur le côté de la place de manœuvre, une chapelle de style baroque (1675) vient compléter l'ensemble. La salle des familles, à la Porte Royale, présente l'histoire de la citadelle. À l'extérieur se trouve le Mur des Fusillés, qui rend hommage aux 218 membres de la Résistance exécutés dans les fossés. Inauguré comme monument de mémoire le 18 septembre 1949, ce lieu commémoratif est chargé d'émotion. Depuis juillet 2010, la citadelle accueille chaque été le Main Square Festival, événement majeur de la scène rock et électro. Le site de 70 hectares abrite également depuis 2012 la Communauté urbaine d'Arras, le Centre régional des lettres et du livre Nord-Pas-de-Calais, ainsi que Cit'Loisirs, un parcours d'accrobranche. Ce prestigieux ensemble architectural est un point de départ idéal pour une promenade dans le vaste bois qui entoure les douves.

PAS-DE-CALAIS

Citadelle d'Arras.

HÔTEL DE GUÎNES
Rue des Jongleurs
✆ 03 21 51 26 95
www.arraspaysdartois.com
La cour est ouverte tous les jours d'avril à septembre, les salons seulement le samedi et le dimanche, sauf en juillet et août, période pendant laquelle il est possible de les visiter tous les jours de 14h à 17h30.
Il reste une dizaine d'hôtels particuliers de ce type à Arras. Érigé en 1738, cette résidence citadine de la famille de Guînes a été conçue comme son modèle parisien, entre cour et jardin. Elle s'ouvre sur une élégante cour pavée. Ses salons sont classés. Situé dans le cœur d'Arras, à deux pas du théâtre, il sert parfois de scène pour des spectacles en plein air, notamment pour le festival Faites de la Chanson, en juin. Son auditorium est privatisable. C'est un haut lieu de la création artistique intimiste à Arras.

LA MAISON ROBESPIERRE ★
9, rue Maximilien-Robespierre
✆ 03 21 51 26 95
arraspaysdartois.com
Ouvert du vendredi au dimanche de 15h à 18h. Gratuit.
Grande figure d'Arras où il est né et a été avocat comme son père et son grand-père, Maximilien Robespierre a occupé cette maison de 1787 à 1789, à la veille de la Révolution française, avec sa sœur Charlotte et son frère Augustin. Il y a rédigé les textes pré-révolutionnaires connus de sa main avant de partir pour Versailles en tant que député du Tiers Etat. Entièrement restaurée par les Compagnons du Devoir et du Tour de France, la demeure abrite aujourd'hui une exposition permanente retraçant la vie de Robespierre et l'histoire du compagnonnage.

MÉMORIAL DU MUR DES FUSILLÉS ★★
Fossés de la Citadelle
Ouvert toute l'année. Gratuit.
Entre le 21 août 1941 et le 21 juillet 1944, 218 résistants furent exécutés par les Allemands dans les fossés de la citadelle d'Arras. Le plus jeune avait à peine 16 ans et le plus âgé 69 ans. Les fusillés étaient de nationalités différentes : Français, Polonais, Belges, Soviétiques, Portugais, Italiens, Hongrois, Tchèques et Yougoslaves issus de toutes les catégories sociales (agriculteurs, mineurs, ouvriers, prêtres, enseignants, artisans, commerçants, fonctionnaires, cheminots...). Sur les murs qui cernent les fossés de la citadelle, des plaques commémoratives rappellent qui ils étaient. Ce lieu de mémoire fut inauguré le 18 septembre 1949 par Guy Mollet.

LE THÉÂTRE
7, place du Théâtre
✆ 03 21 71 66 16
www.tandem-arrasdouai.eu
De 5 à 35 € la place pour une représentation. Pour des visites de groupe de plus de dix personnes, contacter l'Office de Tourisme. Pour visiter le théâtre en individuel, il faut se rapprocher du théâtre.
Bâti en 1785 à l'endroit même où se trouvait le marché aux poissons, cet édifice est l'une des plus belles représentations de théâtre à l'italienne de l'époque. Il est possible de le visiter gratuitement via l'Office de Tourisme. N'hésitez pas à les contacter pour admirer de vos yeux l'intérieur du monument. Vous aurez le privilège d'en arpenter les couloirs, d'accéder aux loges, aux balcons et au parterre, de découvrir le foyer et les salles d'interprétation retraçant l'histoire de ce très bel édifice.

Musées

CITÉ NATURE ★
25, boulevard Robert-Schumann
✆ 03 21 21 59 59
www.citenature.com
mail@citenature.com
Ouvert du mardi au vendredi de 9h à 17h ; le week-end de 14h à 18h. Adulte : 7 €. Enfant (de 3 à 18 ans) : 3 €. Groupe (10 personnes) : 5 €. Tarif famille (dont 2 enfants) : enfant 3 €, adulte 5 €. Visite guidée (2 € supplémentaires par personne).
Installée en 2005 dans les bâtiments Art Déco d'une ancienne fabrique de lampes de mineurs, transformée par le célèbre architecte Jean Nouvel, Cité Nature est un centre culturel et scientifique dans l'esprit de la Villette, entièrement consacré aux questions que l'on se pose sur la nourriture et l'agriculture, la nature et la santé. 2 500 m² d'expositions permanentes sont consacrés à l'environnement, les aliments, les techniques dans l'histoire et jusqu'à nos jours. 1 600 m² sont dédiés à de grandes expositions temporaires. En 2019 et jusqu'au 15 mars 2020, les cinq sens seront à l'honneur, avec un parcours long de 80 mètres qui permettra aux enfants de tester aussi bien leur équilibre que leur ouïe, leur vue, leur odorat et leur toucher. Très ludique, l'exposition s'adresse aussi aux parents avec des questionnements sur l'histoire des sens, le bien-être par les sens et les sens chez les animaux.

MUSÉE DES BEAUX-ARTS ★
Abbaye Saint-Vaast
22, rue Paul-Doumer ✆ 03 21 71 26 43
www.arraspaysdartois.com
musee.arras@ville-arras.fr
♿
Fermé le 1er janvier, le 1er mai, le 1er novembre et le 25 décembre. Ouvert le lundi et du mercredi au vendredi de 11h à 18h ; le week-end et les jours fériés de 10h à 18h. Dernières admissions une demi-heure avant la fermeture. L'entrée pour les collections permanentes est gratuite. Visite guidée.
L'abbaye Saint-Vaast, totalement reconstruite en 1754 autour d'un magnifique cloître, abrite un des plus beaux musées régionaux : le musée des Beaux-Arts d'Arras. Ce musée offre une remarquable collection de peintures du XVIIIe siècle de l'École française et des anciens Pays-Bas (Champaigne, Vignon, Lebrun, Largillière, Rubens...) et un rarissime ensemble de grands formats de la peinture religieuse française du XVIIe siècle, parmi lesquels figurent sept Mays provenant de la cathédrale Notre-Dame de Paris. Il retrace joliment l'histoire de la ville à travers ses sculptures médiévales, les porcelaines d'Arras du XVIIIe siècle, les peintures de paysages de l'École d'Arras (autour de Corot, Dutilleux, Desavary...), ainsi que son exemplaire unique de tapisserie de haute lisse (Arrazi) qui fit la réputation d'Arras au XVe siècle.

PÔLE COMPAGNONS ET MAÎTRES D'OEUVRE
32 bis, rue Ernestale
✆ 03 21 48 23 88

Fermé en août et congés de Noël. Ouvert le mardi, le jeudi et le samedi de 14h à 17h30. Gratuit. Visite de groupe et conférence sur réservation auprès de l'office de tourisme.

Qui sont les Compagnons du Tour de France ? Quel fut leur passé et comment participent-ils aujourd'hui à la construction de la société de demain ? Une visite au Pôle Compagnons et Maîtres d'œuvre d'Arras lèvera le flou qui entoure souvent dans l'esprit des gens la nature, l'idéal et les symboles de ce mouvement plusieurs fois séculaire. Voilà une bonne occasion de découvrir ces bienveillants défenseurs de la liberté et de l'équité. L'exposition est permanente et gratuite et prend place dans un bel hôtel de la rue Ernestale. Des Compagnons réalisant leur Tour de France travailleront la matière devant vous pour vous démontrer leur savoir-faire et répondre à toutes vos questions. Chaque mercredi, pour les jeunes de 9 à 18 ans, des stages métier sont organisés pour leur permettre, pourquoi pas, de trouver leur vocation.

Balades, flâneries

LES BOVES ★★
Hôtel de Ville – Place des Héros
Entrée par l'office de tourisme
✆ 03 21 51 26 95
www.arraspaysdartois.com
contact@arraspaysdartois.com

Fermé le 1er janvier et le 25 décembre. Se renseigner sur les départs auprès de l'Office de Tourisme. Entrée : 5,50 € Tarif réduit : 3,30 €. Le Pass Boves+ vous permet de visiter les Boves et de monter au Beffroi pour 7,30€. Visite guidée (durée de la visite : 45 min).

Découvrez l'histoire souterraine d'Arras en plongeant dans l'atmosphère des carrières de pierre calcaire, creusées à partir du Xe siècle dans les sous-sols de la ville. D'abord lieu d'extraction et de sueur, ces boves deviennent caves et entrepôts pour les marchands des places, puis abri pour la population d'Arras lors des bombardements de la Seconde Guerre mondiale... Haut lieu de l'histoire de la ville, passionnant et fascinant. Petit conseil : couvrez-vous, il peut y faire froid.

CARRIÈRE WELLINGTON, MÉMORIAL DE LA BATAILLE D'ARRAS ★★
Rue Arthur-Delétoille
✆ 03 21 51 26 95
www.carrierewellington.com
contact@explorearras.com

Qualité Tourisme. Ouvert mercredi-vendredi : de 14h à 18h et samedi-dimanche de 9h45 à 12h30 et de 14h à 18h. Fermée le 25 décembre, le 1er janvier et trois semaines au début de l'année. Visites guidées et audioguidées. La visite dure 1h. 17 personnes maximum par visite. Départs réguliers. Se renseigner sur les départs par téléphone. Prévoir un vêtement chaud. Adulte : 9,50 €. Réduit : 5,10 €.

À 20 mètres sous les pavés d'Arras, découvrez un lieu riche d'histoire. Novembre 1916, les Britanniques préparent l'offensive qui aura lieu le 9 avril 1917 à 5h30 du matin. Leur idée : faire relier par les tunneliers néo-zélandais les carrières d'extraction de craie de la ville pour créer un véritable réseau de casernes souterraines, capables d'accueillir jusqu'à 24 000 soldats. Descendez à 20 mètres de profondeur pour découvrir ce lieu stratégique qui fut aussi le lieu de vie quotidien des soldats engagés dans la Grande Guerre. Et si vous êtes dans les parages au début du mois d'avril, ne ratez pas la cérémonie du lever du soleil qui rend chaque année hommage aux soldats britanniques et du Commonwealth ayant participé à la bataille d'Arras.

JARDINS CITÉ NATURE
25, boulevard Robert-Schumann

Implanté sur un ancien site industriel, Cité Nature est un centre de culture scientifique sur la nature, l'environnement, la santé et l'agriculture ouvert en 2005. Le jardin est en visite libre. Flânez dans les 15 000 mètres carrés de jardins de ce poumon vert situé à l'entrée de la ville, juste à côté de Cité Nature. La flore se découvre dans toute sa diversité, confrontant avec un ordre rigoureux la plante sauvage à la plante domestiquée. Parfaitement alignées, les parcelles des jardins déclinent plantes médicinales, herbes aromatiques, cactées, vigne, verger, jardin des rhizomes, labyrinthe, bambouseraie et roseraie. Un toboggan niché dans une citrouille géante fait le bonheur des plus jeunes tandis que les parents déambulent dans les allées.

Le couvert

ANAGRAM
23, Grand-place ✆ 03 91 19 00 98
http://anagram.zenchef.com
resa@anagram-resto.fr

Ouvert du lundi au samedi de 12h à 14h30 et de 19h à 22h30 ; le dimanche de 12h à 14h30. Réservation recommandée. Menus de 24 € à 31 €. Carte : 18 € environ. Menu enfant : 10 €. Formule du midi : 22 €. American Express.

Cette table de choix propose une cuisine raffinée et classique. Entre les mijotées des cuisiniers (la 100% cochon, lentilles et crème de lard, joue de bœuf bouillon shabu, suprême de volaille jaune, truffe sous peau) ou les viandes du monde au four, Josper d'origine argentine ou irlandaise pour la plupart, que prendrez-vous ? Pour ceux qui aiment picorer et partager, il y a aussi le jambon de Salamanque 24 mois, les chorizos rôtis des Asturies doux et piquants, les petites sardines à l'huile d'olive ou le comté 24 mois d'affinage... Le cadre est des plus modernes et vous pourrez vous installer dans la bibliothèque ou sous la verrière.

PAS-DE-CALAIS

LA BULLE D'O

1, boulevard de Strasbourg
✆ 03 21 16 19 47
www.labulledo.com

Ouvert du mardi au samedi le midi ; le mardi et du jeudi au samedi le soir. Carte : 26 € environ.

Une bulle d'O et de fraîcheur pour la petite cuisine audacieuse d'un chef qui a travaillé avec Bocuse, Ducasse et dans plusieurs restaurants renommés de la région comme Le Meurin. Toqué, le chef ! Mais Olivier Lainé a aussi la tête sur les épaules, c'est pourquoi il est revenu s'installer sur ses terres natales. Il a été couronné en 2016 par une Toque au *Gault & Millau*. Une vingtaine de couverts et une carte limitée, mais renouvelée chaque mois, lui permettent de donner la priorité à des produits de saison et d'exception. La Bulle d'O est une histoire de famille, Olivier seul en cuisine est accompagné de son épouse, Capucine, en salle. A la carte par exemple : millefeuille de ris de veau, courgettes, aubergines et salade de carottes à la graine de cumin ; pièce d'agneau au Loupiac, semoule au romarin et tube de céleri au caviar de légumes ; gâteau de la tante Martine et bananes flambées au rhum...

L'ÉPICURIEN

8, place du Maréchal Foch
✆ 03 21 23 53 67
www.restaurant-epicurien.eu
contact@restaurant-epicurien.eu

Qualité Tourisme. Ouvert du lundi au samedi de 12h à 14h ; le jeudi de 19h à 22h ; le vendredi et le samedi de 19h à 22h. Fermé le dimanche. Ouvert dimanche de la fête des mères. Réservation recommandée. Carte : 25 € environ. Menu enfant : 11 €. Formule du midi : 18,50 € (entrée + plat + dessert). Vin au verre. Accueil des groupes (salle de séminaire). Terrasse.

L'Épicurien, voilà un nom qui donne envie d'entrer ! Vous y découvrirez une jolie cuisine créative, « qui ne songe qu'au plaisir », dans laquelle les produits locaux et de saison se taillent une belle part de la carte : que ce soit le black tiger en tempura avec ses légumes croquants et sa mayonnaise au curry, les grillades du matelot avec aïoli et tomates rôties et confit de fenouil ou les champagne et irish gourmands, tous les plats sont élaborés à la demande. Quant à l'emplacement, sur la jolie place de la Gare et à quelques minutes à pied du beffroi, il est idéal. À tester !

LA FAISANDERIE

45, Grand-Place
✆ 03 21 48 20 76
www.restaurant-la-faisanderie.com

Ouvert le mardi de 19h à 21h ; le mercredi et le jeudi de 12h à 13h30 et de 19h à 21h ; le vendredi et le samedi de 12h à 13h30 et de 19h à 21h30 ; le dimanche de 12h à 13h30. Carte : 30 € environ. Formule du midi : 24,90 €. Accueil des groupes.

Nichée dans l'une des fameuses maisons baroques de la Grand'Place se trouve la Faisanderie. Ce restaurant arrageois est réputé tant pour son cadre de charme que par ses plats raffinés et originaux. Que vous soyez fin gourmet ou tout simplement amateur de gastronomie traditionnelle, la Faisanderie vous étonnera agréablement. Le couple de restaurateurs propose en outre une sélection de vins d'une grande richesse. En salle, dans la cave ou en terrasse aux beaux jours, laissez-vous séduire par cet établissement qui organise également fêtes et réceptions.

LE PETIT RAT PORTEUR

11, rue de la Taillerie
✆ 09 63 60 91 64
lepetitratporteur@orange.fr

Ouvert du mardi au samedi de 12h à 14h et de 19h à 22h ; le dimanche de 12h à 14h. Réservation recommandée. Accueil des groupes. Terrasse. Salle en cave.

Entre les deux places d'Arras se niche le Petit Rat Porteur... Ne le manquez surtout pas ! Au-delà de sa façade, c'est une ambiance de charme, surtout dans sa cave voûtée ô combien typique des lieux. On y savoure les plats de la région, tels que le welsh, l'andouillette et le potjevleesh. Le maroilles est aussi à l'honneur dans bon nombre de plats, en croustillant en entrée ou en sauce sur le poulet en plat pour notre plus grand plaisir. Le foie gras est maison, comme tous les plats de la carte, et de la première fraîcheur. Le patron a travaillé jadis avec Marc Meurin, c'est dire son exigence !

LE P'TIT DEMON

9, place des Héros
✆ 03 21 07 96 06

Qualité Tourisme. Ouvert du mardi au samedi de 12h à 14h et de 19h à 21h30.

Le P'tit Démon est l'une des tables incontournables de la ville. Ce petit établissement situé au pied du beffroi propose une ardoise qui fait la part belle aux produits frais cuisinés maison. La carte change toutes les semaines, mais elle respecte toujours la saison et se crée aussi en fonction des envies du chef. Vous ne serez jamais déçu car il y a toujours beaucoup de variété avec un plat de viande, de volaille et de poisson. Coquilles Saint-Jacques et endives sont des incontournables en toute saison même si les façons de les accommoder sont multiples. L'accueil est chaleureux et sympathique, d'autant plus que les lieux se veulent aussi bien bar bistronomique que restaurant de charme. Un bon moment assuré sur la place des Héros, que ce soit en salle, en terrasse ou à l'étage.

THE FRENCH HOUSE

46, Grand'Place
✆ 03 21 55 09 92
www.thefrenchhouse-arras.fr
thefrenchyhouse@gmail.com

Ouvert du dimanche au mercredi de 11h à 0h ; le jeudi de 11h à 1h ; le vendredi et le samedi de 11h à 2h. Menus de 19 € à 25 €. Carte : 17 € environ. Menu enfant : 8,90 €. Formule du midi : 12,90 €. Vin au verre. American Express, Chèque Vacances, Chèque Restaurant. Accueil des groupes. Terrasse.

Sympathique brasserie située sur la Grand-Place d'Arras, The French House propose les incontournables du genre : andouillettes d'Arras, carbonnade flamande, potjevleesch, welshs déclinés en plusieurs versions et burgers de qualité. Les produits sont locaux, telle la viande de bœuf originaire des Hauts-de-France. Si vous voulez vous faire un cinéma dans la foulée, l'un des menus propose un ticket pour une séance en plus de l'entrée, du plat et du dessert. À noter que The French House est aussi un pub situé juste à côté et qui reste ouvert tard dans la nuit.

LE TROISIÈME LIEU
18, rue de la Taillerie
✆ 03 21 51 37 57
Ouvert du dimanche au jeudi de 8h à 22h ; le vendredi et le samedi de 8h à 23h. Carte : 30 € environ. Accueil des groupes.
Jolie adresse entre les deux places d'Arras ! Le Troisième Lieu a pris ses quartiers dans un intérieur entièrement restauré et c'est un plaisir que de déjeuner sous ses plafonds anciens aux moulures peintes. Plaisir surtout de découvrir l'assiette que le chef nous mitonne dans sa cuisine ouverte. Ici, on fait la part belle aux pièces de viande de qualité, avec quelques incursions vers des classiques de la gastronomie revisités : saumon gravlax sous sa vinaigrette (anchois, cébette, câpres, olives), côtes d'agneau au houmous avec pommes de terre mitrailles et légumes de saison au jus corsé au thym et à l'ail, poitrine de veau cuite en basse température accompagnée de ses légumes croquants et de riz basmati... Des hors-d'œuvre au dessert, tout est extrêmement soigné. À découvrir aussi au petit déjeuner et à l'heure du thé, car l'établissement est ouvert toute la journée.

Le gîte

ATRIA HÔTEL MERCURE
58, boulevard Carnot
✆ 03 21 23 88 88
www.accorhotels.com/fr/
Accueil 24h/24. 80 chambres. Wifi gratuit. Tv satellite.
Cet hôtel de standing niché à quelques encablures de la gare SNCF et à trois minutes à pied du centre-ville et du centre historique dispose de 80 chambres équipées de salle de bains. L'accueil est cordial et efficace. Vous y bénéficierez d'un petit-déjeuner buffet très copieux. L'établissement propose également un parking sécurisé payant. À noter : l'hôtel dispose d'un bar et d'un restaurant, le Ô 58. Une adresse qui ne décevra pas.

HÔTEL DIAMANT**
5, place des Héros
✆ 03 21 71 23 23
www.arras-hotel-diamant.com
info@arras-hotel-diamant.com
Accueil jusqu'à 22. 12 chambres (et 2 appartements). Chambre simple à partir de 72 € ; chambre double à partir de 75 € ; studio / appartement à partir de 98 €. Petit déjeuner buffet. Pas d'ascenseur. Animaux acceptés (à signaler). Wifi gratuit. Tv satellite.
Idéalement situé au pied du beffroi d'Arras, cet hôtel du XVIIIe siècle rénové et décoré avec goût compte douze chambres et deux apparts-hôtels. C'est ainsi au cœur du quartier historique de la ville que vous aurez le plaisir de résider. Ici, tout est mis en œuvre pour que vous passiez un agréable séjour. L'accueil est chaleureux et l'hôtel possède toutes les commodités nécessaires. Vous pourrez même emprunter des vélos à la belle saison. En somme, une très belle adresse !

HÔTEL MODERNE***
1, boulevard Faidherbe
✆ 03 21 23 39 57
www.hotel-moderne-arras.com
contact@hotel-moderne-arras.com
50 chambres. Chambre double de 79 € à 129 € ; chambre triple 139 €. Petit déjeuner buffet : 12 €. Animaux acceptés (10 €). Séminaires. Wifi gratuit. Restauration (en-cas rapides : quiches, pizzas, croque-monsieurs).
Les chambres de cet hôtel cosy sont toutes différentes et sont pour quelques-unes d'entre elles mansardées ou disposent d'une balustrade. Vous y profiterez de toutes les commodités : salle de bains avec baignoire ou douche, au choix un lit double ou deux lits simples, téléviseur écran plat avec chaînes numériques, téléphone avec service de réveil et accès Internet wifi gratuit. Cet établissement ne se trouve qu'à quelques pas de la gare et du centre-ville, un emplacement idéal pour partir à la découverte d'Arras ou de la région.

LES TROIS LUPPARS
49, Grand-Place
✆ 03 21 60 02 03
www.hotel-les3luppars.com
Ouvert toute l'année. Arrivée entre 15h et 22h. Départ jusqu'à 11h. 42 chambres. Chambre simple 100 € ; chambre double 115 € ; chambre triple 125 € ; suite 130 €. Petit déjeuner : 10 €. Wifi gratuit. Canal+. Sauna.
L'hôtel des Trois Luppars est un lieu historique ! Il est en effet installé dans la plus vieille demeure de la ville, construite en 1467. La belle bâtisse en briques se dresse fièrement sur la Grand'Place, c'est d'ailleurs elle qui servit de modèle pour la construction des autres maisons de la place. C'est dire son importance ! Et pourquoi ce nom au juste ? Luppars est un dérivé de léopards, animaux que l'on retrouve sur le logo de l'hôtel. Mais que les visiteurs se rassurent, si le cadre est historique, les 42 chambres, entièrement rénovées, possèdent tout le confort moderne pour faire de votre séjour un agréable moment de détente. L'hôtel met d'ailleurs à disposition de la clientèle un sauna ouvert de 9h à 19h sur réservation. Détente, confort et histoire... voilà un mélange plutôt sympathique, non ?

Gîtes

PLACE O RÊVES
36, Grand'Place
✆ 06 24 45 17 86
www.gite-urbain-arras.fr
contact@gite-urbain-arras.fr
Pour 4 personnes (100 m², 2 chambres). De 490 € à 990 € la semaine selon saison. Petit déjeuner : 10 € par personne. 1 nuit : 99 € pour une personne, 129 € pour deux personnes et 189 € pour 4 personnes. Wifi. Sauna. Garage en option : 10 € par jour.

PAS-DE-CALAIS

Ce gîte urbain situé sous les arcades de la Grand'Place d'Arras, en plein cœur de la ville, a été pensé pour vous faire passer un séjour de rêve. Parquet, cheminée en marbre, sauna... ici, tout n'est que calme, luxe et volupté. Laissez votre liste de courses et le frigo sera rempli à votre arrivée. La flemme de cuisiner ? Le gîte est situé au-dessus du restaurant La Cave des Saveurs, qui pourra vous livrer ses petits plats à domicile. Grâce à ce pied-à-terre cosy, vous pourrez sans problème visiter à pied tous les lieux emblématiques de la capitale arrageoise.

Chambres d'hôtes

AU CARRÉ SAINT-ÉLOI

3, place du Wetz-d'Amain
✆ 03 21 51 00 98
www.aucarresainteloi.fr

Ouvert toute l'année. Langues parlées : français, anglais. Accueil 24h/24 (supplément de 10 % pour toute arrivée après 22h). 3 chambres. Chambre simple à partir de 59 € ; chambre double à partir de 69 €. Petit déjeuner inclus. CB non acceptée. Label Tourisme & Handicap. Wifi.

Au Carré Saint-Eloi est niché dans le cœur historique d'Arras, à deux pas des commerces, et des monuments de la ville. Vous serez accueilli dans cette charmante demeure du XVIIIe siècle par Claire, Antoine et leurs deux enfants. La maison emprunte son nom au refuge des moines de l'abbaye Saint-Éloi dont on peut encore admirer le porche. Tout près coule le Crinchon, ce petit cours d'eau souterrain qui traverse Arras et qui fit la richesse de la cité. L'établissement, labellisé Tourisme Handicap, vous propose trois chambres joliment décorées et toutes équipées de salle de bains. Le petit-déjeuner est délicieux. Il est servi dans un grand espace donnant sur le jardin. Les produits laitiers proviennent de producteurs locaux. Une belle adresse qui pense à la planète et qui est ouverte à tous !

LA CORNE D'OR

1, place Guy-Mollet
✆ 03 21 58 85 94
www.lamaisondhotes.com
contact@lamaisondhotes.com

Clévacances (4 clés). Arrivée entre 11h30 et 13h30 ou entre 17h30 et 21h30. 5 chambres. Chambre simple de 110 € à 130 € ; chambre double de 125 € à 145 € ; chambre triple de 155 € à 165 €. Petit déjeuner inclus. Wifi gratuit. Tv satellite.

Installée dans un hôtel particulier datant du XVIIIe siècle, La Corne d'Or est un lieu où les touristes en quête d'histoire viennent se ressourcer. L'accueil est agréable et vous aurez plaisir à découvrir la chambre qui vous a été réservée. Baroque, Nature ou dite des Anges, sa dénomination vous éclairera sur l'atmosphère qui présidera vos nuits. Le petit déjeuner gourmand est particulièrement savoureux. N'hésitez pas à faire une halte dans ce lieu riche et précieux, situé au cœur du centre-ville d'Arras.

Loisirs

AQUARENA

33, boulevard Robert-Schuman
✆ 09 71 00 62 00
www.aquarena.fr – contact@aquarena.fr

Ouvert toute l'année. Le dimanche de 9h à 18h. Basse saison : le lundi et le vendredi de 7h30 à 14h et de 16h30 à 19h ; le mardi et le jeudi de 12h à 14h et de 16h30 à 22h ; le mercredi et le samedi de 12h à 19h. Haute saison : le lundi, le mercredi, le vendredi et le samedi de 10h à 19h ; le mardi et le jeudi de 10h à 22h. Les horaires et les tarifs sont différents pour les espaces Forme/Océane et Balnéo, cf le site Internet. Entrée : 5,80 €. Enfant : 4,70 €. Gratuit pour les – de 3 ans. Chèque Vacances. Boutique.

Depuis ses travaux, le complexe aquatique d'Arras a gagné en design et en espaces. Rejoignant les trois bassins initiaux, deux pataugeoires pour enfants et un espace détente avec vue sur la Scarpe font profiter toute la famille des plaisirs de la piscine. Toboggan et nage à contre-courant sont toujours au rendez-vous, tout comme les six lignes d'eau réservées aux nageurs venus là pour s'exercer et l'espace balnéo logé dans sa bulle d'eau rebaptisée La Perle. Entre les cours d'aquafitness et d'aquabiking, les soirées zen faites de massages, de yoga et de cocktails et les séances de bébés-nageurs, l'Aquarena va changer votre vision de la piscine.

ARRASCAPE – ESCAPE GAME D'ARRAS

Beffroi d'Arras
4, place des Héros ✆ 03 21 51 17 15
www.arrascape.com
arrascape@afp2i.fr

Forfait pour 3 à 6 personnes : entre 75 et 90 € la séance. Six séances du lundi au samedi et quatre séances le dimanche.

La particularité de l'Arrascape (comprenez l'Escape Game d'Arras) est de se dérouler dans le cadre prestigieux du beffroi, classé monument historique et au patrimoine mondial par l'Unesco. Immersion garantie ! Géré par le centre de formation AFP2 qui lutte contre la fracture numérique auprès de tous publics, l'Escape Game d'Arras renouvelle régulièrement les scénarios, ce qui permet d'y revenir avec toujours plus de plaisir. À vous de faire chauffer vos méninges pour résoudre les énigmes, le plus souvent pour empêcher qu'un désastre frappe la bonne ville d'Arras, le tout en soixante minutes chrono. S'évader de l'escape game, c'est apprendre l'histoire et le patrimoine autrement, tout en s'amusant !

CHEMIN DE HÂLAGE DU CANAL DE LA SCARPE – VOIE VERTE ENTRE ARRAS ET FAMPOUX

✆ 03 21 51 26 95
www.explorearras.com
contact@explorearras.com

Quel plaisir que celui de parcourir le chemin de halage d'un cours d'eau ! Le cadre est si bucolique qu'on en oublierait presque que l'on fait de l'exercice... Praticable à pied ou à vélo, celui du canal de la Scarpe prend la forme d'une voie verte de huit kilomètres qui est idéale pour les sportifs du dimanche ou les familles. Cette Voie Verte possède un revêtement stabilisé en dolomie, praticable par tous types de vélos mais pas par les rollers. Elle est éclairée sur environ 2 km à Saint-Laurent-Blangy, où il existe un passage sous la D42. Si vous démarrez de Fampoux, Athies ou Saint-Laurent-Blangy, elle se présente comme une excellente option pour rejoindre le centre-ville d'Arras : vous atteindrez la rue Louis Blanc ou le boulevard Robert Schuman par un agréable chemin champêtre. Plusieurs parcs naturels viendront notamment rythmer vos foulées ou coups de pédales.

CIT'LOISIRS

Citadelle d'Arras
77, allée du Bastion de la Reine
Boulevard du Général de Gaulle
✆ 06 38 62 96 83
cit-loisirs.fr
contact@cit-loisirs.fr

Du 30 mars au 3 novembre (ouvert tous les week-end et jours fériés, le mercredi après-midi jusqu'au 25 septembre et tous les jours pendant les vacances scolaires sauf le lundi). Réservation recommandée. Entre 8 et 19€ pour les enfants et adolescents, selon l'âge et la taille. 23€ pour les plus de 18 ans.

On se défoule à Cit'Loisirs, au cœur de la citadelle d'Arras. Que vous veniez pour le plaisir de vos enfants (et le vôtre !), pour un anniversaire, un enterrement de vie de garçon, de jeune fille ou autres, vous n'allez pas vous ennuyer avec les parcours accrobranche. Du parcours « pitchouns » pour les tout-petits au parcours expert, vous aurez le choix du plus facile... ou du presque impossible ! Cit'Loisirs, c'est aussi une tyrolienne de 210 mètres de long et un bel ensemble de chemins balisés au cœur de 27 hectares de bois. A partir de 8 ans, un jeu de piste interactif permet de se promener tout en découvrant la citadelle au travers de questions et d'animations variées et un biathlon (concerne uniquement les groupes) où l'on trouve des balises le plus rapidement possible et où l'on tire sur des cibles sont proposés.

Sorties

Salons de thés

NOTTING HILL COFFEE

56-58, place des Héros ✆ 03 21 51 41 52
www.nottinghill-coffee.com

Ouvert du lundi au samedi de 8h à 19h. Wifi gratuit.

Bénéficiant d'un emplacement de choix, juste en face du beffroi d'Arras, le Notting Hill Coffee est le type même des cafés à l'américaine où l'on déguste un mokaccino (ou autre) confortablement installé dans un fauteuil, tout en savourant un muffin ou une part de cheese-cake. D'autres ingrédients composent et complètent la carte des boissons : chocolat, thé ainsi que les boissons glacées comme Frappécream avec ou sans café, au lait ou aux fruits. Le midi, le café propose diverses formules de sandwichs, soupes, quiches, pâtes ou salades à consommer sur place ou à emporter. Bien qu'ils ne soient pas concoctés sur place, les snacks sont faits à base de produits issus de circuits courts et sont fabriqués le jour même à moins de 10 km d'Arras.

Bars, pubs

L'ARRANGÉ

5, rue des Trois-Visages
✆ 03 21 59 71 69

Ouvert le mercredi et le jeudi de 17h à 1h ; le vendredi et le samedi de 17h à 2h.

Comme son nom l'indique, l'établissement s'est fait une spécialité du rhum arrangé. Banane-cacao, vanille-noix de macadamia, orange-cannelle... les recettes changent régulièrement au bon gré du patron, grand amateur de ce breuvage. Vous pourrez également déguster plus d'une centaine de rhums venus des quatre coins du monde, ainsi que de délicieuses spécialités créoles, comme les punchs composés uniquement à base de rhums français agricoles, ou de très peu connues mais néanmoins délicieuses bières des îles. Des soirées à thème rythment les saisons. Dans ce lieu exigu, l'accueil est d'autant plus chaleureux.

LA DAME JEANNE

1, place des Héros
✆ 03 61 11 10 83
www.la-damejeanne.fr
contact@la-damejeanne.fr

Ouvert du mardi au vendredi de 10h à 14h ; du mercredi au vendredi de 17h à 23h ; le samedi de 9h à 23h. Cours de dégustation à partir de 25 €.

Ce bar à vin, en plein cœur d'Arras, propose à sa clientèle une gamme de vins rigoureusement sélectionnés : tous sont issus de vignerons indépendants respectueux de l'environnement. Votre verre pourra être accompagné d'une planche de fromage ou de charcuterie, et pourquoi pas du fameux camembert rôti au miel et au chorizo. L'établissement propose également des cours d'œnologie et des soirées de dégustation à l'aveugle, ouverts aussi bien aux débutants qu'aux initiés. Céline et Bertrand encadrent ces événements de leur passion et de leur riche savoir. Profitez aussi de la carte cadeau d'abonnement mensuel : le destinataire se rend chaque mois en magasin afin de bénéficier d'un conseil personnalisé pour dénicher la bouteille de ses rêves parmi des centaines de références.

CHEZ MARCEL

30, rue de la Taillerie ✆ 09 87 07 37 29
chezmarcel.arras@gmail.com

Ouvert du mardi au jeudi de 17h à 23h ; le vendredi et le samedi de 17h à 0h ; le dimanche de 17h à 22h. Terrasse. Restauration.

Amateurs de bière, vous serez ici au paradis ! Chez Marcel est un lieu de plaisir, de dégustation et d'expériences sensorielles. Parce que qu'une bonne bière, ça se regarde, ça se sent, ça se goûte et ça se déguste lentement. Le bar à bières propose d'ailleurs régulièrement des ateliers de biérologie pour les plus désireux de parfaire leurs connaissances... Une fois attablés à l'étage ou sur la petite terrasse très agréable, il faudra faire votre choix parmi un catalogue impressionnant de bières artisanales. Chaque bière est décrite avec attention. Et si ces explications ne vous suffisent pas, vous pouvez toujours demander conseil à la petite équipe très compétente et dynamique. Il est également possible d'accompagner son verre de planches sucrées ou salées. Une vraie réussite !

LE P'TIT ATELIER

2, rue de la Housse

✆ 03 21 60 35 38

Ouvert le mardi de 10h à 22h ; le mercredi de 8h30 à 22h ; le jeudi de 10h à 23h ; le vendredi de 10h à 1h ; le samedi de 7h à 1h30 ; le dimanche de 11h à 21h.

Cosy avec une décoration agréable et un étage, le P'tit Atelier propose de passer de bons moments dans une ambiance conviviale et détendue. Pour la restauration, c'est simple mais bon grâce à des planches et des petits plats, dont certaines propositions spéciales véganes. En terrasse, l'été, on apprécie une bonne bière locale bien rafraîchissante et on ne manque pas les soirées à thèmes : années 90, pyjama, jazz, concerts, retransmissions TV de sports...

LE RAT PERCHÉ

6, rue des Jongleurs

✆ 09 86 61 17 13

leratperche@gmail.com

Ouvert le lundi, le mercredi et le jeudi de 15h à 23h ; le vendredi et le samedi de 11h à 0h30 ; le dimanche de 15h à 21h. Terrasse. Animations. Concerts.

On ne saurait comment qualifier ce bar atypique qui contient, outre son comptoir fabriqué en palettes, une bibliothèque, des coffres remplis de jouets, une scène, des panneaux d'affichage de petites annonces... Solidaire, culturel et citoyen, c'est ainsi que le décrivent ses initiateurs. Vous pourrez ici profiter de cours de médiation, de fabrication de cuir, d'apprentissage de la langue des signes, de concerts alternatifs, de sensibilisation à la captivité des cétacés ou encore d'entretiens pour trouver un job... La carte est entièrement bio et la sélection de thés bien digne de l'attention des connaisseurs. Vous pourrez même goûter une boisson au cola complètement transparente... Une très belle initiative et un résultat aussi surprenant que plébiscité par ses déjà nombreux habitués.

STUDIO 54

54, Grand'Place

✆ 09 53 37 90 45

contact@studio-54-arras.com

Ouvert du lundi au jeudi de 18h à 1h ; le vendredi et le samedi de 17h à 2h ; le dimanche de 15h à 22h. Terrasse. Restauration.

L'établissement propose une carte étonnante, tant par sa diversité que par l'originalité de ses cocktails. Du Smoke Fashioned au Tirami Jack, de la vodka infusion lavande à l'émulsion de basilic maison dans la tequila, vous allez être (agréablement) surpris par l'inventivité des barmans du lieu. Testez leur créativité avec le cocktail surprise « Comme vous l'aimez » et donnez-nous en des nouvelles ! En plus de tout cela, le cadre est fort sympathique, le personnel ultra chaleureux et efficace, et de délicieuses tapas et charcuteries vous sont proposées en accord avec vos consommations.

Bowlings

BOWLING WORLD

ZAC du Val de Scarpe

273, boulevard Robert-Schuman

✆ 03 21 15 13 10

www.kartingbowling.com/arras/home.php

mickael.martin@bowlingworld.fr

Basse saison : ouvert le mardi de 18h à 0h ; le mercredi de 14h à 0h ; le jeudi de 17h à 1h ; le vendredi de 17h à 1h30 ; le samedi de 12h30 à 2h30 ; le dimanche de 10h à 23h. Haute saison : du lundi au mercredi de 14h à 0h ; le jeudi de 14h à 1h ; le vendredi de 14h à 1h30 ; le samedi de 14h à 2h30 ; le dimanche de 10h à 0h. Bowling : 6,90 € la partie adulte, 4 € la partie enfant, 1,60 € la location des chaussures. Abonnement 10 entrées : 45 €. Lasergame : 7,90 € la session de 15 minutes.

Avec ses vingt-quatre pistes de bowling, le laser game, la salle de jeux vidéo dernière génération et ses douze tables de billard, le Bowling World est le temple de l'amusement. Allez-y en famille ou entre amis et profitez-en sans complexe ! L'équipe organisatrice vous propose également des formules anniversaire comprenant de une à quatre activités avec gâteau, boissons et cadeau. Le jeudi, profitez d'un forfait avec les activités en illimité et trois softs ou alors venez le dimanche pour profiter de parties à tarifs réduits.

Emplettes

AU BLEU D'ARRAS

32, place des Héros ✆ 03 21 71 17 88

Ouvert du mardi au samedi de 10h à 12h30 et de 14h à 18h45.

Maurice Ségard, le dépositaire de la tradition du célèbre bleu d'Arras, a transmis le flambeau en 2017 à Christelle Perrier, qui perpétue depuis avec bonheur cette technique. La petite boutique de la place des Héros abrite donc encore les secrets de fabrication qui s'élaborèrent au XVIIIe siècle sous la houlette des sœurs Delemaire. Mais Christelle Perrier va plus loin que la décoration sur porcelaine au *bleu de cobalt de grand feu* : elle a pour ambition de fabriquer sa propre porcelaine. N'hésitez pas à aller admirer ses œuvres, peintes à la plume ou au pinceau, et à vous enquérir de ses avancées en ce domaine. Il y en a pour tous les goûts, de la pièce la plus simple à la plus élaborée et vous ne manquerez sûrement pas de tomber sur celle qui vous fera craquer d'autant plus lorsqu'on admire Christelle à l'œuvre !

MILLESIMES

46, rue des Trois-Visages ✆ 03 21 07 64 63

http://millesimes-arras.fr

Ouvert du mardi au samedi de 9h à 12h et de 14h à 19h.

Une adresse du centre-ville arrageois à retenir, où une jolie sélection de spiritueux vous permettra de trouver

REPÉREZ LES MEILLEURES VISITES

★ INTÉRESSANT ★★ REMARQUABLE ★★★ IMMANQUABLE ★★★★ INOUBLIABLE

votre bonheur, que ce soit pour une réception ou une soirée entre amis. L'équipe vous y dispensera de précieux conseils, aussi bien sur le vin que sur les armagnacs, portos, champagnes, rhums et cognacs. Les whiskys, aussi : 200 références ! Avec le sourire et une bonne dose de bienveillance, on vous conseillera au mieux selon vos goûts, envies et budgets.

Panier gourmand

LES 3 CONSERVERIES

4, rue de la Housse © 03 21 16 23 05
www.les3conserveries.fr
contact@les3conserveriesarras.fr

Ouvert du mardi au samedi de 10h à 13h et de 14h à 19h.

À deux pas du beffroi d'Arras, la boutique des 3 Conserveries abrite un précieux échantillonnage culinaire de ce que la région fait de meilleur. Vous y trouverez les produits de la Conserverie Saint-Christophe, située aux portes de la baie de Somme, ainsi que bien d'autres artisans de la région. Produits de la mer, spécialités de foie gras, mais aussi cafés du Comptoir du Lys, huile artisanale de colza ou thés et infusions bio des Hauts-de-France : il y a là de quoi se faire plaisir et faire plaisir ! Pensez-y pour un savoureux souvenir de vacances ou un panier garni à offrir aux plus gourmands parmi vos proches.

À L'ANDOUILLETTE D'ARRAS

3, rue du Marché-au-Filé
© 03 21 22 69 96

Ouvert du mardi au vendredi de 8h30 à 12h45 et de 14h45 à 18h ; le samedi de 8h30 à 13h.

Il n'y a pas de doute, Hugues Becquart est un spécialiste de l'andouillette d'Arras. Depuis 1888, l'enseigne cultive de génération en génération le goût du savoir-faire artisanal. Le charcutier s'installe dans son laboratoire et fabrique son produit phare, l'andouillette, qui est faite uniquement avec du frison de porc, cette partie spécifique de l'intestin, ce qui la rend moins grasse. La renommée de cette fameuse charcuterie dépasse les frontières arrageoises. Andouille, andouillette, boudin, saindoux, pieds de cochons, tripes, museaux, saucisses, pâtés, rillettes, jambons, poitrine, toutes les recettes charcutières méritent le détour. Cette boutique minuscule au charme d'antan réunit qualité des produits et accueil obligeant. Une adresse incontournable et reconnue par les grands noms de la gastronomie !

GLACES RUIZ

66, Grand'Place
© 03 21 55 84 15
www.glacesruiz.com

Ouvert tous les jours de 10h à 19h30. Glaces à emporter.

Sur la Grand-Place d'Arras, cette enseigne est un incontournable pour tous les gourmands et les amateurs de crèmes glacées. Tout a commencé dans les années 1920, lorsque Amandino Ruiz débarqua dans le Nord de son Espagne natale en apportant avec lui le savoir-faire local. Depuis, l'enseigne a essaimé dans les quatre plus grandes villes de la région. Outre ses glaces, Ruiz propose des gâteaux glacés ou de petits plaisirs en portions individuelles ou en grand format pour vos fêtes et réceptions, qui seront réalisés sur mesure selon vos goûts et inspirations de décoration. Laissez-vous tenter par les nombreuses saveurs que ce glacier vous propose, notamment à bord de ses camions itinérants pour les retrouver dans toujours plus de lieux.

JEAN TROGNEUX

66, place des Héros © 03 21 23 62 82
www.trogneux.fr
info@trogneux.fr

Ouvert le lundi de 13h45 à 19h ; du mardi au samedi de 9h30 à 19h ; le dimanche de 10h à 13h et de 15h à 18h.

Voilà la seule boutique de la ville où vous pourrez trouver les fameux chocolats « Cœurs d'Arras ». Pour l'histoire, les Cœurs d'Arras datent du XIIe siècle. Dame Emma Crespin, dont les armoiries de la famille représentaient des cœurs, possédait un moulin sur le Crinchon (aujourd'hui rivière souterraine), dans le centre d'Arras. Sa spécialité : confectionner des pâtisseries en forme de cœur. C'est au XVIIe siècle que les pâtisseries de Dame Crespin devinrent des chocolats. Leur succès est inaltérable depuis le milieu du XXe siècle. Au chocolat noir ou au lait, avec écorces d'orange confite, ils raviront petits et grands.

PÂTISSERIE THIBAUT

50, place des Héros © 03 21 71 53 20

Ouvert du mardi au dimanche de 8h à 19h. Salon de thé.

Sébastien Thibaut est bien connu à Arras. Sa maison, qui fait aussi salon de thé, sert de délicieuses pâtisseries. Ceux qui ont pu y goûter s'en souviendront. Dégustez les institutions que sont le Petit Rat en chocolat (l'une des mascottes de la ville) ou le Cœur d'Arras à l'ancienne... C'est vraiment exquis ! Hormis ces spécialités, la boutique propose tout un choix de chocolats, pâtisseries, délicieuses gaufres fourrées, quiches, tartes salées et pains divers. Pensez aux jolies boîtes en métal déclinant les édifices d'Arras pour des cadeaux pleins d'authenticité. Le midi, profitez des quiches et autres petits plats traiteur chauds pour déguster simplement sur le pouce une collation dans un cadre sympathique.

Vins et alcools

LE CELLIER DES ARCADES

8 bis, rue de la Taillerie © 03 21 23 09 28
www.arrasbieres.com
contact@arrasbieres.com

Ouvert le lundi de 15h à 18h30 ; du mardi au samedi de 9h30 à 12h30 et de 14h30 à 19h ; le dimanche de 9h30 à 12h30. Livraison possible.

Situé entre les deux places d'Arras, cet établissement fait la part belle aux bières de tous horizons. On y trouve près de 600 références ! Toutes sont de la région ou de Belgique. Faites votre choix : blondes, brunes, rousses, ambrées, blanches ou noires. Si vous ne savez pas où donner de la tête, faites confiance au propriétaire des lieux, qui est un véritable puits de science dans ce domaine. Pourquoi ne pas repartir avec la production du coin, créée par Le Cellier avec la Brasserie Saint-Germain (Aix-Noulette), une bière blonde au malt trois grains : la Clusius ?

Dans les environs

Agnez-lès-Duisans

LA RENARDIÈRE

218, rue Leflon ✆ 06 64 84 08 86
www.la-renardiere62.fr

3 chambres. Chambre double 100 €. Petit déjeuner inclus. Gîte avec trois chambres : 520 € la semaine. Sauna. Séances d'ostéopathie et massages.

Ce vieux corps de ferme du XIXe siècle, entièrement restauré, a gardé un cachet certain qui rappelle ce qu'il fut jadis, mais il possède aussi tout le confort digne d'un établissement de grande classe. Vos hôtes ont pour priorité votre bien-être et cela se sent dès la porte franchie. Pensez donc : ici, on vous propose sauna, séances d'ostéopathie et massages. Une piscine intérieure vous permet de pratiquer l'aquabike ou de simplement buller dans une atmosphère délassante. Pour plus d'intimité, préférez le gîte aux chambres d'hôtes : cuisine moderne entièrement équipée (vaisselle et électroménager), séjour chaleureux avec TV et jeux, chambres confortables de 2 à 8 personnes et lit pour bébé à disposition, salle de douche italienne avec WC suspendus, terrasse privative... Hélène et Jonathan, les propriétaires, sauront aussi vous conseiller dans vos visites des alentours : vous êtes idéalement placé pour rejoindre le Louvre-Lens, le beffroi et les places d'Arras, ainsi que les sites de mémoire de la Grande Guerre. Une aubaine que cette Renardière !

Fresnes-lès-Montauban

Le couvert

L'ORTOLAN

17, route National 50 ✆ 03 21 58 81 81
www.lortolan.fr – franckgarbez@aol.com

Ouvert du mardi au vendredi le midi et les vendredis et samedis soirs. Menus de 32 € à 40 €. Carte : 14 € environ. Plat du jour : 12,50 €.

A seulement quelques kilomètres d'Arras se trouve un établissement qui mérite que l'on s'y attarde. L'Ortolan régale depuis plusieurs années maintenant les gourmets venus déguster une cuisine traditionnelle d'inspiration régionale, mais également des plats plus gastronomiques : salade de chicon (endive pour les non initiés) au foie gras, ou encore médaillon de veau au vin jaune, poitrine croustillante et morillons comme en Bresse. Le service est souriant et aux petits soins, que demander de plus ?

L'AQUARIUM. HÔTEL – RESTAURANT

Route départementale 950
✆ 03 74 04 00 70
www.aquarium62.fr
contact@aquarium62.fr

Ouvert tous les jours de 12h à 14h et de 19h à 22h. Menu unique à 49 €. Carte : 30 € environ. Formule du midi : 22 € (entrée + plat + dessert).

À nouveau décor, nouvelle cuisine ! L'Aquarium accueille les gourmands dans un cadre design et élégant, autour d'une cheminée à l'éthanol à la flamme chaleureuse. Au menu, des plats variés, et notamment des plats de pâtes à l'italienne et des assiettes de brochettes pleines de saveurs accompagnées de salades colorées, mais aussi des spécialités régionales telles que le potjevleesch et la carbonnade flamande. Le tout est cuisiné « à la maison », comme on aime ! Voici un exemple de menu : millefeuille de Granny Smith au chèvre frais et saumon fumé, escalope de foie gras de canard poêlée sur briochain et son tartare de fruits exotiques, brioche façon pain perdu au caramel au beurre salé et sa boule de glace vanille...

Le gîte

L'AQUARIUM. HÔTEL – RESTAURANT***

Route départementale 950
✆ 03 74 04 00 70
www.aquarium62.fr
contact@aquarium62.fr

Ouvert toute l'année. Accueil 24h/24. 42 chambres. Parking inclus. Séminaires. Wifi. Restauration (restaurantion traditionnelle). Bain bouillonnant, sauna.

C'est dans un cadre entièrement neuf que L'Aquarium accueille ses hôtes. Il fut autrefois le lieu privilégié des événements de famille, mariages, communions et autres dans l'Arrageois. Il redevient aujourd'hui un lieu d'accueil plébiscité : un hôtel trois-étoiles ainsi qu'un restaurant gastronomique et une brasserie y ont pris place. Bar lounge, sauna, spa, l'établissement se fait fort d'offrir à sa clientèle un séjour tout confort. Il est aussi idéalement situé pour rayonner vers Arras ou Lens et pour visiter les sites de mémoire tout proches. Et pourquoi ne pas vous offrir le luxe de la suite ? Elle dispose d'un lit king-size, d'un salon, d'un minibar, d'une cave à vin, d'un bureau, d'une télévision à écran plat et d'une salle de bains avec douche à l'italienne et baignoire balnéo.

Gavrelle

LE MANOIR

35, route Nationale
✆ 03 21 58 68 58
www.lemanoir62.com
contact@lemanoir62.com

Logis. Ouvert du dimanche au vendredi le midi ; du lundi au samedi le soir. Menus de 28 € à 36 €. Carte : 25 € environ. Menu enfant : 15 € (choix à la carte comme les adultes). Formule du midi : 22 € (entrée + plat + dessert). Accueil des groupes (salles de séminaires et réceptions pouvant recevoir jusqu'à 120 personnes).

Dans cet établissement au charme incontestable et incontesté, vous découvrirez une cuisine traditionnelle et gastronomique rehaussée d'une pointe d'originalité. Ici, on fait la part belle aux produits de la région et des environs. Le service est impeccable et discret, et que dire du cadre verdoyant ? Quelques exemples à la carte : Tatin de coing, foie gras confit, sorbet chartreuse ;

carré de porc d'antan braisé, butternut façon meunière et champignons du moment ; crémeux de mangue et kalamansi, pâte de fruits au citron sur sablé breton... Ne tardez pas à découvrir cette adresse raffinée.

■ LE MANOIR***
35, route Nationale
✆ 03 21 58 68 58
www.lemanoir62.com
contact@lemanoir62.com

Logis. 19 chambres. Chambre simple 88 € ; chambre double 88 € ; chambre triple 98 €. Petit déjeuner buffet : 10 €. Parking inclus. Soirée étape : 92 €. Wifi gratuit. Tv satellite.
Situé entre Arras et Douai, cet hôtel-restaurant offre calme et confort dans un cadre bucolique. Les dix-neuf chambres sont spacieuses et les poutres apparentes ne font qu'ajouter au charme de l'établissement. Il est possible d'y manger le soir dans le cadre d'une soirée-étape et de déjeuner le matin près de la cheminée ou sur la terrasse lorsque les beaux jours sont là. Le Manoir, ce sont aussi des salles de travail ou de réunion pouvant accueillir jusqu'à 100 personnes en conférence, équipées à la demande de vidéoprojecteur, micro, paperboard. Vous pourrez aussi vous servir de ce magnifique cadre pour l'organisation de vos mariages, réunions de famille, baptêmes, communions ou encore anniversaires.

Neuville-Saint-Vaast

■ LE MONUMENT DES FRATERNISATIONS
En bordure des nécropoles françaises et britanniques de La Targette sur la route de Marœuil (RD55).
Gratuit.
Aux portes de Neuville-Saint-Vaast se trouvaient déjà les milliers de tombes des cimetières militaires français et britanniques. Le Monument des Fraternisations a été édifié en amont de ces champs de croix et de stèles pour revivifier le souvenir d'un événement étouffé par l'histoire. À Noël 1915, des soldats français et allemands fraternisèrent face à l'horreur de la guerre. Pour quelques heures, les combats cessèrent, puis cet élan d'humanité sombra alors que les combats reprenaient. Louis Barthas, qui y assista, écrivit dans ses *Carnets de guerre* : « Peut-être un jour, sur ce coin de l'Artois, on élèvera un monument pour commémorer cet élan de fraternité. » C'est chose faite. Un timescope installé sur le site permet de revivre des bribes de cette histoire en embrassant d'un regard les alentours.

Rivière

■ LE MANOIR DE BELLACORDELLE
19, rue de Bellacordelle
✆ 06 47 75 24 37
www.bellacordelle.fr
contact@bellacordelle.fr

Gîtes de France (4 épis). Accueil jusqu'à 22h. 3 chambres. Chambre double de 120 € à 150 € ; suite de 150 € à 190 €. Petit déjeuner inclus. Parking fermé inclus. Chèques non acceptés. Bain bouillonnant, sauna.
Luxe, calme et volupté, tel pourrait être le credo du Manoir de Bellacordelle. Ce très bel édifice de 1665, qui fut selon les vicissitudes de l'histoire kommandantur, sanatorium, maternité et colonie de vacances, est devenu sous la houlette de Dorothée et Xavier Hego un lieu d'hébergement d'une belle élégance pour vos séjours. Profitez, pour toute réservation, d'une heure de détente absolue dans l'Espace Spa privatif. Il est composé d'un Jacuzzi 5 places et d'un sauna 3 places... Ajoutez à cela la sérénité de la campagne à deux pas de la ville, car Arras ne se situe qu'à 15 kilomètres de là.

Souastre

■ LA FERME DE SOUASTRE – LE GOURMET CHAMPÊTRE
14, rue de Bienvillers
✆ 03 21 22 69 87
www.fermedesouastre.com
choquetjm@wanadoo.fr
Bienvenue à la Ferme. Fermé du 10 au 25 juillet et du 20 décembre au 10 janvier. Ouvert le dimanche midi. Réservation recommandée. Menu unique à 21,90 €. Menu enfant : 12,20 €. Chèque Vacances. Accueil des groupes (de 10 à 90 personnes, tous les jours et sur réservation). Ferme écomusée ouverte tous les jours pour les groupes sur réservation et le dimanche pour tous de 11h à 17h.
C'est une adresse qui régale les environs depuis plus de vingt ans. Ici, l'accueil est à la hauteur du repas : bon et chaleureux. Chaque dimanche, un menu unique, concocté avec les produits de la ferme, est proposé. On peut le consulter sur le site Internet. Il est prudent de réserver ! Flamiche au maroilles ou au poireaux, ficelle picarde, carbonnade flamande, coq au vin, tarte au libouli ou crème brûlée à la chicorée, les saveurs sont résolument régionales. Voilà aussi une adresse rêvée pour les enfants, car le restaurant est également une ferme pédagogique. Entre deux plats, pour les faire patienter, c'est un plaisir que de les emmener à la rencontre des chevaux et des ânes, des poules, dindons et oies, des cochons et des lapins... Passez ensuite voir l'écomusée et vous voici sur les traces des paysans d'autrefois, à la découverte de leur savoir-faire, de leur mode de vie et des techniques utilisées entre 1800 et 1970. Avant de partir, profitez-en pour jeter un coup d'œil à la cidrerie et vinaigrerie et n'hésitez pas à acquérir quelques bouteilles !

Souchez

■ LENS' 14-18 - CENTRE D'HISTOIRE GUERRE ET PAIX ★★
102, rue Pasteur
✆ 03 21 74 83 15
https://memorial1418.com
lens14-18@tourisme-lenslievin.fr
Fermé du 7 au 31 janvier. Ouvert du mardi au dimanche de 10h à 13h et de 14h à 17h. Gratuit. Audioguide : 3 €. Visite guidée tous les dimanches à 15h, sur réservation : 6 € (réduit 3 €).

Lens' 14-18 est un lieu de mémoire de la Grande Guerre. Dans une architecture de cubes noirs qui n'est pas sans rappeler les blockhaus, il retrace les événements meurtriers qui émaillèrent les 90 kilomètres de front que comptait la région Nord-Pas-de-Calais. Ce musée ouvert à tous évoque aussi le quotidien de la population sous l'occupation allemande ainsi que celui des soldats de toutes nationalités impliqués dans le conflit. Entre autres objets, vous y découvrirez une très riche collection de documents iconographiques. Le Centre d'Histoire Guerre et Paix est situé au pied d'un autre grand lieu de mémoire : la Nécropole de Notre Dame-de-Lorette et son Anneau de la Mémoire. Une visite nécessaire et d'une grande force émotionnelle.

■ À L'POTÉE D'LÉANDRE
107, rue Pasteur
© 03 21 45 16 40
www.alpotee.fr

Ouvert du mardi au dimanche de 12h à 15h. Réservation recommandée. Carte : 20 € environ. Menu enfant : 11 € (entrée, plat et dessert). Menu du dimanche 30 € (entrée, plat, dessert, café).

Au pied de Notre-Dame-de-Lorette, de son Anneau de la Mémoire et du Centre international de la Grande Guerre, découvrez un authentique estaminet héritier de la tradition minière. Dans un cadre typique et une ambiance familiale, vous dégusterez de bons petits plats régionaux : la carbonnade flamande au pain d'épices bien sûr, le potjevleesch aux quatre viandes ou encore la langue Lucullus de Valenciennes. En dessert, régalez-vous avec la fameuse tarte « au chuque » ou le fromage blanc à « l'vergeoise ». Ici, dans une ambiance conviviale et très agréable, vous toucherez du doigt la plus pure tradition culinaire du Nord pour un moment authentique plein de saveurs, de découvertes et de partage. Si le cœur vous en dit, n'hésitez pas à finir le repas par un peu d'absinthe !

BERCK ★

Située non loin du Touquet, près de la baie d'Authie, Berck, appelée aussi Berck-sur-Mer, est l'autre grande station balnéaire du sud de la Côte d'Opale. Jusque vers la moitié du XIXe siècle, ce n'était qu'un modeste village de pêcheurs qui dépendait essentiellement des métiers de la mer. Privés de ports par l'ensablement progressif de l'estuaire de l'Authié, les marins s'adaptèrent en utilisant des bateaux d'échouage à fond plat, les fameux flobarts. Puis Berck découvrit et exploita les bienfaits de l'air marin. Marianne Brillard, surnommée Marianne-toute-seule, eut l'idée de faire prendre des bains de mer aux enfants de l'Assistance publique qui lui étaient confiés. Elle est aujourd'hui considérée comme l'inventrice de la thalassothérapie. Un premier hôpital fut inauguré par l'impératrice Eugénie en 1869. Depuis, la ville a conservé cette activité de ville thérapeutique grâce à la présence de cinq hôpitaux et centres hélio-marins. On vient des quatre coins de la France et d'ailleurs pour y soigner des maladies des os et des articulations, ainsi que des suites de traumatismes provoqués par des accidents de la route.

Le tourisme est l'autre activité importante de Berck qui est aussi une station balnéaire tournée vers la pratique des sports et des vacances en famille. La station est réputée pour l'étendue de sa plage de sable fin – 12 kilomètres environ, la plus vaste de la région – qui permet notamment la pratique intensive du char à voile. D'autre part, chaque année, la ville accueille, sur cette magnifique et immense plage, les Rencontres Internationales du Cerf-Volant, qui jouissent d'une renommée et d'une participation internationales. Il faut ajouter l'attrait de la baie d'Authié, l'une des rares baies encore sauvages d'Europe où l'on peut observer à marée basse de nombreuses colonies de phoques gris et de phoques veaux marins. Dans la ville, presque entièrement rebâtie après les bombardements de la Seconde Guerre mondiale, subsiste cependant un bel ensemble de maisons datant du XIXe et du début du XXe siècle exceptionnel par la diversité des styles architecturaux représentés.

■ OFFICE DE TOURISME
Avenue Francis-Tattegrain © 03 21 09 50 00
www.berck-tourisme.com

Famille Plus. Ouvert du 6 au 14 avril et du 6 juillet au 1er septembre : tous les jours de 10h à 19h ; du 1er avril au 3 novembre : lundi de 14 à 18h et du mardi au dimanche de 10 à 12h30 et de 14 à 18h ; Du 4 novembre au 14 février : lundi de 14 à 17h et du mardi au samedi lundi de 14 à 17h et du mardi au samedi de 10 à 12h et de 14h à 17h. Fermé les 24, 25, 31 décembre et le 1er janvier.

Labellisé Famille Plus, l'office de tourisme de Berck est particulièrement accueillant et dynamique. Pour mieux accueillir les touristes, la ville développe depuis quelques années, durant les vacances scolaires, le concept de grand village vacances avec un programme complet d'activités spécialement associées. C'est ainsi que des cours de sport sont organisés l'été, tous les matins, sur la plage. Ils sont gratuits et en libre accès et, pendant que les parents s'y dépensent, leurs enfants sont accueillis dans des ateliers créatifs. En plus d'un traditionnel programme de visites guidées, l'équipe de l'office a concocté des parcours ludiques où vous découvrirez la ville en famille, armés d'un questionnaire amusant. Engagez-vous sur ce jeu de piste ! L'office de tourisme pourra également vous aiguiller vers les établissements labellisés Tourisme &amp ; Handicap. Notez qu'il dispose d'une boutique sur place pour vous permettre de ramener un petit souvenir de Berck-sur-Mer chez vous et sachez enfin qu'il gère également une antenne en baie d'Authie.

Points d'intérêt

■ LE PATRIMOINE RELIGIEUX BERCKOIS
© 03 21 09 50 00
www.berck-tourisme.com

Renseignements toute l'année à l'Office de Tourisme de Berck.

Les traditions religieuses liées au monde maritime et hospitalier ont laissé à la ville de Berck un héritage conséquent. Deux églises, Notre-Dame-des-Sables et Saint-Jean-Baptiste ; des hôpitaux, Cazin-Perrochaud et l'hôpital maritime ; des chapelles, des calvaires, des oratoires, des niches et des statues parsèment la ville. L'office de tourisme a édité un guide de découverte de ces 90 monuments que l'on peut découvrir à travers une promenade au départ de la place de l'Entonnoir.

■ MUSÉE DE FRANCE OPALE SUD

60, rue de l'Impératrice
✆ 03 21 84 07 80
www.musenor.com

Fermé les 1er juin, 1er mai et 25 décembre. Basse saison : ouvert le lundi de 15h à 18h ; du mercredi au dimanche de 10h à 12h et de 15h à 18h. Haute saison : du mercredi au lundi de 10h à 12h30 et de 14h à 18h. Haute saison, juillet-août. Gratuit jusqu'à 18 ans. Adulte : 3,50 €. Entrée gratuite le 1er dimanche de chaque mois.

Ce musée d'environ 700 mètres carrés expose de nombreux artistes de Berck et des alentours, de la fin du XIXe au début du XXe siècle. Les œuvres relatent pour la plupart des scènes de mer ou de pêche, ainsi que des portraits de Berckois. En 2017, le musée a accueilli un nouveau trésor : 53 toiles du peintre Jan Lavezzari, jamais vues par le public et offertes par la nièce de l'artiste. Le musée compte également une collection de pièces archéologiques enfouies en Terre d'Opale et des objets gallo-romains et mérovingiens collectés au fond des lits des rivières des alentours. Armes, bijoux, calices, l'histoire de la Côte d'Opale s'expose à travers eux en un ensemble exceptionnel. D'autre part, des expositions consacrées à la création contemporaine y sont régulièrement organisées. Installé dans l'ancienne gendarmerie, à environ 300 mètres de la plage, ce musée n'aurait pu trouver meilleure adresse pour faire le lien entre son emplacement côtier et les collections qu'il propose.

Le couvert

■ L'AVENUE

18, avenue du Docteur Quettier
✆ 03 21 09 11 65

Ouvert en basse saison midi et soir le lundi et du jeudi au samedi + les midis des mardi et dimanche. En haute saison 7j/7 midi et soir sauf les soirs de mercredi et dimanche. Menus de 26 € à 32 €. Menu enfant : 10 €. Formule du midi : 17 € (en semaine uniquement). Chaises bébé.

Ne vous fiez pas à la façade discrète et jetez plutôt un coup d'œil aux menus… Vous aurez aussitôt envie d'entrer ! Vous prendrez place dans une agréable salle-véranda lumineuse à la décoration minimaliste et au mobilier moderne. Humberto, le chef, propose une cuisine élégante à partir de produits frais. Tous les plats maison sont indiqués sur le menu : ici, on ne triche pas. Le tartare maison coupé au couteau et préparé devant vous accompagné de ses frites fraîches maison elles aussi est une spécialité à ne pas manquer mais l'on pourra profiter d'excellents poissons tout en veillant à garder de la place pour les desserts tous plus délicieux les uns que les autres. Les lieux sont aussi discrètement élégants que l'assiette et Alexandra accueille en salle avec beaucoup de gentillesse. Une adresse à retenir sur Berck !

© PHILIPPE TURPIN

Festival du cerf-volant sur la plage de Berck.

■ LE QUAI 23

23, avenue Francis-Tattegrain
✆ 03 21 09 00 42

Basse saison : ouvert du jeudi au lundi le midi et le soir ; le mardi midi. Haute saison : tous les jours le midi et le soir. Ouvert de 10h à 23h avec 2 services et l'après-midi en salon de thé. Menus de 25 € à 30 €. Menu enfant : 8,90 €. Plat du jour : 14,90 €. Vin au verre. Accueil des groupes. Terrasse. Service traiteur (banquets, réceptions).

Sur sa carte, le Quai 23 propose une cuisine de brasserie travaillée avec un large choix de mets. Si vous êtes plutôt cuisine de bistrot, vous pourrez déguster welsh, potjevleesch, omelettes et moules-frites. Si vous préférez des plats plus raffinés, vous pourrez vous régaler de délicieuses viandes rouges sélectionnées ou de plats de poissons plus élaborés : ficelle picarde tradition, filet de hareng façon Quai 23, aiguillettes de poulet au camembert, filet de dorade à la crème de tapenade, gratiné de dos de cabillaud à la berckoise… Pour les amateurs, la belle assiette de fromages de la région conclut en beauté. Parmi les desserts, un gratin de poire au chocolat ou une crème renversée au caramel raisins et myrtilles attirent l'œil. Chaque jour une nouvelle suggestion fait son apparition en fonction des produits frais disponibles. Le Quai 23 est une adresse accueillante, au cadre cosy et à l'ambiance chaleureuse, qui séduit sa clientèle depuis déjà longtemps. A la belle saison, vous pourrez vous installer aussi sur sa terrasse couverte.

LE PETIT POT DU MINEUR

76A, rue de l'Impératrice
✆ 03 21 09 09 65

Ouvert toute l'année. Du jeudi au mardi de 8h à 23h. Fermé mardi soir. Et mercredi toute la journee. Menus de 13,50 € à 27 €. Carte : 15 € environ. Menu enfant : 7,90 €. Plat du jour : 10 €. Vin au verre. Terrasse. Bar.

Voilà une adresse qu'on plébiscite en premier lieu pour l'accueil ! Très sympathique et chaleureux, à l'image, en somme, de cette région nord que Le Petit Pot du Mineur célèbre aussi et surtout dans sa cuisine. Carbonnade, potjevleesch, vous vous y régalerez des saveurs typiques de la région. Le plat du jour change quotidiennement. Le tout est fait avec des produits locaux, comme il se doit, et de première fraîcheur. La terrasse est chauffée, un plus que l'on apprécie lorsque les jours sont gris.

SUNSET RESTAURANT

Esplanade Parmentier
✆ 03 21 89 87 10
www.sunset-berck.com
info@sunset-berck.com

♿

Ouvert du mardi au dimanche de 11h30 à 14h30 et de 18h30 à 21h30. Carte : 30 € environ. Menu enfant : 10 €. Accueil des groupes. Terrasse.

Un excellent accueil et un lieu de restauration unique à Berck-plage avec sa vue imprenable sur la plage, ses apéritifs conviviaux à partager et ses savoureuses spécialités de cuisine de la mer : venez découvrir le Sunset ! Vous pourrez commencer par partager en famille ou entre amis l'une de ses copieuses planches apéritives sur la terrasse, les pieds dans le sable. L'ambiance y est exceptionnelle. À moins que vous ne préfériez d'emblée passer à table et commencer par un foie gras maison ou des crevettes roses et des bulots. Vous pourrez poursuivre selon votre appétit par une bavette à l'échalote ou un tartare de bœuf italien. Si vous êtes plutôt poisson, votre choix se tournera vers un saumon grillé ou en tartare ou alors succombez au plat phare de l'établissement, le homard entier grillé ! Pour les amateurs de cuisine régionale, welsh, potjevleesch et déclinaison de moules sont bien présents sur la carte et pour ceux qui se soucient de leur régime, un choix de salades composées. Quelle belle adresse que voici !

LA TABLE DE JEANNE

8, esplanade Parmentier
✆ 03 21 09 47 43
la.table.de.jeanne@orange.fr

♿

Ouvert du mardi au vendredi et le dimanche de 9h à 18h ; le samedi de 9h à 21h. Hors saison fermé lundi et mardi sauf jours fériés. Menu unique à 19 €. Menu enfant : 8,90 €. Plat du jour : 10,90 €. Vin au verre. Terrasse.

Vous allez d'abord apprécier la vue sur la mer ! Ce restaurant est bien situé en front de mer et l'accueil est chaleureux. La Table de Jeanne propose une cuisine régionale traditionnelle ainsi que des crêpes élaborées à partir de produits frais. Hamburgers maison, welshs et moules marinières et en nouveauté les croquettes au camembert... le tout à l'ardoise, selon les arrivages du jour. Vous vous régalerez aussi avec les desserts et les crêpes. Que ce soit pour un repas ou pour une simple collation d'après-midi, en famille ou entre amis, chacun trouve son compte dans ce sympathique et agréable établissement.

Le gîte

HOTEL LA TERRASSE**

1, avenue du Général-de-Gaulle
✆ 03 21 09 09 88
www.hoteldelaterrasseberck.com

Famille Plus. Ouvert toute l'année. 31 chambres (et 6 studios). Chambre double de 61 € à 82 € ; chambre triple de 68 € à 88 € ; suite de 99 € à 120 €. Demi pension, chambres 82 à 128 € pour une ou deux personnes selon la saison, studios 96 à 160 € pour une ou deux personnes selon la saison. Petit déjeuner : 9,50 € (4,80 € pour les moins de 12 ans). Chambre quadruple (2 adultes + 2 enfants) à partir de 87,30 €. Studio 2 personnes à partir de 67,95 €. Studio 4 personnes à partir de 88,20 € ; Animaux acceptés (6 €). Wifi gratuit. Restauration (menus à 18 et 24 € + carte). Tv satellite.

Idéalement situé face au casino et à deux pas du complexe cinéma le Cinos, tout proche du centre-ville avec ses commerces et de la superbe plage de Berck, ce bel établissement conjugue sobriété et élégance. Il vient d'être entièrement refait. Les chambres offrent tout le confort nécessaire et les studios sont bien équipés. L'accueil est chaleureux. Le restaurant et sa cuisine de brasserie vous permettront de prendre vos repas sur place. Une adresse recommandée car elle est d'un très bon rapport qualité-prix, n'hésitez pas à consulter leurs offres spéciales pour prolonger le plaisir grâce à des partenariats avec d'autres établissements pour passer d'inoubliables soirées.

HÔTEL NEPTUNE***

Esplanade Parmentier ✆ 03 21 09 21 21
www.hotelneptuneberck.com
hn6203@inter-hotel.com

♿

Accueil 24h/24. 39 studios en résidence hôtelière. Chambre simple de 52 € à 89 € ; chambre double de 55 € à 115 € ; chambre triple de 75 € à 155 € ; studio / appartement de 59 € à 155 € ; suite à partir de 129 €. Petit déjeuner buffet : 10 €. Parking fermé : 10 €. Animaux acceptés (6 € à 10 € la nuit selon la taille). Wifi gratuit. Restauration (sur place à partir de 18,50 €).

Cet hôtel moderne bien nommé propose notamment de magnifiques suites avec vue panoramique. Une grande baie vitrée couvre une terrasse face à la mer. Vous ne vous lasserez pas de ce spectacle, surtout lors des Rencontres internationales de Cerfs-Volants. Vous serez aux premières loges pour admirer leurs évolutions ! De nombreuses chambres offrent également ce point de vue admirable. L'hôtel est confortable, la décoration soignée et l'équipe accueillante, autant de bonnes raisons de choisir l'hôtel Neptune. Le restaurant Le Grand Bleu vous permettra de prendre vos repas ici, grâce à une carte faisant la part belle aux plats de poissons et aux fruits de mer, mais aussi aux nombreuses spécialités culinaires régionales en formules ou à la carte.

■ **LE LITTORAL****
36, avenue Marianne-Toute-Seule
✆ 03 21 09 07 76
www.le-littoral.fr – contact@le-littoral.fr

Chambre simple de 50 € à 60 € ; chambre double de 55 € à 93 €. Petit déjeuner : 8 €. Lit supplémentaire : 10 €. Lit bébé : 5 €. Chambre PMR de 70 € à 80 €. Chambres 4 personnes de 80 € à 115 €. Animaux acceptés (supplément de 5 € par nuit). Wifi gratuit.
Jürgen et Marina Weise ont repris cet hôtel en juin 2012 et l'ont entièrement transformé. Marina, par ailleurs décoratrice pour le cinéma, a agencé chaque chambre dans un style différent, entre contemporain, beaux meubles chinés en brocante et tonalités exotiques. Des terrasses et des balcons sont accessibles depuis certaines chambres et face à la mer. Certaines sont accessibles aux personnes à mobilité réduite et d'autres offrent la possibilité de 4 couchages pour les couples avec enfants. La salle du petit déjeuner est lumineuse et représentative de ce charme sobre et discret qui sied si bien à l'établissement. Proche de la plage et des commerces du centre-ville, le Littoral est une adresse à l'excellent rapport qualité-prix, où vous serez heureux de séjourner et où vous aurez envie de revenir, tant l'atmosphère y est chaleureuse.

■ **LE RÉGINA**
40, rue de Lhomel
✆ 03 21 09 13 55
www.hotelreginaberck.com

Accueil 24h/24. Également 11 studios. Chambre double à partir de 57 € ; studio / appartement à partir de 364 € la semaine. Parking fermé : 6,50 €. Animaux acceptés (6,50 €). Séminaires. Réceptions et mariages. Wifi gratuit. Restauration (midi et soir ouvert à la clientele extérieure, menu 21 € + carte). Hammam, bain bouillonnant, sauna.
À 200 mètres de la mer et proche du centre-ville, Le Régina est une véritable institution qui a vu défiler des milliers de familles de la région. Les coins bar et petit déjeuner sont très stylés et des œuvres d'artistes locaux en couvrent les murs. En prenant une chambre premium, vous profiterez gratuitement du coin piscine, spa, hammam, sauna et fitness : détente assurée ! Une esthéticienne est présente sur rendez-vous. Il règne dans cet établissement bien-être et convivialité. Le Prince Russe, restaurant de l'établissement, propose une carte et des formules du jour (midi et soir) sur le thème de la fraîcheur évoluant au gré des saisons avec beaucoup de produits de la région : viandes, poissons, fruits de mer et huîtres (sur commande), moules-frites...

Campings

■ **CHEZ MIREILLE*****
Reingam-Parc
Chemin Genty ✆ 03 21 09 80 40
www.chezmireille.fr
contact@chezmireille.fr

Site ouvert toute l'année sauf camping et location mobil-homes fermés du 1er novembre au 31 mars. Emplacements / aire camping-car 10 €. Aire pour camping-cars. Restaurant-Brasserie sur place. Animations.
Vous avez envie de passer vos vacances dans un lieu sympathique sur la Côte d'Opale ? Venez découvrir cet établissement situé à 1 kilomètre de la plage ! Vous aurez le choix pour y séjourner entre un camping avec mobil-homes, une résidence de tourisme ou la location de chalets et de studios. Tout le monde y trouvera son bonheur ! N'hésitez pas à essayer le restaurant situé sur place où le chef vous concoctera des plats traditionnels de la région. Le personnel sera aux petits soins pour vous et fera tout pour que vous passiez un agréable séjour. Pour les groupes, il propose des circuits de 3 à 8 jours selon vos envies ainsi que des séjours à thèmes tels que les festivals du Hareng et de la coquille Saint-Jacques, les Rencontres Internationales de Cerfs-Volants ou bien encore des circuits randonnée, et du cyclotourisme.

Loisirs

■ **DUCAS RACING KART**
Rue des Argousiers
✆ 03 21 94 44 45
www.ducas-racing-kart.com
ducas.racing.kart@wanadoo.fr
Ouvert tous les jours en juillet et août sauf réservation groupe Fermé le mardi les autres mois Ouvert de 10h30 à 19h00 pour les groupes et entreprises : sur réservation. Kart adulte : 18 € les 10 min. Kart Junior : 14 € les 7 min. Kart 2 temps 33 € les 7 min. Kart 2 places 7 € les 4 tours. Challenge 46 € / pilote. Boutique.
Débutants et pilotes confirmés vont se faire plaisir sur la piste de 603 mètres du Ducas Racing Kart ! Depuis 2015, un Sodikart 270 cm^3 est réservé aux adultes de plus d'1,50 m. On apprécie les stages de pilotage et les formules d'anniversaire pour les enfants, ainsi que les coffrets cadeaux karting, un présent pour le moins original pour les amateurs de sensations fortes. Régulièrement, compétitions et challenges sont organisés. Le Ducas Racing Kart est aussi un centre agréé Rotax et propose à la vente des karts, des pièces détachées et tout l'équipement du pilote. Bonne course !

■ **ÉOLE CLUB**
Esplanade Parmentier
✆ 03 21 09 04 55
www.eoleclub.com
contact@eoleclub.com

Séances d'Initiation ou de Perfectionnement selon horaires planifiés par le Club. Tarif initiation/perfectionnement 2h : 40 € (groupes 36 € /pers). Matériel handisport à disposition. Boutique.
Créé en 1965 par des passionnés pour rendre le char à voile accessible au plus grand nombre, le club a su se développer jusqu'à obtenir un superbe palmarès, avec plusieurs titres de champion du monde, d'Europe et de France...

Il organise chaque année les 6 heures de Berck, une épreuve d'endurance de niveau européen. Que vous soyez amateurs ou confirmés, les moniteurs d'Eole Club sont là pour vous aider dans votre pratique du char à voile. Vous découvrirez un sentiment de liberté grisant et une sensation de parfaite harmonie avec les éléments... vous ne ferez plus qu'un avec le vent ! Des soirées rassemblent des passionnés dans le club-house. Sur la plage, vous pourrez aussi prendre part à des balades vers la baie de Canche ou la baie d'Authie. Pour tous les évènements, pensez aux bons cadeaux à offrir à vos proches pour leur faire découvrir à eux aussi toutes les sensations que peut offrir la pratique du char à voile, un cadeau vraiment original dont on profite seul ou en duo !

Sorties

CASINO DE BERCK-SUR-MER

Place du 18-Juin
✆ 03 21 84 87 58
www.casinoberck.com

Ouvert du lundi au jeudi de 10h à 2h ; du vendredi au dimanche de 10h à 3h. Restauration.
Situé dans une ancienne gare routière, ce joli casino du groupe Partouche offre plus de 1 000 mètres carrés voués au jeu, avec une table à boule 2000 (le week-end), une table de black-jack, (tous les jours à partir de 20h), une roulette anglaise électronique et 75 machines à sous. Le bar est un endroit chaleureux pour bien terminer (ou commencer !) une soirée en sirotant un verre. La brasserie La Verrière propose de nombreuses formules pour redonner des forces aux accros du jeu : le chef y propose l'incontournable burger au fromage, l'entrecôte, le tartare ou les rognons de veau à la plancha crème moutarde à l'ancienne...

HELLO COFFEE

59-61, rue Carnot ✆ 06 22 96 42 75

Ouvert le mardi de 9h30 à 19h ; du mercredi au dimanche de 8h30 à 19h. Terrasse.
Après un arrêt au comptoir pour choisir un latte macchiato, un smoothie ou encore un Hello Cookie, spécialité des lieux (chocolat, crème fouettée et éclats de cookie), installez-vous confortablement dans l'un des canapés. Lorsque votre boisson chaude arrive : surprise ! Sur la mousse onctueuse apparaît du latte art, un joli dessin qu'aura fait Justin, le barista. Sur place ou à emporter, on déjeune, on brunche et on goûte : bagels, sandwichs, wraps, soupes et quiches maison. Et surtout les tartines ! Tous les jeudis, l'équipe renouvelle les produits et propose des tartines savoureuses à base d'avocat, œuf, bacon ou saumon. Les chakchoukas (à base d'oignons, tomates et poivrons) font aussi le bonheur des clients. Les amateurs de sucré ne sont pas oubliés avec les gourmandises, des cookies chocolat blanc et cranberries faits maison aux brownies, en passant par les muffins au caramel ou au moka... Pour lire un bouquin, partager un moment en famille ou papoter entre amis autour d'un Uno ou d'un Monopoly, ne cherchez plus, c'est ici !

Emplettes

CHOCOLATERIE DE BEUSSENT

3, Rue Carnot
✆ 03 21 09 19 00
www.choco-france.com
commande@choco-france.com

Ouvert tous les jours de 10h à 12h30 et de 14h à 19h.
Fondée en 1985, la maison de Beussent n'a plus rien à prouver en matière de chocolat... Fabriqués de manière artisanale, dans le plus grand respect de la matière première, ses produits ont un goût caractéristique apprécié des connaisseurs. Les chocolatiers de l'enseigne sont parmi les rares professionnels de France à maîtriser la fabrication de A à Z : du choix des fèves de cacao jusqu'au conchage, tout est fait maison. À noter que Beussent possède sa propre plantation en Équateur ! N'hésitez pas à passer en boutique pour découvrir les œuvres faites par ces artisans avec ce noble matériau. Si vous cherchez à en savoir plus, à découvrir comment est fait le délicieux chocolat Beussent Lachelle, n'hésitez pas à suivre les événements, visites, portes ouvertes et autres ateliers enfants qui sont proposés tout au long de l'année.

LE SUCCÈS BERCKOIS

31, rue Carnot
✆ 03 21 09 61 30
www.succesberckois.com
succesberckois@gmail.com

Ouvert le lundi de 14h30 à 18h30 ; du mardi au samedi de 9h30 à 12h et de 14h30 à 19h ; le dimanche de 10h à 12h et de 15h30 à 18h30. Boutique en ligne. 3,20 € la visite. Sur réservation. Label Tourisme & Handicap.
Jean-Yves Matifas, artisan-confiseur, perpétue le savoir-faire familial depuis 1922. Ici, tout est artisanal. Le patron ne se repose cependant pas sur ses prestigieux acquis : il met un point d'honneur à rechercher constamment de nouveaux goûts. Les berlingots sont fabriqués devant vos yeux et le filage est sans doute l'opération la plus spectaculaire. Le bloc de sucre épaissi est suspendu à un crochet et se laisse filer avant de se transformer en d'exquis bonbons colorés et parfumés à la pomme, au melon, à la violette... Du plaisir pour les yeux, mais aussi pour le palais, avec le sucre dans tous ses états (candis, vergeoise, colorisés...) et toutes ses formes (sucettes, berlingots, guimauves...). Des visites commentées sont organisées sur réservation pour les particuliers et les groupes, avec des jeux pédagogiques.

Dans les environs

Groffliers

LES SENTIERS DE LA BAIE

26, chemin Collier
✆ 03 21 09 72 73
www.lessentiersdelabaie.com

Famille Plus. Ouvert toute l'année. Tous les jours. Adulte : entre 7 € et 14 € selon les parcours. Enfant : entre 3,50 €

et 7 €. Groupe (à partir de 20 personnes) : entre 7 € et 12 € (3,50 € et 6 € pour les enfants). Les parcours font entre 1 et 7,5 km. Réservation obligatoire pour les groupes et recommandée pour les particuliers en été. Accueil enfants (activités spéciales). Visite guidée. Animations.
Les Sentiers de la Baie, c'est une association de passionnés qui vous propose de partir à la découverte de la baie d'Authie, que l'on surnomme la « petite sœur sauvage de la baie de Somme ». Selon vos envies, vous pourrez découvrir le milieu dunaire, observer le phénomène des grandes marées ou encore voir comment terre et mer dialoguent sur ce territoire préservé. Mais l'excursion la plus appréciée reste bien sûr celle qui vous emmène à la découverte des colonies de phoques de Berck-sur-Mer, que l'on peut observer en train de se prélasser sur le sable quand la marée se retire. À faire en famille ou entre amis, ces excursions sont de véritables moments de partage, de rire et de découverte qui vous laisseront des souvenirs inoubliables : une autre manière de découvrir la région !

■ L'AUBERGE DE LA SALETTE
1, rue Henry-Elby
✆ 03 21 84 09 44
www.aubergelasalette.fr
lasalette2@wanadoo.fr
♿
Ouvert 7j/7 le midi et le vendredi et samedi soir du 1er septembre au 30 juin, et 7j/7 midi et soir juillet et août. Réservation recommandée. Menus de 26 € à 42 €. Carte : 20 € environ. Menu enfant : 10 €. Formule du midi : 16 € (le plat du jour + un café gourmand). Vin au verre. Jardin.
Le feu de cheminée l'hiver, la terrasse verdoyante l'été et le sourire toute l'année : voilà ce qui vous attend ! L'Auberge de la Salette est une adresse qui vous laisse à coup sûr un bon souvenir. Au service, Karine virevolte entre toutes les tables avec un petit mot et une attention pour tous ses clients ; aux fourneaux, Rémi sait préparer une cuisine de gourmets. Préférez les viandes aux plats de poisson, elles sont très alléchantes et servies en grosses proportions : pavé de bœuf sauce au poivre, souris d'agneau braisée au jus de thym, magret de canard rôti au poivre mignonnette... Les desserts ont, eux aussi, des allures monumentales. Une bonne adresse !

■ CAMPING CARAVANING DE LA MOLLIÈRE**
2, chemin de la Madelon
✆ 03 21 84 40 46
www.lamolliere.com
campingmolliere@wanadoo.fr
Location de chalet/mobil-home tout confort pour 2, 4, 6 ou 8 personnes. Ouvert de fin mars à début octobre. Bar et animations en période estivale. Piscine couverte et chauffée. Concours de toutes sortes. Randonnées avec un guide professionnel. Étangs de pêche.
Le petit village de Groffliers s'anime en été grâce à la bonne ambiance qui règne dans ce camping familial. Ici, pas de tente, mais des mobile-homes et des chalets à louer à la nuit ou à la semaine, pour couples ou familles nombreuses. Le site est agréable et aéré avec, au programme, des animations variées : tournois de pétanque, spectacles de magie, soirées à thèmes, activités sportives... Vous aurez aussi la possibilité de louer des boxes pour chevaux et des garages pour l'hivernage des caravanes et des camping-cars. Dans un cadre exceptionnel, au cœur de la baie de l'Authie, venez donc découvrir le Caravaning de la Mollière, un havre de paix pour les amoureux de la nature qui cherchent à se ressourcer. Des packages avec remise sur la location peuvent vous être proposés grâce à des partenariats avec certaines courses sur présentation de l'inscription.

Merlimont

■ BUREAU D'INFORMATION TOURISTIQUE
Place de la Chapelle
✆ 03 21 94 32 90
merlimont.fr
contact@merlimont.fr
Basse saison : ouvert du lundi au vendredi de 9h à 12h30 et de 14h à 17h ; le samedi de 10h à 12h et de 15h à 17h. Haute saison : tous les jours de 9h à 12h30 et de 14h à 18h.
Vous trouverez dans cet office de tourisme des informations précieuses, tant sur les activités et les balades possibles sur la commune, que sur tous les événements qui ponctuent la saison touristique.

■ LE CH'TI RESTO
46, avenue de la Plage
✆ 03 21 09 40 81
♿
Basse saison : ouvert du jeudi au mardi le midi ; le samedi soir. Haute saison : tous les jours le midi et le soir. Réservation recommandée. Menus de 16,60 € à 24 €. Carte : 17 € environ. Plat enfant 5,90 €. Formule du jour à midi, prix variable. Terrasse.
Ce petit établissement à deux pas de la plage propose une carte variée : burgers, welsh, salades et planches, mais également des moules du Crotoy et la fameuse blanquette de la mer entre autres mets. Les plats, copieux, sont accompagnés de légumes de saison et tout est fait maison. La cuisine est familiale, assez peu chère, et l'accueil est très chaleureux et attentionné pour vous faire passer de bons moments. Sur les murs, cartes postales anciennes et objets en zinc (arrosoirs, pot à lait, seaux...) donnent un petit cachet à l'établissement.

■ LA MANGROVE
Boulevard de la Manche
✆ 03 21 94 67 53
Fermé du 12 novembre au 21 janvier. Ouvert tous les jours. Formules de 18,90 € à 24 €. Terrasse.
La Mangrove est un bar-restaurant chaleureux et convivial tenu par Jean-François Boursiez. Charmé par l'accueil des habitants de Merlimont et par la beauté des paysages, cet originaire du Quesnoy a décidé de poser ses valises face à la mer et de créer un lieu de partage ouvert à tous. Côté cuisine, le restaurant propose des plats simples à partir de produits frais et de saison. Les incontournables de la carte sont les plats du terroir avec des produits frais uniquement, des côtes ou des terres : lotte au chorizo, un poisson du jour et différentes suggestions le week-end. Une cuisine simple et bonne dans un cadre magnifique, difficile de faire plus alléchant, car ici on déguste son repas sur une terrasse à même la plage !

HÔTEL DE PLEIN AIR SAINT-HUBERT***
RD 940
✆ 03 21 89 10 10
www.sthubert62.com
sthubert62@wanadoo.fr**

Fermé du 2 novembre au 31 mars. Accueil jusqu'à 12h (18h le week-end). Bungalow 2 personnes : 470 à 850€ la semaine, 4 personnes : 510 à 940€, 6 personnes : 570 à 1080€, 8 personnes : 650 à 1220€. Chèque Vacances. Jeux pour enfants. Wifi gratuit. Restauration. Hammam, bain bouillonnant, sauna. Animations.

À ce stade, on ne parle plus de camping, mais d'hôtel de plein air tant les prestations sont nombreuses et haut de gamme. Chaque membre de la famille trouvera l'activité qui lui convient, qu'elle soit sportive, manuelle, culturelle ou relaxante : l'hôtel Plein Air Saint-Hubert a pensé à tout. Mais pour rassembler tout le monde, l'espace aquatique fera l'unanimité : une rivière à contre-courant (1,10 m de profondeur), une pataugeoire (20 et 40 cm de profondeur), un petit et un grand bain (1,10 m et 1,60 m de profondeur), 6 toboggans, 2 pataugeoires et un petit et un grand bain extérieurs ainsi qu'un Jacuzzi. Côté logement, vous louerez (et peut-être même achèterez) un mobil-home dont le confort rejoint celui d'un chalet ou d'une maisonnette pour des vacances inoubliables sur la Côte d'Opale, à quelques pas de la mer et de la ville, dans un cadre et un environnement exceptionnels !

**BAGATELLE
RD 940
✆ 03 21 89 06 38
www.parcbagatelle.com
contact@parcbagatelle.com**

Ouvert du 11 avril au 27 septembre 2020. Toujours vérifier le calendrier d'ouverture sur le site internet. Ouverture du parc à 10h. Ouverture des attractions à 10h30. Fermeture des attractions entre 17h30 et 19h30 selon affluence. Le parc reste ouvert 30 min après la fermeture des attractions. Adulte : 26,90 €. Carte Saison (Baggypass) : adultes 71 €, enfants 60 €. Enfant de 1 m à 1,45 m et seniors : 20,50 €. Enfant de moins d'1 m : gratuit si accompagné d'une personne payant le plein tarif individuel. Personne handicapée : 17,50 € (accès prioritaire en vous adressant à l'accueil). Chèques non acceptés. Chèque Vacances. Restauration. Boutique. Parking : 5 €.

Vous vous demandez quel est le plus ancien parc d'attractions de l'Hexagone ? Eh bien c'est Bagatelle ! Situé entre Berck et le Touquet, ce parc a accueilli ses premiers visiteurs en 1955. Nombreux sont ceux qui y sont allés étant enfants et qui y amènent leurs enfants et petits-enfants : tout est résumé dans ce constat ! Bagatelle est un parc familial, le temps d'une journée ou d'une vie, avec des attractions et des sensations pour tous. Bien sûr, depuis son ouverture, Bagatelle a évolué, s'est adapté aux goûts des clients. Mais il y a une seule constante : 26 hectares de nature dans laquelle se fondent les 35 attractions. En été, il est d'ailleurs facile et appréciable de trouver un coin d'ombre pour se poser. Pour la saison 2020, Bagatelle proposera un nouveau spectacle de magie : Crazy Show, créé par Tim Silver, LE spécialiste de la grande illusion et des shows époustouflants, ce spectacle interactif promet des performances à couper le souffle ! Et pour les plus téméraires il y a le Triops ! Sensations garanties ! Bagatelle, un parc à taille humaine qui ravit grands et petits !

CAMPING CLUB LES JARDINS DE LA MER*
Rue Camille-Delacroix
✆ 03 21 94 18 18
www.lesjardinsdelamer.com
contact@lesjardinsdelamer.com**

Emplacements pour tentes, caravanes et mobile homes. Location de mobile homes à la nuitée, au week-end ou à la semaine. Piscine chauffée, bar, salle d'animations, snack-vente à emporter, salle de fitness et salle de musculation, animations estivales. Ouvert toute l'année pour les résidents mobile homes, d'avril à octobre pour les tentes et caravanes et les locations de mobile homes.

Proche de Berck-sur-Mer et du Touquet, ce camping regorge de vie tout l'été ! De nombreuses activités sont organisées sur place et des animations ont lieu tous les jours durant la haute saison. Vous pourrez profiter d'un bar-salle de spectacle et d'animations, ainsi que d'un restaurant-snack sans oublier la piscine chauffée, qui ravira les petits comme les grands ! Un boulodrome, une table de ping-pong et une aire de jeux pour enfants égaieront les après-midi, si d'aventure vous vous lassiez de la plage toute proche à moins que vous ne preniez la voiture pour aller découvrir les beautés de la Côte d'Opale ? Le camping vous propose également son terrain multi-sports avec foot, basket, volley et tennis. Pour l'hébergement, vous avez le choix : emplacements camping pour tentes et caravanes, location de mobil-home à la nuitée, au week-end ou à la semaine, location de coco à la nuitée, au week-end ou à la semaine, emplacements résidentiels pour mobil-homes à l'année...

Rang-du-Fliers

**BEST WESTERN LE SEMAPHORE
142, chemin du petit bois
✆ 03 61 85 12 95
www.hotel-le-semaphore.com
reception@hotel-le-semaphore.fr**

Chambre double à partir de 80 €. Week-end spécial golf à partir de 120€ par personne.

Cet hôtel propose 47 chambres, toutes décorées avec soin de photos panoramiques des trois baies. Agréables et contemporaines, lumineuses, elles sont dotées de télévision à écran plat, coffre-fort, climatisation, téléphone et plateau de courtoisie. Les salles de bains sont privatives avec douches. Les petits déjeuners se prennent sous forme de buffet copieux et très diversifié, salé ou sucré. Les familles peuvent demander à la location des chambres communicantes et les grands groupes de séminaires seront particulièrement bien reçus, avec des salles très bien équipées. Pour vos repas, le restaurant de l'hôtel propose des plats classiques d'inspiration terre et mer particulièrement soignés avec des formules avantageuses le midi.

PLUS PROCHE QUE VOUS LE PENSEZ
arcbagatelle.com
16 sortie n°25
Bagatelle

CAMPING LES TOURTERELLES****

500, rue des Roberts
✆ 03 21 89 01 01
www.camping-lestourterelles.com
caravaninglestourterelles@gmail.com
A16 sortie 25, direction Berck, puis Rang-du-Fliers. SNCF : Rang-du-Fliers – Verton à 1,5 km.

Qualité Tourisme. Location de fin mars à fin octobre. Emplacement (avec 10 A) de 2 745 € à 3 895 €. Chalets pour 2 à 6 personnes de 360 € à 900 € la semaine. Jeux pour enfants. Animaux acceptés (3 € par jour). Wifi payant. Bar épicerie ouverte en pleine saison. Sauna. Animations.

Vous qui aimez la pêche, un hectare d'étang vous attend ici. Si vous aimez l'eau plutôt pour tremper dedans, deux piscines dont une couverte feront votre bonheur, complétées par un chalet détente avec spa et sauna, un terrain de tennis, un terrain multisport, une aire de jeux, un bar, une épicerie, des animations en juillet-août pour petits et grands… C'est vraiment parfait et idéalement situé entre Berck-sur-Mer et Le Touquet, à proximité de la baie de Somme et du site des deux Caps, pour vos balades. De nombreux marchés aux alentours vous permettront de découvrir les produits locaux.

CARAVANING LES GARENNES & LE FLIERS

Chemin blanc
✆ 03 21 84 24 46
www.garennesfliers.com
contact@garennesfliers.com

Ouvert toute l'année. Terrain de 13 ha. 650 emplacements. Mobil-homes pour 2 à 6 personnes de 410 € à 930 € la semaine. Location d'emplacement à l'année pour mobile-home et caravanes. Coco sweet à partir de 75€ la nuit ou 390€ la semaine. Jeux pour enfants. Animaux acceptés (forfait de 50 €). Wifi. Restauration (friterie). Vente (chalet épicerie). Animations. Étang de pêche, mini golf, tennis, basket.

Animation et famille : voilà la marque de fabrique de ce lieu. Il est vrai que le point fort du camping est son offre de mobile-homes confortables, modernes et bien équipés qui rendront votre séjour vraiment agréable. Les Garennes offrent un grand nombre de mobile-homes et toute une infrastructure de loisirs, un must pour des vacances familiales. De l'autre côté du Chemin blanc, le Fliers propose une aire de caravaning plus paisible, avec des mobile-homes à l'année, mais en accès avec les aires de loisirs des Garennes. La liste des activités et équipements est longue : bar, friterie, chalet d'épicerie, deux bassins de piscine chauffée, étang de pêche, terrain multisports, minigolf, aires de jeux pour les enfants, terrains de pétanque, terrains de tennis, terrains de basket, tables de tennis de table, machines à laver et sèche-linge, dépôt de pain et de journaux en saison, dépôt de bouteilles de gaz, wifi sur tout le camping, animations d'avril à septembre… et le tout à deux kilomètres de la grande plage de Berck ! Assurément, les vacances seront réussies !

L'ORÉE DU BOIS****

Chemin Blanc
✆ 03 21 84 28 51
www.oreedubois.fr
contact@oreedubois.fr

Qualité Tourisme. Ouvert de mars à novembre. Réservation recommandée. Emplacement + véhicule de 12 € à 20 €. Mobil-homes pour 4 à 6 personnes de 315 € à 840 € la semaine ; mobil-homes pour 2 à 5 personnes de 280 € à 770 € ; chalets pour 2 à 4 personnes de 231 € à 690 €. Nombreux tarifs consultables sur le site internet. Tarifs passage / journée : emplacement équipé (voiture avec ou sans caravane) de 14 à 16 €. Camping-car : 8 €. Visiteur 7 €. Forfaits Printemps-automne (3 à 4 mois) 1200 €, Estival (3 mois) 2150 €. Chèques non acceptés. Chèque Vacances. 2 chalets PMR. Club enfants. Jeux pour enfants. Aire pour camping-cars. Wifi. Restauration (bar-brasserie). Commerces à proximité. Hammam, bain bouillonnant, sauna. Animations.

L'Orée du Bois, véritable hôtel de plein air 4-étoiles, doté d'installations modernes bien entretenues, vous propose des emplacements en location à la journée, au mois, et même à l'année en mobil-home. Air du bord de mer et senteurs de la forêt seront au rendez-vous tout au long de vos vacances. Mieux que dans un camping classique, tout s'accorde ici pour faire de votre séjour un agréable moment de détente, de bien-être et de confort. Dans les bois ou à proximité de la plage, les animations sont nombreuses : espace aquatique (belle piscine couverte chauffée, piscine extérieure et espace bien-être), pêche, parcours en forêt ou sportif durant la journée, tandis que les soirées s'égrènent au rythme des karaokés, des séances cinéma et aquanight. Spa, sauna, hammam permettront aux amateurs de relaxation de s'offrir un moment de pure détente. Le restaurant propose depuis cette année une nouvelle déco, avec une nouvelle ambiance, une nouvelle carte pour le plaisir des petits et des grands ! Dans l'après-midi, venez vous détendre dans le petit salon près de la cheminée, ou sur la terrasse en été, déguster boissons, planchas apéritives ou gourmandises sucrées…

BÉTHUNE ★

Béthune est née avant le VIIe siècle. Défendue par la Lawe qu'elle domine et par les marais qui l'entourent, elle prend très tôt de l'importance parmi les autres villes de l'Artois et de la Flandre. Le nom de la ville est formé de deux mots d'origine celtique : *Bé* (venant de *Bey*) signifierait « près de », tandis que *Thune* (*Thunen*) aurait le sens de « haie » ou « buisson ». L'an mil marque le début de la lignée des seigneurs de Béthune. L'existence d'un château place Foch est attestée depuis 970. Parallèlement, l'église Saint-Barthélemy est édifiée sur l'actuelle place du 73e. Une église, un château, toutes les conditions sont réunies pour voir affluer une population en quête de sécurité et de sédentarisation, en particulier les marchands. La ville va ainsi prospérer grâce au développement de l'industrie drapière et du commerce et profiter de sa position pour s'enrichir, ce qui entraîne les convoitises de voisins ennemis et donc les tentatives d'invasion. Dès son origine, Béthune apparaît comme une place forte entourée d'une simple muraille précédée d'un fossé que les seigneurs renforcent au cours des siècles pour résister aux différentes attaques. La ville organise définitivement ses fortifications au début du XVIe siècle sous Charles Quint, avec l'agencement d'ouvrages extérieurs. Puis Vauban aménage une place forte au XVIIe siècle, dont quelques vestiges subsistent à divers endroits. Les années 1870 marqueront une profonde restructuration de la ville et plus particulièrement de sa périphérie, consécutivement au déclassement de celle-ci comme place forte et à l'entreprise de démolition de ses fortifications. À la même période, les mines de charbon font la richesse de la région. Béthune développe son commerce et devient un puissant port de batellerie, notamment pour l'acheminement du charbon. Enfin, lors de la Première Guerre mondiale, la ville vit à l'heure britannique. Placée en zone militaire à quelques kilomètres des tranchées, Béthune sert de base arrière alliée. Le centre-ville devient la cible symbolique des bombardements et sera détruit à 90 % en mai 1918. Modernité et tradition seront les maîtres mots de la reconstruction dans les années 1920-1930. La ville de Béthune se distingue aujourd'hui par son dynamisme, ses animations et ses projets culturels innovants. Elle a la particularité de compter trois théâtres : le théâtre municipal, la Comédie et le Poche.

OFFICE DE TOURISME DE LA RÉGION BÉTHUNE-BRUAY

3, rue Aristide-Briand
✆ 03 21 52 50 00
www.tourisme-bethune-bruay.fr

♿

Qualité Tourisme. Ouvert le lundi et du mercredi au samedi de 9h30 à 12h30 et de 14h à 18h ; le mardi de 14h à 18h ; le dimanche et les jours fériés de 10h à 12h30 et de 14h à 18h. Ouvert le mardi matin en juillet-août et en décembre. Label Tourisme & Handicap.

De l'office de tourisme, c'est d'abord la façade que l'on remarque. Élaborée dans le plus pur style Art déco, elle donnerait presque l'impression que le grand Gatsby lui-même a fréquenté les lieux ! Une fois passée la porte, c'est dans un décor beaucoup plus moderne que l'équipe vous accueille. L'envie de partager et de faire découvrir les richesses de la ville se fait vraiment sentir dans les conseils que l'on vous prodigue. Sachez-le, à Béthune, quasiment tous les monuments et grands points d'intérêt se font sur réservation. N'oubliez donc pas d'appeler avant votre arrivée pour avoir vos places ! Pour les esprits plus indépendants, vous pourrez bien sûr vous lancer seuls à la découverte de la ville grâce au très astucieux guide mis en place par l'office. Différents itinéraires vous sont proposés : découverte du patrimoine, flânerie dans les parcs et jardins... Enfin, l'office fait aussi boutique, mais attention, pas n'importe laquelle : la BB Shop ! Vous y trouverez entre autres des produits incontournables du Nord comme les babeluttes, les gaufres, les confitures et bien d'autres encore. Parfait pour de petits cadeaux sympas !

Points d'intérêt

BEFFROI ★

Grand'Place
✆ 03 21 52 50 00
www.tourisme-bethune-bruay.fr

Actuellement fermé au public.

En 1346, vaillance et fidélité à la couronne de France valent à la ville de Béthune son tout premier beffroi. Cet édifice représente alors les libertés et franchises communales tout juste acquises. En 1388, suite à son effondrement, les échevins sont autorisés à ériger un second beffroi, cette fois-ci en grès, ainsi qu'une halle aux draps accolée. Le carillon composé de six cloches est installé en 1546 et sera complété en 1553 par Charles Quint avec les cloches de l'abbaye de Thérouanne. Pendant la Première Guerre mondiale, les bombardements détruisent le campanile. Heureusement, les maisons qui l'entourent protègent sa structure. Le beffroi s'élève aujourd'hui sur quatre niveaux et l'accès aux étages se fait par la tourelle d'angle sud-est qui contient les 133 marches de l'escalier. Au premier étage se trouve la salle du trésor, qui renfermait la charte de la ville. Au deuxième étage, c'est la salle du guetteur. Aux troisième et quatrième étages, on trouve successivement la salle du carillon et des abat-sons et le système de l'horloge avec ses quatre cadrans et son système mécanique de boîte à musique. Le beffroi de Béthune est classé au patrimoine mondial de l'Unesco depuis 2005.

Beffroi de Béthune.

À LA DÉCOUVERTE DE LA ROUTE DU PATOIS

3, rue Aristide Briand ✆ 03 21 52 50 00
www.tourisme-bethune-bruay.fr
accueil@tourisme-bethune-bruay.fr
M° Rihour

« Grand dijeux, p'tit faijeux » « El langue ed ches gins, el queue d'ches tchiens, in n'peut pon l'z'impêcher d'berloquer » « I vaut miux eune pièche qu'in tro » ... Quelques exemples de dictons en patois que vous pourrez retrouver sur les panneaux qui bordent la Route du Patois. Ce chemin touristique n'est pas une nouveauté puisqu'il date de 1965, mais il a depuis été réhabilité par l'office de tourisme intercommunal de Béthune-Bruay. A vélo, à pied ou en engin motorisé, le parcours de 30 kilomètres permet de découvrir bien des richesses naturelles et historiques : l'église Saint-Jean-Baptiste de Houdain (le départ du circuit est en contrebas, place des Martyrs), les châteaux de Ranchicourt et d'Olhain, le gal de Gauchin, le gué de Caucourt, la table des fées de Fresnicourt... Autant d'endroits où se perpétuent les légendes et où s'affichent les dictons populaires au détour d'une rue. Des journées avec dégustation de produits locaux et spectacles patoisants en soirée sont régulièrement organisées par l'office de tourisme.

LA CHAMBRE DES CHARITABLES DE SAINT-ÉLOI

Rue des Charitables
✆ 03 21 52 50 00
www.tourisme-bethune-bruay.fr

Gratuit. Visite guidée (pour les groupes et sur réservation). Atelier pédagogique.

Fondée en 1188, la Confrérie des Charitables de Saint-Éloi est l'une des plus anciennes de France. À son origine, deux maréchaux-ferrants, Germon et Gauthier, à qui saint Éloi demanda de fonder une *karité* pour assister les pauvres, soigner les malades et inhumer les morts. À ce jour, les Charitables poursuivent toujours leur action. Une chapelle est située au cœur du parc de Quinty, à mi-chemin entre Béthune et Beuvry, au lieu-dit qui aurait été celui de la rencontre des fondateurs avec le saint.

CHAPELLE SAINT-PRY

Lieu d'exposition des collections du Musée d'Ethnologie Régionale
Rue Saint-Pry
✆ 03 21 68 40 74
www.ville-bethune.fr

♿

Ouvert du jeudi au dimanche de 14h30 à 18h. Fermé le 1er dimanche du mois et les jours fériés. Gratuit.

La chapelle Saint-Pry est l'ultime vestige de l'ancien hôpital civil de Béthune. Elle fut érigée de 1825 à 1828. Entièrement détruite lors de la Première Guerre mondiale, elle fut reconstruite entre 1918 et 1930. Depuis 2009, la chapelle Saint-Pry accueille les diverses collections temporaires du Musée d'Ethnologie régionale de la ville labellisé « Musée de France », ce qui démontre la reconnaissance par l'État de ses œuvres. Vous y découvrirez moult témoignages d'un savoir-faire oublié : outils, objets domestiques, agricoles, artisanaux ou techniques qui ont contribué au façonnage de notre région.

LES FAÇADES DE LA GRAND'PLACE ★

Grand'Place
www.tourisme-bethune-bruay.fr

Audio-guide et livret de visite disponible à l'office de tourisme.

La Grand'Place de Béthune est le point de départ du circuit « Béthune à l'heure anglaise », qui évoque la vie quotidienne durant la guerre 1914-1918. Située à quinze kilomètres du front, la ville abrita un flot intense de permissionnaires et de blessés. Elle fut la cible de nombreux bombardements et fut détruite à plus de 90 % au sortir du conflit. Pour sa reconstruction, on fit appel à trois architectes : Jacques Alleman, Paul Dégez et Léon Guthmann. Désireux de respecter le passé de Béthune, mais également de nouer avec la modernité, les trois hommes optèrent pour un style éclectique mêlant Art déco et architecture régionaliste, ce qui fait aujourd'hui l'originalité et le charme du centre-ville. À noter, la façade de la Maison du Grain (située au n° 20), dont la largeur ne dépasse pas celle d'un vélo !

HÔTEL DE VILLE

Place du 4-Septembre ✆ 03 21 63 00 00
www.ville-bethune.fr
mairie@ville-bethune.fr

Un premier hôtel de ville fut construit en 1811. L'une de ses façades, grandiose, donnait sur la Grand'Place, tandis que l'autre, construite vingt-cinq ans plus tard, ne possédait pour ainsi dire aucune ornementation. L'édifice fut totalement détruit pendant la Première Guerre mondiale. C'est Jacques Alleman, un des architectes de la reconstruction de la Grand'Place, qui se chargea de le rebâtir. Le nouvel hôtel de ville fut édifié sur l'ancien emplacement. On retrouve dans ses lignes la même architecture que les maisons qui l'entourent mais à une échelle monumentale.

Le couvert

LE 36 QUAI

964, avenue du Pont-des-Dames
✆ 03 21 52 78 86
www.le-36quai.com

♿

Ouvert du lundi au vendredi le midi et le soir. Carte : 20 € environ. Menu enfant : 9 €. Formule du midi : 17 €. Accueil des groupes. Terrasse.

Le 36 Quai est un établissement béthunois dont la réputation n'est plus à faire. Ici, on vous propose une cuisine régionale : andouillette d'Aire grillée ou au maroilles, carbonnade flamande liée au vin rouge (recette typique de la maison) ou encore les escargots frais de Radinghem au beurre d'ail. Les moules, uniquement le lundi midi et soir, se déclinent en sauce marinière, maroilles, crème, roquefort ou lardons. La formule du midi propose une crépinette de pieds de porc, plat que l'on ne trouve presque plus. Les portions sont généreuses et l'accueil se fait toujours avec le sourire et sans chichis. Les fans de cinéma apprécieront le cadre, lumineux et moderne, dédié aux *Tontons flingueurs*. On entendrait presque Ventura nous chuchoter dans l'oreille de revenir encore une fois !

LE BISTROT GOURMAND

300, avenue de Lens ✆ 03 21 52 10 23
www.lebistrot-gourmand.com

Ouvert du dimanche au vendredi le midi ; le vendredi et le samedi le soir. Menus de 20,50 € à 29,50 €. Carte : 20 € environ. Menu enfant : 8 €. Formule du midi : 17,50 € (entrée + plat + dessert. 14,50€ pour entrée + plat ou plat + dessert).

De la rue, cet estaminet ne paie pas de mine et pourtant il gagne à être connu ! On pénètre dans les lieux par le coin café. Les deux salles de restauration sont à la fois vastes et fonctionnelles, la décoration est classique. Le service brasserie propose une cuisine traditionnelle en semaine mais effet de surprise garanti avec la qualité ! Le week-end, le chef propose une cuisine gastronomique plus travaillée. Vous composerez votre repas en consultant l'ardoise murale ou la carte. Que vous soyez plutôt viande ou poisson, il y en a pour tous les goûts ! Une fois votre choix fait, de délicieux amuse-bouches vous seront offerts. Des plats goûteux et bien dressés suivront comme par exemple une terrine de foie gras de canard maison et sa brioche suivi d'un tournedos de veau aux girolles accompagné d'un chou farci et de chips de vitelotte pour finir par un dôme croustillant au cœur de pistache.

AU COQ ILLICO

20, Grand-Place ✆ 03 21 56 22 53
http://aucoqillico.business.site
aucoqillico@gmail.com

Ouvert du mardi au samedi de 19h30 à 22h ; du mardi au vendredi de 11h45 à 14h. Réservation recommandée. Menu à l'ardoise. Terrasse.

En plein cœur de ville, sur la Grand'Place, on vient au Coq Illico pour déguster la spécialité maison et régionale : la volaille de Licques. Filet de poulet au roquefort, coquelet, magret ou pavé de bœuf origine France, ici point de menu ! Entrées, plats et desserts sont proposés à l'ardoise et celle-ci est changée tous les jours. Côté accompagnement, on vous servira des légumes de saison (carottes Vichy, gratin de courgettes, ratatouille, etc.), des frites fraîches et la fameuse Krick, pas la bière, mais une galette de pommes de terre râpées. Le restaurant dispose aussi d'une carte des vins bien fournie. Les prix sont très corrects par rapport aux quantités servies et à la qualité des produits et, pour ajouter encore au plaisir d'être ici, le service est très rapide, attentionné et aimable.

AU DÉPART

1, place François-Mitterrand
✆ 03 21 57 18 04
www.restaurant-depart.fr
contact@restaurant-depart.fr
Face à la gare.

Maître Restaurateur. Ouvert du mercredi au samedi le soir ; du mercredi au vendredi et le dimanche le midi. Réservation recommandée. Menus de 37 € à 52 €. Formule du midi : 24 € (entrée + dessert). Accueil des groupes.

Cet endroit d'exception est dirigé de main de Maître (Restaurateur) par Jean-François Buche. Le chef comptabilise les distinctions et les récompenses avec, à son

© PHILIPPE GRAILLE / ADOBE STOCK

Hôtel de ville de Béthune.

actif, trois fourchettes au Guide Michelin et un titre de jeune talent 2007 par le Gault & Millau Nord-Pas-de-Calais. Ici, il vous propose une cuisine d'une grande finesse à partir de produits de qualité. La carte décline un joli choix de plats traditionnels revisités à la sauce du chef : poisson rouge, tartare aux deux saumons, crème guacamole et mesclun de salade en entrée ; dodine de caille fermière désossée farcie, pommes de terre grenailles « fumées par nos soins » en plat ; ou nouveau monde en chocolat pur caraïbe en dessert par exemple. Des soirées à thème ont lieu régulièrement dans l'année.

LEPLAT MAXIME

15, place de la République
✆ 03 21 01 78 88
www.leplat-restaurant.com
contact@leplat-restaurant.com

Ouvert tous les jours le midi et le soir. Menus de 24 € à 59 €. Menu enfant : 15 €. Plat du jour : 19 €. Vin au verre. Chèque Restaurant. Accueil des groupes. Vente à emporter.

Après avoir longtemps œuvré, et avec délice, à Sailly-Labourse, Maxime Leplat s'est installé à Béthune, dans les murs qui accueillirent jadis Marc Meurin. C'est là qu'il prodigue à ses hôtes émerveillés toutes les saveurs de sa palette culinaire. D'où viennent-elles ? Maxime Leplat l'affirme, il s'agit moins de son tour de main, pourtant très sûr, que de la qualité des produits qu'il sélectionne rigoureusement, à maturité. Chaque jour, ce chef très investi va à la rencontre des producteurs locaux pour en ramener la quintessence de la saveur régionale, souvent labellisée biologique. Ainsi déguste-t-on à sa table un menu surprise changeant puisque déclinant des aliments saisonniers dans des plats raffinés. Espuma de lapin aux pruneaux, échine de marcassin passée au sautoir avec crémeux d'héliantis, jus de tonka à l'hibiscus et betterave pamplemousse et rose en dessert... Tout un poème composé dans le plus grand respect du terroir.

L'O À LA BOUCHE

7, rue du Docteur-Dhenin
✆ 03 21 64 37 94
www.restaurant-loalabouche.com
contact@restaurant-loalabouche.com

Ouvert le lundi de 12h à 14h ; du mardi au jeudi et le dimanche de 12h à 14h et de 19h à 22h ; le vendredi de 12h à 14h et de 19h à 22h30 ; le samedi de 19h à 22h30. Réservation recommandée. Menus de 26 € à 31 €. Carte : 20 € environ. Formule du midi : 18 €. Accueil des groupes. Jardin. Terrasse.

Quoiqu'il soit un peu excentré, ce restaurant jouit aujourd'hui d'une réputation solide dans Béthune et sa région et vaut donc bien un petit détour. L'établissement est composé de trois espaces et d'une terrasse. De votre table, vous pourrez même avoir vue sur les cuisines avec une ambiance feutrée aux saveurs lounge le soir et plus dynamique le midi (pour les plus pressés). Ici, la carte change tous les trois mois, même si on retrouve toujours des incontournables de la maison : ris de veau croustillant de pain, ballotine de caille au foie gras, noix de Saint-Jacques boulonnaises, clafoutis aux pommes... Le service est chaleureux, c'est vraiment une table à découvrir si ce n'est déjà fait. La privatisation est possible sur demande (accueil jusqu'à 50 personnes), mais aussi l'organisation de séminaires et de réunions avec du matériel à disposition.

POTIN DE CASSEROLES

29, boulevard Jean-Moulin
✆ 03 21 64 18 93
http://potindecasseroles.e-monsite.com
restaurant.potindecasseroles@gmail.com

Ouvert tous les jours le midi. Menu unique à 28 €. Carte : 20 € environ. Menu enfant : 10 € (jusqu'à 12 ans). Formule du midi : 17,50 € (entrée-plat ou plat-dessert ou entrée-plat-dessert à 21,50 €).

Voici une belle adresse et l'un des meilleurs rapports qualité-prix de Béthune. Le Potin de Casseroles met à l'honneur bien évidemment les plats de la région, carbonnade flamande et welsh (au cheddar ou au maroilles) entre autres, mais aussi des poissons et des pièces de viande ou de la volaille comme la terrine fondante de volaille au genièvre ou le magret de canard rôti et sa sauce au thym. L'accueil est chaleureux et les animations certains soirs mettent une ambiance de folie. De nombreuses célébrités de passage dans la ville ont fait un détour par cette table, notamment Zazie ou encore Thomas Dutronc.

LES RÉCOLLETS

41, rue Dellisse-Engrand
✆ 03 21 28 24 21
www.les-recollets.com

Ouvert du mardi au dimanche de 11h à 15h. Réservation recommandée. Accueil des groupes (salons de réception à partir de 15 personnes midi et soir).

Le pâtissier lensois Jean-Claude Jeanson, primé de nombreuses fois, a repris ce magnifique hôtel particulier, un ancien couvent fondé en 1330 et aujourd'hui répertorié à l'Inventaire des monuments historiques. Le repas vous sera servi dans l'un des salons qui reflètent un style ou une époque et plongent dans un nouvel univers... Les entrées et les plats ne sont pas à la hauteur du cadre alors, surtout, gardez une place pour le dessert et notamment pour les créations du propriétaire des lieux, qui, elles, en valent vraiment la peine. Séminaires d'entreprises ou repas associatifs sont ici une spécialité.

LA STRADA

352, avenue de Lens
✆ 03 21 54 87 74
www.lastrada-bethune.com
contact@lastrada-bethune.com

Ouvert du dimanche au vendredi de 12h à 14h ; du mardi au samedi de 19h à 22h30. Réservation recommandée. Menus de 22 € à 29 €. Carte : 20 € environ. Menu enfant : 8 €. Formule du midi : 16 € (entrée + plat + dessert). Accueil des groupes.

La Strada, située à seulement quelques mètres de la gare SNCF, n'a d'italien que le nom. Aux commandes : Thomas Kunz en cuisine et Bérangère Dupas en salle. Ils vous proposent une cuisine française faite de produits de qualité : les escargots gratinés au maroilles, le tartare de veau aux herbes coupé au couteau, le tataki de thon ou le canard poh poh poh ne sont que des exemples des plats savoureux que vous pourrez déguster. Le cadre tendance aux teintes de gris et de rouge est confortable et le service est efficace.

Le gîte

TOUR HÔTEL**

Départementale 300 D943
✆ 03 21 56 90 00
www.tourhotel-bethune.com
contact@tourhotel-bethune.com

43 chambres. Chambre simple à partir de 52 € ; chambre double à partir de 59 € ; chambre triple à partir de 79 € ; suite à partir de 129 €. Parking inclus. American Express, Chèque Vacances. Animaux acceptés (prévenir lors de la réservation). Wifi gratuit.

Situé à quelques encablures de Béthune, cet hôtel est un bon point de chute pour ceux qui désirent visiter la ville et ses environs. Vous ne serez qu'à quelques minutes en voiture du centre historique. Les chambres sont décorées sobrement et possèdent leur propre salle de bains, avec douche ou baignoire. On aime l'esprit développement durable de l'équipe et leurs initiatives écoresponsables, telles que le composteur dans le jardin et les confitures issues d'une association solidaire locale. Le cadre très verdoyant ne gâche rien dans ce bel établissement. Un centre sportif se trouve à proximité ainsi qu'une piscine avec un centre aquatique et un golf 9-trous et une soirée étape est proposée à 5 minutes à pied au 36 Quai pour une cuisine locale savoureuse ou sur place avec la formule maison : soupe, omelette et dessert.

Chambres d'hôtes

■ LES BÉTHUNOISES

107, rue Édouard Herriot
✆ 06 30 89 61 69
www.lesbethunoises.com
contact@lesbethunoises.com

Check-in : 17h-21h. Check-out : 10h. 5 chambres. Chambre double de 79 € à 99 €. Petit déjeuner inclus. Parking du Théâtre sur place. Chèque Vacances. Service de navette depuis la gare. Wifi gratuit. Tv satellite. Hammam, bain bouillonnant, sauna.

Cet établissement de charme est une invitation à la détente. Ici, chaque chambre possède une atmosphère bien à elle, toujours dans un esprit moderne et luxueux. Pour parfaire la détente, profitez des bains bouillonnants privatifs, baignoires de balnéothérapie ou encore les douches-hammams. Notez que le spa est installé dans le patio d'où vous pourrez entendre les carillons du beffroi tout proche. L'accueil est extra et le service aux petits soins, d'ailleurs vous pouvez personnaliser à la carte votre séjour romantique : pétales de roses, champagne, macarons... Le plus difficile sera de repartir ! Les Béthunoises, ce sont aussi des studios 4-étoiles et un gîte 5-étoiles, idéals pour des vacances entre amis ou en famille.

Sorties

■ LE MAC EWAN'S III

107, place Marmottan ✆ 03 21 52 57 88

Ouvert du lundi au jeudi de 9h à 1h ; le vendredi de 9h à 2h ; le samedi de 14h à 2h ; le dimanche de 14h à 1h. Restauration sur place. Terrasse. Animations. Concerts.

C'est certainement le meilleur bar à bières de Béthune et des environs ! Une dizaine de pompes servent à la pression des bières artisanales et si vous trouvez le choix difficile, ne regardez pas la carte, elle vous donnerait le vertige avec une centaine de bouteilles proposées à la dégustation ! Jeunes et moins jeunes se retrouvent ici pour se détendre en buvant une bonne mousse. En fin de semaine, l'ambiance se fait plus festive, avec des concerts et diverses animations saisonnières. Pour accompagner vos bières, cocktails ou verres de vin, profitez aussi de la petite restauration proposée pour compléter la dégustation : elle est simple mais bonne.

Emplettes

■ CHOCOLATERIE DE BEUSSENT

3, rue des Grosses Têtes
✆ 03 21 57 68 12
www.choco-france.com
commande@choco-france.com

Ouvert du mardi au samedi de 10h à 12h30 et de 14h à 19h.

Fondée en 1985, la maison de Beussent n'a plus rien à prouver en matière de chocolat... Fabriqués de manière artisanale, dans le plus grand respect de la matière première, ses produits ont un goût caractéristique apprécié des connaisseurs. Les chocolatiers de l'enseigne sont parmi les rares professionnels de France à maîtriser la fabrication de A à Z : du choix des fèves de cacao jusqu'au conchage, tout est fait maison. À noter que Beussent possède sa propre plantation en Équateur ! N'hésitez pas à passer en boutique pour découvrir les œuvres faites par ces artisans avec ce noble matériau. Pour découvrir comment est fait le délicieux chocolat Beussent, n'hésitez pas à suivre les événements, visites, portes ouvertes, et autres ateliers enfants, vous ne serez pas déçu !

■ LE JARDIN D'ÉPICURE

206, rue Sadi-Carnot ✆ 03 21 57 91 04

Ouvert du lundi au samedi de 14h à 19h15 ; du mardi au samedi de 9h à 12h15 ; le dimanche de 9h à 12h30.

Le Jardin d'Épicure vous propose une sélection de produits fins rigoureusement choisis. C'est l'adresse d'excellence de vos emplettes gourmandes ou de vos cadeaux souvenirs : foie gras, confitures, thés, cafés, produits du terroir, terrines, huiles, vinaigres, épices et chocolats artisanaux... Mais ce n'est pas tout car le caviste vous propose une sélection rigoureuse de vins, de champagnes, de whiskys et de spiritueux ainsi que de bières artisanales bien connues dans la région. En guise de cadeaux pour vos amis, des paniers gastronomiques sont proposés à la vente.

■ LA PRAIRIE

20, rue Albert-1er
✆ 03 21 68 04 85
www.fromagerie-laprairie.fr

Ouvert le lundi et du mercredi au vendredi de 9h à 12h30 et de 15h à 19h30 ; le mardi de 15h à 19h30 ; le samedi de 9h30 à 13h et de 14h30 à 19h.

Depuis 1952, La Prairie est une adresse qui ravit les amateurs de bons fromages. Vous y trouverez les grandes références françaises, mais aussi les maroilles et autres incontournables de la région, sans compter quelques produits plus singuliers proposés à vos papilles. La Prairie, c'est aussi un joli rayon de digestifs, de vins, de thés de qualité, ainsi que des confitures et d'autres conserves artisanales. N'hésitez pas à demander les plateaux sur mesure pour toutes vos occasions et réceptions, vous ne serez pas déçu ! Vous pourrez aussi déguster sans hésitation les délicieux petits plats traiteur à emporter. L'enseigne existe aussi à Arras, près du beffroi. Le plus bien pratique, c'est la commande en ligne sur le site Internet, mais si vous en avez le temps, préférez musarder en choisissant vos produits directement sur place.

Dans les environs

Annezin

■ LA MAISON DU MINEUR

11, rue Duguesclin
✆ 03 21 56 77 74
www.maisondumineur.eu
lepocheannezin@outlook.fr

Ouverte le premier samedi du mois de 10h à 12h. Gratuit. Visite guidée. Atelier patoisant chaque premier vendredi du mois de 16h à 19h.

La municipalité et l'Association des Amis du Musée de Poche-d'Annezin vous ouvrent les portes d'une véritable maison de mineur, restaurée et meublée, au cœur d'un coron datant des années 1880. Découvrez-y l'intérieur reconstitué d'un habitat minier tel qu'il se présentait entre 1900 et 1920. Partagez aussi les réflexions de votre guide, qui connaît intimement les détails de la vie quotidienne des mineurs et de leur famille. Des photos et autres documents sur le passé minier d'Annezin sont consultables sur place. Enfin, un guide britannique accompagne avec plaisir les visiteurs anglophones venus visiter ce coin du bassin minier.

■ **MARAIS D'ANNEZIN**

Gratuit.

Ce marais aménagé est une vraie petite merveille. La main humaine s'est faite très discrète en ces lieux. Des ponts hétéroclites vous mèneront d'îlot en îlot pour une balade champêtre qui vous fera respirer. Çà et là, les pêcheurs peuvent s'adonner à leur loisir favori, au milieu des canards et des foulques. Un Parcours du Cœur est balisé, mais l'ensemble du site a des allures de labyrinthe. À l'entrée, quelques jeux pour enfants sont installés, pour permettre à votre progéniture de se dépenser si l'excursion en pleine nature n'a pas suffi !

■ **MUSÉE DE POCHE**
Place de la Mairie ✆ 03 21 56 77 74
lepocheannezin@outlook.fr

Ouvert le mercredi de 15h à 17h ; le samedi de 10h à 12h. Également sur rendez-vous. Gratuit.

C'est la petite visite inopinée, le lieu inattendu qui ravit et fait replonger dans le passé. Les natifs du coin, mais aussi les plus âgés des visiteurs, y dégusteront de véritables madeleines de Proust. Ce petit musée entièrement gratuit est en effet consacré à l'histoire de la ville d'Annezin. Vous y verrez de vieilles cartes postales, des photographies anciennes, des objets du quotidien, jusqu'à un vieux pupitre en bois et tout son matériel d'écolier studieux. Le lieu est en ce sens aussi bien un mémorial du temps jadis qu'un petit cabinet de curiosités à découvrir.

■ **LA FEUILLE DE VIGNE**
29, rue du Général-Leclerc
✆ 03 21 57 43 13
www.lafeuilledevigne-annezin.fr
contact@lafeuilledevigne-annezin.fr

Maître Restaurateur. Ouvert du jeudi au mardi le midi ; le vendredi et le samedi le soir. Réservation recommandée. Menus de 19 € à 26,50 €. Menu enfant : 9 €. Formule du midi : 15 €. Chèque Vacances, Chèque Restaurant. Accueil des groupes.

Quelques tables seulement dans ce petit restaurant annezinois : les privilégiés sont peu nombreux à chaque service ! Réservez donc à l'avance pour découvrir cette adresse de charme et de saveur, dans laquelle vous êtes accueilli comme un invité par le chef et son épouse. De l'entrée au dessert, on y retrouve le goût d'aliments anciens, presque oubliés. La purée de persil tubéreux fond dans la bouche et le topinambour met sa jolie couleur dorée dans l'assiette entre la betterave et le riz noir. Le choix entre viande et poisson est difficile : tout est délicieusement préparé. Notez que les enfants ne sont pas en reste, à eux aussi sont servis des assiettes, certes allégées, mais de qualité supérieure. La carte des vins est très vaste et représentative de toutes les régions pour des accords avec les plats proposés toujours excellents, d'autant plus avec le « vin du mois », mis en avant en rapport avec les menus du moment. À tester sans attendre !

Billy-Berclau

■ **LA PETITE CENSE**
3, rue du Général-de-Gaulle
✆ 03 21 40 28 01
www.lapetitecense.com
nicolehantson@lapetitecense.com

Clévacances (4 clés). 3 chambres (dont 1 suite). Chambre simple de 68 € à 89 € ; chambre double de 77 € à 98 € ; chambre triple 126 €. Petit déjeuner inclus. Lit supplémentaire : 27 € (enfant : 22 €). Parking fermé inclus. Accueil bébé jusqu'à 2 ans gratuit. Chèque Vacances. Jeux pour enfants. Wifi gratuit.

Cette maison d'hôtes propose trois chambres, une salle à manger pour les petits déjeuners, un jardin avec terrasse et un parking privé clos dans une fermette typique de l'Artois. Lit à baldaquin, murs de briques, voilages, parquet craquant… Les pièces sont spacieuses et lumineuses. Elles disposent toutes d'une salle de bains avec douche ou baignoire, d'articles de toilette, d'un sèche-cheveux, d'un espace salon et bureau, d'un téléviseur, d'un accès wifi gratuit et de toilettes indépendantes. Le petit déjeuner, riche de produits faits maison et de préférence bio, vous attend au réveil et peut être adapté sans gluten sur demande préalable. Si vous le souhaitez, l'établissement met aussi à votre disposition, gratuitement, du matériel pour bébé : lit, chaise haute, pot… Tout est fait pour que vous n'ayez à vous inquiéter de rien !

Busnes

■ **LE CHÂTEAU DE BEAULIEU**
1098, rue de Lillers ✆ 03 21 68 88 88
www.lechateaudebeaulieu.fr
contact@lechateaudebeaulieu.fr

Le Meurin est ouvert les dimanches et vendredis midi et du mardi au samedi soir. La brasserie Le Jardin d'Alice est ouverte tous les jours midi et soir. Réservation recommandée. Menus du Meurin : 90 €-200 € (sans boisson). Menus Le Jardin d'Alice : 33 €-70 € (sans boisson). Accueil des groupes. Jardin. Terrasse.

A cadre somptueux, tables exceptionnelles. C'est dans le superbe château de Beaulieu qu'officie désormais le légendaire chef du Nord, Marc Meurin. Enfant du pays, le chef est un amoureux de la région qui aime partager cette passion à travers une cuisine créative pleine d'émotions. Au sein du château, le chef propose deux tables. D'abord le Meurin, doublement étoilé, qui revisite avec élégance et modernité des saveurs régionales travaillées à partir de produits locaux de grande qualité.

Ensuite la très moderne brasserie Le Jardin d'Alice qui propose une cuisine résolument moderne pleine de savoureuses surprises. Deux tables exceptionnelles qui mêlent harmonieusement tradition et modernité.

LE JARDIN D'ALICE

1098, rue de Lillers ✆ 03 21 68 88 88
www.lejardindalice.fr
contact@lechateaudebeaulieu.fr

Maître Restaurateur. Ouvert tous les jours de 12h à 14h et de 19h à 21h. Réservation recommandée. Menus de 33 € à 70 €. Carte : 23 € environ. Formule du midi : 27 €. Terrasse.

Au cœur du château de Beaulieu, dans le petit village de Busnes, entre Flandres et Artois, se trouve le Jardin d'Alice, la brasserie gastronomique de Marc Meurin. Avec ses fauteuils zébrés, ses chats en porcelaine et ses nombreux jeux de lumière, la seconde table du chef étoilé offre une belle cuisine, très actuelle. Une large baie vitrée ouvre sur un joli jardin et si vous vous interrogez sur le nom de l'établissement, sachez qu'Alice est le prénom de la petite-fille du chef. Au jardin d'Alice, on entre au pays des merveilles culinaires ! Quelques exemples à la carte : effeuillée de bar mariné et tartare d'huître à la sauce aigre-douce, foie de veau poêlé et sa purée de pommes Laurette et carottes étuvées, beignets de maroilles et salade de chicon, forêt-noire réinventée…

LE CHÂTEAU DE BEAULIEU****

1098, rue de Lillers ✆ 03 21 68 88 88
www.lechateaudebeaulieu.fr
contact@lechateaudebeaulieu.fr

Relais & Châteaux. Chambre double de 160 € à 180 €. Parking inclus. Animaux acceptés (petits animaux). Wifi gratuit. Restauration.

Dans le cadre paisible d'un parc arboré, le Château de Beaulieu offre une prestation très haut de gamme pour un séjour où le silence se fait raffinement. Les chambres offrent un confort maximal. Chacune d'entre elles possède sa propre décoration avec pour seuls mots d'ordre élégance et sérénité. Les deux Grandes Suites, majestueuses et très spacieuses de 55 m² avec vue sur le parc, vous feront vivre un moment hors du temps. La chambre possède un salon indépendant avec canapé-lit pour vous inviter à la détente ou accueillir jusqu'à deux enfants ou un adulte. La salle de bains se compose de deux vasques, d'une douche à jets et d'une baignoire. Le service, comme il se doit, est irréprochable. L'établissement propose des cours de cuisine dans les coulisses des équipes du chef Marc Meurin.

LA MIQUELLERIE

32, rue de la Pierrere ✆ 09 72 37 17 85
edvalentine.salmon@gmail.com

Gîtes de France (2 épis). Pour 6 personnes (3 chambres). 450 € la semaine.

C'est avec le sourire que Valentine et Edouard Salmon vous reçoivent dans leur gîte, situé en dehors du village et construit sur deux niveaux. Cet ancien corps de ferme rénové, attenant à la maison d'habitation de vos hôtes, dispose d'une terrasse et d'un jardin clos bien agréables lorsque les beaux jours sont de retour. Au rez-de-chaussée il comprend une cuisine ouverte sur une salle à manger et un coin salon ainsi que des WC et à l'étage trois chambres (une chambre avec un lit deux personnes et deux chambres avec deux lits une personne), une salle d'eau et des WC séparés. Voilà un endroit offrant toutes les commodités et idéalement situé pour partir à la découverte du pays de la Lys.

Cambrin

AU PAIN D'ALOUETTE

5, rue de Noyelles ✆ 03 21 25 59 71
estaminet-aupaindalouette.fr
aupaindalouette@hotmail.fr

Ouvert du jeudi au mardi le midi ; le vendredi et le samedi le soir. Réservation recommandée. Carte : 20 € environ. Menu enfant : 10 €. American Express, Chèque Restaurant. Accueil des groupes (sur réservation). Terrasse. Jeux flamands et soirées animées.

Le Pain d'Alouette est un véritable estaminet familial. Ici, on met à l'honneur la cuisine et la langue de la région avec une carte en patois. Ne vous inquiétez pas, ce n'est pas bien compliqué et il y a toujours le charmant personnel pour vous aiguiller. Le chef vous concocte des recettes traditionnelles du Pas-de-Calais : salade aux harengs, tartine dunkerquoise au maroilles, la planche du mineur pour goûter à tout (potjevleesch, carbonnade, poulet au maroilles et fromages), ainsi que chaque jour une nouvelle ardoise. Vous pourrez accompagner votre plat d'une des 25 bières qu'offre la carte dans cette adresse détentrice du label Artisans en or.

Enquin-les-Mines

LA FERME DES TEMPLIERS DE FLÉCHINELLE

2, rue des Templiers
✆ 03 21 39 74 21
http://lafermedestempliers.fr
isabelle.maes@icloud.com

Jusqu'à 6 personnes. Petit déjeuner inclus. Possibilité de camping. 7 € l'emplacement pour 24h avec eau, électricité et vidange. Wifi gratuit.

Cette ferme fortifiée est bordée par la rivière Le Surjeon au lieu-dit Fléchinelle. Elle a été reconstruite au XVIIe siècle sur les ruines d'une maison forte datant du Moyen Âge. Passé l'ancien pont-levis, l'escalier en colimaçon conduit sur la terrasse d'où l'on peut admirer le parc arboré. Il est possible de réserver une chambre avec salle de bains privative (maximum deux personnes) ou un studio avec balcon (maximum six personnes). Sur place, vous trouverez une cuisine équipée. L'endroit est paisible, des randonnées peuvent être faites au départ du village et Aire-sur-la-Lys n'est qu'à dix minutes de là. Cette chambre d'hôtes sert chaque matin un petit-déjeuner continental et à la carte. Les animaux de compagnie sont admis sur demande sans supplément.

Gonnehem

LE SIRE JÉRÔME

18, La Place
✆ 03 21 61 21 64

Ouvert du mercredi au samedi de 11h30 à 14h et de 19h à 21h30 ; le dimanche de 11h30 à 14h30. Réservation recommandée. Carte : 20 € environ. Menu enfant : 10 €. Suggestion du jour : 16 €. Accueil des groupes (réservation conseillée). Terrasse.

Le Sire Jérôme est devenu une table incontournable dans la région. Dans un ancien presbytère du XVIIe siècle, cet estaminet saura vous faire passer un moment convivial avec sa cuisine de terroir à l'ancienne et ses bières régionales. Dans les marmites, une cuisine de bistrot : carbonnade de joue de bœuf, rognons de veau, tarte au maroilles, suprême de volaille au même fromage et autres plats sont concoctés à partir de produits frais. Les murs aux couleurs chaleureuses rendent le lieu bien agréable et l'on y savoure pleinement l'accueil de la maîtresse de maison. La terrasse d'une quarantaine de couverts est ombragée. Le cadre est bien agréable dans ce jardin arboré et verdoyant. Une adresse aussi chaleureuse que délicieuse à ne pas manquer !

Gosnay

LES CANTIQUES DE SAINT-LÉGER DE GOSNAY – UNITÉ D'ART SACRÉ

Église Saint-Léger
5, route Nationale
✆ 03 21 54 78 37
www.tourisme-bethune-bruay.fr

♿

Ouvert toute l'année. Pour les visites, se renseigner auprès de l'Office de Tourisme. Gratuit.

Gosnay est le seul village au monde à avoir vu cohabiter deux chartreuses, celle du « Mont-Sainte-Marie » et celle du « Val Saint-Esprit ». Entre ces deux monuments se trouve un autre édifice qui mérite le détour : l'église Saint-Léger dont la tour a été construite à partir des pierres du château, quelque peu décrépi, en 1519. Elle n'était à l'époque qu'une tour de guet. Ayant traversé les siècles, cette église abrite aujourd'hui l'Unité d'Art Sacré, projet porté par l'artiste régional René Ducourant, et qui est né en 1998. Désireux de marquer les 2 000 ans de la naissance du Christ et de restaurer l'église de son village, René Ducourant s'est lancé dans la réalisation de peintures, vitraux et mobiliers pour l'église. L'Unité comprend ainsi près de 80 œuvres d'art.

LA CHARTREUSE DU VAL SAINT-ESPRIT

1, rue de Fouquières ✆ 03 21 62 80 00
www.lachartreuse.com
levalsaintesprit@lachartreuse.com

Adulte : 5 € (7 € pour une visite guidée, 12 € la visite guidée avec goûter). Groupe : 50 € (25 personnes maximum). Les visites guidées de groupes ont lieu sur réservation d'avril à octobre et de 9h à 18h.

L'origine du Val Saint-Esprit remonte au XIVe siècle. La comtesse Mahaut tenait à ce que les mœurs de sa suite soient exemplaires. S'apercevant qu'Alix, sa jolie camériste, était enceinte, elle la condamna à être enterrée vivante dans un jardin clos, face au château de Gosnay. La légende raconte que le parc où eut lieu le supplice fut dès lors troublé par des apparitions nocturnes. Sur le conseil de son aumônier, Thierry d'Hirson, la comtesse érigea une chartreuse sur le lieu de l'exécution afin de chasser ces spectres indésirables. Les apparitions cessèrent et le site prit alors le nom de Val Saint-Esprit. Après la Révolution française, les lieux connurent plusieurs formes de reconversion : sucrerie, laiterie-fromagerie, cité ouvrière, foyer d'actions éducatives. En 1984, Jean Constant les transforma en hôtel de luxe, restaurant de qualité et salle de séminaires et restaura les jardins à la française. Plus de 15 000 m^2 sont dédiés aux plantes d'ornements et aux légumes, jusqu'aux plus anciens et oubliés, cultivés de manière raisonnée. Vous aurez le plaisir de les retrouver sur les tables des prestigieux restaurants de la Chartreuse.

LA DISTILLERIE

1, rue de Fouquières
✆ 03 21 62 89 89
www.lachartreuse.com
levalsaintesprit@lachartreuse.com

Maître Restaurateur. Ouvert du lundi au samedi le midi et le soir ; le dimanche midi. Carte : 30 € environ. Menu enfant : 11 €. Menu du week-end : 39 €. American Express, Chèque Vacances, Chèque Restaurant. Accueil des groupes.

Bienvenue à la Distillerie ! C'est dans une brasserie du XIXe siècle que l'établissement a élu domicile et ce superbe décor lui donne toute son identité. Ici règnent l'authenticité et la simplicité. Au menu ? Une cuisine familiale qui met en avant les produits de la région et ceux cultivés par la Distillerie dans un véritable potager à la française. On retrouve donc des plats typiquement nationaux comme le magret de canard rôti au miel et son étuvée de légumes de saison ou la côte de veau de lait biologique aux champignons. Côté poisson, les classiques sont revisités, tels que le filet de sébaste snacké, risotto de chou-fleur, millefeuille de légumes, sauce vierge. En résumé, une cuisine généreuse et savoureuse dans un cadre rustique et sympathique.

LE ROBERT II

1, rue de Fouquières
✆ 03 21 62 80 00
www.ledomainedelachartreuse.com
levalsaintesprit@lachartreuse.com

♿

Ouvert toute l'année. Tous les jours le midi et le soir. Menus de 74 € à 89 €. American Express, Chèque Vacances, Chèque Restaurant. Terrasse.

En pénétrant ici, pensez un instant à Robert II, comte d'Artois et seigneur de Gosnay, amoureux de bonne chère d'après la légende et qui donna son nom au lieu. Aurait-il apprécié le cadre élégant et les assiettes dressées à la perfection ? Peut-être pas autant que les plats si savoureux et si raffinés. L'idée du chef Jean Constant est de travailler les produits frais et de saison pour réinventer des classiques auxquels il appose sa touche personnelle. Laissez-vous donc surprendre par le millefeuille de sole, morilles et tuiles aux sésames, printanière de légumes, demi-glace de sole crémée ou par le cœur de filet de bœuf saisi au sautoir, chartreuse de légumes et morilles, échalotes confites avec la peau, croquettes de moelle à la fleur de sel, sauce bordelaise. Entre gastronomie française et cuisine de monde, entre tradition et innovation, Jean Constant offre un feu d'artifice de saveurs. Et que dire de la carte des vins ? Avec plus de 800 appellations, elle offre une sélection de grands crus exceptionnels. Le Robert II est une adresse incontournable pour tous les amoureux de gastronomie et de lieux d'exception.

LE VASCO

1, rue de Fouquières
✆ 03 21 62 80 00
www.lachartreuse.com
levalsaintesprit@lachartreuse.com

Maître Restaurateur. Ouvert du dimanche au vendredi le midi et le soir ; le samedi soir. Carte : 25 € environ. Menu enfant : 13 €.

Que vous choisissiez une table côté bibliothèque ou côté balustrade, au Vasco, vous aurez partout l'impression d'être le héros d'un film d'inspiration coloniale. Des boiseries élégantes et une décoration soignée composent ici une atmosphère cosy et feutrée. En cuisine, une équipe jeune et dynamique travaille à vous offrir le meilleur des saveurs venues de Méditerranée ou d'Asie. Vous pourrez ainsi déguster par exemple un pavé de lieu jaune en croûte d'herbes, pointes d'asperges et petits légumes, sauce à l'orange ou un carré d'agneau rôti, purée de pois chiches au cumin, Tatin de navets caramélisés. Les produits travaillés sont frais et de qualité. Tout comme les vins parfaitement sélectionnés et que vous pourrez déguster au verre grâce à un distributeur de vin sous azote qui garde les bouteilles à la température souhaitée pour une dégustation optimale. Au Vasco, on pense vraiment à tout et surtout à vous faire vivre une expérience culinaire réussie !

BEST WESTERN LA MÉTAIRIE***

1, rue de Fouquières
✆ 03 91 80 11 20
www.hotel-lametairie.com
contact@hotel-lametairie.com

40 chambres. Chambre double à partir de 85 € ; suite à partir de 165 €. Petit déjeuner : 14 €. Wifi gratuit. Restauration.

Cet hôtel 3 étoiles situé au cœur d'un parc de six hectares avec deux courts de tennis et un espace fitness possède quarante chambres à la décoration contemporaine. Elles sont équipées de lits doubles ou twin, télévision écran plat, minibar, téléphone, wifi gratuit, salle de bains privative. Aménagé dans une ancienne bergerie, l'hôtel a gardé le charme de l'ancien. De très jolies chambres sont installées dans l'ancienne métairie avec plafonds voûtés en brique et pierre d'origine au sol, avec poutres en bois et tommettes au sol qui soulignent le cachet de l'ancien pour d'autres. Trois restaurants entourent cet hôtel de charme et proposent cuisine gastronomique, brasserie et évasion culinaire. La situation de l'établissement est idéale pour découvrir la région.

HÔTEL DE LA CHARTREUSE DU VAL SAINT ESPRIT****

1, rue de Fouquières
✆ 03 21 62 80 00
www.lachartreuse.com
levalsaintesprit@lachartreuse.com

Ouvert toute l'année. 53 chambres (dont une suite et deux chambres adaptées aux personnes à mobilité réduite). Chambre double de 139 € à 320 € ; suite 420 €. Demi-pension (soirée étape pour deux personnes : 225 €). Petit déjeuner : 20 € (23 € en chambre). Lit supplémentaire : 30 €. Différentes offres de séjours (privilège, luxe, découverte, gastronomique) pour deux personnes : de 360 € à 725 €. Animaux acceptés (15 €). Wifi gratuit. Restauration (3 restaurants : le Vasco, la Distillerie et le Robert II). Tv satellite, Canal +.

L'hôtel de la Chartreuse, c'est d'abord un cadre. Celui, prestigieux et majestueux, du Domaine de la Chartreuse datant du XIIIe siècle et dont certains éléments architecturaux ont été classés aux monuments historiques. Un décor enchanteur pour un séjour de rêve. Les chambres sont décorées avec élégance et raffinement et vous donneront véritablement l'impression de vivre la vie de château… mais à l'époque moderne et avec tout le confort que cela implique. Elles sont toutes équipées d'une télévision à écran plat avec réception de chaînes françaises et étrangères par satellite, d'un téléphone, d'un minibar, d'un coffre-fort, de lits doubles ou jumeaux et d'une connexion wifi gratuite. Les salles de bains sont équipées de baignoire et/ou douche, de sèche-cheveux, de produits d'accueil, de peignoirs et chaussons. L'hôtel propose aussi des formules de séjours avec demi-pension qui vous feront découvrir les trois excellentes tables du domaine. La Chartreuse offre également un havre de paix à ses hôtes grâce à son très beau jardin de 1,5 hectare. Depuis toujours, l'établissement accueille les visiteurs et avec une telle réputation d'exigence et de qualité que cela n'est pas près de s'arrêter !

Labourse

TERRE ET MER

16, rue Achille-Larue
✆ 03 21 64 03 57
http://restaurantterreetmer.com
terre.mer@orange.fr

Ouvert le mardi, le jeudi et le vendredi le midi et le soir ; le mercredi et le dimanche le midi ; le samedi soir. Menus de 30 € à 48 €. Carte : 25 € environ. Formule du midi : 16 € (entrée plat ou plat dessert). American Express. Accueil des groupes. Terrasse.

À dix minutes de Béthune, ce restaurant vaut le détour. Il propose une cuisine semi-gastronomique, gourmande et délicate, à laquelle se mêle un fort héritage familial avec des incontournables. Par exemple à la carte : les délices Terre et Mer (carpaccio de Saint-Jacques, saumon fumé, foie gras, homard) en entrée, tournedos de filet de bœuf à la moelle ou filet de bar marqué au gril, beurre au fenouil, écrasé de pomme de terre en plat.

Dans les assiettes, toujours bien présentées, il y en a pour tous les goûts et tous les budgets, tandis que les produits du terroir sont toujours à l'honneur. Le plateau de fromages est bien diversifié et propose notamment des fromages régionaux comme le sablé de Wissant... L'accueil est à la fois chaleureux et raffiné. Le cadre est agréable et on reçoit de bons conseils sur le choix des vins. Terre et Mer, ce sont aussi différents espaces : une salle de restaurant pour les repas en petit comité, un salon mezzanine pouvant accueillir jusqu'à 16 personnes, un espace terrasse pour profiter des beaux jours et une salle de réception (pouvant accueillir de 20 à 50 personnes), au design épuré pour vos moments en famille.

Mont-Bernanchon

GÉOTOPIA

Rue des Écoles ✆ 03 21 61 60 06
www.geotopia.fr

♿

Ouvert de février à novembre. En période scolaire du lundi au vendredi de 9h-12h et 13h30-17h30. Pendant les vacances (zone B) : du mardi au vendredi : 9h30-12h et 13h30-18h, le samedi 10h-12h30 et 14h-18h30. Visites libres gratuites du sites. diverses activités pour enfants et adultes sont proposées. Accueil enfants. Visite guidée (pour les groupes sur réservation).

Créée en 2008 par la Communauté d'Agglomération de Béthune-Bruay, Artois-Lys Romane, Geotopia, la maison de la nature, a pour vocation de développer auprès de tous les publics l'initiation à la nature et l'environnement. Les bâtiments de Geotopia ont été construits selon les normes de la Haute Qualité Environnementale (HQE), une démarche globale qui vise à préserver les ressources naturelles (matériaux, énergies, eau...) et à assurer le confort et la santé des occupants et visiteurs de Geotopia. Le site se divise en une plateforme extérieure et une galerie couverte qui permettent de profiter des vues sur les jardins, le village et les zones humides qui bordent le canal d'Aire à la Bassée et un bâtiment est consacré à l'astronomie. Son télescope de 317 mm et ses équipements réjouiront les astronomes débutants comme les avertis.

Nœux-les-Mines

L'ATELIER DES SAVEURS

94, route Nationale
✆ 03 21 26 74 74
www.restaurant-latelierdessaveurs.fr

♿

Maître Restaurateur. Ouvert du mardi au dimanche de 12h à 14h ; le mardi et du jeudi au samedi de 19h à 21h30. Menu unique à 32 €. Menu enfant : 12 €. Formule du midi : 22 €. Accueil des groupes. Vente à emporter.

À seulement quelques kilomètres de Béthune, sur la route qui mène vers Arras, arrêtez-vous dans cet établissement où l'on marie savamment les saveurs. Sa réputation n'est plus à faire. Vous y goûterez des plats concoctés avec des produits frais et de saison : poularde en deux façons, cuisse farcie aux écrevisses et suprême cuit à basse température ou encore queue de lotte au parfum de vanille et risotto au nougat... une explosion pour les papilles ! La carte des vins est plus qu'intéressante et l'accueil aux petits oignons. Le service traiteur, lui aussi très bien pensé et de grande qualité, offre un florilège de formules adaptées selon vos besoins et envies...

LE CERCLE

374, route Nationale ✆ 03 21 61 65 65
www.hotel-lamaisonrouge.com
contact@hotel-lamaisonrouge.com

♿

Qualité Tourisme. Maître Restaurateur. Ouvert tous les jours de 12h à 14h et de 19h à 22h30. Menus de 28 € à 41 €. Carte : 24 € environ. Accueil des groupes (possibilité d'organiser des séminaires et journées de travail). Jardin. Terrasse.

Le Cercle est une table incontournable de Nœux-les-Mines. Ce restaurant dirigé par Loïc Constant, qui a fait ses classes chez Bocuse, offre une cuisine traditionnelle et de qualité. La carte met en avant les produits de la région comme les carottes de Tilques, qui accompagnent à merveille la lotte ; ou les rattes du Touquet ; qui sublimeront votre côte de bœuf Angus. Ici, les saveurs et les couleurs se mêlent pour charmer l'œil et le palais : foie gras de canard poêlé aux coings, figues et pruneaux, magret de canard aux légumes du soleil, risotto et colin au chorizo et parfum de curry... Le cadre est à la fois élégant et original, c'est une adresse à retenir !

LA MAISON ROUGE***

374, route Nationale
✆ 03 21 61 65 65
www.hotel-lamaisonrouge.com
contact@hotel-lamaisonrouge.com

♿ 🌳 🍸

Qualité Tourisme. Chambre double à partir de 110 €. Petit déjeuner : 13 €. Parking fermé inclus. Séminaires. Réceptions et mariages. Wifi gratuit. Restauration (menus de 28 € à 41 €). Tv satellite, Canal +.

Cette ancienne demeure bourgeoise est un hôtel de luxe 3-étoiles géré par Hélène et Loïc Constant. À votre disposition, des chambres équipées possédant tout le confort moderne et à la décoration soignée et chaleureuse. L'établissement dispose d'un bar et d'un salon très cosy avec de grands fauteuils et une décoration jazzy, et une terrasse extérieure vous ouvre ses bras dès les beaux jours. Vous serez idéalement situé entre Béthune et Arras et à seulement quelques kilomètres des célèbres collines de l'Artois et de Notre-Dame de Lorette. C'est un lieu d'exception pour parfaire votre connaissance de la région. Faites un détour par le restaurant, Le Cercle : une très bonne table.

LOISINORD

Stade de glisse et stade nautique
✆ 03 21 26 84 84
www.bethunebruay.fr
ski.loisinord@bethunebruay.fr

Ouvert toute l'année. Le lundi, le mardi et du jeudi au samedi de 14h à 19h ; le mercredi de 10h à

12h et de 14h à 19h ; le dimanche de 10h à 19h. Activités payantes. Forfait famille 34 €. Chèque Vacances.

Le complexe de sports et loisirs Loisinord réunit deux sites dédiés principalement aux sports de glisse : la piste de ski synthétique, la plus grande d'Europe, et le stade nautique, très fréquenté aux beaux jours. Ici, il est possible de skier toute l'année. Que vous soyez ski ou snowboard, vous aurez le choix entre 3 tremplins, une corniche, un champ de bosses, un half pipe, 3 rails de 5 mètres, 1 quarter pipe... Possibilité de prendre des cours avec un moniteur fédéral. Tenue conseillée : manches longues, pantalon et gants pour votre sécurité (pour votre confort, vous pouvez aussi ajouter des chaussettes de rechange, car les brumisateurs qui facilitent les bonnes sensations... mouillent aussi les chaussures !). Si vous préférez l'eau, dès que la température extérieure le permet, profitez de nombreuses activités nautiques : téléski nautique, baignade surveillée, canoë, pédalo...

Vendin-lès-Béthune

■ LE CARRÉ DES ÉPICURIENS

Ferme de la Motte-Dorée
Route de Saint-Venant
✆ 03 21 01 00 29
lecarredesepicuriens@gmail.com

♿

Ouvert du dimanche au vendredi de 12h à 14h ; le vendredi et le samedi de 19h30 à 22h. Réservation recommandée. Menus de 40 € à 50 €. Accueil des groupes. Terrasse.

Entrez dans cet ancien corps de ferme datant de 1865 niché au cœur d'un écrin de verdure. Ici, on fait la part belle à la cuisine de nos régions. Signe de qualité, le chef n'utilise que des produits frais, de saison et locaux. Vous pourrez par exemple déguster un cromesquis d'escargots de Bourgogne au beurre d'herbes et son espuma en entrée ou une caille farcie au foie gras et raisins avec sa sauce aux truffes en plat... L'accueil est souriant et chaleureux, la recette parfaite pour passer un bon moment.

■ LE P'TIT BOUCHON

18, route de Saint-Venant
✆ 03 21 68 42 94

♿

Ouvert du dimanche au jeudi le midi ; le vendredi et le samedi le midi et le soir. Menus de 12,90 € à 26 €. Carte : 12 € environ. Plat du jour : 8,90 €. Parking.

C'est à 3 km de Béthune, que Fanny vous accueille au sein de son restaurant, le P'tit Bouchon. C'est principalement une clientèle professionnelle de passage qui s'y rend mais on apprécie aussi de s'y rendre en famille ou entre amis. Le cadre est agréable, l'accueil est sympathique. Une cuisine traditionnelle et variée vous est proposée. Quelques spécificités régionales s'affichent au menu : feuilleté d'andouillette à la moutarde de Meaux ou fondant de maroilles et spéculoos. Le menu est ouvert aux suggestions des clients, ce qui est rare dans le milieu de la restauration et mérite donc d'être souligné.

■ SECRETS D'ABBAYES

16, route de Saint-Venant
✆ 03 21 52 40 60

Ouvert le mardi et le mercredi de 10h30 à 19h ; du jeudi au samedi de 11h à 20h.

Secrets d'Abbayes, c'est une cave à bières qui propose une sélection de produits régionaux et de bières du monde. Ouvert en 2014, on y retrouve plus de 300 références régionales et belges bien sûr, mais aussi danoises, américaines, suédoises, brésiliennes... Blondes, brunes, rousses, blanches ! Le lieu est tenu par un passionné de bières qui ne manque pas de bons conseils. L'établissement organise des soirées biérologiques. D'autres événements avec dégustation offerte sont par ailleurs proposés tout au long de l'année comme des concerts. Il est également possible de consommer sur place grâce au bar à bières tout en goûtant à quelques saucissons artisanaux. Pour offrir ou se faire plaisir, on n'hésite pas à se pencher sur les paniers garnis que l'on peut concevoir sur mesure.

BOULOGNE-SUR-MER ★★★

Capitale de la Côte d'Opale, Boulogne-sur-Mer est le premier port de pêche français. Ville d'art, d'histoire et de culture, cité portuaire et balnéaire animée, bien équipée pour l'accueil des nombreux touristes qui la visitent tout au long de l'année, c'est une ville qui gagne à être connue. Elle est d'ailleurs la deuxième destination touristique du Nord-Pas-de-Calais après la métropole lilloise. Sa gastronomie justement réputée, avec ses divers marchés colorés et ses nombreux restaurants de poissons et fruits de mer, conforte la qualité de son accueil. La ville se déploie sur deux niveaux, la ville haute, sur une colline, qui abrite son quartier historique avec un riche patrimoine architectural témoin de 2 000 ans d'histoire – commençant à l'époque romaine –, et la ville basse, au niveau de la mer, avec le centre-ville, ses administrations, ses commerces mais aussi le front de mer avec la zone portuaire, la plage et le Nausicaà – le plus grand aquarium d'Europe. Malgré sa destruction à près de 85 % lors de la Seconde Guerre mondiale, Boulogne a conservé dans la vieille ville de nombreux vestiges de son riche passé. C'est ainsi que vous pourrez découvrir, en parcourant ses ruelles pavées, l'ancienne ville fortifiée protégée par 1,5 kilomètres de remparts bien conservés. Le château comtal entouré de ses douves abrite aujourd'hui les riches collections du musée Sainte-Beuve. Sur la place du magnifique hôtel de ville – avec sa superbe salle des gouverneurs – se dresse solitaire l'impressionnant beffroi communal, ancien donjon du XIIIe siècle. Un peu plus loin est érigée la basilique Notre-Dame de Boulogne qui abrite une crypte médiévale, la plus vaste de France. En passant, vous pourrez admirer de beaux hôtels particuliers des XIIe et XIIIe siècles, tel l'Hôtel Désandrouin où séjourna Napoléon Ier lors de ses projets de conquête de l'Angleterre.

La rue de Lille.

Dans la ville basse, contrastant avec le calme de la ville haute, commerces, bars et restaurants sont toujours très animés. Il en est de même pour la zone portuaire partagée entre les activités liées à la pêche et celles d'autres commerces tels que celui du bois. Vous pourrez y acheter du poisson frais de retour de pêche quotidien sur le quai Gambetta ou, en visite guidée, découvrir le parcours du poisson depuis son déchargement à quai et son expédition à la gare des marées en visitant Capécure, la plateforme de commercialisation des produits de la mer. Vous vous trouverez alors à proximité du Centre national de la mer, appelé plus communément Nausicaà, lieu de vulgarisation à l'environnement de la mer unique en Europe par sa taille et la possibilité d'observer plus de 36 000 animaux vivants provenant de toutes les mers du globe. Ils évoluent devant vous dans une cinquantaine d'aquariums géants et de bassins en concurrence d'intérêt avec des films pédagogiques, une reconstitution de navire océanographique...

Mais parmi les attraits de Boulogne, il y a aussi ceux suscités par ses environs. La Côte d'Opale dans son ensemble bien sûr, mais aussi son environnement le plus proche tel que Wimereux, à 7 kilomètres seulement vers le nord, charmante station balnéaire avec ses élégantes demeures Belle Époque et ses cabines de plage déployées sur le sable du front de mer. Et aussi le site naturel d'Ecault, magnifique massif de dunes protégées et sa forêt domaniale contiguë, situé entre Hardelot Plage et la capitale de la Côte d'Opale où vous pourrez vous adonner en toute tranquillité aux plaisirs des balades et des randonnées.

■ BUREAU D'INFORMATION TOURISTIQUE DE BOULOGNE

Parvis de Nausicaa
Boulevard Sainte-Beuve
✆ 03 21 10 88 10
www.tourisme-boulonnais.com

♿

Basse saison : ouvert du lundi au samedi de 10h à 12h30 et de 14h à 17h30 ; le dimanche de 9h à 17h. Haute saison : du lundi au samedi de 10h à 12h30 et de 13h45 à 18h ; le dimanche et les jours fériés de 10h30 à 13h et de 14h30 à 17h. Horaires élargis en juillet et août. Pour les réservations et visites guidées de groupes ✆ 03 61 31 10 89.

Ce bureau d'information touristique de Boulogne-sur-Mer est une antenne locale de l'office de tourisme inter-agglomération du Boulonnais et de la Côte d'Opale. Les Romains, les Anglais et Napoléon ont fait de Boulogne un haut lieu de l'histoire. L'office de tourisme du Boulonnais vous invite à (re) découvrir ce passé et ses incontournables : la basilique Notre-Dame, le château comtal, l'hôtel de ville et son beffroi... De juin à août, le bureau d'information est le point de départ du petit train touristique qui vous fait parcourir le Vieux-Boulogne. L'équipe de l'office de tourisme organise des visites guidées pour les groupes tout au long de l'année. Pour les particuliers, les visites guidées démarrent au printemps et ont lieu pendant les vacances scolaires.

Points d'intérêt

■ BASILIQUE NOTRE-DAME-DE-BOULOGNE ET LA CRYPTE

Accès par la rue de Lille
2, parvis Notre-Dame
✆ 01 46 05 15 06
www.notre-dame-de-boulogne.fr

Basilique ouverte du mardi au dimanche matin hors vacances scolaires. Crypte ouverte du mardi au dimanche, en haute saison de 9h30 à 18h, en basse saison de 9h30 à 12h30 et de 14h30 à 17h30. Visite libre de la crypte : tarif plein 5 €, tarif réduit 3 €. Tarif 1er dimanche du mois : 2 €. Gratuit pour les moins de 16 ans. Possibilité de billet couplé crypte + musée. Visioguides. Visites guidées.

Succédant à l'église médiévale construite par Ide de Lorraine vers 1100 et détruite en 1798, la basilique Notre-Dame est l'œuvre d'un Boulonnais, l'abbé Haffreingue, architecte autodidacte qui l'édifia à partir de 1827. Cette reconstruction illustre la ferveur du culte marial à Boulogne, dont les origines remontent au VIIe siècle. Au Moyen Âge, l'abbaye Notre-Dame était un important centre de pèlerinage fondé sur la tradition d'une statue miraculeuse de la Vierge venue s'échouer sur le rivage. Le dôme et la coupole, culminant à 100 m de hauteur et à la position décentrée, font de Notre-Dame de Boulogne un ensemble monumental qui domine la ville de sa silhouette singulière. La crypte a été redécouverte au XIXe siècle lors des travaux de reconstruction de la cathédrale. Ses 128 m de long en font la plus vaste de France. Le dédale de galeries qui la composent abrite les vestiges de l'église romane du XIIe siècle ainsi qu'un trésor d'art sacré, dont le reliquaire du Saint-Sang, offert par Philippe le Bel en 1308. Chaque année, un spectacle son et lumières retrace l'histoire de Boulogne, mise en scène dans le décor hors-norme de la cathédrale. Réservation obligatoire !

BEFFROI DE BOULOGNE ★

Place Godefroy de Bouillon ✆ 03 21 87 80 80
www.ville-boulogne-sur-mer.fr
Attenant à l'hôtel de ville.

Accès au rez-de-chaussé gratuit toute l'année, du lundi au vendredi aux horaires d'ouverture de la mairie, et en visite commentée aux étages en juillet et août, tous les jours (2 €). Visites pour les groupes toute l'année sur rendez-vous. Entrée par l'hôtel de ville.

Construit sur l'ordre du comte de Boulogne à la fin du XIIe siècle, ce donjon fut cédé au début du XIIIe aux bourgeois de la ville qui en firent leur beffroi, symbole des libertés communales. L'étage octogonal date du XVIIIe siècle. Le beffroi fut le seul monument de la ville épargné par les bombardements de la Seconde Guerre mondiale. Il a été classé en 2005 au patrimoine mondial de l'humanité par l'Unesco, au même titre que d'autres beffrois de la région.

CHÂTEAU COMTAL ET FORTIFICATIONS DE LA VIEILLE VILLE

1, rue de Bernet
Parking bd Eurvin face au stade
✆ 03 21 10 02 20
http://musee.ville-boulogne-sur-mer.fr

Accès à l'intérieur du château et aux souterrains : uniquement avec l'entrée au musée. Musée ouvert tous les jours sauf le mardi. En haute saison du 2 mai au 30 septembre de 09h30 à 18h00. En saison basse du 1er octobre au 30 avril de 09h30 à 12h30 et de 14h00 à 17h30. Collections permanentes : 6 € tarif plein ; 4 € réduit ; temporaire : 3 € tarif plein ; 2 € réduit. Billet couplé (collections permanentes + exposition temporaire) : 7 € tarif plein ; 5 € réduit. Billet combiné (Musée/cryptes) 10 € tarif plein ; 6€ réduit. Visite guidée (de 50 minutes organisée par l'Office de Tourisme pour les groupes et toute l'année, ainsi qu'en juillet-août pour 2 €).

Partez à la découverte de la ville haute, qui domine la mer à l'abri de ses fortifications. Elle cache des trésors, comme la cathédrale, le beffroi et le château comtal, qui accueille les collections du musée de Boulogne-sur-Mer. Vous pourrez parcourir librement les douves et les remparts de cette importante forteresse, érigée au XIIIe siècle par le comte Philippe de Hurepel. Premier exemple en Europe occidentale d'un château fort construit sans le traditionnel donjon, elle abrite des salles admirables, comme la magnifique salle gothique de la Barbière, mais aussi la chapelle, la salle comtale et ses souterrains, la salle des gardes... qui servent d'écrins aux collections permanentes ou temporaires de la ville.

NAUSICAÀ – CENTRE NATIONAL DE LA MER ★★★

Boulevard Sainte-Beuve ✆ 03 21 30 98 98
www.nausicaa.fr

Fermé les 25 décembre et 1er janvier, ouvert de 14h à 19h. Fermeture annuelle du 4 au 22 janvier 2021. Basse saison : ouvert tous les jours de 9h30 à 18h30. Haute saison : tous les jours de 9h30 à 20h. Pendant les petites vacances : de 9h30 à 19h00. Adulte : 26,50 €. Enfant (de 3 à 12 ans) : 19,95 €. Gratuit pour les moins de 3 ans. Séniors, étudiants, demandeur d'emploi, personnes en situation de handicap : 23,25€. Label Tourisme & Handicap. Restauration. Location de poussette : 3,90 €.

Depuis deux ans déjà, le Centre National de la Mer invite à la découverte de la haute mer avec un bassin exceptionnel de 10 000 mètres cubes qui emmène le public à la rencontre de la haute mer avec ses ressources, ses merveilles et ses fragilités. Avec cette extension, Nausicaà se conforte, encore un peu plus, comme le lieu incontournable de sensibilisation aux mers et océans et à leurs écosystèmes grâce au plus grand aquarium d'Europe. Des plages aux fonds marins, des lagons aux forêts immergées, le Centre raconte de façon détaillée et vivante l'une des plus belles et des plus anciennes histoires de la planète. A faire, et surtout avec les enfants, qui adoreront les attractions telles que les nourrissages des animaux ou l'immersion au milieu des requins. Des animations y sont en permanence organisées et ce Centre fabuleux n'hésite pas à vous dévoiler largement ses coulisses peu ordinaires. Vous rejoindrez ainsi les quelque 600 000 visiteurs qui y font une halte chaque année, séduits par cette visite à la fois ludique et éducative.

Grande baie, Nausicaà.

Le couvert

L'ÎLOT VERT

36, rue de Lille ✆ 03 21 92 01 62
www.lilotvert.fr – contact@lilotvert.fr

Ouvert le mardi et du jeudi au samedi le midi et le soir. Réservation recommandée. Menus de 35 € à 53 €. Formule du midi : 26 €. Terrasse.

Voilà une table d'exception que l'on découvre avec ravissement lorsque l'on se promène à pied dans les vieilles rues du centre historique de Boulogne-sur-Mer. Tony Régnier, le chef, y travaille avec modernité et délicatesse le meilleur du terroir et de la mer. La carte réduite garantit aux gourmands qualité et fraîcheur des mets. C'est un réel bonheur que d'y dîner, aux heures douces de l'été, dans le patio qui donne son nom à cet îlot vert... Voici quelques exemples de plats sur la carte : dorade à la plancha et laitue ferrée à la sauce césar, avocat à la poudre de tomate ; ris de veau au sautoir et jus de viande café-crème, cassolette de légumes ; soufflé chaud à la framboise et glace vanille et fruits rouges...

RESTAURANT FLEUR DE SEL

90, quai Léon-Gambetta
✆ 03 21 30 07 41

Ouvert du dimanche au mardi de 12h à 14h ; du jeudi au samedi de 12h à 14h et de 19h à 21h. Carte : 17,50 € environ. Menu enfant : 9 €. (formule du marché). Vin au verre. L'ardoise du marché : 5 entrées et 7 plats au choix sauf en juillet et août. Chèque Vacances, Chèque Restaurant. Accueil des groupes. Chaises bébé. Terrasse. Parking.

Bien qu'il se fasse discret sur le port de Boulogne, le restaurant Fleur de Sel figure parmi les incontournables de la ville et de la Côte d'Opale. Très apprécié pour sa décoration chic et sa vue panoramique sur le port et la mer, il réalise une prestation chaleureuse et courtoise qui réjouit ses convives par sa cuisine très recherchée et la qualité de produits irréprochables, toujours pour un prix raisonnable. Son ardoise, évoluant quotidiennement, laisse place à des produits frais travaillés chaque jour pour réveiller les sens. Recommandations de la maison : la lasagne de bar farcie au crabe ou les croquettes de crevettes grises sauce cocktail ! Sa cave, constituée par les domaines et châteaux les plus nobles, saura toujours accompagner vos plats avec justesse et plaisir. Une adresse à retenir pour un tête-à-tête en amoureux, un moment de détente en famille ou entre collègues !

LA TABLE DE NICOLAS – LE WELSH PUB

Place Dalton ✆ 03 21 31 51 31
www.latabledenicolas.com
welsh.pub@orange.fr

Maître Restaurateur. Qualité Tourisme. Ouvert tous les jours de 11h45 à 16h et de 19h à 21h. Menus de 28 € à 38 €. Carte : 19 € environ (plats de 15,90 à 20 €). Menu enfant : 9,50 €. Plat du jour : 13,90 € (du marché à midi en semaine). Chèque Vacances. Accueil des groupes (salon privatif, jusque 28 personnes). Terrasse. Vente à emporter.

Entre le Welsh Pub et la Table de Nicolas, le cœur balance ! Welsh ou volaille de Licques ? Tartare ou bourride de poissons ? Qu'importe, vous vous régalerez, de toute façon, et vous reviendrez à n'en pas douter pour essayer d'autres plats... L'endroit est clair et lumineux, l'assiette bien présentée, le service souriant et attentionné, et quelle belle vue sur l'église Saint-Nicolas lorsque l'on vient prendre un simple café en terrasse ! Quant aux desserts, faits maison, ils sont tout simplement exquis, et si bellement arrangés dans l'assiette qu'on a (presque) scrupule à les dévorer. Et si vous n'avez malheureusement pas la possibilité de vous attabler, vous pourrez toujours repartir avec un plateau de fruits de mer en vente à emporter avec un gros plus : étant adhérent du programme Mr. Goodfish, l'établissement s'engage dans la préservation des ressources marines en présentant des espèces plus durables et de saison ! Un bon point pour déguster poissons et fruits de mer sans culpabiliser pour notre impact sur la planète, et pour permette à nos enfants de les goûter à leur tour dans quelques années.

Le gîte

HÔTEL MÉTROPOLE***

51, rue Adolphe-Thiers ✆ 03 21 31 54 30
www.hotel-metropole-boulogne.com
hotel.metropole@orange.fr

Ouvert toute l'année. Accueil 24h/24. 25 chambres. Chambre double de 69 € à 135 € ; suite de 95 € à 185 €. Petit déjeuner buffet : 10 €. Parking fermé : 14 €. Taxe de séjour 1 €. Animaux acceptés (15 €). Wifi gratuit. Restauration (service d'encas : dessets 6 €, plats 14 € et formule plat-dessert 17 €).

Derrière sa façade rétro, l'hôtel Métropole, adresse incontournable du centre-ville de Boulogne, s'est offert une cure de jouvence. Les vingt-cinq chambres ont été entièrement rénovées au printemps 2018, ainsi que la salle à manger et les parties communes : bois blanc et notes de couleurs gaies illuminent les lieux. Une literie de qualité vous promet des nuits fort confortables et, au réveil, qu'il est bon de prendre son petit-déjeuner dans la salle ouverte sur les jardins ! N'hésitez pas à tenter l'expérience de la suite pour prolonger encore le plaisir, pourquoi pas en y faisant monter une bouteille de champagne du bar ? Pour les familles, des chambres communicantes peuvent être demandées. A noter que son bar est ouvert 24h/24 avec un service d'encas Comtesse du Barry proposant un choix de plats, de desserts ainsi qu'une formule plat-dessert. Voilà un hôtel accueillant et intimiste avec un service qui reste fidèle à sa très bonne réputation.

HÔTEL OPAL'INN***

170, boulevard Sainte-Beuve
✆ 03 21 32 15 15
www.hotel-opalinn.com
reservation@hotel-opalinn.com

Ouvert toute l'année. Accueil 24h/24. 42 chambres (dont 20 avec vue sur la mer). Chambre double à partir de 109 €. Petit déjeuner buffet. Parking (public). Promotions fréquentes. Animaux acceptés. Wifi gratuit.

Face à la plage de Boulogne-sur-Mer, à côté de Nausicaá et de nombreuses activités nautiques, l'hôtel Opal'Inn, récemment entièrement rénové, propose de très jolies chambres à la décoration raffinée et tout confort. Simples, doubles ou familiales, elles disposent d'une télé, d'un accès Internet et d'une salle de bains privée. Cet hôtel 3-étoiles est l'un des rares de Boulogne à proposer des chambres avec vue sur la mer et, pour certaines, un petit balcon agréable pour y siroter un verre en toute tranquillité, face à un beau panorama. Nouveauté 2019, Camille et Guillaume vous proposent également une possibilité de séjour en appartements dans leur autre structure Opal'Appart (logements indépendants équipés d'un lave-vaisselle, d'un micro-ondes, d'une machine à café, d'un réfrigérateur et d'une bouilloire, d'une télévision à écran plat avec un lecteur DVD, d'une salle de bains privative avec un sèche-cheveux et d'une cuisine avec un coin repas). Ils vous réserveront, quel que soit votre choix, un excellent accueil et feront de votre séjour chez eux une agréable escale.

Loisirs

■ BATEAU PROMENADE LA FLORELLE

98, quai Gambetta ✆ 06 48 49 42 26
www.boulogne-promenade-en-mer.com
boulognemerpromenade@orange.fr
Face à la Chambre de commerce, à 200 m du Nausicaá.

Ouvert tous les jours. Billetterie de 10h à 18 h. Réservation 20 mn avant. Divers circuits : de 12 à 34 € pour les adultes et de 9 à 20 € pour les enfants de 3 à 12 ans. Pêche en mer 50 € + location éventuelle matériel 17 €.

Embarquez pour une balade en mer à bord du Florelle. Que ce soit pour une petite virée d'une heure dans la rade ou un circuit de 4h jusqu'au cap Blanc-Nez, la Compagnie Touristique Maritime Boulonnaise vous donne rendez-vous à 500 mètres de Nausicaá, face à la Chambre de Commerce. Larguez les amarres et allez découvrir le site naturel de la Pointe aux Oies ou celui des Deux-Caps, classé Grand Site de France ! Détendez-vous et laissez-vous guider par le capitaine qui commente les sites à découvrir. Le Florelle peut accueillir jusqu'à 98 personnes. Des sorties d'initiation à la pêche en mer sont régulièrement organisées en matinée, se renseigner. Séminaire, colloque, réunion, départ de courses, concert, mariage, cocktail, anniversaire, soirée privée... : La Florelle peut aussi être louée pour vos évènements privés ou pour rendre un dernier hommage à un proche défunt. N'oubliez pas non plus de consulter le programme des festivités de la ville car il est souvent l'occasion de nouvelles expériences.

Emplettes

■ CHOCOLATERIE DE BEUSSENT

56, rue Thiers ✆ 03 21 92 44 00
www.choco-france.com
commande@choco-france.com

Ouvert du lundi de 14h a 19h et du mardi au samedi de 9h30 a 13h et de 14h a 19h.

Fondée en 1985, la maison de Beussent n'a plus rien à prouver en matière de chocolat... Fabriqués de manière artisanale, dans le plus grand respect de la matière première, ses produits ont un goût caractéristique apprécié des connaisseurs. Les chocolatiers de l'enseigne sont parmi les rares professionnels de France à maîtriser la fabrication de A à Z : du choix des fèves de cacao jusqu'au conchage, tout est fait maison. À noter que Beussent possède sa propre plantation en Équateur ! N'hésitez pas à passer en boutique pour découvrir les œuvres faites par ces artisans avec ce noble matériau. Si vous cherchez à en savoir plus, à découvrir comment est fait le délicieux chocolat Beussent Lachelle, n'hésitez pas à suivre les événements, visites, portes ouvertes et autres ateliers enfants qui sont proposés tout au long de l'année.

■ FROMAGERIE PHILIPPE OLIVIER

43, rue Thiers ✆ 01 21 31 94 74
www.philippeolivier.fr

Ouvert le lundi de 15h à 19h15 ; du mardi au vendredi de 9h30 à 13h et de 15h à 19h15 ; le samedi de 8h30 à 19h15. Service de commande en ligne.

« Le fromage est un art », nous annonce-t-on. Ici, tout est fait maison. Chez les Olivier, on est affineur de père en fils depuis près de soixante ans. Dans la boutique, on trouve des fromages de toute la France, particulièrement dans leur version fermière. Romain Olivier s'emploie avec pugnacité à défendre le savoir-faire transmis par son père, Philippe. Une grande maison de renommée nationale et une visite incontournable pour les amateurs d'authenticité : les fromages Philippe Olivier se trouvent sur les cartes de tous les grands restaurants des environs ainsi que dans leurs boutiques dont celle de Boulogne-sur-Mer située au cœur de l'espace piéton. Ils peuvent aussi se commander en ligne. Pour vos réceptions, pensez à faire appel à l'équipe pour les buffets de fromages ! Originaux, ils raviront les papilles de vos convives qui pourront en outre se documenter sur chacune des pépites qu'ils goûteront et sur l'ensemble des métiers liés à ce mets français si classique mais si divers et varié.

Dans les environs

Condette

L'ORÉE DU BOIS

20, rue de la Marne ✆ 03 74 11 66 95
www.loreedubois-restaurant.fr

Ouvert du mardi au samedi de 12h à 13h30 et de 19h à 21h30 ; le dimanche de 12h à 13h30. Menus de 33 € à 49 €. Carte : 29 € environ. Menu enfant : 12 €. Formule du midi : 20 €. Accueil des groupes (jusqu'à 40 personnes). Vente à emporter.

À cinq minutes de la mer, dans un cadre épuré au maximum pour concentrer les sens sur les saveurs de la bouche, se déguste une cuisine de terroir et de qualité. Le menu propose toujours de nouvelles recettes et une fraîcheur incontestable avec trois entrées, trois plats, trois desserts qui sont modifiés chaque semaine. La carte est resserrée autour de plats de saison, à la présentation raffinée et aux saveurs sublimées. C'est gourmand, inventif, finement dressé... L'accueil est toujours chaleureux et sympathique. Tout ceci donne l'envie d'y revenir !

CHÂTEAU D'HARDELOT ★★
1, rue de la Source
✆ 03 21 21 73 65
www.chateau-hardelot.fr
chateau.hardelot@pasdecalais.fr

Ouvert du mardi au dimanche de 10h à 12h30 et de 13h30 à 18h. Gratuit jusqu'à 18 ans. Adulte : 3 € (5 € en visite guidée). Réservation obligatoire pour les groupes (18 personnes max). Restauration (salon de thé). Animations.
Sur les vestiges d'un château du XIe siècle, un manoir fut bâti au XIXe, que l'on restaura en 2014 après que le site fut devenu le siège de l'Entente cordiale franco-anglaise. C'est dire la richesse des lieux ! Un dialogue autour des relations des deux pays au travers des siècles se noue au cours de la visite : le mobilier et les pièces exposées célèbrent cette tumultueuse amitié. Autour de la bâtisse s'étendent des jardins anglais et des jardins de la Renaissance. Au total, six bosquets ont été conçus selon des styles différents (François Ier, Henri VIII, etc.). Depuis 2015, le Centre Culturel de l'Entente cordiale est doté d'un théâtre élisabéthain, seule salle de ce type en France. Le projet, réalisé par l'architecte Andrew Todd, a reçu l'approbation de la reine Elisabeth II lors d'une visite en France en 2014. Cette salle de 400 places permet d'accueillir une programmation artistique variée.
Un salon de thé vous permettra de vous poser un instant lors de cette très riche visite. Ici aussi, on n'oublie pas le clin d'œil à nos amis britanniques, puisque l'on y sert quelques gourmandises originaires d'outre-Manche. Envie d'un *tea time* ?

CAMPING CARAVANING DU CHÂTEAU****
21, rue Nouvelle
✆ 03 21 87 59 59
www.camping-caravaning-du-chateau.com

Fermé du 5 novembre au 23 mars. Accueil jusqu'à 20h (les arrivées sont acceptées jusqu'à 22h30). 70 emplacements. Sol : herbeux. Relief : plat. Emplacement + véhicule + 2 personnes de 18,80 € à 25,60 €. Mobil-homes pour 6 personnes de 445 € à 690 € la semaine. Jeux pour enfants. Salle de bains pour bébés. Animaux acceptés.
Situé en bordure de forêt, à 3 kilomètres d'une immense plage de sable fin, le camping donne accès à de nombreux loisirs : chars à voile, golf, catamaran, tennis, randonnées, VTT... À proximité, le lac des Miroirs, classé espace naturel régional, est idéal pour les parties de pêche et permet de gagner Hardelot et le Touquet à cheval ou à vélo. D'autres animations sont organisées l'été, comme des promenades en calèche ou des balades en poney pour les petits.

SENTIER DU CHÂTEAU
Départ : Parking du Château d'Hardelot
✆ 03 21 10 36 30
www.agglo-boulonnais.fr
Longueur : 14 km. Durée : 3h45.
La randonnée autour du Château d'Hardelot promet la découverte de nombreux trésors naturels : le marais de Condette, la réserve naturelle régionale et le milieu dunaire d'Écault. Pour la petite histoire, le château fut érigé au IXe siècle puis transformé par Philippe Hurepel au XIIIe siècle. John Whitley en fait l'acquisition en 1858, c'est le début de la station touristique d'Hardelot. Aujourd'hui, le Château accueille le Centre franco-britannique de l'Entente Cordiale. Au cours de la balade, vous oscillerez entre villages de campagne et stations balnéaires. L'ensemble de ce territoire constitue un réservoir majeur de biodiversité pour le Boulonnais et un corridor écologique de grande importance pour la région Hauts-de-France. On recense 345 espèces végétales dans le marais de Condette, dont plusieurs sont considérées comme patrimoniales. Une balade entre nature et culture à ne pas manquer !

Desvres

OFFICE DE TOURISME DESVRES-SAMER
1, rue du Louvre
✆ 03 21 92 09 09
http://tourisme-desvressamer.fr
ot@cc-desvressamer.fr
Ouvert en moyenne saison du lundi au samedi de 10h à 12h30 et de 14h à 17h, fermé dimanche et jours fériés. En haute saison du lundi au dimanche matin de 10h à 12h30 et de 11h à 18h. En basse saison, ouvert du mardi au vendredi de 10h à 12h30 et de 14h à 17h. Fermé les jours fériés.
Le pays de Desvres-Samer, territoire rural vallonné à la longue tradition de métiers d'art, gagne à être mieux connu. L'office Intercommunal de tourisme Desvres-Samer s'y emploie. Pour découvrir Desvres et ses environs, son blog est une mine d'or qui suggère de nombreux bons plans selon la saison. Les points d'accueil physiques de Desvres et Samer proposent quant à eux le guide touristique *Au cœur de la côte d'Opale Desvres-Samer* et un carnet du randonneur recensant 28 circuits du territoire. D'autre part, en été, il organise des randonnées, des sorties famille et des « sorties fantastiques » à thème.
Autre adresse : Antenne de Samer à la mairie, place Foch ✆ 03 21 87 10 42.

MUSÉE DE LA CÉRAMIQUE ★
Rue Jean-Macé
✆ 03 21 83 23 23
www.musee-ceramique-desvres.com
accueil@mceramique-desvres.fr
Fermé le 1er janvier, le 25 décembre et le 31 décembre. Basse saison : ouvert du mardi au samedi de 10h à 12h30 et de 14h à 18h30 ; le dimanche et les jours fériés de 14h à 17h30. Haute saison : du mardi au samedi de 10h à 18h ; le dimanche et les jours fériés de 10h à 12h30 et de 14h à 18h. Tous les jours, toute l'année sur réservation pour les groupes. Haute saison en juillet-août. Gratuit jusqu'à 8 ans. Adulte : 5 € (réduit : 4 €). Enfant (de 8 à 18 ans) : 4 €.
À visiter absolument sur Desvres, le Musée de la Céramique a ouvert ses portes en octobre 2012. Connu jusque là sous le nom de Maison de la Faïence, il est devenu un véritable musée, équipement scientifique et culturel. Avec plus de 600 pièces exposées et une dizaine de salles, il met en scène 300 ans de savoir-faire en matière de production céramique à Desvres, du XVIIe siècle à nos jours. Des témoignages d'ouvriers,

de faïenciers et de leurs descendants enrichissent le parcours muséographique. Des tablettes tactiles sont à disposition des visiteurs en complément des audioguides.

■ LE VILLAGE DES MÉTIERS D'ART DE DESVRES
5189, chaussée Brunehaut
Longfossé ✆ 03 21 99 60 20
www.vmad.fr
contact@vmad.fr

Ouvert du mardi au samedi de 9h à 12h et de 14h à 18h. Fermé les jours fériés. Gratuit pour les visiteurs autonomes. Pour les visites guidées, uniquement pour les groupes d'au moins 10 personnes : adultes 5 €, enfants de 6 à 18 ans 3,50 €. Gratuit si – de 6 ans. Boutique.

Le Village des Métiers d'Art de Desvres (VMAD) a été créé en septembre 2010 par la communauté de communes de Desvres-Samers pour encourager et sauvegarder les métiers d'art dans la cité des Potiers. Le village accueille une dizaine d'artisans, créateurs de bijoux et de mobilier en bois, ébénistes, sculpteur ou céramistes. Ils ont trouvé dans la pépinière d'entreprises un lieu où travailler et développer leurs activités en profitant de conseils professionnels et de deux fours où cuire sculptures et objets en céramique. Dans un parcours au sein de la pépinière, les visiteurs pourront comprendre l'actualité de certains métiers d'art (stucateur, sellier-harnacheur, tapissier d'ameublement...), apercevoir des artisans dans l'exercice quotidien de leur métier et parcourir une exposition plus générale sur les métiers d'art et cela grâce à l'aide d'une projection vidéo de 10 minutes sur le territoire et la présentation du concept VMAD, ses objectifs et ses espoirs. De plus une boutique sur place propose à la vente un choix d'objets et de créations sélectionnés parmi les plus réussis de la région et de la France entière.

Echinghen

AUX AMIS DE STEF
15, La Place ✆ 03 21 91 08 56
www.auxamisdelestaminet.com
contact@auxamisdestef.com

Ouvert tous les jours de 12h15 à 13h45 et de 19h00 à 20h45 d'avril à octobre sauf le mercredi soir et le jeudi toute la journée. Fermé de novembre à mars les lundi soir, mardi soir, mercredi soir et jeudi toute la journée. Menus de 24 € à 29 € (menu du jour 19 € hors dimanche midi et jours fériés). Carte 20 € en moyenne. Jardin. Terrasse.

Faites une halte gourmande dans le gros bourg d'Echinghen sur le chemin qui vous mène à la côte ! Pour cela arrêtez-vous Aux amis de Stef, une étape culinaire lovée dans un cadre verdoyant et paisible. Vous y serez accueilli comme un hôte privilégié, dans une de ses deux salles au décor élégant, mais sans affectation, avec des tables soigneusement dressées. Aux beaux jours sa terrasse, avec son environnement champêtre, est particulièrement agréable. À l'image du lieu, la cuisine vous ravira : elle fait la part belle aux saveurs éprouvées, revisitées de façon originale pour un résultat qui enchante les papilles. La terrine de foie gras, compotée de pommes et raisins vous restera longtemps en mémoire... Tout comme l'agneau rôti au thym et son parmentier. À essayer sans hésitation !

Devanture avec création d'un artisan.

Hardelot Plage

■ OFFICE DE TOURISME D'HARDELOT
476, avenue François-Ier
✆ 03 21 83 51 02
www.hardelot-tourisme.com

Famille Plus. Qualité Tourisme. Ouvert du lundi au samedi de 10h à 12h30 et de 14h à 18h ; le dimanche de 10h à 13h et de 15h à 18h.

L'office de tourisme vous renseignera sur toutes les animations mises en place par la commune d'Hardelot en matière d'accueil et d'animation pour enfants. En effet, la ville est classée Station Famille Plus et propose, à chaque vacances scolaires, des ateliers créatifs qui occuperont les après-midi des enfants de 4 à 12 ans : ateliers plastiques, culinaires, sorties découverte, jeux, rallye-charade, théâtre... Un espace ludique et clôturé, le Jardin des Enfants, a été spécialement aménagé avec des jeux mis à leur disposition.

O' DELICE
3, avenue de la Concorde
✆ 03 74 11 63 86
www.o-delice.fr

Ouvert le mardi de 19h à 21h30 ; du mercredi au dimanche de 12h à 13h30 et de 19h à 21h30. Carte : 35 € environ. Menu enfant : 11 €. Terrasse.

Vous aimez être surpris ? Cette adresse est faite pour vous. Les deux chefs (qui ont longtemps officié dans les cuisines de l'hôtel Regina) ont ouvert leur propre restaurant pour proposer des saveurs qui réveillent les palais endormis. Jugez plutôt : poêlée de magret de canard rôti et crumble d'orange avec ses légumes du moment ou la volaille de ferme, croustillant de filet rôti cajun, pommes rattes... Ils aiment également cuisiner le poisson avec, là aussi, une touche de créativité et beaucoup de finesse : dos de cabillaud chimichurri traditionnel, saumon d'Écosse, risotto colombo, confit au gingembre et espuma d'agrumes... Les salades ont une bonne place sur la carte. Une adresse semi-gastronomique qui offre un bon rapport qualité-prix.

LA CÔTE RÔTIE
15-17, place Bournonville
✆ 03 91 18 40 76
restaurantlacoterotie@gmail.com

Ouvert toute l'année. Fermé le mercredi. Du jeudi au mardi de 12h à 15h et de 19h à 22h30. Carte uniquement, entrées à partir de 8 €, desserts 7 €, plats de 13,90 à 21 €. Menu enfant : 10 €. Vin au verre. Grande capacité d'accueil idéale pour des groupes.

Cette vaste brasserie, moderne et lumineuse, a fêté en musique ses deux ans d'existence le 17 mai. La décoration est design et le cadre ouvert grâce à ses grandes baies vitrées, avec toutefois quelques coins plus intimistes. Vous pouvez également choisir de prendre place sur l'une de ses deux terrasses ensoleillées déployées sur une place tranquille. Julien et Mika ont mis l'accent sur une cuisine de rôtisserie et de grillades cuites dans un four à bois Jasper. La carte de printemps propose aussi carpaccio de bœuf, croustillant de crevettes, choix de poissons, de burgers, de salades composées... ainsi que les suggestions du jour. Une belle carte de vins (certains servis au verre) et un choix de bières à la pression permettent d'accompagner vos mets. Un lieu accueillant et un bon rapport qualité-prix.

LA TERRASSE
17, place de la Concorde
Hardelot Plage
✆ 03 21 83 72 27
laterrasse.hardelot@orange.fr

Ouvert toute l'année. Tous les jours le midi et le soir. Fermé le dimanche soir, en hiver, hors vacances scolaires. Carte uniquement : entrée de 10 à 12 €, plats de 18 à 26 €, desserts 7 €. Menu enfant : 10 €. Suggestion du jour : 20 €. Vin au verre. Accueil des groupes. Terrasse.

La grande et belle terrasse bien à l'abri et ensoleillée, couverte si nécessaire et donnant sur la place, est le principal attrait de cette brasserie. Une nouvelle direction est en place depuis le début de l'année 2019 mais l'établissement propose toujours une carte orientée produits frais de la mer. Moules avec frites fraîches maison, poissons du jour ou poissons fumés maison et carpaccio maison font partie de ses spécialités avec ses savoureuses croquettes de crevettes. Le reste de la carte est composé de plats d'une brasserie classique et régionale que l'on peut accompagner de l'un des nombreux bons vins proposés à la carte, dont certains en provenance de pays étrangers. En intérieur comme en extérieur, l'endroit est ouvert grâce à de grandes baies. Le plus, une labellisation Famille Plus assurant un accueil adapté aux enfants et un service très professionnel et agréable.

LES JARDINS D'HARDELOT***
451, avenue François-Ier
✆ 03 21 32 50 40
www.lesjardinsdhardelot.fr
contact@lesjardinsdhardelot.fr

Famille Plus. 39 chambres. Chambre double de 69 € à 74 € ; chambre triple à partir de 76 €. Petit déjeuner : 13 € (en chambre 16 € et enfant 6 €). Parking fermé. Chambre quadruple : à partir de 79 € la nuit. Animaux acceptés (payant). Wifi gratuit. Hammam, bain bouillonnant, sauna.

Situé à 600 mètres de la plage, non loin des deux parcours du Golf des Dunes et du Golf des Pins, l'hôtel propose des chambres spacieuses, modernes, lumineuses et bien insonorisées. Vous y serez traité comme un roi, jusqu'au petit déjeuner, servi au champagne si vous en avez envie : tout est permis ! Puis détendez-vous dans le sauna, le hammam et le bain bouillonnant, avant de partir à la découverte des trésors de la Côte d'Opale ! Des fauteuils profonds, une lumière tamisée, de la musique d'ambiance, un bon cocktail... : pensez au bar de l'hôtel pour une pause détente, vous ne serez pas déçu. Sont à votre disposition également des jeux de société (Monopoly, Uno...) pour les soirées pluvieuses, dont vous pourrez profiter au salon ou dans votre chambre.

GOLF D'HARDELOT
3, avenue du Golf
✆ 03 21 83 73 10
www.hardelotgolfclub.com
hardelot@opengolfclub.com

Ouvert tous les jours. Parcours 18 trous en basse saison : 55 à 80 €. 36 trous journée en haute saison : de 130 € à 150 €. Abonnement 4 mois 400€. Restauration. Boutique.

Profitez de deux parcours de caractère dans un environnement boisé. Dessiné en 1934 par Tom Simpson, le Golf des Pins est devenu une référence internationale. Le Golf des Dunes, dessiné par Paul Rolin et Jean-Claude Cornillote, est ouvert quant à lui depuis 1991. Il propose de splendides panoramas et jouit lui aussi d'une solide réputation. Le restaurant est ouvert à tous. On y déguste des classiques de la cuisine française ou de la région, mais aussi des snacks et d'autres petites restaurations. Laissez-vous donc tenter par une journée sportive !

Le Portel

OFFICE DE TOURISME DU BOULONNAIS CÔTE D'OPALE – BUREAU D'INFORMATION TOURISTIQUE
Place Poincaré
✆ 03 21 31 45 93
www.tourisme-leportel.fr

Basse saison : ouvert du lundi au vendredi de 10h à 12h et de 14h à 17h ; le samedi de 10h à 12h. Haute saison : du lundi au samedi de 9h à 12h et de 14h à 18h ; le dimanche et les jours fériés de 10h à 12h et de 15h à 17h.

Pour toutes les recherches d'informations touristiques, pour les demandes d'hébergement, pour la connaissance de l'agenda des évènements, vous avez trouvé la bonne adresse ! Le site Internet propose déjà une multitude d'informations avec des guides à télécharger. La page de réseau social est également très active, mais nous ne pouvons que vous conseiller de rendre visite à cette équipe sympathique à votre service.

LE FORT D'ALPRECH ★★
✆ 03 21 31 45 93
www.tourisme-leportel.fr

Des visites par audio-guides sont possibles.

Dès l'Antiquité, les lieux furent considérés comme un poste de défense et de vigie privilégié. Un premier phare y a existé entre 1842 et la Seconde Guerre mondiale, puis a été reconstruit en 1962, pour être ensuite entièrement automatisé en 1975. Mais c'est surtout le fort d'Alprech qui attire l'œil. Édifié entre 1875 et 1877 dans le cadre du système de fortifications Séré de Rivière, la batterie d'Alprech, armée de canons et d'obusiers, abrita des poudrières et des casemates destinées au logement d'une centaine d'hommes. Pendant l'Occupation, les Allemands y implantèrent des radars. Abandonné et recouvert par la végétation, le fort d'Alprech a été restauré en 1999. En janvier 2016, un chantier d'insertion sociale a été mis en place sur le site pour tenter de combattre les effets ravageurs du temps sur la structure de l'édifice : colmatage des brèches, restauration des meurtrières, le fort a fait peau neuve. Le Chemin des Douaniers, au départ du fort, permet de découvrir la faune et la flore des alentours. Visiter ces ruines en solitaire dans ce cadre unique est un vrai bonheur !

■ LE FORT DE L'HEURT ★

Plage du Portel ✆ 03 21 31 45 93
www.tourisme-leportel.fr

Il fut édifié en 1803 par Napoléon Bonaparte dans le but de protéger par le sud le mouillage de la flotte du Camp de Boulogne, en prévision d'un débarquement en Angleterre. Mais l'empereur leva le camp en 1805 et il fallut attendre la Seconde Guerre mondiale pour que le fort retrouve son utilité militaire. Il est devenu aujourd'hui un site moulier. La pêche aux moules est une véritable tradition locale pour les Portelois et fait la joie de nombreux touristes en visite sur la commune. Malheureusement, depuis sa création, le fort subit les ravages du temps et des marées. Sa dernière consolidation date de la fin de la Seconde Guerre mondiale et, depuis, les municipalités successives n'ont pas eu les moyens de le maintenir en état. Une association locale milite activement pour sa sauvegarde, mais l'avenir du fort semble plus qu'incertain.

Saint-Etienne-au-Mont

■ L'HOSTELLERIE DE LA RIVIÈRE

17, rue de la Gare
Pont-de-Briques
✆ 03 21 32 22 81
www.lhostelleriedelariviere.fr
hostelleriedelariviere@wanadoo.fr

8 chambres. Chambre double de 109 € à 129 €. Petit déjeuner : 14 €. Lit supplémentaire : 21 €. Parking fermé inclus. Animaux acceptés (15 € à préciser lors de la réservation). Wifi gratuit. Restauration.

L'Hostellerie de la Rivière est située au cœur de la Côte d'Opale, à proximité de la mer. On aime l'élégance et la finesse de la cuisine, qui met à l'honneur la pêche et le terroir boulonnais. Deux possibilités pour manger : une cuisine bistronomique au Filédo ou gastronomique au restaurant La Rivière. On l'avouera, entre les deux le cœur balance. Côté hébergement, le charme de la maison bourgeoise est incontestable : c'est un écrin de verdure à quelques encablures de la mer. La convivialité est le maître-mot de cette adresse qu'on apprécie.

Samer

■ LE CLOS DES BRASSEURS

73, rue de Montreuil
✆ 03 21 92 33 33

Ouvert du lundi au vendredi ; le week-end. Menus de 21 € à 40 €. Carte : 20 € environ. Menu enfant : 6,90 €. Formule du midi : 17 €. Vin au verre. Chèque Restaurant. Accueil des groupes. Vente de bière sur place ou en livraison.

Pour sa bonne cuisine et sa belle carte des vins, entre autres, Le Clos des Brasseurs a obtenu en 2016 une assiette (à défaut d'une étoile) d'un célèbre guide gastronomique qui trouve au lieu un petit côté « canaille » ! Une juste reconnaissance pour Luc Maillart, passionné de bonne chère et de bonne bière. Il dirige également la brasserie La Silviacus, qui jouxte le clos. Désormais, côté cuisine, les mets sont des plats de brasserie, inventifs et copieux, qui font la part belle aux produits de la région, poissons ou charcuteries. L'ambiance est sympathique et le service efficace.

Wimereux ★★

■ OFFICE DE TOURISME DU BOULONNAIS CÔTE D'OPALE – BUREAU D'INFORMATION TOURISTIQUE DE WIMEREUX

Quai Alfred-Giard
✆ 03 21 83 27 17
www.wimereux-tourisme.fr

♿

Basse saison : ouvert du lundi au samedi de 9h à 12h et de 14h à 17h. Haute saison : du lundi au samedi de 9h à 12h et de 14h à 18h30 ; le dimanche et les jours fériés de 10h à 12h et de 14h à 18h30.

Le joli bureau d'information touristique de Wimereux, tout de blanc, de bleu, de jaune et de vert vêtu sur les bords de la rivière, vous accueille en toute saison pour profiter au mieux de votre séjour sur la côte. Si, désormais, les réservations sont à faire directement à l'office de tourisme du Boulonnais Côte d'Opale, le bureau de Wimereux reste une adresse sûre pour trouver conseils et bons plans d'hébergement, de restaurants, de visites et d'activités.

■ LES JARDINS DE LA BAIE DE SAINT-JEAN

Rue Sainte-Adrienne
✆ 03 21 83 27 17

Ouvert toute l'année. Accès libre.

Les jardins botaniques de la Baie Saint-Jean se trouvent en plein cœur de Wimereux, à quelques encablures du centre-ville et de ses principales attractions. Dès l'entrée, on est ailleurs : de hautes graminées s'écartent pour vous laisser emprunter un ponton, au-dessus d'un plan d'eau sur lequel les mouettes se disputent aux canards. Enthousiasme garanti des enfants ! Vous pourrez ensuite déambuler dans deux hectares de jardinets, plantés et aménagés selon les saisons. Le parcours est ludique, mais il sensibilise aussi au respect des écosystèmes. Il introduit donc bien à la balade qui peut se poursuivre ensuite sur le sentier de la Baie Saint-Jean. Des salons attenants, à ossature en bois, proposent diverses expositions et manifestations tout au long de l'année.

■ FORT DE LA CRÈCHE

Association du Fort de la Crèche
Route de Terlincthun
D96 ✆ 06 17 86 14 44
www.fortdelacreche.fr
contact@fortdelacreche.fr

Le programme des visites est consultable sur le site Internet. Le fort est ouvert de 14h30 à 17h30. Adulte : 4 €. Enfant : 2 €. Groupe (10 personnes) : 3 € (2 € pour les enfants). La visite est autonome ou guidée (environ 2h).

Entouré d'un mur de 56 mètres de haut, le Fort de la Crèche surplombe le détroit du Nord-Pas-de-Calais. Il s'agit d'une batterie de côte dont la construction remonte à 1879, neuf ans après la guerre franco-allemande. Elle servira à défendre le port de Boulogne pendant la Première Guerre Mondiale. Modernisée à l'issue de celle-ci avec l'ajout de plusieurs canons et d'un puissant projecteur tourné vers la mer, elle fait partie du fameux « Mur de l'Atlantique » bâti par les Allemands sous l'Occupation. Aujourd'hui, une association organise des visites de ce site pour le réhabiliter et le sauvegarder. Consultez le site pour connaître les jours d'ouverture de l'année en cours.

■ BRASSERIE L'ALOZE

6, rue Notre-Dame
✆ 03 21 32 41 01
www.atlantic-delpierre.com

Fermé du 15 janvier au 15 février. Ouvert tous les jours de 12h à 14h et de 19h à 21h30. Menus de 25,50 € à 31 €. Menu enfant : 14 €. Terrasse.

Le rez-de-chaussée de l'hôtel Atlantic abrite une petite pépite culinaire. C'est à L'Aloze que les chefs Alain et Benjamin Delpierre subliment la cuisine de brasserie à grand renfort de délicieuses spécialités terre et mer. Laissez-vous séduire par la carte inspirée de L'Aloze : blanc de poulet fumé à la crème de panais et croûtons de pain aux céréales, croquettes de haddock aux champignons et émulsion acidulée, magret de canard et sa polenta au chorizo… Dans un cadre contemporain à la scandinave, avec vue sur la mer, vous allez goûter à une cuisine bistrot royale !

■ HÔTEL DU CENTRE

78, rue Carnot
✆ 03 21 32 41 08
www.hotel-du-centre-wimereux.fr
hotel.du.centre@wanadoo.fr

Ouvert du mardi au dimanche le midi et le soir. Menus de 18,50 € à 33 €. Carte : 25 € environ. Menu enfant : 9,90 €.18,50 € (menu table d'hôtes). Vin au verre. Accueil des groupes (jusqu'à 30 personnes).

A quelques minutes de la mer, venez prendre place dans ce restaurant lumineux aux banquettes de velours rouge. L'assiette se veut traditionnelle, faisant la part belle aux poissons frais. Confortablement installé, vous dégusterez une cuisine généreuse et simple, agréablement présentée. En entrée, pourquoi pas une bonne et traditionnelle soupe de poisson maison ? En plat, émincé de rognons de veau au madère, waterzoï ou grande mouclade vous séduiront certainement. Pour les amateurs de viande, de très belles pièces vous seront proposées. N'hésitez pas à finir par une spécialité de la maison : tarte a la crème et au caramel ou tarte bardaloue. Chaque mois, des vins sont rigoureusement sélectionnés. Pour prolonger cette parenthèse gourmande, sur place un hôtel trois étoiles. A consommer sans modération !

■ HÔTEL DU CENTRE**

78, rue Carnot
✆ 03 21 32 41 08
www.hotel-du-centre-wimereux.fr
hotel.du.centre@wanadoo.fr

Chambre double de 81 € à 91 € ; chambre triple de 91 € à 98 € ; suite de 98 € à 112 €. Petit déjeuner buffet : 9,80 € (enfants de 3 à 12 ans : 5 €). Lit supplémentaire : 12 €. Parking inclus. Animaux acceptés. Wifi gratuit. Restaurant, menus de 17 à 33 €. Enfant 9,90 €. Carte : plats de 13,50 à 25 €.

Cette bâtisse de 1890 servait autrefois d'écuries au relais des postes. C'était à la Belle Époque, du temps où Wimereux était une luxueuse station balnéaire à la mode. Jean-Marc, cinquième génération de la famille Boulanger, a su garder l'essentiel du beau décor de début du siècle lors de la rénovation de l'hôtel en 2011. Les chambres confortables et richement décorées vous invitent à passer un agréable séjour dans une ambiance familiale et pour un tarif très attractif. Vous prendrez votre déjeuner au buffet de la salle ou, pourquoi pas, aux beaux jours sur la terrasse. Le restaurant à l'ambiance Belle Époque offre une cuisine traditionnelle, avec spécialités des produits de la mer et vins sélectionnés qui vous attendent. Que ce soit pour un repas de groupe, de famille ou d'affaires, il reçoit jusqu'à 30 personnes.

RESTAURANT GASTRONOMIQUE LA LIÉGEOISE

6, rue Notre-Dame ✆ 03 21 32 41 01
www.atlantic-delpierre.com

Ouvert du mercredi au samedi de 19h30 à 20h45 ; le week-end de 12h à 13h45. Réservation recommandée. Menus de 52 € à 155 €.

Le restaurant La Liégeoise, au premier étage, est un magnifique écrin pour une cuisine gastronomique surprenante et créative. Sa vue sur la mer est un ravissement en soi. Le menu dégustation, baptisé Découverte de la carte, invite au voyage : noix de coquille Saint-Jacques en carpaccio, topinambour, pistache et truffe ; seiche et crevettes grises, jaune d'œuf, bouillon d'Asie ; poisson du moment, chou fermenté, pomme de terre et genièvre ; dégustation de fromages ; biscuit au thé vert, citron noir et sorbet « détox ». Les Delpierre père et fils ont conçu en toute complicité une carte quasi exclusivement basée sur les produits de la mer. La reconnaissance de leur excellence leur a été accordée par les guides *Michelin* qui ont attribué à La Liégeoise une première étoile.

■ LE REPÈRE

104, rue Carnot ✆ 03 91 21 19 62
guillaume.mariage2019@gmail.com

Ouvert du mardi au jeudi de 11h à 1h ; du vendredi au dimanche de 10h à 2h. Carte, plats ou planches de 10 à 15 €. Petits déjeuners et brunchs de 5 à 10 €. Accueil des groupes. Terrasse.

Le Repère, c'est un lieu dans lequel on entre une fois et dont on fait sa cantine quotidienne. L'ambiance y est décontractée grâce à l'accueil sans façon de Guillaume et son équipe. Le choix de boissons est large, avec des beaux choix de cocktails, de bières à la pression... On aime les apéritifs dînatoires, l'animation dure longtemps autour des planches apéros de charcuterie, fromages ou rillettes. Mais vous pourrez aussi déguster, des burgers, des bobun vietnamiens (au poulet, au bœuf ou végétarien) et des plats changeant chaque semaine tels que carbonara, bruschetta... à base de produits frais locaux dans la salle qui peut accueillir 40 couverts. Ici, tout est fait maison. A noter : une petite alcôve plus cosy pourra vous accueillir si vous souhaitez plus d'intimité.

HÔTEL ATLANTIC******
6, rue Notre-Dame © 03 21 32 41 01
www.atlantic-delpierre.com

18 chambres. Chambre double à partir de 147 €. Petit déjeuner en chambre. Wifi gratuit. Un bar réservé à la clienttelle de l'hôtel et 2 restaurants la Liègoise (gastronomique) et l'Aloze. Hammam, sauna.
La façade est délicieusement rétro et les chambres avec vue sur la mer sont un ravissement. De votre chambre, depuis les restaurants ou la terrasse, vous pourrez toujours admirer le spectacle incessant des vagues et, le soir, assister à de merveilleux couchers de soleil. Cet hôtel mythique, sa brasserie l'Aloze et son restaurant gastronomique la Liégeoise, non moins prestigieux, ont été entièrement repensés il y a peu. Nouvelle cuisine, nouvelle réception, de belles tables en bois brut... Un pari audacieux pour cet établissement, dirigé par la famille Delpierre depuis 20 ans, qui est devenu encore plus lumineux et plus élégant avec un espace bien-être au top ! Celui-ci comprend sauna, hammam et massages pour vous offrir des moments de détente incomparables. A l'Atlantic, lorsque l'on se pose, on n'a plus envie de repartir.

LES MINI LOFTS DE PAUL ET VIRGINIE
19, rue du Général-de-Gaulle © 09 67 08 40 62
www.paul-virginie-wimereux.fr

Accueil entre 17h et 20h. De 750 € à 890 € la semaine selon saison. Tarifs loft 35m² (2 à 4 pers) : 115 à 120 € la nuitée Tarifs loft 65 m² (4 à 6 pers) : 150 à 160 € la nuitée. Animaux acceptés. Wifi.
De l'élégance et du charme dans une bâtisse historique de Wimereux, pour ce concept qui satisfera les plus indépendants d'entre vous. Oubliez donc les vilaines contraintes des hôtels ! Paul et Virginie proposent six mini-lofts aménagés et équipés, à la décoration design et idéalement situés à seulement 200 mètres de la plage comme des rues commerçantes. D'une superficie allant de 35 à 65 mètres carrés environ, clairs et modernes, ils peuvent accueillir jusqu'à quatre personnes. Chaque fin de semaine hors saison et tous les jours d'été, les Wimeureusiens et les estivants se retrouvent pour se délasser autour d'un verre et d'un plateau d'huîtres au bar ou sur la jolie terrasse. Afin de faire plaisir à ses clients, le bar de Paul et Virginie accueille de temps à autre des musiciens.

■ HÔTEL DES ARTS*

143, rue Carnot
✆ 03 21 33 84 30
http://hoteldesartswimereux.com
contact@hoteldesartswimereux.com

Ouvert toute l'année. 11 chambres. Chambre double de 110 € à 150 €. Petit déjeuner : 12 €. Parking privé gratuit. Animaux acceptés (petits chiens seulement).

Cet hôtel Art déco renoue merveilleusement avec les plus belles heures de la station balnéaire. Il a été entièrement rénové et propose à sa clientèle choyée des chambres et salles de bains spacieuses et confortables, de vrai standing. Quoi de plus agréable que de se réveiller au matin et d'aller s'étirer sur le balcon de sa chambre donnant sur la belle Wimereux ? Le plaisir se poursuit jusque dans le bar lounge de l'hôtel, délicieusement nommé le Mona Lisa. Une adresse à retenir !

■ CLUB NAUTIQUE DE WIMEREUX

1, boulevard Alfred-Thiriez
✆ 03 21 83 18 54
www.club-nautique-wimereux.com
club@cnwimereux.com

Kayak simple (1h) : 15 €. Surf (1h) : 15 €. Planche à voile (1h) : 25 €. Catamaran (1h) 48 €. Paddle géant de 4 à 8 pers. (1h) : 15 €/pers. (gratuit pour les – de 12 ans accompagnés). Kayak double (1h) : 25 €.

Après un soixantième anniversaire fêté en 2017, le Club nautique de Wimereux a toujours le vent en poupe ! Il compte, au championnat de France « catamaran », un jeune en troisième position. Des cours particuliers en catamaran, dériveur, planche à voile ou fun-board sont dispensés. Un dériveur collectif pour des sorties familles est mis à disposition et des stages tous niveaux organisés de Pâques à la Toussaint. Amateurs : renseignez-vous !

■ GOLF DE WIMEREUX

Avenue François-Mitterrand
✆ 03 21 32 43 20
www.golf-wimereux.com
accueil@golf-wimereux.com

Ouvert toute l'année. De 35 € à 70 € les 18 trous. Restauration. Boutique.

Créé une première fois en 1901, le golf de Wimereux fut reconstruit par deux architectes britanniques, Campbell et Hutchinson, après la Première Guerre mondiale. Il accueillit de brillantes rencontres internationales dans l'entre-deux-guerres. Tous les joueurs considéraient ce parcours comme l'égal des meilleurs *seaside links* d'outre-Manche. Très fortement dégradé pendant l'Occupation, le golf a été reconstruit une troisième fois pendant les années 1950.

Le terrain s'étend sur 62 hectares entre la mer et la campagne boulonnaise si harmonieusement vallonnée et les dunes d'Ambleteuse, site classé et protégé. À chaque étape, le paysage est pittoresque. C'est le seul terrain duquel on assiste au trafic incessant du Channel ; les blanches falaises britanniques sont visibles par beau temps.

Après la traditionnelle ouverture de la saison golfique par le Challenge Cora, de brillantes compétitions ouvertes se déroulent tous les week-ends, jusqu'à l'apothéose de la grande semaine de golf de la mi-août. Le club-house possède un bar-restaurant prolongé par une terrasse. À toute heure, un en-cas ou même un repas gastronomique peut y être servi.

■ DATCHA

19, Rue du Général de Gaulle
✆ 06 08 32 88 84

Ouvert du mardi au samedi de 10h à 12h30 et de 14h à 19h ; le dimanche de 10h à 12h30.

Datcha c'est quoi ? C'est la toute nouvelle boutique et salon de thé de Wimereux ! Ici on prend son temps, tout est propice à la détente et à la flânerie. Côté boutique, on vous offre un large choix de prêt-à-porter féminin *made in* France avec beaucoup de fait main et de confection artisanale. C'est la qualité qui prime ! Côté salon de thé, on déguste des thés de qualité et le véritable Merveilleux, entre autres, sur la belle terrasse en fond de cour dans ce cadre très nature et ce lieu mythique du quartier classé.

■ CHOCOLATERIE DE BEUSSENT

17 bis, rue Carnot ✆ 03 21 32 86 10
www.choco-france.com
commande@choco-france.com

Ouvert le lundi de 14h à 19h ; du mardi au samedi de 9h30 à 13h et de 14h à 19h ; le dimanche de 10h à 13h.

Fondée en 1985, la maison de Beussent n'a plus rien à prouver en matière de chocolat... Fabriqués de manière artisanale, dans le plus grand respect de la matière première, ses produits ont un goût caractéristique apprécié des connaisseurs. Les chocolatiers de l'enseigne sont parmi les rares professionnels de France à maîtriser la fabrication de A à Z : du choix des fèves de cacao jusqu'au conchage, tout est fait maison. À noter que Beussent possède sa propre plantation en Équateur ! Beussent Lachelle est engagé dans une démarche de développement durable et de commerce équitable. Vous trouvez dans les boutiques de l'enseigne d'excellents bonbons de chocolat, des tablettes, du chocolat à la casse, et des figurines originales... Nous avons un faible pour les ganaches parfumées au Cointreau. Si vous voulez sortir du chocolat, la boutique propose de bons pains d'épices aux fruits.

Wimille

■ LA PETITE BROCANTE

2, rue de Ledinghen
✆ 03 21 32 87 65

Ouvert le mardi et du jeudi au samedi le soir ; le mardi et du jeudi au samedi le midi et le soir ; le dimanche midi. Menu unique à 28 €. Carte : 20 € environ. Formule du midi : 16 €. Vin au verre. Chèque Vacances, Chèque Restaurant. Accueil des groupes.

Voici un restaurant au cadre chaleureux à 2 minutes de la mer. La décoration est typiquement campagnarde, à l'image des fermettes de la région boulonnaise : pierres apparentes, vieille cheminée à foyer ouvert, mobilier rustique. Il y a ici comme un air d'autrefois. Côté cuisine, quoiqu'elle se soit installée dans une bâtisse de 1787, elle est moderne et pleine de surprises...

AGENCE DE DÉVELOPPEMENT ET DE RÉSERVATION TOURISTIQUE DU PAS DE CALAIS

Route de la Trésorerie
✆ 03 21 10 34 60
www.pas-de-calais-tourisme.com
groupes@pas-de-calais.com

L'Agence de Développement et de Réservation Touristique est le partenaire privilégié du Conseil Départemental pour la mise en œuvre de sa politique touristique dans une démarche de fonctionnement écoresponsable. Le tourisme est un axe stratégique du développement du Département dont l'image est valorisée par cette agence qui met en œuvre des stratégies marketing et propose des plans d'actions de promotion auprès du grand public et des professionnels du tourisme en France, en Grande-Bretagne, en Belgique et aux Pays-Bas. Outre ses actions de promotion, de communication et de commercialisation, il participe activement au développement des territoires en aidant à leur organisation touristique, en apportant assistance aux porteurs de projets touristiques, en assurant le suivi des politiques en matière d'aides à l'hébergement, en préparant et en mettant en œuvre le plan de formation des personnels des offices de tourisme. Il participe également à l'élaboration des contrats territoriaux de développement durable entre le Département et les Communautés d'agglomérations et Communautés de communes.

COLONNE DE LA GRANDE ARMÉE

Rue Napoléon ✆ 03 21 91 91 26
www.colonne-grande-armee.fr
grande-armee@monuments-nationaux.fr

Fermé le 1er janvier, le 1er mai, le 1er novembre et le 25 décembre. Pendant les vacances d'hiver et de printemps, ouvert du Vendredi au Dimanche de 10h à 12h et de 14h à 16h. Ouvert : Du 15 juin au 30 septembre, du mercredi au dimanche de 10h à 12h30. Du 1er octobre au 7 novembre, du vendredi au dimanche de 10h à 12h et de 14h à 16h. Du 19 décembre au 31 décembre, du vendredi au dimanche de 10h à 12h et de 14h à 16h. Gratuit jusqu'à 18 ans (et 18-25 ans ressortissants de l'Union Européenne et résidents réguliers non-européens sur le territoire de l'Union Européenne. Gratuit pour personne handicapée et leur accompagnateur, demandeur d'emploi sur présentation d'une attestation de -6 mois). Adulte : 3,50 € (tarif réduit : 3,30 €). Groupe (20 personnes) : 3,30 €. Visite libre 30 mn ou visite guidée 1h30. Réservation au moins 15 jours à l'avance.

De 1803 à 1805, Napoléon regroupa des troupes considérables à Boulogne-sur-Mer et dans les environs avec pour objectif la conquête du Royaume-Uni au départ de ce port proche de l'Angleterre. C'est le célèbre épisode du Camp de Boulogne. Ayant renoncé à son projet, et avant le départ de la Grande Armée pour Austerlitz, l'empereur organisa à Wimille le 16 août 1804 une cérémonie fastueuse de remise de 2 000 croix de la légion d'honneur en présence de 80 000 soldats. Aujourd'hui, un musée est consacré au souvenir de cet évènement historique et au monument érigé en son honneur : une statue en bronze de Napoléon, en uniforme de la garde, installée au sommet d'une colonne en pierre de plus de 50 mètres de haut, ainsi que de nombreuses archives sur l'histoire du monument et celle de la légion d'honneur. Un escalier intérieur permet d'accéder au haut de la colonne.

Colonne de la Grande Armée.

L'ILOT

Hameau de Terlincthun
1, rue de l'Aiglon ✆ 06 83 32 84 61
www.lilot-gites.fr
touloumon@gmail.com

+ de 25 à 110 € de forfait ménage, serviettes selon l'hébergement choisi. Pour 2 nuitées minimum, Habitation pour 8 pers de 120 à 140 € / nuitée, de 500 à 900 € / sem ; Gîte 4 pers, de 80 à 100 € / nuitée, 370 à 490 € / sem ; Gîte 3 pers de 60 à 95 € / nuitée, 370 à 490 € / sem ; Gîte 2 pers de 50 à 85 € / nuitée, 300 à 320 € / s. CB non acceptée. Chèque Vacances. Wifi. Salon de jardin, location de draps, lave-vaisselle.

L'Îlot est situé au cœur de la Côte d'Opale, à 2 kilomètres de la mer, entre le Grand Nausicaà et la Digue de Wimereux, à l'entrée du Grand Site de France des Deux-Caps. Une ancienne longère abrite un gîte de groupe modulable de 2 à 17 personnes, avec une grande salle commune, une terrasse ensoleillée, et un jardin pouvant se décomposer en trois gîtes, deux de 4 et 8 personnes, plus un de 5 personnes et/ou deux chambres de 2 et 3 personnes. Du style à la décoration, tout ici participe à une ambiance agréable. Marie-Laure vous propose également un studio duplex neuf situé dans le centre de Wimereux ainsi qu'un appartement F1 à Boulogne-sur-Mer, proche du Grand Nausicaà. Vivant sur place, elle et son mari se feront un plaisir de vous guider pour vos balades dans les environs, et de vous proposer leurs services afin de rendre votre séjour le plus agréable possible. Les professionnels peuvent être accueillis avec des prestations sur mesure (logements, événements, grande salle, terrasse, jardin privé), et pour ceux qui souhaitent pousser la détente, il y a la possibilité de profiter du spa, de massages ou de cours de yoga.

■ LE CHÂTEAU DE LA MARINE

18, route de Rupembert
✆ 03 21 99 80 33
www.chateaudelamarine.com
contact@chateaudelamarine.com

Ouvert toute l'année. Accueil jusqu'à 19h. 4 chambres. Chambre double de 160 € à 200 € ; suite de 200 € à 220 €. Petit déjeuner inclus. Parking fermé. Table d'hôtes. Tv satellite.

Le château de la Marine est situé au cœur d'un parc d'un hectare et offre une vue sur la mer. Il propose quatre chambres décorées dans des tons neutres et de manière raffinée. La maîtresse de maison a souhaité mêler toute l'authenticité des belles demeures au confort d'aujourd'hui. Ici, tout n'est que luxe, calme et volupté. Le lieu fait également office de table d'hôtes, sur réservation. La cuisine privilégie les produits du marché, avec des saveurs entre terre et mer. Le petit déjeuner est inclus et il est servi sous forme de buffet, dans une salle à manger cosy et lumineuse. C'est véritablement un site d'exception ! Le magazine *Maisons du Nord* n° 1 964 a d'ailleurs réalisé un très beau sujet sur la ville de Boulogne-sur-Mer, dont dix pages sur le château de la Marine !

■ LA BONNE IDÉE

68, rue de l'Aiglon
✆ 03 21 31 49 36
dumontludovic@orange.fr

Ouvert toute l'année du mardi au dimanche midi + les vendredi et samedi soirs. Menu unique à 26,50 €. Carte : plats de 14 à 26 €. Menu enfant : 10,50 €. Formule du midi : 21 € (en semaine uniquement). Vin au verre.

Depuis plus de dix ans, la Bonne Idée vous accueille de façon conviviale dans ses deux salles chaleureuses à la décoration minimaliste. Le chef Ludovic vous régale d'une cuisine traditionnelle française et de saison. La table est soigneusement dressée et dans l'assiette, bien présentée, les plats savoureux sont élaborés à base de produits frais. C'est ainsi que vous pourrez savourer, en hiver, blanquette, os à la moelle, pot-au-feu, potée, cassoulet... et en été, grillades avec brochettes de viandes et poissons, paella... Une bonne idée pour une halte gastronomique !

BRUAY-LA-BUISSIÈRE

La toponymie d'origine gallo-romaine de la ville prouve que les premières occupations date de 10 000 ans avant J.-C. On a retrouvé à Bruay des traces de tombes à incinération datant de cette époque. La ville appelée Bruay-en-Artois connaît son essor à partir de 1850, lorsqu'elle devient le siège de la Compagnie des Mines de Bruay. Elle est alors, comme toute la région, le siège d'une forte immigration, notamment polonaise, italienne et belge. En 1987, Bruay-en-Artois fusionne avec la commune de Labuissière et devient ainsi Bruay-la-Buissière.

■ MAISON DES SERVICES

39, rue Pierre-Bérégovoy
✆ 03 21 64 56 00

Ouvert du lundi au vendredi de 8h à 12h et de 13h30 à 17h30.

Ce point de rencontre situé au pied du beffroi vous permettra d'obtenir toutes les informations et la documentation nécessaires à votre découverte de la ville, tant du point de vue touristique que patrimonial et culturel. L'adresse vient compléter l'offre déjà proposée par l'office de tourisme de Béthune-Bruay, qui s'occupe également de cette partie du territoire. À noter, de nombreuses visites sont possibles sur rendez-vous, notamment durant l'été. N'hésitez pas à vous renseigner par téléphone.

Points d'intérêt

■ LE BOIS DES DAMES

Maison de la forêt
www.bruaylabuissiere.fr

Label Tourisme & Handicap.

Massif boisé d'environ 350 hectares, ce poumon vert situé entre les vallées de la Lawe et de la Clarence et dont l'accès est réservé aux piétons et aux cavaliers abrite de nombreuses espèces animales et végétales. Une maison de la forêt y organise expositions et animations diverses. Vous aurez deux heures pour découvrir un aspect de cet environnement naturel très riche. Un sentier balise le parcours. Au départ au parking Wéry, laissez-vous conduire jusqu'au parc de la Lawe en passant par le Mémorial du Mineur. Une fiche descriptive est disponible à l'office de tourisme, gratuitement et sur demande. Il est aussi possible de bénéficier d'une visite guidée. N'hésitez pas à vous rapprocher de la Maison de la forêt pour en connaître les modalités.

■ CITÉ DES ÉLECTRICIENS

Rue Franklin ✆ 03 21 01 94 20
http://citedeselectriciens.fr
citedeselectriciens@bethunebruay.fr

Horaires et tarifs à consulter sur le site Internet. Restauration.

Cette cité construite entre 1856 et 1861 est l'une des plus anciennes et des plus représentatives de ce qu'étaient les corons. Destinée à loger les ouvriers mineurs de la fosse n° 2 de Bruay, elle aligne encore voyettes (ruelles), carins (dépendances) et jardinets comme au XIXe siècle. Cinq années de travaux ont permis de mettre cet ensemble en valeur en lui adjoignant des jardins paysagers, des jardins potagers ainsi qu'une aire de pique-nique avec jeux pour enfants entourée d'arbuste fruitiers. Le site est devenu multifonctionnel : résidence artistique, il est également centre d'interprétation du paysage, de l'urbanisme et de l'habitat miniers. Vous y trouverez des expositions et des ateliers, quatre gîtes et une chambre meublée, ainsi qu'un point de restauration en circuit court, puisque travaillant la production des potagers du site. Grâce à son état de conservation exceptionnel, la Cité des Électriciens fait partie des principaux sites repérés dans le cadre de l'inscription du Bassin minier du Nord-Pas-de-Calais au patrimoine mondial de l'Unesco.

LE DONJON DE LABUISSIÈRE

7, allée du Château
www.bruaylabuissiere.fr
mairie.labuissiere@bruaylabuissiere.fr

Accès libre.

Le donjon de Labuissière est le seul vestige du château construit au XIIe siècle et qui se dressait tel que l'avait laissé l'histoire après de nombreuses modifications jusqu'en 1964, année de sa destruction. Il avait été construit vers 1310 par la comtesse Mahaut d'Artois afin de se protéger des invasions. Il s'élève à vingt mètres de hauteur et son escalier compte pas moins de 94 marches. Il servait de logement aux hommes d'armes préposés à la garde. On peut encore distinguer l'écu aux armes du seigneur, les voûtes en culs de lampe sur des colonnes de grès qui supportent les trois mètres d'épaisseur des murs et quelques marches menant au faîte.

HÔTEL DE VILLE

Place Henri Cadot
✆ 03 21 64 56 00
www.bruaylabuissiere.fr

Ouvert du lundi au vendredi de 8h à 12h et de 13h30 à 17h30.

En 1925, le maire, Henri Cadot, décida la construction de cet hôtel de ville sur cette place qui prit plus tard son nom. La Compagnie des Mines finança le projet. Dès 1927, sa construction commença, sous la houlette de deux architectes bruaysiens, René et Paul Hanote. Ils lui imprimèrent un style néo-régionaliste sobre qu'ils rehaussèrent de quelques références Art Déco bienvenues, telles cette guirlande de fleurs qui orne l'horloge. Avez-vous vu les trois têtes de mineurs qui décorent chacune des portes, d'après nature ? Nous sommes bien dans le pays du charbon ! Le beffroi culmine à 47,50 mètres et on peut y découvrir un ensemble de vitraux de 10 mètres de haut et 2,50 de large, réalisé par deux maîtres verriers lillois, Messieurs Bertrand et Labille. Ils représentent des scènes minières de la fosse 5 de Bruay dans les années 1920. Ces vitraux et l'ensemble de l'hôtel de ville sont inscrits à l'inventaire supplémentaire des Monuments Historiques. Suite à un incendie qui a ravagé le bâtiment en 2017, des travaux sont encore en cours.

MUSÉE DE LA MINE ★

Cours Kennedy
✆ 03 21 53 52 33
www.tourisme-lenslievin.fr
museedelamine@bruaylabuissiere.fr

Haute saison : ouvert le week-end de 14h30 à 17h. En basse saison, possibilités de visites sur rendez-vous toute la semaine. Adulte : 5 €. Enfant (jusqu'à 16 ans) : 3 €. Groupe (15 personnes) : 4,50 €.

Le Musée de la Mine de Bruay n'est pas qu'un simple musée, c'est un écomusée dont la fonction est de présenter et mettre en valeur la mine et surtout les mineurs. Pour reconstituer le plus fidèlement possible leur vie et surtout le terrible travail qui les attendait au fond, l'établissement a fait appel à de véritables « gueules noires ». Grâce à leurs témoignages, il a été possible de reconstituer leur univers de manière à la fois visuelle et sonore pour une plongée authentique au cœur de la mine. Ces mêmes anciens mineurs guident les visites à travers les galeries reconstituées. Ils donnent de nombreuses anecdotes et informations sur l'histoire de la mine, les méthodes d'extraction, l'outillage et bien d'autres aspects encore auxquels ils donnent vie. Deux films s'ajoutent à la visite, l'un sur l'exploitation du charbon et un autre, plus étonnant encore, sur la descente du général de Gaulle au fond de la mine en 1959. Une visite ludique, instructive et surtout très émouvante.

Dans les environs

Fresnicourt-le-Dolmen

CHÂTEAU D'OLHAIN

✆ 01 39 18 33 14
www.chateau-olhain.com
infos@chateau-olhain.com

Du 1er avril au 30 juin et du 1er septembre au 31 octobre : ouverture les dimanches et jours fériés de 15h à 18h30. Du 1er juillet au 31 août : les samedis, dimanches et jours fériés de 15h à 18h30. Gratuit jusqu'à 12 ans. Adulte : 5 €. Visites guidées par l'Office de tourisme : 7 €. Se renseigner au 03 21 52 50 00.

Le premier château d'Olhain fut construit en 1202, puis vint l'édifice actuel, œuvre due à Jean de Nielles, conseiller de Jean Sans Peur, qui entreprit au XVe siècle des travaux de fortification. C'est un exemple rare de château fort des plaines de l'Europe du Nord. Il fut confisqué par Charles Quint, subit l'occupation des Espagnols qui firent sauter deux tours et souffrit de l'artillerie des Hollandais pendant le siège de Béthune. Son histoire mouvementée prit fin en 1900, lorsqu'il fut acheté par M. Dartois. Le château est en grès. La cour intérieure est entourée de bâtiments de ferme et l'on y accède par un pont-levis. En 1840, une chapelle, qui existe encore de nos jours, fut aménagée dans la tour Sud-Est. La tour de guet, accolée au donjon, renferme un escalier à vis de cent marches. Au premier étage se situe la salle des gardes, dotée d'un réduit pour un guetteur et dans laquelle on retrouve l'insigne de l'ordre de la Toison d'Or ainsi que le collier de l'ordre de Saint-Michel. Les douves qui entourent le château sont toujours remplies d'eau et atteignent jusqu'à 80 mètres de large. Ce lieu exceptionnel vous replongera au temps des chevaliers et des dames !

AUBERGE DU DONJON

28, rue Léo-Lagarange ✆ 03 21 27 93 76
www.auberge-donjon.org
auberge-du-donjon@orange.fr

Ouvert le vendredi et le samedi le soir ; le dimanche midi. Pour le reste de la semaine, ouverture uniquement sur réservation de minimum 20 personnes. Réservation recommandée. Menus de 10 € à 44 €. Menu enfant : 10 €. Formule du midi : 19 €. Accueil des groupes. Jardin. Terrasse. Animations.

Dans cet établissement aux allures médiévales avec des fresques représentant des scènes de l'époque, poutres apparentes et immense cheminée, vous goûterez à une cuisine traditionnelle et de très bonne qualité, inspirée des mets que dévoraient les seigneurs du château. L'odeur du feu de bois confirme cet esprit authentique. Le chef, Olivier

Prévost, y prépare des repas comme le jambon braisé ou des grillades. L'accueil est souriant. On apprécie l'endroit pour son cadre atypique qui intéressera les passionnés d'histoire et bien sûr pour sa cuisine mémorable !

Maisnil-les-Ruitz

CAMPING DU PARC D'OLHAIN

Rue de Rebreuve ✆ 03 21 27 91 79
www.parcdolhain.fr
D341 Sortie Maisnil-lès-Ruitz

Ouvert toute l'année. Réservation impérative. 125 emplacements. 20 chalets pour 3 à 6 personnes à partir de 90 € la semaine. Emplacement tente : 8,20€/nuit/personne. Label Tourisme & Handicap. Restauration. Animations.

En plein cœur du Parc départemental de nature et de loisirs d'Olhain, ce camping vous propose 25 emplacements de stationnement pour vos véhicules, 20 chalets-cabanes à des prix abordables et 80 emplacements pour les tentes. Ici, vous profiterez du calme et de la nature pour vous ressourcer et passer un agréable moment en famille ou entre amis. A votre disposition : piscine, parcours aventure, golf et mini-golf, courts de tennis, tir à l'arc, mur d'escalade, VTT, randonnée... Vous allez adorer !

PARCOURS AVENTURE D'OLHAIN

Parc d'Olhain ✆ 03 21 25 15 53
www.passiondaventure.com
contact@passiondaventure.com

Basse saison : ouvert du mercredi au lundi de 9h30 à 18h30. Haute saison : tous les jours de 9h30 à 19h30. Fermé de décembre à février. Réservation impérative en basse saison. Jusqu'à 5 ans : 6 €. 5 à 10 ans (moins d'1,40 mètre) : 14 €. Plus de 10 ans et adultes (plus d'1,40 mètre) : 25 €. Chèque Vacances.

Le Parc d'Olhain est une vraie mine d'or pour qui veut passer un après-midi de loisirs et de sensations au plus près de la nature. En plus de proposer une base de loisir avec de nombreuses activités et chemins de randonnée, il permet également de s'initier à l'accrobranche. Balancez-vous d'arbre en arbre au cœur des circuits aménagés et sécurisés : il y en a pour tous les âges. Pensez aussi à vivre l'expérience de la chute (maîtrisée !) avec la tyrolienne ou élancez-vous vers le ciel en pratiquant le trampo-jump ! La marche sur sangle est également à tenter : vos enfants s'y découvriront peut-être des talents de funambule. Pour les groupes qui recherchent un challenge de motivation et de construction d'équipe (team building), il faut essayer le Parcours Chronométré : c'est un mini-parcours aventure construit à 40 centimètres du sol, plus difficile qu'il n'y paraît. L'après-midi va être grisant au Parcours Aventure d'Olhain !

CALAIS ★★

Calais est une ville marquée par l'histoire de France et particulièrement par les aléas des relations tumultueuses entre notre pays et le Royaume-Uni au cours des siècles. La statue des célèbres Bourgeois de Calais comme le majestueux fort Nieulay construit par Vauban, entre autres, sont là pour nous les rappeler. De même, de nombreux vestiges présents sur l'ensemble de la commune, ainsi que sa reconstruction à près de 80 % après la fin de la Deuxième Guerre mondiale, témoignent de l'importance des combats à Calais lors des deux derniers grands conflits mondiaux. La ville actuelle résulte de la fusion, en 1885, entre Calais et Saint-Pierre, deux cités jusqu'alors limitrophes mais autonomes. Avec d'un côté Saint-Pierre, industrieuse, dont toute l'activité était tournée vers le tissage de la dentelle, et, de l'autre, Calais, ville bourgeoise, avec ses commerces florissants, son riche patrimoine historique et son port important, mais sans usines. C'est à cette occasion que fut construit l'hôtel de ville, flanqué d'un traditionnel beffroi flamand, trait d'union entre les deux anciennes communes. C'est une des villes côtières les plus peuplées du département du Pas-de-Calais, avec plus de 130 000 habitants pour son agglomération. Elle occupe une situation géographique privilégiée facilitant ses liaisons rapides avec la Grande-Bretagne (la ville anglaise de Douvres n'est qu'à 43 kilomètres de Calais !) ainsi qu'avec divers pays d'Europe bordant la mer du Nord. Aussi son port est-il le premier en France en termes de trafic voyageurs trans-Manche.

D'autre part Calais est une porte d'entrée pratique, avec ses équipements aéroportuaires, sa desserte autoroutière, et la grande proximité du tunnel sous la Manche, pour accéder à la Côte d'Opale ainsi qu'aux vastes territoires inclus dans le Parc naturel régional des Caps et Marais d'Opale. Lors d'un séjour à Calais, vous aurez de nombreuses possibilités de découvertes à faire, que ce soit au niveau de son riche patrimoine historique et culturel, de l'activité débordante de son dynamique centre-ville avec ses commerces et grand centres commerciaux ou de ses nombreux restaurants mainteneurs d'une gastronomie régionale dont la réputation n'est plus à faire. Vous pourrez également consacrer une partie de votre temps à l'exploration de son beau et grand patrimoine naturel, sur la Côte d'Opale, des longues plages de sable fin de Calais aboutissant au cap Blanc Nez et au Grand Site des Deux-Caps, jusqu'au vaste Parc naturel régional des Caps et Marais d'Opale qui se déploie dans tout l'arrière-pays. Depuis mai 2019, la ville a obtenu le label Ville d'Art et d'Histoire attribué depuis 1985 par le ministère de la Culture et de la Communication aux communes ou pays de France qui s'engagent dans une politique d'animation et de valorisation de leurs patrimoines bâti, naturel et industriel, ainsi que de l'architecture.

Du centre-ville, vous pouvez également rejoindre facilement la plage de sable fin de Calais avec son spectaculaire alignement de chalets de plage et ensuite vous promener sur la digue tout en observant le ballet incessant des ferries reliant le port à Douvre. Au port de pêche, non loin de là, devant le quartier du Courgain habitat traditionnel des gens de mer, se tient quotidiennement un marché au poisson, fraîchement débarqué des bateaux des pêcheurs.

OFFICE DE TOURISME INTERCOMMUNAL CALAIS CÔTE D'OPALE

12, boulevard Clemenceau
✆ 03 21 96 62 40
www.calais-cotedopale.com
direction@calais-cotedopale.com

Ouvert du 1er septembre au 30 avril, du lundi au vendredi de 10 h à 18 h le samedi de 10 h à 17 h fermé le dimanche sauf événements locaux ; Du 1er mai au 30 août du lundi au samedi de 10 h à 18 h le dimanche de 10 h à 17 h. Abrite une boutique où l'on retrouve à la vente des articles issus du savoir-faire Calaisien et de son agglomération.

Halte obligatoire ! L'office de tourisme de Calais est grand et spacieux. Un point wifi gratuit vous permet de réserver vos tickets, notamment pour les ferrys, mais surtout l'équipe conseil, multilingue, pourra vous orienter vers les visites qui vous intéressent ou les restaurants et hôtels qui correspondent à votre budget. Des visites guidées sont organisées par l'équipe de mi-juin à fin août, notamment la balade du jeudi à travers la ville. La dernière étape se fait à la gare de Calais où le train de l'Orient-Express, dont c'est le point de départ, attend ses passagers. Vous pourrez aussi découvrir le Calais fortifié avec la visite du fort Nieulay. Pour prolonger votre halte, l'office a aménagé une salle d'exposition dans ses locaux et propose des souvenirs de votre séjour, notamment de belles écharpes de dentelle de Calais.

COMPAGNIE DU DRAGON — NOUVEAU

201, avenue Winston Churchill
✆ 03 66 62 60 00
www.compagniedudragon.com

Ouvert toute l'année. Le dragon circule tous les jours et fait des rotations toutes les heures de 14h à 18h l'hiver. D'avril à juin, il marche aussi les matins à partir de 10h et jusqu'à 19h en juillet-août. Gratuit jusqu'à 3 ans. Adulte : 9,50 €. Enfant (de 4 à 11 ans) : 6,50 €. Restauration. Boutique. Animations.

Chevaucher un dragon en longeant le front de mer jusqu'à Blériot-Plage : voilà ce que permet la nouvelle machine sortie tout droit de l'imagination de François Delarozière, le directeur artistique de La Machine ! Ce dragon affiche des dimensions impressionnantes, jugez plutôt : 15 mètres de haut et 25 mètres de long avec un poids de 72 tonnes. Pas de princesse à délivrer mais juste à apprécier le paysage. 50 personnes peuvent tenir sur son dos avec un départ toutes les heures. Ce dragon est plus vrai que nature : il crache du feu, fait sortir de la fumée, et lance aussi de l'eau ! De la brume s'échappe de son corps par une trentaine d'évents. Sa mobilité lui permet de se lever, de se coucher, et de battre des ailes avec une facilité qu'on ne soupçonnerait pas de prime abord ! Ce colosse de bois, de cuir et de métal avance d'un pas alerte allant jusqu'à 4 km/h. Après avoir apprivoisé la bête, rien de tel qu'une pause gourmande dans L'Antre du Dragon où vous pourrez prendre une restauration rapide. Ce dragon sera bientôt l'aîné d'une grande fratrie avec d'ici dix ans des varans et des iguanes que vous pourrez croiser dans les rues de Calais.

VIST PASS DE CALAIS

Office de Tourisme Intercommunal
Calais Côte d'Opale
12, boulevard Georges-Clemenceau
✆ 03 21 96 62 40

Trois musées, le beffroi et les transports gratuits pour 12 €.

C'est le bon plan pour ceux qui veulent visiter et profiter de la ville. Le Visit Pass pour Calais vous propose l'entrée groupée aux principaux musées : la Cité internationale de la dentelle et de la mode, le musée des Beaux-Arts, le musée de Mémoire 39-45 ainsi que le beffroi... pour un prix modique ! Pas question de visiter ces équipements au pas de course puisque la durée de validité du pass s'étale sur un an. En outre, vous pourrez grâce à lui utiliser les transports urbains gratuitement pour la journée à chacune de vos visites. Pour cela il vous suffira de le présenter à l'accueil de chaque site où l'on vous remettra un pass de transport pour la journée. A noter que ce pass n'est pas nominatif.

Pour y circuler

IMAG'IN

Opale bus – Espace Vivabus
68, boulevard Lafayette ✆ 03 21 19 72 72
www.sitac-calais-opale-bus.fr

Ouvert du lundi au vendredi de 9h à 12h et de 13h30 à 18h30 ; le samedi de 9h à 12h. Fermé le samedi après-midi. Service assuré tous les dimanches et jours fériés sur les réseaux Bus et Majest'in (sauf les 1er janvier, 1er mai, 8 mai, ascension, 11 novembre et 25 décembre) /. Gratuit.

Imag'in, c'est le réseau de transport résolument attractif et performant du Calaisis, combinant modes de déplacement respectant l'environnement (bateau et vélos) et lignes de transport en commun classique. Grâce à son offre étendue et performante, vous pourrez rejoindre facilement toute l'année les 10 communes de la Communauté d'Agglomération Grand Calais Terres et Mers (Calais, Coquelles, Coulogne, Marck, Blériot-Sangatte, les Attaques, Fréthun, Hames-Boucres, Nielles-lès-Calais et Escalles) ainsi que la commune de Guînes. Pour vous faciliter l'information sur l'utilisation de ses divers services, Imag'in met à votre disposition 6 portails dédiés qui sont : Prox'in le service de transport à la demande sur les lignes 11 et 12 ; Vel'in pour l'offre de vélos en libre-service ; Div'in le service de trajets en bus à impériale ; Balad'in pour le service de navettes gratuites en centre-ville ; Zenbus pour les trajets et stations des lignes 2, 7 et 8 et Majest'in, l'offre de transport sur le canal de Calais. De plus, Imag'in organise des animation festives durant l'année sur le *Majest'In*, tel le 22 juin, Musicomédie avec le groupe Arokana avec possibilité de repas à bord. Également chaque week-end, le *Div'In* vous amène jusqu'à Escales via le Cap Blanc-Nez.

Points d'intérêt

BANKSY À CALAIS

Rue de la Tannerie

Accés libre toute l'année.

Artiste internationalement reconnu pour ses graffitis corrosifs, Banksy a trouvé à Calais un espace d'expression sans pareil. La ville a décidé de protéger les deux fresques encore intactes de l'artiste en les couvrant d'une plaque de Plexiglas. Protégés des altérations du temps, les deux graffitis s'exposent dans toute leur beauté poétique et politique. Sensible au sort des migrants de Calais, Banksy a voulu représenter la dureté du voyage effectué par ces femmes et ces hommes venus de territoires en guerre, mais aussi leur espoir de rejoindre les côtes anglaises. Ainsi, rue de la Tannerie, il a représenté un radeau sur lequel les voyageurs en détresse tendent les bras vers un yacht que l'on aperçoit au loin. Sur le poste de secours de la plage de Calais, c'est un enfant qui regarde vers les côtes anglaises, au travers d'une longue-vue sur laquelle est perché un vautour. Les visiteurs ne seront pas tous sensibles à cette forme d'art, mais ils comprendront le message qu'elle transmet.

Autre adresse : Poste de secours de la digue Gaston Berthe.

LA PLACE D'ARMES ET LA TOUR DU GUET
Place d'Armes

Accés libre toute l'année à la place et à l'extérieur de la tour. Celle ci ne se visite pas pour des raisons de sécurité.

Lieu de vie animé de la ville, avec un marché organisé deux fois par semaine et de nombreux hôtels et restaurants aux alentours, la place d'Armes était déjà le cœur de la cité médiévale. Elle garde aujourd'hui un superbe témoin de son histoire, la tour du Guet, le plus vieil édifice de Calais. Culminant à 39 mètres avec son chemin de ronde situé à 23 mètres de hauteur, elle est un modèle d'architecture défensive de l'époque. Détruite en 1580 et reconstruite en 1681, elle a successivement servi, entre autres, de phare, de colombier et de poste militaire. On y avait même installé le télégraphe aérien Chappe. Alors que la ville a été détruite à plus de 70 % dans les bombardements lors de la Seconde Guerre mondiale, la tour a résisté, encore et toujours. Elle couvre aujourd'hui de son ombre imposante une sculpture réalisée par Elisabeth Cibot, représentant le célèbre couple Charles de Gaulle-Yvonne Vendroux. Yvonne Vendroux appartenait en effet à une famille calaisienne très connue et la ville est toujours fière de rappeler ce fait historique.

Monuments

BEFFROI DE L'HÔTEL DE VILLE ★★
Place du Soldat-Inconnu ✆ 03 21 46 20 53
www.calais.fr

♿

Ouvert toute l'année. Basse saison : du mardi au dimanche de 10h à 12h et de 14h à 17h30. Haute saison : tous les jours de 10h à 12h et de 13h30 à 17h30. Gratuit jusqu'à 5 ans. Adulte : 5 €. Enfant (de 5 à 18 ans) : 3 €. Groupe (10 personnes) : 2 €. Tarif réduit pour les +65 ans, chômeurs et étudiants : 3 €. Possibilité de visite couplée avec l'Hôtel de Ville. Visite guidée. Boutique.

La construction de ce beffroi fut décidée en 1885, en même temps que celle du nouvel hôtel de ville, pour concrétiser la réunion des communes de Calais et de Saint-Pierre. Après un arrêt des travaux pendant la Grande Guerre, il fut achevé et inauguré en 1925. Il est donc le plus moderne des beffrois classés de la région. Quatre chevaliers recouverts de feuilles d'or fixent les quatre points cardinaux à son sommet, au-dessus des 4 cadrans de son horloge. Sa girouette est un dragon, gardien traditionnel des trésors. Son carillon électrique actuel joue toujours l'air de la *Gentille Annette*, dû au compositeur Boieldieu (1775-1834), créé au début du XIXe siècle. Contrairement à d'autres bâtiments plus anciens, sa tour est vide. Seul un escalier meublait l'intérieur : il n'était emprunté que par le technicien chargé de mettre l'horloge à l'heure d'hiver ou d'été. En 2012, année de son ouverture au public, plus de 15 000 personnes ont gravi ses 175 marches ou profité de l'ascenseur translucide pour atteindre le chemin de ronde. Du haut de ses 75 mètres, le beffroi permet une vue panoramique sur la ville et les alentours. La visite guidée est appréciable pour observer les traces de l'évolution historique de la ville. Avec 22 de ses pairs, le beffroi de Calais a été inscrit par l'Unesco au patrimoine mondial de l'Humanité.

LES BOURGEOIS DE CALAIS ★★
Place du Soldat-Inconnu
www.calais.fr

♿

En libre accès. Gratuit.

C'est l'une des œuvres les plus célèbres de Rodin. Commandée par la ville à l'artiste, la sculpture en bronze était installée à l'origine, en 1895, face au parc Richelieu. Elle ne rejoindra la place de l'hôtel de ville qu'après la Seconde Guerre mondiale. Cette sculpture immortalise le sacrifice de six bourgeois qui, en 1347, après un siège éprouvant, remettent à Edouard III, roi d'Angleterre, les clés de la ville. Ils auront la vie sauve grâce à l'intervention de Philippa de Hainaut, l'épouse du souverain. Réalisés presque en grandeur nature, ces six personnages semblent figés vivants dans le bronze tant Rodin a su leur insuffler une expressivité à la hauteur de son génie. L'angoisse, la peur, la fatigue et l'impuissance se lisent sur leur visage et dans leurs gestes. La statue est située de plain-pied et le visiteur peut scruter, face à face, ces hommes sacrifiés marchant vers la mort. Saisissant ! La sculpture a été coulée à douze reprises et, ironie de l'histoire, la même œuvre est installée devant le parlement anglais à Londres !

© JÉRÔME BERQUEZ

Le beffroi de l'hôtel de ville.

PAS-DE-CALAIS

FORT NIEULAY

Avenue Roger-Salengro
✆ 03 21 34 33 34

Ouvert aux visites libres le samedi et le dimanche de 14 à 17h en basse saison. En été du mardi au dimanche de 14 à 17h. Pour les groupes et les individuels, l'association Opale Tour (tel : 03 21 34 33 34) propose pour les groupes et les individuels, des visites pédestres du Fort Nieulay et du quartier du Courgain Maritime.

Agréable lieu de promenade à l'ouest de la ville et bien visible lorsque l'on arrive de Boulogne-sur-Mer, le fort Nieulay est un ouvrage conçu par Vauban ! C'est le seul fort-écluse qu'il construisit. Il impressionne par sa surface et sa masse que de larges espaces herbeux, tout autour de son enceinte, font ressortir. Son histoire a suivi celle mouvementée de la ville au cours des siècles. En 1525, une forteresse anglaise protégeait déjà un système d'écluses susceptible d'inonder le pays en cas d'agression. Vauban dessina les plans du fort actuel, légèrement déplacé par rapport à l'ouvrage précédent, après que le duc de Guise s'en est emparé en 1558. Doté d'épais murs de briques et bâti sur pilotis, disposant de trois écluses, et pouvant loger jusqu'à 28 officiers et 480 soldats, le fort devient alors la pièce maîtresse du système de défense de Calais. Ce superbe exemple d'architecture militaire, bien conservé, est devenu aujourd'hui un magnifique lieu de promenade à ne pas manquer lors d'un séjour à Calais.

GRAND THÉÂTRE ET GÉRARD PHILIPPE

Place Albert-Ier ✆ 03 21 46 66 00
www.spectacle-gtgp.calais.fr
theatre@mairie-calais.fr

Billetterie en ligne : billetterie.calais.fr. Billetterie sur place : mercredi et samedi de 14h à 17h30. Réservation possible par téléphone du lundi au vendredi de 9h à 12h et de 14h à 17h ou par mail. Tarifs selon spectacles. Consultables en ligne ou par téléphone.

C'est en 1905 que des artistes inaugurèrent ses planches. Le théâtre de Calais, devenu Grand Théâtre et Gérard Philipe, affiche un style clairement baroque dans le style du Palais Garnier. A l'extérieur, observez la façade Louis XIV : entre les quatre grandes colonnes, vous apercevez quatre statues représentant chacune un des quatre arts que sont la poésie, la comédie, la danse et la musique. La salle, un amphithéâtre à l'italienne construit en fer à cheval, présente une acoustique excellente et compte plus de 761 places réparties en quatre galeries autour d'une scène de 100 mètres carrés. La légende dit que Lady Hamilton, la belle maîtresse de l'amiral Nelson, qui a fini sa vie à Calais, hante le bâtiment. Côté programmation culturelle, le théâtre de Calais mise sur l'éclectisme avec des concerts classiques et des musiques actuelles, des pièces de théâtre et des one-man-show, des opéras et du cirque. On compte une cinquantaine de levers de rideau par an. En juin, le théâtre ouvre ses portes gratuitement pour faire découvrir à tous les secrets de ses coulisses. Enfin, toute l'année, il propose des ateliers, pour enfants comme pour adultes, sur inscription préalable.

Musées

CITÉ DE LA DENTELLE ET DE LA MODE DE CALAIS ★★

135, quai du Commerce
✆ 03 21 00 42 30
www.cite-dentelle.fr
cite-dentelle@mairie-calais.fr

Fermé le 1er janvier, le 1er mai et le 25 décembre. Fermé 15 jours en janvier. Basse saison : ouvert du mercredi au lundi de 10h à 17h. Haute saison : du mercredi au lundi de 10h à 18h. Gratuit jusqu'à 5 ans. 10 à 15 personnes : 120 €. 16 à 25 personnes : 150 €. Collections permanentes et expositions temporaires : 7 € (tarif réduit 5 €). Expositions temporaires : 4 € (tarif réduit 3 €). Gratuit le premier dimanche de chaque mois. Ateliers pour les enfants. Visite guidée (français/anglais/néerlandais pour les groupes). Restauration. Boutique. Animations.

Située dans le quartier Saint-Pierre, cœur historique de la dentelle de Calais, la Cité de la dentelle et de la mode a été aménagée dans une usine authentique, typique des années 1870. Lieu de vie et carrefour d'échange, elle se veut un outil et une vitrine pour la profession. Elle contribue ainsi au rayonnement de Calais en tant que capitale mondiale de la dentelle mécanique.

Les collections se déploient sur 2 500 m^2. Elles sont réparties dans six galeries où sont évoqués les savoir-faire et les techniques, l'histoire économique et sociale, les usages mais aussi les aspects les plus contemporains de la dentelle (mode, design, arts appliqués...). Tous les secrets de fabrication sont dévoilés au visiteur, avec, en point d'orgue, la découverte de quatre métiers Leavers en fonctionnement. Des tullistes professionnels confectionnent ainsi devant vous de la véritable dentelle de Calais-Caudry.

Bien plus qu'un simple lieu muséal, c'est un extraordinaire espace de vie et de découvertes. Expositions temporaires, activités culturelles pour les familles, échanges-rencontres, ateliers textiles, visites guidées pour les groupes... rythment le lieu. On y trouve aussi un auditorium, une salle de défilés, un podium de la création, un centre de ressources, une boutique ainsi qu'un restaurant.

MUSÉE DE MÉMOIRE 1939-1945 ★

Parc Saint-Pierre
✆ 03 21 34 21 57
musee-memoire-calais.com
museedelaguerredecalais@wanadoo.fr

Fermé en décembre et janvier. Ouvert pour les vacances scolaires de 11h à 17h (sauf mardi et dimanche). de mai à septembre tous les jours de 10h à 18h. Hors ces périodes se renseigner auprès de l'office de tourisme). Dernière admission 45 min avant la fermeture. Tarif Adultes : 8 €. Enfants : 6 €. Famille (2 adultes + 1 ou 2 enfants) 16 €. Audioguide gratuit.

Il servait autrefois de poste de commandement à la marine de guerre pour le port de Calais et de centre de transmission pour tout le nord-ouest de la France. 21 salles y sont à découvrir, dans lesquelles des uniformes, des armes et des drapeaux sont exposés. Toute l'histoire de la ville et de sa région, de septembre 1939 à la libération en septembre 1944, y est retracée. Un service d'audioguidage, avec plusieurs langues disponibles, permet d'obtenir le maximum de renseignements et de visiter le musée en toute liberté. Accès complet aux personnes à mobilité réduite.

Le couvert

■ AQUAR'AILE

255, rue Jean-Moulin
✆ 03 21 34 00 00
www.aquaraile.fr
france@aquaraile.com

♿

Maître Restaurateur. Ouvert le lundi, le mardi et du jeudi au samedi le soir ; du jeudi au mardi le midi. Réservation recommandée. Menus de 26 € à 48 €. Carte : 30 € environ. Formule : 26 € (sauf week-ends et jours fériés).

Derrière les grandes baies, bien installé dans l'un des trois salons modulables, vous aurez tout loisir de profiter d'une vue exceptionnelle sur les côtes anglaises et sur le port en activité. Les plats proposés sont riches en créativité et tout en saveurs. Vous serez séduit par une belle assiette d'huîtres et fruits de mer en entrée puis par la lotte et le bar en tajine au coulis de langoustines ou la pièce de veau réduction de genièvre de Houlle. Pour accompagner votre repas, le sommelier vous propose un large choix de grands crus à moins que vous ne préfériez sa sélection du mois. Que ce soit pour le cadre comme pour la carte, voici assurément une excellente adresse à Calais !

LE CHANNEL

3, boulevard de la Résistance
✆ 03 21 34 42 30
www.restaurant-lechannel.com
contact@restaurant-lechannel.com

♿

Ouvert tous les jours : le midi à partir de 12h00 et le soir à partir de 18h00. Sauf le mardi journée et le dimanche soir. Réservation souhaitée. 4 menus gastronomiques à 19 €, 25 €, 46 € et 62 €. Carte : 60 € environ. Service traiteur à partir de 25 € et 45 € les menus gastronomiques.

Depuis 30 ans, dans un cadre exceptionnel, un authentique morceau d'anthologie du tout culinaire calaisien est orchestré par la famille Crespo. Ici rigueur et qualité se perpétuent immuablement, grâce à l'expérience acquise auprès des plus grands, comme Joël Robuchon ! La carte change quatre fois par an et s'adapte aux saisons. La présentation reste ravissante et le service est irréprochable. Quelques exemples d'inspirations proposées : langoustines et foie gras en salade au vieux balsamique, noix de Saint-Jacques aux morilles, filet de bœuf au *blue shropshire*, poulet fermier sauce crème au vin jaune... Si l'heure est à la modernité, l'établissement a su garder un cadre raffiné sobre et cossu. On apprécie aussi la très belle carte des vins avec son choix exceptionnel (plus de 1 200 références). Un service traiteur vous permet de commander votre menu gastronomique personnalisé à savourer chez vous en famille ou entre amis, avec un choix important dans les mets et deux créneaux de prix.

L'ARDOISE

29, place d'Armes
✆ 03 21 36 64 13
www.brasserie-ardoise.fr

♿

Ouvert toute l'année sauf le 25 décembre et le premier janvier. Ouvert tous les jours et les jours fériés le midi et le soir. Avec service en continu le dimanche. Menu enfant : 10 €. Formule du midi : 12,95 € (trois plats au choix + un café gourmand). Carte, plats de 16,50 à 28 € et de 13 à 18 € en brasserie. Formules apéro entre 7 et 14€. Menu groupe 35 €. Vin au verre. Chèque Vacances, Chèque Restaurant. Accueil des groupes. Terrasse.

L'Ardoise propose une gastronomie décontractée ! En entrant, installez-vous dans les canapés pour l'apéro (la formule comprend une assiette de calamars ou une planche de charcuteries italiennes), puis passez à table pour déguster des plats bien travaillés. En entrée, vous pourrez choisir des gambas sautées à l'ail et flambées au pastis, le foie gras maison... Parmi les plats à la carte, citons la souris d'agneau confite à la fleur de thym ou encore le tajine de poulet curry coco. Bien sûr les plats changent suivant les saisons ! Le cuisinier soigne la présentation des assiettes et l'ambiance est toujours jeune et sympathique. La belle carte des vins mérite d'être soulignée : Pomerol, Margaux et Saint-Julien... L'intelligence de l'Ardoise est de mettre ses mets à portée de toutes les bourses grâce à sa carte brasserie et de proposer des Grands crus au verre. Réservation préférable le week-end.

■ **AU CÔTE D'ARGENT**
1, digue Gaston-Berthe
✆ 03 21 34 68 07
www.cotedargent.com
lefebvre@cotedargent.com

Ouvert du mardi au samedi, midi et soir + le dimanche midi. Menus de 20 € à 44 €. Carte : 25 € environ. Formules à 18 (le midi) et 22 € sauf week-end et fêtes.

Rejoignez le Côte d'Argent les yeux fermés, l'équipage s'occupe de vous et vous concocte une cuisine où le poisson est roi. Les amateurs de viande ne sont toutefois pas oubliés. Sandrine est capitaine en salle et offre un service irréprochable. Bertrand, qui a fait ses classes chez quelques grands noms de la gastronomie française (tels Lasserre et La Tour d'Argent à Paris ou encore Paul Bocuse à Collonges-au-Mont-d'Or) cuisine avec passion tous les poissons et fruits de mer de la région : homard d'Audreselles, purée de petits pois, carottes et cébette ; noix de Saint-Jacques boulonnaises snackées et petits légumes ; filet de turbot hollandaise, lentilles et carottes... Lampes, malles ou gilets de sauvetage, la décoration du restaurant vous invite à prendre le large et, bien situé face à la mer, on embarque volontiers pour un savoureux voyage !

■ **LES GRANDES TABLES DU CHANNEL**
173, boulevard Gambetta
✆ 03 21 35 30 11
www.lechannel.fr
channel@lesgrandestables.com

♿

Ouvert du mardi au dimanche le midi ; le vendredi et le samedi le soir. Le bistrot est ouvert 7j/7 à midi, et les soirs de vendredi, samedi et de spectacle. Réservation recommandée. Menus de 19 € à 36 €. Accueil des groupes. Ateliers cuisine pour les enfants.

« Réaliser une cuisine du quotidien et de l'extraordinaire », tel est le programme et même le challenge de cet établissement ! Et de l'extraordinaire, nous en trouvons ici, tant le centre culturel qui abrite ce restaurant est atypique et décalé. Le restaurant conserve l'architecture industrielle du théâtre Le Channel où l'alu et les gros tuyaux inscrivent une poésie et une ambiance toute particulières. La cuisine se veut créative, les plats du jour changent tous les mois. Le menu en 5 propositions est alléchant : crème de parmesan, ciboulette et pancetta ; langoustines marinées, fenouil et bouillon de crabe vert ; églefin, lait d'amande, chou de Bruxelles et pamplemousse chinois ; poulet fermier de la côte d'Opale en waterzoï ; crème citron, noix, noisette et noix de pécan... Du côté du bistrot, la soupe et le plat mijoté du jour feront des heureux. On peut aussi juste y commander une assiette de frites. L'endroit est un festival de saveurs dans un cadre original et chaleureux. A tester !

■ **RESTAURANT LE LONDON**
12, place d'Armes
✆ 03 21 85 85 79
www.restaurantlelondon-calais.fr
londonbridge@wanadoo.fr

Ouvert du mardi au dimanche de 11h à 15h et de 18h30 à 23h. Le samedi jusqu'à minuit. Carte, plats de 9,50 à 17,90 €. Pizzas de 10 € à 14,80 €. Menu enfant : 9,50 €. American Express, Chèque Vacances, Chèque Restaurant. Terrasse. Vente à emporter. Vegan friendly.

Le London Bridge est un établissement original qui décline un drôle de concept et une carte surprenante qui mêle la cuisine italienne avec les viandes et les recettes de la région. Ses pizzas valent le détour, certes, mais son welsh est pas mal non plus et pour plus de convivialité profitez des entrées et assiettes à partager tels ses samoussas ou la planche des copains. De belles pièces de viande, des moules assaisonnées de multiples façons et quelques pâtes et omelettes complètent le tableau. Végans et végétariens pourront eux aussi être comblés dans cet établissement qui pense à tout le monde.

■ **RESTAURANT L'ESSENTIEL**
8, rue Jean de Vienne ✆ 03 61 87 64 08
www.lessentiel-calais.fr

Ouvert le mardi, le jeudi et le vendredi de 12h à 14h et de 19h à 22h ; le mercredi et le dimanche de 12h à 14h ; le samedi de 19h à 22h. Réservation recommandée. Menus de 22 € à 29 €. (formule du jour 13,50 € avec boisson au verre et café gourmand (à midi en semaine)). Vin au verre. Accueil des groupes.

Et si vous alliez à l'essentiel ? Mathieu Dalebi, jeune chef passionné, mais avec déjà pas mal d'expérience acquise dans quelques bonnes tables de Calais, a ouvert son premier restaurant en 2016. Le décor est soigné et le couvert joliment dressé sur des tables nappées. La carte volontairement resserrée évolue régulièrement suivant les saisons. Elle recèle quelques bonnes surprises y compris dans les cocktails faits avec des fruits de saison ou dans le choix des vins accompagnant les mets. Tout est fait maison et à base de produits français de qualité. Quelques mets au menu du moment : saumon fumé minute au bois de hêtre et mousse d'aneth en entré, filet de taureau aux champignons noirs, pommes grenailles au four ou filet de bar, sauce courge butternut, salicornes, ensuite et en dessert, opéra et brisures de marron. De quoi se régaler !

Le gîte

■ **HÔTEL RÉSIDENCE DU GOLF**
745, digue Gaston-Berthe
✆ 03 21 96 88 99
www.hoteldugolf-calais.com

♿

Demandez un code d'entrée pour une arrivée après 22h. 12 chambres (dont 6 avec vue sur la mer). Chambre double de 45 € à 87 € ; chambre triple de 55 € à 97 € ; suite de 65 € à 107 €. Petit déjeuner buffet : 7,50 € (gratuit pour les moins de 12 ans). Parking inclus. Les vendredi et samedi soirs : supplément de 5 €. American Express, Chèque Vacances. Animaux acceptés (10 € par animal et par nuit). Restauration (brasserie ouverte tous les jours de 12h à 14h et de 19h à 22h).

Idéal pour des vacances en famille ! Situé face à la mer, l'hôtel propose des chambres dotées de kitchenettes équipées d'un micro-ondes, d'un évier, de plaques chauffantes et de vaisselle (à la demande). Elles peuvent accueillir jusqu'à quatre personnes. La plupart dispose de deux lits superposés, mais des chambres à quatre lits simples sont également disponibles. Son emplacement permet d'admirer à loisir le grand large et le ballet des ferries partant pour l'Angleterre. Sans oublier une des plus belles plages de sable fin. Le restaurant panoramique juste à côté, pourra vous accueillir pour déjeuner ou dîner. Une adresse sympathique pour un week-end au grand air !

■ HÔTEL RESTAURANT DE LA PLAGE
693, digue Gaston-Berthe ✆ 03 21 34 64 64
www.calaisplage.com

Ouvert toute l'année. 45 chambres (dont 15 triples). Chambre simple de 45 € à 77 € ; chambre double de 45 € à 77 € ; chambre triple de 55 € à 87 €. Petit déjeuner buffet : 7,50 €. Les vendredi et samedi soir : supplément de 5 € par chambre et par nuit. 2 chambres pour personnes à mobilité réduite. Animaux acceptés (10 € par animal). Wifi gratuit. Le Restaurant de la Plage est ouvert midi et soir 7j/7 : Plat du jour 9,80 €, formules à 15,50 et 20,50 €. Buffet à volonté 19,90 €. Menu à 25 €.
Les pieds dans l'eau ou presque, vous ne trouverez pas plus proche de la mer ! L'Hôtel de la Plage ne pouvait pas se situer à plus bel emplacement. Bruit des vagues et kilomètres de sable fin, le cadre et la vue panoramique sur la plage vivifient et relaxent à la fois. A l'intérieur, le restaurant dispose d'une grande salle panoramique et à l'extérieur une belle terrasse en front de mer peut accueillir jusqu'à 40 chanceux. Le chef propose une douzaine de variétés de moules, des plats de poissons et fruits de mer, ainsi que des mets spécifiques du terroir, sans oublier un choix de viandes grillées ou cuisinées à la carte. Soyez attentif à sa suggestion du jour qui mérite en général qu'on s'y intéresse ! Les chambres sont belles, confortables et bien équipées. Quoi de mieux que de s'endormir bercé par le bruit de la mer ? Un pur moment d'évasion !

Chambres d'hôtes

■ LE CERCLE DE MALINES
12, rue de Malines ✆ 03 21 96 80 65
www.lecercledemalines.fr
resa@lecercledemalines.com

Accueil entre 17h et 20h. 5 chambres (dont 1 suite familiale 4 pers). Chambre double de 85 € à 130 € ; suite de 130 € à 150 €. Petit déjeuner inclus. Lit supplémentaire : 25 € (lit d'appoint, de 3 à 12 ans : 15 €). Parking fermé (à 500 mètres, 4€ de 20h à 8h puis 1€ l'heure). Formule bien-être, de 210 € à 320 € : une ou deux nuits avec 2 modelages de 40 min. Animaux acceptés (supplément de 15€ et un seul par chambre). Wifi gratuit.
Dans cet ancien hôtel particulier situé dans une rue calme du centre de Calais, on est reçu comme un prince. Voyez un peu : salon de jardin, spa... Décorée et remise au goût du jour par la maîtresse des lieux, cette ancienne demeure de dentellier a été imaginée et édifiée en 1884. C'est dire que la tradition et le charme calaisiens vous assaillent une fois la porte poussée. Quatre chambres et une suite, décorées de manière unique et originale (Rachel, Jacquard, Leavers, Guipure et Chantilly), sont proposées par la pétillante Stéphanie. Le petit-déjeuner est copieux et servi en terrasse si le temps le permet. Préparez-vous à vivre un agréable moment de découverte, de plaisir et surtout de détente. À noter que cette chambre d'hôtes est labellisée « chambre d'hôtes référence ».

Loisirs

■ OPALE'R'FORMATION ULM
Gaëtan Ruet
313, rue Edgar-Degas ✆ 03 21 91 63 86
www.opalerformationulm.fr
opalerulm@gmail.com
3 plateformes d'envol possibles. Se renseigner au préalable sur le lieu du moment par téléphone ou mail. Centre de Formation agréé FFPLUM 06226 : BIA (brevet d'initiation Aéronautique) dès 13 ans et ULM multi-classes dès 15 ans. Vol biplace de 30 minutes : 75 €. Vol biplace de 60 minutes : 125 €.
Lancez-vous et réalisez le rêve de beaucoup : voler ! Voilà une autre façon de découvrir la région, en l'admirant depuis les airs. Les panoramas sont magnifiques : imaginez les falaises du cap Griz-Nez vues du ciel ou la baie de Wimereux irradiée devant vous par les rayons du soleil... Vous pourrez même, l'espace de quelques instants, prendre les commandes de l'appareil. Un pur bonheur ! Et pourquoi pas, ensuite, apprendre à piloter en solitaire ? Les décollages se font à partir de l'une des trois bases ULM situées à l'aéroport de Calais, à Nielles-lès-Calais ou à Equihen-Plage. Enfin, il est également possible de voler en ULM, en multi-axes ou en pendulaire.

Sorties

■ CASINO DE CALAIS
59, rue Royale ✆ 03 21 19 16 66
www.casinocalais.com
Ouvert toute l'année. Du dimanche au jeudi de 10h à 2h ; le vendredi, le samedi et les jours fériés de 10h à 3h. Pour la salle des machines à sous. Jeux à partir de 19 h. Brasserie tous les jours de 12h à 14h et de 19h30 à 22h30 (23h30 les vendredi, samedi et veille de jour férié. Tarifs brasserie : formules de 13,90 € à 16,90 € et menu enfant 9,90 €. Formule express 10,90 € à midi en semaine.
Amateurs de jeux, vous trouverez de quoi passer un bon moment au casino de Calais. L'établissement se targue de 75 machines à sous : video-poker, machines à rouleaux... Les jeux traditionnels (Boule 2000, Black-Jack et roulette anglaise) sont ouverts à partir de 19h30 tous les jours. Faites vos jeux dans une ambiance conviviale et sympathique ! Une petite faim ? Le chef vous accueille avec plaisir à la brasserie Le Touquet's midi et soir avec diverses formules au choix, dont une express servie à midi en semaine uniquement. La carte est simple (burgers, welsh, salades, pizzas et quelques viandes) mais les prix sont corrects et la formule du jour est avantageuse. Le casino dispose aussi d'une salle de spectacles de 250 places et de deux salons privatifs, Le Chatam et le Salon Royal, mis à disposition pour vos événements. Des dîners-spectacles dansants sont organisés tous les mois : demandez le programme !

Emplettes

BOULANGERIE FRED
120, boulevard Jacquard © 09 50 41 46 27
www.boulangeriefred.fr
Ouvert du lundi au samedi de 7h à 19h ; le dimanche de 7h30 à 13h30.
Située à l'angle du boulevard Jacquard et de la rue Jean Jaurès, la boulangerie Fred de Calais vous propose toutes sortes de pains à l'ancienne ainsi que de nombreux pains spéciaux, en boules, miches et baguettes. Son choix de pâtisseries n'est pas en reste. Elle offre aussi un service de traiteur – gamme chaude ou froide – bien commode lors de vos évènements festifs à la maison.

Dans les environs

Ardres

BUREAU D'INFORMATION TOURISTIQUE DE ARDRES
Place d'Armes © 03 21 35 28 51
www.tourisme-3pays.fr
contact@paysdopale-tourisme.fr
Basse saison : ouvert du mardi au vendredi de 10h à 12h30 et de 14h à 17h. Haute saison : le lundi de 14h à 18h ; du mardi au vendredi de 10h à 12h30 et de 14h à 18h ; le samedi de 10h à 12h30. En juillet-août lundi de 14 à 18h, du mardi au vendredi de 10 à 12h30 et de 13h30 à 18h, samedi de 10h à 12h30, dimanche et fériés de 10h à 12h30.
Construite en 1679 par l'ordre religieux des Carmes, la chapelle où est niché le bureau d'information touristique d'Armes est classée monument historique. La congrégation occupa les lieux jusqu'à la Révolution, puis l'endroit servit un temps de salle de spectacle. Ce bureau d'information est rattaché à l'Office intercommunal de Tourisme des Trois Pays. Des expositions temporaires sont régulièrement organisées à l'étage. Tout au long de l'année, l'office de tourisme vous accueille et vous conseille sur les différentes visites que vous pouvez faire dans les environs. Des brochures peuvent également être téléchargées sur leur excellent site Internet. De plus, il organise tous les lundis une activité sportive de marche nordique, et certains jeudis (vacances scolaires et autres) des « journées de la randonnée » pour la journée avec repas de midi pris chez un partenaire.

MAISON DE LA NATURE
Rue des Rainettes © 03 21 82 89 27
www.maisondelanatureardres.fr
Ouvert : d'octobre à mars sur réservation. En avril, mai, juin, juillet horaires basse saison. En juillet août, haute saison. Basse saison : ouvert du mardi au vendredi de 14h à 17h. Haute saison : du mardi au vendredi de 10h à 12h et de 14h à 17h ; le dimanche de 15h à 18h. Groupe (15 personnes) : 4 €. Entrée gratuite pour visite libre. Ateliers et visites guidées, 3 € / enfant et 5 € / adulte. Minimum 5 personnes.
La Maison de la Nature a fêté en 2018 ses vingt ans d'existence ! Venez la découvrir, parée de verdure, au cœur du site des lacs d'Ardres. Cette maison typique du marais, le potager et la mare, sont un cadre idéal pour une promenade en plein air. Faune et flore locales de ces milieux humides se révéleront à vous lors de cette instructive et agréable visite pédagogique. En 2018, le jardin médicinal a fait peau neuve : l'hectare et demi de sous-bois, de mare et de prairie a laissé un peu de place à un jardin de plantes tinctoriales. L'été, certains dimanches, l'association Circéa initie les visiteurs à l'utilisation des 250 plantes médicinales du jardin. N'hésitez pas à visiter le site Internet pour prendre connaissance du calendrier des activités.

LA MAISON DU CHEF
67, avenue Rouville © 03 21 34 91 05
www.lamaisonduchef.fr
Ouvert tous les jours le midi ; du vendredi au lundi et le mercredi le soir. A noter que ces ouvertures peuvent varier, notamment les mardi et dimanche. Aussi est-il préférable de réserver ces jours là. Réservation possible directement en ligne. Menus de 31 € à 35 €. Vin au verre. Carte : entrées de 7 à 11 €, plats de 12 à 18 €. Accueil des groupes. Terrasse.
Des menus qui se renouvellent chaque jour et présentés sur des tablettes numériques... Autant dire qu'à la Maison du jeune chef Frédéric Pouilly, disciple d'Escoffier, il n'est pas question de se reposer sur ses lauriers. Et, comme l'on ne fait rien de bon sans d'excellentes matières premières, le chef fait appel à des producteurs locaux tels que les volaillers de Licques ou la chèvrerie Banquart à Audruicq. Pour accompagner les mets, un belle carte de vins sélectionnés dont certains servis au verre. Découvrez chaque matin, sur sa page Facebook, ce que le chef vous a réservé pour la journée... et allez faire un tour du côté de sa maison, vous ne le regretterez pas ! A noter qu'aux beaux jours, vous pourrez vous attabler sur son agréable terrasse.

EUROLAC
1 098, rue du Lac © 03 21 35 13 91
www.eurolac-ardres.com
sarleurolac@aol.com
Fermé du 10 octobre au 1er mars. Basse saison : ouvert le mercredi, le samedi, le dimanche et les jours fériés de 14h à 18h30. Haute saison : tous les jours et les jours fériés de 10h30 à 19h30. Adulte : 6 € (pass accompagnant). Enfant (de 2 à 15 ans) : 11,50 € (pass activités). Pass journée : accès illimité aux attractions, sauf pêche aux canards. Pass Accompagnant Adulte (à partir de 16 ans) : 6 €. Nombreux autres tarifs (monoactivité, groupes...) à voir sur le site internet. Chèque Vacances. Restauration.
Eurolac est un vaste parc d'activités et de loisirs qui donne sur un lac de 64 ha. Les enfants pourront s'y essayer à l'art de la navigation grâce aux divers bateaux électriques, aussi bien des reconstitutions de ferrys que de chalutiers. Parmi les autres attractions, des jeux gonflables, des bateaux à pédaliers, des manèges, des baby boules, une pêche aux canards ou encore des bateaux tamponneurs... Vous l'aurez compris, ici il y a de quoi amuser les plus jeunes de longues heures durant ! Le site propose également un restaurant panoramique avec vue sur le lac d'Ardres avec des spécialités de poissons d'eau douce, une friterie, un stand de glaces et une crêperie. Par ailleurs, si vous avez un événement à fêter, vous pouvez tout à fait privatiser une terrasse sur pilotis, couverte et chauffée et jouissant d'une vue panoramique sur le lac.

■ **RESTAURANT CHEZ FANNY**
45, esplanade du Maréchal-Leclerc
✆ 03 21 35 41 23
chez-fanny-restaurant.business.site
fanny.poly3@gmail.com
Ouvert tous les jours midi et soir sauf le mercredi, et fermé samedi midi et dimanche soir. Carte : 20 € environ. Formule du midi : 10,50 € en plat unique et 15 € en formule plat + dessert. Chez Fanny, ambiance jazz français autour de grands musiciens. Menus à 25 et 29 €.
Chez Fanny, on mange sous le regard des monstres sacrés que sont de Funès, Bourvil et Fernandel. L'ambiance est douce et un peu jazzy et la responsable est charmante. Faites-vous plaisir avec quelques escargots, le pavé de bœuf et du poisson de la côte : la région est propice à la dégustation de produits du terroir et de la mer. La carte reste variée et regorge de produits régionaux (bières locales, escargots de Choquel...). Il y en a pour tous les goûts et le rapport qualité-prix se retrouve dans l'assiette. Fanny et Bernard seront ravis de vous recevoir.

■ **CANOTAGE LA FRÉGATE**
465, avenue du Lac ✆ 03 21 35 44 92
www.camping-la-fregate.com
dejonghe.bruno1@wanadoo.fr
Terrain camping ouvert du 1er avril au 15 octobre. Cannotage de début avril à fin septembre. De 14h à 19h. Location pour 20 minutes : barque 5 €, pédalo de 4 à 9 €, bateau à moteur 13 €. Camping : Emplacement tente ou caravane 5 €. Camping-car 6,50 €. Entrée adulte 4 €, enfant (- de 7 ans) 3 €. Electricité de 3 à 4 €.Taxe de séjour 0,45 €. Mobil-home de 155 à 195 € / week-end pour 4 à 6 personnes. En juillet-août semaine de 430 à 520 €. Chèque Vacances.
Le camping La Frégate vous propose des séjours en mobil-home, caravane, camping-car ou tente avec possibilité de location ponctuelle ou annuelle. Il propose de nombreuses activités pour petits et grands : activités nautiques, randonnées, pétanque, balançoires, ping-pong, toboggan, remise en forme... Situé en bordure du lac d'Ardres, il possède une base de canotage, ouverte également au public extérieur, qui vous permet de partir à la découverte de sa faune et de sa flore directement sur l'eau. Pour cela il met à votre disposition, en location, des barques, pédalos à 2 ou 4 places ainsi que des bateaux à moteur électrique. Dépaysement et sérénité garantis !

Coquelles

■ **INTER HÔTEL L'HAUT'AILE*****
ZAC Les Terrasses
Rue des Longues-Pièces ✆ 03 21 46 40 00
www.inter-hotel-calais.com
Accueil 24h/24. 49 chambres. Chambre double de 72 € à 109 € ; suite de 195 € à 215 €. Petit déjeuner buffet : 9 €. Lit supplémentaire : 15 € (en chambre confort). Parking fermé inclus. American Express, Chèque Vacances. Animaux acceptés (supplément 6 €). Séminaires. Wifi gratuit. Restauration. Tv satellite.
L'Haut'Aile est un établissement qui met en pratique les principes du développement durable. Une pompe à chaleur chauffe les chambres et l'établissement privilégie les appareils à basse consommation électrique, notamment pour l'éclairage. Des bornes de rechargement pour voitures électriques ainsi qu'un local à vélo sont installés sur le parking. L'hôtel est visible de loin grâce à son éolienne. Tout cela s'est fait sans sacrifier en rien au confort et à l'esthétisme : les chambres sont spacieuses et joliment décorées de grandes photos prises par un artiste de la région. Idéalement situé au pied de la Côte d'Opale, du tunnel sous la Manche et de la Cité Europe, l'Haut'aile accueille les voyageurs pour une étape cosy et reposante et dans le respect de notre belle planète.

PAS-DE-CALAIS

L'église d'Ardres.

CHANNEL OUTLET STORE

Boulevard du Parc ✆ 03 21 17 07 70
www.channeloutletstore.com
info@channeloutletstore.com

Ouvert du lundi au samedi de 10h à 19h. Et les dimanches de décembre.

L'Usine Côte d'Opale, ouverte en 2003, est sur le site international du Tunnel sous la Manche, à deux pas de Calais, une escale shopping avant ou après avoir traversé la Manche. Sur un site ultra-contemporain conçu par Jean-Michel Wilmotte, un demi-cercle Ouvert sur un parc paysager, on profite du plaisir de faire son shopping à petits prix en famille. Bien à l'abri dans cette structure proche de la nature et inondée de lumière, on découvre le plaisir des bonnes affaires. À Coquelles, ce sont 60 boutiques qui vous proposent 80 marques phare du prêt-à-porter, du sport, sportswear, accessoires et linge de maison. Les produits sont de la saison précédente, surstocks, etc. Accessoires de mode, loisirs, cuisine, arts de la table, chaussures, décoration, linge de maison, lingerie, maroquinerie, bagages, petit électroménager, prêt-à-porter enfant, femme, homme et sportswear. Les opérations commerciales des différentes enseignes, en plus des soldes d'été et d'hiver, sont régulièrement annoncées sur le site Internet. Ce centre de shopping profite d'un environnement verdoyant et d'un design ultra-contemporain. Les boutiques sont claires, modernes, l'ambiance sonore agréable et l'on trouve toujours une personne pour être renseigné. 840 places de parking gratuit, accueil, sécurité, aire de jeux, aire de repos, ascenseurs.

TERRE DE BOISSONS

Centre commercial Cité Europe
1001, boulevard du Kent ✆ 03 21 17 09 64
www.terredeboissons.com
pierre@terredeboissons.com

Ouvert du lundi au samedi de 10h à 20h. Le bar est ouvert du lundi au samedi de 11h à 19h30. Livraison possible (commande sur Internet : possibilité de récupérer sa commande sur place, au drive, ou possibilité de se faire livrer à domicile). Assiette individuelle : 9,90 €. Planche à partager (3 pers) : 16,90 €.

Installé sur 1 500 m^2 en plein cœur de la Cité Europe, ce *concept store* est dédié aux vins, bières et alcools. Du grand cru classé français à la bière la plus forte du monde en passant par le très médiatique vin chilien, tout ici incite vos papilles à embarquer pour un voyage aux 1 001 saveurs. 1 200 vins, 1 000 bières, 200 champagnes, 200 rhums, 500 whiskys… le choix est vaste et parfois surprenant. Le concept Terre de Boissons, c'est aussi un vrai bar, où des sommeliers vous invitent à goûter plus de 100 bières différentes dont 20 à la pression, ainsi que des dizaines de vins rouges, blancs, pétillants, et d'autres spiritueux. La carte est renouvelée chaque semaine, aucun moyen de s'en lasser. Vous pouvez aussi accompagner votre boisson d'une délicieuse assiette de charcuterie italienne, d'une pizza ou d'un sandwich que vous aurez composé vous-mêmes. Enfin, des formations en vin, bière et whisky sont dispensées chaque semaine par des spécialistes.

Escalles

CAP BLANC-NEZ

www.lesdeuxcaps.fr
contactsitedesdeuxcaps@pasdecalais.fr

Le cap Blanc-Nez se trouve sur la commune d'Escalles, un petit village niché dans un merveilleux vallon, à 10 kilomètres au sud de Calais et à une vingtaine de kilomètres au nord de Boulogne-sur-Mer. Le site impressionne par sa vue imprenable sur d'interminables plages. Les falaises les surplombent du haut de leurs 134 mètres. Les collines crayeuses ont conservé une lande balayée par les embruns des vents du nord-ouest et parsemée de cratères de bombes de la Seconde Guerre mondiale. Le site du cap Blanc-Nez est caractérisé par une flore très diversifiée. Le chou marin (ancêtre des choux cultivés) en est certainement le plus représentatif. Les amoureux du grand air peuvent suivre le circuit balisé qui longent les falaises jusqu'au Dover Patrol, point culminant du cap, où est érigé un obélisque en hommage à cette patrouille de Douvres chargée durant la guerre 1914-1918 de draguer et de surveiller le détroit. De là-haut, par temps clair, la vue sur les côtes anglaises est superbe, tout comme les couchers de soleil. Le cap Blanc-Nez forme avec le cap Gris-Nez, situé 10 kilomètres plus au sud, le site naturel des Deux-Caps, labellisé Grand Site de France depuis 2011.

Autre adresse : Maison du Site des Deux-Caps – Hameau de Haringzelles 62179 AUDINGHEN ✆ 03 21 21 62 22.

LES FALAISES

18, rue de la Mer ✆ 03 21 36 86 13
www.lesfalaises-capblancnez.com

Ouvert tous les jours en juillet et août. Menu unique à 29 €. Carte : 16 € environ (moules – frites : 14,50 €). Menu enfant : 10,50 €. Terrasse.

Au pied du cap Blanc-Nez, à 200 mètres de la plage, cela vaut le coup de s'arrêter. La grande terrasse ensoleillée réjouira les visiteurs aimant profiter des rayons du soleil. A l'intérieur, la salle du restaurant a été totalement rénovée : la décoration est simple et plaisante. La carte propose une petite sélection de viandes, de poissons, des plateaux de fruits de mer et des moules-frites. Les spécialités de la maison sont le bœuf cuit sept heures avec les petits légumes oubliés et le cabillaud en croûte de chorizo avec son émulsion de persil. C'est simple, frais et bien cuisiné. On en redemande.

LE RESTAURANT DU CAP

4, place de la Mairie ✆ 03 21 85 25 10
www.restaurantducap.com
contact@restaurantducap.com

Menus de 29 € à 39 €. Plat du jour : 14,50 € (entrée – plat ou plat – dessert 19€. Entrée – plat – dessert 22€).

René Vieillard est heureux de vous accueillir dans son restaurant, installé de manière privilégiée au pied du cap Blanc-Nez, au cœur d'Escalles. Sur la route des Caps, c'est une adresse bien connue des estivants. La carte classique sied bien à l'endroit : elle oscille plaisamment entre plats de viande, poissons et fruits de mer. Par exemple à la carte : bun's de ris d'agneau sauce forestière, gigot de lotte à l'armoricaine, omelette norvégienne flambée au

Grand-Marnier... Un menu végétarien est aussi proposé. Les enfants trouveront leur bonheur avec la « moulette marinière » du menu Moussaillon.

L'ESCALE***
4, rue de la Mer ✆ 03 21 85 25 00
www.hotel-lescale.com
reservation@lescale.online

Logis. Chambre double de 77 € à 92 € ; chambre triple de 102 € à 112 €. Demi-pension (de 141 € à 153 €). Petit déjeuner : 10,50 €. Garage. Jeux pour enfants.
C'est un hôtel calme et chaleureux bien fleuri l'été, qui propose un court de tennis, un terrain de boules et des jeux pour enfants, et offre la possibilité de louer des VTT pour sillonner les chemins de randonnée qui partent à deux pas de là. Il propose aussi un ensemble de deux gîtes indépendants situés au pied du cap Blanc-Nez, à 700 mètres de la plage, orientés plein sud qui peuvent accueillir jusqu'à 8 personnes chacun. D'une surface intérieure de 115 m², ils offrent 3 belles chambres et 3 salles de bains avec WC. Au menu du restaurant, cuisine traditionnelle (cailles farcies, jambon grillé et côte de veau à l'os) et spécialités de poissons (pavé de bar, moules ou plateau de fruits de mer) à déguster en terrasse, l'été. L'air marin vous emplit les narines ! A déguster, le pot-au-feu du pêcheur, la surprise du chef !

LA GRAND'MAISON
Hameau de la Haute-Escalles
✆ 03 21 85 27 75
www.lagrandmaison-capblancnez.com
lagrandmaison.escalles@gmail.com
5 chambres. Chambre simple de 60 € à 80 € ; chambre double de 70 € à 90 €. Petit déjeuner inclus. Lit supplémentaire : 15 €. Petits chiens acceptés, uniquement sur demande : 10 €/jour, avec caution de 100 €.
Jacqueline et Marc Boutroy vous accueillent dans le cadre bucolique d'un charmant corps de ferme, avec pigeonnier central, datant du XVIIe siècle et situé au cap Blanc-Nez. Cet établissement à la déco romantique de style anglo-saxon propose, en plus de cinq chambres d'hôtes aménagées dans les dépendances, plusieurs gîtes et studios pouvant accueillir d'une à dix personnes. Vous serez ici reçu façon Bed & Breakfast, avec tout le charme du concept.Les petits déjeuners à la française sont servis dans la véranda ou devant la cheminée en hiver. Ici, on profite de la campagne et de la compagnie des animaux avec même la possibilité d'escapades avec un petit poney en famille. Les chevaux sont accueillis aussi bien que leurs propriétaires au besoin.

CAMPING LE BLANC NEZ
18, rue de la Mer ✆ 03 21 85 27 38
www.camping-blancnez.fr
camping.blancnez@laposte.net

Ouvert de mi-mars à début novembre. Sol : herbeux. Relief : plat. Emplacement + véhicule + 2 personnes (avec 4 A) de 17,50 € à 22 €. Chalets de 340 € à 535 € la semaine ; mobil-homes de 370 € à 535 €. Jeux pour enfants. Animaux acceptés (30 €/semaine en gîte et mobil-home, 1 à 1,50 €/jour en camping). Restauration. Vente (épicerie).
Ici, vous pourrez profiter du calme de la nature dans un cadre unique d'un site classé Grand Site de France. Ce petit paradis des randonneurs se trouve à seulement 400 mètres de la plage. Le camping propose des emplacements pour les tentes, les caravanes, les motor-homes, mais aussi des gîtes à la location. Un restaurant et une épicerie sont présents sur place. Les enfants ne manqueront pas d'aller s'amuser du côté de l'aire de jeu. C'est un camping sans prétention et confortable, au cœur d'un lieu exceptionnel.

© PHILIPPE TURPIN
Vue aérienne sur le Cap Blanc Nez.

Landrethun-le-Nord

BASE V3 DE MIMOYECQUES ★★
Mimoyecques ✆ 03 21 87 10 34
www.mimoyecques.fr
mimoyecques@terredes2caps.com
Sur la D249 entre Landrethun-le-Nord et Leubringhen
Ouvert de mi avril à mi-octobre. Ouvert tous les jours de 10h à 18h. Gratuit jusqu'à 5 ans. Adulte : 6,50 €. Enfant (de 6 à 16 ans) : 4 €. Groupe (15 personnes) : 5 €. Famille (2 adultes + 1 à 5 enfants) : 14 €. Tarifs billet jumelé avec CAPland : 7,50 € adulte. Restauration (cafétéria et aire de pique-nique). Boutique. Animaux interdits.
La base V3 est située sur la D249 entre Landrethun-le-Nord et Leubringhen. La forteresse de Mimoyecques et ses souterrains servirent de base d'expérimentation de l'arme secrète allemande de la dernière chance, le V3. Il s'agit ici du plus long canon jamais construit par les Allemands durant la Seconde Guerre mondiale. Les lieux furent détruits par les bombardements alliés du 6 juillet 1944. Aujourd'hui, 600 mètres de galeries souterraines sont accessibles au public.

Marck

LA FERME DES AIGRETTES
Allée de la Découverte
✆ 03 21 82 71 03
fermedesaigrettes@ville-marck.fr

Ouvert toute l'année. Tous les jours et les jours fériés de 10h à 17h. Circuit libre et gratuit autour de la ferme. Activités et ateliers sur réservation uniquement pour des groupes de 8 personnes min.

En plein cœur d'un superbe parc verdoyant, la ville de Marck a réhabilité voilà quelques années une ferme à cour carrée, typique de la Flandre Maritime. La ferme accueille aujourd'hui la Maison de la Nature et de l'Environnement qui organise visites et ateliers pour le plus grand bonheur des petits et des grands. Au programme, une découverte pratique et ludique de la nature et de ses secrets. Vous apprendrez par exemple à fabriquer votre pain tout en découvrant les mystères du blé. En automne, vous pourrez apprendre à faire votre propre confiture. Si vous êtes intéressé, n'hésitez pas à contacter la Ferme des Aigrettes, qui vous dévoilera le large choix d'activités qu'elle propose. Mais si vous avez envie de découvrir la nature en solo, vous pourrez aussi vous lancer à l'assaut de l'un des nombreux sentiers de randonnées partant du lieu ou vous pourrez aller observer tous les animaux de la ferme qui vivent ici heureux et en liberté. Ânes, moutons et autres poules n'attendent que vous. Et bien sûr, ne manquez pas la nidification des aigrettes qui ont donné son nom à ce lieu unique.

BROODOVEN MARCK
191, allée de la Découverte
✆ 03 91 91 50 84
le-broodoven.business.site
estaminetbroodoven@outlook.fr

Ouvert toute l'année. Fermé lundi journée et mardi soir. Ouvert : Le mardi de 11h30 à 15h ; du mercredi au vendredi de 11h30 à 15h et de 18h30 à 22h30 ; le samedi de 11h30 à 22h30 ; le dimanche de 11h30 à 19h. Formules (entrée-plat ou plat-dessert) 18,50 € (entrée-plat-dessert) 25 €. Menu enfant : 6,50 €. Carte : tous les plats à 13,80 € sauf potjevlesch à 16, 80 €.

Installé dans une ancienne ferme entièrement rénovée avec l'architecture traditionnelle de la région, aux murs en pierres apparentes jointoyées, le restaurant de Marck Broodoven offre un cadre champêtre avec une belle terrasse ensoleillée. La décoration intérieure est sympathique et l'accueil du patron est cordial. La cuisine est résolument flamande de type estaminet avec, selon l'inspiration du moment, carbonnade flamande, potjevleesch, hotch-potch, stoemp et waterzoï... On aime la cuisine dépaysante et le côté familial et chaleureux.

Oye-Plage

LA TOUR PENCHEE
Le Platier d'Oye

Cette tour était un leurre ! Les Allemands ordonnèrent sa construction en 1942 : elle abritait une batterie avec un poste de direction de tir. Plus d'une centaine de prisonniers russes s'attelèrent à la tâche. Pour tromper l'ennemi, on donna à l'édifice des airs d'église, en s'inspirant de celle de Mardyck (avec des vitraux, une pendule et une grande croix métallique, qui ont disparu). Le 7 septembre 1944, les Allemands tentèrent de faire exploser ce bunker déguisé, mais la charge d'explosif utilisée étant insuffisante, la tour resta debout et étrangement penchée, ce qui lui vaut désormais son nom.

Sangatte

LE BLANC NEZ
2281, Route Nationale ✆ 03 21 82 00 53
www.blancnez-restaurant.com

Basse saison : ouvert le lundi de 12h à 15h ; du mardi au samedi de 12h à 15h et de 18h à 21h. Haute saison : tous les jours de 12h à 15h ; du mardi au samedi de 18h à 21h. Menus de 20 € à 27,50 €. Carte : 20 € environ. Menu enfant : 9,50 € (un menu ado à 13,50 €). Formule : 19 €. Vin au verre.

De la cuisine traditionnelle proposée avec une touche d'excentricité : le restaurant Le Blanc-Nez séduira les gourmets par ses nombreuses spécialités à base de poissons et crustacés. Le client pourra choisir son crabe ou son homard à faire griller dans le vivier du restaurant. Les assiettes de fruits de mer sont superbes et les prix doux, difficile de résister... Les amateurs de viandes ne seront pas en reste, avec notamment de belles pièces de bœuf. Bref, service, salle et cuisine, tout est parfait ! La myriade des habitués ne s'y trompe pas.

LES DUNES
Blériot-Plage
48, route Nationale ✆ 03 21 34 54 30
www.les-dunes.com – contact@les-dunes.fr

Fermé le dimanche soir et le lundi de septembre à mi-juillet. Menus de 19,50 € à 36 €. Menu enfant : 11 €. Formule du midi : 16 €.

Philippe et sa brigade vous réservent de belles surprises dans ce restaurant gastronomique. Le cadre chaleureux invite à la convivialité, d'autant plus avec ces jolis plateaux de fruits de mer que l'on prend plaisir à partager en famille. Nous vous recommandons également le Turbotin Monseigneur, primé au Concours National de la Poêle d'Or en 1978, qui n'a rien perdu de sa fraîcheur ! Vous pourrez vous régaler avec bien d'autres plats de tradition : le homard du vivier grillé, le tournedos de bœuf « façon Renaissance » ou le carré d'agneau rôti et sa crème au thym. Une adresse vivement recommandée, pour un plaisir de chaque instant !

REPÉREZ LES MEILLEURES VISITES

★ INTÉRESSANT ★★ REMARQUABLE ★★★ IMMANQUABLE ★★★★ INOUBLIABLE

ÉTAPLES-SUR-MER ★

Étaples est une petite ville d'environ 11 000 habitants, avec un port de pêche dont l'activité a survécu aux diverses invasions, incendies et bombardements lors de diverses guerres du passé. C'est ainsi que Napoléon Bonaparte y massa une partie de sa puissante armée du Boulonnais destinée à conquérir l'Angleterre – le 6e corps d'armée du maréchal Ney. La Première Guerre mondiale comme la suivante lui causèrent de très importants dégâts. Étaples paya un lourd tribut reconnu par l'attribution de la Croix de Guerre en 1920 puis une citation à l'ordre de la nation en 1945 : « Ce port de pêche a payé un lourd tribut pour la libération du territoire et a bien mérité de figurer parmi les cités les plus glorieusement meurtries. Le courage de sa population, et particulièrement la ténacité de ses marins, restera un exemple pour tous les artisans du relèvement national ».
Le Cimetière militaire d'Étaples est le plus grand cimetière des forces du Commonwealth. C'est un lieu à la fois émouvant et impressionnant de par sa taille. Vous pourrez retrouver les témoignages de la vie des pêcheurs du terroir et, plus généralement, du monde de la pêche en rendant visite d'abord au Musée de la marine puis au Musée-Aquarium Meréis. Complétez ces connaissances en passant par le Musée de construction navale traditionnelle.
Pour les amateurs de nature, le choix d'activités est large à Étaples et dans ses environs. De nombreuses balades nature sont possibles, au cœur de la Réserve naturelle nationale, dans la baie de Canche où se révèle une importante diversité de la faune comme de la flore avec des espèces rares remarquables. L'accès, bien balisé, est libre à condition de respecter sa réglementation. La forêt communale, quant à elle, recèle de nombreux sentiers balisés pour des randonnées à la découverte de ses richesses naturelles. Depuis le printemps 2019, les moins sportifs pourront toutefois prendre un grand bol d'air au milieu de cet espace naturel préservé en embarquant pour de superbes croisières en baie de Canche sur le *Baie de Canche* flambant neuf. A noter que les amateurs de pêche peuvent aussi en profiter.

■ OFFICE DE TOURISME

La Corderie
Boulevard Bigot-Descelers
✆ 03 21 09 56 94
www.etaples-tourisme.com
contact@etaples-tourisme.com

Basse saison : ouvert du lundi au samedi de 10h à 12h30 et de 14h à 17h30 ; le dimanche et les jours fériés de 14h à 17h30. Haute saison : tous les jours et les jours fériés de 9h30 à 13h et de 14h à 18h. Fermé le 25 décembre et le 1er janvier. Visites guidées 3,70 € par adulte et 2,70 € par enfant. Entrée Maréis 6,90 € / adulte et 5,40 € / enfant.

N'hésitez pas à démarrer votre séjour à Étaples en rendant visite à cet office de tourisme qui est installé dans la Corderie, une ancienne fabrique de filets de pêche ! Son équipe dynamique vous renseignera sur les multiples activités proposées par la ville : visite du cimetière britannique, visite des peintres d'Étaples, tour architectural de la ville, parcours historique de la ville, sans oublier une croisière à bord du *Baie-de-Canche*, ou une visite au centre Maréis, centre de découverte de la pêche en mer, sur inscription préalable. Un hall spacieux présente diverses expositions photo ou vidéo et une grande boutique vous propose des produits de décoration marine ou de gastronomie locale. A noter que l'office de tourisme d'Etaples s'occupe désormais également des visites pour les groupes sur toute la Côte d'Opale et le Montreuillois. N'hésitez pas à le contacter !

■ CHANTIER DE CONSTRUCTION NAVALE TRADITIONNELLE

Boulevard Bigot-Descelers
✆ 03 21 94 23 27
www.tourisme-etaples.com
chantiernaval@tourisme-etaples.com

Fermé le 1er janvier, le 28 mars, le 1er mai, le 5 mai, le 8 mai, le 14 juillet, le 15 août, le 1er novembre, le 11 novembre et en décembre. Visite libre de 9h à 11h30 et de 15h à 16h30 du lundi au samedi (hors jourd fériés).. Visite guidée sur réservation. Tarif unique : 2 €.

Entre 1951 et 1975, une cinquantaine de chalutiers et une vingtaine de bateaux d'échouage en bois sont sorties de ce chantier naval. Puis l'acier s'est imposé dans la construction et l'entreprise a fini par fermer, jusqu'à ce que, en 1994, le chantier devienne un site de préservation et de transmission des savoir-faire locaux. Depuis, on y fabrique et on y restaure des bateaux traditionnels. Vous pourrez également admirer des objets anciens de marine et des navires du passé, comme le *Charles de Foucauld*, chalutier étaplois, construit sur place en 1958 et classé monument historique. Des stages sont régulièrement organisés par le chantier comme celui de fabrication d'un aviron en 2019. Pour plus de précisions, s'adresser au chantier ou à l'office de tourisme.

■ CROISIERE EN BAIE

Pavillon de la Mer
✆ 03 21 09 56 94
www.tourisme-etaples.com
contact@etaples-tourisme.com

D'avril à septembre : croisières plusieurs fois par jour en fonction des marées. Adulte : 10,90 €. Enfant (de 2 à 12 ans) : 8,90 €. Pass'mer (croisière + entrée à Maréis : 15,80 €/adulte et 12,50 €/enfant). Chèque Vacances.

Lancé au printemps 2018, le nouveau bateau promenade d'Etaples, le *Baie de Canche*, mélange d'espaces intérieurs et extérieurs, emporte ses visiteurs à la découverte des beautés maritimes. Il a accueilli pour sa première année d'exploitation plus de 10 000 passagers ! De son pont qui vous met au plus près des flots, vous pourrez sentir les embruns et regarder voler les oiseaux migrateurs qui nichent dans l'estuaire. Si le soleil est avec vous, peut-être contemplerez-vous les colonies de phoques qui s'étirent sur les bancs de sable. Et pourquoi pas une dégustation de saumonette ou flétan ultra-frais ramené dans les filets des pêcheurs locaux ? Gourmands, pensez à la croisière apéritive !

■ **DE LA MER A L'ASSIETTE**
Office de tourisme
Boulevard Bigot Descelers
✆ 03 21 09 56 94
www.etaples-tourisme.com
contact@etaples-tourisme.com
Plusieurs vendredis en juillet et août. Dates précisées par l'Office de Tourisme lors des résevations. Durée moyenne : 2h30. Adulte : 14,90 €. Enfant : 12,40 €. Réservation indispensable à l'office de tourisme.
Le circuit guidé commence par la visite du musée-aquarium Maréis, puis votre guide vous emmène, à pied, sur le port. Promenade et explications autour du calvaire des Marins, de l'aire de carénage et de la Coopérative maritime étaploise avant d'arriver devant les étals de pêcheurs. Et là, petite collation à base de produits de la mer, préparée par le chef du restaurant Planète Océan. Un délice purement saisonnier, cinq vendredis par an en juillet et août, une occasion rare à ne pas manquer.

Points d'intérêt

■ **MARÉIS, CENTRE DE DÉCOUVERTE DE LA PÊCHE EN MER** ★
Boulevard Bigot-Descelers
✆ 03 21 09 04 00
www.mareis.fr – contact@mareis.fr
Fermé les dimanches et le 01/11 le matin ainsi que les 25/12 et 01/01 la journée. D'avril à septembre de 9h30 à 13h et de 14h à 18h00, 7j/7. D'octobre à mars de 10h à 12h30 et de 14h à 17h30, 7j/7. Adulte : 6,90 €. Enfant (de 4 à 12 ans) : 5,40 €. Forfait famille (2 adultes + 2 enfants à 4 enfants) : 21,20 €. Chèque Vacances.
La pêche étaploise est une fierté locale. Construit dans une ancienne usine de fabrication de filets de pêche, Maréis cultive et transmet cette passion en évoquant la vie des hommes à bord d'un chalutier de 25 mètres. A découvrir : plus de 500 espèces animales, des reconstitutions de bateau à taille réelle, un quiz sur les techniques de pêche... Des visites guidées d'une heure environ sont proposées toutes les 30 minutes en basse saison et toutes les heures en haute saison. Passionnantes, elles sont effectuées par d'anciens marins-pêcheurs ou par des membres de leur famille. Dernière visite une heure avant la fermeture.

■ **MUSÉE DE LA MARINE** ★
Halle à la criée
Boulevard de l'Impératrice
✆ 03 21 09 77 21
etaples-sur-mer.fr
museemarineetaples@wanadoo.fr
Fermé du 1er au 31 janvier. Fermé le dimanche après midi et le mardi toute la journée. Ouvert de 10h à 12h et de 14h à 18h. Visites individuelles libres. Possibilité de visite guidée, sur réservation, pour des groupes à partir de 15 personnes. 3 € par adulte et 1,50 € par enfant de 6 à 18 ans, gratuit pour les moins de 6 ans. Chèque Vacances.
Le vieux canon de marine qui garde l'entrée de l'ancienne halle aux poissons ne doit pas vous effrayer ! Dans cet édifice face au port, ce musée présente, sur 600 mètres carrés, la vie et l'histoire des marins étaplois, à l'aide de documents, de maquettes, d'intérieurs reconstitués, de

projections diapo et vidéo. C'est ainsi que sont décrites l'évolution du chalutage et la préparation des poissons pêchés en vue de leur commercialisation. Des bateaux en taille réelle sont également exposés. Vous pourrez découvrir l'évolution de la vie quotidienne des pêcheurs, ainsi que les métiers traditionnels, aujourd'hui disparus, étroitement liés à la marine (tonneliers, charpentiers, voiliers…).

Le couvert

AU VIEUX PORT

11, place du Général-de-Gaulle
✆ 03 21 94 54 98

♿

Climatisation, Bar.

Ici vous profiterez d'une grande terrasse de 65 places exposée plein sud et donc inondée de soleil toute la journée qui vous invite à un long farniente. Un bar-brasserie typique sans tomber dans les clichés, doté d'une décoration de bon goût qui confère au lieu une ambiance marine très chaleureuse. 10 bières pression et plus de 100 bières bouteille sont proposées, dont celles de la Brasserie Crazy Hops : la Che'rveza, la Fruitage de Gueule, la magnifique Hop Session et quelques fûts à venir. Côté fréquentation, la clientèle locale se mélange à celle de passage.

AUX PÊCHEURS D'ÉTAPLES

Quai de la Canche
✆ 03 21 94 06 90
www.auxpecheursdetaples.fr
etaples@auxpecheursdetaples.fr

♿

Haute saison : ouvert tous les jours de 12h à 14h et de 19h à 21h30. Hors saison, fermé le dimanche soir. Menus de 25 € à 65 €. Carte : 40 € environ. Menu enfant : 10,50 € (menus ados à 15,50 € avec boisson). Menu 25 € en semaine uniquement avec 1 verre de vin. Accueil des groupes.

Le restaurant de la coopérative maritime étaploise est situé à l'étage juste au-dessus de la poissonnerie ! On peut y savourer toute l'année des poissons de la région, débarqués le matin même des bateaux de pêcheurs d'Étaples. La grande baie vitrée de ce restaurant, situé au bord de la Canche, vous permettra d'admirer la flottille des marins étaplois. Sa carte est une ode à la mer et à ses fruits, alliant authenticité et qualité. Parmi les spécialités : langoustines terre et mer, lard fumé, fraîcheur de ratte et épinard frais ou saumon fumé en millefeuille de brick, mousse à l'aneth, perles passion en entrée ; filet de saint-pierre, crémeux d'agrumes, pamplemousse, patate douce ou médaillon de lotte, beurre blanc aux morilles et œufs de saumon en plat ; soufflé glacé au Grand-Marnier au dessert.

PLANÈTE OCÉAN

Quai de la Canche
✆ 03 21 09 42 92
www.planeteocean.fr
planeteocean@cmeop.com

♿

Qualité Tourisme. Ouvert toute l'année, 7j/7 midi et soir sauf d'octobre à mars fermé le lundi soir et les 15 premiers jours de décembre.. Menus de 18 € à 35,90 €. Carte : 20 € environ. Menu enfant : 7,50 €. Accueil des groupes. Terrasse.

Sur le quai de la Canche, vous reconnaîtrez cette brasserie à sa bâtisse originale en bois. Sur deux étages, elle en impose et dispose d'une terrasse moderne offrant une agréable vue sur le port. La salle intérieure récente de cette brasserie accueillante est entourée de baies vitrées. Dans ce décor boisé, lumineux et marin, on se laisse volontiers tenter par une jolie carte composée de spécialités de la mer. Plateau de fruits de mer, assiette de crevettes grises, de petites gambas, de bulots et d'huîtres normandes ou bretonnes, et l'incontournable Burger Océan… La fraîcheur est au rendez-vous dans tous les cas et le service très cordial. En dehors des heures de service, faites une halte à son bar chaleureux où vous pourrez partager apéro, tapas et compagnie… Pendant ce temps, un espace enfant permet aux bambins de s'occuper de façon ludique tout en procurant un peu de tranquillité aux parents. A noter que Planète Océan s'associe régulièrement à Maréis pour proposer des ateliers culinaires et des visites guidées gourmandes pour les touristes.

FRUGES

Gros bourg rural, Fruges compte 2 300 habitants environ, possède quelques rares commerces dont deux bars et trois restaurants, des boulangeries et une boucherie. Son patrimoine architectural se résume à une vingtaine de maisons datées des XVIIe, XVIIIe et XIXe siècles. Le bâtiment de l'hôtel de ville date lui aussi du XIXe ainsi que l'église Saint-Bertulphe qui possède deux statues géantes en bois de tilleul, vestiges de l'abbaye Sainte-Marie-au-Bois de Ruisseauville. La promenade des digues longe la petite rivière conduisant jusqu'à un moulin encore équipé de sa roue à aubes. La quiétude est certainement la caractéristique essentielle de cette toute petite commune de campagne.

Dans les environs

Azincourt

AZINCOURT 1415 ★★

24, rue Charles-VI ✆ 03 21 47 27 53

♿

Fermé pour les vacances de fin d'année et le 1er mai. Ouvert du mercredi au lundi de 9h à 17h30. Gratuit jusqu'à 4 ans. Adulte : 3 €. Enfant (de 5 à 16 ans) : 2 €. Label Tourisme & Handicap. Accueil bilingue. Aire de pique-nique. Parking. Animaux interdits.

La bataille d'Azincourt a eu lieu le 25 octobre 1415, pendant la guerre de Cent Ans. Les soldats français tentent alors de barrer la route à l'armée anglaise. Une défaite cuisante s'ensuit. Pourtant beaucoup plus nombreux, les Français comptent sur leur cavalerie qui s'enlise dans un terrain boueux. Les Anglais misent sur de grands arcs à longue portée. Cet affrontement a été considéré comme la fin de l'ère de la chevalerie. Plus que l'exposé de cette bataille, le tout nouveau centre historique montre l'impact de la guerre de Cent Ans sur les générations qui ont suivi. L'endroit a connu une rénovation totale : la scénographie est plus moderne et le musée s'est agrandi. Il nous est également montré la vie quotidienne des Français du XVe siècle. Un lieu incontournable pour se souvenir et ne pas oublier.

LE CHARLES VI

12, rue Charles-VI ✆ 03 21 41 53 00
restaurantcharles6@wanadoo.com

Ouvert toute l'année. Congés annuels pendant les vacances scolaires de février. Du jeudi au mardi et les jours fériés le midi ; le mardi, du jeudi au dimanche et les jours fériés le midi. Fermé le lundi soir et le mercredi (sauf réservation de groupe). Menus de 17,50 € à 39,50 €. Carte : 14 € environ. Formule : 32,50 € (comprend l'entrée au musée médiéval). Accueil des groupes (menu groupe à partir de 20 personnes : 28 €, boissons et entrée au musée comprises). Jardin. Terrasse. Vente à emporter. Parking. Bar.

À une centaine de mètres du musée médiéval, le Charles VI joue sur le côté historique des lieux : vaste salle aux poutres apparentes et au plafond lambrissé, grande draperie sur le mur. La tradition se retrouve dans les assiettes et dans les verres, le menu médiéval étant inspiré directement des recettes de l'époque. On dégustera par exemple l'hypocras, apéritif à base de vin rouge parfumé à la cannelle et au gingembre. Les plats sont simples, mais très bien réalisés, bons et copieux. Le chef est aux petits soins et à l'écoute des clients, le personnel accueillant et le service agréable. La terrasse offre une vue imprenable sur le jardin.

Dennebroeucq

DENNLYS PARC

11, rue du Moulin ✆ 03 21 95 11 39
www.dennlys-parc.com
dennlys-parc@wanadoo.fr

Fermé du 2 octobre au 7 avril. Basse saison : ouvert tous les jours de 11h à 18h. Haute saison : tous les jours de 10h30 à 19h. Consulter le site Internet, car les jours d'ouverture changent en fonction des mois. Gratuit pour les enfants de moins d'1 m. Tarifs complets sur le site internet. Chèque Vacances. Restauration. Boutique.

Un parc d'attractions clairement destiné aux plus petits. Ici, les manèges ne retournent pas le ventre et tout le monde s'amuse ! Beaucoup de couleurs, des espaces thématisés et des attractions à partager en famille avec, par exemple, le traditionnel carrousel, le tramway fou, des jeux d'eau... En 2017, les visiteurs pourront s'immerger dans un Far West démentiel avec le Desperado 4D, un cinéma interactif en 4 dimensions. Bref, impossible de ne pas passer une bonne journée ! Enfin, le prix est tout doux. Certes, Dennly's Parc est petit, mais il a tout d'un grand.

GUÎNES

Reliée à Calais par le canal de Guînes creusé en 1669, la commune profite d'un intérêt touristique indéniable. Le cadre de vie y est agréable et le patrimoine naturel des plus riches grâce à sa forêt domaniale et au marais de Guînes occupant tout le nord de la commune. L'offre touristique est fournie : camping, restaurants et l'office de tourisme du Pays d'Opale rue Georges Clemenceau. Le musée vivant du village Saint-Joseph est à visiter absolument, ainsi que la Tour de l'Horloge. Côté nature, n'hésitez pas à vous enfoncer dans la vaste forêt domaniale en suivant l'un des nombreux sentiers de randonnée balisés.

OFFICE DE TOURISME DU PAYS D'OPALE

9, avenue de la Libération ✆ 03 21 35 73 73
www.paysdopale-tourisme.fr
contact@paysdopale-tourisme.fr

D'octobre à mars, ouvert lundi, mardi matin, mercredi, jeudi matin et vendredi de 10h à 12h30 et de 14h à 17h. D'avril à septembre, lundi après-midi, du mardi au vendredi et le samedi matin de 10h à 12h30 et de 14h à 18h. Juillet et août, du lundi au samedi matin de 9h30 à 12h30 et de 14h à 18h. Du 14 juillet au 15 août de 10h à 12h30.

Le Pays d'Opale rassemble des sites remarquables, tous reliés sur plus de 300 kilomètres par des sentiers balisés de pleine nature, que ce soit en forêt, dans les vallées ou les marais. On les parcourra à pied, à cheval ou à vélo. L'office de tourisme permet l'organisation de vos randonnées en éditant deux pochettes de douze circuits chacune, des balades de 3 à 10 kilomètres ou même jusqu'à 29 ! L'équipe de l'office est dynamique, souriante et passionnée.

Points d'intérêt

SAINT-JOSEPH VILLAGE

2450, Premier-Banc
Le Marais ✆ 03 21 35 64 05
www.st-joseph-village.com
saintjosephvillage@orange.fr

Fermé du 4 novembre au 23 mars. Le village est fermé en basse saison le lundi et le vendredi. En haute saison, ouvert 7j/7. Adulte : 11,50 €. Enfant (de 6 à 16 ans) : 7 €. Groupe (20 personnes) : 9,50 €. Prix réduits pour les seniors et les familles. Label Tourisme & Handicap. Restauration (estaminet réservé aux visiteurs du village, réservation recommandée). Boutique. Animations. Parking gratuit.

À visiter absolument, cet incroyable village reconstitué de l'époque des moulins est une véritable plongée dans le passé. Toute la famille se retrouvera propulsée en 1900, au bord des étangs du marais, pour une promenade à la fois ludique, instructive, nostalgique ou joyeuse ! La reconstitution est bluffante : cet atypique écomusée rural à grande échelle dispose même d'un estaminet et d'une guinguette. Comptez trois bonnes heures pour faire le tour de cet étonnant village. On adore !

LA TOUR DE L'HORLOGE

Rue du Château ✆ 03 21 19 59 00
www.tour-horloge-guines.com
contact@tour-horloge-guines.com

Fermé du 12 novembre au 31 mars. Ouvert pendant les vacances de février de 14h à 18h, sauf le samedi. Basse saison : ouvert du dimanche au vendredi de 14h à 18h. Haute saison : tous les jours de 10h à 18h30. Adulte : 6 €. Enfant (de 4 à 12 ans) : 4 €. Les groupes sont accueillis toute l'année et tous les jours sur réservation. Tarif famille (2 adultes et 2 à 4 enfants) : 20 €. Senior : 5,50 €. Handicapé : 4 €. Chèque Vacances. Label Tourisme & Handicap. Visite guidée.

L'horloge de la tour vous fait remonter le temps sur les traces de Sigfrid le Viking, d'Henri VIII et de François Ier. Construite en 1763 sur une ancienne motte féodale, au beau milieu de la cité, elle abrite depuis 2002 un centre d'interprétation historique. Profusion de bruits, d'odeurs et de matières, ici on goûte et on touche pour se plonger dans la vie d'autrefois. Vous vous mettrez dans la peau des Vikings en embarquant à bord d'un drakkar grandeur nature où vous pourrez visionner un film. Des malles de déguisements sont à disposition des enfants afin qu'ils puissent devenir chevaliers et princesses, succès garanti auprès du jeune public ! A noter : le musée organise parfois des ateliers pédagogiques pour les groupes.

Le couvert

L'AUBERGE DES TROIS PAYS

89, boulevard Blanchard ✆ 03 21 35 08 83
contact@auberge-troispays.fr

Ouvert toute l'année. Tous les jours le midi. Basse saison : du vendredi au dimanche le soir. Haute saison : du vendredi au mercredi le soir. Menus de 20 € à 27 €. Carte : 18 € environ. Formule du midi : 14 €. Vin au verre. Plat du jour : 9,50 €. Chèque Vacances, Chèque Restaurant.

Poutres et crépi au plafond, bar en briques grises et une dizaine de petites tables carrées, dressées d'une nappe fermière : le ton est chaleureux. Sur un fond musical des années 1980, on vous invite à la gourmandise régionale, welsh, sole meunière ou entrecôte grillée. Mais vous pouvez aussi découvrir quelques spécialités portugaises : la paella aux fruits de mer (sur réservation) ou le poulet grillé au barbecue. Accompagnez cela d'un bon vin de pays et vous obtenez une adresse parfaite à des prix raisonnables !

Le gîte

L'AUBERGE DU COLOMBIER

La Bien Assise – RD 231 ✆ 03 21 36 93 00
www.aubergeducolombier.com
la.ferme.gourmande@orange.fr

Logis. Fermé du 19 décembre au 27 janvier. Accueil 24h/24 (accueil téléphonique de 9h30 à 22h00). 7 chambres. Chambre simple de 52 € à 72 € ; chambre double de 62 € à 87 € ; chambre triple de 73 € à 98 €. Petit déjeuner : 8,50 €. Lit supplémentaire : 10 €. Chambre 4 personnes : 84 € à 113 €. American Express, Chèque Vacances. Jeux pour enfants. Animaux acceptés (8 €, mais non admis dans toutes les chambres, prévenir à l'avance). Wifi gratuit. Restauration. Tv satellite.

Du chic en pleine campagne, voici un concept à tester à l'entrée même de la commune de Guînes. L'Auberge du Colombier et son restaurant, La Ferme Gourmande, vous invitent dans le parc boisé d'une propriété du XVIIIe siècle. Bordé d'eau, le domaine promet charme et authenticité, en y alliant de manière naturelle tout le confort de la modernité. La literie est impeccable et les chambres baignent dans une lumière légèrement tamisée. L'hôtel est calme et agréable. Côté restaurant, de belles surprises apparaissent dans l'assiette. À la fois recherchée, colorée et régionale, la cuisine est gourmande : terrine à l'ancienne, ficelle picarde, volaille farcie sauce porto, carbonnade flamande ou risotto aux petits légumes. On prend plaisir à flâner et profiter... Si le temps le permet, installez-vous en terrasse où vous pouvez admirer un pigeonnier seigneurial.

Grâce au camping de la Bien Assise (5 étoiles) attenant, vous aurez également accès à une piscine couverte, un cours de tennis, un mini-golf et des jeux pour les enfants.

Campings

CAMPING DE LA BIEN-ASSISE*****

D 231 ✆ 03 21 35 20 77
www.camping-la-bien-assise.com
castels@bien-assise.com

Fermé du 1er octobre au 31 mars. Accueil jusqu'à 21h (en haute saison, 19h30 en basse saison). Terrain de 15 ha. 198 emplacements. Sol : herbeux. Emplacement + véhicule + 2 personnes (avec 10 A) à partir de 34,50 €. 50 mobil-homes pour 4 à 6 personnes de 400 € à 750 € la semaine ; chalets pour 4 à 6 personnes de 450 € à 870 €. Des chalets sont spécialement conçus pour les personnes à mobilité réduite. Jeux pour enfants. Animaux acceptés (supplément chiens sauf catégorie A : 3 €). Wifi payant. Restauration. Animations.

A dix minutes de Calais, quel beau camping, dont la propriété du XVIIe siècle inclut une gentilhommière du XIXe et un parc de plusieurs hectares arborés. Le terrain de camping haut de gamme est le must du Calaisis, avec des équipements variés et assez inhabituels pour la région. Une terrasse et un petit coin de pelouse avec salon de jardin, barbecue et parasol vous invitent au farniente et au repos dans certains chalets, lesquels possèdent aussi chambre séparée et mezzanine. Chaque parcelle dispose d'un espace conséquent (de 90 à 200 m²), le plus souvent bordée par une haie ou un rideau d'arbres qui assure une intimité appréciée. Pour les enfants, c'est le bonheur : parc de jeux aménagé, cabanes, tennis, practice, mini-golf, balançoires... De nombreuses activités sont possibles en saison ainsi que tout un panel de promenades. Le restaurant du camping, la Ferme gourmande, ouvert à tous, propose une cuisine faite maison à base de produits frais. La réservation est vivement conseillée !

HESDIN

Situé au confluent de la Canche et de la Ternoise, Hesdin est un gros bourg rural formant un îlot fleuri au milieu d'un écrin de verdure. Au cœur du pays des 7 vallées, son passé fut prospère et son patrimoine historique demeure important. La place d'Armes ainsi que son imposant hôtel de ville des XVIe et XVIIe siècles et son remarquable beffroi en témoignent. La Canche, qui coule en serpentant entre des maisons et hôtels particuliers du XVIe siècle, rend les balades en ville très attrayantes. Hesdin, ancien fief des comtes d'Artois puis des ducs de Bourgogne, fut détruite en 1553 par Charles Quint. Peu de temps après, Charles Quint lui-même fit reconstruire le nouvel Hesdin à quelques kilomètres de l'ancien. Espagnole jusqu'en 1639, la ville fut rendue à la France par Louis XIII. L'abbé Prévost y naquit en 1697. Terre restée profondément agricole, Hesdin a des liens avec plusieurs secteurs de l'agroalimentaire. Quelques bonnes tables et la vue sur la Canche en font une halte sympathique.

■ **OFFICE DE TOURISME DES 7 VALLÉES**
21, place d'Armes
✆ 03 74 20 00 13
www.tourisme7vallees.com
accueil@7valleesternoistourisme.com
Ouvert du lundi au samedi de 9h30 à 12h30 et de 14h à 17h. Pendant les vacances scolaires, du printemps à l'automne, ouvert aussi les dimanches et jours fériés, de 9h30 à 13h30. Location de vélos d'avril à octobre inclus.
L'office de tourisme d'Hesdin a quitté le beffroi classé au patrimoine mondial de l'Unesco. Il est depuis peu situé au 21 place d'Armes avec plus d'espace et une cour intérieure. Il est une mine de renseignements sur la région et mérite à lui seul une visite. Il abrite en effet un petit musée présentant quelques pièces d'archéologie, une collection de cartes postales anciennes sur la ville, une maquette évoquant la ville médiévale et son patrimoine. Un guide des sentiers de promenade sera gratuitement mis à votre disposition. Durant la belle saison, il ne vous restera plus qu'à louer sur place des vélos.

© NONO / ADOBE STOCK
Mairie de Hesdin.

Points d'intérêt

■ **LE BEFFROI**
21, place d'Armes
✆ 03 21 86 19 19
www.tourisme-7vallees.com
accueil@7valleesternoistourisme.com
Édifié une première fois au XVIe siècle, le beffroi d'Hesdin a été détruit en 1639 par un obus français lors de la Guerre de Trente ans. Le legs d'un particulier a permis de le redresser à la fin du XIXe siècle, soit plus de 200 ans plus tard. C'est une tour carrée de trois étages dans laquelle se trouvaient trois cachots superposés. Le quatrième étage est surmonté d'une balustrade faite pour le chemin de garde et abrite une cloche de deux tonnes. Une terrasse et un dôme (qui servait autrefois à abriter le guetteur) occupent le sommet. Ce beffroi fait partie des 23 bâtiments de la région inscrits par l'Unesco sur la liste du Patrimoine Mondial de l'Humanité. Il ne se visite pas, mais le musée municipal installé dans les cachots retrace l'évolution de la ville et de son beffroi. L'entrée, gratuite, se fait par l'office de tourisme pendant ses heures d'ouverture.

■ **HÔTEL DE VILLE ET BEFFROI D'HESDIN** ★
10, place d'Armes
L'hôtel de ville d'Hesdin a été construit aux XVIe et XVIIe siècles dans un style Renaissance. Situé au milieu de la place d'Armes, il est coiffé d'un beffroi inscrit depuis juillet 2005 au patrimoine mondial de l'humanité. La massive bretèche, autrefois élément défensif, est ornée de statues et d'armoiries. Le balcon porte les armes royales d'Espagne, les écus d'Hesdin et d'Artois ainsi que les armes de France. La cloche de deux tonnes au sommet a un prénom (très) composé : Danièle-Marie-Pauline-Henriette.

Le couvert

■ **LA BELLE ÉPOQUE**
30, rue Daniel-Lereuil
✆ 03 21 86 42 89
labelleepoque.hesdin@orange.fr
Ouvert du mardi au dimanche le midi et le soir. Menus de 17,50 € à 29,80 €. Carte : 20 € environ. Menu enfant : 9 €. Formule du midi : 15 € (à midi en semaine). Terrasse.
Le décor est planté. Banquettes en cuir et boiseries collent au thème. La Belle Époque porte bien son nom et ne manque pas de charme. La cuisine traditionnelle, généreuse, est au diapason : ris de veau aux cèpes, rognon de veau au genièvre, foie gras et saumon fumé par la maison sont sur la carte

ainsi que, en saison, gibier, Saint-Jacques, et pizzas. Chaque vendredi, une spécialité à thème : couscous, cassoulet ou paella, tête de veau et choucroute de la mer ou alsacienne. Cette table est recommandée par les Hesdinois. Que vous soyez viande ou poisson, ici il y en a pour tous les goûts. Vous pourrez prendre place dans une de ses deux salles ou, aux premiers rayons de soleil, sur la jolie terrasse fleurie au bord de la Canche.

Dans les environs

Auchy-lès-Hesdin

■ FILATURE JEAN-BAPTISTE SAY

Rue de la Place
✆ 03 21 04 82 65
auchyleshesdin@wanadoo.fr

Ouvert le mercredi et le samedi de 14h à 18h ; le dimanche de 10h à 18h. Gratuit. Visites guidées à 5 € (gratuites pour les moins de 12 ans), en juillet et août, les mercredis, samedis et dimanches, à 14h et 16h. Réservation possible pour les groupes.

L'économiste Jean-Baptiste Say créa la filature de coton d'Auchy-lès-Hesdin en 1804, dans les murs d'une ancienne abbaye bénédictine. Il en reste aujourd'hui un site paisible, très vert, traversé par les eaux bouillonnantes de la Ternoise. Les vestiges de l'ancienne abbaye côtoient harmonieusement l'usine et les ajouts que l'activité textile occasionna jusqu'au XXe siècle, notamment la forge de 1902 et les logements ouvriers en brique, ainsi que le Château Blanc, édifié par Jean-Baptiste Say pour loger sa famille. Un parc de pêche intégré aux lieux peut être loué ; le barbecue est fourni ! Un joli site qui permet la détente autant que l'érudition.

Bouin-Plumoison

■ MUSÉE VIVANT DE L'ABEILLE D'OPALE

923, rue Nationale ✆ 03 21 81 46 24
www.museedelabeille.fr
therry.api@wanadoo.fr

♿

Ouvert du 2 janvier au 30 décembre. Ouvert le lundi de 14h à 18h ; du mardi au samedi de 9h à 12h et de 14h à 18h. Dimanche et jours fériés : de 15h à 18h (fermé les dimanches de Janvier). Adulte : 3,50 €. Enfant (de 6 à 12 ans) : 2 €. Groupe (20 personnes) : 2,40 € (4,80 avec le pot de miel offert). Visite guidée (pour les groupes). Boutique. Vente en ligne.

La famille Therry est dans l'apiculture depuis trois générations. En 1988, la SARL Therry Apiculture est née et c'est ainsi que Robert et Marie-Thérèse ont commencé cette aventure. Depuis, le musée de l'abeille propose la découverte du matériel ancien, de la cave

à hydromel et de ses foudres, immenses tonneaux, sa collection de ruches, d'enfumoirs, le matériel de récolte... La visite est complétée par un film mis à la projection en 2013. Vous pourrez également butiner dans le jardin de plantes mellifères. Complétez votre voyage au pays de Maya par une visite gourmande à la boutique : des produits Saveur en Or, de l'hydromel et plus de 30 sortes de miel dont le miel des 7 Vallées. Un univers de douceur où la nature est à l'œuvre et qui ravira petits et grands.

Campagne-lès-Hesdin

■ LE BISTROT GOURMAND

163, rue Daniel Ranger
✆ 03 21 05 70 51
lebgdecampagne@gmail.com

♿

Ouvert tous les jours le midi ; le samedi soir. Réservation recommandée. Menus 18,90 et 24,90 € le week-end. Menu enfant : 8,50 €. Formule du midi : 14,90 € (en semaine (entrée-plat ou plat-dessert)). Vin au verre. Plat du jour 11,90. Terrasse. Vente à emporter. Wifi gratuit.

Dans le village de Campagne-lès-Hesdin, faites une halte à la table de François Sauvage... Bistrot gourmand la semaine et gastronomique le week-end, l'établissement fait la part belle aux produits locaux, aux belles salades composées ainsi qu'aux vins sélectionnés de belles caves. Welsh, potjevleesch, gratiné de la mer (la Côte d'Opale n'est pas si loin !), les saveurs sont du terroir pour le plus grand plaisir des habitués. Et si le repas vous a plu, pourquoi ne pas dormir à la chambre d'hôtes des Nuits Campagnardes voisine et revenir vous régaler à nouveau le jour suivant ?

REPÉREZ LES MEILLEURES VISITES

★ INTÉRESSANT ★★ REMARQUABLE ★★★ IMMANQUABLE ★★★★ INOUBLIABLE

LENS ★

Après la conquête d'Arras par César, vers 55 avant J.-C., et jusqu'au Ve siècle, Lens vécut sous la domination romaine. Puis vint l'époque des comtes de Flandre. Rattachée ensuite au comté d'Artois, la ville obtint au XIIIe siècle une charte communale de la part du roi Louis VIII (1223-1226). La ville fut le théâtre de nombreux conflits, à l'image de la région, mais Lens n'entra véritablement dans l'Histoire de France qu'au milieu du XIXe siècle, quand commença la grande épopée du charbon. En 1852, la ville n'était en effet qu'un petit bourg agricole de 3 000 habitants. Avec l'exploitation industrielle du charbon, sa population fut multipliée par douze en à peine cent ans et atteignit à la veille de 1914 le chiffre de 36 000 habitants (soit la population actuelle). En 1912, la Compagnie des Mines de Lens devança celle d'Anzin, pourtant plus ancienne, et devint la compagnie la plus puissante de France.

Durant la Première Guerre mondiale, le bassin de Lens fut fortement touché par les destructions. Les 103 fosses de Lens et de Liévin furent anéanties. La présence du mémorial canadien de Vimy, tout proche, et la fréquentation record du cimetière national de Notre-Dame-de-Lorette à Ablain-Saint-Nazaire témoignent de l'importance des combats qui s'y sont déroulés.

En juillet 1928 fut entreprise la construction des grands bureaux de la Compagnie des Mines de Lens, magnifique édifice de style régionaliste planté au milieu d'un parc de trois hectares. En 1946, au lendemain du second conflit mondial, la nationalisation de l'activité minière regroupa les différentes compagnies dans les Houillères du Bassin du Nord-Pas-de-Calais – HBNPC. Mais, dès 1959, la concurrence étrangère et la politique énergétique française remirent en cause la productivité du bassin minier. L'exploitation de la fosse 2 s'arrêta en 1961 et les derniers puits du groupe cessèrent leur activité en 1972. Le 27 décembre 1974, à Liévin, une ultime catastrophe minière rappelant celle de Courrières de 1906 fit 42 morts. Le 21 décembre 1990, la dernière berline de charbon remonta de la fosse 9 de Oignies, marquant ainsi définitivement l'arrêt de l'exploitation de la houille dans le Nord-Pas-de-Calais.

Lens, c'est aussi un club de football ancien, le premier à s'être constitué, en 1906. C'est en 1932 que, sous la présidence de Félix Bollaert, la compagnie minière engagea la construction d'un grand stade dans la ville.

■ OFFICE DE TOURISME ET DU PATRIMOINE DE LENS-LIÉVIN
58, rue de la Gare
✆ 03 21 67 66 66
www.tourisme-lenslievin.fr
info@tourisme-lenslievin.fr
♿
Ouvert du lundi au samedi de 9h15 à 18h.
Situé non loin de la gare SNCF, l'office de tourisme de Lens-Liévin est animé par une équipe de passionnés qui saura vous faire découvrir les bons plans et les immanquables de cette région riche d'histoire et de patrimoine. Il est également le point de départ d'une balade pédestre qui vous conduira jusqu'au musée du Louvre-Lens (15 à 20 minutes) et vous fera découvrir l'architecture Art déco de la ville. L'office propose un espace numérique avec tablettes tactiles en libre consultation. Dans la boutique, vous pourrez trouver livres, cartes postales et autres produits du terroir, et notamment des planches de dégustation à emmener lors d'un parcours de découverte des artisans culinaires de la ville. Notez que l'office de tourisme fait également billetterie. Vous pourrez vous y procurer vos billets de spectacles et de matchs de foot.

■ LENS, MINE D'ART DÉCO
Point Info Tourisme du Louvre-Lens
99, rue Paul Bert
✆ 03 21 67 66 66
www.tourisme-lenslievin.fr
info@tourisme-lenslievin.fr
Fermé le 1er mai, du 23 au 25 décembre et du 31 décembre au 1er janvier. Une visite chaque jour du mercredi au dimanche de 14h30 à 16h15. Adulte : 7 €.
Partant du musée du Louvre-Lens, la visite permet d'abord d'appréhender cet ancien site d'extraction du charbon sur lequel s'est bâti l'appendice du célèbre musée parisien. Votre guide évoquera le chemin parcouru jusqu'à cette architecture moderne faite de verre et de métal. Vous prendrez ensuite une navette gratuite et rejoindrez le cœur de la ville de Lens. Vous y découvrirez un patrimoine Art déco affirmé dont le plus parfait exemple est peut-être la gare construite après la Grande Guerre et qui rappelle étrangement... une locomotive !

Points d'intérêt

■ GARE DE LENS
Place du Général-de-Gaulle
♿
Suite aux bombardements de la Première Guerre mondiale, le sol de la ville, déjà fragilisé par les affaissements miniers, fut retourné sur une profondeur de quatre à cinq mètres. Il fallut alors déblayer la ville et tout remettre à niveau avant la construction d'une gare. Ces travaux durèrent de février 1919 à fin 1921. C'est le style Art déco qui va le plus marquer le « nouveau Lens ». Vous remarquerez que la gare, œuvre d'Urbain Cassan de 1926, a la forme d'une locomotive à vapeur de l'époque (la loco 020) : la tour horloge représente la cheminée et les auvents des entrées les roues. Ses onze modules indépendants, en béton armé, reposent sur des vérins hydrauliques pour prévenir les affaissements miniers. À l'intérieur, Auguste Labouret évoque dans ses mosaïques d'inspiration cubiste la mine et l'industrie.

■ LE LOUVRE – LENS ★★★
99, rue Paul-Bert
✆ 03 21 18 62 62
Voir page 20.

Le musée-parc au cœur du Bassin minier

Implanté sur un ancien carreau de mine, ce musée-parc du Louvre Lens s'inscrit subtilement dans le paysage du bassin minier classé au Patrimoine de l'Unesco en juin 2012. Les cinq corps de bâtiments sont comme autant de barques de verre et d'aluminium poli, posées sur un fleuve vert qu'elles reflètent de toutes parts. Leurs toitures de verre changent de physionomie au gré des changements de la voûte céleste. Une rotonde en transparence accueille le restaurant du site, aux mains du chef étoilé Marc Meurin. Avec 28 000 mètres carrés de surface et 360 mètres de long de part et d'autre d'un foyer central, cette vaste cité-jardin offre une promenade et des lieux de rencontre pour les riverains et les milliers de visiteurs annuels. Elle se veut un trait d'union entre le musée, la ville et le territoire. Depuis la gare, des cheminements piétonniers ont été aménagés sur le tracé des anciens cavaliers (voies ferrées) qui reliaient la fosse à la gare. Le Louvre-Lens, cet archipel composé d'îlots que sont les cités minières, est la pierre angulaire d'un projet de mutation urbaine et paysagère du territoire dans le respect de son histoire.

■ LES GRANDS BUREAUX DE LA SOCIÉTÉ DES MINES DE LENS

Avenue Elie-Reumaux
✆ 03 21 67 66 66
www.tourisme-lenslievin.fr

Horaires d'ouverture des jardins : de 9h à 18h l'été, de 10h à 17h l'hiver.

Les anciens Grands Bureaux de la Société des Mines de Lens abritent aujourd'hui une branche de l'Université d'Artois : la Faculté des Sciences Jean Perrin. Débuté en 1928, le projet de construction de ces Grands Bureaux dura deux ans. C'est en ces lieux que seront commandés, et ce jusqu'à la fin de l'épopée minière de la région en 1990, l'organisation du travail dans les fosses, la transformation, le transport et la commercialisation du charbon ainsi que la vie quotidienne des mineurs et de leurs familles (logements, œuvres sociales...). L'architecture du bâtiment s'inspire grandement de la Renaissance flamande tandis que le style Art déco prime à l'intérieur.

■ MAISON SYNDICALE

32, rue Casimir-Beugnet
✆ 03 21 67 48 93
www.tourisme-lenslievin.fr

La Maison Syndicale est née après la catastrophe de Courrières de 1906. Complètement détruite lors de la Première Guerre mondiale, elle fut reconstruite selon les mêmes plans en 1923 et inaugurée en 1926. Il n'existe que trois maisons syndicales en France, les deux autres se trouvant à Monceaux-les-Mines et à Carmaux. Haut lieu de mémoire des luttes ouvrières des mineurs, point de départ de tous les cortèges syndicaux, elle fut jusqu'à l'extinction de l'activité minière le siège de tous les syndicats mineurs du Nord-Pas-de-Calais. Sur le fronton sont représentés des mineurs au travail, qui glorifient la force et l'endurance de tous leurs frères travaillant au fond. Une statue de Casimir Beugnet trône fièrement au milieu de la cour de la maison, en hommage à cet homme qui consacra sa vie à l'amélioration des conditions de vie des mineurs. Aujourd'hui, le bâtiment accueille les bureaux de l'association Gauhéria (dédiée au passé de la Gohelle), le siège du Pays d'Art et d'Histoire et celui de l'association Euralens. Des expositions temporaires y sont exceptionnellement organisées, dont on peut découvrir les dates sur le site de l'office de tourisme de Lens.

Le couvert

■ L'ATELIER DE MARC MEURIN

Musée du Louvre-Lens
97, rue Paul-Bert
✆ 03 21 18 24 90
www.atelierdemarcmeurin.fr
contact@atelierdemarcmeurin.fr
♿

Fermé le mardi. Ouvert le lundi et du mercredi au samedi de 19h à 21h ; du mercredi au lundi de 12h à 14h. Menus de 33 € à 62 €. Accueil des groupes (jusqu'à 80 personnes). Terrasse.

Le célèbre chef Marc Meurin s'est installé au pied du musée du Louvre-Lens. Dans cet établissement à l'architecture futuriste, tout en rondeurs et qui offre une jolie vue sur le musée, vous dégusterez une cuisine gastronomique traditionnelle et raffinée : carré de porc ibérique et son quinoa de lentilles, risotto crémeux aux Saint-Jacques, pressée de foie gras de canard et rhubarbe confite à l'eau de rose... Laissez-vous guider par le sommelier pour le choix des vins. Le service est à la hauteur de la réputation des lieux.

■ LE PAIN DE LA BOUCHE

41 bis, rue de la Gare
✆ 03 21 67 68 68
lepaindelabouche.fr
contact@lepaindelabouche.fr
♿

Un estaminet qui met à l'honneur les plats typiques de la région (carbonnade flamande, potjevlesh, welsh), mais, contrairement à d'autres, ici, la spécialité, c'est la faluche ! La faluche, un petit pain rond et moelleux à la croûte bien blanche, vous sera servie gratinée et accompagnée d'une salade. Elle se décline en une vingtaine de variantes différentes. Le cadre rappelle les cuisines d'antan : boîtes colorées et cafetières de nos grand-mères. Tous les mois ou presque, un concert est donné, en toute intimité. Vérifiez la date sur le site Internet !

WINE NOT
29, rue René Lanoy
✆ 03 21 70 10 10
Ouvert du lundi au samedi de 12h à 14h ; du mercredi au samedi de 19h à 21h30. Carte : 21 € environ. American Express, Chèque Restaurant. Terrasse. Animations.
C'est un bel établissement qui a pris le relais du Corner. Nouveau restaurant, nouveau concept : au Wine Not, on vient boire un verre après le travail et on se divertit lors de soirées à thème dans une atmosphère à la fois élégante et détendue. Surtout, on vient manger des petits plats mitonnés sous nos yeux dans la cuisine ouverte. La fraîcheur des produits convainc dès la première bouchée, et que de saveurs au programme ! Entre le welsh et le foie gras maison bien de chez nous et la salade thaïe ou le New York strip d'ailleurs, les papilles ont le loisir de faire le tour du monde. Un bien beau voyage en vérité, à découvrir d'urgence !

Le gîte

HÔTEL BOLLAERT LENS***
13 C, route de Béthune ✆ 03 21 78 30 30
www.espace-bollaert.fr
hotel@bollaertlens.fr
Accueil 24h/24. 54 chambres. Chambre double à partir de 79 € ; chambre triple à partir de 105 €. Parking inclus. Animaux acceptés. Séminaires. Poste Internet. Wifi gratuit. Restauration.
Cet hôtel est idéalement situé à quelques mètres du célèbre musée du Louvre-Lens et une navette dessert le centre-ville et ses principaux bars et restaurants. Si vous vous interrogez sur son nom, sachez que le célèbre stade Bollaert dans lequel s'entraîne le Racing Club de Lens ne se trouve pas très loin lui non plus. Avis aux amateurs de football ! L'établissement vous propose des chambres soignées à la décoration moderne et sobre. Avec son restaurant La Pause gourmande, qui pourra vous faire découvrir les saveurs de la région, il est une étape d'un bon rapport qualité-prix pour visiter en toute quiétude Lens et ses environs.

HÔTEL LOUVRE LENS****
168, rue Paul Bert
✆ 03 66 98 10 40
www.hotel-louvre-lens.com/fr
Accueil 24h/24. 52 chambres. Chambre double à partir de 115 € ; chambre triple à partir de 175 €. Chambre famille à partir de 215 € la nuit. Séminaires. Wifi gratuit. Restauration (brasserie Le Galibot). Sauna.
Dans le prolongement d'une visite au musée Louvre-Lens, choisissez un hébergement ton sur ton ! Installé dans les anciens corons de la Cité 9, l'hôtel Louvre Lens allie le charme authentique des vieilles briques, du chêne, du métal dont on fit les chemins de fer, et l'élégance artistique des peintures qui sont exposées dans les chambres et les espaces communs. Pari réussi, donc, que cette inattendue reconversion. Une brasserie, Le Galibot, et un espace bien-être agrémenteront encore votre séjour.

Emplettes

PÂTISSERIE JEANSON
42, place Jean-Jaurès ✆ 03 21 28 24 21
www.patisserie-jeanson.com
contact@patisserie-jeanson.com
Ouvert du mardi au samedi de 8h30 à 18h30 ; le dimanche de 7h30 à 13h30 et de 15h30 à 18h30. Sur réservation, possibilité de visite pour les groupes de 12 à 35 personnes : de 5 € à 7 €/pers.
Dans cet établissement qui est une référence à Lens depuis plus de quatre-vingts ans, Jean-Claude Jeanson, Maître Pâtigoustier, régale les gourmands avec ses chocolats et ses pâtisseries. Vous pourrez vous arrêter un instant dans le salon de thé pour découvrir des nouveautés régulières, inventions du maître mêlant astucieusement saveurs et textures, toujours en lien avec les traditions de la région. Les créations sont aussi savoureuses qu'élégantes, à l'exemple des « trois chocolats », une symphonie culinaire de mousse au chocolat noir, lait et blanc sur biscuit cuillère. Et que dire du « Créquillon », un feuilleté au praliné, sabayon de chocolat avec une mousseline de noisettes grillées et caramélisées ? Il y a aussi les pâtisseries et les bonbons, tant de douceurs et de saveurs à découvrir ! À tester d'urgence.

Dans les environs

Avion

AL'FOSSE 7
94, boulevard Henri-Martel ✆ 03 21 43 06 98
www.alfosse7.fr
Fermé le 25 décembre. Ouvert tous les jours de 12h à 13h45 ; le jeudi de 19h à 21h ; le vendredi et le samedi de 19h à 21h30. Réservation recommandée. Carte : 16 € environ. Plat du jour : 8,50 €. Accueil des groupes. Terrasse. Animations.
Avez-vous déjà mangé au fond d'une mine ? À L'Fosse 7, ce sera chose faite. S'il est un estaminet qu'il faut tester dans les environs de Lens, c'est bien celui-ci. On vous y propose une cuisine locale et maison, comme dans tout estaminet qui se respecte. Carbonnade flamande à la joue de bœuf, potje'vleesch ou veau au genièvre (alcool local), tout est du cru, les ingrédients compris ! À noter que même les saumons et les magrets sont fumés maison. Des animations musicales ont lieu certains vendredis. Une bonne adresse à découvrir.

LE PARC DE LA GLISSOIRE
Ouvert toute l'année.
Témoin de la reconquête du paysage minier par la nature, le Parc de la Glissoire est la porte d'entrée du vaste projet d'urbanisme « la Chaîne des Parcs » qui vise à transformer l'ancien archipel noir en vaste coulée verte. Il tire son nom de la rivière la Glissoire qui alimentait autrefois les étangs de la région. S'étendant sur près de 60 hectares, le parc compte de nombreux sentiers de randonnée et

surtout six lacs pour le plus grand bonheur des pêcheurs et des amateurs d'activités aquatiques : canoë, bateau à pédales, toboggan aquatique et plage… le parc s'adresse à tous. Qualifié d'espace néo-naturel, puisque créé par l'homme sur un ancien espace industriel et minier, le parc est aujourd'hui un lieu de préservation pour une faune et une flore variées : 8 000 arbres et arbustes répartis en 800 espèces différentes et près de 72 espèces d'oiseaux, dont 31 aquatiques… les amateurs de nature sont ici comblés. Construit sur l'ancien puits de la Fosse 5, le Parc de la Glissoire s'intègre totalement à son environnement et montre qu'il est possible de faire cohabiter de la plus belle des manières un riche passé minier et une nature débordante qui reprend ses droits.

■ L'AUBERGE DE LA COULOTTE

133, boulevard Henri-Martel
✆ 03 21 42 36 72
www.aubergedelacoulotte.com
contact@aubergedelacoulotte.com

Ouvert du mardi au vendredi et le dimanche de 12h à 16h ; le jeudi et le vendredi de 19h à 0h ; le samedi de 19h à 23h. Menus de 19 € à 25 €. Carte : 25 € environ. Menu enfant : 10 €. Vin au verre. Chèque Restaurant. Accueil des groupes (possibilité de réserver le restaurant le soir à partir d'un groupe de 15 personnes. Séminaire possible. Service traiteur. Plateau repas). Service traiteur et livraison plateau repas.

L'Auberge de la Coulotte a reçu la médaille du Mérite Agricole pour ses partenariats avec les producteurs locaux. Cela se sent dans l'assiette : la cuisine est faite de produits de saison et de la région et se décline en différents plats d'inspiration traditionnelle, des conchiglioni aux escargots à la crème d'ail aux rognons de veau en passant par la fameuse andouillette d'Arras de Chez Becquart. Le cadre contemporain et le service discret ne font qu'ajouter au charme des lieux.

Bénifontaine

■ BRASSERIE CASTELAIN

13, rue Pasteur ✆ 03 21 08 68 68
www.brasseriecastelain.com
contact@brasseriecastelain.com

Ouvert du lundi au samedi de 10h à 17h. Adulte : 5 €. Groupe (20 personnes) : 3 €.

La Brasserie Castelain est une véritable institution, et cela depuis 92 ans ! Petite brasserie devenue grande entreprise familiale au fil des générations, elle mise sur un savoir-faire et sur une fabrication artisanale de qualité. Sa bière la plus célèbre ? La CH'TI évidemment ! Pour réaliser une bière comme celle-là, il faut sélectionner les matières premières avec rigueur et surtout privilégier les producteurs locaux. Eh oui, la Brasserie Castelain, c'est tout un écosystème qui dynamise une région. La CH'TI boutique propose diverses variétés, mais vous en apprendrez bien plus en allant faire un tour à l'écomusée. L'histoire de la brasserie, mais aussi et surtout les techniques et les étapes de fabrication des bières vous seront révélées. Bien sûr, vous terminerez cette visite instructive par une dégustation du précieux breuvage ! Une vraie belle adresse !

■ LA CERVOISE TIÈDE

56, rue Victor-Hugo ✆ 03 21 77 06 28

Ouvert du lundi au vendredi de 12h à 15h ; le vendredi de 19h30 à 1h. Accueil des groupes. Vente à emporter.

Cet estaminet familial vous accueille avec le sourire, chaleureusement et sans chichi. Évidemment, ici, on vous propose une cuisine maison et des plats régionaux qui ravissent les habitués comme les touristes de passage. L'établissement fait également bar et propose des bières en pression ou à la bouteille, à moins que vous ne vous laissiez tenter par un verre de genièvre de Houlle ! Une bonne adresse en somme pour les amateurs de délices régionaux, mais aussi pour tous ceux qui souhaitent retrouver le sens du mot convivial !

HURRICANE BAR

5001, route de la Bassée
✆ 03 21 43 95 47 – aero-jack@orange.fr
En face de l'aérodrome.

Maître Restaurateur. Ouvert tous les jours de 12h à 15h ; le vendredi et le samedi de 19h à 22h. Carte : 20 € environ. Terrasse.

Dans un cadre des plus atypiques, au pied des pistes de l'aérodrome de Lens, vous dégusterez une cuisine qui met à l'honneur la viande de prestige. On ne saurait trop vous conseiller la bavette ou l'onglet de black angus, servis dans des plats d'inspiration bistrot à la française. les assiettes sont particulièrement copieuses. Et la qualité de la matière première comptant pour beaucoup, toutes ces viandes viennent de France, d'Irlande ou encore du Royaume-Uni. Le service est souriant et efficace. Une adresse que tous les amateurs carnivores apprécieront !

Loos-en-Gohelle

■ BASE ET TERRILS 11/19

CPIE Chaîne des Terrils – Rue Léon-Blum
Bâtiment 5 ✆ 03 21 28 17 28
www.chainedesterrils.eu
accueil@chainedesterrils.eu

Visite guidée. Animations.

Organisées en partenariat entre l'office de tourisme Lens-Liévin et le CPIE La Chaîne des Terrils, les visites de la base 11/19 de Loos-en-Gohelle permettent une approche inédite et ludique du patrimoine minier de la région. Il s'agit là d'un des quatre sites miniers conservés dans le Pas-de-Calais, qui offre une vision quasi complète de ce qu'était un site d'extraction du charbon avec le carreau de fosse (parcelle où est installé le puits), les terrils (résidus de charbon) et la cité minière où logeaient les mineurs. Mais alors, pourquoi ce nom de « 11/19 » ? Il s'agit tout simplement des numéros des anciens puits de mine : 11 pour le chevalement métallique des années 1920 et 19 pour la tour de concentration en béton des années 1960. Ces deux éléments architecturaux sont reconnaissables de loin et marquent l'identité du lieu. Les courageux grimpeurs pourront jouir d'un panorama exceptionnel avec, en toile de fond Lens, le mémorial de Vimy et les autres terrils du bassin minier. Voilà qui mérite un effort, non ? À faire en solo ou en équipe, voire dans le cadre des nombreuses activités pédagogiques, citoyennes, sportives proposées par le CPIE.

■ **MÉMORIAL DE LOOS-EN-GOHELLE ET CIMETIÈRE DU DUD CORNER** ★★
Route de Béthune
www.cwgc.org
Ouvert toute l'année.
Sur cette grande route qui relie Lens à Béthune, à quelques kilomètres à vol d'oiseau des terrils jumeaux 11/19 de Loos, se trouve un impressionnant cimetière dédié aux soldats de l'Armée Royale Britannique tombés au combat. Preuve s'il en est de l'importance de ce mémorial auprès des touristes britanniques : le nombre impressionnant de cars étrangers faisant halte ici. Sur ce bel édifice sont inscrits les noms des quelque 20 000 hommes disparus, pour la majeure partie d'entre eux lors de la bataille de Loos en septembre-octobre 1915. Parmi eux, le lieutenant John Kipling, fils unique du romancier, dont le corps repose au cimetière britannique de *Saint-Mary*, à Haisnes-lez-La Bassée. Rudyard Kipling sillonnera d'ailleurs longtemps la région à la recherche de la dépouille de son fils. Il sera l'auteur de cette phrase poignante : « S'ils veulent savoir pourquoi nous sommes morts, dites que c'est parce que nos pères ont menti. » C'est aussi à l'auteur du *Livre de la jungle* qu'on doit la phrase « leur nom vivra à jamais » sur les pierres du souvenir des cimetières les plus importants, et « Connu de Dieu seul » sur la tombe des soldats inconnus.

Oignies

■ **CENTRE DE LA MINE ET DU CHEMIN DE FER**
Centre Denis Papin
Rue Emile-Zola
✆ 03 21 69 42 04
www.cmcf-oignies.com
♿
Fermé du 1er novembre au 31 mars. Pour les groupes (20 pers min), visites sur réservation uniquement. Site ouvert aux particuliers le 2ème dimanche du mois. Gratuit jusqu'à 8 ans. Adulte : 4,80 €. Enfant (de 8 à 16 ans) : 3,90 €. Groupe (20 personnes) : 3,90 €. Pour le Festival Vapeur : 6 €/adulte, 3 €/enfant. Les wagons sont équipés de rampes pour les personnes à mobilité réduite. L'accès au centre est en rez-de-chaussée sans marche et l'accès aux étages se fait par ascenseur.
Au cœur de l'ancienne fosse n° 2 d'Oignies, le Centre Denis Papin vous raconte l'histoire de la mine et du chemin de fer, deux grands emblèmes de la région. Créé en 1993, inscrit au patrimoine mondial de l'Unesco, le Centre est géré et animé par trois associations de passionnés, les Amis de la Mine, le Centre de la Mine et du Chemin de Fer et l'Association pour la Conservation d'Ambulants Postaux Ferroviaires. Au Musée de la Mine, vous découvrirez des reconstitutions de chantiers, du matériel d'époque et des photos, archives et maquettes des fosses du Nord. Au Centre de la Mine et du Chemin de Fer, des trains de toute échelle parcourent d'extraordinaires circuits et, dans le parc, vous pourrez voir de vraies locomotives vapeurs circuler sur un parcours de plus de 700 mètres. Enfin, vous apprendrez ce que sont les ambulants postaux ferroviaires, ces grands wagons où, jusqu'en 1995, on triait le courrier pendant son acheminement. Ici, tout est fait pour maintenir vivant le passé industriel de la région. En août, venez profiter de l'ambiance conviviale du Festival Vapeur, l'un des seuls festivals en France consacrés au chemin de fer !

Vendin-le-Vieil

■ **LENSOTEL**
Centre commercial Lens 2
✆ 03 66 88 25 29
www.lensotel.com
contact@lensotel.com
Qualité Tourisme. Logis. Ouvert tous les jours le midi et le soir. Menus de 21,80 € à 42 €. Carte : 20 € environ.
Il faut oser s'aventurer sur la zone commerciale de Cora Lens 2 pour découvrir cet établissement qui, au premier abord, ne paye pas de mine. Une fois à l'intérieur, vous découvrirez pourtant un restaurant de standing à la décoration mêlant moderne et ancien. Vous ne pourrez qu'être charmé par les lieux et en particulier par la grande cheminée en pierre. Côté cuisine, ici encore, c'est un pur émerveillement : douze escargots de Radinghem au beurre d'ail en entrée, suprême de pintade aux poires ou steak de thon snacké au pesto de roquette en plat, nems à la banane et au chocolat en dessert… N'hésitez pas à vous y arrêter.

■ **LENSOTEL*****
Centre commercial Lens 2 ✆ 03 66 88 25 29
www.lensotel.com
contact@lensotel.com
Logis. Qualité Tourisme. 70 chambres. Chambre simple de 87 € à 99 € ; chambre double de 92 € à 111 €. Petit déjeuner : 12,80 €. Parking. Wifi gratuit. Restauration.
Cet hôtel niché au cœur d'une zone commerciale propose 70 chambres de standing, simples ou doubles, standard ou supérieures, toutes équipées d'une salle de bains, d'une télévision avec écran plat, mini bar (pour certaines) et

Goûtez aux vraies frites !

C'est dans le Nord-Pas-de-Calais que vous allez découvrir ce qu'est une vraie frite. En 2017, les internautes ont plébiscité René de Vendin-le-Vieil, classé meilleure friterie de France sur le site Les-friteries.com. De bons produits frais, achetés localement, un secret de saveur qui réside dans deux cuissons rigoureusement respectées, de tout petits prix et de la gentillesse à revendre, voilà le secret du succès de René.

▸ **Friterie René**, rue Pasteur, à Vendin-le-Vieil. Tél : 06 72 08 83 93. Fermé le lundi et le dimanche midi. Ouvert de 11h30 à 14h et de 18h30 à 22h, 22h30 le week-end.

wifi. Toutes sont décorées avec élégance et raffinement, dans un esprit moderne et tendance. L'hôtel offre l'accès à un jardin clos et à une piscine extérieure. Le restaurant de l'établissement est un choix on ne peut plus agréable pour vos déjeuners ou dîners. Proche du Louvre-Lens et des différents axes routiers, le Lensotel est un point de chute idéal pour découvrir la région !

Vimy

■ MÉMORIAL CANADIEN ★★

RD 55
Chemin des Canadiens ✆ 03 21 50 68 68
www.veterans.gc.ca
vimy.memorial@vac-acc.gc.ca

Centre d'accueil, services des guides et tunnel de la Grange ouvert du mardi au dimanche de 9h à 17h. Le lundi de 11h à 17h. Les terrains sont ouverts tous les jours à longueur d'année. Gratuit. Une boîte pour les dons est disponible au centre d'accueil. Visite guidée (en anglais et français).

C'est le 9 avril 1917 que s'est joué le sort de ces pauvres soldats à qui est dédié ce somptueux Mémorial Canadien que l'on peut voir à des kilomètres à la ronde. Il a été érigé entre 1925 et 1936 sur une parcelle de terre que la France a offerte au Canada pour la remercier du sacrifice humain. Le monument représente le Canada, jeune nation qui pleure la perte de ses enfants. Sur le monument sont inscrits les 11 285 noms des soldats canadiens tombés au champ d'honneur et n'ayant pas de sépulture connue. Haut lieu de bataille, le monument est encore cerclé de trous d'obus où paissent aujourd'hui paisiblement des moutons. Célèbre également au Canada, ce monument apparaît sur les pièces de monnaie de 5 cents et sur les billets de 20 dollars canadiens.

Wingles

■ LE PETIT ORCHESTRE

34, rue jules guesde ✆ 03 21 69 65 52
vince.jules59@gmail.com

Carte : 20 € environ. Menu enfant : 6,50 €.

Dans ce restaurant agréable, on est bien servis par un personnel aimable sans être trop présent. La décoration industrielle est plaisante. Les plats sont faits maison et la carte est assez réduite pour pouvoir proposer uniquement des produits frais. Simples et délicieux, les mets sont principalement inspirés par les terroirs de la région et les productions locales de petits producteurs. Parfois il ne faut pas en faire des tonnes pour que ce soit bon et ici on vous le prouve.

■ LE RELAIS BIEN-ÊTRE

2, rue du Clair ✆ 03 21 29 17 97
http://relais-bien-etre.com

Ouvert tous les jours de 12h à 14h. Carte : 35 € environ. Formule du midi : 24 €. Terrasse. Animations. Bar du lundi au samedi de 9h à 23h.

Le nom du restaurant n'est pas une vaine promesse : ici, tout est conçu pour vous faire lâcher prise l'espace d'un instant. La cuisine, faite maison avec des produits du coin, se déguste en intérieur ou sur la terrasse qui fait face au lac. On se régale pendant le repas du midi, mais aussi en soirée, au bar, autour d'une planche apéritive et un bon verre de vin. A la carte par exemple : velouté de rutabaga en entrée, pigeonneau rôti en plat, texture de chocolat noir, sablé sarrasin, mousse au whisky en dessert. Le bien-manger (et bien-boire) ne suffisant pas, le Relais Bien-Être organise aussi des événements variés : yoga, danse latine, sport... Tout est prétexte au délassement du corps. Plus qu'une sortie, c'est une expérience !

MONTREUIL-SUR-MER ★★

Lieu historique remarquable, qui justifie à lui seul une visite, ce n'est pas pour rien qu'il a été le 2e Village préféré des Français en 2016. L'origine de la cité serait religieuse : elle tient son nom du mot latin *monasteriolum*. Sa situation éminente, 40 mètres au-dessus de la vallée de la Canche, lui permit de jouer ensuite un rôle militaire. Montreuil-sur-Mer devint une place forte, annexée par Hugues Capet pour donner à son domaine royal un accès à la mer. Construite plusieurs siècles plus tard, la citadelle et ses 3 kilomètres de remparts valurent à la cité les surnoms de Porte de la Côte d'Opale et de Carcassonne du Nord. Son développement fut important au Moyen Âge, jusqu'à voir émerger une ville haute, centrée autour du château royal, et une ville basse populaire ouverte sur le port, la mer arrivant alors jusqu'à Montreuil. Des bateaux à fond plat naviguaient vers cette ville de fond d'estuaire pour ravitailler la région jusqu'à Hesdin. La prospérité de la ville fut telle que la population dépassa les 10 000 habitants. Le drap vert de Montreuil rivalisa même avec ceux des Flandres ou d'Artois. C'est l'ensablement de la Canche, au XIVe siècle, qui mit fin à cet essor.
Déambuler dans les ruelles, c'est feuilleter un livre d'histoire. Ici, le passé nous est conté par les églises, les chapelles, les hôtels particuliers et les rues si pittoresques. En souvenir de sa mise en scène dans plusieurs romans célèbres de Victor Hugo, la ville organise chaque année un magnifique spectacle son et lumière, avec *Les Misérables* joués chaque été depuis 1996. Montreuil est aussi une halte pour se ressourcer. Divisé par les vallées de la Canche, de la Course et de l'Authie, le Montreuillois offre une grande variété de paysages et invite aux balades et aux loisirs de plein air.

Devenez un Misérable...

Dans le cadre du spectacle son et lumière Les Misérables, la Maison du Tourisme et du Patrimoine organise de courts séjours clé en main pour les particuliers. Pour toute information, contacter Mylène au 03 21 06 72 43 ou bien par courriel : sejours@tourisme-montreuillois.com, ou mgontier@opaleandco.co.

MAISON DU TOURISME ET DU PATRIMOINE
Hôtel Monroy
11-13, rue Pierre Ledent
✆ 03 21 06 04 27
www.tourisme-montreuillois.com
accueil@tourisme-montreuillois.com
De nov. à mars, ouvert du mardi au samedi de 10h à 12h30 et de 14h à 17h. D'avril à juin + sept. oct de 10h à 12h30 et de 14h à 18h. Dimanche et jours fériés de 10h à 13h. Juillet/août, ouvert du lundi au samedi de 10h à 12h30 et de 14h à 18h. Le dimanche de 10h à 13h et de 15h à 18h. Jours fériés de 10h à 13h.
L'office de tourisme de Montreuil a fait peau neuve en 2018. Devenu la Maison du Tourisme et du Patrimoine, il s'est installé dans le très bel hôtel particulier Monroy, à deux pas de la place du Général de Gaulle. L'endroit vous charme et vous offre une très belle découverte de la ville. Meubles chinés, boutique de produits du coin, expositions temporaires d'artistes locaux, il vous fournit surtout un accueil de premier ordre et des conseils de qualité, que ce soit sur les sites à visiter, les tables à découvrir ou les chemins de randonnée des environs. Les activités Culottes Courtes du printemps, réservées aux enfants, s'y déroulent en grande partie. Une première étape à ne pas négliger pour profiter au mieux des plaisirs qu'offre la Montreuil de Victor Hugo.

OPALE&CO, AGENCE D'ATTRACTIVITÉ DU MONTREUILLOIS
17, rue Sainte-Austreberthe
Site Braquehay – Bâtiment central
✆ 03 21 90 55 98
http://opaleandco.co/tourisme
A contacter à son siège ou à travers l'une de ses 10 antennes où plus de 55 agents vous accueillent toute l'année.
Le territoire montreuillois est riche à la fois de patrimoine, de gastronomie, de nature et de convivialité. Opale&amp ; Co, la nouvelle agence d'attractivité du Montreuillois, en a pris acte pour développer une démarche bien dans l'air du temps, où l'être humain se tourne de plus en plus vers le désir du mieux vivre ensemble. La structure s'est dotée de plusieurs compétences et notamment du tourisme et de la promotion touristique. L'appellation « Côte d'Opale » est le support de cette démarche nouvelle relayée par 12 offices de tourisme de la Côte d'Opale. Liste détaillée sur le site Internet.

LES VISITES GUIDÉES DE MONTREUIL
✆ 03 21 06 04 27
accueil@tourisme-montreuillois.com
80 € pour les groupes constitués de 28 personnes. De 3 à 5 € pour les individuels. Visite guidée (en français et en anglais). Réservation pour les groupes auprès de l'Office de Tourisme de Montreuil.
Pour le plaisir de découvrir Montreuil en long, en large et en travers, il faut absolument réserver l'une (ou plusieurs !) des visites que propose la Maison du Tourisme de la ville, rue Pierre Ledent. Visite historique classique ou visite commentée des remparts sont un bon début pour faire connaissance avec la Montreuil médiévale, puis moderne et contemporaine. Mais la ville est aussi celle de Monsieur Madeleine, le Jean Valjean des *Misérables* de Victor Hugo, et pourquoi ne pas la découvrir par ce biais ? Les friands d'anecdotes savoureuses ou inattendues aimeront la visite guidée insolite. Enfin, pour vous offrir le plaisir de la balade dans les rues de Montreuil, pensez à la visite explicative de leurs noms parfois si particuliers, telles celle du Clape-en-Bas...

Points d'intérêt

ABBATIALE SAINT SAULVE ★
Place Gambetta
✆ 03 21 06 04 27
www.tourisme-montreuillois.com
accueil@tourisme-montreuillois.com
Ouverte tous les jours. Entrée gratuite.
L'abbatiale a été construite au XIIe siècle sur l'emplacement d'un monastère dédié à Saint-Walloy et fondé deux siècles plus tôt. Dans ses dispositions initiales, elle présentait un plan caractéristique des églises de pèlerinage, avec chœur à déambulatoire et chapelles rayonnantes. Reconstruite après le tremblement de terre de 1467, l'église est incendiée lors du siège de 1537 par Charles Quint et perd définitivement son chœur, son transept et l'étage de ses fenêtres hautes. Le bloc de façade, dernier vestige de l'édifice du XIIe, est constitué d'une tour massive, coiffée au XVIIIe siècle d'un clocher à lanternon. Son portail sculpté date du XVe siècle. Le trésor d'art sacré de l'abbatiale Saint-Saulve constitue l'un des plus beaux ensembles du Nord de la France. Des objets y ont été apportés du Moyen Âge jusqu'au XIXe siècle. L'une des plus belles pièces est une crosse réputée comme la plus ancienne d'Europe. Les fonds baptismaux de l'abbatiale sont connus pour avoir été dessinés par Victor Hugo sur une lettre adressée à sa femme lors de son séjour dans la ville. L'abbatiale possède une très belle acoustique et accueille régulièrement des concerts.

LA CHAPELLE SAINT-NICOLAS DE L'HÔTEL-DIEU
Place Gambetta
✆ 03 21 06 10 83
www.musees-montreuilsurmer.fr
contact@musees-montreuilsurmer.fr
Extérieurs en accès libre toute l'année. L'intérieur ne se visite pas actuellement car il en travaux de restauration.
Fondé en 1200 par Gauthier de Maintenay, seigneur de Montreuil, et confié à des Augustines, l'hôtel-Dieu conserva sa vocation hospitalière jusqu'en 1992. Sa reconstruction sous Napoléon III est suivie d'une restauration de la chapelle par l'architecte hesdinois Clovis Normand qui n'a gardé de l'édifice que le portail flamboyant. Ses boiseries et son mobilier sont de superbes exemples de l'art sacré des XVIIe et XVIIIe siècles. Le chœur possède encore le jubé qui séparait les sœurs des profanes. Inscrite à l'inventaire supplémentaire des monuments historiques en 2000, la chapelle appartient aujourd'hui à la ville de Montreuil. L'édifice a été rouvert au public en 2016 et la flèche de l'édifice vient d'être restaurée après 10 mois de travaux, terminés en avril 2019. Par contre les travaux se poursuivent toujours à l'intérieur du monument, ce qui interdit provisoirement sa visite. Dommage !

■ CITADELLE DE MONTREUIL-SUR-MER ★★★

Rue Carnot ✆ 03 21 86 90 83
www.musees-montreuilsurmer.fr
contact@musees-montreuilsurmer.fr

Fermé de décembre (hors vacances de Noël) à mars ainsi que tous les mardis. Ouvert du mercredi au lundi : du 6 avril au 30 juin mai de 13h à 18h. Du 1er juillet au 15 septembre, de 10h à 18h. Du 16 septembre au 3 novembre, de 13h à 16h. Vacances de Noël du 21 décembre 2019 au 6 janvier 2020, de 13h30-16h30. Gratuit jusqu'à 12 ans. Citadelle seule : adulte 5 €, enfant (de 12 à 18 ans) 3 €, groupe (15 personnes) 3 €. Gratuit le 1er dimanche du mois, sauf en juillet et août. Pass Musées : 14 € en solo et 20 € en duo. Visites libres avec audioguide, tablette (2 €), et support papier. Animations spécifiques pour enfants (chasse au trésor). Visites guidées samedi et dimanche à 15h sur réservation. Divers ateliers disponibles sur réservation.

Avant la citadelle, il y eut un château, bâti par Philippe Auguste au début du XIIIe siècle afin de verrouiller l'accès sensible à ce fond d'estuaire. Au XVIe siècle, après les ravages de la guerre contre Charles Quint, Charles IX ordonne la construction d'une citadelle. Du bâtiment initial sont conservées la porte d'entrée en arc brisé et les deux tours massives qui la bardent. Remaniée à plusieurs reprises jusqu'à la fin du XIXe siècle, la citadelle est démilitarisée en 1929, trois ans après son classement aux monuments historiques. Dans la chapelle, une exposition retrace l'histoire de la commune, tandis que les casemates abritent une rétrospective de la Première Guerre mondiale. Le clou du spectacle amusera jeunes et moins jeunes : il s'agit d'une catapulte datant des XIIe et XVe siècles, que l'on peut voir à l'œuvre et que les Montreuillois appellent affectueusement la bricole. Le spectacle son et lumière *Les Misérables* se déroule chaque année dans l'enceinte de la citadelle depuis plusieurs années. D'autre part, cette citadelle est classée zone Natura 2000 car elle constitue un lieu d'hibernation privilégié (et de reproduction) pour de nombreuses espèces rares et menacées de chauves-souris. Une exposition organisée en coopération avec le Conservatoire d'Espaces Naturels permet de sensibiliser les visiteurs à la grande utilité de ces espèces animales encore mal connues et source de crainte pour beaucoup.

■ L'HÔTEL ACARY DE LA RIVIÈRE – MUSÉE DE L'ESPOIR FRANK ET MARY WOOSTER

Parvis Saint-Firmin ✆ 03 21 06 04 27
www.musees-montreuilsurmer.fr
contact@musees-montreuilsurmer.fr

Fermé du 19 septembre au 30 juin. Ouverture de printemps : 6 avril au 30 juin 2019 de 13h à 18h ; Ouverture estivale : du 1er juillet au 15 septembre 2019 de 10h à 18h ; Ouverture d'automne : du 16 septembre au 3 novembre 2019 de 14h à 17h. Ouvertures d'hiver (2019-2020) : uniquement pendant les vacances scolaires du 21 décembre 2019 au 6 janvier 2020 de 13h à 16h. Gratuit jusqu'à 12 ans. Adulte : 5 € (3 € tarif réduit). Pass Musées : 14€ en solo, 20€ en duo, Accès libre pendant 1 an à la Citadelle/Musée de Montreuil-sur-Mer, aux Musée d'Opale-Sud, Musée du Touquet et au Musée de la Marine d'Etaples.

L'hôtel Acary de la Rivière a été édifié en 1810 par le maréchal du même nom. Sa disposition particulière entre cour et jardin, son architecture et la finesse du décor sculpté de la façade en font une des plus belles demeures de Montreuil. Légué à la ville en 1978 par son dernier propriétaire, cet hôtel particulier abrite aujourd'hui le musée de l'Espoir Frank et Mary Wooster. Outre son intérêt historique et architectural, ses collections de peintures et de meubles des XVIIIe, XIXe et XXe siècles valent la visite.

© FOXYTOUL – STOCK.ADOBE.COM

Citadelle de Montreuil-sur-mer.

■ MUSÉE DE FRANCE ROGER RODIERE

Citadelle de Montreuil
Rue Carnot ✆ 03 21 06 10 83
www.musees-montreuilsurmer.fr
contact@musees-montreuilsurmer.fr

Fermé de décembre (hors vacances de Noël) à mars. Ouverture tous les jours sauf le mardi. Mars, avril, mai : 14h-17h. Juin, juillet, août, septembre : 10h30–17h30. Octobre : 10h30-17h30. Novembre : 14h-17h. Vacances de Noël : 13h30–16h30. Gratuit jusqu'à 12 ans. Pass Musées : 14 € en solo et 20 € en duo. Accès libre pendant 1 an à la Citadelle/Musée de Montreuil-sur-Mer, aux Musée d'Opale-Sud, Musée du Touquet et au Musée de la Marine d'Etaples.

Lorsque la citadelle est devenue vacante après le départ de l'école militaire, l'Association des Amis du Vieux Montreuil a commencé à y installer ce qui est devenu le musée du Vieux Montreuil et aujourd'hui le musée Rodière. On y retrouve, entre autres, des témoignages de l'histoire de Montreuil-sur-Mer, collectés au début du XXe siècle par un groupe d'érudits, parmi lesquels l'historien Roger Rodière. Deux thématiques principales parcourent les œuvres : l'art sacré et la représentation de Montreuil dans la peinture. La ville a été très influencée par l'Église et ce passé est évoqué par des reliquaires, pièces d'orfèvrerie, statues et sculptures datant du Moyen Âge. Les œuvres sont visibles dans la chapelle de la citadelle et dans les tours. Pour les amoureux d'histoire, des archives médiévales sont conservées.

LES REMPARTS
Rue Carnot ✆ 03 21 06 04 27
accueil@tourisme-montreuillois.com
Les remparts s'étendent sur 2,5 kilomètres et sont bordés d'arbres. La balade est fort agréable, d'autant plus qu'on y jouit d'une vue superbe sur la ville et ses alentours. La première enceinte a été construite au IXe siècle par le comte Helgaud II. Elle a été renforcée au XIIIe siècle, puis a subi une diminution notable au XVIe après la prise de la ville par les Impériaux. Errard de Bar-le-Duc, Antoine de Ville et le fameux Vauban ont été successivement chargés de la conforter. Le front Ouest est la partie la plus agréable du parcours. Vous y verrez notamment cinq tours rondes du XIIIe siècle, une poterne et le bastion dit de Bouillon, à proximité de l'ancienne Porte de France. Le front Sud-Est présente deux tours rondes du XIIIe. Vous terminerez la balade par le front Nord : en prenant la porte de Boulogne, vous retrouverez le vieux Montreuil et découvrirez les jardins des hôtels particuliers de la ville. Attention aux enfants, car la promenade ne comporte ni barrières, ni parapets.

Le couvert

ANECDOTE
1, rue des Juifs ✆ 03 21 86 65 80
www.anecdote-restaurant.com
contact@anecdote-restaurant.com

En basse saison fermé le dimanche et le lundi. En juillet et août, fermé le mercredi. Carte : 30 € environ. Formules du midi de 19 € à 23,50 €. Formule côte à l'os avec tarte tatin 82 €/2 personnes. Accueil des groupes (privatisation possible sur demande). Terrasse.
Ce restaurant est ouvert dans l'enceinte de l'hôtel Hermitage. Alexandre Gauthier, le propriétaire, est connu des amateurs de bonnes tables. Après l'excellence de La Grenouillère et la générosité de la Froggy's Tavern, voici venue la cuisine de mémoire. Étonnant : des plats servis en 1979, à l'ouverture de La Grenouillère, sont réhabilités. Cet hommage rendu au chef de l'époque passe par une exigence de chaque instant. Les différents mets sont préparés comme autrefois : goujonnettes sauce gribiche, crémeux d'œuf à la cuillère, tartare de bœuf Angus au calvados, caille aux langoustines, tarte Tatin et crème double, vacherin mandarine... Côté boissons, apéritifs d'antan et sélection de grands et petits vins de propriétaires vous séduiront : une adresse qui a de beaux jours devant elle !

■ LE BISTRONOME
26, rue d'Hérambault ✆ 03 21 06 04 23
www.restaurant-le-bistronome.fr
contact@restaurant-le-bistronome.fr
Fermé mardi soir et mercredi. Menu unique à 30 €. Carte : 19 € environ. Menu enfant : 12 €. Vin au verre. Formules du midi : 16, 19 et 22 €. Vente à emporter.
C'est une adresse qui sort des sentiers battus ! Il faut dire que le cursus du chef François Granderie est un parcours sans faute. Après ses études, il rejoint durant dix ans la brigade du Château de Montreuil, hôtel-restaurant quatre étoiles classé Relais &amp ; Châteaux. Nous le retrouvons ensuite, durablement encore, à la tête du Jéroboam. Une expérience qui lui donne l'envie de créer son propre établissement sur le concept de la bistronomie. C'est ainsi que naît le Bistronome : une adresse conviviale aux plats simples de terroir associés à la finesse des saveurs de la grande cuisine. Authenticité et qualité sont ici alliées. Dans cette cuisine locale de saison, François aime apporter un brin d'exotisme en fonction de l'inspiration du moment. Par petites touches, il amène ainsi dans l'assiette du poivre de Madagascar, du wasabi ou encore de la salade wakamé. Originales et savoureuses, ses associations sont à la portée de tous et de tous les budgets. Chef accompli, il se plaît à venir à la rencontre de ses convives pour leur parler de ces produits locaux et de ce territoire qu'il maîtrise depuis plus de vingt ans. Bluffant ! Longue et belle continuation au chef François Granderie !

■ CRÊPERIE LE CLAN DES ELFES
3, rue du Clape en Bas ✆ 06 83 71 16 66
Ouvert du jeudi soir au mardi midi hors saison et 7j / 7 en juillet-août (sauf mercredi). Les concerts ont lieu les jeudi et dimanche soirs. Réservation recommandée. Carte : 15 € environ (boisson comprise). Vin au verre. Terrasse.
Cette crêperie, située dans une vieille bâtisse du XVIIIe siècle en bordure d'une rue pavée, vous accueille depuis mai 2017 avec ses deux salles rustiques, intimistes et chaleureuses et ses deux terrasses, dont l'une se déploie dans la rue pavée et l'autre avec vue sur les anciens remparts. Les salles rustiques au mobilier en bois et ancien sont chaleureuses avec leurs deux cheminées. On y déguste, à la carte, bien sûr des galettes bretonnes et des crêpes sucrées (une vingtaine de chaque au choix) mais aussi des salades composées ou des assiettes de fromages et charcuteries. Essayez la galette Welsh (jambon, cheddar, œuf et crème moutardée) ou la Savoyarde (reblochon, lardons, pommes de terre, crème fraîche et jambon cru) et terminez avec une douceur maison : crêpe au caramel au beurre salé ou chocolat. Pour accompagner ces mets, des cidres, des bières bretonnes, des softs et des vins servis au verre ou en bouteille. A noter la mise à disposition de jouets et de bouquins pour les enfants et l'organisation de concerts en saison le jeudi et le mardi soir. Autre précision, cette crêperie authentique n'utilise pour cuisiner que des produits de saison et provenant de fournisseurs locaux.

■ LES REMPARTS
5, porte de France ✆ 03 21 06 01 89
www.lesremparts-montreuil.fr
lestemparts@bbox.fr
Fermé mercredi. Menu unique à 30 €. Carte : 20 € environ. Formule du midi : 16,90 € (entrée plat et dessert). Vin au verre. Accueil des groupes (jusqu'à 30 couverts). Terrasse.
Les Remparts, ce sont plusieurs ambiances pour tous les moments. On peut y prendre le petit déjeuner dans la salle à manger de l'hôtel, profiter du pub et du salon dans lesquels vous pourrez vous détendre autour d'un cocktail accompagné de canapés, squatter la terrasse pour prendre un repas ou simplement un verre... mais aussi et surtout déjeuner ou dîner au restaurant. Que l'on choisisse la carte brasserie ou celle gastronomique, on

ne sera jamais déçu et le service sera toujours impeccable. Voici un exemple de menu : cromesquis au bleu d'Auvergne et compotée de poire, côtelettes d'agneau et tarte fine de légumes niçois, charlotte à la framboise et mascarpone...

Le gîte

LES HAUTS DE MONTREUIL***

21-22, rue Pierre-Ledent
© 03 21 81 95 92
www.leshautsdemontreuil.com
leshautsdemontreuil@wanadoo.fr

27 chambres. Chambre double de 79 € à 99 € ; chambre triple 120 €. Petit déjeuner : 11 €. Parking fermé : 9 € (emplacement à réserver). Demi-pension : de 120 à 298 € pour la chambre quadruple. Menus de 25,50 € à 36,50 €. Wifi gratuit.

A 200 mètres de la Citadelle de Montreuil, cet hôtel luxueux et son restaurant gastronomique se trouvent dans la plus vieille bâtisse de la ville fortifiée. Elle date de 1537 ! Les chambres sont spacieuses et bien équipées et l'accueil irréprochable. Le restaurant, Le Patio, est chaleureux et sa carte vous séduira avec son foie gras maison, son mille-feuille de crevettes ou ses huîtres sélectionnées. L'établissement possède de très belles caves voûtées du XVIe siècle. Coup de cœur aussi pour la magnifique terrasse d'été avec sa fontaine romantique. Mots clés de la maison : authenticité, créativité et originalité.

Emplettes

CHOCOLATERIE DE BEUSSENT

10, place Darnetal © 03 21 86 39 30
www.choco-france.com
commande@choco-france.com

Ouvert du mardi au samedi de 10h à 12h30 et de 14h30 à 19h. Ouvert le dimanche (de 10h à 13h).

Fondée en 1985, la maison de Beussent n'a plus rien à prouver en matière de chocolat... Fabriqués de manière artisanale, dans le plus grand respect de la matière première, ses produits ont un goût caractéristique apprécié des connaisseurs. Les chocolatiers de l'enseigne sont parmi les rares professionnels de France à maîtriser la fabrication de A à Z : du choix des fèves de cacao jusqu'au conchage, tout est fait maison. À noter que Beussent possède sa propre plantation en Équateur ! N'hésitez pas à passer en boutique pour découvrir les œuvres faites par ces artisans avec ce noble matériau.

VINOPHILIE

2, rue du Grand Sermon
© 03 21 05 05 51
www.vinophilie.com

Ouvert du lundi au samedi de 9h30 à 19h00. Dimanche et jours fériés de 10h00 à 12h30.

Depuis 1987 cette belle cave à vin à Montreuil réjouit les amateurs de grands crus comme ceux de spiritueux. Son équipe de passionnés vous guide avec talent pour associer au mieux votre choix de vin avec des saveurs ou des instants festifs grâce à leur fine connaissance des cépages et producteurs qu'ils proposent. Outre ses plus de 2 000 références de vin, cette cave offre aussi une grande sélection des meilleurs alcools et spiritueux (principalement whiskies, rhums, gins...), composée d'appellations mondialement réputées et un beau choix de bières, de la région ou pas. Des soirées dégustation sont souvent organisées le samedi, en général, ainsi que, ponctuellement, des repas avec accord mets et vins en collaboration avec un restaurateur de la région. La cave peut être privatisée pour des soirées.

Dans les environs

Beussent

CHOCOLATERIE DE BEUSSENT LACHELLE

66, route de Desvres
© 03 21 86 17 62
www.choco-france.com
contact@choco-france.com

Ouvert du lundi au samedi de 9h à 12h30 et de 14h à 18h. Visite gratuite d'une demi-heure à une heure environ.

Dans la rue, une odeur caractéristique de chocolat nous accueille déjà. En retrait, derrière une végétation touffue, se trouve la boutique, comme une fève cachée au cœur de la forêt. Elle est bien accueillante, mais c'est encore plus loin que se niche l'origine du divin arôme, le Graal : la chocolaterie ! Un guide souriant, passionné par son métier, vous y expliquera toutes les étapes de la confection du chocolat, de la culture et de la torréfaction jusqu'à l'enrobage. Les gourmandises seront créées sous vos yeux... Elles ne feront pas long feu, car une dégustation généreuse clôture toujours la visite.
Quitte à faire provision de chocolat, allez à la source et visitez la chocolaterie fondatrice de Beussent !

Buire-le-Sec

LA CITÉ DES ARTISANS

2, rue de la Place © 03 21 81 83 94
www.lacitedesartisans.com
cite.des.artisans@free.fr

Ouvert tous les jours et les jours fériés de 14h30 à 19h. En juillet et août ouverture supplémentaire de 10h à 12h. En octobre et novembre, seulement le week-end et les jours fériés. Boutique. Site de vente sur Internet.

Sur un espace de 300 mètres carrés, pas moins de quatre-vingt artisans présentent leurs créations pour perpétuer la tradition ou innover. Devant vous, ils façonneront le bois, le verre, le métal, l'argile ou les plantes pour donner forme à tous types d'objets de décoration ou autres ustensiles pratiques ou insolites. La gastronomie est aussi au rendez-vous avec les conserves et boissons artisanales des producteurs locaux. L'occasion pour les visiteurs de découvrir le patrimoine culturel et économique de la région, ainsi que la gastronomie du terroir aux côtés des passionnés et des professionnels locaux. Un lieu d'échanges à l'ambiance chaleureuse.

Douriez

L'ESTAMINET DE L'ANDOUILLER
15, place du Marché ✆ 03 21 90 41 53
www.estaminetdelandouiller.com

Ouvert du jeudi au samedi le midi et le soir ; le dimanche midi. Bar-tabac ouvert tous les jours sauf le mercredi. Tous les plats sont à l'ardoise. Terrasse. Soirées cochon de lait ou tête de veau, les premier et troisième vendredis du mois.
L'andouiller, c'est le patron Michel Vasseur, l'ancien boucher-charcutier-traiteur de Montreuil qui, à la retraite, a ouvert en 2003 les portes de ce restaurant dans l'ancien café du village. Ici, les bons vivants se retrouvent pour passer un moment intimiste autour d'un plat à base d'andouille ou d'andouillette maison. Vous pourrez également déguster un coq à la bière, un lapin à la chicorée et bien d'autres spécialités. Pas de carte, seulement des ardoises avec les plats du moment ! Avec l'authenticité de la façade d'époque, le vieil âtre, le carrelage bleuté, les poutres de bois décorées de houblon, les vieilles pierres et la décoration faite d'objets d'antiquités ainsi que la collection de représentations de cochons, on se sent dans cette institution comme à la maison !

La Madelaine-sous-Montreuil

LA GRENOUILLERE
19, rue de la Grenouillère
✆ 03 21 06 07 22 – www.lagrenouillere.fr

Relais & Châteaux. Ouvertures : printemps-automne (septembre, octobre, avril, mai et juin) Pour déjeuner : vendredi, samedi et dimanche. Pour dîner : du mercredi au lundi. En été (juillet et août) déjeuner et dîner : tous les jours sauf les déjeuners du Lundi et du Mardi. En hiver (de novembre à mars inclus), Pour déjeuner : vendredi, samedi et dimanche. Pour diner : du jeudi au lundi. A midi menu 9 services : 105 €. Carte de 45 € à 85 €. Le Soir menu 8 services : 120 € (sauf samedi et veille de jour férié) Menu 11 services : 155 €. Carte de 45 € à 85 €. Forfaits vin : 58 € (4 verres petit menu) et 75 € (5 verres grand menu).
Si vous recherchez un nouvel émoi gustatif, poussez la porte de ce lieu si poétique. Imaginez une fermette avec une cheminée centrale, une salle ouverte donnant sur un jardin, une luminosité qui joue les clairs-obscurs... Dans l'assiette, que de créativité et d'audace ! Vos sens seront à l'affût en dégustant des grenouilles meunière, un homard à l'orange sanguine ou encore un pigeon au blé vert... La carte est rééditée chaque jour car la cuisine d'Alexandre Gauthier se veut une photographie gustative de l'instant. Pour accompagner parfaitement ces mets, la carte des vins propose près de 500 références sélectionnées en provenance de toutes les régions de France.Cette belle adresse est, sans conteste, un passeport pour les plaisirs de la table, un livre ouvert sur des sensations multiples et conjuguées ! À noter que le Guide Michelin a reconnu cette créativité en lui décernant en 2017 une deuxième étoile.

SAINT-OMER ★★

La région de Saint-Omer vaut le détour, notamment grâce à son pittoresque marais audomarois, inondé par la mer pendant des siècles avant d'avoir été façonné par l'homme. Ce territoire de 3 400 hectares distille une atmosphère secrète : le calme y règne et les paysages sont d'une sereine beauté. Il est également riche d'une faune et d'une flore abondantes. Au total, 700 kilomètres de cours d'eau strient le marais, dont plus d'une centaine sont navigables et permettent de se promener en barque. Au cœur de ce lieu unique, on cultive l'emblématique chou-fleur. En 2013, le marais audomarois a obtenu le label Homme et Biosphère délivré par l'Unesco.
Mais ce pays d'eau entouré de forêts et de prairies est aussi une terre d'histoire. Saint-Omer a tour à tour été une cité religieuse, un centre marchand et une ville de garnison. Elle possède des monuments remarquables qui témoignent de ces différentes époques. La cathédrale qui domine la ville et les ruines de l'abbaye médiévale de Saint-Bertin en sont les plus majestueux exemples.

■ **OFFICE DE TOURISME DE LA RÉGION DE SAINT-OMER**
7, place Victor-Hugo ✆ 03 21 98 08 51
www.tourisme-saintomer.com
contact@tourisme-saintomer.com

Basse saison : ouvert le lundi de 14h à 17h30 ; du mardi au vendredi de 10h à 12h30 et de 14h à 17h30 ; le samedi de 10h à 12h30 et de 14h à 18h. Haute saison : du lundi au vendredi de 10h à 12h30 et de 14h à 18h ; le week-end de 10h à 18h.
L'office de tourisme de Saint-Omer a quitté la place du Lion d'Or pour s'installer au fond d'une petite cour de la place Victor Hugo, avec une vue imprenable sur la cathédrale. Son guide touristique particulièrement réussi continue de promouvoir, de belle manière, l'Audomarois et sa très jolie « capitale » Saint-Omer. Terre d'histoire, cette région offre un patrimoine architectural remarquable remontant au haut Moyen Âge. Le marais audomarois, reconnu par l'Unesco comme un paradis de la faune et de la flore, est l'un des derniers marais cultivés de France. On le parcourt à pied, à vélo ou en barque, dans la plus grande quiétude... N'hésitez pas à passer glaner des idées de visites ou de randonnée auprès des professionnels de l'office de tourisme : des ascenseurs à bateaux d'Arques au rando rail de Nielles-les-Bléquin en passant par la superbe cathédrale de Saint-Omer, il y en a pour tous les goûts.

■ **LA MOTTE CASTRALE**
Place Sithieu ✆ 03 21 98 08 51
www.tourisme-saintomer.com
contact@tourisme-saintomer.com
Fermé au public.

Saint-Omer en gyropode

Voilà une manière de visiter la belle ville de Saint-Omer sans effort ! Vous pourrez aussi vous balader au-delà, entre forêt et marais. Les gyropodes sont loués entre 30 minutes et une heure et demie et les prix vont jusqu'à 35 €.

Renseignements à l'office de tourisme de Saint-Omer.

À deux pas de la cathédrale, la motte castrale a été édifiée au Xe siècle par Baudoin Ier, comte de Flandre, pour protéger la collégiale d'éventuels agresseurs vikings. L'édifice fut longtemps le point névralgique du pouvoir politique de la région, notamment la châtellenie de Saint-Omer. En 1761, une prison militaire à la Vauban y est érigée. Fermée pour être restaurée, la prison sera ouverte à l'occasion d'événements exceptionnels. À guetter.

Points d'intérêt

CATHÉDRALE NOTRE-DAME DE SAINT-OMER ★★

Enclos Notre-Dame ✆ 03 21 98 08 51
www.tourisme-saintomer.com
contact@tourisme-saintomer.com

Basse saison : ouvert tous les jours de 8h à 17h. Haute saison : tous les jours de 8h à 18h. Gratuit. Location d'audio-guides à l'Office de Tourisme : 3 €. Visites guidées occasionnelles dans l'année : voir le site Internet (5,50 € adultes, 3,50 € réduit, gratuit pour les moins de 15 ans).

Édifiée entre les XIIIe et XVIe siècles, la cathédrale de Saint-Omer offre un très bel exemple de l'architecture gothique du nord de la France. Les monuments historiques ont valorisé dès 1840 l'importance historique et artistique du lieu, qui se découvre dans sa tour-porche unique du XVe siècle, son chevet d'inspiration très romane, son axe dévié de 47° (comme celui de Chartres) par rapport à l'orientation habituelle des églises vers l'Orient. Il faut aussi entrer dans la cathédrale pour en mesurer toute la richesse. L'horloge astrolabe de 1558, le buffet d'orgue du XVIIIe siècle, les mélanges de marbre, d'albâtre, de boiseries, sans compter les œuvres de Rubens et Lebrun constituent un ensemble admirable.

LA GRAND-PLACE ET L'HÔTEL DE VILLE

Place du Maréchal-Foch

Encore appelée place Foch, elle accueille le grand marché de Saint-Omer depuis le Moyen-Âge. Sa principale caractéristique tient dans la grande variété de ses façades et le décrochement successif des toitures et des cheminées. On le surnomme le moulin à café, non sans raison ! Imposante bâtisse en pierre flanquée de colonnes doriques, il contraste avec les constructions environnantes. Il abrite un théâtre à l'italienne au décor luxuriant, en opposition avec l'austérité de la façade. Ce théâtre, fermé depuis 1973 pour des raisons de sécurité, a ouvert ses portes au public à l'automne 2018 après avoir fait peau neuve. Il se visite désormais et accueille également des spectacles. À la gauche de l'hôtel de ville, le bâtiment de la scelle, en briques jaunes, témoigne de l'influence flamande dans l'architecture audomaroise. Presque en face, l'ancien bailliage illustre les tendances classiques qui s'imposèrent à partir du XVIIIe siècle. Construite en 1786, cette belle demeure fut le siège de la juridiction royale.

LA FONTAINE SAINTE-ALDEGONDE

Place Victor-Hugo

Une fontaine du XVIIIe siècle, et quelle fontaine ! C'est l'unique reliquat de l'ancienne église Sainte-Aldegonde, ruinée par la chute de son clocher en 1800. Elle commémore l'ouverture du canal de Neufossé entre l'Aa et la Lys en 1756. Les statues, au-dessus de la niche centrale, représentent ces deux rivières. Deux des vases de la fontaine ont été taillés par François Chifflart, peintre, sculpteur et graveur audomarois, grand prix de Rome 1851, qui a notamment illustré des ouvrages de Victor Hugo dont il était l'ami. La fontaine a été classée aux monuments historiques en 1981 et restaurée entre 2009 et 2012. Elle rehausse de son éclat la petite place Victor Hugo.

LE MARAIS

Gagnées sur l'eau au fil des siècles, les terres du marais se divisent en plus de 13 000 parcelles longues et étroites parcourues par 700 kilomètres de chemins. Les habitants ont façonné et mis en valeur ces lieux et le réseau de canaux n'a cessé de se développer, jusqu'à faire de Saint-Omer un port de commerce où se sont installées des activités liées à l'eau, comme les brasseries ou les tanneries. Près de cinquante légumes y sont cultivés depuis le XIXe siècle, dont le chou-fleur et l'endive, introduits respectivement en 1750 et en 1920. Un itinéraire fluvial balisé traverse la réserve du Rommelaëre. Dans cette zone humide, vous découvrirez une faune et une flore exceptionnelles : plus de 230 espèces d'oiseaux, une centaine d'espèces de coléoptères et 300 variétés de plantes. De nombreuses possibilités s'offrent aux visiteurs : canoës, barques à rames ou à moteur, bateaux-promenades et bacôves, en visite libre ou guidée.

PAYS D'ART ET D'HISTOIRE

Centre administratif Saint-Louis
Rue du Saint-Sépulcre ✆ 03 21 38 01 62
www.patrimoines-saint-omer.fr

Ouvert du lundi au vendredi de 9h à 12h et de 14h à 17h30.

En 2015, Saint-Omer fêtait le 30e anniversaire de son label *Ville, Pays d'Art et d'Histoire.* Depuis, celui-ci s'est étendu aux 34 communes des environs qui mettent ainsi en avant un patrimoine naturel préservé et une histoire remarquable, de Jules César à nos jours. L'occasion de mettre en lumière les relations entre l'Audomarois et les Anglo-Saxons depuis le Moyen Age, ainsi que les architectures du spectacle comme en témoignent l'auditorium du Conservatoire de Saint-Omer ou le théâtre à l'italienne de l'hôtel de ville fraîchement rénové.

Saint-Omer.

LA MAISON DU MARAIS
Avenue du Maréchal-Joffre
© 03 21 11 96 10
www.maison-du-marais.fr

Fermé les 24, 25 et 31 décembre, ainsi que le 1er janvier. Ouvert en juillet et août de 10h à 19h ; en avril, mai, juin et septembre de 10h à 18h ; d'octobre à mars de 14h à 18h. Gratuit jusqu'à 4 ans. Adulte : 5,90 €. Enfant (de 4 à 15 ans) : 4,50 €. Groupe : 4,50 €. Famille 19 €. Accueil enfants. Visite guidée. Restauration (à consommer sur place ou à emporter). Animations.

La Maison du Marais de Saint-Omer a ouvert ses portes en 2014. Sa vocation : faire voyager au cœur d'une nature vivante et dépaysante. Le musée, aménagé dans un édifice tout en transparence, permet une première découverte théorique : maquettes, films, aquariums mettent en valeur la richesse de ce patrimoine. L'immersion concrète commence sur la terrasse au bord de l'eau, pourquoi pas avec une glace ou une planche gourmande, puis dans le parc, et se poursuit avec la balade en bacôve, le bateau traditionnel. Dès lors, il suffit d'ouvrir grand les yeux pour apercevoir le héron ou la grèbe dans leur havre de paix !

■ MUSÉE DE L'HÔTEL SANDELIN ★
14, rue Carnot © 03 21 38 00 94
www.tourisme-saintomer.com
musees-accueil@ville-saint-omer.fr

Ouvert toute l'année. Du mercredi au dimanche de 10h à 12h et de 14h à 18h. Ouverture le lundi et le mardi aux groupes sur réservation. Adulte : 5,50 € (tarif réduit : 3,50 €). Gratuit le dimanche.

Construit pour la comtesse de Fruges en 1776, cet hôtel de style parisien sert depuis 1904 de musée municipal. Plus de 3 000 œuvres et objets d'art allant du Moyen Âge au XIXe siècle sont répartis sur trois niveaux. Le musée rassemble de très belles peintures et pièces de mobilier datant des XVIe, XVIIe, XVIIIe et début du XIXe siècles, notamment des toiles de Belly, Chifflart ou De Neuville, tous originaires de Saint-Omer. De nombreux objets rendent compte de la richesse de la ville et de la Flandre à cette époque. Le parcours Céramique présente une sélection effectuée dans les collections de faïences et de porcelaines européennes ou asiatiques, de grès et de terre vernissés. Une salle est entièrement dédiée aux pipes en terre cuite de Saint-Omer datant du XIXe siècle.

■ LES RUINES DE L'ABBAYE SAINT-BERTIN
www.patrimoines-saint-omer.fr

Ces vestiges romantiques évoquent avec nostalgie l'ancienne splendeur de cet ensemble à l'origine de la cité. Cette abbaye bénédictine a été construite au VIIe siècle, aux portes du marais, sur les rives de l'Aa par Bertin, Mommelin et Ebertramn, moines missionnés par Omer pour évangéliser la contrée. Elle était l'une des trois plus puissantes abbayes du nord du royaume. Elle prospéra tout au long du Moyen Âge, jusqu'à la Révolution lors de laquelle elle fut en partie détruite. En 1830, la municipalité entreprit la destruction de l'édifice en épargnant la tour occidentale, qui s'effondra trois ans après les bombardements de 1943.

Le couvert

■ LE CLAIRE'MARAIS
8, place Victor Hugo © 03 21 93 15 15
www.clairemarais.fr
contact@clairemarais.fr

Qualité Tourisme. Ouvert du jeudi au mardi de 12h à 14h ; du jeudi au samedi de 19h à 21h30. Menus de 25 € à 59 €. Carte : 18 € environ. Formule du midi : 22 € (entrée + plat + dessert).

Situé auparavant à Clairmarais, l'établissement a installé en 2017 ses fourneaux dans l'écrin de la vieille ville audomaroise. Pour un prix somme toute abordable, vous vous y sentirez l'espace d'un repas un convive des plus précieux... Du cadre, ocre, noir et turquoise, jusqu'à la table, tout est chic, classe et raffiné. Faites votre choix dans le chariot de pain et de beurre que l'on vous propose pour accompagner votre repas, puis savourez votre hors-d'œuvre avant de découvrir comment le chef a élégamment travaillé la saumonette, le poulet ou le cabillaud... Les desserts sont eux aussi très inspirés. Le menu Bistronomie change toutes les semaines en fonction du marché. A la carte par exemple : agneau basse température et déclinaison d'artichauts accompagné de gnocchis aux herbes, dorade sébaste rôtie et écailles de Saint-Jacques accompagnées de ravioles végétales aux coques et sauce anisée, déclinaison autour de la banane (pochée, gelée, granité, crème glacée vanille charbon)...

■ ESTAMINET LES 3 CAVES
18, place du Maréchal-Foch © 03 21 39 72 52
www.restaurantles3caves.fr

Ouvert du mardi au vendredi et le dimanche de 19h à 22h ; du mardi au samedi de 12h à 14h ; le samedi de 19h à 22h30 ; le dimanche de 12h à 14h30. Menu unique à 23,90 €. Carte : 20 € environ. Menu enfant : 9,50 €. Soirées en musique ponctuelles.

C'est un bel estaminet de la région. Dans une cave de briques, sous des grappes de houblons, au milieu d'un mobilier ancien choisi avec goût, on déguste une cuisine authentique et résolument régionale. Si vous venez d'ailleurs, venez découvrir ici la carbonnade de Mamie Raseux, le waterzoï ou le potjevleesch maison. Avec des amis, goûtez à la potence de bœuf flambé qui vous offrira en sus un véritable spectacle ! Sinon, découvrez à la carte le millefeuille de légumes au fromage de Batistin, le suprême de volaille de Licques au maroilles, le dos de lieu et sa crème de betterave ou encore l'andouillette du pays grillée au camembert à la bière de Saint-Omer. Votre repas sera convivial et l'on peut même s'initier aux jeux flamands anciens entre les plats.

■ L'INDUSTRIE

22, rue Louis-Martel ✆ 03 21 11 51 35
www.lindustrie-hotelrestaurant.com
restauranthotel.lindustrie@gmail.com

Carte : 20 € environ.

Virginie et Jérémy vous recevront avec joie et professionnalisme pour vous faire découvrir des plats simples mais savoureux, autour des produits frais du terroir. Ici le fait maison est une règle de conduite, même pour le pain ! Voici quelques exemples glanés sur la carte : foie gras maison, pâtes Garibaldi, poisson frais selon l'arrivage du jour, ris de veau au porto... La formule plateau-repas est avantageuse et propose un menu complet à petit prix. La salle peut être privatisée et un menu adapté et personnalisé vous est proposé pour tous vos évènements.

Le gîte

■ L'INDUSTRIE**

22, rue Louis-Martel ✆ 03 21 11 51 35
www.lindustrie-hotelrestaurant.com
restauranthotel.lindustrie@gmail.com

Qualité Tourisme. Ouvert toute l'année. Ouvert 7 jours sur 7. 6 chambres. Chambre double de 65 € à 70 € ; chambre triple 80 € ; suite 95 €. Petit déjeuner : 9 €. Wifi gratuit. Restauration.

Changement de propriétaires pour cet hôtel-restaurant. Virginie et Jérémy vous accueillent dans leur établissement situé dans la « Rue gourmande ». L'Industrie a été en partie relookée. La cuisine du nouveau chef semble faire l'unanimité et ses desserts sont régulièrement plébiscités. À l'étage, l'hôtel possède cinq jolies chambres : toutes sont équipées de salle de bains (douche ou bain) avec WC, d'une TV à écran plat, d'un sèche-cheveux, de café, eau et thé, d'un bureau et du wifi gratuit.

Gîtes

■ GÎTE CHEZ BATISTIN

42 bis, rue de la Poissonnerie ✆ 03 21 98 37 52
chtigite.flandrin@gmail.com

Gîtes de France (2 épis). Pour 3 personnes (60 m², 2 chambres). De 230 € à 290 € la semaine selon saison. Label Tourisme & Handicap. Animaux acceptés. Wifi. Salon de jardin, location de draps, lave-linge.

Le gîte Chez Batistin se situe au cœur du marais audomarois, et notamment dans sa partie consacrée par l'Unesco comme réserve de biosphère. Les lieux ont d'ailleurs reçu le label Panda WWF, qui caractérise des locations de vacances facilitant l'observation de la faune et de la flore. Les propriétaires sont pleinement investis dans la protection de cet écosystème protégé et le site classé L.P.O. (Ligue pour la protection des oiseaux). Les chambres sont installées dans une maison de style pêcheur, mitoyenne à celle des propriétaires, avec une toiture en partie végétale. En rez-de-chaussée : séjour/coin cuisine, coin détente, poêle à pellets. Deux chambres (une avec 1 lit 90 x 190, possibilité 1 lit supplémentaire, et une autre avec 1 lit 140 x 190), équipement bébé, une salle d'eau, des WC séparés. Une barque est à votre disposition si vous souhaitez vous balader dans les marais et observer les oiseaux ou pêcher...

Chambres d'hôtes

■ CHAMBRES D'HÔTES DES CAPS ET MARAIS D'OPALE

11, quai du Commerce ✆ 03 21 93 89 82
www.chambresdhotes-opale.com
bruno.hautefeuille@gmail.com

3 chambres (dont une suite). Chambre simple 58 € ; chambre double 65 € ; chambre triple 95 € ; suite de 115 € à 151 €. Petit déjeuner inclus. Lit supplémentaire : 26 €. Garage : 5 €. Animaux acceptés (5 €). Wifi.

C'est entre ville et marais, au bord de l'Aa, que se situe cette maison de maître de la fin du XIXe siècle. Cheminées de marbre, moulures, planchers de bois... Les deux chambres et la suite familiale au décor romantique, *so British*, sont d'un goût exquis. Un jardin clos, calme et arboré est à disposition des hôtes. Les petits déjeuners sont personnalisés avec confitures et gâteaux maison servis selon la saison à l'extérieur, dans le jardin d'hiver ou devant la cheminée.

Emplettes

■ À LA FERME AUDOMAROISE

26, rue Louis-Martel ✆ 03 21 88 33 41
www.alafermeaudomaroise.fr

Ouvert du mardi au samedi de 9h30 à 19h30 ; le dimanche de 10h30 à 12h30. Livraison possible (commande en ligne).

Le plaisir d'aller à la ferme en plein centre-ville ! Dans cette fromagerie d'exception, vous achetez des produits laitiers régionaux faits par un maître fromager affineur, Wullus Paul Alexandre. Il utilise des laits crus dont il connaît la provenance, écarte formellement les productions avec des colorants chimiques, des exhausteurs en tout genre, des stabilisants de toute forme, et met en avant un affinage en cave naturelle « à l'ancienne ». Créateur du camembert de Saint-Omer, il propose également la tome de Clairmarais ou encore le maroilles de son abbaye et bien d'autres saveurs régionales. On apprécie beaucoup les exclusivités de saison, comme le brie de Meaux garni en son centre d'une triple crème émulsifiée au champagne, pour les fêtes de fin d'année !

CHOCOLATERIE BEUSSANT-LACHELLE

30, rue des Clouteries
© 03 21 12 66 82
www.choco-france.com
commande@choco-france.com
Ouvert du mardi au samedi de 10h à 12h30 et de 14h à 19h.
Fondée en 1985, la maison de Beussent n'a plus rien à prouver en matière de chocolat... Fabriqués de manière artisanale, dans le plus grand respect de la matière première, ses produits ont un goût caractéristique apprécié des connaisseurs. Les chocolatiers de l'enseigne sont parmi les rares professionnels de France à maîtriser la fabrication de A à Z : du choix des fèves de cacao jusqu'au conchage, tout est fait maison. À noter que Beussent possède sa propre plantation en Équateur ! N'hésitez pas à passer en boutique pour découvrir les œuvres faites par ces artisans avec ce noble matériau. Vous trouvez dans les boutiques de l'enseigne d'excellents bonbons au chocolat, des tablettes, du chocolat à la casse, et des figurines originales... Nous avons un faible pour les ganaches parfumées au Cointreau. Si vous voulez sortir du chocolat, la boutique propose de bons pains d'épices aux fruits.

LES GIVRÉS DU CORNET

4, rue des Clouteries
© 03 21 11 92 98
www.lesgivresducornet.fr
lesgivresducornet@orange.fr
Ouvert tous les jours de 10h à 19h.
Faire passer la glace au rang d'art ? La déguster comme de la haute gastronomie ? Et pourquoi pas ? Cet artisan glacier partage sa passion depuis avril 2012 et les clients plébiscitent cette adresse. Le choix de crèmes glacées et de sorbets est impressionnant et les parfums aussi nombreux qu'insolites. Certaines spécialités interpellent : moutarde à l'ancienne, safran ou tapenade... Les gourmandises sucrées auront toutefois la préférence des moins téméraires : chicorée, pain d'épices, petit beurre et guimauve. Le personnel est accueillant et on sent bien la qualité du fait maison avec des glaces au lait cru et à la texture riche et onctueuse. N'hésitez pas à y faire un saut si vous êtes de passage à Saint-Omer ! Envie d'une soirée inoubliable ? Originale ? Afin d'épater vos convives lors de vos soirées privées (mariage, baptême...) ou professionnelles (animation commerciale, séminaire, ice-bar...), Simon Fournier sculpte pour vous la glace selon le thème de votre soirée.

AUX MERVEILLEUX

52, place du Maréchal-Foch
© 03 21 11 54 01
www.auxmerveilleux.com
Ouvert du mardi au dimanche de 7h45 à 19h.
La célèbre boutique du Vieux-Lille fait des petits, tant le succès (bien mérité) est au rendez-vous. À Saint-Omer, c'est sur un coin de la Grand'Place, juste derrière le « Moulin à Café », que vous découvrirez cette boutique mignonne et chic aux étals alléchants. Le pain y est délicieux, mais ce sont bien sûr les pâtisseries qui se font remarquer, à commencer par les fameux merveilleux, meringues à la mousse légère enrobées de copeaux de chocolat. Leur recette est souvent reprise dans les boulangeries de la région, sans jamais toutefois être égalée. L'autre spécialité, c'est le kramiek (en flamand), un petit pain brioché fourré de raisins secs. Il fait son apparition vers 1830 en Wallonie et en Flandres. Frédéric Vaucamps s'amuse avec ce produit en le dotant de différentes saveurs pour plus de fantaisie. Plus besoin d'être à Lille pour déguster les merveilleux, les uniques, les vrais !

Dans les environs

Arques

ESPACE INFO TOURISME

Mairie d'Arques
Place Roger-Salengro © 03 21 88 59 00
www.ville-arques.fr
tourisme@ville-arques.fr
Ouvert le lundi de 9h à 12h et de 13h30 à 17h30 ; du mardi au jeudi de 8h à 12h et de 13h30 à 17h30 ; le vendredi de 8h à 12h et de 13h30 à 17h.
Y sont disponibles les documents et informations d'usage, sur le secteur comme sur la région en général. L'Espace Info Tourisme propose une grande balade urbaine de 10 kilomètres permettant de pénétrer au cœur du patrimoine et de ne rien rater des richesses architecturales de la ville – voir Circuit des Pavés. Enfin, la mairie et l'espace tourisme organisent tous les mois une exposition mettant en lumière différentes formes d'art (peinture, sculpture, photos, tricots d'art...). Une manière de découvrir la ville d'Arques autrement !

BATEAU PROMENADE LE FONTINETTE

Mairie – Espace Info Tourisme
Place Roger Salengro
© 03 21 88 59 00
www.ville-arques.fr
tourisme@ville-arques.fr
Pour les groupes sur réservation : du 1er mars au 31 octobre. Pour les individuels : du 1er juillet au 31 août. Gratuit jusqu'à 5 ans. Écluse des Fontinettes : 6,40 € par adulte et 5,80 € par enfant de moins de 12 ans. Écluse des Flandres, canal et marais : 9,50 € par adulte et 9 € par enfant de moins de 12 ans.
Vous voilà convié à une bien belle balade sur les eaux du canal d'Arques et du marais audomarois. Entre le ciel et la terre, les flots vous entraînent et vous invitent à la contemplation paisible de la faune et de la flore, et notamment à l'observation des oiseaux. La main de l'homme se fait aussi présente au passage de l'écluse des Fontinettes ou de celle des Flandres. Différents parcours sont ainsi proposés, dont l'un combine la croisière nautique, le parcours cycliste et, pourquoi pas, la randonnée ! C'est une belle halte entre deux visites plus urbaines de la région de Saint-Omer.

ARC INTERNATIONAL

Zone Industrielle
132, avenue du Général-de-Gaulle
© 03 21 12 74 74
www.visiteverreriearc.com

Qualité Tourisme. Ouvert le lundi de 14h à 18h30 ; du mardi au vendredi de 10h à 18h30 ; le samedi de 10h à 19h. Durée : 1h30. Réservation obligatoire. Site accessible à partir de 8 ans. Adulte : 12,90 €. Enfant : 9,90 €. Groupe (20 personnes) : 6,50 €. Tarif réduit pour les étudiants, demandeurs d'emploi et personnes handicapées : en individuel 9,90 € – en groupe : 4,10 €. Label Tourisme & Handicap. Label Michelin Tourisme Industriel. Visite guidée. Boutique. Animaux interdits.

Découvrez les secrets de fabrication et l'histoire de cette verrerie qui, depuis l'atelier artisanal fondé en 1825, est devenue le leader mondial des arts de la table (avec une production de trois millions d'articles chaque jour). Durant la première partie de la visite, le guide vous explique comment la verrerie s'est développée jusqu'à devenir un groupe international. Un film permet de comprendre les différents procédés de fabrication et introduit parfaitement à l'étape suivante qui est la visite du site de production. Une passerelle surplombe l'ensemble du site et permet d'assister à la réalisation des articles. La goutte de verre en fusion à 1 500 °C devient, sous vos yeux et en quelques minutes, l'article emballé. Après la visite, la boutique Arc Décoration permet d'acheter parmi les collections de l'ensemble des marques du Groupe Arc International est le site touristique industriel le plus visité du Nord-Pas-de-Calais.

■ ÉGLISE SAINT-MARTIN

14 bis, rue Victor-Hugo

Le comte Walbert fit édifier cette église durant le VIIe siècle, sous le « règne » de saint Bertin, l'abbé fondateur de la ville de Saint-Omer, qui initia bien d'autres constructions. On retrouve le style gothique cher à cette partie de la carte, avec trois nefs formant un imposant bâtiment entouré par le cimetière militaire. À signaler, les fonts baptismaux du XIIe siècle et le buffet d'orgues du XIXe, ainsi que le clocher de 1776.

■ LE SITE DES ÉTANGS D'ARQUES

✆ 03 21 12 62 30

www.ville-arques.fr

mairie@ville-arques.fr

Entièrement réaménagés, les étangs de Malhôve, Beauséjour et Arc-en-Ciel sont devenus un site de ressourcement au cœur de la nature et à deux pas du centre d'Arques. Pensé pour la préservation de la biodiversité suite à l'envahissement par une espèce invasive, le site accueille désormais aussi bien les promeneurs et joggeurs que les pêcheurs et les ornithologues. Sentiers, observatoire, pontons, même un rucher... voilà une parfaite illustration du bien-vivre possible entre l'homme, la faune et la flore.

Audincthun

■ GÎTE LE MOULINET

Le Moulinet

Hameau de Wandonne

✆ 03 21 39 52 17

bernardbourg@aol.fr

Gîtes de France (2 épis). Ouvert toute l'année. Pour 6 personnes (73 m², 3 chambres). De 315 € à 345 € la semaine selon saison. Week-end à partir de 190€. Accès de plain-pied. Jeux pour enfants. Animaux non admis. Wifi. Salon de jardin, lave-linge.

Un gîte pour six personnes, situé en dehors du village sur un terrain clos de 300 m². La décoration est désuète et l'ensemble mériterait une rénovation, néanmoins tout le confort nécessaire est à disposition pour vous permettre de passer un séjour au vert toute l'année et en toute quiétude. Profitez de la campagne comme si vous étiez chez vous, le temps d'un barbecue. Avec un accès de plain-pied, il ouvre sur une cour fermée à la pelouse accueillante. La table de ping-pong et le baby-foot feront le plaisir des plus jeunes (et des moins jeunes !).

Clairmarais

■ LE CLAIRMARAIS***

Rue du Romelaëre

✆ 03 21 38 34 80

www.camping-clairmarais.com

Fermé du 16 décembre au 31 janvier. Exposition : ensoleillé. Emplacement + véhicule + 2 personnes de 12,50 € à 15 €. Mobil-homes de 270 € à 520 € la semaine. Jeux pour enfants. Animaux acceptés (2 €, sauf les chiens de 1ère catégorie qui sont interdits). Wifi gratuit. Accès direct au marais avec embarcadère.

Les pêcheurs connaissent déjà cette adresse, car le camping du Clairmarais est au cœur du marais audomarois. Son accès se fait directement par l'embarcadère des lieux. Pêche, canotage, découverte du patrimoine naturel et de la forêt domaniale font ici le quotidien des campeurs. On ne compte plus les circuits de randonnée pédestre et cycliste au départ du camping ou de ses environs. Depuis 2017, il existe également une piscine couverte et chauffée accessible du 1er avril au 30 septembre au cœur de ce camping qui ravira aussi bien les camping-caristes que les campeurs ou les familles voulant profiter du confort d'un mobil-home.

■ SENTIER DE LA CUVETTE

Départ : Rue du Rommelaëre

✆ 03 21 98 08 51

www.tourisme-saintomer.com

Longueur : 16,2 km. Durée : 4h.

Depuis la Maison du Romelaëre, partez à la rencontre du pays audomarois ! Cette promenade longue de plus de 16 km vous mène dans les marais et dans la forêt domaniale de Rihoult, qui s'étend tout de même sur près de 1 200 hectares. Hérons cendrés, sangliers, chevreuils, rapaces nocturnes, de nombreuses espèces trouvent refuge dans cet espace mêlé d'eau, d'herbes hautes et d'arbres. À la sortie de la forêt, prenez le temps d'admirer l'église édifiée au XIXe siècle dans la commune de Clairmarais (qui n'existe que depuis l'après-Révolution) et l'ancienne abbaye cistercienne, dont il ne reste que des bribes. Des aires de pique-nique jalonnent la promenade, idéales pour une pause bien méritée.

LA GRANGE NATURE

Rue du Romelaëre
✆ 03 21 38 52 95
www.eden62.fr
grange-nature@eden62.fr

Fermé du 16 novembre au 14 mars. Ouvert du lundi au vendredi de 10h à 12h et de 14h à 17h30 ; le samedi de 14h à 18h ; le dimanche de 10h à 12h30 et de 14h à 18h. Gratuit. Visite guidée (sur réservation). Restauration. Boutique. Animations. Les groupes de plus de dix personnes sont acceptés sur réservation.

À deux pas de la réserve du Romelaëre, la Grange Nature est un lieu précieux où (re) nouer connaissance avec la faune et la flore de tous les milieux naturels, qu'ils soient landes, marais, dunes... Immersion virtuelle grâce à des totems et des tablettes tactiles, expositions ludiques, jardin pédagogique, la Grange Nature conjugue parfaitement les loisirs et la découverte pédagogique. Une visite (gratuite !) à faire en famille, avant de se lancer, bien informé, sur les nombreux sentiers de balade que propose Eden 62 dans les environs.

ISNOR ★

3, rue du Marais ✆ 03 21 39 15 15
www.isnor.fr – contact@isnor.fr

Qualité Tourisme. Ouvert aux particuliers du 1er avril au 30 octobre, et sur réservation en dehors de ces périodes. Tarifs croisière (1h30) : 12 €/adulte et 10 €/enfant. Location de barques (rames ou moteurs) et de canoës à partir de 20 € l'heure. Label Tourisme & Handicap. Restauration.

Le marais audomarois, labellisé en 2013 Man and Biosphère par l'Unesco, n'aura plus de secrets pour vous. À bord d'une barque électrique, à moteur ou à rames, d'un bateau traditionnel en bois (le bacôve), d'un bateau à passagers tout confort ou d'un canoë, vous découvrirez ses cultures maraîchères, sa faune, sa flore, son histoire et ses traditions. Plusieurs visites guidées sont proposées par ISNOR. Pour ceux qui préfèrent la terre à l'eau, des vélos sont également à louer. Les ventres creux pourront se restaurer sur place. Des aires de pique-nique avec barbecue sont installées sur le site et dans le marais avec gîtes à proximité et nombreux chèques cadeaux proposés !

LES ÉTANGS DU ROMELAERE ★

Grange Nature
Rue du Romelaëre ✆ 03 21 38 52 95
www.eden62.fr
grange-nature@eden62.fr

Fermé de mi-novembre à mi-mars. Ouvert du lundi au vendredi de 10h à 12h et de 14h à 17h30. Haute saison : le samedi de 14h à 18h ; le dimanche de 10h à 12h30 et de 14h à 18h. Gratuit. Boutique. Animations.

Depuis la Grange Nature, partez pour une promenade modulable (5 kilomètres maximum aller-retour) qui vous conduira vers des zones d'écoute, puis jusqu'à

Eden 62, votre guide nature en Pas-de-Calais

Les amateurs de faune et de flore trouveront sur le site d'Eden 62 toutes les informations utiles pour des vacances au plus proche de la nature. Sorties nature gratuites, conférences, reportages, mais aussi activités ludiques pour les enfants et toute la famille, Eden 62 incite à la découverte et à la préservation des espèces. Tout le département est couvert par son action, des terrils aux dunes de la côte en passant par les marais et les bois. Vous y trouverez notamment près de 250 kilomètres de sentiers de balade pour tous les niveaux de randonneurs !

Plus d'informations sur le site www.eden62.fr

un observatoire ornithologique. La réserve naturelle nationale du Romelaëre est le paradis des amoureux de la nature : 250 espèces de plantes, 200 espèces d'oiseaux (dont plus de 70 espèces nicheuses), 17 de poissons, 19 de libellules, 11 de chauve-souris... La promenade est adaptée aux personnes à mobilité réduite grâce à un cheminement en bois sur pilotis. Des bancs sont en outre disposés tout au long du parcours pour celles et ceux qui souhaiteraient faire une pause au cours de leur périple. Avant ou après, la Grange Nature vous accueille et vous informe sur la faune et la flore du marais et du Pas-de-Calais en général.

LA BAGUERNETTE
3, rue du Marais
✆ 03 21 39 33 92
www.labaguernette.fr

Ouvert toute l'année. De mi-avril à mi-octobre : ouvert tous les midis + vendredi et samedi soir. De mi octobre à mi avril : ouvert du jeudi au dimanche midi + vendredi et samedi soir.Tous les autres jours, midis et soirs, sur réservation pour les groupes. Réservation recommandée. Menu unique à 25 €. Menu enfant : 8 €. Terrasse.

Pour s'immerger totalement dans l'ambiance flamande d'antan de ce bout de marais, une seule adresse : la Baguernette ! Ce nom qui chante à l'oreille désignait jadis un outil servant à curer les fossés... C'est désormais une table de belle réputation, qui peut aussi bien ouvrir ou conclure la balade sur les marais d'Isnor. On y déguste des plats du cru : aumônière de cabécou miel et spéculoos, carbonnade flamande au pain d'épices, cocotte de poulet à la bière Ch'ti gratinée au maroilles... et surtout le fameux cochon au lait, cuit au four à bois pendant huit heures, un régal qui fond dans la bouche... Au dessert, tentez le pain perdu caramélisé et sa glace vanille.

A L'CABANE
39, rue du Romelaëre
✆ 03 61 51 13 61

Ouvert du mardi au dimanche le midi et le soir. Carte : 15 € environ. Terrasse.

Depuis son ouverture en face de la Grange Nature, cette brasserie complète l'offre locale avec les 70 couverts de son restaurant et sa terrasse couverte. Le propriétaire des lieux a rénové et agrandi un ancien café, tenu à l'origine par son arrière-grand-mère. La cuisine est traditionnelle et à base de produits frais et les menus à l'ardoise : foie gras maison excellent et bien présenté et accompagné, welsh copieux et délicieux, Saint-Jacques snackées, carbonnade... Accueil convivial garanti !

Eperlecques

BLOCKHAUS D'EPERLECQUES ★★
Rue des Sarts ✆ 03 21 88 44 22
www.leblockhaus.com

Fermé de novembre à février. Ouvert tous les jours d'avril à juin et en septembre de 10h à 18h, en juillet-août de 10h à 19h et en octobre de 10h à 17h. Adulte : 10 €. Enfant (de 8 à 14 ans) : 6,50 €. Groupe (15 personnes) : 8,50 € (+ de 30 personnes : 7,50 €). Etudiant sur présentation de la carte : 7,50 €. En famille (2 adultes + 2 à 5 enfants) : 30 €. Chèques non acceptés. Chèque Vacances. Visite en LSF. Visite guidée (sur réservation). Animaux acceptés en laisse. Classé Monument Historique.

La forêt d'Eperlecques cacha à partir de 1943 l'un des plus gros blockhaus jamais construits par l'armée allemande. Avec 22 mètres de haut, ce bâtiment construit sur un hectare devait servir d'usine de production d'oxygène liquide et de base de lancement de fusées V2 dans le but de détruire Londres et Anvers. À l'autre extrémité du massif forestier se trouvait une base de lancement de fusées V1. Aujourd'hui, la visite sonorisée et commentée de ce témoin du passé, classé monument historique, vous replonge dans les secrets de l'armée nazie.

CAMPING CHÂTEAU DU GANDSPETTE****
133, rue du Gandspette ✆ 03 21 93 43 93
www.chateau-gandspette.com
contact@chateau-gandspette.com

Camping Qualité. Qualité Tourisme. Fermé d´octobre à mars. Réservation recommandée. Accueil jusqu'à 20h (22h en haute saison). Gardé 24h/24. Sol : herbeux. Emplacement + véhicule + 2 personnes de 17,50 € à 28,50 €. 41 à 107 € la nuit en mobil-home (location de trois nuits minimum en basse saison et d'une semaine minimum en haute saison). Chèque Vacances. Aire pour camping-cars. Wifi payant. Restauration. Vente (service de boulangerie).

Osez vous perdre un week-end ou pourquoi pas une semaine complète à Éperlecques ! Le camping Château de Gandspette propose des emplacements pour caravanes ou tentes sur de vastes emplacements ensoleillés ou ombragés pour vous installer avec votre équipement, et des locations de mobil-homes de 2 ou 3 chambres tout confort dans un espace verdoyant de onze hectares dominé par son château du XIXe siècle. Les habitués s'y plaisent et reviennent chaque année. Piscine chauffée, aire de jeux et club enfant, court de tennis, les activités sportives et culturelles ne manquent pas. À vous la vie de château... en camping !

Fauquembergues

■ PÔLE D'INFORMATION TOURISTIQUE DE FAUQUEMBERGUES
28, avenue Roland-Huguet
✆ 03 21 38 38 51

Le canton de Fauquembergues vous offre une quinzaine de circuits de randonnée pédestre à télécharger sur le site Internet de l'office de tourisme : du plus court, le sentier du Paradis (3 kilomètres) au plus long, le sentier des Trois Monts (16 kilomètres). Le sentier de promenade du Papillon est accessible aux personnes à mobilité réduite aidées. Il existe également des sentiers cyclistes qui permettent de traverser de très beaux paysages : collines ondulantes, cours d'eau enchanteurs et villages pittoresques (dont le bourg médiéval de Fauquembergues).

L'AUBERGE DE L'ARC-EN-CIEL
22, rue de Fruges
✆ 03 21 39 51 44
www.aubergearcenciel.fr

Ouvert le lundi de 10h à 15h ; du mercredi au dimanche de 9h à 21h. Chèque Restaurant. Végan-friendly.

C'est une table à découvrir absolument. Dans le cadre charmant d'une auberge à l'ancienne, Véronique Ranson et Jonathan Dumaine vous proposent une cuisine d'une grande finesse, savoureuse et faite de produits locaux et de saison. La chef a relevé les plats les plus traditionnels de sa palette personnelle, composée lors de ses voyages autour du monde. Votre palais ne saurait s'y ennuyer ! Par exemple : samoussa d'escargots à l'ail noir, épices berbères, jeunes pousses en entrée ; ravioles de primeurs, dans un bouillon de miso, épices japonaises en plat ; dôme au chocolat noir grand cru, cœur au caramel, noisette grillée. Pensez aussi à réserver pour un brunch dans la plus belle tradition, à prendre en terrasse lors des beaux jours. Pour prolonger le plaisir, l'Auberge de l'Arc-en-ciel propose cinq chambres d'hôtes de charme qui vous permettront de visiter confortablement la région.

Helfaut

■ LA COUPOLE – PLANÉTARIUM 3D
Mont-à-Car
Rue André-Clabaux
D 210
✆ 03 21 12 27 27
www.lacoupole-france.com
lacoupole@lacoupole.com
Une navette Casobus est disponible, entre la gare de Saint-Omer et La Coupole.

♿

Basse saison : ouvert tous les jours de 9h à 18h. Haute saison : tous les jours de 10h à 19h. Gratuit jusqu'à 6 ans. Adulte : 15 € (tarif réduit : 14,50 €). Enfant (de 6 à 16 ans) : 10,50 €. Chèque Vacances. Restauration. Boutique.

La Coupole est une véritable cité souterraine, construite en 1944 par l'armée allemande pour abriter les travaux de conception de la fusée V2, l'arme secrète avec laquelle Hitler comptait abattre Londres. Sous ce dôme colossal de 71 mètres de diamètre et de 55 000 tonnes s'est installé un centre d'histoire fascinant, qui conduit le visiteur à la découverte de la folie nazie et des années noires de l'Occupation, en lui divulguant au passage bien des informations cachées sur la conquête spatiale. Après cette immersion dans l'histoire, flottez dans l'espace grâce au Planétarium 3D. À bord de Saturn V, partez à la conquête de la Lune ou de Mars et soyez le premier à poser le pied sur la planète rouge. La bulle avec écran hémisphérique à 360° vous rendra le spectacle plus vrai que nature. La programmation propose plusieurs types de séances, du film de vulgarisation jusqu'au documentaire plus spécialisé : tous sont de grande qualité. Les enfants aimeront *Terre, lune et soleil* (en 2D), *Monstres des Mers* (3D) ou *À l'aube de l'ère spatiale* (3D).

Lumbres

■ OFFICE DE TOURISME DU PAYS DE LUMBRES
Rue François Cousin
✆ 03 21 93 45 46
www.pays-de-lumbres.com
infotourisme@ccplumbres.fr

Basse saison : ouvert le mardi, le jeudi et le vendredi de 9h à 12h et de 14h à 17h ; le samedi de 10h à 12h. Haute saison : du lundi au vendredi de 9h à 12h et de 14h à 18h ; le week-end de 10h à 12h et de 15h à 18h.

Depuis 1996, l'office de tourisme a trouvé sa place dans l'ancienne gare. Vous y trouverez toute la documentation locale et régionale utile pour un séjour de qualité, ainsi que des cartes IGN, des informations sur le Parc naturel des Caps et Marais d'Opale et des fiches VTT et topo-guides pour sillonner le secteur. Une boutique propose des produits du terroir faits avec les pommes du coin et des spécialités de la ruche. C'est surtout sur les quais que vous pourrez embarquer pour un petit voyage touristique au pays de Lumbres. Les plus sportifs tenteront les trails dans les collines d'Opale. C'est l'occasion de découvrir un paysage verdoyant tout en travaillant son cardio !

■ LE MOULIN DE MOMBREUX
70, chemin de Mombreux
✆ 03 21 98 68 72
lemoulindemombreux@gmail.com

♿

Logis. Ouvert tous les jours de 12h à 14h et de 19h à 22h. Carte : 20 € environ. Accueil des groupes. Chaises bébé. Jardin. Terrasse.

L'établissement existe depuis les années 1960 mais les lieux ont été restaurés et ont retrouvé le charme élégant et soigné qui a toujours fait la réputation de l'endroit. L'équipe du Moulin travaille chaque jour les produits frais de la région pour en faire des plats d'un grand raffinement. Le poisson de la côte n'est jamais très loin, mais on peut aussi y déguster la succulente volaille de Licques ou les escargots de Radinghem. Goûtez sans risque au succulent riz interdit, jadis réservé au seul empereur de Chine, sous peine de mort des transgresseurs. Une entorse à la règle de proximité des produits frais utilisés, mais quel délicieux délit ! Pour prolonger le plaisir ou profiter sereinement de la carte des vins, n'hésitez pas à réserver une chambre à l'hôtel. Toutes les chambres sont très bien équipées et comportent une salle de bains privative incluant une baignoire. Les animaux domestiques sont admis.

FERME ÉQUESTRE DE LUMBRES

21, rue Victor Hugo
✆ 06 50 57 64 77
www.ferme-equestre-lumbres.fr
cindy@ardents.fr

École Française d'Équitation (FFE). Balade accompagnée à partir de 20 €. Cours particuliers à partir de 30 € de l'heure.

Pourquoi ne pas découvrir la région audomaroise du haut d'une monture ? La ferme équestre de Lumbres, Les Ardents, vous invite à arpenter des chemins de traverse avec sa cavalerie de dix poneys et de huit chevaux barbes. Les balades à cheval durent jusqu'à deux heures et sont accompagnées par une monitrice diplômée d'État. Les enfants dès trois ans peuvent s'initier aux plaisirs de l'équitation à dos de poney avec des promenades autour de la ferme. Le centre propose également des séances d'équithérapie : le cheval ne juge pas et est socialement valorisant, il permet de créer une relation authentique à travers le toucher, la communication et l'observation et une prise en charge globale de la personne aussi bien sur un plan psychique que physique.

Saint-Martin-lez-Tatinghem

L'AUDOBARQUOISE

35, rue du Marais
✆ 06 08 09 65 86
https://visite-marais.fr
visitemaraissaintomer@gmail.com

Adulte : 10 € (14 € pour 1h50). Enfant (jusqu'à 11 ans) : 7 € (10 € pour 1h50). Location de barque à partir de 13 € pour une heure. Chèque Vacances. Visite guidée (1h ou 1h50).

Préparez-vous à un moment de calme et de sérénité. Avec Christian, vous allez vous perdre l'espace d'une ou deux heures dans les eaux tranquilles du marais audomarois. À chaque saison, c'est un nouveau lieu, tantôt croulant sous les aubépines qui embaument, tantôt reflétant jusqu'au ciel les couleurs de l'automne. Les canards, les foulques, les hérons sont d'agréables compagnons de voyage. Grâce à Christian, un enfant du marais, vous en apprendrez beaucoup sur l'histoire du lieu, sur le maraîchage et la culture du chou-fleur, sur la faune et les dangers constitués par le rat musqué et le silure qui ont colonisé les lieux. C'est une belle échappée conviviale faite dans l'intimité, à recommander.

Le couvert

LE CARRÉ SAINT-MARTIN

53, rue du Fond-Squin
✆ 03 21 98 58 20
www.carre-st-martin.com

Menus de 17,50 € à 42 €. Carte : 32 € environ. Menu enfant : 14 €. Service traiteur. Bowling.

Vous allez en prendre plein les yeux et les papilles. Dès l'entrée, l'atmosphère séduit par son élégance moderne et chaleureuse avec un choix de couleurs osé qui chasse la grisaille. On retrouve cette palette dans les assiettes. La liste des petites merveilles culinaires du lieu est longue : tarte fine de thon juste snacké au piment d'Espelette et marmelade de tomates à la niçoise, tourte de canard et magret fumé aux morilles, jambonnette de pintadeau farcie à l'italienne, éclair revisité au caramel au beurre salé, poêlée de pommes façon Tatin... La spécialité de la maison, c'est son buffet gourmand, dans lequel on se sert à discrétion. Difficile de résister. Le Carré Saint-Martin, une vraie corne d'abondance !

Salperwick

AU BON ACCUEIL

29, rue du Rivage Boitel
✆ 03 21 38 35 14
www.bonaccueil.info

Ouvert du 1er mars au 31 octobre. Ouvert tous les jours de 9h à 18h. Croisière en bateau promenade, location de barque à rames ou à moteur électrique, et de canoë. Restauration.

Pour découvrir le marais audomarois, montez à bord de l'un des bateaux couverts ou d'une bacove à moteur électrique pour une visite guidée. Les plus courageux loueront une barque à rames ou un canoë pour une balade très agréable. La pause casse-croûte est possible sur l'une des aires de pique-nique du marais ou sur place, à l'estaminet du Bon Accueil.

Thérouanne

MUSÉE ARCHÉOLOGIQUE

1, place de la Mairie
✆ 03 21 93 81 22
www.communedetherouanne.fr
contact@tourisme-saintomer.com

Ouvert du lundi au vendredi de 9h à 18h. Ouvert d'avril à octobre. Visite guidée pour les groupes par un médiateur. Entrée et visite commentée gratuites.

Thérouanne a un riche passé historique que reflètent les collections du musée archéologique. Trois sections chronologiques présentent les découvertes de la période gallo-romaine, les sites avec les plans et documents anciens et enfin la période médiévale : gravures anciennes, sceaux des évêques de Thérouanne, mais aussi pointes de flèches et boulets de canon et autres objets découverts lors des fouilles évoquent une histoire riche, notamment marquée par les ravages des troupes impériales de Charles Quint lors de la huitième guerre d'Italie (1535-1538). Un mandat portant le sceau de l'Empereur est d'ailleurs toujours visible au sein de cette jolie collection, fruit des efforts d'un groupe de bénévoles depuis 1979. Un film complète la visite du musée. Pour les amateurs d'histoire, ce lieu est intéressant pour voir, découvrir des pièces uniques, mais aussi pour échanger avec de véritables passionnés, qui ont su mettre leurs appétences pour l'histoire au service de toute une commune.

Les abbayes Notre-Dame et Saint-Paul de Wisques

Wisques se caractérise notamment par deux établissements religieux d'obédience bénédictine. Les moniales résident dans un superbe édifice consacrée à la Vierge Immaculée. En dépit de leur réclusion, elles accueillent avec chaleur et bienveillance les visiteurs et leur font profiter d'une petite boutique qui vend des produits de leur verger. La sobriété solennelle de l'église incite à la contemplation.
L'abbaye Saint-Paul a pris place dans les murs du Grand et du Petit Château. Elle abrite une communauté de moines connus pour leurs très belles céramiques artisanales que vous découvrirez dans leur échoppe. C'est également un lieu de retraite spirituelle pour les particuliers.

Wisques

LA SAPINIÈRE

12, route de Setques ✆ 03 21 38 94 00
www.sapiniere.net
lasapiniere2@wanadoo.fr

Qualité Tourisme. Logis. Maître Restaurateur. Ouvert le lundi de 19h30 à 21h30 ; du mardi au samedi de 12h à 13h30 et de 19h30 à 21h30 ; le dimanche de 12h à 13h30. Menus de 27,50 € à 49,50 €. Menu enfant : 13,50 €. Formule du midi : 18,50 € (en semaine). Accueil des groupes. Jardin. Terrasse.

Cette très belle table située à Wisques fait les délices de ses hôtes depuis de longues années. On y déguste tout le répertoire culinaire de la région dans des plats d'une grande finesse : tarte fine aux sardines, endives au maroilles, escargots de Radinghem, filet de bar et bien sûr les fameuses volailles de Licques. L'assiette est aussi belle à découvrir qu'à savourer, le service est à la fois souriant et impeccable, et quel plaisir que de satisfaire ses papilles dans la véranda qui donne sur la campagne environnante... Une grande adresse !

SAINT-POL-SUR-TERNOISE ★

Durement touchée par les guerres, les vestiges du passé de Saint-Pol-sur-Ternoise sont rares. Seules la chapelle des Sœurs Noires du XVIIIe siècle qui abrite le musée, ainsi que quelques maisons anciennes, ont été épargnées. Après la Seconde Guerre mondiale, la ville s'est reconstruite et modernisée comme l'atteste l'architecture de l'hôtel de ville et de l'église, caractéristique de cette époque de renouveau. Cependant, la commune, nichée dans une nature préservée, traversée par la Ternoise, conserve son image de ville à la campagne grâce notamment à son grand parc boisé.

ABBAYE DE BELVAL

Hameau de Belval – 437, rue Principale
TROISVAUX ✆ 03 21 04 10 10
www.abbayedebelval.fr
charlotte.defrance@abbayedebelval.fr

Boutique et expositions : du mardi au samedi : 10h/12h-14h/18h et le dimanche de 14h à 18h Jours fériés : appelez au 03 21 04 10 15 avant de vous déplacer – fermé le lundi. Gratuit jusqu'à 12 ans. Adulte : 5 €. Enfant (de 12 à 18 ans) : 3,50 €. Groupe : 3,50 € (8 € avec formule visite + dégustation). Visites guidées le mercredi à 14h30 et les samedi et dimanche à 15h30. Charlotte : 03 21 04 10 12. Visite guidée. Restauration (tarifs chambres de 42 à 58 €, petit déjeuner 6 €. Restauration sur demande, trois formules de 15,50 à 25,50 €).

Au cœur du Ternois, dans un écrin de verdure, à 3 kilomètres de Saint-Pol-sur-Ternoise, l'abbaye de Belval est un havre de sérénité, porteur de sens et vecteur de liens, selon sa devise. Ce château érigé au XVIIIe siècle est racheté par un abbé en 1893 pour y fonder une abbaye cistercienne de sœurs trappistines, sous le patronage de saint Benoît Labre. Le site s'agrandit à partir des années 1930, les sœurs de Belval transforment la grange en fromagerie. Les fromages de Belval sont nés et désormais répertoriés par le Conservatoire des Arts Culinaires à l'inventaire du patrimoine de la région. Au départ de la communauté religieuse, en 2012, le site a été repris par une structure d'insertion par l'activité économique. Elle a permis de maintenir les différentes activités liées à l'histoire de l'abbaye : l'accueil, le ressourcement, la fromagerie et la vente de produits monastiques. Régulièrement, le site accueille des expositions culturelles.

LE TOUQUET

En 1837, Alphonse Daloz achète le domaine du Touquet, un ensemble dunaire sur lequel il plante sur plus de 800 hectares des pins maritimes. Quelques années plus tard, son ami Hippolyte de Villemessant, fondateur du Figaro, charmé par l'endroit qu'il surnomme « L'Arcachon du Nord », le convainc d'en faire la station balnéaire de la capitale, ce qu'il entreprendra avec la participation de l'Anglais John Whitley. La nouvelle ville, d'abord située sur la commune de Cucq, devint Le Touquet-Paris-Plage, érigée en commune en 1912, et elle a toujours revendiqué cette vocation de lieu de détente et de loisirs pour les Parisiens. Golf, hippodrome, terrains de tennis, hôtels de luxe et résidences de prestige s'y sont rapidement développés à partir de 1904. Le Touquet a été un terrain d'expérimentation pour de jeunes architectes qui ont su concilier fantaisie et respect du milieu naturel. Fleurissent alors jusque dans les années 1930 quelques réalisations prestigieuses telles l'hôtel de ville et celui des Postes, les tribunes de l'hippodrome, le Marché couvert, le Phare de la Canche et le Casino de la Forêt (aujourd'hui Palais de l'Europe). 16 villas, aujourd'hui classées, illustrent bien le style touquetois de leur architecture d'alors. Les parcelles de terrain étant étroites, c'est sur un plan vertical que se sont dressées ces villas cossues où aimaient se réfugier les amateurs de vie mondaine.

L'environnement forestier, la proximité d'Hardelot au nord, du site naturel protégé de la Pointe du Touquet et des autres plages au sud, rendent un séjour au Touquet dépaysant et tonifiant. Les possibilités de belles balades y étant, en permanence, multiples et diverses que ce soit en forêt ou dans les dunes de la plage. Sa plage, en particulier, accueille chaque été des milliers de touristes profitant du sable fin et voit passer, en hiver, les moteurs vrombissants du célèbre Enduro du Touquet, appelé Enduropale depuis 2005 !

La station balnéaire du Touquet-Paris-Plage célébrait en 2012 son centième anniversaire. Son intérêt pour tous les sports ne s'est jamais démenti, qu'ils soient collectifs ou individuels, comme en témoignent les nombreuses manifestations sportives qui s'y déroulent tout au long de l'année, les multiples équipements de qualité présents sur le territoire de la commune et les nombreux pratiquants de char à voile, golf, tennis, équitation, pêche, sports mécaniques... Station balnéaire parmi les plus dynamiques de France, Le Touquet-Paris-Plage propose tout au long de l'année toutes sortes d'activités et de manifestations culturelles, sportives ou ludiques.

■ OFFICE DE TOURISME DU TOUQUET-PARIS-PLAGE

Pavillon Cousteau
370, avenue Louis Aboudaram
✆ 03 21 06 72 00 – www.letouquet.com
contact@letouquet.com

Famille Plus. Qualité Tourisme. Ouvert du lundi au samedi de 9h à 13h et de 14h à 18h ; le dimanche et les jours fériés de 10h à 13h et de 14h à 18h.

Clientèle d'affaires ou de tourisme, l'office du Touquet dispose, toute l'année, d'horaires d'ouverture de grande amplitude pour vous renseigner et vous orienter. De plus, l'équipe organise des visites guidées aux programmes classiques (phare ou architecture balnéaire...), thématiques (les célébrités qui sont venus au Touquet, le British Tour...) ainsi que des découvertes nature (la forêt du Touquet, les oiseaux du bord de mer...). On vous propose même de joindre l'utile à l'agréable avec un Sightjogging, une course à pied touristique ! En juillet et en août, les départs de visites sont quotidiens, ils ont lieu du mercredi au dimanche en moyenne saison et uniquement le week-end en basse-saison.

Points d'intérêt

■ L'HÔTEL DE VILLE ★★

Boulevard Daloz ✆ 03 21 06 72 72

Devenue commune à part entière en mai 1912, Le Touquet-Paris-Plage s'est doté en 1931 d'un magnifique bâtiment inscrit à l'inventaire supplémentaire des monuments historiques. De style anglo-normand, cet hôtel de ville édifié par les architectes Drobecq et Debrouwer est pourvu d'un majestueux beffroi de 38 mètres. Ce bâtiment marie plusieurs styles différents : les pierres de Bainchtun et d'Hydrequent sont typiques de la région, les pans de bois cimentés sont de style normand et les fenêtres, ogivales, typiques d'un style gothique anglais.

■ MUSÉE DU TOUQUET-PARIS-PLAGE

Angle avenues du Golf et du Château
✆ 03 21 05 62 62
www.letouquet-musee.com
musee@letouquet.com

Fermé du 19 mai au 15 juin et de mi-novembre à mi-décembre 2019. De septembre à juin ouvert de 14h à 18h sauf le mardi. En juillet et août, ouvert de 10h à 12h30 et de 14h à 18h30 sauf le mardi. Gratuit jusqu'à 18 ans (gratuit aussi pour les demandeurs d'emploi et les personnes handicapées). Adulte : 3,50 €. Tarif réduit : 2 €. Visite guidée.

C'est une villa construite en 1925 qui abrite ce petit musée. L'école d'Etaples y est très présente avec près de 300 œuvres réalisées par Henri le Sidaner, Eugène Chigot ou Eugène Boudin qui ont peint la Côte d'Opale. Le musée programme régulièrement des expositions d'art moderne : en hiver, l'exposition est importante et l'été place est faite aux collections permanentes. Cette année, ne manquez pas l'exposition *Lumière d'Opale, les peintres étrangers de la colonie d'Étaples (1880-1920)* du 13 juin au 20 septembre 2020.

© LESLIE WEST

L'hôtel de ville.

PAS-DE-CALAIS

■ PALAIS DES CONGRÈS DU TOUQUET ★

Place de l'Hermitage ✆ 03 21 06 72 14
www.letouquet.com

Ouvert toute l'année. Disponible toute la semaine. Tous les jours. Renseignements par téléphone.

Ce bâtiment imposant était à l'origine le château de M. Daloz, le « fondateur » du Touquet. Cœur touristique et culturel de la station balnéaire, il abrite aujourd'hui un casino et un restaurant. De nombreux congrès et spectacles y sont proposés tout au long de l'année. Le Palais des Congrès allie le charme de l'ancien aux équipements techniques les plus performants pour répondre aux demandes toujours plus exigeantes en matière de congrès, séminaires et conventions. Il est même loisible de s'y marier en grandes pompes !

■ LE PARC NATURE DE LA BAIE DE CANCHE

Tous à vos baskets pour découvrir le site classé de la Pointe Nord, avec le Parc nature de la Baie de Canche, lieu de beauté aux multiples paysages. Trois boucles de la Pinède, de la Dune et de la Corniche la parcourent. Les distances varient de un à trois kilomètres. Incontournable avec ses quarante-cinq hectares de superficie, le Parc nature de la Baie de Canche bénéficie depuis 2009 d'une politique de valorisation permettant aux piétons et aux cyclistes un accès facilité. Les amoureux de la nature seront comblés. Les différents observatoires offrent un spectacle imprenable sur l'estuaire de la baie de Canche et ses alentours. Sur le poulier viennent se prélasser les phoques. On y observe aussi des milliers d'oiseaux migrateurs.

Le couvert

■ AUBERGE DE LA DUNE AUX LOUPS

Avenue de la Dune-aux-Loups ✆ 03 21 05 42 54
www.laduneauxloups.com

♿

Ouvert toute l'année. Tous les jours de 11h30 à 14h30. Et ouvert du lundi au vendredi de 18h30 à 22h et dimanche de 18h30 à 22h. Menus de 24 € à 80 €. Carte : 28 € environ. Menu enfant : 15 €.24 € (plat + dessert midi uniquement et en semaine, hors vacances et jours fériés). American Express, Chèque Vacances. Accueil des groupes. Jardin. Terrasse.

Venez découvrir la cuisine du moment, raffiné, moderne mais aussi traditionnelle. A l'intérieur, ils vous accueilleront pour un moment cocooning près de la cheminée ou à l'extérieur pour un moment privilégié sur la terrasse chauffée pour découvrir les menus, ou siroter un cocktail. Les menus sont toujours travaillés avec des produits de saison. Passionnée par son métier, leur équipe travaille les produits et les cuissons avec la rigueur et toute la créativité héritée d'un savoir-faire parfois oublié. Mais aussi des vins représentatifs des grandes régions viticoles Françaises. Le service soigné et attentif fait par de vrais professionnels sait se faire discret pour un repas d'affaire ou un tête à tête. Pour un repas en famille, entre amis ou en amoureux, l'équipe sera à l'écoute de vos besoins et de vos envies. Une adresse à découvrir !

■ LE FLAVIO BISTRO

1-2, avenue du Verger ✆ 06 45 25 09 98
www.flavio.fr – flavio@flavio.fr

♿

Ouvert du mardi au Samedi de 9h00 à minuit. Dimanche de 9h30 à 15h00. Entrée + Plat ou Plat + Dessert 25€. Entrée + Plat + Dessert 31€. Les entrées sont à partir de 8€, les plats à partir de 15€ et les desserts à partir de 8€. Terrasse. Boutique en ligne.

Xavier Delmotte, le fils de Guy et Danièle Delmotte, a gardé intact l'esprit du Flavio. Cette institution gastronomique du Touquet, dans laquelle officia jadis un certain pianiste du nom de Serge Gainsbourg, continue de porter très haut les valeurs de la bonne chère. Du plat « Canaille », revisité chaque jour par le chef, à l'inoubliable menu Homard, il y a de quoi faire frémir les plus délicates des papilles... Mais pour découvrir la qualité du Flavio à prix un peu plus abordables, passez côté Bistro ! Ici on travaille avec le même amour du bien-manger les poissons sauvages fraîchement pêchés par de petits bateaux sur les côtes d'Étaples et du Touquet. Allez-y pour redécouvrir la vraie cuisine de bistrot avec des plats élaborés à partir de produits frais achetés tous les jours sur les marchés. Le Flavio, c'est plus de soixante ans d'art culinaire et, on vous l'affirme, ce n'est pas près de finir.

■ HÔTEL WESTMINSTER – LE PAVILLON

5, avenue du Verger
✆ 03 21 05 48 48
www.westminster.fr

♿

Fermé du 3 janvier au 31 mars, du 24 au 25 décembre et du 31 décembre au 1er janvier. Basse saison : ouvert du jeudi au lundi de 19h30 à 21h. Haute saison : du mercredi au lundi de 19h30 à 21h. Menus de 65 € à 155 €. Vin au verre. American Express. Animaux non admis. Terrasse.

Entre dunes blondes et pinèdes, le Westminster fait partie de la légende du Touquet. Cet hôtel quatre étoiles est installé dans une imposante bâtisse de pur style anglo-normand et art déco, qui se dresse majestueusement à l'entrée de la ville. Accédez à l'une des 115 chambres et suites luxueuses et spacieuses par l'antique ascenseur central qui vous replonge dans les Années Folles. Le restaurant gastronomique Le Pavillon possède une étoile au Michelin depuis douze ans. À la carte de William Elliot : des spécialités de poissons et des produits de saison entre terre et mer. Découvrez également la brasserie Les Cimaises. On y accède par le hall de l'hôtel et on retrouve ici l'esprit des années 1930, des tonalités ivoire et chocolat et une splendide verrière au plafond. La cuisine ouverte est une véritable attraction pour l'ensemble des sens et met en appétit ! On y savoure des plats au wok ou des saveurs du terroir revisitées grâce à la cuisine inventive du chef et de ses équipes. Il existe même un menu minceur ! Quant au bar du Westminster, *so british*, il offre une déclinaison de plus de 100 whiskys et un véritable chocolat de tradition. L'ambiance de cet hôtel est si chaleureuse que vous hésiterez à en sortir...

LA CHOPE

136, route de Metz
62520 Le Touquet-Paris-Plage (France)
✆ 03 21 05 36 72
lachope136@gmail.com
Restaurants / Cuisine française (hors cuisine régionale ou spécialités) / Bistrot – Brasserie

Ouvert toute l'année. Tous les jours de 10h30 à 15h et de 19h à 22h30. Les jours de marché et le dimanche ouvert de 9h30 à 15h et de 18h30 à 22h30. Carte de 9 à 23 €. Menu enfant : 11 €. Vin au verre. Plat du jour de 14 à 20 €. Accueil des groupes. Climatisation, Bar.

Cette belle brasserie n'est située qu'à quelques pas du Marché couvert où elle peut s'approvisionner aisément en produits frais et de saison. Dans une ambiance populaire, cette brasserie, dont Nicolas est l'heureux propriétaire, a pour spécialité les moules de bouchot accompagnées de frites fraîches maison. On y trouve aussi des tartares ou un bon welsh ainsi que des plats, d'ici notamment, qui varient selon les saisons et les inspirations du chef. Le service est efficace et l'ensemble d'un bon rapport qualité-prix, d'autant plus que l'on peut profiter d'une belle terrasse chauffée si nécessaire et d'une salle climatisée en été. Sur place ou en commande à emporter, le mot d'ordre est la convivialité et les amateurs de sports le savent bien : ils viennent souvent profiter d'un bon repas ensemble pour regarder les matchs devant l'un des 4 écrans plats qui diffusent tous les grands évènements..

LE SCOOP

1, place de l'Hermitage
✆ 03 21 06 30 11
www.le-scoop-letouquet.fr
lescoop@orange.fr

Fermé 10 jours en janvier après les vacances de Noel ! Services repas du lundi au jeudi de 9h à 15h et de 19h à 22h. Du vendredi au dimanche : de 12h à 15h et de 19h à 23h30. Carte : de 15 à 27 €. Menu enfant : 9,90 €. Plat du jour de 14 à 30 €. Vin au verre. American Express, Chèque Vacances, Chèque Restaurant. Accueil des groupes (séminaire possible). Terrasse. Vente à emporter.

Pour un repas sans façon mais savoureux, entre amis, c'est la bonne adresse. La carte, large, propose des plats traditionnels de brasserie : tartares, poisson ou burgers servis avec de vraies frites, ou un peu plus élaborés : souris d'agneau et saumon gravlax. En spécialité, des tartares de bœuf et de poisson accompagnés de frites. C'est bon et c'est frais, car la qualité des ingrédients utilisés est soigneusement assurée. Le service est sympathique et souriant : on se sent vraiment bienvenu ! Son agréable et vaste terrasse, déployée devant la façade, est appréciée aux beaux jours. À noter que cette accueillante brasserie vient de changer de propriétaire depuis début 2019.

La ville pittoresque du Touquet.

RESTAURANT LA BASE NORD

Base nautique nord
1, avenue Jan Ruet
© 03 21 05 59 22
www.labasenord.com

Ouvert du dimanche au jeudi de 10h à 22h30 ; le vendredi et le samedi de 10h à 23h. Carte : 40 € environ. Menu enfant : 12 €.

Le restaurant La Base Nord offre une vue magnifique à 180° sur la baie de la Canche. C'est d'ailleurs un bon point de départ pour un retour à pied vers la plage du Touquet. L'accueil et le service sont sympathiques. La carte propose une cuisine de bistrot généreuse à base de produits frais, avec de sympathiques planches à partager en famille ou entre amis pour les apéritifs. Beau site, belle ambiance et bons plats, mais l'absence de menus ou de formules rend l'addition un peu salée !

LES PETITES COCOTTES

91, rue de Paris
© 03 21 05 39 11
www.restaurant-lespetitescocottes.com
les2moineauxkotepeche@orange.fr

Ouvert 7j/7 midi et soir. Menu enfant : 10 € (ou la moitié d'une cocotte au choix). Formule du midi : 17 € (sauf le week-end). Vente à emporter.

L'établissement du chef Joris Lassalle propose, comme son nom l'indique, des plats mijotés en cocotte, en souvenir de sa grand-mère Victoria qui lui donna l'amour de la cuisine. Pour autant, on y trouve aussi de délicieuses recettes de poisson. Les desserts sont tout aussi soignés grâce à la présence sur les lieux d'un Chef pâtissier qui propose, chaque mois, cinq desserts différents. Le cadre est sobre mais lumineux et les casseroles étamées accrochées aux murs lui donnent une personnalité bien à lui. On l'adore toujours autant, cette adresse ! Par exemple à la carte : planche de charcuteries sélectionnées en entrée, l'incontournable fricassée de volaille à la forestière en cocotte en plat, le merveilleux ananas-verveine ou la tartelette aux fruits secs en dessert.

LE MATISSE

68, rue de Metz © 03 21 05 94 81
www.lematisse.com

Ouvert toute l'année. Tous les jours de 9h30 à 23h. Accueil des groupes. Séminaires.

Vous vous rendrez au Matisse pour y consommer une boisson, une crêpe, une glace, une pizza, une salade, des moules de bouchot, un plat du jour, une suggestion à la carte ou un menu. Toujours bien accueilli, vous pourrez y savourer une cuisine traditionnelle et gourmande privilégiant des produits frais et de qualité, servie par un personnel qui aura à cœur de vous faire passer un agréable moment. Situé au cœur du centre-ville, Le Matisse a une belle capacité d'accueil avec trois salles à l'intérieur, auxquelles s'ajoute une terrasse ensoleillée, chauffée si besoin, et équipée de brumisateurs pour les chaudes journées d'été. Tout récemment, la décoration a été intégralement refaite et modernisée, avec du mobilier design et confortable ainsi que l'ajout d'un grand bar. Tous les plats sont faits maison : andouillette sauce moutarde, couscous de la mer, croquettes de crevette, aile de raie au beurre, faux-filet et poke bowl...

LA TAVERNE ROYALE

53, rue Saint-Jean © 03 21 05 15 11
touquet.com/la-taverne-royale.html
laroyal53@gmail.com

Ouvert toute l'année. Basse saison : du lundi au vendredi de 9h30 à 22h ; le week-end et les jours fériés de 9h30 à 23h. Haute saison, fermeture plus tardive. Menus de 23 € à 32 €. Carte de 13 à 30 €. Menu enfant : 11 €. Vin au verre. Accueil des groupes (menus personnalisés possibles).

Située à l'angle de la rue St-Jean et de la rue de Metz au Touquet, la Taverne Royale vous accueille sept jours sur sept. Venez y découvrir ses plats traditionnels, ses fruits de mer, ses poissons selon arrivage, ses viandes, ses hamburgers, son welsh, sa fondue bourguignonne, ainsi que ses divers plats du jour. Des menus personnalisés peuvent être élaborés pour des groupes. La terrasse est chauffée, c'est un vrai must en hiver, et la salle climatisée est appréciée pendant les chaleurs. Le service se fait sans interruption durant les week-ends et les vacances scolaires.

Le gîte

LES EMBRUNS***

89, rue de Paris ✆ 03 21 05 87 61
www.lesembruns-hotel.com
contact@lesembruns-hotel.com

Ouvert toute l'année. Chambre simple de 50 € à 106 € ; chambre double de 60 € à 180 € ; chambre triple de 145 € à 205 € ; suite de 210 € à 255 €. Petit déjeuner buffet : 14,90 €. Lit supplémentaire : 20 € (lit bébé : 15 €). Animaux : 8 € par nuit. Chèque Vacances. Wifi gratuit.

A deux minutes à pied de la plage, du centre-ville et de son casino, cet hôtel, au cœur de la station des Quatre Saisons, dévoile son caractère chaleureux. L'accueil est tout en douceur. Meubles en bois et en osier, teintes naturelles et éclairage subtil participent à l'ambiance. Pour prolonger ces moments de détente : un salon cosy, un jardinet fleuri pour le petit déjeuner aux beaux jours. Les chambres offrent au regard une décoration soignée. Elles sont lumineuses et harmonieuses. Certaines sont situées en rez-de-jardin avec une agréable terrasse. Pour vous évader, profitez de la proximité des boutiques, restaurants et cafés en bord de mer. Malheureusement, l'hôtel n'est pas équipé pour l'accueil des personnes à mobilité réduite. C'est dommage !

LE GRAND HÔTEL – LE TOUQUET PARIS PLAGE****

4, boulevard de la Canche
✆ 03 21 06 88 88
www.legrandhotel-letouquet.fr
contact@legrandhotel-letouquet.com

Ouvert toute l'année. Accueil 24h/24. 116 chambres. Chambre double à partir de 110 €. Parking fermé inclus. Garde d'enfants. Wifi gratuit. Restauration. Sauna. Spa.

Depuis les travaux effectués en 2018, le Grand Hôtel est plus beau et plus confortable que jamais. En cette année 2019, c'est au tour de l'entrée de se refaire une beauté. Vous ne vous tromperez pas en faisant le choix de ce bel établissement pour votre séjour au Touquet. Modernes, élégantes et remarquables par un je-ne-sais-quoi dans la décoration qui les rend si originales, les chambres offrent tout le confort souhaité. La Lorelei, restaurant gastronomique, vous régalera aux repas de plats fins et gourmands, entre modernité et tradition. Une cuisine inventive concoctée à base de produits frais de saison. L'espace détente entièrement rénové vous fera les yeux doux au retour de la plage ou de vos sorties dans le centre du Touquet…

LE MANOIR HOTEL***

Le restaurant
Avenue du Golf Golf du Touquet
✆ 03 21 06 28 28
www.letouquetgolfresort.com/fr
hotel@letouquetgolfresort.com

41 chambres. De 150 € à 380 €. Petit déjeuner buffet : 18 €. Parking inclus. Réceptions et mariages. Restauration (la Table du Manoir et le club-house du golf, The Spoon). Tv satellite.

Amoureux de golf ou de la Côte d'Opale, pourquoi ne pas vous offrir le plaisir d'un séjour dans la demeure familiale du fondateur du Golf du Touquet ? Ce beau manoir de style anglo-normand est serti dans un décor verdoyant qui promet la sérénité, mais il est aussi proche de l'élégante station balnéaire et fait face au golf. Depuis 2018, des travaux ont été entrepris. Ils ont apporté tout récemment une bouffée de fraîcheur au restaurant, la Table du Manoir, ainsi qu'aux chambres et à la réception. Ils se poursuivront sur plusieurs années encore pour le plus grand plaisir des hôtes. Décoration british ou plus moderne, les chambres se déclinent pour certaines en version bungalow, hors du manoir, avec une terrasse qui vous permettra de profiter mieux encore du cadre paisible. Bar avec snooker, tennis, piscine extérieure chauffée en juillet et août : que de belles vacances en perspectives sur la superbe Côte d'Opale !

RÉSIDENCE PIERRE ET VACANCES – LES JARDINS DE LA CÔTE D'OPALE***

699, boulevard de la Canche
✆ 08 91 70 10 77
www.pierreetvacances.com

Du dimanche au jeudi, accueil jusqu'à 19h, les vendredis et samedis jusqu'à 20h. Studio / appartement de 682 € à 798 € la semaine. Nombreuses promotions sur le site Internet. Jeux pour enfants. Wifi. Vente (boulangerie sur place).

Situé au cœur d'un parc paysager en lisière de bois, celui de la pinède inondée de soleil, ce village vacances est idéal pour les familles. Sa grande piscine chauffée toute l'année est ouverte dès 9h et jusqu'à 19h. Les adolescents y laisseront une partie de leur énergie débordante et, s'il leur en reste, ils pourront aussi profiter du court de tennis et à proximité du centre équestre. Les appartements jouissent d'un balcon avec vue sur le parc et les alentours ; tout le monde se retrouve pour se reposer dans l'un des appartements parfaitement équipés. Réservez sur le site Internet de Pierre et Vacances qui propose des promotions toute l'année.

Fort-Mahon Plage

Village Belle Dune ****

Eco-village labellisé «clef verte».

- Aquaclub : espace aqualudique couvert et chauffé et piscine extérieure chauffée (ouverte de juin à mi-septembre).
- Restaurant, activités et clubs enfants
- Séjours semaines, courts séjours, accueil groupes et séminaires.

pierreetvacances.com • 03 22 23 10 00 @PVBelleDune

Le Touquet

Résidence Les Jardins de la Côte d'Opale ***

Au cœur d'un parc à 2 km de la grande plage et des commerces.

- Piscine intérieure chauffée, solarium et terrain de tennis, location de vélos, aire de jeux enfants.
- Séjours semaines, courts séjours, accueil groupes.

pierreetvacances.com • 03 21 06 78 78 @PVLeTouquet

Le Crotoy

La résidence Premium de la plage ****

Un lieu de villégiature ouvert sur le large...

- Des appartements et des maisons à la décoration raffinée.
- Services hôteliers inclus (lits fait, peignoir).
- Piscine intérieure chauffée et une piscine extérieure (ouverte de juin à septembre).
- Un salon de réception avec aire de jeux.

pierreetvacances.com • 03 22 19 29 30 #PVPCrotoy

PV-CP DISTRIBUTION, Société Anonyme au capital de 6.055.935 € - Immatriculation au registre des opérateurs de voyages et de séjours IM075110024 - © : Imagera / V. Mati - Publication 11/2016.

WESTMINSTER HÔTEL & SPA****

Avenue du Verger

✆ 03 21 05 48 48

www.westminster.fr

Ouvert toute l'année. 115 chambres et suites. Chambre simple à partir de 106 € ; chambre double de 112 € à 191 € ; suite de 252 € à 375 €. Parking : 12 €. Divers séjours à thème et offres. Tarifs à consulter sur le site internet. Animaux acceptés (25 € par jour). Séminaires. Restauration (une brasserie et un restaurant étoilé). Hammam, bain bouillonnant, sauna.

Le Westminster fait partie de la légende du Touquet. Cet hôtel quatre étoiles est installé à l'entrée de la ville, dans un imposant édifice de pur style anglo-normand et art déco. Accéder à l'une des cent quinze chambres par l'antique ascenseur central, c'est plonger dans les Années Folles. On se rend au restaurant gastronomique Le Pavillon, une étoile au Michelin avec le chef William Elliot, par le hall de l'hôtel, typiquement années 1930 avec ses tonalités ivoire et chocolat et sa splendide verrière au plafond. Si vous préférez vous restaurer à la brasserie Les Cimaises, elle offre un époustouflant décor contemporain. Sa cuisine ouverte est également une attraction, tout comme les superbes buffets d'entrées et de desserts. Quant au bar du Westminster, *so british*, il offre une déclinaison de plus de 100 whiskys et un véritable chocolat de tradition !

Loisirs

CENTRE NAUTIQUE DE LA MANCHE BERTRAND LAMBERT

Boulevard Pouget

✆ 03 21 05 33 51

letouquet.com

charavoile@letouquet.com

Ouvert tous les jours de 10h à 12h et de 14h à 17h. Horaires fluctuant en fonction des séances de char à voile conditionnées par les marées.

Parcourue en long et en large dès 1910 par Louis Blériot et ses aéroplages, la plage du Touquet, longue de 4 kilomètres, est un bel endroit pour découvrir les sensations du char à voile ou du kitesurf. Des séances de découverte ou de perfectionnement et des stages de cinq jours pendant les vacances scolaires, individuels ou en groupe, sont organisés pour vous permettre de filer dans le vent dès l'âge de 8 ans. Il est prudent de réserver deux à trois semaines à l'avance. Le Touquet accueille régulièrement des compétitions nationales et internationales, ce fut notamment le cas en 2006 avec les championnats du monde de char à voile.

CENTRE NAUTIQUE DE LA BAIE DE CANCHE

1, avenue Jean-Ruet

✆ 03 21 05 12 77

voile@letouquet.com

Ouvert du samedi au mercredi de 10h à 12h et de 14h à 16h.

Ouverte depuis 1934, l'école municipale de voile permet de découvrir les joies de la navigation : monitorat de voile, apprentissage sur optimist (à partir de huit ans), dériveur, catamaran et planche à voile. Des stages de cinq jours, à raison de 4h30 par jour, sont organisés pendant les vacances scolaires, du lundi au vendredi. Le tout dans un espace exceptionnel : le site naturel de la baie de Canche, l'un des rares espaces totalement préservés. Le club-house (espace privé) permet aux adeptes de se restaurer les week-ends de printemps et d'automne et tous les jours l'été et durant les vacances de Pâques. L'école connaît une forte affluence pendant les vacances. Il est donc prudent de se renseigner par téléphone pour pouvoir s'inscrire à un stage ou louer des planches à voile, des kayaks... pour une heure ou à la marée. Pensez aussi à la balade : au départ du Centre nautique de la Baie de Canche, vous rejoindrez le lit principal de la Canche. A bord de votre kayak, vous vous laisserez descendre au fil de l'eau en direction de la mer. Un guide vous accompagnera pour vous faire découvrir les secrets de la baie et vous réservera une pause contemplation devant des paysages uniques ou une pause gourmande.

GOLF DU TOUQUET

Avenue du Golf

✆ 03 21 06 28 00

www.opengolfclub.com/touquet

golf@letouquetgolfresort.com

Ouvert toute l'année. Séjour Golf au Manoir Hotel à partir de 450€. Restauration. Boutique.

Situé en bord de mer sur la Côte d'Opale, le Golf du Touquet est considéré comme l'un des plus beaux complexes de France entre dunes et forêts. Deux parcours de 18 trous (Parcours de la Forêt et Parcours de la Mer) et un de 9 trous (Parcours du Manoir) sont disponibles. Le premier d'entre eux date de 1904. Le Parcours de la Forêt emmène le golfeur au cœur de la pinède touquettoise. C'est un Par 71 de 5 827 mètres, situé dans un environnement calme. Un autre parcours, celui de la Mer, qui a vu le jour en 1931, est plutôt conseillé aux joueurs aguerris. Il a été plusieurs fois choisi pour accueillir l'Open de France. Précieux conseil aux golfeurs qui s'y rendent : prenez le temps d'apprécier la vue splendide sur la mer. Le Golf du Touquet n'est cependant pas réservé à l'élite golfique. Le Parcours du Manoir offre une approche ludique du jeu, avec des situations intéressantes pour se perfectionner et du choix dans les clubs. Il permet de disputer ses premières compétitions de classement ou de passer la carte verte. En face de ce golf de renom s'ouvre le Manoir Hôtel. Avec ses quarante et une chambres et ses trois étoiles, il accueille toute l'année des golfeurs de toute l'Europe dans une ambiance feutrée autour d'une gastronomie renommée.

PARC EQUESTRE DU TOUQUET

Avenue de la Dune-aux-Loups

✆ 03 21 05 15 25

Ouvert toute l'année.

Le centre du Touquet se trouve dans le parc équestre du Touquet-Paris-Plage, qui regroupe sur une surface de 65 hectares le centre équestre, l'hippodrome et les terrains de saut d'obstacles. Le parc équestre ayant été une base avancée des Jeux Olympiques de Londres 2012, le centre a connu un certain nombre de rénovations qui ne déplairont pas aux cavaliers. Parmi les plus notoires : rénovation des écuries, réfection du manège olympique, agrandissement à 12 000 m² du terrain d'honneur, aménagement paysager du site. Bref, le centre est superbe ! Sur place on vous propose initiation et perfectionnement pour petits et grands, à cheval ou à poney, pour la randonnée, l'attelage ou la voltige, sans oublier le cirque équestre. À noter également, des séances de baby cavaliers (à partir de 2 ans et demi) et d'équithérapie. Les stages sont à la semaine ou à la journée et les leçons pour tous niveaux. Des promenades de découverte de la station en calèche sont également proposées. Autre originalité de ce centre : en juillet et août, des promenades « Lever du jour » de 6h30 à 8h30, « Coucher de soleil » de 20h30 à 22h30 et « Clair de lune ».

Location de deux-roues

■ BIKE 4 YOU

33, boulevard Daloz
✆ 03 21 06 45 43
www.bike4you.fr
dominiquedutertre@hotmail.com

Ouvert tous les jours de 10h à 19h. Location vélo : 5 € l'heure, 25 € les deux jours ou 46 € la semaine pour les adultes ; 4 € l'heure, 20 € les deux jours ou 40 € la semaine pour les enfants. Location rosalie 2 à 6 places : 9 € à 17 € la demi-heure.

Vélo ou rosalie, voilà deux moyens de transport sympathiques pour découvrir la station. Bike 4 You vous propose à la location des vélos assemblés ou fabriqués en France, alliant confort et esthétique. Si vous le souhaitez, certains sont équipés gratuitement de panier, antivol ou porte-bébé : de quoi prévoir de belles balades en toute tranquillité. Quant aux rosalies, ces petites voitures à pédales permettent de se balader entre amis ou en famille. Elles sont disponibles de 2 à 6 places, avec la possibilité d'ajouter un siège pour 2 enfants de 3 à 6 ans : une façon originale de visiter la ville. Par ailleurs, Bike 4 You organise des visites guidées en rosalies ou encore des rallyes charade. Les deux boutiques permettent aussi d'acheter des vélos de ville assemblés ou fabriqués en France et de tester les nouveaux vélos à assistance électrique des marques Cube, Trek, Electra et O2feel équipés des nouveaux moteurs Bosch et Shimano.

▸ **Autre adresse :** 468, avenue François Ier, 62152 HARDELOT ✆ 07 81 30 83 71

■ MOBILBOARD

63, boulevard du Docteur-Pouget
✆ 06 60 97 74 52
www.mobilboard.com
letouquet@mobilboard.com

Horaires sur réservation. À partir de 19 € le parcours.

Segway, la franchise aux 430 gyropodes, promet de belles balades au Touquet. Laissez-vous tenter par ces drôles d'engins et vous ne voudrez plus en descendre ! Les sensations sont très agréables, c'est un plaisir que de découvrir la ville via cet étonnant moyen de locomotion. On apprécie beaucoup les différentes formules proposées, du parcours découverte à d'autres plus aventureux comme le Segway le Touquet Forêt qui vous permettra de parcourir les espaces les plus reculés du Touquet. Un nouveau regard sur la ville et ses environs. L'accueil et les conseils avisés de Franck sont au top. Génial !

Sorties

■ CASINO BARRIÈRE DU TOUQUET

Place de l'Hermitage
✆ 03 21 05 01 05
www.casino-touquet.com
♿

Menus brasserie de 19,90€ à 24,90€. Menu enfant 10€. Ouvert du dimanche au jeudi de 10h à 2h ; le vendredi de 10h à 3h ; le samedi de 10h à 4h. Terrasse. Restauration. Animations. Concerts. Parking.

Le plus grand choix de machines à sous de la Côte d'Opale : 150 rouleaux, rouleaux vidéo, vidéo poker et autres jeux dernier cri. Vos parties risquent de durer très, très longtemps ! Tentez votre chance sur l'un des célèbres jackpots progressifs. Vous ressentirez également le grand frisson sur les tables de roulettes anglaises, de black jack et de boule. Rendez vous au Café Barrière, dans une ambiance conviviale, entre amis, et vibrez au cœur du casino autour de la passion de tous les sports ! Retransmissions de matchs en direct sur quatre écrans géants, animations lors d'événements sportifs... Et possibilité de se restaurer à toute heure. La carte propose des plats typiques de type brasserie et des formules du jour peu onéreuses mais bien pensées.

Dans les environs

Cucq-Stella-Plage

■ LA PETITE AUBERGE

933, avenue de la Libération
✆ 03 21 94 33 03
www.alapetiteauberge.fr
info@alapetiteauberge.fr

Maître Restaurateur. Basse saison : ouvert du jeudi au mardi le midi ; du jeudi au dimanche le soir. Haute saison : du mardi au dimanche. Réservation recommandée. Menus de 25 € à 55 €. Menu enfant : 9,50 €. Formule du midi : 18,80 €. Terrasse.

Cela fait plus d'un siècle que l'adresse existe ! Ce qui était à l'époque un café-épicerie de campagne est devenu un restaurant. Hélène et Sébastien vous accueillent dans cette charmante petite ferme traditionnelle. Côté cuisine, vous pourrez savourer des ris de veau et un foie gras en brioche au jus de porto, des noix de Saint-Jacques à la citronnelle et au beurre blanc ou encore un filet de bœuf Rossini au poivre... Les desserts ? Pavlova aux fruits rouges ou kouign-amann et sa compotée de pommes... Des recettes authentiques car ici, presque tout est fait sur place et avec des produits locaux. Un engagement récompensé par le titre de maître restaurateur. Que vous optiez pour la terrasse en été ou pour la cheminée en hiver, vous ferez un vrai voyage au pays des saveurs...

■ **HÔTEL-RESTAURANT DES PELOUSES****
465, boulevard Edmond-Labrasse
✆ 03 21 94 18 22
www.lespelouses.com
reception@lespelouses.com

31 chambres. Chambre double de 49 € à 120 € ; suite de 89 € à 149 €. Inclu si réservation directe sinon 9,50 €. Parking. Animaux acceptés (5 € par animal pour le séjour). Wifi gratuit. Restauration : Formules terroir (entré-plat ou plat dessert) 18,90 €, complète 22,90 €. Formules tradition (entrée-plat ou plat-dessert) 23,90 €, complète 28,90 €. Menu enfant 9,90 €.

De son passé de pension de famille, l'établissement a gardé un accueil chaleureux, mais le cadre rénové il y a quelques années se veut désormais moderne et *cosy*. Le restaurant affiche sa carte à l'ardoise au mur et vous propose des produits de la mer délicieusement apprêtés par le chef. Mais ne vous inquiétez pas, les carnivores ne sont pas oubliés pour autant ! Pour occuper vos journées, le golf du Touquet n'est qu'à 800 mètres de là et la plage n'est pas loin non plus...

■ **LE COCOON INN**
20, Place Verte ✆ 03 21 89 08 24
cocooninnhotel.com
cocooninn@orange.fr

Dans un ancien relais postal de la fin du XIXe siècle, complètement réhabilité dans un esprit contemporain et une ambiance cosy, vous serez parfaitement installé pour passer un agréable séjour. Les chambres sont munies d'une armoire, d'un bureau, d'une télévision à écran plat, du wifi gratuit et d'une salle de bains privative. Certaines sont accessibles aux personnes porteuses de handicap. Entre plage et nature verdoyante, l'ambiance est propice à la détente et à la flânerie. Le mobilier est très divers, en époques et en styles, et vous pourrez même l'acheter pour le rapporter chez vous. Au bar, vous pourrez prendre un verre ou commander un panier-repas pour vos excursions.

WISSANT ★

Niché à l'abri entre les caps Gris-Nez et Blanc-Nez, Wissant fut, dès l'Antiquité et jusqu'au début de la Renaissance, un important port de voyageurs et de commerce. Son importance maritime décrut par la suite au profit de Calais. A la suite d'une violente tempête de sable qui détruisit la totalité du village au XVIIIe siècle, la plantation d'oyats (plantes vivaces poussant facilement en terrain sablonneux) fut décidée pour prémunir la commune contre une nouvelle catastrophe. L'activité économique de l'époque était la pêche au flobart, de grosses barques ventrues, autrefois mises à l'eau à l'aide de chevaux de trait (remplacés de nos jours par des tracteurs) et qui reviennent s'échouer sur la plage lorsque la pêche est terminée. Une fête leur est actuellement dédiée, chaque année, fin août. Avec l'une des plus belles plages de la Côte d'Opale, les baigneurs et les amateurs de sport nautique y sont comblés, même les jours de ciel gris, pourvu qu'il y ait du vent. La commune jouit d'une renommée internationale pour ses sports de mer comme le kayak, le speed-sail, mais aussi la planche et le char à voile. Wissant bénéficie du label Station Kid, ce qui témoigne de son dynamisme pour accueillir et distraire les enfants. Avec ses maisons traditionnelles et ses bâtiments plus modernes, le village offre une particulière douceur de vivre, au cœur de la nature. Son marché de plein air est réputé. La beauté sauvage des lieux, la luminosité que lui confèrent le ciel et la mer ont séduit et continuent de séduire de nombreux artistes. Wissant mérite bien son appellation de « Perle de la Côte d'Opale ».

■ **OFFICE DE TOURISME DE LA TERRE DES 2 CAPS**
Place de la Mairie ✆ 03 21 82 48 00
www.terredes2capstourisme.fr
tourisme@terredes2caps.com

Basse saison : ouvert du lundi au mercredi et le vendredi de 10h à 12h30 et de 14h30 à 16h30. Haute saison : tous les jours de 9h30 à 12h30 et de 14h à 18h. Moyenne saison, ouvert 7j/7 de 10h à 12h30 et de 14h à 18h.

L'été, l'office de tourisme propose un programme riche et varié d'animations, appelé « Les Rendez-vous de l'été » à destination des adultes et des enfants. Toute l'année, vous pourrez vous connecter sur le réseau wifi de l'office qui dispose aussi d'un ordinateur en libre-service. L'équipe se fera un plaisir de faciliter vos démarches. Randonnées et balades, sports et activités de plein air, musées, activités destinées aux enfants, vous aurez toutes les cartes entre les mains pour un séjour réussi !

Le couvert

■ **LE GREEN BISTROT**
4, rue du Muret
✆ 09 70 38 62 11
www.greenbistrot.fr

Ouvert du mercredi au dimanche le midi et le soir. Menu unique à 26 €. Jardin. Terrasse.

Dans cette maison lumineuse entre mer et forêt, on se sent bien, comme chez soi. Feu de bois en hiver, terrasse et jardin aux beaux jours participent à cette ambiance accueillante. Le chef vous reçoit à son comptoir dans un joli décor à la fois moderne et champêtre. Ici, on veut incarner le concept « d'espace culinaire naturel » en proposant une cuisine de saison authentique avec des produits sélectionnés pour leur goût, mais aussi pour leur faible impact écologique. Le vin, la bière et le café, biologiques, sont achetés à des producteurs du Boulonnais. A la carte par exemple : velouté de carottes et coco ou endive, déglacée à la Suze, roquefort et noix en entrée, carbonnade de champignons ou lieu mariné aux agrumes et aïoli en plat, marbré chocolat-pistache ou cheesecake en dessert.... Et si vous voulez prolonger l'expérience, n'hésitez pas à louer l'unique chambre d'hôtes des lieux : un chalet en bois écolo, équipé de toilettes sèches, comme il se doit !

LA MAISON WISSANT

12, rue du Comté de Lambert ✆ 06 25 31 27 84

Ouvert le jeudi de 18h à 0h ; le vendredi et le samedi de 12h à 0h ; le dimanche de 12h à 16h.

Des Lillois tombés sous le charme de la station balnéaire, voilà comment s'est créée la Maison Wissant ! Une tente berbère, des transats dans du sable… : le côté bar est des plus agréables pour venir faire une bonne pause et souffler après le travail. Tout proche du terrain de tennis, l'établissement propose aussi de la restauration avec une carte courte qui change très souvent en fonction des arrivages et des produits frais... C'est parfait !

LE PÈRE BAPTISTE

8, rue Jacques-et-Pierre-de-Wissant
✆ 03 21 35 33 57
leperebaptiste@orange.fr

Ouvert toute l'année. Haute saison : tous les jours le midi. Du 1er avril à mi-octobre : ouverture le week-end et pendant les vacances scolaires. Accueil des groupes. Terrasse.

Galettes de sarrasin le midi et crêpes au froment le reste du temps : les amateurs de saveurs bretonnes en auront pour leur argent ! Leur soif sera elle aussi satisfaite avec le cidre bio du village de Brunembert. Le propriétaire aime les saveurs régionales, puisque les crêpes sont cuisinées avec de la farine des Deux-Caps tandis que la confiture de fraises vient de la ferme d'à côté. L'hiver, l'établissement fait crépiter son feu de bois en salle et dispose d'une terrasse chauffée. Convivialité, simplicité, plaisir gustatif : une recette gagnante.

Le gîte

HÔTEL BELLEVUE**

Rue Paul-Crampel ✆ 03 21 35 91 07
www.wissant-hotel-bellevue.com
contact@wissant-hotel-bellevue.com

Réception ouverte de 8h à 21h. 25 chambres. Chambre double de 65 € à 80 € ; chambre triple de 80 € à 95 €. Petit déjeuner : 10 € (6 € pour les moins de 12 ans). Parking fermé inclus (gratuit). Chambre familiale : 95 € à 105 €. Animaux acceptés (5 €). Restauration.

Le joli village de Wissant, situé entre le Cap Gris-Nez et le Cap Blanc-Nez, abrite l'hôtel Bellevue. Ce grand bâtiment blanc a préservé son style Art déco des années 1930 et propose des chambres soignées et confortables. Entouré d'un site ombragé, l'hôtel dispose d'un restaurant traditionnel et de son propre parking, une aubaine en période estivale ! À 200 mètres du centre du village et 600 mètres de la plage, il n'y a qu'un pas à faire pour profiter de la charmante station balnéaire et de ses activités de plein-air : planche à voile, tennis, char à voile, promenades guidées. Côté restauration, les différents menus du jour sont composés d'une cuisine traditionnelle à base de produits frais.

HÔTEL DE LA BAIE DE WISSANT***

Rue Alphonse-Daudet
Digue de Wissant
✆ 03 21 00 00 64
www.hoteldelabaiedewissant.com
contact@hoteldelabaiedewissant.com

Logis. Accueil jusqu'à 18h. 18 chambres. Chambre double de 115 € à 135 €. Petit déjeuner : 12 €. Lit supplémentaire : 20 € (lit bébé gratuit). Parking fermé inclus (ou parking souterrain 5 € par jour). Animaux acceptés (17 €). Wifi gratuit. Hammam, sauna. L'espace bien-être, entièrement privatif, est ouvert de 13h30 à 19h30 sur réservation. 30 €/heure/2 pers.

C'est une belle adresse au cœur du site des Deux Caps. Avec pour unique tableau l'immensité de la mer, on se sent bien, reposé, détendu. Les 18 chambres, dont 11 avec une vue mer, sont décorées avec goût. Au choix, vous vous réveillerez avec une vue imprenable vers les côtes anglaises ou un petit déjeuner sur une jolie terrasse privative. La douceur de vivre est au rendez-vous et bien plus encore avec l'espace bien-être ! Et en exclusivité en logeant ici, profitez de la toute première plage privée de la Côte d'Opale !

PAS-DE-CALAIS

Le cap Gris-Nez et la baie de Wissant.

■ HÔTEL DE LA PLAGE**
Place Edouard-Houssin ✆ 03 21 35 91 87
www.hotelplage-wissant.com
Fermé en janvier, fermeture du restaurant le mercredi en haute saison (début avril à fin octobre) et les mardi & mercredi en basse saison. 23 chambres. Chambre simple de 57 € à 63 € ; chambre double de 69 € à 103 €. Demi-pension (de 64 à 74€). Petit déjeuner : 9,50 €. Chambres 3/4/5p de 94€ à 144€. Chèque Vacances. Animaux acceptés (6,50 €). Wifi gratuit. Restauration (bar et petite restauration). Pas de tv.
L'hôtel est situé à Wissant entre le cap Gris-Nez et le cap Blanc-Nez et les nombreux chemins de randonnée. Eté comme hiver, c'est un endroit où l'on se sent bien, où l'on se déconnecte. Depuis 1888, quel hôtel de charme que voici en plein du cœur du village et à 150 m de la plage ! Les maîtres mots : l'authenticité et la qualité de l'accueil. C'est avant tout un lieu de vie simple et convivial, où l'on aime se reposer et partager de bons moments en couple, en famille, ou entre amis. Cette noble bâtisse est composée de 23 chambres, de 1 à 5 personnes, avec certaines chambres communicantes pour les familles, des chambres avec vue sur la rivière et le moulin, sur le patio… Caroline, la nouvelle maîtresse de maison, vous accueillera avec bienveillance et simplicité dans ce bel endroit historique. Les nouveaux propriétaires ont entrepris quelques travaux de rafraîchissement tout en respectant l'âme des lieux. Le bar propose désormais une restauration « sur le pouce » et des formules pour le goûter. Le restaurant propose des plats faits maison à base de produits frais et issus de producteurs locaux, une cuisine du terroir et des fruits de mer provenant de pêcheurs locaux. Les deux spécialités de la maison : la caudière (soupe de poissons enrichie de crustacés et de légumes bio) et l'agneau du Boulonnais. Le restaurant propose aussi des moules-frites à la bière des Deux-Caps, le traditionnel welsh-frites, un plat du jour et un plat du randonneur ! Différents endroits sont disponibles pour se restaurer ou prendre un verre : la belle salle en pierre avec cheminée donnant sur l'étang, la salle à manger historique de l'hôtel, le patio, la terrasse sur la rivière… Pour le petit déjeuner, quoi de mieux que de démarrer la journée dans la salle avec sa magnifique collection de tableaux de l'école de Wissant, à l'extérieur en terrasse ou dans le patio ? L'Hôtel de la Plage, c'est aussi son vieux bus Citroën qui date de 1948 ! Peut-être le croiserez-vous dans Wissant ?

■ LE NORMANDY**
Place de Verdun ✆ 03 21 35 90 11
www.lenormandy-wissant.com
hnormandy@wanadoo.fr
Chambre simple de 105 € à 115 € ; chambre double de 138,50 € à 148,50 €. Demi-pension (incluse dans le prix de la chambre). Petit déjeuner buffet inclus. Lit supplémentaire : 50 € (enfant de moins de 10 ans : 42 € ; moins de 5 ans : 32 €). Restauration (cuisine gastronomique).
Cette jolie bâtisse ancienne, située au cœur même du village, interpelle le voyageur et l'invite à entrer. Les nombreuses fenêtres de la façade de style normand sont faites de petits carreaux parés de rideaux blancs. Les chambres, qui ont toutes été rénovées, sont spacieuses, avec vue sur la mer, y compris depuis la salle de bains ! Côté assiette, le chef propose une cuisine gastronomique faite de produits régionaux et de pêche locale : terrine de lièvre au vin rouge et aux épices, filet de daurade grillé sur la peau et sa tombée d'épinards et topinambours confits ou suprême de pintade cuit à basse température et pomme fruit en deux textures… L'été, les visiteurs s'installent en terrasse pour un snack marin.

Gîtes

■ LA FERME DES MONTS
Hameau de Sombre ✆ 03 21 35 95 90
www.fermedesmonts.fr
Clévacances (3 clés). Un gîte de 2 personnes de 230 € à 275 € et un gîte de 4 personnes de 370 € à 415 €. Week-end de 120 € à 190 €. Location de linge de lit 5 €/pers, linge de toilette 5 €/pers. Lave-linge, lave-vaisselle.
Dans un écrin verdoyant, entre Boulogne et Calais, près de l'un des nombreux circuits pédestres de la Côte d'Opale et à deux pas de l'une des plus belles plages du Nord, deux gîtes (bientôt trois !), la Cotentine et l'Estaires, sont venus se lover dans une ambiance contemporaine et chaleureuse composée d'objets chinés. Véritables cocons, ils accueillent familles et amis dans cette maison typique des Caps et Marais d'Opale. Notre coup de cœur va à la Cotentine. Face à un jardin fleuri, le gîte est destiné aux amoureux avec son cadre cosy fait de tendresse et de simplicité qui incite au farniente. Sans hésitation, venez vous ressourcer entre terre et mer où un accueil de qualité vous attend. A découvrir !

Chambres d'hôtes

LE COLOMBIER
212, Le Colombier ✆ 06 73 38 33 11
www.lecolombier-wissant.com
contact@lecolombier-wissant.com
Chambre double de 107 € à 187 €. Petit déjeuner inclus (12€ pour le petit déjeuner français amélioré). Parking inclus. Lit enfant ou bébé : 10 €. Chambre familiale : 182 € à 230 €. Restauration (plateau repas sur demande).
Bienvenue dans une demeure de charme, à deux kilomètres du centre du village et de la plage. Que d'élégance et de distinction en ces lieux ! On tombe immédiatement sous le charme de cette splendide bâtisse et de son grand jardin. Coup de foudre, aussi, pour les quatre chambres. Il y a de l'espace et, pourtant, l'ambiance reste intimiste. Toute la décoration est faite avec goût et raffinement. Toutes les chambres offrent une vue sur le jardin, une télévision à écran plat et une salle de bains privative avec articles de toilette gratuits. Une connexion wifi gratuite est accessible dans le salon en mezzanine. Chaque matin un petit-déjeuner gourmand est proposé et confectionné à l'aide de produits frais et faits maison et pour les gourmands il y a la version XXL. Pour les petits matins d'hiver, la cheminée crépite dans la salle accueillante, cosy et reposante. Une adresse incontournable !

Emplettes

LE MARCHÉ DE WISSANT

Rue Gambetta ✆ 03 21 35 91 22
www.ville-wissant.fr
commune.wissant@orange.fr

Ouvert le mercredi de 8h à 14h. Marché Nocturne à la place de la Maire : Début Avril à fin septembre, tous les vendredis de 18h à 21h.

Le Marché de Wissant est plein de charme. Au cœur du village des pêcheurs, les étals sont intéressantes : fruits et légumes frais, vêtements de qualité, ameublement, gadgets pour la plage... Dans les jolies ruelles wissantaises, les commerçants vous taquinent et vous interpellent dans un esprit bon enfant. La promenade en vaut la peine et en plus, il y a du choix ! On apprécie beaucoup le marché nocturne, les vendredis d'avril à septembre, réservé aux produits de bouche.

Dans les environs

Ambleteuse

LE FORT D'AMBLETEUSE ★★

✆ 06 75 52 73 57
www.fortdambleteuse.fr
fortvauban.ambleteuse@gmail.com

Fermé de novembre à avril. Ouvert tous les dimanches de 15h à 18h de Pâques à la Toussaint. Les samedis, dimanches et jours fériés de 15h à 18h en juillet et août. Adulte : 3 €. Groupes sur réservation. Site classé Monument Historique.

Érigé entre 1682 et 1690 en front de mer, sur la plage, ce fort est l'œuvre de Vauban. Sa forme de fer à cheval permettait de protéger le chantier d'un port de guerre, décidé en 1680 par Louis XIV et qui ne fut jamais achevé. En 1802, alors que se montait le Camp de Boulogne, Napoléon décida la reprise du projet, mais il fut une nouvelle fois abandonné. Lors de la Seconde Guerre mondiale, l'armée allemande investit le lieu et lui fait subir d'importantes modifications. Il est ensuite une fois encore laissé en l'état. Racheté en 1967 pour un franc symbolique par l'association des Amis du Fort d'Ambleteuse, puis restauré, il abrite aujourd'hui un centre culturel et un musée dédiés à la protection du patrimoine du littoral. Ce fort est le seul qui subsiste sur les côtes de la Manche orientale et de la Mer du Nord. Assailli par les vagues en période de tempêtes, à marée haute, il offre un spectacle des plus grandioses.

MUSÉE HISTORIQUE 39-45 ★

2, rue des Garennes ✆ 03 21 87 33 01
www.musee3945.com

♿

Fermé de décembre à février. Mars ouvert les week-end et jours de fête de 10h à 18h. D'avril à juin et de septembre à novembre, ouvert de 10h à 18h tous les jours. Juillet et août, tous les jours de 10h à 18h tous les jours. Adulte : 8,90 €. Enfant (de 7 à 14 ans) : 5,90 €. Groupe (10 personnes) : 7,90 € (plus de 20 personnes : 7 €). Visite guidée (sur rendez-vous pour les groupes). Boutique. Durée de la visite : environ 2 heures. Questionnaires pédagogiques sur demande pour les plus jeunes.

Sur la route côtière qui relie Boulogne à Calais, il est impossible de passer à proximité de ce musée sans noter la présence de véhicules militaires – notamment le célèbre char Shermann – exposés à l'extérieur. L'exposition permanente retrace l'histoire de la Seconde Guerre mondiale, depuis la campagne de Pologne jusqu'à la bombe d'Hiroshima, par le biais de milliers d'objets d'époque, tandis que des saynètes relatent les différentes étapes du conflit. Les explications sont claires, précises et accessibles à tous. Le temps d'une visite, vous emprunterez une rue de Paris sous l'Occupation, visionnerez un film consacré à la bataille d'Angleterre et au débarquement de Normandie dans une salle de cinéma des années 40 et côtoierez quelque 120 soldats des différentes armées engagées dans la Seconde Guerre mondiale : passionnant !

LE FORT DES CAPS

1, rue du Maréchal-Foch ✆ 03 21 30 74 16
www.fortdescaps.fr
contact@fortdescaps.fr

♿

Ouvert tous les jours de 10h à 22h. Réservation recommandée. Menus de 19,90 € à 29,90 €. Menu enfant : 7,90 €. Formule du midi : 14,90 € (uniquement en semaine hors week-ends et jours fériés). Vin au verre. Terrasse.

Ici comme dans la plupart des établissements du village ou des environs, on fait la part belle aux produits de la mer. Ce spécialiste des plateaux de fruits de mer est bien connu dans le secteur et les habitués ne s'y trompent pas. La fraîcheur et la quantité sont toujours au rendez-vous ! Mais le Fort des Caps est aussi une brasserie avec une large carte qui saura contenter les récalcitrants aux poissons et aux moules. On vous y propose viandes, pâtes, welshs et autres plats cuisinés ainsi qu'un beau choix de pizzas, de salades composées, de crêpes et de glaces. Le cadre est moderne et élégant, très agréable, et l'accueil toujours chaleureux. De quoi passer un bon moment.

Le Fort de l'Ambleteuse (appelé également Fort Mahon).

LES ARGOUSIERS***
28, rue Clemenceau ✆ 03 21 99 87 00
www.hoteldesargousiers.fr
contact@hoteldesargousiers.fr

Ouvert toute l'année. Accueil jusqu'à 19h. 16 chambres. Chambre double à partir de 69 €. Petit déjeuner : 9,50 € (gratuit pour les enfants de moins de 7 ans). Parking inclus. Wifi gratuit. Sauna.

Beaucoup d'élégance dans cet ancien atelier d'impression textile transformé par Jennifer en hôtel trois étoiles. Une reconversion réussie pour la propriétaire, artisan sérigraphiste, qui a introduit une petite touche de son savoir-faire dans la décoration des lieux. C'est ainsi que, dans chaque chambre, les tissus de literie ont été imprimés maison. Les chambres donnent toutes sur le très agréable jardin, idéal pour le farniente. Celles du haut disposent en plus d'une petite terrasse. Les petits présents offerts lors de votre arrivée (savon artisanal, biscuits fabriqués sur la côte et thés et cafés équitables) sont appréciés et illustrent bien l'accueil convivial de vos hôtes. Ceux-ci peuvent également vous aider à organiser votre séjour : randonnées, golf, tournois de bridge, jeux…

CAMPING L'EGLANTIER
22, rue Marquise ✆ 06 38 73 21 92
www.camping-leglantier.fr
leglantier@wanadoo.fr

Ouvert du 1er avril au 31 octobre 2019. 243 emplacements. Emplacement + véhicule + 2 personnes de 14 € à 20 €. Mobil-homes pour 2 à 4 personnes de 350 € à 600 € la semaine ; mobil-homes pour 2 à 6 personnes de 450 € à 700 €. Camping-car (2 adultes avec eau, électricité, vidange) : de 18 à 25 €. Petite tente + 2 pers de 10 à 17 €. Forfait jeunes (2 personnes de moins de 25 ans avec une petite tente et 1 voiture) : de 10 à 45 €. Jeux pour enfants. Animaux acceptés (3 €). Animations.

Situé dans la station balnéaire d'Ambleteuse, entre arbres et fleurs, ce camping de 243 emplacements se situe à seulement 250 m de la plage ! L'ambiance familiale est de mise, avec un terrain de jeux pour les enfants, une salle de baby-foot, billard, flipper pour les plus grands, ainsi que des appareils de remise en forme installés à ciel ouvert, à quelques pas des terrains de pétanque. Une friterie-rôtisserie comble les petits ou grands creux et un bar accueille diverses animations pendant les vacances d'été. Le Wifi est disponible gratuitement à l'entrée du camping et dans le bar. A noter que les nouveaux propriétaires sont en train de renouveler leur parc de mobil-homes.

Audinghen

MAISON DU SITE DES DEUX-CAPS ★
Cap Gris-Nez
Hameau de Haringzelle ✆ 03 21 21 62 22
www.lesdeuxcaps.fr
contactsitedesdeuxcaps@pasdecalais.fr

Fermé en janvier. Ouvert en février, mars, novembre et décembre : du mardi au samedi de 10h à 12h30 et de 14h à 17h30. En avril, mai, juin, septembre et octobre : 7 jours sur 7 de 10h à 12h30 et de 14h à 18h. En juillet et août : 7 jours sur 7 de 9h30 à 18h. Pour l'espace de visite, les dernières entrées se font 1 heure avant la fermeture de la Maison du Site. Boutique. Location de vélos.

Plus au sud que son voisin le cap Blanc-Nez, on trouve le cap Gris-Nez, au bout duquel se dresse un phare d'une portée de 50 kilomètres. Le centre régional d'opérations de sauvetage en mer (Cross) y surveille le trafic de la Manche, l'un des plus denses du monde avec environ 500 bateaux par jour. Le cap Gris-Nez est constitué de terrains d'âge jurassique. Depuis la plage, une coupe dans la falaise permet d'observer les couches géologiques truffées de fossiles datant de plus de 150 millions d'années. Il offre une halte privilégiée pour de nombreuses espèces d'oiseaux migrateurs. La vue sur la baie de Wissant et le Blanc-Nez est tout simplement splendide et invite à la rêverie le long des chemins de randonnée. Dans l'ancienne grange de la ferme d'Haringzelle, Rémi, Jennifer, Mélinda et Séverine vous accueillent tous les jours avec le sourire à la Maison du site des Deux-Caps. A l'intérieur vous trouverez une boutique, des toilettes et un parcours interactif et ludique permettant de découvrir l'histoire de ce site convoité, depuis Jules César jusqu'à l'exploit de Louis Blériot en 1909. Y sont également proposés des circuits de balades avec location de vélos et possibilité de parcours de marche nordique.

MUSÉE DU MUR DE L'ATLANTIQUE – BATTERIE TODT ★★
Hameau de Haringzelle
Route du Musée ✆ 09 66 91 97 33
www.batterietodt.com
musee-audinghen@wanadoo.fr

Fermé du 15 novembre au 15 février. Basse saison : ouvert de 14h à 17h30 (dernière visite à 16h30). Haute saison : de 10h à 18h30 (dernière visite à 17h30). Gratuit jusqu'à 6 ans. Adulte : 8,90 €. Enfant (de 7 à 16 ans) : 5,90 €. Groupe (20 personnes) : 7 €. Pass étudiant 7,50 €. Coupons de réduction disponibles sur le site internet. Durée de la visite 1h.

La Batterie Todt fut montée pour protéger le passage le long des côtes des cuirassés allemands. Dans plus de dix salles et sur trois niveaux, c'est tout le quotidien des soldats allemands engagés dans cet énorme projet du IIIe Reich qui est reconstitué. Chambrées, salle des machines, armurerie forment le cadre à l'exposition de plusieurs milliers de pièces datant de la guerre 1939-1945. À l'extérieur se trouve une pièce unique en Europe : le canon allemand sur rails « K5 », d'un calibre de 280 mm d'artillerie, de ceux que l'on transportait normalement sur navire. D'une portée de 86 kilomètres, il pouvait atteindre les côtes anglaises. Une visite fascinante, qui intéressera aussi les collectionneurs souhaitant acquérir des pièces.

BRASSERIE L'ESTIVAL
Rue Principale
✆ 03 74 11 67 32
www.brasserie-lestival.fr
À l'entrée d'Audinghem en venant de la Maison du site des Deux-Caps.

Fermé le mercredi. Ouvert du jeudi au lundi de 10h30 à 0h ; le mardi de 10h30 à 16h et de 19h à 21h30. Carte : 20 € environ. Menu enfant : 10 €. Plateau de fruits de mer à 35,80 €. American Express. Jardin. Terrasse.

Sortez les lunettes de soleil et la crème solaire : à L'Estival, on a vraiment l'impression d'entrer au cœur de l'été ! Ce restaurant est, à l'extérieur, comme un îlot paradisiaque, envahi de fleurs et rafraîchi par la présence d'un bassin cristallin. Sur la terrasse, face aux jardins du Cap, vous allez vous régaler de produits frais, poissons, moules et crevettes des côtes, ou pièces de viande façon brasserie. Par exemple à la carte : millefeuille de crevettes et son guacamole, bavette Angus à l'échalote, magret de canard sauce au poivre, quasi de veau crème champignons, Saint-Jacques au sablé de Wissant ou flambées au whisky... Le service et l'accueil sont dans tous les cas parfaits. C'est vraiment une adresse agréable où il fait bon faire une halte pour se restaurer.

LA SIRÈNE
376, rue de la Plage
✆ 03 21 32 95 97
www.lasirene-capgrisnez.com

Ouvert toute l'année. Basse saison : tous les jours de 12h à 14h ; le samedi de 19h30 à 21h. Haute saison : tous les jours de 12h à 14h et de 19h30 à 21h. Réservation recommandée. Menu unique à 31 €.

De grandes baies vitrées encadrent la salle à manger de ce restaurant qui fait face à la mer ; le point de vue est exceptionnel. Mieux, quand la marée est haute, la mer entoure les convives ! L'endroit existe depuis le XIXe siècle et fut le refuge d'artistes comme le célèbre Raoul de Godewarsvelde, qui s'est peut-être inspiré de l'endroit pour écrire son célèbre *Quand la mer monte*... La Sirène a également abrité le tournage de la série culte, *P'tit Quinquin*, réalisée pour Arte, en 2014, par Bruno Dumont. En mars 2020, la Sirène fête sa 53e année de gestion par la famille Bouloy, avec Jean-François et ses deux filles Alicia et Marine qui vous y accueillent avec toujours autant de plaisir. Le menu unique suivant les saisons fait la part belle aux poissons et fruits de mer, mais propose aussi des grillades de viande. Un menu spécial est également proposé à l'occasion de fêtes comme celle de Pâques.

LE VENT DU NORD
4, Grand'Place ✆ 03 21 32 97 69
Sortie 36 sur l'autoroute.

Ouvert du mardi au dimanche le midi et le soir. Menus de 12,80 € à 28,80 €. Carte : 15 € environ. Menu enfant : 10 €. Suggestion du jour : 12,80 €. Vin au verre. Jardin. Terrasse. Animaux admis.

Toute la gentillesse des gens de la région se retrouve dans l'accueil de ce bel établissement chaleureux à la décoration cosy et moderne. Aux beaux jours vous pouvez également choisir de vous installer sur son agréable terrasse déployée juste devant l'entrée. Dégustez une excellente cuisine de type traditionnelle qui fait la part belle aux produits de la mer. On apprécie beaucoup la convivialité du lieu et vous aurez l'occasion de déguster des produits frais, locaux et des plats savoureux. Plateaux de fruits de mer (sur commande) et moules-frites, notamment celles au roquefort, sont des incontournables. Un vrai délice ! Le service est impeccable et le stationnement des voitures aisé juste à côté du restaurant, le tout pour un très bon rapport qualité-prix.

HÔTEL RESTAURANT LES MAUVES
CD 191
Cap Gris-Nez
✆ 03 21 32 96 06
www.hotel-les-mauves.com

Ouvert de Pâques à novembre. Chambre double de 95 € à 125 €. Petit déjeuner à partir de 10,50 €. Parking inclus. Possibilité de restauration en demi-pension, le soir uniquement. Menus à partir de 24,80 €.

Hôtel de charme au cadre authentique et à l'esprit maison d'hôtes, il est situé en campagne, à 500 m de la mer sur le grand site naturel des Deux-Caps. Ses chambres sont très confortables avec une décoration raffinée. Chacune possède une décoration différente et quelques-unes ont vue sur le jardin. En demi-pension, vous vous installerez dans une chaleureuse salle à manger pour déguster une cuisine inspirée des produits de la mer et du terroir. Une adresse rétro, voire rustique, qui ne manque ni de cachet ni de charme..

PAS-DE-CALAIS

Batterie Todt, musée du Mur de l'Atlantique d'Audinghen.

■ FERME DES QUATRE VENTS

RD 940 ✆ 03 21 32 97 64
www.fermedes4vents.fr
ferme.des.quatre.vents@wanadoo.fr

Gîtes de France (3 épis). De 470 € à 700 € la semaine selon saison. Et selon capacité et de 240 à 460 € / week-end pour 6 gîtes ruraux de 2 à 9 personnes. 4 chambres d'hôtes de 75 € à 135 € la nuit. Possibilité d'ajouter des lits (20 € la nuit). Petit déjeuner compris. Jeux pour enfants. Wifi gratuit. Salon de jardin.

Située hors du village, la Ferme des Quatre Vents vous propose quatre chambres d'hôtes et six gîtes aux noms aussi évocateurs que « Sirocco », « Mistral », « Vent du Nord », « Moussons », « Tramontane » tous labellisés Gîtes de France. Ici, recevoir est une affaire et une passion familiales. Certaines chambres ont vue sur la mer. La décoration est classique, mais le site est fantastique, en pleine nature et proche de la mer, et les activités ne manquent pas. Pour les chambres d'hôtes, les propriétaires mettent à votre disposition une cuisine commune, tout équipée, pour permettre une prise de repas sur place. Les gîtes, eux, sont tous équipés d'un coin cuisine, d'un salon, d'une salle de bains, et d'une ou plusieurs chambres selon leur taille.

■ CAMPING MUNICIPAL LE MUSÉE***

Route du Musée
✆ 03 21 32 97 22
www.audinghen-capgrisnez.fr
campingmusee@orange.fr

Ouvert de fin mars à début novembre. 161 emplacements (dont 15 emplacements / camping-cars. + en été une grande aire naturelle en plus). Exposition : mi-ombragé. Mobil-homes pour 2 à 4 personnes de 380 € à 500 € la semaine. Mobil-home, pour un week-end ou 2 nuitées (hors pleine saison) 180 €. Entrée tente ou caravane 5,10 €, camping car 10 € + adulte 5,50 €, enfant 3,50 €. + électricité 6,50 €, douche, 1,50 €. Animaux acceptés (payant). Restauration (vente de glaces et boissons). Aire de jeux récente pour les enfants et plage à 900 m environ.

Situé à moins d'1 km de la plage, le camping municipal Le Musée est un camping d'habitués qui n'aimeraient pour rien au monde changer leur lieu de vacances traditionnel : pour la plupart, ils possèdent un mobil-home ou une caravane. Ce camping est situé au milieu du bois d'Haringzelle, un bien agréable lieu de promenade. Il possède une aire de jeux récente pour les enfants ainsi qu'un terrain multi-sports et un terrain de pétanque. Il dispose également de 15 emplacements fixes pour camping-cars ou caravanes. Mais une grande aire naturelle peut aussi les accueillir, par temps sec, ainsi que des tentes, pour les groupes ou centres de loisirs.

■ CAP NATURE

200, route Principale
✆ 03 21 10 83 70
capnature62@yahoo.fr

Ouvert tous les jours de 10h à 12h30 et de 14h à 18h30.

Cap Nature va combler les visiteurs écocitoyens qui veulent acheter du local et du bio. Mitoyenne du musée, la boutique offre un espace sur deux niveaux joliment aménagé pour mettre en valeur un panel de produits variés et bien choisis. Huile de colza du coin, conserves de poissons de la côte, baumes et huiles à base de plantes sauvages cueillies dans les environs, vous allez aimer ce bel assortiment qui occupe le rez-de-chaussée. A l'étage, les cosmétiques *made in France* et autres vêtements de saison, ainsi que les jouets en bois et les bouquins régionaux vous donneront de jolies idées de cadeaux pour votre retour de vacances. Une belle boutique qui se démarque des étals touristiques habituels, digne de ce beau site environnemental que sont les Deux-Caps.

Audresselles

■ DE CAP EN CAP

68, rue Edmond-Marin-le-Meslée
✆ 03 21 32 98 79

Basse saison : ouvert du mercredi au lundi de 10h à 20h. Haute saison : tous les jours de 10h à 20h. Service les midis de 12h à 15h. Bar et salon de thé l'après-midi.

Niché face à la petite place d'Audresselles, l'estaminet fait toujours la joie des âmes nomades et sédentaires cherchant un coin chaleureux où se poser. Vous entrez ici pour boire un verre, un café ou pour manger de bons plats copieux. Sous de bas plafonds vous vous installerez soit côté café sur les bancs en bois vieillis, soit côté restaurant autour de jolies tables dressées de nappes à carreaux, à moins que vous ne choisissiez sa terrasse déployée devant l'entrée. La cuisine est régionale et digne d'un estaminet : simple mais de qualité et goûteuse, à base de produits frais. Poissons et fruits de mer y ont la part belle (on vous recommande le plateau du pêcheur). A chaque fois, le sourire, la gentillesse et le professionnalisme de la serveuse sont au rendez-vous. On s'y sent bien et… au chaud !

■ LE LOUP DE MER

1, place du Détroit
✆ 03 21 32 94 68
www.leloupdemer.eu
contact@leloupdemer.eu

Ouvert du mercredi au lundi. Menus de 20,50 € à 35 €. Menu enfant : 8 €. Formule du midi : 16,90 €. Vin au verre. Le midi moules (à volonté) – frites à 15 €. Chèque Vacances, Chèque Restaurant. Accueil des groupes (jusqu'à 50 personnes). Terrasse. Vente à emporter.

C'est une petite adresse comme on les aime, le sympathique restaurant qui séduit sans crier gare, l'ambiance chaleureuse et sans chichi qui réconforte ! Bienvenue aux loups de mer curieux : vous apprécierez les spécialités de fruits de mer et de poissons selon l'arrivage comme le poisson du jour qui est proposé à l'ardoise. La soupe de poissons maison et la bouillabaisse sont des incontournables. Tous les midis en semaine, les moules sont proposées à volonté avec une portion de frites. Le chef met également un point d'honneur à travailler les produits locaux. Enfin, pour les gourmets, un accord mets-vins est conseillé, les vins pouvant être servis au verre. À tester sans hésiter !

■ AU P'TIT BONHEUR !
2, rue Jeanne-d'Arc
✆ 03 21 83 12 54
www.auptitbonheur.org
contact@auptitbonheur.org
Fermé le mardi et le mercredi midi (sauf vacances scolaires et jours fériés). Ouvert 7j/7 en juillet et août. Réservation recommandée. Menu unique à 26 € (à midi en semaine). Carte : 25 € environ. Terrasse.
Le P'tit Bonheur promet une belle expérience culinaire. Ici, le jeune chef belge propose des plats à l'ardoise qu'il concocte sous vos yeux dans sa cuisine ouverte. Il fait également le tour des tables dès que l'occasion lui en est donnée pour s'assurer de votre satisfaction. A la carte, fruits de mer et poissons selon l'arrivage se taillent la part belle. Essayer les noix de Saint-Jacques sur foie gras ou le homard au beurre d'ail, c'est les adopter ! L'été, vous pouvez déguster un plateau de fruits de mer sur son agréable terrasse. Dans cette p'tite maison authentique avec son toit de tuiles rouges et ses façades d'un blanc éclatant égayées de menuiseries bleu mer, un moment de plaisir gastronomique vous attend...

■ LE RETOUR DES FLOBARDS
58, rue du Marin-la-Meslée
✆ 03 21 33 85 84
Fermé en janvier. Ouvert le lundi et du jeudi au samedi le soir ; du jeudi au mardi le midi. Réservation recommandée. Menus de 19,50 € à 26,50 €. Carte : 20 € environ. Menu enfant : 15,50 €.
Face à la halle aux Flobards, sur la place du village, le restaurant de Coralie Cappelle est régulièrement assailli par les touristes. Sœur de pêcheur côtier, elle aime passionnément la mer et souhaite faire partager cette passion à travers sa cuisine. Ses produits sont toujours d'une grande fraîcheur, à savourer dans une ambiance familiale et un décor marin. Dans les assiettes, choucroute de la mer, marmite du Flobard (bouillabaisse de poissons côtiers) ou homard grillé. A l'intérieur vous vous attablerez sous un tableau de vol de goélands et mangerez à la lumière d'une loupiote de bateau, et à l'extérieur sur la terrasse déployée devant la façade de cette ancienne maison de pêcheur qui a conservé son authenticité. Une adresse où la simplicité ne fait jamais l'impasse sur la qualité. Une valeur sûre à retenir.

Bazinghen

ESTAMINET LE SAINT-ELOI
110, rue de l'Église
✆ 03 21 30 15 41
www.estaminetlesainteloi.fr
♿
Ouvert tous les jours sauf dimanche soir et mercredi journée. Réservation recommandée. Carte : 25 € environ. Menu enfant : 7,50 €. Plat du jour : 12 €. Vin au verre. Accueil des groupes. Terrasse. Boutique. Animations. Salon de thé l'après-midi.
Baptisé « véritable estaminet flamand » depuis septembre 2018, cet établissement propose les classiques de la cuisine estaminet au pays du poisson ! Les propriétaires ont totalement rénové l'imposante bâtisse qui est devenue un restaurant spacieux à l'allure coquette des estaminets d'antan : tables et chaises en bois, bar imposant enguirlandé de houblon, coloquintes amusantes... Pour trouver le menu, tournez la tête vers la grande ardoise. En cuisine, le chef mitonne « en fonction des humeurs de la mer et du marché » mais il y a des incontournables : tartare de hareng aux deux pommes, feuilleté d'escargots crème d'ail, choucroute de la mer (saumon, rouget, cabillaud), potjevleesch ou carbonnade flamande.

Marquise

■ CDTE PAS-DE-CALAIS
Moulin de Bouquighem
✆ 03 21 82 17 94
www.cdte62.com
luc.dubarre@free.fr
Le Comité départemental de Tourisme équestre du Pas-de-Calais vous offre toutes les informations possibles et imaginables sur cette activité. Que vous soyez à la recherche de randonnées, d'un listing des concours à venir ou que vous souhaitiez éplucher les petites annonces, voici la bonne adresse. Une liste de balades est disponible sur le site et même les étapes en gîtes sont ajoutées. De nombreux événements sont régulièrement ajoutés au calendrier.

■ MAISON DU TOURISME
15, place Louis-le-Sénéchal
✆ 03 21 82 48 00
Au cœur de la terre des Deux Caps, Marquise possède l'une des plus anciennes demeures de la région, le château Mollack, construit au XVe siècle. Il a fait l'objet de restauration et héberge désormais des expositions temporaires dans quelques-unes de ses salles. L'église, dont la tour centrale date du XIIe siècle, possède quant à elle la seule logette d'ermitage du Nord-Pas-de-Calais. Devant son portail, un vieux tilleul s'obstine à ne pas mourir depuis l'an 1412 ! La ville est également réputée mondialement pour son marbre, exploité dans des carrières à ciel ouvert depuis le XIXe siècle.

■ CAPLAND
Le Cardo ✆ 03 91 18 20 00
www.capland-cip.fr
capland@terredes2caps.com
Fermé du 28 septembre au 5 avril. Ouvert du mardi au samedi de 10h30 à 12h30 et de 14h à 17h. Hors vacances scolaires, ouvert du mardi au samedi de 14h à 17h. Gratuit jusqu'à 6 ans. Adulte : 3 €. Enfant (jusqu'à 16 ans) : 2 €. Groupes sur réservation. Famille : 2 adultes + 1 à 5 enfants : 7 €.
CAPland est un centre d'interprétation du paysage... et quel paysage ! Celui de la terre des 2 Caps. Grâce à un aménagement scénographique aussi visuel qu'interactif, vous découvrirez toutes les richesses naturelles d'un territoire magnifique classé Grand Site de France. Entre le littoral et les vallées de la Slack et du Wimereux, la compréhension de ces paysages et de l'empreinte de l'homme sur eux n'auront plus de secret pour vous.

Tardinghen

■ LE PRESBYTÈRE

158, route de Watermel
✆ 03 91 18 40 93

Du mardi au jeudi 12h00 - 13h30. Vendredi et samedi 12h – 13h15 et 19h – 20h15. Dimanche 12h – 14h30. Pour les moins de 10 ans, portions et tarifs divisés par deux.

Le Presbytère, c'est d'abord un emplacement : entre les Deux Caps de la Côte d'Opale, le restaurant est tout près de la mer et des célèbres falaises de la région. Terrasse avec vue ! C'est ensuite un beau projet : rénover cette chaleureuse bâtisse qui tombait en ruine pour la rendre vivante et accueillante, voilà le défi que s'était lancé Michèle Venet, architecte d'intérieur. Bienvenue dans cet estaminet à la chaleur humaine traditionnelle mais à la déco moderne. Les produits sont frais, c'est pourquoi la carte demeure restreinte, avec une vraie volonté d'enracinement dans l'histoire : velouté de cresson et chou-fleur épicé ou Saint-Jacques rôties et lentilles corail et panais en entrée, pavé d'églefin en croûte d'herbes accompagné de pennes et blettes à la crème ou volaille fermière pochée au bouillon de légumes au curry vert en plat ; mousseline café, croustilles sésame, marmelade d'orange ou quenelles chocolat et ananas à la badiane en dessert. La propriétaire respire l'amour de son village et de cette maison, voici une vraie belle adresse pour découvrir un terroir.

© ERIC DESAUNOIS

Une plage à Tardinghen.

■ BRASSERIE DES 2 CAPS

Christophe Noyon
Ferme de Belle Dalle
✆ 03 21 10 56 53
www.2caps.fr
ch.noyon@2caps.fr

Magasin ouvert les jours fériés de 10h à 19h ; en juillet et août, du mardi au samedi de 10h à 19h et le dimanche de 15h à 19h. Hors saison les vendredi, samedi et jours fériés de 10h à 19h. Les autres jours téléphoner avant. Visites guidées individuelles les vendredis à 15h en juillet-août. Hors saison, sur rendez-vous, groupes à partir de 25 personnes. Individuelles : se renseigner. Fermeture 15 jours entre noël et jour de l'an et les lundis. Vente sur place.

La Brasserie des 2 Caps est installée dans un Grand Site d'exception, entre les caps Blanc-Nez et Gris-Nez. En 2003, Christophe Noyon, ingénieur agricole formé à Lille et à Louvain-la-Neuve (Belgique), s'est lancé dans l'aventure, au sein même de la propriété familiale de Tardinghen, la ferme de Belle Dalle, dont les bâtiments remontent au XVIIIe siècle. La brasserie a trouvé sa place dans les anciennes étables, tandis que la boutique est hébergée par l'ancienne écurie. Les bières y sont majoritairement produites avec les orges récoltées sur le domaine. Lors de votre visite, vous pourrez déguster l'ensemble de la gamme de produits estampillés « Noyon », allant de la 2 Caps, la Blanche de Wissant et la Noire de Slack, à la Belle Dalle, bière de récolte millésimée. Vous y redécouvrirez le vrai goût de la bière ! Des visites guidées de la brasserie, durant environ une heure et demie, sont organisées principalement en juillet et août chaque vendredi après-midi par groupe de 25 personnes au moins. Ces visites se terminent, bien sûr, par une dégustation sur place. Pour des possibilités de visites individuelles, se renseigner à la boutique ou par téléphone.

SOMME

Cathédrale d'Amiens

SOMME ★★

ABBEVILLE ★★

Cette cité qui est la porte de la Picardie maritime mérite qu'on s'y arrête pour quelques points d'intérêt, comme la collégiale Saint-Vulfran. Abbeville, qui signifiait à l'époque carolingienne - en l'an 831 - domaine de l'Abbaye, était alors la possession de l'abbaye de Saint-Riquier (à une quinzaine de kilomètres). Du XIIe au XVe siècle, Abbeville connaît son apogée. Son port reçoit des navires de gros tonnages pour le commerce maritime et des gribanes circulant sur la Somme, ce qui lui permet de commercer avec l'Espagne, l'Angleterre et les pays de l'Europe du Nord comme avec l'intérieur du pays. Ce n'est donc pas un hasard si les monuments les plus prestigieux sont édifiés à cette époque comme l'abbatiale Saint-Vulfran. Terriblement touchée par les bombardements du 20 mai 1940, Abbeville est aujourd'hui parvenue à faire oublier ce sombre passé. Depuis, de nombreux travaux d'urbanisme ont été entrepris et la ville retrouve progressivement du cachet malgré les bâtiments d'après-guerre assez tristes en cœur de ville. En flânant dans les rues étroites, vous découvrirez certainement de très beaux monuments, d'anciennes maisons du XVIe siècle ainsi que quelques hôtels particuliers, tous miraculeusement préservés des acharnements de la guerre. Quant à la grande place Max-Lejeune (du nom du maire de 1947 à 1989), elle a fait peau neuve, elle est beaucoup plus aérée et conviviale avec ses bancs et son kiosque.

■ **OFFICE DE TOURISME DE LA BAIE DE SOMME**
1, place de l'Amiral-Courbet
✆ 03 22 24 27 92
www.tourisme-baiedesomme.fr
abbeville@ca-baiedesomme.fr
Basse saison : ouvert du mardi au samedi de 10h à 12h30 et de 13h30 à 17h30. Haute saison : du lundi au samedi de 9h30 à 12h30 et de 13h30 à 18h ; le dimanche et les jours fériés de 10h à 13h. Haute saison d'avril à septembre. Boutique.
Moderne et spacieux, cet office de tourisme propose des brochures précises et des plans d'Abbeville et de la région bien lisibles. Avec le wifi gratuit, vous pouvez télécharger les audioguides, avec trois circuits : centre-ville, collégiale Saint-Vulfran et église Saint-Sépulcre. Que vous passiez directement rencontrer l'équipe ou que vous surfiez sur le site Internet très complet, l'office de tourisme de la baie de Somme est le lieu incontournable pour découvrir la région, les activités et loisirs, les hébergements ou bien encore les temps forts.

■ **SYNDICAT MIXTE DE LA BAIE DE SOMME – GRAND LITTORAL PICARD**
1, rue de l'Hôtel-Dieu
✆ 03 22 20 60 30
www.baiedesomme.org
contact@baiedesomme.org
Un outil au service du territoire et de ses habitants. Établissement public créé en 1974 et financé principalement par le Conseil départemental de la Somme, le Syndicat Mixte a pour mission de développer le territoire de la Baie de Somme, le littoral picard et son arrière-pays, par la gestion et l'aménagement des espaces (bâtis et naturels) et la valorisation de toutes leurs potentialités sur les 18 communes de son périmètre. Il est également sollicité sur la gestion du trait de côte ou de ses divers équipements touristiques. Un magazine trimestriel permet de retrouver toutes ces infos.

■ **CIRCUIT DE LA RONDE DE L'EAU** ★★
www.tourisme-baiedesomme.fr
Ouvert toute l'année. Gratuit. Circuit de 8,7 km.
Il fait le tour de la ville et permet de découvrir 13 points d'intérêt (l'hôtel de Rames, les étangs, le parc de la Bouvaque, le parc d'Emonville, l'ancienne piscine, le carmel, le chemin de halage...) qui seront expliqués grâce à des panneaux explicatifs. Conçu pour être praticable par tous, à pied ou à vélo, il ne présente aucune difficulté et permet de rendre compte à quel point l'eau occupe une place centrale à Abbeville. Vous retrouverez l'itinéraire complet à l'office de tourisme ou en navigant sur son site Internet.

Points d'intérêt

■ **BEFFROI D'ABBEVILLE – MUSÉE BOUCHER DE PERTHES** ★★
24, rue Gontier-Patin
✆ 03 22 24 08 49
www.tourisme-baiedesomme.fr
Fermé les 1er janvier, 1er mai, 14 juillet, 1er novembre et 25 décembre. Ouvert du mercredi au lundi de 14h à 18h. Gratuit jusqu'à 17 ans. Tarif Beffroi et musée : 3 € (4 € en période d'exposition temporaire). Gratuit pour les étudiants, les demandeurs d'emploi, les bénéficiaires du RSA, les personnes handicapées et les titulaires du minimum vieillesse, et pour tous le 1er dimanche du mois.
Construit à partir de 1209, le beffroi est tout simplement l'un des plus anciens de France... Il s'agit d'une tour rectangulaire relativement austère, d'une hauteur de 33 m. Elle fut utilisée comme tour de guet jusqu'à la construction de la collégiale Saint-Vulfran (plus haute d'une vingtaine de mètres). La tour est coiffée d'un clocher de charpente et d'une girouette représentant le comte du Ponthieu à cheval. Ce beffroi, comme ceux de la région, est classé depuis 2007 au patrimoine mondial de l'Unesco et au titre des monuments historiques depuis 1926. On peut y monter par un escalier de 119 marches après s'être acquitté du droit d'entrée au musée de

© CHRISTOPHE TELLIER

La baie de Somme est le plus grand estuaire du nord de la France.

Boucher-de-Perthes (situé au même endroit), mais uniquement sur demande auprès des agents d'accueil et selon leur disponibilité. Ce dernier est labellisé musée de France, il comprend 78 000 œuvres ! Les expositions temporaires sont bien alimentées, qu'il s'agisse de Préhistoire, d'Antiquité, de sciences naturelles ou de beaux-arts.

COLLÉGIALE SAINT-VULFRAN ★★★

1, parvis Saint-Vulfran
✆ 03 22 24 27 92
www.tourisme-baiedesomme.fr

Ouvert toute l'année. Basse saison : du mardi au dimanche de 14h à 17h. Haute saison : le dimanche, le lundi et les jours fériés de 14h à 18h ; du mardi au samedi de 10h à 18h. Gratuit. Audioguide disponible gratuitement sur place.

C'est à n'en pas douter le plus remarquable monument de la ville. Elevé puis reconstruit plusieurs fois depuis 1058 pour accueillir les reliques de Saint-Vulfran, cet édifice est un superbe exemple de style gothique flamboyant. La façade est en dentelle de pierres avec ses deux hautes tours symétriques de 55,80 m surmontées de tours de guet. Le portail central, par ses vantaux Renaissance, témoigne du merveilleux travail des « huchiers » picards. Il y règne un silence profond, une forme épurée de magie comme si elle craignait parfois d'afficher les signes extérieurs de sa magnificence. Ruskin écrivait dans Proeteria : « Comme plaisir joyeux et sans mélange, arriver à Abbeville par un bel après-midi d'été pour voir Saint-Vulfran avant que le soleil ait quitté les tours, sont des choses pour lesquelles il faut chérir le passé jusqu'à la fin. » Victor Hugo visita en 1853 cette « vieille façade toute rongée par la bise et la lune, d'où l'on sort avec une larme et où l'on entre avec un sourire ». C'est un éblouissement pour l'auteur romantique. Les vitraux modernes de William Einstein ajoutent encore une touche de fraîcheur et de sublime. Un petit regret toutefois, on a peu de recul pour admirer la façade avec une circulation toujours présente au pied de l'édifice.

ÉGLISE DU SAINT-SÉPULCRE ★

Place du Saint-Sépulcre
✆ 03 22 24 27 92
www.tourisme-baiedesomme.fr

Ouvert toute l'année. Seulement le week-end du 1er octobre au 31 mars. Gratuit.

La légende veut que cette église a été construite en célébration de la réunion des chevaliers du Nord du royaume, avant de partir pour la première croisade, à la fin du XIe siècle. Aujourd'hui classée aux monuments historiques, elle fut partiellement détruite par les bombardement en 1940, mais des travaux lui ont permis de retrouver de sa superbe. L'église est surtout remarquable pour ses vitraux modernes signés Alfred Manessier, enfant du pays et célèbre spécialiste du genre. Inaugurées en 1993, les œuvres célèbrent la victoire de la vie contre l'angoisse, la souffrance et la mort. L'ambiance est particulièrement colorée avec la lumière du soir et le reflet des vitraux sur les piliers et les arcades.

HÔTEL D'ÉMONVILLE ET SON JARDIN ★★

Place Clemenceau
✆ 03 22 24 95 16
www.tourisme-baiedesomme.fr

Jardin remarquable. Ouvert tous les jours de 7h30 à 20h. Fermeture à 19h d'octobre à mars. Gratuit.

Classé jardin remarquable, ce parc du centre-ville doit son charme à un très bel aménagement paysager et à de magnifiques arbres comme le cyprès chauve ou le cèdre du Liban et des arbres centenaires comme un séquoia géant ou encore un magnolia de boulange. Son attrait réside aussi dans son bassin et son bel hôtel particulier qui fut la propriété d'une riche famille abbevilloise au XIXe siècle, les Foucques d'Émonville. Ce dernier abrite aujourd'hui une bibliothèque et les archives municipales avec 160 000 volumes, des registres paroissiaux, des ouvrages locaux datant des premiers temps de l'imprimerie et des manuscrits précieux. Ce poumon de verdure se veut aussi jardin botanique. Profitez des panneaux pour mieux découvrir la collection d'arbres et de plantes.

Le couvert

LA CORNE
32, chaussée du Bois
✆ 03 22 24 06 34

Ouvert toute l'année. Fermé 3 semaines en août et entre Noël et l'An. Le lundi, le mardi, le jeudi et le vendredi de 12h à 21h30 ; le mercredi de 12h à 15h ; le samedi de 19h à 21h30. Réservation recommandée. Carte : 25 € environ. Vin au verre. Chèque Restaurant. Accueil des groupes.

Lorsqu'on arrive dans ce petit restaurant, on a l'impression de pénétrer dans la cabine de pilotage d'un trois-mâts. Le bar en ovale sur lequel trônent quelques bouteilles de whiskies renforce l'impression. L'accueil est parfait à l'image de la salle à l'ambiance feutrée. Les plats sont succulents et toujours bien présentés. Ici, on souhaite aussi faire plaisir à vos yeux. Si vous hésitez trop longtemps entre le foie gras de canard poêlé aux navets caramélisés, la cassolette de ris de veau et rognons, suivez aveuglément la proposition du jour. Bavette sauce roquefort ou fillette longue sauce chorizo, le goût de chaque produit est respecté, et le chef ne travaille qu'à base de produits frais !

L'ÉTOILE DU JOUR
2, chaussée Marcadé
✆ 03 22 24 06 90
www.etoiledujour.fr

Ouvert toute l'année. Le dimanche et le lundi le midi ; du mardi au samedi le midi et le soir. Réservation recommandée. Menus de 26 € à 38 €. Formule du midi : 17 € (en semaine uniquement). Vin au verre. Chèque Restaurant. Accueil des groupes. Terrasse. Vente à emporter. Service Traiteur.

Cette ancienne hostellerie porte le même nom depuis le XVIIe siècle et occupe l'une des plus vieilles maisons de la ville. Poutres apparentes, murs en torchis, larges cheminées, ambiance feutrée et chaleureuse, et une cuisine traditionnelle, d'inspiration picarde, à base de produits locaux et de saison. Au menu : le poêlon d'escargot du Marquenterre (à une quinzaine de kilomètres) à la crème de rollot (fromage du sud de la Somme), la marmite de lotte au safran de la baie de Somme...

LE PETIT BISTROT
15, place Max-Lejeune
✆ 03 22 24 24 13

Ouvert du mardi au samedi de 8h30 à 19h. Pas de service le soir. Plat du jour : 10,90 € (avec le dessert ; 13,90 € le week-end). Vin au verre. Accueil des groupes (jusqu'à 10 personnes). Terrasse. À emporter, uniquement le plat du jour. En saison vous pourrez profiter de la grande terrasse au soleil.

Sur la place centrale de la ville, on vous accueille avec le sourire dans cet étroit établissement où les bons petits plats français côtoient des plats relevés d'épices indiennes. La carte varie chaque semaine et propose quotidiennement un plat unique, pour que les papilles ne se lassent de ces recettes pleines de saveurs. Vous pourrez donc goûter des paupiettes de veau un jour, un gratin avec salade le lendemain et un cari de poulet à l'indienne le surlendemain, pour la petite touche exotique. Enfin, à l'heure de l'apéro, ne manquez pas les agréables planchettes garnies avec olives, charcuterie, dés de fromage et noisettes.

Le gîte

MERCURE ABBEVILLE CENTRE****
19, place du Pilori
✆ 03 22 24 00 42
www.mercure-abbeville.com
h5440@accor.com

Ouvert toute l'année. 72 chambres. Chambre simple à partir de 97 € ; chambre double à partir de 134 € ; suite à partir de 180 €. Petit déjeuner : 16 €. Hébergement et petits-déjeuners offerts pour 2 enfants de moins de 12 ans partageant la chambre des parents. American Express, Chèque Vacances. 3 chambres sont aménagées pour les personnes en fauteuil roulant. Séminaires. Wifi gratuit. Service de ménage. Restauration.

C'est ce que l'on appelle une référence ! La bâtisse est très élégante et on a tout de suite envie de s'installer en terrasse pour prendre un verre. L'établissement dispose de chambres très confortables, dont certaines sont même dotées de baignoires balnéo, détente garantie ! Les suites sont particulièrement luxueuses avec la présence d'un coin salon en plus du coin nuit. L'accueil professionnel et serviable est également à souligner. Vous pouvez profiter d'un parking proche et gratuit. Notez la petite touche régionale : les pâtes d'oiseaux dessinées sur la moquette rouge, rappelant la faune de la baie de Somme.

Chambres d'hôtes

LA FERMETTE DES PRÉS DE MAUTORT
10, impasse de la Croix
✆ 03 22 24 42 10
www.les-pres-de-mautort.com
sarah@mautort.com

Gîtes de France (3 épis). Ouvert toute l'année. 3 chambres. Chambre double à partir de 89 €. Vendredi, samedi, veille de férié, longs week-ends, semaine de la St Valentin, certaines vacances scolaires 255 euros. 1 gîte et 3 studios avec jacuzzi. Dimanche, lundi, mardi, mercredi, jeudi 199 euros. CB et chèques non acceptés. Chèque Vacances. Connexion Internet. Bain bouillonnant, sauna.

Non, le gîte n'est plus synonyme de confort spartiate et de décoration surannée. Preuve en est, cette ferme tout ce qu'il y a de plus moderne. Piscine couverte et chauffée, sauna et jacuzzi (avec supplément), sèche-serviette dans la salle de bains, rien ne manque, et même la clientèle la plus exigeante sera séduite ! Dans le même temps, l'endroit a su conserver son charme d'antan, avec ici ou là des meubles d'époque pour une décoration rustique chic. Vous y trouverez 3 chambres avec salle de bains privative, et pour un week-end de rêve en amoureux, 3 studios et 1 gîte avec Jacuzzi à deux pas du lit. Comptez également sur un grand nombre d'équipements et de services : lave-linge et sèche-linge, lave-vaisselle, barbecue à l'extérieur, accès Internet, location de linge...

Loisirs

■ L'AQU'ABB

1, allée du 8-Mai-1945
✆ 03 22 24 05 69
aquabb@ca-baiedesomme.fr

Ouvert le lundi de 16h30 à 19h ; le mardi et le jeudi de 7h30 à 9h15 et de 16h30 à 19h ; le mercredi de 7h30 à 9h15 et de 14h à 19h ; le vendredi de 7h30 à 9h et de 16h30 à 21h ; le samedi de 8h à 12h et de 14h à 18h ; le dimanche de 9h à 13h et de 14h à 18h. Horaires élargis pendant les vacances. Entrée : 3,70 €. Enfant : 2,30 €. Hors communauté de communes, adultes : 5,50 €, enfants : 3,50 €. Gratuit pour les moins de 3 ans. Bonnet de bain obligatoire. Espace balnéo pour les plus de 16 ans : hammam et sauna (10 € la séance).

L'Aqua'Abb est plus qu'une piscine, c'est un centre de natation ouvert à tous ! Le bassin olympique (découvert aux beaux jours) permet de faire quelques longueurs, sans être gêné par les barboteurs. Le complexe dispose également d'un bassin sportif de 25 m, d'un bassin de loisirs, d'une fosse à plongeon et d'une pataugeoire pour les plus petits. Tout le monde y trouve son compte. Pour varier les plaisirs, il y aussi un grand toboggan de 50 m et un petit dans la pataugeoire. De nombreuses activités sont également proposées à tous ceux qui aiment faire de l'exercice physique dans l'eau : aquagym, aquabike ou bien encore aquarunning. Enfin, après votre séance de sport, vous pourrez profiter de l'espace détente avec hammam et sauna.

Sorties

■ HIPPODROME

Chemin des Courses
✆ 03 22 31 12 50
www.hippodrome-abbeville.fr
contact@hippodrome-abbeville.fr

Courses de mai à septembre. Restauration. Jeux pour enfants. Parking gratuit.

Au beau milieu de la prairie Malicorne, l'hippodrome est entouré de verdure. Il dispose d'une belle piste en herbe de 1 400 mètres avec corde à gauche et d'une tribune couverte. Amoureux des courses hippiques, vous êtes au bon endroit ! Entre deux courses, vous pourrez profiter d'un bar-restaurant et passer un moment avec les bambins grâce aux jeux pour enfants. Anecdote restée dans les annales : en 2001, l'hippodrome (comme le reste de la ville) fut inondé : près d'1,50 m d'eau recouvrait la piste ! Il aura alors fallu cinq ans pour reconstruire et que les courses puissent à nouveau s'y dérouler... Désormais, l'hippodrome connaît un grand succès à chaque événement. Et tous les premiers dimanches du mois de septembre, vous pourrez assister au Grand Prix de la ville d'Abbeville.

■ LE SAINT-PIERRE

13, rue Alfred-François
✆ 03 22 27 73 75

Ouvert du lundi au jeudi de 10h à 1h ; le vendredi et le samedi de 10h à 2h. Bières 4 € ; whiskys 6 € ; shooters 3 € ; softs 2,50 €.

Une adresse incontournable d'Abbeville pour les amateurs de cocktails, de bières et de bonne ambiance : le Saint-Pierre est LE bar le plus populaire pour les habitants de la ville. Situé dans une petite rue, il ne passe pourtant pas inaperçu, avec sa façade rouge vif type pub londonien. L'établissement organise régulièrement des concerts, des lectures, des spectacles, des retransmissions de matchs de rugby et de football et des soirées jeux de société. Mais attention pour les amateurs de cartes : il est inscrit sur la façade « les tricheurs de belote seront trempés dans le goudron et les plumes ». On vous aura prévenu !

Emplettes

■ CHOCOLATERIE DE BEUSSENT

26, rue des Lingers ✆ 03 22 25 84 83
www.choco-france.com
commande@choco-france.com

Ouvert du mardi au samedi de 10h à 12h et de 14h30 à 19h.

Fondée en 1985, la maison de Beussent n'a plus rien à prouver en matière de chocolat... Fabriqués de manière artisanale, dans le plus grand respect de la matière première, ses produits ont un goût caractéristique apprécié des connaisseurs. Les chocolatiers de l'enseigne sont parmi les rares professionnels de France à maîtriser la fabrication de A à Z : du choix des fèves de cacao jusqu'au conchage, tout est fait maison. À noter que Beussent possède sa propre plantation en Équateur ! N'hésitez pas à passer en boutique pour découvrir les œuvres faites par ces artisans avec ce noble matériau.

■ AU TEMPS DES METS

18, parvis Saint-Vulfran
✆ 03 22 20 34 70
www.autempsdesmets.com
magasin@autempsdesmets.com

Ouvert le lundi de 14h à 19h ; du mardi au samedi de 9h30 à 12h15 et de 14h à 19h. Paniers garnis.

« Créateur et dénicheur de saveurs originales », tel est l'état d'esprit affiché par la boutique... Ici, vous trouverez toutes les spécialités qui font la renommée de la région, à savoir : le pâté de canard d'Amiens, la potée et le pâté picards, les salicornes, les oreilles de cochon, toutes sortes de moutardes, des macarons d'Amiens, des pavés Saint-Vulfran d'Abbeville, des reinettes et poirettes de Picardie, le pétillant de fraise du Marquenterre, mais aussi des bières et des cidres, des apéritifs et eaux-de-vie, des confitures et du miel de coquelicot, des thés à l'argousier et des cafés, des vins et du whisky... Il serait compliqué de tout citer tant la boutique a à offrir, d'autant qu'elle propose également des saveurs de France et d'ailleurs. Des coffrets-cadeaux, à partir d'une quinzaine d'euros, permettent de ramener quelques saveurs de la région pour ses proches. Et si malencontreusement vous n'avez pas le temps de passer à la boutique, les produits sont également en vente sur le site Internet.

Dans les environs

Béhen

CHÂTEAU DES ALLEUX

Les Alleux
2, impasse du Château ✆ 03 22 31 64 88
www.sejourner-en-picardie.com
chateaudesalleux@wanadoo.fr
Depuis Abbeville, prendre l'A28 en direction de Rouen, puis la sortie n°3 Monts Caubert ; au stop, prendre à droite, et au premier carrefour, prendre la deuxième à droite (pas Behen).

Gîtes de France (3 épis). Ouvert toute l'année. 3 chambres. Chambre simple à partir de 50 € ; chambre double de 60 € à 70 € ; suite à partir de 100 €. Petit déjeuner inclus. Wifi gratuit. Restauration (sur réservation, sauf le samedi). Equipement bébé : baignoire, chauffe-biberon ou micro-ondes, lit bébé, table ou matelas à langer. Pas de tv.

René-François et Elisabeth de Fontanges vous accueillent dans leur propriété familiale du XVIIe siècle, avec une ferme et un grand parc. Ces hôtes sont passionnés de nature, de vieilles pierres et de patrimoine local. Ils vous conseilleront sur les visites aux alentours et vous prépareront un petit-déjeuner copieux avec des confitures maison !

Buigny-Saint-Maclou

L'AÉRODROME

D1001 – 1, rue Michel Doré
Aérodrome d'Abbeville ✆ 03 22 19 17 89
hotelrestaurant@laerodrome.com

Logis. Ouvert le mardi et le dimanche le midi ; du mercredi au samedi le midi et le soir. Formule du midi : 15,90 € (les deux plats et 19, 90 € les trois plats en semaine). Vin au verre. A la carte le week-end. Hôtel de 15 chambres : 75 € la chambre double sans le petit-déjeuner. Accueil des groupes. Terrasse.

Déguster une terrine maison ou une ficelle picarde tout en admirant le ballet des avions ou un baptême de montgolfière : c'est possible dans ce restaurant attenant aux pistes de l'aérodrome ! La carte dévoile des plats qui changent toutes les semaines, à base de produits frais et de saison et la part belle est faite aux spécialités picardes. Une idée originale pour un déjeuner ou un dîner dans une ambiance conviviale et insolite et dans un cadre qui allie parfaitement les touches de moderne et de rustique. Aux beaux jours, la terrasse offre une très belle vue sur un cadre verdoyant. À coupler pourquoi pas avec un baptême de l'air ? L'hôtel attenant dispose de chambres entièrement refaites en 2017.

AÉRODROME D'ABBEVILLE

✆ 03 22 24 08 48
http://aeroclub-abbeville.fr
info@aeroclub-abbeville.fr

Tarifs pour deux personnes : 105 € pour un tour de la ville d'Abbeville (15 min), 180 € pour survoler la baie de Somme (30 min), 230 € pour survoler la côte picarde (1h). Bon cadeau valable 1 an.

Survoler la baie de Somme en avion : quelle expérience inoubliable ! En prenant de la hauteur à bord d'un Cessna 172 ou en Robin-DR 400 très confortable, vous découvrirez la collégiale d'Abbeville, le canal de la Somme jusqu'à Saint-Valery, les belles maisons de Mers-les-Bains, les falaises d'Ault, Saint-Valery et Le Crotoy... Clou du spectacle : admirer les bancs de sable de la baie de Somme aux couleurs si changeantes, avec, si vous avez de la chance, quelques phoques qui se prélassent à marée basse !

Eaucourt-sur-Somme

CHÂTEAU D'EAUCOURT

Rue du Pont ✆ 03 22 27 05 32
www.chateau-eaucourt.com
contact@chateau-eaucourt.com

Fermé au public. Escape game aux vacances d'été « la Guerre de Cent ans » de 3 à 6 personnes tarif à partir de 20 € par personne.

Selon les estimations, le château d'Eaucourt aurait été construit au XIIIe siècle, à la demande du roi Philippe Auguste qui souhaitait défendre ses terres nouvellement acquises. Il fut démolit à plusieurs reprises suite à des conflits. Au XVIe, lors des guerres de religion, Henri IV et ses troupes y trouvent refuge. Depuis 1983, des travaux de restauration et de réparation se mettent en place. Des fêtes médiévales ont été organisées pour faire revivre ce lieu où tant de seigneurs et de soldats sont passés. On peut aujourd'hui visiter ses vestiges et ses abords librement.

LE SALTIMBANQUE

1500, rue du 8 mai 1945
Lieu-dit le Moulin ✆ 03 22 27 08 94
www.lesaltimbanque.fr
contact@lesaltimbanque.fr

Ouvert du mercredi au dimanche de 12h à 13h15 ; du mercredi au samedi de 19h à 20h30. Menus de 45 € à 55 €. Menu enfant : 15 €. Formule du midi : 30 €. Chambre d'hôtes 70 € la nuit par personne pour la chambre, le dîner et le petit-déjeuner.

Ce restaurant, situé à une vingtaine de kilomètres de la baie de Somme, a de quoi séduire. Perché sur les hauteurs du mont des Bergerons, à côté du moulin Guidon, la vue qu'il offre sur la vallée de la Somme est tout bonnement splendide. La cuisine, elle aussi, est séduisante. Le chef, Sébastien Porquet, parvient en effet à dresser des compositions à la hauteur du panorama en mettant en avant de façon originale les produits locaux, entre terre et mer. Ici, pas de carte, seulement des intitulés : « L'Homme Pressé », « Glaner », ou « Toqué » avec de trois à cinq suites de plats. Lâchez prise et laissez-vous porter par l'expérience culinaire. Ceux qui seraient tombés amoureux du lieu pendant leur repas pourront en outre finir la soirée dans l'une des 4 chambres d'hôtes ou dans le gîte (pour 6 personnes) mis à disposition.

Grand-Laviers

RÉSERVE ORNITHOLOGIQUE

2, rue du Touvent ✆ 06 08 16 50 86
www.reserve-grand-laviers.fr
entreterreetmerensomme@outlook.fr

Ouvert toute l'année. Basse saison : tous les jours de 10h à 17h. Haute saison : tous les jours de 10h à 19h. Gratuit

jusqu'à 7 ans. Adulte : 8 €. Enfant (de 8 à 16 ans) : 4 €. Visite guidée (sur réservation avec l'association Terre et Mer en Somme). Animaux autorisés tenus en laisse.
Reconvertir une quarantaine d'hectares de friches et de bassins, hérités de l'ancienne sucrerie de Grand-Laviers, en véritable cocon pour les oiseaux migrateurs fut le pari de la Fédération départementale des chasseurs de la Somme. Le rêve est devenu réalité et la réserve abrite aujourd'hui une multitude d'espèces que vous avez l'occasion de découvrir lors de différents parcours, libres ou guidés. Ce paradis ornithologique est devenu un incontournable pour les amateurs de grand air et de nature. Le grèbe à cou noir en a fait un de ses lieux de villégiatures favoris : avec une quarantaine de nids recensés, la réserve est devenue l'une des colonies les plus importantes d'Europe.

■ LE DOMAINE DU VAL***

Chemin du Val
✆ 33 3 22 20 02 69
www.le-domaine-du-val.com
contact@le-domaine-du-val.com

Accueil jusqu'à 15h (17h en juillet et en août). De 434 € à 1 337 € la semaine selon saison. Jeux pour enfants. Animaux acceptés (8 €). Wifi. Restauration.
Un « petit » endroit de rêve ! Si vous cherchez un hébergement insolite et résolument confortable, c'est là qu'il faut s'arrêter. Sur un site de 3 hectares de verdure, profitez de vos vacances dans des locations réalisées à partir de matériaux naturels. Tout votre séjour se déroulera sous le signe de l'écoresponsabilité : tri des déchets, produits ménagers respectueux de l'environnement, etc. Le site s'est fixé comme objectif le « zéro carbone ». Une démarche responsable et qui mérite d'être soutenue, surtout en ces temps où la protection de l'environnement est partout devenue une priorité. Le domaine met en outre à la disposition de la clientèle : une piscine couverte chauffée, un food-truck, un espace fitness, des jeux de plein air pour les enfants, un espace avec des animaux, mais aussi un potager pour les citadins en mal de nature et qui s'intéressent de près à la culture des légumes. Vous pourrez également profiter de nombreuses activités comme le sentier de découverte, l'observation des ruches ou bien encore la location de vélos pour toute la famille. Dépaysement garanti !

Port-le-Grand

■ CHÂTEAU DES TILLEULS***

✆ 03 22 24 07 75
www.chateaudestilleuls.com
contact@chateaudestilleuls.com

Ouvert de début mars à fin octobre. Emplacement à partir de 16 € la nuit. Mobil-home à partir de 60 € la nuit. Glamping. Jeux pour enfants. Restauration.
Ne vous attendez pas à dormir dans un château, mais plutôt dans un camping de charme qui offre différentes expériences. Vous pouvez y installer votre van, votre tente, votre caravane ou bien vous installer confortablement dans un mobil-home équipé. Mais si vous souhaitez vivre une expérience insolite, alors optez pour le glamping en prenant place dans une cabane dans les arbres, un bivouac ou bien une roulotte à l'ambiance bohème ou baroque, au choix. Une belle occasion de déconnecter et de passer du bon temps aux portes des merveilles de la baie de Somme, sur un terrain de camping qui comprend piscine, aire de jeux pour enfants, épicerie, snack-bar et deux bars. Et pour mettre la voiture de côté pendant votre séjour, la location de vélos est proposée au sein même de la structure.

AIRAINES

Airaines fut très longtemps une ville frontière entre le Ponthieu, fief anglais, et la France. En 1477, elle devient définitivement française.
Au cours des XVIe et XVIIe siècles, la ville prospère, le château des sires d'Airaines est reconstruit. De 1860 à 1940, Airaines compte dix-sept moulins servant alors au développement économique de la ville. On y fabriquait de la farine, des huiles, des planches, des peignes à chignon, des savons, etc. Comme bon nombre de villes de la Somme, Airaines subit les ravages de la guerre. L'offensive allemande de juin 1940 a eu des conséquences terribles pour la ville et ses entreprises. Aujourd'hui, Airaines est une bourgade tout ce qu'il y a de plus paisible avec des rues et des boutiques soigneusement entretenues.

Points d'intérêt

■ PRIEURÉ

8, place de l'Abbaye ✆ 03 22 29 45 05
www.tourisme-baiedesomme.fr
Ouvert de 17 mai au 27 septembre 2020. Adulte : 3 €. Enfant (jusqu'à 14 ans) : 1 €.
Il s'agit très probablement du plus beau monument de la commune, notamment grâce aux efforts de restauration qui lui ont permis d'arborer aujourd'hui une apparence superbe. Attenant à l'église Notre-Dame, il fut reconstruit au XVIe siècle après avoir été détruit en 1422. On y découvre deux magnifiques cheminées d'époque, dont l'une chauffait aussi un four à pain, ainsi que des portes et fenêtres de style Renaissance. L'endroit accueille régulièrement des expositions prestigieuses, comme celle du sculpteur Christian Lapie en 2020.

■ TOURS DES DUCS DE LUYNES

Elles ont fait en partie la renommée de la commune ! Ces deux poternes d'entrée du XVIIe siècle sont les seuls vestiges restant du château des sires d'Airaines détruit à la Révolution. Elles se dressent fièrement à l'un des points les plus élevés de la ville, dans un site classé. Un décor magnifique, dont la municipalité tire profit en y organisant des manifestations diverses, comme les Floralies, sorte de vaste marché aux fleurs au mois de mai.

Dans les environs

Bouillancourt-en-Séry

L'AUBERGE DU VERT BOCAGE

Lieu-dit le Vert Bocage
✆ 03 22 28 61 72
www.aubergeduvertbocage.com
aubergeduvertbocage@gmail.com

Bistrot de pays. Ouvert toute l'année. Tous les jours de 9h à 15h. Plat du jour : 8,90 €. Menus de 12,30 à 15,90 €.

Un menu simple, qui sent à plein nez la Picardie. Ici, le terroir et les plats classiques de la gastronomie française sont à l'honneur et ils sont déclinés sans chichi : jambon à l'os, poulet rôti, sauté de veau, filet mignon ou encore le poisson du jour, chaque vendredi bien sûr ! L'ambiance est très conviviale, grâce en partie aux expositions organisées dans l'établissement mais également grâce aux soirées sur le thème de la gastronomie : vous aurez donc peut-être l'honneur d'assister à une soirée hareng ou à une soirée brochettes ! Bref, une petite auberge apparemment sans prétention mais où il fait bon se détendre entre amis.

Beauchamps

DOMAINE DU LIEU DIEU

5, domaine du Lieu-Dieu
✆ 03 22 30 92 23
www.lieudieu.com
contact@lieudieu.com

Gîtes de France. Bienvenue à la Ferme. Ouvert toute l'année. Gîte 6 personnes 160 € la nuit ; gîte 18 personnes 420 € ; gîte 28 à 34 personnes de 600 à 1 080 €. Roulotte pour 4 personnes (toute l'année) de 140 à 200 € la nuit. Maison sur l'eau pour 4-5 personnes (toute l'année) de 160 à 250 € la nuit. Yourte et goutte d'eau pour 4 personnes (d'avril à octobre) de 100 à 160 € la nuit. Camping de 8 à 20 € la nuit. Garde d'enfants. Jeux pour enfants. Animaux acceptés (4,50 €). Séminaires. Service de ménage. Restauration (petit-déjeuner à partir de 7,50 €, formule crêpes sur réservation 16 €, snack).

Ce site féerique s'adapte à tous vos besoins. Il dispose d'un terrain de camping, de trois gîtes (de 18, 30 et 34 personnes), de cinq coquettes roulottes (de 1 à 4 personnes), d'une yourte, d'un nouvel hébergement insolite : les « gouttes d'ô » (idéal pour 4 personnes avec un hamac en mezzanine) et même deux adorables petites maisons qui flottent sur l'eau ! Pour les passionnés ou les curieux, il est possible d'opter pour un séjour équestre. La ferme attenante regroupe 80 chevaux et poneys avec trois manèges couverts, une sellerie, des écuries de 16 boxes et plusieurs paddocks pour le bien-être des chevaux. Il est également possible de profiter d'une petite plage aménagée pour s'initier au wakeboard, à la bouée tractée ou au ski nautique avec deux câbles de 200 m. Pour les sports aquatiques plus doux, vous pourrez également louer des paddles ou des bateaux à pédales. Bref, tout est fait pour vous faire passer un séjour de rêve ! Nouveauté 2020 : un séjour cirque-équitation pour les 6-14 ans.

DOMAINE DU LIEU DIEU

5, domaine du Lieu-Dieu
✆ 03 22 30 92 23
www.lieudieu.com – contact@lieudieu.com

Activités équestres toute l'année. Activités nautiques d'avril à fin octobre selon météo. Hébergement jusqu'à 145 personnes. Hébergement insolite. Jeux enfants. Snack l'été.

Le Domaine du Lieu-Dieu s'est transformé en véritable station à vocation sports nature ! En effet, le site est d'abord reconnu pour sa grande variété d'activités équestres pour tout niveau avec un circuit alternant montées, descentes, virages et même… traversées de cours d'eau ! La ferme équestre regroupe 80 chevaux et poneys et dispose d'une carrière de sable, de trois manèges couverts et d'une sellerie. Des écuries de 16 boxes et plusieurs paddocks accueillent aussi les chevaux de passage. Une petite plage a aussi été aménagée sur le domaine avec deux câbles de 200 m permettant de faire du wakeboard, de la bouée tractée et du ski nautique. Sensations garanties ! Egalement location de paddle, pédalos, vélos et activité de pêche. Des hébergement insolites et des gîtes sont situés à proximité : idéal pour un week-end en amoureux, entre amis ou en famille à seulement 10 km de la mer !

Long

MAISON ÉCLUSIÈRE DE LONG

1, rue de l'Ecluse
✆ 09 64 46 87 76
www.longvalleedesomme.fr
maisoneclusiere@baiedesomme3vallees.fr

Fermé de novembre à mars. Basse saison : ouvert du mardi au vendredi de 10h à 12h30 et de 13h30 à 17h ; le week-end de 14h à 17h. Haute saison : tous les jours de 9h30 à 12h30 et de 13h30 à 18h. Location de kayak ou paddle 12 € pour 3h t 25 € la journée ; gratuit pour les moins de 12 ans. Vélo 8 € la journée. Visite guidée (sur réservation 4 € par personne et gratuit pour les moins de 16 ans).

C'est la Mél, Maison éclusière de Long. Le Conseil départemental de la Somme a joliment réhabilité cette ancienne maison éclusière, toute de brique, et a équipé le quai d'un mobilier de bois et de plantations du plus bel effet. Ce monument historique est idéalement situé pour devenir la porte d'entrée du futur Parc naturel régional Baie de Somme Picardie Maritime mais aussi de l'éco-pôle des marais de Long-Longpré. L'été, des animations y sont organisées, avec la location de kayaks, paddles et vélos pour profiter de la Véloroute et du chemin de halage. Vous y trouverez aussi des jeux anciens et une boîte aux livres. De quoi passer un bon moment !

LES BORDS DE LA SOMME

Chemin de Halage
✆ 09 64 46 87 76

Renseignement auprès de la Maison éclusière, ouvert d'avril à octobre.

Différents points d'amarrage sur les bords de la Somme permettent aux plaisanciers de s'arrêter à Long. Ceux qui n'ont pas la chance d'avoir un bateau peuvent aussi en louer un, notamment au Locaboat à Cappy. Les amateurs de tourisme fluvial apprécient également l'écluse de

Long, construite entre 1823 et 1825. A pied ou à vélo, de nombreux chemins bordent les étangs assurant de belles promenades et d'agréables emplacements pour pique-niquer à l'ombre des arbres. La promenade baptisée « L'écluse et la centrale hydroélectrique » (2 km) propose de découvrir les principaux attraits de Long. La deuxième, « La Chapelle, vue sur Longuet, la vallée de la Somme », est un peu plus longue (4,7 km). La dernière promenade « Les marais » est destinée à des marcheurs plus aguerris (6 km) et permet de découvrir la centrale hydroélectrique et de longer la Somme.

CHÂTEAU DE LONG

Rue du Château ✆ 03 22 31 34 53
www.longvalleedesomme.fr
chateaudelong@orange.fr

Parc ouvert toute l'année de 10h à 18h. Château ouvert seulement en juillet-août, du lundi au samedi ; le reste de l'année sur réservation pour les groupes. Gratuit jusqu'à 11 ans. Adulte : 8 € (château seul : 5 €). Enfant (de 12 à 18 ans) : 5 € (château seul : 4 €).

Honoré Charles de Buissy, seigneur de Long a fait bâtir ce superbe édifice dominant la Somme. Une véritable « folie » car il a fallu près de dix ans pour terminer cette construction de briques et de pierres avec sa toiture à la Mansart. C'est l'un des plus beaux châteaux du règne de Louis XV, restauré après la Seconde Guerre mondiale. Son propriétaire actuel est un grand collectionneur de pendules et d'automates. Le parc floral de 20 hectares avec étang paysagé et bois est très agréable. Notez que la commune recèle quelques trésors cachés, comme ses souterrains, qui existent à Long depuis le temps des Gaulois, qui devaient probablement s'en servir pour se cacher. Certains d'entre eux sont parallèles aux rues du village, si bien que l'on constate parfois des affaissements dans des caves ou des jardins. Trois entrées sont connues : une au château (dont le souterrain passe sous la Somme), et deux autres rue de la Cavée, dont l'une est aujourd'hui fermée.

ÉGLISE SAINT-JEAN-BAPTISTE

Rue de l'église, sur les hauteurs du village

Visite libre en juillet-août les mardis et samedis de 16h à18h.

L'église de Long fut entièrement reconstruite en 1851, sur le modèle de Notre-Dame de Bon Secours, près de Rouen. Elle a toutefois conservé son clocher du XVIe siècle qui sonne encore les trois angélus. De style néogothique, la lumière y est présente partout grâce aux nombreux vitraux. L'orgue somptueux du facteur Cavaillé-Coll fascine les plus grands organistes qui viennent de très loin pour jouer de cet instrument devenu extrêmement rare. A droite des marches de l'église, vous pouvez voir un pommier, c'est peut-être celui qui est évoqué dans *Les Misérables* (Jean Valjean a été jugé pour le vol d'une branche de pommier). Victor Hugo aurait en effet remarqué cet arbre quand il descendit la Somme en bateau à vapeur en 1837.

MUSÉE DE LA CENTRALE HYDRO-ÉLECTRIQUE

14, rue de la Chasse à Vaches
✆ 06 81 66 31 80
www.longvalleedesomme.fr
maisoneclusiere@baiedesomme3vallees.fr

Visite du 1er avril au 31 octobre. CB et chèques non acceptés.

Grâce à l'exploitation de la tourbe, la commune est riche à la fin du XIXe siècle et décide d'en faire profiter les habitants : une gare en 1900, puis une centrale électrique qui permet à chaque habitation de disposer de l'eau courante et de l'électricité dès le 7 juin 1903. La fourniture de courant continu en 110 V cessera en 1968 et celle de l'eau en 1974. La centrale hydroélectrique, classée Monument historique, mais encore en état de marche, a été transformée en musée.

LE 110

14, rue de la Chasse à Vaches
A l'étage de la Centrale hydro-électrique
✆ 03 22 31 84 27
www.longvalleedesomme.fr
camping.lapeupleraie.long@orange.fr

Pour 6 personnes (60 m², 2 chambres). De 350 € à 400 € la semaine selon saison. 200 € le week-end. CB non acceptée. Chèque Vacances. Animaux acceptés. Lave-linge, lave-vaisselle.

Ce gîte a la particularité d'avoir été aménagé à l'étage de l'ancienne centrale hydroélectrique de Long, mise en service en 1902 et classée monument historique. D'où son nom : la centrale fournissait du 110 watts en continu. Dans ce cadre original, six personnes peuvent loger et bénéficier d'un confort optimum : cuisine avec réfrigérateur, table de cuisson, lave-vaisselle et micro-ondes, salle à manger, salon avec téléviseur et canapé convertible, deux chambres, une salle de bains ainsi qu'un lit parapluie pour les enfants. Vous pourrez admirer (et entendre !) la rivière, et le château du XVIIIe siècle. L'endroit se loue également pour le week-end.

LA PEUPLERAIE**

Rue de la Chasse à Vaches
✆ 03 22 31 84 27
www.long80.com/campingmunicipal.html
camping.lapeupleraie.long@orange.fr
A 14 km d'Abbeville et 30 km d'Amiens, sortie Flixecourt de l'A 16.

Fermé du 15 novembre au 15 mars. Accueil jusqu'à 21h. Terrain de 2 ha. 120 emplacements. Exposition : ombragé. Sol : herbeux. Relief : plat. Véhicule à partir de 5 €. 2 personnes à partir de 4 €. (avec 6 A) à partir de 2 €. Mobil-homes de 250 € à 350 € la semaine. Gîte au-dessus de la centrale hydroélectrique (« le 110 ») : 200 € le week-end, 350 à 400 € la semaine. CB non acceptée. Chèque Vacances. Jeux pour enfants. Animaux acceptés. Aire pour camping-cars. Wifi.

A 400 m du village de Long, près d'un étang et d'une rivière, le camping municipal de la Peupleraie est situé dans la jolie vallée de la Somme. Le village de Long est un lieu magique qui vous permettra de découvrir les nombreuses richesses de la région : un château du XVIIIe, les chevaux camarguais, une vue panoramique sur la vallée de la Somme... Sans oublier la location d'un gîte insolite au-dessus de la centrale hydroélectrique, qui peut accueillir 6 personnes ! Pour les passionnés de pêche, si vous louez un emplacement, il est possible d'aller pêcher gratuitement dans l'étang, à condition bien sûr d'être détenteur d'un permis.

Longpré-les-Corps-Saints

COLLÉGIALE NOTRE-DAME ★

Centre-ville
✆ 03 22 31 86 93

Ouvert toute l'année, sur rdv auprès de l'office de tourisme de la baie de Somme. Gratuit.

Sur la rive gauche de l'Airaines, avant qu'elle ne rejoigne la Somme au milieu des étangs, se dresse la collégiale Notre-Dame. Depuis le Moyen Âge, elle est un lieu important de pèlerinage. Après la Révolution française, elle perd de son rayonnement et se dégrade. Durant la Seconde Guerre mondiale, la ville est détruite presque entièrement. La Collégiale n'est pas épargnée. On peut néanmoins aujourd'hui observer certains éléments ayant résisté au temps et aux conflits. A l'intérieur, sous son chœur, venez découvrir la seule crypte romane du département, édifiée en 1190. S'y trouve également une mise au tombeau du XVIe siècle, un reliquaire de saint Christophe et un portail du XIIIe siècle.

MAISON DES MARAIS

Rue des Marais
Les Prés des Chapelins ✆ 03 22 31 86 93
www.tourisme-baiedesomme.fr
Route départementale D3, suivre le panneau à gauche après le passage à niveau.

Ouvert d'avril à septembre, le mercredi, samedi et dimanche de 14h à 17h30. Un nouveau site qui regroupe des informations touristiques mais qui accueille aussi des expositions sur le patrimoine naturel et paysager de la vallée de la Somme avec ses étangs, ses roselières, ses prairies et ses marais boisés qui s'étendent sur 160 hectares. L'endroit est idéal pour pique-niquer au bord d'un étang ou vous promener le long du chemin de halage en vélo (service de location) ou à pied.

Rambures

DOMAINE DU CHÂTEAU DE RAMBURES ★★

8, rue du Château ✆ 03 22 25 10 93

Voir page 21.

ALBERT

Albert présente plusieurs intérêts et vous surprendra tant elle est assez singulière en plein milieu des Hauts-de-France. Dans l'environnement champêtre des plaines et vallées du Pays du coquelicot, on voit apparaître - comme un mirage – une vierge dorée. Elle domine la Basilique Notre-Dame de Brebières, dont le style néo-byzantin étonne extérieurement et intérieurement. Les 250 façades Art déco constituent également une belle surprise. La thématique autour de l'aéronautique est également intéressante, avec une collection à découvrir et un beau Potez 36 accroché dans la gare. L'usine voisine de Méaulte est une industrie réputée et essentielle dans la région, sans oublier le petit aéroport qui se développe de plus en plus en proposant des vols commerciaux pour la Laponie par exemple. Mais Albert, c'est aussi une histoire plus dramatique, avec la Bataille de la Somme. Elle constitue une étape incontournable du Circuit du souvenir, avec son musée et les hommages appuyés dans la ville. Pour son courage et ses souffrances, Albert a reçu la croix de guerre et la Légion d'honneur.

OFFICE DE TOURISME

9, rue Léon-Gambetta ✆ 03 22 75 16 42
www.tourisme-paysducoquelicot.com
officedetourisme@paysducoquelicot.com

♿

Ouvert du lundi au samedi de 9h à 17h. Ouvert le dimanche (matin de 9h à 13h en juillet-août). Accès wifi. Boutique. Location de vélos. Label Tourisme & Handicap.

Un office de tourisme qui s'est bien modernisé avec le Centenaire de la Grande Guerre ! Outre l'accueil très professionnel et agréable de l'équipe, vous trouverez dans ces anciens bains douches une maquette de la basilique, de la documentation sur le secteur à foison, et une boutique mettant en valeur des produits locaux (bières, gaufres, coquelicots du souvenir...). 38 circuits pédestres sont à télécharger pour découvrir la ville à pied. Si vous préférez les vélos, vous pourrez en louer aussi ici. Une antenne de l'office de tourisme a ouvert depuis l'année dernière, entre mai et septembre, à Cappy à côté de la halte nautique.

Le coquelicot et le bleuet : symboles de la Grande Guerre

- **Le coquelicot** : c'est le lieutenant-colonel John Mc Crae, un médecin militaire canadien, qui fit le premier cette référence au coquelicot dans un poème en hommage à un ami tué par un obus allemand à Ypres. Les coquelicots sauvages poussaient en effet entre les rangées de tombes de fortune... Depuis, ce poème est devenu le symbole du sacrifice des soldats pendant la Première Guerre mondiale et les Britanniques sont nombreux à l'arborer sur leur veste en souvenir. On en trouve dans l'office de tourisme de Péronne ou d'Albert.
- **Le bleuet** : cette fleur trouve aussi son origine dans la guerre 1914-1918 car les bleuets continuaient de pousser au beau milieu des tranchées ! Pour les Poilus, les bleuets représentaient donc un des rares témoignages de vie au beau milieu des champs de bataille et ont inspiré nombre de poèmes.

Une véloroute autour de la Mémoire

90 km pour parcourir les sites les plus emblématiques de la Grande Guerre, comme le mémorial australien de Villers-Bretonneux et son Musée franco-australien, la Basilique Notre-Dame de Brebières et le Musée Somme 1916 d'Albert, le mémorial franco-britannique de Thiepval ou encore la Tour d'Ulster. Cette véloroute permet de relier Amiens et Arras sur le chemin de halage le long de la Somme jusqu'à Corbie, puis sur d'agréables chemins balisés ensuite.

Points d'intérêt

■ BASILIQUE NOTRE-DAME-DE-BREBIÈRES ET SA VIERGE PENCHÉE ★

Rue Gambetta ✆ 03 22 75 16 42
www.tourisme-paysducoquelicot.com
officedetourisme@paysducoquelicot.com

Ouvert toute l'année. Tous les jours. Montée au clocher (les mercredis et samedis) à 15h : adulte : 2 € et enfant : 1 €. Visite guidée (sur réservation auprès de l'office de tourisme ; 1h ; 5 € adulte et 3 € enfant).

Si vous êtes de passage dans la région, cette basilique vaut le détour. D'abord pour ses couleurs : son architecte, Edmond Duthoit, a mis de l'éclat dans tous les recoins de cet édifice néo-byzantin. Sur son sommet, autrefois se tenait fièrement une Vierge dorée, à 70 mètres. Sa légende remonte à la Première Guerre mondiale. Alors que la bataille de la Somme déchire la région, la Vierge se déséquilibre et penche dangereusement le 15 janvier 1915, touchée par près de 2 000 obus. On déclare alors que lorsque la Vierge tombera, la guerre finira. En 1918, la statue s'écroule et la guerre prend effectivement fin. Le pape Léon XIII surnomma alors la ville « la Lourdes du Nord ». Depuis, cet édifice aux pierres couleur ocre est considéré comme un véritable lieu de pèlerinage. A l'intérieur, découvrez la chaire de marbre, le vitrail de Grüber, la charpente en bois décoré et les statues d'Albert Roze. Il est également possible de monter jusqu'au clocher pour admirer le panorama de la ville et du pays du Coquelicot.

■ HÔTEL DE VILLE

Place Emile-Leturcq ✆ 03 22 74 38 38
www.ville-albert.fr

Visite guidée (sur réservation auprès de l'office de tourisme).

Inauguré en 1932 par le président Albert Lebrun, le bâtiment bénéficie d'une belle architecture flamande. Autour d'un beffroi de 64 mètres, les bas-reliefs présentent les activités agricoles et industrielles d'avant-guerre. A l'intérieur, on identifie bien le style Art déco sur les lustres, les vitraux et les escaliers.

■ JARDIN PUBLIC

Rue Pierre Curie
A 100 m de la Basilique en prenant la rue d'en face.

Ouvert toute l'année. Gratuit.

Un beau parc bien agréable en plein centre-ville et au pied des anciens remparts. On y trouve de plaisants aménagements paysagers avec un arboretum regroupant 35 essences d'arbres, des cascades (dont une de 7 m) de la rivière Ancre, un kiosque qui accueille des animations, des jeux pour enfants et des animaux : poules, oies, cochons et chèvres. Ce parc constitue aussi un bon bol d'air à la sortie du musée et son impressionnant tunnel. La qualité de son aménagement lui a valu d'être classé Monument historique en 2009.

■ MUSÉE DE L'ÉPOPÉE DE L'INDUSTRIE ET DE L'AÉRONAUTIQUE

17, rue de l'Industrie
✆ 06 07 36 84 43
www.musee-eia.com
contact@musee-eia.com

Ouvert toute l'année. Le samedi de 9h à 12h et de 14h30 à 18h. Adulte : 5 €. En semaine, visite uniquement sur réservation. Pour les groupes, réservez 1 mois à l'avance. Visite guidée.

Implanté dans le berceau de l'industrie aéronautique, ce musée réunit sur deux hectares une cinquantaine d'avions de 1944 à 1970, mais aussi des hélicoptères, des planeurs, des camions de pompiers, des voitures d'époque... Il permet également de faire découvrir aux férus d'aviation des pièces uniques à l'image du Dakota DC3 ou du Mirage F1. Afin de rendre la visite encore plus réaliste, il est possible de rentrer dans le cockpit d'un avion ou de le piloter grâce au simulateur de vol.

SOMME

L'impressionnante basilique a résisté à la Première Guerre mondiale.

© MUSÉE SOMME 1916

■ MUSÉE SOMME 1916 ★★

Rue Anicet Godin ✆ 03 22 75 16 17
www.musee-somme-1916.eu
musee@somme1916.org
Accolé à la basilique.

Fermé de mi-décembre à mi-janvier. Ouvert tous les jours de 9h à 18h (dernière visite à 17h30). Gratuit jusqu'à 6 ans. Adulte : 7 €. Enfant (de 6 à 18 ans) : 4 €. Groupe (10 personnes) : 6 € (enfant 3,50 €). Chèque Vacances. Visite guidée (sur réservation). Boutique. Visite en 4 langues.

Le nom Somme 1916 évoque la bataille de la Somme qui eut lieu le 1er juillet, faisant 60 000 victimes britanniques. La proximité des usines d'aviation représentant un danger imminent pour la population, le conseil municipal décida en 1939 de construire un tunnel de 250 m de long et 2 m de large qui pouvait abriter jusqu'à 15 000 personnes. C'est dans cet abri antiaérien que se trouve aujourd'hui le musée, accessible en descendant 62 marches à 10 m sous terre. Dans une quinzaine de vitrines sont exposés des photographies, des grenades, des obus de toutes tailles, des masques à gaz, des mitrailleuses, des baïonnettes, des casques ou encore de l'artisanat, en témoignage de la vie des soldats dans les tranchées. Théâtre d'une vie passée mais bien réelle, cette visite est clôturée par un impressionnant tunnel où vous avancez dans le noir au milieu du sifflement atroce des bombardements et qui débouche sur le jardin public. Une collection d'insignes militaires est aussi exposée depuis début 2020.

Le couvert

■ LES COULISSES

2, rue Paul Bert ✆ 03 22 75 89 32

Ouvert du mardi au samedi le midi ; du jeudi au samedi le soir. Menu unique à 36 €. Menu enfant : 8,50 €. Formule du midi : 19 € (les deux plats et 24,50 € les trois plats). Terrasse.

Anthony et Cédric ont repris avec dynamisme cet établissement en août 2019. Le rapport qualité-prix des plats est très bon avec une carte variée concoctée à base de produits frais, comme la carbonnade flamande, la choucroute de la mer, la souris d'agneau rôtie au thym et miel et ses petits légumes. En dessert, laissez-vous tenter par le dôme du chef ou le courchevel ! Surveillez la page Facebook pour vous tenir au courant des animations ou des soirées spéciales.

■ HÔTEL-RESTAURANT DE LA PAIX

43, rue Victor-Hugo ✆ 03 22 75 01 64
www.hoteldelapaixalbert.com
contact@hoteldelapaixalbert.com

Ouvert du lundi au vendredi le midi et le soir ; le samedi soir ; le dimanche midi. Menus de 17 € à 25 € (deux ou trois plats).

N'allez pas chercher de la haute gastronomie ici. Il s'agit plutôt d'une table sans grande prétention, mais autour de laquelle vous saurez passer un bon moment, à la bonne franquette. L'ambiance est conviviale et sur la carte, on ne s'égare pas dans des fioritures gastronomiques : juste l'essentiel. Vous trouverez par exemple de la ficelle picarde, de la carbonnade de bœuf, des rognons de veau à l'ancienne, des pavés de poisson, des salades ou encore une cuisse de canard sauce morilles ! Le menu des Coquelicots proposé midi et soir offre un bon rapport qualité-prix et propose des spécialités régionales.

■ HYGGE CAFÉ

29, place d'Armes ✆ 03 22 75 47 12
hyggecafe@orange.fr

Ouvert du lundi au samedi de 10h30 à 1h. Vin au verre. Tout est traduit en anglais. Accueil des groupes (salle privatisée à l'étage). Terrasse.

Si vous êtes à la recherche d'une brasserie au décor original et à l'ambiance sympathique et conviviale, poussez la porte ! Le Hygge Café respire l'authenticité et il se passe quelque chose en ces lieux. Les journaux tapissent les murs, des livres anciens sont exposés : des faux airs de café littéraire. La cuisine de brasserie est généreuse, et pourtant idéalement dressée. On adore les petits cornets de frites et les « starters » à partager : planche de légumes, saumon fumé et toast. N'hésitez pas à découvrir la carte « notre Cave à vin» et les spécialités comme les fondus de camembert ou aux trois fromages, la carbonnade ou encore l'incontournable potjevleesch, et le welsh... Le service est souriant, mené par une équipe fière de son chouette établissement. N'hésitez pas à suivre leur page Facebook : des événements sont régulièrement organisés. Une belle petite adresse, où vous reviendrez forcément !

Le gîte

AUBERGE DE JEUNESSE POPPIES

1, rue du 8 Mai 1945
✆ 03 22 75 03 42
info@meningate.com

Ouvert toute l'année. 48 chambres. Petit déjeuner : 6,50 €. Lit dans dortoir 24,75 €. Supplément chambre seule 20 €. Set de serviettes de toilette 2,50 €. Wifi gratuit. Restauration. Billard et baby foot.

Une auberge de jeunesse bien située en plein centre-ville, juste derrière la mairie. En tout 186 lits sont répartis dans une cinquantaine de chambres sur trois étages. Idéal pour l'hébergement de groupes avec des tarifs dégressifs et la possibilité de privatiser tout un étage. Les chambres disposent de lits simples ou superposés, et de toutes les commodités nécessaires (douche, toilette et lavabo). La salle de jeux avec un billard, un babyfoot et un flipper raviront les plus jeunes. Dernier plus : des ordinateurs avec Internet sont mis à disposition gratuitement.

HÔTEL-RESTAURANT DE LA PAIX**

43, rue Victor-Hugo
✆ 03 22 75 01 64
www.hoteldelapaixalbert.com
contact@hoteldelapaixalbert.com

Ouvert toute l'année. Accueil 24h/24. 9 chambres. Chambre simple 79 € ; chambre double 89 € ; chambre triple 99 € ; suite 119 €. Petit déjeuner : 11 €. Parking inclus (parking privé vélos et motos). Chèque Vacances. Animaux acceptés. Wifi gratuit. Restauration (ouvert en semaine midi et soir, le samedi soir et le dimanche midi ; menu de 17 à 25 €).

Vous serez ici accueilli par Jean-Luc Richard, dans une ambiance chaleureuse et rustique, avec une décoration élégante et récemment refaite. L'hôtel est à l'image des petits plats que l'on sert dans son restaurant : simple mais efficace. Dans les chambres, pas de chichis mais de la propreté et un confort sobre : une literie douillette, une belle salle de bains, et un téléviseur pour vous divertir avant de dormir.

Dans les environs

Authuille

L'AUBERGE DE LA VALLÉE D'ANCRE

6, rue du Moulin ✆ 06 08 07 99 73

Ouvert le mardi et du jeudi au samedi le soir ; du mardi au dimanche le midi. Réservation recommandée. Menus de 25 € à 39 €.

Tout simplement l'une des meilleures tables des environs, si ce n'est LA meilleure. Service impeccable et qui n'oublie pas pour autant d'être chaleureux, cadre agréable et bucolique avec la rivière voisine, et dans l'assiette, un festival de produits frais, de saveurs délicates, et une déclaration d'amour à la cuisine ! Saumon et Saint-Jacques crus marinés aux herbes, coquille façon baie de Somme, brochette de bœuf au poivre de Séchouan, ou encore magret de canard au miel d'abricot... Un vrai régal. Et comme les noms des bonnes adresses circulent très vite, un conseil : pensez à réserver !

LA TAVERNE DU COCHON SALÉ

29, rue d'Albert ✆ 03 22 75 46 14

Fermé du 15 août à début septembre et pendant les fêtes de Noël. Ouvert du mercredi au samedi le midi et le soir ; le dimanche midi. Menus de 26 € à 36 €. Menu enfant : 10 €. Formule du midi : 16 € (entrée plat et dessert). Vin au verre. Terrasse.

Une valeur sûre du triangle Albert-Bapaume-Péronne. Dans ce restaurant traditionnel à l'ambiance familiale, vous dégusterez des plats bien garnis, inspirés du terroir et de la région : escargots au maroilles, coquilles Saint-Jacques, assiette autour du cochon (poitrine, jambon, joue et mignon de porc)... En dessert, gardez absolument de la place pour la rabote picarde ou le savoureux gâteau de crêpes et framboises ! Une véritable pépite gastronomique, où vous serez accueilli dans la bonne humeur et avec le sourire.

Bayonvillers

A LA FERME

2, rue de Lamotte
✆ 06 34 54 43 10
www.a-laferme.fr – info@a-laferme.fr

Chambre simple 59,50 € ; chambre double 66 € ; chambre triple 79,50 €. Petit déjeuner inclus. Parking inclus. Chambre familiale 93 €. Tarifs dégressifs. Wifi gratuit.

L'endroit rencontre un certain succès auprès de la clientèle étrangère. Et pour cause, la ferme est située non loin de l'Australian War Memorial. Mais il n'y a pas que ça : les cinq studios mis à disposition par Isabelle et Jean-Claude ne manquent pas de charme et de fonctionnalité, et ont de surcroît le mérite d'être plutôt moderne, ce qui n'est pas le cas de la plupart des autres hébergements du secteur. De la kitchenette à la salle de bains, tous les équipements sont récents et rendent le séjour particulièrement confortable. Une grande salle de 70 m² permet d'organiser des événements : séminaire, mariage, baptême...

Beaumont-Hamel

MÉMORIAL TERRE-NEUVIEN DE BEAUMONT-HAMEL ★★

Rue de l'Eglise ✆ 03 22 76 70 86

Ouvert toute l'année. Centre d'interprétation ouvert de fin janvier à mi-décembre. D'avril à septembre, le lundi de 12h à 18h et du mardi au dimanche de 10h à 18h ; d'octobre à mars, le lundi de 11h à 17h et du mardi au dimanche de 9h à 17h. Visite guidée gratuite pour les groupes.

Situé là où s'est déroulée une terrible bataille en 1916, ce mémorial honore les Canadiens de Terre-Neuve qui ont combattu durant la Première Guerre mondiale, en particulier ceux qui n'avaient pas de tombe connue lors de son inauguration en 1925. En haut d'une petite butte se trouve une statue de caribou, animal emblème du Royal Newfoundland Regiment. Elle est environnée de plantes et de pierres originaires de l'île de Terre-Neuve et domine un site où l'on peut voir un réseau d'anciennes tranchées, ce qui ajoute à l'émotion qui saisit le visiteur. Chaque année, d'importantes cérémonies commémoratives sont organisées le 1er juillet et le samedi précédant le 11 novembre.

Cappy

OFFICE DE TOURISME

Chemin du Port
Capitainerie du port de plaisance
✆ 09 73 13 75 16
www.portdecappy.com

Ouvert de mai à septembre, tous les jours de 14h à 18h. Canoë et paddle 5 € les 30 min ; 8 € l'heure ; 15 € la demi-journée. Pédalo 8 € les 30 minutes et 10 € l'heure. Gyropode 5 € les 15 min, les 10 € l'heure et 25 € la demi-journée. Bateau électrique 25 €.

Après avoir servi pour le commerce, le port de Cappy est une belle vitrine pour le tourisme fluvial. Plusieurs milliers de plaisanciers y font maintenant escale avec 22 anneaux et 44 places. Vous pourrez en profiter pour louer des pédalos, des paddles, des canoës, un bateau électrique et même des gyropodes. Le parcours entre Cappy et Frise en passant par l'Eclusier-Vaux est charmant, en pique-niquant aux bords des étangs.

Points d'intérêt

LA CUEILLETTE DE CAPPY – LABYRINTHE

Rue de Bana
✆ 06 75 73 15 53
lacueillettedecappy@orange.fr

Ouvert toute l'année. Le mercredi, le vendredi et le samedi de 9h à 12h ; le vendredi et le samedi de 14h à 18h. Labyrinthe 4 €, à partir de 7 ans. Ouvert de mi-juillet à mi-septembre. Animations.

La Cueillette de Cappy vous propose ses fruits et légumes locaux à cueillir directement au cœur des champs ou à venir chercher dans le magasin. Selon les saisons, vous pourrez trouver des fruits, des légumes, des yaourts, des fromages, du beurre, des œufs, du jus de pomme, du cidre, des terrines, du pâté et même du champagne. L'été, les enfants apprécieront de se perdre dans le labyrinthe d'épis de maïs. Des nocturnes vous sont même proposées (réservation nécessaire). La Cueillette est en cours d'agrémentation pour devenir une ferme pédagogique et accueillir des écoliers et des centres aérés.

Longueval

MÉMORIAL SUD-AFRICAIN DU BOIS DELVILLE ★★★

5, route de l'Afrique du Sud
✆ 03 22 85 02 17
www.delvillewood.com
info@delvillewood.com

Mémorial accessible tous les jours de l'année. Musée fermé en décembre et janvier, ouvert du mardi au dimanche de 10h à 17h30 entre avril et octobre et jusqu'à 16h le reste de l'année. Gratuit.

En tant que troupe du Commonwealth, la Première brigade d'infanterie sud-africaine prit part à la bataille de la Somme. Ces soldats furent engagés dans la prise du bois Delville, qu'ils surnommèrent Devil's Wood, « le bois du Diable ». Les 3 200 engagés se trouvèrent vraiment pris dans un enfer qui ne laissa que 143 rescapés. Autour de ce champ de bataille se sont construits le mémorial national des Sud-Africains, un musée (réplique du fort du Cap rappelant la contribution sud-africaine à la résolution des conflits du XXe siècle) ainsi qu'une nécropole dont les deux-tiers des tombes abritent des dépouilles n'ayant pu être identifiées. Depuis 2016, on y trouve aussi un jardin et un mur du souvenir avec tous les noms des soldats sud-africains morts pendant la Grande Guerre. Chaque année, à la mi-juillet, une cérémonie commémorative y est organisée.

Pozières

MÉMORIAL AUSTRALIEN – BLOCKHAUS GIBRALTAR

Site du Gilbraltar
First Australian Division Street
A 400 m au sud-est du centre de Pozières.
Accès possible par 268, route d'Albert – D929.

Ouvert toute l'année. Accès libre toute l'année.

Le mémorial australien est un hommage à la 1re division australienne qui participa à la prise du village avec la 48e division britannique. Le chemin qui mène au monument correspond à la première tranchée du dispositif allemand défendue par ce qui fut le blockhaus Gibraltar (l'un des deux sites d'observation qui existaient dans le secteur), et dont les fondations restent visibles. Les soldats australiens réussirent à s'en emparer le 14 juillet 1916. De là, vous pourrez parcourir à pied les principaux sites historiques de Pozières. Depuis 2017, un mémorial rend aussi hommage à tous les animaux australiens morts pendant la Première Guerre mondiale.

TANK CORPS MEMORIAL, LE MÉMORIAL DES TANKS

Route de Bapaume – D929
A 1 km au nord du centre de Pozières.

Accès libre toute l'année.

Ce mémorial se trouve à la sortie nord du village. Il s'agit d'un obélisque en pierre dont les quatre angles sont ornés d'un modèle réduit en bronze des tanks utilisés lors de la Grande Guerre. C'est le 15 septembre 1916, au cours de combats menés par la IVe Armée britannique dans le secteur Flers, à l'est de Pozières, que les chars furent pour la première fois engagés sur un champ de bataille. Malgré un succès relatif (seuls 9 sur 32 atteindront leurs objectifs), les chars seront par la suite utilisés massivement, notamment à Cambrai en 1917 et à Villers-Bretonneux en 1918.
Face au mémorial, de l'autre côté de la D929, se trouve le site mémoriel du Windmill (le moulin à vent), qui correspond à l'emplacement de l'un des deux postes d'observation allemands au nord et au sud de Pozières. Bien que fortement endommagé par l'artillerie aux premiers jours des combats, il ne fut pris par les troupes australiennes que le 4 août 1916, au terme de combats acharnés.

LE TOMMY, CAFÉ DU SOUVENIR
91, route d'Albert – D929
✆ 03 22 74 82 84
letommy1916.com
cafe@letommy.com
Ouvert tous les jours. Compter 25 € à la carte. Tarifs du musée : adulte 7 €, enfant 3 €, groupe à partir de 10 personnes 5 €.
Entendons-nous bien, il ne s'agit pas ici d'une étape gastronomique, mais plutôt d'un lieu de convivialité et de partage, avec une thématique forte : la Première Guerre mondiale. Ce n'est pas pour rien que le Tommy se nomme également « le Café du souvenir »... Nombreux sont les touristes australiens, américains et autres qui y font halte pour découvrir les différents mémoriaux du coin. Du matin au soir, vous y trouverez de quoi manger, simple et bon, des plats oscillants entre les cuisines française, britannique et irlandaise. Vous pourrez également juste y boire un verre, ou visiter la boutique du café-restaurant, où dénicher des raretés datant de la Grande Guerre. Le Tommy propose également la visite de tranchées anglaise et allemande, avec une mise en scène comportant mannequins et abris.

BUTTERWORTH FARM
Chemin Georges Butterworth
Route de Bazentin
✆ 03 22 76 07 12
www.butterworth-cottage.com
contact@butterworthfarm.com
Gîtes de France (3 épis). Ouvert toute l'année. Quatre chambres et une suite. Pour 14 personnes. Lit d'appoint : 20 €. 65 € la nuit pour une personne, 80 € pour deux, chambre familiale de 110 à 140 € et suite de 140 à 160 €. Petit-déjeuner inclus. CB non acceptée. Les animaux ne sont pas acceptés. Wifi gratuit.
Baptisé du nom du compositeur britannique George Butterworth, qui fut tué à Pozières le 5 août 1916 dans une tranchée située à proximité, l'endroit a tout pour séduire, à commencer par les propriétaires des lieux, John et Chantal Mac Coll, qui accueillent véritablement leurs hôtes comme des amis. Il n'est par exemple pas rare qu'un gâteau maison et une boisson chaude attendent à leur arrivée les voyageurs. Sans compter leurs récits d'histoire, leur passion, et plus particulièrement ceux de la Grande Guerre qui en quelques mots vous plongent dans l'émotion des combats de l'époque, et en disent plus que bon nombre de guides-conférenciers. Et puis il y a les chambres aux noms évocateurs : « La vie en rose », « Out of Africa »... Issues d'une transformation de l'une des anciennes granges de la ferme familiale, décorées avec goût, entretenues avec minutie, elles permettent un repos profond et réparateur. Un lieu que l'on ne saurait trop vous conseiller !

Thiepval

MÉMORIAL FRANCO-BRITANNIQUE
8, rue de l'Ancre
✆ 03 22 74 60 47
www.historial.fr
thiepval-accueil@historial.org
Fermeture de mi-décembre à mi-janvier. Basse saison : ouvert tous les jours de 9h30 à 17h. Haute saison : tous les jours de 9h30 à 18h. Adulte 6 €, enfant de 7 à 15 ans 3 €, gratuit pour les moins de 7 ans. Possibilité de billet combiné avec l'Historial de la Grande Guerre (Péronne). Boutique. Aire de pique-nique.
Rien de moins que le plus grand mémorial de guerre britannique au monde : plus de 10 millions de briques ont été nécessaires à sa construction. Sur la pierre de ce géant de 45 mètres, qui se détache de façon impressionnante des champs picards, sont gravés les noms de 72 000 soldats morts sans que leur corps ne soit retrouvé. Le monument est une façon de se remémorer ce carnage qui fait de Thiepval l'un des principaux théâtres de la Grande Guerre. Depuis 2016, le Centre d'accueil et d'interprétation a été enrichi d'un musée de 450 m² consacré à la bataille de la Somme, avec une fresque panoramique de l'illustrateur Joe Sacco qui raconte heure par heure, sur 60 m de long, cette terrible journée du 1er juillet 1916, où 20 000 soldats britanniques perdirent la vie. Vous y trouverez également une salle consacrée à la mémoire des « Missing » de toutes nationalités et une réplique grandeur nature de l'avion de Charles Guynemer.

TOUR D'ULSTER
Route de Saint-Pierre-Divion
✆ 03 22 74 87 14
www.irishsoldier.org
ulstertower@sommeassociation.com
Fermé de décembre à février. Ouvert du mardi au dimanche de 10h à 17h. Gratuit.
Un bout d'Irlande au cœur de la Haute-Somme, pour se rappeler la 36e division d'Ulster (Irlande), dont un quart des hommes furent tués, blessés, portés disparus ou faits prisonniers le 1er juillet 1916. La tour d'Ulster, également appelée Tour de Belfast ou Tour Hélène, est une copie d'une tour du parc de Clandeboyne en Irlande où s'entraînaient les Irlandais. A l'intérieur : des blasons et couronnes de coquelicots, symboles du souvenir des combattants tombés sur les champs de bataille pour les pays du Commonwealth.

AMIENS ★★★

De son ancien nom Samarobriva, Amiens, préfecture du département de la Somme, a connu une histoire riche et mouvementée. En 1220, une paix durable s'installe dans la ville lui permettant de prospérer grâce au commerce du tissu et ainsi de lancer la construction d'un chantier titanesque, celui de la cathédrale Notre-Dame. La ville se distinguera aussi par l'industrie de la teinture avec la fameuse guède, appelée waide en picard, qui permet d'obtenir le célèbre bleu d'Amiens. 1914, la guerre éclate : la cathédrale est miraculeusement épargnée, mais de nombreux travaux de reconstruction se déploient dans le reste de la ville détruite aux deux tiers à l'issue de la Seconde Guerre mondiale. Dans les années 1940, de grands monuments symboliques voient le jour comme la tour Perret dans le quartier de la Gare. On ne peut parler d'Amiens sans évoquer l'illustre écrivain Jules Verne qui s'impliqua dans de nombreux projets citadins, comme le fameux cirque qui porte son nom.

Qu'il est bon de flâner dans les rues et ruelles qui vous conduisent du centre-ville vers la cathédrale. Prolongez ensuite votre promenade vers le quartier Saint-Leu et profitez de ses nombreux cafés pour vous désaltérer. Poursuivez ensuite vers le parc Saint-Pierre et les hortillonnages, dans un cadre verdoyant et apaisant. Ces dernières années, la ville a connu d'importantes mutations avec la piétonnisation de certaines rues commerçantes, le retour de l'université à la citadelle, l'extension du zoo... Plusieurs chantiers de taille ont d'ailleurs abouti en 2020 : la ville a obtenu le titre de capitale européenne de la jeunesse : de quoi réjouir les 30 000 étudiants que compte la ville ! Au niveau culturel, la cathédrale fête ses 800 ans cette année et le Musée de Picardie vient de rouvrir ses portes après plusieurs années de travaux.

■ **OFFICE DE TOURISME D'AMIENS MÉTROPOLE**
23, place Notre-Dame
✆ 03 22 71 60 50
www.amiens-tourisme.com
ot@amiens-metropole.com

Ouvert du lundi au samedi de 9h30 à 18h30 ; le dimanche de 10h à 12h et de 14h à 17h. Fermeture à 18h en basse saison. Brochures téléchargeables sur le site Internet.

Pour mieux vous y retrouver dans Amiens, qui est tout de même la capitale de l'ancienne région Picardie et une des places fortes des Hauts-de-France, mieux vaut se référer à l'office de tourisme. Situé sur le parvis de la cathédrale, vous y trouverez de nombreuses informations sur, justement, la cathédrale, classée au patrimoine mondial, la maison de Jules Verne, ou encore les différents lieux de culture. Au programme également : le détail des visites guidées proposées par l'office, des idées d'activités pour les enfants, ou encore des renseignements sur les musées de la ville et les meilleurs hébergements et restaurants. L'office propose également une petite boutique pour ramener des souvenirs de votre séjour à Amiens.

Points d'intérêt

Monuments

■ **BEFFROI** ★
Place au Fil
✆ 03 22 97 40 40
www.amiens.fr

Visite guidée (durée 1h30 à 2h. Toute l'année, les 2e et 4e dimanches du mois à 15h ; sauf entre mars et juin à 11h. Nocturne à 23h les vendredi de juillet-août. Adulte : 4 €. Enfant : 2 €. Tarif réduit : 3 €).

Le beffroi est un monument incontournable dans le paysage amiénois. La base du beffroi date de 1406 mais la charpente en bois a été de nombreuses fois détruite par les incendies. La nouvelle charpente date de 1988, date à laquelle débutent les travaux de reconstruction. Voilà pourquoi le monument est de style mixte : gothique (XVe siècle) pour la base et dit « jésuite » (XVIIIe siècle) pour la charpente. Au cours de ses années d'existence tumultueuse, il trouva plusieurs utilités. La cloche prévenait du danger, mais était aussi symbole de liberté et de réunion. L'endroit se fit pourtant prison et salle de dépôt d'armes. Situé place au Fil, cet édifice apporte une âme au lieu surtout depuis 1993, date à laquelle les halles à l'architecture résolument moderne furent construites tout à côté. Depuis 2005, le beffroi est inscrit à l'inventaire des Monuments historiques et classé au patrimoine mondial de l'Unesco. Depuis la terrasse, après une centaine de marches, vous avez une vue imprenable et panoramique sur la ville.

■ **CATHÉDRALE D'AMIENS** ★★★★
Place Notre-Dame
✆ 03 22 80 03 41

Voir page 21.

La Grande Rèderie d'Amiens

Avec ses 80 000 visiteurs deux fois dans l'année (en avril et en octobre) et ses 15 kilomètres de trottoirs occupés par les professionnels et amateurs de la brocante, la Rèderie d'Amiens est un incontournable. Que vous soyez passionné ou curieux, la déambulation dans les rues d'Amiens, transformées en caverne d'Ali Baba, a de quoi émerveiller. Près de 2 000 exposants se lèvent aux aurores pour installer leurs stands de trouvailles et de merveilles pour les dévoiler au petit matin aux premiers visiteurs. Les chineurs profitent également de la pause déjeuner pour savourer une ficelle picarde et une bière régionale. Un rendez-vous chaleureux qui fait de la Rèderie d'Amiens l'événement semestriel le plus important du nord de la France !

Carton plein pour Chroma, le nouveau spectacle de la cathédrale d'Amiens

Oublié « Amiens, la cathédrale en couleurs » qui a séduit plus de 2,3 millions de spectateurs, place à « Chroma » qui redonne vie aux saints, apôtres et autres figures, sculptés dans la pierre au XIIIe siècle. Cette animation fascinante dure maintenant 50 minutes et se déroule à la tombée de la nuit de mi-juillet à mi-septembre, ainsi que tout le mois de décembre.

■ CIRQUE JULES VERNE
EPCC Pôle National Cirque et Arts de la Rue d'Amiens
Place Longueville ✆ 03 22 71 60 50

Voir programmation sur le site Internet. Une trentaine de spectacles par an. Adulte : 16 €. Jeunes de 3 à 26 ans, plus de 65 ans, adhérents Circopass 8 €. Tarifs réduits à 13 et 5 €.

A l'origine, la place Longueville accueillait des spectacles comme la foire Saint-Jean sous des tentures provisoires. En 1874, les tentures furent remplacées par un chapiteau en bois, et dix ans plus tard, Jules Verne, alors conseiller municipal, participa aux délibérations qui amèneront la ville à construire à ce même endroit un cirque en pierre. Inauguré en 1889, c'est l'un des très rares qui subsiste encore de nos jours ! Sa coupole métallique et sa structure audacieuse ont été mises en valeur par l'artiste autrichien Ernst Caramelle qui les a éclairées en couleurs primaires. Classé par les Monuments historiques en 1975, l'édifice se distingue par son architecture exceptionnelle. De style néoclassique, il est dominé par le rouge faisant appel au style pompéien. Les loges, les écuries ainsi que les autres lieux de préparation du spectacle sont situés au rez-de-chaussée. Depuis 2011, c'est aussi un pôle national des arts du cirque qui accompagne les artistes dans leur travail et qui accueille les jeunes à partir de 8 ans. En 2017, le cirque a subi des travaux de rénovation pour retrouver de sa superbe. Venez l'admirer lors des visites guidées organisées régulièrement par l'office de tourisme (de octobre à mai) !

Musées

MAISON DE JULES VERNE ★
2, rue Charles-Dubois
✆ 03 22 45 45 75
www.amiens.fr

Ouvert toute l'année. Basse saison : le lundi et du mercredi au vendredi de 10h à 12h30 et de 14h à 18h ; le week-end de 14h à 18h. Haute saison : du mercredi au lundi de 10h à 12h30 et de 14h à 18h30 ; de 14h à 18h30. Gratuit jusqu'à 5 ans. Adulte : 7,50 €. Enfant (de 6 à 17 ans) : 4 €. Tarif réduit : 5 €, audioguide 2 et 3 €. Label Tourisme & Handicap. Boutique. Animations. Ateliers d'écriture.

La ville d'Amiens n'est pas peu fière d'avoir accueilli sur son sol le célèbre écrivain Jules Verne. L'écrivain est venu s'y installer en 1872. Et c'est en 1882 qu'il emménage dans cette vaste maison du milieu du XIXe siècle, où il vivra pendant 18 ans. Au rez-de-chaussée on trouve un jardin d'hiver, une salle à manger ainsi qu'un grand et un petit salon où sont affichées des photos des membres de la famille de l'écrivain. Au premier étage, ont été reconstitués la librairie, le salon et le bureau de Pierre-Jules Hetzel, éditeur et ami de Jules Verne. Mais c'est au deuxième étage que l'aura de l'écrivain est véritablement palpable, et plus particulièrement dans son cabinet de travail. Portemine, porte-plumes, qu'il a utilisé à la fin de sa vie, globe terrestre, c'est là que Jules Verne écrivit entre autres « Deux ans de vacances » et « Le Village Aérien ». La visite se termine dans le grenier de la maison, où s'accumulent affiches, photos ou machines volantes imaginées par Jules Verne. On apprécie les nombreuses activités proposées, comme les visites théâtralisées, les parcours ludiques pour les enfants et les énigmes à résoudre.

■ MUSÉE DE PICARDIE ★★
2, rue Puvis de Chavannes
✆ 03 22 97 14 00
www.museedepicardie.fr
resa.mp@amiens-metropole.com

Fermé les 1er janvier, 1er mai, et 25 décembre. Basse saison : ouvert du mardi au vendredi de 9h30 à 18h ; le week-end et les jours fériés de 11h à 18h. Haute saison : du mardi au vendredi de 9h30 à 19h ; le week-end et les jours fériés de 11h à 19h. Haute saison de mai à août. Adulte : 7 €. Tarif réduit : 4 €. Gratuit le 1er dimanche du mois. Visite guidée. Boutique. Animations.

Après trois ans de travaux, la réouverture du Musée de Picardie le 1er mars 2020 était très attendue ! Conçu en 1867 sur le modèle du Louvre de Napoléon III, il fut le premier bâtiment en France destiné à être un musée et servit même de modèle pour d'autres villes. Classé monument historique en 2012, l'établissement a rénové tout son 1er étage et les décors peints. Les œuvres s'exposent dorénavant sur trois niveaux : au sous-sol l'archéologie, au rez-de-chaussée les collections médiévales et les sculptures, et au 1er étage les peintures. Un voyage retraçant l'histoire du monde occidental, depuis la Préhistoire jusqu'à l'art contemporain, en passant par l'Antiquité égyptienne et grecque, le Moyen Age et la Renaissance. La nouvelle configuration et la muséographie contribuent à mieux valoriser les 3 000 œuvres qui vous attendent à l'intérieur, comme la toile spectaculaire d'Albert Maignan *Les Voix du tocsin* de nouveau accrochée dans le Grand Salon. Plus lumineux et moderne, le musée propose aussi des espaces propices à la détente avec une chapelle où vous attendent lectures et jeux dans un décor étonnant…

Le quartier Saint-Leu et ses sculptures

Après avoir fait le plein de culture, évadez-vous un peu dans le quartier branché et estudiantin de Saint-Leu. Situé au pied de la cathédrale, le long de la Somme et de ses bras canalisés, le secteur affiche des petites maisons étroites, un peu à l'image d'Amsterdam. Les couleurs des maisonnettes donnent un charme particulier à ce quartier populaire, passé en quelques décennies d'une très mauvaise réputation à un lieu de flânerie et de fête incontournable. Profitez donc de l'ambiance nocturne ou d'un repas sur le Quai Bélu. Au bord de l'eau, dans un secteur piétonnisé, les terrasses bien exposées vous tendent les bras, avec une vue sur l'impressionnante cathédrale. Au milieu de la rivière, vous remarquerez une sculpture de Stephan Balkenhol, *L'Homme sur sa bouée*. Emblème du quartier, il a été tellement malmené lors de soirées festives et sa longue exposition dans l'eau qu'il a été cassé en 2018. Pour le plus grand soulagement des Amiénois, il a été remplacé par une nouvelle version en métal inoxydable, tout comme ses deux compères : *La Femme à la robe verte* et *L'Homme à la chemise rouge*. Tous deux sont perchés de part et d'autre des rives, on vous laisse les découvrir et imaginer l'histoire de ces trois personnages, leur créateur ayant préservé le mystère sur leur signification.

Balades, flâneries

■ LES HORTILLONNAGES

54, boulevard de Beauvillé ✆ 03 22 92 12 18
http://leshortillonnages-amiens.fr
apsseh@wanadoo.fr

Ouvert du 1er avril au 31 octobre. Visite gratuite des Hortillonnages en vous baladant à pied ou en vélo sur les sentiers. Ouvert tous les jours de 9h à 12h et de 13h30 à 18h. Gratuit jusqu'à 3 ans. Visite guidée en barque : adulte 7 € ; enfant 11 à 16 ans 6,50 € ; enfant 3 à 10 ans 4,50 € ; – de 3 ans gratuit.. Tarifs pour groupes variables selon la barque. Se renseigner sur le site internet. Visite guidée (45 min).

Voilà un petit bout de paradis en pleine ville. Un endroit où le temps s'arrête, et duquel on voudrait ne pas partir. Les hortillonnages, ou « jardins flottants », quadrillés par la Somme et l'Avre, existent depuis l'époque gallo-romaine. Mais ce n'est qu'à partir du Moyen Age qu'ils ont réellement commencé à être exploités. Ils s'étendent aujourd'hui sur près de 300 ha. La visite de cet endroit unique se fait à bord d'une « barque à cornet », embarcation traditionnelle des hortillonnages et reconnaissable à son avant relevé qui permet d'accoster facilement. Le guide, qui manœuvre son bateau à la manière d'un gondolier, s'aidant tout de même d'un petit moteur électrique, commente le paysage, et prend le temps de vous sensibiliser à la faune et la flore du site. Une balade qui vous enchantera ! Depuis 2017, vous pouvez compléter cette visite avec le musée consacré à ce site unique à Rivery.

▶ **Plan futé** : on vous conseille une visite à pied ou en barque entre les mois de juin et octobre, pendant le Festival international de jardins Hortillonnages Amiens qui installe l'art contemporain au beau milieu des canaux.

ZOO D'AMIENS ★★

Esplanade de la Hotoie
✆ 03 22 69 61 12
www.zoo-amiens.fr
zoo@amiens-metropole.com

Fermé du 16 novembre au 31 janvier. Basse saison : ouvert tous les jours de 10h à 17h. Haute saison : tous les jours de 10h à 18h. Fermeture à 19h en juillet-août. Gratuit jusqu'à 3 ans. Adulte : 7,50 €. Enfant (de 3 à 15 ans) : 4,50 €. Famille (1 adulte + 1 enfant) : 10,50 €. Abonnement annuel adulte 26 €. Chèque Vacances. Restauration. Boutique. Animations. Formule soigneur d'un jour à partir de 10 ans : 70 € par enfant pour 2h30 d'animation avec 1 adulte obligatoire et gratuit.

Ce sont pas moins de 500 animaux que vous pourrez découvrir sur les quelque 7 hectares que compte le zoo : des singes, des pandas roux, des flamants roses, des zèbres… Le parc est aussi très actif dans la protection de l'environnement et de la biodiversité, en hébergeant pas moins de 30 espèces considérées en danger dans leur milieu naturel. Seconde destination touristique du département de la Somme, après la cathédrale d'Amiens, le zoo est une parenthèse exceptionnelle située à deux pas du centre-ville et au cœur du parc de la Hotoie. Plusieurs nouveautés pour cette année 2020 avec l'ouverture des zones Archipels et Rivages permettant d'admirer notamment le fameux tigre de Sumatra et les prouesses aquatiques des otaries et des manchots de Humboldt ! Cet été, vous pourrez aussi déjeuner dans le restaurant le Pavillon bleu, qui ne manquera pas de rappeler quelques bons souvenirs aux adeptes des soirées étudiantes…

Le couvert

■ LE 8

8, place Parmentier
✆ 03 60 24 31 68
www.restaurant-le8.fr
le8.amiens@hotmail.com

♿

Ouvert du mardi au samedi de 12h à 14h ; du mardi au jeudi de 19h à 22h ; le vendredi et le samedi de 19h à 22h30. Suggestion du jour : 15,90 € (entrée plat ou plat dessert ou 18,90€ entrée-plat-dessert). Vin au verre. Accueil des groupes.

Ici, l'ambiance est feutrée et chic. On est certes loin de la chaleur et de la convivialité des restaurants du Nord, mais le professionnalisme de l'équipe est un atout de taille. Derrière le comptoir du bar, le bartender prépare les cocktails avec un savoir-faire impressionnant. En cuisine, on vous prépare des entrées, des planches, des salades, des pizzas, des poissons et des viandes. Une ardoise permet aussi de goûter les suggestions du moment, à base de produits de saison. Les assiettes sont toujours bien présentées, généreuses et savoureuses. Une nouvelle adresse qui ravira ceux qui veulent continuer à perpétuer la tradition des « soirées sur Saint-Leu » dans un cadre plus chic.

■ AIL DES OURS
11, rue Sire Firmin Leroux
✆ 03 22 48 35 40

Ouvert du mardi au samedi le midi et le soir. Menus de 19 € à 38 €. Vin au verre.

L'Ail des Ours est devenu un incontournable à Amiens ! Le chef propose une cuisine gourmande et créative qui ravira à coup sûr vos papilles. L'élégance et le raffinement se lisent à la fois dans la salle et dans l'assiette. Le menu, qui change chaque semaine, fait la part belle aux produits locaux et de saison. Le choix est limité parmi les plats de l'ardoise mais la fraîcheur et la saveur sont garanties ! On y fait quelques découvertes intéressantes comme le skrei, ce cabillaud de Norvège, accompagné de ses légumes : un délice ! Pour ceux qui n'aiment pas les surprises : la page Facebook est actualisée tous les jours pour découvrir ce que le chef vous a concocté !

■ L'ATELIER D'ALEX
12, rue des Orfèvres
✆ 06 98 87 67 64

Ouvert du mardi au samedi de 17h à 0h30. Formule : 26 € (planche et une bouteille de vin). Vin au verre. Planche découverte (fromages et charcuteries) 22 € ; planche de fromages rôtis et de charcuteries à partir de 13 € ; planche végétarienne à partir de 10 €. Accueil des groupes (sur réservation). Animations.

Bar à vins et cave à bières où il fait bon partager une planche de charcuteries, de fromages ou de légumes, l'Atelier d'Alex est bien implanté depuis plusieurs années dans le quartier de la cathédrale. Partez pour un voyage sur les côtes méditerranéennes en dégustant des vins italiens et espagnols, ou explorez le terroir picard avec la fameuse Picardilly, les Mascottes de Corbie (en bouteille ou pression), la Page 24, ou encore une bière brassée dans l'Oise L'Agent provocateur signée Craig Allan ! A goûter également, le champagne venu des coteaux de l'Aisne chez Dechelle Henri et Fille. Venez également ici pour profiter de l'ambiance conviviale, des conseils et de la bonne humeur de l'équipe et des soirées concerts.

■ BISTROT LA PEÑA
45, rue Robert de Luzarches
✆ 03 22 41 27 35

Ouvert le mardi et le dimanche le midi ; du mercredi au samedi le midi et le soir. Réservation recommandée. Menus de 24 € à 30 € (deux ou trois plats). Carte : 18 € environ. Vin au verre. Brunch le dimanche. Terrasse.

Ce bistrot familial qui sent bon le Sud-Ouest fait carton plein à Amiens ! Bien situé à côté de la cathédrale, il séduit avec sa carte qui change chaque semaine. Ses plats entièrement faits maison allient remarquablement les saveurs : paleron de bœuf à la bière cuit façon pot-au-feu, ballottine de volaille aux noisettes et à la sauge avec butternut, Saint-Jacques et sa mousseline de chou-fleur avec taboulé au citron. Pour l'apéritif, ne passez pas à côté des tapas : couteaux à la plancha, billes de mozzarella ou crevettes à l'ail. La cuisine ouverte permet une proximité avec les jeunes patrons sympathiques. Une adresse à découvrir de toute urgence !

■ LES BOUCHEES DOUBLES
11 bis, rue Gresset
✆ 03 22 91 00 85

Ouvert du lundi au samedi de 12h à 14h et de 19h30 à 22h30 ; le dimanche de 12h à 14h. Réservation recommandée. Menus de 19,50 € à 39,50 €. Menu enfant : 9,50 €. Terrasse.

C'est bien connu : les amateurs de viande amiénois trouvent toujours leur plaisir aux Bouchées Doubles. Alors que l'établissement commençait à montrer des signes de fatigue, le fils du patron, Vittorio Wiotte, a repris les rênes et c'est pour le mieux ! La décoration est désormais simple, élégante et raffinée. Une fois entré, les vitrines de vins et de spiritueux attiseront déjà vos papilles. La grande nouveauté réside dans le principe de la viande maturée : des pièces de bœuf laissées à l'affinage plusieurs semaines. Une véritable expérience culinaire. La modernité n'oublie cependant pas la tradition : au centre de la pièce trône fièrement une trancheuse manuelle qui fait le spectacle : des chiffonnades pour l'apéritif sont préparées devant les clients. Exigence et viandes de qualité : de quoi de savourer de très bons repas.

LE BOUCHON
10, rue Alexandre-Fatton
✆ 03 22 92 14 32
www.lebouchon.fr
amiensleboucho n@gmail.com

♿

Ouvert du mardi au vendredi et le dimanche de 12h à 13h30 ; du mardi au samedi de 19h à 21h30. Réservation impérative. Menus de 44 € à 83 €. Formule du midi : 29 €. Vin au verre. Accueil des groupes. Sevice traiteur.

Discrètement installée à quelques pas de la gare, cette belle table continue année après année à proposer une cuisine de qualité constante. Le chef Marc Hammani, dont le CV ferait rêver n'importe quel apprenti cuisinier, dirige le navire d'une main à la fois ferme et délicate. Après avoir fait le tour du monde, c'est avec une envie pleine de nouvelles saveurs qu'il revient dans la ville où il a grandi. Une seule exigence s'impose : utiliser des produits locaux et de saison. A partir de là, toutes les inventions sont possibles. Le client peut choisir de s'installer côté bistrot ou côté table, entre la convivialité et la rigueur. La décoration est soignée et le service attentif.

L'ADRESSE
70, rue des Jacobins
✆ 03 60 60 69 25
www.ladresse-amiens.fr
restaurant@ladresse-amiens.fr

Ouvert toute l'année. Le lundi midi ; du mardi au samedi le midi et le soir. Réservation recommandée. Menus de 12,90 € à 15,90 € (seulement le midi en semaine). Menu enfant : 6,90 € (pour les moins de 10 ans). Plat du jour : 9,90 €. Vin au verre. Pizzas de 9,90 à 15,90 €. Accueil des groupes (salle indépendante jusqu'a 20 personnes. Séminaires et repas de groupe possible jusqu'à 100 personnes). Chaises bébé. Terrasse. Vente à emporter.

En mal de lumière ? Vous serez séduit par cet établissement niché dans la cour du centre d'affaires. Installée dans d'anciens ateliers, la terrasse chauffée, sous la lumineuse verrière, rajoute du cachet. Les plats ne sont pas en reste avec une cuisine traditionnelle italienne délicieuse et des saveurs subtiles qui raviront les papilles. Les produits frais manipulés avec tout l'amour d'un chef passionné (Ulrich Domont) fondent sous la langue. Les pâtes fraîches, les pizzas, le risotto et le tiramisu : tout frôle le sans-faute. L'accueil chaleureux et l'ardoise de suggestions qui change tous les jours finissent de nous convaincre. *Delizioso* !

Ô' JARDIN
57, chemin de Halage
✆ 03 22 92 04 27
ojardin@orange.fr
A 200 mètres à pied par le chemin de halage, en descendant au niveau du bar Au Fil de l'Eau.

Ouvert toute l'année. Du jeudi au mardi le midi et le soir. Menus de 28 € à 36 € (entrée, plat et dessert). Plat du jour : 10 € (plat avec boisson). Vin au verre. Menu déjeuner 16,50 € (deux plats et une boisson). Accueil des groupes (de 25 à 43 €). Terrasse. Location de barque 5,50 € par personne.

Un restaurant à la terrasse incomparable, où il fait bon déjeuner le long des hortillonnages en profitant des rayons du soleil. Au milieu de la salle trône une rustique cheminée pour faire cuire les côtes à l'os au feu de bois. De quoi faire le spectacle ! La carte change deux fois par an et propose des produits régionaux comme la ficelle picarde mais aussi les poissons et les légumes des Hortillons. Le must : terminer votre repas par un tour de 45 minutes en barque dans les méandres des hortillonnages.

LES ORFÈVRES
14, rue des Orfèvres
✆ 03 22 92 36 01
www.lesorfevres.com
resto-lesorfevres@orange.fr

Ouvert le lundi, le mardi et du jeudi au samedi de 12h à 14h et de 18h45 à 22h ; le dimanche de 12h à 13h30. Réservation possible en ligne. Réservation recommandée. Menus de 45 € à 83 € (de 3 à 8 services). Formule du midi : 28 € (entrée, plat et dessert, seulement en semaine). Accord mets et vins pour les menus. Remise de 20% sur les menus carte blanche le samedi midi. Vente à emporter.

Les Orfèvres est-il le meilleur restaurant d'Amiens ? Dans tous les cas, il tend vers l'excellence. Poussez la porte de cet établissement et laissez voyager vos papilles grâce au chef Frédéric Barette, qui vous réserve des plats d'une élégance rare. La carte est petite, mais, comme souvent, c'est plutôt bon signe. Vous aurez à peine le temps de lire la carte que déjà l'eau vous montera à la bouche, avec des intitulés prometteurs : « filet de bœuf de salers maturé », « ris de veau sous la mère à la truffe » ou encore « lotte de nos côtes servie en koulibiac ». Tout est parfait, de la cuisson à la texture. Pour les plus aventuriers, vous pouvez également choisir un menu carte blanche avec différents services. Découvertes garanties ! A noter qu'un menu est entièrement végétarien. Un délice et une adresse exceptionnelle.

LE QUAI
13-15, quai Bélu
✆ 03 22 72 10 80
https://restaurant-lequai.fr
lequai.amiens@orange.fr

Maître Restaurateur. Ouvert toute l'année. Du lundi au vendredi de 12h à 14h et de 19h à 22h ; le week-end et les jours fériés de 12h à 14h et de 19h à 23h. Menus de 23 € à 40 € (deux ou trois plats). Menu enfant : 11 € (pour les moins de 12 ans). Plat du jour : 14 € (seulement le

midi, du lundi au samedi). Vin au verre. Chèque Vacances, Chèque Restaurant. Terrasse.
Un emplacement de choix pour ce restaurant, au cœur du quartier historique de Saint-Leu, avec une terrasse le long de la Somme. Aux beaux jours, le cadre est très prisé, pensez à réserver ! Déco design et ambiance branchée, c'est l'adresse des habitués comme des touristes. Si vous êtes nombreux, on vous conseille des pickels à partager. Vous y mangerez aussi des spécialités du terroir comme la carbonnade de joue de porc, le cœur de ris de veau ou « l'Assiette autour de la Picardie » avec une mini-ficelle picarde, un pâté de canard en croûte, un potjevleesch, une flamiche aux poireaux, mesclun et frites. Un conseil : gardez de la place pour le café « gourmet » qui mérite bien son nom...

RESTAURANT OSMOZ
8, rue Lamarck
✆ 03 22 72 79 22
restaurantosmoz@gmail.com
♿
Ouvert le lundi de 12h à 14h30 ; du mardi au samedi de 12h à 14h30 et de 19h à 22h30. Menus de 19,90 € à 25,90 €. Menu enfant : 8,90 €. Plat du jour : 9 €. Vin au verre. Accueil des groupes. Chaises bébé. Animations. Service traiteur.
Dans un décor *cosy et* chaleureux, l'Osmoz est un ravissant endroit pour le déjeuner ou le dîner. C'est un restaurant ou vous vous régalerez avec des plats savoureux qui font la part belle aux produits frais et de saison. Au choix dans la carte qui se renouvelle régulièrement : le risotto de saumon, la ficelle picarde, les ravioles de truffes blanches, la marmite de poisson, la volaille farcie au foie gras sauce albufera... En dessert, on vous recommande Le moelleux et le tiramisu ! L'établissement propose également une carte brasserie avec une restauration plus simple, plus rapide mais tout aussi goûteuse. L'Osmoz accueille de temps en temps des concerts intimistes. N'hésitez à suivre leur page Facebook pour ne rater aucun événement.

LE SAINT-ROCH
2, place Foch
✆ 03 22 91 38 69
www.restaurant-le-saint-roch.fr
contact@restaurant-le-saint-roch.fr
♿
Ouvert tous les jours le midi ; du mercredi au samedi le soir. Menus de 24,90 € à 28,90 € (deux ou trois plats). Formule du midi : 14,90 € (en semaine seulement). Vin au verre. Hôtel.
Des fleurs qui se baladent un peu partout sur les murs et dans la décoration de cet établissement, aux couleurs des Hortillonnages. Vous pourrez vous y rassasier grâce à de savoureux plats, à base de viande ou de poisson. Essayez par exemple la tête de veau, la ficelle picarde, la flamiche ou encore le pâté de canard, accompagnés de pommes de terre (vitelotte et amandine) ou de haricots de Soissons qui vous seront servis par un personnel, souriant, attentif et prévenant. L'un des points forts reste aussi les desserts, particulièrement copieux et dotés d'une personnalité propre au restaurant. Ainsi, la crème brûlée est dotée d'un goût unique et original et les glaces sont généreuses en crème chantilly. Le week-end, le maître de maison s'installe au piano et s'improvise, au gré des envies, crooner, rockeur ou chanteur de rue... Ambiance garantie !

LE VIVIER
593, rue de Rouen
✆ 03 22 89 12 21
www.restaurantlevivier-amiens.com
vivier.le@orange.fr
♿
Ouvert du mardi au samedi de 12h à 14h et de 19h à 21h30. Réservation recommandée. Menus de 35 € à 58 €. Chèque Vacances, Chèque Restaurant. Terrasse.
Le Vivier est une référence gastronomique amiénoise. Vous serez accueilli par une équipe professionnelle qui vous fera passer un moment d'exception. A la carte, les produits de la mer sont mis à l'honneur et travaillés avec justesse et inventivité par le chef Marc-Etienne Mont. Il s'agit également du lieu idéal pour les amateurs de crustacés qui pourront se délecter de plateaux de fruits de mer dignes des plus belles fêtes. Et pour ceux qui ne parviennent pas à se décider, les menus en trois, quatre ou cinq temps sont une très bonne alternative. On accompagne bien sûr le tout d'un vin issu d'une carte très complète. A noter que le Vivier possède également un côté Bistro.

Le gîte

■ HÔTEL LA CHAMBRE***

1, avenue de l'Hippodrome
Entrée par la rue Colbert
✆ 03 22 22 50 50
http://lachambredamiens.com
contact@lachambredamiens.com

Logis. Accueil jusqu'à 22h30. 25 chambres. Chambre double à partir de 85 € ; chambre triple à partir de 98 €. Chèque Vacances. Animaux acceptés (supplément de 6 € par jour). Wifi gratuit.

Un nouvel hôtel à Amiens, qui a vu le jour tout près du Zénith et de l'hippodrome, et à seulement 15 minutes à pied du centre-ville, de sa cathédrale et des hortillonnages. Jacky Lachambre et sa fille Hélène vous accueillent en toute simplicité et avec convivialité dans un cadre calme, original, alliant modernité et confort. Rien n'a été laissé au hasard et chaque chambre a fait l'objet d'une décoration soignée qui vous invite à découvrir une facette du territoire : l'histoire et l'art, la nature, la ville et la modernité, et enfin l'eau.

■ HÔTEL LE PRIEURÉ***

17, rue Porion
✆ 03 22 71 16 71
www.hotel-prieure-amiens.com

Accueil jusqu'à 20h. 25 chambres. Chambre simple à partir de 63 € ; chambre double à partir de 73 €. Petit déjeuner buffet : 9,50 €. Lit bébé sur demande (gratuit). Chaise haute. Table à langer. Chambre de la chapelle 85 €. Animaux acceptés (10 € par jour). Wifi gratuit.

Un hôtel atypique, avec une histoire originale, car il se situe sur l'emplacement d'une ancienne demeure de chanoine, en plein cœur du quartier médiéval. Cet hôtel trois étoiles affiche un style qui mêle avec goût les meubles anciens et le design contemporain. En tout 25 chambres sont réparties sur les deux sites situés dans la même rue. Si vous avez envie d'insolite, demandez la chambre de la Chapelle, qui ajoute une touche mystique au lieu. L'hôtel est situé dans l'une des plus belles rues d'Amiens, dans la vieille ville, tout à côté de la cathédrale. Dernier plus pour les voyageurs : la gare SNCF est à dix minutes à peine à pied.

■ HÔTEL MAROTTE*****

3, rue Marotte
✆ 03 60 12 50 00
www.hotel-marotte.com
contact@hotel-marotte.com

La Clef Verte. Ouvert toute l'année. Accueil jusqu'à 22h. 12 chambres (dont 2 suites). Chambre double de 175 € à 355 € ; studio / appartement de 260 € à 500 € ; suite de 300 € à 535 €. Petit déjeuner : 22 €. Lit supplémentaire : 50 €. Label Tourisme & Handicap. Animaux acceptés (supplément de 20 à 30 €). Wifi gratuit. Bar et salon de thé ouverts au public de 14h à 21h. Sauna.

C'est l'unique hôtel 5-étoiles d'Amiens et il s'impose comme la référence du luxe et du confort. Il comprend douze somptueuses chambres et suites qui rivalisent de style, de confort et de design. Les suites impressionnent d'abord par leur taille : pas moins de 90 m² ! Vous remarquerez également le soin tout particulier apporté aux salles de bain, avec une jolie décoration faite de mosaïques, de baignoires-îlots atypiques avec des pierres taillées directement dans la roche. Certaines chambres sont même équipées d'un sauna pour une séance de balnéothérapie à l'heure que vous voulez. Les différents salons ou le bar-lounge séduiront les clients les plus exigeants, avec leur décoration Belle Epoque et leurs moulures de caractère. Vous pourrez y prendre votre petit déjeuner, déguster une pâtisserie, savourer un verre de vin ou de champagne. Idéalement situé en centre-ville, l'hôtel offre également un service de voiturier et des conseils personnalisés pour se restaurer. Fin 2020, 21 chambres supplémentaires seront proposées avec un spa de 800 m² et un restaurant flambant neuf.

■ HÔTEL MERCURE AMIENS CATHÉDRALE****

21, rue Flatters
✆ 03 22 80 60 60
mercure-amiens-cathedrale.com
h7076@accor.com

Chambre double de 127 € à 152 € ; suite de 177 € à 242 €. Petit déjeuner : 16 €. Lit supplémentaire : 15 €. Hébergement et petit-déjeuner offerts pour un enfant de moins de 12 ans dormant dans la chambre de ses parents. Animaux acceptés (8 €). Wifi gratuit. Restauration.

Le Mercure possède un emplacement idéal dans Amiens : vous pourrez vous endormir à seulement quelques pas de la cathédrale et partir à la découverte de la ville en laissant la voiture au parking. La direction a tenu à ce que l'établissement s'intègre bien dans son environnement, et c'est pour cela que la décoration emprunte à la cathédrale son style gothique. Mais pas question de lésiner sur la modernité pour autant, ni sur le confort : vous logerez dans des chambres spacieuses, insonorisés et climatisées. De même, les suites sauront vous séduire et combleront les amoureux. Le prix augmente légèrement mais demandez une chambre avec vue sur la cathédrale afin d'apprécier pleinement votre séjour ! Le petit-déjeuner est très varié et copieux. Vous pourrez également profiter du restaurant de l'hôtel pour les autres repas.

LE SAINT-ROCH

2, place Foch
✆ 03 22 91 38 69
www.restaurant-le-saint-roch.fr
contact@restaurant-le-saint-roch.fr

6 chambres. Chambre simple 65 € ; chambre double 75 €. Petit déjeuner : 6,10 €. Lit supplémentaire : 20 €. Restaurant : formule du midi en semaine 14,90 € et le soir de 25 à 29 €.

Un hôtel d'une rare élégance, dont la décoration, mêlant un camaïeu de gris et du noir ébène, saura séduire les amateurs de design. Les chambres sont spacieuses et affichent un tarif défiant toute concurrence sur ce standing, d'autant qu'elles ont été remises à neuf récemment. Que vos jambes, fatiguées par les visites, se rassurent : vous ne serez qu'à quelques minutes du centre-ville et du Coliseum. Et pas besoin de vous déplacer pour aller dîner, vous aurez à votre disposition un restaurant dont l'excellente cuisine de terroir saura vous ravir, dans une ambiance de piano-bar.

■ LE VIVIER
593, rue de Rouen
✆ 03 22 89 12 21
www.restaurantlevivier-amiens.com
vivier.le@orange.fr
7 chambres. Chambre simple à partir de 70 € ; chambre double à partir de 80 €. Wifi.
En plus de servir une restauration gastronomique et bistronomique de qualité, le Vivier propose depuis peu sept chambres de beau standing. Confortables, décorées sobrement, la qualité est au rendez-vous. Toutes les chambres disposent d'un plateau de courtoisie, d'un minibar et d'un micro-ondes. Les suites, plus spacieuses, sont parfaites pour les familles. Le Vivier est enfin idéalement situé si vous souhaitez assister à un concert au Zénith ou à une course à l'hippodrome, tout en profitant d'un logement calme. Enfin, ne partez pas sans savourer un repas au restaurant, situé au rez-de-chaussée, qui propose des crustacés et des poissons très bien cuisinés.

Chambres d'hôtes

■ LA COUR 26
26, rue Dijon
✆ 06 26 30 73 89
www.lacour26.com
Clévacances (3 clés). 4 chambres. Chambre simple de 85 € à 115 € ; chambre double de 94 € à 109 € ; chambre triple de 120 € à 145 € ; suite de 115 € à 170 €. Brunch italien à 19 € sur réservation. Parking fermé : 8 € (sur réservation). Lit bébé sur demande. Garde d'enfants.
Des chambres d'hôtes idéalement situées à côté de la gare et de la Maison Jules Verne et à 5 min à pied de la cathédrale. Cette maison, entièrement rénovée par Dorothée la propriétaire des lieux, conjugue raffinement, confort et décoration contemporaine. La Suite « Black White », avec vue sur le jardin, possède un confort particulièrement appréciable et s'avère idéale pour les familles. Ne ratez pas son copieux petit-déjeuner à la française, ou si vous avez envie d'exotisme, réservez son brunch à l'italienne concocté avec les produits du marché et servi dans le salon lumineux. Pour profiter d'une soirée en amoureux à Amiens, Dorothée se propose également d'appeler une baby-sitter.

Loisirs

■ CENTRE AQUATIQUE AQUAPÔLE
50, rue Alexandre Dumas
✆ 09 71 00 77 07
https://aquapole-amiens.fr
contact@aquapole-amiens.fr
Ouvert toute l'année. Tous les jours de 9h30 à 20h. Ouverture du bassin de 50 m extérieur en semaine à 7h et jusqu'à 22h le jeudi soir. Entrée : 5,40 € (à partir de 15 ans). Enfant : 3,80 €. Gratuit pour les moins de 3 ans. Famille de 4 personnes 15.50 €. Pass 10 entrées enfant de 3 à 14 ans 34 € et 10 entrées adulte 49 €. Formule anniversaire 130 € pour 10 enfants (animation, goûter, boissons et accès à la piscine). Espace bien-être 18 €.
Qu'il est agréable de faire ses brasses dans une piscine olympique extérieure ! Ce nouvel espace aquatique va sans nul doute ravir les nageurs amiénois... Ils y trouveront aussi un bassin intérieur de 25 m, un bassin ludique et détente de 250 m² et un pentagliss de 30 m. Dès que le soleil le permet, un slashpad (fontaines et jets d'eau), des terrains de beach volley et des tables de ping-pong sont installées. Le week-end et pendant les vacances, les enfants peuvent profiter des structures gonflables de 14h à 18h. Plusieurs activités également à disposition : salle de sports, aquafitness, aquabiking, bodypalm, aquapower ainsi qu'un espace bien-être comprenant 4 saunas, un hammam, un espace de luminothérapie, une tisanerie et une douche sensorielle.

■ HIPPODROME D'AMIENS
99, avenue de l'Hippodrome
✆ 03 22 52 24 91
www.hippodrome-amiens.fr
hippodrome.amiens@wanadoo.fr
25 réunions entre février et décembre. Entrée : 4 € (dames, étudiants et seniors : 3 €). Stationnement gratuit. Pass Emotion 20 € par an. Restaurant panoramique de 400 couverts.
Lieu de spectacle et lieu de pari, ce petit Vincennes de Picardie est une sortie agréable en famille ou entre amis, de soir comme de jour. Son titre de Pôle régional lui permet d'accueillir des courses d'envergure. Autour des pistes, se trouve un parking de 2 000 places gratuites, un restaurant panoramique avec vue sur la piste, deux bars, une friterie et des manèges. A partir d'avril, les enfants peuvent également profiter de l'espace récré avec des ateliers maquillage et des tours de poney. Pour ceux qui souhaitent une expérience immersive, l'idéal est d'assister aux courses de la voiture suiveuse au pied de la piste ou de découvrir les coulisses des courses grâce au baptême en double sulky. Et pour les plus passionnés, il est possible de s'inscrire au « Pass Emotion » pour profiter de tous les événements de l'année et rencontrer les professionnels de la course hippique.

2 000 Vélam pour pédaler

Vous pouvez louer des vélos, des triporteurs ou des vélos à assistance électrique en vous rendant à l'Espace Mobilité Buscyclette au 47, place Fiquet. Comptez 8 € à la journée et 50 € au mois. Des balades nocturnes sont organisées le 3e vendredi du mois avec un départ à 20h15 à la gare. Renseignements sur le site Internet www.buscyclette.fr.

■ COMITÉ RÉGIONAL DE LA RANDONNÉE PÉDESTRE DES HAUTS DE FRANCE
Maison des Sports
2, rue Lescouvé
✆ 03 22 41 08 27
hauts-de-france.ffrandonnee.fr
Prix de base d'une licence adulte : 24,40 €. La FFR propose la Rando Santé®, adaptées aux personnes en situation de handicap ou de difficulté.
Quoi de mieux pour découvrir une région que la randonnée ? Une activité à la fois lente et contemplative, qui vous permet de faire du sport l'esprit libre et les yeux grands ouverts. Coordonnateur des actions mises en œuvre par les comités départementaux, ce comité régional saura vous conseiller pour que vous puissiez découvrir les cinq départements de l'Aisne, du Nord, de l'Oise, du Pas-de-Calais et de la Somme. Entre mer et campagne, beffrois et cathédrales, les Hauts-de-France n'attendent que vous !

Sorties

Salons de thés

■ DASI FRÈRES
20, rue de Beauvais
✆ 03 22 91 38 07
www.dasifreres.com
Ouvert toute l'année. Le lundi de 15h à 19h ; du mardi au samedi de 9h30 à 19h. Brunch le samedi. Plats de 11 à 15 €. Thé 4 €. Terrasse. Boutique.
En plus de proposer une très belle sélection de thés et de cafés, Dasi Frères c'est aussi un salon de thé où l'on a envie de passer des journées entières. Dans une ambiance cosy, et une décoration soignée, vous aurez le choix entre de grandes tablées ou de petits salons douillets. Du temps, il vous en faudra surtout pour étudier la carte qui présente une très grande variété de thés et de cafés. Vous pourrez accompagner votre choix d'une douceur sucrée faite maison. Ne loupez pas également le brunch du samedi (de 11h à 15h). Attention, les places sont prisées, alors pensez à réserver !

Bars, pubs

■ LE BARRIO
22, place Parmentier
✆ 03 22 45 25 25
www.barrio-amiens.fr
lebarrio@gmail.com
Ouvert tous les soirs à partir de 18h et service tardif jusqu'à minuit en semaine et 1h le week-end. Happy hours (de 18h à 20h). 3 tapas 10 €. 6 tapas 19 €. 9 tapas 28 €. Tortillas ou tartines 10 €. Salades de 11 à 14 €. Chèque Vacances, Chèque Restaurant. Restauration. Soirées dansantes et initiation aux danses latines les 2e et 4e vendredis du mois. Soirée magie ou jeux de société. Salle privatisable.
En plus de proposer de délicieux tapas maison et des plats tout aussi réussis, le Barrio, situé dans le quartier Saint-Leu, est également un bar réputé à la décoration travaillée. Il y est possible de déguster de délicieux cocktails originaux, avec ou sans alcool, ou un bon verre de vin choisi parmi les 50 références de la carte. Les conseils pour la sélection sont avisés. Vous pouvez aussi finir sur une note sucrée avec de délicieux desserts. L'ambiance est très chaleureuse, voire parfois même, la musique aidant, *caliente*. Le week-end, il est préférable de réserver pour être certain de trouver une table.

■ LE CHARLESTON
11, rue des Chaudronniers
✆ 03 22 80 99 21
Ouvert du lundi au samedi de 11h à 1h ; le dimanche de 17h30 à 0h. Happy hours (de 18h30 à 19h30). Plats de 7 à 12 €. Welsh 9 €. Desserts 4,50 €. Terrasse. Restauration. Concerts.
Des fauteuils aux couleurs du drapeau britannique, des écharpes du Celtic Football club et des T-shirts Guinness suspendus aux murs : pas besoin de traverser la Manche pour retrouver l'ambiance de Londres ou de Dublin. Ce petit pub du centre-ville d'Amiens, bien connu des étudiants, permet de se rafraîchir dans une ambiance conviviale entre amis, en sirotant les nombreuses bières proposées. Chaque mois, une nouvelle bière pression de Brooklyn, de Picardie, d'Irlande ou d'ailleurs, est à découvrir. Le Charleston est aussi très connu pour ses concerts gratuits et ses retransmissions de matchs. Pour ne rien manquer, l'actualité est à retrouver sur la page Facebook.

■ L'HEXAGONE
14, rue des Sergents
✆ 09 86 19 39 50
Ouvert du mardi au samedi de 17h à 1h. Terrasse. Restauration. Planches charcuterie/fromage et petite restauration.
L'Hexagone est un bar qui ravira tous les amateurs de vin français. La sélection est d'une excellente qualité et change régulièrement. Si vous êtes perdu dans les différents noms et types de vins, n'hésitez pas à en faire part aux deux propriétaires qui sont d'excellent conseil. Il est possible d'accompagner son verre d'une planche de charcuterie, de fromages ou de légumes ! Depuis peu, il est également possible de déguster de la petite restauration, raffinée et élaborée avec beaucoup d'attention. La présentation met déjà l'eau à la bouche et le goût est au rendez-vous. Pour les amateurs de champagne et de spiritueux, il est également possible de trouver son bonheur.

Bowlings

BMB AMIENS
10, rue Colbert
✆ 03 22 22 44 44
www.bmbamiens.fr
jeux@bmbamiens.fr
Ouvert le mardi et le jeudi de 17h à 1h, le mercredi de 13h30 à 1h, le vendredi de 17h à 3h, le samedi de 13h30 à 3h et le dimanche de 13h30 à 20h. Ouvert pendant les vacances scolaires, le lundi et le dimanche de 13h30 à 20h, les mardis, mercredis et jeudis de 13h30 à 1h, les

vendredis et samedis de 13h30 à 3h. Bowling à partir de 5 € la partie et escape game à partir de 14 € par personne.
Voici un immense complexe de 5 200 m² qui ne manquera pas d'animer vos soirées entre amis. Trente pistes de bowling, deux salles de laser game sur deux niveaux vous attendent ainsi qu'un escape game qui vous lancera, en équipe, à la recherche d'un trésor avant l'arrivée de la horde de soldats de Louis XV. Vous avez 60 minutes et pas une de plus ! A la sortie, vous pourrez profiter du restaurant de l'établissement qui propose, dans un cadre atypique, une cuisine de brasserie ainsi qu'un beau choix de viandes maturées. Enfin, le BMB est le lieu de nombreux concerts, n'hésitez donc pas à suivre la page Facebook pour bien choisir votre soirée ! Ambiance garantie !

Emplettes

■ CARNET DE VOYAGES
40, Place Notre-Dame
✆ 09 86 45 72 72
carnetdevoyagesamiens@gmail.com
Ouvert du mardi au dimanche de 10h à 13h et de 13h45 à 18h30.
Enfin des cadeaux que vous ne retrouverez pas ailleurs ! Dans cette boutique située au pied de la cathédrale, 80 % des objets sont des créations originales fabriquées en France et issues des mains et des ateliers de talentueux artisans. Vous trouverez pêle-mêle des tasses, de la porcelaine, des magnets, des casquettes, des t-shirts, des sweats, des cartes et carnets de voyage en référence à Jules Verne, des porte-clés à l'effigie de Lafleur... Les spécialités picardes sont aussi mises en valeur avec du miel des hortillonnages, de la bière, des gaufres, des confitures, du pain d'épices, des macarons d'Amiens... De quoi faire le plein de souvenirs et de cadeaux !

Panier gourmand

■ DASI FRÈRES
20, rue de Beauvais
✆ 03 22 91 38 07
www.dasifreres.com
♿
Ouvert le lundi de 15h à 19h ; du mardi au samedi de 9h30 à 19h ; de 9h à 19h.
Dasi Frères est sans nul doute la référence en matière de thé et de café à Amiens. Issue d'une histoire familiale, l'enseigne est désormais tenue par la quatrième génération de torréfacteurs. Dans le magasin adjacent au salon de thé, 35 origines de cafés des quatre coins du monde, qu'il est possible d'obtenir en grains, moulus ou sous la forme de dosettes ou capsules dont des « bio-capsules » désormais biodégradables et compostables. Vous y trouverez également quelque 700 références différentes de thés en vrac ou en sachet. A côté de ces immenses étals, on trouve du chocolat, des machines à café ainsi que des charmantes tasses et de la vaisselle haut de gamme.

JEAN TROGNEUX
1, rue Delambre
✆ 03 22 71 17 17
www.trogneux.fr
info@trogneux.fr
Ouvert le lundi de 13h45 à 19h ; du mardi au samedi de 9h30 à 19h. Une boîte de 22 macarons – 25 tuiles 36,90 €.
Cette entreprise familiale renommée à Amiens a bâti sa notoriété avec les fameux macarons d'Amiens. Ce chocolatier amiénois depuis six générations compte plusieurs adresses dans la ville et même à Lille, Arras, Le Touquet ou Saint-Quentin. Au moment des fêtes, vous pouvez admirer les vitrines et apprécier le grand choix de produits allant de la confiserie, aux macarons en passant par les chocolats. A noter, place Notre-Dame, le Bar à Chocolat, entièrement conçu par Jean-Alexandre et Véronique Trogneux, du mobilier à la décoration.

Autre adresse : Parvis de la cathédrale : ouvert du lundi au samedi de 10h à 19h et le dimanche de 10h15 à 12h15 et de 14h15 à 18h — Galerie marchande Auchan : ouvert du lundi au samedi de 9h à 20h.

MEALK
14, avenue Paul Claudel
✆ 03 22 72 40 71
www.mealk.fr
Ouvert du lundi au samedi de 10h à 19h30.
En plus de proposer quelques tables pour le midi, Mealk est aussi une fromagerie de qualité. On y trouve les grands classiques : comté, emmental, fromage de chèvre mais aussi des plus atypiques comme ceux aux fleurs, au safran de la baie de Somme ou encore aux algues. Si vous êtes perdu ou avez envie d'innover, n'hésitez pas à demander conseil à la petite équipe, fine connaisseuse et souriante. Les fromages sont sélectionnés selon le respect de l'environnement et des producteurs locaux. Il est possible de commander des plateaux de fromage, joliment présentés, pour vos réunions de famille ou entre amis. Une bonne idée pour passer une soirée mêlant qualité et convivialité.

TABLE ET SAVEURS
3, rue de Beauvais
✆ 03 22 92 16 13
www.table-saveurs.com
table.et.saveurs@cegetel.net
Ouvert le lundi de 14h à 19h15 ; du mardi au samedi de 9h30 à 19h15 ; le dimanche de 9h30 à 12h30. Chèques non acceptés. American Express.
Une institution amiénoise et une référence depuis 35 ans. Sur les étals de cette épicerie fine, on trouve du vin, des spiritueux, du vinaigre, des produits sucrés, salés et des épices. L'établissement travaille avec quelques marques phares comme Ducs de Gascogne, dont les foies gras, terrines et plats cuisinés satisferont les amateurs de bonne chère. Et il y a du choix : entre le mitonné de pintade au champagne, la terrine de cerf ou encore la terrine de faisan, une large place est faite aux produits du terroir. Des paniers gourmands sont disponibles à l'achat pour tous les budgets. De très bonnes idées de cadeaux à offrir aux amis, à la famille ou à soi-même !

Vins et alcools

LA BIEROSPHERE
17, rue des Chaudronniers
Ouvert du mardi au vendredi de 13h30 à 19h30 ; le samedi de 10h30 à 19h30.
Amoureux de la bonne bière, vous êtes au bon endroit ! Le but de cette nouvelle boutique amiénoise est de promouvoir la bière artisanale régionale mais aussi internationale. Au total près de 500 produits sont proposés. Toutes les bières sont sélectionnées pour leur qualité de fabrication et de goût. Certaines sont même gardées dans des réfrigérateurs, afin de ne pas altérer leur goût unique. On y trouve aussi des pépites, vieillies en fût. Ne perdez pas de temps : le stock est limité. Pour ne pas vous perdre dans le vaste choix proposé, n'hésitez pas à poser des questions à la petite équipe qui se fera un plaisir de vous transmettre sa passion et ses connaissances.

LA CAVE DU HOUBLON
1, Place Léon Debouverie
✆ 09 54 25 71 80
www.lacaveduhoublon.fr
lacaveduhoublon@outlook.fr
Ouvert du mardi au vendredi de 10h à 13h30 et de 15h à 19h15 ; le samedi de 10h à 19h15. Soirée dégustation 18 € par personne.
La Cave du Houblon est un paradis pour tous les amateurs de bière ! Nadège et Nicolas, le jeune couple de propriétaires, ont un plaisir sincère à satisfaire tous les clients. Leurs compétences permettent à la clientèle d'être très bien orientée parmi les 400 références dont des bières régionales, françaises et internationales. Vous y trouverez aussi des paniers-cadeaux, des offres de location de tireuses, des kits de brassage amateur, des accessoires, et même des calendriers de l'Avent (avec 24 bières et un verre offert pour 70 €) au moment des fêtes. La boutique propose aussi des ateliers de dégustation pour s'initier à la biérologie le premier jeudi du mois.

MARTIGNY ET FILS
12, rue Albert-Dauphin
✆ 03 22 91 57 51
www.martigny-et-fils.com
gael@martigny-et-fils.com
Ouvert du mardi au samedi de 10h à 19h. Séance de dégustation 45 €. Chèques cadeaux.
Gaël Mordac a repris la maison créée par François Martigny en 1850 pour un accueil serviable de connaisseur. Grossiste et détaillant, il propose une grande sélection de crus ainsi qu'une quarantaine de champagnes. Au sous-sol, les amateurs pourront découvrir une très belle sélection de 140 excellents whiskies et de 180 bières, que vous pourrez découvrir à votre rythme. Les dégustations se font sur réservation pour apprendre les techniques (découvertes olfactives, visuelles et gustatives). Le soir, des dégustations à thèmes sont aussi organisées, avec une région vinicole ou une famille d'alcool (whisky, rhum) mise à l'honneur.

Marchés

LA HALLE AU FRAIS

Place Maurice-Vast
www.leshalles-amiens.fr

Ouvert du mardi au samedi de 9h à 19h ; le dimanche de 9h à 12h30. Ouvert le dimanche.

Les Halles du Beffroi abritent un marché couvert qui regroupe 18 commerçants connus pour vendre des produits frais de qualité. Vous y trouverez bien sûr du pain, du poisson, de la viande, du fromage mais aussi des produits venus d'ailleurs, comme le riz sauvage du Canada et le riz arborio importé d'Italie. Sur les étals, les bouchées aux crevettes asiatiques font face à la très française tarte au citron meringuée. Pour ceux que le voyage hors Hexagone ne tente pas, plusieurs enseignes proposent des produits classiques français avec une pointe d'originalité : confitures à la tomate verte ou à la clémentine, miel d'eucalyptus ou encore fromage de chèvre aux pétales de rose. Si vous préparez un apéritif, on vous conseille l'enseigne Aux Papilles du Monde, dont les tapenades, tzatzikis et houmous sont un délice.

Dans les environs

Ailly-sur-Noye

OFFICE DE TOURISME

1, rue du Docteur Binant
✆ 03 22 41 58 72
www.tourisme-avrelucenoye.fr
accueil.tourisme@avrelucenoye.fr

Basse saison : ouvert du lundi au vendredi de 9h à 12h30 et de 13h30 à 17h. Haute saison : du lundi au vendredi de 9h à 12h30 et de 13h30 à 17h ; le samedi de 9h à 13h. Boutique de produits du terroir et souvenirs.

Un office de tourisme pour découvrir ce territoire trop méconnu, au sud d'Amiens, regroupant les communes d'Ailly-sur-Noye, Berny-sur-Noye, Moreuil, Folleville, Louvrechy… Des villages qui regorgent de brasseries typiques, de nature et de sites de loisirs pour enfants et adultes.

LE MOULIN DES ÉCREVISSES

Route de Boves
✆ 03 22 90 25 69
http://lemoulindesecrevisses.com
mde80@orange.fr

Maître Restaurateur. Ouvert du mardi au vendredi de 12h à 14h30 et de 19h à 23h ; le samedi de 19h à 23h ; le dimanche de 12h à 14h30. Menus de 33 € à 60 €. Menu enfant : 10 €. Formule du midi : 18 € (deux plats et 22 € les trois plats, seulement en semaine). Accueil des groupes (séminaires, mariages, conventions jusqu'à 100 personnes). Terrasse.

Dans un cadre rustique, le moulin des écrevisses vous invite à déguster plats traditionnels entièrement faits maison. Le décor, malgré sa grandeur (vestiges d'un moulin du XVIIe siècle), sait se faire chaleureux et intime avec ses murs de briques et son éclairage plus ou moins tamisé. L'été, la terrasse en bois est idéale pour manger tout en profitant du cadre unique de verdure qui entoure l'établissement. Parmi les spécialités de Christophe Lebée qui vient d'obtenir une deuxième toque au Gault &amp ; Millau : la ficelle du moulin qui revisite la recette de la ficelle picarde en y ajoutant de la truite fumée et des écrevisses, mais aussi la marmite de poissons ou la souris d'agneau au thym et petits légumes. Le restaurant est aussi ouvert aux mariages, aux séminaires et autres anniversaires avec trois salles adaptées qui contiennent tous les moyens techniques.

Camon

L'AUBERGE DES HORTILLONNAGES

23, rue Marius-Petit
✆ 03 22 92 59 82
http://laubergedeshortillonnages.com
info@laubergedeshortillonnages.com

Maître Restaurateur. Fermeture fin décembre, durant les fêtes. Ouvert du lundi au samedi de 12h à 14h. Réservation recommandée. Menus de 17,90 € à 22,90 € (deux ou trois plats, seulement en semaine). Menu enfant : 9 €. Plat du jour : 11,90 €. Vin au verre. Chèque Restaurant. Accueil des groupes. Chaises bébé. Jardin. Terrasse. Service traiteur. Terrasse couverte et chauffée.

Amateurs de cuisine raffinée et originale, voici pour vous un restaurant de qualité, mené avec brio par le chef Sylvain Lefèvre. Les produits frais et locaux font plaisir à voir. La carte s'approche du gastronomique pour un prix abordable. L'ambiance est chaleureuse, les tables sont suffisamment espacées pour une intimité préservée. La salle est moderne et très lumineuse. Par beau temps, la terrasse est un vrai bonheur. Enfin, le cadre rend hommage aux magnifiques jardins flottants d'Amiens : les célèbres hortillonnages. Une adresse qui régale ses clients !

Canaples

LA CHÈVRERIE

172, rue de Fieffes
✆ 03 22 52 93 06
www.chevrerie-canaples.com

Ouvert le mercredi et le samedi de 14h30 à 18h. Visites guidées pour les groupes, de mars à octobre. Dégustation de 1h30 à 6 €, visite pédagogique de 2h pour découvrir l'élevage à 8,50 € ; l'ensemble pour 10,50 €.

Une adresse qui fleure bon la campagne. Dans cette ferme typiquement picarde, Disney, l'âne mascotte, vous attend avec ses acolytes : 100 chèvres alpines, lapins et poules. Après la visite de la ferme, un petit passage en boutique vous permettra d'acquérir un des nombreux fromages de chèvre produits ici. Et il y a du choix : du fromage frais, du chèvre affiné entre 3 et 6 mois, des bicottins à la ciboulette, au cidre ou encore au miel. A côté de ces fromages, vous trouvez aussi du lait de chèvre, du yaourt de chèvre et de la faisselle de chèvre. Des produits servis sur les marchés et les grandes tables de la région.

Corbie

OFFICE DE TOURISME

28/30, place de la République
✆ 03 22 96 95 76
http://fr.valdesomme-tourisme.com
officedetourisme@valdesomme.com

Basse saison : ouvert du mardi au samedi de 10h à 12h et de 14h à 17h. Haute saison : tous les jours de 9h30 à 12h et de 14h à 18h ; le dimanche de 10h à 12h.

Animations, sites à découvrir, musée à visiter, tout sur le tourisme dans le val de Somme, autour de Corbie ! Un nouveau circuit d'interprétation du patrimoine a été mis en place avec 10 panneaux pour ne rien manquer des curiosités de la ville. L'été, l'office propose aussi une visite guidée en réalité virtuelle pour découvrir l'abbatiale Saint-Pierre ou avec ascension de la tour sud.

ABBATIALE SAINT-PIERRE ★

Rue Charles de Gaulle

Gratuit. Visite guidée en réalité virtuelle du mardi au samedi à 16h30 en juillet, août et vacances scolaires et les samedis à 16h d'avril à octobre 7 € pour les adultes et 4 € pour les 6-12 ans. Visite guidée (du mardi au samedi à 14h30 en juillet, août et vacances scolaires, et les samedis à 14h30 d'avril à octobre 5 € pour les adultes et 3 € pour les 6-12 ans). Ascension de la tour sud de l'abbatiale : du mardi au samedi à 15h30 en juillet, août et vacances scolaires 4 € pour les + de 6 ans.

Il s'agit de l'unique vestige de l'abbaye de Corbie fondée au VIIe siècle, et amputée des deux tiers de sa longueur à la Révolution. Sur cet emplacement, trois monuments différents furent en effet élevés. De 657 à 661, la reine Bathilde fonde l'abbaye ; de 1052 à 1073, le monument est complètement remanié suite à un incendie, avant d'être à nouveau démoli à la fin du XVe siècle. La reconstruction de l'abbatiale que l'on peut admirer aujourd'hui débute en 1501, et ne s'achève qu'en 1775. On peut monter les 200 marches de la tour sud de l'abbatiale pendant les grandes vacances. A 55 m de hauteur, vous profiterez d'un magnifique panorama sur toute la vallée de la Somme. On peut voir l'église Notre-Dame de la Neuville de style Renaissance avec son tympan dentelé, l'église Saint-Étienne dont le portail témoigne de la transition entre art roman et art gothique, ou encore l'hôtel de ville, installé dans un château de style néogothique, et la porte monumentale. Ne manquez pas l'été des visites-spectacles insolites intitulées « les Fantômes du Vendredi » : frissons garantis !

LA TABLE D'AGATHE

6, rue Marcellin-Truquin
✆ 03 22 96 96 27

Fermeture deuxième quinzaine de juillet et pendant les fêtes de Noël. Ouvert du mardi au dimanche le midi ; le vendredi et le samedi le soir. Menus de 20,50 € à 39 €. Menu enfant : 9 € (7 € sans entrée). Formule du midi : 15 €. Chèque Vacances, Chèque Restaurant.

La Table d'Agathe s'installe dans un décor en rouge et noir, qui manque peut-être de chaleur. Mais heureusement l'accueil convivial fait bien vite oublier cette fausse note. Le restaurant propose une cuisine classique et très variée. On privilégiera ainsi au choix les recettes du terroir - ficelle picarde au maroilles, foie gras de canard fait maison, les produits saisonniers - cassolette de Saint-Jacques - ou les grands classiques - tartare aux deux saumons.

Office de tourisme du Val de Somme.

LE MACASSAR
8, place de la République
✆ 03 22 48 40 04
www.lemacassar.com/fr
info@lemacassar.com

5 chambres. Chambre double de 200 € à 300 € ; suite de 200 € à 300 €. Petit déjeuner inclus. Pas d'accueil pour les enfants. Billard.

Qui pourrait croire que Corbie abrite un tel lieu ! Le Macassar est empreint d'une réelle identité, avec ses salons Art nouveau et Art déco, et ses somptueuses chambres et suites, leurs boiseries fastueuses, leurs œuvres d'art, leurs cheminées en marbre, sans oublier leurs salles de bains équipées des dernières technologies d'hydromassage. Autant dire que l'impression est forte, et qu'il y a de quoi rester bouche bée ! La suite Art déco est digne d'accueillir les plus grands, avec ses boiseries de frêne et de loupe d'érable, sa cheminée de pierre de taille, et sa salle de bains toute de marbre noir. Il faut se pincer pour se dire que l'on ne rêve pas ; cet endroit existe bien, sur la place principale de Corbie, petite commune picarde d'un peu plus de 6 000 âmes ! Il est tenu, de surcroît, par deux hôtes charmants, Ian et Miguel, qui ont vraiment le sens de l'accueil, et excellent dans l'art de faire plaisir. Si les tarifs vous paraissent un peu élevés, pensez qu'ils sont amplement justifiés au vu des prestations, et que le petit déjeuner, princier, est inclus. Un rêve éveillé !

BRASSERIE ARTISANALE PICARDENNES
29, rue Jules Lardière
✆ 03 22 52 28 49
officedetourisme@valdesomme.com

Ouvert le mercredi et le vendredi de 14h à 19h.

La tradition de la brasserie artisanale remonte au Moyen Age à Corbie, avec les moines brasseurs. Ce sont maintenant Christophe Podigue et Laurent Lepère qui ont pris le relais en proposant deux marques de bière : la Mascotte et la Caroline, labellisées toutes les deux « Terroir de Picardie ». L'été, l'office de tourisme organise des visites guidées pour découvrir les secrets de fabrication d'une bière artisanale.

Domart-en-Ponthieu

BRASSERIE DE LA SOMME
7, route de Berneuil
✆ 03 22 54 07 23
www.brasseriedelasomme.fr
mail@brasseriedelasomme.fr

Boutique ouverte le vendredi de 10h à 19h. Visite de la brasserie tous les premiers samedis du mois à 17h. Visites pour les groupes sur réservation à partir de 15 personnes. 5,90 € par personne avec dégustation. Gratuit pour les moins de 18 ans sauf groupes d'étudiants. Livraison possible (boutique en ligne. Partenariat avec des épiceries fines, des restaurateurs et acteurs locaux du tourisme de la région pour l'élaboration de recettes personnalisées !).

Il fut un temps où la Picardie ne connaissait qu'une seule brasserie. Il a fallu attendre 2010 pour que la Brasserie de la Somme revienne sur la scène brassicole. François Marié retrouve les vieux grimoires de ses ancêtres et relance la production, plus de 130 ans après les dernières traces écrites de la brasserie familiale. L'entreprise a subi ensuite les vicissitudes de l'Histoire pour finir par disparaître en 1880. L'activité agricole s'est poursuivie, malgré tout. Aujourd'hui, la brasserie a repris tous ses droits, avec une implication remarquable de François et sa femme. Ils vont même jusqu'à produire l'orge et le houblon pour certaines bières dites « bières fermières » ! Il est également possible de participer à des stages de brassage amateur de bières artisanales. La Picardie a retrouvé le plaisir de brasser !

Dreuil-lès-Amiens

AMIENS CABLE PARK
Route d'Argoeuves
✆ 06 33 25 81 27
www.amienscablepark.com

Ouvert tous les jours d'avril à octobre, sauf le mardi. En avril et en octobre, de 14h à 19h ; en mai et septembre de 11h à 20h ; en juin-juillet et août de 11h à 21h. 1h à partir de 19 €. 2h à partir de 29 €. La journée à partir de 41 €. Location de matériel et de combinaison sur place. Bar.

Une nouvelle activité proposée dans l'Amiénois pour les amateurs de sports de glisse ! Un système de câbles aériens assure la traction sur 500 m avec une vitesse de 30 km/heure et vous assure les mêmes sensations fortes qu'avec un bateau. Au téléski nautique vous pouvez pratiquer dès le plus jeune âge, les disciplines du ski nautique, monoski, wakeboard, wakeskate et kneeboard. Ce spot se prête aux non-initiés qui veulent faire un baptême comme aux riders cherchant à se dépasser avec de nouvelles figures. Les moniteurs s'adaptent au niveau et aux envies de chacun. Pensez à apporter de l'eau, un maillot de bain (même si une combinaison en néoprène est proposée à la location), une serviette et une crème solaire.

Glisy

L'ODYSSÉE DE JULES
31, rue Robur le Conquérant
✆ 03 22 09 31 02

Ouvert du lundi au vendredi le midi ; le vendredi et le samedi le soir. Réservation recommandée. Carte : 20 € environ. Chèque Vacances. Terrasse.

C'est dans une ambiance bistro chic que L'Odyssée de Jules commence. L'hommage à Jules Verne se file jusque sur les murs : la lune et les nuages vous accompagnent dans votre voyage culinaire. La décoration de la salle est une réussite : mobilier contemporain et couleurs modernes. Dans l'assiette, on découvre une cuisine raffinée à la française avec un souci du détail et de l'audace. L'ardoise change toutes les semaines, assurant fraîcheur et découverte à chacune de vos visites. Une réussite à la fois gourmande et visuelle. Pas de doute : Jules Verne aurait pu pousser les portes de L'Odyssée !

La Chaussée-Tirancourt

SAMARA, LE PARC NATUREL ET ARCHÉOLOGIQUE

Route de Saint-Sauveur
✆ 03 22 51 82 83
www.samara.fr
contact@samara.fr

Ouvert de fin mars à début novembre, et toute l'année pour les groupes. Basse saison : ouvert du lundi au vendredi de 9h30 à 17h30 ; le week-end de 10h à 18h. Haute saison : tous les jours de 10h à 18h30. Gratuit jusqu'à 4 ans. Adulte : 11 €. Enfant (de 5 à 12 ans) : 9,50 €. Forfait famille (2 adultes + 2 enfants) : 32 €. Majoration en haute saison. Label Tourisme & Handicap. Visite guidée. Restauration (le Bistro de César de 14 à 18 € par personne). Boutique. Animations. Accueil de groupes scolaires, centre de loisirs, goûters d'anniversaire. Animaux non autorisés.

C'est à un véritable voyage dans le temps que vous invite ce parc étonnant. Accessible de manière ludique, l'Histoire a rarement été aussi palpable. Les armes et les outils créés par l'homme n'auront plus de secret pour vous, et surtout pour vos enfants qui adoreront évoluer entre les reconstitutions d'habitats ou assister à la naissance du feu. Le village des artisans les passionnera avec les fameuses démonstrations de taille du silex. Deux expositions permanentes sur la présentation de 600 000 ans d'histoire par la restitution des espaces paysagers et des scènes de vie quotidienne dans leur contexte archéologique vous attendent au cœur d'un étonnant bâtiment de 1 200 m². Vous pouvez aussi vous restaurer sur place les week-ends et les vacances scolaires en découvrant la cuisine gallo-romaine au Bistro de César ! Plusieurs événements seront célébrés encore cette année : la fête de Beltaine fin avril, une restitution d'un campement romain regroupant 200 légionnaires mi-juillet, les fêtes préhistoriques mi-août et des concerts de jazz et les journées du patrimoine mi-septembre.

Naours

■ CITÉ SOUTERRAINE DE NAOURS DU TERRITOIRE NORD PICARDIE ★★

5, rue des Carrières
✆ 03 22 93 71 78
http://citesouterrainedenaours.fr
contact@citesouterrainedenaours.fr

Fermé de décembre à janvier. Fermé le 1er mai. D'avril à juin et de septembre à octobre de 10h à 17h30 (18h30 week-ends et jours fériés) ; fermé le lundi. Juillet et août tous les jours de 10h à 18h30. Février, mars et novembre de 11h à 16h30 ; fermé le lundi. Gratuit jusqu'à 5 ans. Dernier départ de visite 1h avant la fermeture. De 5 à 16 ans, étudiant, demandeur d'emploi, PMR : 9 €. Adultes : 12 €. Chèque Vacances. Visite guidée. Restauration. Boutique. Prévoir un vêtement chaud.

Vous plongez dans un autre monde en entrant dans la plus grande cité souterraine connue. On n'entre pas seulement dans une grotte à une trentaine de mètres sous terre, mais dans un réseau de galeries aménagées de plus de 2 kilomètres. On y trouve un vrai village, avec des noms de rues (qui reprennent celles situées au-dessus), une chapelle, des places publiques, des monuments… A travers un excellent audio-guide (avec une version adaptée aux enfants), vous vous laissez emporter dans un monde étonnant, avec une faible lumière et une température de 10 degrés environ. Ces souterrains ont été occupés pour échapper aux invasions ennemies, du Moyen Age au XVIIe siècle. Redécouverte à la fin du XIXe siècle par un abbé passionné d'archéologie, la cité est alors devenue une curiosité visitée par des milliers de personnes. Autre particularité, elle contient la plus grande concentration de graffitis de la Première Guerre mondiale. Votre visite se clôturera par le musée des Métiers picards, avant de profiter des autres attraits des lieux. Ce site est également prisé par les familles pour les jeux, le parc de 10 hectares avec les animaux, le mini-golf, les moulins, mais aussi un beau parc d'accrobranche comprenant 50 ateliers sur 4 parcours adaptés à différents niveaux, à partir de 5 ans. A côté de l'accueil, le bar-brasserie vous accueille chaleureusement avec des plats simples mais savoureux.

■ PARC ACCROBRANCHE

5, rue des Carrières
✆ 03 22 93 71 78
www.citesouterrainedenaours.fr
contact@citesouterrainedenaours.fr

Fermé de novembre à mars. Basse saison : ouvert le week-end et les jours fériés de 13h30 à 17h30. Haute saison : tous les jours et les jours fériés de 13h30 à 18h30. De 5 à 6 ans : 8 € ; de 7 à 12 ans : 12 € ; + de 12 ans 18 €. Accès au parc compris dans le tarif. Accompagnateur 3 €. Escape game pour 2 à 6 joueurs : 20 € par personne. Mini-golf 3 €. Brasserie. Jeux pour enfants.

Le Domaine de Naours propose une activité très prisée en plus de la visite de la cité souterraine : quatre parcours d'accrobranche comprenant une cinquantaine d'ateliers. Ponts de singe, vélo suspendu (!), tyroliennes et poutres vous attendent. Les parcours sont de difficultés croissantes et sont accessibles dès 5 ans. Après avoir côtoyé la cime des arbres, vous pourrez gratuitement profiter du parc et de ses sentiers de promenade, ses jeux, ses moulins et ses animaux... Il existe une formule anniversaire qui plaît beaucoup, avec accrobranche, goûter, table privative décorée et cartons d'invitation. Nouveauté 2020 : un escape game dans le souterrain, où vous partirez à la recherche d'un trésor de 20 pièces d'or !

Picquigny

■ CHÂTEAU

Chemin de Fourdrinoy
✆ 03 22 27 05 32
www.chateau-picquigny.com
contact@chateau-picquigny.com

Ouvert l'été du 15 juillet au 23 août 2020, tous les après-midi, sauf le lundi. Visite insolite aux flambeaux les vendredis soir d'été (10 € sur réservation). Gratuit jusqu'à 5 ans. Adulte : 8 €. Enfant (de 5 à 15 ans) : 5 €. Animations.

Un peu d'histoire pour commencer : édifié au XIe siècle, ce château médiéval a été reconstruit au XIVe siècle, puis amélioré au XVIIe siècle. C'est à Picquigny que fut signé le traité du même nom qui mit fin au conflit de la revendication de la couronne de France par l'Angleterre, objet de la guerre de Cent Ans. Les Templiers y furent enfermés suite à la rafle organisée par Philippe le Bel le 13 octobre 1307. Le château de Picquigny ne cesse de se renouveler et vous propose chaque année des nouvelles formules pour découvrir son imposante forteresse. En 2020, un village médiéval ouvre ses portes avec des artisans qui vous exposeront leur savoir-faire par le biais de démonstrations. Des ateliers vous permettront d'expérimenter vous-même les techniques médiévales pour devenir calligraphe, enlumineur, forgeron, vitrailliste, tailleur de pierre, arbalétrier... Pour les plus jeunes (dès 3 ans), un espace leur est particulièrement consacré avec une mini-ferme, des ateliers « petit chevalier » et « petit bâtisseur », ainsi qu'une chasse au trésor. D'autres animations, plus insolites, sont également organisées, comme des visites aux flambeaux l'été ou les Nuits de l'horreur pendant les vacances de la Toussaint, qui célèbrent les 710 ans de l'arrestation des Templiers le 13 octobre avec un parcours semé d'embûches, de cris et d'horreur !

■ **BASE NAUTIQUE**
210, rue de l'Abreuvoir
Zone d'activités La Catiche
✆ 06 29 38 67 73
www.canoe-somme.com
cdck80@neuf.fr

Ouvert toute l'année. Sur réservation l'hiver. Planning sur site internet. Formule anniversaire pour les enfants. Rafting : 20 € par personne pour 1h30 ; canoë à partir de 15 € par personne pour 1h30 et 20 € la demi-journée.

Plusieurs activités au choix entre le rafting (le seul site de la région !), le canoë et le stand-up paddle. Pour le rafting, vous embarquez sur un bateau de huit personnes (minimum quatre adultes) pour réaliser des toupies, des bumps et autres crêpes sur la vieille Somme pendant 1h30. Le canoë se pratique seul ou à plusieurs et permet l'approche de l'eau calme et de l'eau vive en toute sécurité. Avec le stand-up paddle, vous aurez l'impression de marcher sur l'eau. Un peu d'histoire : à côté de la base nautique se trouve une passerelle qui rappelle qu'ici, le 29 août 1475, les rois Edouard IV d'Angleterre et Louis XI de France ont mis un terme définitif à la guerre de Cent Ans entre les deux royaumes.

Rivery

■ **MUSÉE DES HORTILLONNAGES**
21, impasse Marcel
✆ 03 22 91 95 53
www.museedeshortillonnages.fr
museedeshortillonnages@gmail.com

Ouvert du 1er avril au 31 octobre. Ouvert du mercredi au lundi de 14h à 19h. Gratuit jusqu'à 4 ans. Adulte : 7 €. Enfant (de 5 à 11 ans) : 4 €.

Cet écomusée a été ouvert à l'initiative de Thérèse et René Novak, au nombre des derniers maraîchers à cultiver l'une des parcelles regroupées sur 300 hectares au cœur du centre-ville d'Amiens. Ces collectionneurs ont rassemblé outils et objets liés à la culture des hortillonnages au fil des âges. Les différentes salles d'exposition permettent d'en savoir plus sur ce métier en voie de disparition (ils étaient 110 hortilleurs en 1950 contre une dizaine aujourd'hui). Afin de poursuivre la visite, vous pourrez également louer des barques autonomes à motorisation électrique. Enfin, le parc arboré a été récemment aménagé par Stéphane Marie et son équipe de Silence, ça pousse.

Thennes

■ **LES CANARDS DU VAL DE LUCE**
12, rue Jacques-Hodin
✆ 03 22 42 20 31
www.foiegras-valdeluce.com
contact@foiegras-valdeluce.com

Coffrets cadeaux. Promotions régulières sur le site web.

La conserverie artisanale du Val de Luce est installée à Thennes depuis 1981. En se développant, l'activité d'élevage a laissé place à la transformation de foies d'excellente qualité, et de provenance française. Parmi les spécialités de ces grands créatifs, citons le foie gras de canard entier, le foie gras de canard entier mi-cuit ou le bloc de foie gras. N'oublions pas les recettes inédites telles que le foie gras au cacao, aux bourgeons de cassis et le foie gras au piment d'Espelette... D'autres réjouissances ? Succombez au délice d'automne à base de foie gras et de châtaignes, au pâté de canard d'Amiens, aux rillettes de canard... De surprenants délices que nous vous invitons à découvrir sans plus tarder ! À découvrir aussi, la gamme Vrai et bon, une gamme de plats individuels à réchauffer simplement au micro-ondes ! Des plats tout faits comme à la maison, sans additifs ni conservateurs ! Nous pouvons citer la blanquette de volaille et son risotto crémeux ou la potée picarde...

Villers-Bretonneux

MÉMORIAL NATIONAL AUSTRALIEN DE VILLERS-BRETONNEUX ★★

Route de Fouilloy – D23
✆ 03 22 96 95 76
fr.valdesomme-tourisme.com
officedetourisme@valdesomme.com

Mémorial ouvert toute l'année, sauf entre mi-décembre et mi-janvier. Accès libre. Centre John Monash ouvert tous les jours de 9h30 à 18h, du 1er mars au 31 octobre, et de 9h à 17h le reste de l'année. Accès libre et gratuit (mémorial et centre John Monash).

Le mémorial rend hommage aux 11 000 soldats australiens morts pour la France et dont les noms sont à jamais gravés dans la pierre blanche de cet immense monument. Inauguré en 1938, il est le dernier grand mémorial du Commonwealth à s'être construit sur le territoire français. Il se trouve sur la colline appelée Hill 104, où fut remportée la bataille de Villers-Bretonneux les 24-25 avril 1918. Près de la tour et des tombes ornées de coquelicots, une table d'orientation circulaire pointe la direction de la capitale australienne et des différents champs de bataille australiens. Chaque 25 avril, cet imposant monument se remplit de touristes venus rendre hommage à leurs ancêtres. C'est l'ANZAC Day : la commémoration de la première offensive de l'ANZAC (Australian and New Zealand Army Corps) à Gallipoli, en Turquie, le 25 avril 1915. L'ANZAC Day est aussi l'occasion pour la municipalité de Villers-Bretonneux d'organiser une semaine de festivités, entre concerts et marches commémoratives. Depuis 2018, la visite est enrichie du Centre Sir John Monash, un centre d'interprétation qui s'appuie sur des technologies multimédia pour raconter l'histoire des soldats australiens sur le front occidental en plusieurs langues.

MUSÉE FRANCO-AUSTRALIEN DE VILLERS-BRETONNEUX

9, rue Victoria
✆ 03 22 96 80 79
www.museeaustralien.com
museeaustralien@gmail.com
A côté de l'école Victoria.

Fermeture annuelle la dernière semaine de décembre et la première semaine de janvier. Ouvert le reste de l'année tous les jours de 9h30 à 18h. Dernière entrée 30 min avant la fermeture du musée. Entrée adulte 6 €, enfant de 11 à 18 ans et étudiant 3 €. Gratuit pour les moins de 11 ans. Boutique.

Entièrement rénové en 2016, ce musée illustre les liens unissant Villers-Bretonneux à l'Australie depuis la Première Guerre mondiale, et cette nuit du 24-25 avril 1918 où l'armée australienne arrêta l'avancée allemande sur la colline « Hill 104 ». La visite se parcourt en quatre étapes illustrées par des objets personnels de soldats mais aussi par des images d'archives et des témoignages émouvants de cette amitié franco-australienne : mémoire du lieu, mémoire de guerre, mémoire des hommes et mémoire de la ville. A mi-parcours, vous pourrez contempler l'inscription sur le préau de l'école Victoria juste à côté « Do not forget Australia » (n'oublions jamais l'Australie), symbolisant le souhait du devoir de mémoire et de reconnaissance. Le musée comprend également une belle boutique de souvenirs.

MERS-LES-BAINS ★

Mers-les-Bains, charmante station balnéaire, est une étape incontournable pour tous ceux qui veulent découvrir la baie de Somme. On y apprécie particulièrement la bonhomie des Mersois, l'architecture des villas anciennes, les falaises de craie qui obligent à sortir l'appareil photo ou encore sa longue plage de sable et de galets (baignade surveillée de 11h à 19h en juillet et août). L'esplanade du Général Leclerc invite à la promenade sur près de 1 km le long de la mer, où prennent place des cabines blanches entre mai et octobre. La ville n'est pas seulement une station balnéaire, elle est aussi classée « Station Verte de Vacances » et propose à ce titre de nombreuses activités pour découvrir une flore et une faune exceptionnelles.

OFFICE DE TOURISME

3, avenue du 18-Juin-1940
✆ 02 35 86 05 69
www.destination-letreport-mers.fr
info@destination-letreport-mers.fr

Du 01/01 au 30/03 et du 01/10 au 31/12 (hors vacances scolaires sauf Noël) : lundi et du jeudi au samedi de 10h à 12h et de 14h à 17h. Du 01/04 au 06/07 et le mois de septembre (hors vacances scolaires) : du lundi au samedi de 10h à 12h et de 14h à 17h. Pendant les vacances d'hiver, Pâques et Toussaint : du lundi au samedi de 10h à 12h et de 14h à 17h. Pendant les vacances d'été du lundi au samedi de 10h à 12h30 et de 14h à 18h. Le dimanche de 9h30 à 12h30 et de 14h à 17h. Boutique.

Un office de tourisme idéalement placé : en plein centre-ville, face à la place du marché et au mini-golf avec jeux pour enfants. Vous y trouverez toutes les informations nécessaires pour préparer et optimiser votre séjour en baie de Somme et plus particulièrement dans cette cité balnéaire pleine de charme. Une petite boutique attenante est à votre disposition et propose des verres, des livres, des sacs, des cartes postales, afin de ramener quelques souvenirs, ainsi qu'un coin pour les enfants, bien pratique pour poser vos questions tranquillement !

Points d'intérêt

STATUE NOTRE-DAME DE LA FALAISE

Falaise de Mers-les-Bains
www.destination-letreport-mers.fr
info@destination-letreport-mers.fr

Située sur la falaise au-dessus de la ville, tournée vers le large, la statue a été inaugurée le 18 août 1878 devant une assistance d'environ 8 000 personnes. Egalement appelée Notre-Dame des Flots, elle fut déplacée par les nazis car elle constituait pour l'aviation ennemie un point de repère précieux. En 1955, elle fut reposée sur son socle de sept mètres, posé sur un blockhaus allemand ! La statue a été restaurée en 2015. Elle est accessible

Le phare de Mers-les-Bains dans le soleil couchant.

depuis Mers-les-Bains par le sentier des douaniers. L'effondrement des falaises vous oblige à emprunter un chemin un peu plus long qu'avant, mais après une bonne vingtaine de minutes d'ascension et de petits obstacles, vous atteindrez la statue et surtout le point de vue voisin. Vous verrez d'un côté les falaises du Tréport et de l'autre celles menant à Ault.

■ **VILLAS BELLE ÉPOQUE** ★
Quartier balnéaire
✆ 02 35 86 05 69
www.destination-letreport-mers.fr
info@destination-letreport-mers.fr
Comptez 1h30 pour faire tout le circuit.
Une cinquantaine de villas colorées, élégantes, avec de beaux balcons, sont classées dans un secteur sauvegardé. C'est ce qui fait le charme de cette station balnéaire où se mélangent les influences flamandes, anglaises et Art nouveau. Ces belles bâtisses sont principalement nées dans la seconde moitié du XXe siècle, lors de l'explosion des bains suite à la réalisation du chemin de fer depuis Paris. En suivant le front de mer et le circuit disponible à l'office de tourisme ou en téléchargement, vous profiterez de toute l'élégance de la station balnéaire.

Le couvert

■ **LE BISTROT SAINT-ANDRÉ**
30, esplanade du Général-Leclerc
✆ 02 35 83 24 73
♿
Fermé en janvier. Ouvert du mardi au dimanche de 10h à 15h et de 18h30 à 21h30. Réservation recommandée. Menu unique à 25,30 € (entrée, plat et dessert). Carte : 20 € environ. Menu enfant : 9,50 €. Plateau de fruits de mer 28,80 €. Chèques non acceptés. Terrasse.
Idéalement située sur le front de mer, la maison jouit d'une superbe vue. La jolie terrasse de soixante couverts est très souvent prisée et la dégustation avec le doux bruit des vagues est un moment privilégié, tant la cuisine du chef Marc Dubost est raffinée. Goûtez par exemple aux Saint-Jacques aux pleurotes, au délice de carrelet farci aux crevettes ou à la Tatin d'andouille. Les menus changent en fonction des saisons et des arrivages, ce qui est bien souvent un gage de qualité. Mais en dessert, le riz au lait au caramel au beurre salé maison et la brioche façon pain perdu restent des *must* ! Le bouche à oreille est redoutable : pensez donc à réserver !

Le gîte

■ **RÉSIDENCE GOÉLIA BELLE ÉPOQUE*****
1 bis, avenue du 18-Juin-1940
✆ 02 35 83 44 33
www.goelia.com
info.le-treport@goelia.com
Ouvert toute l'année. Lit parapluie, chaise haute, baignoire bébé disponibles gratuitement à la réception. Tarifs : de 280 à 785 € pour 2 à 4 personnes, de 315 à 900 € de 4 à 6 personnes de de 385 à 1 200 € pour 8 personnes la semaine. 9 € petit-déjeuner adulte et 6,50 € enfant. Forfait ménage 50-80 €. Animaux acceptés (7 € par jour et 39 € par semaine). Wifi payant. Restauration (petit-déjeuner de 6,50 à 9 € sur réservation). Lave-vaisselle. Sauna.
Une résidence regroupant 81 appartements à 50 m de la plage principale bordée de restaurants et en face de jeux pour enfants et du mini-golf. Elle se situe au milieu des villas classées de la ville. Les appartements sont modernes et décorés avec goût. Ils disposent tous d'une kitchenette parfaitement équipée (four micro-ondes gril, hotte, lave-vaisselle, cafetière électrique, bouilloire, grille-pain) et d'une salle de bains disposant d'un radiateur sèche-serviettes. Ils peuvent accueillir de 2 à 8 personnes (de 30 à 60 m^2) avec un canapé convertible dans le salon. A l'extérieur, vous pourrez profiter d'une piscine couverte et chauffée, d'une pataugeoire et d'un sauna (avec supplément).

Loisirs

RANDONNÉE PÉDESTRE DU BOIS DE CISE

8 km aller-retour.

C'est une difficile mais merveilleuse randonnée entre terre, ciel et mer ! Depuis la coquette station mersoise, il vous faudra commencer par monter jusqu'à l'atypique et charmante église romano-byzantine. Un escalier y mène juste après vous être engagé dans la rue Jules Barni, qui débute au bout de la jetée. Vous continuez ensuite à monter vers la falaise. Malheureusement elle s'effondre et après le camping un nouveau tracé vous fait faire un détour pas très agréable avant d'atteindre la statue de Notre-Dame de la Falaise. La vue y est superbe et vous invite à aller plus loin. Les paysages verdoyants qui dominent la mer à environ 90 mètres de haut vous offriront une totale déconnexion. Attention toutefois, le sentier est étonnamment escarpé et difficilement praticable dès que le terrain est boueux. Vos efforts seront récompensés par l'arrivée au Bois de Cise. Les belles villas et l'ouverture entre deux falaises vous laisseront un souvenir extraordinaire.

Sorties

LES EMBRUNS

42, esplanade du Général Leclerc
✆ 02 32 14 31 36

Ouvert toute l'année. Tous les jours de 10h à 22h. Chèques non acceptés. Chèque Vacances, Chèque Restaurant. Terrasse.

Un salon de thé qui propose des crêpes, des gaufres, des glaces en journée avec une crème chantilly, un coulis caramel au beurre salé et un chocolat, faits maison. Le soir, on vous propose des plats plus traditionnels comme une ficelle picarde, une galette aux Saint-Jacques sur fondue de poireau ou des crevettes sautées. A toute heure, vous pourrez déguster des huîtres accompagnées d'un verre de vin, avant de profiter de la mer juste en face.

Dans les environs

Eu ★

OFFICE DE TOURISME

Place Guillaume-le-Conquérant
✆ 02 35 86 05 69 – www.ville-eu.fr
servicecommunication@ville-eu.fr

Basse saison : ouvert du mercredi au samedi de 10h à 12h et de 14h à 17h. Haute saison : du lundi au samedi de 9h30 à 12h30 et de 14h à 17h30. Visites commentées.

À l'office de tourisme, on trouve de nombreuses brochures sur les restaurants, hébergements et activités de la région. La structure organise également des animations et des visites. Le Circuit du Patrimoine et ses neuf panneaux explicatifs au fil de la ville seront parfaits pour partir à pied pendant 1h30 à la découverte des sites principaux. Il existe également un circuit dédié aux enfants et une chasse au trésor amusante et ludique. Par ailleurs, la visite du château musée, haut lieu touristique de la ville, devrait ravir les curieux de cette ville historique.

CHÂTEAU D'EU – MUSÉE LOUIS-PHILIPPE ★

Place Isabelle d'Orléans
✆ 02 27 28 20 76
www.chateau-eu.fr
chateau-musee@ville-eu.fr

Ouvert du samedi au lundi, le mercredi et le jeudi de 10h à 12h et de 14h à 18h ; le vendredi de 14h à 18h. Ouvert du 15 mars au dimanche suivant la Toussaint. Gratuit jusqu'à 6 ans. Adulte : 5 €. Enfant (de 6 à 16 ans) : 2 €. Tarif réduit : 2 €. Visite guidée (sur réservation).

Le château d'Eu fait partie des sites incontournables de la ville. C'est un lieu à visiter et à admirer pour sa portée historique, pour la richesse de ses décors et de son architecture. Le château a été construit à partir du XVIe siècle par le duc de Guise. En 1665, Anne-Marie-Louise d'Orléans le fit agrandir et créa un jardin à l'anglaise sur l'esplanade ouest. En 1821, Louis-Philippe d'Orléans, futur roi des Français, fait aménager cette demeure dont il venait d'hériter. Le château ne devint propriété de la commune qu'en 1964. Dix ans plus tard, la mairie s'y installe, et un musée ouvre ses portes. Récemment, on notera la réfection du salon d'apparat, appelé galerie des Guise, splendide pièce ornée de 46 portraits. Dans les jardins, le Guisard, magnifique hêtre de 35 mètres de hauteur, planté par Catherine de Clèves et Henri de Guise, reste majestueux face aux siècles qui passent. Il est aussi très agréable de se promener au milieu des azalées, des roses et des rhododendrons.

COLLÉGIALE NOTRE-DAME ★

4, place Guillaume le Conquérant
✆ 02 35 86 44 00

Ouvert du mardi au jeudi et le dimanche de 14h à 16h30 ; le vendredi et le samedi de 10h à 12h30 et de 14h à 16h30. Le monument ne se visite pas durant les offices.

Pour présenter la collégiale, commençons par une citation du célèbre architecte Viollet-le-Duc : « J'ai vu plus grand, j'ai vu plus haut, mais je n'ai jamais vu plus beau. » Car si la collégiale impressionne tant, c'est moins par ses dimensions que par son esthétisme. Chef-d'œuvre de l'art ogival et du gothique primitif, construite entre 1186 et 1240, elle est restaurée dans le style flamboyant après un incendie en 1426. Elle mesure 80 mètres de long, 17 mètres de large, 21 mètres de haut, avec une crypte de 31 mètres de long. Outre sa magnificence, l'église est célèbre pour ses nombreuses œuvres remarquables, inscrites pour la plupart sur la liste des Monuments historiques : une sculpture monumentale polychrome du XVIe siècle représentant une mise au tombeau trône dans une magnifique chapelle et l'orgue réalisé par Louis Isoré date de 1614. En 2020, des travaux sont en cours pour restaurer la toiture. Des concerts d'orgue sont régulièrement organisés.

FORÊT D'EU ★

Il n'y a pas que les monuments de la ville qui sont chargés d'Histoire : la forêt d'Eu, qui s'étend sur 9 300 hectares, est le vivant témoignage de la richesse de la ville, de son passé royal, de son histoire industrielle et de son attrait touristique. On y trouve un air pur et un dépaysement assuré, d'autant que le lieu regorge aussi de curiosités locales : arbres porteurs de légendes ou chemins aux noms évocateurs. Les poteaux aux carrefours des routes forestières rappellent les glorieuses chasses des rois ; les arbres majestueux nous remémorent que c'est grâce aux bois issus de cette forêt, utilisés pour chauffer les fours, que l'industrie verrière a pu se développer dans la région. Les dizaines de circuits de randonnée qui la sillonnent font son charme touristique, les plus célèbres étant celui du chemin des Étangs qui serpente le long de la Bresle, et celui du chemin vert du Petit Caux qui suit l'ancienne voie ferrée.

HÔTEL-DIEU

Rue des Frères-Anguier
Rue de l'Abbé-Legris

Ouvert toute l'année. Intérieur visible seulement pendant les Journées du Patrimoine. Passage ouvert de 8h30 à 19h. Gratuit.

L'histoire de l'Hôtel-Dieu commence en 1640, lorsque Mme de Joyeuse, belle-fille de Catherine de Clèves, accomplit le vœu de sa défunte belle-mère : créer un monastère. Des sœurs hospitalières de l'ordre de Saint-Augustin s'installent dans la « maison de l'Isle », une belle demeure du XVIIe siècle, et l'agrandissent. L'hôpital ouvre ses portes en 1658 et restera en activité durant trois siècles jusqu'en 1967. L'Hôtel-Dieu fait depuis quelques années l'objet d'une réhabilitation, et accueille les trouvailles archéologiques du site gallo-romain de la ville. La cour intérieure, en forme de U, qui révèle toute l'architecture des bâtiments, est pleine de charme, avec son mélange harmonieux de colombages, de pierres et de briques. Une aire de jeux pour enfants y a aussi trouvé sa place.

JARDIN JUNGLE KARLOSTACHYS

Route de Beaumont
✆ 06 23 75 19 73
www.jardinjungle.com
charles.boulanger@yahoo.fr
Entre la ferme de Beaumont et le site archéologique.

Fermé la première quinzaine de mars. Gratuit jusqu'à 3 ans. Enfant (de 4 à 12 ans) : 5 €. Visite guidée (sur réservation ; forfait de 50 € de 1 à 5 personnes puis 10 € par personne supplémentaire).

Sauvage, exotique, dépaysant... Les adjectifs pour qualifier le jardin jungle Karlostachys ne manquent pas ! Au cœur d'une végétation exubérante, partez vous balader au milieu des séquoias, des eucalyptus et des bambous géants à la rencontre d'une flore incroyablement riche. La visite guidée permet d'en apprendre plus sur les nombreuses espèces de plantes, d'arbres et de fleurs présentes ici. Vous aurez l'impression d'avoir parcouru les cinq continents en une heure et demie de visite ! Prenez vos précautions : équipez-vous de bottes. Les chiens ne sont pas admis dans le jardin.

MUSÉE DES TRADITIONS VERRIÈRES

Ruelle Sémichon
✆ 02 35 86 21 91
www.traditions-verrieres.com
traditions.verrieres@orange.fr

Ouvert du 4 avril 2020 au 11 novembre 2020 de 14h à 17h30. D'avril à juin le mardi, le week-end et les jours fériés. De juillet à septembre le mardi, le mercredi, le week-end et les jours fériés. D'octobre et novembre le mardi et le samedi. Démonstration d'un souffleur de verre selon calendrier. Gratuit jusqu'à 12 ans. Adulte : 5 €. Groupe : 4 €.

Le Musée des Traditions Verrières retrace l'histoire du verre depuis ses origines en Égypte il y a environ six millénaires. L'accent est tout particulièrement mis sur la mécanisation à travers des démonstrations de machines et un exposé sur l'évolution industrielle de la fabrication des objets en verre. Une salle entière a même été consacrée à la production de flacons de parfum et plusieurs spécimens factices géants y sont exposés. Un passage incontournable pour découvrir le cycle d'élaboration des fragrances depuis leur création jusqu'à leur mise en flacon. Plusieurs vidéos sur le travail du verre présentent également l'histoire et l'évolution de cet artisanat unique.

SITE GALLO-ROMAIN DU BOIS-L'ABBE

Route de Beaumont
✆ 09 63 43 26 81

Ouvert seulement en juillet-août. Adulte : 5 €. Enfant (de 6 à 16 ans) : 2 €. Visite guidée (tous les jours d'été du lundi au vendredi à 14h ; sur rendez-vous en mai et septembre).

Ce site, découvert à la fin du XVIIIe siècle au hasard de la construction d'une route qui traverse la forêt d'Eu, est une mine inépuisable d'informations et d'objets anciens. Il s'agit d'une agglomération antique d'une cinquantaine d'hectares dénommée Briga, active du Ier au IIIe siècles. Étudié par l'abbé Cochet (célèbre archéologue régional) au cours du XIXe siècle, le site a déjà révélé des vestiges d'habitations, de temples gallo-romains, de thermes et de théâtres. Une initiation aux techniques de fouilles, à la prospection archéologique, aux jeux dans l'antiquité et à la réalisation d'une fibule sont proposés à partir de 7 ans. Prévoir une tenue confortable et de bonnes chaussures.

Jardin Jungle Karlostachys.

THÉÂTRE DU CHÂTEAU
Place Isabelle-d'Orléans-et-Bragance
✆ 02 35 50 20 97
www.theatreduchateau.fr
contact@theatreduchateau.fr

Billetterie ouverte le mercredi et jeudi de 14h30 à 17h30 et le vendredi de 10h à 13h et de 14h30 à 17h30. Jeune public : de 5 à 8 €. Abonnés : de 9 à 17 €. Non-abonnés (à l'unité) : de 12 à 20 €. Visite guidée (toute l'année sur rendez-vous).

Ce petit théâtre à l'italienne de 200 places fait partie de l'association des « Théâtres historiques d'Europe ». Il fut bâti sous Louis Philippe et était à l'origine un garde-meuble qui sera aménagé en théâtre en 1857. Le théâtre du château est aujourd'hui conventionné baroque et bénéficie d'une riche programmation artistique, allant du contemporain au traditionnel. Le lieu est également un ciné-club. Si la meilleure façon de le découvrir reste d'assister à l'un des nombreux spectacles proposés par la ville, n'hésitez pas cependant à pousser les portes en semaine, car le théâtre se visite aussi librement, sauf les jours de représentations. De 1984 à 2002, il a fait l'objet d'une prestigieuse restauration à l'identique, conservant ainsi l'authenticité des décors et des peintures.

LE COLLÈGE
9, rue du Collège ✆ 09 80 78 49 74
www.restaurant-le-college.com
lecollege.eu@gmail.com

Ouvert le jeudi et le vendredi de 18h30 à 0h ; le samedi de 12h à 15h et de 18h30 à 0h ; le dimanche de 12h à 15h. Ouvert certains jours fériés, veilles de jours fériés, ponts et longs week-ends. Du 15 juin au 15 septembre ouverture en plus des jours habituels le mardi soir et mercredi soir pour les groupes (15 personnes minimum). Menus de 16,50 € à 29,50 €. Carte : 30 € environ. Formule du midi : 16,50 €.

Bienvenue dans l'antre d'un passionné, un restaurant plein d'âme et de caractère. Le Collège est un établissement intimiste et chaleureux, avec sa belle cheminée en briques, son poêle, ses boiseries et ses tons chauds, où l'on propose une cuisine résolument locale, qui met en avant les produit du terroir, à cheval entre la Normandie et la baie de Somme. La carte se renouvelle souvent, mais jamais au détriment de la qualité. Les plats sont confectionnés avec savoir-faire, au rythme des saisons, avec les trouvailles du marché et les produits de la pêche. En effet, le port du Tréport est tout près et fournit le restaurant en poissons et fruits de mer.

RESTAURANT DE LA POSTE
5, rue de la Poste ✆ 02 35 86 10 78
alex.chrishele@orange.fr

Ouvert du mardi au dimanche de 10h à 15h ; le samedi de 18h à 22h. Réservation recommandée. Menus de 21 € à 30 € (entrée, plat, fromage et dessert). Menu enfant : 9 €. Formule du midi : 14 €. Vin au verre. Chèque Vacances, Chèque Restaurant. Accueil des groupes.

Dans ce restaurant, on cultive le goût des bonnes choses, de la cuisine du terroir et du client satisfait et rassasié. Ici, c'est sur les saveurs que l'on se concentre avant tout et ce ne sont pas les gourmands qui s'en plaindront. Les produits régionaux sont joliment mis en valeur par la chef cuisinière, Hélène Alexandre, qui aime son métier. Sur la carte, on choisira parmi le risotto de la mer, le pavé de bœuf avec sauce au roquefort ou encore le suprême de pintade sauce pommeau. Les desserts sont tout aussi couleur locale avec le parfait glacé au Calvados, la tarte fine aux pommes et aux amandes et le riz au lait au caramel au beurre salé. Attention pensez bien à réserver le week-end !

CENTRE DES FONTAINES
Rue des Fontaines
✆ 02 35 86 05 03
www.centredesfontaines.fr

Fermé pendant les vacances de Noël. 65 places. Nuit et draps à partir de 18 € par personne. Petit déjeuner : 4,50 €. Repas à 12,60 € (servi à partir de 10 personnes). 8 chambres. Poste Internet. Connexion Internet gratuite. Wifi gratuit. Restauration.

Dans les anciennes cuisines royales, face aux fontaines d'Eu et à l'entrée du parc du château, cette auberge propose des chambres-dortoirs bien tenues et agréables. Une cuisine de type familial est assurée dans la bonne humeur au sein d'une salle restaurant typique et chaleureuse. Un espace détente et TV, 6 ordinateurs, un coin lecture, des salles d'activités ou de réunion, une salle de projection et même... une salle de cours sont à votre disposition (idéale pour les classes de découverte).

MANOIR DE BEAUMONT
Route de Beaumont
Route de Beaumont 76260 EU
✆ 02 35 50 91 91
www.demarquet.eu
catherine@demarquet.eu

Gîtes de France. 3 chambres. Chambre double à partir de 59 € ; suite à partir de 70 €. Petit déjeuner inclus. Animaux acceptés. Connexion Internet.

Confortablement installé dans un ancien relais de chasse du XVIIIe siècle, Le Manoir de Beaumont est aujourd'hui devenu une superbe maison d'hôtes. L'édifice abrite 3 chambres et suites pouvant accueillir d'une à 4 personnes. Tout est décoré à la perfection, avec un goût prononcé pour le mobilier ancien, qui se fond d'ailleurs à la perfection dans le style typiquement normand de ce manoir ancien. Autant vous dire que si vous cherchez à vous ressourcer dans la région, c'est ici, dans ce havre de paix, qu'il faut séjourner. Le Manoir de Beaumont possède également 3 beaux gîtes pour un séjour plus intimiste.

LE DOMAINE DE JOINVILLE***
95 bis, route du Tréport
✆ 02 35 50 52 52
www.domainejoinville.com
domaine.joinville@wanadoo.fr

Les Collectionneurs. Ouvert toute l'année. Accueil jusqu'à 23h. 27 chambres (également des suites familiales et duplex). Chambre double de 98 € à 340 €. Petit déjeuner buffet : 17 €. Lit supplémentaire : 20 €. Parking inclus.

American Express, Chèque Vacances. Animaux acceptés (avec supplément). Séminaires. Réceptions et mariages. Wifi gratuit. Hammam, bain bouillonnant, sauna.
Le Domaine de Joinville est installé au cœur de l'ancien pavillon de chasse du château d'Eu, dans un superbe domaine verdoyant. Les chambres, duplex et suites proposés ont été rénovés avec élégance et décorés avec un grand raffinement. Ils bénéficient presque tous d'une vue sur le parc ou la forêt qui entourent le domaine. L'établissement dispose également d'un agréable spa avec tous les accessoires nécessaires à un pur moment de détente (balnéo, sauna, bain bouillonnant...) ainsi que des soins esthétiques et relaxants proposés par une équipe professionnelle. Le personnel est à la hauteur de ce qu'on peut attendre d'un établissement de standing, et répondra avec efficacité et courtoisie à toutes vos demandes. De quoi se sentir, l'espace d'un séjour, comme un roi !

LE BRAGANCE
Parc du Château-d'Eu
Allée de Guise
✆ 06 61 25 77 48
Ouvert du mardi au jeudi de 15h à 23h ; le vendredi et le samedi de 15h à 0h30. Happy hours (de 18h à 19h30 le vendredi et le samedi). Terrasse.
Boire un verre dans une ancienne glacière, n'est-ce pas original ? Ce bar est établi en effet dans l'ancienne glacière construite par le roi Louis-Philippe, puis agrandie par son petit-fils le comte de Paris, pour permettre à l'époque de conserver les boissons et les aliments au frais. L'ambiance s'est maintenant nettement réchauffée et on vient ici pour boire un verre, profiter du cadre typique ou de la très agréable terrasse donnant sur le parc du château. Les briques, le feu de cheminée, le bar a conservé ce cachet unique au milieu d'une déco cosy charmante.

Le Tréport ★

OFFICE DE TOURISME
Quai Sadi-Carnot
✆ 02 35 86 05 69
www.destination-letreport-mers.fr
info@destination-letreport-mers.fr
♿
Basse saison : ouvert du lundi au mercredi, le vendredi et le samedi de 10h à 12h et de 14h à 17h. Haute saison : tous les jours de 10h à 12h et de 14h à 17h. Boutique. Borne internet. Ouvert de 9h30 à 19h en juillet-août.
Passage incontournable pour découvrir les trésors du Tréport, cet office de tourisme dispose de toutes les informations essentielles pour ne rien manquer de ce que la ville a à offrir. Adressez-vous au personnel pour en apprendre plus sur les événements organisés tout au long de l'année ou sur les visites guidées du domaine portuaire et de la ville. L'office de tourisme du Tréport propose un large étal à dépliants où vous pourrez puiser l'inspiration et faire le plein de culture et de grand air !

- **Autre adresse :** Bureau d'accueil du funiculaire, ouvert l'été.

MUSÉE DU VIEUX TRÉPORT
1, rue de l'Anguainerie
Ancienne Prison
✆ 02 35 86 13 36
museedutreport@free.fr
Ouvert des vacances de Pâques à fin septembre. Visite de groupe possible toute l'année sur rendez-vous. Ouvert le week-end et les jours fériés de 10h à 12h et de 15h à 18h. Gratuit jusqu'à 2 ans. Adulte : 3 €. Enfant : 1,50 €. Visite guidée.
Pour faire connaître son histoire, rien de tel que de s'installer dans un lieu hautement historique : c'est le choix qu'a fait ce petit musée en investissant l'ancienne prison et l'ancienne mairie du Tréport. Situé près d'une superbe porte voûtée datant de 1563, c'est la mémoire de la ville que vous découvrirez ici sur cinq niveaux d'exposition. La partie consacrée aux bains de mer évoque à travers des scènes de plage pittoresques les XIXe et XXe siècles l'engouement pour les stations balnéaires et les casinos. Plus pragmatiques, les maquettes de bateaux, costumes traditionnels et ustensiles de pêche rappellent le passé marin de la ville. Vous saurez tout sur les activités traditionnelles, qu'elles soient disparues ou menacées de disparition comme le ramassage du galet, la charpenterie de marine, etc. Enfin, les deux parties consacrées aux naufrages et aux sauvetages en mer permettent de découvrir de fascinantes anecdotes sur la vie maritime du Tréport.

Un funiculaire gratuit

La flemme de gravir les 350 marches pour grimper jusqu'au sommet des falaises ? Profitez du funiculaire accessible à tous ! Si aucune cabine ne se trouve en gare, il vous suffit d'appuyer sur la borne d'appel et de patienter deux minutes avant de pouvoir profiter d'une vue époustouflante...

POINT DE VUE DES TERRASSES ★
Accès par le funiculaire (gratuit) ou par l'escalier qui aboutit près de l'Hôtel de Calais.
Ouvert toute l'année.
En haut des falaises, le panorama s'étend sur les « trois villes sœurs » que sont Le Tréport, Eu et Mers-les-Bains. De cet emplacement, toute la ville est à vos pieds et on identifie bien le quartier des Cordiers avec ses rues étroites, parfaitement rectilignes, et ses maisons resserrées. Une table d'orientation permet de se repérer pour le paysage plus lointain. C'est aussi le point de départ de la randonnée jusqu'à Criel-sur-Mer sur 11,7 km le long de la mer.

PORT DU TRÉPORT

Rampe du musoir

Accès libre.

Si vous faites escale au Tréport, il y a un site que vous ne devez manquer sous aucun prétexte, c'est bien sûr le port de la ville ! N'hésitez pas à grimper la rampe du Musoir puis à longer l'Hôtel de Calais pour parvenir au porche de l'église, respirer l'air marin et profiter de toute la vue sur le port et la mer. Vous pouvez ensuite continuer votre escapade afin d'admirer les pierres sculptées de l'église Saint-Jacques. Effondré au cours de la tempête de 1360, ce monument sera reconstruit au cours du XVIe siècle.

QUARTIER DES CORDIERS

Rue Saint-Julien
Place Notre-Dame

Accès libre.

Ce quartier de pêcheurs (les cordiers étaient les marins qui pêchaient sans filet, juste avec une corde et des hameçons) a été construit à partir du XVIIIe siècle au pied des falaises sur un espace gagné sur la mer. Il est constitué de ruelles étroites, de petites maisons à étages décorées de balcons en fer forgé et de *bow-windows*. Un dépliant est disponible à l'office de tourisme pour retrouver la vingtaine de motifs marins qui ornent ces maisons typiques. Malheureusement, le secteur a perdu une partie de son charme dans la tourmente de la dernière guerre : en même temps que le front de mer côté plage, une partie du quartier a été rasée pour la construction d'un bien funeste ouvrage. C'est ici qu'Adolphe Hitler avait installé le point de départ de son mur de l'Atlantique.

COMPTOIRS DE L'OCEAN

46, quai François 1er
✆ 02 35 86 24 92

Ouvert le lundi de 11h à 14h30 ; du mardi au vendredi de 11h à 14h30 et de 18h30 à 21h30 ; le samedi de 11h à 14h30 et de 18h30 à 22h30 ; le dimanche et les jours fériés de 11h à 22h. Menus de 30,50 € à 68 €. Menu enfant : 10 €. Formule du midi : 19,70 €. Grande salle panoramique avec petites tables pour 2 personnes. Accueil des groupes (sur réservation). Terrasse.

Si l'envie vous prend de déguster de savoureux fruits de mer fraîchement pêchés lors de votre découverte du Tréport, c'est ici, aux Comptoirs de l'Océan, que vous trouverez votre bonheur. Situé directement sur le port, ce restaurant décoré avec goût est une adresse incontournable pour les amateurs de produits de la mer. Parmi les spécialités proposées au menu, certaines comme la fricassée de homard armoricaine et la farandole de Saint-Jacques poêlées aux deux saveurs sont devenues des références. L'établissement organise également chaque samedi après-midi une dégustation de fruits de mer. Quel plaisir de savoir que seules quelques heures se sont écoulées de la pêche jusqu'à l'assiette ! Les gérants se fournissent en effet auprès des pêcheurs locaux, ce qui garantit une fraîcheur totale. Et pour plaire au plus grand nombre, le restaurant propose aussi des plats de viande et un menu végétarien.

LE DAMALI

6, rue du Duc de Penthievre
✆ 02 35 04 57 94

Ouvert du jeudi au lundi le midi et le soir. Réservation recommandée. Carte : 17 € environ. Menu enfant : 9 € (pour les moins de 10 ans).

Depuis que Damien et Allison ont ouvert leur restaurant dans le quartier des Cordiers, tout près du port, le Damali ne désemplit pas. Les produits frais et locaux sont préparés dans une cuisine entièrement ouverte sur la salle. Leur spécialité : le burger régional, qui a d'ailleurs concouru au meilleur burger de France. A l'automne dernier, leur burger normand a été désigné comme le meilleur de la région. Sa recette : du Neufchâtel, des pommes, de la truite et du pain à l'encre de seiche ! Les suggestions sont désormais à l'ardoise, mais avec les mêmes fondamentaux : des produits frais, locaux et maison !

LE HOMARD BLEU

45, quai François-Ier
✆ 02 35 86 15 89
www.le-homard-bleu.com

♿

Ouvert tous les jours de 12h à 14h30 et de 18h30 à 21h30. Réservation recommandée. Menus de 19,90 € à 29,90 € (trois plats). Vin au verre. Plateaux de fruits de mer de 26 à 54 € pour une personne ou la formule duo 60 € pour deux personnes (2 demi-tourteaux, 12 huîtres, 2 grosses crevettes roses, 2 palourdes, 2 amandes, 2 praires, 2 couteaux, crevettes grises, bulots et 2 langoustines). American Express, Chèque Restaurant. Accueil des groupes. Terrasse.

Ce restaurant est une véritable institution au Tréport. Le chef, Eric Bagnost, apporte tout son savoir-faire pour réinventer une cuisine de tradition à base de produits du terroir. Sur les ardoises accrochées un peu partout, tous les poissons sont nommés : si le prix est affiché, c'est que le cuisinier a été ravitaillé par les pêcheurs le matin même et qu'il a apprêté son butin avec maestria pour satisfaire les gourmets. Quant aux fruits de mer, la spécialité du chef (le Homard Bleu), vous comblera forcément... N'hésitez pas à réserver car les tables du premier étage avec vue sur la mer et la falaise sont très prisées... Mais avec ou sans la vue, dans les assiettes, c'est toujours époustouflant !

LA PILE D'ASSIETTE

1-3, rue Gambetta
✆ 02 35 84 65 61

Ouvert du jeudi au mardi de 12h à 13h30 ; le vendredi et le samedi de 19h à 20h30. Réservation recommandée. Menu unique à 24 €. Vin au verre. Chèques non acceptés. Vente à emporter. Animaux non autorisés.

Un restaurant authentique, installé en plein cœur du quartier des Cordiers, loin des usines à touristes... Ne vous attendez pas à manger sur le pouce, le délai d'attente est même assumé avec le panneau à l'entrée « Slow food, attente préparation entre les plats », car le chef Dominique J.A. vous mitonne des petits plats comme à la maison, en préparant ses bouillons, ses jus, ses fonds de cuisson, ses desserts... Et le délai d'attente en vaut la chandelle : car le pot-au-feu de poissons, le filet de merlan en matelote ou encore la pièce de bœuf rôtie au piment d'Espelette sont fameux. En dessert, difficile de résister aux profiteroles...

■ **LE SAINT-LOUIS**
43, quai François-Ier
✆ 02 35 86 20 70
Ouvert tous les jours de 12h à 14h30 et de 19h à 21h30. Réservation recommandée. Menus de 19,90 € à 35,50 €. Plateau de fruits de mer 26,50 € pour une personne et 72 € pour deux. Chèque Vacances, Chèque Restaurant. Accueil des groupes. Terrasse. Vente à emporter.
Face au port, une fois la belle porte ornée de sa mosaïque bleue franchie, ce restaurant fait honneur à la mer : poissons, coquillages et crustacés... L'excellence des produits côtoie l'envie de perfection qui anime le chef. Cassolette de noix de pétoncles soufflée aux poireaux, duo de solettes dorées meunière, dos de morue poêlé au citron confit et à la citronnelle, cette table résolument marine régalera les plus exigeants. Autres avantages de la maison : une carte des vins très riche, et des desserts tous délicieux et extrêmement variés.

■ **LA VILLA MARINE**
1, place Pierre Semard
✆ 02 35 86 02 22
www.hotel-lavillamarine.com
infos@hotel-lavillamarine.com
Maître Restaurateur. Ouvert du lundi au vendredi le midi et le soir ; le samedi soir. Menus de 42 € à 49 €. Formule du midi : 19 € (et 25 € selon deux ou trois plats). Tartine 14,50 € ; plat entre 14 et 25 € ; dessert 8 €. Chaises bébé. Hôtel 3 étoiles.
C'est une cuisine de qualité de style bistronomie qui vous attend dans cet élégant établissement. Les plats sont largement inspirés des produits de la mer avec une pointe d'exotisme, comme les noix de Saint-Jacques pochées au bouillon thaï et coriandre, ou les noix de Saint-Jacques poêlées, coco-passion et crémeux citron. Les amateurs de viande pourront goûter au filet de sanglier ou de canette. Les produits locaux sont également mis en avant comme le fromage neufchâtel au lait cru de chez Levêque ou les tartines pommes et camembert. Le plus : la vue époustouflante sur les falaises !

■ **CHAMBRE MEUBLÉE – VOILES ET TERRASSES**
11, quai Sadi-Carnot
✆ 06 07 09 81 44
www.voilesetterrassesletreport.com
co.robert@laposte.net
Ouvert toute l'année. 25 m². De 400 € à 805 € la semaine selon saison. Nuit de 70 à 80 €. Week-end de 85 à 125 €. 30% d'arrhes à la réservation et chèque de caution de 200 €. Promotions de dernière minute par téléphone. Wifi gratuit.
Cette résidence se compose d'un agréable studio de 25 m², d'une chambre située face au port et d'un appartement équipé d'une terrasse de 15 m². Ces trois hébergements proposés à la location sont installés dans un immeuble charmant et disposent de tout le confort nécessaire à un séjour agréable au Tréport. Vous y trouverez notamment une petite cuisine entièrement équipée, une salle d'eau et de quoi dormir pour deux personnes grâce à un lit 140 x 190 cm présent dans les trois locations. La résidence est par ailleurs idéalement située à 30 mètres d'une boulangerie et tout près d'un parking gratuit. Le must pour visiter le Tréport à pied !

Vue sur Le Tréport.

■ **LA VILLA MARINE*****
1, place Pierre Semard
✆ 02 35 86 02 22
www.hotel-lavillamarine.com
infos@hotel-lavillamarine.com
♿
The Originals. Accueil jusqu'à 22h. 38 chambres. Chambre double de 79 € à 95 € ; suite de 115 € à 159 €. Petit déjeuner : 13 €. Lit supplémentaire : 15 €. Parking ouvert inclus. Les enfants de moins de 3 ans séjournent gratuitement dans la chambre des parents. Les enfants de moins de 2 ans ont des lits bébés gratuits à disposition. Chèque Vacances. Animaux acceptés (supplément de 7,50 €). Wifi gratuit. Restauration (menus de 19 à 49 €).
Cet hôtel vient de glaner une troisième étoile bien méritée. Si les chambres avec vue sur la cour sont charmantes, on vous conseillera de demander une chambre avec vue sur la mer, pour mieux vous imprégner de l'ambiance du Tréport. La décoration donne une touche moderne et colorée au site, mais l'esprit marin reste imprégné dans les murs et dans le nom des chambres « Trimaran », « Belle-Ile », « Le Large », « La Poupe »... Un point de plus pour le petit-déjeuner : un appétissant buffet qui comprend œufs, viennoiseries, charcuterie, fromages, pancakes, tartes... L'établissement fait également restaurant et bar lounge avec une ambiance cosy autour de la cheminée. Pratique pour se garer : le parking de la gare SNCF juste à côté.

ÉCOLE DE VOILE SENSATION LARGE

Quai Albert Cauet ✆ 02 35 50 12 08
www.sensationlarge.com
sensationlarge@gmail.com

Fermé de décembre à janvier. Ouvert du lundi au samedi de 9h à 12h et de 13h30 à 17h30. Depuis 2020, consultez les disponibilités et réservez directement en ligne.

Le club incontournable du Tréport si vous souhaitez pratiquer la voile. Différents niveaux sont acceptés à partir de 5 ans avec plusieurs formules : découverte de la voile en totale sécurité dans le bassin de commerce, découverte du milieu marin avec sortie en mer, apprentissage de la voile en Optimist, stage en dériveur… Pour progresser plus vite, il est possible de s'inscrire à des stages le week-end ou pendant les vacances scolaires. Vous pourrez également embarquer à bord d'un voilier de 9 m et croiser, avec un peu de chance, des phoques et des marsouins !

O2 FALAISES

1, rue du Maréchal Foch ✆ 09 71 00 76 76
www.o2falaises.fr

Ouvert toute l'année. Basse saison : tous les jours. Haute saison : du lundi au jeudi de 10h à 20h ; le vendredi de 10h à 22h ; le samedi de 10h30 à 19h ; le dimanche de 10h à 19h. Entrée : 5 € (résident : 3,90 €). Résident : 3,20 €. Enfant : 4,30 €. Gratuit pour les moins de 3 ans. Pass famille 4 personnes 15,30 €. Chèque Vacances. Vestiaire gardé. Boutique. Espace fitness. Formule anniversaire (forfait pour 10 enfants 125 € pour des animations, un goûter, des boissons et l'accès à l'espace aquatique).

Envie de piquer une tête en regardant le large ou les falaises du Tréport ? C'est possible dans ce centre aquatique très bien situé ! Tout le monde y trouvera son compte ! Avec les enfants, plongez dans la pataugeoire, chauffée à 32 degrés, avec des fontaines rigolotes et des jeux pour les plus petits, un bassin de loisirs avec des cascades, des jets massants, des banquettes à bulles pour se relaxer, et un bassin avec 6 lignes d'eau pour nager. Aux beaux jours, un bassin extérieur vous attend avec un pentagliss de plusieurs couloirs. L'espace bien-être comprend deux saunas, un hammam, un bain bouillonnant, une tisanerie et une salle de relaxation. Pour les plus sportifs, l'espace forme vous attend avec une salle de cardio-training et des appareils de musculation et de remise en forme ainsi que des cours collectifs. Nouveauté 2019 : des formules originales pour fêter son anniversaire avec ses copains en milieu aquatique.

CASINO

Esplanade Louis-Aragon ✆ 02 35 86 35 45
www.joa-casino.com – contact-letreport@joa.fr

♿

Ouvert toute l'année. Du dimanche au jeudi de 10h à 2h ; le vendredi et le samedi de 10h à 3h. Jeux traditionnels à partir de 20h en semaine e 17h30 le dimanche et jour férié. American Express, Chèque Restaurant. Restauration. Pièce d'identité et tenue correcte obligatoires. Cinéma (tarif de 4 à 6,50 €).

Le casino du Tréport bénéficie d'une vue panoramique sur la mer, à contempler entre deux parties de poker ou de machine à sous endiablées. Avec les billards (pour tous les goûts : américain, français...), divers jeux de table, comme la boule, le blackjack, la récente « roulette anglaise électronique » et 91 machines à sous dernière génération ou plus classiques, vous n'aurez pas de mal à trouver de quoi vous amuser ! Mention spéciale pour l'environnement agréable et l'atmosphère chaleureuse des lieux. Sur place, un restaurant, un bar et un cinéma permettent de prolonger le plaisir…

ATELIER DU VERRE

Rue du Télécabine
Gare haute du funiculaire ✆ 07 85 21 24 23

Ouvert tous les jours.

Une boutique que vous trouverez tout au sommet de la falaise, non loin du funiculaire. Toutes les pièces du magasin sont fabriquées sur place, elles sont uniques car réalisées à la main ! Vous pourrez y choisir des galets, des

© FRANCK GODARD

Le Tréport, avec ses charmantes maisons à flanc de falaise.

bijoux (les boucles d'oreille en forme de gouttes d'eau sont magnifiques !), des boules de Noël, des vases ou des objets de décoration. Dans cette boutique trônent aussi des fours qui fonctionnent à plein régime : avec un peu de chance, vous aurez l'occasion de voir un souffleur de verre à l'œuvre. Sachez enfin que la Vallée de la Bresle est encore aujourd'hui au premier rang mondial pour la production des flacons de parfum.

AULT-ONIVAL ★

Ce village mérite le détour. Trait d'union entre la Picardie maritime et le Pays de Caux, Ault est une station balnéaire charmante et elle profite du label Grand site de France pour la préservation de ses espaces. Elle se compose d'une partie basse avec une plage à Onival, d'un village avec de belles maisons à Ault et du coquet Bois de Cise un peu plus au sud. La vue est impressionnante bien que les fortes marées avec l'érosion menacent constamment la ville d'effondrement. Les falaises s'élèvent telles des colosses dominant la mer. « Cet endroit est beau. Je ne pourrais m'en arracher », écrivait Victor Hugo à sa femme. « Le bourg d'Ault se défend comme il peut, la mer est rude sur cette côte, l'hiver est orageux, la falaise s'en va souvent par morceaux. Une partie du village pend déjà aux fêlures du rocher », continuait-il. Ce phénomène inquiète aujourd'hui les habitants. Ce serait un drame pour un village qui a déjà eu une histoire tragique. Le port florissant du Moyen Âge a été ravagé par une tempête en 1583, démolissant l'église, le cimetière et la moitié du village.

■ OFFICE DE TOURISME
17, avenue du Général-Leclerc
✆ 02 35 86 05 69
www.destination-letreport-mers.fr
info@destination-letreport-mers.fr

Ouvert d'avril à septembre, les vendredi et samedi de 10h à 12h et de 14h à 17h. Pendant les vacances de février, les vendredi et samedi de 10h à 12h et de 14h à 17h, les vacances de Pâques, les mercredi, vendredi et samedi de 10h à 12h et de 14h à 17h, et les vacances d'été, du lundi au samedi de de 10h à 12h30 et de 14h à 17h30. Boutique. On sent qu'il y a ici le goût de vous conseiller et une bonne connaissance des points d'intérêt du secteur. On ne peut pas dire que l'agencement soit des plus modernes, mais tant que le conseil et les documents sont de qualité... Dommage toutefois que l'établissement n'occupe pas une position sur le front de mer, là où les promeneurs s'attardent. Il vous faudra remonter la rue qui traverse le village durant quelques hectomètres, un peu après l'église. Reste ensuite à vous organiser le séjour de vos rêves en baie de Somme !

■ CIRCUIT SUR LES PAS DE VICTOR HUGO
Centre-ville
www.destination-letreport-mers.fr

Dépliant gratuit disponible à l'office de tourisme. Ce circuit permet de découvrir l'admiration que Victor Hugo avait pour la région. Il a voyagé en Picardie Maritime en 1837, 1843 et 1849. Le site d'Ault l'a particulièrement marqué – la ville est d'ailleurs citée plusieurs fois dans son œuvre. Vous pouvez suivre les pas de l'écrivain grâce à un parcours balisé avec des pancartes explicatives. On y découvre notamment la lettre écrite par Victor Hugo à son épouse Adèle, le 18 septembre 1837, dans laquelle il dit que « Cet endroit est beau. Je ne pouvais m'en arracher ».

Points d'intérêt

■ BOIS DE CISE ★★

Dépliant gratuit disponible à l'office de tourisme. Il s'agit du seul bois naturel des côtes de la Manche, il fut même un lieu de chasse à courre au Moyen-Age. Niché au creux des falaises, au sud d'Ault, c'est un charmant site verdoyant qui se termine par une élégante station classée Belle époque. Vous apprécierez aussi sans doute, comme Victor Hugo, le très beau point de vue. Un circuit pédestre illustré est disponible à l'office du tourisme pour ne rien manquer des principaux points d'intérêts du Bois de Cise. Les escaliers qui permettent de descendre jusqu'au pied des falaises sont à emprunter pour mieux jauger la hauteur des grands murs blancs naturels. Par contre, pas question d'aller plus loin, les panneaux vous l'interdisent et les nombreux bouts de falaises en contrebas vous incitent forcément à la prudence.

■ ÉGLISE SAINT PIERRE ET SON BEFFROI
Place du Maréchal-Foch ✆ 03 22 60 57 15

Actuellement en travaux. Les amateurs d'architecture religieuse et maritime vont apprécier ce lieu caractérisé par son étonnant beffroi ecclésiastique. L'église Saint-Pierre était à l'origine une chapelle. Construite en 1234 par la comtesse Adèle de Ponthieu, elle s'agrandit au XIVe siècle, et devient donc une église. Au XVe siècle, elle gagne deux nefs, suite à l'exode des habitants d'Eu qui fuient le ravage de leur ville décidé par Louis XI. Le clocher est une imposante tour quadrangulaire qui s'achève par une plateforme avec des gargouilles aux quatre angles et trois cloches. Bâti au XIVe siècle, il est sans nul doute la partie la plus spectaculaire et originale de l'édifice, avec une fine tourelle de guet à son sommet. S'il est clocher de fonction, il est juridiquement considéré comme étant un beffroi.

■ FALAISES
www.destination-letreport-mers.fr

Si vous venez du littoral de la baie de Somme ou de la Côte d'Opale, le changement de décor est saisissant ! Vous vous croirez sur un vertigineux littoral irlandais ! A Ault débute une succession de falaises de craie blanche qui va se poursuivre sur le littoral normand. L'entrée en matière est ici abrupte, puisque les plus impressionnantes falaises culminent à plus d'une centaine de mètres. Ce ne sont pas moins que les plus hautes falaises de craie du continent ! On y bénéficie d'une vue panoramique superbe sur la baie de Somme et sur le littoral normand. Devant ce spectacle naturel, on comprend pourquoi le label Grand Site de France inclut non seulement la baie de Somme, mais aussi ces falaises qui vous couperont le souffle !

PHARE

Boulevard du Phare

Ne se visite pas. Le phare d'Ault est l'un des plus imposants de France, avec ses 28 mètres au-dessus du sol et ses 110 mètres au-dessus de la mer, si l'on compte la hauteur de la falaise sur laquelle elle est implantée. Il a été reconstruit et mis en service en 1951, suite à un dynamitage en 1940. Le voici en quelques chiffres : la lampe halogène a une puissance de 650 watts et une portée de 50 à 80 km par temps clair, 40 km par temps moyen. Les rayons blancs peuvent être aperçus dans un secteur de 135 degrés, depuis Le Tréport jusqu'au sud de la baie de Somme. Les rayons rouges, qui signifient le danger, sont visibles depuis le sud de la baie de Somme jusqu'au nord du Crotoy. Détail intéressant : le phare est désormais automatisé et contrôlé depuis Saint-Valery-sur-Somme.

Le couvert

LE 1837 – VICTOR HUGO RESTAURANT

25, rue de la Pêche ✆ 03 22 30 04 04
www.villaaultiahotel.com
info@villaaultiahotel.com

Logis. Ouvert toute l'année. Du mercredi au dimanche de 12h à 14h et de 19h à 21h30. Réservation recommandée. Menus de 35 € à 55 €. Formule du midi : 25 €. Vin au verre. Terrasse. Hôtel 4 étoiles.

Un restaurant qui rend bien hommage à Victor Hugo, avec une atmosphère remplie de charme et une décoration digne des salons littéraires du XIXe siècle. L'auteur séjourna même entre ses murs. Nicolas-Salvatore et Jean-François-Emmanuel Morgillo, propriétaires depuis 2013, ne manqueront pas de vous conter ses histoires. Dans l'assiette, vous serez immanquablement surpris par les saveurs des plats. Les poissons et les viandes sont cuisinés avec attention. Vous pourrez ainsi déguster un maquereau en gelée de riesling, un poulet « à la percheronne » ou encore une farandole de poissons, selon les arrivages. Fraîcheur garantie ! On apprécie le patio intérieur fleuri, la carte des vins intéressante et un prix doux pour des mets aussi exceptionnels.

Le gîte

LE CISE

Route de la Plage – Bois de Cise
✆ 03 22 26 46 46 – www.lecise.fr

21 chambres. Chambre double de 104 € à 370 € ; suite de 191 € à 490 €. Pension complète : 82 € (par personne et par jour). Demi-pension : 47 € (par personne et par jour). Petit déjeuner : 18 €. Lit supplémentaire : 30 €. Villa de 440 € à 859 €. Gîte de 196 à 310 €. Offres dernière minute sur le site internet. Wifi gratuit. Restauration (ouvert toute l'année de 12h à 14h et de 19h à 22h). Bain bouillonnant, sauna. Spa de nage.

Un hôtel de charme où vous pourrez vous reposer au calme, entre ciel et mer. L'intérieur de l'hôtel est très raffiné et décoré avec goût. Chaque chambre a son identité et sa décoration. Vous aurez ici de l'espace pour vous épanouir et passer une nuit confortable. Vous avez la possibilité d'avoir une vue panoramique magnifique, sans aucun doute une des plus belles de la région. Si vous êtes nombreux, il est également possible de loger dans des villas et des lodges de charme, puisque l'établissement a en fait plusieurs logements différents dans ce hameau. Après une bonne nuit de sommeil, louez un vélo auprès de l'établissement et partez explorer les alentours iodés. Relaxez-vous ensuite dans le sauna finlandais avec vue sur mer ou dans le délicieux Jacuzzi extérieur.

VILLA AULTIA****

25, rue de la Pêche ✆ 03 22 30 04 04
www.villaaultiahotel.com
info@villaaultiahotel.com

La Clef Verte. 15 chambres (dont 4 suites). Chambre double de 245 € à 295 € ; suite de 400 € à 524 €. Petit déjeuner : 21 €. Séjour d'une nuit « Gastronomique » pour deux 385 € avec une nuit en Suite Junior, champagne, dîner dégustation et petit-déjeuner. Animaux acceptés. Wifi gratuit. Restauration.

Une villa au raffinement rare. Ici, tout n'est que ravissement, luxe et splendeur. Le style de cet établissement est exceptionnel et mêle à la fois le moderne et l'ancien, dans un mariage luxueux et haut de gamme. Les lustres à pampille côtoient les salles de bains design et les chambres vous offrent un confort exceptionnel, avec salle de bains double balnéothérapie dans le duplex au deuxième étage, qui dispose d'une vue surprenante sur la mer. Nicolas-Salvatore et Jean-François Emmanuel Morgillo avaient un grand rêve. Il est enfin exaucé : la Villa Aultia, splendide !

Dans les environs

LA TAVERNE D'CHÉS TROÉS PIOTS COÉCHONS

34, voie communale de l'Abbé-Holleville
WOIGNARUE ✆ 03 22 60 54 84
galand.longuemart@orange.fr

Bistrot de pays. Ouvert le lundi de 8h à 15h ; le mardi et du jeudi au samedi de 8h à 15h30 et de 17h30 à 22h ; le dimanche de 10h à 18h. Réservation recommandée. Menus de 27 € à 36,50 €. Menu enfant : 7 €. Formule du midi : 17 €. Chèque Vacances, Chèque Restaurant. Vente à emporter. Boutique.

Tout est dans le nom du restaurant : ici, place à la Picardie et à ses produits pleins de saveurs. Mais pas d'inquiétude, vous n'aurez pas besoin d'un dictionnaire franco-picard pour déchiffrer la carte : les plats parlent d'eux-mêmes et si vous êtes friands de terroir et de plats typiques de la région, vous serez ravis. Le cochon a bien entendu une place de choix dans ce restaurant, dont le nom, en patois, signifie « les trois petits cochons ». Et comme tout est bon dans le cochon, les plats ne manquent pas d'être variés et de rendre donc hommage à ce dicton : salade tiède de pied de cochon en vinaigrette, rillettes de porc, jambon Serrano, jarret de porc braisé sauce moutarde et miel, côtelettes de porcelet de lait à la crème, et plein d'autres encore. Les végétariens devront donc passer leur chemin... Et pour ceux qui apprécient la cuisine conviviale mais qui ne raffolent pas du porc, le restaurant propose quelques plats de poisson, comme l'aile de raie aux framboises. Ne passez pas à côté de cette adresse très typique et pleine du charme de la Picardie traditionnelle.

CAYEUX-SUR-MER ★

La station balnéaire familiale du littoral picard tire son nom du banc de galets déposé par la mer après avoir roulé les silex arrachés aux falaises de craie toutes proches. La version picarde de cailloux, « chais cayeux », sont mondialement reconnus pour leur dureté, leur pureté et leur couleur bleue. Destinés à la construction, on les retrouve volontiers en décoration, pour le filtrage ou la fabrication de papier de verre. Cuits, ils sont utilisés dans la préparation des céramiques et des peintures. Le chemin des planches, le plus long d'Europe avec ses 1 800 mètres de long, attire de plus en plus les touristes et les metteurs en scène qui souhaitent profiter des beautés de la baie de Somme pour leurs créations. Ses 420 cabines de plage ajoutent à cette station un charme inoubliable.

OFFICE DE TOURISME
2, place Aristide-Briand
✆ 03 22 26 61 15
www.tourisme-baiedesomme.fr
cayeuxsurmer@ca-baiedesomme.fr
Basse saison : ouvert du mercredi au lundi de 13h30 à 17h30. Haute saison : tous les jours de 9h30 à 12h30 et de 13h30 à 18h. Haute saison d'avril à septembre.
L'office de tourisme de Cayeux vous accueille pour vous donner tous les bons plans de la ville. Vous pourrez y découvrir les adresses pour dormir, manger et visiter les sites incontournables de la cité balnéaire. Parmi les nombreuses activités, essayez-vous par exemple au kitesurf ! A signaler, le site Internet est particulièrement bien fourni !

Autre adresse : Point info du Hourdel, ouvert de mai à septembre de 10h à 12h et de 14h à 17h30

CHEMIN DE FER DE LA BAIE DE SOMME
Place du 8 Mai 1945
✆ 03 22 26 96 96
www.chemindefer-baiedesomme.fr
accueil@cfbs.eu
Ouvert d'avril à septembre. Horaires disponibles sur le site internet (brochure « grand public »). Gratuit jusqu'à 4 ans. Adulte : 15 €. Enfant (de 4 à 16 ans) : 11 €.
Le fameux chemin de fer de la Baie de Somme, réseau des Bains de Mer depuis 1887, fait aussi escale à Cayeux-sur-Mer. L'occasion de découvrir sur une trentaine de kilomètres la baie autrement en cheminant entre mollières et marais, jusqu'à Saint-Valery-sur-Somme et Le Crotoy, dans une ambiance Belle Epoque. Dans la gare, une jolie boutique vous attend pour faire le plein de souvenirs. Ne ratez pas la journée du samedi 15 août 2020 pour découvrir la gare Belle Epoque de Cayeux, avec des animations gratuites de 11h à 18h (jeux picards, mini-train vapeur, restauration...).

LES PHOQUES DE LA BAIE DE SOMME
✆ 03 22 26 61 15
Sorties de février à décembre. Comptez 2h30 - 3h pour la sortie. Visite guidée (sur réservation auprès de l'office de tourisme).
Cette sortie familiale, proposée par l'office de tourisme, vous fera partir à la découverte d'une nature hors norme, avec ses oiseaux, ses plantes comestibles ou odorantes, ses rivages, et, si vous êtes chanceux, les veaux marins (l'espèce de phoque la plus représentée avec plus de 400 individus). Vous pourrez également croiser les phoques gris. Cette colonie 100 individus a élu domicile sur la pointe du Hourdel depuis plusieurs siècles ! Les phoques sont présents toute l'année mais avec une hausse très notable des effectifs entre juin et octobre. L'association Picardie Nature veille sur ses mammifères d'environ 100 kg en assurant un travail de prévention auprès des touristes et en soignant les bébés abandonnés. Une règle à retenir pour les observer : respecter une distance de 300 mètres.

Points d'intérêt

CANOT DE SAUVETAGE BENOIT CHAMPY
Boulevard du Général-Sizaire
✆ 06 74 55 04 44
Basse saison : ouvert le samedi de 9h30 à 12h30. Haute saison : tous les jours de 10h à 12h30 et de 15h à 18h. Gratuit.
Dans un abri de Cayeux-sur-Mer sommeille un ancien canot de sauvetage autrefois dit « l'Insubmersible ». Le *Benoît Champy* a été construit en 1887. Jusqu'en 1956, il effectua de nombreuses sorties en mer, pour porter assistance aux embarcations en difficulté et aux navires naufragés. De taille importante puisque sa longueur atteint 10 mètres, il a été conçu pour résister aux mers les plus fortes. Il fallait notamment douze chevaux pour le mettre à l'eau. Classé monument historique avec l'abri de sauvetage qui le protège, il a su conserver toute sa fraîcheur. Restauré sous l'impulsion de l'amicale des Pompons Rouges, ces passionnés vous proposent de revivre l'épopée du *Benoît Champy* au travers de visites guidées.

© PAULINE DECROIX – FOTOLIA
La plage de Cayeux-sur-Mer.

CHAPELLE DES MARINS

Rue du Général-Leclerc

Ouvert toute l'année. Tous les jours et les jours fériés de 9h à 18h.

Les chapelles dédiées aux marins sont nombreuses dans les environs. Celle de Cayeux-sur-Mer symbolise le riche passé maritime de ce quartier où, jusqu'à la fin des années 1940, les pêcheurs débarquaient directement leurs poissons sur la grève. Dédiée à Notre-Dame-de-la-Mer, elle fut construite en 1859 à 100 mètres de la plage. C'est là que les marins priaient avant les départs en mer et au retour, en guise de remerciements. En regardant de plus près la façade, on découvre Marie sur une barque, arrivant au port de Boulogne-sur-Mer. L'intérieur de la chapelle est sobre et soigné et la nef est couverte d'une splendide voûte en berceau. La lumière qui s'infiltre dans les vitraux donne une atmosphère douce et propice au calme.

PHARE DE BRIGHTON

Avenue du Commandant-Yves-Masset

Ne se visite pas.

Ce phare d'environ 32 mètres de haut tient son nom de la ville de Brighton, qui se situerait sur les côtes anglaises juste en face de la commune de Cayeux-sur-Mer. Il s'agit du phare le plus haut du littoral picard. Il est l'œuvre des architectes Bahon et Carrère et a été mis en service en 1951, en remplacement de celui détruit par les Allemands en août 1944 et qui datait de 1835. La tour, peinte en blanc et rouge dans sa partie haute, est en béton armé recouvert de briques. Depuis 1999, son fonctionnement a été automatisé et le phare a subi des travaux sur sa façade en 2017 car des morceaux menaçaient de se détacher, provoquant un problème d'étanchéité. Un lieu que les amoureux d'architecture maritime ne doivent pas manquer d'aller photographier sous tous les angles.

LA POINTE DU HOURDEL

Lieu-dit Le Hourdel

Quel panorama unique sur la baie de Somme ! Vous apercevrez en face Le Crotoy et sur la droite Saint-Valery. Soyez très attentif, car au large, il est plus que fréquent de voir des petites têtes noires pointer leur museau. En marée haute comme en marée basse, Le Hourdel est l'un des points de mire privilégiés d'observation des phoques de la baie. Une équipe de bénévoles se trouve régulièrement sur place pour vous aider à les repérer. Prenez cependant garde de ne pas déranger cette espèce protégée et munissez-vous de jumelles, c'est encore l'idéal pour voir sans être vu. Vous pouvez les louer gratuitement au point d'information touristique, juste à côté du parking. À marée basse, lorsque la mer se retire à des kilomètres, il n'est pas prétentieux de dire que vous profitez d'un panorama sur l'une de plus belles baies du monde.

LA RÉSERVE D'AVIFAUNE DU HÂBLE D'AULT

Cette réserve naturelle était autrefois une importante zone de mouillage des navires. Aujourd'hui, le marais est essentiellement connu pour la richesse de sa faune sauvage. En effet, plus de 270 espèces d'oiseaux migrateurs y trouvent refuge à plusieurs moments de l'année, un vrai paradis pour les ornithologues. La réserve est également riche d'une très belle flore. De nombreuses espèces de plantes y vivent librement, dont certaines sont par ailleurs protégées au niveau national comme le chou marin. Une très belle sortie qui offre l'occasion d'une douce randonnée durant laquelle il ne faut pas oublier son appareil photo !

LA VOIE VERTE

Entre Le Hourdel et Cayeux-sur-Mer

Le loueur Avovelo vous attend de mai à septembre en face du kiosque d'infos. Téléphone 06 60 85 90 67. Tarif : à partir de 10 € la demi-journée.

La reconversion de la route blanche en voie verte est une réalisation exemplaire en matière d'environnement. Elle constitue une alternative au « tout voiture », une découverte du territoire autrement et qui favorise ainsi les modes touristiques écologiques. Vous pouvez désormais profiter d'un espace sans voiture pour mieux apprécier la nature environnante, les écosystèmes marins, les végétaux ainsi que les nombreux oiseaux qui peuplent le ciel et les arbres. Une superbe balade, à pied ou à vélo, vous attend, entre terre et mer, durant laquelle vous pourrez admirer en toute tranquillité des paysages encore intacts.

Le couvert

LES GALETS BLEUS

982, boulevard du Général-Sizaire

✆ 03 22 26 81 95

www.hotel-cayeux-baiedesomme.fr

Fermé en février. Ouvert tous les jours le midi et le soir. Fermé le mercredi soir et le jeudi hors juillet-août. Menus de 23 € à 32 €. Menu enfant : 9 €. Vin au verre. Accueil des groupes. Chaises bébé. Terrasse. Hôtel 3 étoiles de 12 chambres.

Dorothée et Yvan vous accueillent dans leur établissement entièrement rénové en 2016. Ils vous proposent une cuisine traditionnelle et inventive, essentiellement à base de produits frais de nos côtes. Parmi les spécialités du chef : couteaux farcis au beurre de légumes, sole meunière, wok de bœuf, saumon mi-cuit au sésame, moules de bouchot, et en dessert le savoureux Ch'Tiramisu... Grâce aux larges baies vitrées, vous pourrez déguster votre repas tout en profitant de la mer et du coucher de soleil. L'établissement fait aussi hôtel et demi-pension.

AU MYTILUS

1, rue Boyard

✆ 03 22 26 75 26

www.restaurant-mytilus.fr

au-mytilus@orange.fr

Ouvert tous les jours de 12h à 14h et le soir de 19h à 21h30. Fermé le mardi et mercredi hors saison. Menus de 24,90 € à 33 €. Menu enfant : 8,50 € (entrée plat ou plat dessert. Entrée, plat, dessert 9,50€. Boisson comprise). Formule du midi : 14,90 €. Vin au verre. 80 € le plateau de fruits de mer pour deux personnes (inclus : une 1/2 bouteille de champagne, une 1/2 bouteille de muscadet et un dessert maison au choix). Véranda.

Au Mytilus, c'est l'assurance de manger du fait maison toute l'année. Les fruits de mer et les poissons sont frais et cuisinés avec attention. La choucroute de la mer est un régal. La carte évolue en fonction des arrivages et des saisons. Ne manquez pas d'accompagner votre plat d'un petit muscadet ou bien d'une bière bernache ! L'établissement a été récemment rénové et c'est dans un cadre lumineux et zen que vous pourrez passer un agréable moment en bord de mer. Le personnel est souriant, sympathique et avenant. Des soirées à thème sont régulièrement organisées. Qualité dans l'assiette et animation garantie, été comme hiver !

LE PARC AUX HUITRES

Pointe du Hourdel ✆ 03 22 26 61 20
www.le-parc-aux-huitres.fr
leparcauxhuitres.lehourdel@gmail.com

Fermeture pendant les vacances de Noël et au mois de janvier. Basse saison : ouvert du mercredi au dimanche le midi et le soir. Haute saison : tous les jours le midi et le soir. Haute saison d'avril à octobre. Bar ouvert en journée. Menus de 18,90 € à 42 €. Menu enfant : 12 €. Chèque Vacances, Chèque Restaurant. Chaises bébé. Terrasse. Hôtel de 7 chambres (chambre double de 65 à 75 €, chambre triple 85 € et petit-déjeuner 10 €).

A la pointe de la baie de Somme, le restaurant historique le Parc aux Huîtres a fait peau neuve. Les nouveaux propriétaires Ederic et Delphine Dauphin ont voulu faire revivre au travers de leur décoration l'histoire mythique du port de pêche du Hourdel ! Ces professionnels de la restauration accompagnés de leur chef Jérôme et de son second Cyril travaillent les produits frais, de saison, et font appel à des producteurs, pêcheurs et artisans locaux. Dans leur établissement, vous pourrez déguster poissons et plateaux de fruits de mer dans un cadre offrant une vue imprenable ! La star du restaurant, c'est le homard bleu de nos côtes, mais aussi la choucroute de la mer, le saumon fumé maison, tout comme la terrine d'agneau AOP des prés salés. Pour les plus gourmands, des desserts à tomber, comme le gâteau battu picard revisité façon baba, la verrine au citron meringuée ou la mousse au chocolat façon grand-mère !

LE NEPTUNE

204, rue du Maréchal-Foch
✆ 03 22 26 77 22
www.hotel-neptune.com

Logis. Ouvert tous les jours le midi et le soir. Fermé le lundi en hiver. Menus de 25,90 € à 35 € (changement de carte tous les mois (tarif modulé suivant le menu)). Menu enfant : 9 € (pour les moins de 12 ans). Formule : 20,90 € (deux plats en semaine). Vin au verre. Chèque Vacances, Chèque Restaurant. Accueil des groupes. Hôtel deux étoiles.

La baie de Somme et ses produits sont à l'honneur ici, grâce à des plats issus du terroir et une cuisine gourmande concoctée à base de produits issus de producteurs locaux, et principalement de poissons et de fruits de mer. Les menus changent tous les mois mais parmi les spécialités, vous retrouverez les salicornes, les oreilles de cochon (plantes poussant dans les prés salés) et bien sûr l'agneau du Hâble d'Ault de Stéphane Hénocque (déclinaison d'agneau en brochette, côte, gigot, parmentier). Le Neptune bénéficie aussi d'un superbe emplacement, puisque vous vous trouvez à seulement 50 m de la plage de galets et de son chemin de planches.

LE PETIT BAIGNEUR

1052, boulevard du Général-Sizaire
✆ 03 22 26 28 99

Ouvert tous les jours le midi et le soir. Fermé le lundi et mardi hors-saison. Réservation recommandée. Menus de 26 € à 39 €. Menu enfant : 12,90 €. Chèque Vacances, Chèque Restaurant.

Attention, la réservation est très fortement recommandée pour ce restaurant, qui ne désemplit jamais. Avec sa décoration autour de l'univers maritime, pas de doute vous êtes en Baie de Somme ! Les plats sont toujours justement exécutés, savoureux et de très bonne qualité. Ils s'inspirent des classiques de la région : moules, bien fraîches et bien arrangées, l'indétrônable ficelle picarde du Petit Baigneur gratinée à la crème, particulièrement généreuse et excellente, mais aussi la pêche du jour avec des poissons comme le filet de turbot au four, sauce mangue ! Appréciable également, la large vue sur la mer.

SOMME

■ RESTAURANT DE LA MER – BA-QUA-NA
950, boulevard du Général-Sizaire
✆ 03 22 26 61 09
www.ba-qua-na.fr
restaurantdelamer80@orange.fr

Ouvert le mardi, le mercredi, le vendredi et le samedi le midi et le soir ; le jeudi et le dimanche le midi. Menus de 33,50 € à 40,50 € (deux ou trois plats). Menu enfant : 11,15 €. Chèque Vacances, Chèque Restaurant. Terrasse.
Une cuisine toute en finesse et en élégance pour ce restaurant semi-gastronomique. Pour un prix raisonnable, vous pourrez déguster des plats à base de produits de très grande qualité. Parmi les pépites : le ris de veau caramélisé à la normande et sa déclinaison de pommes ou encore le filet de daurade royale poêlé, crème de fenouil. Le poisson qui est évidemment mis à l'honneur, le restaurant se situant à quelques pas seulement de la mer. Le grand plus du lieu : la terrasse, qui vous permettra de profiter de l'air frais chargé d'iode tout en dégustant ces fabuleux plats marins. A noter qu'après les heures de service, vous pourrez toujours profiter de l'espace glaces ainsi que du bar à huîtres.

Le gîte

■ LES GALETS BLEUS***
982, boulevard du Général-Sizaire
✆ 03 22 26 81 95
www.hotel-cayeux-baiedesomme.fr

Ouvert toute l'année. Basse saison : chambre double de 79 € à 99 € ; chambre triple 94 €. Haute saison : chambre double de 89 € à 109 € ; chambre triple 104 €. Petit déjeuner : 7 €. Animaux acceptés (7€). Wifi gratuit. Restauration (menus de 24 à 32 €).
Les Galets Bleus est un hôtel 3-étoiles face à la mer, ce qui lui offre un cadre reposant et dépaysant. Il se compose de 12 chambres rénovées récemment, avec une literie confortable et des couleurs au goût du jour, sobres et élégantes. La plupart possèdent une vue imprenable sur la mer. N'hésitez pas également à profiter du restaurant de l'hôtel qui propose une cuisine du coin avec une touche d'audace. Pour les spécialités du chef : le saumon mi-cuit aux sésames ou les couteaux farcis au beurre de légumes. Notez que des places de parking sont disponibles en face de l'établissement. Un hôtel chaleureux tenu par Dorothée et Yvan, qui se feront un plaisir de vous conseiller pour vos excursions dans la région.

■ HIDDEN BAY HÔTEL
192, rue du Maréchal-Foch
✆ 03 22 30 54 53
www.hiddenbay.eu – info@hiddenbay.eu
Ouvert de mars à novembre. 8 chambres. Chambre double à partir de 160 € ; suite à partir de 255 €. Petit déjeuner inclus. Wifi. Restauration.
Un établissement au cachet certain, dont la décoration allie charme et design. Le mobilier du designer belge Casimir est épuré et donne à l'hôtel un côté moderne et élégant. Il faut peut-être y mettre le prix, mais cet hôtel atteint un niveau d'exigence rare dans la région et vous fera passer un séjour chic et confortable, à seulement 150 m de la plage et du Chemin des Planches. Vous avez le choix entre huit chambres dont deux suites familiales. L'une de ces dernières possède même un balcon. Après une bonne nuit de sommeil, vous pourrez profiter du petit-déjeuner continental dans le restaurant de l'établissement. Et si vous êtes satisfait, vous pouvez même réserver une table pour le déjeuner et le dîner. Une adresse de choix pour découvrir la région.

■ LE NEPTUNE**
204, avenue du Maréchal-Foch
✆ 03 22 26 77 22
www.hotel-neptune.com
hotel.le-neptune@wanadoo.fr
Logis. Ouvert toute l'année. 13 chambres. Chambre double de 70 € à 90 € ; chambre triple 105 €. Pension complète. Demi-pension. Petit déjeuner : 11 €. Chèque Vacances. Les animaux ne sont pas acceptés. Séminaires. Réceptions et mariages. Wifi gratuit. Restauration. Garage vélo et moto, gratuit.
Cet hôtel est réputé pour être calme, confortable, avec des chambres parfaitement équipées et récemment rénovées. Elles affichent un design contemporain et chaleureux, avec une douche à l'italienne qui permet de se détendre après une journée de travail ou de visites. Wifi, téléphone, écran plat, tout est là pour satisfaire les moindres exigences de la clientèle. Le plus : la présence d'un restaurant qui porte le même nom et la parfaite situation de l'établissement, en plein centre-ville et à seulement quelques mètres de la plage.

■ LE PARC AUX HUITRES
Pointe du Hourdel ✆ 03 22 26 61 20
www.le-parc-aux-huitres.fr
leparcauxhuitres.lehourdel@gmail.com
Fermé pendant les vacances de Noël et le mois de janvier. 7 chambres. Chambre simple de 65 € à 75 € ; chambre double de 65 € à 75 € ; chambre triple 85 €. Pension complète. Demi-pension. Petit déjeuner : 10 €. Animaux acceptés (6 €). Restauration (ouvert tous les jours, menus de 18.90 à 42 € ; menu enfant 12 €).

Hôtel de bon confort, situé en plein cœur de la baie de Somme avec un point de vue imprenable sur la pointe du Hourdel, où l'on peut observer les phoques se prélasser au soleil. Grâce à sa situation exceptionnelle, c'est un havre de paix pour tous ceux qui souhaitent se retrouver dans le calme en harmonie avec la nature. Les chambres sont simples mais propres, fonctionnelles et décorées avec goût. Vous pouvez également louer une chambre familiale avec deux lits pour trois ou quatre personnes. Commencez la journée du bon pied avec un petit-déjeuner des plus gourmands, à base de produits frais. Il est également possible de réserver en demi-pension ou en pension complète pour profiter du très bon restaurant spécialisé dans les fruits de mer.

■ **RÉSIDENCE LES TERRASSES DE LA PLAGE*****
760, boulevard du Général-Sizaire
✆ 03 22 26 19 41
www.madamevacances.com

Appartement F2 de 35 m² de 249 € à 379 € la semaine. Réductions sur le site Internet. Wifi gratuit.
Cette résidence extrêmement bien placée s'ouvre directement sur la mer et une immense plage de galets, au cœur de la station de Cayeux-sur-Mer. Les températures sont à peine assez chaudes ? On peut alors se rabattre sur la piscine intérieure chauffée ou sur la salle de fitness pour s'exercer et se réchauffer. La vue sur la Manche est imprenable depuis certains appartements, du studio cabine pour 4 personnes au 3-pièces pouvant recevoir jusqu'à 8 personnes. Les logements sont fonctionnels, avec tout le confort nécessaire pour passer d'agréables moments en famille ou entre amis. Ils sont tous dotés d'une cuisine avec tous les équipements. La situation de cette résidence est idéale pour découvrir le parc ornithologique du Marquenterre ainsi que tous les attraits de la baie de Somme.

Chambres d'hôtes

■ **LES PORTES DU HÂBLE**
Route des Canadiens
✆ 03 22 26 58 74
www.lesportesduhablebaiedesomme.com
lesportes.duhable@wanadoo.fr

Gîtes de France (3 épis). Ouvert toute l'année. 5 chambres. Chambre double de 79 € à 165 € ; chambre triple de 119 € à 179 € ; suite de 99 € à 159 €. Petit déjeuner inclus. Lit supplémentaire : 30 €. Lit bébé jusqu'à 2 ans : 15 €. Chèque Vacances. Jeux pour enfants.
Cinq belles chambres et un loft avec balnéo privative pour deux personnes vous attendent dans cette vaste propriété aux belles pierres apparentes, et attenante à la réserve du Hâble d'Ault qui regorge d'une faune et d'une flore exceptionnelles (plus de 270 espèces d'oiseaux y trouvent refuge). Vous aurez le choix entre les chambres doubles (les Mollières, ou encore les Oyats, avec ses poutres apparentes), les chambres familiales (les Galets ou les Dunes, qui disposent chacune de deux chambres indépendantes) et la suite familiale (idéale pour les grandes tribus, avec ses deux belles chambres et son grand salon). Enfin, la Baie en Bulles est parfaite pour une soirée en amoureux avec sa baignoire balnéo. Vous prendrez vos petits déjeuners dans une grande salle au décor chaleureux et pourrez profiter du spa extérieur ou du fauteuil massant pour un moment de détente après la promenade au bord de mer.

Campings

■ **CAMPING DE LA VIEILLE ÉGLISE****
1, route des Canadiens
✆ 03 22 26 63 23
www.camping-vieille-eglise.fr
camping.vieille.eglise@wanadoo.fr

Ouverture du 1er avril au 15 novembre. Réservation recommandée. Accueil jusqu'à 21h. Mobil-homes pour 2 à 6 personnes de 215 € à 660 € la semaine. 2 mobil-homme pour deux personnes de 185 à 456 €. Différents cottages disponibles. Chèque Vacances. Nouveauté : mobil-home pour personnes à mobilité réduite. Jeux pour enfants. Animaux acceptés (2€). Aire pour camping-cars. Wifi payant. Restauration (friterie et pizza). Animations en journée et en soirée.
Convivialité et confort sont les maîtres mots de ce camping. Il se distingue par ses emplacements vastes et soignés, d'environ 90 m² chacun. Vous y retrouverez des hébergements conventionnels, comme l'éternel mobile home, mais aussi des hébergements plus atypiques comme une maison de pêcheur, des chalets et un cottage méditerranéen. Le plus de ce camping : des animations variées, qui vont de la soirée dansante au karaoké, en passant par des concerts. Pour les enfants, il y a une piscine extérieure chauffée à 27 °C (ouverte du 1er mai au 30 septembre) et un grand bassin couvert et chauffé à 27 °C, une aire de jeux, un billard, un baby-foot, un écran géant et des jeux vidéos... Enfin le camping est très bien placé avec un club équestre juste en face et la plage et le centre-ville à 1,5 km.

LES GALETS DE LA MOLLIERE***
Rue Faidherbe ✆ 03 22 26 61 85
www.campinglesgaletsdelamolliere.com
info@campinglesgaletsdelamolliere.com

Fermé du 2 novembre au 30 mars. Accueil jusqu'à 18h (et 20h en juillet-août). 194 emplacements. Exposition : mi-ombragé. Sol : herbeux. Emplacement de 22 € à 37 €. Mobil-homes pour 1 à 6 personnes de 315 € à 868 € la semaine. Mobil-homes pour 1 à 4 personnes de 79 € à 125 € la nuit ; mobil-homes pour 1 à 6 personnes de 93 € à 125 €. Jeux pour enfants. Restauration (snack-bar). Animations.

Ce camping bénéficie d'une superbe situation, entre pinèdes et dunes, aux portes de la charmante station de Cayeux-sur-Mer, réputée pour ses cabines de plage colorées. En empruntant la belle voie cyclable vous regagnerez la Baie de Somme et la célèbre cité médiévale de Saint-Valery en une demi-heure. Si vous pouvez rejoindre facilement les points majeurs du littoral picard, vous pouvez aussi décider de profiter des atouts de votre camping bien équipé. Jeux pour enfants, piscine chauffée avec coin geyser et petit espace balnéo, salle de jeux, épicerie et snack sur place..., sont autant d'éléments propices à une très belle ambiance de vacances. Sans oublier les animations et les activités sportives pour que votre séjour soit une réussite sur tous les plans.

LE BOIS DE PINS***
Rue guillaume le conquerant
✆ 03 22 26 71 04
www.campingleboisdepins.com
info@campingleboisdepins.com

Fermé du 1er novembre au 31 mars. Emplacement de 22 à 31 euros la nuitée en fonction de la saison. Jeux pour enfants.

Si vous cherchez du calme, de la tranquillité et des balades en pleine nature, alors vous êtes au bon endroit ! Le Boix des Pins vous accueille dans une ambiance conviviale et familiale. Le camping s'étend sur 5 hectares et se trouve à seulement 800 mètres de la plage. La structure accueille tous ceux qui souhaitent installer leur toile de tente, leur caravane ou leur camping-car entre la pinède et les dunes. Un lieu pour plonger au cœur des joies du camping, avec à disposition des aires de jeux pour enfants et un terrain de pétanque pour prendre du plaisir entre amis à tout moment de la journée. L'emplacement idéal pour parcourir la baie de Somme, notamment les dunes de la « Route Blanche », la plage du Crotoy ou encore les falaises d'Aulx.

Loisirs

ÉCOLE DE KITESURF DE LA BAIE DE SOMME
24, impasse des Marins
✆ 06 74 35 76 43
www.kitesurf-baiedesomme.fr
ecole@kitesurf-baiedesomme.fr

Ouvert de début avril à début novembre. 1 séance découverte (2h30) : 80 €. Cours particulier (2h) hors juillet-août : 200 €.

C'est sur les plages de Cayeux-sur-Mer ou du Crotoy (en fonction de la marée) que vous partirez à la conquête de sensations en vous adonnant à la pratique du kitesurf. L'école de la baie de Somme vous propose des stages de découverte, de perfectionnement, des cours particuliers avec un simulateur et des initiations de foilkite. Toutes ces activités sont encadrées par des moniteurs diplômés d'État pour se faire plaisir en toute sécurité. Ce sont des amoureux de leur région, qui sont là pour vous accompagner vers les plaisirs du kitesurf. Pour rappel, c'est sur une planche glissant sur les eaux que vous vous envolerez, tracté par un cerf-volant ! Mais attention : non sportifs s'abstenir !

RANDONNÉE PÉDESTRE DANS LA RÉSERVE D'AVIFAUNE DU HÂBLE D'AULT
Rue du Maréchal-Joffre
www.somme-nature.com
Départ du vieux phare, à la sortie de Cayeux en direction du Tréport.

Ouvert toute l'année. Circuit de 5 km. Gratuit.

Encore un endroit qui devrait plaire aux fins observateurs de la nature, et plus particulièrement aux personnes qui s'intéressent aux oiseaux sauvages. En effet, le marais du Hâble d'Ault abrite une faune et une flore extrêmement riches : environ 270 espèces d'oiseaux migrateurs ont été recensées depuis la fin du XIXe siècle, ainsi que près de 250 espèces de plantes, dont certaines sont protégées au niveau national, comme le chou marin. Une randonnée assez courte pour se dégourdir les jambes en famille. Les enfants apprécieront tout particulièrement les huttes d'observation, depuis lesquelles ils pourront admirer les oiseaux de la réserve. Le haut de digue permet d'admirer la mer et les falaises, un spectacle de toute beauté, surtout en fin de journée.

Sorties

CASINO
800, boulevard du Général-Sizaire
✆ 03 22 26 71 56
www.casino-cayeux.fr
casino.cayeux@wanadoo.fr

Ouvert du lundi au jeudi de 11h à 1h ; le vendredi et le dimanche de 11h à 2h ; le samedi de 11h à 3h. Veille de jour férié : fermeture à 3h. Restauration (menus de 19,90 à 26,90 €). Soirées dansantes.

L'unique casino avec vue sur la baie de Somme : 50 machines à sous très attractives et de dernière génération feront votre bonheur dans ce décor gréco-romain pour le moins insolite. Vous aurez le choix pour vous distraire : entre les machines à sous, le black jack, le coin jeu pour les enfants, le salon TV qui diffuse les matchs incontournables sur grand écran, et un restaurant où déguster de bons crustacés avec une grande terrasse dominant la mer. Le pub pourra vous accueillir lors de soirées dansantes organisées le vendredi et le samedi l'été et uniquement le samedi l'hiver. L'établissement dispose également d'une salle de réception pouvant accueillir jusqu'à 100 personnes.

A BICYCLETTE

704, boulevard du Général Sizaire
✆ 06 29 30 15 45
eric.parcineau@gmail.com

Ouvert tous les jours de 9h30 à 19h.

Quoi de mieux pour s'imprégner des beautés de la baie de Somme que de la parcourir à bicyclette ? C'est justement le nom de cette entreprise qui vous permet de louer des vélos à destination de toute la famille, ainsi que des remorques pouvant accueillir jusqu'à deux enfants et des sièges-bébé pour vous balader tranquillement avec les plus petits. Le matériel nécessaire à la sécurité est également proposé avec casques, paniers pour déposer vos affaires personnelles et antivols. À Bicyclette met aussi du matériel à disposition directement à domicile.

Emplettes

MARCHÉ

Place du marché

Se tient toute l'année, les mardis, vendredis et dimanches matin.

En plus d'être un lieu balnéaire, Cayeux-sur-Mer est une ville pleine de vie et qui mise sur le local. Si vous y passez plusieurs jours, pensez à faire un tour sur ce marché populaire, qui s'étale en extérieur et dans les halles couvertes, vous découvrirez des produits du terroir, gastronomiques et artisanaux. Le marché est l'endroit parfait pour rencontrer les commerçants de la région, ainsi que les locaux, et cuisiner les produits typiques. De quoi préparer de bons petits plats après de longues journées iodées !

CRÉCY-EN-PONTHIEU

Petite bourgade nichée au cœur de la vallée de la Maye, Crécy est connue pour sa forêt mais aussi pour son passé mouvementé.
La bataille de Crécy fut un événement majeur qui marqua le début de la guerre de Cent Ans, un musée lui sera consacré et ouvrira en 2021. Suite à l'union entre le roi Edouard Ier et Eléonore de Castille qui apporta en dot le Ponthieu, le comté devient en 1279 la possession de la couronne d'Angleterre. En 1346, Crécy est au cœur d'un affrontement sans précédent opposant la France et l'Angleterre.
En 1940, comme beaucoup de villes de la région, Crécy subit également les bombardements de la Seconde Guerre mondiale. Aujourd'hui, la ville a retrouvé calme et sérénité. Elle profite également de sa situation très avantageuse dans un cadre verdoyant à quelques kilomètres seulement de la Baie de Somme.

Points d'intérêt

FORÊT DE CRÉCY ★

www.terresetmerveilles-baiedesomme.com

Une carte de la forêt de Crécy est disponible gratuitement à l'office de tourisme.

Rattachée au comté du Ponthieu, la forêt royale de Crécy ne constituait qu'une petite partie d'un plus vaste massif. Les bois situés à la périphérie appartenaient aux chanoines d'Abbeville, à l'abbaye de Daumartin et aux chartreux d'Abbeville. A la Révolution, la plupart des bois ont été incorporés à la forêt domaniale. Véritable poumon vert du département, la forêt de Crécy, avec ses 4 000 ha composés à 70 % de hêtres et 30 % de chênes, et de 20 arbres remarquables, dégage des effluves auxquels personne ne saurait résister. Accroché à la cime des arbres, son manteau de verdure filtre les rayons du soleil diffusant une lumière douce. Lieu de prédilection pour les cavaliers, les randonneurs et les cyclistes, huit boucles pédestres ont aussi été tracées dans la forêt. La forêt de Crécy a été une grande spectatrice de l'histoire puisque c'est ici qu'en 1346 Philippe VI rend les armes devant le roi d'Angleterre. La Guerre de Cent ans débute alors.

MOULIN EDOUARD III – SITE DE LA BATAILLE DE CRECY ★

Route de Wadicourt

Ouvert toute l'année. Gratuit.

On ne quittera pas la commune de Crécy sans passer par la tour d'observation située à l'emplacement du moulin où Edouard III observa la victoire de ses troupes sur les armées françaises, le 26 août 1346. A proximité, un plan permet de situer le positionnement des différents belligérants et de comprendre le déroulement de la bataille. Il vous faudra toutefois un peu d'imagination pour retranscrire tout cela sur l'immense décor planté devant vous.

CENTRE HISTORIQUE DE CRÉCY LE BATAILLE NOUVEAU

✆ 03 22 23 67 55
www.crecylabataille.com
contact@crecylabataille.com

Ouvert du mercredi au dimanche de 10h à 12h15 et de 14h15 à 18h. Visite guidée (pour les groupes sur réservation).

C'est le tout nouveau lieu dédié à la bataille de Crécy, l'une des premières de la guerre de Cent Ans, qui se déroula en 1346. Le musée a quitté l'ancienne école de la commune pour ce centre flambant neuf. L'ouverture est prévue pour 2021. Vous y découvrirez le contexte du conflit, la course-poursuite entre les armées française et anglaise, la vision de chaque camp et la bataille de Crécy. Rassemblées par une petite équipe de passionnés de l'histoire locale, les collections du musée présentent des reconstitutions d'armes, des vues prises par drones et des objets de la vie quotidienne datant du XIIe au XVIe siècle.

Dans les environs

Argoules

ABBAYE DE VALLOIRES

Valloires
✆ 03 22 29 62 33
www.abbaye-valloires.com
contact@abbaye-valloires.com

Ouvert tous les jours, de mi-mars à mi-novembre. Visite uniquement guidée pour l'abbaye : mars, octobre et novembre en semaine à 11h et 15h, le week-end à 11h30, 14h et 15h30. Avril et septembre : tous les jours à 10h30, 11h30, 13h30, 14h30, 15h30 et 16h30. De mai à août : tous les jours à 10h30, 11h30, 13h30, 14h30, 15h30, 16h30 et 17h30. Tarif : 8 € par adulte et 5,50 € par enfant (6 à 16 ans). Visite des jardins seuls : 9,50 € par adulte, 5,50 € par enfant. Billet combiné abbaye + jardins : 15,90 € par adulte et 9 € par enfant. Chèques non acceptés. Restauration. Boutique.

Cet ancienne abbaye cistercienne du XIIe siècle a été reconstruite au XVIIIe siècle avec une grande unité de style : le cloître entouré de galeries voûtées, la salle du chapitre aux superbes boiseries et surtout l'église abbatiale remarquable, sobre à l'extérieur, et très richement meublée à l'intérieur. Le sculpteur Pfaffenhoffen a donné libre cours à toute sa fantaisie baroque en réalisant ce buffet d'orgue en chêne et tilleul et les boiseries de l'église et des salons de l'abbaye. Jean Veyren dit le Vivarais a lui réalisé les magnifiques grilles restaurées récemment et la suspension étonnante au-dessus du maître-autel. La visite suscite l'envie de suivre la piste des grands artistes du XVIIIe siècle en Picardie comme Pfaffenhoffen, Autrichien réfugié en France à la suite d'un duel. Heureux événement pour la Picardie puisqu'il réalisa le buffet d'orgue de l'abbaye de Valloires, l'autel monumental de la chapelle de l'hôtel-Dieu de Saint-Riquier et certaines portes d'hôtels particuliers d'Abbeville. Vous ne pouvez la visiter qu'avec un guide, et non librement, car elle héberge actuellement une maison de retraite et un foyer médico-social pour enfants. Les jardins en revanche sont en visite libre : en avril, les cerisiers y sont magnifiques, l'été les 200 rosiers embaument, et l'automne les feuillages invitent à la rêverie.

JARDINS DE VALLOIRES

Valloires
✆ 03 22 23 91 32

Voir page 22.

AUBERGE DU COQ EN PÂTE

37, Grande-Rue
✆ 03 22 29 92 09
A la sortie d'Argoules en direction de l'abbaye

♿

Tables & Auberges de France. Fermé en janvier. Ouvert du mercredi au samedi le midi et le soir ; le dimanche midi. Menus de 20 € à 45 € (entrée, plat et dessert). Plat du jour : 13 €. Accueil des groupes. Terrasse.

Entre tradition et modernité, appréciez ce petit coin de campagne ! Ici, le mot « auberge » prend tout son sens... La déco rend hommage à la basse-cour, tandis qu'en cuisine le chef met en valeur les produits régionaux et même ceux de son potager : ravioles de foie gras, pigeonneau rôti aux baies de genièvre, pain perdu brioché, caramel à l'ancienne... De l'entrée au dessert, en passant par les mignardises et le pain, tout est fait maison et avec soin, et les papilles se régalent. Le tout animé par un service souriant et chaleureux. Une adresse incontournable lors de votre prochaine visite de l'abbaye de Valloires.

AUBERGE DU GROS TILLEUL

Place du Château
✆ 03 22 29 91 00
auberge-du-gros-tilleul.fr
hotel.argoules@gmail.com

Ouvert tous les jours de 12h à 13h45 et de 19h à 20h30. Réservation recommandée. Menus de 18,50 € à 28,50 €. Menu enfant : 8 €. Formule du midi : 13,50 €. Plat du jour : 10 €.

Dans cette auberge typique picarde, ancien relais, d'un cachet certain, vous apprécierez d'abord la chaleur et la sérénité du lieu. Vous y dégusterez des plats du terroir, simples, maîtrisés et copieux comme l'immanquable ficelle picarde, le filet mignon sauce moutarde ou encore l'aile de raie sauce aux câpres. Côté desserts, les classiques fonctionnent avec par exemple la tarte aux pommes, le baba au rhum, la poire Belle-Hélène, les profiteroles au chocolat sans oublier la crème caramel du chef. Tout est fait maison, à part la terrine de campagne et les glaces. Un arrêt de choix !

LA TABLE DU JARDINIER

Jardins de Valloires
✆ 03 22 23 71 13
www.baiedesomme.fr

♿

Ouvert du de mi mars à mi novembre. Ouvert tous les jours et les jours fériés de 12h à 15h. Menu unique à 27 €. Menu enfant : 10 € (pour les moins de 12 ans). Formule : 17,40 € (soupe, plat et boisson). Vin au verre. Jardin. Terrasse. Vente à emporter. Boutique. Ateliers thématiques (semaine du goût).

La Table du Jardinier est le restaurant des Jardins de Valloires. Telle la palette d'un peintre, l'assiette adopte les couleurs de la saison. Normal puisque le chef Sébastien Crépy utilise le plus souvent possible ce qui pousse dans le jardin. Violette, mesclun ou aromates du moment, cocktails au sirop de coquelicot, jus de légumes, crêpes à la poire confite au vin de rose, moelleux chocolat à la sauce menthe, un poisson ou une viande avec beaucoup d'herbes inconnues et que dire du sorbet à la rose... un ravissement ! Malgré la grande originalité des plats, les tarifs restent raisonnables. Pour vous y rendre, ne vous arrêtez pas à l'abbaye de Valloires, mais continuez un peu plus loin, jusqu'aux jardins. Envie de ramener un petit souvenir de ce délicieux moment passé à la Table du Jardinier ? Faites un petit tour à la boutique du restaurant qui propose des produits du terroir et des jardins de Valloires, mais aussi des livres et des objets de la région !

■ ABBAYE DE VALLOIRES
Valloires
✆ 03 22 29 62 33
www.abbaye-valloires.com
contact@abbaye-valloires.com
Ouvert de mi-mars à mi-novembre. Accueil et retrait des clés de 12h à 17h. 20 chambres. Chambre simple de 67 € à 127 € ; chambre double de 64 € à 134 € ; chambre triple de 91 € à 161 €. Petit déjeuner inclus. Wifi gratuit. Restauration (uniquement pour les groupes).
Repos et méditation dans un petit coin de paradis ! L'abbaye se transforme en décor idyllique pour une soirée en amoureux. Le grand jardin permet au regard de s'évader loin dans la campagne samarienne. Les chambres et suites mises à disposition proposent des styles et conforts différents. Préférez si vous le pouvez les « suites XVIIIe » particulièrement charmantes. Il s'agit en réalité des anciennes cellules des moines de l'époque. Le repos, divin, vous séduira. Seul inconvénient : le restaurant de l'Abbaye n'est ouvert qu'aux groupes. Prévoyez-donc votre repas du soir, sous peine de devoir jeûner. Le petit déjeuner est toutefois proposé à tous, dans une grande salle aux boiseries de l'époque.

■ CONSERVERIE SAINT-CHRISTOPHE
D 12, Petit-Chemin ✆ 03 22 23 91 60
www.conserverie-st-christophe.com
contact@conserverie-st-christophe.com
Suivre les panneaux à la sortie d'Argoules en direction de Rue.
Ouvert du lundi au vendredi de 9h à 12h et de 14h à 18h ; le samedi de 9h à 12h et de 14h à 19h. Livraison possible (à partir de 125 € d'achat).
Ce lieu incontournable vous offre l'occasion d'emporter des spécialités régionales, présentées en verrines et que vous pourrez conserver pendant plusieurs années. Cette entreprise familiale travaille avec des producteurs locaux afin de se fournir en matières premières de grande qualité. Vous pourrez choisir entre des pâtés, des terrines, des plats cuisinés, des soupes, des produits de la mer, des condiments et des spécialités du Nord et de la baie de Somme, sans oublier les lots et coffrets cadeaux qui font toujours leur effet au retour des vacances ! On vous conseille particulièrement le pâté au maroilles et les salicornes au vinaigre. À noter aussi la présence de quelques plaisirs sucrés, bonbons au coquelicot et autres confitures aux baies d'argousier. Un délice !

LE CROTOY ★★

Le Crotoy a ses inconditionnels grâce à ses atouts uniques dans la région : des plages exposées plein sud, des lumières, des paysages changeant au gré des marées de la baie, des produits de la mer réputés et quelques coquettes maisons. Érigé sur un banc de sable, Le Crotoy est un port héritier d'une longue tradition de pêche. Il était, au XVIIe siècle, l'un des ports les plus importants de la Manche. Aujourd'hui, l'ensablement de la baie a contraint les bateaux de pêche à quitter les lieux pour aller s'amarrer au Tréport. Les maisons de pêcheurs se mêlent aux demeures de vacances de visiteurs venus profiter d'un village authentique. Le Crotoy connut son heure de gloire au XXe siècle avec le parfumeur Guerlain, qui attira sur les bords de la baie de Somme le Tout-Paris mondain.

■ OFFICE DE TOURISME
1, rue Carnot
✆ 03 22 27 05 25
www.terresetmerveilles-baiedesomme.com
Juillet-août : du lundi au samedi de 9h30 à 13h et de 14h à 19h. Dimanche et jours fériés de 10h à 13h et de 14h à 18h. Moyenne saison (mars à juin, septembre et octobre) du lundi au samedi de 9h30 à 12h30 et de 14h à 18h. Dimanche et jours fériés de 10h à 12h30 et 14h à 17h30. Basse saison (novembre à février) lundi, mercredi et jeudi de 9h30 à 12h et 14h à 17h, vendredi samedi de 9h30 à 12h30 et 14h à 18h. Dimanche et jours fériés de 10h à 12h30. Fermeture le dimanche après midi après le 11 Novembre. Ouvert le mardi pendant les vacances scolaires toutes zones. La baignade est interdite sur tout l'estuaire de la baie de Somme. Label Tourisme & Handicap.
L'office de tourisme est situé un peu à l'écart, en direction de la plage. On y trouve un accueil chaleureux, de bons conseils et toute la documentation pratique pour découvrir la station balnéaire infos en mains. Ainsi, vous aurez les renseignements pour trouver la maison où Jules Verne séjournait (une plaque discrète y est apposée), les chemins de randonnées, l'histoire de la célèbre estivante Colette, les informations pour le chemin de fer de la baie de Somme, mais aussi des conseils de sécurité pour visiter la baie dans les meilleures conditions possibles. Vous y trouvez aussi de bons contacts pour découvrir l'une des plus belles baies du monde en visites accompagnées, que ce soit en calèche, en bateau ou à pied.

Points d'intérêt

■ PLAGE DU CROTOY ★
Digue Jules-Noiret
L'un des bonheurs du Crotoy est de pouvoir profiter de grandes plages de sable fin (exposées plein sud) en centre-ville ! En revanche, il faut bien penser à consulter les horaires des marées pour savoir si vous aurez de la marche ou pas pour vous baigner et surtout profiter de la mer en toute sécurité... Aux beaux jours, des cabines de plage s'ouvrent sur la digue, donnant un air de fête et un charme certain à la station balnéaire. Enfin, avis aux riders, sachez que Le Crotoy est un spot reconnu pour la pratique de kitesurf, sport de prédilection dans la baie de Somme. Soyez cependant vigilant aux forts courants.

■ QUARTIER DE L'AVIATION
www.crotoybaiedesomme.com
contact@tourisme-crotoy.com
Un circuit cycliste sur les frères Caudron est disponible à l'office de tourisme (1,50 €).
Les frères Caudron, Gaston et René, ont marqué Le Crotoy. Nés dans la commune voisine de Favières en 1882 et 1884, ils commencent à se passionner pour l'aviation en 1908, alors que l'activité était seulement en train de se développer. Ils construisent un premier

Des ambassadeurs célèbres

Les écrivains Jules Verne et Colette, le parfumeur Pierre Guerlain et les peintres Toulouse-Lautrec ou Alfred Manessier se sont épris de cette station balnéaire. Comme ambassadeurs, difficile de faire mieux ! Jules Verne a écrit ici *Vingt mille lieues sous les mers* et *l'Ile mystérieuse*. Colette dressait, elle, les louanges de l'endroit dans des nouvelles ou des correspondances au début du siècle dernier. Guerlain a lui aussi vécu au Crotoy, attirant des visiteurs comme Toulouse-Lautrec. Sa maison Piras est située rue de l'Impératrice (et non rue Pierre-Guerlain), elle s'appelle désormais L'heure bleue en référence au célèbre parfum. Autre amoureux des lieux, le peintre Alfred Manessier louait la lumière unique au monde de la Baie de Somme. Enfin, un personnage bien célèbre a fait un séjour au Crotoy : Jeanne d'Arc. La pucelle d'Orléans y a passé un mois en captivité avant de rejoindre Rouen et son échafaud.

avion planeur, puis un autre à moteur. Prenant peu à peu de l'assurance, mais ne disposant pas d'assez de place dans leur ferme pour leurs expérimentations, ils bâtissent un grand hangar sur la plage du Crotoy. En 1910, ils créent une école de pilotage, qui formera plusieurs grands noms de l'aviation : Paul Doumer, Jules Vedrines ou encore Adrienne Bolland. Elle devient, en 1913, une école de pilotes militaires, puis un aérodrome durant les deux guerres mondiales. Aujourd'hui, le quartier de l'aviation leur rend hommage, le nom de ces pionniers et de leurs élèves figure sur les plaques de rues et l'on imagine encore ces frêles machines s'élancer depuis la plage voisine.

Le couvert

■ **AUBERGE DE LA DUNE**
1352, rue de la Dune
✆ 03 22 25 01 88
www.auberge-de-la-dune.com
contact@auberge-de-la-dune.com
Logis. Ouvert tous les jours et les jours fériés de 12h à 14h et de 19h à 21h. Réservation recommandée. Menus de 19,90 € à 39,90 €. Menu enfant : 12 €. Vin au verre. American Express, Chèque Vacances, Chèque Restaurant. Accueil des groupes (jusqu'à 120 personnes). Terrasse. Vente à emporter.

Ici, pas de cadre luxueux ni de décoration clinquante. L'auberge mise sur l'authenticité, dans un cadre rustique normand. Une fois installé sur l'une des deux terrasses très appréciables aux beaux jours, et dont l'une est couverte, vous pourrez déguster des spécialités locales très généreuses comme la ficelle picarde, la souris d'agneau au thym ou l'entrecôte grillée. Les spécialités de la mer de la baie de Somme sont bien sûr elles aussi mises en avant avec la sole, le turbotin, le saumon gravlax, les coquilles Saint-Jaques ou les moules de bouchot. Une adresse rustique à ne surtout pas bouder, y compris pour ses fromages régionaux et ses savoureux desserts.

■ **AUBERGE DE LA MARINE**
1, rue Florentin-Lefils
✆ 03 22 27 92 44
www.aubergedelamarine.com
contact@aubergedelamarine.com
Ouvert du jeudi au lundi de 12h15 à 14h et de 19h à 21h. Réservation impérative. Menus de 46 € à 74 €. Formule du midi : 36 € (une entrée, un plat et un dessert).

Si vous cherchez des moules-frites, passez votre chemin. Ici, on vous propose de la cuisine raffinée et des plats élaborés, qui subliment le poisson frais et les produits locaux. Lucie et Pascal Lefèvre feront tout pour vous faire passer un bon moment dans cette belle demeure typique du Crotoy du début du XXe siècle. Vous y apprécierez une cuisine à base de produits de la mer comme le pavé de dos de cabillaud avec son écrasé de pommes de terre des sables, et les produits de la terre comme le cochon fumé cru au bois de sapin. Les végétariens ne seront pas en reste puisque la carte propose un plat végétal de qualité. Vous salivez déjà ? Attendez de voir la belle présentation de ces plats, un régal pour les yeux… Comme vous ne saurez que choisir, il y a un menu Baie de Somme avec six assiettes de dégustation (servi uniquement pour le dîner).

LE CARRÉ GOURMAND

53, rue de la Porte-du-Pont © 03 22 27 46 72

Ouvert du jeudi au lundi le midi ; le lundi soir ; du jeudi au samedi le midi et le soir. Réservation recommandée. Menu enfant : 9 €. Formule : 29,50 € (entrée plat, fromage ou dessert).

Une ardoise qui varie régulièrement, avec des prix raisonnables et une approche autour du locavore qui est privilégiée. Parmi les spécialités, vous trouverez le fameux agneau de prés salés et les coquilles Saint-Jacques. Les plats sont préparés avec soin, avec des produits frais. Les assiettes sont colorées et présentées avec générosité. L'ambiance est calme, la décoration très soignée et le personnel attentif. De quoi passer un repas romantique et raffiné en toute intimité.

LE COMMERCE

7-9, place Jeanne d'Arc © 03 22 24 47 06

lecommerce80550@hotmail.fr

Basse saison : ouvert du mardi au dimanche de 11h à 23h. Menus de 18,90 € à 26,50 €. Menu enfant : 10 €. Terrasse.

Le restaurant Le Commerce rencontre un véritable succès. L'accueil y est très sympathique et professionnel. Les produits sont frais et les prix justes. Les plats de la mer sont bien sûr mis à l'honneur. Outre les classiques, mais néanmoins réussies, cocottes de moules, vous pourrez déguster les poissons du moment. Côté terre, plusieurs plats à l'Argousier, bière locale, sont proposés comme la terrine de lapin maison ou encore la carbonnade du Marquenterre. Mais la carte change au fil des saisons ! Il est également possible de partager de généreux plateaux de fruits de mer. Bref, un arrêt de choix avant de reprendre votre balade sur le bord de mer.

LES TOURELLES

2-4, rue Pierre-Guerlain © 03 22 27 16 33

www.lestourelles.com – info@lestourelles.com

Maître Restaurateur. Ouvert tous les jours de 12h à 14h et de 19h à 21h ; le vendredi et le samedi jusqu'à 22h. Bar ouvert toute la journée. Réservation recommandée. Menu unique à 31 €. Carte : 20 € environ. Menu enfant : 10 €. Terrasse.

Un établissement incontournable du Crotoy, autant connu pour son élégante façade, reconnaissable entre toutes, que pour sa cuisine. Les Tourelles sont idéalement situées, à la fois dans le village et juste à côté de la mer. Les plats sont quant à eux entièrement faits à base de produits locaux de saison et on se régale. Vous pourrez choisir les langoustines, l'assiette de fruits de mer ou le suprême de volaille sauce à la bière. En dessert, vous ne pouvez pas être déçu par le crumble de pommes locales.

Le gîte

PIERRE ET VACANCES RÉSIDENCE PREMIUM DE LA PLAGE****

1, rue du Phare © 03 22 19 29 30

www.pierreetvacances.com

reception.lecrotoy@groupepvcp.com

La Clef Verte. Fermé en janvier. Location à la nuitée (minimum 2 nuits en saison) ou à la semaine. Appartement 2 pièces 4 personnes, studio pour 4 personnes, appartement 2-3 pièces pour 6 personnes, duplex pour 6 à 7 personnes et maison pour 6 personnes. Tarifs variables selon la saison. Réductions sur le site Internet. Jeux pour enfants. Wifi. Massages d'une esthéticienne dans votre appartement.

Tous les appartements et maisons de cette résidence premium ont été récemment rénovés et arborent un design très chic. Vous passerez donc un séjour des plus luxueux et confortables, avec une vue imprenable sur la baie. Avec un peu de chance, vous entendrez peut-être les va-et-vient de la mer dans le silence de la nuit. Pour la baignade dans une eau à température très agréable, deux piscines (une intérieure chauffée toute l'année et une extérieure ouverte de juin à septembre), feront votre bonheur et celui des enfants. Un service traiteur peut venir vous livrer le déjeuner ou le dîner directement à votre appartement. Un pied-à-terre de choix pour découvrir la baie de Somme mais aussi les plages de la côte d'Opale et profiter de toutes les activités sportives que permettent ces grandes étendues.

Le Crotoy.

AUX 3 JEAN***
27, rue du Capitaine Guy Dath
✆ 03 22 27 16 17
www.aux3jean.com – auxtroisjean@orange.fr

Fermé en décembre. 14 chambres (dont 7 avec vue sur mer). Chambre double de 70 € à 98 € ; chambre triple de 93 € à 106 € ; suite de 86 € à 108 €. Demi-pension : 32 € (par personne). Petit déjeuner : 9,50 € (7 € pour les enfants). Wifi gratuit. Restauration (cuisine traditionnelle, plats locaux et fruits de mer).

Cet hôtel charmant a une situation privilégiée. L'établissement donne directement sur la plage, il fait face à la baie et au soleil de l'après-midi. Pour autant, les prix sont attractifs, même si vous choisissez une chambre avec vue sur mer. Les chambres sont assez simples, mais tout est là pour passer une ou plusieurs nuits confortablement, bercé par le bruit de la mer et le spectacle des marées de la Baie de Somme. S'il fait beau et chaud, le matin pour le petit déjeuner, vous pourrez profiter de la grande terrasse dont dispose l'hôtel. L'établissement dispose également d'un bon restaurant de bonne réputation, avec des spécialités de la mer (crevettes grises du pays, gratin de saint-jacques, marmite du pêcheur...) et des recettes du chef comme la terrine de foie de volaille. Côté pratique, vous apprécierez de poser votre voiture sur le parking privé gratuit, un bon plan dans un secteur où les places sont prisées les jours d'affluence.

AUBERGE DE LA DUNE***
1352, rue de la Dune
✆ 03 22 25 01 88
www.auberge-de-la-dune.com
contact@auberge-de-la-dune.com

Logis. Ouvert toute l'année. 11 chambres. Chambre double de 91 € à 116 €. Demi-pension. Petit déjeuner : 13 €. Parking inclus. 1 chambre accessible PMR. American Express, Chèque Vacances. Animaux acceptés (supplément 15€). Wifi gratuit. Service de ménage. Restauration (menus de 19,9 € à 39,9 €).

Vous serez ici au centre des principaux points d'intérêt du secteur, à mi-chemin entre la baie de Somme et le parc du Marquenterre. Cet hôtel de campagne possède le gros avantage d'être très calme, et, même en haute saison, vous pouvez être sûr de profiter de la plus grande sérénité. Les onze chambres sont très confortables et la décoration est sobre et élégante. Ici, rien de clinquant, on fait plutôt dans le rustique. Une adresse simple et confortable. A noter que l'établissement fait aussi restaurant et vous propose une cuisine locale et savoureuse.

HÔTEL DE LA BAIE DE SOMME**
16, quai de l'Amiral-Courbet
✆ 03 22 27 80 65
www.hotel-baiedesomme.fr
contact@hotel-baiedesomme.fr

Logis. Fermé en janvier. 29 chambres. Chambre simple de 55 € à 65 € ; chambre double de 59 € à 110 € ; chambre triple de 75 € à 85 €. Petit déjeuner buffet : 11 € (gratuit pour les enfants de moins de 7 ans). Lit supplémentaire : 15 €. Lit bébé gratuit. Taxe de séjour : 0,90 € par jour et par personne. Deux chambres accessibles aux personnes à mobilité réduite. Animaux acceptés (7 €).

Sans doute l'une des meilleures adresses de toute la ville, tant pour l'accueil, le service, les prix abordables et la situation idéale, face au port et à 5 minutes de la plage. Le parc ornithologique du Marqueterie est lui aussi facilement accessible. Du côté des services proposés par l'hôtel, vous aurez le droit à un petit déjeuner très copieux pour bien démarrer la journée, avec des produits variés et régionaux comme le gâteau battu et des confitures locales. Les chambres sont simples, décorées en toute sobriété, mais lumineuses et particulièrement confortables. Lætitia et Olivier sauront vous conseiller pour agrémenter le programme de votre séjour ! Et point intéressant pour les sportifs : il est possible de louer directement à partir de l'hôtel des vélos, des canoës ou mêmes des chars à voile.

LES TOURELLES
2-4, rue Pierre-Guerlain
✆ 03 22 27 16 33
www.lestourelles.com
info@lestourelles.com

35 chambres. Chambre double de 82 € à 146 € ; chambre triple de 143 € à 179 €. Chambre quadruple de 160 à 193 €. Petit déjeuner : 14 € (7 € pour les enfants). Lit Bébé : 10 €. Chambre quadruples de 164 à 197. Menu à partir de 31€. Animaux acceptés (7 € la nuit). Massages sur rendez-vous.

C'est l'un des hôtels les plus emblématiques de la ville, reconnaissable de loin avec ses deux tourelles élégantes et sa façade rouge que l'on ne peut manquer. L'établissement en lui-même semble hors du temps et depuis le lieu vous pourrez découvrir le plus beau panorama sur la baie de Somme de tous les hôtels du Crotoy. Pour ne rien gâcher, l'ambiance y est très chaleureuse et familiale. Les chambres sont simplement décorées dans des tons apaisants. Bref, étant donné les qualités de l'endroit, n'oubliez pas de réserver à l'avance. Un petit clin d'œil sympa, dans la cour qui donne vers l'église, des panneaux indicateurs situent aussi bien la mairie (à 53 m), la pharmacie (à 280 m), le port (à 800 m) que Milan (à 1 071 km) ou Montréal (à 5 432 km) !

Chambres d'hôtes

O MYLLE DOUCEURS
2, rue Florentin-Lefils
✆ 03 22 23 55 07
www.omylledouceurs.fr
location@omylledouceurs.fr

Chambre double à partir de 115 €. Petit déjeuner : 9,50 €. Lit supplémentaire : 10 €. Suite à partir de 130 euros – Loft à partir de 220 euros – Suite familiale à partir de 250 euros. Wifi gratuit.

Un véritable écrin raffiné et à la décoration délicate dans une superbe bâtisse du XIXe siècle. Les trois chambres proposées sont spacieuses et particulièrement confortables. Elles sont équipées de TV à écran plat, de fauteuils douillets et jouent avec la décoration pour proposer des univers différents, avec des touches de baroque et de rustique chic. Le loft est également superbe, avec ses meubles d'époque qui côtoient une cuisine contemporaine, et ses chambres avec baignoire non loin du lit. Pour des prix raisonnables, O Mylle Douceurs est la promesse d'un séjour sous le signe du luxe, du confort et du raffinement. Vous êtes certain d'y passer des moments relaxants, y compris dans son grand jardin, avec fresque locale et divers espaces de détente.

■ VILLA LES MOUETTES BLESSEES

2, quai Léonard
✆ 06 22 97 54 61
villalesmouettesblessees@orange.fr

4 chambres. Chambre double de 72 € à 82 €.

Au Crotoy, on a le plaisir de contempler de nombreuses villas qui furent autrefois habitées par des personnages célèbres. La villa Les Mouettes Blessées a accueilli le grand artiste-peintre Toulouse-Lautrec en 1899, où il s'installa pour quatre semaines. Il s'offrit à l'époque un peu de repos après être sorti de la maison de santé de Neuilly. Cette prestigieuse anecdote fait d'un passage dans cette maison un moment unique. Aujourd'hui, la villa accueille les visiteurs et propose quatre chambres soigneusement décorées et très bien équipées. En plus, vous profiterez d'une vue sur la mer, de quoi mettre de bonne humeur de bon matin et donner l'envie de longues balades les pieds dans le sable.

■ VILLA SAINT-GEORGES

30, rue Victor-Petit
✆ 03 22 27 77 80
www.villa-st-georges.com
villasaintgeorges@wanadoo.fr

Gîtes de France (3 épis). 5 chambres. Chambre double de 80 € à 105 €, chambre triple 185 €. Petit déjeuner inclus. Animaux 7 € par nuit. Restauration.

A une trentaine de mètres de la plage seulement et avec une vue imprenable sur la baie, cet établissement dispose de cinq chambres dont les doux noms sont une invitation à la détente au gré de l'air marin. Parmi elles, la chambre Matelote, la chambre Sable ou la chambre Soleil Levant : certaines bénéficient d'une vue sur la mer et d'autres sur le charmant village. Une étape parfaite pour un séjour en amoureux et une situation idéale pour accéder aux principaux sites d'intérêt. Au rez-de-chaussée, vous trouverez de plus un petit espace restauration avec des plats maison simples mais réussis, comme la ficelle picarde.

Campings

■ LES AUBÉPINES****

800, rue de la Maye
✆ 03 22 27 01 34
www.camping-lesaubepines.com
lesaubepines@baiedesommepleinair.com

Ouvert du 30 mars au 4 novembre. Réservation recommandée. Terrain de 4,5 ha. 194 emplacements. Sol : herbeux. Piscines couverte et extérieure chauffées. Emplacement + véhicule + 2 personnes de 18 € à 42,50 €. Mobil-homes de 320 € à 1 197 € la semaine. Chèque Vacances. Club enfants. Jeux pour enfants. Animaux acceptés. Animations. Excursions.

Les Aubépines vous accueille au cœur de la charmante baie de Somme, entre mer et campagne. En tente, en caravane ou dans un mobil-home, profitez d'un séjour des plus agréables et détendus. Ici, la nature vous donne rendez-vous avec les oiseaux et les phoques. Vous passerez des vacances sportives et culturelles en pratiquant la voile, le golf, le vélo, la marche, en vous relaxant à la piscine du camping avec son espace balnéothérapie et ses cours d'aquagym, en jouant au football dans un grand champ. Et puis en visitant le château de Rambures et l'abbaye de Valloires. En fin de journée, profitez des soirées à thème et des repas dansants dans ce camping bien tenu et chaleureux.

■ LA FERME DE MAYOCQ**

7 bis, rue de Mayocq
✆ 03 22 27 09 99
www.la-ferme-de-mayocq.com
contact@la-ferme-de-mayocq.com

Fermé de novembre à mars. Terrain de 2 ha. 58 emplacements. Sol : herbeux. Emplacement de 5 € à 9 €. Véhicule à partir de 3 €. 2 personnes à partir de 8 €. Mobil-homes de 50 € à 90 € la semaine. Chèque Vacances. Animaux acceptés. Wifi gratuit.

A 1 km de la plage et 1 km du centre-ville du Crotoy, au cœur de la baie de Somme, dans un cadre verdoyant, boisé et fleuri, la Ferme de Mayocq vous assurera calme et détente. Sur place, vous trouverez les équipements suivants : ping-pong, château gonflable, salle de remise en forme... Les mobil-homes sont eux très bien équipés : four, plaques à induction, hotte aspiration, micro-ondes, cafetière, télévision, etc. Une fois installé, le mieux est encore d'enfourcher votre vélo pour partir explorer les alentours : la ville du Crotoy, son marché, le parc du Marqueterre, la maison de l'oiseau ou encore le musée Picarvie.

■ LE RIDIN****

Lieu-dit Mayocq
✆ 03 22 27 03 22
www.campingleridin.com
leridin@baiedesommepleinair.com

Fermé de novembre à mars. Réservation impérative. Terrain de 3 ha. 160 emplacements. Exposition : mi-ombragé. Sol : herbeux. Relief : plat. Cottage de 378€ à 1295€. Villa 3 chambres de 840€ à 1400€. Chèque Vacances. Club enfants. Jeux pour enfants. Animaux acceptés. Aire pour camping-cars. Connexion Internet gratuite. Wifi payant. Restauration (restaurant et brasserie). Bain bouillonnant. Animations.

Laissez-vous charmer par un art de vivre différent, dans ce corps de ferme typiquement picard doté d'une agréable piscine chauffée et d'une pataugeoire. A 3 km du centre-ville du Crotoy et de ses plages, le camping vous proposera au choix des mobil-homes et des cottages tout confort, et même une villa de trois chambres à la décoration simple, moderne et épurée, sans oublier les emplacements pour votre caravane, votre tente ou votre camping-car. Vous n'avez plus alors qu'à laisser place à la détente, avec de nombreuses activités de loisirs : volley, ping-pong, football, pétanque, salle de remise en forme, cours d'aquagym... La part belle est aussi donnée aux enfants, avec un club où de joyeux animateurs proposent en saison des activités variées qui leur laisseront pour sûr d'incroyables souvenirs.

Loisirs

EXCURSIONS EN CALÈCHE

20, rue Jean-Vadicocq ✆ 06 80 16 91 64
www.mabaiedesomme.fr
mabolou@gmail.com

Départ assuré à partir de 4 personnes réservées. Excursions : adulte de 25 à 50 € et enfant (de 3 à 10 ans) de 13 à 25 € selon les parcours.

Dans votre calèche tirée par quatre chevaux, vous aurez le choix entre trois circuits. Le premier vous emmène pendant 2 heures directement sur le sable de la plage, jusque dans la réserve avec une traversée de la Maye et un arrêt dans le parc ornithologique et les molières. Le deuxième vous fait suivre le delta de la Maye pendant 2h30 jusqu'à rejoindre la colonie de phoques pour une séance exceptionnelle d'observation. Enfin, le troisième parcours dure 4 heures, longe la mer et les parcs à moules, et prévoit un arrêt dans les molières avec des anecdotes locales racontées par l'incontournable Jacky, éleveur et dresseur de chevaux et surtout grand amoureux de la baie de Somme. Une manière originale de découvrir la côte picarde !

VOIES CYCLABLES

✆ 03 22 20 60 30
www.somme-nature.com

Si vous avez envie de vous dégourdir les jambes, vous pouvez partir librement le long des 160 km de voies cyclables autour de la Baie de Somme. Au Crotoy, passent les circuits du Héron et de l'Avocette et la piste faisant le tour de la baie jusqu'à la pointe du Hourdel (ce bel aller-retour fait 32 km si vous le faites intégralement, et en cas de fringale, vous pourrez mettre le vélo dans le train de la Baie de Somme).

Sorties

PRÊT À PAUSE THÉ

74, rue de la Porte-du-Pont ✆ 03 22 19 31 49

Ouvert le vendredi de 15h à 18h30 ; du vendredi au dimanche de 10h à 12h30 ; le samedi de 14h30 à 19h ; le dimanche de 15h à 18h. Possibilité de déguster une part de gâteau et une boisson chaude.

Prêt à Pause Thé s'est inspiré d'un concept de nos voisins anglo-saxons. Au sein d'une seule et même boutique, vous pourrez à la fois acheter des vêtements et de la décoration, puis vous installer à une table pour savourer une bonne tasse de thé bien chaude accompagnée d'un dessert. Le petit jardin est notamment très agréable lors des journées ensoleillées. Un concept qui séduit tout le monde, habitants et touristes, et une décoration jeune et épurée, aux couleurs sobres et délicates. Le lieu rappelle les petites maisons anglaises du bord de mer et on s'y sent inévitablement bien. *So british !*

Emplettes

FROMAGERIE LE CROTOY

6, rue de la Porte-du-Pont ✆ 03 22 23 35 05

Ouvert du jeudi au mardi de 9h à 13h et de 15h à 19h ; le mercredi de 9h à 12h.

Si ces grands étals de fromages ne suffisent pas à vous donner l'eau à la bouche, les conseils avisés du fromager le feront. Avec un grand sourire et une sympathie communicative, ce commerçant saura vous suggérer les produits qui viendront enchanter votre fin de repas ainsi que les parfaits breuvages pour les sublimer. A côté des fromages traditionnels, vous trouverez quelques pépites picardes comme le brie à la moutarde, la tomme aux salicornes ou le brillat-savarin truffé. N'hésitez pas non plus à passer un coup de fil pour commander un plateau que vous aurez composé vous-même et qui épatera à coup sûr vos convives lors de vos repas entre amis et vos évènements.

POIVRE ET SUCRÉ

18, rue du Puits-Sucré ✆ 03 22 23 57 63
www.poivreetsucre.com
lievenspatte.isabelle@gmail.com

Ouvert du vendredi au dimanche de 10h à 13h et de 15h à 19h.

Isabelle Lievens sait comment faire plaisir à ses clients, avec sa bonne humeur et ses conseils avisés. En panne d'inspiration pour le dîner de ce soir ? Pas de problème, Isabelle vous montrera les produits adaptés à vos recettes rêvées : huile de homard et poivre de Penja pour relever vos risottos, sirop de curcuma et de gingembre pour faire

Chevaux dans un marécage du Crotoy.

caraméliser le poulet ou encore fève tonka à râper sur les coquilles Saint-Jacques pour leur donner un petit goût fruité. Et si vous souhaitez manger de bonnes choses sans trop vous fatiguer, passez du côté de la conserverie, il y a plein d'autres trésors à découvrir. Jetez également un œil à la vaisselle, la boutique propose une multitude d'objets pour égayer la cuisine. Les produits peuvent être commandés en ligne.

■ **LES TROIS CONSERVERIES**
9, rue de la Porte-du-Pont
www.les3conserveries.fr/crotoy
contact@conserverie-st-christophe.com
Haute saison : ouvert tous les jours de 10h à 13h et de 15h à 19h. Ouvert tous les jours en saison.
Ici, vous ne trouverez que des produits locaux, ou presque. Parmi les incontournables, la fameuse terrine de mouton de prés salés, le gâteau battu ou la surprenante terrine de moules. Cette petite épicerie située dans une charmante bâtisse en briques rouges travaille presque exclusivement avec des producteurs picards, sélectionnés pour leur savoir-faire et leur excellence. La boutique propose aussi deux bières issues de brasseries artisanales, des vins et des spiritueux. Si vous ne savez pas quoi choisir parmi cette large sélection de produits, également disponibles sous forme de compositions pour goûters et apéritifs, vous pouvez créer vous-même votre panier, avec des rillettes, des escargots, des macarons ou des confitures.

Marchés

Le marché du Crotoy se tient les mardis (en saison) et les vendredis place Jeanne d'Arc et le long du quai Courbet.

Dans les environs

Favières

■ **LA CLÉ DES CHAMPS**
13, rue des Frères-Caudron ✆ 03 22 27 88 00
www.restaurant-lacledeschamps.com
lacledeschamps80@gmail.com
♿
Ouvert du vendredi au mardi le midi et le soir. Réservation recommandée. Menus de 33 € à 53 € (entrée, plat, fromage et dessert). Menu enfant : 15 €. Formule du midi : 23 € (seulement en semaine). Vin au verre. Accueil des groupes (avec salon privatif).
C'est dans un ancien relais de poste au cœur de la baie de Somme, remis au goût du jour, que le chef Nicolas Chamoin et son épouse vous accueillent pour passer un délicieux moment. Dès les frimas de l'hiver, venez profiter du feu de cheminée avant de goûter aux plats savoureux concoctés par ce jeune chef qui adapte ses menus au fil de ses trouvailles au marché. La carte change selon les saisons mais toujours avec des produits des producteurs locaux !

■ **HÔTEL RESTAURANT LES SAULES**
1075, rue des Forges
✆ 03 22 27 04 20
hotel-les-saules.fr
contact@hotel-les-saules.com
Ouvert tous les jours le midi et le soir. Réservation recommandée. Menus de 25 € à 35 €. Menu enfant : 12 €.
Dans un cadre magnifique, avec vue sur le parc de l'établissement, le restaurant de l'hôtel vous accueille pour vous proposer une carte maîtrisée et raffinée. Vous aurez par exemple le choix entre un filet de carrelet et sa sauce à l'estragon et au citron confit ou un filet de canette laqué à la myrtille et sa galette de polenta et carotte. Les associations sont justes, parfois osées, mais toujours réussies. Les desserts revisitent les classiques à l'image de la tarte au citron meringuée déstructurée. Une adresse de choix.

Ponthoile

LE SAFRAN DE LA BAIE DE SOMME
Ferme de Romiotte ✆ 03 22 23 59 65
www.safrandelabaiedesomme.com
Visite guidée sur réservation (2h) de juin à novembre : origine et élaboration du safran, dégustation de crème brûlée au safran et visite du champs. 8 € par personne et gratuit pour les moins de 12 ans. Pot de 0,1 g 5,50 € ; de 0,5 g 20 € et de 1g 34 €. Sirop 7 €. Miel 5 €.
Depuis 2009, Anne Poupart cultive le safran dans sa ferme au cœur de la baie de Somme. Cette épice est obtenue grâce à une magnifique et poétique fleur mauve, qui apparaît en une nuit et ne vit que 24 heures ! On l'appelle aussi « or rouge » car il faut entre 150 et 200 fleurs pour obtenir un seul gramme de safran. Dans la ferme familiale depuis plusieurs générations, qui a abrité aussi les premiers exploits aériens des frères Caudron, poussent plusieurs milliers de ces bulbes. Des visites guidées sont proposées aux particuliers sur réservation (au moins 12 personnes) et aux groupes. A cette occasion, vous pourrez vous familiariser avec l'origine de l'épice et son élaboration, ainsi que les différentes manières de la cuisiner pour sublimer les plats. A l'issue de la visite, vous pourrez déguster et acheter des produits safranés : miel, vinaigre, sablés, sirops... Le tout avec un packaging particulièrement réussi. De quoi donner envie d'épicer ses plats !

Saint-Blimont

■ **LE CHÂTEAU DES LUMIÈRES**
29, rue du Moulin ✆ 06 80 55 20 02
www.lechateaudeslumieres.com
contact@lechateaudeslumieres.com
Réservation recommandée. 5 chambres (à thème). Chambre double de 90 € à 119 €. Petit déjeuner inclus. Tarifs dégressifs à partir de 4 nuits. Gîte de 85 à 105 € la nuit pour deux personnes, sans petit-déjeuner (9,90 €). Restauration (sur réservation). Sauna. Sur réservation 44 € l'heure.
Un hébergement insolite, avec kotas finlandais et bains à remous, à moins de 10 km de Saint-Valery-sur-Somme et 15 km de Mers-les-Bains. Le décor n'est pas sans charme, puisqu'il s'agit d'une ancienne maison de maître picarde, située au beau milieu de la campagne. Les amoureux de la nature seront également ravis, avec un parc clos de 11 000 m². Du côté des logements, vous aurez le choix entre cinq chambres d'hôte et quatre gîtes originaux (un ancien pigeonnier, un bus et une ancienne bergerie) : de quoi passer un séjour dépaysant !

FORT-MAHON-PLAGE ★

Entre baie de Somme et baie d'Authie, l'immense plage de Fort-Mahon s'allonge dans le cadre d'une nature exceptionnellement préservée et offre un espace splendide où règnent paix et tranquillité. Les enfants s'en donneront à cœur joie entre les baignades, les glissades sur les dunes, les promenades à pied, en rosalie, à cheval ou en VTT ! Sans surprise, cette cité balnéaire est très fréquentée l'été (jusqu'à 50 000 personnes les gros week-ends d'affluence !), alors prenez votre mal en patience dans les bouchons ou la file d'attente devant les restaurants ! Attention, une tenue correcte est exigée dès que vous quittez la plage...

OFFICE DE TOURISME

555, avenue de la Plage
Place Claude-Baillet
✆ 03 22 23 36 00
www.fort-mahon-plage-tourisme.com
contact@fortmahon-tourisme.com

Qualité Tourisme. Basse saison : ouvert du mardi au dimanche de 10h à 17h. En avril, mai, juin, septembre et octobre tous les jours de 10h à 17h. En juillet-août tous les jours de 10h à 18h30. Boutique. Expositions temporaires. Label Tourisme & Handicap.

Dans des locaux un peu retirés du centre-ville, l'office de tourisme propose une documentation bien fournie sur Fort-Mahon et plus largement sur la baie de Somme et la baie d'Authie. Vous pourrez aussi y réserver vos balades pédestres pour tout niveau (de 2h à 5h) pour mieux découvrir le patrimoine naturel environnant. Est adjointe une boutique bien achalandée avec des peluches (des phoques bien sûr !), des porte-clefs, des produits du terroir (jus de fruits, bières, conserves...) et même des moutons des pré salés. Il y a également un coin enfant, une connexion wifi, les horaires de ciné ou de bus, ainsi que des expositions régulières. Nouveauté 2020 : un guide du « Toutourisme » qui répertorie les lieux les plus accueillants pour vos animaux de compagnie !

BALADES GUIDÉES

555, avenue de la Plage
✆ 03 22 23 36 00
www.fort-mahon-plage-tourisme.com
contact@fortmahon-tourisme.com

Ouvert toute l'année. Balades de 1h30 à 3h. Gratuit jusqu'à 6 ans. Tarifs variant selon les balades (à partir de 8 € pour les adultes et à partir de 4 € pour les enfants de 6 à 12 ans).

Plusieurs balades au programme. Partez tout d'abord à la découverte de la baie d'Authie pour vous promener sur 3 km entre la baie, les mollières, l'estran et le massif dunaire. Vous pourrez aussi découvrir les produits du terroir de la baie (oreilles de cochon, salicornes, argousiers...) avec une dégustation pour bien finir la balade. Les blockhaus, édifiés le long du littoral picard entre 1941 et 1944, n'auront plus de secrets pour vous. Tout comme les phoques, ces mascottes de la baie. Enfin, les enfants pourront partir à la pêche à pied (8 € et accompagnant adulte gratuit) pour une balade d'une heure et demie ou randonner à dos d'âne.

Points d'intérêt

LES DUNES

Plage

Ne passez pas à côté des dunes, si vous êtes de passage à Fort-Mahon, car elles constituent un paysage magnifique et unique. Il s'agit de l'une des plus belles balades à faire dans les environs. Leur fixation date du début du XVIIe siècle et avait pour objectif d'éviter le mouvement du sable vers les zones habitées. Vous y découvrirez une végétation dense, qui permet de fixer le sable. Des sentiers ont été aménagés, qui permettent de découvrir l'endroit en toute quiétude. Dépaysement garanti !

Le couvert

AUBERGE DE LA LOUVIÈRE

27, rue Robinson
✆ 03 22 27 71 53
louviere.fortmahon@gmail.com

Basse saison : ouvert du jeudi au lundi le midi et le soir. Haute saison : du mardi au dimanche le midi et le soir. Menus de 25 € à 30 €. Menu enfant : 10 €. Formule du midi : 20 € (trois plats, seulement en semaine). Chèque Vacances, Chèque Restaurant. Chaises bébé. Terrasse.

Voilà à peine un an que Vianney Macquart et sa compagne Henn ont repris cette charmante auberge à découvrir au milieu de la verdure à Fort-Mahon. Le jeune chef a l'ambition d'offrir une cuisine de terroir authentique et de saison, avec une carte renouvelée tous les mois. On vous recommande notamment le foie gras maison, la flamiche au maroilles, la soupe de crabe au safran, ou encore les succulents desserts comme la charlotte au chocolat vénézuélien, la crêpe Suzette ou l'incontournable crème brûlée revisitée.

L'ALCYONE

1144, avenue de la Plage
✆ 03 22 27 47 88

Ouvert tous les jours le midi ; du vendredi au dimanche le soir. Carte : 25 € environ. Menu enfant : 9,90 € (pour les moins de 12 ans). Pizzas à emporter de 8,90 à 13,50 €. Terrasse. Vente à emporter.

Une petite brasserie bien généreuse où vous pourrez déguster entre amis une large sélection de plats, d'ici ou d'ailleurs. A la carte en autres : les poutines, les welshs, les ficelles picardes, les traditionnelles moules (marinières ou déclinées au maroilles, à la crème d'ail ou au roquefort) en passant par les savoureuses pizzas (que vous pouvez également emporter), ou les poissons (choucroutes de la mer, marmite de la baie, etc.), les viandes (andouillette grillée, ribs de porc ou encore steak tartare) et les burgers. S'il vous reste de la place, craquez sans hésitation pour la profiterole géante ! La terrasse est très appréciable aux beaux jours.

LES DÉLICES

1318, avenue de la Plage
✆ 03 22 23 40 23
www.les-delices.fr
auxdelicesfortmahon@orange.fr

♿

Ouvert toute l'année. Tous les jours le midi et le soir. Réservation recommandée. Menus de 19,90 € à 27,10 € (trois plats). Menu enfant : 9,90 € (jusqu'à 10 ans). Vin au verre. Accueil des groupes (jusqu'à 30 personnes). Chaises bébé. Terrasse. Vente à emporter.

Un personnel accueillant et aux petits soins pendant tout le repas, que vous savourerez à seulement 200 m de la mer ! La carte est alléchante, car simple, gourmande et peu onéreuse. S'y croisent la quiche au maroilles, le potjevleesch et la carbonnade. A côté de ces classiques, on trouve des moules de bouchot, des salades, des burgers et un fameux tartare au saumon. S'il vous reste encore un peu de place après un de ces plats copieux, laissez-vous tenter par un dessert maison : mousse au chocolat, crème caramel, profiteroles... L'après-midi, l'établissement reste ouvert pour des crêpes sucrées et des gaufres gourmandes.

LE HOMARD GOURMAND/HÔTEL LA TERRASSE

1461, avenue de la Plage
✆ 03 22 23 37 77
www.hotellaterrasse.com
info@hotellaterrasse.com

Ouvert tous les jours le midi et le soir. Menus de 15,90 € à 31,90 €. Menu enfant : 7,90 €. Menu Homard gourmand avec bouteille de champagne 59,95 € par personne. Terrasse.

En entrant dans le restaurant, on est tout de suite conquis par la superbe vue panoramique sur la mer avec une terrasse couverte chauffée si besoin. Un très bon point qui met déjà dans de très bonnes conditions. La cuisine du chef, Jackie Masse, fait durer le plaisir. Les produits frais sont préparés avec soin et l'on apprécie la carte changeante au gré des saisons. L'établissement est séparé en deux, pour satisfaire tous les désirs et tous les budgets : d'un côté, la Brasserie La Terrasse qui propose des plats plus simples mais toujours goûteux, avec chaque jour une suggestion de poisson, de viande et un buffet d'entrées offert pour chaque plat commandé. De l'autre côté, le restaurant Le Homard Gourmand propose des plats plus raffinés faits à base de produits de la région, comme le maquereau entier cuit dans sa marinage, le blanc de volaille au maroilles ou encore l'assiette de fruits de mer.

L'HIPPOCAMPE

1333, avenue de la Plage
✆ 03 22 27 70 95

Ouvert tous les jours de 11h30 à 15h et de 18h30 à 22h. Réservation recommandée. Menus de 23,80 € à 36,80 €. Menu enfant : 9 € (jusqu'à 10 ans). Formule du midi : 17,30 € (entrée plat et dessert). Terrasse. Plateaux de fruits de mer à emporter : plateau du pêcheur 33 € par personne et plateau hippocampe 48 € par personne.

Cette adresse a les avantages et inconvénients du restaurant de plage. En plein été, le service semble trop souvent dépassé mais, hors saison, l'ambiance familiale reprend ses droits et l'on a alors tout loisir de déguster des plats généreux. Le patron, Thierry Vergne, insiste : ici, on ne cuisine que du frais. Et ça se sent. La carte évolue au fil des saisons : les moules marinières, le filet de poisson au beurre blanc, le cabillaud, la sole et bien d'autres produits de la mer proviennent des poissonneries du coin. Les classiques de la gastronomie française sont même parfois remaniés. Une cuisine de qualité !

■ **LA MOUETTE**
1176, avenue de la Plage ✆ 03 22 27 70 53
Fermeture de fin novembre à début décembre. Ouvert du mercredi au lundi et les jours fériés le midi et le soir. Menus de 22,50 € à 37,50 €. Menu enfant : 7,90 € (pour les moins de 12 ans). Plat du jour : 13,90 €. Moules à partir de 10,90 € ; assiette de la mer 23,50 € ; plateau de fruits de mer 37 €. Chèques non acceptés. Chèque Vacances, Chèque Restaurant. Terrasse. Vente à emporter.
Ici, bien évidemment, le poisson est mis à l'honneur. Vous pourrez donc vous régaler avec les incontournables moules de bouchot et selon la saison les Saint-Jacques, les plateaux de fruits de mer ou encore avec un filet de sébaste, un pot de saumon confit… La cuisine régionale est également mise à l'honneur avec la ficelle picarde par exemple. Que les amateurs de viande se rassurent : quelques plats sauront vous satisfaire, comme le filet de bœuf avec sa tranche de maroilles fondante. Le service est chaleureux, le cadre sympathique, et une terrasse ensoleillée vous attend, à seulement 200 mètres de la mer.

Le gîte

■ **LE HOMARD GOURMAND/HÔTEL LA TERRASSE*****
1461, avenue de la Plage ✆ 03 22 23 37 77
www.hotellaterrasse.com
info@hotellaterrasse.com
Accueil jusqu'à 15h. 57 chambres. Chambre double de 50 € à 124 € ; chambre triple de 77 € à 102 €. Pension complète (de 68 à 106 €, 3 nuits minimum). Demi-pension (de 52 € à 89 €, 3 nuits minimum). Petit déjeuner : 11 €. Parking : 7 €. Les tarifs augmentent en haute saison (juillet-août). Wifi gratuit. Restauration.
Face à la mer, l'hôtel La Terrasse s'impose comme une des belles étapes de Fort-Mahon. Il est le point de départ idéal pour une balade au bord de la mer et pour partir à la découverte de la baie de Somme. Vous avez le choix ici entre trois catégories de chambres. Les supérieures disposent d'un balcon privatif avec une vue imprenable sur la mer. Elles sont spacieuses et certaines possèdent même un bain bouillonnant. Les standards ont également vue sur mer mais sont de taille plus modeste. Enfin, celles situées à l'arrière ne profitent pas du splendide panorama mais possèdent tout le confort nécessaire à une bonne nuit de sommeil. L'hôtel propose des formules tout compris pour deux personnes. Bénéficiez par exemple d'une chambre en catégorie trois-étoiles, d'un petit déjeuner, d'un dîner au restaurant Le Homard Gourmand, accompagné d'une coupe de champagne. Une jolie idée cadeau pour un week-end en amoureux !

■ **PIERRE & VACANCES VILLAGE CLUB BELLE DUNE******
Promenade du Marquenterre
✆ 08 92 70 01 30
www.pierreetvacances.com
belle-dune@groupepvcp.com
La Clef Verte. Ouvert toute l'année. Accueil jusqu'à 22h (séjour semaine : Arrivée le samedi à partir de 17h, départ le samedi avant 10h). Pour 4 personnes (28 m²) : 169 € la nuit et 1150 € la semaine en haute saison. Pour 6 personnes 300 € la nuit et 250 € à partir de 2 nuits. Club enfants. Jeux pour enfants. Séminaires. Wifi. Service de ménage. Restauration. Salon de jardin, location de draps, lave-vaisselle. Hammam, sauna. Animations. Accès gratuit à l'Aquaclub (piscine intérieure et extérieure).
Voilà un site idéal pour passer vos vacances avec vos enfants, au cœur de la nature de la baie de Somme ! En plus de la proximité de la plage, vous trouverez ici un parc aquatique avec espace bien-être (hammam, sauna et soins à la carte), un golf de 18 trous réputé au milieu des dunes, plusieurs espaces de jeux extérieurs et une maison des petits intérieure adaptée aux enfants jusqu'à 3 ans, un service de locations de vélos, de karts à pédales et de rosalies, une mini-ferme, un jeu de tir à l'arc… Sur les lacs, possibilité de louer des pédalos et des bateaux de plaisance. Un restaurant vous accueille pour des formules petit-déjeuner, demi-pension et pension complète. Quant aux hébergements, ils vous permettront de bien profiter de cet environnement naturel, avec un balcon ou une terrasse, ainsi que tous les équipements et le confort nécessaires à la réussite de votre séjour !

Gîtes

■ **NATUROTEL**
501, rue Robinson
✆ 03 22 23 38 45
www.naturotel.com
contact@naturotel.com
A 2 km de la plage et à 1 km de la baie d'Authie.
Clévacances (3 clés). Ouvert toute l'année. Accueil à partir de 16h. Tarifs dégressifs. La nuit pour 2 personnes, de 86 à 159 € selon la saison, pour 4 personnes, de 106 à 159 € et pour 6 personnes, de 138 à 177 €. American Express, Chèque Vacances. Animaux acceptés. Séminaires. Wifi.

Fort-Mahon Plage

Village Belle Dune ****

Eco-village labellisé «clef verte».

- Aquaclub : espace aqualudique couvert et chauffé et piscine extérieure chauffée (ouverte de juin à mi-septembre).
- Restaurant, activités et clubs enfants
- Séjours semaines, courts séjours, accueil groupes et séminaires.

pierreetvacances.com • 03 22 23 10 00 **@PVBelleDune**

Le Touquet

Résidence Les Jardins de la Côte d'Opale ***

Au cœur d'un parc à 2 km de la grande plage et des commerces.

- Piscine intérieure chauffée, solarium et terrain de tennis, location de vélos, aire de jeux enfants.
- Séjours semaines, courts séjours, accueil groupes.

pierreetvacances.com • 03 21 06 78 78 **@PVLeTouquet**

Le Crotoy

La résidence Premium de la plage ****

Un lieu de villégiature ouvert sur le large...
- Des appartements et des maisons à la décoration raffinée.
- Services hôteliers inclus (lits fait, peignoir).
- Piscine intérieure chauffée et une piscine extérieure (ouverte de juin à septembre).
- Un salon de réception avec aire de jeux.

pierreetvacances.com • 03 22 19 29 30 **#PVPCrotoy**

Situé dans le vieux Fort-Mahon, ce site regroupe 22 chalets meublés tout confort dont deux accessibles aux personnes à mobilité réduite. Chaque chalet en bois est indépendant et composé d'un rez-de-chaussée, d'une mezzanine et d'une terrasse privative couverte. Selon la disponibilité : un lave-linge, un sèche-linge, et un équipement pour bébé (lit, chaise et baignoire). Une fois installé pour pouvez partir à la découverte de la baie de Somme et du parc ornithologique du Marquenterre : un incontournable !

Campings

■ LE VERT GAZON***
741, route de Quend
✆ 03 22 23 37 69
www.camping-levertgazon.com
camping@camping-levertgazon.com

Camping et mobil-homes ouverts d'avril à octobre, gîtes ouverts toute l'année. Accueil jusqu'à 19h. 131 emplacements. Proximité plage et commerces. Mobil-homes pour 2 à 4 personnes de 348 € à 638 € la semaine ; mobil-homes pour 5 à 6 personnes de 393 € à 668 €. Gîte de 4 à 5 personnes 378 € à 638 € la semaine. Roulotte pour 2 à 4 personnes 279 € à 498 €. Tente deux personnes à partir de 23,50 €. Chèque Vacances. Jeux pour enfants. Salle de bains pour bébés. Wifi gratuit. Animations. Pataugeoire et grand bassin.

A 2 km de la plage, ce camping vous offre toutes les commodités pour passer de bonnes vacances ! A disposition : des gîtes (ouverts toute l'année) et des mobil-homes grand confort de 30 à 36 m², équipés de micro-ondes, TV écran plat avec une terrasse bien agréable qui donne sur un jardinet fleuri où vous pourrez installer votre salon de jardin, un parasol et un barbecue. Le camping dispose aussi de 131 emplacements pour tentes, caravanes et camping-cars, d'une superficie moyenne de 100 m² et délimités par des haies.Les enfants apprécieront la piscine chauffée (ouverte en haute saison) et la pataugeoire, l'aire de jeux, les animations, la table de ping-pong... et l'accès au wifi. Attention, les mobil-homes se louent en priorité à la semaine ou à la quinzaine en juillet et août, et les week-ends le reste de l'année.

Loisirs

Un mini-golf 18 trous, deux pistes de bowling et un baby-foot vous attendent rue de l'Authie, à 200 m de la mairie. Il est ouvert des vacances de Pâques à celles de la Toussaint et les week-ends, suivant la météo, à partir de 11h. Tel : 03 22 23 93 69. En saison, des rosalies sont à louer sur l'avenue de la Plage : comptez 15 € pour un véhicule deux places, 28 € pour 4, et 40 € pour 12-14 places (tel : 03 22 99 99 22). De même, un petit train circule dans le centre-ville (4 € la place et gratuit pour les moins de 5 ans). Si le temps est maussade, Fort-Mahon dispose du cinéma Le Vox, au 111 avenue de la Plage (tarif de 4 à 6,50 €) et d'une belle médiathèque.

■ AQUACLUB DE BELLE DUNE
Promenade du Marquenterre
✆ 03 22 23 73 00
www.aquaclubbelledune.fr
aquaclub.belledune@baiedesomme.fr

Fermé de septembre à décembre. Basse saison : ouvert du vendredi au mercredi de 14h à 19h. Haute saison : tous les jours et les jours fériés de 11h à 19h. Haute saison : de mi-juin à fin août. Entrée : 11 € (14 € en haute saison). Enfant : 8,50 € (10,50 € en haute saison). Gratuit jusque 3 ans. Sauna/Hammam : 6,50 €. Restauration. Boutique.

Une base nautique flambant neuve

Cette structure, qui a ouvert ses portes début 2020, était très attendue pour remplacer l'ancienne base nautique qui avait brûlé voilà sept ans. Dans un beau bâtiment au bout du boulevard maritime, elle regroupe sur 1 500 m² quelque 200 bateaux et diverses associations parmi lesquelles AVM 80 (association Les Voiles du Marquenterre), AFMAN (association fort-mahonnaise), ou Eveil et Eolia qui proposent des animations sportives à destination des enfants et des adultes comme du kayak de mer, du longe-côte ou du catamaran. Un vestiaire et des douches sont également mis à disposition du public. Plus de 50 000 visiteurs sont attendus chaque année !

■ EOLIA
Boulevard Maritime-Nord – Base nautique
✆ 03 22 23 42 60
www.eolia.info – contact@eolia.info

Ouvert toute l'année. Tous les jours et les jours fériés de 10h à 12h et de 15h à 17h. 3h de char à voile : 50 € pour les adultes et 35 € les 2h pour les enfants. Location de vélos à partir de 11 € la demi-journée. Chèque Vacances. Offres pour les particuliers, professionnels, scolaires et groupes sur le site Internet.

Vous ne pouvez pas quitter Fort-Mahon-Plage sans avoir testé le char à voile sur ces grandes étendues de sable. Vous serez ici en confiance : Eolia Picardie est la première école de char à voile créée en France en 1985. Vous pourrez profiter d'une randonnée grisante en char à voile sur plus de 25 km de plage. En plus du char à voile, vous pourrez tester le kayak de mer, le surf ou simplement louer des vélos pour une balade en bord de mer. Les activités durent entre 2 et 3 heures : de quoi en prendre plein les yeux ! Pensez à vous équiper de façon adéquate (vêtements chauds, bottes ou vieilles baskets, gants et lunettes).

Lassé de la plage et de l'air iodé ? Venez vous amuser au cœur du village de Belle Dune. Les enfant seront ravis, l'Aquaclub a bien pensé à eux, avec une piscine à vagues avec une eau à 29 °C, un toboggan, des cascades, des jets d'eau... Pour les parents, l'établissement propose des bains à remous, un solarium et un espace détente comprenant un sauna, un hammam et des soins. L'été, vous pourrez également profiter de l'espace en plein air, situé au milieu des dunes avec des bassins de nage, des toboggans et un espace de jeux de construction et une pataugeoire pour les plus petits. Sur place, vous trouverez aussi un restaurant ouvert toute la journée et une boutique (maillots de bain, jeux pour enfants, produits solaires). Pour les plus sportifs, vous pourrez aussi vous essayer à l'aquafitness, aux cours de natation et à l'aquabike. L'établissement propose également un « rafting indoor » : un parcours aménagé et ludique dans les remous de la piscine à vagues à parcourir en bateau et/ou en canoë.

ESPACE ÉQUESTRE HENSON
1832, rue de l'Authie
✆ 03 22 28 71 32
www.henson.fr
etrier@henson.fr
Ouvert toute l'année. Tous les jours. Randonnée découverte 46 € (3h), adaptée aux enfants à partir d'1m30 et aux débutants. Tours de poney : 10,50 € (30 min) et 15 € (1h). Chèque Vacances. Bottes et casques fournis.
Le cheval Henson est né dans la région du Marquenterre. Son tonus, son calme, sa rusticité, son assurance en milieu naturel et sa polyvalence en font le parfait partenaire pour une balade magique en harmonie avec la nature. Une autre belle façon de découvrir la région. Que vous soyez cavalier confirmé ou simple débutant, vous chevaucherez en compagnie d'un guide, à la découverte de la baie d'Authie. Vous pourrez ainsi vous promener tranquillement dans les dunes ou galoper sur les larges bancs de sable de la baie. Si vous vous sentez une âme d'aventurier, vous pouvez même choisir une des randonnées qui s'étendent sur plusieurs jours et bivouaquer en bord de mer. Une vraie expérience ! Les plus petits ne seront pas en reste et pourront chevaucher des poneys. L'espace équestre propose aussi un manège couvert, des cours d'équitation, 36 boxes à louer et des cours d'initiation pour ceux qui désirent apprendre et améliorer leur technique.

Autres adresses : 34, chemin des Garennes à Saint-Quentin-en-Tourmont ✆ 03 22 25 68 64 • Chemin de Saint-Jean à Rue ✆ 03 22 28 95 47.

GOLF DE BELLE DUNE
Promenade du Marquenterre
✆ 03 22 23 45 50
www.golfdebelledune.fr
golf.belledune@baiedesomme.fr
Ouvert toute l'année. Basse saison : en janvier, février, mars, novembre et décembre. Haute saison : d'avril à octobre. Wifi. Parking gratuit. En semaine : de 30 à 65 € et le week-end de 37 à 139 €. Abonnement à l'année. Restauration. Boutique. A partir de 8 ans.
Situé au cœur du plus bel ensemble dunaire de l'Europe du Nord, le golf de Belle Dune est aujourd'hui classé parmi les 10 meilleurs golfs français. Vous pourrez ainsi profiter d'un parcours de 18 trous sur environ 30 hectares. Le jeu en milieu dunaire requiert une certaine technique. Mais que vous souhaitiez vous initier ou bien vous perfectionner, il est possible de réserver des cours particuliers avec des professeurs toujours à l'écoute. Après votre partie, vous pourrez vous désaltérer ou vous restaurer au Restaurant du Golf qui bénéficie d'une terrasse au bord du lac. Un endroit paisible et verdoyant pour les amateurs de la petite balle blanche.

Sorties

CASINO VIKINGS FORT MAHON PLAGE
868, avenue de la Plage
✆ 03 22 19 26 50
♿
Ouvert toute l'année. Machines à sous et roulette anglaise électronique du lundi au jeudi de 10h à 1h, vendredi et dimanche de 10h à 2h et le samedi de 10h à 3h ! Attention en été les horaires changent : consulter le site internet. Le Black Jack du lundi au jeudi de 19h30 à 00h30, le vendredi et dimanche de 19h30 à 1h et le samedi de 20h45 à 2h. Parking gratuit pour les clients du restaurant. Restaurant ouvert tous les jours de juin à septembre. Fermé mardi et mercredi de octobre à mai. Salle de spectacle. Dîners de fêtes.
75 machines à sous, 6 postes de roulettes anglaises électroniques et 2 tables de Black-jack vous attentent pour vivre des moments intenses dans cet établissement qui séduit grâce à son architecture mêlant la tradition et la modernité, pour les personnes de plus de 18 ans bien sûr. Vous pourrez prolonger votre visite au restaurant du casino. L'établissement propose également des animations, des jeux, des concours, des concerts et des karaokés dans une ambiance des plus chaleureuses. Alors, venez tenter votre chance !

PÉRONNE ★★

Dotée d'un riche patrimoine architectural, Péronne est chargée d'histoire. Située au confluent de la Somme et de la Cologne, la ville s'inscrit dans un agréable cadre naturel avec ses étangs et ses berges ombragées. Ces lieux invitent à la flânerie ou à la pratique du nautisme allant même jusqu'à recevoir quelques plaisanciers au port de plaisance (17 anneaux à l'année ou mise à sec dans un hangar à proximité). Mais Péronne était également une place forte par le passé : la Porte de Bretagne peut encore en témoigner. Presque tous les rois de France vinrent ou séjournèrent ici. Occupée par l'armée allemande en août 1914, la ville subit les bombardements français pendant plus de huit mois. Évacuée définitivement le 2 septembre 1918, Péronne était détruite en partie. Étape du circuit du souvenir, c'est aujourd'hui un lieu de mémoire très réputé, avec l'Historial, situé en plein centre-ville.

■ **OFFICE DE TOURISME**
1, rue Louis XI ✆ 03 22 84 42 38
www.hautesomme-tourisme.com
accueil@hautesomme-tourisme.com
Basse saison : ouvert du lundi au vendredi de 9h30 à 12h et de 14h à 17h30 ; le samedi de 9h à 12h et de 14h à 17h. Haute saison : du lundi au samedi de 9h à 12h et de 14h à 18h. Boutique de souvenirs et de produits du terroir. Location de vélos 8 € la journée. En juillet-août, ouvert de 10h à 12h et de 14h à 17h. Coin enfants. Label Tourisme & Handicap.
Un très bon accueil dans cet office de tourisme qui vient de déménager non loin de l'Historial, dans une petite rue du centre-ville. Des brochures sur le secteur de toute la Haute-Somme sont disponibles, mais aussi des infos sur les sorties nature ou en canoë. La boutique est remarquablement achalandée avec des bijoux et foulards autour du thème du coquelicot du souvenir, des bières provenant de la brasserie locale De Clerck, des confiseries...

▸ **Autre adresse :** OT à Ham : voie Communale du Canal (locaux de la médiathèque) ; ouvert de mai à septembre le mercredi, vendredi et samedi de 10h à 12h et de 14h à 18h.

Points d'intérêt

■ **ÉGLISE SAINT-JEAN-BAPTISTE** ★
Place Daudré
Si Péronne comptait sept édifices religieux avant la Révolution, il ne reste plus que celui-ci, consacré en 1525. D'un beau style gothique flamboyant, il est bien visible sur la place principale de la ville. Cette petite église, apparemment sans histoire, a été l'une des places

Le Circuit du Souvenir de Péronne à Albert

Partez sur les traces de ces soldats venus du monde entier, qui ont donné leur vie lors de la bataille de la Somme en 1916, à travers ces vestiges de combats, ces cimetières et ces mémoriaux. Jalonné du coquelicot, fleur symbole du sacrifice et de la mémoire des soldats morts à la guerre, ce circuit peut se parcourir en voiture, à vélo, à pied et même en avion ! Il comprend une dizaine de sites incontournables comme le Musée Somme 1916 d'Albert, le Mémorial terre-neuvien de Beaumont-Hamel, le Mémorial britannique avec son musée et la Tour d'Ulster à Thiepval, le Trou de Mine de La Boisselle « Lochnagar Crater », les monuments commémoratifs de Pozières, le Mémorial et Musée sud-africains de Longueval, la Chapelle du Souvenir français de Rancourt, l'Historial de la Grande Guerre à Péronne, et bien sûr le Mémorial national australien de Villers-Bretonneux et son Centre Sir John Monash.

■ **HISTORIAL DE LA GRANDE GUERRE** ★★
Château de Péronne – Place André-Daudinot ✆ 03 22 83 14 18
www.historial.org – info@historial.org
Musées à Péronne et Thiepval : ouverts tous les jours ; du 1er octobre au 31 mars de 9h30 à 17h fermé le mercredi ; du 1er avril au 30 septembre de 9h30 à 18h. Fermeture annuelle de mi-décembre à fin janvier. Adulte : billet couplé 12 € ; Péronne : 10 € ; Thiepval : 6 € ; enfant de 7 à 16 ans 5 € à Péronne et 3 € à Thiepval ; gratuit pour les moins de 7 ans. Café du musée (plat du jour 9 €). Boutique. Librairie.
Cet Historial est abrité dans un château construit au début du XIIIe siècle par le roi Philippe-Auguste, qui avait décidé de fortifier la ville. L'ensemble a résisté aux invasions, ainsi qu'aux sept sièges qu'il a dû subir, et accueille depuis plus de 20 ans le musée de Péronne. Un bâtiment néo-moderne en béton permet aussi d'accueillir de nouvelles salles. Premier musée consacré à la Grande Guerre avec une approche internationale, cet Historial présente une collection unique de 70 000 objets du front et de l'arrière, des lettres, des affiches, des cartes postales et des documents originaux. Témoignages étonnants, insolites et touchants : ces souvenirs personnels et collectifs confrontent la vie des soldats et des civils allemands, britanniques et français. Un film sur la Grande Guerre projeté dès l'entrée du musée permet de se remémorer le déroulé du conflit avant de visiter les salles d'exposition (salle « avant 1914 », salle « 1914-1916 - Expériences de guerre », « salle 1916-1918 » et la salle « Après-guerre : les conséquences du conflit »). La série de 50 gravures *Der Krieg* d'Otto Dix (artiste allemand qui dénonce les effets dévastateurs de la guerre) symbolise cette diversité des approches. Un chantier de rénovation de la salle Après-Guerre pour faire le lien entre la Première et la Seconde Guerre mondiale est en cours à Péronne. L'Historial compte aussi un service éducatif pour les scolaires et un centre de documentation, il est aussi associé à un important Centre d'interprétation situé à Thiepval (à 30 km) consacré à la bataille de la Somme. Depuis 20 ans, plus de 2 millions de personnes ont visité ces deux sites.

L'Historial de la Grande Guerre a fait peau neuve dans le cadre des commémorations du Centenaire.

fortes de la Première guerre mondiale dans la Haute-Somme. Dès octobre 1914, son clocher devient un poste d'observation pour les Allemands. En janvier 1916, l'église se transforme même en prison : près de 500 soldats français y sont emprisonnés, avant de partir en Allemagne dans des wagons à bestiaux. La terrible offensive de juillet 1916 ne laissera à l'édifice qu'une façade rue Saint-Jean, avant sa reconstruction en 1932. Elle est aujourd'hui longue de 45 mètres et possède trois nefs. On notera à l'intérieur un superbe orgue de 1 818 tuyaux, qui a bénéficié récemment d'une rénovation.

LA PORTE DE BRETAGNE
Rue de la Porte-de-Bretagne

Au bout d'une petite rue à la sortie du centre-ville, cette porte en brique rouge est surmontée de pavillons. Elle est percée dans les anciens remparts, mémoire de la ville alors fortifiée. La porte de Bretagne a été construite au XVIIe siècle, pour permettre aux Péronnais et aux voyageurs de continuer à circuler, alors que la porte principale était en travaux. Elle doit son nom à Saint-Fursy et ses compagnons, qui firent le chemin de Grande-Bretagne jusqu'à Péronne au VIIe siècle et s'installèrent à quelques pas de l'endroit où se trouve maintenant la porte. Cette dernière donne sur un parc où l'on peut observer les vestiges des remparts, qui se reflètent dans l'eau qui cernait autrefois la ville. Endommagés lors de la Première Guerre mondiale, la porte de Bretagne et ses pavillons ont été classés monuments historiques en 1925 et 1944.

Le couvert

LE BISTROT D'ANTOINE
8, place André-Audinot
Face à l'Historial de la Grande Guerre
✆ 03 22 85 84 46
www.bistrot-antoine.fr
contact@bistrot-antoine.fr

Ouvert du mardi au samedi le midi et le soir. Menu unique à 28,50 €. Menu enfant : 11 €. Formule du midi : 15,90 € (entrée, plat, fromage et café). Vin au verre. Terrasse.

Couleurs champêtres qui rappellent les estaminets, jolie terrasse, cartes des vins sympathique et très bien fournie, ce bistrot typique aux briques rouges vous fait inévitablement de l'œil. De plus, les assiettes servies n'ont pas à rougir face à des adresses d'un autre standing. Les produits de marché sont joliment travaillés et les saveurs sont à la fête ! Tête de veau sauce gribiche, carbonnade de bœuf à la bière et la planche d'Antoine : onglet de bœuf, selle d'agneau grillée et magret de canard grillé au miel avec leurs sauces maison (fondue d'échalotes, beurre maître d'hôtel, beurre au miel), frites fraîches et salade verte. Du bon, du frais, du plaisir !

AUX GARS DU NORD
30, rue Saint-Sauveur ✆ 03 22 84 05 15
www.aux-gars-du-nord.fr
lesgarsdunord.resto@gmail.com

Ouvert le lundi et du jeudi au samedi le midi et le soir ; le mardi midi. Menus de 16 € à 29,50 €. Menu enfant : 6 €. Plat du jour : 10 € (plat et café). Terrasse. Service traiteur.

Ne pas se fier au nom de cette brasserie : si les plats picards sont bien présents avec des welshs, des carbonnades flamandes, des potjevleeschs et des salades d'endives gratinées au Maroilles, la carte ne se limite pas à ces spécialités ! On retrouve aussi des bruschettas (dont une revisitée à la mode picarde tout de même !), des burgers mais aussi des plats plus élaborés comme le parmentier de cabillaud, la noix d'entrecôte ou la souris d'agneau confite au jus parfumé à la lavande. Située non loin de l'Hôtel de Ville et à quelques pas de la porte de Bretagne, cette brasserie est un bon point de chute entre deux visites.

LE LOUIS XI
12, place André-Audinot
Face à l'Historial de la Grande Guerre
✆ 03 22 78 14 33 – lelouisonze@orange.fr

Ouvert du mardi au dimanche le midi ; le vendredi et le samedi le soir. Menu unique à 27 €. Menu enfant : 10 €. Formule du midi : 13,50 € (deux plats et 15,50 € les trois plats). Vin au verre. Plat du jour 10 €. Chèques non acceptés. Accueil des groupes (réservation jusqu'à 30 personnes). Chaises bébé. Terrasse.

Louis XI était aussi appelé « le prudent ». Un sobriquet qui sied bien à ce petit restaurant sans prétention où la cuisine est simple mais toujours goûteuse. En salle avec la cuisine ouverte, ou sur l'agréable terrasse qui donne sur le place piétonne, vous pourrez goûter l'incontournable ficelle picarde, le pavé de filet de bœuf et ses légumes du moment, le dos de cabillaud ou le hamburger au maroilles avec ses frites fraîches. Et pour les gourmands, la tarte Tatin, la mousse au chocolat et sa crème fouettée (maison bien sûr !) ou la crème brûlée font toujours leur effet ! Dernier plus : les enfants sont très bien accueillis et servis dans cet établissement.

Le gîte

■ HÔTEL SAINT CLAUDE***

42, place Louis-Daudré ✆ 03 22 79 49 49
www.hotelsaintclaude.com
contact@hotelsaintclaude.com

40 chambres. Chambre simple de 49 € à 69 € ; chambre double de 86 € à 112 € ; chambre triple de 112 € à 122 € ; suite 135 €. Petit déjeuner : 12 €. Lit supplémentaire : 18 €. Deux chambres spécialement aménagées pour les personnes à mobilité réduite. Wifi gratuit.

Le Saint-Claude est très prisé des touristes pour sa situation géographique, en plein centre-ville et à deux pas de l'Historial. Les 40 chambres de l'hôtel ont été refaites à neuf récemment avec des couleurs douces et raffinées et des couloirs décorés avec le célèbre *poppy* (coquelicot), symbole du passé historique de la région. La literie est confortable et la salle de bains est bien équipée. Attention, depuis janvier 2020, le restaurant est fermé, mais vous aurez l'embarras du choix avec de bonnes adresses juste à côté.

Chambres d'hôtes

■ LA PORTE DE BRETAGNE

50, rue Saint-Sauveur ✆ 06 14 45 94 12
www.laportedebretagne.fr

2 chambres. Chambre double de 95 € à 115 €. Petit déjeuner inclus. Lit supplémentaire : 30 €. Pas d'accueil enfant ni bébé. Wifi gratuit.

Un établissement qui ne manque certainement pas de charme avec une belle façade à colombages. La décoration est très élégante : des couleurs douces, qui vont du vermeil au gris perle, et des meubles anciens, qui donnent aux deux chambres des allures du siècle dernier, avec une touche de raffinement. La literie est très confortable et vous pourrez bénéficier d'une salle de bains privative. Une des chambres possède même une baignoire spa. Si la télévision à écran plat ne vous tente pas, vous pourrez toujours jouer au billard, dans la salle commune.

Campings

■ CAMPING DU PORT DE PLAISANCE***

Route de Paris ✆ 03 22 84 19 31
www.camping-plaisance.com
contact@camping-plaisance.com

Fermé de novembre à février. Terrain de 2 ha. 92 emplacements. Exposition : mi-ombragé. Sol : herbeux. Relief : plat. Emplacement + véhicule + 2 personnes de 15,20 € à 23 €. Chalets de 340 € à 450 € la semaine. 150 € les 2 nuits et 80 € la nuit. Tente prêt-à-camper ou insolite de 40 à 65 € la nuit (250 € la semaine). Jeux pour enfants. Wifi payant. Vente.

Dans un cadre bucolique en bord de rivière et à 2 km du centre-ville, ce camping est bien situé pour profiter des attraits de la région. Les emplacements sont ombragés et bien séparés par des haies ou des arbres : un élément appréciable. Les services et les activités sont simples mais suffisants avec par exemple une piscine chauffée de juin à septembre. Les quatre chalets proposés sont bien conçus, avec une terrasse agréable. Vous pouvez aussi profiter de tentes « prêtes à camper » (pour 4 personnes), et, encore plus insolite : des tentes-tipis d'une surface de 20 m² avec un séjour, un coin cuisine, une terrasse extérieure et un espace nuit avec deux lits simples et un lit double en mezzanine. Pour découvrir la région, vous pourrez louer au sein du camping des vélos (le chemin de balade est tout proche) et même des canoës pour découvrir la Somme autrement.

Loisirs

Le parc du CAM, situé juste derrière l'Historial, est un lieu agréable où il fait bon se promener. Les enfants y trouveront deux chouettes parcs de jeux ainsi qu'un minigolf.

■ O2 SOMME

Rue Saint-Denis ✆ 03 22 84 57 68

Ouvert le lundi, le mardi, le jeudi et le vendredi de 12h à 14h et de 16h15 à 20h ; le mercredi de 13h à 20h ; le samedi de 9h à 12h30 et de 14h à 19h ; le dimanche de 9h à 13h. Horaires élargis durant les vacances scolaires. Entrée : 4,10 €. Enfant : 3 €. Espace bien-être 45 minutes 9 €. Formule anniversaire 2h pour 10 enfants de 8 à 12 ans 80 €.

Ce centre aquatique flambant neuf est un complexe très moderne équipé d'un grand bassin de 25 m, d'un bassin ludique avec jets massants, d'un pentagliss de trois couloirs, ainsi que d'une pataugeoire et d'un espace bien-être. Idéal pour vous baigner, faire du sport, vous détendre et/ou ou vous amuser avec vos enfants. Le personnel propose aussi des cours d'aquagym, d'aquabike, de paddle et différents cours pédagogiques.

Emplettes

■ BRASSERIE DE CLERCK

42, rue Georges Clémenceau ✆ 03 22 84 30 94
www.brasseriedeclerck.com
contact@brasseriedeclerck.com

Ouvert du mercredi au vendredi de 9h à 12h et de 14h à 17h. L'entrée se fait au 2, rue du pot d'étain. Visite guidée pour les groupes sur réservation.

Une tradition qui se perpétue dans la famille De Clerck depuis plus de deux cents ans. Vous découvrirez les grandes étapes de la fabrication de bières régionales qui ont su se faire reconnaître auprès des connaisseurs pour leurs qualités et leurs arômes. Si vous souhaitez les goûter (avec modération bien sûr !), n'hésitez pas à commander la Colvert en blonde ou en ambrée, la Fanette, la Mémorial, la Blanche de Péronne ou encore la Belle Siska.

Dans les environs

■ SITE DE LOCHNAGAR CRATER – TROU DE MINE DE LA BOISSELLE

Route de la Grande Mine
OVILLERS-LA-BOISSELLE
www.somme14-18.com
A 600 m au sud-est du village.

Accès libre toute l'année. Cet énorme trou de mine de 91 mètres de diamètre et 21 mètres de profondeur est la plus impressionnante balafre laissée dans le secteur d'Albert au cours de la bataille de la Somme. Le cratère résulte de la mise à feu par les Britanniques de 25 tonnes d'explosifs, enterrés à 16 m de profondeur, pour rompre la première ligne allemande. L'explosion a été provoquée le 1er juillet 1916, le jour du déclenchement de la bataille de la Somme. Le nombre de victimes au cours de cette opération et des combats qui lui firent suite fut important mais reste inconnu car beaucoup de corps ne furent jamais retrouvés, la plupart ayant été enterrés par l'explosion. La grande croix de bois à proximité de la lèvre du cratère a été érigée en 1986. Elle a été réalisée avec la charpente d'une église désaffectée près de la ville de Durham (Angleterre), qui fut très probablement utilisée par certains des soldats britannique tombés à Lochnagar Crater. Le cratère est depuis 1978 la propriété privé d'un Anglais, Richard Dunning, qui, avec son association, préserve la mémoire des lieux. Une cérémonie du souvenir est organisée sur le site chaque année le 1er juillet (à 7h28, l'heure de l'explosion) et le 11 novembre.

POIX-DE-PICARDIE

Petite ville touristique, au confluent des rivières La Poix et Les Evoissons, Poix-de-Picardie est une cité de charme, classée Station Verte de Vacances. Au sud-ouest d'Amiens, paisible et nichée au cœur de la campagne, elle est reconnue pour son cadre naturel et ses multiples activités pittoresques. Au nord de la ville, où affluent les Evoissons, les balades et les randonnées quadrillent le secteur, à faire à pied, en VTT ou à cheval... En dehors de la ville, le circuit se prolonge avec de jolies villages de caractère, comme Famechon, Bergicourt ou encore Guizancourt. Autant de sites charmants et verdoyants où les saules pleureurs embrassent les rivières.
Poix-de-Picardie était connue au Moyen Age pour son activité de tissage et de commerce des étoffes de laine. En raison du monopole détenu par Aumale, en Seine-Maritime, Poix-de-Picardie se voit, en 1750, contraint d'abandonner cette activité. L'histoire de la ville fut marquée également par la bataille de Crécy. En 1346, le roi Edouard III d'Angleterre ordonna que l'on brûle Poix-de-Picardie. Massivement détruite par les bombardements, la cité connaîtra approximativement le même désastre en 1940. Notez l'agréable marché aux fleurs et aux légumes tous les dimanches matin.

OFFICE DE TOURISME

Rue Saint-Denis
✆ 03 22 41 06 05
www.ville-poix-de-picardie.fr
Ouvert du mardi au samedi de 9h30 à 12h30 et de 13h30 à 17h30. Fermé d'octobre à mars. Ouvert le dimanche (matin, en juin, juillet et août).
L'office de tourisme a bien élargi ses périodes et ses plages d'ouverture (désormais d'avril à septembre). Le petite équipe vous livrera tous les secrets de la ville : ses monuments et ouvrages d'art à visiter (prieuré Saint-Denis, viaduc, etc.), les circuits de randonnée ou les rendez-vous à ne pas manquer : expositions, animations, rencontres... Vous trouverez aussi naturellement les activités ou les sites à découvrir dans les environs.

Points d'intérêt

CIRCUIT DES EVOISSONS

www.amiens-tourisme.com
Labellisée station verte de vacances, la ville jouit d'un environnement naturel de très grande qualité. Entourée de forêts, avec un grand viaduc d'une douzaine d'arches, installée au creux d'une vallée et serpentée par la rivière des Evoissons, Poix-de-Picardie séduit par sa situation géographique. Huit circuits de randonnée pédestre, entre 9 et 18 kilomètres, attendent les plus courageux. Tout de même près de 110 kilomètres de parcours au total !

ÉGLISE DE SAINT-DENIS ★

Montée de l'Église ✆ 03 22 41 08 18
Ouverte au public tous les après-midi de juillet-août et lors des journées du patrimoine. Visite de l'église sur demande.
L'église, en forme de croix latine, avec une abside orientée nord-est/sud-ouest, est classée au titre de Monument historique. Elle surplombe et semble protéger la ville. Elle a été reconstruite au XVIe siècle, en suivant les plans de l'architecte Jehan Valon, à la demande de Jean VIII de Crequy. Remarquez les magnifiques croisées d'ogives sculptées, ainsi que les 44 clefs de voûte pendantes, sculptées également, qui représentent soit des saints, soit des armoiries.

VIADUC

Ouvert toute l'année. Gratuit. Parmi les monuments à visiter à Poix-de-Picardie, le viaduc de la Faye, ouvrage à deux voies, construit en maçonnerie de briques, est un incontournable. Impressionnant, il peut à première vue paraître un peu fragile, et pour cause : il affiche plus de 150 ans au compteur ! Il a en effet été construit en 1866. Plusieurs de ses arches furent détruites au cours des deux guerres mondiales (notamment les quatrième, cinquième et sixième), mais il fut restauré dès 1940. Les habitants de Poix sont très fiers de leur monument, à tel point qu'il figure sur le cachet que la Poste imprime sur chaque missive envoyée du bureau postal de la commune.

ROYE ★

Roye se situe dans les plaines verdoyantes du Santerre et à égale distance de Lille et de Paris. Elle a subi, comme nombre de communes dans la Somme, d'importants dommages durant les deux guerres mondiales. Détail intéressant, à côté du Cinéma et Théâtre de l'Avre, la ville possède un terrain de jeu de paume aménagé dans les fossés des remparts. Il s'agit d'un du jeu de balle ancestral qui se pratiquait initialement à mains nues. Aujourd'hui, il se joue par équipes avec des raquettes à tamis fin et long manche, et des balles en liège recouvertes de molleton, pesant une vingtaine de grammes. Rue Gracchus-Babeuf, on pratique également le jeu de boules plates, un jeu d'équipe datant du XVIe siècle. Le maintien de ce jeu à Roye est dû aux anciens joueurs qui ont laissé leurs boules personnelles à l'association et qui les transmettent de génération en génération depuis 1878.

Un office de tourisme situé au 12 boulevard du Général Leclerc permettra de vous éclairer davantage sur ces coutumes : il est ouvert du mercredi au vendredi de 10h à 12h et de 15h à 17h30 et le samedi matin de 10h à 12h (03 22 78 92 00 ; www.otparmentier.fr). Une toute nouvelle brochure regroupant les points d'intérêt de la ville est disponible, proposant un parcours de 3 km à pied.

Points d'intérêt

ÉGLISE SAINT-GILLES
69, rue Saint-Gilles

Ouvert toute l'année. L'église a connu une histoire plus que mouvementée. Elle a tout d'abord été détruite en 1475, suite à un incendie qui ravagea la ville. Reconstruite à la fin du XVe siècle, grâce à la volonté des paroissiens et aux donateurs, sollicités par le pape Innocent VIII, elle a de nouveau été en péril au lendemain de la Révolution, en 1793. Mais là aussi, grâce à la détermination des habitants du faubourg Saint-Gilles, le monument fut sauvé. Enfin, l'église a une nouvelle fois été fortement endommagée pendant la Première Guerre mondiale, avant, là aussi, d'être restaurée. On doit aujourd'hui les vitraux et la mosaïque à l'artiste Jean Gaudin.

HÔTEL DE VILLE
Place de l'Hôtel-de-Ville

Le bâtiment actuel a succédé à un premier édifice, construit entre 1775 et 1777 par l'architecte Pierre Dercheu, et détruit au cours de la Première Guerre mondiale. Au matin du 17 mars 1917, il n'en restait plus rien. Les Allemands l'avait dynamité avant de battre en retraite. L'architecte royen Arthur Régnier a alors été chargé de la construction de ce nouveau bâtiment, achevé en 1932. Son travail de style Art déco et influencé par la Renaissance nordique fut remarqué, puisqu'il reçut en 1936 la médaille du Concours d'architecture régionale et municipale. Dans la salle du conseil, des vitraux représentent les armes de plusieurs villes de la Somme et du Santerre.

REMPARTS ET TOUR SAINT-LAURENT
Rue des Fontaines

En raison de son statut de ville frontière jusqu'au XVIIe siècle, Roye fut pillée et dévastée à de nombreuses reprises. Il fut donc décidé, au XIe siècle, de construire des remparts afin de protéger la ville. La ville fut alors en paix pendant près de 300 ans mais subit par la suite de nombreux sièges, comme ceux des Espagnols au XVIIe siècle. A découvrir : le bastion de la tour Lupar, le corps de garde Saint-Pierre, le bastion de Montplaisir, la porte Saint-Pierre, la plate-forme d'enfer, ou les vestiges de l'enceinte. Impressionnante, la tour Saint-Laurent est marquée par l'histoire avec ses traces de boulets.

Le couvert

LE COMPTOIR DE MARIUS
1, rue Emile-Pluchet
Route de Rosières ✆ 03 22 73 02 82

Ouvert toute l'année. Tous les jours de 12h à 14h et de 19h à 22h. Réservation recommandée. Menus de 13,90 € à 26,90 € (selon deux ou trois plats). Menu enfant : 7 € (gratuit pour les moins de 5 ans pour la commande d'un menu adulte). Formule du midi : 10,90 € (pizza et boisson). Vin au verre. Moules à volonté 12.90 €. Accueil des groupes (séminaires). Chaises bébé. Terrasse. Animations.

Un restaurant jeune et dynamique, dans lequel le personnel plein d'entrain se mettra en quatre pour vous faire passer un bon moment. La carte va à l'essentiel et propose des plats assez basiques mais tous cuisinés maison : tartare de bœuf, hamburger, pizza, filet mignon de porc à la crème, ficelle picarde, salade complète, welsh, carbonnade, etc. Vous l'aurez compris : la cuisine mise sur les plats du terroir. Préparez bien votre estomac, car les assiettes sont très généreuses !

LA CROIX D'OR
123, rue Saint-Gilles ✆ 03 22 87 11 57
www.lacroixdor80.fr

Maître Restaurateur. Ouvert du dimanche au vendredi de 12h15 à 13h45 ; le samedi de 19h15 à 21h30. Réservation recommandée. Menu unique à 32 €. Menu enfant : 10 € (à 12.80 €). Formule du midi : 15 € (entrée, plat et dessert, en semaine seulement). Chèque Restaurant. Accueil des groupes. Chaises bébé. Terrasse. Séminaires possibles et petit salon privé pour 20 personnes.

Ici, pas de réchauffage, que du frais : du pain maison aux glaces en passant par les plats du terroir. Car le chef Fabrice Lefebvre excelle dans la préparation de plats typiques régionaux : ficelle picarde, flamiche, foie gras mi-cuit. La décoration est à l'image de l'établissement : très rustique mais néanmoins agréable. Vous aurez le choix entre des viandes comme le filet de bœuf grillé et sa crème d'ail, la blanquette de dinde, semoule au curcuma, ou des poissons avec un filet et salade gourmande aux lentilles vertes du Puy aux épices douces, chou rouge et poire, poivre du Sichuan. Vous aurez le sentiment d'une immersion totale dans la campagne picarde. L'établissement fait aussi traiteur avec des plats à emporter.

LA FLAMICHE
20, place de l'Hôtel-de-Ville ✆ 03 22 87 00 56
www.laflamiche.fr
restaurantlaflamiche@wanadoo.fr

♿

Maître Restaurateur. Ouvert toute l'année. Du mercredi au samedi le midi et le soir ; le dimanche midi. Le mardi soir uniquement sur réservation. Réservation impérative. Menus de 39 € à 65 € (85 € boissons comprises). Formule du midi : 24 € (mise en bouche, plat du jour, mignardises, verre de vin). Vin au verre.

Un restaurant de campagne chaleureux et convivial... peut être un peu trop pour certains : la salle est très petite et souvent pleine, ce qui peut donner une légère impression de confinement. Mais c'est le seul bémol de cette maison cossue. Muriel et Eric Gachignard naviguent avec aisance dans un répertoire classique, comme les langoustines rôties et leurs asperges vertes aux graines de caviar ou la noisette de filet de veau rôti aux olives noires accompagnée de sa compote de topinambours. Avec une brigades de 5 à 6 personnes en cuisine, on sent que les plats sont pensés et maîtrisés au millimètre. On apprécie particulièrement les sauces riches, abondantes et goûteuses. Pour les amateurs, le chef propose un menu spécial lors de la saison des truffes. Cette Flamiche reste décidément l'une des maisons les plus attachantes au nord de la capitale.

LE ROYE GOURMET
1, place de la République
✆ 03 22 87 10 87
www.leroyegourmet-restaurant.fr

Ouvert le mardi, le vendredi et le samedi de 12h à 14h et de 19h30 à 21h ; le mercredi, le jeudi et le dimanche de 12h à 14h. Menus de 26 € à 36 € (trois plats). Menu enfant : 10 €. Formule du midi : 19 € (plat, dessert et boisson). Vin au verre. Chèque Vacances, Chèque Restaurant.

Cet établissement porte bien son nom et fait honneur à la réputation de Roye, en tant que cité gastronomique. C'est même la meilleure adresse du secteur, avec une cuisine maison qui décline des plats traditionnels et du terroir, souvent revisités : le foie gras, le saumon fumé, les escargots, l'andouillette, le filet de bœuf, etc. Les desserts sont tout aussi réussis avec le nougat glacé, le baba au rhum ou encore la tarte Tatin (maison bien sûr !). Un vrai petit coin de campagne, aux charmes multiples !

Le gîte

LE FLORENTIN – HÔTEL CENTRAL
36, rue d'Amiens
✆ 03 22 87 11 05
En centre-ville à 5 min de la sortie n° 12 de l'autoroute A1 Paris-Lille.

Ouvert le lundi, le mardi, le jeudi et le vendredi de 12h à 14h et de 19h à 21h ; le samedi soir ; le dimanche midi. Menus de 25 € à 37 €. Menu enfant : 11,50 €. Plat du jour : 16 € (avec café gourmand). Vin au verre. Hôtel ouvert tous les jours, chambre double à partir de 62 € et chambre triple 72 € ; petit-déjeuner 8 € ; soirée étape 85 €.

Un hôtel-restaurant bien pratique si l'on veut loger dans le centre-ville avec un bon rapport qualité-prix. Plusieurs formules intéressantes avec des plats alléchants comme l'escalope de noix de veau panée au chorizo, le steak de thon, miel et thym et légumes juste saisis ou encore le filet mignon de porc aux pruneaux et sa purée. En dessert, régalez-vous avec le tiramisu aux fruits exotiques !

Dans les environs

TERRAINS D'AVENTURE
60, allée des Cytises
AILLY-SUR-NOYE
✆ 06 52 59 62 92
www.terrainsdaventure.fr
contact@terrainsdaventure.fr

Fermé de mi-novembre à mi-avril. Ouvert tous les jours pendant les vacances scolaires de la zone B, puis mercredis, week-ends et jours fériés hors vacance-scolaires. Pack enfant 3 à 8 ans 10 € (Aventure Kid, chasse au trésor, balade suspendue et aquabranche). Parcours aventure 3h (8 ans et +) : 6 parcours 20 €. Benji, deux éjections par personne : 13 €. CB non acceptée. Chèque Vacances. Hébergement insolite, dans des tentes à 8 m de hauteur (32 € par personne la nuitée).

En route pour de belles aventures dans les airs. Toute la famille est la bienvenue pour s'essayer aux parcours dans les arbres. Pédagogiques et ludiques, de multiples activités vous sont proposées et ce, dès 3 ans avec une sympathique chasse aux trésors sur la terre ferme. Les amateurs de sensations fortes apprécieront se transformer en explorateurs des cimes pour profiter des panoramas et s'élancer sur de grandes tyroliennes. Enfin, pour toujours plus d'adrénaline, tentez le Bungy Ejection qui vous élèvera à 20 mètres de haut ! Pour parfaire cette journée à sensations, profitez d'une nuit insolite à huit mètres de hauteur dans une tente ou un hamac. Saluons enfin l'équipe professionnelle et pleine d'entrain, de jour comme de nuit car des nocturnes sont organisées !

RUE

La cité médiévale de Rue était autrefois une ville prospère en raison de sa proximité avec la mer et de son patrimoine religieux qui attira de nombreuses foules. Avec l'ensablement, Rue perdit son port de commerce qui lui permettait au XIIe siècle d'échanger avec la Guyenne - ancienne province française - et l'Espagne des produits comme le vin ou le sel. À la fin du XIIe siècle, le comte Jean de Ponthieu octroie à la ville sa charte communale. Elle doit désormais apprendre à se gérer seule. Au cours du XVe siècle, le beffroi est édifié et la ville s'entoure de solides fortifications qui la protégeront des invasions anglaises pendant la guerre de Cent Ans. Malgré cela, Rue souffre du pillage, des incendies et de la misère. De nombreux édifices sont à reconstruire. Par la suite, la ville parvient à reconstituer sa ligne défensive avec bastions, demi-lunes et citadelle. À quelques encablures de la baie de Somme, Rue est aujourd'hui une cité de charme attirant chaque année de nombreux touristes qui se régalent dans les nombreux petits restaurants. Le centre-ville, particulièrement chargé en histoire, se visite grâce à des circuits mis en place par l'office de tourisme.

BUREAU D'INFORMATIONS TOURISTIQUES
10, place Anatole-Gosselin
✆ 03 22 25 69 94
www.rue-baiedesomme.com
contact@rue-baiedesomme.com

Basse saison : ouvert du mardi au samedi de 10h à 12h30 et de 14h à 17h. Haute saison : du mardi au samedi de 9h30 à 18h ; le dimanche et les jours fériés de 10h à 13h. Haute saison de début avril à fin septembre.

Virginie et Robin connaissent parfaitement la région et auront plaisir à vous aiguiller sur les différentes activités proposées par la ville : visite du beffroi datant du XVe siècle et classé au patrimoine de l'UNESCO, de la chapelle de l'hospice datant du XVIe siècle et de celle du Saint-Esprit, ou encore visite du musée des frères Caudron, premiers constructeurs d'avions en Picardie (qui se trouve dans les locaux de l'office). On profite aussi de tous les itinéraires de balades, à pied, à vélo ou même à cheval ! Nouveauté 2020 : service de location de vélos à assistance électrique (12 € la demi-journée et 20 € la journée).

Points d'intérêt

BEFFROI DE RUE

Place du Général-Leclerc
✆ 03 22 25 69 94
www.rue-baiedesomme.com
contact@rue-baiedesomme.com

Visite guidée sur réservation 48h avant auprès de l'office de tourisme d'avril à septembre, du mardi au vendredi à 10h30, et samedi et dimanche matin. Tarif : 6 € par personne.

Le beffroi, typique du Nord de la France, existe encore. Il est composé d'une grosse tour carrée à trois étages, couverte en ardoises et flanquée vers le haut de quatre petites tourelles pointues. Le rez-de-chaussée se compose de deux compartiments dont l'un servait de prison pour les tapageurs et les ivrognes. Il dispose d'une salle d'exposition temporaire où se tiennent régulièrement des expositions.

CHAPELLE DE L'HOSPICE

Rue du 8-Mai
✆ 03 22 25 69 94
www.rue-baiedesomme.com
contact@rue-baiedesomme.com

Fermée pour travaux de juin à novembre 2020.

L'hospice de Rue fut construit, sur la demande du pape Urbain III, afin d'accueillir les pèlerins les plus pauvres dès le XIIe siècle. Il était placé sur l'un des chemins de Compostelle. La chapelle présente une très belle voûte de châtaigner en carène de bateau renversé, s'appuyant sur des sablières décorées des insignes des pèlerins de Saint-Jacques. Vous pouvez aussi observer plusieurs statues de saint Jacques, de saint Nicolas ou encore celle de la Vierge à l'Enfant. Le couvent des sœurs de Saint-François a été fondé en 1488 sous l'invocation de saint Jacques. En 1496, l'édifice est saccagé par les Anglais. Les sœurs étaient douze en 1698 et furent chassées de Rue par la Révolution. La façade de l'édifice est reconstruite à la fin du XIXe siècle dans un style flamand. La chapelle est classée aux monuments historiques le 2 juin 1921.

CHAPELLE DU SAINT-ESPRIT ★

54, rue Porte Bécray
✆ 03 22 25 69 94
www.rue-baiedesomme.com
contact@rue-baiedesomme.com

Narthex de la chapelle accessible du mardi au samedi de 10h à 17h. Visite guidée (sur réservation auprès de l'office de tourisme d'avril à septembre du mardi au vendredi à 10h30 ; 6 € ; 1h15 de visite).

Un véritable petit bijou de l'art gothique flamboyant, qu'il serait vraiment dommage de ne pas aller visiter si vous êtes de passage dans la région. La chapelle du Saint-Esprit, classée monument historique, a été édifiée entre 1440 et 1515, afin d'abriter le flot de pèlerins venus vénérer un mystérieux crucifix échoué sur la grève de Rue en août 1101. La légende veut que ce crucifix viendrait directement de Jérusalem. Grâce à cette légende, perçue comme un signe de Dieu, la chapelle reçut de nombreuses donations royales. La façade et l'intérieur du monument sont saisissants de beauté. Voûtes magnifiquement ornées, statues énigmatiques, dentelle de pierre de la Trésorerie haute, la majesté des lieux surprend et éveille la curiosité.

MUSÉE DES FRÈRES CAUDRON

10, place Anatole-Gossellin
Locaux de l'office de tourisme
✆ 03 22 25 69 94
www.musee-caudron-test2.jimdo.com
contact@rue-baiedesomme.com

Ouvert toute l'année. Basse saison : du mardi au samedi de 10h à 12h30 et de 14h à 17h. Haute saison : du mardi au samedi de 9h30 à 18h ; le dimanche de 10h à 13h. Haute saison de début avril à fin septembre. Gratuit jusqu'à 12 ans. Adulte : 1,50 €. Visite guidée (pour les groupes sur réservation). Boutique.

Ce musée fait honneur aux pionniers de l'aviation française en Picardie que furent les frères Caudron. La baie de Somme fut autrefois leur atelier d'observation. C'est en étudiant les travaux des frères Wright et en examinant le vol des oiseaux qu'ils se lancèrent dans la construction de leur premier avion en 1909. Ils sont à l'origine du G3 qui servit à l'armée française pendant la Première Guerre mondiale. Les frères Caudron construisirent 10 330 avions et formèrent 17 000 pilotes dans leur école sur la plage du Crotoy. Le musée présente une collection de maquettes, des photographies ainsi que des documents personnels.

Le couvert

BRASSERIE VINTAGE

6, rue du Colonel Tétart
✆ 03 22 20 11 45

Ouvert le lundi, le mardi et du jeudi au samedi le midi et le soir ; le dimanche midi. Menus de 18,90 € à 22,90 € (deux ou trois plats). Terrasse. Vente à emporter.

Voilà ce qu'on appelle une bonne petite adresse sans prétention où vous êtes sûr de vous régaler ! Les produits sont frais et de saison, les plats raffinés, la décoration soignée et d'époque. Le tout avec un service des plus agréables : que demander de plus ? La carte change chaque mois, mais si vous pouvez, goûtez donc le filet de sébaste sauce curry, le magret de canard pêche de vigne, la souris d'agneau confite à la bière, ou le crumble aux fruits du soleil. L'établissement fait également traiteur pour des réceptions ou des repas à domicile.

AU PETIT CHAUDRON

390, route d'Abbeville
✆ 03 22 25 80 16
https://aupetitchaudron.eatbu.com
aupetitchaudron@hotmail.fr

Ouvert du mardi au samedi le midi et le soir ; le dimanche midi. Ouvert les lundis fériés. Réservation recommandée. Menus de 32 € à 50 €. Menu enfant : 15 €. Vin au verre. Chèque Vacances. Accueil des groupes. Jardin. Terrasse.

C'est dans un havre de calme et de verdure que votre balade gustative commence. Serge et Pablo Leveau, père et fils, composent ensemble en cuisine depuis 2018. Les plats sont généreux et raffinés. La cuisine se veut française et contemporaine. Les plats sont réinventés tous les deux mois et vous serez séduit à chacune de vos visites. Quelques fantaisies s'y ajoutent même parfois au retour des voyages de Pablo. L'établissement a de plus à cœur de travailler avec les producteurs de la région, le tout dans un cadre chaleureux et agréable. Par beau temps, vous pourrez même profiter d'une terrasse avec vue sur le jardin.

Le gîte

■ **HÔTEL BRASSERIE DES FRÈRES CAUDRON****
5, rue de la Barrière
✆ 03 22 25 74 18
www.hotelcaudron.com
hotelcaudron80@hotmail.fr

Ouvert toute l'année. Accueil jusqu'à 19h. 16 chambres. Chambre simple de 54 € à 80 € ; chambre double de 68 € à 98 € ; chambre triple de 81 € à 116 € ; suite de 112 € à 158 €. Petit déjeuner buffet : 9 € (4,50 € pour les moins de 10 ans). Lit supplémentaire : 10 €. Lit bébé gratuit. Soirée étape VRP : 76 €. Chèque Vacances. Animaux acceptés (supplément 5 €). Séminaires. Wifi gratuit. Service de ménage. Restauration (ouvert tous les jours midi et soir ; menus de 12,20 à 31 € et 9,10 € menu enfant). Location de vélo : 10 € par jour.

Seize chambres entièrement rénovées et agréablement aménagées vous attendent pour une nuit tout confort. A votre arrivée, vous serez ravi de trouver un sympathique plateau de courtoisie avec du thé et du café. Loin des établissements un peu vieillots sur lesquels on tombe généralement sur la côte, l'Hôtel des Frères Caudron (ainsi nommé en hommage aux pionniers de l'aviation nés non loin de là, à Favières) propose un intérieur cossu, dans des tons gris et bleus, avec une literie très confortable. Le personnel est chaleureux. On apprécie la brasserie de qualité qui conjugue les saveurs terre et mer ainsi que le bar lounge, ouvert en soirée pour un dernier verre. Bref, une vraie belle surprise sur Rue !

Chambres d'hôtes

■ **LA FERMETTE DU MARAIS**
360, route d'Abbeville
✆ 03 22 25 06 95
http://fermette-du-marais.com
accueil@fermette-du-marais.com
Autoroute A16 sortie 24, direction Rue sur 3 km, sur la gauche avec 1 étang (à côté de l'auberge Au Petit Chaudron).

Ouvert toute l'année. 3 chambres. Chambre simple de 62 € à 72 € ; chambre double de 78 € à 88 € ; chambre triple de 88 € à 98 €. Petit déjeuner inclus. Gîte studio de 435 à 545 € la semaine ; gîte appartement de 535 à 655 €. Wifi.

A la sortie de Rue, sur la route d'Abbeville, une allée discrète située sur la droite vous emmène au calme dans un parc charmant de 5 000 m^2 agrémenté d'un petit étang. Trois chambres d'hôtes tout confort vous attendent au rez-de-chaussée. Chacune dispose d'une salle d'eau avec douche et toilettes privées, d'une télévision, d'une terrasse plein sud et d'un parking privé. A l'extérieur : piscine chauffée de mai à septembre, bassins à poissons, balançoire, ping-pong, babyfoot, etc. Vous aurez également le choix entre six gîtes (studios ou appartements) à louer à partir de trois nuits.

Sorties

■ **HÔTEL BRASSERIE DES FRÈRES CAUDRON**
5, rue de la Barrière
✆ 03 22 25 74 18
www.hotelcaudron.com
hotelcaudron80@hotmail.fr

Basse saison : ouvert du vendredi au dimanche de 18h30 à 1h. Haute saison : tous les jours de 18h30 à 1h. Cocktails de 4,50 à 8 € ; planches apéritives de 8,50 à 16 €, bruschettas, mini-burgers...

A quelques pas de la Brasserie (l'entrée se fait par le 13, rue Gaston Garry), vous trouverez l'Atelier des Frères Caudron. Vous pourrez ici vous détendre dans un petit salon cosy et chic avec un cocktail maison ou une bière de la région. Pour un apéritif ou un dernier verre, l'ambiance intime permet de profiter d'un moment de calme. Le restaurant accolé propose des spécialités régionales comme la ficelle picarde, le welsh ou encore le potjevleesch. Il est même possible de loger chez les Frères Caudron ! Les chambres sont très confortables et bien aménagées.

Dans les environs

Quend-Plage

■ **OFFICE DE TOURISME**
1, place du 8-Mai-1945
✆ 03 22 23 32 04
www.office-tourisme-quend-plage.com
office.tourisme.quend-plage@wanadoo.fr

Accueil vélo. Basse saison : ouvert du mardi au samedi de 10h à 12h et de 14h à 17h ; le dimanche de 10h à 12h30 et de 14h à 18h. Haute saison : du lundi au vendredi de 10h à 12h30 et de 14h30 à 18h ; le week-end et les jours fériés de 10h à 12h30 et de 14h à 18h30.

35 000 touristes viennent à Quend-plage, de quoi dynamiser cette ville qui compte 1 400 habitants en basse saison. L'immensité de ses plages de sable fin qui s'étendent sur 15 km fait de Quend une oasis de bien-être et un lieu de prédilection pour les amateurs de char à voile. L'équipe de l'office de tourisme met à disposition une mine d'informations pour faciliter votre séjour. Les cyclistes trouveront là un accueil privilégié avec un plan des itinéraires cyclables, la liste des loueurs et réparateurs de vélos les plus proches, la mise à disposition gratuite d'un kit de réparation, ainsi qu'un point d'eau.

■ **CHAPELLE NOTRE-DAME-DES-PINS**
Place du 8 Mai 1945

Située juste en face de l'office de tourisme, allez admirer les vitraux de cette charmante chapelle inaugurée en 1914 ! Ils sont l'œuvre du peintre abbevillois Boubert et datent de 1952. Ils symbolisent le quotidien de la vie du village, sa culture et ses paysages composés de dunes et de pins.

PLAGE DE QUEND

Poste de surveillance de mi-juin à mi-septembre. Possibilité de tiralo pour les personnes à mobilité réduite, renseignements auprès du poste de secours au 03 22 27 77 49 (en saison) et 03 22 23 50 94 (hors saison). Chiens autorisés si tenus en laisse hors de la zone de baignade surveillée.

La plage de Quend s'étale sur plus de 15 km, elle est bordée de dunes sauvages et d'oyats. C'est l'endroit propice pour profiter des loisirs nautiques comme le char à voile ou pratiquer l'équitation le long de la baie de Somme ou de la baie d'Authie plus sauvage. Les familles apprécieront le sable fin pour étaler sa serviette ou réaliser des compétitions de châteaux de sable. Les amateurs de pêche à pied ou en mer seront aussi gâtés avec les fameuses moules de Bouchot.

LE BAGATELLE

26, route de la Plage
Monchaux
✆ 03 22 23 04 48
www.le-bagatelle-quend.fr
restaurant@le-bagatelle-quend.fr

Ouvert toute l'année. Haute saison : du mardi au dimanche le soir ; du vendredi au dimanche le midi. Réservation recommandée. Menus de 24 € à 35 €. Menu enfant : 17 €. Plat du jour : 20 €. Accueil des groupes (maximum 40 personnes). Terrasse.

La qualité et la tradition conjuguées en une cuisine exigeante. Voici un restaurant que l'on aime redécouvrir au gré des saisons. Le cadre soigné, l'accueil délicat, le service chaleureux et l'agréable terrasse y sont certainement pour quelque chose. Les assiettes joliment dressées, proposées à des tarifs aussi abordables, finissent de nous convaincre ! Au menu : la fameuse ficelle picarde ou scandinave, les escargots, la terrine de poissons, le foie gras maison, la marmite du pêcheur et son riz au poivron (plat signature du chef Pascal Leclercq), ou encore le pavé de bœuf sauce au poivre. En dessert, la tarte au citron meringuée avec son coulis de fruits rouges et framboises est à se damner... Assez rare pour être souligné : le menu pour enfants est savoureux et leur permet de découvrir de nouveaux plats.

LE CH'TI QUIN QUEND

6, rue du Haut-Gabet
✆ 03 22 23 69 26

Bistrot de pays. Ouvert toute l'année. Basse saison : du vendredi au mardi le midi ; du vendredi au dimanche le soir. Haute saison : du jeudi au mardi le midi et le soir ; le mercredi midi. Menus de 27 € à 32 €. Menu enfant : 11,90 €. Chèque Vacances, Chèque Restaurant. Accueil des groupes. Chaises bébé. Jardin. Vente à emporter.

Un restaurant à mi-chemin entre la Corse et la Picardie, avec une équipe familiale aux commandes : le fils en salle et le père en cuisine. Vous pourrez y savourer à la fois les célèbres charcuteries corses et l'inimitable ficelle picarde. Une alliance surprenante de premier abord, mais qui ravira sans aucun doute vos papilles. Les plats sont très colorés et, à peine posés sur la table, ils donnent déjà l'eau à la bouche. Laissez-vous tenter par le gratin de saumon fumé maison ou le moelleux aux châtaignes, le tout arrosé par une bière brassée localement ou un vin corse (avec modération, bien sûr). Notez enfin que les enfants bénéficient d'un menu spécial préparé à base de produits frais et locaux, c'est assez rare pour être souligné ! Un établissement plein de surprises, qui vaut vraiment le détour.

DOMAINE DE DIANE*****

2, avenue des Pins
✆ 03 22 27 76 08
www.domainedediane.com
contact@domainedediane.com

Ouvert du 15 mars au 15 novembre. Espace villa ouvert toute l'année. Accueil jusqu'à 18h. La semaine : chalet 4 personnes de 370 à 820 € et chalet 6 personnes : de 410 à 1150 €. Hôtel chambre double de 630 à 910 € la semaine et loft de 600 à 1330 € la semaine avec cuisine. Animaux acceptés (chiens de moins de 10 kg autorisés pour 4 € par nuit sauf en juillet et en août). Wifi gratuit. Restauration (brasserie).

Le Domaine de Diane vous accueille dans un site protégé de 80 hectares à 5 minutes de la plage. Il dispose de 484 emplacements spacieux au cœur d'une végétation abondante et variée. Calme, détente et loisirs sont de mise. Les chalets et les résidences mobiles de deux à trois chambres proposés à la location sont spacieux et bien entretenus. Chaque emplacement est doté d'un barbecue, d'un salon de jardin et d'une terrasse. Depuis 2019, un hôtel a ouvert avec différentes ambiances : un loft, mais aussi une suite safari ou une suite seventies avec des motifs psychédéliques ! Dans le centre du Domaine, vous pourrez bénéficier de tout un lot de services de qualité : restauration, brasserie, épicerie, laverie et animations. De nombreux équipements de loisirs sont à votre disposition comme les trois piscines (à l'extérieur et à l'intérieur), le tennis, le minigolf, un étang de pêche, des sentiers de découvertes et des aires de jeux. Un séjour qui vous donnera peut-être envie de devenir propriétaire... Nouveauté 2020 : deux nouveaux cottages pour 6 personnes flambant neufs avec deux salles de bains !

LE RESTAURANT DU FIACRE***

6, rue des Pommiers
Hameau de Routhiauville.
Route de Fort-Mahon
✆ 03 22 23 47 30
www.hotel-le-fiacre.fr
lefiacre@wanadoo.fr

Logis. Fermé du 1er au 15 janvier. Hôtel ouvert du mardi au samedi. Accueil jusqu'à 21h. 16 chambres. Chambre double à partir de 130,50 € ; chambre triple à partir de 135 € ; studio / appartement à partir de 148,50 € ; suite à partir de 320 €. Demi-pension : 190 € (pour deux personnes). Petit déjeuner : 15 €. Offre de dernière minute : 15% de réduction. Chèque Vacances. Séminaires. Réceptions et mariages. Wifi gratuit. Service de ménage. Restauration (menus de 16,90 à 53 €). Espace bien-être.

Une très agréable ferme picarde du XVIIIe siècle, aménagée en hôtellerie douillette, dans un petit hameau, à quelques minutes de Fort-Mahon. Un véritable havre de paix. Les chambres et les appartements proposent des ambiances différentes, tantôt rétro, tantôt plus contemporaines, mais avec toujours le même souci du confort. Deux suites composées chacune de deux appartements pour quatre personnes sont également à votre disposition. La clientèle profite depuis peu d'un espace bien-être proposant toute une série de soins plus agréables les uns que les autres : soins du corps et du visage, maquillage, beauté des mains et même épilation. Une auberge dans laquelle il fait bon séjourner, d'autant qu'elle dispose également d'une piscine chauffée l'été et d'un restaurant, qui fait preuve lui aussi d'un beau raffinement.

LE BOIS DORMANT****
10, avenue des Pins
✆ 03 22 23 22 44
www.boisdormant.fr
camping.bois.dormant@orange.fr

Ouvert de Pâques à la Toussaint. Restaurant ouvert l'été et tous les week-ends jusqu'au 31 octobre. Formules bien-être sur réservation au 07 82 08 56 93 (massage du visage, massage du dos et corps). Mobil-homes pour 2 personnes de 440 € à 555 € la semaine ; mobil-homes pour 4 personnes de 495 € à 755 € ; mobil-homes pour 6 personnes de 660 € à 855 €. Chèque Vacances. Jeux pour enfants. Wifi gratuit. Restauration. Animations. Piscine d'avril à septembre.

A moins d'un kilomètre de la mer, le camping Le Bois Dormant s'étend sur 16 ha et vous accueille dans une ambiance familiale et calme où espace et nature sont privilégiés. Le site est composé de bois, de dunes et d'un plan d'eau, et dispose de 560 emplacements avec locations de chalets et mobil-homes. Il est ouvert à l'année pour les résidents et de Pâques à la Toussaint pour les vacanciers. Les enfants apprécieront le club ouvert en juillet et août et la piscine chauffée avec les aires de jeux. Des vélos électriques sont à louer pour découvrir Quend Plage et sa région.

CAMPING DE LA MOTTE****
46, route de Froise
Monchaux
✆ 03 22 27 75 35
www.campingdelamotte.org
camping.de.la.motte@wanadoo.fr

Ouvert d'avril au novembre. Réservation impérative. Terrain de 2,5 ha. Mobil-homes pour 2 personnes de 240 € à 460 € la semaine ; mobil-homes pour 4 personnes de 300 € à 690 € ; mobil-homes pour 6 personnes de 390 € à 770 €. 20% de remise sur la deuxième semaine. Chèque Vacances. Jeux pour enfants. Animaux acceptés (sous réserve d'acception : 30 € la semaine ou 5 € la nuitée). Wifi gratuit. Restauration (bar, friterie et brasserie ouverts jusqu'en novembre). Hammam, bain bouillonnant.

Un beau camping 4-étoiles, qui fait oublier que l'on se trouve dans un hébergement de plein air, puisqu'il offre des prestations dignes d'une résidence de standing : piscine couverte et chauffée, espace spa avec sauna et bain bouillonnant, ainsi que de nombreuses activités : aire de jeux pour les plus petits (balançoire, tourniquet, jeux à ressort, toboggan, etc.), un terrain multi-sport, un boulodrome, une table de ping-pong, un baby-foot, un billard, ou encore de l'équipement de fitness... Une belle adresse pour découvrir la côte picarde.

LE CAMPING DES ROSES****
7, rue des Floralies
✆ 03 22 27 76 17
www.campingdesroses.com
info@campingdesroses.com

Fermé de début novembre à mi-mars. Accueil : 9 h – 12 h et 14 h – 18 h, et de 8 h à 20 h en juillet-août. Terrain de 9 ha. 256 emplacements. Exposition : ombragé. Sol : herbeux. Emplacement + véhicule (avec 6 A) de 22 € à 39 €. Mobil-homes pour 2 personnes de 67 € à 87 € la semaine ; mobil-homes pour 4 personnes de 82 € à 107 € ; mobil-homes pour 6 personnes de 100 € à 124 €. Location à la semaine : mobil-home pour 2 de 259 à 609 €, pour 4 de 322 à 770 €, pour 6 de 427 à 889 €. Club enfants. Jeux pour enfants. Connexion Internet. Wifi.

Ce camping est très réputé, notamment pour son espace aquatique qui a peu d'égal dans le région. Quelle que soit la météo, la piscine couverte, le grand toboggan, la pataugeoire et les animations aquatiques vont satisfaire tous les âges. Depuis les transats, vous apprécierez les belles lumières changeantes de la baie de Somme. Côté activités, le panel est riche avec des clubs enfants et de quoi bien les occuper, beaucoup de loisirs (tennis, ping-pong, pêche, tir à l'arc, location de vélos, pétanque...), des spectacles, des animations musicales ou encore des jeux... Le programme et les possibilités sont tellement riches qu'on serait vite tenté de rester sur place, mais prenez tout de même le temps d'aller sur les longues plages de sable, au Parc du Marqueterie et de découvrir toutes les splendeurs de la baie de Somme.

CAMPING FLOWER LES VERTES FEUILLES****
25, route de la Plage
Monchaux
✆ 03 22 23 55 12
www.lesvertesfeuilles.com
contact@lesvertesfeuilles.com

Qualité Tourisme. Ouvert d'avril à novembre. Réservation impérative. Accueil 24h/24. Terrain de 3 ha. 70 emplacements. Exposition : mi-ombragé. Sol : herbeux. Relief : plat. Emplacement + véhicule + 2 personnes à partir de 18,50 €. Mobil-Home 2 personnes : à partir de 57 € la nuit ; 4 personnes à partir de 72 € et 6 personnes à partir de 82 €. Tente safari de 43 à 67 €. Jeux pour enfants. Animaux acceptés. Connexion Internet. Wifi payant. Restauration. Club enfant et animations en juillet août.

Ce charmant site d'hôtellerie de plein air (membre Flower Camping) vous héberge au cœur de la Somme avec des prestations haut de gamme. C'est dans ce cadre agréable que vous passerez des vacances propices à la détente et au repos. Deux piscines (une intérieure chauffée à 28 degrés et une pataugeoire en extérieur ouverte l'été), deux aires de jeux, un terrain de pétanque, un club enfant (en juillet et août) et un tout nouveau trampoline complètent l'offre de ce camping. Vous trouverez en plus un espace snack, une épicerie, et une animation tous les samedis hors saison et plus régulièrement pendant les vacances scolaires. Les tentes aménagées, dans une ambiance safari, vous proposent aussi un hébergement plus insolite, avec tout le confort nécessaire et une belle terrasse !

DOMAINE DE LA DUNE FLEURIE***
11, avenue des Pins
✆ 03 22 23 40 41
dune-fleurie@capfun.com

Ouvert toute l'année. Gardé 24h/24 (06 08 22 37 39). Mobil-homes de 365 € à 903 € la semaine ; chalets de 297 € à 1 281 €. Adulte : 6,50 €. Enfant : 5,50 €. Forfait camping-car (2 adultes + emplacement + électricité 6A) : 15 €. Réductions pendant la basse saison. Kit bébé (lit parapluie, chaise haute, baignoire) 30 € la semaine l'été et gratuit hors saison sur réservation. Club enfants. Jeux pour enfants. Animaux acceptés (5 € par jour). Wifi payant. Restauration (friterie et restauration rapide). Animations.
56 hectares de nature vous attendent pour vos vacances en tentes, en caravanes en chalets ou en mobil-homes de 2 à 8 personnes. Le camping dispose d'un club enfant, d'une navette gratuite jusqu'à la plage ou le marché, d'un étang de pêche et de nombreux équipements comme un boulodrome, un mini-golf, une friterie, un snack, une supérette, une piscine avec des toboggans qui vous laisseront des souvenirs impérissables, des appareils de fitness en plein air ainsi qu'un château gonflable. Vous serez de plus à seulement 5 kilomètres du Parc ornithologique du Marquenterre. Bon à savoir : le Domaine de la Dune fleurie accueille aussi vos réceptions.

ARBRE & AVENTURE
6, avenue Henri-Renard
✆ 06 89 89 42 32
www.arbo-escalade.com
contact@arbo-escalade.com
Ouvert de mars à novembre, tous les jours de mi-juin à septembre, et le mercredi et le week-end pendant les petites vacances. Acrobranches 17 € enfant et 20 € adulte. Laserball 20 € l'heure.
Des arbres et de l'aventure ! Perché à plusieurs mètres du sol, croyez-nous, vous aurez quelques sensations ! Plusieurs parcours sont proposés, adaptés aux niveaux de tous et à tous les âges à partir de 3 ans. Pour les amateurs de sensations fortes, le parc propose le « saut éjection » : le principe est de vous propulser à près de 18 m du sol via un élastique ! Et pour ceux qui ont trop le vertige, d'autres activités sont possibles comme le laser game, la pratique de l'hover board ou encore un combat au tir à l'arc.

ASINERIE DU MARQUENTERRE
Lieu-dit Ferme de la Bonne-Dame
✆ 06 21 26 02 94 – leblef@hotmail.fr
Ouvert du 1er avril au 15 septembre ; fermé le samedi sauf pendant les vacances scolaires et week-ends de pont. Baptême à dos d'âne pour les petits : 2 €, le mercredi et dimanche après-midi. Entrée : 5 € (visite de l'asinerie. Gratuit pour les moins de 3 ans). Randonnée avec un âne bâté sur réservation : 30 € pour 2h30. Tarif réduit pour les groupes. Vente de savons au lait d'ânesse. Petite boutique souvenirs.
Une ferme pédagogique très sympathique qui regroupe des ânes de toutes races bien sûr, mais aussi des chèvres, des moutons, des adorables petits lapins, des poules, des canards, des cochons et des dindons. Pour la plus grande joie des enfants, vous pourrez avoir un contact direct et chaleureux avec tous ces animaux. Sur réservation, vous pourrez même randonner avec un âne, pour découvrir la baie de Somme à un autre rythme... Il est possible de pique-niquer au milieu de tous ces animaux. N'oubliez pas de passer par la petite boutique en repartant. Attention, prévoyez une tenue adéquate par mauvais temps pour ne pas vous enfoncer dans la boue !

THE MONKEY BAR
74, avenue Vasseur
Basse saison : ouvert du vendredi au mercredi. Haute saison : tous les jours. Wifi. Terrasse. Restauration.
Le Monkey Bar propose bien quelques salades et snacks mais ce sont surtout les crêpes et les gaufres qui occupent la carte. On vient ici faire une petite halte après une après-midi sur la plage ou une longue promenade sur le front de mer. Le temps de se rafraîchir ou de se reposer tout en contemplant la baie de sa grande terrasse, sans être trop pressé...

Saint-Quentin-en-Tourmont

DOMAINE DU MARQUENTERRE
32, chemin des Garennes ✆ 03 22 25 03 06
www.domainedumarquenterre.fr
info@domainedumarquenterre.com
Qualité Tourisme. Ouvert toute l'année. Visite en voiturette électrique à partir de 18 €. Logement à partir de 195 € le week-end. Visite guidée. Restauration. Animations.
Le Domaine du Marquenterre, qui s'étend sur 1 000 hectares, est idéal pour un séjour tout confort et plein de découvertes. Idéalement situé, il vous permettra de découvrir toute la baie de Somme. Sur place, vous pourrez profiter d'une résidence de 18 logis, comprenant tout le confort nécessaire, ainsi que de deux gîtes dont la Marcanteraine pouvant accueillir jusqu'à 35 personnes. Le Domaine organise des « séjours nature » durant lesquels vous pourrez bénéficier d'une visite guidée du parc, d'une balade à cheval Henson ou en voiturette électrique dans le Parc ornithologique, situé à quelques minutes. Enfin, pour finir ces belles journées de découverte et de plein air, le restaurant La Garinière vous attend avec des plats traditionnels et savoureux. La terrasse est particulièrement agréable pour profiter des derniers rayons de soleil de la journée.

PARC DU MARQUENTERRE – RÉSERVE ORNITHOLOGIQUE
25 bis, chemin des Garennes
✆ 03 22 25 68 99
Voir page 22.

TABLÉE DU MARQUENTERRE
Parc du Marquenterre ✆ 03 22 25 68 99
www.baiedesomme.fr
Fermé en janvier et le 25 décembre. Ouvert tous les jours de février à novembre et seulement le week-end l'hiver (excepté pendant les vacances de Noël où le parc est ouvert tous les jours). Ouvert tous les jours le midi de 12h à 15h. Bar ouvert dès 10h. Menu enfant : 9,50 € (plat, dessert et boisson). Entrée à partir de 4,8 € ; plat à partir 13 € et dessert à partir de 4,5 €. Accueil des groupes. Terrasse. Vente à emporter. Boutique.

Coupler votre visite du parc ornithologique à une dégustation de produits du terroir et de légumes oubliés : voilà un chouette concept à tester d'urgence ! Le chef concocte une cuisine saine et équilibrée dans des bocaux joliment présentés : par exemple selon les saisons les tomates anciennes et leur pesto d'herbes fraîches, les potimarrons confits accompagnés d'un lieu noir parfumé à l'Oxalis sans oublier les moules de bouchot de la Baie de Somme. La démarche est ludique et écologique. Avant de passer aux desserts (avec un riz au lait de la laiterie de la Baie par exemple), n'oubliez pas de goûter l'assiette de fromages picards. Le bar propose également des glaces artisanales, des crêpes et des boissons locales (bières, jus de pomme et thé à base d'argousier). Aux beaux jours, la terrasse est très sympa et offre un havre de paix en pleine nature. Le rapport qualité-prix est excellent. Une belle surprise sur un site touristique !

LE BRUIT DE L'EAU

1, chemin des Matelots
© 06 08 62 88 84
www.lebruitdeleau.org
contact@baiedesomme.com
Suivre la signalétique « Sentier d'accès à la mer » ; environ 150 m avant apparaît, derrière un portail, une curieuse bâtisse en bois couverte d'un toit plat végétal aménagé en jardin.

Ouvert toute l'année. 4 chambres. Chambre double de 185 € à 270 €. Petit déjeuner inclus. Wifi. Restauration (table d'hôte d'inspiration japonaise sur réservation). Vente. Bain bouillonnant, sauna.

Le Bruit de l'Eau, lieu pour séjours zen, est l'endroit idéal pour s'imprégner de l'air pur de la baie de Somme et de la sagesse du haïku, style de poèmes japonais liant le présent et l'éternité ! Plusieurs hébergements insolites au choix, propices pour se ressourcer. Par exemple, l'Astrolabe, une bulle géodésique sur pilotis en bois et verre double vitrage pour admirer les étoiles, ou encore Rivages, une simple maison de bateau posée sur l'eau avec une vue imprenable sur la nature environnante. Il y a aussi une suite pour partir au Japon, sans les soucis du jet-lag : larges ouvertures sur la nature, salon japonais avec une table en kotatsu et jeu de go, home cinéma avec une collection de films asiatiques et une bibliothèque de livres d'art sur le thème du voyage... Sur réservation, vous pourrez profiter d'un bain de forêt original (un bain japonais chauffé au feu de bois sur une île au cœur d'une forêt). Aux beaux jours, vous pourrez méditer dans un ancien dojo : protégé d'une moustiquaire, vous vous endormirez sur de véritables futons japonais en écoutant le vent de l'été et les bruits de la nature.

SAINT-RIQUIER

Saint-Riquier, aussi appelée « la ville aux cent tours », est une ville d'un millier d'habitants, les Centulois. Il s'agit d'une ancienne cité monastique. Au Moyen Âge, elle est une étape obligée pour tous les fervents pèlerins catholiques. Elle est aujourd'hui un véritable musée à ciel ouvert. En plus de son église abbatiale et de son abbaye, les touristes auront également plaisir à visiter son beffroi, inscrit au patrimoine mondial de l'Unesco, la Maison Napoléon ou encore les ruines du château de Drugy, dans lequel Jeanne d'Arc fut emprisonnée. Une ville chargée d'histoire donc, mais également un point de départ pour de nombreuses randonnées et sorties culturelles avec Le Préô, le café-théâtre de la baie de Somme (www.theatrelepreo.fr).

OFFICE DE TOURISME

Rue de l'Hôpital
Le Beffroi
© 03 22 28 91 72
www.terresetmerveilles-baiedesomme.com

Accueil vélo. Ouvert du mercredi au samedi de 10h à 12h et de 14h à 18h ; le dimanche de 10h à 12h et de 14h à 17h30. Haute saison : le lundi de 10h à 12h et de 14h à 18h. Fermé de novembre à mars.

L'office de tourisme s'est trouvé une résidence de choix puisqu'il se trouve dans une imposante tour carrée haute de 18 mètres, assise sur une base en grès qui n'est qu'autre que le beffroi de la ville. Anciennement situé aux côtés de l'enceinte monastique, le premier beffroi est détruit puis réédifié en 1283 à son emplacement actuel. Les religieux trouvaient trop dangereux la proximité de cette tour communale avec les édifices abbatiaux. Vous trouverez sur place une boutique avec des produits artisanaux et des souvenirs, une connexion wifi, ainsi qu'une billetterie.

Points d'intérêt

ABBAYE ROYALE ET ABBATIALE ★★★

Place de l'Eglise
© 03 60 03 44 70
abbaye-saint-riquier.fr

Ouvert toute l'année. Basse saison (octobre à avril) : lundi au vendredi 10h-12h et 14h-17h. Haute saison (mai à septembre) : mardi au samedi 10h-12h et 14h-18h. Expositions des artistes régionaux : accès libre et gratuit. Expositions en partenariat avec le Centre Pompidou : 3 €. Spectacles vivants : à partir de 9 €. Jardins en accès libre. Visite patrimoniale (mercredi après-midi et samedi matin) : à partir de 4 €. Abbatiale, ouverte d'avril à septembre, du lundi au samedi 10h-12h et 14h-17h, dimanche 14h-17h en accès libre et gratuit.

L'ancienne abbaye bénédictine de Saint-Riquier, fondée au VIIe siècle, propose des expositions et un festival de musique classique réputé (en juillet). L'abbaye a d'ailleurs été l'un des premiers lieux culturels de toute l'Europe. Sa bibliothèque a été pendant longtemps le lieu de toutes les rencontres intellectuelles. L'abbatiale, quant à elle, illustre toutes les étapes du gothique flamboyant picard qui fait la fierté des Centulois (habitants de Saint-Riquier).

Maintes fois édifiée puis ravagée, elle présente des témoignages de l'art gothique du XIIIe au XVIIe siècle. Le XVIIe siècle est particulièrement mis en valeur grâce aux magnifiques restaurations promues alors par l'abbé Charles d'Aligre. L'abbatiale est dotée d'une riche décoration et d'un mobilier luxueux (grilles en fer forgé, stalles des moines, etc.). La trésorerie recèle des peintures murales extraordinaires comme le Dit des trois morts et des trois vifs, et dix tableaux relatant l'histoire de Saint-Riquier. Le parc, d'environ 3 hectares, est en accès libre : allez-y vous ressourcer, il abrite souvent des installations temporaires.

■ HÔTEL-DIEU ET SA CHAPELLE ★
7, rue de l'Hôpital
✆ 03 22 28 91 72
Ouvert du 1er avril au 30 septembre. Basse saison : ouvert le week-end et les jours fériés de 14h à 18h. Haute saison : du samedi au jeudi de 14h à 18h. Visite guidée (2 € adulte et 1 € moins de 14 ans).
Construit entre 1688 et 1704, l'Hôtel-Dieu est un autre fleuron du très riche patrimoine de Saint-Riquier. Il abrite aujourd'hui une maison de retraite médicalisée. Depuis la Révolution française, il accueille les personnes âgées. Son superbe cloître en briques et pierres et sa chapelle peuvent être visités grâce à l'association Les Amis de l'hôtel-Dieu qui a redonné du lustre aux boiseries avec passion et respect : le résultat est splendide. Mais le retable de style baroque-rocaille classé monument historique, œuvre du baron de Pfaffenhoffen, et les grilles en fer forgé de Veyren attendent d'être remis en valeur. Les visites ne se font pas le vendredi car il y a une messe pour les personnes âgées qui résident dans la maison de retraite.

■ MAISON « NAPOLÉON »
Rue du Général de Gaulle
Ouvert toute l'année. Gratuit.
Cette bâtisse a été construite en 1840 par un soldat de l'Empire, le sergent Louis-Joseph Petit, qui, après avoir été blessé à la bataille de Ligny en 1815, vint s'installer à Saint-Riquier. La maison attire les regards par un pignon en forme de chapeau impérial surmonté d'une statuette en pierre de Napoléon Ier, qui a remplacé l'originelle, usée par le temps. Elle est classée aux monuments historiques depuis 1928. Un lieu singulier de mémoire pour tous les bonapartistes ou juste pour les curieux, mais l'intérieur ne se visite pas.

■ TOURS ET FORTIFICATIONS
Centre-ville
Circuit disponible à l'office de tourisme pour 1 €.
Saint-Riquier a conservé des vestiges de l'époque carolingienne où elle était une ville fortifiée et prospère. On découvre de nombreuses fortifications au détour des rues de la commune : la tour du Noch, qui est très bien conservée, la tour Saint-Jean, récemment restaurée et qui appartient au mur d'enceinte de l'abbaye, la tour Margot, où se rejoignent les anciens fossés intérieur et extérieur de la ville, la tour Haimont, très dégradée. Sans oublier les nombreuses maisons bourgeoises des XVIe et XVIIe siècles, ainsi que la « maison Napoléon », qui font également partie du patrimoine de Saint-Riquier. Une véritable plongée dans le passé.

Le gîte

■ HÔTEL JEAN DE BRUGES*** NOUVEAU
18, place de l'église
✆ 03 22 24 78 40
https://hotel-jean-de-bruges.fr
contact@hoteljeandebruges.fr
Ouvert toute l'année. Accueil jusqu'à 21h. 10 chambres. Chambre simple à partir de 80 € ; chambre double de 100 € à 120 € ; suite à partir de 140 €. Petit déjeuner : 12 €. Lit supplémentaire : 20 €. 10 € le lit bébé. Formule découverte 250 € ; nuit romantique 180 €. Animaux acceptés (15 € la nuit). Wifi gratuit.
Difficile d'être mieux situé pour cet établissement élégant qui vient d'être repris par deux Centulois : au cœur de Saint-Riquier, face à l'abbaye et son parc, et aux portes de la Baie de Somme. Le soin de la déco apporté aux six chambres standard, à la chambre luxe et aux trois suites font de cet hôtel un endroit incontournable. Chaque chambre est équipée d'une baignoire ou d'une douche, d'une télévision, de peignoirs, chaussons, plateaux de courtoisie, cintres, sèche-cheveux et mini bar. Certaines ont des colombages ou disposent de terrasse. Différentes formules sont proposées : le séjour découverte avec deux nuits, le petit-déjeuner et la mise à disposition de vélo électrique (le must pour découvrir le coin !), ou « la nuit romantique » avec la chambre luxe, un petit-déjeuner, une bouteille de champagne et un plateau de gourmandises.

Chambres d'hôtes

■ LE RELAIS DE DRUGY
64, rue du Général-de-Gaulle
✆ 06 11 34 27 16
www.lerelaisdedrugy.fr
b.aguilar@wanadoo.fr
3 chambres. Chambre simple 50 € ; chambre double 60 € ; chambre triple 70 € ; suite de 60 € à 80 €. Petit déjeuner inclus. Lit supplémentaire (gratuit jusqu'à 2 ans). Gîte pour 4 personnes. De 2 à 3 nuits : 70 € / nuit. De 4 à 6 nuits : 65 € / nuit. A partir de 7 nuits : 60 € / nuit.
Un magnifique jardin, une belle piscine chauffée (de mai à septembre), un parking privé, un hébergement en chambre d'hôtes ou en gîte, des propriétaires accueillants et de bon conseil... Le Relais de Drugy n'a pas beaucoup de défauts ! Il n'en a même pour ainsi dire aucun : les chambres d'hôtes sont d'une propreté irréprochable, leur décoration est sobre et rappelle la maison, et quant au gîte, il dispose d'un coin salon avec canapé-lit et équipements hifi, d'un coin cuisine avec tout ce qu'il faut pour faire sa popote, et d'une belle chambre avec salle de bains. En prime, les tarifs sont très raisonnables !

SAINT-VALERY-SUR-SOMME ★★

Saint-Valery doit son charme à la fois à sa cité médiévale et à ses panoramas sur une des plus belles baies du monde. La commune est inscrite au Club des Plus Beaux Détours de France. L'humeur maritime est visible à chaque coin de rue. On se réjouit des saveurs de la mer aux restaurants, dans les poissonneries, près des maisons de pêcheurs collées les unes aux autres ou sur le port. Vieilles pierres, ruelles étroites et pavées, boutiques d'artisans, restaurants de qualité, promenade le long de la jetée, que le temps semble doux et paisible à Saint-Valery.

Du haut de ses remparts, l'endroit est idéal pour découvrir la Baie de Somme. Et que dire de ses couchers de soleil qui inondent la ville de lumières et de couleurs. Ne soyez pas surpris si, un soir, vous voyez les habitants sortir de leur maison pour profiter de cette osmose entre les éléments. Située à l'embouchure de la Baie de Somme, Saint-Valery doit en quelque sorte son histoire à son positionnement géographique. Nombreux sont les navires qui accostèrent au port de Saint-Valery. Entre les XVe et XVIIIe siècles, le trafic de marchandises s'accroît fortement dans le port de commerce : vins, sel, construction de chantiers navals, réception des draps anglais, sans oublier l'époque de la guerre de 1914-1918 où sont acheminées des denrées pour ravitailler le front à l'intérieur des terres.

C'est aussi de Saint-Valery que Guillaume le Conquérant partit pour récupérer la couronne et devenir roi d'Angleterre en 1066. L'abbaye a également tenu une large place dans l'histoire de la cité pendant près de douze siècles, jusqu'à sa vente, le 22 janvier 1791. La ville subit d'importants ravages au cours de la guerre de Cent Ans où elle fut pillée et brûlée à plusieurs reprises. En 1431, Jeanne d'Arc, sur le chemin de Rouen, traversa la ville. Saint-Valery, tout comme le reste de la baie de Somme, fut aussi une cité qui inspira de grands artistes comme Degas, Victor Hugo ou Colette.

■ **OFFICE DE TOURISME**
Quai Lejoille
Entrepôt des sels
✆ 03 22 60 93 50
www.tourisme-baiedesomme.fr
saintvalerysursomme@ca-baiedesomme.fr
Basse saison : ouvert du mardi au dimanche de 10h à 12h30 et de 13h30 à 17h30. Haute saison : tous les jours de 9h30 à 12h30 et de 13h30 à 18h.

Depuis février 2020, l'office de tourisme a investi l'entrepôt des sels, un lieu chargé d'histoire dans la commune ! Vous y trouverez tous les renseignements dont vous avez besoin pour découvrir Saint-Valery-sur-Somme. Le mieux est sans doute de demander le plan de la ville et de suivre un à un tous les points d'intérêt, comme la cité médiévale, l'église et ses quais si plaisants d'où vous pourrez peut-être apercevoir des phoques. Si l'office de tourisme n'est pas ouvert, n'hésitez pas à consulter le site Internet, très bien fourni.

■ **PROMENADE EN BATEAU SUR LES « COMMANDANT CHARCOT »**
Quai Perrée (kiosque rouge)
✆ 03 22 60 74 68
www.bateau-baie-somme.com
contact@bateau-baie-somme.com
Sorties d'avril à novembre et pendant les vacances scolaires. Horaires irréguliers en fonction des marées. Billetterie ouverte de 10h à 17h en semaine et 1h avant le premier départ le week-end. Circuit 2h aller-retour 22 € par adulte et 15 € par enfant (3-12 ans) ; circuit 1h15 : 17 € adulte et 12 € enfant ; 40 min 13 € adulte et 9 € enfant. Petit charcot : 35 € pour 1h ; gratuit en-dessous de 3 ans.

Pour aller au cœur de la baie de Somme et en découvrir les courants et changements de paysages. Vous embarquerez à bord du *Charcot III* ou du *Charcot IV*. Plusieurs parcours vous sont proposés de la balade rapide (40 min) avec le circuit Cap Hornu au tour complet de la Baie (2h). Quant au circuit Hourdel, il vous fera naviguer de Saint-Valéry au Hourdel, pendant 1h15. A bord d'un semi-rigide de 12 places, le *P'tit Charcot*, on vous promet de l'émotion avec l'observation de la plus grande colonie de phoques veaux marins.

Points d'intérêt

■ **CAP HORNU**
Route du Cap

C'est ici que l'estuaire s'élargit véritablement et que le paysage change de manière spectaculaire au gré des marées. Pour profiter différemment du spectacle, n'hésitez pas à prendre de recul et de la hauteur en allant vers la chapelle des marins. Vous pouvez aussi vous engager sur les digues du sentier du littoral qui mènent au Hourdel. On y voit les méandres et les mares, les bancs de sable qui disparaissent et réapparaissent au fil du jour, les lumières changeantes et de beaux troupeaux de moutons...

Les phoques en baie de Somme

L'été 2019 a été une année faste avec un pic de 575 phoques veaux marins et 223 phoques gris observés sur les bancs de sable. Plusieurs facteurs doivent être réunis : période de reproduction, météo clémente et horaires de marée optimaux. De façon générale, environ 300 phoques veaux marins et 50 phoques gris sont visibles.

CHAPELLE DES MARINS ★

Mont de la Chapelle

Ouvert les week-ends et jours fériés de mai à septembre, entre 15h et 18h. Gratuit.

A 10 min à pied de l'agitation de la ville, cette chapelle est un havre de paix qui surplombe la baie au milieu des prés. Élégante, avec ses beaux murs en damier, elle possède un clocher surmonté non pas d'un coq mais d'un goéland ! A l'intérieur, des bateaux sont suspendus. Le lieu était fréquenté par les marins. Vous trouverez la chapelle en sortant de la ville, en continuant le long du rivage ou le chemin longeant le bas des remparts, juste avant d'atteindre le cap Hornu. C'est un endroit calme et très photogénique avec l'un des plus beaux panoramas sur la baie de Somme.

HERBARIUM

36, rue Brandt

✆ 03 22 26 69 37

Jardin remarquable. Fermé de novembre à mars. Basse saison : ouvert du lundi au vendredi de 10h à 17h. Haute saison : du lundi au vendredi de 10h à 18h ; le week-end et les jours fériés de 10h à 12h30 et de 15h à 18h. Haute saison de mi-avril à fin septembre. Gratuit jusqu'à 12 ans. Adulte : 8 €. Enfant (de 12 à 18 ans) : 4 €. Visite guidée (sur demande).

Situé dans la ville haute, ce jardin créé en 1996 s'inspire de celui des religieuses de l'hôpital. Il est entouré de murs de galets et domine la ville. Avec ses rues fleuries, son Fructicum et cet Herbarium, Saint-Valéry-sur-Somme se transforme en promenade paisible et colorée. On y retrouve sur trois niveaux un grand nombre de plantes, classées selon leur usage : condiments, plantes médicinales, ornementales, souvenirs de guerre, curiosités, plantes textiles, ancêtres de nos plantes.... Une partie du jardin est consacrée à la reconstitution des milieux de la baie de Somme. Pour repartir avec une belle plante à la maison, on n'oublie pas la bourse aux plantes, organisée au mois de mai. Une belle sortie à faire en famille pour faire découvrir la magie des plantes aux plus petits.

MUSÉE PICARVIE ★

5, quai du Romerel

✆ 03 22 26 94 90

www.picarvie.fr

musee.picarvie@baiedesomme.fr

Ouvert du 1er avril au 30 septembre. Ouvert le vendredi et le samedi de 10h à 12h30 et de 13h30 à 18h ; le dimanche de 13h30 à 18h. Gratuit jusqu'à 6 ans. Adulte : 5,90 €. Enfant (de 6 à 16 ans) : 4,70 €. Visite guidée (sur réservation). Boutique.

Préparez-vous à remonter le temps ! Ce musée très fourni et bien aménagé vous plongera dans l'ambiance d'un authentique village picard du XIXe siècle. On y retrouve les métiers et traditions locales, avec des scènes de la vie domestique, une école avec ses pupitres en bois, une ferme, des estaminets, un atelier de serrurier, de vannier ou de maréchal-ferrant... Vous retrouverez au total une quarantaine de professions et une collection d'environ 6 000 outils. En plein centre de Saint-Valery, ce musée constitue une halte culturelle appréciée entre deux bols d'air marin.

Le couvert

LE 43

43, quai de Romerel ✆ 03 22 60 80 07

www.le-43.fr

Fermé les midis pendant l'hiver. Ouvert le mardi, le mercredi, le vendredi et le samedi le midi et le soir ; le jeudi soir ; le dimanche midi. Réservation recommandée. Menus de 39 € à 45 €. Carte : 16 € environ. Formule du midi : 19,90 € (entrée + plat ou plat + dessert ou café gourmand). Chèque Vacances, Chèque Restaurant. Terrasse.

Si vous aimez l'authenticité, vous ne serez pas déçu dans ce restaurant que l'on repère bien à la sortie de la cité médiévale grâce à l'hôtel dont il dépend. Le chef aime revisiter des recettes traditionnelles à base de produits locaux (canard, escargots, poissons, fromages, pommes, gâteau battu...). La Saint-Jacques est à l'honneur avec un menu dédié avec deux façons de la cuisiner (pochée et en cassolette). La décoration est très soignée et raffinée. La cour intérieure vous permettra de profiter d'un calme bien appréciable dans ce secteur très fréquenté.

LA BUVETTE DE LA PLAGE

445, quai Jeanne-d'Arc

✆ 03 22 30 45 79

buvettedelaplage@yahoo.com

Ouvert tous les jours en saison selon la météo. Carte : 20 € environ. Menu enfant : 10 €. Chèque Restaurant. Accueil des groupes (sur réservation). Chaises bébé. Terrasse.

L'atout de cet établissement à côté de la grande plage : sa grande terrasse de 120 couverts au cadre enchanteur, avec une vue imprenable sur la baie de Somme. Lorsque le temps est dégagé, vous pourrez même apercevoir Le Crotoy, de l'autre côté de la baie. Vous pouvez aussi profiter du départ des pirogues polynésienne qui vont partir en baie. Du côté de l'assiette : pas de la grande cuisine mais de l'authentique, du fait maison et des produits simples avec des brochettes de poisson, des salades, des burgers, de l'agneau des Prés Salés et bien sûr les incontournables moules-frites. Des concerts y sont régulièrement organisés.

LES CORDERIES

214, rue Moulins ✆ 03 22 61 30 61

www.latabledescorderies.com

hotel@lescorderies.com

Maître Restaurateur. Ouvert le mardi soir ; du mercredi au dimanche le midi et le soir. Réservation recommandée. Menus de 60 € à 80 €. Formule du midi : 29 € (sauf dimanche et jours fériés). Hôtel 4 étoiles. Spa Samaris.

Une des tables les plus raffinées de la ville. Le décor joue dans la cour des grands, avec des tables très élégantes nappées de blanc et des couverts de grande qualité, permettant de profiter pleinement du spectacle des assiettes, particulièrement bien présentées. L'établissement travaille avec un réseau tissé depuis plusieurs années autour de 120 producteurs locaux. La cuisine est entièrement faite maison. Alors laissez-vous sereinement guider avec les arrivages de pêche ou de chasse ou optez pour un menu plaisir qui porte bien son nom ! En été, profitez de la terrasse, le plaisir est alors total...

HERMANN
4, rue de la Ferté ✆ 03 22 26 68 11
Basse saison : ouvert le lundi, le mercredi et le jeudi de 9h à 15h et de 17h à 21h ; du vendredi au dimanche de 9h à 21h. De avril à octobre ouvert tous les jours de 9h à 21h. Planches de charcuterie ou de fromages avec un verre de vin 14,90 €.
Une adresse pour les gourmets et les amateurs de bonne chère. Hermann est un fromager caviste et bar à fromages rassemblant une centaine de fromages et de charcuteries venant des meilleures productions françaises et européennes. Avant de faire votre choix, prenez le temps de vous asseoir et de déguster, entre amis ou en amoureux, des planches de fromages et de charcuteries, accompagnées bien sûr d'un verre de vin rouge, blanc ou rosé issu de la très belle sélection. Une adresse très sympathique, avec une équipe experte et avenante, qui vaut vraiment le détour.

LE JARDIN
37, rue de la Ferté ✆ 03 22 60 98 99
contact@lejardinenbaiedesomme.fr
Ouvert du mercredi au samedi le midi et le soir ; le dimanche midi. Carte : 14 € environ. Formule du midi : 15,90 €. Tartes 5,50 €. Terrasse.
Le Jardin fait entrer la street-food au bord de mer ! Ici on mange un burger ou un hot-dog fait maison. Vous pouvez aussi toujours commander le traditionnel welsh à la bière, des fruits de mer (huîtres, mulots, crevettes) ou simplement goûter à la très bonne sélection de bières. Le Jardin c'est surtout un cadre sans pareil : une terrasse à faire jalouser tous les restaurateurs. Un vrai plaisir aux beaux jours ! On apprécie la simplicité, le goût certain pour la décoration et l'équipe avenante ! L'établissement organise régulièrement des concerts : tous les événements sont annoncés sur la page Facebook.

LA PÊCHERIE
15, Quai Perrée ✆ 03 22 26 98 40
Menus de 16,50 € à 19,90 €. Menu enfant : 8,50 €. Chaises bébé. Terrasse.
Une brasserie qui ne paye pas de mine, face au port de Saint-Valery et près de la gare du petit train, mais où vous serez assuré de faire le plein de produits frais et de saison. Le menu sur ardoise change régulièrement, mais vous trouverez aussi des valeurs sûres comme les moules-frites et les assiettes de fruits de mer. N'hésitez pas à venir en famille : il y a une grande terrasse, des menus pour enfants et des chaises hautes pour les plus petits !

LE RELAIS GUILLAUME-DE-NORMANDY
46, quai du Romerel
✆ 03 22 60 82 36
www.relaisguillaumedenormandy.com
relaisguillaume@gmail.com
Maître Restaurateur. Basse saison : ouvert du mercredi au dimanche le midi et le soir. Haute saison : tous les jours le midi et le soir. Réservation recommandée. Menus de 22 € à 52 €. Menu enfant : 11 €. Vin au verre. Accueil des groupes. Jardin. Terrasse. Hôtel de 14 chambres.
Situé le long des quais dans un magnifique manoir du début du XXe siècle, impossible de passer à côté de ce restaurant typique de Saint-Valéry. Vous apprécierez le cadre douillet à la décoration ancienne et la vue reposante sur la baie de Somme, que vous pourrez apprécier depuis la pergola (chauffée en hiver). Le chef Sébastien Martyniuk met à l'honneur le poisson, mais aussi des plats typiques de la région : goûtez au gigot d'agneau de prés salés ou au poulet fermier au camembert. Le menu tradition est très abordable et complet, avec par exemple un pâté picard maison à l'ail et aux salicornes, un filet mignon de porc sauce au maroilles et un duo de fromages. Depuis le début de l'année 2020, l'établissement fait aussi salon de thé l'après-midi.

AU VÉLOCIPÈDE
1, rue des Puits-Salés
✆ 03 22 60 57 42
auvelocipede.fr – info@auvelocipede.fr
Basse saison : ouvert du jeudi au dimanche de 12h à 14h30. Haute saison : du mercredi au lundi de 12h à 18h. En très basse saison, ouvert le samedi-dimanche de midi à 18h. Plats sur l'ardoise de 7,80 € à 19,90 € (pas de menus). Chambre double à partir de 106 €, petit déjeuner compris. Terrasse.
Un lieu insolite car le Vélocipède est une ancienne boutique de vélos, mais ne vous fiez pas au nom, l'objet à l'honneur n'est plus le vélo mais bien la fourchette. Vous vous régalerez avec des plats à base de produits frais, de saison et de la région. Parmi les plats typiques de la région, essayez le bisteux traditionnel ou au saumon (le bisteux est une tourte aux pommes de terre avec des lardons et des oignons). Si vous faites attention à votre ligne, le restaurant propose aussi un bouillon détox aux petits légumes ou encore un saumon gravelax à la betterave rouge. En plus des plats, on craque pour la décoration et pour ce doux feu de cheminée, en hiver ! Le Vélocipède fait également salon de thé (les petits gâteaux sont tout simplement divins) et chambres d'hôtes.

Le gîte

LA COLONNE DE BRONZE***
43, quai du Romerel
✆ 03 22 60 80 07
www.hotel-baie-de-somme.fr
la-colonne-de-bronze@wanadoo.fr
Accueil jusqu'à 21h (réception fermé de 11h à 17h le lundi et de 14h à 17h le dimanche). 15 chambres. Chambre double de 89 € à 159 € ; chambre triple 125 €. Demi-pension. Petit déjeuner : 13 € (et 5 € jusqu'à 10 ans). Lit supplémentaire : 15 €. Parking : 5 € (pour vélos et motos, places limitées). Lit bébé gratuit. Wifi. Restauration.
Le nom énigmatique de cet hôtel, plus que centenaire, nous rappelle que Saint-Valéry-sur-Somme, avant de devenir une station balnéaire, était une cité médiévale. L'accueil de l'hôtel est très professionnel et chaleureux. Les chambres, toujours propres et soignées, sont décorées avec goût. Les salles d'eau ont toutes été rénovées et sont spacieuses avec une douche italienne. L'hôtel se propose également de vous accueillir en demi-pension avec un petit déjeuner très copieux sous forme de buffet campagnard (il propose même du maroilles cher aux Nordistes !). Une adresse pleine de charme et de grande qualité pour découvrir la baie de Somme !

■ **LES CORDERIES******
214, rue Moulins
✆ 03 22 61 30 61
www.latabledescorderies.com
hotel@lescorderies.com

Ouvert toute l'année. 18 chambres. Chambre double de 180 € à 270 € ; suite de 300 € à 360 €. Pension complète. Demi-pension. Petit déjeuner : 18 €. Packages de 180 € à 320 €. Wifi. Restauration. Canal+. Hammam, bain bouillonnant, sauna.

Un hôtel magnifique au luxe raffiné, qui mérite bien ses quatre étoiles. Il est situé à l'écart de l'agitation, sur les hauteurs de la ville, offrant ainsi un calme et un panorama extraordinaires. Les chambres sont réparties dans deux bâtiments. Dans le premier, les chambres « supérieures » et « luxe vue sur la baie » vous attentent. Dans le second, vous pourrez loger dans une suite au panorama exceptionnel sur toute la baie : la suite « Fantastic Vue ». Toutes ces chambres sont équipées d'une belle salle de bains avec douche ou baignoire, d'un accès Internet illimité, et d'un téléviseur à écran plat (18 chaînes). Vous pourrez aussi profiter d'autres prestations incroyables, notamment du spa (piscine intérieure chauffée à 29 °C, sauna, hammam, bain bouillonnant, solarium...). Un séjour de rêve vous tend les bras !

■ **HÔTEL-RESTAURANT DU CAP-HORNU*****
1350, chaussée du Cap-Hornu
✆ 03 22 60 24 24
www.baiedesomme.fr
cap.hornu@baiedesomme.fr

Ouvert toute l'année. Accueil jusqu'à 23h. 90 chambres. Chambre double de 100 € à 180 €. Petit déjeuner buffet : 14 €. Parking. Lit parapluie mis à disposition gratuitement. Promotions fréquentes. Chèque Vacances. Animaux acceptés. Wifi gratuit. Restauration (la Table du Cap, ouvert midi et soir, avec menus à 33 € et 43 €). Vente.

Difficile de ne pas avoir de coup de cœur pour cet établissement qui offre des atouts uniques. C'est tout d'abord l'hôtel qui est le plus avancé dans la baie de Somme, il est situé dans un écrin de verdure, à environ un kilomètre de la fin du quai de Saint-Valery. Cette localisation offre une quiétude recherchée et permet d'accéder en moins de 5 minutes à pied à des postes d'observation incomparables au bord de l'eau ou depuis la butte de la Chapelle des marins. Laissez votre voiture le temps de votre séjour et empruntez le chemin du littoral pour aller plus loin dans la baie ou rejoindre la cité médiévale en vingt minutes, en évitant le flot de touristes ! Les infrastructures sont également un atout, puisque les bâtiments concilient charme, authenticité, bon goût et confort. Les prestations sont également à la hauteur, avec un bar-restaurant réputé, une piscine extérieure ouverte de juin à septembre, des tennis, une boutique agréable, des locations de vélos et un personnel très serviable.

Gîtes

■ **RESIDENCE GARDEN COTTAGE**
9, quai du Romerel
✆ 03 22 26 96 30
www.garden-cottage-baie-de-somme.com
gardencottage80@gmail.com

Ouvert toute l'année. De 430 € à 615 € la semaine selon saison. Gites à la nuitée 93 € pour deux personnes. Animaux acceptés. Wifi gratuit. Vente. Lave-linge, lave-vaisselle.

La résidence Garden Cottage propose cinq gîtes meublés. En plus de ces gîtes, il est possible de loger en chambre d'hôtes, avec petit-déjeuner compris. Vous disposerez dans chaque logement d'une cuisine tout équipée et d'un parking sécurisé, ce qui est un vrai plus, considérant toutes les places payantes en centre-ville. Il est également possible de garer vos vélos. Une laverie avec sèche-linge est également à votre disposition. La décoration des gîtes mériterait une modernisation mais vous y serez confortablement installé.

Chambres d'hôtes

■ **LE CASTEL**
Rue du Castel
✆ 03 22 60 45 79
www.castel-baie-de-somme.com
contact@castel-baie-de-somme.com

5 chambres. Chambre double à partir de 175 € ; suite à partir de 195 €. Petit déjeuner inclus. Lit supplémentaire : 50 €.

Une chambre d'hôtes de luxe située au cœur de la ville haute, à 100 mètres d'un superbe point de vue sur la baie de Somme, dans une demeure de caractère datant de 1850. Cette belle bâtisse a été construite sur les fondations de l'ancien château médiéval et est ceinturée de remparts fortifiés. La grande porte d'entrée dans les remparts vous plonge tout de suite hors du temps. Les cinq chambres sont décorées avec goût et explorent des univers différents. La chambre « Mimi » allie par exemple le style Louis XV et la douceur du lin fleuri. Les petits déjeuners sont faits maison. Vous les prendrez dans le salon où vous trouverez un piano pour les mélomanes, ou peut-être, si vous le souhaitez, dans le grand parc arboré de 2 hectares. Une adresse de choix pour les amateurs de prestations haut de gamme !

■ **CHÂTEAU DU ROMEREL**
15, quai du Romerel
✆ 03 22 26 54 10
http://chateauduromerel.com
contact@chateauduromerel.com

Chambre classique luxe et suites à partir de 170 € la nuit. Wifi gratuit.

Une chambre d'hôtes au charme et au cachet exceptionnels. L'élégant bâtiment est entouré d'un grand parc et possède une piscine couverte. De quoi passer un séjour très romantique et apaisant. La décoration est luxueuse et raffinée, mélangeant des meubles aux inspirations classiques et des éléments plus contemporains. Ici, on vous promet « un style de vie à la française d'une classique élégance », et on tient parole ! L'emplacement est agréable, vous êtes proche des quais et de la cité médiévale mais le grand parc vous permet d'être au calme dans un écrin de verdure.

Campings

LE DOMAINE DU CHÂTEAU DE DRANCOURT*****

Estreboeuf
✆ 05 46 22 38 24
www.chateau-drancourt.fr
chateau.drancourt@wanadoo.fr

Ouvert d'avril à mi-septembre. 347 emplacements. Emplacement de 21 € à 55 €. Mobil-homes pour 4 à 8 personnes de 53 € à 271 € la semaine ; chalets pour 6 personnes à partir de 71 €. Club enfants. Wifi gratuit. Restauration. Animations. Rosalie. Karting. Poneys.

Le vaste camping s'étale dans le parc du château, ce qui fait de lui l'un des plus beaux campings des Hauts-de-France. Vous y trouverez deux piscines avec un toboggan aquatique, un terrain de mini-golf et des salles de jeux couvertes. Parmi les activités très appréciées : les locations de vélos, kartings et rosalies mais aussi les appareils de fitness extérieurs. Pour votre confort à l'intérieur du camping, vous aurez également à votre disposition des bars, une épicerie, une salle multimédia et un restaurant. Si vous n'êtes pas un grand fan des tentes, vous pourrez louer des mobil-homes pouvant accueillir jusqu'à 8 personnes.

LE WALRIC****

345, route de Eu
✆ 03 22 26 81 97
www.campinglewalric.com
info@campinglewalric.com

Ouvert du 1er mars au 1er novembre. Accueil jusqu'à 20h (l'été et 18h hors saison). Terrain de 6 ha. Emplacement + véhicule + 2 personnes (avec 6 A) de 22 € à 39 €. Mobil-homes de 259 € à 609 € la semaine ; mobil-homes pour 4 personnes de 322 € à 770 € ; mobil-homes pour 6 personnes de 427 € à 889 €. Tarifs des mobil-homes pour une nuit : 67 à 90 € (pour 2), 82 à 110 € (pour 4), 100 à 129 € (pour 6). Club enfants. Jeux pour enfants. Animaux acceptés (3 € par jour). Wifi payant. Restauration. La piscine est ouverte du 1er avril au 30 octobre.

Ce camping bénéficie d'un emplacement unique et privilégié à moins d'1 km de la charmante cité médiévale et des vues superbes sur la Baie de Somme. Installé sur un beau terrain arboré, le camping dispose de terrains pour les tentes, les caravanes et les camping-cars. Vous pouvez également louer des mobile homes pour 2, 4 ou 6 personnes. Vous y trouverez un bel espace aquatique composé d'une piscine chauffée avec pataugeoire et d'un bain bouillonnant. Toute l'année, l'espace snack est ouvert et vous pouvez acheter votre pain et vos viennoiseries, et l'été des marchands ambulants prennent place pour vos repas (pizza, couscous...).

Loisirs

CHEMIN DE FER DE LA BAIE DE SOMME

Gare de Saint-Valery
✆ 03 22 26 96 96
www.chemindefer-baiedesomme.fr

Le train circule de février à novembre. Horaires en ligne. Prévoir d'arriver 30 min avant le départ à la gare (port ou ville). Aller-retour 15 € adulte et 11 € enfant de 4 à 16 ans. Gratuit pour les moins de 4 ans. Chèque Vacances.

Le chemin de fer de la baie de Somme nous fait faire un bond d'un siècle en arrière, quand le chemin de fer parcourait le Réseau des Bains de Mer en reliant les villes du Crotoy, Noyelles-sur-Mer, Saint-Valery-sur-Somme et Cayeux-sur-Mer. La locomotive à vapeur a repris du service et vous emmène entre les stations balnéaires cheminant le long des ruisseaux bordés de saules, en passant à travers champs et marais. Il est possible de manger dans les wagons-restaurants lors des dîners à bord. Une application vous permet de consulter les horaires, commander les billets en ligne ou trouver des informations sur les locomotives et les lieux d'escale.

Comment visiter la baie ?

En avion : la meilleure façon de visiter la baie est sans nul doute de la survoler à marée basse. On découvre alors les couleurs de l'eau marbrée de bancs de sables onduleux, les méandres éphémères qui apparaissent le temps d'une marée, les mares dont certaines ont des formes de cœur… Pour ce moment extraordinaire d'une demi-heure, décollez depuis les aérodromes d'Abbeville ou d'Eu.

En kayak : autre moyen de voir la baie : aller en son cœur en kayak ou en pirogue, accompagné d'un professionnel qui connaît les marées et les courants.

A pied : pour aller dans la baie à pied, il faut être accompagné par un guide spécialisé pour éviter les dangers. Vous pouvez aussi en profiter en marchant simplement le long des quais du Crotoy ou de Saint-Valery.

En courant : les plus sportifs peuvent traverser la baie en courant à l'occasion de la Transbaie (qui se disputera en septembre cette année) !

MAXIM GUIDE EN BAIE DE SOMME

✆ 06 13 22 00 02
www.guide-baie-somme.com
guidebaiesomme@gmail.com

Tarif : de 15 par adulte ; et de 5 à 10 € pour les enfants. Privatisation 280 € la 1/2 journée et 340 € la journée. Prévoir des vieilles baskets ou des bottes.

Maxim Marzi, guide passionné par la baie et ses secrets, vous fera découvrir cette nature encore sauvage, à travers plusieurs balades à partir de 2h30. Vous partirez à la rencontre des phoques si vous êtes chanceux et vous découvrirez les trésors de la baie : cailloux étranges, crabes, crustacés, vase, oiseaux, etc. Les plus sportifs pourront même patauger dans la vase, escalader des micro-falaises et marcher sur des prés salés. Une petite collation est prévue et il est possible de se faire prêter du matériel (jumelles, seaux, filet de pêche...). Des balades idéales pour découvrir la région, accompagnées d'un regard d'expert.

RANDO-NATURE

Billetterie Kiosque Quai Lejoille au port de St-Valéry
✆ 03 22 26 92 30
www.randonature-baiedesomme.com
rando-nature@wanadoo.fr

Entrée : 13 €. Enfant : 7 €. Gratuit pour les moins de 6 ans. Réservation obligatoire. Chèque Vacances.

Sportifs et amoureux de la Nature, lancez-vous dans cette traversée à pied de l'estuaire, pour en apprendre un peu plus sur la faune et la flore. Vous découvrirez les colonies de phoques, des oiseaux de la baie et bien plus encore ! Une sortie de deux heures vous emmènera par exemple sur les traces de l'histoire pour découvrir les blockhaus, le tout accompagné par des guides expérimentés. Des formules sont également proposées avec par exemple la découverte de la baie, le repas à la ferme et le retour avec le train à vapeur. De jolis souvenirs en perspective ! Attention, prévoyez un équipement et une tenue en fonction du circuit choisi (vieilles chaussures, bottes, coupe-vent, paire de jumelles...). N'hésitez pas à consulter le site Internet qui propose régulièrement des nouvelles sorties.

Location de deux-roues

Le mini-golf qui donne au 22 bis, quai du Romerel loue aussi des vélos : les biclounes ✆ 03 22 60 80 43. Il est ouvert tous les jours de l'année sauf au mois de janvier.

BAIE CYCLETTE

www.baiecyclette.com
baiecyclette@baiedesomme.org

La baie de Somme compte 46 km de pistes cyclables et neuf itinéraires, dont trois balisés au départ de Saint-Valéry. Chaque parcours de 8 à 28 km est symbolisé par une couleur et un oiseau de la baie. Si la fatigue l'emporte, prenez donc le petit train de la baie de Somme dans les stations du Crotoy, de Saint-Valéry et de Cayeux-sur-Mer. Vous retrouverez sur le site Internet les différents circuits, les lieux de location de vélos, et les points d'hébergement ou de restauration.

BAIE' LIB

Une application pour découvrir la baie en vélo à travers 13 circuits de 7 à 18 km. Le plus : des anecdotes sur les villages traversés, des quiz et des géocaches. Vous retrouverez également sur l'application les points d'intérêt, les restaurants, les manifestations, les activités de loisir...

Sorties

BAR DES PILOTES

62, rue de la Ferté
✆ 03 22 60 80 39
www.lespilotes.fr
reception@lespilotes.fr

Ouvert tous les jours de 12h à 22h.

Dans ce petit bar incontournable, vous bénéficierez d'une vue de toute beauté sur la baie de Somme, confortablement assis au milieu d'une décoration vintage, cosy et raffinée. Vous y dégusterez un bon verre de vin, un cocktail ou si vous préférez un soft ou une boisson chaude avec notamment une très belle sélection de thés. Si la faim se fait sentir, craquez volontiers pour les belles assiettes proposées, à partager : planches de fromage et de charcuterie, de fruits de mer, délicates verrines ou encore des rillettes de poisson artisanales. Des jeux sont mis à disposition pour vous détendre et passer un agréable moment, sans oublier les concerts en soirée qui viennent faire swinguer l'atmosphère. On vient ici pour la vue, puis on y reste pour l'ambiance, la décoration et pour se faire plaisir !

Emplettes

LA BONBONNIERE

2, rue Docteur-Lomier
✆ 03 22 30 66 51

Basse saison : ouvert du mercredi au lundi de 10h à 18h. Haute saison : tous les jours de 10h à 18h. Haute saison des vacances de Pâques à celles de la Toussaint.

En arrivant dans cette boutique il faut vous faire à l'idée : c'est ici que votre régime s'arrête ! A la Bonbonnière, vous retrouverez un choix important de bonbons, mais pas n'importe lesquels, de spécialité française. Des chocolats fins et de gâteaux alsaciens qui vous promettent de vous régaler. Retrouvez aussi quelques produits du terroir de fabrication artisanale : le macaron d'Amiens, le petit craquelin et le petit sablé au beurre dans de jolies boîtes pour faire plaisir. Dès que le soleil arrive et que les températures grimpent, venez goûter à la spécialité de la maison : le frozen yogourt (crème glacée maison au yogourt recouverte de fruits frais, de coulis et de graines), un délice ! Egalement sur place une multitude de petits accessoires vintage pour (se) faire plaisir.

AU COIN GOÛTEUX

65, rue de la Ferté
✆ 03 22 60 81 33
www.au-coin-gouteux.fr
au-coin-gouteux@orange.fr

Ouvert du mercredi au lundi de 10h à 19h. Ouvert le dimanche.

Au Coin Goûteux est l'endroit parfait pour faire ses emplettes de vacances. Ici, l'artisanat et le local sont mis à l'honneur. La Conserverie est spécialisée en viandes, poissons, condiments et salicornes de la baie de Somme. Toutes les conserves sont garanties sans colorants ni additifs. Que du bon et du gourmand ! Vous pourrez ainsi repartir avec une soupe de poisson, une terrine de mouflon du Marquenterre ou encore un saucisson d'agneau de prés-salés de la baie de Somme. A noter qu'il est également possible d'y manger sur le pouce afin de goûter la cuisine !

LA SARDINE

9, rue de la Ferté
✆ 03 22 60 08 68
www.la-sardine.com

Ouvert du mercredi au lundi de 9h à 17h.

La véloroute entre Péronne et Saint-Valéry-sur-Somme enfin terminée !

En tout, ce sont dorénavant 120 km que vous pouvez parcourir à la force de vos mollets dans la vallée de la Somme. Le chemin de halage est bien aménagé avec des aires de pique-nique, des restaurants labellisés « Bistrot de pays » pour récupérer de vos efforts comme Le Comptoir bleu, dans le charmant village de Long, des hébergements, des activités de loisirs et plusieurs maisons éclusières réhabilitées comme celle très dynamique de Lamotte-Brebière.
La section Frise-Péronne-Ham est opérationnelle depuis début 2020 pour rejoindre la frontière avec l'Aisne.

Cette boutique à la façade bleue s'est construite une belle réputation avec un concept assez original. Cet établissement qui met en avant son éthique propose une épicerie de la mer, des cosmétiques naturels et des créations artistiques. On y retrouve des produits peu courants et parfois locaux comme des tartares d'algues, des spaghettis de mer (à base d'algues brunes), des salicornes et tout un panel de conserves de poisson plus classiques (rillettes de saumon, sardines entières à la tomate, rillettes de maquereaux aux fines algues...). Anne-France vous accueillera chaleureusement et ne rechignera jamais à vous donner de bons conseils, toujours avec le sourire. Elle propose aussi des décorations, même si certaines boîtes de sardines sont déjà de petits objets d'art tant elles sont belles et originales.

Marchés

MARCHÉS

Centre-ville

Marché quai de l'Amiral Courbet, le mercredi de 8h à 14h. Marché place des Pilotes le dimanche de 8h à 13h. Marché en nocturne, en juillet et août, le vendredi de 17h à 21h.

Saint-Valery ne manque pas de marchés ! Le premier, qui a lieu le mercredi sur le quai de l'Amiral Courbet, est plus restreint. Le deuxième, rendez-vous incontournable de tous les locaux, a lieu tous les dimanches matin, place des Pilotes. Vous y trouverez au gré des saisons des poissons et fruits de mer, des bigalans (spécialité à base de pommes de terre et de viande appelée « Bisteu » par les Picards), des agneaux de prés salés, des gâteaux battus ou encore des ficelles picardes. Sans oublier le marché de l'artisanat et du terroir qui se tient en nocturne en été, pour ajouter au charme du lieu et inviter locaux et visiteurs à une flânerie dans les douces températures du soir !

Dans les environs

Boismont

LE MOULIN
8, chemin du Canal ✆ 03 22 60 85 86
www.restaurant-lemoulin.com
rest-le-moulin@orange.fr
Ouvert le lundi et le mardi le midi ; du jeudi au dimanche le midi et le soir. Ouvert les lundis soir en saison. Réservation recommandée. Menus de 21 € à 37 €. Menu enfant : 10 €. Formule : 14 € (pas servies le samedi soir, le dimanche et jours fériés). Accueil des groupes. Terrasse. Animations.
Vous aurez plaisir à dîner dans ce cadre très atypique, qui fleure bon la campagne picarde. La décoration de ce restaurant familial est rustique, tout comme la cuisine : Christian Blondin prend plaisir à sublimer les produits du terroir, en se fiant aux saisons pour garder des produits frais. Retrouvez-donc pour votre plus grand plaisir : la terrine d'agneau et ses salicornes, le gâteau battu au foie gras, la tête de veau (sauce gribiche), le filet de raie aux zestes confits. Pour le côté local, testez le gâteau battu ou la ficelle picarde. Les plats seront amenés par un personnel chaleureux, qui ne rechigne jamais à vous servir avec un grand sourire. En somme, une bien bonne adresse à ne pas manquer !

LE PICARDY**
Pinchefalise
2, rue Gérard-Godefroy ✆ 03 22 60 85 59
www.campinglepicardy.com
camping.lepicardy@orange.fr
Fermé de novembre à mars. Accueil jusqu'à 20h30. 67 emplacements. Sol : herbeux. Relief : plat. Emplacement + véhicule + 2 personnes à partir de 15 €. Mobil-homes pour 2 à 6 personnes de 40 € à 90 € la semaine. Branchement électrique 3 ampères 4 €, 6 ampères 6 €, 10 ampères 8 €. Etape camping-car (2 personnes avec électricité) : 15 €. Gite de 10 personnes : à partir de 450 € pour 2 nuits et 1 050 € la semaine. Chèque Vacances. Jeux pour enfants. Salle de bains pour bébés. Aire pour camping-cars. Wifi gratuit.
Une halte réservée aux amoureux de la nature et du calme de la baie de Somme, qui souhaitent faire du camping, louer l'un des mobil-homes ou un gîte. L'été, vous apprécierez les belles zones ombragées et la fraîcheur apportée par le canal de la Somme. L'équipe se pliera en quatre pour vous faire passer un bon séjour. Une aire de jeux permet d'occuper les enfants pendant la journée. Vous trouverez un trampoline, une table de ping-pong, un billard, un baby-foot et un terrain de pétanque. De quoi passer des vacances familiales ET reposantes, juste à côté de Saint-Valery-sur-Somme.

ESCAP'ÂNES
11 bis, rue de Bretel
Hameau de Bretel
✆ 03 22 26 70 90
www.escap-anes.fr – delphine@escap-anes.fr
A partir de 23€ pour une randonnée de 2h à 250€ pour une escapade de trois jours.
Découvrez la baie de Somme comme vous ne l'avez jamais vue ! Abricot, Bella, Gudule ou Rodéo, des ânes au caractère amical, parfois têtus, mais toujours attachants, vous accompagneront lors de vos balades. Plusieurs randonnées sont proposées, entre 4 km pour découvrir la pointe du Hourdel à 34 km pour les plus téméraires souhaitant bivouaquer avec leur compagnon. Mais attention pas d'incompréhension : ce sont bien des randonnées pédestres qui sont proposées – l'âne ne pouvant supporter que des charges légères. De très belles sorties à partager en famille. À noter que Escap'Ânes propose également une chambre d'hôtes.

Lanchères

MAISON DE LA BAIE DE SOMME
Carrefour du Hourdel ✆ 03 22 26 93 93
www.maisondelabaiedesomme.com
maison.baie@baiedesomme.fr
Fermeture de mi-novembre à Noël, et le 1er janvier. Basse saison : ouvert tous les jours de 10h à 17h. Haute saison : tous les jours de 10h à 18h30. Se présenter 1h30 avant la fermeture. Gratuit jusqu'à 6 ans. Adulte : 6,90 € (musée). Enfant : 4,90 € (musée). Groupe (4 personnes) : 19,90 € (pass famille). Escape game 30 € par famille. Visite guidée. Boutique. Tables de pique-nique.
Un musée qui part sur les traces des secrets de la faune et de la flore de la région. Ici, plus de 250 oiseaux sont visibles, dans leur milieu naturel reconstitué, avec des postes d'observation prévus à cet effet. La flore de la baie vous sera aussi présentée, avec des falaises ou encore les marécages. Une salle pédagogique consacrée aux phoques vous fera également découvrir cet animal le plus populaire de la baie (apprenez par exemple que l'on compte pas moins de 70 naissances par an !). Enfin, lacez vos chaussures pour partir explorer la baie, accompagné par des guides qui vous racontent le phénomène des marées et vous conduisent sur les meilleurs spots pour observer les oiseaux et les phoques ! Une visite indispensable pour tous les amoureux de la nature et ceux qui veulent connaître les bienfaits écologiques de la splendide baie de Somme à travers les saisons.

Noyelles-sur-Mer

RELAIS DE LA BAIE
9, rue du Crotoy ✆ 03 22 23 50 20
www.lerelaisdelabaie.com
relaisdelabaie@hotmail.com
Ouvert le week-end et les jours fériés de 11h à 21h. Pendant les vacances scolaires.
Difficile de trouver une catégorie pour classer cet établissement : est-ce une brocante ou un vrai bistrot ? Eh bien en fait les deux ! L'ambiance bistrot et la déco des années 1970 transporte vraiment dans une autre époque. Vous pourrez découvrir et admirer les différents éléments qui composent cette ambiance chaleureuse en buvant un thé dans la partie salon ou bien encore une bière artisanale ou un vin bio autour d'une suggestion pour l'apéro. Les nouveaux propriétaires de l'établissement depuis 2019, Philippe et France, sont ravis de vous accueillir dans leur lieu original, on adore ! Le lieu fait également chambre d'hôtes.

POUR AIDER LES PLUS PAUVRES,
JE CHOISIS D'AGIR AVEC EUX
FAITES UN DON
secours-catholique.org
BP455-75007 PARIS
caritasfrance
Secours Catholique-Caritas France
Secours Catholique
Caritas France
ENSEMBLE,
CONSTRUIRE
UN MONDE JUSTE
ET FRATERNEL

FG.
radioFG.com
FeelGood.

INDEX